Jacob Burckhardt Werke
Kritische Gesamtausgabe

Herausgegeben von der
Jacob Burckhardt-Stiftung, Basel

Band 13

Stiftungsrat:

Marc Sieber (Präsident)
Gottfried Boehm, Andreas Cesana, Peter Hoffmann,
Martin Hug, Achatz von Müller

Redaktionsstelle:

Andreas Cesana (Leitung)
Hans Berner, Susanne Müller, Elisabeth Oeggerli

Jacob Burckhardt

Vorträge
1870–1892

*Aus dem Nachlaß herausgegeben von
Maurizio Ghelardi und Susanne Müller
unter Mitarbeit von Reinhard Bernauer*

C.H. Beck · München
Schwabe & Co. AG · Basel

Zitierempfehlung: JBW 13

Gesamtausgabe: ISBN 3-406-44183-1
Dieser Band: ISBN 3-406-51047-7

© Verlag C.H. Beck oHG, München 2003
© Schwabe & Co. AG · Basel
Satz: Dörlemann Satz, Lemförde
Druck und Bindung: Schwabe & Co. AG · Basel
Gedruckt auf säurefreiem, alterungsbeständigem Papier
(hergestellt aus chlorfrei gebleichtem Zellstoff)
Printed in Switzerland

Inhalt

Cardinal Richelieu	1
Über Besichtigung altdeutscher Bilder	6
Über das Englische als künftige Weltsprache	14
Thomas Morus und die Utopia	18
Bei Anlass von Vereinsphotographien	25
Über niederländische Landschaftsmalerei	32
Ludwig XI. von Frankreich	38
Leben und Sitten des Adels um 1500	45
Niederländische Genremalerei	62
Wallenstein laut der Geschichte	102
Schillers Wallenstein	110
Ein Gang durch das vaticanische Museum	125
Don Quixote	136
Über die Kochkunst der spätern Griechen	155
Die Phäakenwelt Homer's	167
Mailänderkriege seit 1521	179
Spanien unter Philipp II.	187
Rembrandt	194
Rococo	214
Talleyrand	227
Claude Lorrain	289
Napoleon I. nach den neusten Quellen	292
Über das wissenschaftliche Verdienst der Griechen	341
Rafael als Porträtmaler	359
Über Echtheit alter Bilder	369
Aus großen Kunstsammlungen	381
Die Griechen und ihre Künstler	397
Die Reise einer Kaiserbraut (1630)	406

Die Weihgeschenke des Alterthums	416
Pythagoras (Wahrheit und Dichtung)	425
Über erzählende Malerei	446
Die Anfänge der neuern Porträtmalerei	460
Die Malerei und das neue Testament	475
Processionen in der alten Welt	488
Matthias Grünewald	503
Format und Bild	506
Van Dyck	517
Das byzantinische Reich	535
Die Allegorie in den Künsten	563
Demetrios Poliorketes	582
Macbeth	606
Die Briefe der Madame de Sévigné	619
Mittheilungen über den Barocco	634
Die Gemälde des Senators Giovanni Morelli in Bergamo	637
Marien Krönung in der bildenden Kunst	640

Anhang

Von Burckhardt erwähnte Literatur	651
Abkürzungen	663
Kommentar	665
Textkritische Anmerkungen	797
Editorisches Nachwort	901
Verzeichnis der Vorträge Burckhardts zwischen 1870 und 1892	916
Personenregister	921
Ortsregister	957
Sachregister	960

Cardinal Richelieu

Cardinal Richelieu[1]

Die europäischen Völker sich zum Theil entwickelnd in Angriff und Gegenwehr gegeneinander.
  Frankreich in den letzten Jahrhunderten des Mittelalters wesentlich in der Defensive:
   gegen England
   gegen den Vasallen Burgund
  im XVI. Jahrhundert sodann: gegen die spanische Weltmonarchie.
  Franz I's Recht im Ganzen besser als das Carls V. Spaniens beständige Tendenz: sich nicht nur im Feld gegen Frankreich zu stellen, sondern auch sich ins Innere einzumischen.
  Mehr als bei andern Völkern personificirt sich dann hier der Geist der Nation oder des Staates. Es braucht nicht immer der König zu sein; Jeanne d'Arc der körpergewordne Geist der Nation. In Richelieu verkörpert sich eine bestimmte Staatsidee; es ist die seither von Frankreich und fast vom ganzen neuern Europa gutgeheißene in einem Moment da man kaum fragen darf: wie wäre es ohne ihn geworden? Es bedurfte hiezu eines Menschen, der vollkommen gegen seine eigne Sicherheit und Bequemlichkeit einen gewaltigen Willen verwirklichte, welcher stärker als er selber gewesen zu sein scheint.
  Spanien hatte unter Philipp II. Frankreich regiert, theilweise occupirt, den Thron für eine Infantin beansprucht und war zuletzt an Henri IV gescheitert. Unter Philipp III. die spanischen Bemühungen um Weltherrschaft mehr indirect, durch Besoldung einer Partei in der ganzen Welt; neue Annäherung an die deutsch-habsburgische Linie; Druck auf Papstthum und Italien.
  | Das Geheimniß der Ermordung des Henri IV (im Moment seiner größten Absichten). Maria Medici bald völlig unter dem spanischen Einfluß. Jetzt die Doppelheirathen. Dabei die französische Regierung zerrissen. Factionen von Mutter und Sohn (freilich auch Luynes spanisch bestochen). Selbst die Hugenotten gehen am spanischen Gängelband. Und schon brach der 30jährige Krieg aus; es genügte, daß Frankreich die Spa-

1 21. November 1872.

nier und Ferdinand II. völlig machen ließ, um total umgarnt zu werden. Wie? wenn dann auch Holland unterlag?

Die Persönlichkeiten:
Maria Medici – Anne d'Autriche – Gaston
Ludwig XIII.
die Condés Vater und Sohn – Soissons.

Die Masse von Betheiligten die sich interessant dünkten, und die Intrigue als solche lieben.

Die Voraussetzungen in den anständigen Leuten bis zu den Prinzen hinauf: spanisch sei = gottselig und = vornehm; spanische Bestechung und Hülfe anzunehmen sei kein Hochverrath; Spanien zugleich nicht bloß eine Mode, sondern eine Denkweise, eine catholische Propaganda.

Der Clerus, auf dessen Geldhülfe die Krone angewiesen war, machte sie von Bedingungen abhängig, besonders von neuer Unterdrückung der Hugenotten.

Richelieu – sein catholisch-royalistisches Herkommen – sein Bisthum Luçon – Beförderung durch Maria Medici – seine Persönlichkeit – sein Benehmen da er die Ernennung zum Cardinal erhielt; seine Kränklichkeit – seine Bedrohtheit. Die beständige Todesnähe. Seine Uneigennützigkeit.[1]

| Das Papstthum litt ebenso vom spanischen Druck wie Frankreich. – Urban's VIII. Gelüste und doch Urban sehr unsicher und öfter wieder spanisch (die Gier der Barberinen).

Richelieu's erste Aufflüge in den 1620er Jahren mißlingen noch. Für deutsche Protestanten und catholische Liga erreicht er noch wenig.

Traurige Vorbedingung alles Weitern für ihn: Die Demüthigung der Hugenotten 1628 (La Rochelle). Dieß seine Basis beim französischen Clerus; seitdem die französischen Jesuiten eher für ihn.

Im mantuanischen Krieg (Richelieu und Ludwig, zweimal) sicherte Frankreich sich wenigstens die Alpen und sein Candidat blieb Herzog von Mantua. Aber die savoyische Dynastie, in französischen Händen, bäumte sich heimlich gegen Richelieu auf.

Immerhin: 1629 das Restitutionsedict, 1630 zu Regensburg die Abdankung Wallensteins, schon laut Khevenhiller Beides von Richelieu soufflirt.

Der deutsche Krieg: Richelieu hatte Gustav Adolf nicht errathen. Gustav Adolf wollte Richelieu's Bündniß, ohne sich nach ihm zu richten. Aber Richelieu brütete die Lage aus: Besetzung und Schmälerung von Lothringen. (Sein gutes Recht gegen Herzog Carl, der als kaiserlicher General eine Armee aufstellen sollte, mit welcher Gaston in Frankreich einfiele).

---

1 De Vigny und A. Dumas etc. und ihre Romane.

Nach Lützen wird Richelieu, so weit er will, das Haupt der deutschen Protestanten und der Alliirte Schwedens. Nach Nördlingen: der alleinige Helfer. (Seine Unentbehrlichkeit beim König so lange der Krieg im Gange war; sein Mitziehen; sein Marineministerium).
| Seine volle Herrschaft erst seit 1629; dann la journée des dupes 11. November 1630.

Seine wirkliche Lage gegenüber:
    Maria Medici – allseitig compromittirt, endlich Compiègne und ihre Flucht
    Gaston – bis 1638 Thronerbe – Preisgeber aller Genossen (der wahre fils de France, der Alles darf)
    Anne d'Autriche – in beständiger Verschwörung, ihre Chance und ihr Widerwille Madame Gaston zu werden – ihr Verkehr mit dem spanischen Gesandten – ihre Briefe – val de grâce – ihre Schwangerschaften (le masque de fer?) – drohende Repudiation und demüthige Geständnisse – dazwischen macht Richelieu ihr den Hof.
{Diese alle verhandeln mit Spanien, Kaiser, Wallenstein etc.}.

Richelieu's Stellung zu Louis XIII – Mahnreden an ihn. Dessen Eifersucht und Schwäche (cf. dagegen Marius Topin). Aber Richelieu sichert ihm Taschengeld. Und Ludwig tröstet sich: sterb ich heute so henkt man dich morgen. Οἶος πέπνυται, τοὶ δὲ σκιαὶ ἀΐσσουσιν, wie Circe von Tiresias sagt. Er ist wie im Salon Agoston die wirkliche Figur zwischen den Gespenstern. Richelieu's *Mittel* völlig unbedenklich.

Seine Werkzeuge ihm nur sicher wenn er nie wankte. Der tückische père Joseph. Seine Spione überall, auch im val de grâce.

Er vertheidigt das Wohl des Landes gegen die welche hätten dessen Hüter sein sollen. Aber er konnte lange nicht so systematisch verfahren wie seine Mémoires wollen glauben machen. (Das Testament politique vollends eine späte Fiction).

Der finanzielle Jammer Frankreichs: le peuple ne contribue plus de sa sueur mais de son sang. Richelieu: le dictateur du désespoir. Das Abdanken der Heere aus Finanznoth im kritischen Augenblick. Die furchtbaren finanziellen Mittel; Zurückhalten der Rente, Nichtbeachtung des Loskaufs von der Einquartierung. Die 35 Intendants, Ersatz der grandsseigneurs. Croquants et va-nû-pieds.

| Das System des allgemeinen Gehorsams: Jede Selbständigkeit aus frühern Zeiten geerbt, äußerte sich nur noch schädlich, selbst die Parlamente die von Staatssachen nichts verstehen.

Ihm geht nun der Staatszweck Allem voran, unberührt von Mitleid und Gunst. Der größte Frevel am öffentlichen Wohl: das Nichtstrafen. Der Staat darf weder vergessen noch verzeihen. (Bei Staatsverbrechen genügt schon die bloße Wahrscheinlichkeit).

Richelieu «repräsentirt» dann Frankreich auch im Reich des Gedankens. Er findet die Literatur herrenlos, löst sie von ihrem air de spadassin ab, gewöhnt sie an die Regierung, pensionirt die guten Autoren, gründet 1637 die Académie de France zur Säuberung der Sprache und als Literaturinstanz. (Sein Verhältniß zu Corneille's Cid 1636). Seine eigenen Dramen. Sein Schloß Richelieu und Stadt – seine Sammlungen.

Nochmalige Erhöhung seiner Macht 1632. Sturz des Verräthers Marillac. Gaston erscheint umsonst mit Spaniern und zieht Montmorency nach sich. Gaston's Demüthigung und Versprechen künftiger Denunciation. Montmorency und seine gentilshommes geköpft. Allgemeine Furcht; – die Duellstrafen.

Endlich war man sicherer wenn man Spanien den offenen Krieg ankündigte als wenn man es machen ließ: 1635/6. Aber die Officiere (nur als Duellanten tauglich) ließen sich absichtlich schlagen. Gegen den CardinalInfanten und Jean le vert ruft Richelieu Paris auf.

Das Verhältniß zu Bernhard von Weimar, dessen Armee und Occupationen Frankreich 1639 erbt. Sonst, an der niederländischen und catalanischen Grenze mußte man zufrieden sein, sich zu behaupten.

| 1638, nachdem das Jahr zuvor Anne d'Autriche nochmals durch verrathenen Verrath völlig in Richelieu's Händen gewesen: die Geburt Ludwigs XIV., wodurch Richelieus Stellung nur mäßig gebessert und immerhin eine spanische Régence in Aussicht war. Schwacher Trost, daß Mazarin, den er der Königin zum Liebhaber hinschob, ihm ergeben sei. ⌊Er verschafft ihm den rothen Hut⌋

Richelieus's Einsamkeit mit seiner Staatsidee. Er muß sich gegenüber von Schurken beständig bändigen. Wirft die Leute einzeln nieder. Die Mittel gleichgültig; den Adel erwischt er beim Duell. Er arbeitet für lauter solche die ihn möchten henken lassen. Er ist kein König, sondern nur ein verhaßter Minister. Er fügt sich in Gaston's Erklärungen und in die Erbärmlichkeit der beiden Königinnen.

⌊Er ist keine sonnige Natur wie Heinrich IV., er gewinnt keine Herzen, sondern unterwirft ausschließlich die Menschen mit Gewalt; – er ist auch nicht König, aber mehr als König, nämlich Depositär des Staatsgedankens, der ohne ihn unterginge ob der Pflichtvergessenheit aller Derer die dessen Träger sein sollten und statt dessen Verrath dagegen üben.

Was dann Richelieu vorzüglich adelt und feit in der Geschichte, das ist die beständige Gegenwart der Todesgefahr. Dieß hat er mit Henri IV gemein.⌋

Endlich das Athemholen: Der spanisch-alliirte Carl I. durch die Revolution beschäftigt. Catalonien empört sich und huldigt Frankreich. Portugal fällt ab (ohne Richelieus Zuthun?). Neapel und Sicilien sind am Ausbruch.

Richelieus letzte Zeiten: die Verschwörung Cinq-Mars. Zunächst Soissons, mit sämmtlichen Frauen der Familie, ausgenommen Anna? Dann (nach Donchery) bei Ludwigs und Richelieu's Krankheit 1642 Cinq Mars und Gaston. – Auch Ludwig XIII. möchte s'en défaire. Stichwort: La paix! (Was freilich den Spaniern sehr erwünscht gewesen wäre). Die Katastrophe (Tarascon-Lyon). Die Rückreise nach Paris. Die letzten Stimmungen zwischen Ludwig und Richelieu. – Richelieu's Tod 4. December 1642.

Über Besichtigung altdeutscher Bilder

| *Über Besichtigung altdeutscher Bilder*[1]

Begrenzung des Themas auf die Zeit c. 1450–1500. (Das Spätere spricht
für sich selbst).
Die Maler zum Theil bekannt und geschichtlich characterisirt:
  Meister Stephan – die spätern Kölner und Westfalen (Dünwegge,
    Raphon)
  M. Schön – Herlen – Holbein d. ae. – Tho. Burgkmair
  H. Schülein – B. Zeitblom – M. Wolgemuth etc.[2]
Das Publicum nimmt wenig Notiz von ihnen – nur die Curiositätensammler.
Die allgemeine Physiognomie: gewöhnlich fällt höchstens ein schöner Madonnenkopf auf. Der Rest erscheint wie lauter Disharmonie. Mathematische Unmöglichkeit dieses ganzen Daseins. Dachsteile Perspective – Kindlichkeit der Bauten und Räume. Härte und Nähe auch des Fernsten – die Luft meist damascirter Goldgrund. Oft mehrere Handlungen auf Einem Bilde. Die Leiber höchst dürftig, die Stellungen unedel. Die Bewegungen überaus ungeschickt – die Physiognomien oft gemein. Die gebrochenen Falten der Gewänder. Und dabei oft höchste Genauigkeit in Bezeichnung der Stoffe, das Changeant des Sammet, die Pelze, das Gewirkte, der Glanz des Metalls, zB: der Waffen und in Gesicht, Händen und Füßen jede Runzel und Falte. Dabei Alles bunt und überfüllt; – immer nur möglichst viel Sachen, ohne zu fragen wie sie sich in der Erscheinung ausnehmen. Gemisch von räumlicher Unmöglichkeit und zudringlicher Wirklichkeit. Und das Wichtigste, die Mitteldarstellung der Altäre, überließ man meist der Sculptur.[3]

Warum soll der Beschauer so viel Widriges überwinden, wo Reineres und Besseres daneben ist? Täglich mit solchen Bildern umgehen ist nicht angenehm.

Allerdings diese Malerei keine geradegewachsene Blume; Präcedentien und Einwirkungen aller Art müssen dabei erwogen werden (wenn man

---

1 3. December 1872.
2 Von den Stechern der Meister E. S. zu erwähnen auch Israel van Mekenen.
3 Vorherrschend Flügelbilder erhalten.

nicht Alles verschmähen und dabei Bedeutendes versäumen will). Kenntniß des Herganges macht das Begriffene auch erträglich.

Die Kunst des frühern Mittelalters stets eine Kunst des Vielen, des Massenweiserzählens daher des Zusammendrängens (Portale, Fenster, auch Altäre). Es kam auf die Sachen und deren Vollständigkeit an und erst in zweiter Linie auf Schönheit der Form; übereinkömmliche Stenographie der heiligen Geschichte und der Legenden, es war eine Ehre, schon die Andeutung zu verstehen.

Auf dieser Bahn war die deutsche Malerei noch zu Anfang des XV. Jahrhunderts; – ungenügende Leiblichkeit bei hohem Adel und Schwung der Gewandung, und in den Marien und weiblichen Heiligen ideale Innigkeit: Wilhelm von Köln. Der hochstirnige, gewaltig gelockte, tiefaugige Aposteltypus.

Da erhob sich in Flandern die Malerei der Wirklichkeit mit Hülfe von Oel und Firniß: Jan van Eyck. Das Phänomenale riß alle Schulen nach sich, auch die italienische, französische, portugiesische und vollends die Deutschen konnten nicht widerstehen. M. Schön, Fr. Herlen, H. Schülein gingen nach Flandern zu Rogier. Aber Hubert und Jan van Eyck hatten ihre eigene Schule nicht völlig zu sich emporgehoben; sie überragen in den eigentlichen Künstlereigenschaften den Stuerbout, Rogier, Memling und Goes weit. Bei ihnen allein nicht bloß Wirklichkeit im Einzelnen, sondern lebendige Wahrheit, Studium der ganzen Menschengestalt, richtige Bewegung. Kein Flandrer mehr hätte die «Streiter Christi» und «gerechten Richter» erreicht. Höchstens übertrafen Einzelne sie hie und da im Ausdruck der Köpfe und etwa in der Farbenharmonie. Diese Nachfolger in Flandern haben wenig Ideen und bilden nur an der Ausführung weiter.

Indem nun vollends die Deutschen diese flandrische Art sich nur stückweise aneigneten, kam in ihren Styl jenes sonderbare Schwanken, jene Mischung von Alt und Neu, welche so manchem Beschauer unleidlich ist. Aber eine Kunstübung welche die Vorgängerin von Dürer und Holbein war, wird unter allen Umständen der Betrachtung würdig sein, und eine geistige Kunde dieses Ranges für das Jahrhundert vor der Reformation lassen wir uns ohnehin nicht nehmen. Und bei näherer Vertiefung in diese deutsche Schule findet sich, daß sie zwar die Flandrer in der Darstellung des Einzelnen, und in der Harmonie nicht erreicht, sie aber an Ideenreichthum und an Einzelelementen der Schönheit und des Characters übertrifft. Doch wir haben es nicht mit einer Parallele beider Schulen (oder vollends der italienischen), sondern mit Darstellung des Geistes der deutschen Schule zu thun. (Unser hiesiger Vorrath, mitgerechnet die burgundischen Bilder).

Die Mängel:
Formen: Die ungenügende Leiblichkeit. ⌊Oefter einförmige Wiederholung Eines aber nicht idealen Typus⌋ Specielle Manieren: Burgkmayr und das krumme Maul – die Kopfbildung Zeitbloms.

Das Mangelhafte der Bewegung[1] – Mangel einheitlicher Vorstellungskraft der Maler. Der Schritt – das Spreizen – das Knien – dazu die perspectivische Raumwidrigkeit ⌊Unsicherheit der Pläne⌋.

Composition: Die Roheit des Erzählens[2] und die unglaubliche Ungeschicklichkeit[3] – unsere Darstellung des heiligen Kreuzwunders. (Bisweilen Entschuldigung durch die ungünstigen Flügelformate). Mißlingen aller großen Executionen (Pharaos Untergang, der Kindermord von Bethlehem).

Außerdem das Zusammendrängen mehrerer Momente auf Einem Bilde (Hauptbeispiel: das Paulusbild Holbeins d. ä.). Aber die Beschauer kamen dem Maler ehr entgegen. Wir illusionsbedürftige Moderne sind die prosaische Partei. Und ebenso im Costüm, welches wir antiquarisch genau verlangen.

Vorzug der ruhigen Scenen und Einzelfiguren vor dem Bewegten und innerhalb des Bewegten: Vorzug der heiligen Geschichte und Lebens der Maria (weil durchgearbeiteter) vor den Legenden. – Kreuztragung, Kreuzabnahme etc.

Ausdruck des Momentes: Das Pathos in Kopf und Geberde mißlingt meist (der ältere Holbein und die Jünger der Transfiguration!). Das Bewußtsein hievon mochte die Verhüllung bei großem Schmerz räthlich machen. Viele Scenen welche die spätere Zeit mit abgestuftem Pathos gab, werden hier rituell gegeben, als Function:[4] Adoratio Magorum, Tod Mariae oder als Collectivandacht: die von den Barbaren bedrohten 11000 Jungfrauen.

Völlige Abwesenheit der künstlerischen *Oeconomie*. – Viele Bilder stark überfüllt, mit so vielen Gestalten und Beziehungen als der Gegenstand nur erträgt; man will *ihm* und nicht der schönen Erscheinung Ehre anthun; noch nichts Müßig-Schönes (auf spätitalienische Art); die Engel zB: wesentlich als Sänger da, oder in ruhiger Anbetung. Und dabei ist Alles ausgeführt, nichts bloß angedeutet.

Vorzug der völlig ruhigen und stillen Darstellungen:
    das neue gemüthliche Thema: die Sippschaft Christi; – oder: Bambino, Maria, Anna, Joseph, Joachim, Maria, Johannes und Magdalena unter dem Kreuz;
Maria im Grünen = Ruhe auf der Flucht –

---

1 Wollen und Vollbringen sind nicht Eins.
2 ob unter Einwirkung der Mysterien und Osterspiele?
3 Sie vollbringen meist ohne zu wollen.
4 Noch keine Wirkung durch Contraste.

oder der großen symmetrischen Ceremonie:
Maria als Gnadenmutter mit dem weiten Mantel
Mariä Krönung – Wandelungen dieser Composition bis auf unser Rosenkranzbild mit seinen Patronen, Propheten, Apostel, Kirchenvätern, heil. Clerus, heil. Laien, Märtyrer.
Die *Einzelgestalten* oder ruhig nebeneinander stehenden Heiligen. Selten Santa conversazione, kaum daß Einer dem Andern zuflüstert. Der Blick meist ruhig, vorwärts, selten nach oben oder auf das Mittelbild hin.
a) ganz Goldgrund, b) Teppich, drüber Goldgrund, c) Teppich, drüber Luft.

Hauptabsicht: Kenntlichkeit, ausgeführt im Sinne der Pracht – Ritter, Bischöfe etc. (Überhaupt keine Buhlerei mit dem Elend; es muß den heiligen Personen reichlich und gut gehen; die Wohnstube der heiligen Anna – das Zimmer der Verkündigung). Starkes Beispiel der Absicht auf Kenntlichkeit: der heilige Thomas auf unserm Baldung. Die Attribute: S. Sebastian mit einem Baum – S. Eventius und S. Theodolus auf Flammen stehend.

Der Character: Weiterleben des Idealschönen im Sinn des XIII. und XIV. Jahrhunderts: M. Schön, seine Maria im Rosenhag, seine mater dolorosa, seine vier heiligen Frauen (Museum) – der Christustypus – hie und da noch der alte Aposteltypus. Sonst sehr das Wirkliche, das Bürgerliche, bis ins Alltägliche und Philiströse aber treuherzig und niemals sich präsentirend, sondern unbefangen. Hochbedeutende Priestergesichter (M. Schön: Pius Joachim) – die Nonnenköpfe. Die Mutter mit dem Kind und worin sie auch neben den damaligen Italienern etwas ist.

Die Widersacher: M. Schön – Holbein d. ä.: der Scherge und der Henker – Wolgemuth.

Der Teufel und seine Geschichte vom Stich des M. Schön bis auf Grünewald (Insect, Skelett und Fratze).

Vorschule des Porträts: die meist ganz ruhigen Donatoren, oft ganze Familien kniend.

Vorschule der Landschaft: visitatio, Kreuztragung, S. Hieronymus, Ruhe auf der Flucht. (Jan van Eyck hier weit voran, die Deutschen behielten zu lange den Goldgrund).

Die vorwaltende Gesammteigenschaft: der Ernst. Schließlich: die jetzige Häufung in Galerien – einst in prächtiger Schreinfaßung in bunten Kirchen.

Endlich das XVI. Jahrhundert und die Kunst der völligen Belebung und schönen Erscheinung: Schöne Vertheilung und Bewegung im perspectivisch richtig gewordenen Raum ⌊In der Bewegung werden Wollen und Vollbringen endlich Eins⌋; das geschloßne Licht – die Abstufung der Töne – die Buntheit weicht der Harmonie. (Coloristische u. a. Künste eines Grünewald und Altorfer). Handhabung des Decorativen. Befreiung des Ausdrucks von der Grimasse.

Referat «Basler Nachrichten», Beilage zu Nr. 290, vom 7. 12. 1872

– (Eingesandt.) Verwichenen Dienstag Abend sprach Hr. Professor Jakob
5 *Burckhardt in der letzten seiner diesjährigen Vorlesungen über die Besichtigung altdeutscher Bilder. Altdeutsche Bilder nennt der hochverehrte Redner die Werke aus der zweiten Hälfte des XV. Jahrhunderts, aus jener Zeit, da Meister wie Hans Schühlein und Bartholomäus Zeitbloom aus Ulm, Friedrich Herlen aus Nördlingen, Michael Wohlgemuth*
10 *aus Nürnberg, Hans Holbein d. ä. aus Augsburg, und als der namhafteste und bedeutendste Martin Schongauer aus Colmar, der «deutsche Perugino», lebten. Freilich haben die Erzeugnisse dieser Kunstperiode nichts Anziehendes für unseren ersten Blick, die spinnenartigen Gestalten, die klägliche Leiblichkeit derselben, die sonderbaren und oft sogar gemeinen*
15 *Physiognomieen, wie unwahr und unrichtig ist dies Alles, daneben aber dann noch die große Prätension in der Genauigkeit der Ausführung, die größte und feinste Reichlichkeit, die genaueste Pracht der Stoffe; das Alles zeigt uns nichts als Disharmonie und es ist wohl begreiflich, wenn wir uns nach dem ersten Anschauen dieser unerquicklichen Darstellungen*
20 *zu genießbarern wegwenden. Indeß liegt etwas in dieser Kunst, das unser tiefstes Interesse wachrufen kann, es ist nicht allein, daß diese Malerei der Boden war, auf dem Meister wie Dürer und Holbein erwachsen konnten, sondern auch, weil sie uns so wichtige geistige Kunde gewährt von dem Zustande des sinkenden Mittelalters; so verlangt sie ein ernstes,*
25 *eingehendes Studium, und es ergibt sich nicht allein ein Verzeihen der Mängel, sondern zuletzt ein wahrer hoher Genuß, und was wir in ihr von Widersprüchen und Mißklängen finden, das erklärt sich uns, wenn wir zusehen, wo und wie diese Kunstrichtung entstanden ist; sie ist keine grad aufgewachsene Blume, sondern bedingt und gelenkt durch ihre Prä-*
30 *zedentien sowohl als auch durch die Einflüsse von auswärts.*

Die Kunst des eigentlichen Mittelalters konnte nicht, wie die antike, in der engsten Verbindung mit Poesie und freiem Volksleben emporblühen; die Kirche war es, welche die Kunst zu ihrer Dienerin machte und die Schöpfungen derselben für sich in Anspruch nahm, Bibel und Legenden
35 *boten den Stoff zu den Darstellungen; daher das Zusammendrängen so vieler Figuren auf einem Bilde, wobei die Schönheit des Einzelnen vernachlässigt, die Vollkommenheit des Ganzen allein berücksichtigt ward.*

So im XIII. und XIV. Jahrhundert; am Anfange des XV. aber entwikkelte sich eine neue Richtung, welche wohl nicht viel über die karge Leib-
40 *lichkeit der vorhergegangenen Kunst hinauskam, aber damit ein edles,*

inniges Streben nach süßer Holdseligkeit und Anmuth, nach einem feierlichen melodischen Schwung verband, die den Idealismus in seiner reinsten, heiligsten Blüthe aufbrachte.

Was aber von Außen her so tief eingreifend auf die deutsche Malerei wirkte, war die neue Richtung, welcher in Flandern die beiden großen Brüder Hubert und Johann van Eyck Bahn brachen. Diese Beiden schufen auf einmal die Malerei der Wirklichkeit, der bewunderungswürdigsten Naturwahrheit; jene ideale Unbestimmtheit hörte auf und an ihre Stelle trat ein kräftiges, realistisches Streben nach Individualität. Auch die Räumlichkeiten wurden so wirklich und wahrscheinlich geschaffen, als nur möglich, der Goldgrund ward weggethan und statt seiner öffnete sich dem Auge die weite Ansicht in eine reiche, blühende Landschaft hinaus. Dazu kam die genaueste Wiedergabe aller Einzelheiten, die miniaturartige Ausstattung der glänzend schönen Kostüme in schweren Seidenstoffen und Goldbrokat, und alles das war unterstützt und gefördert durch die technische Neuerung der Brüder van Eyck, wodurch die Leuchtkraft und der tiefe Glanz der Farben hervorgerufen ward. Luxus und Andacht gehen hier Hand in Hand, und es ist leicht begreiflich, daß Ruhm und Ansehen dieser neuen Richtung in weite Ferne drang; und wie das nach Frankreich, Italien und Spanien geschah, so zunächst und vor Allem nach Deutschland, von wo die Meister herbeieilten, um in der flandrischen Schule sich in der neuen Kunst zu bilden. Wie aber die Schüler der van Eyck, und selbst der größte von ihnen, Rogier van Brügge, die Leistungen ihrer Meister niemals erreichten, so noch viel weniger die Deutschen, und so entstand jene Mischung von Angenehmem und Unangenehmem, von Reifem und Unreifem, die uns gerade in dieser Schule des sinkenden XV. Jahrhunderts so unerquicklich berührt.

Betrachten wir zuerst die Mängel dieser Schule, so ist es vor Allem die höchst mangelhafte Entwicklung der Körperlichkeit, die so ungewöhnliche, so ganz und gar nicht mit der Natur übereinstimmende Behandlung der einzelnen Gliedmassen, wozu dann noch etwa die besonderen, individuellen Unarten und Eigenthümlichkeiten einzelner Künstler kamen, die über die Maßen unvollkommene Bewegung der Figuren, endlich der gänzliche Mangel an Gefühl für Räumlichkeit, eine Darstellung, die sich außerhalb der Bedingungen der gewöhnlichen Raumverhältnisse bewegt.

Was aber besonders hervorzuheben ist, ist der Umstand, daß die Bewegung keineswegs, wie sie sollte, aus dem Innern hervorgeht, durch den Willen geleitet wird; das Wollen und das Vollbringen traf eben nicht zusammen; und daher dann alle Bewegungen so unendlich ungeschickt, in hitzigen aufgeregten Scenen namentlich, wo z.B. in dem Kindermord von Bethlehem, die gräulichsten Fratzen die gräulichsten Thaten vollbringen, aber mit einer entsetzlichen Gleichgiltigkeit der Physiognomie.

Dann, was die Komposition betrifft, fehlt die künstlerische Oekonomie vollständig; die Bilder waren überhäuft mit Figuren, und dann alle mit derselben miniatorischen peinlichen Genauigkeit aufgeführt, das Hauptsächliche, wie das Nebensächliche, das Ferne wie das Nahe, und daher die schillernde Buntheit eines solchen figurenreichen Gemäldes; aber sie malten das alles mit einem tiefen Ernste, es war ihnen am Gegenstande selbst, nicht am bloßen Schein, an der müssigen nichtssagenden Schönheit gelegen, sie waren voll Ernst und Kraft im Vergleich mit der Profanheit der spätern italienischen Malerei, voll poetischer, naiver Anschauung gegenüber der prosaischen Vernünftelei unserer Tage.

Schwach sind sie aber in der Darstellung des momentanen Ausdruckes, die Rührung wird oft zur Grimasse, und Martin Schön allein hat es mit voller Meisterschaft verstanden, die Gottesgebärerin in der wahrsten und heiligsten Trauer hinzustellen, und wo man nicht wagte, die Mysterien des tiefsten Schmerzes aufzudecken, da verschleierte man das thränenreiche Antlitz.

Die Meister getrauten sich nicht, bei leidenschaftlich erregten Scenen den subjektiven, momentanen Ausdruck zu suchen, da so mancher Versuch dieser Art auf üble Weise mißglückt war, und deßhalb die ruhigen Scenen bei weitem die bessern, und von den heftigeren, belebteren diejenigen, welche schon oft und vielfach zum Gegenstande künstlerischer Darstellung waren gewählt worden; denn je öfter schon ein solcher Gegenstand bearbeitet wird, mit desto mehr Liebe, mit desto größerer Hingebung sucht der Künstler ihn von neuem zu bilden.

Vorzügliche Bilder aber sind vor Allem große Gestalten, beinahe ohne Bewegung, Scenen, wie Maria als Gnadenmutter, wie Mariä Krönung; solche Bilder gehören zu den feierlichsten und weihevollsten des ganzen XV. Jahrhunderts. Bei derartigen einzeln dastehenden Figuren, wie namentlich auf den Flügeln eines Altarschreines, ging das Streben der Künstler nach größtmöglicher Kenntlichkeit der dargestellten Personen, was namentlich durch die Beigabe der allbekannten Attribute erzielt ward; am Herzen lag ihnen ferner die möglichste Fülle und Pracht der Ausstattung; man glaubte, den heiligen Personen Ehre anzuthun, wenn man sie so schön und so reichlich darstelle als möglich, wenn man zeige, wie gut es ihnen gehe; denn man war überzeugt, den einzelnen hl. Gestalten jener Welt eine höhere Idealität des Daseins zuschreiben zu müssen.

In der Ausführung dieser Figuren herrschten natürlich mannigfache Unterschiede; die meisten waren gewöhnlich und sogar philiströs, daneben aber gab es treuherzige und ernste Gesichter, und es erwachte sogar wieder die herrliche hohe Stimmung der kölnischen Schule, es kam wieder jener hohe Aposteltypus, der hochstirnige, starklockige, tiefaugige; daneben die ascetische Bildung des Christuskopfes und Schön's herrliche

Madonnengesichter; die Süßigkeit, Reinheit und träumerische Andacht der Nonnenbilder, und priesterliche Häupter voll Feuer und Strenge und bewußter Güte in dieser Strenge, von welchen Bildungen insgesammt die Gemäldesammlung unseres Museums so reiche und werthvolle Stücke enthält.

Gedenken wir zum Schluß noch der Portraitmalerei jener Zeit, gepflegt namentlich in den Darstellungen der Donatoren; denn wäre hier nicht so besonderer Fleiß auf diese Richtung verwandt worden, wie hätte sie sonst so plötzlich und glorreich im XVI. Jahrhundert fertig dastehen können? –

So ist es vor allem der tiefe Ernst dieser Malerei, der sie uns lieb und werth macht; sie ist nicht da aus der Schönheit und nicht um der Schönheit willen, sondern wegen ihrer würdigen Kraft, wegen ihrer hohen sittlichen Bedeutung.

Über das Englische als künftige Weltsprache

| *Über das Englische als künftige Weltsprache[1]*

Auf dem Meer hört man nur oder fast nur noch englisch sprechen und auf den Oceanen herrscht das Englische unverhältnißmäßig vor, obwohl es noch ein paar andere europäische Handels- und Kriegsmarinen giebt.

Die ungeheure Ausdehnung der angelsächsischen Race. Nordamerica: Angelsachsen, Iren und Deutsche welche in der Regel in der zweiten Generation nur noch englisch reden; die Ausdehnung nach Westen; die Pacific Bahn.

Die Monroedoctrin; die Aussicht auf Einverleibung von Mexico, Cuba etc. und die thatsächliche Herrschaft über die südamericanischen Republiken und Brasilien nur noch eine Frage der Zeit und selbst vom Beisammenbleiben der Union unabhängig. (Indien keine Colonie, sondern als bloßes Comptoir hier zu übergehen). Neuseeland, so groß wie England, gemäßigtes Clima, mit Städten, Meiereien, Ateliers, Presse und Parlament. Australien ein neues großes englisches Volk.

Gleichgültig für unsere Betrachtung wie lange die letztern Länder, überhaupt die jetzt noch zu England gehörenden Colonien englisch bleiben; in der Sprache und Sitte und im Geschäft bleiben sie es jedenfalls. Schon jetzt wird englisch Gedrucktes von ungleich viel mehr Menschen gelesen als französisch oder deutsch Gedrucktes.

Die Occupation von ganz Polynesien wird von Nordamerica oder von Australien aus erfolgen; die Nordamericaner beginnen jetzt mit den Sandwichinseln. ⌊Thatsächlich herrscht schon die englische Sprache auf den Inseln.⌋ Wie weit wird vielleicht bald China occupirt? und von wem? – Dieß Alles bekannte Sachen und Chancen.

Nun De Candolle: Histoire des sciences et des savants, mit einem besondern Abschnitt: avantage pour les sciences d'une langue dominante, et laquelle des langues modernes sera dominante au XXme siècle.[2]

Das *Lateinische* bis heute die Sprache der römischen *Kirche*, noch auf dem Concil von 1870 gebraucht. Ferner lange Zeit die Sprache der *Gelehrten* (solange die Gelehrsamkeit noch wesentlich auf der Renaissance

1 1872/73 (Für den Verein Junger Kaufleute)
2 p. 292!

beruhte) und sogar Sprache der politischen Tractate, ja der *politischen Verhandlungen*. ⌊Noch bis vor kurzem in dem polyglotten Ungarn.⌋ Die Vortheile einer gemeinsamen *Gelehrtensprache* groß, zumal für die höchsten Gebiete die ein kleines Publicum haben, zB: die Philosophie (Bacon, Spinoza). Heute das Latein, abgesehen von der Philologie, auf mathematische und botanische Publicationen beschränkt.

Es folgte eine thatsächliche große Herrschaft des *Französischen*; Ludwig XIV. erzwang dessen Gebrauch in der *Diplomatie*; außerdem wurde es die Sprache die Jedermann verstand und hie und da auch ein Ausländer wie Leibnitz schrieb; die Refugianten thaten das Übrige. Vollends mit dem Zeitalter der Aufklärung gerieth Frankreich an die Spitze nicht bloß des literarischen Europa's.

Das Italienische und Spanische, welche eine Zeitlang wenigstens *Modesprachen* gewesen waren, traten ins tiefe Dunkel zurück und französirten sich zu Hause selber. Das Deutsche ist durch seine Schwierigkeit von der Concurrenz auf immer ausgeschlossen.

| Nun De Candolle's Gedankengang: Der wissenschaftliche Schwerpunct liegt wesentlich in NordEuropa; – England, Frankreich, Niederlande, Deutschland, Scandinavien.

Eine Sprache kann nur dann langue dominante werden:

1) wenn sie viele lateinische und germanische Wörter und Formen vereinigt
2) wenn eine große Majorität gebildeter Menschen sie bereits spricht
3) wenn sie grammaticalisch einfach, kurz und klar ist.

In 50 oder 100 Jahren wird nur das Englische dieß können. (Es könnte es danach schon jetzt).

Gegenwärtig sprechen englisch 77 Millionen, deutsch 62 (zu hoch; kaum 52), französisch 40.

Aber in England verdopple sich die Bevölkerung in 50 Jahren, in Nordamerica, Australien etc. in 25, in Deutschland durchschnittlich in 100, in Frankreich und französisch redenden Ländern in 140.

Und so werde im Jahre 1970 das Englische von 860 Millionen, das Deutsche von 124 Millionen, das Französische von kaum 70 Millionen gesprochen werden. D. h. die zwei letztern machen noch nicht einen Viertel soviel als die englisch Redenden.

Den Deutschen wird gegenüber letztern zu Muthe sein wie jetzt den Holländern und Schweden gegenüber von ihnen. Die Verbreitung des Englischen in Africa und Asien wird hier gar nicht gerechnet.

Die einzige Rettung eines nicht englisch verfaßten Buches wird seine Übersetzung ins Englische sein. Schon jetzt gehe es den deutschen Büchern auf dem großen Markt so, während die Italiener lieber französische Übersetzungen kaufen.

Folgen die innern Qualitäten des Englischen, mit gänzlicher Preisgebung der Begriffe von Reichthum und Geistesfülle der Sprachen welche in der That ein praktisches Hinderniß sind. ⌊Und die Schönheit kommt nicht in Betracht.⌋ Die Sprachen in ihrem Beginn am reichsten: Sanskrit, Baskisch, Griechisch, Deutsch – Das Deutsche ist eine jener reichen Ursprachen.

Wenn die Deutlichkeit allein entschiede, so hätten Französisch, Italienisch etc. auch ihre Vorzüge – von ihrer Schönheit nicht zu sprechen, aber die Kürze und die Armuth an Formen entscheiden für das Englische. Dieses hat für lebende Wesen ein Masculinum und ein Femininum, für alles Übrige ein Neutrum,[1] während die romanischen Sprachen zwei Geschlechter haben, das Deutsche drei.

Es hat nur die unentbehrlichen Tempora und Modi: Présent, passé, futur und Conditionnel. (Dagegen das Deutsche mit seinem Reichthum, seiner Trennung der Composita etc., Trennung des Hülfsverbums vom Participium).

Hauptmangel des Englischen: die unregelmäßige Orthographie und die rein usuale Aussprache der Vocale in jedem einzelnen Fall. Aber neben allen andern europäischen Sprachen wirkt es wie der kürzeste Weg von einem Punct zum andern. Le français bat l'italien et l'allemand;[2] l'anglais bat les autres langues. – Schriftlich lernt man es geschwinder verstehen als irgend eine europäische Sprache. Die ganze Correspondenz zB: leidet wegen der Aussprache nicht im mindesten.

Folgen gute Lehren an die englisch-redenden Völker: sich nicht in Untersprachen zu spalten; keine neuen Wörter zu schaffen wie Dickens, nachdem man seit Shakspeare so löblich eine Menge doppelter und dreifacher Benennungen für Begriffe aufgegeben und nur eine beibehalten habe; – ein so mundfaules Volk (économe de paroles) brauche nicht mehr als Ein Wort für jede Sache. – Die Nordamericaner sollen ihre Neuerungen in Accent und Orthographie bleiben lassen, das echte und feine Englische beibehalten; besonders die Lehrer, die ja meist aus den Neuenglandstaaten hervorgehen, sollten dafür wirken. – Jede Aenderung nur durch Delegirte der Universitäten aller englisch redenden Länder zu bewirken.

| Bemerkungen zu De Candolle:

Aus seinen Weissagungen wären noch weitere Consequenzen zu ziehen: Dieses von viermal so vielen Individuen ⌊und dazu von den reichsten und mächtigsten auf Erden⌋ gesprochene Englisch als Menschen französisch und deutsch sprechen, wäre stark genug, alle andern europäischen

---

1 Auch das Pronomen höchst einfach
2 Wo sie auf neutralem Boden zusammentreffen

Sprachen trotz allem alten Ruhm zu localen Dialecten herabzubringen; in Deutschland und Frankreich selbst würde Alles was sich irgend auf den Verkehr und die Welt bezöge, gradezu englisch gedruckt werden;[1] die ganze Comptoirarbeit würde englisch gehen; jedes Kind mit Ausnahme des Landvolkes müßte englisch lernen; dito in Spanien, Italien, den Niederlanden und Scandinavien. ⌊Dasjenige continentale Land welches hiemit beginnen würde zöge die andern nach sich.⌋ Auf die Regierungen käme es gar nicht an; das Geschäft (in jener Zukunft unermeßlich gesteigert gedacht) würde die Aenderungen von sich aus erzwingen. Es würde sich um ganz was anderes als nur um eine Kirchen-, Gelehrten-, Societäts-, Diplomatensprache handeln; Englisch wäre = Geschäft und Erwerb; – es würde langue dominante noch in einem viel stärkern Sinne als bei De Candolle. ⌊Ja man müßte selbst einen Universalstaat voraussetzen bloß um der Raserei der Vereinfachung willen.⌋

Die große Fraglichkeit aber bezieht sich auf die 860 Millionen englisch Redender, welche in hundert Jahren auf Erden vorhanden sein sollen. Wir lassen alle besondern Unglückschancen (Krieg, Pest, Naturcalamitäten) aus dem Spiel und negiren einstweilen den Hauptposten: die nothwendige Verdoppelung der Nordamericaner in 25 Jahren; die bekannten physiologischen Thatsachen von den Nordamericanern selbst zugestanden: daß sie ohne den europäischen Zustrom aus England, Irland, Deutschland abnehmen würden; ⌊wir wissen nicht ob dieser Zustrom fortdauern wird.⌋ Fraglichkeit des ganzen americanischen Clima's für den weißen Menschen, ganz abgesehen von der geringen Bewohnbarkeit des Centrums von Nordamerica. – In den tropischen Gegenden ist der weißen Race überall eine Schranke gezogen; da gedeiht außer dem Eingebornen nur der Neger und der Chinese. – Wie groß die nutzbarzumachende Partie von Australien sein wird, weiß man noch nicht.

Ferner muß man gefälligst voraussetzen (ohne es beweisen zu können) daß dieß ganze Riesenvolk auf dem jetzigen Niveau der anglo-americanischen «Cultur» bleiben und dasselbe noch erhöhen werde. Es könnte aber ebensogut etwas abwärts gehen.

Anderseits ist freilich auch das fortwährende Anwachsen der Bevölkerung in Deutschland und Frankreich ganz nach dem Maßstab der letzten Jahrzehnde eine bloße Supposition; der anbaufähige Boden hat seine Grenzen und weit über dessen Ertrag hinaus von einer künstlichen, durch Handel und Industrie zu deckenden Zufuhr zu leben wäre sehr bedenklich.

---

1 Alles würde zu der großen herrschenden Gruppe gehören wollen.

Thomas Morus und die Utopia

| *Thomas Morus*[1]

Wichtigkeit solcher Autoren, welche nicht bloß Klagen über ihre Zeiten sondern deren Einzelkritik enthalten. Wenn sie ein Bild des Zustandes entwerfen wie er sein sollte, und etwa dieß Bild bis zu einem vollständigen Staatswesen und bürgerlichen Leben ausführen, so entsteht die Utopie, das Nirgendheim. Vielleicht erfahren wir dabei, nicht bloß: wo die Leute der Schuh gedrückt hat, sondern auch: was ihnen positiv werth und theuer erschien.[2]

Dieß schon dem Alterthum sehr geläufig, schon vom Coloniengründen her. Überhaupt ein des griechischen Geistes sehr würdiges Thema. Unter einer ganzen Anzahl von Politien: Die des Plato. Ihre Tendenz: wie man es hätte anfangen müssen um die Crisen abzuschneiden; allgemeine Knechtschaft nach Kasten, mit Communismus und Weibergemeinschaft und Philosophenherrschaft. Die gemilderte Utopie: de legibus. Plato schaut rückwärts nach Sparta und Aegypten und bringt wesentliche Formen des Vergangenen vor, deßhalb kein Deuter der Zukunft. Das Werthvolle ist die Kunde über seine Zeit, die er reichlich giebt.

Morus kannte früh Plato's Politeia und las in der Folge zu S. Lorenz in London über Augustin de civitate Dei. (Augustin giebt kein Gedankenbild, sondern constatirt einen wirklichen Zustand – de civitate Dei – XIX, 17: civitas coelestis, vel potius pars eius, quae in hac mortalitate peregrinatur et vivit ex fide … apud terrenam civitatem velut captivam vitam suae peregrinationis agit … coelestis civitas, dum peregrinatur in terra, ex omnibus gentibus cives evocat atque in omnibus linguis peregrinam colligit societatem …)

Tho. Mori Herkunft – Geburtsjahr – Jugend und Bildung – die Familie. Morton – humanistische, juristische und theologische Studien – Erasmus (Dedication des laus stultitiae) – Morus im Unterhaus 1504 – Mathematik, Musik, englische Chronisten – Löwen und Paris – Advocat, Untersheriff, Friedensrichter. – Sein Hauswesen. – Erasmus und Holbein ⌊das

---

1 18. Februar 1873.
2 Der populär-kindliche Ausdruck: Schlaraffenland, goldenes Zeitalter.

Familienporträt˩ in seinem Hause – Vertheidigung des griechischen Neuen Testamentes. – Die Gesandtschaft nach den Niederlanden 1515/6. Bekanntschaft mit Buslidius und Aegidius.

Hier setzt die Utopia an ˩die Gespräche in Antwerpen, und die frühern Gespräche bei Morton˩ – Hythlodaeus ˩Wie weit spricht aus ihm Morus selbst? Der Rahmen des Buches ziemlich weit.˩ Seine Reflexionen über den damaligen Gewaltstaat (die Adresse an den «König von Frankreich»): Eroberungen – Geldmacherei – Münzveränderungen – Bewilligungen für Kriege – antiquirte Gesetze – Abkauf von Strafen – Druck auf die Richter – der alendus exercitus – das Königsrecht auf Alles – Furcht vor Bereicherung des Volkes – die Hinrichtung für Diebstahl zu hart – Quellen des Elends und Diebstahls.

Allmälig beruft sich dann Hythlodäus auf fremde Völker. Die Polyleriten und ihre Zwangsarbeit für Verbrecher, das Gestohlene an den Bestohlenen zurück. Die Achorier, welche ihren König zwingen, ein zweites Reich wieder wegzugeben. Die Macarenser, die ihrem König nur einen beschränkten Schatz gönnen.

Endlich Utopia selbst. Morus hat nur sehr wenig Musse zwischen den dringendsten Geschäften darauf wenden können; nicht ein vollendet consequentes Bild sondern eher ein geistreicher Wurf ˩(Plato hat viel systematischer seine Politie durchdacht)˩; er giebt bei Weitem nicht auf alle Fragen des Daseins Antwort. – Aber er hat Ahnungen der Zukunft, beruhend auf einem innigen Mitleben mit seiner Nation und mit dem damaligen Europa überhaupt – und hier liegt sein Anspruch auf Größe.[1]

| Utopien. – Allgemeiner Zustand.

Ausgehend von Dem was am stärksten den Menschen vom Allgemeinen abwendig macht, von der Schädlichkeit des Privateigenthums proclamirt Morus wie Plato den *Communismus*. ˩(15 Jahre nachher wurde Peru entdeckt).˩ Nur auf diesem Grund und Boden kann er seine unegoistische, den gemeinsamen Zwecken lebende Menschheit aufbauen.

Freilich hat König Utopus adhoc erst das Land zur Insel machen müssen. Die gleichartigen 54 Städte mit ihrer Feldmark von 20 miles ins Geviert, die man nicht zu vergrößern begehrt; die Bevölkerung zweijährig wechselnd zwischen den Städten und den Meyerhöfen.

Die Haupt- und Musterstadt Amaurotum, wo jährlich die Städteboten (je drei per Stadt) zu einem Parlament zusammentreten; die Häuser kaum verschlossen; gleichmäßig; dreistöckig; alle zehn Jahre Hauswechsel. – Zierliche Gärten.

---

[1] Ahnungen von Nordamerica, J.J. Rousseau, St. Just etc.

Ackerbau treibt Jeder und Jede; daneben lernt Jeder ein Gewerbe. Gleichheit der Tracht; Einfachheit. Hauptgeschäft der Behörden: daß Keiner müssig sitze; Arbeit sechs Stunden, Schlaf acht, der Rest: Essen und Geistesbildung; Männer und Weiber laufen in öffentliche lectiones. Die sechsstündige Arbeit genügt für Alles was man braucht. Anders als in Europa! – Niemand soll inops und mendicus sein.
Gemeinsames Speisen, Spiele etc.
Vom gewöhnlichen materiellen Arbeiten dispensirt sind nur gewisse Arten von Beamten die dann um des guten Beispiels willen dennoch arbeiten, und die Lehrer = literati und auch diese können wieder unter die Arbeiter zurückversetzt und begabte Arbeiter an ihrer Stelle befördert werden.
Das einfache Bauwesen; das Meißeln der Steine im Vorrath. Ausbesserung der Landstraßen wenn sonst genug für Alles gesorgt ist; oder auch: man setzt dann die Zahl der Arbeitsstunden herab.
Jede Stadt hat 6000 Familien und ein Kloster. Kleinere Familien aus zahlreichern ergänzt, volksärmere Städte aus volkreichern; der weitere Überschuß in Colonien nach dem Festland. Theorie der Occupation alles Unbenützten durch den welcher «von Natur» darauf angewiesen ist, sich davon zu nähren. (Dieß bevor England eine einzige Colonie besaß).
Alle möglichen einzelnen Einrichtungen; Jeder holt aus den Vorrathshäusern was er braucht; rapacitas giebt es nicht da Niemand Mangel leidet. ⌊(!)⌋ Die Spitäler werden aller Hauspflege vorgezogen. Für geringe und widrige Dienste giebt es Knechte (theils Verurtheilte, theils auch Freiwillige).
Ausflüge nur mit specieller Erlaubniß; auch arbeitet man gleich mit wo man hinkommt. Keine Wein- noch Bierhäuser.
Höchst affectirte Verachtung von Gold und Silber, das nur zum Werben fremder Söldner Werth hat. – Verachtung gegen den Cultus des Reichthums und der Reichen.
Für alle ist gesorgt und nun kann ihnen auch das Oeffentliche wahrhaft angelegen sein. Keiner hat etwas, aber Alle sind reich und ohne Sorgen für sich und die Ihrigen auf alle Generationen hinaus.
Furchtbare Anklage der europäischen Ungleichheit an Besitz und Arbeit; – conspiratio divitum. (Was dachte dann Morus 1517 beim Aufstand der englischen Arbeiter gegen die niederländischen in London?)

| *Utopien* – Die Bildung.
Einst sollen Römer und Aegypter hier gestrandet sein etc. – doch macht Morus später hievon wenig Gebrauch.
Bildung ist offenbar neben der Arbeit der zweite große Hauptzweck des Daseins. Gott hat dem Menschen mundi machinam zum *Beschauen*

hingestellt, als mirabile spectaculum.[1] Später bringt Hythlodaeus Classiker, Hülfsbücher, Druck und Papierfabrication. Ungemeine Empfänglichkeit der Utopen. Betrachtung der Natur, und Lob Gottes wegen derselben, gilt als gratus Dei cultus.

Die Tempelinstrumental- und Vocalmusik p. 151 geschildert mit polemischem Hinblick auf die flandrische.

| Utopien – Staatswesen, Beamte etc.
Alles durch Wahl, auch sehr kunstreiche, zum Theil sehr gesiebt. Ein princeps, auf Lebenszeit gewählt (président à vie).

Die Beamten = Syphogranten. – Sie ernennen u. a. die Lehrer = literatos (auf Empfehlung der Priester!) – aus den literatos werden dann gewählt: Gesandte, Priester,[2] Oberbeamte und der princeps. (Morus hütet sich aber sehr, diese Mandarine zu einer erblichen Kaste werden zu lassen; Wahl ist die Basis von Allem).

Hauptaufgabe des jährlichen Parlaments in Amaurotum (je drei Hauptbeamte per Stadt) ist: Lebensbedürfnisse von den Orten des Überflusses dahin zu schieben wo daran Mangel ist.

Hauptcriminalstrafe: Knechtschaft und, wenn solche meutern, der Tod. Die Gesetze wenige und allbekannt; Jeder plaidirt selbst und vermag es auch. ⌊Causidici giebt es nicht (Morus war doch selber einer).⌋

Hauptaufgabe der Behörden im Allgemeinen: zu verhüten daß Jemand müssigsitze. (Politische Conflicte kann es ja nicht geben, da an der Staatsmacht zu wenig zu holen ist und da die Hauptquelle der politischen Conflicte, nämlich öconomische Noth, nicht vorhanden ist. – Dieß die wenn auch unausgesprochene Supposition).

| Utopien – Auswärtige Verhältnisse.
Keine Liguenpolitik! (Ausbruch gegen dieselbe).

Abscheu gegen Krieg und Kriegsrufen, bei beständiger Kriegsübung ⌊diese in spartanischer Weise idealisirt⌋, auch der Weiber.

Man kriegt nur um die Grenzen zu schützen oder Befreundete zu vertheidigen oder aus Mitleid für ein tyrannisirtes Volk.[3] Um Kriege im Beginn zu ersticken, sind auch die äußersten Mittel recht. (Mordaufforderungen, Aufhetzung der Nachbarn).

Gold und Silber dienen zum Werben, besonders von Zapoleten, die sich freilich etwa beiden Parteien verdingen. Menschliche Kriegführung

---

1 (Offenbar aus Pico).
2 Diese laut unten: per Volkswahl und so wohl auch die übrigen: die Gesandten, Oberbeamten und der princeps.
3 (Schmerzensschrei!)

ohne Zerstörung von Saaten oder Städten; die gefangenen Krieger werden Knechte der Utopen.

| *Utopien.* – Ethik und Religion.
Eudämonismus neben strenger, düstrer Religiosität; Unsterblichkeit und Glücksbestimmung der Seele, mit einem Jenseits der Seligkeit und der Verdammniß.[1] – Merkwürdig der Mangel an Ascese ⌊sie kommt nur als Ausnahme vor⌋, während Morus selbst Ascet war; keine Rede von Sünde, Buße und Erlösung. – Rechtfertigung des Erdenglückes: man dürfe doch sich gönnen was dem Nächsten! – nur nie einen Vortheil durch Anderer Nachtheil.

Liebe und Verehrung Gottes soll (abgesehen von aller Religion) durch die bloße Vernunft entstehen.

Ganz consequent zum Eudämonismus: bei qualvollen Krankheiten dürfen Priester und Beamte den Selbstmord erlauben, ja dazu mahnen. (Hunger oder Schlaftrunk).

Bei Vergehen der Versuch bestraft wie die vollendete That.

Die Religio*nen* der Utopen. Cult der Himmelslichter, Heroencult etc. ⌊Am Christenthum des Hythlodaeus gefiel ihnen der Communismus der Urkirche.⌋ – Aber die meisten und klügsten sind Monotheisten; ihr höchstes Wesen (folgen die Epithete) = Vater. Jede Religion nennt ihr Höchstes Mythras.

Allgemeine Toleranz; man bekam sie u.a. zu üben gegen einen übereifrigen Christen, welcher die Andern des Verbrennens würdig erklärte; man verbannte ihn bloß, nicht wegen Verachtung der Religion, sondern weil er im Volk Tumult erregt. Hauptsatz: Daß keinem sein Bekenntniß zum Schaden gereiche; Utopus selbst hatte dieß festgesetzt nachdem er die ob der Religion hadernden Einwohner unterworfen hatte. Schon er ließ den Gedanken offen: Gott *wünsche* vielleicht auf verschiedene Weise verehrt zu werden und gebe den Einzelnen Verschiedenes ein. Jeder Zwang thöricht; selbst wenn nur Eine Religion wahr wäre, müßte sie durch sich selber siegen; streite man armis et tumultu, so seien die Schlimmsten die Kecksten etc.

Doch verbot er Läugnung der Unsterblichkeit und der Vorsehung,[2] und einen der dieß läugnet, halten die Utopen noch heut jedes Gesetzesbruches fähig, bestrafen ihn aber nur etwa durch Verachtung, indem es ja von Keinem abhänge zu glauben was er wolle. Sie hindern ihn am Disputiren, doch nur mit dem Volk, denn mit Priestern und Ernsten Leuten darf

---

1 Hier ganz der spätere Angelsache!
2 natürlich! Denn diese zwei Dinge sind die Complemente des ganzen utopischen Zustandes.

er sich wohl unterhalten, ja man wünscht es, im festen Vertrauen seiner
Überführung.
(Da die Utopen fast alle gut sind)[1] eine selige Unsterblichkeit eine allgemeine Überzeugung. Wer angstvoll stirbt, wird begraben, wer froh
stirbt, unter Gesängen verbrannt; von Niemand betrauert. Ihre Gespräche von nichts lieber als von einem laetus interitus. – Glaube daß die Verstorbenen die Lebenden besuchen und umschweben könnten und daß
dieß zu ihrer Seligkeit gehöre.
Eine Clausel für Werkdienst und Ascese wird offengehalten für solche,
welche sich einem besonders rastlosen Dienst für den Andern, auch den
peinlichsten Arbeiten um der Seligkeit willen unterwerfen; es sind theils
Ehelose theils Vermählte.
Die prächtigen halbdunkeln Tempel, bildlos, mit dem neutralen Cultus für Alle; (denn die Sonderreligionen werden zu Hause gefeiert). –
Kein blutiges Opfer, nur Weihrauch und Kerzen; Alles weiß; die Priester
bunt (Vogelfedergewänder). – Man singt Gottes Lob, mit Instrumenten.
Schlußgebet: Dank, Bitte um Beständigkeit, Ausbreitung der utopischen
Instituta und um ein seliges Ende. – Nachmittags: Spiel und Kriegsübung.

⌊ *Utopien.* – Der Clerus.
Heilige Leute, in kleiner Zahl; in jeder Stadt nur 13, per Tempel einer. –
Ein Hauptpriester per Stadt, pontifex. Geheime Volkswahl ernennt sie
⌊laut oben: aus den literatis⌋. Ihre Sache: Ermahnung.
Sie können einen Bann üben, doch redet Morus von dessen Wirkung
dunkel. Wenige Priesterinnen, hochbejahrt, ebenfalls durch Wahl.
Die Priester vermählt, mit ausgezeichneten Frauen.
Bei Verbrechen die Priester straflos; man überläßt sie Gott und sich.
Aber es kommt kaum vor, und selbst ein böse gewordener Priester kann
nicht viel schaden, da er außer der Ehre keine Macht besitzt.
Ihr Knien und Beten während der Schlachten; beim Sieg hindern sie das
Blutbad.
(Keine Priesterbeichte, sondern allmonatliche Abbitte und Verzeihung
innerhalb der Familie).

⌊   *

Morus in den königlichen Dienst gezwungen, Speaker im Parlament,
hoher Beamter. – Dann kirchlicher Reactionär, wesentlich aus Schrecken
vor dem bevorstehenden Supremat Heinrichs VIII. und schon vorher
aus Furcht vor einem Zusammensturz aller Dinge. ⌊Er hatte nur zu wäh-

---

[1] Sünde, Erlösung etc. geben ihnen ja nichts zu thun.

len zwischen dem alten Zustand und dem im Anzug begriffenen Königssupremat.⌋

Er billigt Ketzerbrände, verfügt aber als Großkanzler keinen. Daß er 1529 dieß Amt annahm, geschah weil Heinrich ihn zwang und weil er etwa hoffte Böses zu verhindern; dabei seine Voraussicht daß an der Ehescheidungsfrage sich sein Verderben anknüpfen werde; er bat von Anfang an, schweigen zu dürfen.

1532 seine Demission gewährt; sein Rückzug in Einsamkeit und relative Dürftigkeit diente ihm nur als Vorbereitung zum Tode.

Anna Boleyn verlangte seinen Tod, weil er nie die Ungültigkeit der Ehe mit Catharina zugeben wollte. ⌊Während er die Aenderung der Succession für erlaubt hielt.⌋

Seine Bedrohungen, endlich seine Haft im Tower. Erst während derselben wurde das Supremat zum Parlamentsbeschluß; im Kerker erlauschte man endlich eine Aeußerung von ihm gegen dasselbe, und *darauf* wurde der Schlußproceß begründet.

Der Brief von Courinus Nucerinus, d. h. Erasmus über die Führung des Processes, das Schlußverhör, die Jury und die letzte Rede und den Todesgang. ⌊Morus hatte den Tod schon völlig überwunden.⌋

Schlußurtheil über Heinrich VIII.: ein Despot in gebildeter Zeit, welcher mordet um keinen lauten und auch keinen stillen Protest neben sich weiter zu dulden, und dabei alle Formen und Flausen des Rechtes beobachten läßt. Ringsum waren sonst alle Charactere schon platt gewalzt, aber Morus und die übrigen Märtyrer jener Zeit geben dem Tyrannen Gegenbescheid.

Der kräftige und hochgebildete Geist, der uns in seinen frühern Zeiten mit raschen und frischen Zügen ein Phantasiebild eines immerhin ziemlich unvollkommenen Idealstaates hingeworfen wie es ihm die kurzen Stunden der Erholung gestatteten, ist durch seinen Tod in eine über alle Zeiten verbreitete wahre Idealgemeine aufgenommen. Zu ihr gehören Die welche um eines erkannten Rechtes, einer erkannten Wahrheit willen freiwillig das Leben dahingegeben haben.

Bei Anlass von Vereinsphotographien

*
* *

*Bei Anlass von Vereinsphotographien.*¹

Das Problem derselben innerhalb der höchsten Kunst gelöst: die Doelenstuck und Regentenstuck ⌊von Zünften und von milden Stiftungen⌋ wozu noch Magistratssitzungen kommen. Massen von homogenen Leuten (in Alter, Tracht, Geschlecht etc.) ohne eigentliche Handlung vereinigt, bloß so weit bewegt als es zur unumgänglichen Belebung dient.

Das große Holland des XVII. Jh. Das Individuum durfte sich etwas dünken. Die große holländische Porträtmalerei.

Hier nun riesige Collectivporträts, zum Schmuck der betreffenden Locale; nicht aus Vereinsfonds; es heißt, Jeder habe sein Porträt bezahlt.

Massenhaftigkeit des Vorhandenen; Aufzählung der Sammlungen und Locale. ⌊Und lange nicht Alles ist sichtbar – und vollends die entlegenern Städte.⌋ Die Tausende von Individuen welche man kennen lernt ⌊ähnlich wie aus der Assistenz florentinischer Fresken des XV. Jahrhunderts⌋ und die Meister ersten Ranges: Rembrandt, van der Helst, Dujardin, Franz Hals, Govaert Flinck, Ferdinand Bol und die sonst unbekannten De Bray und Ravestein.

Festliche oder ernstwürdige Gegenwart (nicht der Träger, aber) der Zeitgenossen² einer für uns großen Vergangenheit. Ein Gesammtdenkmal wie keine andere Nation nur von ferne eins besitzt (Florenz und Venedig siehe unten). Es sind

nicht die großen Männer (Seehelden, Staatsmänner, Krieger, Denker und Dichter) selbst, sondern nur der mittlere Strich ihrer Zeitgenossen; die Namen der Individuen auf den Bildern angeschrieben oder sonst bekannt; es sind fast lauter verschollene Leute. Aber sie sind doch beisammen gewesen und haben zusammen gestrebt und genossen und es war ihnen, scheint's, wohl dabei.

1 11. November 1873.
2 eher der Nachfolger

Ob es den Künstlern eben so wohl dabei war? Schwierigkeit, bis 30 lebensgroße Leute einer und derselben Art und Lebensstellung thatlos auf Einem Bilde zu vereinigen. ⌊Das Mißverhältniß der enormen Lebensfülle zur Thatlosigkeit.⌋ Nur eine Schule höchsten Ranges vermochte es; nur die höchste «malerische Haltung» machte die Sache möglich. – Endlich der Wetteifer in ganz entgegengesetzter Lösung der Aufgabe.

Die Schützenstücke
⌊Armbrust-, Bogen-, Musketenschützen⌋ ⌊Bestimmung: Zum Schmuck der Schützencorporationsgebäude. Man muthete sich glücklicher Weise nicht zu, das Holland der vergangenen Jahrhunderte zu verherrlichen.⌋
Entweder aufmarschirt stehend oder beim Bankett sitzend, wobei Einige stehen oder herumgehen mögen. Rang und Würde in der Gilde mußten bezeichnet, die Porträtähnlichkeit streng inne gehalten, Niemand vernachlässigt werden. Es sind reiche bürgerliche Corporationen; ihr Zweck kein ernst-militärischer. – Es ist die höchste Frage ob sie je zu Lande oder zu Wasser auch nur einen Spanier gesehen haben. «Wir sinds, wir haben's, und wir gönnens uns», d.h. zuerst Aufzug und Essen und hernach die Verewigung. Wozu hat man sonst einige der ersten Porträtmaler der damaligen Welt im Lande?
Die erste Hauptqualität war da: Das kräftige, lebensvolle Aussehen, die gesunde Farbe, die überreichliche Constitution. Die forces digestives. Zweitens die wenigstens an solchen Tagen reiche bunte Tracht, die Federhüte und Schärpen, der Schmuck ⌊die Fahnen⌋ – und auch was von der Alltagstracht zum Vorschein kömmt, war höchst kleidsam;[1] der Kragen (Sobald der Kragen nicht mehr ein Krös sein muß!), der Rock, die weichen Stiefeln, die Manschetten. ⌊Die langen oder auch kurz gestutzten natürlichen Haare⌋ Dazu die prächtigen Gefäße beim Bankett. – Van der Helst's quatre bourguemaîtres (Museum von Amsterdam und Louvre) sind eine Besichtigung dieser Kleinodien und Gefäße durch die Schützenmeister.
Glücklicher Weise keine Uniformirung; Rembrandts Nachtwache enthält Helme, Schlapphüte, Mützen aller Art, auch ganz scheußliche Filzcylinder. ⌊Rembrandt verräth freilich auf's Unbefangenste, was für unheimliche Gesellen mitlaufen konnten.⌋
| Die Aufmärsche von Schützen, bisweilen ein bloßes Durcheinanderstehen, oder ein Begrüßen einer Schaar durch eine andere, – ⌊cf. den großen Teniers der Ermitage⌋ oder ein Theil kommt ein paar Stufen herunter.[2] Der Maler (auch F. Hals, Bild des Stadthuys von Amsterdam) mochte

---

1 Nur die grauen Strümpfe fatal.
2 Die Aufmärsche werden auch wohl statt Schützen *Bürgergarden* getauft – mit welcher Sicherheit? hätten Bürgergarden ein Local für solche Malereien gehabt?

mit den vielen grauen Strümpfen und mit den Stiefeln in Verlegenheit kommen, daher Kniestücke beliebt wurden (F. Hals in Haarlem hat lauter solche) oder Rembrandt faßte 1642 den kühnen Entschluß, das Sujet auf alle Zeiten zu erledigen durch das: Vorwärtskommen seiner ganzen Schaar, dem Beschauer entgegen. (Hier die sogenannte «Nachtwache» zu schildern).

⌊Neben a) dem Aufmarsch, b) das Bankett, c) etwa auch eine Berathung.⌋

Die Bankette von Schützen: Das große Gegenbild: 1648 Van der Helst. Ob ein gewollter Gegensatz? es gab doch schon viele Präcedentien der Art. Und nun wird hundert Jahre lang vor unsern Augen getafelt. Heiteres Gespräch durcheinander, auch Zutrinken, doch noch keine Redetoast. Solche kommen vielleicht vor, aber es war gegen das Interesse der Maler, das allgemeine Aufhorchen zu schildern. Auch wird tranchirt und herzhaft gegessen und getrunken.

Klassische Darstellung von Pasteten, Wildprett etc. Aber auch die berühmten Hände des Van der Helst, mit ihrer stets distinguirten Bewegung.

Es ist als wäre damals in dem reichen Holland gut gelebt worden, während das übrige arme Europa am Hungertuch nagte.

(Für Belgien: die Schützenbrüderschaft S. Sebastian zu Antwerpen, ruhig im Freien beisammen, von Charles Emanuel Biset, Museum von Brüssel – Wauters p. 301).

Die Regentenstücke
⌊Hier ist man entschieden in besserer Gesellschaft als bei den Doelen-Stukken.⌋

⌊Zum Schmuck der Sitzungszimmer u. a. Locale gemalt. – Es sind reiche Leute, die es aufwenden, in einer Zeit da auch die betreffenden Anstalten reichlich genug dotirt sein mochten.⌋

Theils Vorsteher von Zünften, theils von öffentlichen Anstalten, Spitälern etc., Waisenhäusern etc. Natürlich meist sitzend und in Berathung, immer in geschloßnem Raum und Licht. Die Trachten hier immer nur schwarz und die weißen Kragen und Manschetten. Meist fünf bis sechs Personen, worunter etwa auch ein Diener.

Verdeutlichung um jeden Preis; bei Ferdinand Bol und Jan Bray empfangen die Vorsteher von Leprosenhäusern die Petition eines grindigen Knaben. Höchste Distinction: Dujardin und seine Vorsteher des Spinnhauses. Höchste Kraft des Lichtes und der Charactere: Rembrandt, die Staalmeesters.[1] Im Grunde aber hatte Rembrandt sich und allen Andern

---

1 Statt zu berathen sehen Alle auf den Maler oder Beschauer.

das Sujet schon 1632 im ergreifendsten Sinn vorweg genommen in seinem berühmten «Anatomen». Es sind die Vorsteher der Chirurgenzunft; der demonstrirende Tulp ist nur einer von Ihnen. Hier durch den Leichnam die Phantasie des Beschauers gespannt.

Die übrigen Bilder dieser Gattung sinken doch nie zur modernen «Sitzung» herab. ⌊Sie haben niemals die Sitzungsmüdigkeit.⌋ Es sind angesehene Leute,[1] die zu einer Abrede, einem Entscheid, vielleicht nur auf einen Moment beisammen sind.

Im Haarlemer Museum auch Regentinnen von Spitälern und Pfrundhäusern. Besonders schön und wohlwollend: das eine Bild von Bray – dann das letzte sehr gehackte und doch noch wunderwürdige von Franz Hals. Auch hier die Tracht nur weiß und schwarz.

| *Die Magistratsversammlungen*

Das erweiterte Thema der Regenten-Stuck. – Nur municipal, nicht auf eine der Republiken, sog. Provinzen, und vollends nicht auf die verbündeten nordniederländischen Republiken bezüglich.[2] (Irgendwo habe ich ein Bild der Generalstaaten gesehen, versammelt in der großen Halle im Haag, aber nur ein kleines, mit höchstens zollhohen Figuren). Es ist der Terburg im Louvre, assemblée d'ecclésiastiques. – Auch hier keine Celebritäten.

Allein die Bilder von Ravestein und Jansson (van Keulen?) im Haager Gemeente-Museum sind voll Geist und Leben, Ungezwungenheit und guter Lebensart; ⌊Man traut auch diesen zu daß sie Länder und Reiche regieren könnten.⌋ Vollends die Köpfe vom besten der damaligen Porträtkunst; Jansson steht an Vollendung dem van der Helst gleich; dabei sehr ernst. ⌊Regentenstukken im Grunde das geistig höhere Thema, gegenüber den Doelenstukken. Schon an sich die Elite eine höhere.⌋

Die Farben: außer Köpfen und Händen nur schwarz, weiß und grau, ausgenommen das rothe Innenfutter eines weißen Stiefels. Und dabei das durchsichtige Leben und die Harmonie des Colorites.

Es gab außer Holland wenige Municipien, die ihre Sitzungen hätten können oder mögen malen lassen.

Aber ewig konnte es nicht so fortgehen. Allgemeine Abnahme der großen holländischen Malerei seit etwa 1670; – ferner mochten die Locale gefüllt sein. Nicht umsonst hatte Th. de Keyzer 1638 den Amsterdamer Magi-

---

1 Es ist wenigstens eine Art Elite.
2 Für Belgien: Die Versammlung des Magistrats von Brüssel, von Van Dyck, untergegangen im Bombardement von 1695.

strat (d. h. nur die Bürgermeister) in ganz kleinem Maßstab nur wie ein Souvenir [gemalt].

Sodann gewiß seit dem großen holländischen Krieg von 1672 bis zum Frieden von Nimwegen, so ruhmvoll Holland ihn bestand und so gewiß sein Reichthum eher wuchs als abnahm, konnte sich doch jene bürgerliche Behaglichkeit nicht mehr so wichtig nehmen als bisher. Zumal die Schützen mochten gelernt haben, daß nicht sie den Staat gerettet hatten. – Ein neuer Stadhouder begann das Leben zu überstrahlen.

Allerdings malte man bis ins XVIII. Jh. hinein noch immer einzelne Doelenstuck und Regentenstuck; statt des langen Haares wandelt vorüber die Allongenperücke und es meldet sich schon die kurze Stutzperücke. – Zugleich aber unverkennbar eine Verringerung der Physiognomien an Geist und Kraft. Es kündet sich auch hier die Zeit an, da Holland zur Schaluppe des Linienschiffes England wurde.

Und bei Vergegenwärtigung dieses ganzen Kunstzweiges zeigt es sich, daß es eben im XVII. Jh. die einzige monumentale Malerei der Holländer gewesen war, woneben die wenigen profanhistorischen und biblischen Malereien größern Maßstabes kaum in Betracht kommen. ⌊Und sie konnten es nicht. Für das Historisch-Allegorische kam deßhalb Jordaens.⌋ Man fühlt sich eingeengt und weiß dann Belgien zu schätzen. Rubens malt eben so schön und entwickelt *Hergänge*, und wie! –

Die wunderbare Lösung des künstlerischen Problems in den holländischen Doelen- und Regenten-Stucken nöthigt uns jedoch zur Umschau in der ganzen Kunstgeschichte nach solchen Leistungen, welche diesen irgendwie sich nähern.

Zunächst das Familienbild aller Schulen und auch der holländischen und sein großer Vorzug: daß es Mann und Frau, Söhne und Töchter, Kinder und Seitenverwandte und Dienstboten mit einander enthält; ⌊Auch hier ein relativ ruhiges Beisammensein von Mehrern, ohne Handlung.⌋ die Holländer geben es meist ohne irgend einen Zug besonderer Innigkeit, aber ruhig gemüthlich. De Keyzer, Gerritz Cuyp, Jan Steen, Ostade (Louvre), Delftsche Meer[1] (Academie Wien). Auch das Local hier frei gewählt; etwa die Stube wo man am liebsten war; oder ein Gärtchen; ja bloße graue Wände.

| Zunächst dem Doelen- und Regentenstuck kämen jedoch *die Darstellungen gemeinsamer Andacht*. In Belgien, als es catholisch blieb, ließen sich auch Schützengilden und Zünfte in zwei Gruppen von Knienden vor einer Jungfrau Maria oder andern Heiligen verewigen – Bilder im Mu-

---

1 (heißt jetzt de Hoogh)

seum von Brüssel, von Martem Pepym etc. bis auf De Crayer. Hier hat alles Gespräch und alle Berathung dem ernsten ritualen (nicht affectvollen) Gebet Platz gemacht.

Anderswo in der ganzen catholischen Welt ließen sich *geistliche* Confraternitäten auf diese Weise abbilden;[1] Fresco des Luini in der Ambrosiana: eine Confraternität in zwei Gruppen kniend, in der Mitte der leidende Christus – höchst großartig. ⌊Gewiß lauter Porträts. Alle im gleichen Bußgewand⌋ Durch die Andacht tritt eine ganz neue Rechnung ein; die Einförmigkeit kann erhaben wirken. Anderswo, schon sehr gesteigert im Ausdruck die knienden Mönche eines Klosters unter einem Crucifix oder zu beiden Seiten einer Madonna. Dann bei den Florentinern des XV. Jh. (Ghirlandajo etc.) die heiligen Ereignisse begleitet von Schaaren anwesender Zeitgenossen.[2]

Das Nächste ist dann: *Das weltliche wie das geistliche Ceremonienbild.* Hier tritt an die Stelle geselliger Fröhlichkeit oder Berathung eine gemeinsame Function, sei es im Knien, im Stillstehen oder in processionaler Bewegung. Auch hier bisweilen Einheit des Costüms und daher für den Maler äußerst schwierig. – Die Ceremonienbilder von Venedig seit Ende des XV. Jh. bis auf die Maler des Dogenpalastes; oft genrehafte oder allegorische Zuthaten; selten mit voller Hingabe des Malers. ⌊Die Scuolegeschichten mit enorm zahlreicher Assistenz – dito ehmals die Historien in der Sala del maggior consiglio.⌋

Auch Holbein hat einmal durch dieß Joch passiren müssen: die Chirurgen vor Heinrich VIII. kniend, in der Surgeons-hall zu London.

Zusammenfassung der bisherigen Themata sowie der Vereinsphotographie nach ihrer *Hauptschwierigkeit:* Das fast oder ganz thatlose Beisammensein vieler allzu gleichartiger Gestalten, mit Anspruch auf Aehnlichkeit jedes Einzelnen, der denn auch so gewendet sein muß daß er kenntlich sei.

Diesem gegenüber: der Zauber alles *Geschehens* für den Beschauer, die Vielartigkeit der Gestalten in *historischen Bildern* (an Alter, Geschlecht, Tracht, Rang und Wille); die Freiheit von individueller Aehnlichkeit.

Von diesem allem aber kann (paradoxer Weise) die hohe Kunst das Geschehen am leichtesten missen; ihre vielleicht herrlichsten Leistungen sind nicht die dramatischen, sondern die Existenzbilder. Diesen fehlt nämlich nur das Geschehen, aber nicht die leise und doch ganz lebendige Bewegung. Die Madonnen mit Heiligen. Die Sante conversazioni.

---

1 Bild über dem Portal von Sant'Agostino (?) in Braida, zu Cremona – siehe die Notizen!
2 Assistenz

Und endlich können überaus figurenreiche und große Compositionen des höchsten Styles ohne allen dramatischen Inhalt bestehen, wenn die Individuen zwar als solche gemeint, aber idealer Art und vorzeitlich – nämlich aus verschiedenen Vergangenheiten – sind. ⌊Hier dann nicht ein reales sondern ein ideales Beisammensein.⌋

Rafael ist nicht größer im dramatisch gewaltig bewegten, höchst momentanen Heliodor als in der durch bloßes Gespräch belebten Schule von Athen; und wenn in der Disputa del Sagramento die untere Gruppe in höchst belebter Hin- und Widerrede sich wie ein dramatischer Moment anläßt, so ist sie überragt durch den wunderbarsten Halbkreis himmlischer Gestalten voll Ruhe und Majestät; bewegt ist hier nur der mächtig segnende Christus.

Über niederländische Landschaftsmalerei

| *Über niederländische Landschaftsmalerei*[1]

Bei einer Landschaft die erste Frage der Meisten: Was stellt es vor? d. h. welche bestimmte Gegend oder doch: welches Land? Berechtigung dieser Frage durch die Reiseerinnerungen und durch die Theilnahme der Phantasie für die weiteste Ferne (tropische Landschaften etc.) ⌊auch für das Nichtgesehene⌋. Obgleich man bei bessern Veduten bald auf das Geheimniß kommen würde, daß der Künstler sehr frei mit der Wirklichkeit umgegangen und daß das *Bild* welches er giebt, wesentlich aus seinem Innern stammt.

Das große Holland des XVII. Jahrhunderts ⌊Die ganze Vorgeschichte der holländischen Landschaft zu übergehen.⌋ kannte die Ferne (Menge der weitgereisten Leute) und hat sich auch Landschaften italienischen Characters malen lassen, obwohl keine italienischen Veduten, kein Monte Mario, Tivoli und kein Sorrent noch Amalfi. (Gruppe des Berghem, Pynacker, Johann Both etc.). Es hatte sogar seinen Everdingen, welcher norwegische Tannenwälder, Blockhäuser und Wasserfälle malte. (Auch wieder nicht Veduten). Daneben aber eine Darstellung der heimischen Natur und dieß sind mit die größten holländischen Maler. Hier meldet sich hie und da die Vedute von selbst, aber niemals damit sich der Beschauer für die bestimmte Gegend (meist Wasser mit einer mehr oder weniger kenntlichen Stadt) interessire ⌊sonst hätten die Holländer ihre Landhäuser conterfeien lassen⌋, sondern weil der Maler selbst in irgend einem bestimmten Anblick *das* (das innere Bild) was er geben wollte, ebenso gut geben konnte als in einem unbekannten. Der bestimmte Gegenstand ist nur ein Anlaß; was daraus spricht ist eine größere Macht ⌊Der Haarlemer Wald, die Hügel von Arnhem etc. Die Wassermühlen von Gelderland, die Düne von Scheveningen⌋. Hier entscheidet nie das *Was?* sondern das: *Wie?*

Hohe Kunsteinsicht der damaligen holländischen Besteller. Sie standen höher als irgendwelche Kunstfreunde je gestanden haben.[2] Sie verlangten

---

1 18. November 1873
2 Dieß insofern zu beschränken, als die rein holländische Landschaft nicht besonders gesucht war; Ruysdael und Hobbema starben arm.

Über niederländische Landschaftsmalerei   33

nicht von jedem Künstler Alles, sondern respectirten und beschäftigten
die *Specialität*[1] wie in allen Gattungen so auch in der Landschaft und erhielten auf diese Weise das Vollkommene. (Kleines Beispiel: die drei Bilder des Jan Hackaert, staffirt von Adriaen van de Velde). Dazu ohne
Zweifel hohe Preise[2] und jahrelange Geduld.[3] Von Seiten der Maler: Studien wie sie sonst in der Welt nicht mehr vorkommen. So allein wurden
Leistungen möglich, die an innigem Naturgefühl nie mehr erreicht worden sind. Die Künstler konnten sich vertiefen wie sonst nirgends. Von
ihrem Leben weiß man wenig. Während von den Genremalern so viele
Mährchen gehen.

Jan van Goyen, Artus van der Neer ⌊Everdingen⌋, Salomon und Jacob
Ruysdael, Paul Potter, Mindert Hobbema, Jan van der Hagen etc., Jan
Wynants. Dann die Marinemaler: beide Willem van de Velde, Jacob
Ruysdael, Backhuyzen, {Bonaventura Peters ist von Antwerpen}, Jan van
de Capelle, Simon Vlieger etc.

Hier alle Vergleichung fern zu halten, auch die mit den Poussins und
Claude Lorrain; reine Beschränkung auf die Holländer im engern Sinn.
Ebenso die Vergleichung der Holländer unter sich, wozu diese Stunde
nicht reicht. Ferner die mündliche Beschreibung der *einzelnen* Bilder unmöglich, da sich der Inhalt oft gleicht. Hier nur ein Gesammtbild zu
versuchen, nur in den durchgehenden Zügen. Glücklicher Weise giebt es
viele guterhaltene Bilder, da sie höchst solid gemalt wurden. Es giebt ganz
unberührte Bilder.

Hieher auch die Frage von den Formaten und Dimensionen. Breitbild,
Hochbild, auch Queroval (bei van Goyen, Salomon Ruysdael etc.).

| *Himmel* und Horizont. Hier bei Abwesenheit der Berge und beim
Spiegeln im Wasser doppelt wichtig. Gerne zum Erdreich wie 2½ zu 1.
Gern umflort auch bei hellem Wetter. Der Silberton. Die majestätischen
Wolkenbilder aller Art. Enormes Studium; Lüfte wie sonst in keiner
Schule. Die Durchsichtigkeit. Und dieser Himmel tönt und leuchtet durch
die ganze Landschaft auf den Beschauer zu; Luftperspective; der ganze
Ton aus Luft und Landschaft mit höchster Wahrheit zusammenempfunden; Abtönung; Ferne. Ruysdaels Ansicht seiner Vaterstadt Haarlem,
Jahres- und Tageszeit; Ruysdael giebt den Moment des Aufthauens mit
fetten Wolken. Der Nachmittag bei Jan van der Hagen in seinem scheinbar ganz prosaischen Bilde: Weg und Canal (mit Schleuse, Dorf und Gehölz); Luft und Wasser von höchster Illusion. Der eigentliche Sonnenschein aber gehört dem Delftsche Meer. Höchst intensiv durch Linden

---

1 s. das Blatt: Die Specialität
2 ? am ehesten wohl für die italisirenden?
3 (?)

auf die Mauer eines Bauernhauses und den Boden davor scheinend. Das unerhörte an Leuchtkraft: die Ansicht von Delft. Und doch hatte er keine andern Farben auf seiner Palette als jeder Andere.

Das Land. Die Ebene bis an die Dünen, das endlos Ausgedehnte (Nur
5 ausnahmsweise Ansichten des Clevischen, der Gegend um Arnheim und Nymwegen, bisweilen fast in Vogelperspective). Die Wolkenschatten und der Farbenwechsel (doch auch durch belebte Scenen wird geholfen; ⌊Das Staffiren durch befreundete Collegen schon bei den Belgiern.⌋ van Goyen und seine Reisenden, sein Halt von Soldaten unter Bäumen; Salomon
10 Ruysdaels Haideschenke; die Landschaft wird etwa zum Genrebild). Sonst aber genügt ein Minimum, um dem Terrain Interesse zu geben: Jan Wynants und was er durch Abtönung und Modellirung erreicht; sein ausgefressener Sand unter Humus, seine Fährwege und Geleise; Düne, hölzerne Zäune; Eichen; die Ferne in graugelblichen und graubläulichen
15 Tönen; kaum je Meisterwerke mit Wenigerm geschaffen.

Die *Düne* selber, bisweilen mit Vorliebe, sodaß man vom Meer wenig sieht. Als Staffage etwa das Ausladen des Fischfanges aus den Booten und Verladen auf Wagen. Was man aus der Düne durch Licht machen kann: Der Delftsche Meer bei Suermondt: das Sandige in vollem Licht; drei
20 Hütten; fern ein Meerhorizont.

Die *Wiese* spielt relativ keine große Rolle;[1] Potter konnte sie nicht entbehren, als Poet der Wiese mit Rindern. (Dem Reisenden prägt sich die Wiese mit Waldesrand und fernen Kirchthürmen unmittelbar ein). Mängel von Potters Baumschlag, seinen Bildern schädlich.

25 Die *Bauten*. (Hier abzusehen von den Städtemalern und Intérieursmalern). Die Dorfkirche oft das einzige fern sichtbare. Das Bauernhaus, zwar meist in baulichem Stand, auch bei Ruysdael und Wynants, aber nie stattlich, kaum gemüthlich. Ruysdael: la ferme: Bauernhütte, Entenpfütze, hohe Bäume, Ferne. Hobbema: das Bauernhaus in Bäumen. ⌊Kein
30 Sentiment von Dorfgeschichten etc.⌋

Die *Windmühle* und ihre Bedeutung in Holland, ihre Größe, Holzgang, mächtige Flügel.

Die *Wassermühle* des Hobbema und Ruysdael, nur in gewissen Gegenden Hollands möglich; das Balkenwerk des Holzcanals zu wichtig.

35 (*Das Nichtholländische:* Everdingen und Norwegen, Blockhäuser, Tannenwälder, Wasserfälle, sein vermuthlicher Umgang mit Flötzern. Wie weit drang Ruysdael nach Deutschland vor? Jedenfalls bis er wirkliche Wasserfälle sah, wenn auch nur mäßige, durch Felsen brausende. Ruysdael ist der große Darsteller des *bewegten süßen* wie des *bewegten*
40 *salzigen* Wassers.)

---

1 Die Maler liebten wohl die große grüne Fläche nicht.

| Seine (Ruysdaels) Berge sind doch nirgends hoch gemeint ⌊(hie und da doch!)⌋ und er legt auf deren Formation keinen Werth ⌊(o freilich!)⌋. Er suchte nur wie eine Forelle sprudelndes Wasser und Felsen. Ruysdaels Wasserfälle a) als Hochbilder, b) als Breitbilder; hier das obere Wasser ruhiger Mittelgrund. Durch einen außerhalb des Landschaftlichen liegenden gemüthlichen Bezug hat er etwa hie und da zu wirken gesucht (die drei Dresdner Bilder, cf. Göthe). Auch stellt er etwa neben einen durch Eichen und Felsen niederstürzenden Wasserfall ein Capellchen (Museum von Haag). Sein angebliches Schloß Bentheim jedenfalls ohne alle Absicht auf architectonische Vedute gemalt, auch stellen die betreffenden Bilder zwei ganz verschiedene Gebäude vor (der Spiegel des hellen gelben Mauerwerks im obern ruhigen sonst dunkeln Theil eines Wassers oberhalb eines Falles).

Der *Wald*. Wahrheit jeglichen Baumschlags, auch der Weide, wenigstens bei Ruysdael (Academie von Wien), weniger bei van Goyen. Aber der Lieblingsbaum und Wald ist die *Eiche*. Enormes und seither nicht mehr erreichtes Studium. Jan van der Hagen: das Bild ohne Gleichen im Museum von Amsterdam. Man sieht in die goldigsten Tiefen seiner Eichennacht; auch das Terrain, der Rasen etc. herrlich behandelt. Außerdem ist Ruysdael der große Eichenmaler, seine Eichen hört man rauschen. Auch die entästete Eiche kömmt vor. (Wien: Belvedere, Lichtenstein; die holländischen Galerien). Seine Unermüdlichkeit; seine Wälder fast ohne Ferne, fast völlig geschlossen. Scheidung durch Lichter und Wolkenschatten genügt ihm oder ein bischen Sonnenschein auf einem Sandabhang im Bilde, auch darf das Wasser nicht ganz fehlen; Waldbäche, Holzbrücken, Knüppeldämme. Haupteigenschaft: die Klarheit des Tones; bald mehr das Feuchte, bald das Sonnige und Warme. Zuweilen die ganz tiefe Waldeinsamkeit, fast schaurig, wie in dem Bild la mare. Der Nichtwald: le buisson im Louvre.

Die menschliche Wohnung im Walde: Hobbema und seine Sägemühle (Louvre) und sein Haus in den Eichen (König von Belgien) wo ein helles Licht durch den Mittelgrund geht.

Endlich das specifisch Holländische: *Flußansichten und ruhige Binnenwasser überhaupt*. Die Horizonte: nähere oder fernere Landstreifen mit Bäumen oder Windmühlen und ganz besonders: nähere oder fernere Städte, grau und schon alterthümlich; kenntlich meist: de groote kerk. Auch hier wieder das Zusammenempfinden von Luft, Licht, Wasser und Land. Bisweilen die Stadt ganz nah, in einem Canal oder Fluß gespiegelt und dann reichere Staffage. {Hieher das Winterleben auf dem Canal, entweder voller Frost mit höchster Wahrheit – so van der Neer Ansicht von Dordrecht, oder der Anfang des Aufthauens – Ruysdael}. Oder: am *fernen* Horizonte erscheint wie ein Nebelbild. Dieß sind Bilder mit einem Minimum von Inhalt, hier van Goyen groß: seine Wolken und Wasser mit näherm und fernerm leicht hingeschriebenem Landhorizont und nähern und fernern Schiffen und den Reflexen von diesem Allem. Bisweilen die höchste Magie des nähern Wassers dessen leises Zittern (bei Verschuur, Spätnachmittag bei Dordrecht und ganz besonders beim Delftsche Meer). Oder man sieht wie leise Wellen kaum den Strand saugen. Die Nebensachen werden in ihrer naiven Häßlichkeit mitgegeben: die Planken und Stakete für das Anlegen der Schiffe, die Signale etc.

| Endlich *die Binnenmeere und die offene See.* Character jener, zumal des Ysselmeeres: sie sind so unruhig als die offene See, haben aber noch Land gegenüber. Hier endlich kommen die Lieblinge Hollands, nämlich die *Schiffe* zu ihrem Recht, vom Admiralschiff, Flottenmanöver, ja Seeschlacht und großen Kauffahrer bis aufs Boot. Der echte holländische Maler kennt am Schiff jedes Segelstück, Tau, Planke ⌊er ist ein Stück Schiffszimmermann⌋. Das rothbraune Segel und sein Reflex. Die Größe der Schiffe und ihre Entfernung durch vollendete Abtönung ausgedrückt. Die ruhige See: Willem van de Velde d. ä. und seine Hochbilder, die unruhige See; das Weißschäumen der Wellen zumal bei dunkelm Wolkenhimmel der von abendlichem Licht durchbrochen ist. Höchste denkbare Magie: Ruysdael, besonders der in Berlin. Dann der große Seesturm, in der Regel nicht die holländische Küste, sondern etwa die englische oder eine südliche, mit Felsen, Leuchtthurm etc. Backhuyzen und seine Einseitigkeit (rauchige Wolken und tintige Schatten der Wellen). Keine Schule der Welt reicht an die holländische in der Darstellung des bewegten Wassers (Joseph Vernet hat in dem Haager Bild ein Aeußerstes gethan).

Die Nacht. Jacob Ruysdael ging bisweilen in kleinern Bildern vom Waldesrand schon bis tief in die Dämmerung. (Diese Holländer mit ihren Luchsaugen sahen noch im Dunkel, und mit der Klarheit ihrer Farben konnten sie noch im tiefsten Dunkel Modellirung und Formen und Töne erreichen). Specialität: Artus van der Neer von Gorkum. Auch er malt etwa ein abendliches Waldwasser mit Durchblick auf ein Dorf bei Beginn der Dämmerung. Sonst van der Neer der Mondmaler. Der Vollmond steigt etwa grade auf aus einem kleinen freigelaßnen Stück des Meeres (Lichtenstein) oder aus fernen Bäumen oder er steht schon hoch über Dorf und Gewässer. Wunderbares Weitergleiten des Mondscheins an den Bäumen, den Häusern (wo man Licht und Herdfeuer sieht) und den leisen Wellen und oben an den Wolken. Auch wohl Brandbilder wie 1652 (das alte Stadthaus von Amsterdam) ja ein Bildchen bei Suermondt wie beim Brand skizzirt. Aber die kleinen Mondbilder sind die geliebtern; auch hier das wunderbare Zusammenempfinden des Ganzen: Vollmond, hoher Himmel mit beschienenen Wolken, Meer, Fluß, Bäume, Dorf oder Stadt und die Nachtluft, dem Beschauer entgegen.

| Wir kommen hier auf eine centrale Kunstfrage. Die Malerei erscheint hier an relativ geringen Gegenständen und in deren sklavisch scheinender Wiedergabe doch auf ihrer vollen Höhe. Das Minimum wirkt als ein Infinitum. Einwurf: «Photographie der Natur». Aber die Photographie giebt das Landschaftliche nur mit sehr einseitiger Treue wieder, mit Verfälschung des Gleichgewichts der Farben und mit einer Näherung als wollte das Wetter ändern. Und dem Maler bliebe auch bei Darstellung des scheinbar Alltäglichen doch immer eine große Freiheit der Anordnung. Wenn er das Phantastische gewollt hätte, so hätte ers auch gekonnt.

Das Mysterium liegt im Folgenden: Wir selber, dem einzelnen landschaftlichen Anblick gegenüber (wenn es nicht ein sachlich sehr reicher und phantastischer ist, wie Rigi Kulm) sind meist gleichgültig und abgestumpft und empfinden etwa bloß das allgemein Angenehme der Luft, des Waldes, der Blüthen. Von den tausend Anblicken die ein Spaziergang von wenigen Stunden gewährt, bleibt kaum Einer haften. In den Bildern dieser alten Holländer dagegen werden wir magisch bezwungen auch von einem Anblick der sachlich für uns unbedeutend ist, im Bilde aber wunderbar bedeutend wird. Es soll nur Keiner mehr kommen und sagen: es fehle ihm an würdigen Gegenständen; hier waren Künstler groß im Bescheidensten, so wie man selbst in den engsten Verhältnissen ein bedeutender und edler Mensch sein kann. Die Meisterschaft in Wiedergabe des Einzelnen, dient hier einem höhern Zwecke: der Wiedergabe einer bestimmten Stunde des Weltganzen.

Es kommt hier nicht darauf an was die Dinge sind, sondern auf das was der Maler hineinlegt; er empfindet die Natur so daß sie Sprache gewinnt. Es ist nicht bloße Machenschaft, sondern die Natur ist durch eine unsterbliche Menschenseele hindurchgegangen und dabei klar gedeutet worden. Nun erst wissen wir, daß in der Natur ein Geist ist, der zu unserm Geiste reden will.

Ludwig XI. von Frankreich

Referat «Allgemeine Schweizer Zeitung» Nr. 54, 62 und 68, vom 2., 11. und 18. 12. 1873

Es war der erste von 3 Vorträgen, welchen der verehrte Redner letzten Donnerstag in der überfüllten Aula zu halten die Güte hatte.
Ludwig XI. ist ein Wesen der seltsamsten Art, ruchlos von Jugend auf, gegen die eigene Krone, die er zu vertreten hat, von Jugend auf empört, dann Schrecken des eigenen Volkes, mit Argwohn betrachtet, und nach seinem Tode ein König, der mehr und mehr als eine hochwichtige Gestalt von der Nachwelt angesehen wurde, zuletzt großen Dichtern, wie Walter Scott, zur Beute ward, so daß wir alle Mühe haben, die ächten Züge dieser Gestalt zu retten.
Ludwig XI., Sohn Karls VII., ward 1423 geboren, in einem Augenblick der größten Noth seines Vaters. Frankreich lag im Kampfe mit den Engländern und ihren Verbündeten, den Burgundern. Staat und Sitte waren aufgelöst, allgemeine Ruchlosigkeit hatte sich der Menschen bemächtigt, überall zeigte sich Untreue. Frankreich erholte sich einigermaßen; es war im Begriff, die Engländer zu vertreiben, ihr Verbündeter, der Herzog von Burgund, wurde ihnen abtrünnig: da finden wir den erst 16jährigen Dauphin in Empörung gegen seinen Vater; 21jährig wurde er mit der Führung des Zugs der Armagnacs gegen den Oberrhein (Schlacht bei St. Jakob an der Birs, 1444) beauftragt, erschien auch einmal mit Gefolge vor Basel; man schoß auf ihn mit Büchsen; Leute seines Gefolges wurden getödtet; er verlangte hohen Ersatz; wäre er selbst getroffen worden, es wäre eine große Lücke in der Weltgeschichte.
Er bekommt von seinem Vater viele Aufträge, vollzieht nichts, benimmt sich seiner eigenen Armee gegenüber, man weiß nicht wie. Rebellion war in ihm, bis er König war. Es ist einzig in seiner Art, daß er die Macht, die ihm anheimfallen sollte, so verletzt, so gegen ihre eigenen Prinzipien handelt. Von Entschuldigung ist keine Rede.
Sein Verhältniß zum Vater wurde schlechter. Man gab ihm die Dauphiné zur Verwaltung; er knüpfte Verbindungen an mit Großen und Kleinen, unter Anderm mit dem Gewaltherrscher von Mailand, Francesco Sforza. Von der Dauphiné aus sinnt er auf Krieg gegen den Vater; dieser zieht gegen den Sohn; Ludwig findet sich aber nicht genug unterstützt,

verschwindet und taucht wieder auf am Hofe von Burgund in den Niederlanden. Dieses Zwischenreich zwischen Frankreich und Deutschland bestand aus Lehen der deutschen und französischen Krone, keiner von beiden viel nachfragend, die nördlichen und südlichen Niederlande umfassend, Hennegau, Flandern, Artois, Franche Comté, Herzogthum Burgund. Der damalige Herzog von Burgund hieß Philipp, nach seinem Tode der Gute genannt, sein Sohn Karl, später mit dem Beinamen der Kühne. Im Frieden von Arras, 1435, hatte sich Philipp einen Festungsgürtel ausbedungen (St. Quentin u. s. w.), der den Norden Frankreichs bloßstellte; er sollte ferner mit keinerlei Lehenspflichten mehr heimgesucht, zu keiner Allianz mit Frankreich können aufgeboten werden. Er war der beständige Verbündete, wenn etwas gegen die Krone ins Werk gesetzt wurde. An seinen Hof also kam Ludwig. Man rühmt den Geist und Witz des Dauphins, hat aber am Hofe ein Gefühl der Unheimlichkeit ihm gegenüber.

Karl VII. erklärte, es könne zu einem Kriege kommen, wenn der Dauphin nicht ausgeliefert werde. Er wolle seinen zweiten Sohn, Karl, Herzog von Berry, zum Dauphin ernennen. Daneben erfuhr man, Karl VII. esse nichts mehr. 1461 ist er freiwillig den Hungertod gestorben, weil er beständig fürchtete, vom Dauphin vergiftet zu werden.

Der Herzog Philipp war entschlossen, seinen Gast nach Frankreich hineinzuführen und die Kosten der Krönung zu bezahlen. Ludwig konnte kaum erwarten, bis man auf französischem Boden angelangt war; es wurden harte Maßregeln gegen die Vertrauten seines Vaters ergriffen; die, welche in den Niederlanden zu seinem Gefolge gehört hatten, wurden befördert. Die Krönung fand nach alter Sitte in Rheims statt; dann zogen der König und der Herzog in Paris ein; Ludwig mußte sogleich Geld einziehen lassen; er wollte nun der einzige Herr im Lande sein. Als er des großen Besuchs los war, konnte er anfangen, nach seiner Art zu regieren; im Pilgerkleide ritt er durch Frankreich, um alles kennen zu lernen; er versetzte alles in Unruhe; er zog sich neue Feinde zu, die ihm, dem despotischen, aber immerhin rastlosen König das Regieren unendlich erschwerten. Die großen Herren, Herzog von Burgund, Bretagne, Berry u. s. w. schließen ein Bündniß gegen ihn. Ludwig nimmt in seinen Rath nicht nur geringe, sondern auch schlechte Leute, die er vollständig in der Gewalt hatte. Neue Steuern aller Art wurden eingeführt; er wollte die Städte an der Somme wieder kaufen; er bezahlte 400'000 Goldstücke dafür; freiwillige Geschenke, Anleihen, Strafen für alles Mögliche wurden von Ludwig angeordnet, damit das Geld für die Sommestädte zusammengebracht werde. Was Ludwig Schlechtes erlaubte, hat er um Geld erlaubt. «Es kommt gar nicht darauf an, daß die Pariser es gut haben, sondern daß das Reich die Festungen im Norden wieder bekomme.» Der

Sohn Philipps, Karl, war außer sich über das Wegwerfen der Sommestädte. Sein Verhältniß zu Philipp war vielfach ein schlechtes. Im Jahr 1467 starb dieser.

Nach und nach hatte Ludwig die Leute auf's Höchste erzürnt, die Großen zuletzt durch ein allgemeines Jagdverbot. Alles, was in Frankreich adelig und groß hieß, hielt zusammen; es entstand die Ligue du Bien public, ihre Seele war Karl von Burgund. Die Verschworenen wollten den Herzog von Berry zum König machen.

Ludwig war in großer Noth. Doch hatte er einen treuen Kommandanten und Scharfsinn, die Menschen zu behandeln und zu taxiren; er wußte wie lose die Ligue sei.

In der Nähe von Paris wurden die Hauptschläge geführt, Ludwig kämpfte selbst; die Pariser hatten Geschmack für die Gegner. Zuletzt wurde unterhandelt auf alle Weise. Sforza ließ sagen, der König solle alles versprechen, jedem etwas anderes; es würde sich dann schon weisen, wie viel man zu geben habe oder nicht.

Karl erhielt die Sommestädte zurück, ohne einen Heller Geld zu bezahlen; der Herzog von Berry war zum Herzog der Normandie ernannt. Den andern Herren der Ligue sagte Ludwig: ich kann euch nichts mehr geben; denn ich habe schon den andern zu viel geben müssen. Diese klagten dann, daß Karl sie im Stich gelassen. Alles blieb in der größten Konfusion.

In einer Zeit, da in den meisten Ländern Europa's um die öffentliche Macht und den höchsten Besitz mit gewaltiger Anstrengung gekämpft wurde, bestieg der machtgierigste aller Menschen, Ludwig XI., den Thron von Frankreich.

In den 5 ersten Jahren seiner Regierung hatte er es so weit gebracht, daß eine Vasallenempörung gegen ihn entstand mit dem Prinzen Karl von Burgund an der Spitze, die Ligue du Bien public. Nachdem er sich mit deren Häuptern abgefunden, war er mehr als früher darauf bedacht, eine eigene Partei zu bilden, nicht nur seinem Egoismus Rechnung tragend, sondern auch dem Anderer. Er wußte durch Bethörung, Votirungen und durch die Hohheit, die in seinem kräftigen Wesen lag, Leute an sich zu ketten, ferner durch das Feuer seiner Konversation, durch Hoffnungen aller Art und durch ein ganz räthselhaftes Vertrauen, das er bisweilen auch seinen Feinden bewies.

1467 starb unter allgemeiner Trauer Philipp von Burgund. Sein Sohn, Karl, war guter Kenner des Kriegswesens, ein scharfer Rechner, ein phantastischer Mensch, Ludwigs gefährlicher Gegner. Er erlaubte sich Bestechungen bis in dessen nächste Nähe. 1468 kam es zwischen beiden zur Zusammenkunft in Peronne an der Somme, der König wurde gefangen genommen; eine ganze Anzahl von Urkunden ward ihm vorgelegt; er *mußte sie unterzeichnen, völligen Verzicht leistend auf Einwirkung von Seiten der Krone auf Burgund. Er hatte gelernt zu dulden, demüthig zu sein, und sich dabei zu verlassen auf seine «Tugend», später sich Rache zu verschaffen. Wieder nach Paris gekehrt, verbot er jegliches Pasquill gegen den Herzog von Burgund. 1470 konnte er auch mit seinem feindseligen Bruder, dem Duc de Berry, einigermaßen abrechnen. Derselbe hatte bei der Empörung der Vasallen gegen den König von diesem die Normandie erhalten; jetzt kam diese wieder zur Krone, und statt ihrer erhielt der Herzog von Berry die Guienne, starb aber schon im Jahre 1472.*

Karl von Burgund fieng nunmehr an, Geschmack für die deutschen Verhältnisse zu finden. Die weitaus größere Hälfte seiner Staaten gehörte nominell zum deutschen Reich. Um aber in die deutschen Verhältnisse mit Erfolg eingreifen zu können, hätte er mit den Schweizern in Verbindung treten müssen; er versäumte dies.

Karl wollte sein Land zu einem Königreich erheben; eine Zusammenkunft mit Kaiser Friedrich III. zu Trier 1473 blieb erfolglos.

1477 aber kam es dann zur Vermählung von Friedrichs Sohn Maximilian mit Maria, der Erbin von Burgund und damit zur Verschmelzung der burgundischen und habsburgischen Lande.

Man hörte am Hofe Ludwigs von Karls Plänen. Der König vernahm zu seinem Schrecken, daß Burgund mit Eduard IV. von England im Bündnisse wäre zur Erbeutung Frankreichs. Doch Karl verlangte einen Waffenstillstand mit Ludwig. Er wurde ihm gewährt.

Herzog Sigismund von Oesterreich hatte aus Geldnoth Karl um 80'000 Gulden unter Anderem den Elsaß, Sundgau, die 4 Waldstätte am Rhein verpfändet. So wurde Karl der Nachbar der Eidgenossen. Er setzte als Landvogt über dieselben den Peter von Hagenbach, einen treuen Diener seines Hauses, der durch seine Verwaltung und seine Aeußerungen sich den Haß der Untergebenen und der benachbarten Eidgenossen zuzog. Fürsten und Städte am Rhein schlossen die sog. niedere Vereinigung; die Eidgenossen gingen auf Bemühungen Ludwigs sogar mit Oesterreich ein Bündniß ein; Karl wollte sich ihnen nähern (1474); es war zu spät. Die Summe, welche er Sigismund geliehen, war von den Verbündeten zusammengebracht worden; Karl weigerte sich, dieselbe zu nehmen und die verpfändeten Länder aufzugeben. Hagenbach wurde in Breisach von den Bürgern daselbst gefangen genommen und dann von einem Gerichte zum Tode verurtheilt.

Der Krieg zwischen Karl und den Schweizern war jetzt unvermeidlich; im Namen aller Eidgenossen erklärte Bern denselben. Ludwig schloß mit den Schweizern sogar ein Bündniß, zufrieden damit, daß durch diese Gestaltung der Lage Karls sich seine Gefahr gemindert hatte. Die Schweizer aber haben Ludwig für einen Zweck gedient, der für sie politisch von

zweifelhaftem Werth war; denn Burgund wäre ihnen ein besserer Nachbar gewesen, als die Krone Frankreichs.
Es ist in der Regel kein ergötzendes Schauspiel, wenn sich eine große Macht bildet. Hat sich ein heilsames Staatswesen auf diese Macht gebaut, dann mag auch das vergangene Unheil anders betrachtet werden.
Wenn sich nun zu Gunsten Ludwigs XI. irgend etwas sagen ließe, so möchte es dieses sein, daß seine innern Feinde böser und schädlicher waren, als er. Soll irgend einmal das Böse geduldet werden, so ist es besser, daß das Monopol der Gewaltthat in einer einzigen, festen Hand ruht, als wenn Hunderte es miteinander ausüben wollen.
Es war gewiß, daß alle die ungetreuen Vasallen den Ludwig bedrohen würden, so lange der Mächtigste da war, Karl von Burgund. Dessen Untergang war Lebensbedingung des französischen Volkes und der französischen Monarchie geworden. Karl hatte angefangen, sich in die deutschen und schweizerischen Verhältnisse zu vertiefen. Der englisch-burgundische Angriff auf Frankreich scheiterte; Eduard IV. von England und Karl von Burgund sahen sich 1475 zu Calais; sie konnten sich nicht mehr verständigen; Ludwig traf mit Eduard ein Abkommen durch Geschenke, Pensionen, Tribut, gute Bewirthung; und Eduard fuhr nach England zurück. In demselben Jahre sahen sich auch Ludwig und Karl; jener erlaubte diesem, über seinen Grund und Boden die Truppen gegen die Schweizer zu führen; und gegen Ende des Jahres 1475 näherte sich Karl den schweizerischen Grenzen. Ludwig wollte in der Nähe sein; er begab sich nach Lyon, unter dem Vorwande, mit den Geistlichen zu berathen über die Rechte und Angelegenheiten der Kirche. Er erhält die Depesche der Schlacht von Grandson, bleibt in Lyon, sendet seine Boten an die Eidgenossen; es kommt die Nachricht von Murten, die Eidgenossen werden «seine allerliebsten Freunde, auf die er sich besser verlasse, als auf alle Freunde auf Erden». Bekanntlich hat er das Geld für sie nicht gespart. In Nancy unterlag am 5. Januar 1477 der «große Blutvergießer», Karl von Burgund. Von dieser Zeit an war Ludwig ein anderer; es beginnt seine dritte Periode, die terroristische und unbefangene. Er hatte ein Recht einzuziehen das Herzogthum Burgund, Artois, zwei Drittheil von Flandern; er zog obendrein mit Hülfe der Schweizer die Franche Comté ein. Maria, die Erbin von Burgund, hatte Abscheu vor ihm und nach wenigen Monaten heirathete sie den Max von Oesterreich; ein österreichisch-burgundischer Staat wurde Frankreichs Nachbar.
Die Feinde in Frankreich selbst hatten kein Zentrum mehr, keinen Herzog Karl. So konnte Ludwig überall zugreifen, nur mußte er Acht geben, seine Streitkräfte nicht zu zerstreuen, sondern im Lande zu erhalten. Das Ausland war ihm nicht schrecklich; Eduard IV. war ungefährlich geworden; mit der Zahlung der Tribute an England fing Ludwig an, lässig zu

werden. Von mehr als einer Seite her rief man die Franzosen; die Genuesen wollten Ludwig zu ihrem Herrn machen; er wollte nicht. «Die Genuesen ergaben sich mir, ich übergebe sie dem Teufel.» Sein Heer diente ihm dazu, die Unterthanen in Unterwürfigkeit und Furcht zu halten. Ludwig warb Ausländer, namentlich Schweizer. Der Bauer und der Bürger waren dem Uebermuthe der Soldaten preisgegeben. Kam Kriegführung vor, so war sie entsetzlich. Immer fand kleiner Grenzkrieg mit den Niederlanden statt. Henkte Max einen gefangenen Franzosen, so henkte Ludwig 50 Niederländer. Da die Werbung sehr theuer war, so wurden die Steuern sehr groß. «Entweder so, oder das Reich geht zu Grunde.» Jetzt mußten die großen Herrn dran glauben. Nach der Schlacht von Nancy schrieb Ludwig nur von Foltern, Henken und Aehnlichem. Alles, was in Frankreich groß und vornehm war, wurde angeklagt; Niemand konnte mehr ruhig schlafen, namentlich die Verwandten Ludwigs nicht; «er vernichtete sie; er erniedrigte sie; er verachtete sie.» Reiste der König irgendwo, so sah man an den nächsten Bäumen Gehängte und hörte Geheul solcher, welche gefoltert wurden; andere wurden in Flüsse geworfen.

In seiner frühern Zeit war der König dem Aberglauben sehr zugänglich, astrologisch und sogar nekromantisch gesinnt. Seinem Vater habe er nach dem Leben gestellt, indem er auch von Zauberern und Astrologen geleitet war. Doch scheint nicht ein wesentlicher Entschluß auf Einwirkung von Astrologen hin gefaßt worden zu sein; vielmehr nach der Sachlage und seinem bösen Gemüth faßte Ludwig Entschlüsse. Er übte eine Masse von Andachten. Es lag ihm sein ganzes Leben lang an Gesundheit und langem Leben. Hiefür war er entschlossen, das Möglichste zu thun. Er war überzeugt, man könne Gott und die Heiligen mit Geschenken bestechen. Einst wollte ein Priester für Wohlergehen von Ludwigs Seele und Leib beten; da sagte dieser: «Streicht nur das ‹Seele›; ich will den Heiligen nicht zu viel Mühe machen.» Er mochte sich fühlen als der geistig stets Gesunde gegenüber Karl von Burgund. Daneben aber glaubte er an bestimmte Reliquien und heilige Stellen; wo nur populäre Andacht sich zeigte, hat er sich mit beigemacht und seine Theilnahme bezeugt. Tauchten neue Muttergotteskirchen auf, so gieng er selbst hin oder sandte Vertreter mit Geschenken. Bisweilen warf er sich wie ein Unsinniger auf die Kniee; irgend eine plötzliche Sorge war über ihn gekommen, die er sich wegschaffen wollte. Vor allem mußte Paris ihn bei seinen Andachten unterstützen. Auch eine Andacht für Karl den Großen führte er ein; es zeigt sich hier das Königthum, das seinen eigentlichen Ahnherrn verherrlichen will.

Gegen den geistlichen Stand war er sehr unbefangen. Es machte ihm nichts, einen Kardinal der römischen Kirche 11 Jahre lang im Käfig zu halten, auch andere Prälaten kriminell zu behandeln. Fieng der Bußprediger in Paris an, zu politisiren, so kam Ludwigs Gendarmerie und führte ihn über die Grenzen; das Weinen und Jammern der ganzen Gemeinde machte dem König nichts zu schaffen. Das Volk drängt sich zur Leiche eines Bischofs von Paris, spricht ihn selig; Ludwig befiehlt, es solle am Katafalk eine Schmähschrift befestigt werden, denn der Bischof habe zur Zeit der Ligue du Bien public sich einigermaßen illoyal gegen ihn benommen. Die bedrohte Lage der Päpste kannte er genau und kümmerte sich um den Bann außerordentlich wenig.

Trostlos sah es allmälig um ihn aus. Er wohnte in Plessis-les-Tours, in einem Schloß, das er sich zu einer unangreifbaren Veste gemacht; da weilte er allein; zwischen seinen Aerzten, Profosen, Astrologen fand er sich noch sicher; er ist sein eigener Gefangener. Von seinen Verwandten durfte Niemand in die Nähe kommen; der Dauphin war in Amboise; die Königin in der Dauphinée. 1481 und 82 fanden Zusammenkünfte statt zwischen Vater und Sohn; jener empfiehlt diesem, die bisherigen Diener beizubehalten; es geschah dieß, damit Ludwig sicher sterben und der Sohn den Thron sicher besteigen könne. 1483 wünschte Ludwig dringend Verlängerung seines Lebens; er ließ von allen Seiten Reliquien nach Plessis kommen; sie sollten ihm das Leben verlängern; auch Beter von überall her, einen leibhaften Heiligen aus Kalabrien, der ihm aber sagte, er möchte sich an das wahre Heil wenden; davon wußte Ludwig keinen Gebrauch zu machen. Um den Schlaf abzuhalten, ließ er Musiker kommen. Zuletzt mußte er sich in sein Schicksal ergeben. Sonst gieng er sehr gering einher; jetzt fieng er an, sich prächtig zu kleiden: das war das Anzeichen seines Todes. Als es seinem Ende zugieng, sagte man ihm ziemlich barsch, daß es nicht mehr länger dauere. Er starb am 30. August 1483 unter politischen Gesprächen.

Jedenfalls hat Frankreich Ludwig XI. seither acceptirt; auf sein Thun ist weiter gebaut worden; die Veränderungen unter ihm sind wichtig; man hatte bei allem Druck unter ihm innere Ruhe; und Frankreich hat können eine neue Haut ansetzen; es war, wie man nach seinem Tode entdeckte, viel royalistischer geworden als früher. Erscheinungen wie Ludwig XI. sind ein für allemal unverloren.

Dem verehrten Herrn Redner sagen wir schließlich unsern besten Dank für den großen Genuß, den er seiner zahlreichen Zuhörerschaft durch seine höchst interessanten Vorträge bereitet hat.

Leben und Sitten des Adels um 1500

*1
*   *

Der Adel = der Kriegerstand im besondern Sinne, in ganz Europa.
In einzelnen Ländern (zB: einem großen Theil von Italien) reicht sein Privilegium längst nicht weiter als sein Besitz ⌊zB: keine active noch passive Justiz mehr⌋, sodaß der besitzlose Adliche vor dem übrigen Volk nichts weiter voraushat, als was er etwa durch eine besondere Geselligkeit und aparte Sitte noch geltend machen kann.

In den atlantischen Staaten: England, Frankreich, Gesammtspanien kam in der zweiten Hälfte des XV. Jh. überall ein Königthum empor welches den Adel theils geradezu von sich abhängig machte durch Dienst, theils ihn zittern machte. England: der Aderlaß durch die Rosenkriege, Frankreich: Wegfall der größten Vasallen, Gesammtspanien: Justiz gegen den Adel und Vereinigung der ritterlichen Großmeisterthümer mit der Krone.

In all diesen Ländern lebt dann der Adel social und rechtlich hochprivilegirt weiter;[2] die Könige nehmen zwar ihre Diener wo sie wollen, ihren Umgang aber nur aus dem Adel, als dessen specielle Häupter sie gelten. Eine Menge von Aemtern und Vortheilen gehören selbstverständlich dem Adel oder der Kirche; die Abstufungen innerhalb des Adels und seiner Titel werden sehr ernst genommen; – soweit endlich der Grundbesitz dem Adel gehört, ist er eine sehr mächtige und durch Privilegium gegen Pfändung und Verlust gesicherte Basis des Daseins.

In England behauptet auch der hohe Adel seine Mitregierung im Oberhaus, der niedere Adel sitzt durch Grafschaftswahlen im Unterhaus, während in Frankreich die états généraux und in Castilien und Aragon die Cortes keine mitregierende Macht mehr entwickeln.

In Deutschland ist zunächst sehr viel Adel den einzelnen Fürsten unterthan und *landsässig* geworden, hie und da allerdings in Landständen mit einer wirklichen Macht vertreten, übrigens aber von den Fürsten sehr ab-

---

1 Zum 4. November 1874.
2 a) eigene Gerichtsbarkeit für sich, b) niedere Gerichtsbarkeit über seine (obwohl nicht hörigen) Bauern etc.

Erstes Blatt der Einleitung zu «Leben und Sitten des Adels um 1500»
(PA 207, 171, 44).

Leben und Sitten des Adels um 1500

hängig; gerne geht er in deren Hofdienst auch wo er es nicht müßte, und je nach der Fähigkeit auch in den fürstlichen Militärdienst.

Sehr viel Adel aber ist reichsunmittelbar geblieben oder wünschte es zu bleiben, während ihm von Seiten der Mächtigern zugesetzt wird. Seine Lage wird um so viel kritischer, als im Verlauf des XV. Jh. die kräftigern Fürsten mehr um sich greifen und ihre Staatsmacht steigern.

Der Stand dieser Reichsunmittelbaren wie der der Landsässigen zeigt verschiedene Stufen; vom bloßen Personal-Adlichen oder Ritter (welcher sogar ein ehmaliger bloßer Ministeriale gewesen sein kann?) bis zum Freiherrn, Grafen und Fürsten. Ihre Sitte und Lebensweise folgt nun.

In Schwaben wo diese Reichsritter besonders zahlreich und keine sehr mächtigen Fürsten in nächster Nähe waren, lebte das freiherrliche, später gräfliche Geschlecht von Zimbern –, dessen Chronik um 1560 von Einem des Hauses verfaßt.[1] – Umgegend: Rottweil, Mößkirch etc., Sigmaringen – nach Norden: Oberndorf, Sulz am Neckar etc.

| Den *Ausländern* fiel der damalige Zustand (von seiner gewaltsamen Seite) erweislich auf: Comines, Quirini. Moderne Kurzsichtigkeit (zB: Freytag, Bilder aus der Deutschen Vergangenheit I, 300, ss.) findet vollends, der «niedere» Adel (gegen den höhern will er wohl nicht unfreundlich sein und die Grenze anzugeben wäre bedenklich) sei, als Stand betrachtet, seit der Hohenstaufenzeit ein Unglück für Deutschland gewesen, wie denn jeder privilegirte Stand in jedem Volke und zu allen Zeiten ein Hinderniß allseitig kräftiger Entwicklung geworden sei. ⌊Anstatt einzusehen daß Privilegien nur ein Symbol und Beweis der thatsächlichen Ungleichheit der Menschen sind.⌋

Der Fortschritt hält natürlich Alles was nach unserer Meinung «retardirt», für ein Unglück, und alle Ungleichheit (mit Ausnahme derjenigen des Geldbesitzes) für ein Verbrechen. Und als ob wir wüßten, was man in 300 Jahren an unserm jetzigen Zustand retardirend finden wird und was (im Gegentheil) allzuschnell rotirend (die Aufnützung der Erdoberfläche etc.). So lange ein Historiker noch mit dem terminus «Glück» operirt und darunter einen durch Denken, Wollen und Thun von Menschenmassen [oder] -kategorien erreichbaren seligen und dauernden Zustand versteht, ist ihm nicht zu helfen. In die höhere Oeconomie der Weltgeschichte sehen wir nie klar hinein und dann am Allerwenigsten wenn wir Wünsche der modernen Zeit in die Vergangenheit hineintragen. ⌊Wenn dieser Adel nicht dagewesen wäre, so wäre an seiner Stelle etwas Anderes Choquantes dagewesen⌋ Wir haben einfach eine Seite des vergangenen Lebens darzustellen und Licht und Schatten unparteiisch ersichtlich werden zu lassen.

---

1 Graf Florin von Zimbern?

Die Urkunde ⌊Zimbernsche Chronik⌋ selbst stellt das Vergangene vom Standpunct des Adels dar, freilich einer schon besonnen und über ihre Lage nachdenklich gewordenen Generation. Weil sie aber, für gräfliche Nachkommen und Standesgenossen geschrieben, die Voraussetzungen alles adlichen Denkens, Empfindens und Handelns so naiv verräth, zeigt sie auf die belehrendste Weise den großen Unterschied von der herrschenden Denkweise unserer jetzigen Zeit. ⌊Und was wir wollen ist eben Belehrung.⌋

Die volle Lebenswirklichkeit würde freilich erst aus der Vergleichung mit andern Adelsmemoiren[1] aus verschiedenen Gegenden des damaligen Deutschlands hervorgehen, aber dann wäre es ein Gegenstand einer umfangreichen gelehrten Auseinandersetzung und nicht mehr dreier kurzen Abendstunden. Immerhin werden wir wesentlich Dasjenige hervorheben was erweislich allgemeinere Geltung hatte und die bloß individuellen Curiositäten, an welchen kein Mangel ist, auf sich beruhen lassen. Das Haus Zimbern ist nicht der ganze schwäbische und noch weniger der ganze deutsche oder gar europäische Adel jener Zeit, aber seine Schicksale und Manieren haben doch in hohem Grade etwas Vorbildliches und für zahllose Standesgenossen Gültiges.

Wir beschränken uns auf die Zeit kurz vor und nach 1500, indem der Adel damals noch seine freie Regung hatte, während die folgenden, sehr umständlich behandelten Jahrzehnde schon einen veränderten, mehr gedrückten oder doch behutsam gewordenen Zustand verrathen.

| *Das Eigenthum des Adels.*

Heute eine Haupteigenschaft die bei allem Eigenthum erstrebt wird: daß es ein unbedingtes sei, völlig verfügbar, auch der Grundbesitz, theilbar, verkäuflich nach Convenienz – die Hypothekargläubiger und der besteuernde Staat sorgen schon für Bedingtheit.

In jener Zeit dagegen (Spätzeit des Lehnswesens) ist der Grundbesitz sammt der daran haftenden Herrschaft über die Leute:
    a) einerseits ursprünglich meist Lehen, d. h. Übertragung und Handänderung ist an den Willen eines Lehnsherrn ⌊jedenfalls in abstracto des Kaisers⌋ gebunden
    b) an's Majorat gebunden, überhaupt erblich
    c) untheilbar, sodaß jüngere Söhne nur zweite, dritte Lehen erben
    d) unveräußerbar, zumal solange Agnaten existiren
    e) überhaupt ⌊in der Regel⌋ nur innerhalb des Adels übertragbar.

---

1 Die des Götz von Berlichingen hier nur zu erwähnen.

Ohne diese Schranken wäre Alles früh verschwendet worden und der Verfasser der Zimbernschen Chronik insbesondere weiß recht genau daß die Leheneinrichtung ein Schutz sei gegen Verschleuderung und Entfremdung vom Stamm durch unnütze, eigensinnige und untreue herzer.

Mit dem Grundbesitz analog wurden dann ebenfalls als Lehen behandelt, d. h. verliehen und meist erblich gehalten: Rechte, Pflichten, Aemter aller Art:
richterliche Rechte, untere Gerichtsbarkeiten über
    einzelne Menschenclassen
    einzelne Oertlichkeiten
    einzelne Beschäftigungen
Vogteien zumal über Kirchen
Nutzbarkeiten aller Art: Bezugsrechte von Steuern und Zöllen, Geleitsrechte etc.

In der Regel nimmt der Lehnsherr eine kleine aber feste Rente an Stelle eines größern schwankenden Bezuges an. ⌊Das Verhältniß nähert sich der Erbpacht⌋ Es versteht sich daß die Pflicht vom Belehnten nach Kräften als Recht und als Einkunftsquelle gefaßt wird. Überhaupt disponirt das Lehnswesen zum Markten an den Grenzen von Pflicht und Vortheil; die Aufsicht gering. Sehr vieles von dem was heute dem Staat gehört, lebt hier in lauter Einzelrechte aufgelöst, welche wie bloße, noch dazu ertrotzte Privatrechte aufgefaßt werden.

Nun wären vor Allem die Herrschaften Lehen des *Reiches* gewesen und das Reich pflegte daran zu mahnen. Allein wie gern man dieß Verhältniß vergaß, zeigt die Anecdote des alten Zimbern und des Kaisers Sigismund. Mancher war von älterm Hause als etwa das Haus Luxemburg oder Oestreich war, das gerade den Thron innehatte. Doch es war dafür gesorgt daß man täglich und stündlich an das Lehnswesen erinnert wurde: durch die besondern einzelnen Lehen von Mächtigen und Fürsten: (In Schwaben: wo man dem König als Lehnsherrn entwichen wäre, begegnete man ihm leicht wieder als Herrn vom Haus Oestreich).

    a) Man nahm ⌊oder besaß (abgesehen vom Hauptgut)⌋ ein Schloß, ein Gut, ein Recht von Einem an, ebenso von einem Zweiten, Dritten, und Jeder verlangte die ganze Treue

    b) daneben etwa ein specielles Dienstverhältniß zu einem Vierten ⌊ein Bündniß mit einer nahen Stadt, Burgrecht⌋

    c) und noch daneben hatte man die Prätension, reichsfrei zu sein für den Hauptbesitz.

Dann vereinigte Jemand in sich eine ganze Anzahl juridischer Personen was heute völlig unerträglich und undenkbar wäre. Ruprecht von der Pfalz macht für Wildenstein an der Donau einen Zimbern halb zum Vasallen und halb zum Amtmann.

Warum vereinfachte man solche Verhältnisse nicht durch Ablösung, Abtausch etc. ⌊sodaß man Einiges aufgegeben, Anderes unbedingt besessen hätte⌋?

a) Der Lehnsherr würde in der Regel nicht gewollt haben, weil in seinem Obereigenthum (so gering etwa dessen Rente war) ein Stück politischer Macht lag

b) für Ausgleichungen jeder Art hätte es in der Regel baaren Geldes bedurft und dieses war furchtbar rar;[1] und wenn man dessen Bezahlung einbedang, so scheint sie öfter unterblieben zu sein;[2] – unbezahlte Summen aber waren ein häufiger Anlaß zu Händeln und Fehden.

Lieber theilte man die Rechte bis in kleine Splitter hinein: Beispiele: der ⅙ der Freveln und niedern Gerichte zu Burgle; der ¼ des Weinzehnten zu Supplingen (mit Streit, ob dieß ein Mannslehen oder auch in der weiblichen Linie vererbbar sei).

Und wenn gar nichts mehr wirklich bezogen wurde, so blieb doch als Symbol einer alten Abhängigkeit irgend eine Minimalabgabe. S. die Beispiele. | An so bunte Bedingungen war der Besitz und das Recht geknüpft.

Wieder eine besondere Art des Erwerbes: Die Pfandschaft, mit Hoffnung auf allmälige Wandlung in völliges Eigenthum, freilich unter dauernder Gefahr plötzlicher Einlösung bei verändertem Geldwerth. ⌊Man hoffte, das Pfandverhältniß werde vergessen oder schlafe ein.⌋ (Die verlorenen Pfandbriefe des Hauses Zollern).

Ja man nahm vorlieb mit dem bedingtesten Eigenthum: zB: mit Schlössern auf welchen Oeffnungsrechte hafteten. (Wie dergleichen benützt werden konnte: Würtemberg 1480 gegen die Geroldseck zu Sulz). I, 226: Wer Alles Theilansprüche auf ein einzelnes Schloß machte (hier Wildenstein). Bei alledem gab es Leute die nie genug Land sehen konnten und sich getrauten, daß aus zehnfach bedingtem Erwerb durch ihre Nachkommen ein festes Ganzes werden würde; ein solcher heißt: ein rechter erdenwurm.

Dazu aber der Hader über Mein und Dein innerhalb *des eignen Hauses* s. unten. Der ewige Conflict zwischen: dem Interesse des Gesammthauses und: der Sorge für die eigenen Kinder. Schwierigkeit aller Theilungen zwischen Geschwistern (Ausnahme: die glückliche Zimbernsche Theilung von 1508). Die Ausweisung der Töchter oft sehr nachlässig oder gar nicht geleistet. Abzweigung von Nebenlinien ⌊jene erhielten die Nebenlehen⌋, sodaß das Majorat sich schwer vergrößern konnte. Man wollte solcher Abzweigung etwa begegnen, indem der zweite Bruder erst heira-

---

1 Auch war es fatal, Mächtigen Geld zu leihen.
2 – Oder man versäumte aus Leichtfertigkeit den rechten Moment.

thete, wenn der Aelteste kinderlos zu bleiben schien. Andere dagegen ließen es laufen bis in Einem Schloß mehrere tödtlich verfeindete Linien beisammen wohnten; das Schloß in Schwaben, von hundert adlichen Einwohnern und bis man sich im stegraiff ernähren *mußte*.

Erbordnungen für das ganze Haus [und] Erbverträge des Augenblickes ⌊oft fruchtlos⌋. Die Schwierigkeiten jeder Theilung lagen nicht bloß in der Gier der jedesmaligen Theilenden, sondern erweislich oft in altaufgespartem, unerledigtem Streit der Väter und Ahnen und Seitenverwandten.

Die rechtlichen Instanzen: Erbetene Schiedsgerichte – das Hofgericht von Rottweil – das Reichskammergericht – die Reichstage – endlich die Protection mächtiger Fürsten. Dazwischen aber die beständige Versuchung, an die Gewalt zu appelliren. – Erpressen wollten Viele, sparen Wenige. Georg Truchsess hinterläßt kein baares Geld, kein Testament, und kein wehrliches Haus.

Gesammtresultat, politisch und öconomisch und moralisch: Der adliche Herr war selbst beim besten Willen nie völlig en règle mit den ihn umgebenden Leuten und den höhern Gewalten.

Verhältniß zu den *Unterthanen* – sie sind nicht eigentlich hörig sondern frei.
Das Testament des Edelherrn (1483).
Über Cultus, Verhältniß zu Nachbarn und Freunden –
Die *armen leut*: kein Unrecht thun und keins bei ihnen dulden – sie lieb haben, nicht neu beschatzen.
Warnung vor Krieg; Aufrechthaltung der Schlösser und Lehen.
Behandlung der Knechte; Oeconomie, Schwaben und nicht Oestreich.
Ein Archiv; ein neues Urbarium etc.
Aehnlich 1495 Johann Wernher's Testament: die armen Leut unbeschwert und gnädiglich zu halten.

Aber in den schwäbischen Bauern wacht schon Bewußtsein der Bedrückung. Die Klagen: Durchreiten, Baize und Jagd auf den Feldern – Wegnehmen von Kälberweiden zu Wiesen – Ausholzung von Wäldern – Steigerung von Frohnden und Steuern – Zwangsbau von Schloß und Stift – Weihergraben ohne Vergütung – der Zwangsbackofen – Verbot des Fischens im Weiherbach – Gerichtsbeamte ernannt statt gewählt.

Die Vergeltung: einstweilen muß Ritter Schmeller, Wolf von Fürstenberg, Hans von Sonnenberg gespenstisch herumreiten.

Dann viele kleine einzelne Aufstände, wegen vermeinten Freiheiten, gezüchtigt durch Überfall, neuen Treuschwur, Absetzungen. Unterthanen gegen Unterthanen aufgeboten.

| Sonst Wohlmeinenheit und Vertraulichkeit mit den Unterthanen. Die Reden bei Annahme einer Huldigung. Der Wille, die Mößkircher bei Hab

und Gut zu erhalten; das Zechverbot. Das Springen der Herrn und Bürgersöhne über die Ablach. Der Scherz mit den alten zimbrischen Bürgern. Der Tanz in Hohenmessingen 1522. Die Loyalität der Seedorfer 1524 bei den Kindesnöthen von Johann Wernhers Gemahlin. — Aber beim Bauernkrieg die Seedorfer Weiber! (Während des Krieges saßen die Zimbern in Wildenstein und Rottweil). Nachher die geringe zimbrische Rache; der Wunsch, keine ruinirten Bauern zu haben. Bleibend mißtrauisches Verhältniß, Abtausch und Verkauf rebellisch gewesener Dörfer; Erwerb eines festen Schlosses.

Der Edelmann.
Die Race: Das Riesengeschlecht Liechtenberg und dessen Diener. Die Stattlichkeit mehrerer Zimbern. Veit Werner fällt dem König Max in Inspruck auf. Erziehung und Dienste des Gottfrid Wernhers von Zimbern. Der Muth, auch gegen Gespenster. Riesenstärke: Bastian Speet. Wort Sonnenbergs: ach du edles gesunds kecks Herz.

Das Heirathen nach der Race (das Geld bekam man ja oft doch nicht). Kurfürst Jacob von Trier warnt Johann Wernher: das Haus Zimbern habe nie gelts oder guts wegen geheirathet (die Wittwe von Tübingen!). Margareth und Barbara von Zimbern und ihre Werber: Manderscheid, Mersperg. Graf Philipp von Rheineck heirathet Margaretha von Erbach «irer fürbindigen schöne halb». Graf Egmont und die Werdenberg (ohne alles Gut). Gottfried Wernher von Zimbern und Apollonia von Henneberg.

Die Taufnamen: Entstehen zweier Taufnamen vielleicht hier, weil adliche Geschlechter etwa einen durchgehenden hatten? Alle Bodman: Hans; – alle Zollern: Friedrich – alle Lupfen: Hans (weil das Erdmännlein einem Hans den Schatz versprochen). Graf Alwig von Sulz und weßhalb er seinen Sohn Wolf Hermann taufen ließ.

Ritterschlag: Wenig erwähnt; – etwa am heiligen Grab nahm man ihn zum zweitenmal. (War der Minorit Bruder Johann von Preußen in Jerusalem ein ehmaliger Deutschritter?)

Benehmen in der Familie.
Unglückliche Einwirkung der oben berührten Eigenthumsverhältnisse: Conflict zwischen Gesammthaus und eigener Familie. Schwierigkeiten der Theilung etc.

(Abgesehen von zahlreicher Untreue in der Ehe und von Gattenmorden aus freilich öfter unberechtigter Eifersucht:) nicht selten: Vatermorde und Verwandtenmorde, Verstoßung von Vätern (Haus Geroldseck), Einkerkerung von Vätern (Christoph von Baden durch seine Söhne Philipp und Ernst).

Verhältniß zwischen Brüdern: neben dem friedlichen Beispiel von Gangolf und Walter von Geroldseck, die mit Familie in unvertheilten Gütern lebten: – furchtbare Beispiele des Bruderhasses: Zollern: Eitelfritz hilft den Städten gegen Friedrich den Oettinger. Der Zollern-Zollern läßt dem Zollern-Balingen, dessen Sohn gestorben, vor dem Schloß tanzen und pfeifen. Hans von Sonnenberg schlägt dem Andres zu Mengen ins Gesicht. Andere verfeindete Brüder: Hag, Fürstenberg, Löwenstein, Clingenberg. Der fremde gräfliche Brudermörder als Einsiedler bei Balingen.

Die zimbrischen Brüder: Gottfried Wernher ertrotzt seiner Apollonia zu Gefallen von Johann Wernher Möskirch gegen die Herrschaft vor dem Waldt; ein Roß um eine Pfeife, ferner den Alleinbesitz von Wildenstein. Johann Wernher verlangt von Wilhelm Wernher Herrenzimbern und verkauft die Dörfer und Wälder ringsum an Rottweil. Johann Wernher schenkt Wilhelm Wernher's Becher an Tochter und Schwiegersohn: Jos Niclas von Zollern. Jos Niclas als Typus eines bösen Schwiegersohns gegen Johann Wernher; er ist nirgends lieber als wo man ihn nicht gern hat.

Schnöde Erbtheilungshändel: Rohe Ausweisung, ja Verhaftung von Wittwen durch Schwäger. Schlechte, oft gierige Vormünder von Waisen. Die verwaisten Töchter Erbach und ihre Behandlung durch: a) eine herzlose Mutter, b) gierige Verwandte, c) Feinde des Hauses die sich als Retter stellen (Hessen). Verheirathete Töchter gehören völlig ins Haus des Gatten; geringe Pietät gegen die eigene Familie: Anna von Werdenberg-Zimbern plündert Seedorf.

| Adliche Töchter. Die Versorgung in Klöstern nicht mehr häufig. Johann Wernher von Zimbern gab seine Katharina und Anna nur in höchster Noth ins Fraumünster (wo übrigens auch Fräulein von Helfenstein, Leinigen, Höwen, Geroldseck etc. saßen). Graf Hermann von Henneberg macht eine schnöde Ausnahme. Seine zweite Tochter bereits in einem beschloßnen Kloster; als nun Apollonia gegen seinen Willen den Gottfried Zimbern heirathete, stieß er die dritte tückisch aus einem freien Stift in ein beschloßnes Kloster. Der Fluch: er konnte schlagflüssig sein vergrabnes Geld nicht mehr angeben; die Söhne unglücklich; das Haus starb aus.

Andererseits (abgesehen vom nicht seltenen Durchbrennen von Töchtern): Der große Mangel an Geld zur Ausstattung (Johann Wernher hätte gern gehabt wenn Margareth und Barbara, seine Schwestern, ledig blieben) und die Chance böser Schwiegersöhne (Jos Niclas von Zollern).

Wittwenheirathen ziemlich häufig (statt des Klosters). Diese zweiten Ehen oft fruchtbar. Die Wittwe gehört völlig der neuen Familie an; das mütterliche Gefühl gegen die frühern Kinder gering. Ausnahme: die Wittwe Johann Wernher's d. ä., geborene Gräfin von Oettingen; umsonst will Hugo von Werdenberg sie wieder verheirathen; sie weiß daß dieß nur geschähe um ihre Söhne völlig hülflos zu machen und lebt in weißem Gewande aus. Die Wittwe des Grafen von Tübingen und ihr Geld; Werbung des Johann Wernher d. j. unter Aegide des Christoph von Baden. Ihre Bedingungen: Grafentitel und Namenswechsel; Warnungen Kurfürst Jacobs von Trier. Endlich heirathet sie einen Löwenstein.

Bastarde: es steckt gemainlich in disem volk ain grosse junckerschaft und habe vil auf inen selbs. Es gab gute: Hans Schilling von Wildeck, Anwalt seiner zimbrischen Halbbrüder, setzt sich für sie dem Werdenberger Haß aus. Adam von Rosenstein, der um seiner eberstenischen Verwandten willen ledig blieb und ein treuer Amtmann in deren Nöthen war. Bastard-Töchter steckte man in Klöster; oder vermählte sie etwa mit einem Reisigen, den man dann irgendwo zum Vogt machte (der Reiterhans und die Berbelin des Johann Wernher d. j.). Einen Sohn macht man etwa zum Pastor loci.

Der Bastard Heinrich von Zimbern, Sohn des Gottfried von der Seitenlinie. Das Haus erlebte an ihm 20,000 Gulden Verlust und 45 Jahre Händel. Er erbt Herrenzimbern; Raubsucht und Verschwendung; Schuldenmachen mit dem Siegel seines Vaters; dieser 1508 eingeklagt, wird schlagflüssig und stirbt in Verzweiflung. Processe Heinrichs mit den Vettern; das Haupthaus muß seine verschuldeten Güter einlösen und ihm sein Amt aufkünden; – er sitzt in Oberndorf; unergründliche Protection Erzherzog Ferdinands für ihn. Er lebt mit 30 Malter Frucht aus, verthut auch dieses. Sein Sohn heirathet eine Zollernsche Bastardtochter, doch starb diese Linie aus.

Die Bastardtochter Hugo's von Werdenberg, Eleonora böse und von ihren Vettern Felix etc. protegirte Intrigantin.

Die adliche Misere.
Nicht hieher zu rechnen was beim sonstigen Sturz eines Hauses vorgeht. ZB: das Leben der Familie des geächteten Johann Wernher d. ä. in Rottweil. Die Durchreise durch Stuttgart: wer solten wir sein? wir sein von Zimbern. Doch blieb noch später etwas davon an den Söhnen haften; Johann Wernher d. J. macht aus der rothen Wagendecke seiner Schwägerin Anna von Stoffeln Livreen für seine Diener.

Aber überall und ohne Ausnahme: Mangel an baarem Geld und Fülle von Consequenzen hievon – s. oben.

Zwar nicht mehr so viel Adel wie früher; Verwunderung des Autors über die Menge von Burgstellen. Die Kirche von Weiler mit den sieben Thüren für die sieben vehin mentel (Edelfrauen) von ebensoviel verfeindeten Familien.

Aber jetzt: Verschwendung wo etwas da ist. ⌊Viele Verschwender sterben im Elend⌋ Die Junker von Bubenhofen erben fünf Schlösser sammt vielen Dörfern schuldenfrei und 12'000 Goldgulden, welche letztere sie in Frankfurt verkromen. Der Eine (der goldene Ritter) wird Vogt in Mömpelgard, kann keinen Knecht mehr halten, – lebt in Rottenburg am Neckar und kauft täglich auf dem Markt in ein Körbchen unter dem Mantel. Endlich die Mönchspfründe in Bebenhausen. Seine Tochter Gemahlin eines bayrischen Ritters, der in Ungnade geräth und zu den Türken geht; sie wird Hure. Helfenstein, Beichlingen, Hoheneck verhausen ihre Herrschaft. Besonderer Schimpf: diejenigen Herrschaften und Schlösser zu verkaufen wonach man den Namen führt: Grafen von Hohenberg. Ein verschwenderischer Zollern wird von den Verwandten (von Georg von Truchsess in Person) verhaftet und zwei Jahre auf den Asperg gethan.

| *Verwilderung:*
Johann von Zimbern wagt es nicht, zwei Enkel Wernher und Gottfried dem mütterlichen Großvater Herzog Rainold von Urslingen – der laut Iselin noch 1438 lebte? – zu einer Fastnacht nach Flurn zuzusenden wo derselbe verarmt wohnte, damit er sie nicht zur Brandschatzung dabehielte. Hugo von Werdenberg gedachte die Söhne des Johann Wernher d. ä. zu Geistlichen zu machen; aber man flüchtete sie nach Heidelberg. Hugo läßt den Johann Wernher d. ä. in Rom vergiften (??). Veit Wernher überfällt den Werdenberg bei Sigmaringen, trifft aber statt Hugo's einen andern Werdenberg. Hugo läßt den Veit Wernher zu Sulz vergiften. Felix von Werdenberg schenkt dem Gottfried Wernher das Schefelin mit dem Blut des Andres von Sonnenberg. Felix und sein Erstechen und Bengelwerfen von Soldaten. Ein Menschenleben für ihn wie für S. Jacobus eine Muschel. Autor's unberechtigtes Raisonnement über Vergiftungen in Königshäusern (Juaña gegen Philipp); bei Grafen und Herrn kam Aehnliches vor.

Das Raubritterthum = reutereien.
⌊– Erinnerung an die Falkensteiner 1380–1390.⌋ Die allzustark vermehrten Geroldseck zu Sulz haben sich «im Stegreif *müssen* ernehren». Und so wohl öfter die klainfuegen schlechten verdorbenen Adlichen denen es gleich gilt es gang ob oder under sich.

Aber nicht bloß Ruinirte, sondern viele Andere dachten so: Götz von Berlichingen und seine Geständnisse; weder Edel noch Unedel war sicher; Alles galt gleich wo man sich getraute Geld oder Geldeswerth zu finden. Namentlich bürgerliches Eigenthum, Städter bedroht, man fing Leute und brandschatzte sie. Und hier weiß man kaum wie weit die Billigung des adlichen Standes gegen seine Genossen ging. Und jede Fehde war verbunden mit Raub gegen das Privateigenthum Aller die mit dem Gegner irgendwie zusammenhingen, und die Fürstenkriege gingen barbarisch mit

Raub, Brand und Zerstörung voran. Die Vorwände: oft nicht einmal directe Ansprüche, sondern bloß von Andern gekaufte. Sickingen fing mailändische Waaren weg, nachdem er Forderungen gegen die Stadt Mailand gekauft; – wunderte sich dann aber als der Herzog von Mailand, sein Brodherr Franz I., ihm seine Pension zuckte. So hatte er einst auch gegen Worms die liederlichsten Forderungen übernommen, um es zu befehden. Er steht sittlich nicht höher als die Friedingen, Clingenberg, Hausner etc. welche 1512 Hohenkrähen – wie für ein Compagniegeschäft – zu ihrer Veste erkoren hatten. Der verrufene Adel des Hegau's.

Markgraf Friedrich von Brandenburg-Ansbach zu seinen Junkern: Es geht wohl hin, den Kaufleuten die Deschen schüttlen, nur allein am Leben sollt ihr ihnen nichts thun. Sonst ein gottesfürchtiger, gerechter Fürst.

Ulrich von Würtemberg hatte viel seltsames Gesind an seinem Hofe, besonders viel Franken die aus einem altem privilegium sich verstattet glaubten auf den Straßen zu rauben. Die Predigt des Barfüßers zu Stuttgart. Darauf die Todesdrohung des Schenken Ernst von Tautenberg und dessen Diebstahl der Röcke. Nürnberg's Gegenwehr, «Gegenfreiheit».

Max nannte sie Heckenreiter; der schwäbische Bund zum Theil zur Sicherung gegen sie errichtet; seine Völker sollen 140 Raubschlösser zerstört haben; 1512 Execution gegen Hohenkrähen. Auch Kurfürst Johann von Sachsen übte gegen ritterliche Schnapphähne keine Gnade.

Das Schloß:
Die zahlreichen Ruinen = Burgstellen. ⌊Vergangenes:⌋ Die «Storken- und hetzennester». Die adlichen Troglodyten zu Weiler und ihre Blaufußvögel. Jetzige Neubauten: feierliche Grundsteinlegung (Neuzollern 1454). Beisteuer von Freunden, selbst von Potentaten.[1] Oft groß, aber über dem steinernen Unterbau nur Riegelbau, dem Brand ausgesetzt. Der schwankende Thurm zu Falkenstein, oben vorgekragt (Gottfried Wernher nimmt von Möskirch die Fenster, Schlösser und Beschläge nach seinen successiven Wohnsitzen mit).

Die Anlage auf hohen Bergen: Raisonnement von 1517: Damals sei Treu und Glauben bei den Vorfahren gewesen, nun lassen wir die Berghäuser abgehen und bewohnen sie nicht mehr, sondern befleißen uns in der Ebne zu wohnen, damit wir nahe zum Bad haben. | Die Frage: ob ein festes und wehrliches Haus nützlich sei (bei Anlaß von Gottfried Werner's Neubau von Wildenstein mit großem Aufwand). – Versuchung zum Trotz gegen Obere und Nachbarn, dann Verlust; die Friedingen, Clingen-

---

1 Baugelt II, 100

Leben und Sitten des Adels um 1500 57

berg, Sickingen, Rosenberg haben für ihre Feinde gebaut; doch bei Überfall oder Empörung die Schlösser nicht zu verachten.

Schloßleben:
Wie weit noch die alte Zucht innezuhalten war? Väter sind freilich noch heftig gegen Söhne, ältere Vettern gegen jüngere. Das Scheittragen auf Schloß Lichtenberg. Die iebung des alten Gottfried von Zimbern, zwischen Beuron und Wildenstein.

Diener und Reisige: Gefahr, wenn sie zu einem andern Herrn überliefen, diesem ihre Ansprüche verkauften, ihn zur Fehde bewogen. Die Livreen: zimbrisch farb ungeschaffne farb (mörlegrau, schwarz, eschenfarb und gelb bei Johann Wernher; nachdem er sie noch einmal aus der Kutschendecke roth gekleidet. Bei Ernst von Baden: nur schwarz und aschgrau. Der Kuchenbub beim Grafen von Sonnenberg und sein Löffel ⌊seine beste Besoldung⌋.

Pferde, Jagd, Jagdfalken – hievon wie von allem eigentlichen Sport im Haus Zimbern wenig die Rede. Andere freilich trauern um Jagdfalken und Jagdhunde mehr als um Angehörige und um ein ganzes verbranntes Schloß.

Turniere: Zwar noch an Höfen hie und da; bei Ulrich von Würtemberg Rennen und Stechen. Auf dem Augsburger Reichstag 1518 Gesellenstechen. (Betrug möglich). Auch auf Bubenhofens zweiter Hochzeit in Rottweil. Nöthigung aus Neid auf Stattlichkeit; der Nöthiger kommt im Turnier um. Im Ganzen aber das Turnierwesen in voller Abnahme: Schon die Turniere von 1487 zu Regensburg und Worms gelten als die letzten großen der 36. Allgemeine und specielle Gründe der Abnahme: das Feuergewehr, hauptsächlich aber der unerschwingliche Aufwand. Bei einer gerichtlichen Tageleistung 1517 (auf Antrieb des Georg Truchsess) Berathung: wie man wieder ein turnier welte anrichten? ⌊Man möchte den adel durch solche zucht und censuren wieder reformieren und zur tugend ziehen.⌋ Die sonstige Welt die dazu paßte, war nicht mehr. Hie und da gingen Armaturen, Turnierzeug, Sättel in irgend einem Schloßbrand unter. Aber Gottfried Wernher von Zimbern ließ das Turnierzeug im Schloß Mößkirch selber zerhauen und verbrennen. (Einsicht des Ruinösen und Entwöhnung wirken zusammen.)

Der gesellige Ton.
Das Schwören, resp. Fluchen (d.h. nicht bloß betheuernde Verstärkung der Rede, sondern Verwünschung). Nicht bloß Adliche, auch Bürger haben kenntliche Flüche. Man ist danach bekannt, ja benannt. Zwar der böse Felix von Werdenberg schwor nur: ein Kirchenknopf. Der Sohn eines Fluchers von Zimbern stumm und lahm geboren. Vornehme Herrn

hatten auch etwa einen eigenen Reim. Das starke Lügen heißt «gewaidspruchet». (Die Lüge des Johann von Nassau-Saarbrück).
Das Saufen mäßiger als um 1560, da dunkle Versimpelung eintrat. (Obwohl schon 1490 bei Anshelm das «niderlendisch, lanzknechtisch, ja säuische» Zutrinken verboten wird).
Die Geselligkeit – die wirkliche Gesellschaft: Es verräth sich die Langeweile vornehmer Ungebildeter die ihres Gleichen relativ selten sehen und von Turnieren, Hofleben etc. durch öconomische Gründe abgeschnitten sind. Der meiste Umgang dieser Freiherrn: ihre nächsten Ortsjunker und noch dazu Vasallen (die beiden Häuser Gremlich), dann die bürgerlichen Söffel, Spaßmacher und Narren. Die allgemeine Voraussetzung: daß die geselligen Formen um 1500 naiver und einfacher gewesen als um 1560.
«Schwänke» – die siegreichen Spötter: «Speikatzen». Viele Langeweile der unbeschäftigten physischen Kraft. Unter Standesgenossen – Erstaunen wie die Vorfahren so freundlich und vertraulich mit einander umgegangen. Das Maislen. Der Hof Herzog Ulrichs. Oft in Angst versetzende Possen. – Tinte statt Gesichtswasser. Die Locken des Jünglings. Johann Wernher überschlägt sammt Roß in Wildgarn (Graf von Bitsch). Ludwig von Löwenstein empfiehlt dem Krafto von Hohenlohe einen Kellner den er in Wimpfen vom Galgen losgebeten. Eberhard im Bart und der glühende Thürgriff. Ein Vetter, bei Einladung zu Ostern vergessen, will in vollem Putz zum Abdecker zu Tische gehen. Die Worte Sonnenbergs an und über Felix von Werdenberg.
Unter Ungleichen: Tintenfresser und Stiefelschmurber zu Heidelberg. Die Wittwe Zimbern läßt Hans Sättelin zum Turnier antreiben. Johann Wernher d. J. sendet den Dominicanern zu Rottweil ein Faß voll Frösche statt Hechte.
| Zwischen Herrn und Unterthanen: Johann Wernher in Möskirch läßt einen Schimmel schwärzen. Ib. id: der Wolf im Entenstall. Jos Niclas von Zollern und der gehenkte Schneider. Gegen unberechtigtes Gänseweiden der Gegginger Johann Wernher und Hans Gremlich als Zigeuner verkleidet. (Sonstige Verkleidungen zum Besuch von Liebschaften: Graf Wolf von Oettingen als Bettler – das Lied. Ein Edelmann als Mönch).
Die nicht adlichen Spaßmacher. – Ihre Wichtigkeit in dieser Chronik. Der Edelmann muß sie erst in Bewegung setzen; dann läßt er sie bei irgend einem Possen im Stiche. Zwei werden zusammen geladen und an einander gehetzt. Ihre häufige Mißhandlung. Verflechtung dieses Treibens mit den ordinärsten Genüssen. Endlich die Narren aller mit den Zimbern bekannten Häuser. Darunter sehr gefährliche, die man doch machen ließ. Geringfügigkeit der meisten Anecdoten über sie. Höchster Trotz: Wildhans und noch ein Speet und die drei Todten; der Edelmann

von Hildesheim und die Dämonen (und da es schon der teufel und sein muetter, so forcht ich ihn nit).

Aberglaube; – die Langeweile und die unbeschäftigte Phantasie fällt dem allherrschenden Aberglauben anheim. (Hier aus dem großen Reichthum der Zimbernschen Chronik nur einige den Adel speciell angehende Züge):

⌊*Activer* Aberglaube:⌋ Talismane: der Chrystall des Johann Wernher d. ä. (die Cisterne). Der Glück- und Siegstein[1] des Hauses Zimbern (wovon freilich Dr. Hans Hahn alles Unglück des Hauses herleitete, weil die Natur des Steins und die des Johann Wernher einander ungleich und widerwärtig gewesen). Der spiritus familiaris der Lichtenberg, in einer Lade; die Familie ging auch hier durch dessen Besitz zu Grunde. Andere haben den ingeschlossenen Geist in einem Glas; – seine Hauptfunction: das in Abwesenheit Geschehene zu verrathen.

Schätze: die Nachkommen der Echter von Mespelbron und der Nigromant. Der Schatz am Heberberg und die Lupfen. (Ob die Schätze, auf welche die Schlagflüssigen zu deuten schienen, wirklich immer vorhanden waren?)

Die eigentliche Magie (Astrologie, Necromantie) im Adel nur hie und da: Friedrich III. und Hugo von Werdenberg, dann Johann Wernher d. Ä. und sein Schicksal (er wollte auch Auskunft über den Leib S. Rudolfs). Farceurs rühmten sich der schwarzen Kunst, aber nur schimpfs- und schalknarrenweis. Peter Schneider von Möskirch gilt als fahrender Schüler und als im Venusberg gewesen, war aber im Grunde ein Geschäftsmann. Die Wittwe Johann Wernhers d. ä., Gräfin von Oettingen, will wenigstens ihrer Tochter Margaretha nicht zur Nativität behülflich sein. Der Aberglaube der Frauen: besonders die Hausmittel. (Glückshaube und Meinungen darüber – das Horoscop des Beilagers).[2] (Die vornehmen Alchymisten zu jener Zeit doch laut Trithemius sehr häufig).

Passiver Aberglaube: Das adliche Gespenst – außer allen möglichen sonstigen Gespenstern. Der Adel sieht sich selbst. Zunächst die tiefe Waldeinsamkeit belebt durch: das wuoteshere. (In der Zimbrischen Chronik ein einzelner Jäger mit einem Horn, wie in Frankreich der grand veneur, sonst eine ganze Schaar, jägerisch oder kriegerisch). Dann das vielverbreitete Warnen des Sterbenden in die Ferne. Veit Wernher erscheint seiner Mutter im Leichentuch. Ferner die Collectiverscheinung der Ahnen und Verwandten bei der Leiche des Letzten eines Stammes (Wichmann von Rapin).

---

1 cf. den Stein des Connetable de St. Pol bei Jehan de Troyes p. 250.
2 cf. II, 454

Vorzüglich aber das Gespenst des Adlichen, der bei Lebzeiten seine Unterthanen herb und greusenlich behandelt hat: Erscheinen zu Roß in Feld und Wald, grüßend und redend mit den Leuten (gegen die er etwas auf dem Gewissen hat). Das Gespenst und der Kriegsmann; der Auftrag und das Prasseln. Wolf von Fürstenberg und sein Amtmann gehend oder reitend am Weiher zu Donaueschingen; nächtlicher Lärm auf dem Weiher. Spuken und Plagen im Schloß, bis die Familie den Unterthanen den Schaden vergütet. Der Heizgeist Schmeller von Ringingen: er heizt den übernachtenden Dorfburschen ein, ebenso der wieder eingezogenen Familie, auch in der Küche verbrennt er viel Holz, endlich hängt er die Frau vor's Fenster, bis sie die Vergütungen giebt. | Graf Hans von Sonnenberg (ebenfalls wegen Bauernschindens) spukt zu Wolfeck bei Tage, dann aus dem Schloß weggebannt in einem nahen Pfaffenhaus. Mitternachtskochen und Gelage in der Stube.

Die Abhülfe: Beschwörung; die Zettel auf Wolfeck, Almosen, Messenlesen, Betenlassen bei Nonnen und Bagutzlen ⌊der Maltersack mit Erbsen⌋ der versöhnte Geist erscheint beim de profundis.

Die *Religiosität* ist die damals landübliche und selbstverständliche. Vom Werkdienst ist dem Adel vorzugsweise (mehr als dem Bürger) eigen: die weite Wallfahrt. Der Typus des adlichen schwäbischen Palästinapilgers in drei schönen Sagenvarianten. Dann: Friedrich von Zollern der Oetinger geht ins heilige Land da sonst für ihn beinah nirgends kein blatz mer ist. Jerusalemfahrt des Johann Wernher d. ä. mit Breitenbach und Felix Fabri. Der Ritterschlag am heiligen Grab (s. oben). Pilger nach St. Patrick bleiben dann traurig und schweigsam. Pilger nach S. Yago: Noch 1517 eine große adliche Gesellschaft darunter Jörg Truchsess, Johann Wernher d. J., ein Apotheker und ein Caplan, sie besuchten auch Monserrat. (Der Narr Peter Letzkopf viermal in S. Yago, öfter in Rom, kann nur deutsch, aber: es war nit viel an ihm gelegen, darum hatte er das glück; – in Rom tödtete er einen reichen Bettler und nahm dessen 40 Goldstücke).

Klosterstiftungen: Das Kloster das Erbbegräbniß der Familie; die Nonnen tragen emaillirte silberne Schildchen mit dessen Wappen auf den Chormänteln; dagegen von Unterbringung von Kindern in den Klöstern wenig mehr die Rede; Zerrüttung des Benedictinerordens. Klagen über Verarmung der adlichen Familien durch solche Stiftungen so der Grafen von Kirchberg, Hohenberg, Heiligenberg, Calw (Calw hatte besonders an Hirschau und Kreuzlingen geschenkt). «Sie mit gewalt wollen reich machen, das lob ich nit.» – Die Klöster sollten sich begnügen mit Almosen und täglicher Nahrung, statt dessen sind es Paläste schöner als die der Könige. (In der That manche Klöster schöner und bequemer angelegt als Königsburgen und namentlich als Adelsschlösser!)

Verhalten der Edelleute gegen die Klöster. Die Mönche selten mehr ihre Verwandten. Höchstens ließ sich ein adlicher Herr noch in einer Kutte bestatten, und dann in einer Barfüßerkutte. Es war wohl eine seltene Ausnahme daß der letzte Graf Georg von Bitsch bei den Carthäusern zu Freiburg im Breisgau auslebte, und zwar nicht als Mönch. Das Einreiten der Adlichen als Gäste war gefürchtet von Aebten und Pröpsten; böse Possen nicht selten; es war oft nur eine gelindere Art von Kirchenraub. Felix von Werdenberg droht, vor Salmansweiler einen Galgen zu errichten und ihn mit Müllern und Mönchen zu besetzen.

Verhalten gegen Pfarrer u. a. Weltgeistliche durchweg verachtungsvoll; auch hier die übelsten Possen, auf welche der völlig haltungslos gewordene Pfarrer wohl oder übel eingeht. Er nennt etwa den Edelmann hühneresser.

Der Adel und die Städte
Die Zimbrische Chronik hat keine nähern größern Städte als etwa Ulm und Constanz. Die Sitten der Bürger waren nicht besser noch ruhiger als die der Adlichen.

Der Adel kann die Städte social längst nicht mehr entbehren; viele Adliche wohnten schon da. (Der freie Markt in Oberndorf II, p. 111, – sonst:) Große Gesellschaft außer den fürstlichen Höfen (die sich auch damit ruiniren konnten) war schon nicht mehr auf den Schlössern, nur noch in den Städten möglich ⌊die Städte hatten die Locale dazu⌋.

Gelage und Feste in oft nur kleinen Städten, wo man sich das Stelldichein gab und Jeder für sich bezahlte. 1442 die Fastnacht in Horb; das Städtchen übernahm das Fest und lud den Adel «zur Subscription» ein; der Riesenhirsch. Nach 1500: adliche Fastnacht in Rottweil – bald darauf: in Constanz (der Adel des St. Georgenschilds) auf der Junkernstube zur Katz; die vornehmen Bürger dabei.

Das dauernde Vorurtheil: trotz Bildung und Reichthum die Städte als Ackerstädte zu tituliren. Die Karsthansen, die hochmüthigen pauren, die stolzen eingemauerten pauren. (Die bürgerliche Habe Object des adlichen Raubes, freilich üben die Bürger auch wohl rücksichtslos Repressionen).

Aber der Accent der deutschen Cultur ruhte doch auf den Städten und das Geistesleben des XVI. Jh. empfängt von ihnen Inhalt und Farbe.

Niederländische Genremalerei

Vorbemerkung.

Indem wir uns anschicken, von der niederländischen Genremalerei zu reden, läge es scheinbar nahe, zuerst zu erörtern, was Genremalerei überhaupt sei. Wir würden auf eine Anzahl von Definitionen gerathen, welche mehr oder weniger treffend wären, und schließlich nach einigem Zeitverlust mit keiner von allen zufrieden sein, weil das Phänomen – das im Ganzen seit hundert Jahren[1] zu diesem zufälligen Namen gelangt ist – je nach Zeiten, Völkern und Schulen ein sehr verschiedenes ist. Der zu Grunde liegende Wille ist ein gar zu verschiedener, und der ägyptische Wandmaler des dritten Jahrtausends vor Chr., welcher in den Grüften von Beni Hassan das Ackern und Ernten, das Bauen und Arbeiten seines Volkes dargestellt hat, wollte und mußte etwas Anderes als David Teniers wenn er seine Leute auf dem Felde arbeiten läßt. So reicht man schon mit der Abgrenzung nach Gegenständen nicht aus, wenn die Auffassung und Absicht weit auseinanderliegenden Welten angehören.

Abgesehen davon daß die Größe und Wichtigkeit der Sache eine geschichtliche Einleitung, eine Beleuchtung durch frühere ähnliche Erscheinungen rechtfertigt, wird vielleicht auch für Verdeutlichung des Begriffes «Genre» am besten zu sorgen sein, wenn wir zusehen, was in den verschiedenen Epochen und Weiheländern der Kunst im Genre – ohne daß das Wort existirt hätte – ist geleistet worden, bevor die Niederländer die Aufgabe in ihrem vollen Reichthum ergriffen und der höchsten Vollendung entgegen führten.

Ferner ist nie zu vergessen, daß die Kunst selbst, als active Kraft, von unsern Definitionen ohnehin keine Notiz nimmt und den Beschauer überraschen kann mit stets neuen Übergängen und Wandelungen, welche die genaue Trennung nach Gattungen unmöglich machen.

Als göttliche Macht tritt sie in diesen scheinbar untergeordneten Aufgaben nahezu in eine ebenso starke Berührung mit unserm innern Leben als wenn sie die großen idealen Aufgaben löst; die Berührung erfolgt nur in anderer Weise. Die niederländische Genremalerei gehört auf unentbehrliche Weise mit zu dem großen Regenbogen, der unser Erdenleben

1 seit Diderot?

umzieht, zu dem großen Lichthorizont der Kunst, von welchem wir nie genau wissen ob er mehr zu unserm Intellect oder zu unserer Seele reden will.

Unter allen Umständen ist das was um seiner selber willen und nicht aus einem außerhalb der Kunst liegenden Grunde dargestellt wird, der höchsten Beachtung werth.

*
* *

Die Malerei in den verschiedenen Weltaltern da sie eine sehr hohe Entwicklung erreichte, geht über ihre zwei officiellen Obliegenheiten: Verherrlichung der Religion und der Macht mit der Zeit hinaus. Ihre Phantasie ist durch jene beiden mächtigen Schwingungen in eine Bewegung gerathen, welche selbständig weiter und weiter bebt, und ebenso die Phantasie des Volkes, dem die betreffende Malerei entspricht. ⌊Sie beginnt das Leben um des Lebens willen, die Schönheit um der Schönheit willen darzustellen.⌋

Nicht nur verbreitet sich der künstlerische Schmuck allmälig über das ganze Dasein je nach den Mitteln (decorative Behandlung der Wohnung etc.),[1] sondern die Kunst wendet einen Theil ihrer höchsten Kräfte und der Besteller große Mittel auf Aufgaben, welche nur um ihrer Schönheit und Lebendigkeit willen gewählt werden. (Themata dieser Art bei den griechischen Tafelmalern: der Krugträger, der Ringer – Propyläenhalle zu Athen. Die Centaurenfamilie des Zeuxis – der Hoplit des Theon etc. etc.). Die Scenen aus dem Leben auf den griechischen Vasen. (Die Genrescenen aus Pompeji: das leise Gespräch Weniger – das Meditiren – die Toilette – Spiele – Theaterproben etc.). In der Diadochen-Zeit malte Peiräikos u. a.: Barbier- und Schusterbuden, Eselein, Eßwerk u. dgl. – Kalates: Comödienscenen.

Freilich bot den Alten ihr Mythus, ganz abgesehen von dessen Verherrlichung an und in den Tempeln, einen so unerschöpflichen Schatz von apriori schön geschauten Scenen dar, daß das Genrebild daneben immer noch sehr zurücktrat.

Namentlich decorativ waren die einzelnen Gestalten des Mythus, Götter, Genien, Wundergeschöpfe von Erde und Fluth etc. in beständiger schönster und leichtester Anwendung. Und da diese Bilderwelt keine religiösen Ansprüche machte, so paßte sie überall hin; sie war eben so pro-

---

[1] Hier bei den Griechen zu beginnen.

fan als heilig. Die stärkste Concurrenz für das in der Entwicklung begriffene Genrebild. Es ist viel daß letzteres überhaupt vorkömmt.

Im Mittelalter gewinnt das Genre nirgends das Bewußtsein einer eigenen Kunstgattung; der kirchliche oder politische oder moralisch-allegorische Inhalt, überhaupt der Sachinhalt übertönt Alles, und wo die Kunst etwa Muße zu freiem Spiel übrig behält, ergeht sie sich allenfalls in scherzhaften Arabesken, welche doch nur einen Zierrath, Fries, Einfassung etc. von etwas Größerm bilden. (Romanische Friese und Capitäle, Initialen etc.).

| Was bei den Italienern seit dem XV. Jh. als Genre gelten kann: was nicht kirchliche oder religiöse Malerei ist, nicht an ein bestimmtes Historisches gebunden ist (von Schlachtbild, Ceremonie etc. herab bis zum einzelnen Porträt) nicht an ein bestimmtes Poetisches gebunden ist (Mythologie, Allegorie etc.).

Was nun übrig bleibt: Pastoralen von Giorgione, dito dessen Novellenbilder etc., Concerte, Halbfigurenbilder oder Kniefigurenbilder, einzelne Halbfiguren die nicht um des bestimmten Porträtes willen entstanden sind, sondern wegen 1) Schönheit, 2) Character, 3) Farben- und Lichtproblem.

Alles deutlich Nebenarbeiten einer an das Große und Bedeutende, an das Monumentale gewöhnten Kunst, die auch in Altarbildern sich nicht an miniaturmäßige Schmalflügel etc. hat ergeben müssen.

Dazu die Vorliebe für die freie Luft, der nur wenig entwickelte Sinn für die Gemüthlichkeit des Engen und Beschlossenen.

Die Vorliebe für das Bewegte und Nackte (ignudi), für die Entwicklung des ganzen Leibes in seiner Fülle und Kraft; der Wunsch des Schönen als solchen.

Auch jetzt noch nimmt die wiederbelebte antike Mythologie ⌊die Bacchanale⌋ einen beträchtlichen Theil dieses Wollens und Vermögens in Anspruch, oder giebt wenigstens mit ihren Gestalten den Vorwand her, wenn die Kunst sich frei als solche regen will. ⌊Und ebenso auch viel Heiliges wesentlich um der Schönheit willen gemalt⌋

Und bisweilen tritt hier das Genre auf im Gewande einer idealen Urwelt: Rafael's Incendio del borgo als Genrebild höchsten Styles; dito sein Pestbild (Kupferstich); – Michelangelo: il bersaglio de' Dei – ein Stück aus seiner Traumwelt. Ja schon die oft so reichen und prächtigen Puttenbilder der goldenen Zeit sind im Grunde dahin zu rechnen. ⌊Das des Tizian (Madrid)⌋

In allem was zur Zeit der eigentlichen Renaissance nicht der Religion oder der Macht wegen gemalt wird, überwiegt durchaus das Streben nach der schönen oder heroischen Erscheinung. Dieselbe ideale Welt, welche in der monumentalen, allegorischen und religiösen Malerei lebt, tönt auch in diesen Nebenarbeiten weiter; dieselbe Palette, dasselbe künstlerische Wollen; weder Inhalt noch Form gestatten hier, ein besonderes «Genre» daraus zu constituiren.

| Das spätere italienische Genrebild seit den Caracci und Caravaggio (theilweise auf niederländische Einwirkung hin):[1] zunächst sehr bedingt von dem großen Maßstab und der bravourmäßigen Wirkungsweise der ganzen religiösen und officiellen Malerei, auch von der Gewöhnung an das Fresco.[2] Es fehlt daher das Miniaturmäßige und Illusionäre; denn Realismus ist noch nicht Illusion. Es fehlt die Vorliebe für Mitdarstellung des Raumes und seiner Mitwirkung in Luft und Licht. Oft, besonders bei Allen die sich von Caravaggio ableiteten, ein bloßer dunkler Grund, und dabei ein scharfes reflexloses Licht. Die Concerte, die Spieler, die Wahrsager: meist etwa lebensgroß und als Kniestücke. Vorherrschend: das Unheimliche.

Bisweilen bequeme Vertheilung in freier Landschaft (welche nahezu das Überwiegende wird): Die Bassano (hier wird das Genre gern zum Thierbild). Annibale Caracci: Jagd, und Fischfang (Louvre).

Die naturalistischen Maler von Halbfiguren und Einzelfiguren: Salvator Rosa, Ribera (Louvre: der Narr).

Von den *Niederländern* gehört Honthorst mit seinen meisten Arbeiten hieher. Basel: Die Flohjagd und vielleicht die zwei Musikanten.

Die *Franzosen:* Valentin ⌊Wahrsager, Spieler etc.⌋, Le Nain ⌊Speisung der Hungrigen (mittelgroß). Das Tischgebet (klein). Die Procession (klein). Die Wachtstube (mittelgroß). Scene in einer Schmiede.⌋ etc., ⌊S. Bourdon⌋ Jaques Callot zu verschiedenen Schulen zu zählen, seine Tradition wesentlich niederländisch – bis unter Louis XIV die ganze französische Kunst pathetisch wird.

Die *Spanier* kennen und wollen vollends nur: Licht, Luft, Bewegung, Character. Die Art wie etwa Velasquez eine Gruppe von Hofleuten (ohne Porträtabsicht) hinwirft ⌊Velasquez: die Trinker; die Spinnerinnen⌋. Murillo und seine Betteljungen ⌊lebensgroß⌋ (der im Louvre; die zwei Würfelspieler, Wien, Academie; die vier Münchner Bilder, zum Theil zweifelhaft). Murillo kann noch im vollen hellen Tageslicht lebendig und schön sein; Rembrandt nicht.

Auch in dieser Epoche noch sind diese Genremalereien der romanischen Völker ganz deutlich Nebenarbeiten einer sonst sehr ans Große ge-

---

1 Hier endlich absichtlicher Realismus.
2 Unnütz, zu wünschen, daß die Italiener mehr Kräfte auf das Genre als auf ihre mythologischen und allegorischen Malereien gewandt haben möchten; der schöne Müßiggang der Kunst kommt hier einfürallemal nicht dem Genre zu Gute, sondern dem Pathetischen und dem Süßen, wenigstens vorwiegend.

wöhnten Kunst, welche noch Farben auf ihrer Palette und Humor übrig hat für Gestalten und Scenen welche durch eigenthümliches Leben der Darstellung würdig scheinen. Abgesehen von der florentinischen Gruppe (Manfreddi etc.) sind die sämmtlichen betreffenden Maler berühmter für ihre religiösen und monumentalen und mythologisch-allegorischen Malereien, oder doch mindestens gleich berühmt in einer wie in der andern Gattung: Valentin, Ribera, Luca Giordano, Domenico Feti. (Doch bei Velasquez sollen die religiösen Bilder um ein Bedeutendes zurückstehen).

| Diesem Allem gegenüber die große kunstgeschichtliche und culturgeschichtliche Erscheinung der niederländischen Genremalerei des XVII. Jahrhunderts. ⌊Sie wird in Belgien eine wichtige Gattung, in Holland neben der Porträtkunst die Hauptgattung.⌋

Ihr völlig naives Auftreten: keine Bewegung in der Literatur etc. kündigt sie an; die ganze officielle Aesthetik ist in den Gestalten und Formen des sogenannten Classicismus befangen; die Malerei des großartigen Styles geht wesentlich auf den Pfaden der Italiener des XVI. Jh. weiter – ganz aus ihrem eigenen Innern, unterstützt bloß vom Entgegenkommen der reichen Leute ihrer Nation schaffen daher die großen Niederländer ihre Gattung als eine neue und finden deren ewige Gesetze auf alle Zeiten, mit untrüglicher Sicherheit, völlig rein, unbeirrt von allem was anderswo vorgeht.

Was sie hervorbringen ist ein Bild (aber ein sehr freies und selbstgewähltes) ihres Volksthums das ebenso hoch über einer bloßen Photographie steht als ihre Landschaften über dem bloßen photographischen Abbild der wirklichen niederländischen Landschaftsanblicke. ⌊(Die Malerei ist sehr die Herrin und das Volk nur das Substrat)⌋ Volksleben und Natur haben sich mit unsterblichen Künstlerseelen durchdrungen und diese mit jenen; schon das bloße psychologische Problem ist von höchster Art, ganz abgesehen von der ergreifenden Wirkung der Werke selbst. Es ist eine Intimität zwischen dem Künstler und seiner Schöpfung, wie sie *so* nicht wieder vorkömmt; eine Überzeugung wie sie den Malern der idealistischen Gattungen damals nur selten eigen ist, durchdringt hier alles; man hat überall das Gefühl: sie konnten nicht anders.

Hohe zwingende Kraft dieser Werke; Unerschöpflichkeit der besten darunter, wobei der innere Sinn bald inne wird daß er durch ganz andere Bande gefesselt ist als durch das bloße Interesse für den Gegenstand, etwa für das niederländische Volksleben als solches u. dgl. Der Grund der Theilnahme sitzt viel tiefer.

| Ihre Präcedentien. Dieselben, seit Anfang des XV. Jh. kenntlich, erklären zwar nicht was das XVII. Jh. leistete; dennoch war es von Werth, daß die niederländische Nation an eine malerische Auffassung des Daseins gewöhnt war welche später die äußere Hülle und Form des Genrebildes abgeben konnte.

Die burgundischen Niederlande und ihr Luxus; hier konnte eine Miniatorenschule gedeihen wie sonst nirgends, und an diese Gewöhnung scheint sich dann die neue Art der Tafelmalerei der Brüder van Eyck angeschlossen zu haben.[1]

Das Andachtsbild, und zwar unter dem Erhaltenen ebensowohl das große, vieltaflige kirchliche Altarwerk, als besonders das kleine für die Privatandacht; der tragbare Altar, das Madonnenbild; – das Porträt (beginnend von den Außenflügeln der Altäre); endlich auch schon einzelne Genrebilder.

Das Gemeinsame: daß in hohem Grade der Schein des wirklichen Lebens erweckt wird, allein nicht bloß durch illusionäres Streben in den Aeußerlichkeiten ⌊mit Hülfe miniaturartiger Feinheit und tiefklarer leuchtender Färbung⌋ sondern durch Darstellung des Characters der Dinge und besonders der Menschen bis in seine Tiefen.

Übersicht des Aeußersten was sie in der Wirklichkeit und in der Individualisirung leisten ⌊Jan van Eyck's Adam und Eva in der Formenbildung nie mehr erreicht⌋. Außer den van Eyck: Rogier van der Weyden, Hugo van der Goes, Pieter Christophsen, Gerhard van Harlem, Dirk Stuerbout, Justus von Gent, Jan Memling etc.

Die geringe Unterscheidung von einander. Wenig Anordnung, wenig Talent der Erzählung von Vorgängen, ungenügender Begriff der Leiblichkeit etc.; in der Composition Zerstreuung. Es ist eine Kunst welche viel weniger das Bewegte als das bloß Zuständliche liebt.

Der stärkste Beweis von der Unfähigkeit der Flandrer: im deutlichen Erzählen von Hergängen, und in der Vertheilung derselben im Raum liegt in der Inferiorität fast aller ihrer damaligen Tapetencompositionen, welche doch unmöglich alle von geringen Künstlern jener Zeit vorgezeichnet sein können. Hier fallen die Vortheile der flandrischen Tafelmalerei weg.

| Während diese alten Flandrer unfähig sind, einen bewegten Vorgang zu entwickeln, ihre Gestalten sich örtlich richtig und anatomisch wahr bewegen zu lassen ⌊(immer Jan van Eyck ausgenommen)⌋, geben sie allen Köpfen ihrer heiligen Vorgänge ein völlig individuelles Leben, ⌊auch den Schein der Wirklichkeit durch vollkommene Modellirung⌋ und zwar oft ohne besondere Auswahl, weder in Bezug auf Schönheit noch auf geistige Bedeutung, sodaß ein eigenthümliches Mißverhältniß entsteht zwischen der heiligen Handlung und der Persönlichkeit der einzelnen Anwesenden; unerbittliche Wahrheit der Köpfe, bis in alle Zufälligkeiten, Warzen und Runzeln hinein.

⌊Folgt: das Illusionäre⌋ Die Gewandung unterscheidet alle Stoffe mit der größten Genauigkeit: Linnen, Seide, Sammet, Brokat, Pelze jeder Art; der

---

1 Flandrische Schule

Schmuck in seiner ganzen leuchtenden Pracht; die Waffen und ihr Metallglanz. Die Geräthe: das geschnitzte Holz mit seinen Adern und Astlöchern; die Teppiche mit ihren orientalischen Dessins, die Handtücher mit ihren Kastenfalten und ihren eingewirkten Zierstreifen. Die Räumlichkeit der Interieurs: von der romanischen Kirche, von der gothischen Prachtcathedrale (Schräginnensicht) bis zur einfachen, doch immer zierlichen Stube, schon perspectivisch in hohem Grade richtig, wenn auch etwas rasch ansteigend;[1] die Wandgetäfel, das Gemauerte, der gemeißelte Stein sogar mit einzelnen abgesplitterten Ecken; das Glas der Fenster. ⌊Die Prachtaussichten in die Ferne. Die Alpen auf dem van Eyck im Louvre⌋

Die Flandrer strebten einstweilen nach voller Wirklichkeit (das Unerbittliche in ihren Porträts). Es läßt sich fragen ob sie und ihre Abnehmer schon die Rückwirkung besonders der wirklich dargestellten Räumlichkeit auf die *Stimmung* empfanden.

| So war in Flandern schon für das künftige Genrebild der Niederlande viele Vorarbeit bereits gemacht und der Sinn der Nation vorbereitet. ⌊Auch Holland im XV. Jh. machte diesen Styl mit und mehrere der angesehensten Maler der flandrischen Schule waren ja Holländer⌋

Es folgte das XVI. Jh. mit seinen zwei großen Crisen für die niederländische Malerei: der Einwirkung der italienischen Kunst, welche den niederländischen Styl halbirte,[2] und der Einwirkung des Protestantismus: a) vielleicht ein gewisser Stillstand der kirchlichen Malerei schon zu der Zeit da das Land noch ganz catholisch blieb; b) die Religionskriege und die endliche Trennung des Landes in zwei Hälften.

Aber die Kunst war voller Lebenskraft, und ein ganz entschiedenes Bedürfniß der Nation, zumal der Reichen und Gebildeten, jetzt auch abgesehen von kirchlichen oder officiellen Beziehungen;[3] selbst wenn man noch einen religiösen oder moralischen, allegorischen Inhalt darstellte, so war doch derselbe häufig nur der Vorwand um die Schönheit, den Character oder die Fülle des äußern Lebens – auch wohl nur die Landschaft – walten zu lassen.

Schoreel's heilige Magdalena (Museum von Amsterdam) ist um der reichen Lieblichkeit willen gemalt; – ⌊Qu. Messys (wo?): der heilige Hieronymus in seiner Stube meditirend und schreibend. Das Bild des tiefen Nachdenkens eines Greises in der Zurückgezogenheit.⌋ Die Herodias des Jan van Assen (Museum von Haag) verwirklicht ein psychologisches Problem; der Kopf des Johannes des Täufers, auf der Schüssel vorwärts

---

1 sogar Anfänge der Luftperspective
2 Manierismus
3 Die Porträtmalerei besonders hält gar nie stille, das ganze XVI. Jh. hindurch.

liegend hat noch die Augen offen und schaut deutlich zu dem herzlosen Gesicht der Buhlerin hinauf; – Das Wunder des heiligen Benedict von Jan Mostaert (Museum von Brüssel), wo das zerbrochene Sieb wieder ganz gemacht wird, ist wesentlich aufzufassen als frühstes ganz vollständiges Küchen-Interieur von optischem Reiz ⌊cf. die spätern Küchenbilder, mit einem heiligen Ereigniß in einer entfernten Halle des Hintergrunds⌋.

Dieß Alles während die deutsche Malerei um 1530 mit Ausnahme des Porträts zu sterben beginnt und jedenfalls weit entfernt ist, Probleme wie diese zu lösen. Und doch war im reichen deutschen Bürgerstand Kunsteifer; die Renaissance der deutschen Städte und ihre Originalität vom Rathhaus und Patricierhaus bis zum Schrank und zum Gefäß aus edlem Metall. Unsichtbare Gründe verhinderten es, daß dieser Eifer nicht auch einer malerischen Darstellung des Lebens um seiner selbst Willen zu Gute kamen. An Ansätzen dazu fehlt es nicht, und illustrirte Holzschnittwerke dieser Art sind nicht wenige vorhanden.

Vollends auffallend: die ungemeine relative Dürftigkeit der Malerei in dem ganzen großen Frankreich des XVI. Jh. Die Niederländer sind damals das einzige Malervolk welches nördlich von den Alpen als solches aushält. Keine außeritalische Schule hat auch nur von Ferne in der zweiten Hälfte des XVI. Jh. ein Depositum aufzuweisen wie nur allein das Museum von Antwerpen.

| Und auch das eigentliche Genrebild wird nun schon hie und da mit Vorliebe behandelt: (in den Niederlanden): die Comptoirbilder des Qu. Metsys und seiner Schule; die echten von hohem Werthe. ⌊Giebt es gemaltes Genre von Lucas van Leyden? Stiche die Menge⌋

Um die Mitte des XVI. Jh. Peter Breughel d. ä., starb 1569 und um ihn herum offenbar plötzlich eine ganze Antwerpener Werkstatt (auch wohl in Brüssel) welche ein auf einmal eingetretenes großes Consumo von Genrebildern in jener Glanzzeit Antwerpens beweist. ⌊Diese Schule lebte dann als Fabrik lange weiter.⌋

Zwar noch in vielen Fällen ⌊ähnlich wie bei der damaligen Landschaft⌋ wird ein Ereigniß der Bibel zum Vorwand genommen: Kreuztragung, Predigt Johannis (auch hier), das echtere Exemplar der Predigt Johannis in Wien (Galerie Lichtenstein), Bergpredigt, der Kindermord in einem verschneiten niederländischen Dorf (zweimal, u. a. Belvedere), allein die eigentliche Absicht geht auf das bunte, vielartige Leben in fast völlig niederländischer Weise und Tracht. Dieß sehr anschaulich in unserm Schulbild, wo der predigende Johannes völlig Nebensache ist. ⌊Auch die Parabeln Christi kommen in dieser Antwerpener Schule mehrmals als Anlaß zu Genredarstellungen vor; ebenso etwa die sechs Werke der Barmherzigkeit (noch bei Teniers dem Aeltern)⌋

Es ist kein achtbarer Maler, weil er viel besseres leisten konnte als er in den weit meisten Fällen that; das Wiener Exemplar seines Kindermordes ist in Zeichnung und Bewegung (bei sehr zerstreuter Composition) weit besser als Anderes. Außerdem aber von ihm eine Menge eigentlicher Genrebilder; offenbar für Consumenten aus dem wohlhabenden Bürgerstande gemalt, welche sich das Treiben theils der Bauern theils der Bettler und des eigentlichen Gesindels durch Breughel schildern lassen. Es sind Kirchweihen, rohe wüste Tänze, Wirthshausscenen, Prügeleien (zB: in Berlin, zwischen Pilgern und Bettlern).

In malerischer Beziehung meist gering, in der Composition gleichgültig und zerfahren, in den Formen oft unerträglich roh, in den Farben zwar oft saftig und leuchtend, aber bunt und hart. ⌊In diesem Allem steht er einer Anzahl besserer niederländischer Zeitgenossen weit nach.⌋

Immerhin entscheidet sich mit P. Breughel d. ä. das Factum, daß die Niederlande hinfort weit mehr als irgend eine Gegend des Abendlandes die Werkstatt des Genrebildes werden, so niedrig auch einstweilen die Aufgabe von ihm und seinen Genossen gefaßt wurde. Das Genre wird von selber eine niederländische Specialität oder gilt als solche.

| Schon einer weit freiern Sitte und zugleich einer vollendetern Kunst gehören eine Anzahl Bilder an, welche sich an den Namen der zahlreichen Künstlerfamilie Franck von Antwerpen knüpfen. Es sind zB: Interieurs meist von ziemlich prachtvollen Gemächern des damaligen belgischen Styls, staffirt mit Conversationsscenen, Liebespaaren, Tanz, Concerten, Gastmählern;[1] die Figuren in der reichen und auch barocken Tracht der letzten Jahrzehnde des XVI. Jh., in der Regel gut bewegt und perspectivisch richtig gestellt und bequem im Raum vertheilt; selbst Gemäldegalerien kommen bereits vor, welche dann im folgenden Jahrhundert noch mehrmals als beliebter Gegenstand erscheinen;[2] in einer solchen Gemäldegalerie stellt zB: Franz Franck d. ä. den Apelles vor, wie er auf Befehl Alexanders d. Gr. die Kampaspe malt.[3] Bezeichnend ist: daß das Local noch den Figuren das Gleichgewicht hält, daß die zierlichprächtige Erscheinung des Ganzen offenbar noch ein Hauptziel ist und daß es noch sehr auf das Viele ankömmt.

Zahlreiche Genrepublicationen im Kupferstich; die damalige belgische Kunst beständig thätig, trotz aller politischen Ereignisse. Inzwischen aber hatte sich die Trennung der nördlichen Niederlande von den südlichen vollzogen, hochwichtig für die ganze Geschichte der Kunst. ⌊Kaum

---

1 Der Anfang des Conversationsstückes.
2 Der reiche Niederländer jener Zeit ist schon eo ipso Sammler und Besteller.
3 Spätere Bildergalerien dieser Art von Teniers d. J. und Gonzales Coques (Museum von Haag) und Ehrenberg etc.

je hat ein territoriales Ereigniß sich so entscheidend in der Kunst reflectirt.⌋

In Belgien erhob sich Rubens und zog die ganze Kunst nach sich, gewaltig in allen Gattungen, von Leben so erfüllt daß er in jeder Aufgabe *den* Punct untrüglich sicher erkannte, von welchem aus dieselbe mit Feuer zu erfüllen war, jedesmal so, als hätte er gerade *diesen* Gegenstand am liebsten gemalt und sehnsüchtig darauf gewartet. Selbst für die abgelegensten und wunderlichsten Sujets hat er noch immer Begeisterung übrig. Er ist das lebendige Beispiel einer riesigen Güte der schaffenden und schenkenden Natur, ein Mensch sonder Gleichen, von Jugend auf an der richtigen Stelle, in der ihm bestimmten Laufbahn, schon an Kraft materiell Hunderten gewachsen.

| Neben seinen gewaltigen Leistungen in der kirchlichen, officiellen, historischen und allegorischen Malerei, neben seinen Porträts und sogar neben seinen Thierjagden und Landschaften behauptet bei ihm freilich das Genrebild nur einen sehr untergeordneten Platz, der Zahl nach; aber seine wenigen Genrebilder würden schon einen Maler hochberühmt machen. ⌊Im Belvedere: Die Schlafende mit dem Alten und dem Teufelchen⌋ Im Louvre die wunderbare Skizze eines heftigen Lanzenrennens von sechs Rittern, bei einem glühenden Sonnenuntergang. Er hat sich von dem wüthenden Moment Rechenschaft geben und die Landschaft dazu stimmen wollen. Ebenda: la Kermesse ⌊jetzt stark verputzt⌋, das centrale Bild des ausgelassenen Bauerntreibens, an feurigem Leben in gewaltiger Fülle weit den Breugheln als Vorgängern und dem Teniers, Ostade etc. als Nachfolgern überlegen, eine ganze Gattung überschattend. ⌊In München: die von Soldaten gequälten Bauern⌋

Dann die Conversationsstücke: Rubens führt die vornehme belgische Gesellschaft des Franz Franck etc. aus ihren Prachtgemächern in's Freie, in schöne Gärten mit Grotten, Treppen und Zierbauten und vertheilt sie hier frei und bequem, in Licht und Schatten, stehend, sitzend, promenirend auf wechselndem Niveau, mit derjenigen malerischen Wonne wovon bei ihm Alles durchdrungen ist.

⌊München: Rubens mit seiner Frau und einem Pagen etc. in seinem Garten mit Pavillon; eine Frau füttert den Pfau etc.⌋ Belvedere: Gartenscene, muthwilliges Spiel im Grünen, Park und Schloß in einem Weiher; – Aehnliches auch anderswo. Mehrere dieser Bilder, wo sich Amorine zwischen den vornehmen Herrschaften neckend herumbewegen, führen gewöhnlich den Namen: Liebesgarten, oder Züchtigung Amors. ⌊Das Einmischen von allegorischen Figuren stört hier weder den Maler noch den Beschauer.⌋ Das Dresdner Exemplar ein bloßes Atelierbild; das Hauptoriginal beim Herzog von Infantado in Madrid. Naivste Darstellung eines herrlichen adlichen Daseins, den entsprechenden venezianischen

Bildern (Giorgione, Bonifazio) hauptsächlich an *Heiterkeit* überlegen. Rubens braucht hier seine specifische Kraft, seine wesentliche und bezeichnende Stimmung nur walten zu lassen.

| Rubens machte mit Bildern dieser Art den größten Eindruck auf die Folgezeit, ja Waagen (p. 46) nennt ihn den Urheber derjenigen Gattung, welche man Conversationsstücke nennt. (Offenbar etwas zu viel gesagt). Außerdem die oft bedeutungsvolle Staffage seiner Landschaften mit Hirten und Bauern ⌊bisweilen halbideal, halbbrabantisch⌋.

Jordaens, obgleich nicht Schüler des Rubens, hat doch am meisten von ihm angenommen und in freister Weise; namentlich ist er der Erbe von der Palette des Rubens; nur nicht von der hohen Oeconomie selbst der wildesten und bewegtesten Bilder desselben. ⌊Es ist ein ins Große gehender Jan Steen.⌋

Neben lebensgroßen biblischen und mythologischen Scenen und Historien malt Jordaens auch lebensgroße Genrebilder; u. a. le Roi boît (größte und reichste Redaction in München; eine andere im Belvedere); Fisch- und Küchenbilder von ihm mit Käufern, Koch und Küchenjungen lebensgroß staffirt (Belvedere). ⌊Dann So de oude songen so pypen de jongen, d. h. der polyphone Lärm als Resultat großen Wohlbehagens – viel besser als bei Jan Steen, indem die große physische Fülle mithilft... u. a. Berliner Museum.⌋

Auch aus der übrigen eigentlichen Schule und Nachfolge des Rubens einzelne treffliche Genrebilder oder Zusammenordnung mehrerer Porträtfiguren zu einem Moment; – Boeyermans: la visite ⌊Eine angesehene Familie empfängt in einem Garten ihre jesuitischen Gewissensräthe oder Verwandten?⌋ (Museum von Antwerpen); Theodor Rombouts ⌊Rombouts antwerpner Zeitgenosse und beinah Rival des Rubens⌋: das Concert (München).

Wie weit aber der Geist eines Rubens seine Strahlen sendet, zeigt sich am deutlichsten an zwei Genremalern, welche für ganz Belgien den Ton angeben: David Teniers Vater (1582–1649), – dieser direct Schüler des Rubens, und David Teniers Sohn (1610–1694). (Gunst Erzherzog Leopold Wilhelms und Philipps IV., der eine ganze Sammlung von Teniers anlegte). | Teniers: Der Vater und die frühern Arbeiten des Sohnes gehen ineinander über. Von Rubens hat Teniers d. J. das Ergreifen des Lebendigen als eines Leichten, Selbstverständlichen; die harmonische Farbenscala, fast in lauter relativ lichten Tönen, die bequeme Beleuchtung, die weiche Luft ⌊was irgend ein Genremaler von einem Historienmaler haben kann, und Miniaturmaler ist ja Teniers nicht⌋; außerdem hat Rubens durch seine Kermesse und Pastoralen wohl direct auf ihn gewirkt.[1] – In seinem 84jährigen Leben hatte er Zeit und Emsigkeit, sich überhaupt

---

1 Er hatte täglich Bilder des Rubens vor Augen.

Vieles anzueignen; auch übte er sich die Style der verschiedenen Meister nachzumachen, was er als Galeriedirector lernen konnte. ⌊Es giebt von ihm eine Madonna nach Tizian.⌋

Das Vorherrschende: Bauernscenen; die Tradition des Peter Breughel war noch am Leben und hatte auch auf Rubens gewirkt; Teniers ist nur viel zahmer als beide und nur selten wüst. Aber Gemüthliches oder Idyllisches giebt er nicht; der Poesie der Kindheit zB: geht er völlig aus dem Wege; es ist das Bauernleben von der Stadt aus und von der damaligen Gesinnung des Städters aus gesehen, die sich nur für Leben und Character desselben interessirt und keine aparte Seele darin voraussetzt. Dabei ergiebt sich mancher Spaß aber kaum ein pikanter Witz.

Die Bauernscenen in geschloßnem Raum, meist im Wirthshaus; zum Behuf des Lichtwechsels geht der Raum meist um eine Ecke und scheidet sich in einen nähern und entferntern. Der Inhalt meist bescheiden, als hätte er sich von selbst ergeben: die Tabaksprobe (Museum von Amsterdam) wo Alles der den Tabak probirenden Respectsperson gespannt zusieht; auf dem zweiten Plan, rechts, Leute am Herd. – Das Concert im Wirthshaus (Exposition zu Brüssel, 1873): drei Sänger um einen Tisch, ein Sackpfeifer, ein Geiger; Horchende von außen an Thür und Fenster, voll Eifer, während dem Beschauer vor der übeln Musik welche anheben soll, grausen mag. Diese komische Intention aber legen wir wohl erst hinein, Teniers dachte nicht daran. – Unzählige Male: das Rauchen, das Trinken, das Kartenspiel oder Würfeln, alles mit völligem Ernst und Hingebung.

Oder statt des Wirthshauses ist es die Küche, welche öfter beinahe zu einem Stillleben mit Figuren wird, indem die Vorräthe und Geräthschaften nahezu die größere Stelle einnehmen; darunter Objecte wie (in einem Bild des Belvedere) das ausgeweidete und ausgespannte Schwein; das Licht und die Farbenharmonie vereinigt dieß Alles wundervoll. Hauptbild im Museum von Haag: die Zurüstung zu einem gewaltigen und vornehmen Mahl; eine sitzende Köchin, von einem kleinen Jungen begleitet, schält sehr ernstlich Limonen. – Bisweilen giebt es in solchen Küchen- und Vorrathsräumen auch Liebeserklärungen welche von Unberufenen belauscht werden (unser Bild).

Von derselben malerischen Aufgabe (Zusammenfassung von relativ wenigen Figuren mit zahlreichen Nebensachen ⌊in geschloßnem Raum und Licht⌋) sind eigentlich bloße Varietäten: die Alchymistenbilder, darunter höchst treffliche, ja die Wachtstubenbilder (Museum von Amsterdam): kartenspielende Soldaten zwischen aufgehäuften Harnischen, Sätteln, Pauken u. a. Zeug. ⌊Aehnliches Bild: Wien, Lichtenstein⌋[1]

---

[1] Treffliche Wachtstube seines Schüler's Arnolt van Maas (Louvre) in einer Art Höhle.

Dann das Leben im Freien, bei hoher Meisterschaft in der Luft und in allem Landschaftlichen, wie es denn | von Teniers auch eigentliche Landschaften und Bilder mit abwechselnden Plänen giebt, die mit einer vordern Coulisse des Bauernlebens beginnen und mit weiten Fernen aufhören. Die am wenigsten gelungenen sind die sehr figurenreichen Jahrmärkte (der der Madonna dell'Impruneta, Umbildung von Callot's Stich – München), Kermessen (Museum von Brüssel: die mit vornehmem Besuch, wartendem Wagen, Schloß), Hochzeiten etc., auch wenn alle Köpfe geistig belebt, ja bis in alle Ferne lauter Porträts sind (Belvedere: Das Brüsseler Vogelschießen, d. h. die nachherige Preisvertheilung 1652). Dergleichen geht selbst bei einem Harmoniker wie Teniers nicht mehr in Ein Bild zusammen, auch sind Wiederholungen unvermeidlich. Weit harmonischer sind die guten Bilder von nur wenigen Figuren im Freien, ja von nur einzelnen Figuren; – Louvre: der Dudelsackpfeifer, der Scheerschleifer. Das schönste Bild einer Scene im Freien: Louvre: der verlorne Sohn, keine Orgie, und doch sprechend deutlich.

Überhaupt ist Teniers auch des feinern Genre sehr wohl mächtig; es giebt von ihm treffliche vornehme Fêten in dem edlen Costum jener Zeit. Einzelne Figuren aus der guten Gesellschaft: la pittura (in halbidealem Costum, bei Sarasin). Und seinen Erzherzog hat er ohnehin öfter mit Gefolge dargestellt. (Louvre: ein Ereigniß auf der Jagd). ⌊Teniers malte auch die Thiere trefflich.⌋ Von sonstigen Porträts (Schönborn, Wien): das eines Juristen (im grünen Seidenkleid in seiner Bibliothek sitzend; ein Diener bringt eine Schrift; Hündchen, Globus, Waldhorn, Pulverbeutel und Handrohr; Gewichtuhr; über den Büchern Bronzegruppen; am Rand des Tisches die Taschenuhr).

Ungenügend, wenn auch malerisch nicht zu verachten, sind die erzählenden Bilder biblischen Inhalts (Belvedere: das Opfer Abrahams u. A. m.). Der Phantastik der Zeit entrichtete er seinen Tribut in Bildern aus dem Hexenleben, von der Versuchung des heiligen Antonius[1] (in der Luft hier, Exemplar des Museums von Amsterdam, das Duell zwischen Frosch und Fledermaus, welche auf gedörrten Fischen durch die Luft reiten), endlich in der Ankunft des reichen Mannes in der Hölle (Suermondt).

Bei Teniers ist noch der ganze Gesichtskreis und Styl der Erscheinungen brabantisch. ⌊(Es geht in Brabant um einen deutlichen Grad lustiger zu als in Holland)⌋ So auch noch bei David Ryckaert (geboren zu Antwerpen 1615), der jedoch ihn malerisch bei Weitem nicht erreicht: Bauerntanz,

---

[1] das beste Exemplar: Berlin

Brandschatzung von Bauern, Concert, Hexenscenen etc.[1] – Das Viele, der Gegenstand herrscht über die malerische Aufgabe vor; der Farbenton conventionell; dazu ein unangenehmer halbgroßer Maßstab. ⌊Des Ryckaert Schüler und dann Nachahmer Van Dycks war Gonzales Coques. (Auf der Brüsseler Exposition 1873 seine «fünf Sinne».)⌋

Andere Belgier dagegen stellten das italienische Volksleben dar, und zwar von Seiten seiner Zerlumptheit: so Jan Miel (geboren bei Antwerpen 1599) und vollends der Holländer Peter van Laar, genannt Bamboccio (geboren zu Naarden 1613). ⌊Hier auch nochmals Honthorst zu nennen, geboren zu Utrecht 1592; er blieb Katholik.⌋

Eine ganze Richtung von Belgiern und Holländern welche lange in Rom waren, und bei welchen dann das Costum zwischen Niederland und Italien schwankt (so die mehrern Palamedes ⌊von Delft⌋ etc.). – Keiner darunter ist von erstem Rang.

| Welches war die öconomische Basis des belgischen Genrebildes? Fürsten und Große? oder auch Bürger? – Wichtigkeit der Frage.

In *Holland* jedenfalls der Bürgerstand, der reiche sowohl als der bloß wohlhabende; die flüchtiger Producirenden, zB: Jan Steen in seinen leichtern Bildern, fand man überall. Hier ist das Genre die große Hauptgattung einer merkwürdig einheitlichen Kunst, welche (abgesehen von einzelnen biblischen Darstellungen besonders des Alten Testamentes) wesentlich das Leben der holländischen Nation sammt deren Schauplatz zu Land und Meer und der ganzen äußern Umgebung bis zum Stillleben herab darstellt. Es ist lauter Holland ⌊freilich jedesmal nur dasjenige Holland was dem Einzelnen zusagt; – keine Verherrlichung sondern höchst intime Darstellung⌋, und der Maler hat hier ein Erkennen und Empfinden ganz specieller Art als active Kraft auf seiner Seite; jeder ist ein Herold des großen nationalen Besitzes nach irgend einer besondern Seite hin;[2] Jedem ist es aber auch ernst mit seiner Sache und daher ist Jeder Original auch wenn er dasselbe malt wie zehn Andere; Keiner macht den Andern entbehrlich. Mittelmäßiges ist kaum vorhanden, Schlechtes gar nicht.

Die Gattungen: die große holländische Porträtmalerei sammt dem Collectivporträt in Gestalt der Doelen- und Regentenstücke und Familienbilder; ja letztere ein Übergang zum Genrebild; dann das Genre selbst; von welchem die Schlachtenmalerei hier ein Zweig ist; der Übergang vom Genre in die Landschaft: das Hirtenbild; auch eine besondere Thiermalerei (fast nur Hausthiere); die Landschaft und die Marine; die Archi-

---

1 Bilder besonders in Wien
2 Abgesehen von einer Gruppe von Halbitalienern welche sich an Berghem, Lingelbach etc. anschließen.

tecturmalerei; das Stillleben und die Blumenmalerei; – während der ganzen Nation die Darstellung ihrer eigenen Großthaten, derjenigen des vorhergehenden XVI. sowohl als des laufenden XVII. Jahrhunderts merkwürdiger und lehrreicher Weise gar nicht einfiel, ganz als hätte man sich vor bloßem nationalem Pathos geschämt. ⌊Die einzige Ausnahme: einige Seeschlachten, wo man aber das Pathos völlig in die Schiffe legen mußte, die dem Holländer freilich lebende Wesen waren wie die der Phäaken.⌋

Immerhin wüßten wir gerne mehr und Genaueres über die Theilnahme der Nation an diesen ihren Malern. Von einzelnen ist der gleichzeitige Ruhm und Erfolg evident, von andern, sehr großen, weiß man wenig oder nichts wie zB: von Ruysdael. Oder man weiß vorherrschend Falsches, zumal die Lästerungen bei Houbraken, der dafür zwei Meister ersten Ranges, P. de Hoogh und Hobbema gänzlich vergessen hat,[1] wahrscheinlich weil sie bei Lebzeiten wenig gegolten oder nur bei einigen Auserwählten etwas gegolten hatten und darum, als Houbraken schrieb, bei den oberflächlichen Leuten bereits vergessen sein mochten.

Wir übergehen hier aus Gründen die ganze sogenannte Pastorale, die Gruppe des Berghem, Dujardin und Genossen.

| Bevor vom Einzelnen zu reden, muß derjenige große Meister vorgeführt werden, von welchem die meisten holländischen Maler und vorzüglich die Genremaler irgendwie direct oder indirect berührt und sogar bestimmt wurden ähnlich wie die Belgier von Rubens:[2] Rembrandt (1608–1669). Einer jener Einseitigen welche beinahe nur eine einzige Eigenschaft in bisher nie geahnter Macht repräsentiren.

Zunächst ein Porträtmaler ersten Ranges in Auffassung und Darstellung der Charactere, weltberühmt auch im Collectivporträt (la leçon d'anatomie, la ronde de nuit, die Staalmeesters). Dann aber der Maler des Lichts, der Reflexe, des Helldunkels, des runden Vortretens; ganz als hätte der oft neblige und selbst bei schönem Wetter umschleierte Himmel von Holland einer rechten Reaction gerufen. Die verkümmerte Bauerndirne Diana erscheint dem erschrocknen Tölpel Endymion, dessen Hunde wie schlecht ausgestopft aussehen, aber das Lichtmeer welches die Scene umwogt, ist von unerhörter Kraft ⌊Wien, Galerie Lichtenstein⌋.

Dabei besaß Rembrandt im Ganzen so viel lebendige Phantasie als nöthig war um das Geschehende wenigstens als solches hurtig zu verwirklichen. Aber er ist dramatisch *nicht immer stark* und oft kaum deutlich.

---

1 Zum Glück! er würde vielleicht sonst auch sie verläumdet haben.
2 Und zwar ohne daß es ihnen schadete: Rembrandt ist erst für die Modernen schädlich, und hier recht sehr.

Was aber geschieht, überhaupt der Gegenstand als solcher, ist ihm offenbar ziemlich gleichgültig. Auch die normale Körperbildung weicht allen möglichen Mißbildungen und Zeichnungsfehlern; die Linienführung und Vertheilung im Raum oft merkwürdig unschön; die Köpfe oft (für einen so großen Characterdarsteller im Porträt) abschreckend gemein und dürftig; die Trachten ganz nach dem Bedürfniß der Farbe oft ganz abenteuerlich zusammengesucht. ⌊Während Rembrandt als Sammler recht gut wußte was normal und schön ist, büßt er als Maler sogar das Gefühl von den Grenzen des Empörenden ein.⌋

Umsonst hat man in ihm erbauliche biblische Innigkeit finden wollen, während er eben kaum noch naiv ist. ⌊Seine Vorliebe für Bathseba, Susanna etc.⌋ Seine häßlichen Engel, zumal die Fußgeberde des Entschwebenden auf dem Tobiasbilde (Louvre), und vollends die abscheuliche Mißbildung der Christusleiche auf der Kreuzabnahme (München und Galerie Schönborn in Wien) u. dgl. mehr machen es unmöglich, ihn für erbaulich zu nehmen. ⌊Es fehlt ihm und der ganzen Schule das Patriarchalische; sie schlagen derjenigen Verbindung von Ehrfurcht, Gottesnähe und Einfachheit die wir mit dieser Welt verknüpfen, ins Gesicht.⌋ Die moderne Überschätzung, bis zum «Janus», der Chiffre Я R bei Burger (II, Introduction, p. X): Rafael und Rembrandt = Vergangenheit und Zukunft = fleur et racine – ist ganz characteristisch für die vorwiegende Tendenz heutiger Kunst, welche der höhern Ziele baar geworden sich einbildet, die Erscheinung im Lichte sei Alles. Zuletzt denken die Bewunderer wie Rembrandt selbst: wenn Licht und Farbe gar Alles sein dürfen, so vermissen sie nichts mehr.[1] Er ist der Abgott der genialen und der nichtgenialen Schmierer und Skizzisten.

Rembrandt strahlte nun seine einseitige aber unerhört intensive Kraft über alles aus: weltliche Historie (Herzog von Geldern, Museum von Berlin) ⌊Ziska's Schwur⌋, Biblisches, Parabeln, Mythologisches, Genre, Landschaft, Porträt. Freilich wollte in seinen spätern Jahren offenbar Niemand mehr von ihm gemalt sein, um nicht wesentlich als skizzirtes Lichtproblem, als Mixtum aus Character und Lichtflecken weiterzuleben, und da malte Rembrandt meist nur noch sich selber (den er immer vorräthig hatte).

Seine Genrebilder (abgesehen von den Radirungen):[2] La famille du bucheron (Louvre, will eine heilige Familie sein), die zwei Philosophenbildchen (Louvre) (die Wendeltreppen das Prius, und in das fabelhafte Licht paßte dann nur eine ruhige Figur), der Samariter (Louvre), Studirende Mönche? – ein Capuciner (National Galery London), Tischgebet? –

---

[1] Die Strafe dafür ist, daß sie den Rembrandt eben hierin doch nie erreichen.
[2] Er liebte den kleinen Maßstab nicht.

Bibelleserin? – Unterricht? – Greis an einem Tisch mit Globus? –, La fiancée juive (Amsterdam, Museum van der Hoop), das in Licht und Farbe erstaunliche Werk wahrscheinlich seines letzten Lebensjahres, aber in der Anordnung null und im Inhalt so unsicher,[1] daß man es auch hat als Glückwunsch zum Geburtstag deuten können, ja als Verführungs- scene ⌊auch Juda und Thamar⌋.

| Von Rembrandts unmittelbaren Schülern wandten sich nicht dem Genre zu, oder nur selten: Ferdinand Bol – Govaert Flinck – Gebrand van den Eeckhout (Salomon Koning war Schüler Mooyart's). Wohl aber Ni- colas Maes, von welchem eine Reihe höchst leuchtkräftiger meist kleiner Bilder vorhanden sind, welche in geschloßnem Raum ⌊mit größter Kraft des geschlossenen Oberlichtes⌋ eine einzelne Gestalt darstellen: la laitière, la liseuse, la couseuse, l'écouteuse, la rêveuse, l'ouvrière en dentelles, endlich das lebensgroße Bild des Mädchens im Fenster (Museum von Amsterdam) vielleicht etwa gemalt als Vorarbeit für ein kleines Bild? und Gerard Dow, welcher schon deßhalb ein großer Maler ist weil er vom Lehrer genau nur annahm was ihm diente und soweit es ihm diente und seine wunderbare Eigenthümlichkeit völlig bewahrte. ⌊Knecht geworden ist wenigstens von den Genremalern Niemand; abgeschlossen aber hat sich auch Niemand, ausgenommen etwa solche Unfähige, welche seither vergessen wurden⌋

In weiterm Sinne aber ist Rembrandt's naher Einfluß noch sichtbar bei einigen der Fähigsten und Größten: bei Theodor de Keÿser, der älter als Rembrandt war, bei Adrian van Ostade, bei dem sonst italisirenden Tho- mas Wyk – sonst wohl Schüler Ostade's – wenigstens stellenweise, bei Pieter de Hoogh dem großen Maler von Stuben und Hausfluren, bei van der Meer dem Genremaler etc.

Und *völlig* entzogen hat sich ihm wohl kein Einziger; schon die Schüler der eben genannten wären ohnehin indirect von ihm berührt worden: Denn zu den Schülern und Nachahmern des Gerard Dow gehörten Jan van Staveren (der seine Eremiten imitirte), Slingelandt – Franz Mieris d. ä. – (dessen Sohn und Schüler Willem, auch Pape Schüler des Mieris), Gottfried Schalken. Und ähnlich Ostade's Schüler: Cornelis Bega, Dusart und in zweiter Linie, als bloße Nachfolger: Quirin van Brekelenkamp, Arÿ de Vois, Brakenburgh.

Ja Ostades Lehrer, der in seiner Art große Franz Hals,[2] 24 Jahr älter als Rembrandt, zeigt doch in seinen spätern Werken dessen Einfluß. Dage-

---

1 Der Grund nur angedeutet.
2 Sein jüngerer Bruder der Conversationsmaler Dirk Hals.

gen ging Brouwer, Schüler des Hals und Mitschüler Ostade's, seine eigenen Wege, und so ist auch sein Schüler Jan Steen nicht sichtbar von Rembrandt berührt worden – was man seinen Werken auch recht wohl ansieht. ⌊An Brouwer's Cumpan und Altersgenossen Craesbeke ist gerade die Schule das Wenigste. – Beide geboren in demselben Jahr mit Rembrandt, 1608.⌋

Von zwei ganz großen Meistern: Gerard Terburg und Gabriel Metsu wird kein namhafter Lehrer genannt; jedenfalls verdankten sie dem eigenen unablässigen Studium der Natur das Meiste und ihrer innern Eigenthümlichkeit das Beste. – Terburgs oder Dow's? Schüler war Netscher; – Metsu's bester Schüler: Uchterfeldt.

Bei Andern, die im Genre bedeutend wurden, wird nur ein Landschaftmaler als Lehrer genannt: So war Berghem Schüler des van Goyen (und des Johann Baptist Weenix) und dann wieder Lehrer des Carl Dujardin u. M. a. Namentlich hat Wynants berühmte Genremaler zu Schülern gehabt: den berühmten und höchst fruchtbaren Philipp Wouverman[1] und den Adrian van de Velde, welcher in einem kurzen Leben nicht nur eine Menge eigener Pastoralen schuf sondern auch die Staffage in die Bilder der berühmtesten Landschafter hineinmalte, auch bei Ruysdael. Seine eignen Schüler: Dirk van Bergen, Simon van der Does etc. (Die Pastoralengruppe besteht also aus Schülern von Berghem und von A. van de Velde).

| Das *Was* und das *Wie* des holländischen Genrebildes für uns eine völlig authentische und vollständige Kunde über die Gattung und ihre Grenzen überhaupt, weil sich die ganze Entwicklung völlig naiv, ohne alle Einwirkung der Literatur und des übrigen Europa's, rein nach dem innern Trieb der damals ruhmvollsten Nation Europa's vollzog, mit Kunstmitteln welche kaum je mehr erreicht und nie mehr überboten werden können. Zunächst in der Nation ein Zug des derben Spaßes, und dazu aus dem XVI. Jh. (da es noch ein Gesammtniederland gab) das Vorbild des Peter Breughel; gleichzeitig lebt dieser Zug in Belgien bei Teniers d. J. fort. Es ist das Volksleben, welches hier nie von der wehmüthigen, sentimentalen oder pathetischen sondern von der vorherrschend lustigen oder indifferenten Seite genommen wird, hauptsächlich in und vor dem Wirthshause, der Bude, der Barbierstube, u. s. w. ⌊Von irgend einer besondern Vorliebe und Zärtlichkeit für das «Volk» ist nirgends die Rede; es ist nur Substrat des Lebens. Dann das Leben der höhern Stände meist in sehr einfacher Handlung; dann das Soldatenleben und das Hirtenleben.⌋

---

[1] welcher vielleicht wieder Lehrer des Jan le Ducq wurde. Zu Wouverman's Nachahmern: Carl van Falens (Louvre)

Vor Allem leitete ein richtiges Gefühl auf einen kleinen Maßstab;[1] man empfand daß solche Scenen größer oder gar lebensgroß ausgeführt viel weniger richtig wirken würden, daß überhaupt der große Maßstab nur den idealen Gegenständen ⌊d. h. solchen die das Auge durch Gegenwart der Schönheit beruhigen⌋ und dem Bildniß angemessen ist. Dafür ist bei manchen dieser Maler im kleinen Maßstab so viel Detail der Form mitgegeben als heute selten an irgend eine Gestalt großen Maßstabes gewandt wird. Es ist ein Mikrokosmus. – Ein Gerard Dow sollte den alten Jan van Eyck noch in der Miniatur überbieten. – Dieses kleine Feld aber wurde durch höchste Raumwahrheit und durch eine oft unvergleichliche Schönheit des Lichtes und seiner Reflexe, durch Luft und Abtönung verklärt.[2] Dieß verbunden mit einer unendlichen Wahrheit der Gestalten und ihrer Bewegung bringt jenen Eindruck hervor ähnlich wie der der Landschaften der großen holländischen Meister: als werde nicht sowohl diese oder jene Scene an sich, sondern ein Moment des Weltganzen dargestellt, welchen der Maler zufällig im Nu fixirt habe und ohne welchen unsere Kunde von der Welt unvollständig wäre. ⌊Dem Künstler ist der Anblick zur Vision geworden; und diese wirkt dann als Stimmung auf die Stimmung des Beschauers.⌋ Man empfindet die ausgezeichnetern dieser Bilder als Nothwendigkeiten.

Die Vergegenwärtigung des jedesmaligen Zustandes ist eine wahrhaft zwingende; der höchste Wille dieser Malerei ist das Mitlebenmachen. – Und dieß nur möglich, wenn der Maler selber seine Scene im höchsten Sinn mitlebt, wenn jene oben erwähnte völlige Intimität zwischen ihm und seiner Schöpfung eintritt. Statt dieses intimen Mitlebens geben uns die Neuern beständig brillante Sachen. – Dieß geschieht jedoch unbewußt; unmerklich, durch alle leisen Zauber der Kunst muß der Beschauer in dieß Mitleben des Dargestellten hineingezogen werden. Hiezu dient negativ das Nichtideale, denn diejenige erhöhte Form und Existenz welche das Ideale heißt, kann man nicht mitleben und weiß dieß. Daher ist auch die Schönheit, wo sie zur Geltung kommt, immer nur eine solche, welche man innerhalb des dargestellten Zustandes noch hoffen dürfte anzutreffen, die nationale holländische Schönheit, und auch diese kaum je in ihren höhern Bildungen; nirgends das leuchtende blaue Auge der Friesinnen. Vor Allem aber dient zu jenem Zauber das meist nur ganz mäßige Geschehen, der möglichst wenige dramatische Inhalt;[3] denn das Mitleben stellt sich am Leichtesten ein wenn ein unmerklich vorübergehender, be-

---

1 Ohnehin hatten auch die reichsten Besteller wohl eher enge Wohnstuben.
2 Wo diese Maler etwa sich der Lebensgröße nähern sind sie nicht glücklich.
3 Der Gegensatz von dramatischer Malerei und Existenzmalerei hier nicht zu betonen; das Genre liegt oft auf der Grenze von beiden.

scheidener Moment dargestellt wird, der sich kaum über einen bloßen Zustand erhebt.

| Wohl giebt es (von den Schlachtenbildern, s. unten, abgesehen) sehr heftig bewegte Scenen, besonders wilde Raufhändel in liederlichen Wirthshäusern; auf den Pfaden P. Breughels, aber mit viel höher vollendeter Kunst ging namentlich Adrian Brouwer, zumal als er die zwei Bilder des Museums von Amsterdam malte: das letzte Stadium einer Orgie – singender und schnarchender Pöbel; ein heulendes Kind sucht seine vorn schlafende Mutter zu wecken – und das Messerziehen beim Kartenspiel; dem übrigen Gesindel wird bang und es möchte Frieden stiften; der Typus des Drohend-Gemeinen vortrefflich; dito das Bild bei Suermondt: zwei Zänker und ein Vermittler. Im Ton wie Rubens Kermesse. – In solchen Bildern bei Brouwer und Andern, auch besonders bei den Halbitalienern wie P. van Laar etc. ⌊u. a. Isaac von Ostade⌋ ist ein eigenthümlich gesindelhaftes, lausig verkommenes Geschlecht dargestellt.

Brouwer schont auch sonst den Beschauer nicht: Seine und etwa des Isaac von Ostade Zahnoperationen, wo die Umgebung aus Lachenden und Jammernden besteht; ein vorzügliches Bild der Galerie Schönborn in Wien eine Fußoperation; Brouwer hätte leicht das Verbinden darstellen können, gab aber statt dessen den wüsten Moment des Leidens.

Oft, zB: bei Adrian van Ostade, ist auch der Tanz sehr wild (in einer Bauernschenke) und die Touren und Grimassen unglaublich, aber die Darstellung höchst meisterhaft. Auch wenn etwa der Wirth eingeschlafen ist, kann es in der Wirthschaft sehr curios und unflätig zugehen (der Craesbeke im Belvedere). Andere Male geht es dann ruhig im Wirthshaus zu und der Beschauer erstaunt, wie Bilder fast ohne irgend ein Sachinteresse ihn doch magisch fesseln können; Cornelis Bega malt etwa drei Discurse zugleich, und der sonst so wilde Brouwer begnügt sich Raucher darzustellen, ja in einem Meisterbilde der Galerie Suermondt einen eingeschlafenen Raucher. Ostade (Haag, Museum) läßt einen der alten Stammgäste seine Geige stimmen, während das Licht durch eine Bogentür links und ein Fenster hinten beim Herd her eindringt.

Wenn man aber sehen will wie hoch die Magie beim bescheidensten Inhalt gehen kann – so zeigt dieß der herrliche kleine – kaum größer als ein Quartblatt – A. van Ostade der Galerie Hoop in Amsterdam: ein paar Trinker und Raucher in einem von drei verschiedenen Seiten beleuchteten Wirthshausraum, von wunderbarer Wärme und Wahrheit des Tons und der Luft. In Wirklichkeit würde man dieß Local meiden, und bei Beschauung des Bildes sehnt man sich hin, und findet die Holzbohlen der Decke herrlich. ⌊Gerade wie man so manche Gegend, welche in holländischen Landschaften dargestellt ist, meiden würde, während man sich von der Darstellung magisch gebunden fühlt.⌋ – Eben so wunderbar wirken Licht und Luft in Ostade's Bauernstube im Louvre, mit Mann, Frau und Kind; von dem Licht, das durch ein Fenster links kommt, geht das Spiel des Helldunkels durch das ganze Dachgerüst hinauf. ⌊Diese Bilder wirken im Licht viel schöner als Rembrandt⌋ Man muß sich die Frage stellen: warum ist dieser und jener an sich geringe einzelne Anblick so anziehend, sobald er durch die Seele eines alten holländischen Zauberers hindurchgegangen ist? stände es nicht in deiner Macht, die Welt auch so anzusehen? – Freilich wohl trifft uns etwa einmal ein Anblick der Wirklichkeit, selbst wenn er an sich wenig bedeutet, mit geheimnißvoller Gewalt, aber das Gefühl verliert sich wieder und nur der große Künstler kann jene geheimnißvolle Intimität zwischen dem Auge und dem Geschauten dauernd festbannen.

| A. van Ostade liebt ein halbgeschloßnes Licht auch wenn er seine Scenen, theils ruhige, theils bewegte (Tänze etc.) *vor* das Wirthshaus verlegt,[1] während sein Bruder Isaak in seinen Halten oder Gelagen vor dem Wirthshaus das freie Tageslicht vorzieht. Adrian ist auch etwas edler in den Formen; der Typus seiner Leute ist nicht immer der des Gemeinen, sondern des Gutmüthig-Verkümmerten, eine gedrückte, durch die Mühen des Lebens kleinlich gewordene Gemüthlichkeit. Draußen, etwa zwischen zwei Bäumen, angelehnt an eine Plankenwand, oder im Schatten von etwas Weinlaub, sitzen sie, und wenn ein fremder Geiger mit seinem Büblein kommt (Haag, Museum) so hören sie nachdenklich zu. – Bei seinem Schüler Dusart, der so oft für Ostade genommen wird, stehn die Leute sowohl draußen als drin im Hause am Fenster (Amsterdam Museum) und lachen, weil ein abenteuerlicher Geiger draußen zugleich tanzt und das Büblein ihm nachtanzt und diesem nach wieder ein kleiner Hund auf den Hinterfüßen.

Allein dieß sind doch alles nur mäßige Witze ⌊und ein gewisses allgemeines Capital von Humor⌋, und das Genrebild soll ja doch pikant sein und womöglich eine komische Pointe haben? *Ein* Maler hat hierin für alle gesorgt und ist der Bewunderung aller Derjenigen gewiß, welche den Witz und die Anspielung für die Seele eines Genrebildes und die größere oder geringere Häufung von Witzen in Einem Bilde für dessen Werthmesser halten: Jan Steen geboren um 1625 zu Leyden, der Schüler Brouwer's (?? eher des Ostade und van Goyen ⌊Brouwer starb ja schon 1638⌋), lebte meist in Delft, gestorben 1678. An Schule fehlte es ihm nicht, und er hat etwa stellenweise die höchsten Vorzüge des niederländischen Genrebildes einmal erreicht; er kann miniaturfein sein und die Farben stimmen und Licht und Luft darstellen.[2] Ferner hat er in hohem Grade die wirkliche

---

[1] Das Licht bei ihm vollkommen auf der gleichen Höhe wie bei Rembrandt, nur ist die Wirkung seiner Interieurs viel heller und anmuthiger.
[2] Seine Typen: Burger I, 105. Die moralische Tendenz ib. 110, cf. 252.

Komik und wenn diese wesentlich Sache der Genremalerei wäre so stände er ja Allen weit voran. – Reiche Gamme von Characteren: dicke stumpfe Respectspersonen, abgelebte Liebhaber, absurde Schwätzer, heitere Taugenichtse, hübsche Mägde, kräftige ungenirte Kinder sammt Gefolge von Trinkern, Musikanten, Bauern und Gesindel; hie und da schlaue Doktoren bei jungen Damen.

Und dieß Alles setzt er in eine Fülle von Beziehungen, die der Beschauer theils leichter theils schwerer erräth und die zusammen in hunderten von Bildern die Gesammtcomödie des damaligen holländischen Lebens ausmachen. Es ist leicht oder doch für Moderne einladend, den Inhalt der einzelnen Bilder auf das Weitläufigste zu beschreiben und zu commentiren wie Lichtenberg mit dem sachlich noch weit überfülltern Hogarth gethan hat. Hogarth fällt durch seine Zettel, Beischriften etc. wieder ins Mittelalter zurück.

Und wenn die Schicklichkeit protestiren will, so rechtfertigt Jan Steen sich durch Berufung auf seine moralische Tendenz, womit im XVII. Jh. Kunst und Poesie auch das Unerhörte durchschmuggelten. In seiner berühmten Bordellscene (Museum Hoop, Amsterdam) ist oben an der Wand ein Blatt befestigt, gerade über dem Kopf des alten Wüstlings, mit Eule, Lichtstock und Brille und den Worten: Was helfen Licht und Brill, Wenn die Eul nicht sehen will?[1] – Aehnlich macht es Jordaens, ein Jan Steen im Großen; lateinische Moralsprüche zu seinen Kotzenden.

Wir können ihn jedoch im Ganzen übergehen, weil er in den inhaltsreichsten Bildern ⌊NB gerade in den berühmtesten und theilweise sorgfältigsten⌋ das Ziel des Genrebildes verfehlt: das Mitlebenmachen. Es rächt sich an dem Künstler die Unersättlichkeit, welche noch einen komischen Zug und noch einen hinzufügt und die Bilder enorm überfüllt.[2] Die Folge hievon ist: daß der Beschauer schon an die Möglichkeit der gehäuften Witze nicht mehr glaubt und die Stimmung verliert; andererseits verliert der Maler *seine* Stimmung, nämlich die coloristische, und das Bild ist kein Bild mehr. ⌊Der Witz ist es welchen man Anfangs bewundert dann rasch auswendig lernt und bald ermüdend findet. – Schon Ein Witz sprengt die Stimmung, und vollends ein Haufe von Witzen.⌋ | Wozu auch nur der kostbare Luxus von Colorit und genauer Ausführung? ⌊Wenn man schon durch den Beifall der Lacher gedeckt ist?⌋ Ein derber Holzschnitt, eine effectreiche Radirung thäten ganz denselben Dienst. ⌊Neuere Genrebilder schon durch Lithographien danach leicht zu ersetzen⌋[3] Nur

---

1 während die Musikanten davon schleichen und ein Weib einen Mantel stiehlt
2 Aehnlich verhält es sich mit einem St. Niclausabend des Brakenburg im Amsterdamer Museum.
3 Auch die «Fliegenden Blätter» geben bisweilen trefflich Aehnliches.

die Sachknechtschaft der meisten Beschauer erklärt den Ruhm Steen's schon in seiner Zeit, während ganz deutlich die Kunst genau ebensoviel verliert als der Witz gewinnt. ⌊Und dieser Antagonismus ist ein allgemeiner und gilt für alle Zeiten. Jeder anspruchsvolle *In*halt setzt den künstlerischen *Ge*halt eines Genrebildes in Gefahr.⌋ Weit die künstlerisch besten Bilder Steen's sind die fast oder ganz witzlosen, wo er sich rein auf seine Kraft als Maler angewiesen sieht: die Trictracpartie (Amsterdam Museum), eines oder das andere Exemplar der kranken jungen Dame mit dem Doctor (Haag, Museum) u. dgl.[1] Aber dann sogar bleibt er doch nur zweiten Ranges, und auch den guten Bildern geht es nach, daß er zB: von der Gewöhnung des Grinsens her keinen normalen Mund mehr malen konnte. Seine geringen Bilder sind eben so zahlreich als sehr gering.[2] Ruhm des damaligen Hollands daß die wichtigern Besteller nicht dieser Richtung wesentlich anheimfielen. (In Belgien hat Ryckaert etwas der Art) Die bescheidenen Themata, die leisen, herrschen vor und ziehen den Beschauer oft traumhaft in die dargestellte Existenz hinein.

Die Einzelfigur, ganz oder auch nur Halbfigur innerhalb eines Fensters – hier einstweilen abzusehen von Terburg, Dow, Metsu etc. und nur zu erwähnen die einfachen Bildchen eines A. van Ostade: Mann mit Blatt (Louvre); Mann mit Krug (ib.); der Raucher (ib.); der Notar in seinem Bureau einen Brief lesend (ib.); – Brouwer (ib.): der Mann in der Nachtkappe am Pult federschneidend.[3] Die überschätzten Einzelfiguren des Delft'sche Meer; Briefleserin, Briefschreiberin etc. Die delicaten Dreiviertelsfiguren oder ganzen Figuren des Arÿ de Vois, besonders (Museum Amsterdam) der Geiger mit dem Römer, völlig weingrün, in zerrißnem schwarzem Seidenwams, wehmüthig komisch. Die alte Frau: s. oben ⌊Bl. *16*⌋ jene Reihe von Bildern des Nicolas Maes, der dieß Thema mit nie erschöpfter Begeisterung variirte; ein leiser Zug mehr als sonst in der Bibelleserin des Brüsseler Museums: Sie sitzt in rothem Oberkleid in einem Lehnstuhl; Teppichtisch mit Büchern; Nische mit einem Niobekopf, noch mit in der Lichtmasse begriffen. (Waren etwa ihre Kinder gestorben?) ⌊Brüssel Exposition: Brekelenkamp: Frau in einem Buch auf ihren Knien lesend, völlig selbstvergessen; hinten ein Mann am Kamin⌋ – Die Arbeiterin: die welche Faden abhaspelt, dann die Spitzenklöpplerin etc.

Dann das Bild der Mutter mit einem oder mehrern Kindern, niemals in einem Moment der Innigkeit, sondern ganz so wie die Leute *immer* sein

---

1 Den Dow und Terburg denen er hie und da nachzugehen scheint, hat er freilich nie erreicht.
2 Das Caressiren malten auch Andere oft: Cornelis Bega (Louvre): der Handwerker der eine Dienstmagd kost; – dann öfter das Lieblingsthema Steen's: der Alte mit der Hure (u. a. von Brakenburg, Galerie Schönborn in Wien).
3 Die alten Frauen des Nicolas Maes s. folgende Seite.

können, daher auch überzeugend und nie ermüdend; die innere Güte versteht sich von selbst. ⌊Es sind *Existenzen, nicht Augenblicke* dieß hier stark zu betonen; die *active Gemüthlichkeit sowenig als der Witz kann der Lebenskern des Genrebildes sein;* man lernt sie ebenso auswendig und wird sie ebenso müde wie diesen.⌋

Slabbaert (Amsterdam Museum): die Mutter schneidet den zur Schule gehenden Kindern das Brot zu etc. Ganz vorzüglich hier: Quirin van Brekelenkamp: (Amsterdam Museum Hoop): sitzende Mutter die einem vor ihr stehenden Kind den Brei einstreicht; und völlig in dieser gesetzlich-langweiligen Function aufgeht. (Brüssel Exposition 1873) ⌊Dem G. Dow nahe.⌋: die sitzende Spitzenklöpplerin, zwei spielende Kinder und ein Säugling in der Wiege; am Fenster ein Tisch mit Essen, hinten rechts ein großes Kamin. – Auch spielende Kinder allein, etwa mit Katze und Mausefalle etc. malten sowohl Brekelenkamp, als van Tol, Nicolas Maes etc. vorzüglich. ⌊Es sind immer gesunde und hübsche, nicht gerade schöne Kinder, aber stets absolut naiv, ohne alle Coketterie gegen den Beschauer⌋

Die Kinder in der Schule: Zwei herrliche A. van Ostade im Louvre: die kleine Dorfschule, wundervoll vom Bodenreflex aus beleuchtet, und dann (Salon carré) jene gemüthliche Anarchie, klar und licht bis ins Ferne; vorn Hauptlicht von links, hinten ein Fenster von rechts. Beide Bilder im Grunde erfreulicher als das Kunststück des G. Dow (Museum von Amsterdam), wo die Schule bei Nacht von vier Lichtern erhellt wird.

| Das Bild einer ganzen Familie, meist Porträts, wird von großen Künstlern so behandelt daß das schönste freie Kunstwerk vor uns zu stehen scheint. ⌊Aehnlich wie bei den besten Doelen- und Regentenstücken⌋

Schon der alte Gerritz Cuyp malte halbgroß die Familie des Malers Troost ⌊alles kluge und glückliche Leute⌋ (Museum Amsterdam), im Freien, gegen einen Nachmittagshimmel, in den Trachten wenig anders als weiß, braun oder grau und schwarz, mit Wägelchen und Rappen und Ziegenbock. – Andere herrliche Familienbilder von Th. de Keÿzer, von de Musscher,[1] (Amsterdam, Museum Hoop) welcher statt der Stille eine ungezwungene Rede und Action eintreten läßt. – Im Louvre neben zierlichen Familienbildern aus der vornehmen Welt von Franz Mieris und Slingelandt das Wunderwerk des A. van Ostade, welches ihn selber und seine Familie in einem behaglichen, künstlerisch verzierten Zimmer vorstellt; die acht Kinder sind den Eltern aus dem Gesicht geschnitten, und schon die Eltern, welche traulich die Hände in einander haben, gleichen einander. ⌊Kein neuer Maler könnte mit diesen zehn Personen das geringste anfangen.⌋ Höchste Schlichtheit bei höchsten Kunstmitteln, besonders Klarheit der Farbe. – Dann das schöne Bild (Amsterdam, Museum Hoop)

---

1 Schüler von Metsu und Ostade

welches Adrian van de Velde mit seiner Familie im Freien vorstellt. – Das Erstaunlichste aber leistet vielleicht ein Familienbild des Jan van der Meer von Delft in der Wiener Academie: die Eltern mit erwachsenen Kindern oder Verwandten in einem Gärtchen (offenbar zwischen den Häusern), an irgend einem Nachmittag; der Beschauer ahnt, es könnte langweilig gewesen sein und ist doch auf das Höchste von dem Bild interessirt; das *Bild* ist kurzweilig! Man kömmt nicht damit durch, daß man sagt: es sei eben Schade um die Kunst daß sie dießmal keinen kurzweiligern Moment und keine hübschern und keine bunter gekleideten Leute habe darstellen dürfen, denn der nachdenkende Beschauer wünscht sie gar nicht anders.[1] Der Reiz schöner Einzelformen, die man ja bei Rafael immer haben kann, käme ja gar nicht in Betracht neben derjenigen Magie durch welche Van der Meer uns zum Mitleben zwingt.

Endlich stellt der Maler nicht selten sich selbst ⌊oder auch einen Collegen?⌋ in seinem Atelier dar; – Ostade (Amsterdam Museum) mit Gehülfen und Farbenreiber; Ary de Vois (Louvre) (soll den Pynacker vorstellen) – Craesbeke (Louvre) entwickelt daraus eine offenbar ironische Genrescene; er muß unter Musik und Aufwartung einen pausbackigen jungen Herrn porträtiren, welcher Bediente hinter seinem Stuhl stehen hat und sich als Kenner, ja vielleicht als Dilettant geberdet indem er mit einem Pinsel spielt; der Maler lächelt; es ist wohl sein bestes Bild. Die Selbstporträts der Maler als isolirte Einzelfiguren hier zu übergehen, obwohl es Leute von hohem Rang darunter giebt: Gerard Dow (mehrmals), Terburg (als Bürgermeister von Deventer, in ganzer Figur, ⌊Haag, Museum⌋) etc. Eine Gesellschaft von namhaften Malern welche sammt einigen Gattinnen bei Ostade zu Gaste sein sollen, glaubt man zu erkennen in dem schönen Bilde des (wie es scheint hollandisirten) Belgiers Tilborg (Museum Haag). Überhaupt weiß man von diesen Holländern meist recht wohl nicht bloß wie sie aussahen, sondern auch wie sie sich in aller Unbefangenheit geberdeten, wie sie das Glas hoben, die Frau führten und den Hut trugen, während ihre Lebensumstände meist überaus dunkel oder durch erlogene Anecdoten entstellt sind.

| Aber auch jeder andern Thätigkeit oder Existenz welche dem Hauptgesetz des holländischen Genrebildes, dem Mitlebenmachen sich auf anmuthige Weise fügt und ein anregendes Problem in Character, Räumlichkeit, Luft und Licht gewährt, thun die Maler ihre Ehre an. (Jeder? doch nicht; es gäbe eine lehrreiche Subtractionsrechnung, wenn man fragte: welche naheliegenden Sujets sie übergangen haben? warum zB: kein Comptoirbild, während Qu. Metsys doch dergleichen gegeben hatte und

---

[1] Cornelis Bega (Amsterdam Museum Hoop) das Tischgebet zweier armer Leute; sie eine brave junge Frau, Er (wie es scheint) ein älterer Lump.

auch anderswo dergleichen vorkömmt). (Das ganze Schifferleben nie gemalt etc.) ⌊Und was sich heute so recht breit als «Volks»leben giebt, kommt hier erst recht nicht zur Darstellung.⌋

Vor Allem die Scenen von Kauf und Verkauf, im Kleinen (nicht Marktgewühl) zahllos, sei es im Freien, wie der Fischhandel, die Gemüsehändlerinnen und Obsthökerinnen, oder in geschloßnem Raum, wie die Specereiladen. Die Fische, ihr Preis, ihre Qualität sind hier ein Lebensinteresse. Jan Steen gründet ein drolliges Bild (Brüssel Museum) auf den ersten Häring der Saison ⌊(ein Häring jedenfalls)⌋; ein Kerl bringt tanzend das Thier sammt zwei Zwiebeln zu einer Familie herein, welche eben zum Essen bereit ist. – Dann der Fischmarkt, u. a. von Zorgh (Amsterdam, Museum Hoop) etc. etc. – Dann im Museum von Haag das vorzügliche Bild von Metsus Hauptschüler Uchterfeldt: von der Gracht her bringt ein grüßender Fischer einen schönen Fisch in den Hausgang wo ihm eine Dame Bescheid giebt; sie hält ein Mädchen an der Hand das einen kleinen Hund neckt; draußen vor der Thür an der Stufe zwei spielende Bettelkinder; das Bild aber wäre schon vorzüglich auch wenn es nur den Hausgang und die Gracht vorstellte.[1] ⌊Geflügelhändlerinnen u. a.: von Metsu⌋

Die Fruchthändlerinnen im Freien oft und trefflich, so von Brekelenkamp (Suermondt), aber mit höchster Schönheit in dem Bilde des Metsu (Louvre) wo außer Rettichen auch Geflügel und an einem Nebentischchen Schnaps verkauft und außer dem Hader zweier Hökerinnen auch eine Liebeserklärung Statt findet, alles unter den Boomjes einer Gracht. ⌊Für Metsu schon ein sehr inhaltsreiches Bild.⌋

Das weitere Schicksal der Lebensmittel entwickelt sich dann in der Küche, welche wie bei Teniers das malerische Problem einer Zusammenstellung weniger, oft kaum zweier Personen ⌊(der Köchin und eines Bübleins)⌋ mit vielem Detail von Vorräthen und Geräthschaften unter der Waltung eines geschloßnen Lichtes verwirklicht.[2] (Treffliche Bilder von Pape, Museum Haag und Brüssel Exposition 1873).

Dagegen verwandelt sich die Darstellung des Alchymisten in dem aufgeklärtern Holland (das sein Gold den Geschäften verdankt) in einen Apotheker: gutes Bild, mit Rembrandtscher Lichtwirkung, von Thomas Wyk (Amsterdam Museum): der Apotheker schreibt an einem Pult; ein Knabe bringt eine Casserole. Den Quacksalber für's Volk behält man bei; Ostade malte dergleichen; – von seinem Schüler Dusart ein Quacksalber im Museum von Amsterdam, nicht einmal mit der Miene eines grellen Marktschreiers, sondern ein gemüthlicher armer Teufel. Brekelenkamp malt einmal (Amsterdam, Museum Hoop) eine Schneiderboutique, ohne

---

1 Uchterfeldt hier dem P. de Hoogh verwandt.
2 Doch auch wohl ein Concert in der Küche.

irgend einen spaßhaften Zug; höchst wahrscheinlich ist bloß das Lederkoller, das eine Magd abholen will, nicht fertig geworden; dabei ein vorzügliches Bild. Ebenso seine zwei Nähterinnen (Brüssel Exposition 1873), welche fast ganz gleich gekleidet neben einander sitzen; an der Wand ein männliches Porträt und eine Landkarte. Die einfache Lebenswahrheit und die Behandlung des von links kommenden Lichtes machen das Bild zu einem Kleinod.

| Die Volkstrachten des damaligen Hollands, abgesehen von den oft prächtig geputzten jungen Leuten der reichen Classen, sind immerhin malerischer als die jetzige allgemeine Tracht ⌊(Dirk Hals malte öfter ganze Gesellschaften und Feste in solchen flotten Trachten, mehreres dergleichen auf der Brüsseler Exposition 1873)⌋, und auch das bereits durchgehende Schwarz und Grau der ehrbaren und gesetzten Leute hat wenigstens noch den übergeschlagenen weißen Kragen, die Manchetten und das lange Haar für sich (welches freilich nach Mitte des XVII. Jh. plötzlich der langen Perücke Platz macht, und zwar so daß man noch oft im Zweifel ist). Das Übrige that eine wirklich allgemeine Kunsthöhe, mag es mehr Schule ⌊der allgemeine Schulbesitz⌋ oder mehr unablässiges Studium der Natur und ihrer Erscheinung in Luft und Licht gewesen sein.

   Lingelbach (von Frankfurt, gebildet in Holland, Frankreich und Italien, später meist oder beständig in Holland, etwa in der Nähe des Adrian van de Velde und Wouverman) giebt in seiner großen Ansicht des Dam zu Amsterdam (Amsterdam, Stadthuys) das wahre Ensemble der damaligen Erscheinung der Leute von Amsterdam, von Vornehmen und Behörden bis auf die Lastträger, bis auf Türken und Levantiner; zugleich aber gewährt er als Maler das Bild einer mittlern, tüchtig geschulten, in Anordnung und Bewegung degagirten Kraft, welche sich scheinbar nur braucht gehen zu lassen um in jener Zeit Erfreuliches zu schaffen, und in einzelnen Momenten an die Trefflichsten reicht. Man bewegt sich heute noch nahezu zwischen denselben Baulichkeiten, aber was würde ein jetziger Maler aus dem heutigen Volksgewühl des Damm machen können? selbst wenn die ionische Börse nicht dastände. Und wo wäre jetzt auch nur ein Lingelbach? – Seine halbitalienischen Genrebilder mit ihrem Hintergrund phantastischer Seehäfen, Ruinen etc. mögen auf sich beruhen bleiben als ein genre bâtard, obwohl Treffliches drunter ist wie der römische Zahnarzt zu Pferde (Amsterdam Museum), das Jagdrendezvous bei einer Fontaine (Brüssel Exposition 1873), aber das holländische Volksleben und auch das Gewühl, das er nicht fürchtete, verdankt ihm noch weitere vortreffliche Verewigungen; – im Museum von Haag: Carls II. Abfahrt von Scheveningen; die Düne bis in die weiteste Ferne voll Volkes; die Ceremonie selbst im fernen Mittelgrund; vorn locker extemporirte aber höchst lebendige Volksgruppen. – Ib.: Ein Reiteraufmarsch am Strande zwischen Volksmassen, die 100 Köpfe noch sehr ausgeführt; offenbar Alles zu Ehren eines Herrn der aus seiner Kutsche grüßt; mehrere Reiter schießen zum Vivat ihre Pistolen in die Luft ab. Da man von diesen glücklichen Malern noch nicht das «Pathetische» solcher Momente verlangte, konnten sie mit ihren Aufgaben fertig werden.

| Die kriegerische und gewaltsame Seite des Lebens kommt in der holländischen Kunst nur sehr eigenthümlich bedingt vor. Pathetische Darstellung der eignen Großthaten liebte man, wie gesagt, nicht; – für prächtig geputzte halbmilitärische Aufzüge sorgten die Doelen-Stücke;[1] sodann beruhte der eigentliche Stolz Hollands auf der Flotte, während die meist geworbene Landarmee weniger beliebt war. Und nun scheint es, daß was aus der Welt des Krieges und der Gewaltthat überhaupt vorkömmt,[2] ausländische, nichtholländische Scenerie um sich habe, aus dem nahen Belgien (einem beständigen Schlachtfeld), oder aus dem Deutschland des 30jährigen Krieges,[3] ja aus Italien.

Die einzelnen besonders häufig dargestellten Momente: die Wachtstube mit Spiel, Trunk, Liebschaft; – die Brandschatzung, auch jammernder vornehmer Leute sei es im Freien oder in einem geschloßnen Local (etwa einer öffentlichen Halle einer eroberten Stadt ⌊oder in einer ruinirten Kirche?⌋); die Holländer, als sie sich dergleichen von le Ducq etc. malen ließen, ahnten wohl nicht wie nahe ihnen ein 1672 bevorstehe. – Das Lagerleben in seinen verschiedenen Augenblicken; – die Reiter und Rosse; – das Treffen selbst; – der Überfall des Dorfes und die Plünderung; – auch Bauern welche die Plünderer überwältigen; –

Hauptsammlung für das Ganze, besonders für die Wachtstubenmalerei (Jan le Ducq, Carl de Moor, Palamedes etc.): Galerie Lichtenstein, Wien. – Auch das Belvedere. Die Wachtstube giebt die bunte oft prächtige Tracht, das ungebundene, oft sogar schrankenlose Leben wieder, in einem oft absichtlich unheimlichen Local von prächtiger Lichtwirkung; es wird auch wohl Raub vertheilt und um Raub gespielt; daneben weibliche Raubvögel. ⌊Dabei die Aufgabe, sehr viel Geräthe, Waffen etc. in Einer Harmonie mit den Menschen zusammenzufassen.⌋

Bei den Brandschatzungsbildern bleibt es zweifelhaft ob der Maler den Beschauer rühren will oder ob er nicht höchst unbefangen und objectiv sein Stück Weltbild malt weil er muß. Gerade diese Herzlosigkeit oder wie man es nennen mag, gönnt dem Maler die volle künstlerische Freiheit und Wahrheit. Man hätte ja nicht nöthig gehabt solche Scenen zu malen;

1 Hier, wo die Bewegung zum Mitlebenmachen gehört, wissen die Holländer auch das wildeste Feuer unter Umständen walten zulassen.
2 Oft bleibt es zweifelhaft ob man es mit militärischen Streifcorps oder mit Räubern zu thun hat.
3 Terburg malte ja dessen Abschluß, den Friedensschwur von Münster.

es muß eine innere Nöthigung in den Künstlern gelegen haben. Auch beim Überfall von Dörfern gilt dasselbe; es ist eine bestimmte, wenn auch furchtbare Lebensäußerung an sich; man erfährt ja auch nie, welches Dorf? und in welchem Krieg? ⌊Es ist die Tragödie des Genrebildes⌋ – Im
5 Amsterdamer Museum, von Wouverman: ein mörderischer Kampf nur zwischen Bauern, ganz entsetzlich, in einem Dorf an einem steilen Abhang; rechts im Mittelgrund machen sich drei Reisende zu Pferde fort.

Dann Lagerleben, bei Wouverman meist als Scenerie für Reiter und Roß, zB: in der wundervollen Scene (Museum von Haag) vor einem Mar-
10 ketenderzelt: der Moment da zum Aufsitzen geblasen wird und noch Dieß und Jenes vorgeht. Als gewaltig fruchtbarer Maler ist er freilich sehr ungleich; dazu gelten Arbeiten von seinem Bruder Peter Wouverman, von Schülern und Nachahmern als die seinigen. Aber es giebt kleine, sogar flüchtig gemalte Reiterbilder von ihm, und wäre es nur eine Ordonnanz,
15 welche an Wahrheit von Mann und Roß und an schöner Stimmung zur Luft und Landschaft von höchstem Reize sind. ⌊Zu diesen Scenen wäre noch unterzubringen Jan le Ducq's Comödiantenwagen (Wien, Schönborn) (s. die Wiener Notizen, Blatt: Wouverman)⌋

| Das Schlachtbild: Diese glückseligen holländischen Meister sind, ein-
20 zelne bestimmte Bestellungen ausgenommen, frei von aller pathetischen Verherrlichung eines einmal wirklich Geschehenen, und vollends von militärgeschichtlicher Exactitude. (Ganz ähnlich wie ihre italischen und halbitalischen Zeitgenossen Bourguignon, Cerquozzi, Salvator Rosa). Sie feiern das Aufeinandertreffen als solches, daher weniger die eigentliche
25 Schlacht als das Scharmützel, das Getümmel, wobei ihnen der kleine Maßstab genügt. Sie brauchen ja nicht bestimmte Persönlichkeiten und Porträtähnlichkeiten hervorzuheben; und nicht nur vom Porträt sind sie frei sondern auch von der Uniform – und vollends und hauptsächlichstens vom historischen Pathos. (Welches so vergänglich und ermüdend ist
30 wie der Witz). Man erfährt nie wer die beiden Parteien sind; völlig parteilos kann sich der Maler der Sache, nämlich der künstlerischen Aufgabe hingeben. Und diese ist bisweilen das vollkommenste Feuer von Mann und Roß; Schwerthieb und Pistolenschuß. Und in stets neuer Wendung kommt dann immer wieder das herrlichste Thema des Reiterkampfes zur
35 Darstellung: der von Lionardo ererbte Kampf um die Standarte.

Bei größern Schlachten und vollends bei etwas vergrößertem Maßstab genügt dann selbst Wouverman viel weniger; seine bewunderte Schlacht im Museum von Haag steht neben manchen kleinern Bildern selbst anderer Maler zurück. ⌊Auch wenig genannte Maler sind ihm dann überlegen,
40 so Asselyn in einem herrlichen Reiterüberfall des Museums von Amsterdam.⌋ Das Schönste der ganzen Gattung vielleicht: der Berghem im Museum von Haag, fast quadratisch: der Reiterkampf in einer Felsschlucht

mit Wasserfall wie etwa Dazio grande, unvergleichlich an furchtbarer Bewegung, Gluth der Farbe und phantastischer Lichtvertheilung; man weiß auch hier nicht wer die beiden Parteien sind, wer sie anführt und warum sie kämpfen; dafür aber blieb das Bild ein großes Meisterwerk.

Kümmerlichkeit des Militärisch-Genauen bei dem Brüsseler Van der Meulen, der überdieß im Vordergrund oft die Kutsche Ludwigs XIV. und bloße Militärceremonien darstellen muß.

Wouverman ist dann in seinen friedlichen Bildern, wo das Pferd immer die Hauptrolle spielt, so verschieden als möglich;[1] es giebt Bilder, wo es ihm mit der Situation vollkommener, erschöpfender Ernst ist; – daneben aber andere, wo er eine gemischte halbitalische halbnordische Scenerie zusammenstellt und Bäume, Fernen, Baulichkeiten, Himmel, Erde und Wasser und im Grunde auch die Menschen zur Bewegung und Farbe seiner Pferde stimmt. Gegenden, Vorgänge, Menschen gehören eigentlich nicht zusammen; der Meister aber bringt eine schöne, täuschende Decoration damit hervor und macht uns den Moment glaubhaft.

Das Warten vor dem Ausritt zur Jagd als Morgenbild;[2] der Jagdhalt als Abendbild, obgleich (Haag, Museum) auch ein sehr vorzüglicher Jagdhalt im Schatten von Bäumen des Morgens vorkömmt, wobei der Schimmel einen wahren Liebesblick von der Sonne bekömmt. ⌊Merkwürdig daß er nie das Jagen selbst, die Erlegung des Thieres darstellt.⌋ Andere Male werden Rosse gebändigt und vorgeritten, in die Schwemme geführt etc., und wenn sie ausschlagen und etwa eine Orangenhökerin umwerfen, so rührt dieß den Maler offenbar nur wenig (Amsterdam Museum).

Übrigens ist bei Isaac von Ostade das Pferd, wenigstens der Gaul, ebenso trefflich lebendig als der vornehme Schimmel und Rappe bei Wouverman.

| Nun würde das sogenannte Conversationsstück folgen, d. h. die Darstellung von Scenen und Existenzen der vornehmen Welt, welches einst bei den Franck zuerst eine eigentliche Gattung geworden (s. Blatt 9) und von Rubens mit hoher Freiheit und Meisterschaft gepflegt worden war. Allein die drei großen Meister desselben: Gerhard Terburg (geboren 1608), Gerhard Dow (geboren um 1613) und Gabriel Metzu (geboren 1615)[3] mit ihren nächsten Schülern und Nachfolgern Slingelandt und Franz Mieris (geboren 1635) und dem Schüler des letztern Caspar Netscher bilden auch für ihre übrigen Sujets so sehr eine Gruppe für sich, daß

---

1 Abgesehen davon daß Vieles nur auf den Verkauf gemalt scheint. – Doch sind alle sorgfältigern Bilder des Wouverman fein durchgestimmt.
2 Es ist vornehme Gesellschaft.
3 Von welchen wir vielleicht Terburg den höchsten Kranz reichen würden.

ihre Besprechung überhaupt bis hieher verschoben werden mußte. Ihre Darstellungsmittel sind nämlich eigener Art ⌊abgesehen vom sichersten Besitz aller übrigen Mittel der ganzen sonstigen Kunst⌋.

In Licht und Luft konnten sie einen Rembrandt und Ostade eben nur erreichen, nicht überbieten. Wohl aber hoben sie die täuschende Darstellung des Stofflichen vermöge einer miniaturmäßigen Behandlung auf eine höchste Höhe. Zwar Rembrandt weiß mit seiner breiten Behandlung den Eindruck von Sammet, Seide, Damast, Linnen, Pelz, Goldschmuck etc. wunderbar zu geben ohne daß man in der Nähe etwas anderes als derbe Farbenflecke und Pinselstriche erkennt ⌊cf. la fiancée juive, Amsterdam Museum Hoop⌋. – Diese Maler aber gingen den entgegengesetzten Weg; sie nahmen von Rembrandt direct oder indirect die Behandlung von Licht und Luft, fügten aber die Wahrheit im Kleinen hinzu und fanden ein Publicum von Bestellern welches solche Ausführung begehrte und hochbezahlte. Das von ihnen dargestellte vornehme Leben gab den Anlaß zur Darstellung der Stoffe: Der weiße Damast, die Seide, der Pelzbesatz, der Sammet, das feine Linnen, aber sie dehnten diese Behandlung dann auf alles aus und behandelten auch die Gestalten aus dem Volk so und malten an dem alten Mütterchen oder am Eremiten jedes graue Häärchen und jede Runzel besonders, ohne doch dabei die wunderbare Haltung des Ganzen einzubüßen, welches sonst die Gefahr der Miniaturmaler ist. Diese Bilder sind herrlich auf fünf Schritte Entfernung und halten doch dabei die Loupe aus. ⌊Freilich nur die unberührten!⌋ Man frägt: von welches Thieres Haaren die Pinsel mögen gemacht gewesen sein, – aber man sollte nach dem untrüglichen Künstlerauge und nach der ewig sichern Hand fragen. Auch die emsigsten alten Flandrer sind hier weit überholt.

Hier vor Allem aber wird es handgreiflich, wie wenig der Witz die Seele oder Lebensbedingung des Genrebildes ist. Hundertmal genügt diesen Meistern der allereinfachste und alltäglichste Inhalt um ein unsterbliches Werk darauf zu gründen:[1] irgend eine einzelne Figur im gewöhnlichsten Beginnen; und wenn es unter den Bildern von zwei oder mehrern Figuren welche giebt, welche einen grellen Witz oder eine Anzüglichkeit darstellen, wie etwa bei Terburg: (Louvre: das Geldanerbieten, Haag: der Trompeter welcher dem zärtlich begleiteten Hauptmann die Depesche bringt)[2] ⌊oder bei Mieris (Wien, Belvedere): in dem Laden wo Goldbrokat verkauft wird (?) greift ein Herr die Verkäuferinn unter das Kinn⌋ oder bei F. Mieris: (München, Pinacothek: vorn im hellen Licht das Felleisen

---

[1] Höchst bedeutungsvoll daß Maler von solchem Aufwand der Darstellung so schlicht in der Empfindung bleiben konnten.
[2] Hier sieht man genau wie die Hurenschönheit dargestellt wird, innerhalb dieses freien Styles. – Terburg malte auch wohl ein Bordell.

auf dem Tisch, hinten im Halbdunkel ein angelegentliches Gespräch,
No. 396) so hat man in andere Bilder dergleichen erst hineinlegen müssen, wie Burger, les musées de la Hollande II, p. 100 thut. (Als stellten die
feinern Conversationsstücke weniger das monde als das demi-monde
vor; und als hätten die reichen Holländer nicht höchst wahrscheinlich
sehr viel schönere Courtisanen gehabt als was hier vorkommt).

| Den Herren Commentatoren ist eben, wenn das große Kunstwerk ihre
Phantasie in Bewegung setzt, das Herausfinden von sachlichen Bezügen
(an die der Maler nicht gedacht hat) nicht abzugewöhnen, und sie ruhen
nicht bis sie in einen Dow oder Mieris einen Jan Steen hineininterpretirt
haben. Statt ein für allemal einzusehen daß dem Genrebild höchsten Ranges mit seiner Bestimmung: «dem magischen Mitlebenmachen» der leiseste Inhalt nicht nur genügt sondern geradezu der angemessenste ist. Außerdem gehört freilich dazu die absolute Unbefangenheit der Gestalten
und ihres Thuns; sie wissen nicht daß der Beschauer sie sieht und daß der
Maler sie sah. (Erst Mieris etwas absichtlicher). Es ist eine ewige Ehre für
das alte Holland; daß die reichen Besteller von diesem Gefühl offenbar
durchdrungen waren. (Heute kann der Genremaler sein Glück nur noch
mit dem Witz oder mit einer gewissen wohlfeilen Gemüthlichkeit machen). (Welche sie ebenso verschmäht haben wie den Witz).

Der Inhalt: Dow vorherrschend bürgerlich, Metzu und Mieris vorherrschend vornehm, Terburg hält etwa die Mitte. Anzufangen mit dem
Einfachsten und Alltäglichsten; die Kostbarkeit der Ausführung machte
schon einzelne Figuren und spannengroße Bildchen zu Juwelen, auch
Themata welche gleichzeitig von Andern in derberm und flüchtigerm Stil
behandelt wurden. ⌊Man sieht wieder wie unabhängig die Kunst von
ihren Gegenständen sein kann und wie sehr vielmehr es auf das Wie als
auf das Was ankömmt.⌋ Terburg (Wien, Belvedere) malt eine schreibende
junge Dame, ohne alle Nebengedanken, nur an's Schreiben völlig hingegeben, ohne daß es ein Liebesbrief oder sonst etwas Pikantes zu sein
braucht. ⌊Von Slingelandt giebt es eine Anzahl solcher trefflicher Einzelfiguren⌋ – Noch angelegentlicher in's Schreiben und Nachsinnen versenkt
die Dame des Mieris (Amsterdam Museum) im gelbseidnen Überwurf;
neben ihr eine Laute, ein meisterhaftes schlummerndes Épagneul; ein
Diener wartet; weiterhin Durchblick in eine Halle. Die Dame ist weder
schön noch pikant und doch erregt das Bild das höchste Interesse. – Oder
Terburg (Wien, Belvedere) malt eine Dame in Frostcapuze, welche Orangen schält; ein Kind schaut zu, ob es etwa davon bekommen wird; aber
anstatt bei wohlfeilem Anlaß mütterliche Innigkeit an den Tag zu legen,
bleibt die Frau völlig in ihr Orangenschälen versunken. – Metzu (Louvre)
legt in eine apfelschälende Köchin, neben welcher ein todter Hase liegt,
einfach den Ernst ihres Geschäftes; – und die junge Frau (Galerie Suer-

mondt), welche mit einem Weinglas in der Hand an einem Tische sitzt, zeigt nur ein gemüthliches Lächeln. – Terburg (Galerie Suermondt) giebt einem jungen Soldaten, der im Hof eines Wirthshauses sitzend seine Pfeife anzündet, keinen weitern Ausdruck als den völliger Seelenruhe und Gutmüthigkeit; und diese einzelne Figur ist in Luft und Licht und Character ein Capitalbild. – Dow (Louvre) wendet an die einzelne Figur eines Goldwägers die feinsten Mittel seiner microscopischen Kunst. – Während die ganze übrige niederländische Schule (auch Teniers) die oft leidlich rohen Trinker einzeln und in Gesellschaft massenweise darstellten, malt Metzu (Amsterdam Museum) mit dem höchsten Luxus der Darstellung einen alten Trinker, einen ehrenwerten bäuerlichen Mann, gescheidt und nicht abstoßend, in der Pelzmütze, die Rechte mit der Pfeife über ein Faß, in der Linken die zinnerne Bierkanne; der Beschauer gönnt es ihm.[1] ⌊Auch hier Metzu's bleigraue Töne.⌋ – Metzu's Fischhändlerin (Amsterdam, Galerie Hoop) bietet keinen weitern Inhalt dar als den Contrast zwischen ihrer Seelenruhe und der im Geldzählen confus gewordenen Magd; hinten steht noch ein Junge.

Auch die Capuciner und Eremiten, ein fremdromantischer Zug ⌊ohne alle Ekstase⌋ in der holländischen Malerei, sind als einfachste Situationen hier mit zu erwähnen; zum Crucifix betend: der Capuciner des Dow (Museum Amsterdam), und der in der microscopischen Ausführung erstaunliche Eremit dessen (Amsterdam Galerie Hoop); – Cornelis Bega: der meditirende Mönch in seiner Celle mit Bibliothek (Museum Amsterdam).

| Auffallend häufig sind die Fensterbilder bei solchen einfachen Sujets; man sieht von draußen in ein Fenster hinein. Der nächste Vortheil war, daß man bei ohnehin ruhigen Figuren, wo Schritt und Gang nicht in Betracht kamen, die unnützen untern Extremitäten ersparte und zwar auf eine angenehmere Weise als in einem sogenannten Kniestück, wie die gleichzeitigen Italiener in ihren lebensgroßen Genrebildern es vorzogen. ⌊Nochmals an das lebensgroße Bild von Nicolas Maes zu erinnern.⌋ Ferner kam dann der Kopf wirksam auf einen dunkeln Grund zu stehen, obwohl es auch Fensterbilder giebt wo das Interieur ein Seitenlicht hat, sodaß eine neue Rechnung beginnt. Endlich behielt man eine eigenthümliche coloristische Freiheit in Händen, das Bild zu *stimmen* durch die Weinranken oder Epheuranken neben dem Fenster, durch Blumenstöcke, durch den hinauswallenden (etwa blauen) Vorhang, durch einen über die Fensterbank herabhängenden (etwa roth gemusterten) Teppich, und endlich durch eine sehr auffallende, in der holländischen Architectur nicht begründete Zuthat, nämlich Reliefs (meist Putten, im Styl des Duques-

---

1 Es ist kein Trinker sondern ein Mann welcher etwas trinkt.

noy-Fiammingo). Die innere Räumlichkeit wirkt bald wenig bald viel mit, jenachdem durch das Fenster eine oder mehrere Personen, ein dunkler Grund oder ein seitwärts beleuchteter Raum, ja ein Durchblick in die Ferne sichtbar wird. Gerard Dow hat sich zweimal (Louvre und Museum von Amsterdam) aus einem solchen Fenster schauend sogar rauchend porträtirt und meisterlich (im letzten Fall) den blauen Vorhang zur Stimmung des Bildes benützt; seine Rechte ruht auf einem völlig microscopisch täuschend gegebenen Buch mit Abbildungen; der Meister ist noch jung, doch voll Sorge und Eifer. ⌊Auch andere Porträts, an Fenstern: (Museum Amsterdam) Slingelandt: ein vornehmer Herr im Schlafrock, mit der Uhr in der Hand; – (Museum Haag) Mieris: Porträt des botanischen Professors Schnil 1666, kräftig geistvoll, schon etwas verquollen.⌋

Und nun sind eine Menge der herrlichsten Bilder solche Fensterbilder, vom verschiedensten Inhalt, bis zum fast Tragischen: Dow (Wien, Belvedere): der Urinbeschauer ⌊«die ärztliche Consultation für einen abwesenden Kranken»⌋, wobei die Alte eine Thräne abwischt; in dem aufgeschlagenen anatomischen Werk erkennt man jeden Buchstaben; die Agatvase auf der Steinbank ist von höchster Illusion; am Arzt ist jedes Haar besonders gemalt. – Anderemale: eine Alte begießt ihre Levkoien (Dow, Wien, Belvedere); – eine Köchin rupft einen Hahn (Dow, Louvre) eine andere sieht den Beschauer an (id. ibid.). – Eine Specereihändlerin, deren ganzer Laden durch ein Nebenlicht beleuchtet ist (id. ibid.). – Ein Trompeter (id. ibid.), in der Ferne eine Trinkgesellschaft, vorzüglich schön. (Dieser gehört jedenfalls ans Fenster). – Eine Spitzenklöpplerin, das Thema so vieler Maler, von Dow an das Fenster gesetzt (Amsterdam Galerie Hoop, datirt 1653 ⌊Die Jahrzahl in großen Uncialen statt des Brustwehrreliefs⌋) wo sie in der That am besten zu ihrer Arbeit sieht. – Ein andermal hat Dow (Amsterdam Museum) eine seiner schönsten Wirkungen des Lampenscheins mit der Anordnung im Fenster verbunden: das Mädchen mit der Lampe, mit dem Ausdruck fröhlicher Erwartung aus dem Fenster schauend. – Metzu (Haag, Museum) setzt an's Fenster einen Jäger in rothem Kleide, einen Römer in der Hand, halbtraurig lächelnd (Vogel, Weinlaub, Kanne, Horn; man sieht in einen größern Raum mit einem andern Fenster; datirt 1661). – Mieris malt mehrmals (u. a. Haag, Museum) in seine Fenster Kinder welche Seifenblasen machen; die Hände und der Eifer des Kleinen und die stille Freude der im Schatten des Weinlaubfensters zusehenden Mutter. | (In einem andern Bild des Mieris, freilich keinem Fensterbilde, Amsterdam Museum sind die Seifenblasen als Sinnbild der Vergänglichkeit gemeint; das Kind ist nur der Begleiter einer jungen Dame mit Rosen in der Schürze, welche auf ein offenes Notenbuch deutet das mit einem Todtenkopf beschwert ist. Höchste microscopische Vollendung).

Andere einfache Existenzen sind die Bilder aus dem Familienleben, hier nie oder fast nie bestimmte Familien darstellend, sondern echte Genrebilder, freilich ohne alles Pikante und nur dadurch mächtig daß der Beschauer traumhaft in dieß Dasein mit hineingezogen wird. Sie entziehen sich dem Commentar in Worten, es wäre denn daß man jedesmal das gelöste malerische Problem auseinandersetzte. Schon im Louvre allein eine Anzahl herrlicher Bilder der Art, von Terburg (sitzende Mutter hält dem Jungen ein Bilderbuch oder Bilderbibel hin); – Dow (das alte Ehepaar nach dem Abendessen; sie liest ihm aus der Bibel vor); – Mieris (die Säugende, ein sitzender und ein stehender Mann, alle sehen Hund und Katze zu, hinten eine Magd); – Jan Verkolje, dem Metzu verwandt (Mutter mit Kind, Magd und Hündchen); – Slingelandt (Dame mit zwei Kindern, deren eins mit einem Vogelnest spielt; der Gemahl giebt einem Neger einen Brief, höchst zierlich ausgeführt, aber neben den drei großen Meistern doch leblos erscheinend). – Dieß alles aufgewogen durch den weltberühmten, völlig rein erhaltenen G. Dow des Museums von Haag:[1] die Räumlichkeit ein dunkler Hochraum mit großem Fenster links; hinten ein Durchblick in ein Zimmer oder Küche mit Arbeitenden. Die anmuthige junge Mutter sitzt und schneidert; ein Töchterchen lehnt über die Wiege, das sehr schöne Wiegenkind schaut nach der Mutter hin, während diese ruhig gegen den Beschauer aus dem Bilde schaut; – das Bild reich an Accessorien ⌊mit diesen Dingen zerstreut und sammelt G. Dow sein Licht und seine Massen nach Belieben⌋: rechts Laterne, Fisch, Huhn, Hase; Rüben, Korb; an der reliefirten Säule welche die Decke trägt, ist aufgehängt ein Herrenmantel, ein Schwert und ein Käfig; oben im Bild hängt die Messinglampe; – links, beim Fenster, im vollen Licht: ein Tisch mit Trödel und ein Stuhl.

Zu diesen Familienbildern gehören zunächst die Krankenbilder; von den derbern Genremalern, besonders Jan Steen, war fast regelmäßig die Liebeskranke gemalt worden, deren Leiden von dem schalkhaften Arzt errathen und durch Nebensachen (Botschaften, Briefe, Miene der Magd etc.) angedeutet wird; – anders bei Dow, dessen femme hydropique (Louvre ⌊leider stark restaurirt⌋) eines der schönsten tragischen Hauptbilder der ganzen holländischen Schule ist; bei der wunderbaren Wahrheit der Ohnmacht der Kranken, des Schmerzes der Ihrigen, der Feierlichkeit des Charlatans oder Arztes, bei der wundervollen Gediegenheit alles Einzelnen bemerkt man erst nach und nach, daß das Bild schon als bloße Lichtdarstellung vom Allerschönsten ist. Auch Mieris faßt die Sache ernst (Wien, Belvedere); es ist der Moment nach dem Aderlaß; die kranke Frau

---

[1] In der Lichtscala und in Gesammtbedeutung das Gegenstück der femme hydropique (Louvre).

hat die Bibel auf den Knien, der Arzt zählt ihre Pulsschläge. – Hauptjuwel! –

⌊Das eigentliche Conversationsstück. In der Regel der Prätext des Beisammenseins der einfachste: ein Besuch, Complimente, oberflächliche Galanterie, Credenzen von Wein und Confect. ⌊Die Räumlichkeit: das Zimmer mit gewirkten oder Ledertapeten und der Kamin, Marmor, der Marmorboden.⌋ Jedenfalls ist es ein anderes, viel decenteres Trinken als in den Bauernkneipen;[1] selbst wenn es nur Herren sind wie in dem Terburg (München, Pinacothek) welcher etwa vier seiner guten Bekannten[2] beim Trinken darstellt. In der Regel wird nur aus Spitzgläsern genippt, was auch die Damen dürfen. ⌊Der Kaffe kommt erst seit den 1660er Jahren und nur langsam auf, der Thee noch später und beide fehlen in den Bildern noch ganz.⌋ Metzu (Wien, Belvedere) läßt einen Herrn ein Glas einer Spitzenklöpplerin credenzen, die von ihrer Arbeit aufblickt; – auch auf der Brüsseler Exposition 1873 war ein Metzu ähnlichen Inhalts: ein Herr, stehend, will einer Dame zu trinken einschenken, während eine Magd mit einer Schüssel eintritt; – oder (Louvre, Salon carré) Metzu: ein Militär macht seinen Besuch bei einer Dame, welche bereits dasitzt und trinkt (richtiger so, als, wie der Catalog meint:[3] un militaire fait présenter des rafraîchissements à une dame). Wer die Leute nicht kann essen und trinken sehen, der übergehe diese Schule überhaupt – und ärgere sich wenigstens nicht wenn solche spannengroße Bildchen 40,000 fl. gelten. – Von Metzu weiter: (Museum Amsterdam) ein Ehepaar beim Frühstück; der Tisch mit Teppich und Tischtuch, ein grüner Vorhang – das ist Alles. Aber das Bild ist bei völliger Ruhe voll innerlicher Gemüthlichkeit, und wenn es nicht stark verletzt wäre, so wäre es eine der Perlen der damaligen Kunst. – Einmal, da es sich erst um künftiges Essen handelt, ist Metzu auch schalkhaft (Amsterdam Galerie Hoop, Hauptbild): der von der Jagd heimgekehrte bejahrte Ehemann, im Lehnstuhl ruhend, zeigt der noch leidlich jungen Frau ein erlegtes Rebhuhn; vorn liegt noch eine Ente; sein Hund schmiegt sich an sein Knie; die Frau aber hat vor Allem einen geschnitzten Kasten zum symmetrischen Hintergrund, vor dessen Mitte sie, mit ihrer Säumarbeit auf den Knien, thront; neben ihr ein Tisch mit rothem Teppich, auf welchem ein Buch und ihr Hündchen; sie und dieses Hündchen sehen ziemlich kritisch kühl auf die Jagdbeute hin. Oberfenster links; auf der Mitte des Kastens steht ein marmorner Putto; rechts führt eine Wendeltreppe im Dunkel aufwärts.[4] Vollkommenheit

---

1 Auch ist es nicht Bier sondern Wein.
2 ? doch kaum
3 Der Catalog glaubt galant zu sein.
4 Hiebei beginnt natürlich Monsieur Burger unsauber zu phantasiren.

alles Einzelnen, und dabei in den Farben und Tönen die höchste Klarheit und Leuchtkraft.

Andere Momente: (Galerie Schönborn, Wien): Metzu: eine schreibende Frau; der auf ihren Stuhl lehnende Mann dictirt ihr, und zwar einen Brief. Dann das berühmte Bild von Terburg die väterliche Ermahnung (Berlin, Museum, und schlecht erhalten: Amsterdam Museum), Göthe's Deutung (Kugler II, 204). Nicht bloß für den weißen Atlas der Tochter berühmt. Das Amsterdamer Exemplar, wo der Kopf der Mutter fast weggerieben ist, hat noch einen Hund; – räthselhafte Gegenstände auf dem Tisch. Auch hier stellt etwa ein Maler sich selbst mit seiner Frau dar, wie zB: (Haag, Museum) das stattliche Ehepaar Mieris mit ihren zwei Hündchen; dasjenige auf ihrem Schoß zupft er am Ohr und beide necken damit das andere, das am Knie der Frau aufspringt, wobei sie mit der Linken ihr Hündchen anfaßt und mit der Rechten den Mann abwehrt. Teppichtisch mit Laute; Capitalbild.

| Sehr häufig bildet die Musik den Anlaß des geselligen Beisammenseins; bereits das Clavier Mode, etwa gleichzeitig mit dem Tabakrauchen. ⌊Nur von Dow ist mir kein Musikbild bekannt.⌋ Die Musik wird fast nie als Act der Begeisterung gefaßt, ausgenommen etwa in dem schönen Bilde des Jan le Ducq ⌊der nicht in diese Reihe gehört⌋ (Wien, Academie): Violinist und Zitherspieler sitzend, singend, beide sehr ernstlich an ihre Töne hingegeben; daneben ein Tisch mit einem Gipsact, offenbar eine Andeutung daß es bildende Künstler sind. – Und Metzu (Museum von Haag) schildert einmal sogar eine Componistin; sie hat Notenpapier vor sich, wovon nur die oberste Zeile beschrieben ist, und hält die Feder etwas in der Höhe, mit dem Ausdruck geistiger Anstrengung; links hinter dem Tisch steht eine auf der Laute präludirende Dame; rechts lehnt auf den Stuhl der Schreibenden ein lächelnder schwarzer Herr ⌊vielleicht der Lehrer⌋ mit dem Hut in der Hand; rechts unten ein herrliches Épagneul, überhaupt ein Höhepunct von Metzu's Kunst und Ausführung, auch Kamin, Teppichwand, Portiere, Messingleuchter. Das andere Extrem bietet etwa ein Schüler des Mieris, Tilius dar (Wien, Belvedere), in der Gestalt eines Mannes der auf einem Dudelsack irgend einen gräulichen Ton hervorbringt und sich darob krank lachen will.

Weit in den meisten Fällen ist es aber Musik zum Zeitvertreib und Musikunterricht. Vor Allem einige Bilder von Terburg wichtig: (Louvre): sitzender Jüngling mit der Laute, auf das Notenbuch hinschauend; die singende Dame steht und blickt ihn an; ein Lehnstuhl und ein Hündchen; eine Magd öffnet die Thür. Herrlich in der Haltung. Ferner Terburg (Louvre): sitzende Sängerin im Profil, hinter dem Tisch eine stehende Lautenspielerin en face; rechts bringt ein scrophulöser Page einen Becher; Teppichwand; auch dieß ist noch ein vorzügliches Bild. – Terburg (Museum von Antwerpen): hier sitzt die Lautenspielerin; ein guter junger Mensch, im Mantel, den Hut in der Hand, langweilt sich und blickt aus dem Bilde, während sie eifrig auf ihr Notenbuch sieht. Metzu (Louvre) Clavierstunde; die Dame spielt; der Lehrer, den Hut in der einen Hand deutet mit der andern auf das Notenbuch; unschätzbar, zumal im Helldunkel. Mieris (Amsterdam Museum) Lautenspielerin bei Licht; in der Ferne bei einem andern Licht eine Kartenpartie von drei Personen.

Das Trefflichste ist bisweilen namenlos, so (Galerie Hoop, Amsterdam) eine Klavierspielerin aus dem Bilde blickend;[1] zwei Kinder sehen ihr zu; ferne kommt ein Mann durch eine Thür. Höchst gemüthlich von Sorgh (Amsterdam Museum) ein Ehepaar nach dem Abendessen; der sitzende Mann spielt auf der Laute; seine Frau, am Tisch aufgelehnt, hört ihm zu; vorne Hund und Katze; an der Wand Gemälde; durch ein offenes Fenster mit rothem Vorhang Aussicht auf Stadt und Canal. Netscher, dessen anmuthige Familie sehr musikliebend gewesen sein muß, ist an Musikbildern besonders reich; der Louvre besitzt von ihm eine Clavierlection und eine Violoncelllection. Aber sein Hauptbild ist das im Museum von Haag, wo Er die Laute spielt, seine Frau zuhört und eine Tochter stehend vom Blatte singt; | die Scenerie vornehm; Teppichtisch, links oben ein Vorhang, als Hintergrund ein großes Relief und ein Ausblick durch ein Fenster. Der Atlas der Tochter ist etwas zu sehr die Hauptsache, auch ist er im Vortrag bereits etwas verschwommener als Mieris, aber noch immer ein sehr respectabler Meister und in der Wahrheit der einzelnen Charactere den Bedeutendsten gleich. Der schönste Netscher den ich kenne, stellt, freilich (Galerie Schönborn, Wien) unter dem Namen Van der Werff, einen sonst im Bereich des Genrebildes unerhörten Moment vor:[2] vor einem Hausaltar kniet eine ernstlich bewegte fürstliche Dame; hinten im Dunkel erscheint ein Bischof mit dem Sacrament und ein Chordiener mit Fackel.

Bezeichnend ist, daß diese Gruppe der Feinmaler fast nie ihre Gestalten ins Freie verlegt, ohne Zweifel weil sie einer beständigen Concentration des Lichtes bedarf. Höchstens kommt ein promenirendes Paar in einem Prunkgarten vor (Gonzales Coques, der aber als Belgier nicht hieher gehört, Bild dieser Art in der Galerie Lichtenstein), und wenn G. Dow für seinen Bürgermeister (Pieter van der Werve) sammt Gattin und Hund (Museum Amsterdam) den landschaftlichen Grund von Berghem malen läßt, so giebt dieser den hellen Figuren einen dunkeln Abendhimmel;[3]

---

1 ca. 1630–40
2 Oder soll es ein bestimmtes Ereigniß sein?
3 Auch Netscher's Porträtfiguren im Freien haben meist einen spätabendlichen Grund

sie sind wunderbar lebendig, obwohl von Dow nach ältern Porträts nur nachgemalt; und von unglaublicher Ausführung bei vollendeter malerischer Haltung. Auch der Hund höchst vorzüglich, wie irgend einer (während die Katzen leider auch den größten dieser Maler zu mißrathen pflegen).

Im Gegentheil: das Interieur, sei es Zimmer, Prachtzimmer oder einfacher Hausflur mit seinem geschloßnen, immer doppelten, ja auch dreifachen Tageslicht wovon eines auch wohl unmittelbarer Sonnenschein ist, gilt für darstellungswürdig an sich. Pieter de Hoogh, geboren um 1643, wenn nicht Schüler doch gebildet nach Metzu und Mieris, geht in dieser Richtung auf. Obwohl vorzüglich lebendig in seinen Gestalten, – selten mehr als Mutter und Kind und allenfalls eine Magd – liegt ihm doch am Meisten an dem Dasein dieser Gestalten in einer bestimmt beleuchteten Oertlichkeit, welche magisch zum Mitleben zwingt. Ja man hält die Leute welche sich in diesen Räumen bewegen, für glücklich. Was Ostade im Interieur des Bauernhauses und der Kneipe, das leistet de Hoogh im anständigen, auch wohl vornehmen holländischen Bürgerhause: die gewirkten oder Ledertapeten an den Mauern oder leichten Zwischenwänden;[1] an den hohen Fenstern je nach Umständen die untern Laden geschlossen und nur die obern oder beide offen;[2] der schachbrettartige Marmorboden, der einfache Ziegelboden; das Kamin im Halbdunkel; der messingene Hängeleuchter; der Gegensatz des dunklern oder hellern Vorderraums zu einem besonders und anders beleuchteten hellern oder dunklern Binnenraum; das von oben beleuchtete Höfchen, die Hausfluren und Corridors; endlich etwa ein Blick hinaus auf Gracht, Boomjes, Canäle und sonnenbeschienene Häuser jenseits. Ein wundersames Bild (Amsterdam Galerie Hoop): Mutter und Kind, und am Kamin im Halbdunkel eine scheuernde Dienstmagd; aber vom Oberfenster her dringen zwei große Schrägvierecke Sonnenschein an die Wand neben dem Kamin, und die Reflexe hievon erleuchten Alles, vom Marmorboden an. Außerdem sieht man noch durch eine kleine offene Eckthür auf den Canal und auf ein sonniges Haus.

| Gerard Dow hat freilich die Wirkung des geschloßnen Lichtes in einigen Bildern noch überboten durch das künstliche Licht.[3] Von dem Mädchen mit der Lampe war schon bei den Fensterbildern die Rede (Amsterdam Museum); – anderswo (Wien, Galerie Schönborn) ein Gelehrter, der bei Licht einen Globus betrachtet; – ja Dow hat sich (Brüssel Museum) selber dargestellt, bei Lampenschein mit höchster Hingebung nach einem

---

1 die Bilder mit schwarzem Rahmen (auch ein Wink für uns!)
2 Contrast von Oberlicht und Seitenlicht
3 Selbst Rembrandt hat nie das Feuer zum Hauptlicht? doch! etwa in Ziska?

Gipsamor zeichnend, der vor einem braunen Vorhang steht, daneben ein schräg gelegtes Stundenglas, denn er rechnet nicht wie spät es heut Abend werden wird. – Endlich die berühmte (obwohl etwas verletzte) Abendschule (Amsterdam Museum) wo die Helle ausgeht von zwei Lichtern, einer Laterne und einem fernen Licht. Es ist immer ein G. Dow von erstem Range, von miniaturmäßiger Ausführung, lebensvoller Characteristik der Kinder und trefflichem und dabei leisem Humor, aber man dankt ihm nicht im Verhältniß zur Schwierigkeit des Kunststückes. Damals freilich erregte die Sache die höchste Bewunderung und Dow's Schüler Schalcken konnte eine eigene Gattung darauf gründen und den Meister an Vielheit und Verschiedenheit der Lichter noch überbieten (zu Kerze und Laterne auch noch ein Herdfeuer); oder bei dem Raucher der die Pfeife anzündet die eine Wange von der Kerze, die andere vom Tageslicht beleuchtet; oder im Bild der Toilette zum Kerzenlicht das Flirren der Juwelen und den Glanz des Goldes; ja das lebensgroße Brustbild Wilhelms von Oranien als Königs von England (Amsterdam Museum) hat eine große brennende Wachskerze hart neben sich. Nur Schade daß alle Helle des Schalcken ein widerlich schmutziges Rothbraun ist, als hätten damals sowohl Oel als Kerzen heftig gerußt.

Schalcken führt ohnehin schon weit in die Zeit des Verfalles der holländischen Malerei hinein, welcher durchaus nicht mit einem politischen Verfall zusammenhängt. Holland überstand das große kritische Jahr 1672 höchst glorreich; die Truppen desjenigen Louis XIV, der von holländischen Genrebildern gesagt hatte: qu'on m'ôte ces magots-là! mußten Holland mit Unehren räumen, und Holland blieb bis gegen den Frieden von Utrecht hin eine bestimmende oder doch den Ausschlag gebende Großmacht und doch ist über dieß Jahr hinaus kaum mehr ein Werk von hohem Rang und naiver Kraft entstanden. Gründe hiefür zu suchen ist eitel; wahrscheinlich wird einer Nation nur ein bestimmtes und erschöpfbares Maß von höchster Kunstkraft verliehen. Wenn man dem Willem Mieris, der so fleißig war als sein Vater Franz, einen Vorwurf darüber machen will, daß er doch nur ein viel geringerer Epigone sei, so könnte er sich mit einem Hinweis auf die Doelen- und Regentenmalerei und auf die Landschaft rechtfertigen, wo ganz dieselbe Schwäche um dieselbe Zeit eintritt. Aber gerne verzichten wir auf eine nähere Betrachtung dieses Verfalls, wie er bei den Van der Werff, Philipp van Dyck, De Moni, Heemskerk d. J. eintritt – alles noch talentvolle und bisweilen sehr genießbare Leute, – bis dann im XVIII. Jh. Holland zu einer Bilderfabrik wird wo man die großen Alten ausbeutend nachahmt.

Wallenstein laut der Geschichte

Referat «Schweizerischer Volksfreund» Nr. 266–268, vom 10.–12. 11. 1875

Vortrag des Hrn. Prof. Jak. Burckhardt über «Wallenstein» laut der Geschichte. Nicht in pedantisch gelehrter, sondern in populär wissenschaftlicher Weise entwarf uns Herr Burckhardt letzten Samstag im Bernoullianum ein lebenswarmes Bild von Wallenstein, jenem Feldherrn der österreichischen Truppen im dreißigjährigen Kriege, von dem noch heute das Wort Schiller's gilt:

Von der Parteien Gunst und Haß verwirrt,
Schwankt sein Charakterbild in der Geschichte.

Im dreißigjährigen Kriege ist bekanntlich die zweite Gegenreformation zum Austrag gekommen. Zum zweiten Male und in größerem Maßstabe standen sich Katholizismus und Reformation einander gegenüber, um in blutigem, schrecklichem Kampfe ihre Kräfte zu messen. Die Waffen waren schon zu Anfang sehr ungleich. Die Reformirten waren zu wenig vorbereitet, gerüstet, es mangelte die nöthige Homogenität und Organisation. Gegentheils war die katholische Partei ebenso stark durch ihre Disciplin, wie durch größere Mittel und auch Talente.

Veranlassung zum Kriege gab, wie bekannt, der Böhmische Aufstand, der den Zweck hatte, die ständische wie die religiöse Freiheit des Landes gegen den kirchlichen und politischen Druck der Habsburgischen Regierung zu schützen. Ebenso leichtsinnig, als dieser Aufstand in Scene gesetzt wurde, ebenso fatal war sein Ende. Durch die Schlacht am weißen Berg bei Prag wurde Böhmens Schicksal entschieden und nun trat auch in Böhmen ein, was damals stets in jedem Lande einzutreten pflegte, welches sich der «Rebellion» schuldig gemacht hatte. Alle Constitutionen Böhmens wurden aufgehoben, sein Freiheitsbrief verbrannt, sein ganzer Besitzstand geändert. Das war eine Zeit reicher Ernte für die Getreuen des Kaisers, zu denen auch Wallenstein gehörte; da gab es weidlich im Trüben zu fischen. Da wurden die Güter der Rebellen von der kaiserlichen Kammer konfiscirt und von derselben wieder verkauft oder verschleudert. Für Niemand war diese Gelegenheit, einen ausgedehnten Besitzstand und größte Ländereien mit geringem Gelde zu erwerben, günstiger, als für Wallenstein. Es gelang ihm, mit Hülfe seines baaren

Geldes, das er in Hülle und Fülle besaß, binnen kurzer Zeit Besitzungen zu acquiriren, deren Werth auf die für jene Zeiten ungeheure Summe von 30 Millionen veranschlagt wurde. Wallenstein spekulirte aber auch vortrefflich: Kaufsumme und Werth des Gekauften stunden bei seinen Händeln gewöhnlich im Verhältniß von 4 ½ : 11. So erwarb er sich denn Territorien, aus denen sich in der Folge das Herzogthum Friedland herausbildete. Außerdem aber wußte er vom Kaiser sich besondere Privilegien zu verschaffen. Wenn auch das Herzogthum Friedland, lautete eines von diesen, jemals in Rebellion käme, so dürfe der Kaiser nicht Hand an dasselbe legen, sondern müsse es ungeschädigt Wallenstein's Erben überlassen, er möge die Rebellen strafen so hart er wolle.

Was uns bei dieser ganzen Raubgeschichte am meisten auffällt, ist Wallensteins Auftreten und Benehmen gegen seine eigenen Landsleute. Dieses Räthsel läßt sich aber aus seiner ganzen Bildungsgeschichte und seinem Naturell leicht erklären. Wallenstein's Eltern waren allerdings Czechen und gehörten zu der evangelischen Partei Böhmens. Sie starben indeß zu früh, um ihren Sohn in ihrer eigenen kirchlichen und politischen Haltung zu erziehen. Die friedliche Atmosphäre der evangelischen Schule, in die er nach seiner Eltern Tode geschickt ward, behagte seinem stürmischen Blute nicht. Besser gefiel es ihm im adelichen Convict der Jesuiten zu Olmütz, wohin er durch einen seiner Oheime geschickt ward und wo er sich von den Vätern so ganz einnehmen ließ, daß er eben dort zum Katholizismus übertrat. Zwar war zwischen ihm und den Jesuiten kein ewiger Bund zu flechten, wie denn Wallenstein überhaupt weder je ein eifriger Anhänger des Katholizismus, noch des Ordens des hl. Loyola geworden ist. Was ihm hauptsächlich imponirte, war ihre Disciplin und Energie in der Verfolgung ehrgeiziger und großer Zwecke. Aber er riß sich durch seinen Uebertritt doch vollständig von der czechischen Partei los, unterwarf sich den kirchlich-politischen Tendenzen des habsburgischen Hauses, die allerdings seinem Ehrgeiz und seinen Talenten einen größeren Spielraum gewährten, als die enge Beschränktheit der evangelisch-czechischen Verhältnisse. Er machte Wien zu seiner Operationsbasis, wo er durch den ungewöhnlichen Glanz seines Auftretens imponirte und sich Kaiser Ferdinand als sein stets bei Casse sich befindender Banquier bald unentbehrlich machte.

Außerdem kam er durch seine Heirath mit Isabella von Harrach, der Tochter des kais. Geheimraths und Kämmerers in die nächsten verwandtschaftlichen Beziehungen zu den tonangebenden Männern des Hofes. Als der Böhmische Aufstand ausbrach, war für ihn, wie er meinte, eine Rückkehr zur Politik seiner Czechen schon nicht mehr möglich. Ja er suchte sogar den Zug der Insurgenten nach Mähren nach Kräften zu hindern und nahm, als ihm dieß nicht gelang, auf seiner Flucht nach Wien die

Kriegskasse der mährischen Stände mit sich. In der Schlacht am weißen Berg bei Prag zeichneten sich seine 1000 Kürassiere, die er auf seine Kosten in Flandern für den Kaiser geworben, namhaft aus und befestigten ihren Condottiere in der Gunst desselben. Das *laissez faire et passer*, das Ferdinand seinem Getreuen bei der Confiscation Böhmens angedeihen ließ und die schon berührten Privilegien, waren der Dank für Wallenstein's Verdienste um das habsburgische Haus. Verdienste, die allerdings ihre schlimmsten Schattenseiten hatten; man weiß, wie Wallenstein damals gegen seine Cousine und deren Kinder gehandelt, wie er eine seiner Tanten schnöde genöthigt, ihm ihren ganzen Besitz abzutreten.

Inzwischen hatte der Kriegsgott seinen Gang durch Deutschland fortgesetzt. Die katholischen Truppen hatten Sieg auf Sieg erfochten; aber es waren dies nicht kaiserliche Waffen, sondern die der Liga der katholischen Reichsstände, namentlich des Kurfürsten Maximilian von Baiern gewesen. Außerdem war der Sieg noch keineswegs ganz entschieden und der Friede in noch weite Ferne gestellt. Alles drängte den Kaiser zu einer neuen, stärkeren Rüstung, aber woher Soldaten und Geld nehmen und nicht stehlen? In diesem Augenblick der Verlegenheit erschien Wallenstein in Wien und erbot sich, auf seine Kosten eine Armee von 50,000 Mann ins Feld zu stellen. Die Unterhaltung derselben machte ihm keine Sorgen; dafür würden ja die Contributionen dienen, die er in dem jeweilen occupirten Lande ausschreiben werde, dachte er. So sehr nun diese Art der Kriegführung dem Kaiser und Hof lange Zeit bedenkliche Scrupeln und Zweifel erregte, die Noth brach Eisen und Wallensteins Proposition wurde schließlich acceptirt. Der «Wallensteiner» läßt die Werbetrommel rühren und «stampft» ein Heer aus dem Boden, wie er dem Kaiser noch keines zugeführt hatte.

Dieses Heer übergab nun Ferdinand Wallenstein, der jetzt an der Seite eines Tilly zu operiren hatte, welchem er durch methodischere Kriegführung und auch Feldherrentalent entschieden überlegen war. Das Princip von Wallensteins Strategie war, sich in der Mitte Deutschlands eine Operationsbasis zu schaffen, von der aus er nach allen Seiten hin Schrekken verbreiten und auf die er sich wieder in jedem Falle schnell zurückversetzen könnte. Dieses Princip brachte er zur Anwendung, als der sog. dänische Krieg begann, dessen Schauplatz Norddeutschland war. Die Protestanten hatten Christian IV. von Dänemark zu ihrem Vorfechter auserschen und ihr Plan war, auf die Truppen der Liga, welche unter Tilly im Braunschweig'schen standen, und auf Wallenstein, der sich an der mittlern Elbe festgesetzt hatte, zu gleicher Zeit einen Stoß zu thun. Der Dänenkönig wollte gegen Tilly vorgehen, indeß Ernst von Mansfeld Wallenstein beschäftigen sollte. Aber diesem war der Mansfelder nicht gewachsen. Mit strategischem Scharfblick hatte der Herzog von Friedland die Elbebrücke bei Dessau zum Mittelpunkt seiner Aufstellung gemacht, so daß er nach Belieben Offensive oder Defensive wählen konnte. Mansfeld wagte es, Wallenstein aus seiner Stellung zu verdrängen und «den Stier bei den Hörnern zu packen». Er wurde vollständig geworfen.

Nicht besser gelang sein Plan, den er hierauf auszuführen versuchte, durch einen Zug nach Ungarn Wallenstein von Tilly abzuziehen und von dort aus die kaiserlichen Erblande zu bedrohen. Wallenstein half den Ligisten durch Zusendung von Verstärkung erst über die Dänen siegen, folgte dann Mansfeld nach Ungarn und wurde dann diesen Gegner, obschon «er mit dem eroberungslustigen Fürsten von Siebenbürgen Bethlen Gabor und sogar mit den Türken zu gleicher Zeit sich zu raufen» die Aussicht hatte, wider Erwarten schnell los, indem die letzteren, anderweitig zu sehr beschäftigt, mit diesem Kriege nicht rechten Ernst machten und Gabor sich zu Friedensunterhandlungen bewegen ließ. Mansfeld mußte weichen und starb auf seinem Zuge nach Venedig.

Aber wie sich Wallenstein's Ruhm durch solche Erfolge mehrte, ebenso mehrten sich auch seine Neider und Feinde. Vorerst machte er sich bei den Ligisten verhaßt, dadurch, daß er auf ihren Gebieten gleicher Weise wie auf protestantischen Contributionen erhob und daß er die Tilly'schen Schaaren, die bisher den katholischen Krieg fast allein geführt, allmälig zur Seite schob. Ueberhaupt mußte es früher oder später zwischen Wallenstein und Tilly zum Bruche kommen, da, wie der Friedländer selbst gesagt haben soll, zwei Hahnen auf Einem Miste sich nimmer gut vertragen. Außerdem erwuchsen ihm Gegner in dem deutschen Reiche stets feindlichen Richelieu und Papst Urban VIII., welch letzterer nach dem allgemeinen Grundsatz der Päpste es nicht leiden wollte, daß die katholische Macht in der Hand eines einzigen Fürsten concentrirt sei.

Erst ging die Liga gegen ihn vor und brachte es bei Hofe so weit, daß Ferdinand nahe daran war, seinen General zu entlassen. Aber Wallenstein parirte diesen Schlag, indem er dem Kaiser entwickelte, wie er eigentlich in dem deutschen Kriege keine andern Absichten verfolge, als die, die kaiserliche Macht wieder zur alten Höhe empor zu heben und zu diesem Zwecke die katholischen wie die protestantischen Fürsten zu demüthigen, was nur möglich sei, wenn dem Kaiser unwiderstehliche Heeresmassen zur Verfügung ständen, welche ihm Wallenstein ja allein beschaffen konnte.

Diese Logik packte. Der Friedländer war wieder oben auf.

Es erfolgt nun jener rasche Siegeslauf, in welchem Wallenstein Holstein, Schleswig, Jütland unterwarf und den dänischen König auf seine Inseln zurückscheuchte.

Für solche Dienste forderte Wallenstein das Herzogthum Mecklenburg und er erhielt es vom Kaiser, that aber damit zugleich einen bedenklichen

Eingriff in die Reichsconstitution und schuf sich so neue Feinde. Zugleich gingen die Früchte seiner Nordexpedition bald wieder verloren, da er die eroberte Seeküste gegen die ihr mittlerweile vom König Christian zu Hülfe gesendete Flotte nicht behaupten konnte und die Belagerung der Hauptfeste des Nordens Stralsund aufheben mußte. Freilich gelang es ihm den dänischen König, als er an der pommerschen Küste gelandet, auf seine Schiffe zurückzuwerfen, im Frühling des folgenden Jahres 1629 zum Frieden zu bewegen und so den dritten Verfechter der protestantischen Sache, Gustav Adolf von Schweden, möglichst zu isoliren.

Aber jetzt trat ein alter gefährlicher Feind wieder gegen ihn auf, die Liga. Der Coups, den sie gegen Wallenstein führte, bestand in der Durchkreuzung seiner Politik, resp. in jenem berüchtigten Restitutionsedict, dessen Erlassung die Liga von Ferdinand forderte und das bestimmte, daß die säcularisirten oder reformirten geistlichen Stifter (Erzbisthümer, Bisthümer etc.) der katholischen Kirche, der sie früher gehört hatten, zurückgegeben würden. Ferdinand gab dem Drängen der Ligisten nach und erließ das Edict.

Wallenstein brachte dieser unsinnige Act in die äußerste Wuth. Die Protestanten, schon ohnedieß höchst gereizt und zum Widerstande entschlossen, mußten durch eine solche Maßnahme zur Verzweiflung gebracht werden. Zu gleicher Zeit rüstete Gustav Adolf sich zum Entscheidungskampfe, begann Richelieu von Neuem seine Intriguen, um im Bunde mit den Protestanten die kaiserliche Macht zu beschneiden. Seinem Unmuth, der ihn im Bewußtsein dieser gefahrvollen Lage des Reichs und angesichts der Tollheiten der Liga überkam, machte er sich auch in unmuthigen Worten Luft: Es werde nicht gut werden im Reiche, als bis man einem der geistlichen Fürsten den Kopf vor die Füße lege.

Diese Drohungen beirrten indeß die Liga nicht; sie ging nun zum unmittelbaren Angriff auf die Person des Herzogs über und setzte es auf dem im Jahr 1630 zu Regensburg gehaltenen Reichstag durch, daß Wallenstein abgesetzt und das Generalat auf Tilly übertragen wurde.

Auf Wallenstein machte die Kunde von seiner Absetzung scheinbar wenig Eindruck. Er entschuldigte die Schwäche des Kaisers mit der durch seinen Astrologen constatirten Thatsache, daß eben der Geist Ferdinands von demjenigen Maximilians von Baiern, des Hauptes der Liga, beeinflußt sei. Astrologische Grillen gehörten bekanntlich zum Wesen Wallensteins, obschon sie zu seiner Zeit überhaupt an der Tagesordnung waren. Es läßt sich dieser charakteristische Zug des Friedländers leicht erklären, wenn man bedenkt, daß alle Despoten, man denke an die Napoleoniden etc., Fatalisten waren. Im vorliegenden Falle war dies Consultiren des Horoskops für Wallenstein nur ein wohlfeiles Auskunftsmittel, sich selbst und die Welt über seine innere, echte Stimmung zu täuschen.

Denn in seinem Herzen kochte die Wuth des schwer beleidigten Ehrgeizes und Größenwahnes. So zieht er sich nun, dem grollenden Achilles gleich, vom Kampfplatz auf die Güter zurück und wartet auf den Tag der Vergeltung. Dieser sollte nicht lange ausbleiben. Gustav Adolph hatte bereits seinen Feldzug begonnen und schlug am 7. Sept. 1631 in der Ebene von Breitenfeld bei Leipzig die vereinigten Truppen der Liga und des Kaisers in entscheidendem Siege.

Die nächste Folge war, daß Wallenstein sich mit dem siegreichen Könige in geheime Verhandlungen einließ. Wenn derselbe ihm 10–12,000 Mann schwedischen Volks überlasse, versprach der Rachedürstige, werde er den Kaiser nach Italien jagen u. dergl. Diese excessive Weise, in der sich Wallensteins Verrath an seinem Landesherrn manifestirte, machte Gustav Adolph bald stutzig, so daß derselbe seinem Verbündeten das Vertrauen und Unterstützungstruppen versagte, welches Benehmen bekanntlich den Friedländer zum Ausspruch veranlaßt haben soll: Der König von Schweden ist ein Filz! – Genug, Wallenstein wandte sich von Gustav Adolph ab und seinem Kaiser zu, der ihn als den einzigen Retter aus den schweren Nöthen mit Freuden aufnahm und, nachdem ihm der Condottiere ein neues gut disciplinirtes und bewaffnetes Heer zugeführt, zu dessen Generalissimus in optima forma ernannte. Die Bedingungen, die Wallenstein stellte, waren freilich hart genug: absolute Selbstherrlichkeit im Felde, Aufhebung des Restitutionsediktes, alle Gnaden- und Confiskationssachen sollten durchaus dem Arbitrium Wallensteins unterliegen, ja der eigene Sohn des Kaisers sollte nicht bei der Armee erscheinen dürfen. Nach solchen Gewährungen war natürlich der Kaiser kaum noch der eigentliche Kriegsherr, Wallenstein kaum noch Unterthan.

Item, der Friedländer rückte ins Feld und gemeinsam mit dem baierischen Kurfürsten, mit dem er sich wieder ausgesöhnt hatte, gegen Gustav Adolph vor. Der Feldzug, in dem Mord und Brand die Losung war, endete bekanntlich mit der Schlacht bei Lützen, in welcher der Schwedenkönig gleich zu Anfang fiel und Wallenstein von seinem bedeutendsten Gegner durch den Zufall befreit wurde. Und nun reorganisirt er sein Heer und trägt sich mit dem großen Plane, der Pacificator Germaniens zu werden. Er unterhandelt mit den deutschen Protestanten, denen er Wiedergabe ihrer verlorenen Güter verspricht, er unterhandelt mit den Schweden, die er durch eine billige Entschädigung zufrieden stellen will. Aber bei allen diesen Unterhandlungen tritt nun eben jener Zug der Illoyalität hervor, der Wallenstein sein ganzes Leben hindurch charakterisirte. Abgesehen davon, daß er sich dabei mit dem Plane trägt, sich durch Erwerbung der rheinischen Pfalz und anderer Länderkomplexe den Boden zu einem Kurfürstenthume zu ebnen, hatte er die bestimmte Absicht, den Kaiser, wenn derselbe auf seine Pacificationsgedanken nicht eingehe,

besonders wenn er wieder den Jesuiten Gehör leihe, «mit Gewalt zu seinem Willen zu bringen», wobei er auf die Hilfe der deutschen Protestanten und der Schweden rechnete. Dieses illoyale Benehmen aber diskreditirte nun Wallenstein abermals bei seinen Gegnern, die sich, wie der
5 schwedische Kanzler Oxenstierna, über seine Pläne sehr kühl äußerten.
  In Wien andererseits standen seine alten Feinde von Neuem gegen ihn auf. Wallensteins Bestreben, mit den Protestanten einen Compromiß einzugehen, erbitterte sowohl die Liga, wie nun auch seine einstigen Gönner, die spanischen Staatsmänner, die sich ihre Politik, Deutschland in
10 katholischem und spanisch habsburgischem Sinne verwaltet zu wissen, vom General des Kaisers nicht durchkreuzen lassen wollten. Verschiedene Umstände und Thatsachen kamen ihnen zu Hilfe, so namentlich die, daß Wallenstein sich gegen die Reichsfeinde vollständig indifferent zeigte, dem von den Schweden bedrohten Baiern nicht zu Hilfe kam; auf
15 dem eigenen Boden des Kaisers nach Willkür schaltete und waltete u. dgl. Alles dies bildete nun Stoff zu einer systematischen Klage, mit der jene Feinde gegen Wallenstein vorgingen. Was die Schuld Wallensteins gravirte, war namentlich der Umstand, daß alle seine Verhandlungen mit den Schweden und Sachsen sich auf die böhmische Krone bezogen, nach
20 der der Friedländer schielte, und daß er, um sich der Politik der Spanier widersetzen zu können, nun gegen den Kaiser geradezu intriguirt, seine Truppen gegen ihn aufhetzt, indem er sie an den schon lange ausstehenden Sold erinnert; dies Mittel hatte sich allerdings von jeher als ein sehr wirksames bewährt. Wenn auch die große Unparteilichkeit und Vorur-
25 theilslosigkeit Wallensteins, die er namentlich in der Behandlung, Beförderung etc. seiner Soldaten zeigte, ihm jenen bekannten unbedingten Einfluß auf sein Heer verschafften und sicherten, so war doch die finanzielle Abhängigkeit, in der sich die meisten Offiziere von ihm befanden, das hauptsächlichste Band, das sie an den Generalissimus fesselte. Sobald
30 Wallenstein in diesem Punkte von Andern überboten wurde, war auch dies Band gelockert, wo nicht gelöst, und das sollte eben bald von Wien aus stattfinden. Zwar gelang es ihm in jener bekannten Zusammenkunft mit seinen Obersten zu Pilsen, sich der Treue derselben noch einmal zu versichern; aber seinem Verhängniß, das von Wien her nahte, konnte er
35 nicht entgehen. Als die Spanier daselbst sichere Beweise von Wallensteins hochverrätherischen Absichten vorlegten, ward das Dekret seiner Absetzung unterzeichnet. Der Plan, den man zuerst gefaßt, ihn gefangen zu nehmen, wurde als ein aussichtsloser aufgegeben. Opportuner erschien es, sich durch geheime Verhandlungen der Treue der vornehmsten «Ge-
40 neralspersonen» zu versichern, die man durch verlockende Versprechungen auf die Seite des Kaisers zu ziehen hoffte. Geschah dies auch mit Erfolg, so war es doch immer noch gefährlich den Leu zu wecken. Man

mußte ihn im Schlafe tödten. Einen eigentlichen Tödtungsbefehl freilich hat Ferdinand nicht gegeben; aber das Absetzungsdekret war so abgefaßt, daß es der Interpretation freien Spielraum ließ. Der Zufall bot Werkzeuge, die für diese Situation wie geschaffen waren. Im Geleite, mit dem Wallenstein nach Eger zog, befanden sich zwei Männer, von denen der eine, Buttler, ein entschiedener Anhänger des Kaisers und der katholischen Kirche war, der andere, Gordon, der Soldaten- und Unterthanenpflicht in rigoristischer Weise huldigte.

Diesen beiden sollte Wallenstein am Abend des 25. Februar 1634 in bekannter Weise zum Opfer fallen.

Wallensteins Schicksal frappirt uns nicht; es war ein nothwendiges; Zweideutigkeit des Charakters, grenzenlose Herrschsucht, bedenkliche Wahl der Mittel zu bedenklichen Zwecken und – der Aberglaube hat ihn zu Falle gebracht. Seine Mörder waren keine Schergen, sie leiteten sittliche Motive zur That.

Wallensteins Untergang freilich war für die Sache der Protestanten ein schwerer Schlag. Mit Wallensteinschen Schaaren und Waffen erfochten die katholischen Habsburger den blutigen Sieg bei Nördlingen; die Franzosen mischten sich immer mehr in den deutschen Krieg, der schließlich mit der Erschöpfung des ganzen Reiches endigte.

Schillers Wallenstein

Schillers Wallenstein

Das große Werk entstand in Jena 1796–99 gleichzeitig mit Schiller's meisten Balladen und vor der Maria Stuart. ⌊Die Malteser wurden zu Gunsten des Wallenstein zurückgelegt⌋ Im Jahre 1790 bei Anlaß der Geschichte des 30jährigen Krieges war er auf den Gegenstand als einen tragischen aufmerksam geworden.

Sein Gesundheitszustand:[1] «Glücklicher Weise alterirt meine Kränklichkeit nicht meine Stimmung, aber sie macht daß ein lebhafter Antheil mich schneller erschöpft und in Unordnung bringt. Gewöhnlich muß ich daher einen Tag der glücklichen Stimmung mit fünf oder sechs Tagen des Druckes und Leidens büßen.»

Schiller konnte in der Hauptzeit der Arbeit gewöhnlich nur jede zweite Nacht schlafen.[2] «Könnte ich nicht durch meinen Willen etwas mehr als Andere in ähnlichen Fällen können, so würde ich jetzt ganz und gar pausiren müssen.»

Unter den Mächten die ihn aufrecht hielten steht der Umgang mit Göthe obenan. So wie Schiller durch die höchste Theilnahme am Entstehen und Fortschreiten des Wilhelm Meister für Göthe von unendlichem Werthe gewesen, so jetzt Göthe für ihn durch das tiefe Eingehen auf die «Arbeit», den Wallenstein. Zwar giebt die Correspondenz nur das Wenigste; die wichtigsten Fragen müssen mündlich bei gegenseitigen Besuchen in Weimar und Jena durchgesprochen worden sein; aber was sie giebt, ist doch genügend um das Verhältniß klar zu machen.

Schiller hofft,[3] daß der Wallenstein und all seine spätere Production die Frucht des Verkehrs mit Göthe deutlich, concret darstellen und enthalten werde.

Er hat beim Fortschreiten des Werkes[4] das Gefühl «daß ich über mich selbst hinausgegangen bin, welches die Frucht unseres Umganges ist».

Darauf[5] Göthe's sublime Antwort: «Sie haben mir eine zweite Jugend ver-

---

1 8. December 1797
2 11. December 1798
3 21. July 1797
4 5. Januar 1798
5 6. Januar 1798

schafft und mich wieder zum Dichter gemacht, welches zu sein ich so gut als aufgehört hatte» – Göthe hatte im vorhergehenden Jahr 1797 Hermann und Dorothea geschaffen und die Braut von Korinth etc.

Auch einen ganz unmittelbaren Antheil hatte Göthe an der raschen Überarbeitung und Vollendung von Wallensteins Lager;[1] von Göthe stammt die Idee der Capucinerpredigt, und das Lied «Wohl auf, Cameraden» ist zum Theil von ihm.[2] Besonders ernstlich verkehrten Beide auch über das astrologische Treiben Wallensteins.

Ein anderer für Schiller's höchste geistige Entwicklung wesentlicher Umgang war damals der mit Wilhelm von Humboldt. Dieser hatte Schiller Anfangs bewogen, den Wallenstein in Prosa zu schreiben; erst als die Arbeit weit gediehen war[3] entschloß sich Schiller mit großem Recht zur Umdichtung in Jamben; freilich «befand er sich nun unter einer ganz andern Gerichtsbarkeit als vorher»; viele Gedanken und dramatische Umstände, die «für den Hausverstand» gut gewesen, waren jetzt nicht mehr zu brauchen.

Und noch ein Mensch gewann vielleicht einen unsichtbaren Einfluß auf den Wallenstein. Als Schiller den Wallenstein ernstlich ins Auge zu fassen begann,[4] war Napoleon noch nicht mehr als viele andere Generäle der Republik, aber es folgte der italienische Feldzug, die Stiftung neuer Staaten und die schon ganz deutliche Unabhängigkeit des gewaltigen Menschen von dem Willen des Directoriums; – während der weitern Arbeit am Wallenstein war Napoleon in Aegypten verschwunden.

| Wallenstein's Lager ursprünglich der erste Act einer fünfactigen Tragödie, allein der Stoff wuchs gewaltig nach allen Seiten an, und schon 2. December 1797 frägt Göthe: ob nicht ein Cyclus von Stücken daraus werde? Nach Streichung von vielleicht Tausenden von Versen blieb noch immer das umfangreiche Werk in drei Stücken, wovon nun das Lager, in seiner Umarbeitung und Bereicherung vom Spätsommer 1798 das erste ist.

«Sein Lager nur erkläret sein Verbrechen».

Der Dichter holt mächtig weit aus, um den Zuschauer vor Allem über diejenige «Welt im Ganzen» aufzuklären, in deren Mitte sein großes Drama spielen wird.

Einzelne Lagerscenen, zwischen dieß Drama hinein vertheilt, würden die Aufmerksamkeit zersplittert haben; Schiller zog von Anfang an vor,

---

1 Spätsommer 1798
2 Nein! Dasjenige Lied woran Göthe Theil hatte, war ein Anfangslied, welches nachher völlig wegblieb.
3 24. November 1797
4 Merz 1796

sie in Einem abgesonderten Bilde zusammenzufassen, damit der volle Strom seiner Tragödie dann nicht mehr gestört werde.

Er gab dem Lager den Reim, den er scheinbar nachlässig und doch so schön behandelt; er brachte damit die Täuschung des Alterthümlichen hervor; wie eine derbe Darstellung in Holzschnitt ist nun das Bild anzusehen.

Er schied das Lager damit sehr deutlich von der Tragödie ab; es ist nicht deren Exposition sondern eine vorausgehende Erläuterung.

Gewiß geht es in einem wirklichen Lager anders zu und wirkliche Soldaten reden und geberden sich anders; gleichwohl erweckt «Wallensteins Lager» einen hohen Schein von Wahrheit.

| Das «Lager» hat eine dramatisch höchst außerordentliche Aufgabe: einen *Zustand* zu schildern durch eine reiche Reihe von fast lauter soldatischen Gestalten und Scenen; – etwa wie die Volksscenen in Göthe's Egmont, welche doch eine leichtere Aufgabe waren; ferner mußte der bisherige Verlauf des Krieges im Umriß gezeichnet werden; – der Moment, in welchem die Tragödie einsetzen wird, soll dem Zuschauer klar vorliegen; – auch einige Personen der Tragödie werden bereits hier scharf ins Licht gerückt: Buttler, Max Piccolomini, sogar Isolani; – endlich liegt die Entscheidung dieses ersten Stückes in der Entrüstung der Soldaten darüber daß 8000 Mann von ihrem Heer getrennt und dem Infanten geliehen werden sollten.

Jeder Geringere als Schiller wäre von der Aufgabe, dieß Alles anschaulich und poetisch lebendig zu machen und in einen raschen Zusammenhang zu bringen, zurückgetreten oder an derselben gescheitert.

Es war auch nur poetisch möglich bei *Wallenstein's* Heer und dessen Buntheit; die Sprechenden vertreten hier nicht nur einzelne Regimenter und Waffengattungen sondern auch die bunteste Herkunft, vom Croaten bis zum Lombarden und Wallonen, und die verschiedensten Schicksale. Der erste Jäger, ein wahrer Genius und Feuerdämon jenes Krieges, ist bereits im vierten Dienst.

Der Dichter mußte nun diese Soldaten auftreten lassen in der reichsten Abwechselung der Charactere, aber alle von Einem Geist, von Einer Denkweise in verschiedenen Schattirungen beseelt. | Ihr Centrum ist der Wachtmeister ⌊von einem der Terzky Regimenter⌋ mit seinem weisen Kannegießern und seiner Einbildung, wonach die Nähe des Feldherrn auf ihm abgefärbt hätte. Der erste Jäger höhnt ihn darob aus: Wie er sich räuspert etc. Aber der Wachtmeister weiß wirklich etwas mehr als die Andern; er hat ein Gefühl, daß etwas Außerordentliches vorgeht und daß ein entscheidender Augenblick für das ganze Heer bevorsteht, daß nicht umsonst neue Schaaren mit den übrigen in Pilsen vereinigt werden. ⌊Er hat Einiges das von oben heruntertönte, erhorchen können⌋

Nachdem der Bericht eingelangt, daß 8000 Mann sollten dem Infanten geliehen werden, und die Soldaten erzürnt sind, resümirt der Wachtmeister die Situation: Die Armee dürfe sich nicht im mindesten verringern lassen, sonst verliere sie ihre Furchtbarkeit, ihren Feldherrn und ihren ausstehenden Sold.

Das Wort der Empörung des Heeres gegen den Kaiser: Wir geben nicht nach und marschiren nicht – spricht der erste Kurassier aus.

Auch die Treue gegen den Kaiser, verbunden freilich mit Sympathie für das leidende Volk, hat ihren Redner am ersten Arkebusier (Tiefenbacher). (Der Bauer ist auch ein Mensch – so zu sagen).

Die dem Wallenstein feindliche Kraft: Die katholische Partei, welche Bayern und die Erblande durch den Übergang von Regensburg an die Schweden auf das Aeußerste bedroht sieht und von Wallenstein keine Hülfe erhält, weil er ein confessionell-neutrales Heer und dito Absichten hat – ihre Stimme ist die Capucinerpredigt ⌊voller Barocco⌋ – (für den Styl war Schiller durch Göthe auf Pater Abraham gewiesen worden). Allein die Armee beschließt ein ProMemoria, worin sie ihren Willen aussprechen wird beisammen zu bleiben; – der Antrag geht vom ersten Kurassier aus.

| Die Gestalt Wallensteins im «Lager». Man weiß, er ist bereits bedroht, aber die Ergebenheit ist unter den Soldaten eine unbedingte. Der furchtbare Zug: Die Holkischen Jäger welche sich ihrer Gräuel von 1632 rühmen. Auch die Soldaten wissen daß er für Kaiser und Erblande sich nur wenig bemüht ⌊sie schätzen in ihm den Frevler⌋:

    Ein Reich von Soldaten wollt' er gründen,
    Die Welt anstecken und entzünden,
    Sich alles vermessen und unterwinden...

Wallenstein's Motto:... Das Wort ist frei,
    die That ist stumm, der Gehorsam blind...

Er hat die Fortuna an sich gebannt, hält einen Teufel im Sold, ist kugelfest, und sein wirklich vorhandenes astrologisches Treiben kennen die Soldaten ebenfalls und legen sichs auf ihre Weise zurecht. Seine Jugendgeschichte wird ihnen zur Fabel. Dazwischen:

    Wer weiß was er noch erreicht und ermißt,
    Denn noch nicht aller Tage Abend ist.

Aber die Anklagen des Capuciners:

Weiß doch Niemand an wen *der* glaubt! – ein Bramarbas und Eisenfresser, Teufelsbeschwörer, Gottesverläugner, hochmüthiger Nebucadnezer, Ketzer.

Aber auch der Wachtmeister giebt zu, Wallenstein könne Katzen und Hähne nicht hören.

Bevor sein eigner Wille kund wird, macht sich der Wille des Heeres laut: beisammen zu bleiben und den Feldherrn zu behaupten. –

Im Prolog:
> Nicht er ist's, der auf dieser Bühne heut
> Erscheinen wird. Doch in den kühnen Schaaren
> Die sein Befehl gewaltig lenkt, sein Geist
> Beseelt, wird Euch sein Schattenbild begegnen...

| Die «Piccolomini» und «Wallenstein's Tod» bilden *eine* Tragödie, die nur um der Möglichkeit der Aufführung willen in zwei Theile getheilt wurde. ⌊Ein Raum von etwa sechs Wochen, im Januar und Februar 1634.⌋ Die Piccolomini sind lauter Vorbereitung; alle Charactere entwickeln sich und alle Stellungen der Einzelnen werden klar; im Augenblick der höchsten Spannung zwischen Octavio und Max fällt der Vorhang.

Mit Wallenstein's Tod beginnt dann die eigentliche Handlung; jetzt erst wird vor allem Wallenstein, dessen Wesen Schiller selber «retardirend» nennt, durch das Wegfangen seiner Depeschen und seines Geheimboten zum Handeln genöthigt.

Die ganze große Aufgabe dramatisch eine der schwierigsten die jemals siegreich bezwungen worden. Schillers eigne Aeußerungen hierüber 13. und 18. November 1796: Dem widerspenstigsten Stoff...könne er nur durch heroisches Ausharren etwas abgewinnen...

2. October 1797: Zwar die Arbeit noch ungeheuer, und doch ist der Stoff bereits in eine rein tragische Fabel verwandelt...Es sei ihm gelungen, die Handlung von Anfang an in eine solche Präcipitation und Neigung zu bringen, daß sie in stätiger und beschleunigter Bewegung zu ihrem Ende eilt.

6. April 1798: Über die theatralischen Forderungen denke ich schon noch weg zu kommen, wenn die tragisch-dramatischen nur befriedigt sind.

Die allgemeinen Schwierigkeiten jedes Drama's: Daß ein ununterbrochener Hergang vor die Augen des Zuschauers gebracht werde, welcher die sich entwickelnden Charactere der handelnden Personen in völliger Verschmelzung mit ihrem Schicksal darstelle. | Die Charactere sollen vor den Augen des Zuschauers *werden*; das Schicksal aber, so mächtig es auch gegenüber dem Menschen überhaupt ist, soll die Charactere auf der Scene wesentlich nur deßhalb bezwingen, *weil* sie solche und keine andern Charactere sind; es faßt sie *an* ihrem Wollen und Thun.

Sehr viel Schönes und Poetisches, das sich an die einzelnen Personen anschließen ließe, muß dabei aus der Dichtung wegbleiben, weil es nicht in ⌊die Bewegung⌋ den Gang des Drama's paßt. Und sehr viele Dramen erfüllen die Aufgabe nur stückweise, zB: solche die um einer einzigen wirksamen Scene willen gedichtet sind. Die meisten aber genügen der Aufgabe auf keine Weise.

Die besondern Schwierigkeiten des Wallenstein: Vor Allem die Unmöglichkeit, das Gegenbild auf die Scene zu bringen, nämlich den kaiserlichen Hof und die dortigen Entschlüsse; für diese ganze Seite müssen Questenberg und Octavio genügen; durch ihr Thun und Reden allein muß im Gemüth des Zuschauers das Bild – und zwar ein volles und überzeugendes – erweckt werden von einem Recht des bisher Bestehenden gegenüber einem in der Empörung begriffenen Feldherrn.

Sodann das Zögern mit der Handlung selbst; denn *wenn* sie einmal eintritt, so ist auch schon die Peripetie nahe; – und so bedurfte der Dichter einer ganz ungewöhnlichen Menge vorbereitender Züge und Ereignisse, welche das ganze zweite Stück einnehmen; er schöpfte sie theils aus einer großen Fülle geschichtlicher Überlieferungen theils unmittelbar aus der Seele seiner Personen. Das Große lag darin: lauter Bezeichnendes zu wählen oder zu erfinden – und lauter solche Scenen welche dem lebendigen Fortschritt des Ganzen sich wesentlich und organisch einfügen.

| Diese einzelnen Ereignisse aber sind wesentlich politischer und militärischer Natur; der lebendige Strom von Poesie, in welchem sie jetzt mitfließen, läßt nicht mehr ahnen was dazu gehörte, um sie zu Theilen dieses Ganzen zu machen.

In den Piccolomini: das nur theilweise Eintreffen der Generale in Pilsen; Die Ankunft der Herzogin und ihrer Tochter, wovon schon in Wallensteins Lager die Rede gewesen ⌊daß sie in Kärnthen gewesen ist Schiller's fiction⌋. Das Erscheinen Questenbergs. – Ein kaiserlicher Minister, der da kommt um zu protestiren ⌊die Verlegung der Armee aus Böhmen und die Abtretung eines Corps an den Infanten zu verlangen⌋ und heimlich Einzelne Generale auf ihre Treue hin zu erproben ⌊(letzteres nicht historisch)⌋:

Hieraus schuf Schiller die wunderbar lebendigen Scenen zwischen Questenberg und den Generalen, zwischen Questenberg und beiden Piccolomini und endlich die große Audienz Questenbergs bei Wallenstein in Gegenwart der Generale. (Im II. Act).

Nicht nur die politische und militärische Situation sondern die ganze moralische Frage wird in diesen Scenen ins hellste Licht geschoben, und mit jedem Wort rücken die einzelnen Charactere fort und *werden;* vor Allem entfaltet sich in Questenberg's Gegenwart der ganze Gegensatz zwischen Vater und Sohn Piccolomini. – Die große Audienz schließt den II. Act mit dem ergreifenden Bild des heftigen Aufbrausens der Generale.

Im IV. Act das Gelage zu Pilsen. Der historische Hergang bei Khevenhiller XII, 1139, s. freilich zum Theil sagenhaft: Das Weglassen der Clausel welches trotz Trunkenheit der Meisten entdeckt wird und Tumult veranlaßt; Illo und Terzky stillen denselben, Jener durch Zureden, Dieser durch Drohungen. ⌊Die mißtrauisch Gewordenen unterschrieben doch mit, unter der Drohung entblößter Degen.⌋

| Ein solches Gelage – mit Hader über den Wortlaut eines Actenstückes – der ungünstigste Gegenstand für die Poesie. Schiller schuf daraus

eine der lebensvollsten Partien. Er rückt das Bankett auf den zweiten Plan; nur einzelne Rufe und Reden tönen von den Tischen her; die Bewegung des Drama's verlegt er in den Vordergrund: das Gespräch der Intriganten, das erste mächtigere Hervortreten Buttler's (nächst I, 2 p. 71), der was er ist, ganz und unbedingt ist und einstweilen dem Wallenstein ganz gehört, mit oder ohne Clausel; – dann das frühere, gemüthliche Böhmen in der Gestalt des Kellermeisters; – von den Toasten an geht dann die Scene in ein schnelleres Tempo über; es beginnt das Unterschreiben der Eidesformel, und auf die Weigerung des Max Piccolomini hin der Wuthausbruch des trunkenen Illo – Max: Bring ihn zu Bette! –

So ist nun Max disponirt für den großartigen V. Act. Derselbe enthält nichts Historisches als daß Wallensteins Geheimbote Sesina mit den Depeschen an die Schweden ergriffen worden ist; Schiller rückte diese Nachricht – durch den Cornet des Gallas – in die Mitte zwischen die beiden Gespräche des Octavio und des Max. Die zweierlei Treue, des Vaters gegen den Kaiser, des Sohnes gegen Wallenstein.

| *Wallenstein selbst.*
Er rechnet sich zur Zahl: «der hellgebornen, heitern Joviskinder» während sein ganzes Wesen doch auf die Menschen eher düstergeheimnißvoll wirkt.

Schwere, harte Urtheile, zumal bei Otto Ludwig. Das scheinbar Schlagendste wäre ein Widerspruch in Wallenstein selbst: Sein Zagen und Zögern; wenn er nicht den Muth habe, ganz zu wollen so könne er nicht *der* Wallenstein geworden sein der er ist.... Er sei: im Streit mit seinen eigenen Voraussetzungen... Die Handlung sei die des Hamlet: ein Mensch der etwas thun soll und nicht kann, und endlich zur Strafe gedrängt wird, es zu thun... «*Der* Wallenstein welcher emporkam, muß einst rasch, kühn, menschenverachtend und völlig unbedenklich gehandelt haben; der Wallenstein des Drama's in seinem Handeln ist Posa's Bruder». Auch Wallenstein's idealistische Resignation im V. Act von Wallensteins Tod wird getadelt; Wallenstein hätte auffahren und toben müssen etc.... In diesen elf Acten sei nichts motivirt als der Verrath, und dieser nicht durch den Character sondern durch den Zwang der Umstände. Dann wird erörtert wie Shakspeare würde und müßte die Sache angefangen haben: «er würde uns auch für das Bild des wirklichen Wallenstein interessirt haben, aber ohne zweideutiges Werben um unsere Liebe für ihn».

Hier kommt's an den Tag was man eigentlich vermißt: Shakspeare hat unsere Nerven durch Macbeth und Richard III. an die aus Einem Stück geschnittenen großartigen Verbrecher gewöhnt, welche mit allen Mitteln gerade durchgreifen um zur Macht zu gelangen.

| Schiller dagegen wollte einen sehr bedingten und eigenthümlichen Character und hatte das göttliche Dichterrecht dazu.
Er ist von dieser Gestalt durchaus nicht eingenommen; 28. November 1796: beinahe möchte ich sagen, das Sujet interessirt mich gar nicht und ich habe nie eine solche Kälte für meinen Gegenstand mit einer solchen Wärme für die Arbeit in mir vereinigt.
Allmälig aber wurde er doch andern Sinnes: Prolog:
   Doch euren Augen soll ihn jetzt die Kunst,
   Auch eurem Herzen menschlich näher bringen.
Und zuletzt lieh er ihm, soweit es der Character gestattete, die herrlichste Diction und eine Anzahl seiner schönsten Einzelworte. – Diese idealen Momente und Züge sind es welche den irrigen Schein bei so vielen Zuschauern erregen, daß man es überhaupt mit einem idealen Character zu thun habe, woran Schiller nie gedacht hat.
Auch Illo hat ja einzelne wunderbare Verse.
Mit dem Sinken von Wallenstein's Macht steigt deßhalb die Theilnahme des Zuschauers und erreicht bei seinem Untergang die höchste Höhe.
Und dabei bleibt der Character in sich consequent ⌊er wird weder edel noch groß – Ränke sind und bleiben ihm Mittel zum Zweck⌋; sein Verbrechen bleibt Verbrechen; es wird nur «erklärt».
Schiller's gewollte Beschränkung: Alles was Wallenstein in seinem frühern Commando ⌊jene Zeit, da «des Muthes freier Trieb zur kühnen That mich zog», p. 184⌋ und was er in der ersten Zeit seines zweiten Commando's gethan, nimmt der Dichter als außerhalb seiner Verantwortlichkeit gethan, als im Auftrag des Kaisers oder doch im Sinne der kaiserlichen Macht geschehen an. ⌊Das Verhältniß zu Gustav Adolf ignorirt Schiller. Dito die Ländergier ausgenommen die Aussicht auf die Krone Böhmen.⌋ Deßhalb konnte es rasch, Schlag auf Schlag, leichten Herzens geschehen sein, so deutlich er sich auch bewußt ist (p. 200) wie schrecklich es zugegangen.
Ganz anderer Art und völlig seine Verantwortung ist das was er jetzt thun wird: die Verbindung mit Schweden, welches zu täuschen er sich vorbehält, und Sachsen gegen den Kaiser; hier ist es völlig angemessen daß er zögere und daß sich aus seinem wenigen Handeln und mehrerm Geschehenlassen das Netz von selber flechte.
| Es ist des Dichters Wille, mit dem größten, breitesten Reichthum die Verflechtung der Entschlüsse und des Schicksals darzustellen: Die Bedrohung Wallensteins vom Hofe aus und gegenüber das Heranwachsen von Wallenstein's Plan: p. 90:
   ... O! Sie zwingen mich, sie stoßen
   Gewaltsam, wider meinen Willen, mich hinein.

Es sind Farben mit welchen Shakspeare nie gemalt, feine Übergänge und Halbtöne die er nie gebraucht hat.

Mit allem Nachdruck, unter Göthe's lebhafter Theilnahme und Billigung, wurde auch ein geheimnißvolles Element, das Schiller hätte weglassen können,[1] aus dem geschichtlichen Wallenstein in die Tragödie mit aufgenommen: Die Astrologie.

Göthe: der astrologische Aberglaube ruht auf dem dunkeln Gefühl eines ungeheuren Weltganzen etc. Schiller *bedarf* des Aberglaubens um Wallensteins blindes Festhalten an Octavio zu erklären. Dieß Astrologische ist dann im Verlauf allerdings stärker als Wallenstein selbst; die handgreiflichste thatsächliche Widerlegung durch den Abfall Octavio's weist er von sich:

Die Sterne lügen nicht, *das* aber ist
Geschehen wider Sternenlauf und Schicksal.
Die Kunst ist redlich etc.[2]

– Er behält Seni doch bei sich. Und Seni warnt den Wallenstein wegen gräulicher Constellationen unmittelbar vor der Ermordung.

In den «Piccolomini» hat sich Wallenstein nur «auf ungewisse Erfüllung hin die Mittel gespart, ... die Wege offen gehalten» – erst nach Wegfangung seines Boten kommt ihm die Sorge, er «müsse die That vollbringen weil er sie gedacht» ⌊Noth und Erhaltung fordern sie von ihm.⌋ und nun erst entschließt er sich, den schwedischen Oberst zu empfangen der ihm die Krone Böhmen anträgt. Anderseits wäre ihm schon eine bloße Entlassung in Gnaden unerträglich:

Wenn ich nicht wirke mehr, bin ich vernichtet.

Erst auf den Dialog mit der Gräfin Terzky hin läßt er den Wrangel wieder rufen um mit ihm abzuschließen.

| *Terzky* und *Illo*. – In der ältern französischen Tragödie der übliche Vertraute; die Hauptperson bedarf desselben um in Gesprächen mit ihm ihr Denken und ihre Absichten zu entwickeln; hie und da wird der Vertraute auch zum eigentlichen Rathgeber. Hier sind es zwei – ein Einziger könnte zu wichtig scheinen; Wallenstein glaubt sie bloß als Werkzeuge zu behandeln; – Woher weißt du ... daß ich nicht euch Alle zum Besten habe? p. 97. Sie sind aber zwei Seiten seines eignen Wesens; Terzky, in der Geschichte wie im Drama Wallenstein's Schwager und sein Unterhändler wo er sich nicht selber exponiren will – ist im Drama der politische Intrigant. Sein Wort: Denn nur vom Nutzen wird die Welt regiert.

1 4., 5., 8. December 1798
2 p. 248

Illo (in der Geschichte als Ilow nicht häufig, wesentlich erst bei seinem Untergang genannt)[1] ist der kühne Frevelmuth, die Phantasie Wallensteins nach ihrer begehrlichen und gefährlichen Seite; der welcher im Stande ist, das Vorhaben glänzend auszumalen ⌊Dir stieg der Jupiter hinab bei der Geburt, p. 101⌋ aber der Gemeinheit verfallen sobald er sich irgend gehen läßt, und beim Gelage seiner selbst nicht mehr Meister; *er ist der Urheber des Betruges mit der Clausel* und fällt dann betrunken in seine eignen Netze.

  Das Irdische, Gemeine magst du sehn
  Das Nächste mit dem Nächsten klug verknüpfen;
  Darin vertrau' ich dir und glaube dir.

In Wallenstein's Tod insultirt er schließlich Max Piccolomini (Ende des III. Actes). Nach Max Piccolominis Untergang, im Gespräch mit Gordon und Buttler, werden dann Terzky und Illo in ihrer Aeußerung völlig gleich: ihre wilde und vulgäre Freude am Untergang des Genossen und an der bevorstehenden Vereinigung Wallensteins mit den Schweden, d. h. am vollendeten Verrath. Terzky:

  «Heut gilt es, wer den andern niedertrinkt...
  ... die Nacht sei einmal Tag; bei vollen Gläsern
  Erwarten wir die schwed'sche Avantgarde.»

Schiller überträgt auf Illo das Wort welches bei Khevenhiller XII, 1164 dem Neumann gehört vom Baden des Degens (Khevenhiller: Waschen der Hände) im östreichischen Blut. Gordon über Beide (Wallensteins Tod IV. Act):

  O, nicht um diese thut mirs Leid. Sie trieb
  Ihr schlechtes Herz, nicht die Gewalt der Sterne.
  Sie waren's die in seine ruhige Brust
  Den Samen böser Leidenschaft gestreut etc.

⌊Illo ficht dann noch wie ein Verzweifelter⌋[2]

| *Gräfin Terzky.*

Bei Kevenhiller sind die zwei politischen Damen: a) die alte Terzky, Mutter des Grafen, b) laut XII, 1164: die Kinski, eine geborene Terzky «hat um alle des Herzogs Vorhaben und Machinationen gewußt» – .

⌊Dagegen bei Ranke p. heißt es: «... Graf Adam Terzka und dessen *Gemahlin*, eine *alte* Dame, welche mehr Verstand und Entschluß hatte als er selbst.» Hat etwa Ranke Mutter und Gemahlin verwechselt?⌋

Dagegen fährt Khevenhiller ausdrücklich fort: «Die Frau Terzkin aber, Maximiliana eine geborene Gräfin von Harrach, hat keine Wissenschaft

---

1 Bei Khevenhiller heißt er doch Feldmarschall Illo.
2 dieß historisch

hievon, sondern großes Mitleyden, wie die Sachen ausgebrochen, mit Ihrer Kayserlichen Majestät und deßhalber sehr großen Widerwillen gehabt.»
Schiller gab der Gräfin die Denkweise der Kinsky.
(Die Herzogin, geborene Isabella von Harrach, war nicht mit in Eger, sondern erfuhr den Tod ihres Gemahls zu Bruck a. d. Leitha.)
Schillers Gräfin Terzky eine der herrlichsten Rollen der deutschen Scene. Die Worte welche Schiller ihr in den Mund legt:
  p. 195 Entworfen bloß, ist's ein gemeiner Frevel etc.
  p. 199 Denn Recht hat jeder eigene Character etc.
Sie ist politische Dame von Anfang an und hat schon zur Erhebung des Pfälzers mit geholfen.
Dießmal, ohne deutlichen Auftrag von Wallenstein der sie nachher, p. 298 desavouirt, hält sie es für ihre Aufgabe, Max an Wallenstein zu ketten durch eine Hoffnung deren Erfüllung sie nicht sicher versprechen kann noch will. Sie handelt unbedingt in Wallenstein's Interesse. Sie orientirt Thekla über die bedrohliche Lage und verräth ihr endlich daß Max, wenn er überhaupt sie erhalte, dafür «mit dem höchsten Opfer das Liebe bringt» bezahlen solle, nämlich mit seiner politischen Ehre. ⌊Seine Liebe soll seine Ehre ihm erklären⌋
In Wallensteins Tod legt Schiller nicht ihrem Gemahl und Illo, sondern ihr, die entscheidende politische und moralische Exposition in den Mund durch welche Wallenstein bewogen wird, mit Wrangel abzuschließen. Fortan tritt sie häufig auf. Und im V. Act ihre herrliche Scene mit Wallenstein – und nach seinem Untergang übt sie, nachdem sie Gift genommen, in Worten ihre Rache an Octavio.

| *Max Piccolomini.*
Der historische Ottavio war kinderlos. Ein äußerer Anlaß zur Entstehung des Max: Khevenhiller XII, 1132 erwähnt daß Wallenstein's Vetter oder Neffe und präsumtiver Machterbe Max *von Wallenstein* bei seiner letzten Zusammenkunft mit Friedland diesem seine gefährliche Stimmung gegen den Hof habe ausreden wollen; die Folge sei gewesen daß ihm dieser nichts mehr vertraut und ihn scheel angesehen, was Graf Max mit Geduld ertragen habe; – lieber wollte er die große Antwartschaft auf Land und Rang Wallensteins verlieren als das Geringste zum Schaden des Hauses Habsburg thun, obwohl ihm Terzky und Illo mit Verheißungen und zuletzt mit schweren Drohungen zusetzten.
Max ist nicht nur die glänzendste jugendliche Erscheinung des Lagers, an welcher Wallenstein sein inniges Wohlgefallen hatte, er ist der Enthusiast für Wallenstein und faßt ihn ideal auf, er ist aber auch diejenige reine Seele, welche einerseits mit dem eigenen Vater, andererseits aber mit dem bewunderten Feldherrn brechen muß, da er ihre entgegengesetzten

krummen Pfade kennen lernt. Er ist der furchtbare Richter Wallensteins sowohl als Octavio's; ein echt tragischer Character, den Maßstab seines Ideals legend an diejenigen beiden Gestalten die bisher sein Anhalt in der Welt gewesen; mit steigender Verzweiflung sieht er den Bruch mit beiden kommen. Auf das Höchste aber wird seine Persönlichkeit gesteigert durch seine Liebe zu Thekla von Friedland.

Die beiden Väter, Wallenstein und Octavio, durch einen so viel gewaltigern Gegensatz entzweit als der alte Capulet und der alte Montaque, durch einen Gegensatz zweier Welten von Wille und Denkweise, haben Kinder welche im höchsten Sinne Eins sind.

| *Thekla von Friedland.*
Wallenstein hatte aus seiner zweiten Ehe eine Tochter, von welcher geschichtlich nichts bekannt ist. ⌊Sie hieß Maria Elisabeth.⌋¹ Thekla völlig Schillers Schöpfung. Sehr großartig gezeichnet. Es ist nicht Schillers Schuld wenn Leser und Actricen sie sentimental auffassen. Otto Ludwigs unbillige Kritik: wie es möglich sei daß sie eine Julia geworden, bei bloßer Klostererziehung? woher ihre Erfahrung komme? Das Liebespaar sei «altkluge junge Leute». Worauf zu antworten: Sie ist nach Schiller's Absicht die außerordentliche Tochter eines außerordentlichen Vaters. Ihr wie ihrem Geliebten hat die Liebe rasch die tiefsten Geheimnisse des Lebens erschlossen; beide sind schnell gereift ⌊ihre Seelen sind ausgeweitet für Wonne und Schmerz⌋ und Thekla vor Allem hat bald das deutliche Gefühl daß ihr auf Erden, da Alles wankt, in einer zweideutigen Umgebung, nichts bleibe als der Geliebte. Sie durchschaut die Gräfin Terzky und warnt Max, dessen Neigung ja nur ausgebeutet werden soll, um ihn fest an Wallenstein zu ketten. Thekla hat aber nicht bloß den Scharfblick einer plötzlich gereiften Seele, sondern vor Allem dasjenige Ahnungsvermögen, welches sich in bevorzugten Naturen in der Nähe des Todes entwickelt.

Es geht ein finstrer Geist durch unser Haus etc.

Dieses Liebespaar nun, dessen Scenen Schiller erst entwarf als er mit der ganzen politischen und militärischen Action fertig war,² bildet die strahlende Sonne in Mitten des allgemeinen Dunkels und Halbdunkels. ⌊Freilich ihr unsägliches Dulden; Wallenstein setzt dem Max in allen Tönen zu, von der Innigkeit bis zur Drohung.⌋ Die hohe und völlige Einheit dieser beiden Seelen geht sehr viel weiter als bei andern tragischen Liebespaaren; (im III. Act von Wallensteins Tod): da es sich frägt ob Max gegen die mit Wallenstein einverstandenen Schweden ausrücken solle, über-

---

1 Ranke p. 14 erwähnt sie ohne Nennung des Taufnamens; sie konnte 1634 etwa noch ein Kind sein.
2 12. December 1797, 9. November 1798.

läßt er der Geliebten die Entscheidung, ⌊er appellirt an sie wie an sein Gewissen⌋ und Thekla mahnt: folge deinem ersten Gefühl. – Reue soll nicht deiner Seele schönen Frieden stören.

| *Max und Thekla.*
Ein hochidealer Wille durchdringt Beide ⌊sie wissen daß derselbe sie in den Untergang führt⌋. Thekla:
Wie du dir selbst getreu bleibst, bist du's mir.
Uns trennt das Schicksal, unsre Herzen bleiben einig.
Ein blutiger Haß entzweit auf ew'ge Tage
Die Häuser Friedland, Piccolomini,
Doch wir gehören nicht zu unserm Hause...
Ihre Verklärung durch Leiden vor den Augen des Zuschauers. Otto Ludwig faßt ihren Untergang wie einen Selbstmord auf; ein Selbstmord aber sei feige. «Es wäre ehrenvoller gewesen bei Wallenstein zu bleiben, wenn ihm an dessen Sicherheit gelegen war... Er bringe den Kaiser um sein bestes Regiment etc.»

«Der Selbstmord der Beiden sei widerlich weil nicht aus der vollen Verzweiflung hervorgehend sondern aus der Reflexion.»

«Warum ferner Thekla nicht an ihre Mutter denke?» etc. etc. Worauf einfach Max antwortet:
Die Regimenter die mir anvertraut sind
Dem Kaiser treu hinwegzuführen, hab' ich
Gelobt; dieß will ich halten oder sterben.

Und Thekla entfernt sich, als sie den Untergang des Geliebten vernommen, von ihrer Mutter weil sie ihren eigenen Tod ganz nahe fühlt und als Sterbende der Mutter nichts nützen könnte. Von einem Selbstmord Thekla's spricht nur Otto Ludwig. Was soll werden? – Thekla: dort (in S. Cathrinen Stift) wird's ein Gott mir in die Seele geben, p. 311.

Und Schiller selbst, als man ihn wegen des im Dunkel gebliebenen Schicksals der Thekla zusetzte, dichtete: Thekla eine Geisterstimme – wo durch das Bild der Nachtigallen so deutlich als möglich jeder Gedanke an Selbstmord ausgeschlossen und das Jenseits nur der hohen idealen Liebe verheißen wird:
Dorten wirst auch du uns wieder finden
Wenn dein Lieben unsrem Lieben gleicht.
Den Selbstmord versparte Schiller auf die Gräfin Terzky.

| *Wallensteins Tod.*
Dramatisch von der höchsten Kunst; die gleichmäßige Raschheit des Ganges; Wallenstein wird durch Wegfangen des Sesina bewogen, den Wrangel anzuhören und auf die Reden der Gräfin Terzky hin mit ihm ab-

zuschließen. – (Die Conversation mit Wrangel enthält die höchste moralische Kritik von Wallensteins Thun). ⌊Und nun, nachdem das Verbrechen geschehen, wird es nutzlos⌋ Zu spät erscheint nun der vorhin abgewiesene Max; Wallenstein kann ihn nicht mehr gewinnen. Während er gegen Illo und Terzky sein Vertrauen auf Octavio mit Trotz aufrecht hält, macht ihm eben dieser Octavio die Generale abspenstig.

Schiller wählt nur zwei aus ⌊zwei Pole oder Gegensätze⌋: Isolani und Buttler, welchen Octavio zu einem furchtbaren Umschlag bewegt durch Aufdeckung einer Falschheit Wallenstein's. Aber Octavio, dem Solches gelingt, muß gleich darauf von seinem Sohn den letzten Abschied nehmen.

Es beginnt das Zusammenbrechen von Wallensteins Macht: der heimliche Abzug der Generale; die Nachricht von den Ereignissen in Prag, welche früher unter die Soldaten gelangt ist als zu Wallenstein. Wallenstein's Monolog: Du hast's erreicht etc. Er ist der Mensch «über welchen der Affect keine Gewalt hat». Sein Gespräch mit der Deputation der Pappenheimer Kurassiere – gestört durch Buttlers Meldung vom Abreißen der Adler von den Fahnen der Terzky Regimente.

Und nun beim Herandringen der Pappenheimer welche Max befreien wollen, beginnt das mächtige Finale des III. Actes. Zwischen das Hin und Herstürmen der für und gegen Wallenstein gestimmten Truppen, das von außen gemeldet wird, zwischen das mächtige Aufbrausen des Feldherrn und der Seinigen hinein fällt der von einem idealen Willen geleitete Entscheid des Liebespaares und der berühmte Abschied des Max Piccolomini.

| Der IV. Act, in Eger, gehört Buttler und Thekla. Mit hoher Sicherheit hatte Schiller sich denjenigen Character ausgewählt und von Wallensteins Lager an immer wieder in Erinnerung gebracht, welcher die Strafe an Wallenstein vollziehen wird. Es ist der fähige, derb in sich abgeschloßne Emporkömmling von der Pike auf – der plötzlich erfahren hat wer seine Beförderung zum Grafen gekreuzt hat und nun zur Rache umschlägt; fertig und unerbittlich.

Buttler hat p. 299 sein Rachegefühl schon überlebt, aber er könnte jetzt nicht mehr zurück und fühlt, daß in seiner Rache ein Schicksal thätig gewesen.

Und doch weiß er dann daß er nicht aus Haß handelt sondern ein Schicksal vollzieht, p. 299.

Gordon von Schiller zu weit ausgesponnen für einen Character der doch nichts entscheidet noch hemmt. Freilich in seinen Reden wird nochmals Wallenstein so geschildert, daß der Zuschauer die tiefste Sympathie faßt.

Dann Thekla's Abschied, nachdem sie noch von dem ἐξάγγελος, dem schwedischen Hauptmann, Maxens Untergang näher hat erzählen lassen. (Die wundervolle Erzählung).

V. Act: Noch in Eger bedarf es der festen Kühnheit Buttlers, seiner Fähigkeit ruchlose und abergläubige Untergebene zu bezwingen. Sein Dialog mit Deveroux und Macdonald, welche endlich Wallenstein tödten wollen damit er nicht durch Henkershand falle. Und nun, nachdem der Dichter mit Wallenstein politisch völlig abgerechnet hat, darf er ihn der vollen Sympathie des Zuschauers an's Herz legen. Das Gespräch mit der Gräfin Terzky lauter Ahnung und tiefe Wehmuth; Wallenstein spricht von Max, da die Gräfin glaubt, er spreche vom Jupiter. Noch innerhalb des Stückes erfolgt die vollständige Todtenfeier für Max; dieß giebt der Tragödie das schöne Auswogen.

Dann Gordon, Seni, der Kammerdiener – Wallenstein:
Ich denke einen langen Schlaf zu thun
Denn dieser letzten Tage Qual war groß,
Sorgt, daß Sie nicht zu zeitig mich erwecken.
Es folgt der Mord, dem Zuschauer entzogen und doch von völliger Gegenwärtigkeit.

Und nun übt der Dichter noch (wenn auch völlig gegen die Geschichte) poetische Justiz an Ottavio: er ist verwaist. Sein Einmarsch,[1] den man für den der Schweden hielt hat Wallenstein's Ende beschleunigt, während er ihn am Leben erhalten wollte; nun muß er sich von Buttler sagen lassen daß doch *er* der Schuldige sei; wie ein Schatten erscheint noch die Gräfin Terzky – und zuletzt wie ein Hohn die Ernennung zum Fürsten.

---

[1] In der Geschichte ist es Gallas welcher kommt um Eger zu belagern.

Ein Gang durch das vaticanische Museum

| *Ein Gang durch das vaticanische Museum.*
Einleitung:
Am nordwestlichen Ende von Rom der vaticanische Hügel, überschaut und überragt vom Janiculus. Im frühern römischen Alterthum wenig genannt. Im spätern Alterthum an dessen Fuß der Circus des Nero.
Die Weltgeschichte und Weltherrschaft hat nicht von Rom weichen wollen.
An die Stätte des Martyriums und an das Grab des Apostelfürsten schloß sich eine endlose Verehrung an: – die geweihteste Kirche des neuen, christlichen Weltalters erhob sich hier, und in ihrem Schatten eine Hauptwohnung der Priesterfürsten welche das Mittelalter waiden halfen. Und als zu Anfang der neuern Zeit S. Peter sich zum gewaltigsten Kuppelbau erhob, wurde auch der Palast, der sich den Hügel hinanzieht, immer wunderbarer; die Priesterfürsten riefen nicht nur die höchste Kunst ihrer Zeit zum Schmuck dieser Hallen herbei – ein hohes Schicksal nöthigte sie auch, den Resten des heidnischen Alterthums ein Asyl zu geben.
Dießmal ist nicht zu reden von Fiesole, Melozzo, Michelangelo und Rafael, von den höchsten Darstellungen der christlichen Ideen und Bilderkreise, sondern nur von der antiken Marmorwelt die der Palast in seinen nördlichen Theilen birgt. Hier die Götterburg. Schönheit dieser Hallen vom XV. bis XIX. Jh. und ihrer Aussicht vom Pincio bis Monte Mario und mitten in der Ferne: der Soracte. Hier ist Jeder fremd und Jeder modern; es ist eine allgemeine Heimath und Zeitlosigkeit für Jeden.

| Zu den Göttern und zu den aus einer andern Welt stammenden Menschenbildungen:
Geräthe: marmorne Leuchter, Dreifüße, Tische, Throne, Brunnenschalen, Altäre ebenfalls aus einer andern Welt. Aus dem ehernen Stehleuchter ist für diese Umgebung von Göttern der prachtvolle und gewaltige Marmorcandelaber geworden, aus der Thonvase die marmorne Amphora und der reich mit Bildwerk geschmückte Krater; – in wunderbar kühner Mischung aus den Zierformen der Baukunst, aus üppigem Ran-

kenwerk, aus Thierköpfen und Thierfüßen sind hier Geräthe entstanden, nicht zum Gebrauch der Menschen, sondern wie es den Anschein hat erhabene Weihegeschenke, dieser Umgebung würdig.

Ihre Form völlig lebendig, ja bewegt und geschwungen; ihr Umriß von sprechender Schönheit. {Oft in erhobener Arbeit an den einzelnen Seiten Gestalten und ganze Scenen des Mythus. Bisweilen ruht ein großes Gefäß auf knienden oder stehenden Tragfiguren, mögen es Knechte oder auch Figuren sein, in welchen die alte Kunst sich im Scherz ergeht; drei Silene tragen ein Becken}.

Dazu aus Thermen, Palästen und Villen mächtige granitne Wannen und eine riesige Porphyrschale – wobei wir nicht nachsinnen dürfen, ob es Sklavenarbeit aus dem römischen Aegypten, aus der Jammerstätte des claudianischen Berges sei.

Diese Geräthe schmücken die Hallen, wo die Götterbilder stehen und die ruhmvollsten Menschen der alten Zeit.

| Nun die Götterwelt.

Aus der Fülle der menschlichen Erscheinungen weiß der Hellene die Schönheit zu sammeln – und sie in einer Reihe von freien Idealbildern wiederzugeben: als Geistig-Mächtiges, als Physisch-Gewaltiges, als Erhabenes, als Liebliches und Süßes.

Ungesprochen erwirbt die Kunst eine unendliche Fähigkeit des bleibenden und des augenblicklichen Ausdruckes; – sie entfernt sich weit von dem Alltäglich-Wirklichen, indem sie die Formen umbildet und mit hoher Freiheit mischt, – und bleibt dabei doch völlig lebendig. Das Übermenschliche wird nicht mehr symbolisch ausgedrückt, sondern als ein hochgesteigertes Menschliches.

Das erhabenste Haupt des Zeus (Jupiter von Otricoli): Milde, Gnade und selige Heiterkeit sind hineingezaubert – was mußte Alles mit der Kunst vorgegangen sein bis sie dieses Antlitz schaffen konnte? In Worten hat man es einander nie mittheilen können.

Wesentlich in der Bildung der Augen von ihm unterschieden: sein Bruder Serapis-Pluto; kein strenger Blick sondern nur die Wehmuth des Schattenreiches. Wiederum die Züge des Zeus, aber unruhig und düster: das Haupt des Poseidon.

Dann noch einmal Zeus, als Herrscher thronend, in der Schlußnische der Galeria delle Statue. (Jupiter Verospi).

| Ein Weltherrscher in anderm Sinn, der bärtige Bacchus in feierlicher Gewandung, stehend auf seinen Scepter gelehnt, ruhig in selige Betrach-

tung versunken, ein Werk der spätern griechischen Kunst mit der Räthselinschrift: Sardanapallos.

Mächtige Herrscherinnen: Hera mit Diadem und Scepter, und dann nochmals, mit übergeworfnem Thierfell, kriegerisch vorschreitend als schützende Juno des alten Latiums (Juno Lanuvina). – Aber herrlicher als Alle, ohne Diadem, in einfachster Gewandung, die colossale Demeter, voll innerer Majestät; die tröstliche Gottheit alles Gedeihens.

Das Walten einer untergeordneten Schutzgottheit einer einzelnen Stadt: die Tyche von Antiochien, mit aufgestütztem Arm, die Füße übereinander, auf einem Fels sitzend, ruhig sinnend; an die Stelle göttlicher Herrschermacht ist hier die unbefangene Anmuth getreten.

Andere göttliche Gestalten sind mächtig in ihrem Kommen und Erscheinen: Artemis rasch anstürmend, als Jägerin (Sala della biga), schwebend mit der Fackel, als Mondgöttin (Gabinetto delle maschere) und einmal auch nur zaghaft herbeischleichend, als käme sie um den schlafenden Endymion zu betrachten, in wunderbarer Bildung und Bewegung.

| Apoll schön heranschreitend als Führer der Musen, mit der Kithara, den Festreigen antretend, hochfeierlich, in langer bewegter Gewandung, mit wunderbar jugendlichem Haupt; – dann aber in gewaltiger Theophanie: der Apoll vom Belvedere, eine höchste Machtübung sei es Gebot, sei es Wunderwirkung, gegenüber von etwas Widerstrebendem oder Verhaßtem, sei es der Drache Python oder seien es die Eumeniden gewesen, oder die Gallier vor Delphi. Apoll ist aus einem seligen Leben herausgestört worden zur Übung einer Strafpflicht, daher sein hoher Unwille. Einen Kampf hat er nicht zu bestehen, was er irgend thut, geschieht mühelos; der Gegner ist seiner nicht würdig gewesen, daher sein Unwille sich als Verachtung äußert.

Gegensatz: Das ruhige geistige Walten und das ruhige geistige Glück. Gestalten welche als wahre Schutzgottheiten jeder guten geistigen Stimmung erscheinen: Vor Allem Pallas Athene, die von ihrer frühern kriegerischen Bedeutung noch Helm und Aegis beibehalten hat, sonst aber lauter Ruhe und Klarheit geworden ist, schlanke jungfräuliche Bildung, ohne alles Sehnen und Verlangen (sogenannte Minerva medica des Braccio nuovo), nur das edelste Sein. Die weise Tochter des Zeus, beruhigend auf den Menschen niederschauend, als könnte sie seine Fragen beantworten und seine Leidenschaften zur Stille weisen.

| Nun geht derselbe höhere Sinn in neun Strahlen auseinander: die Musen. Hier die sieben aus der Villa des Cassius, nebst andern, von verschie-

dener Herkunft. Die Einzelbedeutungen (Denken, Dichten, Musik und Tanz) klingen mehr oder minder deutlich hervor (auch durch Attribute, Kränze bestimmter Pflanzen etc. verdeutlicht), aber der allgemeine Sinn eines ruhig glücklichen Daseins geistiger Art schwebt drüber. Die griechische Kunst, hier auf der vollen Sonnenhöhe ihres Schaffens, gab ihnen die edelsten jungfräulichen Bildungen, schlank, zart, und doch schon reif, die Köpfe oval, wie bei Pallas und doch völlig von ihr verschieden, von höchster Lieblichkeit und dabei geistig beseelt. (Die Bekleidung der Arme). Die schönste: die sitzende Kalliope, glücklicher Weise nur wenig restaurirt. Das Insichgekehrtsein hat hier ein schönes sichtbares Symbol gefunden: die völlige Verhüllung der Polyhymnia, der Muse des Gedächtnisses; attributlos, mit Rosen bekränzt.[1]

Am Eingang des Saales die anspruchslos behandelte kleinere Statue der Mutter der Musen, Mnemosyne, die Erinnerung, zumal die Erinnerung an die großen alten Mythen von den Kämpfen des Zeus um die Weltherrschaft. Auch sie ist wie ihre Tochter Polyhymnia die Sinnende, Insichgekehrte, völlig verhüllte. Und zu diesem Kreis von Gestalten gehört jener mit der Kithar schreitende Apoll als ihr Führer. Was es bedurfte, bis aus den ursprünglichen Quellnymphen solche Musen wurden. Und dieser Cyclus aus der Villa des Cassius war bei Weitem nicht der einzige; Einzelgestalten aus andern Werkstätten enthält der Vatican selbst.

| Gestalten der vollen Schönheit und der Sehnsucht:

Von der knidischen Aphrodite des Praxiteles ein noch nahes, wenn auch entstelltes Nachbild: die Venus der Sala a croce greca. In das wunderbare Haupt ist ein leises Sehnen hineingezaubert, wovon die Venus von Milo (Louvre) noch völlig frei ist. Es ist das süße Verlangen, γλυκὺς ἵμερος, wovon schon Homer spricht. Auch der Leib, soweit er erhalten, ist bei einfacher Behandlung von hoher Schönheit. Ist diese Aphrodite von Knidos deßhalb weniger göttlich, weil sie nicht selbstgenügsam und unbekümmert ist wie die Venus von Milo?

Ein Nachbild nach Praxiteles ist wohl auch der Eros (génie du Vatican), in dessen Blick die Sehnsucht schon beinahe zur Wehmuth neigt. Der Mund etwas geöffnet wie zu leiser Klage. ⌊Das wunderbar reiche Haar.⌋ Diese beiden Gestalten wetteifern mit wenigen andern die in Europa zerstreut sind, um den Ruhm, der Werkstatt des Meisters am nächsten zu stehen.

Von wannen aber stammt diejenige Gestalt des Dionysos welche in der schönen Statue der Sala della biga (in der Nähe des bärtigen Dionysos des

---

1 Platner p. 161.

Sardanapallos) verewigt ist? Ein wunderbarer Jüngling von halbweiblichen Formen, nackt, vom schönsten Umriß, das lange Haar über Brust und Rücken wallend. Schwerverstümmelt wie beinahe alle Gestalten dieser Gattung, und dennoch ein Bild ewiger Jugend, mit einem Zuge schwärmerischer Wonne, weit entfernt von dem wilden, herrschbegierigen Wesen womit Dionysos in den Mythen auftritt.

| Auch der jüngste Gott des sinkenden Alterthums, Antinoos, bekam in seinen schönsten Darstellungen die Gestalt des Dionysos; zB: in der Colossalstatue, der besten vorhandenen, in der Sala rotonda. Das reiche gelockte Haar ist mit Weinlaub und Trauben bekränzt; ein Gewand vom feinsten Byssus sinkt in prachtvollen Falten von der linken Schulter nieder und schlingt sich um die Hüften; im Blick aber liegt schon eine tiefere Schwermuth.

Oft stellt die spätere Kunst in den Göttern kein höheres Dasein und Wirken, sondern nur ein menschliches Beginnen dar, als hätte sie die Himmlischen in ihrem täglichen Leben und Zeitvertreib belauscht. Aphrodite, schön zusammengeschmiegt, schwebt halbkniend über einer Wasserfluth, oder sie ist wieder vom Bade aufgestanden und trocknet sich in der anmuthigsten Stellung und Armbewegung die Haare. Eros, in rascher Bewegung, bezieht oder prüft oder spannt seinen Bogen; die Kunst hat jedenfalls aus dem Vorübergehenden einen der heitersten Momente festgehalten. Apoll, in seiner Jugend, beinahe überschlank, lehnt an einen Baumstamm und lauert einer Eidechse auf, die an demselben emporklettert. Wohl nähern sich die göttlichen Gestalten bei solchem Thun dem Irdischen, allein die Kunst hatte dabei das Glück der völligen Unbefangenheit.

| Die plastische Kunst allmälig im Besitz unermeßlicher Darstellungsmittel kann Alles wagen – neue Gestalten in ihren Bereich ziehen; zugleich muß ihr ein allseitiges Verlangen entgegengekommen sein – und dieß bei einem Volk, da Gestalten und Thun der Götter und Heroen, wie Volksglaube und Dichtung sie schilderten, die Phantasie wesentlich beherrschten. Da konnte sich das Gefolge des Dionysos zu einem Volk von Marmor und Erz gestalten, in welchem mehr ein elementares Leben, eine erdgeborne Schönheit herrscht. Alle Hauptgedanken dieser Welt finden sich im Vatican.

Die Gruppe zunächst, da Dionysos sich auf seinen Genossen Ampelos, den Genius des Weinstockes lehnt. Außer ihm die edelste Gestalt: der greise, kräftige Silen mit dem Bacchuskind in den Armen. Dann die Satyre, vor allem der Auflehnende (Periboëtos), hier gemüthlicher im Ausdruck als sonst. Der hurtig und lustig Laufende mit dem Bacchuskind auf der Schulter. Der kleine Flötenbläser – der einschenkende (sogenannter Ganymed des Phaidimos). Der auf seinem Schlauch zurückgelehnte, mit der Rechten über dem Haupt. Dann von der frechern Gattung: die aufgestemmt sitzenden (Mitte des Braccio nuovo) und der sich wild zurückbeugende Klingplattenschläger, der lachend in die Klingplatte hinein horcht. Der traubenemporhebende[1] (Fauno di rosso antico). Und dazu in den Reliefs eine Anzahl der allerschönsten erzählten Scenen des bacchischen Lebens. | Die bacchische Tänzerin, flüchtig stehend in feinem Untergewand, das wallende Obergewand festhaltend, der süße Kopf bekränzt mit Epheu und kleinen Trauben. ⌊Dieß ist keine elementare, erdgeborne Schönheit.⌋ Dieß Bild muß einen höhern göttlichen Sinn haben – Ariadne?

Gegenüber dieser bacchischen Welt die Welt der Wasserwesen, einst durch die größten Meister der Zeit nach Phidias in die höhere plastische Kunst eingeführt; in Reliefs, zumal an Sarcophagen häufig, aber groß, in Freisculptur, das Wichtigste im Vatican vorhanden:[2] Die wildaufrauschende Welle ist zur Gestalt geworden: der Triton. Hier eine ganze Gruppe auf einer hohen Welle schwebend, gewiß aus der Mitte eines Wasserbeckens: der Triton, Seepferd mit menschlichem Oberleib, eine Nymphe entführend; auf seinem Fischende gaukeln zwei Amorine. Dann aber das Colossalfragment: der Oberleib eines Tritons, mit einem Haupt von erstaunlicher Schönheit und tief schmerzlichem, nicht grimmigem Ausdruck.

Allein außer diesen mythischen Wasserwesen, die das Meer versinnbildlichen, wurden, hauptsächlich seit der Römerzeit, Gestalten geschaffen welche nur den Brunnen und Wasserbecken der Paläste und Villen eine höhere Deutung und Weihe verleihen sollten, ja bisweilen nur in leichter, spielender Beziehung zum Wasser standen. Aus den Gärten der Imperatoren oder von den zahllosen öffentlichen Prachtbrunnen des kaiserlichen Rom stammen vielleicht die ausgestreckt lehnenden Gottheiten der großen Ströme des römischen Weltreiches:[3] | Alle weit überragend: der Nil mit den 16 Genien = Ellen, die an und auf ihm herumklettern und mit seinem Crocodil und Ichneumon spielen. Der Tigris (trajánische Zeit?), dessen Haupt vielleicht von Michelangelo.

Dann als Schmuck kleinerer Brunnen eine ganze Anzahl von Gestalten, meist Nymphen oder dionysische Wesen, stehend und ruhend, mit Urnen oder Muscheln. Das Wasser brauchte nicht knechtisch aus der wirklichen Urne etc. zu fließen; die Gestalt sollte nur das Erfreulichste was es im

---

1 (dasselbe wie der capitolinische)
2 Masken von Wassergottheiten ebenfalls überall.
3 (Das Motiv ursprünglich entstanden in den Ecken der Giebelgruppen). –

Hause gab, das sprudelnde oder murmelnde Quellwasser, durch eine überweltliche Beziehung begleiten.

Endlich aber sind vielleicht einige der wunderbarsten Statuen des Vaticans einst zur Aufstellung in der Nähe von Wasserbecken entstanden. So vielleicht die Danaide; die leise Vorwärtsneigung, indem sie das Sieb vor sich hält, giebt den schönsten Umriß. Dann die sitzende und abwärts schauende Nymphe; leichte Bekleidung, nachdenklich, sodaß man eine trauernde Dido daraus machen wollte; wahrscheinlich einst auf ein Wasserbecken niederschauend. Ist nicht auch die majestätische Ariadne, die schönste aller schlummernden Gestalten des Alterthums, für einen solchen Zweck geschaffen? Etwa in der Diadochenzeit entstanden zu denken, für ein σπήλαιον mit verstecktem Oberlicht von rechts, über einem Wasserbecken, dessen leises Wallen ihren Schlaf begleiten mochte.

| Gegensatz zu diesen Stimmungsbildern:
Die ideale Darstellung der Kraft, der göttlichen heroischen, athletischen. Der Heraklestorso des Apollonios; der verklärt Ausruhende, dessen gewaltiger und elastischer Bau[1] ihn würdig macht, fortan unter den Olympiern zu leben. ⌊Die Rechte mit einer Schale, die linke erhoben eine aufgestützte Keule haltend?⌋

Von den Heroen der Trojasage: das Haupt des Menelaos Theil einer jener Gruppen da Menelaos die Leiche des Patroklos rettete; dieser Kopf denjenigen der erhaltenen Gruppen weit überlegen; Heldenkraft im schrecklichsten Moment; die Stirn unter dem Schatten des Helmes, die gewaltige Bewegung des Innern der Augenhöhle ⌊schmerzvoll aufwärts blickend⌋! –

Dann aus der Welt der Athleten drei ersten Ranges hieher gerettet: der Discuswerfer welcher zum Wurf bereit steht und sein Ziel mißt ⌊er hält den Discus in der Linken, wird ihn aber bald in die Rechte nehmen und faßt mit dem Fuß schon den Boden fest⌋; – der Discuswerfer, im Augenblick des Wurfes sich bückend, – der Apoxyomenos ⌊einer der jüngsten Einwohner des Vaticans⌋, welcher mit dem ehernen Instrument in der Linken den rechten Arm vom Staub des Ringplatzes befreit. Aus diesem zufälligen Beginnen ist der schönste bewegte Umriß eines schlanken Leibes entwickelt.

Die griechische Kunst gewährt neben dem Tragischen, Leidenschaftlich-Bewegten (Mythus, Krieg etc.) auch der Schönheit eines Momentanen an sich ihre Verewigung. Und andererseits verlangte der Ruhm des Athletenthums daß die Kunst ihm ihre Weihe gebe. Sie that es, allein weit über die Verewigung des einzelnen Wettkampfsiegers hinaus; die vorhan-

1 durch Mühen gewonnen

denen Werke sind entstanden weil die Bewegung schön war und nicht mehr im Gedanken an den Einzelnen.

| Auch aus dem Kreise erlauchter Jagdgenossen der heroischen Welt steht hier ausruhend und sinnend Meleager, freilich vielleicht schon aus der Zeit da seine Gestalt ein Sinnbild des frühen Todes geworden war.

Aber auch im Weibe stellte das Alterthum gerne heroische und athletische Kraft dar: – irdisch und unmittelbar in der Wettläuferin, welche uns etwa ein spartanisches Mädchen vergegenwärtigt, das im Wettlauf gesiegt, dann in wunderbarer völliger Durchdringung zweier Charactere in Einem Leibe, heroischer Kraft mit weiblicher Anmuth: die Amazonen. Im Vatican die beiden kampfbereiten und die verwundete. Die allergrößten Meister seit Phidias hatten sich diesem Gegenstand mit Begeisterung hingegeben und sich wohl kaum je genug thun können.

Und endlich enthält der Vatican auch eine jener mächtigen und völlig ruhigen, ernst blickenden Jungfrauen welche als Theile der Architectur, als Stützen, ein Gebälk trugen: die Karyatide, den athenischen nicht nachstehend.

Allmälig vermochte die Kunst Alles und man verlangte von ihr Alles was zum holden Schmuck der Umgebung des Menschen dienen konnte; sie durfte mit ihren Mitteln spielen, weil sie daneben des Gewaltigsten fähig blieb.

Ein wahres Gewühl von heitern, zum größten Theil scherzhaften Kinderfiguren, vom jugendlichen Gott bis zum kleinen Früchtedieb findet sich in einer Halle mit Candelabern, Sarcophagen und dionysischen Gestalten schön vereinigt.

| Und eine der mittlern, mächtigsten Hallen ist den Thieren gewidmet; in der Schlußnische steht deren Schützerin Artemis mit einem Jagdhunde.

Aegypten hatte die Thiere tief ernst und ruhend gebildet, als Symbole von Naturkräften, – Assyrien: als Jagdthiere, als Beute, als mitgehend in Ceremonien.

Griechenland bildete sie um ihres eigenthümlichen und schönen Lebens willen, bald ruhig, bald in heftigster Bewegung; einzelne große Meister (Myron etc.) wandten einen Theil ihrer besten Kraft darauf, und das spätere Alterthum schmückte seine Höfe und Gärten damit.

Die Thiertragödie: der Löwe als Sieger über das Pferd, oder mit dem Rest eines Rindes zwischen den Vordertatzen; – der Luchs mit dem todten Lamm.

Das Thiergenrestück: die Ziege welche ihr Junges säugt, die zwei mit einander spielenden Windhunde; – überhaupt die Welt der Hunde, der Panther etc. in reichen Beispielen. Die großen Molossen, offenbar nach einem vorzüglichen Urbild, blicken nach links aufwärts. Die Römerzeit fügte gern auch die Thiere der weitern Ferne hinzu: das Crocodil, selbst ein riesiger Kamelskopf fehlt nicht. Dazwischen aber, nur in unbedeutender Ausführung der schöne Gedanke: Amor als Löwenbändiger. Und der Centaur ⌊kühnste und schönste Mischung aus menschlichem und thierischem Leib⌋, der einen Amorin auf der Croupe sitzen hat und mit ihm schwatzt.

| Verhältnißmäßig spät erst war die griechische Kunst zur Verherrlichung des einzelnen Menschen übergegangen; vielleicht begann sie mit den berühmten Siegern der Wettkämpfe; dann erst folgten Staatsmänner, Krieger, Dichter, Weise, als ganze Gestalten oder nur als Hermen. Nicht riesig, nicht mit der Absicht, den perspectivischen Abschluß einer Straße, eines Platzes zu beherrschen; kaum über lebensgroß, aber dabei ewige Vorbilder einer wahrhaft monumentalen Auffassung; auf räthselhafte Weise ist die tiefste, wahrste Characteristik in den Zügen, öfter auch in der Geberde mit einer idealen Wirkung verbunden. Weit über Zeit und Volk hinaus erwecken sie die Theilnahme aller spätern Zeit und der Beschauer aller Nationen.

Ruhig in derbwollenem Mantel steht der Held von Messene, Aristomenes. Ausschreitend in einer offenbar bezeichnenden Geberde tritt Alkibiades vor uns. Von Perikles die herbe großartige Herme, dergleichen auch für Denker und Dichter wohl lange die vorherrschende Art von Denkmal blieb. Dagegen Euripides in ganzer Gestalt, vielleicht erst ein Jahrhundert nach seinem Tode, im Sinn des Übermenschlichen, als Herr der Tragödie – als hätte es nie einen Aristophanes gegeben. Im Demosthenes ist offenbar seine ruhige überlieferte Stellung verewigt,[1] so wie man ihn als Redner gekannt. | Unvergleichlich lebensvoll: der sitzende Menander, wahrscheinlich gleichzeitig, gewiß sprechend ähnlich und in der Art des Sitzens characteristisch – und dennoch von der bloßen Wirklichkeit durch eine verklärende Luftschicht geschieden.

Von Römern ein ganzes Volk hier versammelt, vom Imperator bis zum Sklaven, von der Göttergestalt mit römischem Bildnißkopf[2] bis zur komischen Genrefigur. Sie sind der bloßen Wirklichkeit meist viel näher als die Griechen; wo sie den Beschauer dennoch mehr ergreifen, da mag es sein, weil er von ihnen mehr weiß und ihr historisches Dasein und ihre Züge in eine innigere Beziehung setzen kann. Das Haupt Sulla's. Das Haupt Caesar's als Opferers. Und von Augustus u. a. die Büste aus seiner Knabenzeit, unheimlich abgeschlossen, napoleonische Züge. In den ganzen Statuen der Römerzeit herrscht die Toga vor über den Panzer und über die nackte heroische Darstellung.

1 absichtliche Abwesenheit jedes Gestus
2 der Arzt als Asklepios

Es kommt für das Andenken einer Nation etwas darauf an, in welcher Durchschnittstracht sie im Abbild weiter lebt. Die Römer trugen zwar die Toga ⌊feine Wolle; der rechte Arm bleibt frei⌋ schon nur noch wenn sie mußten; aber die Sculptur behielt diese feierliche Tracht bei und nahm
5 Anlaß davon zu freien und schönen Fictionen: das Herumziehen an dem Einen Schulterrand, der mehrmalige Überschlag des Innern, die Sinus aller Art ⌊Bausche und Tiefen⌋, endlich die übers Haupt gezogene Toga der Opferer, die Verschiedenheit der Wendungen. Als conventionelles Idealgewand wurde die Toga das Vermächtniß der antiken Kunst an die christ-
10 liche; ihr Nachklang durch das ganze Mittelalter.

| Hohe Fähigkeit der alten Kunst überhaupt das Leben und die Bewegung des Leibes im Gewand auszudrücken; es wird: das tausendfache Echo der Gestalt. Die zahlreichen oft schwer zu benennenden Gewandstatuen des Vaticans überhaupt; – sie würden genügen um jede denkbare
15 Art idealer Gewandung auf alle Zeiten festzustellen.

Neben der als Denkmal entstandenen Herme oder Statue des Berühmten hat aber das Alterthum eine umfangreiche und tiefsinnige Grabsculptur geschaffen, welche die Bildnißzüge oder das Schicksal auch namenloser Verstorbener verewigt. Außer dem Bildniß: der griechische Grabpfeiler
20 mit Relief und der römische Sarcophag. Es fehlt dieser Symbolik im Ganzen der tröstliche Bezug auf das Jenseits; sie ist ohne Verheißung; andererseits aber kommt auch nicht vor: der moderne Gräberschmerz; – kein Jammer, kein Verzweifeln, kein sichhinwerfen beim Abschied, sondern entweder ein ruhiges Lebwohl oder ein Beisammensein wie das des Ehe-
25 paares mit verschlungenen Händen; die Frau legt außerdem ihre linke Hand auf des Mannes rechte Schulter.

Wo statt der Gestorbenen ein mythischer Vorgang am Sarcophag dargestellt wird, bezieht er sich meist auf die Unvermeidlichkeit des Schicksals, auf den Neid der Götter gegen das Menschenglück, oder auf das
30 Sterben in früher Jugend, wie zB: der schöne Sarcophag mit dem Mythus des Protesilaos (der in früher, glücklicher Ehe jung Verstorbene). Auch Vorgänge des täglichen Lebens, besonders Jagd und Krieg; eine schon allgemeinere, blassere Beziehung. Endlich herrliche bacchische Sarcophage, weil Dionysos auch ein Gott der Unterwelt ist? –

35 | Dann findet sich, hier in edelster Bildung, eine Gestalt welche von den spätern Römern als Pudicitia in Anspruch genommen wurde, eigentlich aber «die Verstorbene» bezeichnet; eine der leuchtenden Gedanken offenbar spätgriechischer Kunst; die rechte Hand neben dem Antlitz am Schleier – sich ver- oder ent-schleiernd? – die Linke unter dem Oberge-
40 wand verhüllt an der rechten Hüfte. Als das Alterthum diese Gestalt gefunden, wiederholte es dieselbe wie glücklicher Weise so Vieles herrliche.

Den Herrn des Schattenreiches, Serapis-Pluto, kennen wir bereits. Im Vatican aber ist auch das wunderbarste Bild des Begleiters der Seelen, Hermes psychopompos, der Hermes des Belvedere, vielleicht das Höchste was der Vatican enthält;[1] eine durchaus göttliche Bildung, mit dem Ausdruck einer sanften, tief in sich gekehrten Wehmuth, wie es dem Gotte zukömmt, der beständig so viel Leben zu den Schatten gehen sieht. Vielleicht aber fühlt der Gott auch das tiefe Ungenügen im Dasein der olympischen Götter; vielleicht will er zu uns sprechen: «Siehe, wir waren nicht gut, und auch nicht immer glücklich, denn wir waren verklärte Kräfte der Natur und menschliches Thun und Wollen und Leidenschaft; wir waren nur unaussprechlich schön. Wir galten den Menschen wohl als Geber der Gaben, aber wenn sie sich zu glücklich priesen oder unwissend in unsere Absichten und Parteiung eingriffen, dann traf sie unerbittlich unser Neid und unsere Rache. Sieh hier eine Tochter der Niobe, eilenden Schrittes flüchtend in wunderbar schwebendem Gewande; vergebens; | wir zernichteten alle ihre Söhne und Töchter, bloß weil die Mutter sich ihrer zu sehr gerühmt hatte.»

«Und der welcher seine Heimath Troja warnte vor dem verräthrischen Pferde, Laocoon, erblicke ihn und seine Söhne umfaßt von den furchtbaren Schlangen,... welche Athene sendete, denn sie wollte Troja's Untergang. Siehe hier in ewigem Marmor gebannt den Augenblick jähen und unsagbaren Jammers und lerne uns Götter kennen. Aber eines verliehen wir dem hellenischen Menschen: uns darzustellen und auch das Schreckliche durch hohe Kunst in's Schöne hinüberzuführen.» –

———

1 das Verklärt-Athletische

Don Quixote

| *Don Quixote*[1]

Das Allgemeine.

Mitten aus der spanischen und überhaupt südländisch-romanischen Literatur erhebt sich ein völlig originales Werk, dessen zwei Hauptgestalten – Don Quixote und Sancho Pansa seit der ersten Stunde Typen geworden sind wie Falstaff und Hamlet, wie Don Juan und Figaro, wie Faust. Sogar ihre beiden Thiere, der Rozinante und der Graue, nehmen an ihrer eigenthümlichen Unsterblichkeit Theil. Die ganze Gruppe prägt sich der modernen Phantasie von selber fest ein.

Don Quixote und Sancho Pansa haben die echte Eigenschaft typischer Gestalten: abgesehen von dem was der Dichter damit gewollt, schließt jeder aufmerksame und würdige Leser ein besonderes Verhältniß zu ihnen, erkennt in ihnen besondere Züge und dichtet daran weiter. Den unaufmerksamen und unwürdigen Leser aber schreckt Cervantes nach den ersten 50–100 Seiten unfehlbar ab. Denn es giebt hier keine Spannung und keine pikante Steigerung auf irgend einen Schluß hin. Und auch der aufmerksame Leser muß erst ziemlich weit vordringen bis er Cervantes näher kennen lernt und neben einander inne wird: a) der Tendenz des Romans; b) des Reichthums der Phantasie womit stets neue Situationen sich aus dem Grundthema entwickeln; c) des Reichthums der Scenerie in der Wirklichkeit des spanischen Lebens, wo Cervantes ein großer Schilderer ist; d) der wohligen Schönheit des Styles; schon aus Tiecks Übersetzung und aus andern großen Stylisten romanischer Völker läßt sich schließen auf eine reiche, durch und durch belebte Diction, welcher man es zu Gute hält, wenn auch die Sprache hie und da sich selber gerne reden hört. Von dem verkünstelten Styl seiner frühern Arbeiten ist jedoch der Don Quixote völlig frei. Er ist le plus simple comme le plus élégant des prosateurs espagnols.[2]

Wir dürfen dem Roman hier noch eine besondere Aufmerksamkeit schenken da Basel darin I, 458 vorkömmt (Zweikampf des Juan de Merlo mit Heinrich von Ramstein).

---

1 23. & 24. November 1875
2 (Merimée)

| *Der Autor*

Miguel de Cervantes Saavedra geboren 1547 zu Alcalà; studirt die Rechte, wird Dichter, dann aus Armuth 1569 Diener des Cardinals Aquaviva in Italien, dann Soldat, macht unter Marcantonio Colonna den Zug gegen Cypern und 1571 unter Don Juan die Schlacht von Lepanto mit und wird dort am linken Arm verstümmelt. Bleibt doch im Dienst. 1575, auf der Heimkehr von Neapel nach Spanien unweit Majorca gefangen und nach Algier gebracht.[1] Nach fünf Jahren theils durch seine Familie theils durch die Patres von der Trinität um 1500 Thaler freigekauft. – 34jährig kam er wieder nach Spanien. Er vermählte sich mit einer edeln aber armen Dame und lebte dann, meist mit Armuth kämpfend, in verschiedenen spanischen Städten; mußte auch in der Folge wieder als Jurist sein Fortkommen suchen. ⌊Auch die Schuldhaft lernte er mehrmals kennen.⌋ Daneben aber, durch all das Kriegs- und Sklavenleben ungebändigt, seine Poesie und seine eifrige Theilnahme am literarischen Zustand von Spanien überhaupt.

Er erkannte seinen eigenthümlichen Genius nicht sofort; seine Pastorale Galatea soll eine untergeordnete Nachahmung der Diana des Montemayor sein, in sehr verkünstelter Form; hatte indeß doch Erfolg und zog ihm die Aufmerksamkeit zu. Auch seine frühern Comödien, wovon nur zwei erhalten, sollen viel schwächer – obwohl mit Erfindung überfüllt – sein als der Don Quixote; die Schauspieler ließen sie liegen und hielten sich an Lope de Vega. Von der Numancia ⌊(1584)⌋ in Deutschland nur das Fragment bei A. W. von Schlegel bekannt. Seine später herausgegebenen sechs Comödien n'offrent que des imbroglios assez faibles de conception, auch die Verse schlechter als die in den frühern Stücken. Die dazu gehörenden sechs Intermezzo's Genrescenen aus dem gemeinen Leben.

Endlich verzichtete er auf das Theater und lebte als Rechtsanwalt ⌊[oder -]agent⌋. Im Namen eines seiner Protectoren sollte er eine Reclamation desselben zu Argamasilla de Alba in der *Mancha* – die Gegend südlich vom obern Guadiana um Ciudad Real (Calatrava), Montiel, Valdepennas, Almodovar – geltend machen; es mißglückte weil er den dortigen Alcaden nicht bestechen wollte, der ihn gefangen setzen ließ; in dieser Haft soll er den Anfang seines Don Quixote geschrieben haben;[2] mit der Heimath desselben soll Argamasilla gemeint sein. (Laut Schluß des zweiten Theils der Geburtsort des Don Quixote absichtlich nicht näher bestimmt, damit alle Flecken und Dörfer der Mancha sich um die Ehre stritten.)

---

1 Er und S. Vincent de Paule gehören zu den erlauchten Sklaven.
2 1605 erschien der erste Theil.

| *Die Tendenz*
Der Kampf gegen die Ritterromane ⌊deren Opfer der verrückte Don Quixote ist⌋ welche wie überall in den romanischen Ländern der große prosaische Niederschlag und die Amplification der epischen Poesie des XIII. Jh. waren.[1] An den Sagenkreisen Carls d. Gr. und Rolands, des Königs Artus und des heiligen Gral wurde endlos weitergesponnen mit Hülfe theils der Sentimentalität theils einer schrankenlos märchenhaften Phantastik. Übersetzungen und Anleihen von Volk zu Volk thaten das Übrige.[2] So entstand die Bibliothek des Don Quixote über welche von seinen Leuten das berühmte Autodafe verhängt wird:

    Amadis von Gallien   Florismarte von Hyrcanien
    Amadis von Graecia   Olivante de Laura
    Galaor   Don Belianis
    Esplandian   Tirante der Weise etc.
    Palmerin von England
    Der Rainald der Haimons Kinder

⌊Dazu manche dieser Romane in gezierter Redeweise geschrieben, mit Pastoralen gemischt; die Pastorale überhaupt das Intermezzo der Rittergeschichte.⌋

Wenn je ein Autor seine Tendenz deutlich ausgesprochen so ist es Cervantes, und von Anfang bis zu Ende; die Schlußworte des zweiten Theils: Mein Wunsch war kein Anderer als bei den Menschen die erdichteten und unsinnigen Geschichten der Ritterbücher in Verachtung zu bringen, die durch meinen wahrhaftigen Don Quixote schon wanken und bald ohne allen Zweifel gänzlich fallen werden. Leb Wohl.

Es ist dem Cervantes voller Ernst; er schildert nicht nur in Don Quixote das Opfer eines durch jene Lecture zerrütteten Gehirns, sondern er legt auch verschiedenen Personen des Romans Reflexionen in den Mund, welche die Ansicht des Verfassers unmittelbar wiedergeben. So I, 442 dem Canonicus von Toledo. Dabei ist zu unterscheiden: a) der literarische Tadel, b) die Klage über die große thatsächliche Macht der Ritterbücher.

Ad a): Die Ritterbücher wiederholen sich beständig – sie ermangeln meist jeglicher Composition – haben weder Anfang noch Mitte noch Ende (wie die Kunst verlangen würde) – sind im Styl hart – in den Thaten unmöglich – in den Artigkeiten ungezogen – in den Schlachten weitläufig – in den Reden thöricht – in den Reisen unsinnig etc. Die Erdichtung tauge nur dann, wenn sie innerhalb der Grenzen des Möglichen

---

1 Der damalige spanische Roman vorherrschend entweder Liebesgeschichten – oder picaresco, Bettler und Gaunerleben. – Ob Cervantes letzteres Genre haßte? Sobald er wollte, gelangen ihm solche Figuren meisterlich, zB: Gines de Pasamonte I, 166. II, 186. 197. 206.
2 Italien lieh den Morgante.

bleibe; nun aber komme es vor, daß ein 16jähriger Jüngling einen thurmhohen Riesen in zwei Stücke haue – daß ein feindliches Heer eine Million betrage – daß ein großer Thurm voll Ritter über das Meer hinweg schwimme etc. | Überhaupt plaidirt der Canonicus von Toledo gegen die schrankenlose Phantastik und stellt deßhalb das Mährchen (die «milesische Erzählung») höher (weil dasselbe, was er nicht sagt, einem innern künstlerischen Gesetz gehorcht), obwohl die Mährchen ihrerseits tiefer ständen als die moralischen Fabeln (d. h. die lehrhaften). Und, Helden gegen Helden gehalten, preist er dann die geschichtlichen auf das Höchste, die Richter Israels, die antiken Heroen, die Helden von Altspanien.

Ad b): Bei der großen Zugänglichkeit der damaligen Spanier für das Wunderbare fanden die Ritterromane wie alle übrige Poesie einen sachlichen Glauben und füllten die Phantasie von Groß und Klein in einer Weise mit ihren Gebilden an welche dem Denkenden eine patriotische Besorgniß einflößen durfte. I, 280 In dem Wirthshaus wo Sancho Pansa gewippt wurde hat der Wirth ein paar dergleichen. «Zur Erntezeit kommen viele Schnitter in den Festtagen hieher, da ist dann immer Einer darunter, der lesen kann und der dieß und jenes von diesen Büchern zur Hand nimmt. Über 30 setzen wir uns um ihn her und hören mit solchem Vergnügen zu daß wir Essen und Trinken vergessen» etc. – Die Wirthin und Maritorne bestätigen ähnliche Ansichten, dito die Wirthstocher. Aus den weitern Reden des Wirthes geht hervor daß Alles als thatsächlich wahr geglaubt wird; – so die Geschichte von Don Cirongilio von Thracien und dem Drachen. Der Wirth, dem man die sachliche Wahrheit dieser Geschichten ausreden will, antwortet in dem Tone: Ihr möget einem Andern die Nase drehen, wir wissen Gottlob noch, daß zwei und zwei vier macht etc. Auch der Canonicus I, 455, s. constatirt daß «der unwissende Haufe alle diese Narrheiten glaubt und für ebensoviele Wahrheiten hält, ja daß die Köpfe verständiger und unterrichteter Männer davon verrückt werden», wie zB. Don Quixote.

Das Verlockende war: daß in diesen Romanen der Machtlose das Bild der größten magischen Machtäußerungen, der Dürftige das Bild des höchsten Wohllebens vor sich hatte und genießen konnte; man fühlte sich mächtig und reich bei solcher Lecture, weil und insoweit man an die Wahrheit und daher auch hinfüro an die dauernde Möglichkeit dieser Dinge glaubte ⌊ähnlich und noch mehr als beim Mährchen, denn letzteres blieb doch ungeglaubt⌋.

| Don Quixote
Welches auch im Verlauf der Reichthum der geistigen Beziehungen des Romanes sein möge: Don Quixote ist *vor Allem* das Opfer seiner Lecture und Cervantes behandelt diese Hauptfigur mit permanentem Hohn. ⌊Von

Seite der modernen Psychiatrik darf man die Geschichte freilich nicht ansehen; dem Dichter ist an der Narrheit seines Don Quixote gelegen, nicht an seiner Heilung; überdieß ist ja Don Quixote ein glücklicher Narr⌋

Man erfährt nicht einmal genau wie es sich mit Aldonza Lorenzo = Dulcinea verhält; laut I, 5 wäre Don Quixote einst in sie verliebt gewesen, doch ohne daß sie es je erfahren.¹

Allein der Dichter rüstet ihn mit einem festen Wahn aus; so entsteht das Bild des Narrenglückes das sich mit großer jugendlicher Kraft seine Dulcinea und seine ganze übrige Welt einbildet und alle Herrlichkeit des Amtes eines irrenden Ritters anticipirt.

Durch ein eigenes Verhängniß muß es geschehen, daß bei den ersten Begegnungen seines Auszugs die Leute auf seine Narrheit eingehen; daß der gaunerische Wirth ihn frei hält und zum Ritter schlägt und daß die Maulthiertreiber ihre Schläge behalten ohne sich zu rächen.

Auf diese bethörenden ersten Erfolge hin entwickelt sich nun sein Character.

Er ist lächerlich, dann lästig und wird furchtbar und stiftet Unheil, sobald er sich mit seinem närrischen Ideal in die Sachen ordinärer Leute mischt. ⌊Am furchtbarsten schadet er bisweilen wo er hülfreich sein will.⌋ Bisweilen geht er dann einfach von dannen, er verzieht sich «leutselig», meist aber erfährt er exemplarische Züchtigungen, die Jeden auf andere Gedanken bringen würden, nur ihn nicht.

Dieß sind die berühmten Prügel und andere Schmerzen, welche so manchem delicaten Leser das Buch verleiden und welche Cervantes deßhalb im zweiten Theil nur noch ausnahmsweise eintreten läßt. Cf. II, 21 wo vom ersten Theil die Rede ist: Der Baccalaureus: Die Autoren hätten etwelche von den unzähligen Schlägen vergessen können die bei unterschiedlichen Vorfällen dem Herrn Don Quixote zugetheilt wurden. – Sancho Pansa: Doch ist die Historie darin auf der wahren Spur. – Don Quixote: Aber billigerweise hätte sie dieses verschweigen können.

Allein trotz aller Schläge behält er immer sein volles Pathos; die unwürdigen Formen, womit ihm allenfalls begegnet wird, erklärt er beharrlich für das Werk von Zauberern. ⌊Er ist absolut unenttäuschbar seitdem er Zeit gehabt, sich diese Theorie von den Zauberern zu recht zu machen.⌋ Er sieht beharrlich das Ding welches nicht ist, verlangt aber auch daß Andere es sehen sollen und daß zB: die ihm begegnenden Kaufleute die Dulcinea auch ungesehen für die Schönste erklären sollen und zwar eidlich. Er geht ja mit sich selber nicht vernünftiger um und thut zB: Gelübde en bloc die er in seinem Roman gelesen, deren er sich aber im Einzelnen nicht mehr erinnert.

---

1 Cf. die Excerpte bei I, 190 ss.

⌊ Nach seiner ersten jammervollen Heimkehr erfolgt dann I, 28 während er schläft, das berühmte Autodafe über seine Ritterbücher. Pfarrer und Barbier, Nichte und Haushälterin kommen mit ihrer Kur zu spät nachdem die Bücher schon ihre volle Wirkung gethan; sie curiren auf ehemalige Ursachen eines bereits entwickelten Zustandes los. Gut und schlecht wird nun miteinander verbrannt oder verschont, letzteres zum Theil aus sehr lächerlichen Gründen. Da der genesene Don Quixote sein Bücherzimmer, das man vermauert hat, nicht mehr findet, sagt die Nichte, ein Zauberer habe es geholt und Don Quixote glaubt es. Seine ersten Gespräche gehen nun darauf hinaus, daß die Welt irrender Ritter *bedürfe*. Niemand wagt mehr ihm zu widerreden. ⌊Nach I, 131: er glaubt sich durch Gunst des Himmels dazu geboren, in unserer ehernen Zeit das goldene Alter zurückzuführen⌋ Seinen zweiten Auszug stellt Don Quixote schon narrenklüger an; er verkauft und verpfändet und gewinnt Sancho Pansa als Stallmeister.

Man möchte bisweilen glauben, Cervantes habe seinen Helden förmlich gehaßt. Wo dem falschen Idealisten die edelste poetische Welt greifbar entgegentritt (Chrysostomus und Marcella), da geberdet er sich absurd, und legt auch seinen Eifer für Marcella durch thörichte Drohungen an den Tag. Darauf will er in den Bergen bleiben, bis er dieselben von den verborgenen schwarzen Mordbrennern werde gereinigt haben.

Nachdem er aber bei Anlaß der galizischen Füllen ⌊I, 95⌋ entsetzliche Schläge erhalten, handelt es sich um Ruhe und Heilung. Er tröstet sich zunächst mit andern erlauchten Rittern welche ebenfalls unedle Züchtigungen erlitten; es mag ihm gehen wie es will, so bringt er stets vor Allem sein Pathos in Sicherheit. Der Esel welcher allein unverletzt geblieben, trägt den queerüberliegenden Don Quixote; an des Esels Schweif gebunden folgt Rozinante; vorn führt Sancho Pansa den Esel – so ziehen sie in ein Wirthshaus ein, welches Don Quixote noch hartnäckig für ein Castell erklärt. Dieß Wirthshaus ist das berühmte, wo sich später die Ereignisse, Episoden und Persönlichkeiten bis auf das Reichste anhäufen; der Wirth, seine Frau, seine Tochter und die handfeste Maritorne (Asturierin) sind das constante Personal. Don Quixote beim Pflastern verläugnet die Prügel und schiebt seine Beulen auf einen Sturz von einem Fels, der nur (nach Sancho Pansas Aussage) etwas viele Spitzen und Ecken gehabt habe. – Zunächst freilich eine nächtliche Confusion, wo Alles aufeinander losdrischt. Don Quixote erklärt hernach das Castell für verzaubert und die erhaltenen Schläge für die eines Riesen.

⌊ Die Conflicte, in welche Don Quixote gerathen kann, sind absolut unberechenbar, da er ja den Augenschein jedesmal für bloße Bethörung durch Zauberer erklären kann. Auch auf das Vernunftlose rennt er ein, wie auf Windmühlen, so auf Schafherden; im Verlauf traben Stierherden und Schweineherden über Don Quixote und Sancho Pansa her. Don Quixote aber hat statt der Schafe ganze Armeen mit ihren einzelnen Führern und Völkerschaften gesehen und aufgezählt.

Am Gefährlichsten wird Don Quixote wenn er glaubt, er habe irgend Etwas oder Jemanden zu rächen, zB: den todten Herrn, mit dessen Leichenzug er Händel anfängt; erst nachdem verschiedenes Unheil angerichtet ist, erfährt er, der Todte sei an einem Fieber gestorben; – «So hat mich also der Herr des Himmels der Mühe überhoben, seinen Tod zu rächen!»[1] – Dießmal läßt er sich von dem (der Folgen wegen) sehr besorgten Sancho Pansa bewegen, sich «ganz sanft und leutselig» bei Seite zu machen.

(I, 138 Lächerlicher Vorwurf an Sancho Pansa wegen des Schwatzens). Don Quixote's Narrheit ist oft höchst terroristisch und Sancho Pansa, der noch lachen möchte, wagt es bisweilen schon nicht mehr. Cervantes stutzt ihn dabei immer abenteuerlicher auf; I, 148 Don Quixote raubt dem Barbier sein Becken vom Kopf, indem er es für den Helm Mambrin's hält.

Wie wenig das Autodafe der Ritterromane geholfen: Don Quixote weiß die größten Geschichten auswendig und malt sich zB: I, 152, ss. danach die herrlichsten Erfolge aus: einen Empfang eines Ritters an einem Hof, sammt folgenden Ruhmesthaten und Heirath mit einer Infantin.

I, 159 die Befreiung der Galeotten, besonders 166: Don Quixote mäkelt an der Rechtmäßigkeit ihrer Verurtheilung und sagt den Wächtern: ihnen hätten ja die Leute nichts zu Leide gethan etc. – worauf er den Comissarius mit einem Lanzenstich zu Boden rennt. Es ist Don Quixotes gefährlichste und empörendste That; ein Theil der Strafe erfolgt sogleich, indem (auf Don Quixotes drohendes Verlangen hin, daß die Galeotten sich der Dulcinea präsentiren sollten) die Galeotten ihn und Sancho Pansa steinigen und mißhandeln und sich davon machen.

I, 171 Don Quixote bekömmt die gefährlichsten Händel wegen der Moralität einer Romankönigin Madasima, freilich mit Cardenio, der auch verrückt ist.

190 Don Quixote will auf dem Felsen Armuth Buße thun, wie einst Amadis = Dunkelschön als ihn Oriana verschmäht hatte.– Sancho Pansa: Ob *er* denn sich von Dulcinea verschmäht wisse? – Don Quixote: Das sei gerade die Blume seiner Unternehmungen, ohne alle Ursache unsinnig zu werden; denn aus Gründen unsinnig zu werden, das sei nichts Besonderes.

| I, 200 circa: Don Quixote's Tollheiten in der Einsamkeit, während der ausgesandte Sancho Pansa den Pfarrer und Barbier antrifft. 323, ss.: Der

---

[1] Die welche er hat «rächen» wollen, empfinden dann bisweilen die übelsten Folgen wie zB: der Ziegenhirt Andres I, 18 und 265. Cf. auch 170/1.

Kampf mit den Weinschläuchen – cf. Apulejus. 349 Don Quixote redet am allgemeinen Abendessen so vernünftig als möglich über Waffen und Wissenschaften.

Aber 425, nachdem ihn die Häscher der heiligen Hermandad wegen Befreiung der Galeotten haben packen wollen, hält er «lachend und leutselig» eine seiner schönsten Reden, voll souveränen Gefühls der irrenden Ritterschaft und mitleidiger Verachtung gegen Alle die es nicht einsehen. (Heimlich wird für ihn als einen Narren unterhandelt und bezahlt).

⌊I, 432, ss.⌋ Unter einer komisch ersonnen Bethörung wird Don Quixote in einem Lattenkäfig auf einem Ochsenkarren nach Hause spedirt. Das Orakel das ihm (vom Barbier) zugerufen wird!

455, ss. Im Gespräch mit dem Canonicus, der ihm geschichtliche Lecture anrathen will, erklärt Don Quixote ihn für verzaubert, verrückt, für einen Lästerer und entwickelt dann einen umständlichen Protest gegen jegliche Kritik der Thatsachen seiner Ritterbücher und der Sagenwelt überhaupt. Er beruft sich auf die königliche Druckbewilligung, das starke Consumo und die Unmöglichkeit, daß so viel Erzähltes lauter Lügen sein sollten. Schließlich erzählt er reichliche Partien aus Rittergeschichten, und rühmt sich wie sehr er durch das irrende Ritterthum seine eigene Persönlichkeit veredelt fühle.

Endlich zu Hause jammernd empfangen; völlig ungebessert; der Pfarrer warnt seine Leute, Don Quixote möchte ihnen wieder entwischen. Cervantes meldet bereits, daß Don Quixote hierauf gestorben, theilt auch Grab- und Lobgedichte der Academiker von Argamasilla mit, auf Don Quixote, Sancho Pansa, Dulcinea und Rozinante. Aber von seinem Tode habe man keine sichere Nachricht; auch gebe es eine Sage, Don Quixote sei vorher noch einmal ausgezogen. Mit andern Worten: Autor behält sich eine Fortsetzung vor.

Im zweiten Theil ist Don Quixote nach wie vor von der Nothwendigkeit des irrenden Ritterthums überzeugt; er zählt p. 10 begeistert die alten irrenden Ritter auf und schildert ihr einzelnes Aussehen so wie er sie sich denkt. Don Quixote selber laut II, 231 mit so hagern Wangen daß inwendig die eine die andere küßte. Er kann vernünftig und elegant reden ⌊es kommen wirklich jetzt oft wohlgesetzte und ganz vernünftige Reden in seinem Mund vor⌋, handelt aber unsinnig und tollkühn (läßt sich zB: das Käfig der zur königlichen Menagerie reisenden Löwen öffnen). – p. 131: Ein buntgewirkter Narr, voll lichter Augenblicke. p. 186, ss.: Don Quixote sieht eine Schenke endlich wirklich für eine Schenke und nicht mehr für ein Castell an, was Sancho Pansa sehr freut.

| *Sancho Pansa*

Die merkwürdige Ergänzung zu seinem Herrn; keine geringe Schöpfung wenn das ganze große Werk alleinig auf der Entwicklung dieser beiden Charactere in That und Wort beruhen sollte. Zu jenem irre gegangenen *Geist* ist Sancho Pansa die *Materie*, welche ihre sehr bestimmten Ansprüche macht, nämlich unvermeidlich materielle. Der Stallmeister wird ⌊nach dem Geschmack der damaligen Spanier⌋ gewonnen durch das Versprechen einer Insel wenn Don Quixote einst ein großer Herr und Fürst sein würde. Don Quixote bewilligt ihm provisorisch einen Esel, auf welchem Sancho Pansa Schnappsack und Schlauch mit sich führt.

Sancho Pansa ist ein mutterwitziger Bauer der Mancha der recht wohl von Anfang an die gefährliche Thorheit seines Herrn einsieht; er weiß daß Windmühlen Windmühlen und Benedictiner keine Zauberer sind; das ganze Buch hindurch warnt und beschwört er seinen Herrn am Anfang jedes Abenteuers; vor den bürgerlichen Folgen der Lanzenstöße die sein Herr austheilt, ist ihm stets bange; – aber durch das Versprechen der Insel ist seine Gier in höchstlich lächerlicher Weise an das Thun des Don Quixote gekettet und wenn dann Don Quixote irgend Jemanden zu Boden gestreckt hat, erlaubt sich Sancho Pansa ein rasches Plündern,[1] während Don Quixote pathetisch von ihm Zeugniß für seine herrliche Ritterschaft verlangt.

Don Quixote will in Allem feierlichen Styl, Sancho Pansa denkt an Verköstigung und Profit; dabei ist er bis zu einem gewissen Grade verpflichtet, seinem Herrn Alles zu glauben und ihm renommiren zu helfen. Ist er lendenlahm geschlagen, so entwickelt er (I, 95) etwa die Theorie: sich Alles gefallen zu lassen und zu *verzeihen*. Auch erfolgt wohl tiefe Ernüchterung und Jammer. Freilich hält sich etwa ein Gastwirth wegen Bezahlung an Sancho Pansa, und da er nichts geben will, wird er von ordinären Gästen – (er Pansa = Dickbauch) – gewippt während sein draußen über die Mauer zusehender Herr ihn nur auf und nieder fliegen sieht. Endlich kann er ohne zu zahlen davonreiten, glücklich daß er seinen Willen durchgesetzt habe, wenn auch auf Kosten seines gewöhnlichen Bürgen, nämlich seines Rückens. (Hier denkt er wie sein Esel).

Höchst komisch ist Sancho Pansas Entsetzen wenn ihn Don Quixote etwa auf drei Tage allein lassen will; er bindet bei Nacht dem Rozinante die Beine zusammen, sodaß Don Quixote nicht weiter kann. Das Zweck- und Endlose des Herumziehens wird von Sancho Pansa hie und da plötzlich gefühlt; er frägt einmal I, 152: Warum nicht lieber Kriegsdienste bei

---

[1] So auch I, 131. I, 148 gebietet ihm Don Quixote Einhalt beim Beutemachen. Sancho Pansa bleibt später im ungerechten Besitz von Cardenios 100 Goldstücken aus dem Mantelsack I, 171.

einem großen Monarchen nehmen? – und II, 6 Warum nicht lieber durch
Ascese zu Heiligen werden, da doch so viel mehr Mönche als irrende Ritter im Paradies seien?
⌊Seine Reden in Sprichwörtern, durch das ganze Buch; oft zur Verzweiflung des Don Quixote. – In der Regel beginnt Sancho Pansa mit
einem Sprichwort welches paßt, dann aber fallen ihm verschiedene andere Sprichwörter ein, stromweise, die gar nichts mit dem betreffenden
Fall zu thun haben. Auch das ist constant, daß er bisweilen gelehrte Ausdrücke in komischer Entstellung vorbringt, dergleichen auch unter Landleuten durch die Predigt und durch die allegorischen Aufführungen in die
tägliche Rede eindringen mochte. Sancho Pansa ist jedoch in seinen
Sprichwörtern angenehmer. ⌊Auch verfällt er hie und da in die Redeweise
seines Herrn.⌋
Constant ist auch die Anhänglichkeit zwischen ihm und seinem Esel.
Er ist im Stande, ein ganzes Zusammentreffen mit Dulcinea zu erzählen
und wird erst I, p. 273 «müde vom Lügen». Aber so sehr er seinen Herrn
durchschaut, ist er doch von demselben abhängig durch das Gedankenbild der Statthalterschaft, Insel, Grafschaft etc. Wo sein gehoffter Profit
anfängt, da beginnt auch bei ihm der Wahn. I, nach 460: wenn ich in meinem Reich ein König bin, so thue ich was ich will, und wenn ich thue was
ich will, so geht Alles nach meinem Kopf, und wenn Alles nach meinem
Kopfe geht, so ist mir Alles recht ... und der Staat mag laufen, und Gott
befohlen bis wir uns wiedersehen, wie ein Blinder zum Andern sagte.

Im zweiten Theil hat Sancho Pansa einen etwas veränderten Character.
Er zieht zwar wieder mit, aber dießmal direct aus Gier; die 100 Goldstücke aus Cardenio's Mantelsack hat er eben doch als heimliche Beute
mit heimgebracht[1] und gesteht p. 92 zu, daß ihm der Teufel immer wieder
einen Beutel mit Dublonen vor die Augen halte. Er ist es dießmal, der mit
Eifer von einem neuen Auszug redet. Dabei wünscht er jedoch, dießmal
bloß als Diener, nicht mehr als Mitkämpfer und Mitdulder auszuziehen.
Kann er aber gar die Insel bekommen, so wird er dieselbe nicht von sich
stoßen. Er möchte sich p. 46 für den neuen Auszug gerne ein monatliches
Gehalt ausbedingen – als Don Quixote dieß mit Widerwillen abweist,
bietet er sich doch von Neuem ohne Gehalt an.
Er wird vorwitzig und frech, fällt den Leuten ins Wort und nimmt sogar etwas von Pulcinella an. Mit den bei Don Quixote aufgeschnappten
(vermeintlichen) ritterlichen Formen getraut er sich am Ende allein auszukommen. Gleichwohl pflegte es zu geschehen daß Sancho Pansa, wenn
er auf die neue Weise und Hofmanier reden wollte, es doch damit en-

---

1 p. 24

digte, daß er von dem Berge seiner Einfalt in den Abgrund seiner Dummheit herunterstürzte.[1]

| II, 247 giebt Don Quixote eine fast tiefsinnige Definition von Sancho Pansa's Wesen: ob derselbe dumm oder scharfsinnig sei? – Sancho Pansa habe Schelmenbosheiten und dann wieder die Einfalt der Unschuld, er zweifle an Allem und glaube Alles. Sancho Pansa dagegen sagt II, 251: ich bin überzeugt, daß mein Herr ein Dummkopf ist. Anderseits bezeugt ihm Don Quixote II, 84: Mit jedem Tage wirst du weniger dumm und mehr gescheidt. –

Sancho Pansa hat den Don Quixote frech zum Besten, indem er ihm bei ihrem Besuch zu Toboso (II, 62, ss.) wo keiner von Beiden Weg und Steg weiß, glaubhaft macht, eine von den drei Bäurinnen auf Eseln sei Dulcinea. Sancho Pansa kann jetzt (II, 166) auch einem Literaten herausgeben: «wenn ich mich auf Fragen und Antworten lege, so will ich es von jetzt bis morgen früh aushalten.» (169 seine frevelste Rede, beim Heraufziehen des Don Quixote aus der Höhle des Montesinos). II, 212 Wenn man wieder einmal schreckliche Schläge bekommen hat, so ist Sancho Pansa jetzt im Stande, seinem Herrn die Flucht vorzuwerfen und über die irrende Ritterschaft zu fluchen. Er droht mit Strike und verlangt Aufbesserung.

| *Das Romantische*
Don Quixote und Sancho Pansa haben zur Scenerie ihres Thuns ein höchst eigenthümliches spanisches Volksleben wovon der Dichter uns nur die vorwiegend poetische Seite sehen läßt.[2] Auch die völlig realistischen Genrescenen haben ein eigenthümlich fremdartiges, oft glühendes Colorit. ⌊Anders als in den Bettler- und Gaunerromanen; Quevedo etwas jüngerer Zeitgenosse des Cervantes.⌋ Vom bürgerlichen Leben hält Cervantes sich ferne schon weil sein Roman beständig auf Landstraßen und in Einöden spielt. Man hat es wesentlich mit (oft sehr geheimnißvollen) Reisenden, Wirthen und Landleuten zu thun.[3] Hie und da der Seekrieg im Mittelmeer, das Leben in der Sklaverei zu Algier etc. I, 355–370 circa.

Ein fein und hochbegabtes Racevolk, wo auch der Bauer, wenn er nur ein «alter Christ» zu sein sich rühmen darf, ein Edelmann ist. ⌊Schon der Verkehr unter den Aermsten, den Ziegenhirten I, 61, ss. höchst gentil.⌋ Es ist die Zeit, da es hieß: wähle (als Beruf) die Kirche, das Meer, oder das Haus des Königs! ⌊I, 356⌋ Bis ins Dorf hinein reichen die ritterlichen

---

1 II, 84
2 Vor Allem erlaubt sich der Autor seine Geschichte durch beliebig eingelegte Novellen zu unterbrechen, zB: I, 285 *von der unziemlichen Neugier* (Anselmo, Lotario, Camilla, sehr raffinirt erfunden).
3 Häscher der heiligen Hermandad etc.

Übungen; der Basilio als brillantester Dorfbursche II, 145 circa; überhaupt dort die Schilderung der Hochzeit des Camacho ein höchst anmuthiges Bild des Überflusses und des festlichen Lebens; die allegorische Maskerade (II, 151) mit Ballet ist auch auf dem Dorfe sehr reich und lebendig. Überhaupt ein bedeutendes Consumo von Poesie auch auf dem Lande:[1] I, 69 Gesänge für den Weihnachtsabend, Gespräche für die hohen Feste, «die die Bursche in unserm Dorfe aufführen»; – alle Welt ist Dichter, und der Pfarrer bisweilen der Beste. Allegorische Truppen, zB: das Personal des Auto von der Hofhaltung des Todes, ziehen selbst auf Dörfern herum (II, 78).

Dann aber tritt die Poesie sichtbar hie und da ins Leben hinein in Gestalt von Schönheit und Sehnsucht; die wunderbare Erscheinung der Hirtin Marcella, welcher Hirten und Studenten nachziehen ohne irgend Erhörung zu finden; der vor Sehnsucht gestorbene Chrysostomus soll eben an der Stelle beerdigt werden, wo er Marcella zum erstenmal gesehen ⌊am Fuß des Felsen wo die Quelle zwischen den Korkeichen entspringt⌋, – da erscheint Don Quixote und führt absurde Reden – und nun tritt oben Marcella auf und redet zu Allen: sie hat sich keinem genähert, Niemanden etwas versprochen und Keinen getäuscht: «Meine unbescholtene Gesellschaft sind die Hirtenmädchen dieser Gegend, meine Beschäftigung ist die Sorgfalt für meine Heerde, meine Wünsche werden von diesen Bergen beschränkt; übersteigen sie diese, so geschieht es nur, die Schönheit des Himmels mir vorzustellen, den Aufenthalt zu dem unsere Seele wie zu ihrer ersten Heimath zurückkehrt.» – (Darauf verschwindet sie in einem Hohlweg des Gebirges).

Von I, 171 an beginnt dann die große Verflechtung von Don Quixotes und Sancho Pansas Treiben mit einer Anzahl von wirklich poetischen, leidenschaftlichen Gestalten und Ereignissen; bis zuletzt ein Finale von vier Liebespaaren in der Wirthschaft beisammen ist. – Cervantes weiß recht wohl daß er seinen Don Quixote bisweilen muß zuhören oder schlafen lassen, während ein Anderer erzählt. | Diese Gestalten treten successiv, zuerst indem von ihnen erzählt wird, dann unmittelbar in Person, neben Don Quixote und Sancho Pansa auf. Zuerst Cardenio welcher nicht (wie Don Quixote) partiell thöricht, sondern liebeswahnsinnig ist; das Höhere, Adliche seiner Gestalt wird so kräftig als möglich hervorgehoben. Dann seine geliebte Lucinde – das zweite Paar: Fernando und Dorothea u. s. w. Ja gegen Ende des ersten Theils hin strömen das wirkliche Schicksal und die wirklichen Leidenschaften so von allen Seiten in die Geschichte hinein, daß die eingebildeten daneben verblassen. ⌊Die Wirth-

---

1 wie für die Bettler in den Städten, cf. den Aventurier Buscon

schaft füllt sich allmälig mit den Figuren des eigentlichen Romans und der Leidenschaftsgeschichten völlig an⌋
Allein jene Gestalten haben trotz der leidenschaftlichen Tragik in der sie leben, doch noch Zeit und Laune, sich auf das Treiben und den Wahn des Don Quixote einzulassen ⌊zumal Dorothea⌋ sodaß sich Alles auf das Reichste durcheinanderflicht. Dorothea übernimmt die *Rolle* einer irrenden Jungfrau gegenüber Don Quixote, der sich jedoch wegen Dulcinea die Unmöglichkeit einer Vermählung vorbehält. ⌊I, 247, ss., 334⌋
Allmälig sind in der Wirthschaft angesammelt:
    Cardenio und Lucinde
    Fernando und Dorothea
    der aus Algier gerettete Spanier und seine Mohrin Zorayde
    dessen Bruder der Auditor mit seiner Tochter Clara
    der junge Don Luis, Liebhaber der Clara.
Andererseits:
    Don Quixote und Sancho Pansa
    der Pfarrer ihres Heimathortes, hier das ausgleichende Element, mit großer und kluger Beredsamkeit.
    der Barbier ihres Heimathortes
    der Wirth, seine Frau, seine Tochter, und Maritorne
    Gäste welche unbezahlt drausgehen wollen.
    der Barbier, welchem Don Quixote den Helm abgenommen hat
    drei Häscher der heiligen Hermandad.
Großes, höchst kunstreiches Finale unter Mitwirkung Aller; – Don Quixote meint dazwischen: «es wird sich doch nicht Alles in diesem Castell mit Zauberei zutragen!» –
II, 320: Sidi Hamet Benengeli habe im ersten Theil ganze *Novellen* eingeflochten zu anmuthiger Abwechselung mit Don Quixote und Sancho Pansa; da aber viele ungeduldige Leser dieselben zu überschlagen pflegten, habe er im zweiten Theil keine gesonderten Novellen mehr mitgegeben, «sondern nur einige *Episoden*, die sich als solche zeigen, aus den Begebenheiten selbst entstehen» und auch diese nur so kurz als möglich.
Die Räuberromantik cf.: *den zweiten Theil im Allgemeinen, c.*

| *Die literarischen Beziehungen*
⌊Mitten in all diese Poesie hinein:⌋ Schon in der Vorrede des ersten Theils das ausgezeichnete Verhöhnen des gewöhnlichen überladenen Styles, der Epicedienwuth, des erlogenen Citirens. Folgen dann die Gratulationsgedichte von Fabelpersonen der Ritterromane an die Personen des Don Quixote: Amadis und Don Belianis, auch Roland etc. becomplimentiren Don Quixote, – die Dame Oriana die Dulcinea, – Gandalin (Stallmeister des Amadis) den Sancho Pansa.

I, 27, ss. der berühmte Autodafe, wo es sich bei Weitem nicht bloß um Ritterromane handelt; – zwischen die Kritik des Pfarrers, Barbiers, der Nichte und der Haushälterin tönt stellenweise sehr vernehmlich die des Autors dessen eigene Galatea auch vorkommt. Das Verbrennen statt Widerlegung ist dem damaligen Spanien völlig geläufig.

I, c. 440 die Gespräche des Pfarrers mit dem Canonicus von Toledo über Romane und Comödie,[1] welche in einer phantastisch ausgearteten Gestalt sich ebenso der Nation narkotisch bemächtigt hatte wie die Ritterbücher. So wie Cervantes zur Abwehr gegen die Ritterbücher Verbot und Autodafe billigt, so für die Comödie einen Censor in der Hauptstadt, welcher zugleich als Censor für die Ritterbücher dienen könnte.

II, circa 119 Begegnung mit Don Diego de Miranda dessen Sohn Dichter werden will, und p. 131 Aufenthalt Don Quixotes und Sancho Pansas bei Miranda, lauter Anlaß zu Literaturgesprächen. II, 78 Die große Gunst welche die Comödianten genießen.

Die moderne deutsche Romantik ahmte dieß Einflechten von Literaturbeziehungen in die Romane nach.

| *Zwischenblatt des ersten und zweiten Theils*
Die Dedication des ersten Theils 1605 an den Herzog von Bejar hatte nur zweifelhaften Erfolg. – Da publicirte Cervantes eine kurze Brochure el Buscapie (das Räthsel) worin er zu verstehen gab, der Don Quixote enthalte pikante Anspielungen auf gewisse große Herrn (die er NB *nicht* enthält), und darauf hin wurden in den ersten zwei Jahren 30,000 Exemplare[2] des Don Quixote verkauft und das Buch noch bei Cervantes' Lebzeiten in alle Sprachen übersetzt.

Schon früh und bis in unsere Zeiten hat man thörichter Weise einen Specialschlüssel gesucht: es sei eine Darstellung der Regierung Carls V., eine Satire auf Lerma etc.

Der wirkliche Zweck Cervantes wurde in hohem Grade erreicht: jene Ritterromane sind jetzt große typographische Seltenheiten.

Philipp III. that nichts für Cervantes; Lemos und der Cardinal von Toledo machten ihm eine armselige Pension. Französische Gesandte besuchten ihn voll Bewunderung.

Cervantes' Feinde nun: die Ritterromanschreiber – und: die welche vom Raube leben. Der Aragonese Fernandez Avellaneda (dieß Pseud-

---

1 s. Beiblatt
2 II, 111 In dem Gespräch mit dem grünen Ritter nennt Don Quixote diese Zahl und fügt bei: und es hat die Aussicht daß diese 30,000 noch zu tausendmalen werden gedruckt werden, wenn es der Himmel nicht verhindert.

onym, der wahre Name unbekannt), Verfasser schlechter Comödien, über welche Cervantes einige Bemerkungen gemacht, kritisirte mit grober Schmähung den Don Quixote und gab 1614 eine *Fortsetzung* heraus, worin alle Personen des echten Don Quixote vorkommen; wie niederträchtig er den Don Quixote selbst auftreten ließ, cf. unten Blatt *19*, bei Anlaß des Don Alvaro Tarfe; auch suchte Avellaneda einmal den Lope de Vega auf seine Seite zu ziehen, was dieser nobel abwies.

Cervantes, der inzwischen 1613 seine zwölf Novellen herausgegeben und 1615 seine (letzten) Comödien und die «Reise nach dem Parnaß» drucken ließ, gab 1615 auch den zweiten Theil des Don Quixote heraus.[1]

Im Prolog und an mehrern Stellen des zweiten Theils tractirt Don Quixote den Avellaneda nach Verdienen, sowohl was die erbärmliche Erfindung betrifft als auch wegen der Schmähungen; Avellaneda hatte ihn einen «alten Verstümmelten» genannt; Cervantes, der bei Lepanto verstümmelt worden, spricht groß und schön von dieser Schlacht: ich möchte doch lieber ⌊wenn man mir heute das Unmögliche möglich machte, –⌋ bei jener wundervollen Begebenheit zugegen gewesen sein, als zur Stunde mich heil und ohne Verletzung befinden, ohne an jenem Tage Theil genommen zu haben. Aber bei Weitem mehr als auf Avellanedas falschen zweiten Theil nimmt Cervantes nun Bezug auf seinen *eigenen echten ersten Theil;* die nun auftretenden Personen haben denselben gelesen, und auch Don Quixote und Sancho Pansa erfahren was von ihnen gedruckt zu lesen sei.

| *Der zweite Theil im Allgemeinen*

Die Darstellung mehr in die Breite gezogen, die Situationen durch umständlichere Reden und Gespräche explicirt. Sind die Leute redseliger weil der Dichter älter geworden?

Eine ganze Anzahl von Gestalten und Scenen des zweiten Theils sind offenbar nichts Anderes als bunte Welt, heitere oder derbe Genrebilder, in welchen sich die Meisterschaft des Dichters für ihr eigenes Vergnügen ergeht.

Eine neue Figur: der Baccalaureus Simson Carrasco. Im Einvernehmen mit Pfarrer und Barbier will er den Don Quixote dadurch curiren, daß er ihm, ebenfalls als irrender Ritter maskirt, irgendwo begegnen und ihn überwinden würde; aber dießmal hat Don Quixote völliges Glück; er stößt den Carrasco vom Pferde und ist fortan nur um so stolzer und unbelehrbarer.[2] Carrasco bringt als Intrigant eine neue Bewegung in die Geschichte.

---

[1] 1616 sein Tod an der Wassersucht im gleichen Jahr mit Shakspeare. 1617 erschien sein Persiles und Sigismunda.
[2] II, 85, ss.

Die komische Kraft des Dichters ist an vielen Stellen noch auf ihrer vollen Höhe. II, 62 In Toboso wissen Don Quixote und Sancho Pansa weder Weg noch Steg und müssen beim nächtlichen Herumirren einander endlich bekennen, daß Keiner die Dulcinea gesehen, daß auf bloßes Hörensagen Don Quixote sich in sie verliebt und Sancho Pansa dito über sie berichtet hat.

Da wo Don Quixote mit der «Hofhaltung des Todes» in Streit geräth, entsteht das barocke Bild:[1] wie sich die sämmtlichen Acteurs in Costüm ⌊Tod, Engel, Königin, Soldat, Kaiser, Teufel⌋ gegen die beiden Halbnarren zur Wehre setzen.

Bei der Vision in der Höhle des Montesino's, wo eine ganze Ritterwelt durch Merlin verzaubert sitzt, erscheint dem Don Quixote auch Dulcinea aber als Bäurin «verzaubert»[2] und läßt ihn um sechs Realen Vorschuß auf einen Unterrock bitten; «Geldnoth herrsche jetzt überall, selbst bei den Verzauberten». – Dann p. 186 die Geschichte von dem Dorf welches man mit dem Eselsgebrüll neckt.[3]

Anderes dagegen ist schon weniger glücklich erfunden; die Hochzeit des Camacho (II, circa 150) eine reiche und anmuthige Schilderung des Überflusses und des festlichen Lebens – aber das Hauptmotiv, der Scheinselbstmord des Basilio, der seinen Degen durch eine verborgene Röhre mit Blut sticht und damit dem Camacho seine Braut escamotirt, ist ein sehr unwahrscheinlicher novellistischer Tour de force, erklärbar durch die Ausnutzung aller sonstigen novellistischen Möglichkeiten.

| Hinwiederum wohl echt aus dem damaligen Leben: der Bandit Gines de Pasamonte, p. 192, ss., verkappt als Puppenspieler und Innehaber eines weissagenden Affen. Dagegen wieder zweifelhaft: Don Quixote's Kampf gegen die Schiffmühlen auf dem Ebro die er für Castelle hält; einige gute Witze wie zB: vom Aequator und den Läusen.[4] Dann aber zwei große Hauptpartien des zweiten Theils in poetischer Beziehung wahrhaft bestreitbar: Der Aufenthalt auf dem Schloß bei Herzog und Herzogin und der Aufenthalt in Barcelona.

Die bisherige Mechanik des Romans hatte vorzüglich darauf beruht, daß Alle welche mit Don Quixote und Sancho Pansa in Gutem oder Bösem zusammen trafen, von ihnen überrascht wurden und sich besinnen oder zur Wehre setzen mußten; es war jedesmal ein plötzlicher Contrast zwischen dem Narrenideal und der wirklichen Welt; aus dem Aufeinandertreffen blitzte der Funke der Komik hervor.

1 II, 78
2 II, 179
3 cf. 210
4 II, 217

In den beiden genannten Partien dagegen verfährt die eine Partei prämeditirt; Herzog und Herzogin sowohl als die Herrn in Barcelona, welchen Don Quixote empfohlen ist, haben den ersten Theil gelesen und machen sich nun theils durch scheinbar pomphafte Aufnahme, theils durch die schnödeste Fopperei, ihren Spaß mit den Beiden. Cervantes verfährt hier mit Don Quixote und Sancho Pansa nicht mehr generös, denn die Übrigen sind den Beiden stets und unvermeidlich überlegen. Aber der Dichter verfährt nicht ungestraft so: es fehlt seinen Erfindungen in dieser Partie das wahre Imprévu. ⌊Wir übergehen sie⌋

Es ist eine gefangene Komik. ⌊Don Quixote und Sancho Pansa sind gehütete, provocirte und beobachtete Halbnarren⌋ Man kann nicht mehr recht lachen wenn Don Quixote und Sancho Pansa auf ein hölzernes Zauberroß hinauf practicirt werden, welches mit Feuerwerk angefüllt ist, zusammenkracht und sie auf die Erde wirft. ⌊Bei einer ähnlichen Scene II, 353 muß der Autor den Leser erst *versichern* sie wäre höchst lächerlich anzusehen gewesen.⌋

Sancho Pansa bekömmt endlich zum Scherz eine herzogliche Ortschaft, die er für die Insel Barataria hält, als Statthalter, findet aber die ganze officielle Bevölkerung instruirt vor, und man verleidet ihm das Amt durch Hunger und Amtsmühen so daß er nach einer Woche froh ist, wieder abziehen zu können. Und doch war er gar kein übler Richter und zeigte vielen gesunden Verstand.

Durch eine Botschaft der Herzogin (370) wird auch die Familie des Sancho Pansa in seinem Dorfe mit in die Bethörung hineingezogen; Frau und Tochter werden vom Hochmuth angesteckt. Die 200 Ducaten, welche dem Sancho Pansa beim Abschied zugesteckt werden, machen das Geschehene *für den Leser* nicht mehr gut.

| Neben diesen Mängeln freilich ist Cervantes zunächst noch immer der große Schilderer des Lebens, der uns Bilder aus dem Dasein der damaligen spanischen Welt sowohl als aus dem sich ewig gleich bleibenden Innern des Menschen in Hülle und Fülle gewährt:

p. 361 das Spielhaus

p. 392 die Dorfneuigkeiten.

Von p. 404 an historisch wichtige Scenen aus der Zeit der Vertreibung der Morisken im Jahre 1609.

Von p. 446 an geräth Cervantes noch einmal in die ganze hohe Räuberromantik hinein. Wie es einst in einem Walde nicht sehr weit von Barcelona Tag wird, sehen Don Quixote und Sancho Pansa alle Bäume ringsum mit gehenkten Räubern garnirt; gleichwohl erscheinen bald darauf 40 lebendige Räuber, deren Hauptmann Roque Guinart sie vor der Plünderung rettet. Dieß der «edle Räuberhauptmann», «mehr mitleidig als streng». ⌊Er ist durch einmalige Rache hineingerathen und übernimmt nun auch fremde Rache, aber Gott ist gnädig.] Und nun beginnt eine Tragödie innerhalb des Räuberlebens, wobei Don Quixote und Sancho Pansa bloße Zeugen sind; die Tochter eines Raubgenossen hat den Sohn des Hauptmanns einer andern, feindseligen Bande – ihren Verführer – tödtlich verwundet und versöhnt sich dann mit dem Sterbenden, um hierauf in ein Kloster zu gehen; dabei weint auch Roque Guinart. Don Quixote predigt inzwischen den Räubern Aenderung ihres Lebens und proponirt dann vollends dem Roque als Weg der Erlösung die irrende Ritterschaft; dazu aber lacht Roque.

Folgt mit der besten Manier – nicht Plünderung sondern nur mäßige Brandschatzung einer vorbei reisenden zum Theil vornehmen Gesellschaft; sie müssen ¹/₆ des Geldes geben das sie mit sich führen und bekommen dazu noch einen Freipaß gegenüber andern Schaaren von Roque's Bande. Roque läßt sich das Geld nur *leihen*, um sein *Gefolge* damit zufrieden zu stellen, «denn jedes Amt muß seinen Mann nähren». Über seine Leute übt er furchtbare Disciplin und entzieht sich ihrem Verrath.

Und dieser Roque hat in Barcelona sehr vornehme Freunde, welchen er den Don Quixote brieflich empfiehlt, damit sie sich mit demselben ergötzten. Einer dieser Freunde, Don Antonio Moreno, der den Don Quixote bewirthet, geht mit dem Vicekönig ganz vertraut um. Der ganze Aufenthalt in Barcelona kann als gefangene Komik übergangen werden wie der beim Herzog obgleich es auch hier an trefflichen Zügen und Episoden nicht fehlt.

Während dieses Aufenthalts das entscheidende Ereigniß: Don Quixote's Zweikampf mit dem Ritter vom silbernen Mond, welches wiederum der verkappte, dießmal siegreiche Simson Carrasco ist. | Dem Carrasco muß er versprechen sich auf ein Jahr nach seiner Heimath zu begeben; er soll curirt werden an Verstand; Carrasco eröffnet sich hierüber dem Moreno – darauf Moreno: O mein Herr, Gott vergebe Euch das Unrecht welches Ihr der ganzen Welt dadurch thuet, daß Ihr ihren anmuthigsten Narren wieder gescheidt machen wollt. Seht Ihr denn nicht, Señor, daß der Nutzen welcher aus der Klugheit des Don Quixote entspringt, bei Weitem nicht so groß sein könne, als das Vergnügen, welches seine Unsinnigkeiten hervorbringen? Auch der Vicekönig bedauert daß Don Quixote mit seinen lustigen Thorheiten Abschied nehme. Der noch sehr übel beschaffene Don Quixote reist ab, im Hauskleid; seine Waffen auf Sancho Pansas Esel.

Auf dem Heimweg nach einigen unbedeutenden Begegnungen werden sie gewaltthätig von Leuten des Herzogs überfallen und zu nochmaliger Fopperei auf dessen Schloß gebracht. Hier findet der Autor endlich doch: seiner Meinung nach seien Spötter und Verspottete gleiche Thoren und das Herzogspaar nicht zwei Finger breit vom Wahnsinn entfernt gewesen, da sie es mit solchem Eifer betrieben, mit zwei Wahnsinnigen eine Posse anzustellen.

Don Quixote sieht seit seiner Besiegung alle Dinge vernünftiger an und hält jetzt vollends die Wirthshäuser nicht mehr für Castelle. In einem dieser Wirthshäuser trifft er auf eine Person aus dem *unechten* zweiten Theil, Don Alvaro Tarfe welcher nun gezwungen wird schriftlich zu erklären, derjenige Don Quixote, welchen er zum Besuch eines Turniers in Saragossa bewogen, vor Stäupung durch den Henker gerettet und zuletzt im Narrenhaus zu Toledo verlassen haben wolle, sei nicht der jetzt gegenwärtige Don Quixote.

Endlich langen sie im Heimathdorfe an und werden von den Ihrigen und dem Pfarrer und Carrasco empfangen. Sancho Pansa sagt zu seiner Frau, die sein Aussehen nicht Statthalterlich findet: Schweig... ich bringe Geld mit, das ist die Hauptsache, wohlerworbenes.

Allein Don Quixote ist noch keineswegs geheilt; das Jahr vorgeschriebener Ruhe soll ihm nur als Noviciat für neue Thaten gelten und einstweilen durch ein poetisches Schäferleben ausgefüllt werden, das er sich ausmalt. (Schon I, 33 hatte die Nichte geweissagt: wenn Don Quixote von seiner Ritterschaft geheilt würde, könnte er auf diese Thorheit fallen).

Allein sein Leben geht zur Neige, er wird krank und von seiner Thorheit vollständig frei, was von männiglich als Aenderung vor dem Tode aufgefaßt wird. Sehr anständig und christlich seine Vorbereitung zum Sterben; in seinem Testament ersucht er die Executoren: wenn sie zufällig den Autor des falschen zweiten Theils sollten kennen lernen, denselben von Don Quixotes Seiten so herzlich sie nur könnten, um Vergebung zu bitten, weil Don Quixote ihm Gelegenheit gegeben, so viele und große Albernheiten zu schreiben. –

Nach drei Tagen sein ruhiges und christliches Ende. Der Pfarrer läßt vom Notar den Tod attestiren damit kein neuer Fälscher endlose Geschichten von seinen weitern Thaten schreibe. (Und doch hätte vielleicht Cervantes bei längerm Leben *sich* einen dritten Theil vorbehalten?)

Über die Kochkunst der spätern Griechen

*
* *

Über die Kochkunst der spätern Griechen.

Von allem Anfang der Bildung an hat man stets lieber gut als schlecht gegessen und große Unterschiede gemacht. Scherzhafte Poeten haben sogar die Kochkunst als Mutter aller Cultur gepriesen. An den Höfen der ältesten Potentaten waren gewiß die Köche in hohen Ehren, von den Pharaonen an. ⌊Zum Obersten der Becker und zum Obersten der Mundschenken des Pharao wird auch der Oberste der Köche nicht gefehlt haben.⌋

Bei den Griechen lernt man die einfache, aber gediegene homerische Küche kennen, schon bei Anlaß der zahllosen Opfer. Die Helden selber verstehen sich auf das Bereiten der Speisen schon gut und gut Feuer anmachen zu können ist auch für einen Heros ein sehr wünschbares Talent, das nicht Jeder besitzt.

Im Übrigen aber imponirt Homer durch so viele wunderbare Eigenschaften, daß man auf seine Angaben über das Essen nur wenig aufmerksam zu sein pflegt. Und ebenso verhält es sich dann mit der ganzen seitherigen Griechenwelt;[1] in Staat und Cultur, in Kunst und Poesie erregt sie eine so gewaltige Theilnahme und wirkt zum Theil noch so stark auf unser jetziges geistiges Thun und Schauen ein, daß wir auf ihre Küchenangelegenheiten hie und da kaum eine untergeordnete antiquarische Aufmerksamkeit zu wenden vermögen. Wohl gab es frühe im Osten und Westen Colonien wie zB: die sicilischen welche in ihrem Fett erstickten und für ihr Wohlleben bekannt waren; auch von den Tyrannen gilt obenhin dasselbe. Allein der große mittlere Feuerherd des griechischen Geistes hatte andere Lebensinteressen als die des Gaumens, und in den glänzendern griechischen Zeiten ist von diesen Dingen wenig und nur bei besonderm, unvermeidlichem Anlaß die Rede; sehr häufig werden Trinkgelage erwähnt und geschildert, fast nirgends aber ist der Gerichte Meldung ge-

---

1 Auch Thessalien und Böotien galten immer für etwas materiell gesinnt.

than, welche man dabei genoß, denn die Geselligkeit und nicht die Bewirthung war die Hauptsache.

Dieß wird nun mit dem IV. Jh. a.C.n. beträchtlich und auffallend anders; nicht nur wird eine ganze Anzahl von Kochbüchern in poetischer und prosaischer Form erwähnt ⌊sie bilden eine ganze Literatur⌋, wovon Reste noch vorhanden sind, sondern die wichtigsten und activsten Zweige der damaligen Poesie, die sogenannte mittlere und neuere attische Komödie sind, nach den erhaltenen Bruchstücken zu urtheilen, mit Küchengeschichten unverhältnißmäßig beladen und die Köche Hauptfiguren gewesen. ⌊Wir erfahren von diesen Leuten und Angelegenheiten sehr viel mehr Gleichzeitiges als zB: von den damaligen großen Künstlern.⌋

Eine solche Thatsache gehört zu Denjenigen welche durchaus zum Nachdenken und zur Deutung ihrer Ursachen nöthigen. {Auch handelt es sich gar nicht bloß um Athen, für welches jene Komödien gedichtet wurden und wo sie in der Regel spielen, sondern man findet bei näherer Betrachtung die ganze spätere Griechenwelt betheiligt, ja die derbere Prasserei des größten Maßstabes wird man entschieden außerhalb Athens zu suchen haben}.

| Wird man etwa sagen, jede höchste geistige Entwicklung, die man ja den damaligen Griechen nicht abstreitet, sei nothwendig auch mit einer Verfeinerung des Gaumens verbunden? und der künstlerische und poetische Geschmack setze auch einen zarten materiellen Geschmack, nämlich eine feine Küche voraus? Danach müßten lächerlicher Weise gerade die größten Künstler und Dichter, die Schöpfer des Schönen und ebenso die großen Denker die allergrößten Gourmands gewesen sein. Wovon ihre Biographie in der Regel nichts oder das Gegentheil weiß, nämlich die notorische Einfachheit ihrer Lebensweise. Es ist ein anderes Feuer als das Küchenfeuer welches ihr Leben erwärmt. Wenn Künstler irgend Aufwand machen, so geschieht es etwa durch Schönheit und Reichthum ihrer Tracht.

Auch handelt es sich gar nicht bloß um das Aufkommen der Leckerhaftigkeit an sich, sondern vielmehr um die Keckheit womit sich dieselbe als Lebensinteresse ersten Ranges der öffentlichen Unterhaltung bemächtigt, ja sich im Vordergrunde der Poesie aufpflanzt. Hier muß im hellenischen Leben eine große Verschiebung der Kräfte und Richtungen vorgegangen sein.

Bisher, rundgerechnet bis in den peloponnesischen Krieg hinein, hatten zwei große Dinge das Dasein des Bürgers ausgefüllt: das Staatsleben und der Drang der Auszeichnung, der geistigen sowohl als der leiblichen; eine zwiefache Gymnastik hatte den hellenischen Menschen mächtig in Athem gehalten. Jetzt war der Staat fast überall in mindestens geringe, oft sehr ruchlose Hände gerathen, zu einer Chicane von Demagogen und Sykophanten geworden; dem Redlichen und Tüchtigen, der sich des Staates annehmen *wollte*, wurde dieß so schwer als möglich gemacht; – aber Solcher waren schon nur noch äußerst wenige; – wer Geist und Talent besaß und wer noch etwas zu verlieren hatte, hielt sich jetzt so ferne als möglich von diesen kleinen zerrütteten Staatswesen, und die Philosophen gaben das Beispiel. Der Raubsucht des Staates entzog man sich so gut es irgend ging, mit den unbedenklichsten Mitteln.

Der Drang nach Auszeichnung aber, welcher früher die Griechen nach den Stätten der Kampfspiele und nach den Schlachtfeldern begleitet hatte, wandte sich jetzt zum Theil wohl mehr auf geistige, poetische und literarische Leistungen, zum Theil aber auf Eitelkeit | aller Art; man suchte einander zu überbieten in Witz und Hohn und in futilen Vergnügungen.

Es ist noch immer eine hochbegabte Nation, die der Welt noch Vieles zu leisten und zu schenken hatte; mochte diese und jene Form des Geistes erschöpft sein, wie zB: die Tragödie, so sagte dafür in diesem IV. Jh. die plastische Kunst ihr höchstes Wort, indem sie mit Skopas und Praxiteles zum Erhabenen die wunderbarste Anmuth und ein ergreifendes seelisches Leben fügte; auch der Staat rafft sich hie und da wenn auch nur auf kurze Zeit zum Höhern auf, wie zB: Theben unter Pelopidas und Epaminondas und Athen unter Demosthenes, aber im Großen und Ganzen war ein mehr oder weniger verfeinertes Genußleben der Ton der Zeit. Wie zum Trotz stellt es sich dem in Verruf gerathenen öffentlichen Leben gegenüber. Ja Athen machte zur Zeit des Demagogen Eubulos 16 Jahre durch, während welcher auch der Staat sich auf die allgemeine Vergnüglichkeit einrichtete, Flotte und Kriegswesen verfallen ließ und auf irgend einen Vorschlag, die Festgelder für ernste Zwecke in Anspruch zu nehmen, die Todesstrafe setzte. ⌊Man ist irre geworden an den höhern Zielen des Daseins⌋

Unter solchen Umständen wird nun u. A. die Gourmandise eines der ersten Interessen des Lebens und ein Hauptvehikel der komischen Poesie. Wer nicht mithalten kann, schafft wenigstens seinem Neid irgendwie Luft. Das allgemeine Gerede von Kochen und Essen nimmt merklich zu und ein beträchtlicher Theil der damaligen Überlieferung duftet nach der Küche. Bereits ist die Gänseleber ein bekannter Leckerbissen (Eubulos ⌊der Dichter⌋).

Athen, welches aus allen möglichen Gründen sehr vorzugsweise in Betracht kömmt, hatte schon im V. Jahrhundert vereinzelte Züge dieser Art verrathen, und Aristophanes schon in seinen frühsten Schöpfungen gestattet seinen Masken diesen und jenen Ausbruch vollendeter Leckerhaftigkeit. (Acharner 885: Die tiefe Rührung des Dikäopolis, da er nach

6jähriger Entbehrung zum erstenmal wieder einen Aal aus dem kopaischen See in seine Gewalt bekömmt). Auch soll der Koch als Theaterfigur bereits bei einem sehr alten Komiker von Megara, Mäson, vorgekommen sein.

Allein die wichtigsten Vorgänger der übrigen Griechen im Kochen sowohl als in der poetischen Verwerthung desselben waren die Sicilier des V. Jahrhunderts gewesen.[1] Der namhafteste sicilische Dichter jener Zeit, Epicharmos, muß in seinen Götterpossen, | nach den erhaltenen Bruchstücken zu urtheilen, auffallend reichlichen Gebrauch von Eßscenen gemacht haben, indem die Leckerbissen aus allen Gebieten der Thier- und Pflanzenwelt massenhaft aufgezählt werden. Allein auch die Lehre und Theorie des Kochens weist auf Sicilien. Mithäkos, vielleicht der frühste welcher ein Kochbuch verfaßte, war ein Syracuser und noch dazu Abkömmling des Herakles. Der Halbgott selbst aber wurde schon damals in der Komödie und Götterposse gerne von Seiten seines starken Appetits dargestellt, schon von Epicharmos, wo es von ihm heißt: «es braust der Schlund, es rasseln die Kinnbacken, es tönt der Backenzahn; es knirscht der Spitzzahn; die Nasenlöcher zischen, die Ohren bewegen sich.» Bei spätern Komikern rühmt sich Herakles seines Sinnes für die kräftigste Kost, wogegen er die pikanten Nebenschüsselchen verachtet; ja schon in seiner Jugend, da ihn sein Erzieher Linos unter vielen Büchern ein beliebiges greifen läßt, packt der Halbgott ein Kochbuch.[2]

Die entsetzlichen Erlebnisse, welchen Sicilien dann seit 404 aCn. anheimfiel, werden den materiellen Genuß wohl sehr erschüttert und etwa auf die Umgebung des neuentstandenen üppigen Tyrannenhofes von Syracus beschränkt haben; – aber das eigentliche Griechenland tritt dafür in die Lücke.

Freilich gab es noch ein Sparta, und noch dazu ein einstweils siegreiches, in seiner Sünden Maienblüthe, welches zwar heimlich von Habsucht und Genußsucht unterwühlt, aber officiell noch an eine sprichwörtlich einfache Küche gebunden war. Bei näherm Zusehen jedoch findet man daß dieselbe sehr nahrhaft und gut gewesen sein muß; die berühmte schwarze Suppe war thatsächlich ein Fleischgericht welches sehr verschiedener Zubereitung fähig gewesen sein kann, und welches man in Athen als fremden Leckerbissen nachkochte; dazu kam noch die Jagdbeute wie sie Jeder mit an die gemeinsamen Tische mitbringen durfte. Wenn dann diese spätern Spartaner noch mit ihrer Gleichgültigkeit gegen Zuckerwerk und anderes Dessert prahlen, so nimmt sich dieß lächerlich

---

1 cf. den Luxus von Agrigent

2 Unschädlichkeit solcher Caricaturen für die wahren Idealgestalten; noch 100 Jahre später schuf die Plastik erst die herrlichsten Heraklesbildungen.

aus neben der sonstigen guten Nahrung welche sie sich gefallen lassen. So war es mit der Verproviantirung des Königs Agesilaos, als er mit seiner Mannschaft in die Dienste des ägyptischen Herrschers Tachos getreten war: «Weizenmehl, Kälber und Gänse nahm er an, aber Nachtisch, Zukkerwerk und Salben ließ er den Heloten geben». – Sich selber und seinen Weltnamen hatte er eben doch nach Aegypten verkauft als er es in Sparta nicht mehr aushalten konnte. Dann verrieth er noch den Tachos an den Nektanabis.

| Im übrigen Griechenland gab es Eine Stadt, welche in Gutem und Bösem für alle andern Zeugniß geben, ja verantwortlich sein muß, weil nur von ihr deutliche fortlaufende Lebenskunden vorhanden sind: Athen. Ohnehin fanden sich aus der ganzen übrigen Griechenwelt Menschen aller Art im IV. Jh. am ehesten in Athen zusammen, wo für einen Fremden die Existenz sehr viel angenehmer sein konnte als für einen Bürger. Wie zB: damals die Philosophen aus der ganzen hellenischen Welt mit Vorliebe ihren Wohnsitz in Athen erkoren, so wird es zeitweilig auch mit den Leuten des Genußlebens gewesen sein, welche überhaupt schon durch ihre Ungenügsamkeit zum Herumreisen verurtheilt sind. (Wie zB: Polyarchos, Athenaeus XII,64). Zunächst werden wir voraussetzen dürfen, daß die Verfasser von Kochbüchern, welches auch ihre Heimath sein mochte, am ehesten in Athen ein verständnißinniges Entgegenkommen fanden.

Es sind uns eine ganze Menge von Titeln überliefert, vielleicht fast von lauter Kochbüchern des IV. oder etwa III. Jh. Von einigen der berühmtesten sind Reste erhalten, und siehe – diese waren in Versen abgefaßt und gehörten jener schon uralten Gattung von Lehrgedichten an, deren frühste vorhandene Denkmale die Theogonie und die «Werke und Tage» des ehrwürdigen Hesiod sind. Einer der berühmtesten dieser Dichter, wiederum ein Sicilier, Archestratos, der um seines Gaumens willen in der ganzen Welt herumgezogen war, ahmte die Rede und die ganze Manier des alten böotischen Sängers nach ⌊allenfalls auch Theognis⌋; in ernsthaftem, gebietendem Lehrton beschreibt er alle möglichen eßbaren Dinge und giebt gastrologische Regeln. Ja man glaubt von Hesiod selbst ein Gedicht über die vom Pontus her eingeführten gesalzenen oder gepökelten Fische zu besitzen, welches jedoch von dem Athener Euthydemos geschmiedet war. Uns Neuern erscheint poetische Behandlung und metrische Form, auf | lehrhafte Gegenstände überhaupt und auf das Essen vollends verwandt als weggeworfene Mühe; für das hellenische Alterthum, wie später für das römische, hing diese didaktische Poesie mit dem hohen, alles, auch Widerstrebendes durchdringenden Kunstsinn zusammen. Man hatte das Recht, hierin anders zu empfinden als wir. Übrigens erging sich auch der Scherz gerne in solchen feierlichen Formen, und die sehr berühmte Beschreibung eines «Gastmahls», von einem gewissen

Matron, bestand nur aus komisch zusammengeflickten homerischen Ausdrücken und Halbversen. Ganz ernst dagegen hatte der gelesenste aller dieser Eßdichter seine Aufgabe ergriffen: Philoxenos, zugleich sprichwörtlich bekannt als großer Esser und Abenteurer. Von ihm spricht u. A. Aristoteles, in einer fragmentarischen Stelle welche ohne Zweifel auf die Athener geht: «Den ganzen Tag lungern sie herum wo es etwas zu sehen und zu staunen giebt und passen (etwa im Piräus) auf die Schiffe welche (mit Eßwaaren nämlich) vom Phasis und vom Borysthenes her anlangen, gelesen aber haben sie nichts als das ‹Gastmahl› des Philoxenos und dieses nicht ganz». Es war nämlich, wie es scheint, eine umfangreiche Dichtung.

Wenn nun aber im Zusammenhang von athenischer Tafelschwelgerei die Rede sein soll, so ist billiger Weise vorher zu erwägen, daß laut allgemeiner Ansicht die attische Küche wieder relativ als mager galt neben der thessalischen, so wie die hellenische überhaupt neben der barbarischen, etwa der lydischen. An den schon halbbarbarischen äußern Rändern der Hellenenwelt glaubte man in der ersten Hälfte des IV. Jh. die üppigste Küche voraussetzen zu dürfen, an den Höfen eines Nikokles von Cypern, eines Straton von Sidon, eines Kotys von Thracien. Der glücklichste Mensch aber, nach der Meinung eines jener auf Schwelgerei Reisenden (Polyarchos) war überhaupt kein Hellene, nicht einmal Dionys von Syracus, sondern der König von Persien, so lange es einen solchen gab. Überhaupt spotteten die attischen Dichter gelegentlich gerne auch über auswärtiges Wohlleben; die «Delias» des Nikochares scheint eine burleske Darstellung des Koch- und Gastwirthswesens der Insel Delos gewesen zu sein.

Die Aussagen aber, mit welchen wir es nun zu thun haben, stammen, wie oben bemerkt, meist aus den Dichtern der mittlern und neuern attischen Komödie; was wir zu hören bekommen, ist zum Theil vom schönsten attischen Geist und Witz. Freilich wer zwischen den Zeilen lesen kann, wird mitten in der besten Komik hie und da Trauer empfinden um ein Volk | welches sich dem Wohlleben ergeben hat, weil ihm seine frühern Ideale und Hoffnungen zu Scheitern gegangen sind und weil es aus dem Jammer und den Gefahren des täglichen Lebens keinen andern Ausweg mehr weiß. Wie tief traurig lautet die Stelle aus Antiphanes: «Wer im Leben noch etwas für sicher hält, der irrt sich. Entweder haben die Steuern ihm das ganze Haus ausgeraubt, oder ein Proceß ist verderblich hereingebrochen, oder er hat bei einem Commando Schulden machen oder als Festgeber dem Chor goldene Gewänder spenden müssen während er selbst in Lumpen geht, oder er hat sich, von Staatswegen zur Ausrüstung eines Schiffes gezwungen, aus Verzweiflung erhenkt, oder wird auf einer Seefahrt gefangen, oder er wird im Gehen oder im Schlaf von den Sklaven ermordet. Nichts ist sicher als was Einer täglich für seine eigne Person drauf gehen läßt. Und auch da kann Jemand kommen und ihm den schon bereit stehenden Tisch wegziehen; erst wenn du den Bissen zwischen den Zähnen hast, dann denke: Dieß Allein sei sicher von Allem.» ⌊(Es giebt noch mehr als Eine Stelle bei diesen Komikern, welche im Grunde recht traurig ist.)⌋

Auch ist es nicht immer heiterer Witz der den Gourmand als solchen, als eine der vielen amusanten Figuren dieser bunten und thörichten Welt Rede stehen ließe, sondern oft nur denunciatorische Bosheit welche dem Publicum Namen von Individuen in großer Anzahl preisgibt. Hie und da dürfen wir im Dichter recht wohl auch hungrigen Neid vermuthen. Aus den Komikern hauptsächlich mögen später jene langen Verzeichnisse von irgendwie namhaften besonders starken oder besonders leckerhaften Essern aller Art zusammengetragen worden sein, welche uns hie und da in spätern Autoren begegnen. Selbst Aristoteles kömmt darin vor, wie man denn ganz besonders gerne den Philosophen in dieser Beziehung aufsässig war. *Eine* Philosophenschule, die der Cyrenaiker, beklagte sich hierüber wohl nicht, indem sie systematisch das Wohlleben zu ihrem Princip erhoben hatte. Dafür bekam die im Aufblühen begriffene Stoa einen Hieb wie folgt: «Die nämlichen Philosophen, welche in ihren Forschungen und Gesprächen immer den ‹Weisen› zu suchen vorgeben als sei ihnen dieser entlaufen, wissen doch ganz vortrefflich wie man diesen und jenen Fisch (beim Tranchiren) anfaßt.» Auch die Pythagoreer mußten sich dergleichen gefallen lassen.

| Außer den Philosophen muß dann noch Groß und Klein den Dichtern herhalten, von dem Großgefräßigen, welcher stürmisch alle Fische auf dem Markt zusammenkauft, bis zu denjenigen delicaten Leuten, welche alle Speisen im Diminutiv nennen: ein Hähnchen, ein Rebhühnchen, ein Tintenfischchen, ein Wildtäubchen u. s. w. Womit bekanntlich auch noch heut zu Tage nur eine gewisse Zärtlichkeit für das gute Essen, und ja nicht etwa der Wunsch nach Kleinheit der Portionen ausgedrückt werden soll. Wir lernen die entgegengesetzten Pole des Daseins in ihrer Beziehung zur Küche kennen; nämlich das kleine Opfermahl welches ein kaum dem Schiffbruch entgangener Seefahrer einem gethanen Gelübde gemäß anrichten läßt, und dem gegenüber die Schlaumeierei des glücklich mit reichem Gewinn Angelangten, Beides vom Gesichtspunct des Miethkoches aus, der den Erstern, weil er kaum das Nothwendige aufwenden kann, abweist, dem Letztern aber (einem wüsten Gesellen) sich auf das Freundlichste empfiehlt. Dann treten vornehme Geizhälse auf, welche elend dürftig von schwerem kostbarem Silbergeschirr essen, und wirklich Dürftige welche sich vornehm stellen indem sie zwar Silbergeschirr brauchen, aber so leichtes und dünnes daß es der Wind davon tragen könnte. – So-

dann lebt von alten Zeiten her die Sitte der Pikniks, wobei die Miethköche nur zur Zubereitung der mitgebrachten Vorräthe in Anspruch genommen werden, auch machen sie sich wenig daraus, weil man in der Regel Verdruß mit den Leuten beköommt und nicht so betrügen kann wie etwa bei Hochzeitsschmäusen. Je weniger aber solche Pikniks den Miethköchen galten, desto eher können sie noch Zufluchtsorte der echten alten geselligen Freude gewesen sein, während die feine Küche der Tod der freien und edeln Geselligkeit war. Seit Ausgang des IV. Jahrhunderts endlich, da es eine ganze Anzahl griechischer Höfe gab, bekanntlich die der Nachfolger Alexanders, mag der Küchenluxus noch eine weit höhere Stufe erreicht haben, wenn auch nur selten davon die Rede ist. Beim Komiker Euphron (um Olympiade 125) sagt zB: ein Koch: ich bin der Schüler des (berühmten) Soteridas, der zuerst Sardellen 12 Tagereisen weit ins Binnenland dem Nikomedes lieferte, freilich indem er Rüben | sardellenähnlich zuschnitt und mit Saucen u. dgl. zubereitete. Anderswo hören wir (bei Demetrios) *den* Koch prahlen, welcher Saucenmacher bei König Seleukos war, ferner bei König Agathokles die «Tyrannensauce» erfand und zuletzt noch in Athen für Lachares, den schmählichen momentanen Gewaltherrscher, bei Hungerszeit ein leckeres Gastmahl zu kochen wußte. Die Tyrannenküche war von jeher im allgemeinen Ruf der Üppigkeit und Feinheit gewesen.

Allein die Komiker reden von der Küche viel weniger um der Essenden und Gourmands als um des Koches willen, welcher offenbar eine ihrer frequentesten Figuren gewesen ist. Und zwar ist es nicht einer jener Kochsklaven, die seit dem IV. Jh. ⌊(oder erst seit den Macedoniern, cf. Athenaeus XIV, 77)⌋ in den Häusern der Reichen überhand nahmen, sondern der freie Miethkoch,[1] welcher ja auch später neben den Kochsklaven für alle größern Anlässe wird unentbehrlich geblieben sein. Zu Hause hält er wohl eine Garküche und sendet zu den reichen jungen Herrn die draußen auf dem Platz ihre Pferde zureiten, seinen Diener, um sie durch blitzrasche Aufzählung von etwa 60 Leckergerichten in seine Bude zu laden; ein Prestissimo der Rede welches an die Leistungen des gewandtesten italienischen Baßbuffo's erinnert. Es ist endlich nicht etwa ein gemüthlicher Hauskoch, sondern die Dichter hassen ihn und nehmen ihn von den lächerlichsten Seiten.

Vor Allem erscheint er als widerwärtiger Wichtigmacher und Prahler, wie zB: Jener welcher ausruft: Wie viele weiß ich die um meinetwillen ihr Vermögen aufgegessen! – Kaum in den Dienst genommen hört man ihn wie er Alles anfährt, ausschilt, und durch seine Grobheit in Schrecken setzt. – Er ist eben nicht bloß ein Sieder und Brater, sondern ein *Koch*!

---

1 cf. Athenaeus VI, 109 aus Theopomp

⌊Nicht bloß ein ὀψοποιὸς sondern ein μάγειρος.⌋ – Er hält etwas auf die Tradition und Schule welcher er angehört, nicht sowohl aus Pietät als aus Dünkel... «Wir drei allein sind noch übrig, Boidion, Chariades und ich; alles Übrige sind nur Ignoranten; wir halten noch die Schule des Sikon aufrecht...» Ein Anderer nennt sich als Schüler des Sophon, eines derjenigen Stifter der neuern Schule, | «welche die scharfen Gewürze, die einst schon Kronos gebraucht, abschafften und den Gästen das Weinen, Nießen und Geifern ersparten»; er gedenkt, was er gelernt hat, auch wieder weiter zu geben und eine Theorie seiner Kunst zu hinterlassen, welche auf Kunde der verschiedenen Menschenclassen gebaut sein muß; denn er weiß wie man für junge Schwelger, für Philosophen, für Greise, für Zollpächter etc. kochen muß. (Der Koch pflegt nebenbei seinen Kunden es auch an der Physiognomie abzusehen wie weit sie gute Kunden sind). – Ein Dritter zählt seinem Schüler beim Abschied sechs große Vorgänger auf, deren jeder eine Schüssel erfunden und in classischer Weise producirt habe; sich selbst nennt er als den welcher das Stehlen (nämlich der ihm anvertrauten besten Vorräthe) erfunden habe. «Keiner (d. h. kein Koch) haßt mich deßhalb, sondern es stehlen (seither) Alle.» –

Allein in einer so hochgebildeten Zeit und Luft wie die athenische des IV. Jahrhunderts war, nimmt auch der Koch wissenschaftliche und poetische Manieren an und die Komödie, welche ihn von dieser Seite ganz besonders gerne lächerlich macht, belehrt uns damit wie weit abwärts sich damals die vornehmen Bildungsprätensionen erstreckten. Der Miethkoch stellt sich so hoch als den Dichter an Geist und Kunst; wenn der Herr, der ihn eingestellt, sich darüber beklagt, daß er beständig in homerischen Ausdrücken rede, so erwidert er: ich bin's so gewohnt. Indeß wissen wir, daß dieß damals mit vielen Leuten aller Stände nicht anders war; die scherzhafte Redeweise lebte großentheils von Citaten aus Homer. Schon mehr in's Lyrische geht jener Koch welchen ein Sehnen befällt, Himmel und Erde zu erzählen wie er seinen Fisch zubereitet hat... Wäre es freilich ein Meeraal gewesen, wie ihn Poseidon den Göttern in den Himmel bringt, dann wären alle Gäste zu Göttern geworden. (Aber schon so:) Ich habe Unsterblichkeit erfunden; mit dem bloßen Duft kann ich Todte erwecken! – Allein neben diesen poetischen Ansprüchen ist dem Koch noch ein wissenschaftlicher Dünkel eigen, beruhend auf abenteuerlich zusammengelesenen Brocken aus dem ganzen damaligen athenischen Bildungsgerede; dieses aber stammte nicht geringen Theils aus der Umgebung der Philosophen und Rhetoren her, von welchen Athen voll war. Und nun wird für die vollendete Kochkunst erst das Dasein alles übrigen Könnens und Wissens vorausgesetzt; dann kann «musisch» gekocht werden, ein Ausdruck welcher das Wissenschaftliche und das Schöne zusammen zu umfassen censirt ist.

| Einer der bereits citirten Köche läßt sich dann näher vernehmen: Wir drei allein, Boidion, Chariades und ich ... halten noch die Schule des (großen) Sikon aufrecht, der alle Doctrinen über die Natur der Dinge inne hatte und uns Astrologie, Architektonik und Strategik lehrte ... Denn der
5 wahre Koch muß zuerst über die Himmelserscheinungen, über Aufgang und Niedergang der Gestirne berichtet sein und in welchem Zeichen die Sonne steht, und wissen, wie alle Speisen je nach der Bewegung des Weltall's ihre Wonne (ἡδονή) empfangen. Die Architektonik (muß er kennen) wegen Licht, Luft und Rauch. Die Feldherrnkunst, weil das Taktische
10 (? τάξις) in allen Dingen und Künsten etwas Weises ist etc. etc.

Noch umständlicher spricht sich ein Koch aus in einer Komödie des Damoxenos, welche den Titel: die Cameraden ⌊Milchgeschwister⌋ (σύντροφοι) führte: Er giebt sich geradezu als Schüler des großen Epikur und meint gegen seinen Mitredner: Wenn du jetzt einen Koch siehst der ohne
15 literarische Bildung ist und nicht den ganzen (so gewaltig voluminösen!) Demokrit und den Kanon des Epikur durchgelesen hat, so verachte ihn und laß ihn laufen. Hierauf preist er die philosophische Lehre, aus welcher man berichtet werde in welcher Jahreszeit jeder einzelne Nahrungsstoff am besten sei. – B: Du scheinst dich auch auf Medicin zu verste-
20 hen? – A: Wie Jeder der im Innern der Natur (eingedrungen, scil.). Denke nur wie unerfahren die jetzigen Köche sind; sie machen aus ganz entgegengesetzten Fischen Eine Sauce und reiben Sesam drein! ... Solche Disharmonien zu durchschauen ist die Sache der geistvollen Kunst, und nicht Töpfe zu waschen und nach Rauch zu riechen. Ich gehe gar nicht
25 mehr in die Küche; ich sitze nur in der Nähe und sehe zu, und während die Andern arbeiten, erkläre ich ihnen Ursache und Wirkung. – B: Ein Harmoniker, nicht ein bloßer Koch! – Worauf der verzückte Meister seine Küchencommando's hersagt ganz als wäre er an Ort und Stelle. Dann fügt er bei: ich mische nach *höherm* Zusammenklang; Einiges hat
30 Gemeinsamkeit nach der Quarte, Anderes nach der Quinte oder nach der Octave. Und nach nochmaligem Herrufen seiner Commandoworte schließt er: Nur Epikur hat so den Genuß verdichtet und vermehrt; | er allein sah das Richtige; die von der Stoa suchen umsonst unaufhörlich was es ist, und können es daher auch keinem Andern beibringen.
35 Hier dürfen wir endlich mit demjenigen Sammelschriftsteller, dem wir u. A. die vielen Komödienfragmente über dieses Thema verdanken, mit Athenäus ausrufen: Nun wären es genug der Köche![1] – Von den Weinhändlern berichtet er nicht viel, nur etwa daß sie ihre Weine gerne verwässerten, freilich «nicht aus Gewinnsucht, sondern nur um den Käufern
40 die schweren Köpfe zu ersparen».

1 Der Koch als Opferer zu übergehen J, 138 recto und 147, recto.

Einen ganz traurigen Effect aber macht der Anfang seines VI. Buches, wo aus einer großen Anzahl von Stücken der mittlern und neuern Komödie der Jammer über die Fischhändler hervortönt, und zwar in solcher Weise, daß man nicht sowohl die Personen des Drama's als den eigenen Schmerz der betreffenden Dichter zu vernehmen glaubt. Überhaupt stehen die letztern durchaus nicht immer in freier Ironie über ihrem Thema, sondern verrathen offenkundig hie und da ihre persönliche Leckerhaftigkeit, wie zB: Alexis, wenn er ein umständliches Recept des lydischen Hauptgerichtes Kandaulos in einen Dialog vertheilt. Bei ihren Klagen über die Fischhändler möchte dem Leser vollends das Herz brechen: Jene unverschämten Preise! jene düstere Grobheit, welche kaum noch Rede und Antwort giebt! jenes ewige Betrügen beim Wechseln und Herausgeben! jenes Unterschieben von fauler und todter Waare! Und was für Menschen! So Einer läßt etwa sein Haar angeblich auf ein Gelübde an die Götter hin, lange wachsen, in Wahrheit aber nur als Vorhang über irgend ein gerichtliches Brandmal! Endlich jammert man daß es so schädliche Thiere wie die Fische überhaupt gebe, an welchen ganze Vermögen drauf gehen und der Mensch zum Bettler wird. Zum Trost für die Übertheuerten schrieb ein gewisser Lynkeus von Samos eine «Kunst des Kaufens», nämlich eine Lehre wie man sich gegen die «mörderischen Fischhändler» zu verhalten habe, und adressirte sein Buch «an einen unglücklichen Käufer».

| Natürlich waren außer den Händlern jetzt auch die Fischer wichtige Personen geworden und bildeten sich auf ihr Gewerbe mehr ein als die trefflichsten Kriegsanführer. Einigermaßen unabhängig von diesen schrecklichen Leuten war man nur wenn man sich mit den τάριχοι begnügte, den gesalzenen und eingepökelten Fischen, besonders Sardellen, welche hauptsächlich aus dem Pontus massenhaft nach Athen gebracht wurden. Und die Athener scheinen in diesem Verhältniß wirklich eine wahre Rettung erkannt zu haben, wenigstens schenkten sie einst den Söhnen eines Tarichoshändlers das Bürgerrecht. Allein auch das beste Eingesalzene und Eingepökelte und selbst der Caviar aus den südrussischen Strömen, den man wohl gekannt haben wird, – dieß Alles ist im günstigsten Fall etwas Anderes als das frische Thier und ersetzt dasselbe nicht.

Eine eigenthümliche sociale Pest hing sich an diese allgemeine Gourmandise: es entstand der Parasit, wesentlich erst ein Geschöpf des IV. Jahrhunderts und (noch mehr als der Koch) eine permanente Figur in der Komödie. In den kräftigern Zeiten, da das politische Leben und der geistige und leibliche Wettstreit noch Alles durchdrangen, hätte das echte Symposion ein solches Individuum nicht geduldet; er gehört der Einschränkung auf das Privatwohlleben an, ein ewig lehrreicher Typus welcher zeigt, was in einer gesunkenen Zeit bei sonst hoher geselliger Bildung möglich ist. Ein tiefer Haß gegen Arbeit und Erwerb, eine große Biegsamkeit und Gewandtheit trifft hier zusammen mit einem unbedingten Bedürfniß nach guter Tafel; das Ergebniß ist die vollendete Ehrlosigkeit des Schmarotzers. Die Dichter haben eine Fülle von Geist aufgewandt um uns diese Physiognomie in allen ihren Schattirungen zu vergegenwärtigen, und ebenso die des reichen Herrn welcher den Parasiten an seine Tafel nimmt oder ihn wenigstens an derselben duldet. Wir dürfen in dieses umfangreiche Capitel nicht weiter eintreten, so merkwürdig es in seiner Art sein mag, so wenig tröstlich ist es im Grunde. Überdieß giebt es eine sehr düstere Seitengestalt des Parasiten: es ist der verarmte Schwelger, welcher zum Räuber, im römischen Ausdruck zum Catilinarier wird. Nachts bricht er ein oder ist der Helfer von | Einbrechern, des Tags ist er Sykophant und handelt mit Meineiden. Die Furcht vor solchen Menschen scheint ziemlich ausgebildet gewesen zu sein. Ein Armer, heißt es, welcher doch immer Geld zu Leckerbissen hat, ist gewiß ein Solcher der des Nachts Alle überfällt die ihm unbewaffnet begegnen; – was arm und jugendkräftig ist und doch bei Mikkion Aale kauft, das sollte man sogleich in den Kerker führen. Rühmenswerth erscheint Korinth, wo es ein Gesetz gegen arme Prasser giebt welches dieselben sogar dem Henker in die Hände liefern kann.

Wir wissen nicht ob den Korinthiern bei ihrem sonstigen Treiben dieses Gesetz viel geholfen hat und ob ihm überhaupt ist nachgelebt worden. Darüber darf ja doch (wenn man auch nur Polyb hört) kein Zweifel obwalten, daß Menschen der bezeichneten Art Vieles zu demjenigen Zustand Griechenlands beigetragen haben wie er sich vom Ende des III. Jahrhunderts an enthüllt. Man hat den Eindruck als rollten alle Angelegenheiten der griechischen Nation einem Abgrunde zu und als hätte nur die völlige Überwältigung durch die Römer der gegenseitigen Zernichtung unter den Hellenen ein Ende gemacht. Aus diesem Grunde ist es ein für allemal nicht möglich, die spätgriechische Tafelschwelgerei, so komisch sie uns geschildert wird, bloß von der heitern Seite zu nehmen; sie war einer von den begleitenden Umständen, ja eine Mitursache des tiefen und allgemeinen Verfalls.

Die Phäakenwelt Homer's

*
* *

Phäakenwelt

Wir sollen den Göttern danken, wenn eine große alte Dichtung uns einen solchen Zustand vorempfindet, denn aus eigenen Mitteln vermöchte es die jetzige Poesie nicht mehr. Was das Bild des Phäakenlebens bei Homer so zauberhaft macht, ist daß der Dichter von einem solchen Zustand noch gar nicht so ferne ist und ihn in vollem Ernst als einen möglichen, denkbaren und vielleicht ganz nahen behandelt. Daher die untrügliche Sicherheit seiner Phantasie vor aller Phantastik, die große Gewißheit womit seine Formen und Farben auftreten und die Kraft womit sie sich uns ein*prägen*.

Die Unzulänglichkeiten des Erdenlebens haben von alten Zeiten her die Phantasie der Völker angeregt, Bilder zu entwerfen, Schilderungen eines Zustandes wie man ihn gerne gehabt hätte. Eine kindlich schöne und wehmüthige und tiefsinnige Phantasie bringt es zum Bilde eines goldenen Zeitalters, eine kindlich possenhafte zum Bilde eines Schlaraffenlandes; dann kommen Philosophen wie Plato und Thomas Morus und entwerfen vom ethisch, politisch und öconomisch Wünschbaren ausgehend das Gemälde ihres Nirgendheim, ihrer Utopie.

| Die Fabelländer der Poeten schildern nicht immer einen Zustand den man wünscht, einen Idealzustand, sondern eben so oft ein Dasein, welches die Kritik und selbst die Caricatur des wirklichen Erdenlebens einer bestimmten Zeit und Gegend bildet. – So bei Rabelais.

Das Phäakenleben ist auch nicht bloß ein Rahmen um die Irrfahrten des Odysseus herum, sondern eine höchst nothwendige und wohlthuende Zwischenzeit zwischen diesen Irrfahrten und seinem Auftreten in der Heimath. Er muß irgendwo wieder aufleben, sich erholen, seine Fittiche entfalten, seiner selbst und seiner vollen Kräfte wieder bewußt werden bevor er Ithaca betritt.

Wahrscheinlich hatten die frühern Dichter der Sage sich damit begnügt, ihn durch die Phäaken erquicken, mit Geschenken ausstatten und nach Ithaca führen zu lassen. Erst Homer ließ den gewaltigen Mann auf Scheria wie in einer Art Vorheimath wieder aufleben.

Wahrscheinlich auch hatten die frühern Dichter die bisherigen Fahrten des Odysseus in einer Reihe von Gesängen erzählt, und zwar hatten sie selber ohne Zweifel das Wort geführt; erst Homer legte die Erzählung dem Odysseus selber in den Mund, wählte dabei vielleicht aus einer großen und bunten Reihe von Sagen die lebensfähigsten aus und verherrlicht damit seinen Helden auf die wunderbarste Weise. So wird das Phäakenleben der Rahmen etc.

Folgt: Homer's Beruf und Macht zur Entwerfung des Bildes einer solchen Existenz.

| Von der Seite der Satire ergreift Rabelais die Gelegenheit, eine ganze Anzahl von Fabelländern zumal Inseln zu schildern, welche der Reihe nach von der Gesellschaft des Pantagruel besucht werden. Das französische und gesamtabendländische Leben des XVI. Jahrhunderts nach gewissen einzelnen Beziehungen wird dem Leser in einer Anzahl von Hohlspiegelbildern, carrikirt gezeigt.

Später ist sowohl die Satire Englands als die allgemeine Satire der Menschheit in den weltberühmten Reisen Gullivers niedergelegt. Von seinen Fabelländern sind Lilliput und Brobdignac sprichwörtlich geworden.

———

Das Phäakenleben ist der Rahmen welchen Homer sich auserkor, um das Bild, nämlich Odysseus und die Erzählung seiner Irrfahrten darein zu fassen; das prachtvolle Fabelgemälde verlangte eine Einfassung wie diese Existenz von Scheria ist, gerade außerweltlich und halbübermenschlich genug. Wir dürfen nun wohl einmal den Rahmen apart betrachten.

Höchst wahrscheinlich ist es doch erst Homer gewesen, der die Erzählung der Irrfahrten so condensirte und in die Phäakenwelt einrahmte. Das Bewegte eingefaßt in das Dauernde, – das Geschehende in einen Zustand.

———

Die Schlaraffenländer des Telekleides und Pherekrates, Zeitgenossen des Aristophanes, bei Athenaios VI, 95.96 lauten schon ziemlich gefräßig.

———

Die Phäakenwelt Homer's

Odyssee IX–XII: Kikonen – Lotophagen – Cyclopen – Insel des Aeolus – Lästrygonen – Aeäa und Kirke – Das Todtenreich (Kimmerier, Okeanos) – Wiederum Aeäa – Sirenen, Scylla, Charybdis – Thrinakia – Ogygia und Kalypso.

| Es ist gut daß vergangene Zeiten uns die Mühe abgenommen haben, eine erhöhte Welt poetisch zu schildern. *Wir* würden tausendmal dabei über die Beine unseres «Gefühls» stolpern und unter einander Händel bekommen wegen politischer, religiöser und socialer sogenannter «Ideale». Homer wußte noch eine Welt des *relativen* Glückes zu schildern.
Vergangene Zeiten waren auch zu etwas gut.
Homer verfährt wie ein großer Landschaftsmaler. Er prätendirt nicht das Schönste und Glänzendste auf Erden zu geben, sondern nur Einen aus 1000 Aspecten des Lebens, aber freilich eines erhöhten Lebens. Er hätte noch Viel dergleichen vorräthig gehabt. Das heroische Leben *schon* im Allgemeinen ein ideales; das phäakische noch um einen starken Ton erhöht.

———

Der erste Anblick von Scheria, am 18ten Tag von Odysseus' zuletzt höchst schrecklicher Fahrt: die waldigen Gebirge desjenigen Theils der ihm am nächsten lag; gleich einem Lederschilde lags im nebligen ⌊dämmrigen⌋ Meer.

Poseidon und Leukothea wissen daß Odysseus am Phäakenstrand mit dem Leben davonkommen soll.

Nachdem er schon γαῖα καὶ ὕλη nahe gesehen wirft ihn eine plötzliche Brandung wieder an eine Küstengegend, wo nur Vorgebirgsstirnen, Klippen und glatte Felswände zu sehen sind. Erst nach schrecklichem Kampf mit den Wogen geräth er an eine Flußmündung und beschwört den Flußgott, welcher nun sein Strömen stille stellt. Odysseus wirft Ino's Schleier von sich und küßt die Erde. Er bettet sich im Waldhügel unter den Doppelölbaum.

| Herkunft der Phäaken, hübsch aus der geographischen Traumwelt; einst wohnten sie im weitflurigen Oberland, nahe bei den übermüthigen Cyclopen welche sie ausraubten (schädigten) und die stärkern waren.

Sie sind Ausgewanderte, wie so mancher griechische Stamm; sie haben eine noch sehr nahe Erinnerung an ihre neue Gründung: erst der Vater des Alkinoos, Nausithoos, hat sie nach Scheria geführt, um die Stadt eine Mauer gezogen, Häuser und Tempel gebaut und die Fluren vertheilt (wie ein rechter Stadtgründer zu thun hat).

Die Scene beginnt mit dem Morgentraum der den Unsterblichen ähnlichen Königstochter, neben welcher zwei den Chariten ähnliche Dienerinnen; – Athene erscheint ihr als eine ihrer vertrauten Gespielinnen: Sie sei lässig, und solle zu ihrer bevorstehenden Vermählung für sich und für die Leute des Brautgeleites die Gewande rüsten; denn die Edelsten im Volk werben um sie, die edle; also auf mit dem Frühroth; sie will Nausikaa begleiten; Alkinoos soll um Wagen und Maulthiere gebeten werden.[1]

Der eigenthümlich festliche Ton welchen Homer hier anschlägt; Athene eilt zum Olymp, welcher geschildert wird. Dann in heiterer rascher Weise: wie Nausikaa erwacht und den Vater um das Gespann bittet (statt ihrer bevorstehenden Verlobung giebt sie Scheingründe an: u. a. daß die Brüder zum Reigentanz stets neugewaschne Gewänder begehren). Dann wird ihr Wagen aufs Vollständigste versehen – und Nausikaa selber ergreift Geißel und Zügel, μάστιξεν δ' ἐλάαν etc.

| Am Fluß angelangt spannt man die Maulthiere los und läßt sie einfach auf die Weide laufen. Dann tragen sie die Gewänder in die Waschbehälter und ⌊wie eine Art von Tanz, ohne Bücken⌋ stampfen sie schnell um die Wette, (Homer macht hier sehr schnell fertig) und lassen sie auf dem reinen Kies trocknen. Dann baden sie und salben sich (kein Wort wie sie sich dabei ausnahmen), dann essen sie. Dann, unverschleiert, spielen sie Ball (sie sind ja nicht überangestrengt), Nausikaa aber sang dazu. Sie ragt unter den Dienerinnen hervor wie Artemis unter den Nymphen (prachtvoll durchgeführtes Bild).

Beim Ballwerfen nach einer Dienerin verfehlt sie dieselbe, der Ball fliegt in den Fluß; – vom lauten Schrei der Mädchen erwacht Odysseus; sein erster Gedanke: es seien Nymphen, dann erscheint er vor Jenen «wie ein Berglöwe»; sie fliehen; nur Nausikaa, von Athene ermuthigt, bleibt; Odysseus redet sie von ferne an, VI, 148, ss. ⌊besonders bis 161⌋. Es ist das große Compliment der heroisch-idealen Welt: Du bist eine Gottheit, oder, wenn eine Sterbliche, dann dreimal selig die Deinigen und der seligste der welcher dich heimführt! Dann kurzer Bericht seiner letzten Leiden und Anwünschen einer glücklichen, einträchtigen Ehe.

Tröstliche Antwort der Nausikaa: Das Schicksal theilt Zeus Guten und Bösen aus wie er will; trage das Deinige! jetzt aber, da du zu uns gelangt, soll dir nichts mangeln. – Dann ruft sie die geflohenen Mägde herbei; der Fremde sei kein Feind; noch nie ja sei Einer zum Krieg nach Phäakenland gekommen, denn geliebt von den Göttern wohnen wir ferne im wogenden Meer, die letzten, die kein Sterblicher aufsucht. Dieser hier kommt nur als verirrter Fremdling, pflegen wir ihn, denn dem Zeus gehören alle Fremden und Dürftigen und auch eine kleine Gabe kann werth sein.

---

1 Die Entdeckung des Schiffbrüchigen durch eine waschende Königstochter vielleicht ein uralter Zug?

Sie gewähren ihm Erquickung und frische Kleidung. | Athene aber leiht ihm jene Verklärung welche die homerischen Götter ihren Lieblingen gewähren können, und nun spricht Nausikaa zu den Mägden gewandt den naiven Wunsch aus:
Wäre mir doch ein solcher Gemahl erkoren vom Schicksal
Wohnend in unserem Volk, und gefiel es ihm selber, zu bleiben.
Dann weist sie den Odysseus an wie er sich zu verhalten habe. Sie will das Gerede vermeiden und erzählt nun, wie dasselbe bei den Übermüthigen im Volke lauten würde – es ist Gerede, aber ebenfalls aus einer idealen Welt, Klatsch der Urzeit: «Ein künftiger Gemahl, aus ferner Männer Schiffe hieher verirrt, oder ein Gott den sie erfleht hat? gut, daß sie von draußen einen Gemahl gewinnt, da sie die vielen und edeln Phäaken verschmäht.» Daher möge Odysseus sie nach der Stadt begleiten, aber draußen bei Athene's Pappelhain, Wiese und Quelle, wo Alkinoos sein Gut mit Garten hat, möge er warten bis sie zu Hause sein könnten; dann möge auch er nach der Stadt kommen.

Die Stadt: hochummauert; der Doppelhafen mit enger Einfahrt; zu beiden Seiten auf Stützen ruhend. Die aufs Trockne gezogenen Schiffe; der Poseidonstempel auf dem Hauptplatz am Ufer, welcher die Geräthe und Arbeiten eines ganzen Arsenals beherbergt. Denn den Phäaken liegt nichts an Köcher und Bogen, sondern Maste und Ruder und «{gleich}hinschwebende» Schiffe sind ihre Freude, darauf sie das graue Meer durch fahren. Dieß Alles geschildert von dem lieblichen Mund der Nausikaa, die den Odysseus auch noch anweist, wie er dem Königspaar, ihren Eltern, im Palast nahen solle: zwischen den Vorbauten durch den Hof, dann schnell durch den großen Saal bis du zu meiner Mutter gelangest; – | sie sitzt, vom Herdfeuer bestrahlt, an einen Pfeiler gelehnt, drehend der Wolle Gespinnst, von Meerpurpur, herrlich zu sehen; hinter ihr sitzen die Dienerinnen; dort, bei ihr, steht auch der Thron auf welchem mein Vater sitzt und trinkt wie ein Unsterblicher; geh an ihm vorüber und umfasse die Knie der Mutter; wenn *sie* dir hold wird, dann wirst du auch den frohen Tag deiner Heimkehr schauen.

Zunächst die Schilderung der Ankunft der Nausikaa und genau ihr Empfang; der Dichter trägt förmlich Sorge für sie und führt uns auch die Sklavin vor, die ihr in ihrem Gemach Feuer anzündet; es ist Eurymedusa, die einst, offenbar mit andern Sklavinnen, von Epirus hergebracht und als vorzüglichste dem König als Ehrengeschenk ist überlassen worden; sie hat die weißarmige Nausikaa erzogen.

Odysseus aber, beim Eintritt in die Stadt, frägt ein Mädchen mit Wassergefäß um den Weg; es ist aber Athene, die ihn bereits mit einem unsichtbarmachenden Dunkel umgeben hat, und ihn nun zum Palast des Königs weist. Er soll nicht den Verdacht der Phäaken erwecken, welche gegen Fremde mißtrauisch sind, – «denn sie vertrauen nur ihren schnellen Schiffen womit sie das weite Meer durcheilen, denn das verlieh ihnen der Erderschütterer: ihre Schiffe sind schnell wie ein Fittich oder ein Gedanke».

Am Eingang in den Palast erzählt ihm Athene noch mit der größten griechisch-genealogischen Behendigkeit die gemeinsame Herkunft des Königspaares, wobei Poseidon als Großvater und eine Tochter des untergegangenen Gigantenkönigshauses als Großmutter nicht fehlen; so nahe ist man noch der Urzeit. | Die Königin Arete genießt im Palast und im Volk Ehre wie keine andere Frau der Welt; man schaut ihr nach wie einer Göttin wenn sie durch die Stadt schreitet; ihr edler Geist vermag auch Zwist der Männer zu sühnen. – Damit verschwindet Pallas und eilt weit über Meer, Marathon und Athen zu, ins feste Haus des Erechtheus.

Folgt der Palast des Alkinoos, wirkliche Baukunst der alten Zeit, aber in schönfabelhafter Verklärung; die goldnen Hunde des Hephästos sind offenbar zugleich als lebend gedacht, ja vielleicht ebenso auch die fackelhaltenden goldenen Jünglinge im Festsaal. (Parenthese: wie die Phäaken im Seefahren, so die Phäakinnen im Weben groß, durch Athene's Begabung; schöne Gewebe, schön erfunden).

Dann der ummauerte Garten mit den herrlichsten Früchten aller Art, auch Feigen und Granaten und Oliven; das ideale Clima, offenbar ohne Wechsel der Jahreszeiten gedacht; die reife Frucht geht nie aus, denn während die eine Traube zB: erst abgeblüht hat, reift die andere, und anderswo wird schon gekeltert; der ewige Zephyr, der an Azoren und Canarien erinnert. Die beiden Quellen, die eine durch den ganzen Garten sich zertheilend, die andere nach dem Palast hin, wo sie als Stadtbrunnen dient.

Von seiner Luft umhüllt schreitet Odysseus durch den Saal wo die Fürsten der Phäaken eben dem Hermes die letzte Spende bringen. Erst wie er beim Königspaar angelangt ist und die Knie der Königin Arete umfaßt, verschwand der heilige Nebel. Alle schweigen und staunen; Odysseus bringt seine Bitte um Entsendung vor und setzt sich in die Asche am Herdfeuer. Auf das Fürwort eines greisen Helden Echeneos wird das Gelage erneuert und Odysseus darein aufgenommen. | Alkinoos führt ihn an der Hand zum Sitz seines geliebtesten Sohnes Laodamas, welcher dem Fremden Platz macht. Er empfiehlt ihn den phäakischen Edeln zur Heimgeleitung; wenn diese Phäakenpflicht an dem Fremdling erfüllt sein wird, dann, dort in der Heimath dulde er dann weiter was ihm die Schicksalsgöttinnen gesponnen als ihn die Mutter gebar. Ist er aber etwa ein Unsterblicher, der vom Himmel gekommen, dann haben die Götter etwas Anderes vor. Denn von alten Zeiten her erscheinen die Götter sichtbar bei uns, wenn wir ihnen die herrlichen Hekatomben opfern, sitzen an unserem Mahl und essen mit uns wie wir andern. Und wenn ein Wanderer auf einsamem Pfade ihnen begegnet, so verbergen sie sich nicht, denn wir sind ihnen ja nahe, wie die Kyklopen und die wilden Geschlechter der Giganten.

Nun muß Odysseus sich zunächst dagegen wehren daß man ihn für einen Gott halte; weder an Wuchs noch Gestalt gleiche er Unsterblichen; er sei nur der unglücklichste der Menschen. Und nachdem das Gelage aufgehoben und er mit dem Königspaar allein geblieben, wird er befragt: wer und woher? Einstweilen erzählt er nur von Ogygia und Kalypso und seiner zuletzt so schrecklichen Fahrt nach Scheria und von dem edeln Empfang durch Nausikaa. Und ohne alle prosaische Scheu giebt Alkinoos *ihm selber* zu erkennen: Wenn doch Zeus und Athene und Apollon es fügten, daß ein Mann wie du, mir so gleich an Gesinnung mein Eidam würde und hier bliebe! Doch mit Zwang soll dich Niemand halten! morgen schon können wir dich entsenden; während Du in tiefem Schlafe liegst, fahren jene (die Unsrigen) mit Dir durch das heitere Meer bis zu deiner | Heimath und deinem Hause oder wo du sonst hin begehrst. – Erinnerung an die weiteste Fahrt der Phäaken: an Einem Tag nach Euböa und zurück, als sie den Rhadamanthys zum Besuch des Tityos dorthin führten. –

⌊VIII.⌋ Am folgenden Morgen – es ist der große Tag an welchem Odysseus sich offenbaren wird – führt Alkinoos den Odysseus auf die Agora der Phäaken, während Athene als Königsherold die Einzelnen zur Versammlung ruft und den Odysseus verklärt. – Alkinoos empfiehlt ihn den Phäaken zur Entsendung, «denn nie hat Jemand der in mein Haus gekommen, lange und in Herzeleid auf Entsendung warten müssen. Rüsten wir ein Schiff, und 52 junge Ruderer sollen im Volk gewählt werden». Dann will er sie alle noch bewirthen.

Zum Mahle singt der blinde Demodokos den Streit zwischen Odysseus und Achill, wobei Odysseus mit dem Purpurgewand sein Antlitz verhüllt und seufzt, was aber nur Alkinoos bemerkt. Alkinoos lädet seine Gäste hinaus zu Kampfspielen, auf die Agora.

Hier, bei den Vorbereitungen zu den Kämpfen, eine Anzahl von Eigennamen meist mit See-Bedeutung: es kommt darin vor: die Fluth, der Schiffsschnabel, der Tannenmast, das Gestade, das Ruder, das Einsteigen, die Schiffahrt, der Zimmerer, der Schiff-Ruhm.

Wettlauf, Ringen, Sprung, Diskos, Faustkampf.

(Alkinoos selbst, 138, giebt zu: nach seiner Meinung gebe es nichts Schlimmeres als das Meer um einen Mann zu erschüttern, wie kräftig er auch sei).

Bei Anlaß der Aufforderungen an Odysseus, ebenfalls um die Wette zu kämpfen, höhnt ihn Euryalos: er sehe freilich eher einem Solchen ähnlich, der in seinem Schiffe beständig herumfahre als Anführer von Schiffern welche zugleich Geldeinforderer sind, der die Gedanken bei seiner Ladung hat und sein Kaufmannsgut und seinen gierigen Gewinn nicht aus den Augen läßt. | (D. h. die Phäaken sind eben keine Kaufleute). – Nachdem sich dann Odysseus durch mächtigen Discuswurf legitimirt hat, verfügt Alkinoos den Tanz; seine Einleitungsworte: Höre mich nun an damit du einst andern Helden erzählen kannst, wenn du in deinem Palast am Mahle sitzest mit Gattin und Kindern, eingedenk dessen was *wir* können und was für ein Thun Zeus *uns* verliehen hat schon von den Ahnen her. Wir sind nämlich nicht tadellos im Faustkämpfen und Ringen, aber im Wettlauf fliegen wir rasch und in der Seefahrt sind wir die Besten; uns erfreuen stets das Mahl, die Kithar, der Reigentanz und oft wechselnde Gewänder und warme Bäder und das Ruhebette. – Und nun ruft er die besten Tänzer auf, damit einst der Fremde seinen Leuten daheim melden möge, wie sehr wir Andere übertreffen an Seefahrt, Wettlauf, Tanz und Gesang. – Und nun beginnt der große Tanz der Jünglinge, und Demodokos, in ihrer Mitte, singt dazu den Mythus von Aphrodite und Ares. Dann folgt das Duo des Laodamos und Halios, Tanz mit kunstreichem Wurf des purpurnen Balles verbunden.

Auf Alkinoos Rede hin wird Odysseus von den phäakischen Fürsten reich beschenkt mit Gewändern und Gold und Euryalos angewiesen, ihm für die unfreundliche Rede Sühnung anzubieten; Euryalos schenkt ihm ein prächtiges Schwert. Auch Alkinoos beschenkt ihn herrlich.

Dann nach dem Bade das Gelage. Am Eingang in den Saal steht Nausikaa (es ist ihre letzte Erwähnung) in göttlicher Schönheit und bewundert den Odysseus mit langem Blick und spricht zu ihm: Freude dir, Fremdling, wenn du wieder in der Heimath bist, gedenke auch meiner, denn mir zuerst verdankst du das Leben! – Odysseus: Nausikaa! so gewiß mir Zeus Heimkehr gewährt so gewiß werde ich einst dort zu dir wie zu einer Göttin beten mein Lebtag, denn du rettetest mir das Leben.

| Beginn des Gelages; nach dem Essen bittet sich Odysseus von Demodokos die Geschichte von der Einnahme von Ilion durch das hölzerne Pferd aus; wenn Demodokos dieß nach der Ordnung könne, werde er (Odysseus) allen Menschen verkünden, daß wirklich ein Gott dem Demodokos seine Kunst eingegeben. – Demodokos singt die Geschichte, Odysseus weint, Alkinoos bemerkt es wieder allein und gebietet dem Sänger Halt. Und nun endlich soll Odysseus seinen Namen und seine Heimath verkünden, damit unsere Schiffe, in ihren Gedanken dorthin zielend, dich dorthin bringen. Denn die Phäaken haben keine Steuerleute noch Steuerruder, sondern ihre Schiffe wissen von selbst die Gedanken und den Willen der Männer und kennen nahe und ferne die Städte und fetten Fluren aller Menschen und fliegen rasch über die Meeresfluth ein-

gehüllt in Nebel und Wolken, und nie fürchten sie Schädigung oder Untergang. Das freilich hörte ich einst meinen Vater Nausithoos sagen: uns zürne Poseidon weil wir Jeden gefahrlos (zur Heimath) geleiten; deßhalb werde er einst ein gutgearbeitetes Phäakenschiff, das von einem solchen Geleit heimkehre, im dunkelwogenden Meer zernichten und um unsere Stadt ein großes Gebirg wie eine Hülle legen. So berichtete der Greis; das mag nun die Gottheit in Erfüllung gehen lassen oder nicht, wie es ihr in ihren Gedanken genehm ist. – Nun endlich das Verlangen: Odysseus möge sich offenbaren.

IX–XII Die Erzählung des Odysseus.

XIII Die Hörer in stummer Bezauberung im schattigen Saal. – Alkinoos: die Fürsten (βουληφόροι) die den Odysseus bereits beschenkt, sollen ihm noch Jeder einen großen Dreifuß und ein Becken geben; durch die Volksversammlung möge man sich's wieder ersetzen lassen. | Dann geht man zur Ruhe. Am folgenden Tag von frühe an das große Opfer und Festmahl im Palast und die Beladung des Schiffes. Odysseus kann kaum den Abend erwarten; unter Segenssprüchen Abends der letzte Wein herumgereicht und den Göttern gespendet; Odysseus nimmt seinen letzten Abschied nicht von Alkinoos sondern von Arete: Lebe wohl ⌊glücklich⌋, o Königin, auf immer, bis das Alter naht und der Tod wie er den Menschen bevorsteht. Ich ziehe von dannen, du aber freue dich in diesem Hause deiner Kinder, deines Volkes und deines Gemahls Alkinoos.

Dann schreitet er über die Schwelle, geleitet von einem Herold und drei Dienerinnen nach dem Meer hinab. Dort empfangen ihn behende die Ruderer und bereiten ihm sein Lager; lautlos legt er sich nieder und entschlummert sanft und tief; er, der so viel Leiden, Schlachten und Stürme erduldet, vergaß jetzt dieß Alles.

Das Schiff fliegt über die nächtliche Fluth schneller als ein Habicht. Beim Aufsteigen des Morgensterns ist man schon bei Ithaca angelangt; in die Nähe der Nymphengrotte tragen sie auf seiner Decke den schlummernden Helden hinaus und legen leise die Geschenke neben ihn unter den Oelbaum und eilen von dannen.

Nun klagt Poseidon bei Zeus über die Phäaken, wenn sie gleich von seinem Stamme seien. Wohl habe er gewußt, daß Odysseus einst heimgelangen werde, da Zeus selbst es ihm versprochen; aber eine Mißachtung gegen ihn sei es daß diese Heimfahrt geschehen dürfe in sanftem Schlaf und mit Beigabe so vieler herrlicher Geschenke, daß selbst ein volles Beutelos aus dem Raube von Ilion nicht so viel ausmachen würde.

Zeus erlaubt ihm die Rache an den Phäaken und Poseidon spricht darauf seinen Vorsatz aus | das Schiff zu versteinern und ein hohes Gebirge um die Stadt zu ziehen. – Zeus stimmt auf die niederträchtigste Weise ein, indem er es noch ausmalt wie sich die Phäaken wundern werden wenn sie von der Stadt aus das Schiff schon ganz nahe daherfahren und dann plötzlich zum schiffähnlichen Fels werden sehen; dann möge Poseidon auch noch den Berg um die Stadt ziehen. Poseidon eilt nach Scheria, schlägt das rasch daherfahrende Schiff mit der Hand daß es Stein wird und in dem Boden wurzelt. ⌊(Der Fels wird bei Corfu noch gezeigt.)⌋ Dann eilt er fort.

Die schiffskundigen Phäaken am Ufer redeten zu einander: Wehe, wer hemmt so plötzlich den Lauf des Schiffes? Alkinoos aber versammelte sie und sprach: Wehe, es trifft die alte Weissagung ein, die ich von meinem Vater weiß, daß Poseidon, zürnend über uns weil wir Jeden gefahrlos zur Heimath geleiten, einst ein schönes, vom Geleit heim kehrendes Phäakenschiff im dunkeln Meer schlagen und ein hohes Gebirg um die Stadt herum ziehen werde. So weissagte der Greis, und dieß erfüllt sich nun Alles. Wohlan! nun folgt mir alle! Geleiten wir keinen Sterblichen mehr wenn einer in unsere Stadt gelangt! Dem Poseidon aber laßt uns 12 auserwählte Stiere opfern ob er sich unser erbarme und nicht auch noch unsere Stadt mit einem weiten Gebirge einhülle.

Er sprach es, sie entsetzten sich und rüsteten die Stiere. Und nun flehten die Fürsten und Anführer des Volkes der Phäaken zum Herrscher Poseidon, stehend rings um den Altar. – Odysseus aber erwachte im Lande seiner Heimath etc.

―――

| Göthe, italienische Reise, über seine Nausikaa: 7. April 1787 – 16. April – 17. April – 7. Mai. *Aus der Erinnerung, ibid.* Plan und Bruchstücke: II, 186.

(Es gab schon eine Nausikaa von Sophokles. – Sie kömmt auch in der bildenden Kunst vor. – Ihre Vermählung mit Telemach schon bei Aristoteles, in der Politie der Ithakesier erwähnt). (Die Landschaft des Rubens, Palazzo Pitti).

7. April: der öffentliche Garten zu Palermo, an der Rhede rief Göthe die Phäakeninsel in's Gedächtniß; er kauft einen Homer und übersetzt daraus den Krieg ex tempore.

16. April: Auf einem Spaziergang nach dem Thale am Fuß des Rosalienberges denkt er den Plan eines Drama's Nausikaa durch, zeichnet ihn dann auf und führt sogar einige Stellen aus.

17. April: Aber wieder im öffentlichen Garten fällt ihm seine alte Grille wieder ein: ob er nicht unter dieser Schaar (von Pflanzen) die Urpflanze entdecken könnte? – «Der Garten des Alcinous war verschwunden; ein Weltgarten hatte sich aufgethan. Warum sind wir Neueren doch so zerstreut, warum gereizt zu Forderungen, die wir nicht erreichen noch erfüllen können?» –

7. Mai, zu Taormina, in den Aesten eines niedrig gezogenen Orangenbaumes sitzend, denkt er den Plan zu Nausikaa weiter aus, (und zwar dießmal als) eine dramatische Concentration der Odyssee. Folgt eine besondere Aufzeichnung: *aus der Erinnerung*. Sein Drang: «Meer, Inseln und Häfen durch poetische würdige Gestalten zu beleben und mir auf und aus diesem Local eine Composition zu bilden in einem Sein und in einem Ton wie ich sie noch nicht hervorgebracht.» Er liest die Odyssee «mit unglaublichem Antheil.» Sein Plan einer Nausikaa als Tragödie. Sie liebt Odysseus, nachdem sie bisher alle Freier abgewiesen; indem sie sich voreilig verräth, wird die Situation tragisch.

| Was Göthe nun vom Gang der Handlung sagt, stimmt nicht völlig mit dem erhaltenen, freilich sehr dürftigen Scenarium. Er selber hatte nicht nöthig, sich künstlich in die Gestalt des Odysseus hinein zu versetzen; ganz von selbst empfand er sich als den, «welcher auf der Reise schon hie und da schmerzliche Neigungen rege gemacht und zugleich als den wundervollen Fabulanten, der bei unerfahrenen Hörern als ein Halbgott, bei gesetztern Leuten etwa als ein Aufschneider galt.» Eine Sage des spätern Alterthums, erhalten in einem Fragment des Aristoteles (Politie der Ithacesier), bot einen möglicher Weise ganz herrlichen, nicht tragischen, sondern glücklichen Ausgang dar: Odysseus giebt der Nausikaa statt seiner den Sohn Telemachos zum Gemahl (sein zweites, aber jugendliches Ich, das sie in dem Vater geliebt). Göthe kannte die Sage und läßt den scheidenden Odysseus wirklich den Sohn anbieten, und Alkinous und Arete sind schon gewonnen; da heißt es aber im Scenarium nur kurz: «die Leiche» – und in der Aufzeichnung des Tagebuches: da Odysseus sich als einen scheidenden erkläre, bleibe dem guten Mädchen nichts übrig als im fünften Acte den Tod zu suchen. Nausikaa hatte *ihn* geliebt und den dargebotenen Ersatz verworfen.

Göthe erklärt daß er über dem Vorhaben seinen Aufenthalt zu Palermo, ja den größten Theil seiner übrigen sicilianischen Reise verträumt habe. Von deren Unbequemlichkeiten er denn auch wenig empfunden, indem er sich auf dem überclassischen Boden in einer poetischen Stimmung fühlte; in dieses wunderbare Medium tauchte für ihn jeder Anblick, jede Wahrnehmung von selber sich ein. | Aufgeschrieben habe er wenig oder nichts, wohl aber den größten Theil bis aufs letzte Detail im Geiste durchgearbeitet. Durch «nachfolgende Zerstreuung» zurückgedrängt sei der Plan bis zu einer «flüchtigen Erinnerung» verblaßt.

Mit Göthe ist nicht zu rechten. Schmerzlich wäre es denken zu müssen, daß botanische Präoccupationen wegen der Urpflanze auf Kosten der Tragödie jene weihevollste und vielleicht entscheidende Stunde im Garten von Palermo (17. April 1787) möchten vorweggenommen haben; denn die botanische Wissenschaft würde auch ohne Göthe, so wie zB: die

Wasserbaukunst und Mechanik auch ohne Lionardo da Vinci auf alle ihre wirklichen Wahrheiten und Entdeckungen gerathen sein, während die großen Schöpfungen der Poesie und Kunst nur an ganz bestimmte große Meister gebunden sind und ungeboren bleiben wenn diese ihre Kräfte anderweitig verwenden. Vielleicht aber fand Göthe in seinem Entwurf einen tiefern, das Leben der Tragödie in Frage stellenden Mangel und ließ sie *deßhalb* liegen.

Und doch wäre in jener Zeit seiner hohen, geläuterten Kraft auch bei einer nicht tadelfreien Anlage immer noch ein herrliches Werk entstanden und in den hingeworfnen Fragmenten aus den Reden und dem Dialog der Tragödie finden sich einzelne Zeilen die zum wunderbarsten und lieblichsten gehören was Göthe gesagt hat. Vollends der südliche Ton und Klang, welcher das Ganze würde durchdrungen haben, ist durch keine andere Dichtung Göthe's zu ersetzen:

  Ein weißer Glanz ruht über Land und Meer
  Und duftend schwebt der Aether ohne Wolken.

Acht Jahre später ⌊(1795)⌋ läßt er Mignon singen: Kennst du das Land etc.

Mailänderkriege seit 1521

*
* *

Die letzten Jahre der Mailänder Kriege 1521–1529
bis zum Tode des Francesco II 1535

Thema: Was ein Land ausstehen kann, das dabei ein Culturland von erstem Range ist.

Bei flüchtigem Blick geschieht nur das Alte worin die Geschichte von jeher sich bewegt hat: Mailand wuchs durch Gewalt, übte Gewalt und litt dann Gewalt. Wenn es gekonnt hätte, würde es lieber weiter Gewalt geübt haben.

Seit XIII. Jh. nur noch Tyrannis, über der Hauptstadt und den Unterthanenstädten; die Rep. di S. Ambrogio geht in die Herrschaft des Francesco Sforza aus; die Tyranniciden von 1476 bewirken nur einen Personenwechsel. Die Position in dem durch und durch gewaltsamen und illegitimen Italien war wohl der Art daß die Sforza gerne Frieden hielten wenn sie konnten; aber in Folge aufgelaufener Gewaltmaßregeln kam dann gerade Lodovico Moro in die Nothwendigkeit, die Franzosen zu Hülfe zu rufen; 1494 begann eine neue Aera der Interventionen des Auslands in Italien und diese Interventionen sind bald ebensoviele Mailänderkriege. ⌊Nun, wie immer, litten die Spätern für die Frühern⌋

Sobald einmal Italien, das uneinige und gewaltsame, sich schwach zeigte, kamen die Raubvögel von allen Seiten: Frankreich und Spanien mit angeblichen Erbrechten, das Kaiserthum mit Reichsrechten, die Schweiz mit ihren Söldnern, mehrmals bei beiden Parteien zugleich.

Dieß Alles bekannt und oft geschildert. Das Kriegsgeschichtliche hier ohnehin zu übergehen, und ebenso die ganze große europäische Politik, welche Oberitalien zu einem ihrer Haupttheater gemacht hat. Allein wie jede große Gewaltthat ihre besondere, lehrreiche Seite hat, so werden auch hier Züge hervorzuheben sein, welche dem Land und seinem Schicksal eigen sind. Lehrreich sind hier:

die übergroßen Leiden die einem hochgebildeten Volk zugefügt werden.

Dann was in den Quälern vorgeht, nämlich die satanischen Wirkungen von Machtgier und Ehrgeiz; hier aus guten Quellen psychologisch genau nachgewiesen.

Dieß Schauspiel nicht anmuthig aber nachdenklich.

Frankreich hatte den Wahn, daß Erbrechte nordischer Art auch auf das bloß factisch gesinnte Italien anwendbar seien; – und das deutsche Reich, das im Norden nie mehr im Stande war, ein entschloßnes Fürstenhaus auf die Dauer zu bändigen, regierte mit alten Lehnsansprüchen nach Italien hinein. Keines von beiden hätte von Italien zu fürchten gehabt; sie konnten es deßhalb völlig in Ruhe lassen. Als aber Frankreich eingegriffen hatte, konnte Deutschland nicht zurückbleiben. ⌊Die Schweizer unter Umständen Werkzeuge Beider.⌋

Bis 1519 hatte es nun noch ein besonderes Aragon gegeben, welches Theile von Unteritalien längst wohl oder übel besaß und sich ebenfalls in die übrigen italienischen Dinge einmischte. Und nun wurde 1519 der König von Aragon etc. etc. zugleich deutscher Wahlkaiser. Dieß Jahr ein Abschnitt. Der bessere Anschein Carls V.: er schien für die Sforza's Mailand zu begehren; Franz I. für sich selbst.

Italiens alte Mitschuld; seine Fürsten wie seine Bevölkerungen hatten längst fremde Könige und Armeen angejubelt, wenn ihnen diese zu irgend einer politischen Rache verhalfen.

Referat «Basler Nachrichten» Nr. 285 und 291, vom 1. 12. und 8. 12. 1876: Szenen aus den Mailänderkriegen seit 1521

Von den Jahren 1499 bis 1529 kommt das Schicksal des Staates, der die Südgrenze der Schweiz bildet, ins Schwanken, nicht bloß wegen der mailändischen Wirren, sondern weil theilweise europäische Kriege sich auf seinem Gebiete abwickelten. Wir heben aus dieser Zeit einige kulturhistorisch wichtige Episoden heraus, die uns zwar keine anmuthige, aber doch eine lehrreiche Betrachtung bieten und uns den Schlüssel geben zum allgemeinen Schicksal der Menschen, das unter allen Himmelsstrichen mit Leiden verknüpft ist.

Man könnte sagen, Mailand habe sein Schicksal verdient in jenen Tagen; es habe allerdings Gewalt gelitten, aber wenn dies nicht geschehen wäre, hätte es vielleicht noch übler gethan. Dennoch verdient es unsere Theilnahme. Die übrigen Mächte Europa's sind es ja, die dem schönen Land ihre entsetzlichen Besuche machen. Frankreich, das Deutsche Reich und Spanien erheben ernstlich Ansprüche auf dasselbe; im Grunde hatte Niemand dazu ein Recht. Italien und besonders die Sforza wären gerne ruhig geblieben. Von dem ersten Sforza hat man gesagt, nie sei ein

so gewaltiger Usurpator ein so glücklicher Regent geworden, und in der
That hatte Mailand alle Ursache, ruhig und zufrieden zu sein. Allein bald
wurde das anders. Seit 1499 hatte König Ludwig XII. von Frankreich
nach der Gefangennahme von Lodovico Moro zwölf Jahre lang als Herzog von Mailand regiert, kam dann aber der heiligen Liga gegenüber in
Minderheit. Im Jahre 1512 wurden Papst Julius II. und seine guten
Freunde, die Schweizer, Meister des Landes. Sie setzten zusammen Massimiliano Sforza zum Herzog ein, der es auch drei Jahre blieb. Diese Zeit
ist darum merkwürdig, weil die Schweizer während derselben wirklich
eine auswärtige Politik hatten.
    Als Ludwig XII. starb, folgte ihm Franz I., der in Folge der Schlacht
von Marignano 1515 «sein» Herzogthum Mailand wieder an sich zog.
Aber der junge König war kein Verwalter und Regent wie Ludwig XII.;
leichter und gewissenloser, zeigte er bald eine plötzliche Milde und wunderliche Liberalität und dann wieder große Härte gegen Mailand. Sein
Leben ging in Frankreich in Festlichkeiten unter; die von ihm wieder eroberte Perle Europa's war kein Gegenstand seiner besondern Obsorge;
am Komersee waren noch antifranzösische Elemente, und Räuberbanden
und Parteigänger jeder Art durchzogen das Land. Gegen 1519 hin bemerkte man deutlich, daß sich seine Herrschaft in Italien dem Ende zu
neige. Die Frage über die Besetzung des deutschen Kaiserthums mußte zu
einem europäischen Krieg führen; wo die Interessen der verschiedenen
Ansprecher zusammentrafen, da floß Blut, und vielleicht am meisten um
Mailand.
    Lodovico Moro hatte Massimiliano und Francesco II. hinterlassen. Der
letztere, besser begabt und würdig der Sympathie der Geschichte, wurde
auf kaiserlichem Boden bereit gehalten, um bei der ersten glücklichen
Wendung der Dinge sein väterliches Erbe anzutreten. Schon 1522 konnte
der junge Herzog in Mailand einziehen. Aber er war zurückgeführt durch
die spanische Liga! Einerseits bereitete ihm die Gemüthsart der Spanier
die größten Verlegenheiten, anderseits mußte man darauf gefaßt sein,
Franz I. werde bald wieder kommen. Allein dieser stellte nicht den rechten Mann an die Spitze; die aufgewandten Mittel zur Rückeroberung
Mailands waren ungenügend; seine eigene Mutter soll Gelder für sich unterschlagen haben. So weisen die Jahre 1521 und 1522 für Frankreich
lauter Verluste auf (Schlacht bei Bicocca).
    Mittlerweile bildete sich im Norden des Landes ein neuer kleiner Staat
unter einem außerordentlich begabten und klugen Menschen, dem sogenannten Kastellan von Mosso, Gian Giacomo Medici. Seine eherne
Statue zeigt uns heute noch in ihm einen Mann von vortrefflichen Proportionen in römischer Feldherrntracht, mit einer merkwürdig ausgebildeten, schönen Stirn und bedeutender Schulterbreite. Er besaß dabei eine

Art sich umzusehen und mit den Menschen freundlich zu sein, ohne sich viel um sie zu schaffen zu machen. Einer alten Familie Mailands entstammend und dort aufgewachsen zeigte er früh schon große Keckheit; ganz jung rächte er einen meuchlerischen Ueberfall, bei dem er fünf Stichwunden erhalten, durch den Tod seines Gegners. Sein ausgezeichnetes kriegerisches Talent wurde durch die Bekanntschaft mit militärischen Autoritäten auf's vortheilhafteste entwickelt.

Von 1519 an, als Franz I. Herrschaft in Italien in's Schwanken kam, war Medici stets damit und dabei gegen die Franzosen. Man wurde auf ihn aufmerksam, besonders des Herzogs Kanzler Merone, ein Mann, der für das Entgegengesetzteste in die Schranken trat, mit einer fabelhaften politischen Lebenskraft begabt war, vollkommen politische Häutungen und innere Umwandlungen durchmachte und doch weiter lebte! Diesem Manne schien es von großer Bedeutung, wenn man Medici für die Interessen des Herzogs vollends gewinnen könnte. Besonders am Komersee konnte man ihn gebrauchen. Gegen die dortigen französisch Gesinnten erhielt er jetzt Truppen. Er führte den Krieg langsam, nach der Theorie Timur's, die Völker nämlich zu vernichten, welche sich wehrten. Ihm lag stets vor Augen, einen archimedischen Punkt zu finden, um vielleicht von demselben aus die Herrschaft in Mailand aus den Angeln zu heben. Medici hatte keinen Sinn für die Naturschönheiten des Geländes am Komersee; er hatte den Blick des Raubvogels, der ein unnahbares Nest sucht, und dazu schien ihm Mosso, jene Feste südlich von Como, mit ihren Vorwerken ganz geeignet. Man schaut hier den See auf- und abwärts und kann vollkommen sicher auf der Lauer liegen. Er eroberte also Mosso und erwartete, man werde ihn daselbst zum Kommandanten machen; allein Merone traute ihm nicht, und um seine Hoffnung betrogen kehrte er nach Mailand zurück. Hier hatte sich ein vornehmer Demagoge aus dem Geschlechte der Visconti aufgethan, der dem Herzog sehr unbequem wurde. Oeffentlich war ihm nicht gut beizukommen; der Herzog selbst wurde einmal auf der Straße verwundet, und endlich kam man einer völligen französischen Verschwörung auf die Spur. Ein solcher Mensch mußte aus der Welt geschafft werden, – wer sollte es thun? Der Kanzler eröffnete Giacomo Medici das Vorhaben. Derselbe war zuerst betreten und fragte: «Wie werdet Ihr es dann nachher mit mir machen?» Bald aber sagte er zu, denn er hatte den Grundsatz: «Nur nicht sich lange besinnen, sonst werden die Sachen ausgeschwatzt.» Er mordete den gefürchteten Gegner mitten in seinem großen Gefolge. Jetzt war aber für ihn kein Bleibens mehr in Mailand. Merone und der Herzog fanden, es wäre das Beste, wenn auch Medici stürbe. Sie gaben ihm einen Uriasbrief nach Mosso, worin dem Kommandanten der Festung befohlen war, so schnell als möglich mit ihm fertig zu machen.

Mailänderkriege seit 1521   183

Unterwegs aber erbrach Medici mit seinem Begleiter den Brief, schrieb einen andern (auf den er geschickt das alte Siegel übertrug) worin befohlen wurde, der Kommandant von Mosso soll seine Stelle an Giac. Medici abgeben und augenblicklich nach Mailand kommen. Dies geschah und Medici blieb in Mosso. Das Tragikomische an der Sache ist, daß der Herzog und der Kanzler zu Allem schweigen mußten. Medici fängt nun an von Mosso aus jene Gegend zu regieren, mild gegen die Freunde, schrecklich gegen seine Feinde. Er zog talentvolle, aber mit der Welt zerfallene Menschen an sich heran und erzog sie mit militärischer Strenge förmlich zu seinen Zwecken. Er leistete später auch dem Herzog große Dienste, indem er zwei Mal (1523 und 1525) die Graubündner abhielt, Franz I. Hülfe zu bringen, was nicht ohne Einfluß auf die Schlacht von Pavia geblieben ist.

Der Vortragende kömmt nun auf eine neue Persönlichkeit zu sprechen, die auf spanischer Seite auftrat, auf den Connetable von Bourbon, der als Werkzeug Karl's V. das höchste psychologische Interesse erweckt. Schon 1516 ließ derselbe sich mit Venedig über die Frage ein, wie es wäre, wenn er König von Frankreich würde, da Franz I. noch keine Leibeserben hatte. Es grenzte dies vielleicht an Hochverrath und es wurden deßwegen Prozesse gegen ihn angestrengt; Franz I. wollte indessen nichts Schlimmes gegen ihn unternehmen. Allein Karl von Bourbon war längst den dunklen Mächten verfallen und 1522 gelang es der Liga, ihn vollständig auf ihre Seite zu ziehen. Franz I. wußte allmälig Alles. Er reiste ihm noch 1523 nach, um persönlich einen Gemüthseindruck auf ihn zu machen; vergebens. Als die Spanier den Connetable aber einmal hatten, so beeilte man sich nicht allzustark, nachdem man ihm alle nur erdenklichen Herrlichkeiten versprochen, ihm nun auch wirklich Wort zu halten. Man behandelte ihn sogar hin und wieder offen als einen Verräther. Als der Connetable von Bourbon das nach und nach einsah, faßte er den Entschluß, die spanischen Truppen, die er kommandirte, sich zu eigen zu machen und sich selber ganz zu hispanisiren, um sich im Nothfalle jener bedienen zu können. Denn nur durch sie konnte er noch etwas werden.

Nachdem er einige Zeit in der Lombardei kommandirt hatte, erlaubte man ihm 1524 einen Zug nach der Provence mit dem spanischen Heer; allein in Frankreich war er verabscheut und Niemand regte sich für ihn, so daß er, der fortwährend von Pescara beaufsichtigt war, unverrichteter Dinge den Rückzug antreten mußte und dies um so mehr, da Franz I. wieder über die Alpen zog. Bekanntlich wurde Franz in der Schlacht von Pavia am 25. Nov. 1525 gefangen und von diesem Tage an ging der Primat in Italien auf Spanien über. Der Connetable von Bourbon soll vor dem gefangenen König geweint haben. Man schrieb ihm sogar zu, er könnte den Plan haben, den König zu befreien; aber der unglückliche Mann, der sein Vaterland aufgegeben und verrathen hatte, war verloren, – er erntete nur das, was er gesät hatte.

Die Werkzeuge der Gewalt sind nicht immer glücklich; wir haben das an dem Connetable von Bourbon gesehen. Ebenso lehrreich ist in dieser Beziehung das Schicksal Pescara's, des Siegers von Pavia. Nach der Schlacht von Pavia glaubten der Papst und Venedig, Karl V. habe zu viel erreicht und hege tückische Gedanken. Pescara hatte, gleich dem Connetable, auf das Herzogthum Mailand gehofft; aber man gab es ihm nicht. Entgegen seinem Willen wurde auch Franz I. nicht nach Mailand, sondern nach Madrid in Gefangenschaft gebracht. Das erbitterte ihn. Aber die Dinge wurden jetzt noch bedenklicher. Die provisorische Regierung in Mailand fing an, sich mit der französischen in Verbindung zu setzen. Es handelte sich darum, Karl V. durch eine rein italienische Allianz zu erschrecken und das Loos des gefangenen Königs zu erleichtern. Pescara sollte dem Kaiser entgegentreten. Ein Spanier hatte er als Soldat und Feldherr großen Ruhm, aber er haßte die Italiener und war selbst von tückischem Charakter. Seine Unzufriedenheit wurde indessen nach und nach so laut, daß die Regierung in Mailand anfing, auf ihn zu hoffen. Pescara wich zuerst aus; aber der Kanzler Morone machte seinen Gründen gegenüber das patriotische Interesse geltend, und es scheint wirklich, daß Pescara sich einige Wochen in dem Gedanken gefallen hat, Herr von Italien zu werden. Endlich machte er Bericht an Karl V. nach Madrid; aber der spanische Hof wußte die Sache schon aus anderem Munde. Den Verrath brachte Pescara übrigens auch mit der nöthigen Rohheit zu Stande, indem er Morone sich aussprechen ließ, als der Scherge der Gewalt (Antonio de Leyva) hinter einer Tapete horchte. Es ist fast unglaublich, daß Pescara, der Gemahl der großen Dichterin Vittoria Colonna, sich zu so Etwas hergeben konnte. Es geht auch die Sage, er habe sich an den französischen Hof gewendet, sein Kourier sei aber in die Hände der Kaiserlichen gefallen. Er hat alle diese Dinge nicht lange überlebt und ist getäuscht und verbittert in einem Alter von erst 36 Jahren gestorben.

Der Vortragende schildert nun die grauenhaften Leiden, die Mailand 1524 durch die Pest und nach der Schlacht von Pavia durch die Spanier und Deutschen erlitten, die das arme Volk bis zum Verzweiflungstumulte trieben, es brandschatzten und aussogen und es durch Erpressungen und Fluchtverbote in den Tod hetzten.

Mitten in all diesem Treiben tritt der Connetable de Bourbon wieder mit neuer Macht auf den Schauplatz. Das Gros seiner Armee sollte den Papst züchtigen, eine Division in Mailand zurückbleiben. Francesco, der als Hochverräther galt, hatte kapitulirt und war nur mehr noch Besitzer von Como. Bourbon war nun im Besitz von Mailand, das er in gräuelhafter Weise brandschatzte. Im Februar 1527 zog er mit seiner Armee

Mailänderkriege seit 1521

und dem Zuzug der Landsknechte unter Georg von Frundsberg ab. Sie wurden durch eine entsetzliche Masse von Missethaten und Frevel vorwärts geschoben. Rom war ihnen versprochen. Am 5. Mai langten sie dort an. Die letzten Verfügungen des Connetable, die er seinem Beichtvater diktirte, sind voll von Pietät für Karl V. Es kann uns dieß gleichgültig sein, denn wir wissen, daß es zehn Mal Lügen waren. Am 6. Mai wurde Bourbon beim Sturme auf Rom von einem Schusse getroffen und hauchte sein mit Verrath besudeltes Leben aus.

Der Rest der Armee war unter Antonio de Leyva in Mailand. Er war einer der Getreuesten der Getreuen für seinen Herrn und durfte sich stets das Aeußerste erlauben. Ein höchst zuverlässiger Spanier, erfinderisch in der Qual der Menschen, war er ein Mann voller Ergebenheit und militärischer Disziplin. Ihm gelang es, Mailand zu behaupten. Franz I. war frei geworden und hatte 1527–28 wieder die Mittel gefunden, Truppen zu sammeln. Es erschien eine französische Armee, nicht um Mailand zu befreien, sondern um Neapel anzugreifen. Was diese Armee aber in Oberitalien verübte, das hat die Verzweiflung des Herzogthums Mailand auf's Höchste gebracht. Weil Franz bei Pavia geschlagen und gefangen worden, wurde jetzt das arme Pavia erstürmt, und erduldete ein schreckliches Schicksal. Mailand blieb, wie es war; aber im Jahre 1528 kam Antonio auf den schrecklichen Gedanken, das ärgste Gesindel, das schlechteste, verlaufene Volk, Mailänder selber, gegen Mailand zu werben (die berüchtigten straccioni) und ihm die Freiheit zu geben zu thun, was es wollte. Diese Banden vollendeten nun auf dem flachen Lande, was andere früher in der Stadt begonnen hatten. Es war dieß die Zeit des größten Elendes; Alles verwilderte, vor Hunger Sterbende lagen auf den Gassen, in denen das Unkraut aufschoß. Wer noch 1529 die Qual des Lebens trug, schloß sich den Prozessionen an, welche «misericordia» singend, durch die Stadt zogen; der Jammer war nach der Versicherung eines zeitgenössischen Geschichtschreibers so groß, daß vor ihm die Kirchen fast zusammenbrachen!! –

Von der Schilderung dieses schauerlichen Bildes weglenkend, ruht der Vortragende einen Augenblick aus, indem er seine Zuhörer einladet, mit ihm das Heiligthum der Madonna von Saronno zu betreten, in das der berühmte Maler Bernardino Luini, angeblich wegen eines Mordes, sich geflüchtet hatte. Die Mönche haben ihn in ihrer Gewalt; dafür malt er ihnen den Chor aus mit einer Reihe der herrlichsten Bilder. Sind das die Werke eines Mörders? Ist jener wunderbare Zusammenklang von Andacht und Schönheitssinn mitten im Elend der Zeit ein Ausfluß des Verbrechens, ist diese ideale Phantasie die eines Missethäters? Vielleicht hat er einen Feind seines Landes, einen jener spanischen Teufel in Menschengestalt aus der Welt befreit! Ein Schüler des Leonardo da Vinci, war er rastlos thätig und versetzte in seinen Schöpfungen Alles in eine anmuthige jugendliche Welt! Nach einiger Zeit ist er in Lugano, wo er eine Madonna und seine gewaltige Passion malt; dann verschwindet er uns und ist vielleicht in Lugano gestorben. Wo kommt der Feldherrnruhm jener Zeit, überhaupt aller Zeiten her? Allmälig erlischt das Andenken an ihn, aber die Werke der Kunst legen Zeugniß ab von der idealen Macht, welche ewig dem Leben Werth und Bedeutung verleiht! –

Der Vortragende kommt schließlich noch auf den Ausgang des Kastellans von Mosso zu sprechen. Gian Giacomo Medici machte zunächst die Wendungen im Schicksal seines Herrn Francesco durch und brütete auch mehrere Anschläge auf Graubünden aus. Als im Jahre 1529 der Friede zwischen dem Papst, dem Kaiser und Franz I. in Aussicht war, kam für den Kastellan von Mosso eine schlimme Zeit; er mußte jetzt wie ein Anachronismus erscheinen, da er ja gewohnt war, nur stets im Trüben zu fischen. Es fehlt uns leider der Raum, näher auf das Schicksal dieses merkwürdigen Mannes einzugehen. Wir erwähnen nur noch, daß er 1531 einen neuen Streich gegen Graubünden ausführte, der ihm aber schlecht bekam, so daß auch Francesco nichts mehr von ihm wissen wollte. Die Ermordung einer Botschaft der Graubündner zwischen Lecco und Como machte seine Position vollends unhaltbar. Als er am Aeußersten war, wandte er sich noch an Franz I. Zweitausend Mann eidgenössischer Hülfstruppen sollten seinem Treiben in Mosso ein Ende machen. Immer noch voll genialer Pläne und voller Ressourcen konnte er sich in Mosso indessen nicht halten; er erhielt aber ehrenvolle Abzugsbedingungen, während die Festung dem Erdboden gleichgemacht wurde. Der Kastellan trat sodann zunächst in die Dienste des Herzogs von Savoyen, der mit Genf Händel hatte, und ist später einer der angesehensten Feldherren Karls V. geworden. Er zeichnete sich im Türkenkrieg aus, 1552 bei Parma; bei der Belagerung von Metz war er einer der Hauptanführer und 1554 und 1555 führte er den Krieg mit größter Grausamkeit gegen Siena. Er vertilgte in dem letzteren eine Menge Dörfer und ließ über 5000 Menschen tödten, von denen er selbst welche mit seiner eisernen Keule erschlug. Er starb in Mailand 1555. Jetzt begann die Fortuna seines Bruders Angelo, der unter dem Namen Pius IV. Papst wurde. Sein Pontifikat ist durch den Abschluß des Konzils von Trient eines der wichtigsten der neueren Zeit; Pius IV. verfehlte auch nicht, das Andenken seines Bruders in jeder Weise von Rom aus durch Almosen und Stiftungen zu verherrlichen! –

Spanien unter Philipp II.

*
* *

Nicht die Geschichte Philipps II., welche ja ein großer Theil der damaligen Geschichte Europa's wäre[1] sondern seine Persönlichkeit und seine Waltung gegenüber seinem Hauptland Spanien und speciell Castilien ⌊Wir sprechen nicht von America, Niederlanden und Italien⌋; einige Beleuchtung seiner Regierung im Innern. – Die Quelle: besonders venezianische Gesandtschaftsberichte.

Ererbt: der Gegensatz a) gegen Frankreich, b) gegen den Protestantismus, c) gegen den Islam.

Vorgeschichte: Mißlingen Carls V. in Deutschland 1552; Annullirung von Philipps deutscher Succession – Ferdinand I.

Die englische Ehe – der Krieg von S. Quentin.

1559 die Heimkehr nach Spanien. Escurial und Ketzerbrände.

Die Werkzeuge des Vaters schon vorher abgedankt: Mendoza, Gonzaga, Marignano, Granvella d. ae., Maria von Ungarn.

Folgt: Aeußere Persönlichkeit und Gesundheit – die Dynastie – der Hof – Character Philipps – Menschenscheu und schriftlicher Verkehr ⌊die Späher (Buffonen)⌋.

Carl V. hatte anders a) ernannt, b) belohnt.

Philipp II. findet keine Leute mehr, nur Castilianer möglich, Granden gemieden, Begabte wollte er nicht. Der Minister di mezzano valore: Ruy Gomez (im Grunde auch Alba). Unvermeidliche Folge: Parteiung. Alba's kleinere und dann größere Ungnade. Philipp findet auch keine Feldherrn mehr. Letzte Zeit: Granvella und die Universalmonarchie.

Überhaupt die größten Geschäfte, obwohl Philipp anfangs Frieden wollte. Die niederländische Revolution verflicht ihn in alle europäischen Crisen. Dabei ist er der unbedingten Fügsamkeit seiner Leute nicht einmal sicher; – Don Juan, nur spada e cappa. Auswärtige Spionage und Bestechung. Max II. keine Hülfe, bedarf noch dazu span. Geld. Bei innerer Erschöpfung: die Eroberung von Portugal. Frankreich um jeden Preis

1 der spanische Gesammtbesitz

uneinig und schwach gehalten. Heimliches Verhältniß Alba's und Philipps zu den Hugenotten. Endlich aber die Armada gegen England unvermeidlich.

| *Philipp II. – Persönlichkeit und Hof*
5 ⌊Die Familie ungesund; hier vorweg Don Carlos⌋
1563: l'amor che universalmente possiede.
Sein schriftlicher Verkehr – er ist flinker als irgend ein Secretär – kennt keine Erholung. ⌊Wenige möchten dafür Herrn so großer Reiche sein. Er liest und schreibt selbst im Wagen⌋
10 Nuntius und Gesandte bringen nichts aus ihm heraus. Er seinerseits benützt nicht die Gelegenheit von ihnen Manches zu erfahren.
Non s'adira oder thut doch nicht dergleichen.
Die am Hof eingeführte modestia.
An einem Hofball 1571 Philipp weiß mit schwarzem Mantel.
15 Er verliert sich in Bagatellen während es im Großen horrend zu geht. ⌊Der unglückliche Fleiß Philipps bringt Alles in Unordnung. Vollends die Mitglieder der Rathscollegien konnte er gar nicht mehr beurtheilen. Sein langsames Entschließen. Und doch wollte er selber Alles entscheiden.⌋
Ist müde König zu sein (1571).
20 Voll Verdacht; von seinem Lächeln zum Messer nur zwei Fingerbreit.
Seine Verstellung.
Der Hofdienst auf den Knien.
Gefährdung der Familie ⌊?⌋, Söhne von der Anna, Ferdinand und Diego, starben als Kinder; erst 1578 Philipp III. geboren. (Wenn Philipp II. etwa
25 nur einen Unmündigen und eine Witwe hinterließe, drohte Gefahr von den Granden.)[1]
Philipp (1578) lebt schon zehn Monate des Jahres in Aranjuez, Pardo und Escurial; am Hofe bekömmt man ihn nicht mehr zu sehen.
1581: die 54 Jahre des Königs che in un principe di casa d'Austria si
30 può tenere per età senile – Zunahme seiner Kränklichkeit.
Verschleppung der Geschäfte (da der König Alles thun will)... è di natura piuttosto severa per non dir crudele, unter der Hülle strenger Gerechtigkeit. Er begnadigt nie. – Gefühllos gegen Kinder und Verwandte.
Heimliche Rachsucht – Verstellung gegen die zum Sturz Bestimmten.
35 Alba ist verdrossen, Granvella möchte um jeden Preis wieder nach Rom, Idiaquez möchte als Gesandter fort.
1584: Zunehmende Melancholie und Arbeitsamkeit Philipps. Die Buffonen als Späher.

---

1 Gesundheit – Dynastie – Hof – Charakter – Thätigkeit

| Philipp II. – Auswärtiges
Das Unterhalten Frankreichs durch Schüren der Unruhen – um *jeden*
Preis. – Nicht nur Catharina Medici am Hugenottenfrieden gehindert,
sondern geheimes Aufhetzen Albas's an Navarra und Condé keinen Versprechungen des Hofes zu trauen – und später (1585) directe Mahnungen
an Navarra.
Von England läßt man sich lange Alles gefallen.
Max II. bedarf span. Geld.
Don Juan, nur con spada e cappa flößt den Italienern (u. a. den Genuesen) die größte Besorgniß ein. Auch Minister und Capitäne könnten etwa
ohne den König handeln facendo la guerra per i soldati.
1580 Portugal erobert.
1581 Granvella der Franccomtois treibt Philipp zum *Angriff* gegen
Henri III. Philipp hat bereits dem Papst eine Armada gegen England versprochen, sobald Portugal ruhig sei.
1584 Granvella als Treiber zur Monarchia univ. und vor Allem zum
Bruch mit Frankreich, während der König die Franzosen durch Ermüdung aufzehren möchte. – Granvella vergißt sich und seine Verwandten
und Freunde ja sein Cardinalat, indem er den König antreibt, sich heimlich mit den Hugenotten einzulassen, nur damit Catharina Medici von
Flandern ablasse. Navarra bekam damals heimlich spanisches Geld, damit er gegen Henri III losbreche – oder wies er die Offerte ab? Dito Montmorency-Damville (Die Venezianer schweigen gänzlich von der großen
auswärtigen Spionage und Bestechung).

| Spanien unter Philipp II. – Die Geschäfte
Carl V. kam an die freie Luft und in halb Europa herum; Carl V. hatte
seine Leute selbst gewählt, für jeden Auftrag. Philipp ließ sie sich von den
Ministern vorschlagen. Und mit den Ministern verkehrt er brieflich. Philipp giebt all die vielerlei Belohnungen (Commanden, Aemter, Pfründen)
nur auf Bericht seiner Räthe aus.[1] Carl gab, ma tardo, und nach eigenem
Urtheil und dann tüchtig, weil selten.
Philipp wäre wirklich gerne ruhig geblieben (Zur Universalmonarchie
erst allmälig gedrängt).
Ruy Gomez ⌞† 1572⌟ 80,000 scudi Einkommen, durch Aemter und
Gnaden, aber noch vielmehr durch die italienischen Fürsten die sich an
ihn adressirten. ⌞(Nur Castilianer möglich, Granden gemieden, Begabte
will Philipp nicht mehr).⌟

---

1 Don Quixote I, 357 Barbaresken. Don Quixote I, 467 der Bramarbas.

Die Verdopplung der Abgaben 1559–1573
1576: Philipp weiß daß zu neuen Ministern das Holz fehlt. ⌊Aber er fürchtet von allzu Begabten übersehen zu werden; er will lieber Leute di mezzano valore wie Ruy Gomez war.⌋ *Parteiung* am Hofe: Alba gegen: Don Juan, Quiroga, Perez. Alba um seine Ungnade zu verdecken, bleibt stets in der Umgebung des Königs (die große Ungnade kam erst später).

Ebenso fehlt zu Feldherrn das Holz; ⌊(1581)⌋ Obercommando's will man an Italiener wie Marcantonio Colonna, Vespasiano Gonzaga, Paolo Orsini Giordano nicht geben.

1584 Granvella als Treiber, auch zur Monarchia universale. 67jährig – möchte gerne wieder nach Rom.

| *Philipp II. – Spätere Zeit*
Das mehr und mehr schriftliche Verhandeln mit ihm; Billets. Vom Lächeln zum Messer des Königs nur zwei Fingerbreiten. Seine lange Verstellung gegen Gehaßte.

Frankreich durch Unruhen unten gehalten. Von England steckt er einstweilen Manches ein.

Der Hof sehr reducirt. Die tüchtigen Diener ⌊dito die Generale⌋ wachsen nicht mehr nach ⌊sie möchten gern fort⌋. Alba in halber Ungnade. Verschleppen der Geschäfte.

Das alte Versprechen einer Armada an den Papst.

Philipp erzog sich keine neuen Diener. Er sah nur noch auf Ergebenheit und fürchtete die Fähigkeit. Granvella in den späten Jahren der Rathgeber des Ehrgeizes. Philipp mit den Jahren immer arbeitsamer. Buffonen als seine Späher bei Hofleuten.

Portugal konnte er mit vollkommner Sicherheit nehmen.

Er subventionirt 1584 selbst den Navarra, wegen des Anjou.

Nach der Armada und der Katastrophe Perez: Mißtrauen selbst gegen Alessandro Farnese. Dessen Unersetzlichkeit nach seinem Tode.

Mailand gedeckt durch Bund mit Schweiz und Savoyen. Die italienischen Verhältnisse durch die italienische Zwietracht gesichert.

England jetzt höchst furchtbar. Sein Corsarenthum; seine Hilfe an Henri IV und Holland.

Sorgen Philipps wegen Vormundschaft für Philipp III.

Sein Wunsch, daß auch die Ligue ja nicht stark sei. Daher 1593 alle Vereinigung der Kräfte vermieden.

Philipp wird mehr und mehr unsichtbar. Seine Spione in der ganzen Welt. Er schreibt Tag und Nacht – folgt 1595.

Lissabon verödet, besonders durch das englische Kapern.

Die di casa in casa erbettelte Steuer von 1595.

Furcht vor Abfall der Spanier in verschiedenen Colonien.

Der niederländische Krieg frißt das indische Gold.
Weltmonarchische Absichten bis an's Ende. ⌊Auch Spanier gingen drauf ein⌋
Jetzt wäre eine neue Armada bloße nothwendige Gegenwehr.
Langsamkeit und Lahmheit aller Maßregeln und öffentlichen Dienstes.
Keine Rechnung mehr geführt.
Spanien höchst unzufrieden, Italien zu jeder Aenderung bereit. Der Linie Savoyen würde Spanien nicht mehr gehorchen. Gefahr eines Abfalls von Indien. Sorge vor einem Frankreich das auch nur zwei Jahre Frieden hätte. Dann 1596 beim Überfall von Cadix allgemeine Confusion und Panik. Habe, Menschen und Lebensmittel gingen ins Ausland.
Philipp erfuhr vom Cardinal von Sevilla was die Beichtväter sagten. Der Infant sorfältig unten gehalten.
Philipp im Sterben vermeidet seine Schwester zu sehen.

Referat «Schweizerischer Volksfreund» Nr. 254 und 261, vom 27. 10. und 4. 11. 1877

Wie schon in früheren Jahren, so eröffnete auch dieses Jahr Herr Prof. J. Burckhardt die Reihe der populären Vorträge. Vor dichtgefülltem Saale sprach er in wahrhaft klassischem Redefluß über Spanien unter Philipp II. *Da die jener Zeit vorhergehenden Ereignisse an und für sich schon Stoff genug für mehrere Vorlesungen liefern würden, so mußte der Herr Vortragende sich auf das Allernothwendigste beschränken. Um so eingehender wurde Don Philipp selber charakterisirt. Aus einer Familie stammend, die keineswegs gesund war, in der namentlich Wahnsinn und Verrücktheit erblich sich fortpflanzten, war Philipp II. ebenfalls Krankheiten unterworfen. Sein Geist war kleinlich, wohl in Folge seiner körperlichen Leiden; er war menschenscheu. Mit seiner Umgebung verkehrte er nur brieflich; oft schrieb er per Tag über 100 Billete. Ganz im Gegensatz zu seinem Vorfahren Karl V., liebte er es, nur mittelmäßige Leute an Staatsämtern zu haben, aus Furcht, von größern Charakteren in den Schatten gestellt zu werden. Von einem eigentlichen Hofstaate läßt sich bei ihm nicht reden, da er fast nie in der Residenz, sondern den größten Theil des Jahres im Eskurial, in den Provinzen zubrachte. Von den wenigen Granden, die er Jahre lang um sich hatte, sind blos Eboli und Alba zu erwähnen. Da Don Philipp ferner alle Geschäfte selbst erledigen wollte, so blieb der größte Theil derselben liegen und so kam es, daß nach seinem Tode eine heillose Unordnung zu Tage trat.*

Um vom Lande zu reden, regierten dasselbe außerdem drei Dinge: Die Steuern, die Soldaten und – die Inquisition. Die Steuern waren ganz enorm gestiegen. So mußte z. B. bei jedem Verkauf, bis auf «Eier und

Salat» hinunter 5, 8, ja 20 % der Summe, dem Staate ausgeliefert werden, so daß Verkaufsgegenstände bei mehrfacher Handänderung in einem Tage auf das Vierfache ihres ursprünglichen Werthes getrieben werden konnten. Dieses Steuerverfahren war auch die Ursache des Abfalls der Niederlande. Wohl lieferten die Minen in Amerika ziemlich Geld in den Staatsseckel, allein es reichte dennoch nicht hin zur Verzinsung der ungeheuern Staatsschulden, besonders wenn man bedenkt, daß die Gläubiger 20 % forderten. Es wurden sogar Geldsendungen an Kaufleute von der Regierung einfach konfiszirt und dem Adressaten ein Gutschein dafür ausgestellt.

Die spanische Armee war zu jener Zeit im Auslande nicht beliebt, dagegen äußerst tapfer, trotzdem daß den Soldaten oft 18 Monate der Sold vorenthalten wurde. Ein Beispiel von diesem Muthe liefert uns der Aufstand in der Stadt Antwerpen, wo dreitausend Soldaten sich gegen die ganze Bevölkerung auflehnten.

Obschon es der spanischen Armee nicht an Muth gebrach, so war sie dennoch nicht immer siegreich, denn wie schon bemerkt, fehlten die rechten Männer an der Spitze. Doch lag die Schuld nicht allein an den Anführern, sondern theilweise auch an den Truppen selbst. Die Milizen, welche zur Ergänzung der regulären Truppen aufgeboten werden mußten, ließen öfters zu wünschen übrig. Doch vertrugen sich die spanischen Soldaten sehr gut mit einander; es stammt auch aus jener Zeit unser Wort «Kamerad», welches ursprünglich eine Einquartirung von 8 bis 10 Mann (camarada) bezeichnete.

Charakteristisch für diese Truppen ist ihre Grausamkeit dem Feinde gegenüber; namentlich war es hiebei auf Gelderpressungen abgesehen. – Die Kriege, welche unter Don Philipp geführt wurden, sind folgende: 1) der flandrisch-niederländische Krieg; 2) der Krieg gegen die Türkei 1571; 3) die Unterwerfung Portugals 1581 und schließlich der englische Krieg, der mit dem Verlust der großen Armada 1588 endigte. (Der Herr Redner beleuchtete alle diese Feldzüge von verschiedenen Seiten; der Raum gestattet leider nicht, näher darauf einzugehen).

Das dritte Schreckmittel, mit welchem Philipp II. das Land regierte, war die Inquisition. An der Spitze dieses Schreckensgerichtes schaltete der König nach Belieben, denn dieser setzte einen Großinquisitor ein, wie er ihm eben in den Kram paßte. Der Papst hatte nur das Recht, denselben zu bestätigen. Ursprünglich wurde die Inquisition zur Zeit Ferdinands (1478) eingesetzt und zwar zum Zwecke der getauften Juden und später auch der christianisirten Mauren; später gestaltete sie sich zu einem eigentlichen Gerichtshofe, in welchem der König den krassesten Terrorismus ausübte. Ferners mußte die Inquisition auch dazu dienen, dem Könige Geld zu verschaffen. Wohl wurde bei Vergebung von kirchlichen

Spanien unter Philipp II. 193

Pfründen oft bis zu 2 Drittel derselben für die Staatskasse ausbedungen, und so sehr viel Einnahmen erzielt; allein man darf nicht vergessen, daß Philipp allein der Türkei jährlich bis 800'000 Golddukaten nur zur Aufrechthaltung der Waffenruhe bezahlen mußte; daß ferner die reichen Niederlande abgefallen waren, somit nicht mehr steuerten, und daß die enormen Staatsschulden zu verzinsen waren. Um nun alle diese Summen zu erschwingen, führte Philipp einen Ablaßhandel ein, dessen Erlös zur Führung eines Kreuzzuges gegen die Ungläubigen angeblich bestimmt war, der aber in Wirklichkeit in die Staatskasse floß. Zu diesem Ablaß wurde nun das Volk förmlich gezwungen; der Kreuzzug aber nie ausgeführt. Aber damit verderbte er es mit dem Papste, denn dieser wollte auch seinen Antheil. Die Folge davon war, daß Philipp einen Druck auf die Papstwahlen ausübte; kein Kardinal wurde auf den Stuhl Petri erhoben, der nicht dem König vollständig ergeben war.

Als aber trotz aller Vorsicht Clemens VIII. 1593 zum Papst gewählt worden war; als er Heinrich dem Vierten die Königskrone Frankreichs erwirkte, da kamen die Jahre, in denen Frankreich, das von Philipp schon als dem Verfall nahe gewähnt worden, als einheitliche katholische Macht erstarkte. Er vermochte diese Demüthigung, diese Verdunkelung Spaniens nicht lange zu überleben; bald nach dem Frieden zu Vervins im Jahre 1598 starb, wohl wenig betrauert Philipp II., «der Dämon des Südens».

Rembrandt

*

* *

Rembrandt

Ein Unterschied der antiken von der modernen Kunst, u. a.: Daß jene unseres Wissens keine Künstler hatte welche durch plötzlich neue Auffassung der Aufgabe ihrer und aller Kunst jähe Neuerungen und Revolutionen hervorbrachten. Die Kunst seit dem XV. Jh. hat eine Anzahl solcher Meister, deren Ruhm zum Theil sehr groß, deren Berechtigung aber zum Theil noch streitig ist. Ein zweiter Unterschied der antiken und mittelalterlichen Kunst von der modernen: Daß in jener die Kunstmittel immer nur um des Zweckes, des zu producirenden Werkes, des zu verherrlichenden Inhalts willen vorhanden sind. ⌊Jene großen Neuerer aber sind es *meist* durch Einseitigkeit in einem Kuns*tmittel*; denn im Hauptpunct ist das Dauernde geleistet und sie vermögen darin wenig.⌋ In der neuern Kunst gewinnen die Kunstmittel hie und da ein eigenes, von Zweck oder Gegenstand unabhängiges Dasein; Zweck und Gegenstand werden nur ein Vorwand für sie; ein enormes künstlerisches Können, das bisweilen seiner Aufgaben zu spotten scheint, tritt weit in den Vordergrund; in der vollen Einseitigkeit seines Auftretens wirkt es magisch auf die Zeitgenossen und weckt Sympathien und Antipathien ohne Ende. Diese Wirkung scheint dann nicht sowohl wie Folge eines Willens als vielmehr wie eine innere Gewalt und Nothwendigkeit; es ist als hätte die Welt darauf gewartet. Bei näherer Betrachtung freilich schwindet Einiges von diesem Schicksalsnimbus.

| Ein solcher Meister war Rembrandt van Rijn (1607–1669) aus Leyden. Seit dem XV. Jh. hatte die Malerei ihre Gestalten und Scenen beleuchten gelernt, mit Annahme eines von bestimmter Stelle ausgehenden Lichtes in oder außerhalb des Bildes; erst nun erreichte man vermöge der Modellirung im Schatten und Halbschatten die völlige Rundung der Körper; der Schlagschatten sodann half den Raum verdeutlichen; früh schon – seit Filippo Lippi und den Flandren – lernte man auch den Werth des geschlossenen Lichtes für Kraft und Deutlichkeit der ganzen Erschei-

nung schätzen; bald melden sich auch die Reflexe und das Helldunkel, und zugleich die Luftperspective, d. h. die Abtönung der Farben nach Nähe und Ferne. Die Vollendung wurde erreicht schon mit Lionardo und die nie mehr zu erreichende Fülle aller hieher gehörenden Mittel mit Coreggio und Tizian. Letztere beide geben schon sehr oft den Kunstmitteln einen sehr großen Spielraum und fühlen sich groß in ihrer Meisterschaft, doch nur selten so daß der Gegenstand daneben zurücktreten oder leiden muß.

Auf die großen Meister war dann in Italien sowohl als im Norden, zumal in den Niederlanden, eine Periode der Verdunkelung, des Manierismus gefolgt, hauptsächlich durch die Einwirkung des mißverstandenen Michelangelo. Erst gegen Ende des XVI. Jh. hob sich die Kunst wieder mächtig, in Italien durch Baroccio, die Caracci und Caravaggio, in den Niederlanden | zunächst durch treffliche Porträtmaler und Landschaftmaler; – dann erhob sich in Antwerpen Rubens, anknüpfend an die letzte in Italien gesund gewesene Schule, die venezianische, eine der mächtigsten und glücklichsten Persönlichkeiten welche die Erde getragen hat, im freien und gleichmäßigen Besitz gar aller Mittel seiner Kunst, daher auch ein glücklicher Lehrer einer Schule, die lange nicht bloß durch Jordaens und Van Dyck; sondern noch durch eine sonstige reiche belgische Descendenz vertreten ist.

In Holland war das Feld, welches die Kunst des XVII. Jh. antrat, völlig frei, aber auch eingeschränkt. Die Oranier gaben eher in Allem den Ton an als in der Kunst; die calvinistische Kirche hatte kein Verhältniß zur Malerei; der Privatreichthum mußte sich mit der letztern ins Einvernehmen setzen und die Aufgaben stellen oder auch von ihr empfangen. Halb officiell und doch eher Privatbestellung waren die Collectivdarstellungen von Schützengilden und Behörden ⌊Doelenstucken und Regentenstukken⌋, welche zu Stande kamen, indem Jeder für sein auf dem Bilde vorkommendes Porträt bezahlte; – alles Übrige was die Malerei hervorbrachte, heilige oder mythologische Historie, Porträt, Genre, Landschaft, Marine, Stillleben jeder Art – war nur für das Privathaus vorhanden. Außerdem erwarb und sammelte man Kupferstiche; überhaupt war der allgemeine holländische Sammlergeist ein sehr guter Freund der Kunst. Ebenso das Clima, welches die Leute einen guten Theil des Jahres | zu Hause hält; diese Wohnung, außen meist bescheiden, im Innern zu schmücken, wurde nun eine herrschende Neigung.

Denn Holland wurde damals mächtig und reich wie kein anderes Land von Europa. Außerdem aber war es ein stolzes Volk geworden, das nach glorreich bestandenen furchtbaren Daseinskämpfen niemanden auf Erden mehr etwas nachfragte und sich in jeder Beziehung des Lebens seine volle Eigenthümlichkeit vorbehielt. Die einzigen Einwirkungen vergangener Zeiten denen man sich unterwarf, waren die Bibel und bis zu einem gewissen Grade die classische Literatur; alles Übrige war rein national, Gedanken wie Lebensformen.

So war denn auch die Kunst, nachdem sie die morsch gewordenen Traditionen des XVI. Jh. abgeschüttelt, eine völlig nationale. Man stellt nur Holland, seine Menschen, seine Thiere, seine Landschaft dar, dieß Alles aber in wachsender Vollendung und Vortrefflichkeit.

Innerhalb dieser Kunst erhob sich nun die unvergleichliche Originalgestalt Rembrandt's. Er fühlte in sich vor Allem die volle Selbständigkeit eines Holländers, so intensiv wie selbst wenige seiner Landsleute sie fühlen mochten; dabei war es aber eine Individualität wie sie in jeder Nation auffallen und in ihrem Kreise herrschen würde, nur eben zurückgezogen und gerne in seinen vier Pfählen; auch er ein Sammler eigener Art.

| Was er von seinen Lehrern Swanenburch, Pinas, Lastman etc. gelernt haben mag – und wäre es auch eine sehr verdünnte Tradition von den italienischen Naturalisten (Caravaggio etc.) her gewesen – mag wenig gewesen sein selbst wenn diese Lehrer sehr tüchtige Leute waren. Außerdem wird er alles Beste der damaligen holländischen Maler gekannt haben. Dagegen bleibt völlig dunkel ob er wichtigere Werke von Rubens und Van Dyck gesehen und sich in directem Gegensatz dazu gefühlt hat. Allein wir dürfen uns Rembrandt von Jugend auf als einen Autodidacten im kühnsten Sinne vorstellen, der seinen Lehrern höchstens ein paar Handgriffe verdanken, sonst aber seine ganze Kunst allein entdecken will. Gewisse Dinge wie zB: die normale anatomische Bildung der Menschengestalt, haben ihm vielleicht seine Lehrer umsonst beibringen wollen; er hat sie nie gelernt und sein ganzes sonstiges System mit diesem Mangel in Einklang gefunden oder eher in Einklang gebracht. Überhaupt bildet sein Styl Ein untrennbares, völlig mit seiner trotzigkräftigen und wunderlichen Persönlichkeit identisches Ganzes.

Wodurch unterschied er sich von allen Malern die vor ihm in der Welt gewesen? Durch die Unterordnung des Gegenstandes – welcher es auch sei – unter zwei elementare Großmächte: Luft und Licht. Diese sind bei ihm die wahren Weltherrscher geworden; *sie* sind das Ideal bei ihm. Ereignisse, Gestalten, Gegenstände der Natur sind für ihn nur vorhanden insofern Luft und Licht ihr wundersames Spiel daran ausüben. ⌊Die wirkliche Gestalt der Dinge ist dem Rembrandt gleichgiltig, ihre Erscheinung ist ihm Alles.⌋ Und der Beschauer wird oft völlig mitgerissen und vergißt mit Rembrandt den dargestellten Gegenstand um der Darstellung willen. Ereignisse | in freier Landschaft sind umwogt von sanften Strömen des wärmsten Sonnenlichtes; aber auch einem beinah kalten Tageslicht weiß Rembrandt eine ungeahnte Magie abzugewinnen; vollends in geschloßnem Raum ergeht er sich mit Wonne in allen möglichen Erscheinungsarten des natürlichen oder künstlichen Lichtes und seiner Reflexe und auch das tiefste Dunkel ist dann noch kein Schwarz sondern ein relatives Helldunkel. Und dabei bedarf er nicht einmal der Farbe: seine ausgeführten Radirungen üben eine ähnliche Wirkung wie seine Gemälde. Ob er überhaupt den großen Coloristen beizuzählen sei wie Tizian und Rubens, ist noch eine streitige Frage; der größte Lichtmaler aller Zeiten möchte er wohl bleiben, weil er eben nur dieß sein wollte?

Aber sehen wir denn nicht selber das Sonnenlicht im freien wie im geschloßenen Raum mit all seinem Spiel? wozu dann diesem grillenhaften Künstler nachgehen, dem der Gegenstand oft völlig indifferent gewesen ist? Die Antwort lautet: wir könnten das Licht wohl sehen, allein wir *erfahren* erst durch den Künstler, wie schön und geistbelebt es ist; nur indem das Bild der Welt durch eine unsterbliche Seele hindurch geht, wird auch das Unbedeutende, ja das Unschöne (woran es bei Rembrandt nirgends fehlt) mystisch transfigurirt. Hierüber ist besser gar nicht weiter zu reden; wir würden an eine der verschloßnen Pforten gelangen, an welcher geschrieben steht: Du sollst das Verhältniß zwischen dir und der Kunst nie ergründen!

| Außer dieser großen specifischen Kraft war dann in Rembrandt noch eine zweite lebendig: er ist einer der ganz großen holländischen Porträtmaler, oder Darsteller von Einzelcharacteren. In seiner frühern Zeit hat er den Willen, dieß wesentlich und mit voller Kraft zu sein; in der Folge wird auch der Character nur noch dargestellt, damit Licht und Luft daran zur Erscheinung kommen, und nicht mehr um seiner selbst willen.

Seine Kunstrichtung scheint ihm wie eine Art Mission vorgekommen zu sein: er war ein sehr fruchtbarer Meister schon in seiner frühern, fleißig ausführenden Zeit und vollends später, auch nahm er viele Schüler an (Von diesen Schülern wird wohl mehr als Eine Wiederholung seiner Bilder herstammen, welche er nur noch wird übergangen haben, sogenannte Atelierbilder) und war in den 1630er und 40er Jahren wohl der angesehenste Maler von Amsterdam. Dieß ist auch die Zeit seiner, wie es scheint, sehr glücklichen Ehe mit Saskia van Ulenburgh. Später, nach ihrem Tode, verdüstert sich sein Schicksal; 1656 mußte er als Fallit seine Habe, auch seine Kunstsammlung veräußern. Mit Recht macht die Geschichte nachdrücklich darauf aufmerksam, daß dieß Ereigniß in seiner Kunstübung nicht die mindeste sichtbare Spur zurückgelassen hat; Fleiß, Kraft und Höhe aller Eigenschaften des schon nicht mehr jungen Meisters bleiben dieselben wie zuvor. Noch die Arbeiten aus seinem letzten Lebensjahr 1668/9 sind voll von seinem specifischen, mit keinem andern zu vergleichenden Lebensinhalt.

| Ausgebildet, ein fertiger Meister war er schon zu Anfang seiner 20er Jahre. Eine Wandelung seines Styles bemerkt man am ehesten noch in sei-

nen *Bildnissen.* Die der frühern Zeit sind nämlich noch meist in einem gewöhnlichen, kühlen Tageslicht aufgenommen, während die spätern einen künstlich hoch angenommenen Lichteinfall (Dieser hohe Lichteinfall, schon in der gewöhnlichen holländischen Stube durch Schließen der untern Fensterladen erreichbar, wurde dann von Rembrandt durch kunstreiche Vorrichtungen gesteigert.) voraussetzen und einen warmen, oft wahrhaft glühenden Ton haben.

In den erstern verfolgt er den Character des Darzustellenden eindringend und genial bis in die verborgensten Züge (Porträt der Frau Bilderdyk, Frankfurt, datirt 1633), und wenn es sich um eine jugendliche Physiognomie handelt, die noch nicht viel erlebt hat, wie in dem Mädchenporträt der Wiener Academie, so giebt er wenigstens die naivste Wirklichkeit; mit schwarzem Zeug, weißem Linnen und einem ganz gewöhnlichen, nicht eben schönen Kopf läßt sich nicht Größeres erreichen. Die Mitdarstellung der Hände vermeidet er von jeher gerne; man sieht daß sie ihm jederzeit Mühe gemacht haben, und wenn er einen Arm darstellen soll, so mißräth ihm leicht die einfachste Verkürzung.[1] In dieser frühern Zeit fügt Rembrandt sich auch noch in die amts- und landesüblichen Trachten. Dieser Periode gehört u. a. noch eins seiner berühmten Collectivporträts an. Behörden und Vereine ließen sich damals in Holland gerne zusammen abbilden; es sind die oft so ruhmwürdigen Regentenstukken und Doelenstukken. Das bekannte Gemälde des Haager Museums, «der Anatom», vom Jahre 1632, dem 26sten Lebensjahr des Meisters, stellt die Mitglieder der Amsterdamer Chirurgengilde vor, in deren Gegenwart der Anatom Nicolas Tulp an einem mitten durch das Bild | gelegten Leichnam seine Demonstration vorträgt, und zwar an einer aus dem linken Arm gezogenen Sehne. Sämmtliche Anwesende sind voll Wahrheit und Leben, die Anordnung beinahe tadellos, der Gesammtton bei gewöhnlichem Tageslicht vollkommen trefflich. Phantasten legen freilich gerne noch mehr in das Bild als darin ist und reden vom Gegensatz von Leben und Tod u. dgl., während das Bild ganz eben so vorzüglich sein könnte wenn Tulp etwa an einer seltenen Pflanze aus Java zu demonstriren hätte statt an einer Leiche.

Von der schlichten, aber eindringlichen Characterwahrheit dieser frühern Porträts ist dann beinahe ein Sprung zu denjenigen, in welchen die Lichtwirkung alle andern Rücksichten überwiegt. Mehr und mehr gewinnt es das Ansehen, als wäre der einzelne Kopf und sein Character nur noch vorhanden, damit Licht und Luft daran zur magischen Erscheinung kämen. Nicht mehr was Alles Geistiges in einem Kopfe liegt, sondern wie

---

1 Er vermag wohl hübsche Hände, wenn er sie trifft und sie ihm stille halten, wie die der Saskia im schönern Dresdner Bilde.

er sich in einem künstlichen geschlossenen Licht, in einem sehr besondern Moment für die Wirkung ausnimmt, – dieß ist es fortan was den Künstler leitet. Daher genügt ihm auch das gegebene Costüm der wirklichen damaligen Holländer nicht mehr; er steigert die Wirkung außerordentlich durch Sammet, Seide, Pelz, Waffen und besonders durch kostbares Geschmeide, dessen Glitzern er bisweilen durch hohen, greifbaren Auftrag des Farbenkörpers auf's Aeußerste zu steigern weiß. Dabei bindet er sich nicht etwa in antiquarischer Genauigkeit an irgend eine Tracht einer bestimmten vergangenen Zeit, denn mit keiner Verpflichtung dieser Art wäre ihm gedient, sondern es wird eine ganz freie Maskerade zu rein malerischem Zweck. | Auch mischt er die einzelnen Stücke ganz willkürlich zusammen, schon in seinen Selbstporträts. Von demjenigen in Berlin giebt Waagen's Beschreibung in wenigen Worten eine Idee: «auf dem Kopf ein Baret mit Feder, um den Hals ein Stück von einem Harnisch, in einem Kleide von schmutziger Farbe, worüber schwere goldene Ketten hängen.» Ein frühes, höchst fleißig ausgeführtes Bild in Cassel stellt den Künstler sogar im Helm und braunen Mantel auf komisch abenteuerliche Weise vor, aller übrigen maskirten Selbstporträts mit Toquen, Brustharnisch u. s. w. nicht zu gedenken. ⌊Schon als Jüngling stellte er, wie es scheint, sich selber dar in dem impertinenten Geharnischten des Haager Museums⌋ Und doch waren seine originellen und höchst derb kräftigen einiger Maßen widerlichen Züge an sich durchaus nicht soldatisch. Auch seine Saskia lernen wir vielleicht nur in dem höchst liebenswürdigen Dresdner Porträt mit der Nelke so gekleidet kennen wie sie wirklich einherging; schon das andere, früher gemalte Dresdner Porträt, mit der schattenwerfenden Toque und dem höchst mißlungenen grinsenden Lächeln zeigt uns eine maskirte Saskia ⌊ohnehin stark retouchirt⌋ und so vollends das berühmte Casseler Profilporträt ⌊Copie in Antwerpen⌋, wo sie mit einem höchst geschmacklos gewählten Putz vom Anfang des XVI. Jh. beladen ist – ganz als würde heute Jemand in der Tracht der Zeit der Régence gemalt. Nun hatte aber Saskia von Hause aus nur eine bürgerlich angenehme Physiognomie; von ihr wie von mehrern andern Persönlichkeiten, welche Rembrandt malte, kann man nur sagen: mit je mehr Schmuck er sie behing, desto fataler wirkt der Contrast zwischen Costüm und Zügen. Wie anders Rubens, wenn er seine Helena Fourment fürstlich costümirt! Hier sitzt Schmuck und Prachtgewand als wäre sie darin aufgewachsen.

| Vollends Frauen von völlig unbedeutenden und kümmerlichen Zügen gerathen dem Rembrandt ganz fatal je reicher er sie ausstattet; so das in Licht und Farbe so wunderbare Porträt in Cassel, welches eine Unbekannte mit einer Nelke vorstellt. – In dem berühmtesten aller seiner weiblichen Porträts, – es ist das Bild in Dresden, Saskia sitzend auf dem Knie

ihres Gemahls, indem er in lauter Fröhlichkeit das Glas emporhebt – in diesem Bilde ist sie ganz besonders leblos gewendet, und neben sehr großen malerischen Schönheiten fällt die Ungeschicklichkeit der Anordnung und das Mangelhafte der Proportionen sehr unangenehm in die Augen. Es genügt zu fragen: was würde aus dieser Gestalt, wenn sie aufstände? Zwar wird uns von einseitigen Bewunderern zugemuthet, wir sollten selbst die schwersten Fehler der Linienperspective und des Skelettbaus ⌊Seine Gestalten sind bisweilen bloße Schemen⌋ gar nicht bemerken neben den höchsten Leistungen des Tons, der Luftperspective und der Farbe, allein Abweichungen vom normalen Bau und von der Linienperspective stören nun einmal im Bilde so wie sie in der Wirklichkeit beunruhigen würden. Höchst wahrscheinlich haben diese Mängel sogar den Meister selbst heimlich sehr gestört; es mag für ihn eine große Demüthigung gewesen sein, Fehler, die schon ein Anfänger vermied, nicht vermeiden zu können, für ihn, der sich immer auf die Natur berief.

Zu der Unrichtigkeit kam dann, wie sich weiter weisen wird, eine oft enorme Häßlichkeit der Formen. Es wird berichtet daß er beim Zeichnen nach dem Modell viele Mühe gehabt und sich schwer genügt habe (Er skizzirte eine Figur wohl auf zehnerlei Art, cf. Lemke, p. 51) – aber außerdem wählte er seine Modelle oft auffallend schlecht. | Vielleicht geschah es nicht ohne Bewußtsein; Denn daß er der Schönheit nicht gerecht werden könne, muß er ja doch gewußt haben. Auf die Länge schadete ihm auch dieser Mangel; in seinen spätern Jahren erhob sich gegen ihn das bis dahin zurückgedrängte, nun beinahe erbitterte Urtheil der Idealistisch-Gesinnten, Academischen, oder wie man diese Gegner nennen will.

Unter seinen männlichen Bildnissen der mittlern und spätern Zeit sind, abgesehen von den Selbstporträts, auffallend wenige sicher zu bestimmen: sein Schüler Govaert Flinck (und dessen Gemahlin) (jetzt bezeichnet) (München, Pinacothek), der Schreibkünstler Copenol (Cassel, Copie), der Dichter Croll (Cassel), der Bürgermeister Six (im Besitz der Familie, Amsterdam – das Casseler Bild das so heißt, stellt nicht dieselbe Person vor ⌊sondern einen trunkgewohnten Mynheer, etwa einen Vetter Rembrandts⌋) – und endlich das einzige mit kenntlicher Sympathie und offenbarem Streben nach einem seelisch günstigen Moment aufgefaßte Bildniß welches von Rembrandt vorhanden sein mag: Nicolaus Bruyningk (Cassel). Unter welchen Bedingungen von Seiten des Meisters und der Dargestellten kamen die *radirten* Porträts zu Stande? Der Uytenbogard – Lutma – Abraham Francen Antiquar – Burgemeester Six etc. – Copenol – Jüdischer Arzt etc. Fast scheint es, als hätte mit der Zeit Niemand mehr Lust gehabt, als bloßes Substrat eines Lichtexperimentes dem eigenwilligen Maler zu sitzen, während in nächster Nähe die größten Porträtmeister lebten, welche die Individualität eines Sterblichen unsterblich zu machen wußten. Freilich hatte Rembrandt zunächst sich selber zum Porträtiren vorräthig und von jenem frühsten Porträt im Haager Museum (das eine jetzt in Cassel aufgestellte ist noch früher) bis zu den spätesten der National Galerie und der Pinakothek, wo in | die verquollenen Züge des Sechszigers ⌊(Sein Gesicht hat etwas Widriges, eine Cromwellsschnauze).⌋ noch eine so merkwürdige Macht hineingezaubert ist, giebt es in allen möglichen wirklichen und phantastischen Trachten eine Reihe von über dreißig sichern Bildnissen dieser Art, welche noch aus den Radirungen um weitere zehn zu vermehren sein möchte. Es läßt sich darüber streiten ob diese beständige Prüfung der eigenen Züge mit Hülfe des Spiegels im Ganzen günstig auf ihn eingewirkt habe; vielleicht stammt das eigenthümliche Zwinkern der Augen, das nicht nur mehrern seiner Selbstporträts sondern hie und da auch andern Köpfen einen so fatalen Ausdruck verleiht, von dieser einseitigen Beschäftigung her. Und es war Schade darum, denn die Wirkung der Augen verstand sonst Rembrandt wie wenige Andere; er weiß sie unter dem Schatten eines Hutes, einer Toque hervorleuchten zu lassen mit seltsamem Feuer; von dem beschienenen Theil der Wange aus gehen Reflexe gegen Augenlider und Augenknochen aufwärts und verlieren sich in ein unvergleichliches Spiel von Gegenreflexen.

Die übrigen Porträts sind frei gewählte, sogenannte Characterköpfe und -halbfiguren. Das Jugendliche kommt in den Radirungen nur höchst selten, in den Gemälden gar nicht zur Darstellung; selbst im weiblichen Kopf mußten es Runzeln sein, woran Rembrandt sich getraute seine höchste Meisterschaft zu zeigen; auch benennt man diesen und jenen nicht geradezu abstoßenden radirten oder gemalten Kopf (ohne weitere Sicherheit) als Rembrandts Mutter, so zB: die Goldwägerin (Dresden). Die männlichen Characterköpfe, sichtbarlich vor Allem als Lichtprobleme gemalt, sind bisweilen | mit wenigen Strichen vollendet, d. h. Rembrandt that seinen bekannten Spruch: «ein Stück ist fertig wenn der Meister *seine* Absicht darin erreicht hat.» ⌊(Der Besteller mochte sehen wie er zurecht kam. – Daher über manche Bilder der Streit, ob sie fertig seien oder nicht; für ihn waren sie vielleicht fertig)⌋ Und wenn man näher hinzutreten und die Malerei in Beziehung auf die Mittel prüfen wollte, hielt er den Beschauer zurück und sagte: «der Geruch der Farben wird euch lästig!» – Dieß mag u. a. gelten von dem Sänger mit Notenbuch (Belvedere), welcher wie der Moses mit den Gesetztafeln (Berlin) mit den Fingern gemalt zu sein scheint. Andere Male, selbst bis in die spätere Zeit, weiß Rembrandt sein Bild auf das Sorgsamste zu vollenden sobald ihm dieß für die Wirkung dienlich scheint.

Wen stellt er aber dar? wie wählt er seine Köpfe? Zunächst sind es (etwa mit Ausnahme des schönen, aber unheimlichen jüngern Edelmannes in Dresden, in der Tracht des XVI. Jahrhunderts) bejahrte Leute, ja Greise und dann, wenn er Einem wohl will, läßt er etwa die volle Leuchtkraft eines Kahlkopfes walten (Porträt in Cassel). Sonst liebt er das Verdüsterte, ja das empörend Energische (der jüdische Kaufmann, National Galery), das Verwünschte und Fatale (Kopf in Pelzmütze, Cassel), das Cholerische (der sitzende Mann mit Stock, Cassel). Das Costüm aber ist, wie oben bemerkt, meist ein völlig frei nach den Wünschbarkeiten der Palette, des Lichtes und der Farbe Gewähltes. Manche dieser Gestalten, mit Turban, prächtig gewirktem Mantel und Goldgeschmeide heißt gedankenloser Weise in den Galerien: der Rabbiner, oder: der jüdische Kaufmann, während man eigentlich nur sagen sollte: Lichtbild so und Lichtbild anders. Einer von den Dresdener Greisenköpfen, in deren Anzug Rembrandt das Leuchten des Sammets und das Glitzern des Geschmeides als harmonische Ergänzung zu bedeutenden Bildungen von Gesicht, Haar und Bart auf das höchste getrieben hat, läßt erkennen, daß er eine Tradition von dem mächtigen Haupte des Lionardo da Vinci besaß. Einmal hat Rembrandt eine Tracht der Vergangenheit auf das Allerglücklichste angewandt: in dem Kniestück eines Fähndrichs (Galerie von Cassel); ein Drittel des wildkräftigen Kopfes ist vom Barett beschattet; der vortretende eingestützte Ellbogen mit Schlitzen, die gelbweiße Fahne als Grund von dem sich die Gestalt abhebt, prägen sich als Lichtmomente dem Gedächtniß unvertilgbar ein. Weitere Aufklärung gewähren dann die Radirungen: Hier ist seine Alternative in Sachen der Tracht diese: entweder abenteuerlich reich und bunt, oder dann völlig zerlumpt daß die Fetzen hängen. Es sind Türken, fabelhafte Greise, Juden, Bettler, Krüppel, dann still in ihrer Arbeit versunkene Zeichner, endlich Denker und vielleicht Philosophen. Allein man muß sehen, wie an diesen runzlichen und verlebten Leuten die Haupthaare in die Luft ausgehen, wie sie zum Bart, zum Plüschhut, zum Pelz des Gewandes gestimmt sind, wie dann das Leinen, der Sammet mit seinem Changeant und endlich das lebendige Antlitz hervorgebracht werden, um das Höchste von leichter und duftiger Führung inne zu werden was je der Radirnadel zu Theil geworden.

Von den Collectivporträts wurde einstweilen nur der Anatom erwähnt. Allein so wie derselbe (1632) des Meisters erste Epoche in dieser Gattung bezeichnet, so bezeichnen zwei andere, wundersame Werke dieser Art: die Nachtwache (1642), und die Staalmeesters (1661), beide im Museum von Amsterdam, seine mittlere und seine spätere Zeit in der eigensten Weise. Das erstere Bild giebt schon in Betreff der Benennung zu denken; 200 Jahre lang hieß es la ronde de nuit und galt als nächtlicher Lichteffect, während es den bei vollem Tageslicht vor sich gehenden Ausmarsch der Schützencompagnie des Capitäns Cock aus ihrem Gildenhause darstellt. Die vordersten Figuren stehen im Sonnenschein, die weitern zum

Theil noch in der großen Halle, welche censirt ist, von links oben durch
Fenster beleuchtet zu sein. Aber dieß in seinem Ursprung so verschieden
gedeutete Licht umfluthet die ganze bewegte Gruppe mit unaussprech-
lichem Zauber. Andere Doelenmaler hatten ihre Schützen einzeln gruppirt, in der Regel ruhig oder nur wenig bewegt, im Freien, oder sie hatten
dieselben zu einem fröhlichen Gelage versammelt; Rembrandt setzte das
Thema in eine Bewegung vorwärts um; nicht daß ihm die bewegten Körper im Einzelnen sonderlich gelungen wären, allein das tumultuarische
Durcheinander in dem Goldstrom der Lichter und Reflexe genügt. Es
hatte aber seine Gründe daß Rembrandt hierauf keine Schützengilde
mehr zu malen bekam; von den gegen 30 Mitgliedern welche dafür bezahlt hatten, auf dem Bilde verewigt zu werden, sind nur Wenige bis zur
Kenntlichkeit durchgeführt, weit die Meisten aber nur so weit als es der
Gesammtlichteffect zuließ. Auch hatte Rembrandt sie nicht nach der ge-
müthlichen Seite hin verklärt | sondern ihnen ziemlich gemeine Gesichter
gegeben oder gelassen; der kleine hellgelbe Schützenlieutenant im Vordergrund neben dem großen Hauptmann ist sogar als Skelett eine der
kümmerlichsten Figuren welche dem Rembrandt je mißlungen sind. Es
ist gut, daß Rembrandt einmal in seinem Leben eine Aufgabe von 30 lebensgroßen bewegten Figuren bekam und dabei endgültig bewies, wie
sich exclusive Lichtmalerei zu einer solchen Aufgabe verhält.

Das bei Weitem reiner wirkende Collectivbild sind die Staalmeesters
(Stempelmeister), d. h. die Gruppe der Vorsteher der Tuchmacherzunft
von Amsterdam, wohl das höchste Meisterwerk der letzten Jahre Rembrandt's (1661). Eine einfache Stube, durch ein Oberfenster erleuchtet;
an einem Tisch mit braunrothem Teppich fünf schwarze Herrn in Hüten
und mit weißen Kragen; vier sitzend, Einer sich erhebend, etwas zurück
ein Diener stehend. Mit so Wenigem schuf Rembrandt eines seiner zwin-
gendsten Bilder; diese Kraft und Gleichmäßigkeit der Characteristik und
des Tones auf so mäßiger Grundlage würde vielleicht nur Velasquez erreicht haben. Jeder Besucher wird bei einiger Aufmerksamkeit hier einen
höchst entschiedenen und bleibenden Eindruck empfangen, während die
Nachtwache bei aller Anstrengung kaum eine deutliche Vorstellung zu-
rücklassen will.

Im Grunde ist Rembrandts große Bestimmung mit dem Bildniß so ziemlich erledigt, und so daß dabei relativ am Wenigsten Störendes entsteht.
Aber höchst merkwürdig bleibt es immer noch, das Verhalten dieses
mächtigen Menschen zu den übrigen Aufgaben der Malerei zu verfolgen.
| Vollkommen zusagen konnten ihm im Grunde nur solche, welche
seinem Lichtmalen sich völlig unterwarfen und auf irgend welche sachliche Genauigkeit des äußern Lebens keinen Anspruch erhoben. Er hätte

eigentlich die Aufgaben nie von außen erhalten oder von irgend einer Tradition her empfangen *sondern selber erfinden und schaffen müssen,*[1] ja es läßt sich eine mährchenhafte phantastische Welt denken, in welcher er als ein König ohne Gleichen gewaltet haben würde. Unter den zwei, drei Fällen da er zB: auf antike Mythologie in seiner frevlerischen Weise eingeht, findet sich die Composition: Diana und Endymion (Galerie Lichtenstein, Wien). Die Göttin, als verkümmerte Bauerndirne in abenteuerlichem Putz erscheint dem erschrockenen Tölpel Endymion, dessen Hunde wie schlecht ausgestopft aussehen, aber das Lichtmeer worin die Scene vor sich geht, erhebt dieselbe in die schönste Fabelwelt. Ich will nicht für wünschbar erklären, daß Rembrandt gerade der ganzen griechischen Mythologie ein zweites barockes Dasein dieser Art verschafft haben möchte – seine Venus, den Amor herzend (Louvre) ist eine seltsam gemüthliche Trutschel (lebensgroß!) – aber dem nordischen Mährchen hätte er ein Darsteller einziger Art werden können, zumal wenn seine gemüthliche Ader dabei zum Vorschein gekommen wäre. In seinem Ganymed (Dresden) verräth Rembrandt, gerade weil er genau ausführen will, sehr deutlich seinen Mangel an Studien des Nackten, zumal in den Schenkeln und Waden. ⌊Der Ganymed früh, schon 1635.⌋ Er hätte gar nicht nöthig gehabt, diejenigen Maler zu verhöhnen, die hierin etwas gelernt hatten. (Die Radirung von Jasons Hochzeit mit Creusa ist nur als gut beleuchteter figurenreicher Vorgang in einem Tempel von Bedeutung. Die Radirung: la fortune contraire hat wenigstens etwas echt fabelhaft Wirkendes).

| Auch Genremaler hätte er werden können, wie es denn unter seinen Radirungen eine ziemliche Anzahl von einzelnen Genrefiguren giebt, ja auch wirkliche Genrescenen, zB: die vorzüglich gerathene Kuchensiederin, umgeben von ihren jungen und alten Kunden; auch das Blatt unter dem Namen l'Espiègle, ein liegender flötenspielender Kerl welcher dem daneben sitzenden Weib unter den Rock schaut. Ja das von Phantasten so sehr überschätzte Blatt «Faustus» ist eigentlich ein Genrebild; ein ziemlich philiströser Mann in einer Nachtmütze examinirt ruhig die in einem Fenster leuchtend erscheinenden Chiffren.

Von Rembrandt's Gemälden ist der vortreffliche, düster auf seinen Speer gelehnte Harnischmann (Cassel) eine wahre Genrefigur und so manches Porträt könnte füglich ebenso heißen, ja vielleicht auch das räthselhafte letzte Bild des Meisters, die sogenannte Judenbraut (Galerie van der Hoop, Amsterdam), bis man eine andere Bezeichnung haben wird. Heißt auch: Verführungscene, – und: Glückwunsch zum Geburtstag. Um aber im eigentlichen Genrebild mit seinen großen Landsleuten

---

[1] Dieß wäre überhaupt die Logik des einseitig sich vordrängenden Kunstmittels.

und ihrer Präcision zu wetteifern, hätte der eigenwillige Meister überhaupt dem Gegenstand zu sehr die Ehre geben müssen und das Licht nur als Kunstmittel brauchen dürfen, und dazu verstand er sich nicht. Die beiden sogenannten Philosophenbildchen des Louvre beschränken das Figürliche auf lesende und meditirende Greise, welche im Grunde nur das wunderbare Abendlicht illustriren helfen, das die Stuben sammt Wendeltreppen und Geräthen mit seiner Goldwärme bis in das tiefste Dunkel hinein verklärt.

| Ein neuester begeisterter Biograph (Lemke) möchte nachträglich dem Meister gönnen, daß er hätte große Bilder aus der glorreichen jüngstvergangenen oder gleichzeitigen Geschichte Hollands zu malen bekommen, etwa den Admiral Tromp im Augenblick seines Dünensieges auf dem Schiffsdeck, von Pulverdampf umgeben. Es ist nicht möglich Rembrandt's ganzes Wesen noch mehr zu verkennen als in diesem Wunsche geschieht. In eine so nahe Zeitlichkeit und vollends in ein vorgeschriebenes Pathos, einen sogenannt großen Moment würde er sich weniger als in irgend etwas ihm sonst Widriges gefügt haben, und er hätte Recht gehabt sich nicht zu fügen. Die betreffende Gattung ist der sogenannten Historienmalerei des XIX. Jahrhunderts unangebrochen überlassen geblieben; das damalige Holland blieb glücklicher Weise damit verschont.

Als Bild aus der niederländischen Vergangenheit gilt, obwohl nicht unbestritten, der Herzog von Geldern (Berlin, Museum); jedenfalls lag dem Rembrandt wenig an dem historischen Herzog Adolf der seinen Vater Arnold gefangen hielt; das Wunderwerk der Malerei entstand, indem Zahl, Anordnung und Geberde der Figuren mit Raum und Licht hier im allervollkommensten Einklang sind. Ein physisch mächtiger, gewaltig gelockter Frevler, eine Absalonsnatur von zwei Mohrenpagen begleitet, in einem von links oben beleuchteten Kerkergang, droht mit der Faust einem Greise, der aus einer Seitenluke rechts herabschaut. Die Trachten gehören in keine oder in eine beliebige Zeit, sodaß man sich schon zur Deutung des Bildes nach Momenten aus dem alten Testament umgesehen hat. Der Beschauer bedarf aber hier wirklich keines Datums und keiner Namen; wahrscheinlich bedurfte ihrer Rembrandt insgeheim selber nicht. ⌊(Wo findet sich das Bild: Ziska's Schwur?)⌋

| Endlich blieb dem Meister die biblische Geschichte übrig, weniger wohl aus Gründen der Andacht[1] als weil sie die populäre und allverständliche Aufgabe im vollsten Sinne des Wortes war. In zahlreichen Gemälden und Radirungen hat er die biblischen Ereignisse und Parabeln behandelt, aber auf eine Weise, welche Entzückendes und Empörendes in merkwürdigster Mischung enthält.

---

1 (Rembrandt soll einer Secte angehört haben)

Der große Lichtmaler pflegte sich, gegenüber von dem Idealismus der damaligen Kunst, laut auf Natur und Wirklichkeit zu berufen. In That und Wahrheit aber war er nicht nur unfähig geblieben zu einer leidlich normalen, durchschnittlichen Bildung der Menschengestalt, sondern er unterlag den stärksten Verzeichnungen und Fehlern in der Linienperspective; seine Formen sind nicht nur oft häßlich – wie ihm die zufällige, wahllose Wirklichkeit sie darbot, sondern sie sind oft falsch, und dieß bei der höchsten, zauberhaftesten Wahrheit von Luft und Licht. Nun verlangt aber das Heilige unbedingt, wenn es als solches wirken soll, wenigstens gereinigte und unanstößige Formen, und die großen italienischen Meister vom Anfang des XVI. Jahrhunderts hatten ihm sogar die höchste Idealität verliehen. Auch die italienischen Naturalisten hundert Jahre später, zum Theil Rembrandts Zeitgenossen, kannten und respectirten die normalen Körperformen und vermochten daher bisweilen hoch und feierlich zu wirken, wie zB: Caravaggio in der großen Madonna del Rosario (Belvedere, Wien). Rembrandt aber hatte seine Gründe, Italien und alles was von dort her kam, mit Widerwillen zu betrachten. | Es war nicht bloß trotziger volksthümlich holländischer Sinn was ihn so stimmte; viele seiner Landsleute reisten und lebten damals in Italien, und weit entfernt, etwa dort ihre Eigenthümlichkeit einzubüßen wie einst ihre niederländischen Vorgänger im XVI. Jh., bildeten sie eine höchst achtbare Potenz des damaligen Kunstlebens beider Länder. Rembrandt dagegen muß gewußt *und vielleicht insgeheim bitter empfunden* haben, daß ihn die Unfähigkeit, den Menschenleib normal zu bilden und die Gefahr ihn perspectivisch unrichtig zu zeichnen selbst neben Malern untergeordneten Ranges in Nachtheil brachte – ihn, der dafür die Dinge als Lichtvisionen schaute, neben welchen der Sachinhalt gleichgültig erscheinen durfte!

Nun war aber auch die Composition nach Schönheit der Linien, nach Massen und Gruppen ihm eigentlich fremd, und sogar der menschlichen Bewegung, in welcher Wollen und Vollbringen ausgedrückt liegen soll, war er nicht immer sicher. (Am ehesten bei ganz pöbelhaften Leibern.) Was blieb ihm noch, außer Licht und Farbe?

Zunächst sind es hie und da kräftige dramatische Ideen, indem er die biblischen Ereignisse ohne irgend einen Blick auf Vorgänger (etwa Lucas von Leyden ausgenommen) vom Boden auf neu gestaltet und erzählt. Hier giebt es für ihn keine Präcedentien. Sodann hat das holländisch Wirkliche der einzelnen Gestalt, Tracht und Geberde bei aller Häßlichkeit und Verkümmerung etwas in hohem Grade Zwingendes, wenn ein Mensch von dieser Energie den Pinsel oder die Radirnadel führt. Und endlich pflegt ihn die neuere Aesthetik auch noch zu rühmen wegen eines ganz besondern | protestantisch-religiösen Elementes, eines biblischen Gefühles. Wenn sein Christus eine jammervoll widrige Bildung ist, so spricht man von der Knechtsgestalt des Menschensohnes; wenn Christi Umgebung abschreckend pöbelhafte Formen zeigt, so sollen dieß die Armen sein, welche in's Himmelsreich kommen u. s. w. Was man allenfalls und auch nicht immer zugeben kann, ist, daß die Gestalten völlig an den betreffenden Moment hingegeben, um ihre Erscheinung unbekümmert, selbstvergessen und *naiv* sind; die Zuhörer bei Christi Predigt sind wirklich, so pöbelhaft sie auch aussehen tief aufmerksam, die Kranken und Elenden, die er heilen wird, verlangen sehnsüchtig nach ihm, u. dgl. m. Allein wenn dieser Anfang von Innigkeit so nachdrücklich auf den Beschauer wirkt, so geschieht dieß doch zum Theil deßhalb weil das durch namenlose Häßlichkeit überall beleidigte Auge irgend etwas sucht worauf es verweilen kann und dafür unverhältnißmäßig dankbar ist. ⌊Es ist wie mit melodischen Stellen in der Wagnermusik.⌋

Eine der vielen unvollendeten Radirungen «der Modellzeichner» zeigt das nackte Modell kaum angelegt, ja kaum im Umriß angedeutet, vielleicht weil dem Meister Bedenken kamen wegen der bevorstehenden Mißbildung. An der Spitze seiner Radirungen biblischen Inhaltes steht ein Blatt, in welchem diese Bedenken überwunden sind: Adam und Eva, von wahrhaft abschreckender Bildung mit Gorillaköpfen. Wer aber seine biblische Malerei noch weiter von der erbaulichen Seite zu nehmen geneigt wäre, der erwäge die Radirung mit der Potiphar, | die bei hoher malerischer Bedeutung so lächerlich abschreckenden Bilder der lebensgroßen Bathseba (Louvre) und der Bathseba oder Susanna in kleinerm Maßstab (Louvre und Haager Museum), und überschaue *dann* das übrige Gebiet der Bibeldarstellungen Rembrandts. Im Ganzen ist es schon von Bedeutung, daß er das alte Testament vorzog, und dessen Scenen aus eigenem Antrieb malte, während wenigstens seine sechs Bilder aus dem Leben Christi nur auf Bestellung des Stadhouders Friedrich Heinrich von Oranien gemalt worden sind; dagegen hat das neue Testament in den Radirungen das Übergewicht; vielleicht weil Rembrandt's Publicum, welches hier ein anderes war als bei seinen Gemälden, die christliche Welt verständlicher fand.

Seinen alttestamentlichen Darstellungen fehlt nun zunächst das Patriarchalische, d. h. diejenige Verbindung von Ehrfurcht, Gottesnähe und einfacher Anmuth, welche wir in dieser Welt voraussetzen. In dem kleinen Bild der Verstoßung der Hagar (München, Pinacothek) sind zwar Menschen, Architectur und Landschaft in ein ganz wunderbares Nachmittagsgold wie eingetaucht, der Hergang an sich aber gleichgültig. – Die Erscheinung des Engels bei der Hagar (Galerie Schönborn, Wien) wird durch dessen Häßlichkeit beeinträchtigt und ist in der Beleuchtung lange nicht so gewaltig. – Jacobs Ringen mit dem Engel (Berlin, Museum ⌊ohne Datum⌋) ist so flüchtig hingeworfen, daß man trotz der nahezu lebensgroßen Bildung der Figuren kaum den Hergang erkennt. Jacobs Traum, | mit drei Engeln (Galerie Schönborn, Wien), ein interessantes Bildchen, wird in Betreff der Echtheit angezweifelt. – Von der Geschichte Josephs handeln Radirungen: man sieht ihn als Knirps dargestellt, wie er den Seinigen seine Träume erzählt, in einer Art von wunderlichem Eifer. – In dem großen Bilde zu Cassel, wo Jacob die Kinder Josephs segnet in dessen und seiner Gemahlin Asnath Gegenwart, kommt es dem Maler handgreiflich gar zu sehr auf die Wirkung der rothen Bettdecke an welche den ganzen Vordergrund einnimmt; der Erzvater ist im Ausdruck null, Joseph, durch einen Turban als Türke modernisirt, hat etwas Schmunzelndes, Asnath schaut klug auf die Function, die Kinder lassen gleichgültig mit sich machen. Aber das Licht welches von links hinter einem Vorhang her kommt, belebt und beseelt die Scene. – Moses im Begriff die Gesetzestafeln zu zerschmettern (Berlin, Museum, datirt 1659) soll mit den Fingern gemalt sein und hat überhaupt kaum noch unterscheidbare Züge. – Eine ganz characteristische Neigung zog den Meister dem unbändigen Simson zu, ja das große Bild vom Opfer der Eltern Simsons (Dresden, datirt 1641) läßt denken, daß es das erste Stück einer Simsoniade hätte werden sollen. Manoah und sein Weib beten wirklich und sind wirklich erschüttert von der Erscheinung des weissagenden Engels, allein dieser – ein wahrer fliegender Holländer – entschwebt in lächerlichster Weise, wie denn das Schweben niemals Rembrandt's Sache gewesen ist; sodann ist die kniende Frau dergestalt in der Proportion mißlungen, daß man nicht ohne Sorgen daran denkt wie es gehen wird | wenn sie aufsteht. Schon drei Jahre früher, in kleinerm Maßstab, entstand Simson's Hochzeitsgelage, wo er die Räthsel aufgibt (Dresden), eins seiner wichtigsten, dramatisch belebtesten und dabei sorgsamsten Bilder, ein wahrer Beweis, gegen ihn selbst, dessen was er konnte wann er wollte. Hier ist die Lichtwirkung (von oben links kommend gedacht) so trefflich als irgendwo ohne daß ihr Formen und Erzählung aufgeopfert wären; man sieht Delila meisterhaft *fatal* mit diplomatischer Miene thronend, Simson in eifriger Rede zu seinen Gästen seitwärts gewandt; diesseits wie jenseits des Tisches wird auch kräftig caressirt. – Dann aber folgt das große scheußliche Bild von Simsons Überwältigung (Cassel, eine – genaue? – Wiederholung in der Galerie Schönborn, Wien);[1] Rembrandt mochte glauben, die Darstellungen von Rubens und van Dyck überboten zu haben, er hat aber nur das gräßlich Barbarische an dem Moment hervorgesucht und es in pöbelhaften Persönlichkeiten und in kindisch ungeschickter Gruppirung dargestellt. – Von den Tobiasgeschichten, an welchen dann besonders die Schüler Rembrandt's weiterdichteten ⌊(zumal

---

1 (Das Bild Schönborn ist das Original, das von Cassel nur Copie).

Victoors)₁, ist die bekannteste, in einem kleinen Gemälde des Louvre und in einer theilweise damit übereinstimmenden Radirung verewigt: der Abschied des Engels von der beglückten Familie; wenn nur nicht die wundervolle Behandlung im Lichte so sehr aufgewogen würde durch das Ausblitzen der Beine des entschwebenden Himmelsboten! – (Cf. den fliegenden Engel im Manoahbild, Dresden).

Von den Geschichten des Neuen Testamentes wird mit Recht aufs höchste bewundert die Radirung der Verkündigung bei den Hirten; hier, wo der Nachthimmel sich zu einer Glorie öffnen und einen Fleck der dunkeln | Erdenwelt plötzlich und feurig bestrahlen darf, ist Rembrandt völlig in seinem Element; von diesen beiden Massen aus tönt das Licht durch Reflexe weiter auf einen Palmenwald und bis in die dunkelste Ferne. Aber Hirten und Thiere sind nicht erbaulich sondern lauter Verwirrung, und in der Glorie sind die herumwirbelnden Kinderengel so mißrathen wie alle Putten Rembrandt's.

Mit der Anbetung des Kindes durch die Hirten (München, Pinacothek) beginnt dann jene Reihe von sechs Bildern aus der Geschichte Christi, welche Rembrandt auf Bestellung des Stadhouder's Friedrich Heinrich gemalt hat. Die Reihenfolge der Entstehung ist unbekannt; vielleicht gab die Radirung der Kreuzabnahme (1633) den Anlaß; sie entspricht in den Hauptsachen dem gemalten (auch noch in andern Exemplaren, zB: Eremitage in Petersburg und Galerie Schönborn, Wien, vorhandenen) Bilde. Die Composition prägt sich unvergeßlich ein ganz besonders durch die unglaublich häßliche Schiebung der Leiche Christi, durch die pöbelhafte Physiognomie desjenigen, der sie hauptsächlich in Empfang nimmt, und durch den seitwärts stehenden Pascha. Das Licht, eine kühle Tageshelle, ist sehr willkürlich auf die bloße Hauptgruppe beschränkt, aber von der größten Wirkung.

Von den übrigen Münchner Bildern gehören enge zusammen die Anbetung der Hirten und die Grablegung. Beide Bilder haben denselben bis zur theilweisen Unkenntlichkeit skizzenhaften Vortrag, beide die Beleuchtung von unten, welche dort von einem Lämpchen in Josephs Hand, hier von | zwei Kerzen herkommt, die durch Hand und Kopf von Anwesenden verdeckt sind; außerdem leuchtet auf beiden Bildern secundär eine Laterne, dort unten links, hier unten rechts, als sollten die beiden Scenen eine Symmetrie bilden. Wenn Erhellung eines Raumes bis in alle Tiefen vermöge so mäßigen Lichtes ein Werk zum Meisterwerk machen kann, so ist dieß in der Anbetung der Hirten geschehen; dafür sind die Köpfe und Gestalten, auch der Maria und des schrecklich mißgebildeten Kindes der Art daß man sich über die skizzenhafte Behandlung freut; bei sorgfältiger Vollendung wären diese Formen völlig unerträglich ausgefallen. – In der Grablegung ist wenigstens der Kopf Christi nicht empörend, dabei übrigens viel mehr ausgeführt als alles Übrige; die merkwürdigste Gestalt ist aber weder er noch etwa eine der in Jammer zusammengesunkenen Frauen unten rechts, sondern der Mann welcher beide Ränder des Tuches fest emporhält, in das die Leiche gesenkt ist; eine fatale Miene, indem sich die Stirnhaut mächtig über die Augen vorschiebt, dabei aber innig ergriffen. Vielleicht dachte sich Rembrandt einen von Christo umgewandelten Bösewicht. Zu dem wunderbar behandelten Licht der Grotte kommt ein höchst poetischer Ausblick in den abendlich dämmernden Himmel; man bemerkt die Umrisse von Golgatha. Die Galerie von Dresden enthält außer einer offenbar eigenhändigen und in der Behandlung ganz ähnlichen Wiederholung oder Variante noch eine Zweite, beträchtlich genauer ausgeführte, wobei die Charactere nicht viel gewonnen haben. | Der Catalog giebt sie als alte Copie während sie doch wohl ebenfalls eigenhändig sein könnte; die erstere aber benennt er als Skizze. Hierüber läßt sich schwer streiten; gelten doch eine ganze Anzahl von Bildern Rembrandts den Einen als vollendet, den Andern als unvollendet, den Dritten als Skizzen. ⌊Außerdem in Braunschweig noch eine entschiedene Copie der Grablegung.⌋

Über die drei letzten Christusbilder, welchen man das Malen auf Bestellung deutlich ansieht, darf kurz geredet werden. Die Kreuzaufrichtung (wo auch der Eigenhändigkeit zu mißtrauen wäre) giebt wenigstens Zeugniß davon daß Rembrandt sich die Hebekräfte, welche der Act verlangte, mit größter Wirklichkeitsliebe vergegenwärtigt hat:[1] das Ziehen von vorn an einer untern und das Stoßen von hinten an einer obern Stelle, während der Balken schon im Boden steckt. ⌊(Daneben Tintoretto und Rubens!)⌋ Aus einiger Entfernung, von unbekanntem Niveau aus, schaut ein Pascha hervor. (Reminiscenz des Mohrenkönigs in der großen Antwerpner Anbetung der Könige von Rubens?) – Höchst weihelos ist die Auferstehung gegeben; Christus ist bereits verschwunden; von dem Sargdeckel aber, den ein Engel schräg emporhebt, purzelt mit den Beinen in der Luft ein Wächter herunter, welcher vorher darauf muß geschlafen haben. – In der Himmelfahrt ist die Richtung von Christi Haupt offenbar aus der Transfiguration entlehnt; den Leib Christi schweben zu lassen wie Rafael getraute Rembrandt sich glücklicher Weise nicht; Christus steht auf einer Wolke, welche von höchst kümmerlich gerathenen Putten getragen scheint. In den Aposteln unten ist wenigstens Staunen und wahre Andacht, sonst würde das Bild zu seinen unglücklichsten gehören.

| Die heiligen Familien welche Rembrandt mehrmals in kleinem Maßstab gemalt hat (Louvre, salon carré, – und Cassel) haben den Werth welchen Interieurs von seiner Hand immer haben. Um aber irgend eine be-

---

1 (Rembrandt hätte einen guten Zimmermann abgegeben).

sondere Weihe darin zu finden, ja um nur die heilige Familie darin zu erkennen bedarf es eines aparten guten Willens. – Das lebensgroße Bild dieses Inhalts (München, Pinacothek) ist von einem andern Meister, der vielleicht nicht einmal der Schule Rembrandt's angehörte.

Frühe schon versuchte er sich in einer Art von Darstellungen welche seiner specifischen Begabung, Räume mit Licht zu füllen, besonders zusagen mußten: große, weit in fabelhafte Höhen und Tiefen sich verlaufende Tempelhallen mit vielen relativ kleinen Figuren. Sein erster (1631) Wurf in dieser Art: die Darstellung des Christuskindes im Tempel (Haager Museum) blieb der vorzüglichste, indem hier auch die Hauptfiguren (von welchen man doch zu großes Gerühm macht) nicht störend gebildet und in deutlicher dramatischer Beziehung zu einander gegeben sind; alle Tiefen des mächtigen Tempelraumes (bei sehr zweifelhafter architectonischer Bildung) sind von einem duftigen Licht erfüllt. Aus späterer Zeit besitzt die Pinacothek in München ein noch immer vorzügliches Bild dieser Art: Christus unter den Schriftgelehrten; hier hat Rembrandt die nähere Räumlichkeit durch rund laufende Stufen mit beliebig geführten Sitzen und Wänden so geordnet, daß er eine Vielheit von Doctoren ohne Gewühl, mit trefflichem Vor- und Zurücktreten gewann; ihre Köpfe sind dießmal viel ausgeführter als das Übrige; | erst auf einem zweiten Plan, im hellen Mittelgrund, sieht man den thronenden Hohepriester voll innerlichen Staunens über den vor ihm stehenden Christusknaben. In der Nationalgalerie (London) findet sich, in ähnlichem Contrast des Vielen mit einer unbestimmt weiträumigen Architectur, die Scene der Ehebrecherin vor Christo.

Einige wenige neutestamentliche Momente kommen noch vor, zB: im Louvre Christus zu Emmaus, ein fleißiges und nicht anstößiges Bild. Von den Parabeln Christi (ebenda) der barmherzige Samariter, ein Genrebild in zweifelhafter, wahrscheinlich tiefabendlich gedachter Beleuchtung, – und in der Städel'schen Galerie zu Frankfurt: die Verhandlung des Herrn mit den Weinbergarbeitern, fast lebensgroße Kniefiguren, aus Rembrandt's Unglücksjahr 1656, fleißig und fast scharf behandelt, nahezu ohne Localfarben, bloß mit dem Licht gemalt. Freilich kann man nur mit größter Mühe den Inhalt errathen, und von irgend einer an die biblische Zeit und Umgebung erinnernden Behandlung ist in diesen beiden Parabelbildern nicht die Rede.

Unter den Radirungen mit Ereignissen des neuen Testamentes sind einige mit sachlichem Ernst concipirte: die Predigt Christi mit tief aufmerksamen Zuhörern, – die eine Darstellung der Samariterin am Brunnen, – die beiden Auferweckungen des Lazarus, die kleinere, wo die ganze untere Ecke rechts höchst wirksam dem sich aufrichtenden Haupte des Todten überlassen ist, – und die größere mit jenem mächtig gebietenden, aber aus italienischer Kunstwelt (aus Masaccio's Paulus, wie selbst Lemke zugiebt) stammenden Christus; – endlich das sogenannte Hundertguldenblatt: | Christus von zahlreichen Kranken und Elenden umgeben. Anderes ist und bleibt durch häßliche Hauptpartien unleidlich wie zB: die größere Kreuzabnahme (im Ganzen dem Gemälde entsprechend), – oder gar zu sichtbarlich einem bloßen Lichteffect zu Ehren entworfen: so die an sich ganz artige Ruhe auf der Flucht, welche wesentlich vorhanden ist um von der an einem Baum befestigten Laterne beleuchtet zu werden, – die schlechtere Darstellung der Samariterin, deren Kopf im Licht lächerlich übertrieben ist, ⌊Außerdem die Pietà unter dem Kreuz⌋ – die kleinere Kreuzabnahme mit der unten in der Helle wartenden Bahre – zwei Emmausbilder, beinah Caricaturen. Einige Blätter sind wenigstens geistvoll und leicht vollendet, wie zB: die Taufe des Kämmerers aus Mohrenland, auch die Enthauptung Johannis (so delinquenthaft er kniet) und der barmherzige Samariter (vom Gemälde völlig abweichend) gehören hieher, andere aber sind mit rauher Radirnadel prahlerisch begonnen und dann kläglich unvollendet geblieben. Der große, ebenfalls unvollendete Tod der Maria, ist abgesehen von den abenteuerlichen Engeln und Putten, die dem Meister nie gelangen, wenigstens kein unwürdiges Bild.

Endlich hat Rembrandt sein einseitiges und gewaltiges Können auch auf die Landschaft gewandt. In den kleinen Radirungen dieses Inhalts ist zwar bisweilen der Hauptgegenstand, etwa eine Hütte oder sonstiges Bauwerk | etwas derb, ja roh in die Mitte gepflanzt, auch zeigt sich eine Vorliebe für Latten- und Pallisadenwerk, oder sonst für verkümmerte Formen, allein daneben herrscht eine hohe Meisterschaft, das Dargestellte mit einem Minimum von Strichen zu characterisiren, sei es ein Fußpfad, ein Terrain, ein Steg, ein Canal mit Schilf, und dieß bisweilen ohne alle Schattirung, wie denn auch der Himmel meist weiß geblieben ist. – Von den gemalten Landschaften sind zwei in Cassel jetzt dem Roland Rogmann zugewiesen und die meisten übrigen bestritten; auch das schöne kleine Wandbild der Pinacothek, mit Abendsonne und Sturmwolken, ist nicht sicher, sodaß zuletzt fast nur die sogenannte «italienische Landschaft» in Cassel und die Landschaft in Dresden übrig bleiben. Neuere haben wegen der darin dargestellten Berge vermuthet, Rembrandt möchte eine Reise gethan haben und etwa bis in die Eifel gelangt sein, allein Berge *jener* Art kann man auch nach der bloßen Einbildung malen; es sind Phantasieberge an welchen Phantasielichter hin und her irren; alle Einzelformen, die in den radirten Landschaften characteristisch wahr sind, erscheinen hier merkwürdig ungewiß und abenteuerlich; der Vegetation weicht er nach Kräften aus und giebt das Wenige conventionell; bei den Baulichkeiten weiß man, zB: in der Casseler Landschaft, nicht sogleich ob man mit einer Schloßruine oder mit einem Galgen zu thun hat. ⌞Es ist ganz gewiß ein Galgen.⌟ Allein die Lichtkraft ist erstaunlich und alle Töne klar bis in die dunkelsten Tiefen ⌞d. h. nur in der Casseler Landschaft⌟. Der optische Schein feiert Triumphe, aber des *eigentlichen* Aussehens der Dinge wird hier gespottet ebenso wie öfter in den Historienbildern.

| Die Schule Rembrandts legte sich auf Weiterführung seiner abenteuerlichen Porträtmalerei und alttestamentlichen Historie, wobei sie die Formen sowohl ansprechender als richtiger bildete. – Außer den Schülern aber hat Rembrandt seither in verschiedenen Zeiten begeisterte Nachahmer gefunden und findet sie hie und da noch immer. Wohl ihnen, wenn es nicht solche sind, die nur neben die Schule gehen und mangelhaftes Können und Wissen unter Lichtmalerei verstecken wollen. Übrigens ist eine so aparte Persönlichkeit, wie Rembrandt gewesen, ein gefährlicher Lehrer.

Es ist nicht wahr, daß Licht, Luft, Harmonie, Haltung eines Bildes mit genauer Ausführung unvereinbar seien; daß die Form undeutlich sein müsse damit die Beleuchtung wirke; Ruysdaels Ansicht von Harlem (Haager Museum) besitzt jene Eigenschaften in allerhöchstem Grade und ist in der Ausführung eine Miniatur. Es ist nicht wahr daß Lichtmalerei von der Schönheit und Wahrheit des menschlichen Leibes dispensire und der alternde Meister hat es durch Ausbleiben des frühern Beifalls und Abfall der Schüler empfinden müssen daß er seine Zeit erzürnt hatte. Es ist nicht wahr, daß die Gegenstände der Malerei ein bloßer Vorwand sein dürfen, damit eine einzige Eigenschaft, welche noch nicht zu den höchsten gehört, ein souveränes Gaukelspiel daran aufführe. ⌞Elementares erfahren wir aus der wissenschaftlichen Optik genügsam.⌟ Und wenn dem Meister selbst, als einem Unicum, Alles nachgesehen werden sollte, so dürfen doch auf sein Thun keine Theorien gebaut werden. Die Practiker aber welche ihn zum Leitstern wählen, kann man getrost dem unausbleiblichen Schicksal überlassen: ihn nie zu erreichen und wesentlich secundäre Leute zu bleiben.

Rococo

| *Rococo¹*

Das Neuemporkommen in den dreißiger Jahren. Der Name? Rocaille zur
5 Erklärung nicht genügend, weil zu wenig eigentliches Felswerk mit vorkömmt.
   Es ist ein Decorationsstyl, applicirt auf den Baustyl des Spätbarocco der sich an der eigentlichen Außenarchitectur oft kaum verräth ⌊außer allenfalls an Portalen, Fensteraufsätzen und Lucarnen⌋. Ausgang vom
10 Baustyl Louis XIV, welcher bereits an Decken und Möbeln ein rauschendes Blattwerk hatte.² Ferner die geschwungenen Grundpläne, Fassaden und Giebelränder. Aber unter Louis XV änderten sich die Bauproportionen ins Schlanke ⌊und die Profile ins Leichte⌋ und nun bedurfte man eines neuen Decorationsstyles von größter Ungezwungenheit. Der Name auch:
15 Style Louis XV (er verdiente einen Bessern).
   Ein Decorationsstyl soll die Bauformen ⌊wesentlich der Innen-Architectur⌋ ausdeuten, begleiten, füllen und Geräthe und Schmuck aller Art erfinden können. Übersicht dessen was die bisherigen Decorationsstyle geleistet. Als allgegenwärtiges Fluidum übertrifft der Rococo sie alle; von
20 Einer Lebensform aus belebt und gestaltet er: Wandeintheilungen, Thüren, Einrahmungen von Spiegeln und Bildern, Decken, Möbel, Gefäße, Kleinodien, in Stein, Stucco, Gyps, Holz (hoher Stand der damaligen Schreinerei), Farbe, Gewebe, Edelmetallen, ⌊Porcellan⌋ und endlich ein ganz besonderes Verhältniß zum Schmiedeisen.
25 Seine Elemente: Die *Spirale*, resp. Wellenlinie und die *Muschel*,³ d.h. die Stelle da die Wellenlinie sich hineinrollt und eine neue Wellenlinie beginnt. Sie ist eine *Form* und kein bloßer Schnörkel, denn sie hat Leben.⁴
Dazu: Anleihen aus der bildenden Kunst: wirkliche Pflanzen – diese mit der Volute als Duo verschlungen, als Feston hängend, Thiere, Putten,

30 1 (Übersichtsblatt einer Aula Vorlesung von 1877.)
   2 Und der damalige Barocco hatte bereits auf den Altären den Schnörkel in seiner Schreckensgestalt.
   3 Ein Hauptmotiv: zwei ungleiche Voluten gleiten aneinander vorbei.
   4 *Spirale:* Übergänge der Wellenlinie in Pflanzen und Laub. Übergänge der Mu-
35   schel in Felsstücke, Masken, Cartouchen, Thierköpfe etc. Die verschiedenen Grade des Vegetabilischen. Die Muschel dient auch als oberes Ohr, als Griff.

Halbputten, ganze Bilder (besonders Maskenscenen und Pastoralen)[1] und endlich die Trophäe, besonders Hängetrophäe –, die cursive Doppelchiffre, das Gitterwerk, die Hängedraperie, nicht Alles glücklich; der naturalistische Styl steht sehr neben dem idealen der Renaissance zurück; überhaupt die Stärke des Rococo nicht das Füllende sondern das Einrahmende. Dieß aber, für die meist hohen und schlanken Eintheilungen, höchst vollkommen. Sein luftiger Pseudoorganismus spinnt sich wie von selbst weiter. Die elegante Leichtigkeit, die Reichlichkeit, der lebendige Geist.

Seine Hauptstätten: die wenigen wirklichen Rococoräume in Versailles, welche man noch zeigt – Theile von Fontainebleau – dann die deutschen Residenzen. Der ungleiche Werth; sehr Einfaches bisweilen höchst vorzüglich; im Schloß von Würzburg der weiße Gardensaal wichtiger als das Spiegelcabinet. Die prächtigsten Räume (sogenannten Kaisersäle) bisweilen durch Säulen (Wandsäulen) ohne doch durchlaufendes Gebälk eher gestört. Glücklicher Weise hat man in den Zimmern Carls VII. den Rococo ganz allein walten lassen.

Seine Leistungen im Einzelnen:
Vorbedingung: die schon bestehende Liberalität des Barocco in geschwungenen Formaten aller Art, jetzt selbst in Altarbildern, die Vorliebe für Hoch- und Queroval, ja ganz Irrationelles. Ferner in plastischer Beziehung: das Concave und Convexe, eine Menge von Zierformen, besonders Schilde und Cartouchen ⌊diese auch als Wappeneinfassungen⌋. Wo ein oberer Bogenrand an ein Gesimse reicht, wird durch eine Agraffe vermittelt. Aufopferung der strengern Thürformen der Renaissance.

Die schmalen hohen Flügelthüren und das Dessus-de-porte (Gemälde, Sculptur ⌊Relief⌋ oder Amortissement). Die Schnitzerei der Thüren selbst, der Thürgewandung und des Thürsoffitto. In französischen Prachträumen etwa Pastoralmalereien von Boucher, auf weißem Grunde.

Die Wandeintheilungen: Größere Flächen: von Wellen eingerahmte Gobelins oder Tapeten, NB oft sehr kostbare. Dazwischen: Trumeaux mit Spiegeln oder mit Schnitzerei oder Stuccatur.[2] Bei der Höhe und Schmalheit oft oben im Trumeau noch ein Bild. Unten: geschnitztes Lambris, von der Höhe der Fensterbank, und dieser sehr mäßigen Höhe fügt sich jetzt oft das Kamin, das noch bis unter Louis XIV ein beträchtliches Gebäude gewesen. Die Fenstergewandungen und (bisweilen korbbogenartigen) Fenstersoffitten. (Abzusehen von besondern Bestimmungen der

---

1 Watteau: L'escarpolette.
2 die Panneaux von Fontainebleau

Gemächer: Thronsäle, Paradeschlafzimmer etc.) Statt des frühern Kranzgesimses nun eine reichverzierte Hohlkehle und dann eine flache oder gewölbte Decke. An dieser giebt nun das Wellen- und Muschelwerk seinen ganzen muthwilligen Reichthum aus, – in Gyps geschnitten – sei es daß sie weiß (und gold) bleibe, sei es mit Malerei in Untensicht. (Inhalt mehrerer dieser Malereien; der Art, daß ihr Emporsteigen aus Rococozierrath erwünscht ist). Der Hauptspiegel, jetzt (abgesehen von den Trumeauspiegeln) über dem Kamin.

In den Zimmern Carls VII. auf weißem Grund das goldene Ornament. (Welle als strengere Pflanze oder Palme, umwunden von Ranken; bisweilen schlagen die Ranken und hängen Festons in das Glas hinein). Im Toilettenzimmer tragen die Pflanzenkolben neben dem Spiegel kleine chinesische Porcellanvasen. Das Bedenklichste, wie überall im Rococo, das obere Amortissement. Der Ofen: die schönsten in den Zimmern Carls VII., besonders der im Empfangssalon.

Die Console und ihre doppelte Bedeutung im Rococo: in der mittlern Höhe eines Trumeau: eine Büste oder Vase tragend – dann die Console in der Höhe des Lambris, harmonisch mit der Kamin- und Fensterbankhöhe = ein profaner Altar ⌊nicht ein Tisch⌋. Palazzo Corsini in Rom – die schönste im Wohnzimmer Carls VII. ⌊mit Herakliskos auf dem Schlußfuß⌋. Fast keine Thierfüße, sondern Voluten, auswärts oder einwärts gebogen.

Schönheit mancher Wandleuchter; ihre Ovalspiegel.

Bewegliche Möbeln: Tische, Fauteuils und Sopha's, bequem, weil geschwungen ⌊leichtes Auswärts- und Einwärtsschwingen⌋. Die Bezüge in Harmonie mit den Gardinen. (Leider nirgends mehr ein echter alter Bodenteppich). Der Parquetboden bisweilen Marquetterie.

Das Schmiedeisen, welchem die Welle und die Muschel natürliche Formen sind: – Pforten, Gitter, Treppengeländer; oft mit Zuthat des prächtigsten Laub- und Blumenwerkes. Besondere Force des Rococo für Einrahmung des völlig Irrationellen. Kutschen, Sänften, Feuerschirme, Flintenkolben.

Schmucksachen: der elfenbeinerne Bischofsstab im National Museum zu München. Goldschmiedekunst in Verbindung mit Email und Juwelen: die Dosen- und Uhrensammlung in Paris 1874. Das schöne Ausladen und Einziehen der Form in Verbindung mit den Rococozierden. Schönheit der Henkelbildung – der Fußbildung aus Voluten.

Der Style à la grecque welcher auf den Rococo folgte. Seine Oefen zB: Wehmuthsmonumente.

Der Rococo ist keine bloße Mode, sondern ein Styl. Summa: Es ist ein Styl welcher überall Bescheid weiß, an Wänden wie an Decken, an Mö-

beln wie an Ziersachen jeder Art, gut Freund mit allen Stoffen, und stets
guter Laune. (Der Style à la grecque ist wehmüthig).

München, Zimmer Carls VII.

Speisesaal.
Zwei Oefen in Form von Vasen ohne Fuß, auf zwei Sphinxen; am Anfang des Aufsatzes zwei Sirenen; am Deckel zwei Putten mit Kurhut. Dessus-de-porte quadratisch, mit gegitterten Voluten, Blumenkorb, Hängefestons und Schild. Panneaux: lauter leichtes gegittertes Lappenwerk mit natürlicher Vegetation. Hauptspiegel: eingerahmt von einer glatten weißen Fläche, auf welcher nur aufliegend schönes Rankenwerk mit einer obern Trophäe. Ecken des Plafonds: nicht besonders; mit herabsinkenden Draperien.

Empfangssalon.
Ecken des Plafonds: Goldene Genien und Victorien mit Waffen; die Hohlkehle mit sehr duftig leichten goldenen Ornamenten auf weißem Grund. (Die Mitte des Plafonds, über dem Leuchter, pflegt hier glatt und ohne Rosette zu bleiben). Consolen: von kühner, schöner, leichtgeschwungener Volutenarbeit. Wandbekleidung: (abgesehen von den Flächen mit rothen Tapeten) prächtig leicht decorirte Panneaux mit weißem Grund. Ofen: Hier als ernster Prachtkörper von höchster Schönheit; die Hauptmasse (Porcellan über marmorner Basis) convex, das Amortissement concav; am Hauptkörper ein Relief in Hochoval, drüber eine Maske, dann zwei Löwen, zwei Volutendrachen, und über dem Amortissement ein Putto mit Kurhut. Als Pendant: eine Uhr, von Holz, aber wie Porcellan bemalt; in einer Nische ein bronzener Apoll, drüber das Zifferblatt, oben eine Reisterstatue, angeblich Louis XIV.

Ursprünglicher Thronsaal.
Die Flächen: rothe Tapeten mit Rändern eingefaßt, die aus Verschlingungen von Voluten mit wirklichen Blumen bestehen. Lambris: leichte Goldornamente auf weiß. Plafond: etwas principlos spielend; das Figürliche gewagt; Volutenwerk, Zitterwerk, und überall dazwischen wirkliche Vegetation verflochten; die Ecken, mit frei gebildeter Muschel, hier sehr schön. Trumeaux: hier, wie sonst über dem Spiegel, noch ein freies oberes Feld: goldene Relieffiguren auf weiß. Spiegel über dem Kamin: auch hier rings eine weiße Fläche mit Goldornamenten. Thürpanneaux: von großer einfacher Schönheit. Candelaber: neu, von Radspiller.

Wohnzimmer.
Thürpfosten und Thürsoffitto: lauter leichtes Gitterzeug, gold auf weiß. Plafond: hier (und auch schon vorher im ursprünglichen Thronsaal) findet sich in der Mitte über dem Leuchter eine nur kleine leichte goldne Decoration, keine schwere Rosette. – Der übrige Plafond weit besser als der vorige, obleich in höchst gewagtem Styl, mit lauter Glorien und Victorien. | Spiegel: Zunächst umgeben von einem strengern Motiv, Palmen etc., – dazu dann leichtere wirkliche Ranken und Festons. – Der Sopha paßt mit seinen Schwingungen in den herrlichen untern Rand des Spiegels. – Das Amortissement: Flachbüste zwischen zwei auf Gitterwerk baumelnden Putten. Der Spiegel gegenüber und der der Mittelwand sind eben so gebildet. Console unter dem Spiegel der Mittelwand: von vollendet reicher und schöner Bildung, mit Hercules als Schlangentödter auf dem hintern Schlußfuß. Thürpanneaux: hier herber und majestätischer; über einem Candelaber (?) je zwei Tauben. Tapeten: roth und gold, echtes Münchner Brocat. Fensterpfosten und -Soffitto: sehr gut im Ganzen, der Soffitto hohl gewölbt, mit Gitterfetzen.

Schlafzimmer.
Plafond: er repetirt in seinen Lineamenten die das Bette umgebende Prachtbalustrade; auch an der Decke scheint eine ideale Balustrade mit leichtem durchbrochenem Schmuck herumzugehen. Bette: schon unter Ferdinand Maria gewirkt sammt der Wandbekleidung; eigenthümlich schwer prächtig. Spiegel: reich, aber etwas weniger vollkommen. Thürpanneaux: wieder sehr schön; die Dessus-de-porte mit Gemälden in geschwungenem Format. Einzelpanneaux: höchst originell schön, oben die zwei Jahreszeiten.

Toilettezimmer.
Das genialste von diesen Zimmern, nur darin wunderlich daß die meisten Pflanzenausgänge chinesische Krüglein, Figurinen etc. tragen müssen. Der Sopha: mit einem Spiegel überdacht, welcher eine täuschende Bereicherung hervorbringt; – die Einfassung der Sophanische der höchste Triumph des Rococo.
 Plafond: der schönste des spielenden Genre; Mitte: drei Genien mit Zweigen und einem Helm. Panneaux der Thürflügel, Thürpfosten, Fensterladen, und Soffitten, classisch schön als Rococo. Spiegel: das Rankenwerk wogt in den Spiegel hinein; Festons hängen über dem Glas. – Über dem Spiegel ein zweiter; – auch die Dessus-de-porte sind hier Spiegel. Obere Einrahmungen: Gitterfetzen, oben mit Voluten besäumt; Durchflechtung mit Festons und Theilen von Trophäen.

Miniaturencabinet oder Schreibzimmer:
Wände: feuerroth mit Gold. Plafond: auch zum Theil, sodaß nur graubläuliche Ausschnitte übrig bleiben, auf welchen Vögel in Naturfarbe erscheinen. Flügelthüren: ebenfalls Gold (sehr detaillirt) auf dem rothen Grund; die Eintheilung der Panneaux ganz besonders anmuthig: colossaler Spiegel, der Thür gegenüber. Die Miniaturen: sehr unvernünftig über die ganze Wand vertheilt, sodaß man nur die nahe erreichbaren sehen kann (glücklicher Weise fast keine Originale, höchstens ein Gaspero degli ucchiali). Jede hat ihre besondere, sehr reich ins Rothe *hinausgreifende* goldene Einrahmung.

Varia zum Rococo

Die Aufstellung kleiner chinesischer Gefäße, welche von holländischen Seefahrern aus dem Orient gekommen (und zunächst das Object holländischer Sammler geworden) waren – jetzt um Spiegel und Kamine herum cf. das Kamin von D. Marot, und das Toilettenzimmer Carls VII.

Der Schnörkel schon alt; er hat eine oder die andere Art von berechtigter Entstehung etwa als Theil eines dreifußartigen Ständers (zumal Leuchterständers), wo das Prius etwa eine schmiedeiserne Volute ist. ⌊Er entsteht im Schmiedeisen überhaupt von selbst und optimo jure.⌋ Dann sein massenhaftes Vorkommen in der deutschen Renaissance (Dieterlein etc.). Seine Gleichnisse: der Cartoccio, das Spruchband. Seine alten Übergänge in Spiralen von Laubwerk, in Thierfüße, Köpfe etc.

Schon im XVI. Jh. in den decorativen Malereien überall Vorliebe für ovale, aus geraden Linien und Curven gemischte, ja ganz irrationell gerundete Formate, deren Vermittelung mit der Wand oder Architectur oder Decke schon ganz phantastische Einfassungsprofile verlangte.

Der italienische Fregio des XVI. Jahrhunderts; dann das französische Kranzgesimse Louis XIV. (Corniche) mit allerlei Versuchen zu großem Reichthum – durch den Rococo für alle nicht gar zu feierlichen Räume übertroffen.

Wünschbarkeit, die leichte architectonische und figürliche Deckenmalerei (besonders die schwebenden und allegorischen Existenzen) aus einem möglichst buntrandigen, leichtbewegten Element emporsteigen zu lassen.

Der Rococo bändigte u.a. das Kamin, das früher ein eigentlicher Prachtbau gewesen; es bekömmt fortan oft nur die Höhe der Fensterbank = derjenigen des untern Panneau der Wände und Thüren.

Vortheil des Rococo im Allgemeinen: daß er eine Architectur schmükken durfte, welche hohe Räume, schlanke Fenster (mit Oberfenstern) und Thüren (mit Dessus-de-portes) liebte.

Seine besonders glücklichen Leistungen: Alles was frei aus der Wand vortritt: die Console im weitern Sinn: a) als Trägerin von Kerzen, Büsten etc., b) als Tisch unter einem Trumeau – der Fuß ist nicht sowohl eingezogen als vielmehr die Platte wächst hervor.

Sehr schlanke Hoch-Panneaux ⌊sculpirt, gemalt, als Thürgardine gewirkt⌋ gerathen keinem Styl besser als dem Rococo. (Dafür ist er dann schwach in edler Ausfüllung gleichmäßigerer Flächen und hier sehr auf Gobelins etc. angewiesen). (Wie er sich auf humoristische Weise half, in einer Zeit da das Pathetische sehr zweifelhaft war, s. le livre de portières, par Gillot – art pour tous). (Alles schwebt, entweder die Gestalten oder die Basen auf welchen sie sitzen und stehen).[1]

Zweierlei Wandbekleidungen gelten als die allein edeln: Boiserie oder Gobelins, oder auch sehr reich gewirkte Muster.

Der Ausdruck rocaille deutet auf eine ehemalige Gesteinsbildung hin; in That und Wahrheit ist es ein bloßer Schnörkel, der dann besonders in Muschelränder ausgeht; – aus Muscheln kann dann wieder nach Belieben Wasser triefen. Bisweilen architectonisirt sich der Schnörkel und nimmt etwa in der Untensicht classische Soffitten-Formen an; – oder er wird durch Simsprofile zur Balustrade.

| Die Verwendung der Muschel u. a. als Ohr, d. h. als oberes Gehänge oder Griff an einem Panneau.

Leichtigkeit, Putten in alle Rococoformen sich hinein schwingen zu lassen.

Zu den Schattenseiten gehört außer den Gitterflächen jede naturalistisch in Sculptur nachgeahmte Draperie.

Die Füße der Möbeln: theils einwärts, theils auswärts gebogene Voluten. (Selten Thierfüße).

Die Wandconsole, welche eine schwere Marmorplatte trägt, wird sehr ernst und als größter Prachtanlaß aufgefaßt. Es ist kein Tisch zum Dransitzen, überhaupt nicht etwas Bewegliches, sondern ein profaner Altar.

Rolle der Herme und der Puttohalbfigur in diesem Styl. Der elfenbeinerne Bischofsstab im Münchner Nationalmuseum, mit zwei Putten und drei Cherubsköpfchen.

Die Volute wird im Grunde erst dann fürchterlich, wenn sie in sehr großem Maßstab als freier Körper etwa am obern Aufsatz von Altären auftritt. ⌊Und dieß ist nicht im Rococo geschehen sondern im Pozzostyl⌋

Die Vorliebe für das Oval u. a. freie Formate selbst in Altarbildern kenntlich, geschweige in Deckenmalereien.

---

1 Ferner Watteau, l'escarpolette.

Hoher Stand der damaligen Schreinerei; das reichste und leichteste Profiliren auch der geschwungenen Theile der Einfassungen war den Leuten ein Kinderspiel; sie schnitzten daneben was verlangt wurde, besonders das schönste Pflanzenwerk. Großer Unterschied in der Volutenbildung, je nach Geist, Fähigkeit und Schule.

Im Grunde waren die Wandeintheilungen, Thüren, Fenster, Trumeaux, Spiegel doch beträchtlich schlanker geworden als unter Louis XIV, und schon diese Thatsache würde ein neues Detail verlangt haben. Die Formen der Renaissance waren entschieden nicht mehr zu brauchen.

Eine der entscheidenden Thatsachen ist und bleibt die Unterwerfung des Kamins unter eine allgemeine Sockelhöhe; es ist ausdrücklich das Pendant einer Console. (Doch giebt es noch immer auch etwas höhere Kamine, zB: in den Zimmern Carls VII.)

Der Kerzenleuchter: zB: fünf Kerzen auf ganz verschiedenen Volutenständern, um deren gemeinsamen Stamm Putten spielen.

Höchste Gediegenheit des Rococo in einigen Räumen des Schlosses von Fontainebleau – Jahreszeiten auf weißem Grund auf Thürflügel gemalt von Boucher etc. Schönste Behandlung der Voluten in der Boiserie der Salle du trône.

| Die Ausdrücke: Wellenlinie, und Muschel sehr ungenügend.

Es herrscht eher eine Art Springfeder ⌊Spirale⌋, – die Wellenlinie entsteht dann, wenn zwei solche sich tangiren. – (Doch kommt die wirkliche Welle auch vor; doch giebt man ihr oft einen Haken oder ein Knie). Die eine von ihnen ist stets größer und stärker, die andere kleiner und zarter. Außerordentliche Mannigfaltigkeit ihres Durchmessers oder Profils, vom einfachen Rundstab dann Palmzweig bis zum Muschelartig-Gerippten. Vom Massiven und Derben bis ins Feine und Zierliche und bis zum geschwungenen Prachtsims einer Balustrade. Der Körper der Spirale sehr verschieden gedacht. Unterweges lösen sich davon nach außen und nach innen kleinere Spiralen ab, theils aus demselben Körper gebildet, theils Naturpflanzen; theils von derselben Farbe, theils von einer andern. Die Felder, welche durch Verbindungen dieser ungleichen Spiralen entstehen, sind sämmtlich irrationell; ihre Ausfüllung mit Gitterwerk ist keine der glücklichern Ideen. ⌊Es seie denn daß das Gitterwerk eine sphärische Fläche vorstelle, als sähe man in ein Gewölbe.⌋

Werth der Spirale als Form: ihre Elasticität giebt einen beständigen Schein des Lebens. Wenn sie in einer gerade Linie, zB: die Verticale eines Panneau übergehen soll, so wird dieß durch eine Ecke vermittelt; man fühlt, daß ein unmittelbarer Übergang aus dem Elastischen in das Geradlinige unthunlich ist.

Die Muschel entsteht hier auf verschiedene Weise: U. a. sobald die Spirale einigen Körper oder Durchmesser gewinnt, wird derselbe häufig muschelartig ausgerippt. Ferner ist die Muschel schon seit der Renaissance das natürliche Motiv einer Ecke. Ferner rollen sich zwei homogene Enden von Spiralen symmetrisch am Besten in die Charniere einer Muschel hinein. Ferner wenn sie sich sonst aneinander drängen, erhebt sich gern eine Muschel drüber. Ist die Muschel abwärts gerichtet, so kann Wasser daraus träufeln oder fließen.

Alles was zur Auszackung der Spirale wie der Muschel gehört, wird sehr frei und vielartig behandelt.

Die Spiral- oder Federbildung hat ihre Analogien hier überall; Alles soll elastisch scheinen: So die ovalen Oberfenster; (Erinnerungen an das oeil-de-boeuf von Versailles etc.) (Man geht Allen rein und einfach mathematischen Linien und Formen, mit Ausnahme der unvermeidlichen Verticalen, aus dem Wege). Also auch dem Halbkreis. Die geschwungenen Formen der Gesims-Consolen etc.

Das Gegenspiel: Das Hängende = der Feston. Das Auge erholt sich vom Elastischen. ⌊Und deßhalb ist die Spirale kein bloßer Schnörkel, sondern ein Lebendiges⌋ ⌊Sie ist eine Kunstform⌋

Das Haupt-Wort des Räthsels ist: *Elasticität*. Wo man den stabilen Formen der Architectur durchaus gehorchen muß, geschieht es; – aber dann durchbricht man sie etwa und spottet ihrer auf *diese* Weise. ZB: die Rococoformen steigen in ein Gesimse hinauf und unterbrechen es *so*, – oder ihr Rankenwerk schlägt von oben darüber hinab;[1] man soll aus dem beständigen Rollen und Schwingen gar nicht herauskommen.

| Bei dem völlig naturalistischen Styl der Panneau-Bildnerei und -Malerei war es ein Glück, nicht nur daß man das Pathetische vermied, sondern daß die Zeit noch vortreffliche Schäfereien etc., Maskeraden[2] etc. lieferte (Watteau) ⌊und Putten (Boucher)⌋ und ganz besonders lebendige Thiere und Nebensachen und Blumen. Zwischen hinein: antike Sculpturen etc.

Das anmuthige Duo der durcheinander geflochtenen Rococo-Ranke und der wirklichen Pflanze, wozu dann noch als Drittes Hängefestons kommen mögen. Die Trophäe, besonders die Hängetrophäe aus leblosen Attributen (und Werkzeugen) fast nie glücklich. Nur der ideale Styl kann etwas daraus machen.

---

1 Hieher auch die Agrafe.
2 Die Maskerade ein schon altes Teppich-Sujet.

Gefäße: Die tollsten Bildungen des Rococo haben wenigstens Recht gegenüber den erstaunlich verfehlten, architectonisch profilirten des Style Louis XVI, à la grecque. (Der Panneau-Styl à la grecque, cf. Probe aus Salembier, art p. t., vermeidet den Schnörkel und sucht mit reinen Pflanzenspiralen, Kränzen, Festons, Ovalmedaillons oder Gemmen, Kelchen und kleinen figurirten Quadraten durchzukommen – dazu Putten und Floren).

Dito werden die Rococo-Oefen aufs Glänzendste gerechtfertigt durch die Oefen à la grecque, welche besondere Wehmuths-Monumente vorstellen.

Marquetterie des Rococo: zierlich und exact ausgeführt, doch nur an gewissen Flächen von Möbeln, nirgends mehr an Boiserien.

Besondere Force des Rococo für zierliche Einrahmung des völlig Irrationellen: der Kutschen, Sänften etc., – der Feuerschirme (écrans) etc. – Der Flintenkolben etc. (die Renaissance versteht besser Gegebenes aus zufüllen; der Rococo weiß einzurahmen). «Ce cachet de spirituelle élégance et d'abondante facilité» – selbst im frevelhaftest Geschwungenen.

Der Schnörkel sehr geeignet zu leichten durchsichtigen Fußbildungen von Geräthen (cf. art p. t. den porte-huilier von Meissonnier, Louis XV), (ferner für Toilettenspiegel, Senfbüchsen etc.) (Sucriers etc.). Für den Lichtstock ist der Rococo so trefflich geeignet wie kaum ein anderer Styl. Ein doch ziemlich nichtsnutziges Element im Rococo ist das Flechtwerk;[1] es bildet immer eine todte Stelle, welche mit der schwungvollen Einfassung störend disharmonirt. Für die Goldschmiedekunst, in Verbindung mit Edelsteinen und Email ist der Rococo höchst glücklich; Leichtigkeit, das Ausladen und Einziehen der Form schön zu geben; Schönheit der Henkelbildung.

Eigen dem Rococo: die Agraffe, welche einen Bogenrand mit einem drüber hinlaufenden Gesimse verbindet;⌊oder auch mit einem andern Bogenrand, welcher eo ipso einen andern (größern oder geringern) Durchmesser haben wird.⌋ Anklang an den Schlußstein der Gewölbe etc.

In originellen Cartouchen und culs-de-lampe ist der Rococo ganz unerschöpflich, in der Art wie sich an sein Steingebilde oder Muschel die Vegetation leicht anschmiegt.

(Während der Style à la grecque ängstlich Rechenschaft über die Wahrhaftigkeit seiner Culs-de-lampe-Formen ablegt).

| Der Rococo ein Decorationsstyl, ein Zweig des großen Barocco, welcher die Architectur sammt allen ausschmückenden Künsten derselben

---

1 Wie von Gittern der Gartenlauben abgeleitet.

seit etwa 1580 umfaßte und unter Ludwig XIV. eine ganz besonders stattliche Gestaltung angenommen hatte. Deren Ausprägung bei Lepautre u. A., und in vielen Sälen und Zimmern von Versailles, wo jedoch die ächten ursprünglichen Möbel fehlen.

Rococo: Verhalten zu den Oeffnungen (Fenstern und Thüren):[1] sie können, frei vom strengern Styl und seinen Pfosten- und Gesimsbildungen, jede Art von Profilirung, – ferner beliebige Curven (Anse de panier etc.), – endlich freie Zierrathen an obern und untern Enden und in der Mitte annehmen; – Gewandungen und Leibungen freier und verzierungsfähiger als sonst in einem Styl: Leichtigkeit, Consolen in beliebiger Höhe des betreffenden Trumeau, und in beliebiger Größe, aus der Wand vortreten zu lassen; – sie können dann Büsten, Vasen, Leuchter tragen. ⌊Die Consolen der Thürpfosten; bisweilen bloß leichte Seitenohren⌋

Leichte Abwechselung der Stuccaturen zwischen weiß und gold. Große Übung im soliden Stuckmarmor aller Farben. Geschicklichkeit in Putten, Festons etc. Über einer Säulenordnung das Gebälk beliebig unterbrochen;[2] Scheu vor dessen Fortlaufen. Drüber Attiken, etwa obern Ovalfenstern entsprechend; ihre einzelnen Abtheilungen mit analogen Encadrements gefüllt, wie die Trumeaux.

Die Berechnung der meisten Wände auf Gobelins in Einrahmung ernst gemeint. Die strengste Gestalt der Volute, wenn sie ein förmliches Gesimsprofil annimmt, könnte etwa Balustrade heißen. Die Cartouche als Wappeneinfassung vom Unsinnigsten bis zum Schönsten. Der Spiegel des Wandleuchters bisweilen von schönstem Ovalmotiv.

Die Füße von Möbeln oft einwärts geschwungene Voluten. (S. indeß die Consolen aus Palazzo Corsini).

Von eigentlichen architectonischen Außenformen fügen sich am Meisten dem Rococo: die Portale, die obern Theile der Fenster, die Lucarnen (cf. Schübler). Die Amortissements, als letzte Umbildung und Negation des ehmaligen Giebels, sind das Unsinnigste, wie ein Damenkopfputz unberechenbar.

War der Rococo etwa eine bloße Mode? Nein, dazu hat er zu lange gedauert und zu bedeutende Kräfte aller Länder in seinen Dienst gezogen.

| Wenn es sich einmal darum handelt, zum Zweck des Reichthums und der Verzierung ein allgemeines *Fluidum* zu ganz *unbedingter* Verfügung zu haben, so hat kein Styl diese Aufgabe in solcher Vollkommenheit gelöst wie der Rococo.

1 das Dessus-de-porte
2 Es ist besser, wenn Säulen geradezu wegbleiben und den Rococo machen lassen.

Ein Decorationsstyl soll können:
a) die Bauformen begleiten und ausdeuten – ⌊und die Bauflächen schmücken⌋
b) Geräthe aller Art aus eigener Kraft schaffen.

Der alte Orient bleibt in beiden Beziehungen so ziemlich an den Motiven hängen, die ihm von der Teppichwirkerei her geläufig sind. Das classische Alterthum erreicht in der pompejanischen Decoration was an einer glatten Wand mit Hülfe von ideal oder fabelhaft umgedeuteten Bauformen zu leisten war; – vielleicht auch seine Decken und Gewölbe vorzüglich; – In Gefäßen und Geräthen entwickelt es die höchste Schönheit von Gesammtform und Schmuck, aber eine strenge Schönheit, welche sich dagegen sträubt, in ein loses Spiel überzugehen.

Die spätgothische Decoration ist als ideale oder fabelhafte Umdeutung der Bauformen noch viel erstaunlicher als der pompejanische Styl, indem sie nicht, wie dieser, bloß einen Schein der Bauformen, sondern das ganze organische Bewußtsein des Styles, aus welchem sie hervorgegangen, in sich trägt. Allein hier liegt auch ihre Einseitigkeit; sie verbaulicht Alles und muß, sobald es sich um Flächenschmuck handelt, bei der Teppichkunst Anleihen machen; so reich bewegt ihre obern Ausgänge sind, so einseitig ist sie im Einrahmen; ihre Geräthe sind bei allem Reichthum eher herb als flüssig gebildet.

Die Renaissance, welche im schönen Einfassen und Füllen von Flächen jeder Art unvergleichlich ist, empfängt in den meisten Fällen diese Flächen und deren Eintheilung als eine im Wesentlichen bereits gegebene aus den Händen der Architectur oder von architectonischen Präcedentien her.

Erst der Rococo wird Meister über die Eintheilung selbst; er verfügt über die baulichen Formen nach decorativem Wohlgefallen und spinnt seine Gebilde an Wänden, Decken und Gewölben als anmuthigen Pseudoorganismus ins Endlose fort.

An den Geräthen (sowohl Gefäßen als Möbeln) hat er vor allen Stylen voraus, daß er seine Formen auf das Leichteste auswärts und einwärts, vorwärts und rückwärts schwingt. Und wenn eingeworfen werden solle, es seien eben keine Formen mehr sondern Schnörkel, so ist zu antworten: was so viel Leben hat, *ist* eine Form, denn Formen in der Kunst sind Ausdrucksweisen des Lebendigen. «Classische» Formen sind es freilich nicht, aber man kann in «classischen» Formen sehr todt sein.

Summa: Es ist ein Styl welcher überall Bescheid weiß, an Wänden wie an Decken, an Möbeln wie an Ziersachen aller Art, gut Freund mit allen Stoffen, und stets guter Laune.

Style Louis XIV.

Warum die strengere Innendecoration des Style Louis XIV nicht mehr genügte – (während man ihre edeln Eintheilungen und Proportionen weislich beibehielt). –

Schon um 1650 hatte sie neben sich in Kirchen (und in weltlichen Gebäuden wenigstens theilweise, zumal an den Plafonds)[1] neben sich ein rauschendes und sich bauschendes Rankenwerk dulden müssen, welches in den Möbeln bereits die Oberherrschaft erstrebte (Spiegelrahmen, Consolen, Tische etc.).

Ein Weiterranken dieses Elementes brachte bereits den Rococo hervor. Im Style Louis XIV die Decke noch immer etwas ernst genommen;[2] man war noch nicht zu weit entfernt von den cassettirten, wenigstens von den frei cassettirten Decken mit größern und kleinern Gemälden.

Ferner besaß die Decke à la Louis XIV bereits die schönen Ecken, mit besondern Schildern, Bildern, Muscheln sammt Festons etc. (Marot etc.).

Derbheit der decorativen Stuccatur und Schnitzerei im Style Louis XIV ⌊besonders noch alle Einrahmungsprofile sehr stark⌋; der ganze Lepautre zeugt davon. (Hier wurde dann der Rococo ein Gegensatz).

In den Vasenbildungen hängt Lepautre so ziemlich von Polidoro ab, welcher im Grunde das Problem der Phantasievase schon völlig gelöst hatte. – Aehnlich ist es mit den Vasen von Marot. – Was dazwischen geleistet worden war (Du Cerceau etc.) wollte in Vasen nicht viel besagen; auch mag die Einwirkung der Gartenvasen etc. auf die von reicherm Stoff keine günstige gewesen sein. – Die besten Vasen bei Lepautre scheinen die, woran das Menschliche und Thierische überwiegt.

Das geschwungene Laubwerk hat in diesem Styl des XVII. Jh. noch zum Theil die Bildung von heraldischen Wappenmänteln.

Die Maske (seit der Galeria Farnese?) mehr und ernster in diesem Styl angewendet als später im Rococo.

---

1 Gewölbe des Domes von Würzburg; Stuccaturen im Schloß zu Bamberg.
2 Noch vieles geradlinig was bald geschwungen wurde.

Talleyrand

⌊Charles Maurice de Talleyrand-Périgord geboren in Paris 1754, mütterlicherseits durch die Damas von der Princesse des Ursins abstammend. ⌊Der Vater im Dienst des Hofes, die Mutter «attachée à la cour».⌋ Sein Vater arm, starb als Charles kaum 14jährig war. ⌊Il n'avait jamais couché sous le même toit que ses père et mère.⌋
Er selber boiteux geboren, was sich durch einen Sturz in der Jugend noch verschlimmerte. Früh für die Kirche bestimmt ⌊obwohl ältester Sohn⌋,[1] früh nichtsnutzig und seinen Erziehern überlegen. Er konnte nur noch durch den Geist parveniren. ⌊Erzogen im Collège de Harcourt. Er sagte später zu Reinhard: das Studium der Theologie, par la dextérité qu'elle douait à la pensée sei eine treffliche Vorschule für die Diplomatie. Schon mancher Prälat und Cardinal sei ein guter Unterhändler gewesen.⌋
In seinen frühsten Liebesaventuren erscheint er völlig herzlos. Auch voll systematischer Verstellung und Heuchelei. Sein vollkommener Aplomb. Michaud läugnet die Geschichte von den drei Schwestern. Ein Familienrath unter seinem Oheim Comte de Périgord erwirkt une lettre de cachet; Talleyrand 1770 in der Bastille zwei Monate, dann ein Jahr in Vincennes; auf scheinbare Zerknirschung hin freigelassen. ⌊Michaud läugnet die beiden Haften in Bastille und Vincennes.⌋
1773 Priesterweihe (durch Loménie de Brienne von Toulouse). ⌊Dieß Priesterthum braucht nicht so sehr auf ihn gedrückt zu haben wie Ste Beuve meint. Gagern hörte ihn sagen: er halte sich für einen der stärksten Theologen seiner Zeit.⌋ – Dann im Séminaire Saint Sulpice. Einige Monate studirte er in Straßburg unter Koch. Er hieß l'abbé de Périgord.[2]
Durch einen Witz bei der Dubarry erhielt er von Louis XV zwei Abteien, die ihm 24,000 Livres Rente trugen. ⌊War er wirklich Abt von Saint Denis?⌋ Schon war ihm auch das Bisthum Autun versprochen. ⌊1778 sprach er noch zweimal mit Voltaire. Voltaire soll ihn vor großer vornehmer Gesellschaft kniend gesegnet haben.⌋

---

1 Er wurde en cadet behandelt.
2 Seine Physiognomie douce, impudente et spirituelle.

| Zu 1778: Talleyrand und Voltaire. Sie gleichen sich: als vornehme und geistreiche Franzosen, ferner durch den allgemeinen tiefen Eindruck den Voltaire auf die höhern Stände gemacht hatte, endlich werden von Talleyrand einige wenige geistreich maliciöse und frevelhafte Worte und Anecdoten citirt. Und: Voltaire gewann an Lieferungen wie Talleyrand an Agiotage und Bestechung.

Aber: Voltaire prägte in 70 Bänden die ganze Denkweise eines großen Theils seiner Nation um; Talleyrand war nicht von der Feder und hat nur ein paar Kleinigkeiten geschrieben und in der Gesellschaft war mehr sein Schweigen als sein Reden berühmt. Und wenn er redete, so waren seine wirksamsten Worte nicht einmal jene Witze, sondern oraculöse, höchst originell gesagte Wahrheiten.

Das bekannte Wort: la parole n'a été donnée à l'homme que pour déguiser sa pensée ist schwerlich von ihm. Das Echteste und aus seiner innersten Erfahrung stammende Motto seines Lebens ist eher: les choses se font en ne les faisant pas.

| 1780 zog er sich in Folge einer gefährlich pikanten Liebesintrigue einige Zeit nach Autun zurück, für vier Monate. Auch hier Liebeshändel, theils mit Bourguignonnes, theils mit Damen die ihm aus Paris nachreisten. Dann wieder in Paris.

| In Folge eines sehr bösen Handels, in welchem er sich wahrhaft niedrig und rachsüchtig benommen haben soll, und den der König vernahm, erhielt Talleyrand in Gegenwart der höchsten Prälaten einen Wischer durch den Nuntius und wurde dann wieder nach Autun verwiesen, dießmal escorté de deux gardes du corps. Er blieb zwei Jahre. (Bastide bezieht sich p. 30 für alle Scandäler auf das Werk eines gewissen Roret von 1834, welchem Talleyrand nicht widersprochen habe).

Aber in demselben Jahr 1780, da Talleyrand zum zweitenmal nach Autun mußte, war doch der 26jährige Mensch nebst dem Abbé de Boisgelin durch den König zum agent général du clergé ernannt worden ⌊das Amt fünfjährig ⌋, was ihm 40–50,000 Livres eintrug.[1]

In Autun soll er sehr das Finanzwesen studirt haben (damals allgemeines Aufsehen wegen Deficit, Necker etc.).[2]

⌊c. 1787: Talleyrand bekannt mit Orleans und Mirabeau – der Geliebte der Mme de Buffon *vor* Orleans. In allen Finanzoperationen als Agioteur für sich betheiligt und in Alles eingeweiht.⌋

---

[1] Über den Besitz des Clerus: Taine I, p. 18 und 19 Nota. Über das Amt als solches Taine I, 78.
[2] Schon zu Calonne's Zeit Talleyrand berüchtigt durch Spiel, Agiotage und Liebschaften.

Dann war schon Mirabeau «lié» mit ihm;[1] er empfahl den Talleyrand dem Calonne für Abfassung von Gutachten etc. (1787 war dann Mirabeau anderer Meinung; p. 36 sein Brief: infame conduite... vil, bas et intrigant... c'est de la boue et de l'argent qu'il lui faut etc. ⌊Die Ursache unbekannt. Laut Mignet *brach* Talleyrand mit Mirabeau, weil dieser die lettres secrètes sur la cour de Berlin drucken ließ.⌋)

1787 Talleyrand Mitglied der Notabeln; damals soll er zu Artois gesagt haben:[2] *jetzt* genügte es noch, Orleans und Mirabeau zu köpfen, und da man dieß nicht will, so gehe ich zur andern Partei über.

| Die weitern Intriguen welche Talleyrand um die Zeit der Notabeln geübt haben soll, sein angeblicher Übergang zur Partei Orleans ⌊auch daß er sich an Provence angeschlossen⌋ scheinen lauter Geschwätz des Bastide. ⌊Nur so viel ist richtig, daß er frühe die excessive Natur der Revolution erkannte und *mit* ihr zu gehen beschloß.⌋

Zu den états généraux wurde er gewählt par le clergé de son diocèse (nicht par le bailliage de son diocèse, wie Bastide meint). In seiner Schilderung bei Laclos (Galerie des états généraux) das prophetische Wort: Jugeant les hommes avec indulgence, les événements avec sang-froid... dann: il arrivera à tout parce qu'il saisira les occasions qui s'offrent en foule à celui qui ne violente pas la fortune.

⌊Absurde Geschichte, wie er das Geld des Hofes zurückgewiesen habe, Bastide p. 40. –⌋ ⌊Michaud: Er war verschuldet, aber schon zu sehr in den Händen der Revolution um Geldpropositionen von Seiten des Hofes anzunehmen, man hätte ihm denn enorme Summen bieten müssen. Er soll geantwortet haben: je trouverai dans la caisse de l'opinion publique bien au-delà de ce que vous me proposez; Hofgeld wäre jetzt nur Ruin etc. etc. Einstweilen aber habe ihm Orleans damals 60,000 Fr. de rente «gesichert». (?)⌋

Seine erste Rede ganz practisch, lauter Reformen wie sie möglich und nothwendig schienen. Er war einer der ersten Prälaten für la vérification des pouvoirs en commun und für le vote en commun. Er kam in die Verfassungscommission.

Er verlangte Aufhebung des geistlichen Zehnten. ⌊Wann brachte er seinen großen Rapport über ein Schulgesetz? Völliger Laienunterricht auf allen Stufen; cf. Mignet, Notice sur Talleyrand I, 114⌋ – Im August seine lebhafte Theilnahme an den Menschenrechtsdebatten – und dann an allen Finanzsachen. – Er hauptsächlich förderte den Beschluß des Verkaufes der Kirchengüter. Il faisait bon marché de son ordre et donnait résolument la main au III état.

---

1 Wann wurde er Bischof von Autun? Ernannt 30. November 1788, geweiht Januar 1789!
2 «on raconte etc.»

⌊Zu seinen damaligen publicistischen Gehülfen soll außer Desrenaudes auch Chamfort gehört haben. Hat er wirklich in «Conciliabules» den 5./6. October 89 vorbereiten helfen?⌋

Nun giebt auch Bastide p. 45 zu, daß Mirabeau wenigstens scheinbar wieder Talleyrand's Freund geworden – und laut Ste Beuve wollte ihn Mirabeau sogar zum Finanzminister machen. | Ste Beuve giebt zu verstehen, Talleyrand würde gestohlen haben: c'eût été mettre Tantale à même du Pactole. (Mir fällt dabei ein: daß Talleyrand, wenn er einmal seinen Stand so beleidigte wie er that, dann dessen gänzliches Untertauchen wünschen mußte. Möglicher Weise hoffte er schon damals bei der enormen geistlichen Liquidation für sich zu gewinnen). ⌊Geht wirklich der Raubvogel in ihm allem voran?⌋

Er redigirte die große optimistische Adresse der Assemblée an die Nation (wörtlich Bastide 47, ss.), welche für ihren Zweck als Meisterwerk gilt – und *hierauf* wählte ihn die Assemblée – 16. Februar 1790 – zum Präsidenten; er hatte 373 Stimmen von 603 votants (Sieyès nur 125). ⌊Mirabeau wurde erst spät Präsident; es galt als hohe Ehre (in dieser Versammlung natürlich).⌋

Sommer 1790, beim Anfang der kirchlichen Zwistigkeiten, brach er schon so ziemlich mit seinem Domcapitel von Autun.

Dann seine Proposition über gleiches Maß und Gewicht, nach Maßgabe des Secundenpendels unter dem 45. Breitengrad, dessen Länge = Elle, Doppellänge = toise etc., dessen cubische Darstellungen = die einzelnen Hohlmaße, deren Gewicht in distillirtem Wasser = die einzelnen Gewichte. Doch Alles noch ohne Decimalsystem; zB: $^1/_{12}$ des Secundenpendels, cubisch in Regenwasser dargestellt, wäre = 1 Livre. Die Academien von Paris und London sollten sich adhoc in Verbindung setzen; ja hieran könnte sich anschließen le principe d'une *union politique* (!) opérée par l'entremise des sciences. (Es war dann in seinem spätern Leben seine Haupttendenz).

| Talleyrand Haupttreiber zum Foederationsfest 14. July 1790; er pontificirte dabei (einer seiner Assistenten der Abbé Louis). ⌊Es war die letzte Messe die er las.⌋ – Beim Hinaufsteigen sagte er zu Lafayette: Ah ça, je vous en prie, ne me faites pas rire! (Den Brief vom folgenden Tag an die Comtesse F., Bastide p. 76, halte ich für erdichtet. ⌊So wie auch die Briefe p. 88 und 89⌋).

Schon eher historisch möchte der pot-de-vin sein (bei Roret etc.) welchen Talleyrand damals aus geheimen Aengsten des spanischen Cabinets bezog, welches an das französische «comité diplomatique» (wo Talleyrand saß) zwei Millionen Dollars vertheilte ⌊100,000 Dollars an Talleyrand⌋, um die Assemblée zur Erneuerung des pacte de famille, jetzt in Gestalt eines Bündnisses zu vermögen. (Die Spanier hatten Gewaltthat gegen englische Kauffahrer verübt). Es genügte noch eben kaum, um Gläubiger zum Schweigen zu bringen.

Abbé Maury beschuldigte den Talleyrand schon damals öffentlich der Agiotage: «comme dirigeant les intrigues de l'agiotage».

Für alle Finanzfragen in der Assemblée war er eine Specialität. Bei den ersten Assignaten ⌊September 1790⌋ rieth er zur höchsten Behutsamkeit.

Bei der Discussion über die Constitution civile du clergé betheiligte er sich nicht; als sie aber beschlossen war, war er – 27. November 1790 – einer der ersten welche sie beschworen. Er empfahl sie dann in einem Schreiben an seinen Diöcesanclerus von Autun; sie enthalte nichts was la conscience la plus craintive beunruhigen könnte; man habe das Dogma nicht angerührt, aber die reine Urverfassung der Kirche hergestellt etc. | Hierauf folgte die Zwangseinführung. Talleyrand assistirt von Gobel und Mirandole[1] (episcopi in partibus von Lydda und Babylon) sacra les premiers evêques constitutionels worauf der Papst ihn excommunicirte. ⌊Ste Beuve: mit der Excommunication bedrohte.⌋ ⌊Wie er die Beiden dazu brachte, cf. Bastide 92 und auch Ste Beuve. – Dumont kannte die Anecdote aus Talleyrand's Munde.⌋

Man glaubte, Talleyrand wolle Bischof von Paris werden, er erklärte: nein. ⌊Warum er nicht begehrte Bischof oder gar Erzbischof von Paris zu werden: er war persuadé que *là* ne seraient pas les profits de la révolution.⌋

Gleich darauf, 8. Februar 1791, sandte er an die Zeitungen einen Artikel wegen seiner angeblichen Spielgewinnste:[2] Jetzt, da die Besorgniß vor meinem Pariser Bisthum vorüber, wird man mir glauben. Die Wahrheit ist: ich habe binnen zwei Monaten, nicht in Spielhäusern, sondern in der Société und im Schachklub ca. 30,000 Fr. gewonnen.[3] Ich will mich nicht entschuldigen; der Spielgeist hat sich aufs Lästigste ausgebreitet. Ich habe das Spiel nie gemocht; je me blâme comme particulier et encore plus comme législateur etc. etc. {Anders als in seinen letzten Jahren, da einst General Lamarque in den Zeitungen sich über seine conduite in einem gewissen Fall erklärt hatte, und Talleyrand ihm an jenem Tag mit den Worten begegnete: Général, je vous croyais de l'esprit}.

{Die Comtesse F., welche damals als Talleyrand's Geliebte galt und an welche die fingirten Briefe bei Bastide adressirt sein wollen, scheint laut Ste Beuve, Nota zu p. 22 eine Comtesse Flahault gewesen zu sein ⌊Mme de Flahault hieß später Souza, Gagern I, 115⌋}. ⌊Mme de Flahault, von kaumlich adlicher Geburt, aber in erster Ehe mit einem hohen Militär

---

1 al.: Miroudot
2 Bastide p. 96, s.
3 Man hatte von 6–700,000 gesprochen.

Comte de Flahault vermählt, gebar 1785 den später bekannten Flahault, welcher dann mit Hortense den Morny zeugte. – Sie heirathete in zweiter (sehr glücklicher) Ehe (1802 ?) den portugiesischen Diplomaten Souza. – Sie ist Verfasserin von Adèle de Sénages u. a. Romanen. Cf. 9, verso.⌋

5   Talleyrand um die Zeit da er die constitutionellen Bischöfe weihte, in tiefer Furcht vor Attentaten von Seiten des Clerus; er schlief etwa auswärts.

| Talleyrand heult mit den jeweiligen Wölfen. In dem Brief wegen seines Spielgewinns: das Spiel trage bei à cette inégalité de fortune que les
10 lois doivent tâcher de prévenir par tous les moyens qui ne blessent pas l'éternel fondement de la justice sociale, le respect de la propriété. (Also doch).

Bei der Installation Gobel's functionirte Talleyrand schon nicht mehr als Geistlicher sondern als administrateur du département de Paris. ⌊Er
15 legte auch das Bisthum Autun nieder.⌋ ⌊Autun führte sonst üblicher maßen zum Erzstuhl von Lyon (aber jetzt nicht mehr).⌋

Da er Mirabeau am Tage vor seinem Tode besucht hatte,[1] hieß es, er habe ihn vergiftet, etwa gar im Auftrag des Orléans! – mit Hülfe einer Dame! ⌊Der Zweck von Talleyrand's Besuch beim sterbenden Mirabeau
20 wäre gewesen: die Papiere über die Anstiftung des 5./6. Octobers bei Seite zu schaffen – und natürlich: den Mirabeau zu vergiften!!⌋ – Talleyrand hat noch spät, als ein Pamphlet, im Ausland gedruckt, davon sprach, nicht für nöthig gefunden zu reclamiren – und Bastide hält ihn nun für schuldig! ⌊(Und Ste Beuve in einem nachträglichen Briefe, p. 242 scheint ihm wirk-
25 lich an Mirabeau's Tode Schuld zu geben! was mir aber besonders für Ste Beuve bezeichnend ist). Schon Michaud glaubte ebenfalls daran.⌋

| Bei Anlaß von Mirabeau's angeblicher Vergiftung: Talleyrand schon damals eine halbe Romanfigur.

1) Ein Vornehmer und Prälat, durch Wissen und Geist eine Haupt-
30 person der Revolution, ohne sich derselben doch völlig hinzugeben, mit einem Ruf von Agiotage, Hazardspiel und Dissipation – *mußte* die Phantasie vieler Leute in Wallung versetzen; –

2) außerdem in einer aufgeregten Stadt und nervösen Zeit, da doch nicht alle Tage etwas Neues geschieht und Pausen der Ermattung und des
35 Grauens eintreten, meldet sich unvermeidlich eine Tagespresse und Pamphletliteratur, welche die handelnden Menschen und die Thatsachen noch viel pikanter schildert als sie sind; zumal da sie es straflos darf. Sie ist nicht völlig zu verschmähen, wehe aber dem Historiker der darauf seine Darstellung wesentlich baut.

40 1 2. April 1791 starb Mirabeau.

3) Talleyrand bekam von derselben sein tüchtiges Theil; man malte seine Jugend als eine Kette von Bosheiten und besonders von herzlos behandelten Liebesverhältnissen aus und übertrieb seinen jetzigen Wandel in's Abenteuerliche.

4) Damals remonstrirte er etwa noch, wie zB: wegen seines Hazardspieles. (Später nicht mehr: Anecdote von Talleyrand und dem General Foy). ⌊Er hätte auch unter der Restauration und Louis Philippe viel zu thun gehabt!⌋

| 5) Wie es sich mit seinen eigenen auf 1868 oder 1878 versprochenen, in England deponirten Memoiren verhalte? Er hat in spätern Jahren ein paar hübsch erzählte Jugendgeschichten vorgelesen, aber gewiß keine eigentlichen Memoiren hinterlassen zur Rechtfertigung vor einer Nachwelt die er verachtet haben wird wie die Mitwelt.

6) Nun stand aber das Urtheil fortwährend zu sehr unter der Nachwirkung jener Pamphlete, indem 1834 Roret, 1839 Bastide und später Michaud auf das Reichlichste davon Gebrauch machten.

7) 1869 der Artikel von Ste Beuve, in einer herben Erbitterung geschrieben, nachdem sonst im Allgemeinen ein milderes Gesammturtheil Platz gegriffen hatte. Großes Aufsehen. Da aber Ste Beuve in einem nachträglichen Briefe sogar die Vergiftung Mirabeaus als Thatsache annimmt, so weiß man was von seinen scharfen Urtheilen zu denken ist. Er ist einer Rancune und dem Bedürfniß der Pikanterie für seine Lundis unterlegen.

8) Talleyrands Verhältniß zu Mme Flahault (Souza) (er kann den 1785 gebornen Sohn derselben, spätere Vater des Morny gekannt haben). – Die Briefe an sie aber, welche Bastide mittheilt, sind handgreiflich erdichtet.

Weitere Lage Talleyrands 1791: Sein Verhältniß zur Constitution civile du clergé. ⌊Seine Säcularisirung.⌋ Verschätzt hat er gewiß den König wie den Orleans.

| Bulwer: Talleyrand war in der Assemblée Constitutionelle der bedeutendste Mann nächst Mirabeau, so wie er später le personnage le plus remarquable après Napoléon war. – Er war Mitglied der feuillans und Jacobins, erschien aber nur selten, um Leute zu treffen. – In der Assemblée beruhte sein Einfluß darauf daß er wichtige und vernünftige Vorschläge im gehörigen Augenblick machte, und klar und elegant sprach. Er war für die constitutionelle Monarchie, versprach aber nie, sich dieser Sache zu opfern wenn sie sich als unmöglich erwiese. Sein rapport sur le système d'éducation nationale, von Ste Beuve p. 25 sehr gepriesen, war laut Bastide p. 111 das Werk Anderer – September 91, kurz vor Auflösung der Assemblée constitutionelle. – Jedenfalls sprach er auf der Tribune dafür.

| Auch die Briefe an die Comtesse F. bei Bastide p. 118 und p. 119 sind handgreiflich unecht. – Wann und durch wen wurden diese Briefe fingirt?

Etwa als Pamphlet gegen Talleyrand als Minister des Directoire, oder gar erst unter der Restauration?

Januar 1792 seine erste Reise nach London, laut Bastide mit Chauvelin, laut Ste Beuve mit Biron welcher Ambassadeur war. Ging er als Begleiter mit, oder mit einer besondern mission non avouée? Gleichgültig. In London gab er sich offenbar verengländert; schweigsam, vorsichtig, kalthöflich, prüfend ⌊Lord Grenville nannte ihn un homme profond et dangereux⌋ – während er mit französischen Vertrauten voll der offensten Liebeswürdigkeit war. Zu wirken war nichts; die préventions gegen Frankreich schon zu stark. – Das Königspaar war bei der Vorstellung sehr kalt. –

Merz 92 wieder in Paris. Er fand seinen Freund Narbonne schon nicht mehr im Ministerium und arrangirte sich nun mit der Gironde und Dumouriez. ⌊Dieß muß die Zeit gewesen sein, da er mit der Stael zusammen hing⌋ Dann Mai 92 wieder nach London, neben Chauvelin, als dessen Adjoint. Laut Bastide hätte er geheime Vollmachten auch 1) vom Hof, 2) von Orleans (?) mitgehabt,[1] außer der ministeriellen. – Aber in London war das Mißwollen schon so groß, daß Talleyrand höchstens noch mit Leuten der Opposition wie Fox und Sheridan umgehen konnte. Die ganze Ambassade sah sich schon an öffentlichen Vergnügungsorten gemieden.

Zugleich aber, 4. Juny, wurde Talleyrand bereits in Paris auf der Tribune der Assemblée angeklagt durch Ribé; | Ribé klagte ganz confus gegen ihn als Orleanisten und als Verräther der französischen Interessen an England, ferner daß man ihm 60,000 Livres traitement gegeben.

Um den 10. August 92 war Talleyrand wieder in Paris.[2] Als hierauf das peuple die Bestrafung aller «Verräther» verlangte, M. de Talleyrand parvint à obtenir un passeport, et ce fut Danton, membre du conseil exécutif provisoire qui le signa. Danton fit plus que de sauver la vie à M. de Talleyrand, il le confirma dans la place qu'il occupait à Londres.[3] ⌊Laut Talleyrand's Aussage: er sollte den Bruch zwischen Frankreich und England hindern, Bastide 158.⌋ ⌊Im Paß, mit den Signaturen des conseil exécutif provisoire u. a. Danton und Lebrun,[4] hieß es: Talleyrand gehe nach London par nos ordres. – Er verreiste 7. September (also *nach* den Septembertagen). Seine Ankunft 10. September.⌋ Laut Ste Beuve p. 34 entlockte Talleyrand dem Danton den Paß mit einem Witz.

1 Orléans kam dann selber wieder nach London?
2 Laut Michaud: Talleyrand am 10. August mit Röderer; ja *er* habe durch ein Billet welches er dem Präsidenten Hérault de Séchelles zukommen ließ, die Idee der Haft Ludwigs im Temple aufgebracht. – Röderer behielt zeitlebens das Billet. (Röderer log aber gelegentlich *auch*).
3 Bastide 137.
4 Danton's Paß d. d. 10. September 1792.

Talleyrand hat später immer gesagt, es habe sich für ihn nur um Rettung gehandelt. Daß er aber noch politische Angelegenheiten, und zwar jetzt für die Republik, betrieb, zeigt ein Mémoire, 25. November 92, citirt von M. J. Chénier und dann von Ste Beuve p. 33.

Freilich half ihm dieß in Paris nichts; es hagelte jetzt von Denunciationen gegen ihn; förmliche Anklage ⌊wegen geheimer Dienste an den Hof⌋[1] ⌊Er wurde 5. December in Anklagezustand versetzt wegen eines Briefes aus dem eisernen Schrank⌋; und trotz seiner (aus London an den Moniteur im December 1792 gesandten Rechtfertigung kam er 8. April 1793 auf die Emigrantenliste.

Bastide: il avait alternativement servi et trahi tous les partis, aber freilich «materielle» Beweise gegen ihn lägen nicht vor.

In England mieden ihn natürlich die Emigranten; die Anklage gegen ihn konnte ja vielleicht nur eine Maske für eine Spionenrolle sein. ⌊In London ging er wegen der Royalisten nur verkleidet oder in Begleitung aus.⌋ Januar 1794 war er dann fast der einzige namhafte Franzose, auf welchen die Alien-Bill angewandt wurde. Ein Schreiben an Lord Grenville blieb ohne Erfolg;[2] er mußte nach Nordamerica ⌊er mußte in dreimal 24 Stunden fort⌋.

| Die Gräfin F... war ihm nach der Hinrichtung ihres Mannes nach London nachgereist, bekam aber keine Unterstützung von ihm und reiste dann nach der Schweiz und dann nach Altona, wo Talleyrand sie bei seiner Rückkehr aus America wieder traf.[3] Sie ist Verfasserin von Adèle de Sénanges. Sie hieß später Mme de Souza. ⌊Die Stael und die Souza waren circa 1801/2 mit Talleyrand brouillirt. – Gagern I, 115, s.: Im Hause der Mme de Flahault, nun Mme de Souza, habe er oft sagen hören: intriguer c'est faire. Sie consultirte Gagern oft über ihre Romane. Ihren einzigen Sohn (offenbar den Flahault, Vater Morny's) hatte sie in Deutschland und England in aller ritterlichen Sitte selbst, und zu einem der ausgezeichnetsten Jünglinge erzogen; die Gunst Napoleons und die Gunst der Frauen, zwei gute Richter, zeugten später für ihn. Für Jenen unterzeichnete er noch den schlesischen Waffenstillstand, und war, wie billig, unter den letzten und standhaftesten seiner Anhänger. – Cf. 5, verso.⌋

In Nordamerica trauten ihm wiederum weder Emigranten noch Staatsmänner, letztere, weil er jetzt gegen England wollte intriguiren helfen. – Er schrieb an die Genlis: je ne songe guère à mes ennemis, je m'occupe de (sic) refaire ma fortune. ⌊Frage: ob er in Philadelphia mit Nachtmützen ge-

---

1 Er hatte bei der Hinrichtung Ludwigs XVI. doch Trauer angelegt.
2 Grenville fand ihn profond et dangereux.
3 Hat Talleyrand jemals Beziehungen zu Robespierre gehabt? M. J. Chénier sagte (Bastide 189) Maximilien n'a pas voulu de lui.

handelt? ⌋ An die Stael: Si je reste encore un an ici, j'y meurs. ⌊Er sagte später: qu'il avait trouvé aux États-unis trente-deux religions et un seul plat.⌋
{Über die verschiedenen Lesarten von: de la merde dans un bas de soie und deren verschieden angegebene Urheber cf. Ste Beuve p. 36, Note}.

Den 28. Prairial an III, aus Philadelphia seine Petition an den Convent, um Rückkehr.

Mme de Stael ... par ses instances détermina Chénier ... à plaider devant l'assemblée la cause de l'exilé. Dieß geschah in der Sitzung 18. Fructidor an III. «Ich reclamire Talleyrand ... u. a. au nom de la haine que vous portez aux émigrés, et dont il serait la victime comme vous, si des lâches pouvaient triompher». Er erreichte ein glänzendes Decret der Rückberufung. ⌊Außer Mme de Stael und Chénier halfen mit: Boissy d'Anglas und der Metzger Legendre (ancien agent du Palais royal).

Talleyrand dachte wie die Stael; wenn man ihr von Pastorales und ruisseaux limpides redete: sie liebe von allen am Meisten den ruisseau de la rue du Bac.⌋

Talleyrand kam zunächst nach Hamburg, wo er eine Clique von Orleanisten soll frequentirt haben. ⌊Seine ganze Habe bei der Rückkehr soll nur 50,000 Fr. betragen haben, die er beim Banquier Ricci in Hamburg ließ.⌋ – In Altona empfing ihn die Gräfin F. kalt und bitter. Dafür hatte er andere Liebesintriguen. {Folgt ein langer Roman mit Selbstmord am Ende wahrscheinlich aus Roret?}

| Von Hamburg ging er nach Berlin, wahrscheinlich in geheimem Auftrag des Directoire; – dort lebte er drei Monate als citoyen Maurice. Daß er außer den officiellen Leuten auch die patriotes prussiens gesehen (Bastide 186) glaube ich nicht.

Endlich in Paris; seine Stütze war Barras, dafür hielt ihn Carnot nach Kräften ab. – Talleyrand soll besonders im Sinn Barrae das Heirathsproject Bonaparte haben betreiben helfen. (Bastide meint freilich, diese Heirath sei die conditio sine qua non des Commando's der italienischen Armee gewesen). ⌊Laut Michaud hätte er den Napoleon schon gar nicht mehr in Paris angetroffen⌋[1] Talleyrand soll auch sonst bei den Directeurs

---

[1] Hat er Napoleon 1796 in Paris noch gesehen?? Laut Michaud traf er ihn schon nicht mehr. – Auch Damas-Hinard glaubt wenigstens, daß die relations zwischen Talleyrand und Napoleon erst begonnen hätten als Napoleon Sommer 1797 die Friedensverhandlungen mit Oestreich anfing; Talleyrand als Minister des Auswärtigen mußte nun mit ihm conferiren. Damit fällt auch jedes Verhältniß zu Napoleons's Heirath dahin.

Die Stael suchte nicht nur den Talleyrand eifrig bei Barras zu poussiren, sondern wünschte sogar daß er Directeur würde; sie hoffte in diesem Fall wieder zu den 2 Millionen zu gelangen, welche Necker in der Staatscasse gelassen. (Erst Louis XVIII gab ihr dieselben wieder).

kräftig für Bonaparte gearbeitet haben. ⌊Talleyrand errieth jedenfalls bei Zeiten den Napoleon.⌋
Zugleich aber ließ er sich Eröffnungen von Louis XVIII gefallen und redete sich dann ins Inserat aus.
M. J. Chénier haßte ihn jetzt und machte Verse auf seine Corruption (Bastide 190).
Aber Talleyrand fähiger Diener des Directoire, besonders vertraut mit Barras, Reubel und La Réveillère. – Er besuchte besonders die Salon's Tallien und Stael. Er wurde membre de l'institut; ⌊laut Mignet hatte man ihn schon abwesend dazu ernannt⌋ – Ste Beuve hält ihn selber (und nicht seine Secretäre Panchaud, Desrenaudes, d'Hauterive, La Besnardière) für Verfasser und Redactor zweier geistvollen Mémoires (über America und künftige französische Colonien) die er dort vorlas. ⌊Aber freilich ist alles oratorische und literarische Wesen und selbst die schönsten Depeschen nur Decoration; Hauptziel war Einfluß und Geld.⌋ «Pour les politiques en disponibilité, la litérature, quand elle n'est pas une consolation, est un moyen».

15. July 1797 Talleyrand Minister des Auswärtigen. ⌊Die Stael rühmt sich, sie habe ihm von den Jacobinern das Ministerium verschafft⌋ (La Réveillère hätte es gegen Carnot ertrotzt). ⌊Das angebliche Gespräch der Beiden, cf. Bastide p. 193⌋ Talleyrand meldete es in tiefer schmeichelhafter Ergebenheit an Napoleon nach Italien.

| Hatte Talleyrand fördernden Antheil am Fructidor? ⌊Michaud übertreibt jedenfalls Talleyrand's Theilnahme am Fructidor sehr. Talleyrand's kecke Correspondenz mit Napoleon, dessen künftige Macht er völlig berechnete. (Josephine soll den Talleyrand nie gemocht und viel näher mit Fouché gestanden haben).⌋ Über den Antheil der Stael sagte er später: Mme de Stael a fait le 18 (Niederschlagung der Royalisten), mais non pas le 19 (die Deportationen).¹ Jedenfalls hatte der neue Minister bei der ganzen Sache seinen Eifer zu bewähren, und noch mehr als dem Directoire suchte er dem Napoleon zu gefallen. ⌊Reubel fuhr ihn etwa an: coquin de prêtre! Narr! oder englischer Miethling! etc. Bastide p. 214.⌋

Und als Napoleon den Frieden von Campoformio durchaus nicht genau nach den Instructionen des Directoire schloß, nahm Talleyrand entzückt Partei für den Ungehorsamen in dem Billet – Bastide p. 196 – welches schließt: Adieu, général pacificateur, adieu: amitié, admiration, respect, reconnaissance; on ne sait où s'arrêter dans cette énumération. (Wie Voltaire an Friedrich den Großen in den Zeiten des Entzückens).

---

1 Die Stael half dem Napoleon empor! bei einer Restauration wäre es ihr besser gegangen als dann unter Napoleon's Regierung.

Talleyrand hielt die Empfangsreden, als Berthier und Monge mit der Friedensacte anlangten; bei Monge rühmt er besonders dessen Beute von Kunstwerken und Alterthümern. (Bastide p. 200, ein sauberer Speech!) Als dann Napoleon selber kam, gab ihm u. a. auch Talleyrand ein Fest, und bei diesem Anlaß gab Napoleon der Stael jene famose Antwort. Dann der feierliche Empfang 11. December 1797 ⌊Talleyrand mit Säbel und Henri IV Hut⌋. Bastide p. 201, ss. giebt die ganze Ossianrede. Höchstes Talent, dicken Weihrauch mit Geist zu verbinden. ⌊Die Hauptstellen der Rede auch bei Montgaillard, V, 83. (Talleyrand kann aus Tact auch so geschmacklos sein als es die damalige Manier irgend verlangte.)⌋

In einem Circulaire vom 6. Januar 1798 an alle diplomatischen Agenten auswärts, in Betreff des Krieges gegen England und seine Verbündeten heißt es: La cause que vous défendez est celle de la liberté, de la philanthropie, de la gloire et de la vertu. (Und Rom und Bern!) ⌊Michaud sagt besonders von der Expedition gegen Bern: ... préparée de longue main par le ministre Talleyrand.⌋

| Talleyrand bewog nicht ohne Mühe den Napoleon, dem Fest des 21. Januar 1798 beizuwohnen.

Talleyrand sollte eigentlich nach Constantinopel gehen während Napoleon nach Aegypten fuhr, allein er brach die Abrede und fischte lieber in Paris als Minister im Trüben.

Geldgier und Käuflichkeit waren bei ihm nicht bloß ein Nebenfehler, sondern le fond de la vie; seine wirklichen Leistungen und Fähigkeiten kamen nur episodisch zu ihrem Rechte. ⌊Wie Ende 97 Talleyrand und Barras sich für einen Vertrag mit Portugal sechs Millionen zahlen ließen, Schlosser VI, 81.⌋⌊Napoleon selber besaß laut Bourienne nach dem italienischen Feldzug auch schon 3 Millionen.⌋ Chateaubriand sagte über Talleyrand's Art zu negociiren: Quand M. de Talleyrand ne conspire pas, il trafique.

Talleyrand: profita de la saisie des navires américains à la suite du traité de commerce des Etats unis avec l'Angleterre, um americanische Commissäre nach Paris zu ziehen. Hier bot er ihnen durch bekannte Zwischenpersonen vor, de se charger d'une réconciliation à l'amiable avec le Directoire, aber um hohe Summen. Sie widerstanden und ließen die Sache laut werden. ⌊Es war chantage⌋ Die Acten sollen im Artikel bei Michaud völlig genügend analysirt sein.

Bei diesem Anlaß bemerkt man zum erstenmal Talleyrand's Gehülfen Montrond, un homme d'audace et d'esprit, un intrigant de haut vol. Sie ergänzten sich. (Was noch sonst für Gewürm das Innere bewohnte de cette caverne dont le vestibule passait pour le plus distingué et le plus recherché des Salons.)

⌊Noch vor der manquirten Geschichte mit den Americanern erzählt Michaud p. 198 von einem enormen Diebstahl Talleyrand's an den spanischen Subsidiengeldern (mindestens 24 Millionen – ???); dagegen sei von den 6 portugiesischen Millionen nur eine geringe Quote in seine Taschen gefallen; auch mußte er wohl manche Helfershelfer bezahlen. Merkwürdig daß ein so delicater Geist zugleich ein so indelicater Finanzmann sein konnte.⌋

Wann hat Talleyrand das Ministerium niederlegen müssen? 98? 99? Jedenfalls in jener heftigen Confusion, laut Napoleon auf Betrieb der société du manège hin. ⌊Talleyrand legte das Ministerium nieder nach dem 30. Prairial = Juny 1798.⌋⌊Nein! Laut Montgaillard, V, 205 muß es 1799 gewesen sein, 20. July. Der 30. Prairial gehört überhaupt ins Jahr 1799.⌋ ⌊Reinhard trat für ihn ein.⌋

⌊Michaud: Während Barras, obwohl Régicide, sich mit den Emissären des Louis XVIII einließ, that Talleyrand nur ein wenig dergleichen und hielt sich ein Thürchen offen wie bei allen damaligen Chancen.⌋

| Über die americanische Verhandlung Schlosser VI, 82, ss.

Talleyrand durch Verschwendung und Spielschulden trotz großen Einnahmen stets bedürftig. Um ihn wimmelte es von diplomatischen Creaturen und Aventuriers; dießmal ein gewisser Bellani aus Hamburg besonders thätig. Man ließ hören: America könne den gewünschten Tractat haben für: a) ein Anleihen von 32 Millionen an die Republik, b) ein Douceur von 1,200,000 Fr. Nach längerer vergeblicher Verhandlung Abreise der americanischen Commissäre. In ihrem gedruckten Bericht die Agenten der Schurken nur X, Y, Z benannt. – Talleyrand forderte die americanischen Minister auf, die Namen zu nennen; dieß geschah freilich nicht öffentlich, aber Jedermann erfuhr die Namen Bellani, Monteron (Montrond?) Ste Foix, André D'Arbelle und Mme de Vaubanon, welche für Talleyrand und Barras verhandelt hatten. – Talleyrand ließ éclaircissements drucken.

Laut Schlosser VI, 223 trat Talleyrand erst Juni ⌊laut Bastide erst 19. July⌋ 1799 aus dem Ministerium (also bei Floréal?), auf Pamphlete und Klagen von allen Seiten hin. Und auch den Abgedankten verfolgte der Haß, u. a. seines Vorgängers im Amte, Charles Delacroix (Vater des Malers Eugène D.). Man nannte ihn agent de l'Angleterre etc. Das heftigste Pamphlet trug die Unterschrift «Marchant», cf. Bastide p. 215, wo die einzelnen Summen genannt sind welche Talleyrand von einem halben Duzend Staaten erpreßt hatte oder hatte erpressen wollen; im Ganzen habe er 10 Millionen bei Seite gebracht ⌊u. a. auch aus dem Raube der Schweiz und Italiens⌋, und das Geld lege er in englischen Fonds an!

Talleyrand hielt sich bis zu Napoleon's Rückkehr ganz still und frequentirte fleißig Josephine. – Unter dem Directoire konnte er nicht mehr steigen und mußte jedenfalls eine andere Regierung wünschen.

| *(Anfang der II. Vorlesung)*
Talleyrand ist uns zuletzt erschienen als derjenige ⌊delicate Geist und indelicate Mensch,⌋ gierige Mensch der vor Allem den Vortheil seiner Stellung auszubeuten weiß, indem er die Regierungen brandschatzt und an der Börse sein Wissen von Staatssachen verwerthet. Zugleich aber war er der fähigste Minister des Auswärtigen; überschaute die europäischen Verhältnisse und verstand es eine Unterhandlung vollständig zu führen und auch für das Unerwartetste Formen und Redactionen zu finden. Leute wie er können nicht selber Macht gründen; sie begehren nur sich einer fähigen Macht, welche Dauer verspricht, anzuschließen und ihr die äußere Gestalt geben zu helfen.

Das Directorium aber, zumal dasjenige seit Fructidor 97 war keine fähige Macht, sondern eine der elendesten Regierungen welche irgend ein großes Volk je erduldet hat. Den Napoleon sammt einer Elite von Truppen und Generalen hatte es wesentlich aus Sesselfurcht fern über Meer nach Aegypten gehen lassen und nun konnte es sich doch nur noch nothdürftig behaupten und gerieth von Staatsstreich zu Staatsstreich in immer tiefere Confusion hinein.

| Als Napoleon aus Aegypten kam, machte er ihm sogleich Visite (Napoleon verzieh ihm den Wortbruch wegen Constantinopel). ⌊Der zurückgekehrte Napoleon grollte ihm wegen Constantinopels nicht; es war nur ein malentendu gewesen, daß Talleyrand nicht hingegangen war! Napoleon soll hauptsächlich durch Talleyrand Alles erfahren haben wie es seither zugegangen und mit wem sich Jedermann (zB: Barras) eingelassen. – Überhaupt Napoleon für Personalkenntniß sehr an Talleyrand gewiesen.⌋

Talleyrands angebliche damalige Conversation mit der Stael, die ihn zur Dankbarkeit gegen Barras soll aufgefordert haben, worauf Talleyrand sagte: er wolle sie beweisen indem er ihm ein herrliches Abkommen bei Napoleon verschaffe; il en est encore temps! (Kaum echt). ⌊Das Wort: vous savez nager, je pense! wird von Gagern dem *Talleyrand* in den Mund gelegt.⌋

Ste Beuve: Son rôle avait été des plus importants au 18 Brumaire, et il y coopéra autant et plus qu'aucun personnage civil. (Bastide p. 222 und 225 spricht nur ganz unbestimmt). Ste Beuve fährt p. 72 fort: Talleyrand's Vermittlung vor dem 18 Brumaire zwischen Napoleon, Sieyès und Barras, dann: son habile entremise à Paris dans la journée du 18,... ses avis et sa présence à St. Cloud¹ le 19 au moment décisif etc. ... son sang-froid qu'il ne perdit pas un instant ... ⌊Am 19. in St. Cloud war er Abends auch mit in der Minoritätsversammlung. – Außer Montrond war auch Roux de Laborie mit ihm.⌋ (*Was* aber that er eigentlich?)

Zunächst ließ Napoleon noch den Reinhard (Talleyrand's Nachfolger) einige Zeit im Amt des Auswärtigen, pour ne pas trop froisser l'opinion publique, fort indisposée contre Talleyrand, surtout pour les affaires d'Amérique. ⌊Mignet: Talleyrand savait à la fois le (Napoleon) flatter et le conseiller. Wahrhaft zärtliche Briefe an Napoleon wenn Talleyrand ins Bad reiste⌋

Bald aber Ende December wurde er wieder Minister, nachdem er (Bastide) die Gesandtenstelle in Berlin ausgeschlagen.

An den Frieden von Lunéville und Amiens hatte er laut Bastide den Hauptantheil. ⌊Er gewann sehr an bons de Belgique, die er kaufte als der Friede von Amiens eben unterzeichnet wurde.⌋ Aber seine Beute schon so groß, daß Napoleon (als I. Consul) ihn einst fragte: woher die Reichthümer? Talleyrand: ich kaufte Renten am Vorabend des 18 Brumaire und verkaufte sie am lendemain ...

| Die Liste von gegen 15 Millionen politischer Gewinnste seit drei Jahren, bei Bastide p. 227, s. ist offenbar imaginär und zum Theil aus den Angaben von Marchant deducirt; – da nun Talleyrand damals auf 30 Millionen taxirt wurde, müßten weitere 15 Millionen auf der Börse gewonnen worden sein. ⌊Auch bei Errichtung des royaume d'Étrurie gewann er tüchtig⌋ (Daraus daß Talleyrand nie protestirt hat ist nicht auf die Wahrheit im Einzelnen zu schließen. Es konnte ihm ganz recht sein, wenn das was gedruckt wurde, recht handgreiflich irrig war).

Bei Anlaß des Concordats brachte Talleyrand ein Breve Pii VII zu Wege, worin sein Bann aufgehoben, Almosen besonders an die Armen von Autun vorgeschrieben, und weltliches Gewand und Führung aller weltlichen Geschäfte gestattet wurde. ⌊Er machte auch den einen Entwurf des Concordats, Schlosser VI, 376.⌋

Bald darauf heirathete er, von Napoleon gedrängt, die Mme Grant, die er im Exil kennengelernt und deren Mann noch lebte und von Talleyrand Geld annahm. ⌊Die Heirath war eigentlich bei der päpstlichen Begnadigung nicht mit einbegriffen und es gab Difficultäten.⌋ Sie durfte nur *einmal* in den Tuilerien erscheinen, afin de constater ce droit.² Sie war einfältig und ungebildet (Bastide 241: was Talleyrand ihr und Denon ⌊u. A. dem A. v. Humboldt⌋ für einen Possen spielte). Napoleon verbot ihr den Hof, als sie von genuesischen Kaufleuten 400,000 Fr. annahm, damit sie

---

1 Montrond war mit in St. Cloud.
2 Ihr späteres Schicksal siehe unten 27.

ihnen bei Talleyrand Handelsvergünstigungen erwirke. ⌊Napoleons Reden über Mme Grant, besonders auf S. Helena: Talleyrand habe sie ihrem Mann abgekauft! Er, Napoleon, habe ihr den Hof u. a. deßhalb verboten weil genuesische Geschäftsleute ihr 400,000 Fr. bezahlten um durch Talleyrand gewisse faveurs commerciales zu erreichen. Michaud bezeugt, ihre Conversation sei keinesweges die einer sotte gewesen und sie habe unmöglich Humboldt für Robinson Crusoe halten können. – Eine Anecdote von ihr (Schlaberndorf) p. 200⌋

Von Talleyrands Antheil an der Mediation der Schweiz – s. mein Heft. Von Talleyrand's großer Haupternte vor dem Reichsdeputationshauptschluß wissen Bastide und Ste Beuve so viel wie nichts.[1] Ebenso nichts von seiner Thätigkeit bei der italienischen Consultation in Lyon, cf. Schlosser VI, 398, bes. 401 Nota. ⌊Schlosser fußt bei der Consultation von Lyon völlig auf Buonacossi: «Bourienne et ses erreurs». Thiers III spricht von der Revue, umgeht aber die damit verbundene Surprise.⌋ Der Staatsstreich der Ernennung zum italienischen Präsidenten 26. Januar 1802.

| Zeit der Pariser Verhandlungen vor dem Reichsdeputationshauptschluß.

Gagern I, 119: wie die fremden Gesandtschaften Zutritt in Talleyrands Haus und dessen Gunst suchten: «Man versammelte sich da nach dem Theater, um elf Uhr, um Mitternacht, und das Whist dauerte bis zwei, drei Uhr bisweilen. In Herrn Talleyrand's Haus wurde ein Pflegekind, die kleine Charlotte erzogen, mit der größten Sorgfalt und Zärtlichkeit; sie war gleichsam eine wichtige Person. ⌊Später wurde sie mit einem Vetter Talleyrands vermählt.⌋ Wie oft habe ich die Matadore, die alten Leute, Aranda, Philipp Cobenzl, Lucchesini, mit diesem Kinde spielen sehen, manchmal ängstlich, ob sie sie konnten lächeln machen, und bemerkt werden. Wie oft sah ich ein kleines Schooßhündchen schmeicheln und von einer Stelle zur andern tragen... Aber Herr Hans von Gagern hat diese altdeutsche Strafe des Hundetragens dort nicht erlitten.»

Für sich und Haus Oranien macht er eine hübsche Exception: «das Nassauische Haus hat nicht einen Kreuzer an Geschenken gegeben, als *nach* dem gänzlichen Abschluß zu Regensburg.» (Und Versprechungen wird er doch wohl schon vorher gegeben haben). Talleyrand sagte öfter zu Gagern: la plupart des choses se font, en ne les faisant pas.

| Die Versöhnung mit Rußland, schon unter Paul, ging hauptsächlich durch Talleyrand. Vom französisch-russischen Vertrag 11. October 1801

---

[1] cf. Haeusser und Lang, Memoiren II, 52, N.

soll Talleyrand eine Copie an England um 60,000 Pfund verkauft haben;[1] Napoleon faßte Verdacht, Talleyrand ließ zwei Commis für sich büßen, welche abgesetzt und verbannt wurden, doch der Eine auffallend bald reactivirt.[2]
Bei Auskundschaftung des englisch-bourbonischen Complotts machte sich Talleyrand seit 1802 verdient.
Gehalt, Form und Styl seiner Leitung der französischen Diplomatie mit höchstem Lob gepriesen bei Ste Beuve p. 74. Unter seinen Nachfolgern habe man pour la mesure et le ton den Unterschied sogleich auf das Stärkste gemerkt.
⌊Thiers behandelt den Talleyrand mit Rücksicht und Bewunderung, vielleicht aus Dank für Talleyrand's Wort über ihn: il n'est point parvenu, il est arrivé. – Später grüßte er noch Talleyrand's Leiche mit wehmüthiger Theilnahme. – Sind nicht hie und da in den Thiers'schen Résumés Talleyrandsche Ideen entwickelt?⌋
Chateaubriand IV, 54 (zum Jahr 1803): Ses belles façons faisaient contraste avec celles des marauds de son entourage; ses roueries avaient une importance inconcevable: aux yeux d'un brutal guêpier, la corruption des moeurs semblait génie, la légèreté d'esprit profondeur.

Affaire Enghien
Das Wort: c'est pire qu'un crime, c'est une faute – ist weder von Talleyrand noch auch von Fouché, sondern von Boulay de la Meurthe.[3] Talleyrand, als man meinte, er solle (etwa wie Chateaubriand?) seine Demission geben, antwortete: Si, comme vous dites, Bonaparte s'est rendu coupable d'un crime, ce n'est pas une raison pour que je me rende coupable d'une sottise. (Hat vielleicht Talleyrand bei Napoleon einfach beantragt: Enghien solle aus allen deutschen Clientelstaaten ausgewiesen werden?)
⌊Mir kömmt immer wahrscheinlicher vor, daß die Condés gar nicht im Geheimniß der Verschwörung waren. Wenn Enghien, wie behauptet wird, vom englischen Ministerium oder überhaupt den Verschwörern nach Ettenheim placirt worden wäre – wozu hätte er genügen sollen? Sollte er etwa wie Louis Napoleon 1836 in der Finkmattcaserne die Garnison von Straßburg mit sich reißen? – Man brauchte einen fils de France und nicht einen obscuren Prince du sang um an der Spitze irgend einer Erhebung aufzutreten.⌋

---

1 Schlosser VI, 509.
2 Cf. unten 23, wie Talleyrand es mit den geheimen Artikeln von Tilsit machte.
3 Ste Beuve 79, 80.

| Napoleons eigene Hauptaussage in einer Unterredung mit Röderer, im Élysée, 6. Merz 1809. (Nachdem er über Talleyrands Verhalten in der spanischen Sache geschimpft:) C'est la même conduite que pour l'affaire du duc d'Enghien; moi je ne le connaissais pas; c'est Talleyrand qui me l'a fait connaître. (L'Empereur prononce toujours Taillerand). Je ne savais pas où il était. (L'Empereur s'arrête devant moi). C'est lui qui m'a fait connaître l'endroit où il était, et, après m'avoir conseillé sa mort, il en a gémi avec toutes ses connaissances. (L'Empereur se remet à marcher, et, d'un ton calme, après un moment de silence:) Je ne lui ferai aucun mal. etc. etc.

⌊Napoleons Interesse zu lügen ist hier offenbar Folgendes: Er war trotz aller scheinbaren Furchtlosigkeit beständig und bis an's Ende in Sorge vor den Bourbons und ganz gewiß auch über sämmtliche Condés unterrichtet. – Und da ihm zugleich in leidenschaftslosern Augenblicken sein Verstand sagte, daß Talleyrand trotz Allem und Allem ihn für einen heillosen Spieler halte (zumal seit 1807, Tilsit etc.) und sich über eine mögliche Herstellung der Bourbons höchst wahrscheinlich seine Gedanken mache, so fing er an zu lügen: Talleyrand habe den Enghien in den Tod gebracht und den Sturz der spanischen Bourbons herbeigeführt. Napoleon will den Bourbonen den Talleyrand verleiden.

Und nach Napoleon's Sturz spannen dann seine Anhänger (verarmt und wüthend über Talleyrand's Macht und Reichthum) an diesen Lügen weiter. Aber die Bourbon's wußten zu genau was sie von alle dem zu denken hatten.

Laut Bourienne – vol. V, 184 – warnte Talleyrand den Enghien und mahnte ihn zur Flucht von Ettenheim. – Freilich laut Savary VII, 39 hätte er ihn warnen können, es aber nicht gethan. Troplongs Brief an Ste Beuve macht auf mich keinen Eindruck. Den Brief bei Chateaubriand halte ich für unecht, weil Napoleon darin Lehren und Anweisungen für *Executions*maßregeln erhält, die im Munde eines Talleyrand ganz lächerlich klingen. Talleyrand soll dem Napoleon sagen, wozu dieser oder jener General tauglich sei! –

Außer dem Allem war laut Schlaberndorf Talleyrand schon um 1803 der allgemeine Schützer von Priestern und Emigranten.⌋

Ste Beuve p. 78 (gegen die welche Talleyrand schuldlos halten:) Les plus avisés se trompent quelquefois; Talleyrand put avoir ce jour-là un excès de zèle; les Bourbons étaient bien loin en 1804, et Talleyrand était homme à ce moment, à parier tout-à-fait et à risquer son vatout du côté de l'Empire.

Die Geschichte von dem aus dem Kaminbrand geretteten Brief 8. Merz 1804; ⌊als Talleyrand 1814 seine ganze Correspondenz mit Napoleon aus dem Archiv nehmen ließ.⌋ Chateaubriand durfte ein paar Zeilen davon lesen: «Si la justice oblige de punir rigoureusement, la politique exige de punir sans exception ... J'indiquerai au I Consul M. de Caulaincourt, auquel il pourrait donner ses ordres et qui les exécuterait avec autant de discrétion que de fidélité.»[1] – Cf. in meinem Heft Beiblatt Zu *165* die Aussage von Menneval.

⌊Napoleons Behauptungen: Talleyrand habe ihm zweimal und aufdringlich den Haftbefehl gegen Enghien vorgelegt, und Napoleon nur zögernd unterschrieben.

Ferner: Talleyrand habe einen in Straßburg geschriebenen Brief Enghien's an Napoleon zurückbehalten bis nach der Hinrichtung. (Jedenfalls gelogen).

⌊Napoleon lügt jedenfalls wenn er behauptet nicht gewußt zu haben daß Enghien auf der Welt sei.

Nun bleibt nur noch der Zweifel guter Seelen übrig: ob Napoleon überhaupt habe lügen können? Gewaltthat, Frevel, Täuschungen im Großen würde man Ihm wie allen Mächtigen nachsehen. Aber für gewöhnliche Lügen über und gegen Einzelne glaubt man ihn doch etwa zu groß. Der eherne Wille, die unerhörte Divinationsgabe mit welcher er allen Dingen *die* Seite abgewinnt, aus welcher für ihn Macht hervorgeht, der sechste Sinn namentlich für alle Kriegssachen, wie ihn kein Sterblicher mehr besessen – dieß Alles scheint unverträglich mit den gemeinen Lügen. Aber dasselbe war für ihn ein Mittel zum Zweck wie jedes Andere, ja oft Sache seines Temperaments. Und neben der gemeinen Lüge erlaubte er sich, sobald er sich gehen ließ, noch manche andere Gemeinheit und Bosheit.⌋

Chateaubriand resumirt IV, 125: Quant à M. de Talleyrand, prêtre et gentilhomme, il inspira et prépara le meurtre en inquiétant Bonaparte avec insistance: il craignait le retour de la Légitimité. Il serait possible, en recueillant ce que Napoléon a dit à Ste Hélène et les lettres que l'évêque d'Autun a écrites, de prouver que celui-ci à pris à la mort du Duc d'Enghien une très-forte part. Vainement on objecterait que la légèreté, le caractère et l'éducation du ministre devaient l'éloigner de la violence, que la corruption devait lui ôter l'énergie; il ne demeurerait pas moins constant qu'il a décidé le Consul à la fatale *arrestation*. Dieselbe geschah 15. Merz, Talleyrand kannte sie, il était journellement en rapport avec Bonaparte et conférait avec lui.

Chateaubriand legte seine damals eben anzutretende Walliser Gesandtschaft nieder. Elisa Bacciocchi ließ ihn kommen und machte ihm die schwersten Vorwürfe über seine défection; Fontanes voll schweren Sorgen. – Aber Talleyrand behielt – indifférence ou calcul – die Demission

---

1 IV, p. 123

einige Tage in der Tasche; Napoleon, ohnehin von seiner Schwester besprochen, war dann abgekühlt und sagte, als er es vernahm, nur: c'est bon. – Zu Elisa sagte er: vous avez eu bien peur pour votre ami. – Talleyrand's Gewährungsschreiben an Chateaubriand höflich und obligeant.
| Bastide 248, ss. Hier endlich entdecke ich eine Quelle derjenigen Gerüchte, welche den Napoleon aus Rücksicht auf die Jacobiner handeln lassen. Er citirt: Sarrut et St Edme, Biographie des hommes du jour; (offenbar in einer Biographie Talleyrand's) fänden sich hier die betreffenden Notizen «puisés dans des mémoires contemporains», und zwar mémoires welche Napoleon auf Elba «inspirirt» habe.

Auf Gerüchte vom Briefwechsel zwischen Napoleon und Louis XVIII hin, unter dem Eindruck des Concordats habe sich Royalismus und andererseits Sorge davor angefangen laut zu machen. Da hätten sich die sonstigen Rivalen Fouché und Talleyrand vereinigt; Fouché habe den Napoleon direct gegen die Royalisten gereizt; Talleyrand's Aeußerungen waren in der Form gelinder, doch habe er nachdrücklich darauf hingewiesen, wie bedenklich es sei, mit Soldaten, Beamten und Richtern weiter zu arbeiten, welche, en demeurant fidèles à la république, Gefahr liefen über kurz oder lang Ruhe, Stellung und Leben einzubüßen. – Dazu die englisch-bourbonische Verschwörung. – Talleyrand berief sich auf diese und soll beigefügt haben: die Patrioten könnten in der That finden, die Scheidelinie zwischen ihm und den Bourbons sei nicht bedeutend genug;[1] man könne ihm eine geheime Gunst gegen die Bourbonen zuschreiben; bevor er seine Schiffe verbrenne, werden auch die Beziehungen zu den noch herrschenden Dynastien stets schwankend bleiben, weil man seine Entschlüsse für schwankend halte; dieselben unterhandelten heute nicht gerne mit einem Staatshaupt welches morgen vielleicht nur Connétable eines Andern wäre, mit dem man dann von Neuem unterhandeln müßte.[2]

| Hierauf habe Talleyrand auf die Gesellschaft Enghiens in Offenburg hingewiesen; die Welt sei erstaunt daß Napoleon dieß dulde; man frage, ob er nicht heimlich die Projecte begünstige welche dem Louis XVIII auf *den* Thron helfen sollten que le peuple français a renversé et que le peuple français ne relèvera que pour y placer l'*homme de son choix*; cependant on travaille l'esprit des Souverains qui aimaient à vous croire digne de gouverner, et qui voudraient vous voir *au faîte de la puissance*. Die Verhaftung Enghiens sei um so viel nöthiger, que, faisant connaître le secret de votre pensée, elle satisfera à ce que les patriotes, ou plutôt à ce que les

---

[1] Talleyrand ist der Rechte der Anno 1804 dem Napoleon noch Rücksicht auf die Patrioten gepredigt haben wird!
[2] Wem will man weiß machen, daß damals auch nur ein Mensch geglaubt habe, der Consul à vie wolle etwa nur Connétable des Louis XVIII werden?

Français exigent de Vous, éteindra les espérances des factions royalistes, et fixera l'incertitude des princes étrangers.

Dann habe Talleyrand, wissentlich lügend, von Dumouriez Anwesenheit bei Enghien gesprochen, und dieß habe Napoleon entschieden. Doch habe er den Enghien nur aux îles Ste Marguerite einkerkern wollen. Dieß habe dem Talleyrand nicht convenirt; *sobald* Enghien in Vincennes war, habe er, nach Malmaison eilend, den Napoleon zum Befehl bewogen, Gericht über Enghien halten zu lassen, aber dans sa pensée il (Napoleon) se plaçait encore lui-même entre la sentence et l'exécution. ⌊(Seine angeblichen Worte p. 256).⌋ Daß dann die Hinrichtung gleich nach dem Spruch vollzogen wurde, sei das Werk Derer gewesen qui avaient intérêt à sa mort und eine Begnadigung fürchteten. Die Richter waren die zufälligen chefs de corps welche eben in Paris waren. Keiner genoß in der Folge specielle Gnaden.

| Talleyrand's Theilnahme an Errichtung des Empire – siehe schon seine angeblichen oder wirklichen Winke an Napoleon beim vorigen Handel. – Es halfen doch gar zu viele Andere mitschieben – besonders Fouché. Laut Schlosser VI, 469 hätte er besonders für Titulaturen, Etikette etc. sorgen helfen.

Talleyrand selber wurde grand-chambellan. (Er hatte gehofft grand-chancelier zu werden). Er half dann in Pius VII. dringen, für die Krönungsreise.

Er half bei Redaction der sogenannten Verfassung des Königreichs Italien, mit Cambacérès und Marescalchi.

Feldzug von 1805: Après la victoire d'Ulm il adressa de Strasbourg à Napoléon un plan de remaniement européen ⌊abgedruckt bei Mignet, Notices I, 130⌋, tout un nouveau système de rapports qui eût désintéressé l'Autriche et préparé un avenir de paix, et ce projet d'arrangement, il le renouvela le jour où il reçut *à Vienne* la nouvelle de la victoire d'Austerlitz. (So Mignet). Hernach half er freilich den Preßburger Frieden tale quale redigiren. ⌊Seine damaligen Verhandlungen mit Haugwitz⌋

Er half 1806 zum holländischen Königthum des Louis. Wird Prince de Bénévent trotz päpstlichem Protest. (Wahrscheinlich eine Bosheit Napoleons, der ihn ewig mit Rom brouilliren wollte). Er soll die Sache en bagatelle genommen haben.

Auch beim preußisch-russischen Krieg mußte er Napoleon folgen; für Friedensverhandlungen war nur er zu brauchen. ⌊Bei Errichtung des *Rheinbunds* war wohl Talleyrand der welcher 18 Millionen gewann? Schlosser VII, 152. Wer war der Champagnerverkäufer?⌋[1] Anfang 1807

---

[1] 1806: Talleyrand und der Rheinbund siehe mein Heft Bl. *181* und Schlosser – VII, 152.

sein Standort längere Zeit Warschau. In seiner Botschaft an Napoleon, 28. Januar 1807 tadelt er zwar die alte französische Regierung bitter weil sie den Polen 1772 etc. nicht geholfen, sagt aber nicht daß er die Herstellung Polens wünsche.

| Gagern I, 137. (Zum Preßburger Frieden): Talleyrand hatte eine Neigung für Oestreich; es war eine seiner Maximen, diese Monarchie, so stark, so componirt, an der Stelle, zu dieser gegebenen Zeit, sei Europa zuträglich, ja nothwendig. «Vielleicht datirte daher Napoleon's innerer Groll gegen Herrn Talleyrand, dem er eine zu schonende Behandlung, zu schonenden Rath mehr wie einmal vorwarf».

Ib. 146 Bei Anlaß da Talleyrand das Haus Nassau wenigstens indirect (vor Murat's Gelüsten) retten hilft, 1806: Talleyrand sagte Gagern: dieß geschehe: «indem er dem Kaiser stets vorstellte, das Nassau'sche Haus hänge mit Allem was in Europa groß sei, eng zusammen; und das neue Europa müsse man mit den Trümmern des alten wieder aufbauen.» (Hienach wäre Talleyrand überhaupt eher ein Gegner des: la maison de ... a cessé de régner gewesen und hätte auch nicht für den Sturz der spanischen Bourbonen sein können). (Notorisch war Talleyrand kein Freund von Murat und dessen Vorwärtsdrängen auf Besitz großer Länder).

Warschau 1807: «Herr Talleyrand sah diesen Krieg, seine Verlängerung, Napoleon's steigenden Ehrgeiz sehr ungern ⌊er mißtraute dem «Zustand».⌋ ... (er wurde) selbst unbillig gegen die Polen und verbarg seinen Unwillen nicht. ... der Kaiser war genöthigt, diese Verhandlungen (mit den Polen) dem Herrn Talleyrand zu entziehen und den Herrn Maret damit zu beauftragen, weil jener seinen Mißmuth nicht verbarg. Und doch hatten sich die Polen alle Mühe gegeben, Talleyrand zu gewinnen; Feste; Batowsky vermittelte die Vermählung der schönen und geistreichen Dorothea von Curland mit Edmund Périgord, seinem Neffen und Erben. ⌊(Cf. Bl. Geldgeschäfte: Talleyrand widerstand den 4 Millionen Fl.)⌋

| Mignet, Notices I, 130, ss.: Talleyrand's Straßburger Gutachten nach Ulm, nochmals dem Napoleon empfohlen nach Austerlitz: Da Oestreich, so lange es nicht in Rivalität mit Rußland wäre, und Rußland solange es in Contact mit der Pforte sei, immer von England leicht zu einer Allianz zu bringen seien, was zu ewigen Kriegen führe: möge Napoleon zunächst Oestreich außer allen Contact avec les états fondés ou protégés par la France bringen, von Italien durch Wegnahme des Veneto, von der Schweiz durch Wegnahme des Tyrol, von Süddeutschland durch Wegnahme der vorderöstreichischen Lande; so bliebe auch keine hostilité naturelle zwischen Frankreich und Oestreich übrig. (Das Veneto möge nicht dem regno d'Italia einverleibt, sondern eine Republik werden). Dann

aber solle Oestreich getröstet werden durch Moldau, Walachei, Bessarabien und Nordbulgarien – es würde damit Rußlands ewiger Rival und Frankreichs Verbündeter; die Pforte würde durch Aufgeben von Ländern welche doch stets von den Russen invadirt worden, Sicherheit und lange Zukunft erkaufen; England fände dann auf dem Continent keine oder nur unnütze Alliirte; die Russen, comprimés dans leurs déserts, würden sich dann nach Südasien wenden, gegen die jetzt mit ihnen verbündeten Engländer.

Aber Napoleon fuhr in seiner bisherigen Weise fort: sans gagner le vaincu et sans le détruire...il l'abattit sans le dompter. Indem er sein System baute sur de simples affaiblissements de territoire, il ne fit que créer des mécontents; il se condamnait à toujours combattre ceux qu'il ne pourrait pas toujours soumettre.

| *Gagern I, 174:* Zwischen Eylau und Friedland: Der allgemeine Abscheu an dem mörderischen Krieg wurde nach Eylau sehr laut: «ja die Stimmen ertönten die ihn (Napoleon) als einen Halbverrückten behandelten; glücklich wenn man seiner los wäre! Statt solche Gespräche zu suchen (die bis dahin gingen: und was wäre wohl nach ihm?) hatte man Mühe sie zu vermeiden. Die Glimpflichsten wickelten ihre Redensarten so ein: Der Kaiser setze sich zu sehr aus; jeder Tag könne so seinem Dasein ein Ende machen».

Talleyrand's Entschluß, sich seiner Stelle zu entziehen, sei immer fester geworden. «Andern hat er es noch deutlicher als mir gesagt, er wolle nicht unter Europa's Würgengeln noch ihr Werkzeug sein. So genau kannte er die steigenden Leidenschaften des Machthabers.» – Gagern suchte ihn sehr zu bestimmen im Amt zu bleiben. (Von einer Abberufung durch Napoleon weiß Gagern nichts oder will nichts wissen). Gagern meldet weiter: «wie bestimmt und nachdrücklich damals schon, und in Bezug auf die Gefahren Napoleons, die Rückkehr der Bourbonen zwischen uns zur Sprache kam». Sein «Betragen» nöthigte dann doch den Kaiser, einen andern Minister des Auswärtigen zu wählen.

{Aber noch in die Zeit seines Ministeriums muß die Geschichte I, 198 fallen, da der französische Bischof von Trier den vom Kurfürsten zunächst nach Ehrenbreitenstein, dann nach Oberfranken geflüchteten *heiligen Rock* reclamirte, und Talleyrand, des Bischofs persönlicher Freund, das Begehren «auf das Lebhafteste unterstützte».}

| *Nach den Excerpten aus Gagern:* Daß Talleyrand nach Tilsit das Ministerium abgab, geschah weil Napoleon immer nur seine Geschicklichkeit ausnützte ohne ihm je zu folgen. Napoleon freilich sagte: auf Klagen der gebrandschatzten süddeutschen Fürsten hin (Könige von Bayern und

Würtemberg). Talleyrand aber sagte: er habe nicht mehr unter den Würgengeln Europa's sein wollen, auch nicht deren Werkzeug.

Der Unsinn des Friedens von Tilsitt: Das Großherzogthum Warschau (in Sachsens Hand) war ein Schrecken für Rußland, Oestreich und Preu-
5 ßen. Preußen in Verzweiflung und doch nicht zernichtet. Oestreich seit 1805 zwar spoliirt, aber nicht durch die Donaufürstenthümer getröstet. Und Alexander nunmehr der einzige Alliirte und nur durch Versprechungen gebunden und Rumänien und Constantinopel gönnte Napoleon ihm doch nicht. Und alle drei sollten nun mit England brechen und ihm die
10 Continentalsperre ansagen helfen. Überhaupt aber ist nun dem Napoleon jedes Land verdächtig als Abnehmer englischer Waaren. Die ganze Welt in zwei Lager gespalten.

Was aber dem Talleyrand vollends das Amt verleiden mußte, waren gerade die spanischen Pläne, als deren Urheber Napoleon ihn gerne möchte
15 gelten lassen. Dieselben führten gradezu ins Unabsehbare und sind ja thatsächlich eine der Hauptursachen von Napoleon's Untergang geworden. Einen der Haupttreiber, Murat, konnte Talleyrand gar nicht ausstehen.

| *Spanischer Krieg:* Nachdem Napoleon lange Spanien hat an seiner Poli-
20 tik mitdulden und heimlich mitzahlen lassen, verwickelt er es in seine Intervention gegen Portugal, füllt es bei diesem Anlaß mit seinen Truppen, mischt sich in die tiefe Entzweiung des spanischen Königshauses, lockt dasselbe nach Bayonne, setzt Carl IV. ab wegen Unfähigkeit und setzt Ferdinand von Asturien ab wegen Unwürdigkeit. Endlich ernennt er sei-
25 nen Bruder Joseph von Neapel zum König von Spanien und glaubt das Land leicht für ihn zu besetzen.

| In Tilsit war Talleyrand der französische Hauptdiplomat und verhandelte mit Labanoff, Kurakin, Kalkreuth und Goltz. (Mit letzterm auch etwa kurz und barsch) ⌊Abschluß 25. Juny 7⌋
30 Schlosser VII, 235: Die Geheimtractate, wenigstens den zweiten über Spanien, Portugal, Malta und Nordafrica, verkaufte Talleyrand theuer an die Engländer; er soll wenigstens die Augen zugedrückt haben, während seine vertrauten Beamten für ihn handelten. (Auch Antraigues dabei thätig). – Schlosser: «Gegen einen Proceß von Seiten des Kaisers war frei-
35 lich Talleyrand, wie Fouché, ganz sicher; denn beide wußten Dinge, die Niemand anders wußte, und Talleyrand hatte sich noch dazu die Stelle eines Vicegrandélecteur halb erbeten halb ertrotzt. Er war außerdem unentbehrlich; das Ministerium der auswärtigen Angelegenheiten mußte er aber doch hernach ⌊8. August 1807⌋ an Champagny überlassen.» – Ste
40 Beuve: Dieß sei noch durchaus keine Ungnade gewesen. ⌊Laut Schlos-

ser VII, 359 hätte Napoleon ihn doch aus dem Ministerium entlassen wegen Verkaufes des geheimen Tractates von Tilsit. – Laut Napoleon selbst wegen Klagen der Könige von Bayern und Würtemberg, Bastide, 280. – Laut Mignet legte er das Amt freiwillig nieder⌋

Spanische Frage. Schlosser's Urtheil VII, 358: «Es scheint uns ebenso ungerecht, Talleyrand zum Urheber des Plans gegen Spanien zu machen, als zu behaupten, daß er wegen seines Widerspruches dagegen mit Napoleon zerfallen sei. Er war nicht der Mann, der jemals seinem Herrn widersprach wenn er ihn entschieden sah.»

Napoleon auf S. Helena: C'est lui qui a poussé à la guerre d'Espagne quoique dans le public il eût l'air de s'y montrer contraire.

⌊Es ist ganz widersinnig, die schwersten und folgenreichsten Entschlüsse des eigenwilligsten Gewaltherrschers, der an eigenem Wollen und Entschließen nie genug bekommen konnte, irgendwie auf einen Diener abzuladen.⌋

Talleyrand selbst hat später auf seinen «patriotisme» gepocht, womit er die Tilsiter Riesenpläne und das einseitige russische Bündniß gemißbilligt habe. | Ja er pflegte anzudeuten daß dieß die wahre Ursache seiner Entlassung aus dem Ministerium sei. ⌊So weit und insofern er freiwillig aus dem Amte ging, kann es wohl geschehen sein, *weil* er einen üblen Ausgang der spanischen u. a. Politik Napoleon's ahnte.⌋

⌊Zur spanischen Frage: Talleyrand sagte nach 1823 in der Pairskammer: Il y a aujourd'hui seize ans, qu'appelé, par celui qui gouvernait alors le monde, à lui dire mon avis sur la lutte à engager avec le peuple espagnol, j'eus le malheur de lui déplaire en lui dévoilant l'avenir, en lui révélant tous les dangers qui allaient naître en foule d'une agression non moins injuste que téméraire. La disgrace fut le fruit de ma sincérité...

Chateaubriand XIII, 118 schreit laut auf über solche Verlogenheit, und citirt dann aus dem Munde von Ohrenzeugen eine von den spätern brutalen Scenen Napoleon's: «Il vous sied bien de crier contre la guerre d'Espagne, vous qui me l'avez conseillée, vous dont j'ai un monceau de lettres dans lesquelles vous cherchez à me prouver que cette guerre était aussi nécessaire que politique!» – (Womit also Napoleon selber allermindestens bestätigt, daß Talleyrand *später* sehr gegen den spanischen Krieg war – und wenn dieß so ist, so kann er auch *früher* unmöglich in *dem* Grad Beförderer gewesen sein wie Napoleon vorgiebt). Chateaubriand fügt bei: das monceau de lettres sei 1814 aus dem Archiv verschwunden.⌋

Ste Beuve: (p. 95) Les esprits, dont la qualité principale est le bon sens, ont cela d'heureux ou de malheureux, mais d'irrésistible, que, lorsqu'ils sont en présence d'actes ou de projets démesurés, imprudents, déraisonnables, rien n'y fait, ni affection ni intérêt; un peu plus tôt, un peu plus tard, ils ne peuvent s'empêcher de désapprouver. S'ils ont de plus l'esprit et la raillerie à leur service, ils se privent difficilement de faire des mots piquants. Le trait, une fois échappé, court, blesse, irrite.

Die vertrauten Aufschlüsse über den spanischen Hof welche Napoleon ihm aus Bayonne 15. April 1808 schrieb, beweisen für mich noch nicht daß Talleyrand die spanische Sache gebilligt; Napoleon konnte auch an einen mißbilligenden Confident, über den er dabei hinwegschritt, so schreiben. Und daß er ihm dann die Prinzen nach Valençay gab (mit den bekannten Instructionen, sie gut und kurzweilig zu behandeln und zu überwachen), war eher eine napoleonische Insolenz und dabei erst noch ein Mittel, den Talleyrand zum Geldausgeben zu zwingen. (Auch hatte Talleyrand wohl bisher aus geheimen Geldern des Godoy etc. regelmäßig gewonnen während ein Krieg in Spanien, wie er ihn wohl voraussah, für gierige Diplomaten keine pots-de-vin mehr übrig ließ). | (Talleyrand's Ernten gediehen immer nur bei Friedensschlüssen und in Friedenspausen; zinsbar war ihm: a) wer selber verschluckt zu werden fürchtete, b) wer Andere verschlucken wollte).

Napoleon ließ ihn auch nach Tilsit noch lange nicht fallen; September October 1808 in Erfurt war er très-employé sous main par Napoleon auprès de l'Empereur Alexandre. Er reiste als grand-chambellan mit, führte aber die Hauptgeschäfte. Über den Champagny, honnête homme et travailleur spottete er beständig; er saß dem armen officiellen Minister auf dem Genick.

Nach Erfurt wurde er auch noch employé auprès de M. de Metternich, der damals östreichischer Gesandter in Paris war. Aber das letzte Zeichen des Vertrauens Napoleon's ein Brief an Talleyrand aus Aranda 27. November 1808; ici s'arrête la faveur avec la confiance.[1]

Laut Gagern I, 176, s. hätte Talleyrand in Erfurt die schon drohende Stimmung Napoleon's und Alexander's von Oestreich abgewendet; er war im Herzen Oestreich geneigt oder doch seinem Verderben entgegen; General Vincent bekam beruhigende Briefe mit heim. {Als dann aber Napoleon inne wurde, daß Oestreich doch losbreche, mag dieß, obwohl Gagern es nicht deutlich sagt, die Ungnade Talleyrand's entschieden haben?} Talleyrand in Erfurt dem Titel nach als grand-chambellan; er mußte den Fürsten les honneurs de la cour impériale machen. Napoleon sagte ihm noch nach Erfurt: nous n'aurions pas dû nous quitter.

Laut Bastide (281, s.) hätte Talleyrand früher die Scheidung von Josephine insinuiren helfen, dann aber (ohne nähere Zeitangabe) als wirklich davon ernstlich die Rede war, sich zu opponiren begonnen.

---

[1] Metternich schon Sommer 1808 in Paris – das Nähere, aber chronologisch zweifelhaft, Beiblatt zu Revolutionszeitalter *204*.

| Nun folgte der Bruch. Die erste große Scene: Ende Januar 1809, in einer Séance du conseil privé (Méneval hörte sie aus Gaudin's Munde) – Napoleon wußte, daß Talleyrand, Fouché und Murat während seiner Abwesenheit in Spanien auf den Fall seines Todes *Abreden getroffen* hatten. – Napoleon nahm ihm das Amt des Grandchambellan; bereits war Talleyrand außerhalb der Geschäfte, jetzt l'empereur l'éloigna de sa personne. Aber: il eut le tort de le rendre mécontent sans le rendre impuissant. ⌊Bei einem seiner Aufenthalte in Mainz fragte Napoleon einen größern deutschen Fürsten: Combien Talleyrand vous a-t-il coûté?⌋

Talleyrand hatte bald einen Kreis von Frondeurs um sich. (Wie weit ist dieß richtig?)

Über die verschiedenen brutalen Scenen und deren fragliche Datirung: Ste Beuve p. 102, s. Il (Napoleon) le sentait ennemi, sourdement aux aguets, jouissant tout bas de chaque échec, de chaque faute, en mesurant la portée et les suites, n'attendant que l'heure pour l'abandonner; et, le voyant là, debout devant lui (in welcher Qualität kam er noch an den Hof? ⌊als Vice-Grandélécteur?⌋) avec sa mine solennelle insolemment impassible et froide, il ne pouvait se contenir, il débordait. Eine Hauptscene jedenfalls um die Zeit des divorce, nur in Gegenwart von Maret und Ségur.

| Zum Bruch Napoleon's mit Talleyrand.

6. Merz 1809 Napoleon's Gespräch mit Röderer im Elysée: Je l'ai (Talleyrand) couvert d'honneurs, de richesses, de diamants. Il a employé tout cela contre moi. Il m'a trahi autant qu'il le pouvait, à la première occasion qu'il a eue de le faire... Il a dit pendant mon absence (en Espagne) qu'il s'était mis à mes genoux pour empêcher l'affaire d'Espagne, et il me tourmentait depuis deux ans pour l'entreprendre: *Il soutenait, qu'il ne me faudrait que 20,000 hommes:* il m'a donné 20 mémoires pour le prouver. ⌊Hier sind es vingt mémoires, oben un monceau de lettres.⌋ (Napoleon war der Rechte dazu, sich von Talleyrand sagen zu lassen wie viel Soldaten man braucht!) (Dann kam obige Aeußerung wegen des Enghien). Dann: Je ne lui ferai aucun mal, je lui conserve ses plans j'ai même pour lui les sentiments (!) que j'ai eus autrefois, mais je lui ai retiré le droit d'entrer à toute heure dans mon cabinet. Jamais il n'aura d'entretien particulier avec moi; il ne pourra plus dire qu'il m'a conseillé ou déconseillé une chose ou une autre...

Hormayr (halb unsinnig:) «Fouché war mit (d. h. nebst) Talleyrand durch Metternich, den er in seinen Glashäusern mit allen Häuptern des spanischen, des portugiesischen Aufstandes, der neapolitanischen, der römischen Gährung, mit den dornenvollen Papsthändeln bekannt machte und zusammenbrachte, der Anstifter des Krieges von 1809.»

19.–23. April dann schon die Kämpfe um Eckmühl, Regensburg etc.

| Dann Frühling 1812, als Napoleon den Talleyrand in Polen brauchen wollte, Talleyrand aber den ersten Wink zu einer Geldspeculation in Wien mißbrauchte.

Dann wahrscheinlich 1814, bevor Napoleon zur Armee ging, noch eine Scene. Das übliche Thema: über Enghien, Spanien, Geldgeschäfte und Gelddiebstähle, sur de sourdes intrigues. (Der Brief bei Ste Beuve p. 107, vom 29. August 1810, beweist nichts).

| Wann mußte Mme de Talleyrand aus Paris fort? schon 1809? oder erst 1810 bei der Hochzeit mit Marie Louise, wie Bastide p. 282 meldet? Laut Ste Beuve (Senfft) wurde ihr Liebhaber Duque de San Carlos nach Bourg-en-Bresse exilirt; sie selber ging auf ein Landgut in Artois. ⌊Ste Beuve p. 197: Seit 1815 wohnte sie nie mehr mit Talleyrand. – Sie starb vor ihm.⌋

Ganz merkwürdig nimmt sich aber zwischen all dieß hinein, Januar 1812 eine große Liberalität Napoleon's aus: Talleyrand hatte seit einiger Zeit das Hôtel Monaco, rue de Varennes gekauft und dort fürstlich Haus gehalten; der Bankrott eines Bankiers versetzte ihn plötzlich dans une gêne relative, worauf ihm Napoleon das Gebäude um 1,280,000 Fr. abkaufte. In dem Kaufbrief ist die Rede von dettes urgentes, auf welche das Geld ohne Zweifel sollte verwandt werden. (Warum ließ Napoleon ihn nicht zappeln?) ⌊Talleyrand kauft dann das hôtel in der Rue St. Florentin vom spanischen Gesandten (sogenanntes Hôtel Infantado).⌋

Zum Impassible: Allmälig erreichen es alle öffentlichen Charactere bis zu einem gewissen Grad; Thiers sagte: Je suis un vieux parapluie sur lequel il pleut depuis quarante ans; qu'est-ce que me font quelques gouttes de plus ou de moins? – Aber specielle Übung ist nöthig, um impassibel zu bleiben, wenn man à bout portant von einem Mächtigern angefahren wird. – Und diese Übung errang sich Talleyrand; sans grimace ni sourire; absolutes Schweigen seine einzige Antwort. Nur sagte er einst auf der Treppe: Quel dommage qu'un aussi grand homme ait été si mal élevé! –

| Aus den verschiedenen Scenen macht Bastide ein Mélange nach seiner Art, und benützt dabei Savary's Memoiren (und noch dessen specielle Aussagen?) p. 283, ss.: Napoleon habe den Talleyrand beständig ausspähen lassen; Talleyrand's geheime Verbindungen mit Lévis, Noailles und Royer-Collard. (Aber er wagte sich gewiß nicht zu weit?) Als Napoleon zum russischen Feldzug abreiste, habe man allgemein Talleyrand's Verhaftung erwartet. Beim 29. Bulletin, Datum 3. December in Malodegno, habe er gesagt: Enfin, voilà le commencement de la fin. Von der Verschwörung Mallet heißt es: il n'y fut pas étranger, et il en connaissait les véritables et royaux promoteurs, auch hätte im Fall des Gelingens Er mit M. de Montmorency und Alexis de Noailles die provisorische Regierung

bilden sollen.¹ Talleyrand und Fouché hätten sich um diese Zeit wieder genähert. ⌊Napoleon sagte: Fouché était le Talleyrand des clubs et M. de Talleyrand le Fouché des salons.⌋

Talleyrand habe sich dann Louis XVIII durch seinen Onkel Cardinal Perigord, ehemaliger Erzbischof von Rheims, empfehlen lassen, worauf Louis XVIII sagte: Gott sei Dank! Bonaparte muß dem Fall nahe sein, denn Talleyrand hat ohne Zweifel ebenso an Bonaparte geschrieben als das Directoire seinem Fall nahe war!

Dann soll Napoleon (Bastide 286) aufgefangne Briefe erhalten haben, welche den Talleyrand compromittirten mais pas assez pour établir légalement sa culpabilité.² Dießmal soll er ihn hart angefahren haben; nur Savary und Cambacérès brachten Napoleon, heißt es, vom Haftbefehl ab! – Aber nach einigen Tagen habe Talleyrand doch eine Privataudienz erhalten; Napoleon habe begütigt wenigstens geschienen etc. etc.

| Während des 1813er Feldzuges weiß Bastide nur von nouvelles trames im Allgemeinen zu reden. – Napoleon, wieder in Paris (nach Hanau) habe ihm hierauf beim Lever noch eine Scene gemacht, u. a.: Si j'étais malade dangereusement, je vous le déclare, vous seriez mort avant moi! – Talleyrand: Sire, je n'avais pas besoin d'un pareil avertissement pour adresser au ciel des voeux bien ardents pour la conservation des jours de Votre Majesté. ⌊Napoleon benimmt sich gegen Talleyrand ungefähr wie einst Carl der Kühne gegen die Croy.⌋

Dann aber fährt Bastide p. 289 fort: Malgré dieß Alles habe Napoleon ernstlich daran gedacht, den Talleyrand wieder zum *Minister des Auswärtigen* zu machen, und dieß sei nur deßhalb unterblieben, weil Talleyrand nicht habe wollen seine Stelle als vicegrandélecteur dafür aufgeben wie Napoleon verlangte. ⌊Talleyrand wollte wohl aus keinem andern Grunde nicht mehr Minister werden als weil er den Napoleon verloren sah.⌋

Talleyrand habe damals den Napoleon bewegen wollen, Wellington durch eine fürstliche Stellung in Spanien oder Portugal auf seine Seite zu ziehen; Napoleon aber darob Mißtrauen gefaßt (als gegen eine Falle). (Dieß zu dumm). Von da an habe Talleyrand directer auf den Ruin des Empire hingearbeitet; sein Prätext: man brauche wieder eine *constitutionelle* Regierung. Napoleon habe zwar Alles gewußt, und Savary habe *jetzt* auf Talleyrand's Verhaftung gedrungen; vergebens; doch noch eine Drohscene in Gegenwart von Cambacérès und Berthier. – Talleyrand verbrannte seine Briefschaften.³ Das Ende vom Lied aber ist, daß Napoleon

---

1 ?? Dieß reine Erfindung?
2 Napoleon wieder in Paris; wohl Anfang 1813.
3 Daß Talleyrand vor Ende 1813 den Napoleon völlig verloren gab, cf. Beugnot II, 57.

vor seiner Abreise in den Feldzug von 1814 den Talleyrand zum Mitglied des *Conseil de régence* macht!

Bastide p. 297, ss. Sammlung von Witzen und Malicen aus allen Zeiten von Talleyrands Leben.

| Ste Beuve p. 112 (die Zeit von 1812–14:) Il n'est pas à croire que Talleyrand ait fait autre chose dans l'intervalle que *voir venir, laisser faire, prendre patience; il n'était pas homme à devancer l'heure*. Aber um ihn herum summte es von lauter Leuten die an ihr Geschick im Fall großer Veränderungen dachten.

Authentisch ist, daß Napoleon in einem Brief an Joseph aus Nogent sur Seine 7. Februar 14 sagte: le mauvais esprit *des* Talleyrand et des hommes qui ont voulu endormir la nation m'a empêché de la faire courir aux armes, et voici quel en est le résultat.[1] (Talleyrand hätte sich sonach gegen alle heroischen Massenaufgebote à la 93 verwahrt).

Nun die Frage wegen Verbleiben der Marie Louise und des Roi de Rome: Talleyrand wollte daß sie möglichst lange in Paris blieben; ⌊Das einzig richtige Mittel: der Kaiserin in Paris einen vertrauten Marschall mit Berechtigung zu eigenen Entschlüssen beizugeben, wollte Napoleon nicht anwenden; Joseph wurde um seiner Fügsamkeit willen an diese Stelle gethan. (Montgaillard)⌋ Napoleon (Brief an Joseph, 8. Februar) erklärt jedes Verbleiben bei Annäherung des Feindes für Verrath und mahnt den Joseph zu völligem Mißtrauen.

Als hierauf im Merz die Feinde wirklich nahten, hielt Talleyrand fest so lange er konnte – laut Ste Beuve: weil er sich neben den Bourbons auch noch eine régence der Kaiserin offen behalten wollte – bis Joseph mit einer Vollmacht Napoleon's für den jetzigen Fall herausrückte: sich sur la Loire zurückzuziehen. – *Darauf* hin gab Talleyrand den Napoleon völlig verloren; seine Worte an Savary beim Hinausgehen aus der Salle du conseil, Ste Beuve p. 117. Anderseits mußte Talleyrand in Paris à tout prix zu bleiben wünschen, weil hier die Entscheide fallen mußten.

| Er stellte sich nun als wollte er der Marie Louise nach Blois nachreisen,[2] ließ sich aber 30. Merz 1814 an der Barrière de l'Étoile ⌊Mignet: barrière du Maine⌋ «wegen Paßmangels» zurückweisen.[3] Laut Mignet durch die Nationale Garde; dem architrésorier Lebrun widerfuhr dasselbe.

Bereits soll er von sich aus und ohne Napoleon's Auftrag mit den Bevollmächtigten von Chatillon, besonders mit Metternich, in Verbin-

---

[1] Feldzug von Brienne, La Rothière, Champaubert, Montmirail, Laon, Arcis S. Aube.
[2] Marie Louise reiste schon 29. oder 30. ab?
[3] Savary vol. VII und sein lächerlicher Aerger über Talleyrand; in den Thatsachen, die er berichtet, möchte es von Lügen und Entstellungen wimmeln.

dung getreten sein, laut Bastide's Ansicht natürlich in völlig bourbonischem Sinn; Vitrolles sei «einer seiner Hauptagenten» gewesen. (Was gewiß nicht so war).

Ste Beuve: Revenu à son hôtel, il ne pensa plus qu'à ménager et à hâter l'entrée des souverains alliés. Er habe ihnen schon seit einiger Zeit gewinkt gehabt etc.

An demselben 30. Merz Abends wurde die Capitulation von Paris unterzeichnet (laut Montgaillard erst 31., zwei Uhr Morgens), im Namen von Mortier und Marmont, durch ein paar Obersten.

Den 31. Merz nahm Alexander bei Talleyrand seine Wohnung, obschon man ihm das Elysée zubereitet. ⌊Alexander blieb 13 Tage bei Talleyrand⌋ Talleyrand zog sich in ein Entresol, von sechs Zimmern, sein Schlafzimmer inclusive [zurück]. – Das Gewimmel bei ihm! bis zu den geringsten Beutemachern und Stellenjägern. Beugnot II, 103: Wie Alexander in seinem und seiner Alliirten Namen durchaus Talleyrand's Meinung wissen und sogar befolgen wollte: dites ce qu'il faut faire et nous le ferons. – Talleyrand: Keine Intrigue dringe mehr durch; mais nous pouvons tout avec un principe; je propose d'admettre celui de la légitimité, die Bourbons. Diese werden mit den übrigen europäischen Fürsten sogleich wieder en communauté d'intérêts treten, und die europäischen Fürsten ihrerseits une garantie de stabilité in der Herstellung eines alten Hauses finden. | On sera fort avec cette doctrine à Paris, en France, en Europe... Es sei nur vonnöthen, daß die Alliirten n'accordent à Bonaparte ni paix ni trêve... den Senat etc. nehme er auf sich. – Alexander war bald überzeugt; etwas schwerer hielt es mit Friedrich Wilhelm III. und Schwarzenberg. Von Napoleon (in Fontainebleau) sagte Talleyrand: je lui ai fait demander son abdication. ⌊(Die große Gefahr der Herstellung der Bourbons selbst wenn sie Engel gewesen wären, griff gewiß auch Talleyrand mit Händen: daß nämlich alle bei der Revolution innerlich betheiligten Franzosen dadurch so sehr gedemüthigt wurden, daß sie wüthend sein mußten. Man hatte zu viele Ursache, sich beschämt zu fühlen).⌋

Bastide läßt auch noch andere Leute mit Alexander reden: de Pradt, Montesquiou (der abbé), Dessoles, Louis. Ferner läßt er den Alexander als möglichen Ersatz für Napoleon auch den Bernadotte nennen, worauf Talleyrand das Wort gesprochen habe: Sire, tout ce qui n'est pas Louis XVIII ou Bonaparte, est une intrigue.

Den 1. April beruft Talleyrand den Senat; es erschienen nur 65; er ließ sie ein S[enatus] C[onsultum] beschließen, wonach eine provisorische Regierung: Talleyrand, Beurnonville, Jaucourt, Dalberg, abbé Montesquiou ⌊laut Chateaubriand war es genau seine Whistpartie, nur Montesquiou ausgenommen⌋ zusammentreten, einstweilen verwalten, und ein Verfassungsproject vorlegen solle. – Den 2. April der Senat abermals versammelt; auf Vorschlag des (von Talleyrand inspirirten) Lambrechts erklärte er Napoleon und seine Familie für abgesetzt und Volk und Armee los vom Treueid. ⌊Diese Erklärung enthielt die langen Anklagen gegen Napoleon.⌋ ⌊Hernach adhärirten die in Paris anwesenden Mitglieder des Corps législatif und die Cour de cassation.⌋

Was Talleyrand nun betrieb, betrieb er freilich *ganz*; in seinen Proclamationen schonte er Napoleon nicht. ⌊Talleyrand dachte ohne Zweifel: il faut qu'une porte soit ouverte ou fermée.⌋

Mignet: Wer nur Eine Meinung gehabt, macht sich, wenn sie unterliegt, trauernd bei Seite. Mais lorsqu'ayant traversé de nombreuses révolutions, on considère les gouvernements comme des formes éphémères d'autorité, lorsqu'on a pris l'habitude de ne les admettre qu'autant qu'ils savent se conserver, on se jette au milieu des événements pour en tirer le meilleur parti. (Immer noch besser als Cambacérès, welcher öffentlich sagte: je me moque de l'histoire).

| Alle Behörden, Staatskörper etc. huldigten dem gouvernement provisoire, und sehr rasch kamen auch Marschälle und Generäle. Sogenannte trahison de Marmont ⌊d. h. sein Abkommen mit Schwarzenberg 5. April bei Sceaux⌋. Die weiße Cocarde machte doch viele Mühe. Dazwischen gingen alle Hauptfragen in mündlichen geheimen Unterredungen Talleyrand's mit den Monarchen. ⌊4./5. April Talleyrand's wiederholtes Wort an Alexander in Gegenwart Bourienne's: Nur entweder Napoleon oder die Bourbons! – Alles Übrige wäre nur Intrigue und der Betreffende könnte sich nicht behaupten! – Bernadotte, Eugène, la Régence, intrigues que tout cela. D. h. alle drei Chancen wären nur ein Vorhang gewesen, hinter welchem sehr bald wieder Napoleon hervorgeträten wäre, denn er kam ja hinter Louis XVIII wieder bald genug hervor. Nur ein Princip ist stark genug, und Louis XVIII *ist* ein Princip. Und doch hätte Macdonald beinahe den Alexander zu Gunsten der Régence umgestimmt.⌋

Napoleon seit 30. Merz in Fontainebleau. Seine bedingte und endlich seine völlige Abdication ⌊diese 11. April⌋.

6 April: Der Senat acceptirt die von der provisorischen Regierung vorgeschlagene Verfassung mit der davon bedingt gedachten Anerkennung Louis' XVIII. Beugnot 114: je reste persuadé que si le Sénat eût appelé au trône de France une famille autre que celle des Bourbons, elle eût été acceptée de l'Europe, je ne dirai pas sans difficulté, mais avec une sorte de complaisance, tant était répandu autour des Souverains le préjugé, ou cette prédiction de l'Empereur Alexandre, que les princes de la maison de Bourbon trouveraient de grandes difficultés à s'établir en France. (Talleyrand hatte also Einiges zu überwinden gehabt).

Nun ⌊7. April⌋ wurde Monsieur vom gouvernement provisoire herbeigebeten, er möge an seine Spitze treten. Talleyrand sandte ihm Vitrolles. –

12. April sein Einzug – Talleyrand ihm entgegen, lehnt sich an sein Pferd; Monsieur konnte nur schluchzen: M. de Talleyrand, Messieurs, je vous remercie! je suis trop heureux. Marchons marchons, je suis trop heureux. ⌊Besuch in Notre Dame⌋ Monsieur speiste bei Talleyrand mit Caulaincourt. Im Grunde thaten die Legitimisten das Wenigste zur Restauration, sondern les hommes de la république und de l'Empire machten Alles.[1] | (Talleyrand bei Allem was er that, hatte eine Menge Complicen, und am Ende war er reichlich gedeckt dadurch daß Fouché noch viel ärger war).

| *Affaire Maubreuil*
Maubreuil von gutem Adel, geboren 1780, in Diensten unter Napoleon Anfangs gestiegen, dann bei verschiedenen Anlässen benachtheiligt und voll Haß gegen Napoleon; auch in seinem Vermögen geschädigt. Anfangs April 1814 in Paris einer der Exaltirtesten; seine Ehrenlegion hing er seinem Roß an den Schweif. Von da an weiß man das Weitere nur noch durch ihn, ausgenommen die Vollmachten welche er 17. April bekam: vom Polizeiminister ⌊Anglès⌋, Kriegsminister ⌊Dupont⌋, Oberpostdirector[2] und dem (russischen) Gouverneur von Paris (Sacken) und dem (preußischen) General ⌊général de l'état major⌋ Brockenhausen: «wegen einer Mission von höchster Wichtigkeit» werden alle Behörden, Commandanten etc. angewiesen, ihm alle mögliche Hülfe, Truppen ⌊(Franzosen und Alliirte)⌋, Pferde, Postillone zu Gebote zu stellen.

Nach seinem Vorgeben hätte er Napoleon, der den 20. April von Fontainebleau nach Elba abreiste, ermorden sollen. Aber er will unterweges bereut und sogar Napoleon's Reise beschützt haben: «il protégea de loin la marche de Napoléon» etc. – um aber donner le change à ses mandataires, il se contenta d'exécuter l'un des points les moins importants sans doute de ses hautes missions, indem er bei Favard die Königin von Westfalen anhielt, ihre fourgons untersuchen ließ und plusieurs caisses mit Diamanten und Goldsummen wegnahm. – Maubreuil behauptete, die Königin sei in Verdacht gewesen, die Kronjuwelen von Frankreich mit sich genommen zu haben.

| Nun war doch Napoleon auf seiner Reise begleitet von den vier Commissären: Graf Schuwaloff, General Keller, Oberst Campbell, und Graf

---

1 Cf. Chateaubriand VI, 134.
2 Der Oberpostdirector war Bourienne, der sich (Mémoires, vol. X p. 164) völlig deckt, indem Maubreuil sich schon mit den vier übrigen Vollmachten versehen bei ihm präsentirte. Erst quelques jours après hörte Bourienne daß es sich um Napoleon's Tödtung gehandelt habe. Je n'ai jamais cru et je ne crois pas encore ... que tel fût l'objet de la mission de Maubreuil. Il enleva, me dit-on, les diamans de la reine de Westphalie etc. etc.

Waldburg-Truchsess. (Deren Relationen). Unter allen Umständen können wenigstens Sacken und Brockenhausen ihre Vollmachten nicht unter Voraussetzung eines Mordattentates gegen den von diesen vier Herrn begleiteten Kaiser ausgestellt haben.

Kaum nach Paris zurückgekehrt, wurde Maubreuil auf Verlangen der Bevollmächtigten der Königin von Westfalen auf Wiedererstattung verklagt; – die Kisten waren einstweilen an's Gouvernement Provisoire abgegeben worden; nach Maubreuil's Behauptung wurden sie dort geöffnet und Vieles veruntreut. ⌊Die Andern sagten, *er* habe gestohlen und zwar Juwelen im Werth von 84,000 Fr.⌋ – Überdieß Alexander sehr entrüstet über das der Königin Widerfahrene.

Auf Spruch eines Gerichtes? oder Ministerialbefehl? in die Abbaye gebracht, 18. Merz 1815 freigelassen ⌊auf Befehl Ludwigs XVIII.⌋, dann von Napoleon's Polizei (Réal) wieder verhaftet, sollte vor die Assisen, kann entweichen, folgt ein abenteuerliches Haft- und Fluchtleben. Endlich 1818 von England aus seine Adresse an den Aachener Congreß worin er Talleyrand beschuldigte d'être l'auteur de tous ses maux, et cela pour l'avoir forcé d'accepter sa «haute mission», zugleich aber spricht er von einem assassinat de Napoleon et de son fils, attentat ordonné par la Prusse, la Russie et les ... ⌊(was fehlt hier?)⌋ – Es blieb ohne Folgen; er kam wieder nach Paris und lebte vergessen, bis er 20. (? 21. ?) Januar 1827 bei der Todtenfeier für Louis XVI in S. Denis im Gang zwischen Kirche und maison royale dem Talleyrand eine Ohrfeige gab, in Gegenwart von Hof und Publicum, doch als die Prinzen schon fort waren. (Laut Ste Beuve war Talleyrand sogar renversé par terre).

| Folgt neue Haft und großer Scandalproceß; es war préméditation et guet-à-pens. – Er behauptete: Talleyrand habe ihn 2. April 1814 zu sich berufen, und ihm den Titel Duc, 200,000 Livres Renten und den Grad als Generallieutenant versprochen; je tombai dans le piège; j'acceptai une mission infâme. – Nachher habe man ihm umsonst 2 Millionen geben wollen. – Man verurtheilte ihn zu fünf Jahren Gefängniß und zehn Jahren polizeilicher Überwachung. Die weitern Instanzen bestätigten dieß. Bastide p. 419: Maubreuil a subi sa peine, en partie, dans une maison de santé du Faubourg Poissonnière. (Was weiter aus ihm wurde, sagt er nicht).

Daß das Aufsuchen der Diamanten der *französischen Krone* ein bloßer Vorwand gewesen, wird bei Bastide mit der *Behauptung* demonstrirt: dieselben seien schon am 9. April richtig vorgefunden worden. Chateaubriand: Je rejette les calomnies de Maubreuil. ⌊Maubreuil selbst nannte besonders auch Roux Laborie, den Secretär der provisorischen Regierung.⌋ Ste Beuve p. 123: M. de Talleyrand a toujours nié l'avoir vu; mais d'autres que lui le virent, et il est difficile de douter qu'il n'y ait réellement eu un conciliabule, où l'on discuta le coup *proposé par Maubreuil:*

Talleyrand 261

«se défaire de Napoléon». Pradt sei petulant genug, Louis (l'abbé) brutal genug in Worten gewesen: combien vous faut-il? – 10 millions. – «10 millions! mais ce n'est qu'un rien pour débarasser le monde d'un tel fléau.» Ces paroles ont été dites, entendues et répétées. Quant à M. de Talleyrand, il n'était pas homme assurément à commander de pareils actes; il n'était pas homme non plus à les décourager. Il avait au besoin l'art de l'ignorer. ⌊Bis Ste Beuve über diese Reden seine Quellen angiebt, sind sie ohne alle und jegliche Glaubwürdigkeit.⌋

| Mignet: M. de Talleyrand, appuyé sur les restes du vieux parti de la révolution, n'ayant pu imposer cette constitution (die des Senats) à Louis XVIII, finit du moins par en exiger *la Charte*. Ce ne fut qu'à la suite des engagements formels du nouveau Roi, que le Sénat, qui avait refusé d'aller le complimenter à Compiègne avant qu'il les eût pris se rendit auprès de lui à St. Ouen. M. de Talleyrand était à sa tête et demanda en son nom une Charte constitutionnelle. La déclaration de St. Ouen promit cette charte etc.... La Charte, quoique octroyée en apparence fut imposée en réalité ... Dieß hauptsächlich Talleyrand's Werk. – Und ebenso der *Pariser Friede*,[1] in welchem Talleyrand wenigstens Avignon, Comtat, Grafschaft Mömpelgard, Departement du Montblanc und beträchtliche Stücke von den Departements Air, Bas-Rhin, Ardennes und Moselle rettete, sammt der Kunstbeute; dafür Räumung Frankreichs und dessen Unabhängigkeit.

Talleyrand wurde nun Minister des Auswärtigen und Bevollmächtigter nach Wien, wo er als einer der spätesten erschien. Ste Beuve: Die ganze erste Restauration ist Talleyrands Werk, ja le grand acte historique de sa vie, ou, si l'on aime mieux, le triomphe de son savoir-faire.

| Wie Frankreich hinfüro zu regieren sein werde, darüber machte Talleyrand sich jetzt wahrscheinlich noch keine Sorgen; einstweilen hatte man Oberwasser; auf baldigen Hohn der Royalisten gegen ihn (d. h. auf baldigen Rücktritt von seinem Amt) mochte er gefaßt sein und sich für diesen Fall wie gegenüber Napoleon sein maliciöses Abwarten vorbehalten. Einstweilen war er der *Repräsentant des Constitutionalismus* und der *unvermeidliche Unterhändler für Wien*. – Eigentlicher parlamentarischer Minister zu werden, Majoritäten zu bilden und zu führen etc. wäre doch nicht seine Sache gewesen, überhaupt nicht la lutte de tous les jours.

⌊Bourienne X, p. 200 über das unfähige erste Ministerium des Louis XVIII, das sich Anfangs noch vor Talleyrand als einziger Capacität genirte: Cependant tout reste tranquille jusqu'au mois de Septembre, époque à laquelle M. de Talleyrand partit pour le congrès de Vienne. Après son départ on s'en donna à cœur-joie au château; tout le monde

---

1 Waffenstillstand 23. April – cf. C. A. Menzel III, 110.

voulut et crut être homme d'état; il semblait que l'on fût débarassé d'un importun, et Dieu sait combien de sottises firent les écoliers en l'absence du maître.⌋
⌈Seine Wiener Erfolge bei Mignet p. 145, ss. auf's Höchste gepriesen: er habe, bewaffnet mit seinem Princip der Legitimität, zu den drei Alliirten und England auch Frankreich, Spanien, Portugal und Schweden an den grünen Tisch gebracht, Sachsen vor Preußen gerettet, unter den vier Mächten Zwietracht gesäet, dem Ferdinand Neapel wieder verschafft. ⌊Auch Rußland mußte ein Stück Polen wieder fahren lassen.⌋ – In der Hauptsache, Sachsen, giebt Mignet dann zu, es sei une faute grave gewesen, statt eines schwachen Albertiners ein starkes Preußen am Rhein zu etabliren; auch würde die Rivalität zwischen Preußen und Oestreich größer geworden sein, wenn sie auch noch an der ganzen böhmischen Grenze zusammen stießen.

8. Januar 1815 das Geheimbündniß:[1] Talleyrand – Castlereagh – Metternich gegen Preußen und Rußland. Allein Napoleon's Rückkehr vereinigte die Mächte wieder. (Napoleon sandte das Manuscript des Vertrages an Alexander; dieser verbrannte es generös in Gegenwart Metternich's und Steins, Gervinus I, 229). Gervinus: Die Vertreibung Murat's aus Neapel wurde schon Herbst 1814 von Wellington und Castlereagh angezettelt, (angeblich oder wirklich) wegen Murat's Verbindungen mit Elba; – Talleyrand ergriff nun die Situation und drang auf die Vertreibung; | Murat hätte aus Neapel wie Napoleon aus Elba fortmüssen auch ohne Napoleon's Aufbruch; als letzterer nahe war, brach Murat zu seinem und Napoleon's Verderben los und rückte in den Kirchenstaat; aber Italien erhob sich nicht für ihn; Oestreich schlug seine Truppen und Neapel erhob Mai 15 Aufstand – von da an war er Abenteurer.

Ferdinand zahlte Talleyrand heimlich 6 Millionen Fr. und Friedrich August 3 Millionen? (Gervinus I, 228 und Chateaubriand). Beide hätten es vielleicht nicht nöthig gehabt weil die Sachen auch ohne Talleyrand gegangen wären. ⌊Laut Savary hätte Talleyrand auch Geld von Murat angenommen.⌋⌈Der Vertraute an Bourienne, Juny 1815 (vol. 10, p. 334): M. le prince de Talleyrand cède au roi de Naples sa principauté de Bénévent, pour une somme dont je ne sais pas le montant!⌋

Alexander aber grollte hiefüro dem Talleyrand «bis er ihn aus Stellen und Einfluß entfernt hatte» (Gervinus). (Er haßte fortan auch Metternich).

⌊Les cent-jours:
Dießmal muß bei den Autoren Fouché herhalten; der wirkliche Intrigant wird dann noch von Jedem (Savary, Villemain etc.) auf die pikanteste

---

[1] cf. C. A. Menzel III, 125.

Weise nach Belieben mit einem speciellen Imbroglio beladen, bis man sich in Fouchés einzelnen Momenten gar nicht mehr auskennt vor lauter Verrath.⌋

⌊Talleyrand stand mit zwölf Andern auf der von Napoleon erlassenen Liste derer die von seiner «Amnestie» ausgeschlossen sein sollten.⌋

| Talleyrand in Wien während der Cent-Jours: Fouché als Minister Napoleons hatte Agenten ⌊(So Chateaubriand)⌋:

a) in Gent bei Louis XVIII

b) in Basel wartete Baron Werner als Agent Metternich's auf einen Agenten Fouchés, aber der welcher wirklich kam, Fleury de Chaboulon, war von Napoleon selber gesandt, um Oestreich ⌊etwa für die régence⌋ zu gewinnen, gab sich aber als Agent des Fouché ⌊(Gervinus)⌋

c) In Wien war als Agent Fouchés ein M. de St. Léon, welcher bei Talleyrand die Chance Orleans betreiben sollte; Talleyrand sei darauf eingegangen und habe bei Alexander darauf hingetönt (Chateaubriand). Zugleich aber war Montrond durch Napoleon nach Wien an Talleyrand gesandt ⌊(Gervinus)⌋. ⌊N[ach] A[ndern] durch Fouché, siehe p. 36.⌋

Talleyrand in Wien sprach mit den Einen für die Bourbons, mit den Andern für Orleans ⌊(Gervinus)⌋. ⌊In Talleyrand's Wiener Briefen bei Bourienne, April und Mai 1815, heißt Napoleon nur noch Bonaparte.⌋

Alexander war gegen Louis XVIII völlig erkaltet (Chateaubriand) und machte sich Vorwürfe wegen der vorjährigen allzugroßen Milde gegen Frankreich.

Der Krieg: Niemand hätte geahnt, daß von den drei furchtbaren Heeren welche Frankreich von Belgien, Niederrhein und Elsaß aus überziehen sollten, der rechte Flügel allein den ganzen Krieg in drei Tagen beendigen werde.

| Laut Ste Beuve hätte Fouché ⌊während der cent-jours⌋ dem Talleyrand den Montrond nach Wien zugesandt, um ihn über Verschiedenes zu sondiren; schon damals sei von Orleans als einem en-cas die Rede gewesen; Talleyrand sagte: diese Thür sei noch nicht offen, ginge sie aber einmal auf, so sehe er keine Nothwendigkeit, sie mit Gewalt zu schließen.

Er beeilte sich gar nicht, zu Louis XVIII nach Gent zu gelangen;[1] erst *nach* Waterloo kam er nach Belgien. ⌊Über die Actenstücke, Proclamationen etc. welche von Gent ausgingen, schreibt ein Vertrauter Juny 1815 an Bourienne (X, 321): Ah! je désire beaucoup que l'arrivée de M. de Talleyrand mette un terme à toute cette écrivasserie!⌋ Schon hatte Louis XVIII auf ein Billet Pozzo di Borgo's hin (er möge sich eilen, wenn er den Platz nicht besetzt finden wolle) sich aufgemacht; in Mons traf er

---

[1] Er saß einige Zeit in Carlsbad pour soigner son foie.

auf Talleyrand. ⌊Die Scene früh drei Uhr auf dem Platz in Mons⌋ – Relationen von Chateaubriand VII, 16 und Beugnot II, 303 (das Capitel ist ein ἀκέφαλον). Kurze Brouille und Abdankung – dann aber Sinnesänderung des Königs. (Es scheint, daß Wellington so entschieden für Talleyrand's und Fouché's Anstellung aufgetreten war, daß der König im Grunde kaum anders gekonnt hätte). ⌊Den Blacas wurde man als Gesandten nach Neapel glücklich los; schon von Mons aus.⌋

| Den 23. Juny: Déclaration de Cambray, wesentlich Talleyrand's Werk; der König versprach wieder ein völlig constitutionelles Regiment. Auch betrieb Talleyrand: die Ernennung der Beamten sollte aus allen Parteien geschehen.

Er mochte Fouché nicht, und Fouché haßte und verachtete ihn. – Nun wird dem Talleyrand vorgeworfen, daß er sich zu leicht in diese Collegenschaft gefügt, ja sie gefördert habe ⌊(Chateaubriand)⌋. Es war aber sonst unter den royalistischen Häuptern bis zu Monsieur hinauf ein engouement für Fouché, dessen Dienste sehr überschätzt wurden. ⌊Fouché wird Ministre de la Police, nachdem ihn vor hundert Tagen *Napoleon* von Lyon aus dazu ernannt hatte!⌋

Beugnot zeigt, wie schmerzlich sich Louis XVIII fügte. Aber die Sache war entschieden schon in St. Denis. Chateaubriand VII, 27: Chateaubriand wartet in der Abtei in einem Vorzimmer des Königs: Tout à coup une porte s'ouvre; entre silencieusement le vice appuyé sur le bras du crime, M. de Talleyrand marchant soutenu par M. Fouché; la vision infernale passe lentement devant moi, pénètre dans le cabinet du Roi et disparaît. Fouché venait jurer foi et hommage à son seigneur etc. Es hieß unter jenen Royalisten: Sans Fouché point de sûreté pour le Roi etc.

⌊Die Scene in S. Denis: Bourienne X, 358 ... «je vis Fouché prêter serment à Louis XVIII, et Louis XVIII laisser dans ses mains les mains de Fouché! ... j'étais auprès de M. de Châteaubriand» ...

Chateaubriand, de la monarchie selon la charte: «Il était à peu près neuf heures du soir; j'étais resté dans une des chambres qui précédaient celle du Roi. Tout-à-coup la porte s'ouvre: je vois entrer le président du conseil, s'appuyant sur le bras du nouveau ministre ... O Louis le-Désiré! ô mon malheureux maître! vous avez prouvé qu'il n'y a point de sacrifice que votre peuple ne puisse attendre de votre coeur paternel!» ... Dieß dann in den mémoires d'outretombe viel eloquenter.

Wellington soll wesentlich die Ernennung Fouché's durchgesetzt haben.

Talleyrands Titel: pair de France, président du conseil des ministres et secrétaire d'état au département des affaires étrangères.⌋

Dieß Ministerium dauerte freilich nicht lange, kaum drei Monate. Talleyrand von Fouché beim Publicum kaum mehr unterschieden; dazu seine völlige Unfähigkeit, leitender und arbeitender constitutioneller Minister zu sein. Louis XVIII ließ ihn leicht fallen. ⌊Louis XVIII hatte Talleyrand eigentlich nie gemocht – und jetzt war Talleyrand bei Alexander in Ungnade und ebenso bei den übrigen Alliirten.⌋ Er wurde grandchambellan und functionirte als solcher sehr emsig, hatte aber unter der ganzen Restauration keinen Antheil mehr an den Geschäften. Talleyrand gab sich bei seinem Austritt den schönen Schein als wollte er die Anforderungen der Mächte auf die Grenzabtretungen und Strafsummen nicht unterzeichnen.

| In der Pairskammer sprach er etwa zu Gunsten der Preßfreiheit, sie gehöre zum Nothwendigen und dieses bestehe in ce qui est proclamé bon et utile par tous les hommes éclairés d'un pays etc. (July 1821). ⌊Wer mehr Geist habe als Voltaire, Bonaparte und alle Directoren und Minister, sei tout le monde.⌋

Er warnte 1823 vor dem spanischen Feldzug, war aber dießmal ein falscher Prophet.

Seine anmuthigen und geistreichen Briefe aus den Bänden an die Comtesse Mollien etc. u. a. Damen. (Die an Mme de Dino sind noch nicht bekannt). Ste Beuve p. 156 meint aber: Il faut toujours se méfier de l'impression que font les vieillards, sourtout s'ils sont gens bien élevés et polis.

Bei der Julirevolution schloß er sich schon den 29. July 1830 den Orleans an, durch ein geheimes Billet an Mme Adélaïde. – Dann leistete er der neuen Dynastie den größten Dienst indem er die Ambassade in London annahm.[1] (Chargirte Beschreibung seines Auftretens Ste Beuve p. 166 aus einem englischen Bericht). ⌊Talleyrand schrieb 1835 an Gagern: j'avais voulu obtenir pour la révolution... du Juillet 1830 le droit de bourgeoisie en Europe et tranquilliser le monde etc.⌋

Mignet: Er präsidirte die Londoner Conferenzen, ließ die Selbständigkeit *Belgiens* bestätigen (welches fortan Frankreichs Nordgrenze deckte statt sie zu bedrohen) und gründete die *Quadrupelallianz*. Palmerston haßte ihn und that Alles um ihm seinen Posten zu verleiden.[2]

November 1834 trat Talleyrand zurück, ja aus dem öffentlichen Leben überhaupt; ⌊Ste Beuve:⌋ er war achtzig und ne songea plus qu'à finir de tout point convenablement. ⌊Mignet: Il mit un intervalle entre les affaires et la mort.⌋ ⌊Er dachte wie Wilhelm von Humboldt, welcher ebenfalls nicht «vom Actentisch in's Grab taumeln» wollte.⌋ Sein Umgang mit Royer-Collard, dessen Château-vieux unweit von Valençay lag.

---

1 Hieher aus der mündlichen Erzählung von Jenison, wie Talleyrand seine Secretäre wählte und prüfte.
2 Als man einst von *Thiers* in Talleyrand's Gegenwart als von einem parvenu sprach, sagte er: Vous avez tort, il n'est point parvenu, il est *arrivé!*

| Porträt Talleyrand's aus dieser Spätzeit: Ste Beuve 171: Il avait la voix mâle, profonde ... bien que, par principe et bon goût, il s'interdît l'éclat du rire. Avec sa longue canne qui ressemblait à une béquille et avec laquelle il frappait de tems en tems sur l'appareil de fer dont sa mauvaise jambe était munie, il s'annonçait impérieusement. Des yeux gris sous des sourcils touffus, une face morte plaquée de taches, un petit visage qui diminuait encore sous son immense chevelure, le menton noyé dans une large cravate molle remontante, qui rappelait celle des incroyables et le négligé du Directoire, le nez en pointe insolemment retroussé, une lèvre inférieure avançant et débordant sur la supérieure, avec je ne sais quelle expression méprisante indéfinissable, fixée aux deux coins de la bouche et découlant de la commissure des lèvres; un silence fréquent d'où sortaient d'un ton guttural quelques paroles d'oracle...

Chateaubriand XIII, 121: M. de Talleyrand, en vieillissant, avait tourné à la tête de mort: ses yeux étaient ternes, de sorte qu'on avait peine à y lire, ce qui le servait bien; comme il avait reçu beaucoup de mépris, il s'en était imprégné, et il l'avait placé dans les deux coins pendants de sa bouche.

(Die Büste in Versailles).

| *Chateaubriand, vol. XIII, Schlußurtheil.*
Zum Theil äußerst schief und feindselig: Talleyrand habe nie etwas vorausgesehen, sondern nur von den Sachen für sich profitirt wann sie ohnehin geschahen. (Was auch schon etwas wäre). (Grade dieß konnte Chateaubriand nie).

Man überschätze ihn: 1) alle Diplomaten und Fürsten, die er dupirt, hätten das Interesse, ihn groß zu malen, 2) der alte französische Adel, dem er angehörte, 3) les révolutionnaires et les générations immorales, mit ihrer geheimen Neigung zum Adel ⌊(?? – eher: zum Reussiren, zur Missethat)⌋. – *Dazu* reiche es jedenfalls nicht mehr, daß Talleyrand sagenhaft weiter und ins Große wachse etc.

Ganz thöricht die Anklage daß Talleyrand seine Einwilligung zu den verderblichen Friedensschlüssen gegeben habe – als ob er 1814 und 15 die Grenzabtretungen zumal von Festungen hätte hindern können.

Sehr viel richtiger ist: wie Talleyrand durch mysteriöses Schweigen gewann und sich daraus ein Geschäft machte. Er wollte vor Allem ne pas se laisser mesurer. – Seine Orakelworte, innen hohl. – Il ne pouvait suivre une conversation sérieuse (mit Chateaubriand natürlich nicht).

Seine Haltung im höchsten Grade dazu angethan, die von ihm bezweckte Illusion zu steigern. In den späten Zeiten war er mit Willen eine Figur des vornehmen ancien régime und stach ab.

Chateaubriand setzt ihn auch als Diplomaten herunter. Incapable d'écrire seul une phrase (!!). M. de Talleyrand faisait travailler compétemment sous lui. Paresseux et sans étude, nature frivole et coeur dissipé ... eins von jenen personnages de lendemain et d'industrie ...

Survivre aux gouvernements, rester quand un pouvoir s'en va, *se déclarer en permanence*, se vanter de n'appartenir qu'au pays, d'être l'homme des choses et non l'homme des individus, c'est la fatuité de l'égoïsme mal à l'aise, dergl. es heute viele gebe.

Das bekannte ihm zugeschriebene Wort: la parole n'a été donné à l'homme que pour déguiser sa pensée. (Er wird schwerlich so dumm gewesen sein, so etwas zu sagen.)

| Sein letztes öffentliches Auftreten: in der Académie des sciences morales et politiques las er l'éloge de Reinhard. (Chateaubriand: pour faire preuve de force, il est allé prononcer à l'Institut l'éloge commun d'une pauvre mâchoire allemande dont il se moquait.)

Es war dasselbe Institut, wo er einst nach seiner Rückkehr aus America debutirt hatte – s. Blatt *11*. – Sous couleur de payer une dette d'amitié, il se disposa à faire ses adieux au monde. Es war Sonntag 3. Merz 1838; die Versammlung dicht und voll Celebritäten; zwei Diener en livrée trugen ihn die Treppe herauf; in den Saal führte ihn Mignet, Alles stand auf. Die Rede enthielt das Bild eines vollkommnen Ministers des Auswärtigen. Dabei sagte er Gutes von der Diplomatie im Allgemeinen: zu allen sonstigen Eigenschaften könne sie die *bonne foi* als Garantie nicht entbehren ⌊er legte einen Accent auf bonne foi⌋; la diplomatie n'est point une science de ruse et de duplicité; doch la réserve sei erlaubt. – Enorme Huldigungen; Cousin sagte laut und gesticulirend: c'est du Voltaire! c'est du meilleur Voltaire! –

Nun ging es bald dem Sterben zu. Offenbar hatte er die Begnadigung, die ihm einst Pius VII. gewährt, durch seine Ehe wieder verwirkt und wahrscheinlich sich seither um die Kirche gar nicht gekümmert oder nur etwa so weit er als grand-chambellan mußte. Sein Sterbebette (Mai 38) so umstritten als das des Voltaire, nur vielleicht weniger thatsächlich als vielmehr in den Berichten der Memoirenschreiber.

| Chateaubriand XIII, 125: ... disputant minute à minute sa réconciliation avec le ciel, sa nièce (Mme de Dino) jouant autour de lui un rôle préparé de loin entre un prêtre abusé (abbé *Dupanloup)* et une petite fille (ihre Tochter) trompée; il a signé de guerre lasse (ou peut-être n'a-t-il pas même signé), quand sa parole allait s'éteindre, le désaveu de sa première adhésion à l'Église constitutionnelle (Also darum handelte es sich!); mais sans donner aucun signe de repentir, sans remplir les derniers devoirs de chrétien, sans rétracter les immoralités et les scandales de sa vie.

Ste Beuve: Er starb fast öffentlich, wie die Könige von Frankreich; das ganze berühmte Paris wartete im Salon vor dem Sterbezimmer. Am Vormittag des 17. Mai (sein Todeskampf begann um Mittag und schloß gegen vier Uhr) kamen Louis Philippe und Mme Adélaïde; noch ganz im Styl seines Standes stellte er ihnen seine zwei Aerzte, seinen Secretär und seinen ersten Kammerdiener vor. (Die Geschichte vom comme un damné... – Déjà? verwirft Ste Beuve in den Nachträgen p. 234; ce sont (de?) nos pasquinades à la française). –

Prächtiger Leichengottesdienst à l'Assomption, Éloges in Pairskammer und Academie; die schön vertuschende Notice von Mignet.

| *Allgemeines.*
Ste Beuve: le flair merveilleux des événements, l'art de l'à-propos, la justesse et, au besoin, la résolution dans le conseil, M. de Talleyrand les possédait à un degré éminent – aber dann kam gleich der Profit. Son excellent esprit, qui avait horreur des sottises, n'était pour lui qu'un moyen. Le but atteint, il arrangeait sa contenance, et ne songeait qu'à attraper son monde, à imposer et à en imposer. Nur eine elegantere Ausgabe von Dubois und noch lange kein Mazarin.

Gervinus I, 40: Er war ein scharfsichtiger Symptomatiker am Krankenlager der Zeiten. In seinem Testamente soll es heißen: er habe keine Regierung eher verlassen als sie sich selbst – und mündlich: nur ein wenig früher als alle Andern, da seine Uhr etwas vorging.

Louis XVIII klagte: daß Die das Gute wollen, so schlecht, Die das Schlechte wollen, so gut zu sehen pflegten.

Mignet, Notice, gegen Ende: ... Il aima la force, non par le besoin qu'en a la faiblesse, mais par le goût qu'elle inspire à l'habileté qui sait la comprendre et s'en servir. Il s'associa aux divers pouvoirs, mais il ne s'attacha point à eux; les servit, mais sans se dévouer. Il se retira avec la bonne fortune, qui n'est pas autre chose pour les gouvernements que la bonne conduite. (!) Se mettant alors à l'écart, son grand mérite fut de *prévoir* un peu plus tôt ce que tout le monde devait *vouloir* un peu plus tard... Comme il se possédait entièrement, et qu'il était sûr de se décider à propos, il aimait à perdre du temps pour mieux saisir les occasions, croyant que le cours naturel des choses en offre de meilleures que l'ésprit n'en saurait trouver, ni la volonté faire naître.... Pendant le cours de si nombreuses révolutions et de prospérités si diverses il ne fit de mal à personne. Il ne sévit contre ses adversaires que par de bons mots. Il éprouva et il inspira de longues amitiés etc....

| *Talleyrand – Geldgeschäfte*
Gagern: Es war außerordentlich großer Aufwand in seinem Hause, selbst verglichen mit dem Hoflager der deutschen Fürsten... Doch hatte Talleyrand auch die «Tendenz, solche Oblationen (die Douceurs der Cabinete) verarmten oder bedürftigen Freunden zuzuwenden.» Seine Umgebung liebte ihn «in hohem Grade». «Seiner Freunde war er Freund und höchlich auf ihre Vortheile bedacht.»

Von den Mitprofitirenden: Durand ⌊richtiger: Duran*t*⌋, einer der beiden Chefs de division des auswärtigen Ministeriums, Gagern I, 109 rühmt einigermaßen dessen Persönlichkeit; er gehörte zu Talleyrand's regelmäßiger Whistpartie (denn in Talleyrand's an sich unbedeutendem Salon wurde meist Whist, seltner Hasard und Würfel gespielt; das Spiel war fast die einzige Ressource, die Conversation null).

Jaques Matthieu von Straßburg, früher in der Assemblée législative, in Deutschland bekannt, jetzt souschef de division; sehr arbeitsam.

Von der Zeit 1801/2 sagt Gagern: Mancher Hof hat... bedeutende Summen an Abenteurer und Projectemacher verschwendet, bloß weil man leichtgläubig und übel unterrichtet war.

An Durand's Stelle als chef de division trat mit der Zeit Labesnardière. Dessen Lob, Gagern I, 140. 166. Durand war dann Gesandter in Dresden.

(Talleyrand's financielle Studien: er hatte vor der Revolution genauen Umgang mit Panchaud, l'un des profonds financiers du temps, le créateur de la caisse d'escompte et de la caisse d'amortissement, von Mirabeau hoch gerühmt). (Talleyrand sagte von der französischen Nation damals: qu'elle offrait la plus belle hypothèque de l'univers).

| Ste Beuve p. 85, ss.: Napoleon, einst bei guter Laune, fragte ihn: Voyons, Talleyrand, la main sur la conscience, combien avez-vous gagné avec moi?[1] –

Spiel, Agiotage und «Douceurs» fremder Regierungen. Er nahm nicht jede Affaire an und verhandelte über die Bestechungen durch Mittelspersonen.

Laut Senfft wäre zB: die Aufnahme von Schwarzburg, Waldeck, Lippe und Reuß in den Rheinbund (negociirt zu Warschau 1807) durch Gagern's Vermittlung gegangen. Napoleon sagte: wenn er Alles gewußt, wäre es nicht geschehen. – Aber Talleyrand habe sich immer denjenigen Projecten widersetzt, welche im Frieden auf neue Kriege hindrängten. Deßhalb habe er zB: nie von einer Begünstigung der Polen wissen wollen. Une somme de quatre millions de florins, offerte à Varsovie par les magnats pour obtenir son suffrage en faveur du rétablissement de leur pays,

---

1 cf. Heft Revolutionszeitalter 189 und 208

leur fut restituée après être restée deposée pendant plusieurs jours entre les mains du baron de Dalberg. Aber vorher, 1806, bei der Wendung der Schicksale Sachsens, hatte der sächsische Gesandte Graf Bose eine Million francs an Talleyrand und eine halbe Million für den Diplomaten Durant, und Beide nahmen an.

Talleyrand selber schätzte Alles was er von fremden Regierungen bekommen, auf 60 Millionen. ⌊Wo und zu wem sagte er das?⌋

Seine Warnung an einen protégé gegen das Börsenspiel: Ne jouez pas! j'ai toujours joué sur des nouvelles certaines et cela m'a couté *tant* de millions! – (Er wollte es ihm nur verleiden; von den Gewinnsten sprach er nicht).

| Reçus dafür wird man natürlich nie auffinden. – Eine hohe Person, welche wenigstens wissen wollte, ob Talleyrand das Geld erhalten, verlangte wenigstens ein Zeichen; es wurde abgeredet daß beim nächsten Empfang Talleyrand im Vorübergehen dem Betreffenden irgend ein Wort sagen solle, zB: comment va Madame? dieß galt als Quittung.

Palmerston pflegte zu sagen: Talleyrand, wenn er ihn besuche für Geschäfte, habe fast immer in seinem Wagen Montrond mit sich, um denselben dann schnell zu instruiren, wie er (nämlich an der Börse) zu spielen habe.

Gagern: man mußte dem Talleyrand nicht mit Tabatieren und Brillanten kommen, sondern mit baarem Geld. – Bestimmungen, Bedingungen, marchés gab es dabei nicht. – Man schwieg und gab.

Wann, wo und gegen wen hat Talleyrand zugegeben daß er von den auswärtigen Cabineten im Ganzen 60 Millionen bekommen habe während seiner ganzen diplomatischen Laufbahn? – Ste Beuve meldet es p. 58.

| *Talleyrand-Literatur.*
Der Artikel T. in der Biographie universelle. ⌊Michaud⌋
Das Werk von Roret 1834.
Sir Henry Lytton Bulwer: Essai sur Talleyrand, traduit par G. Perrot. (Schlaberndorf). Napoléon Bonaparte, p. 204, ss.

Die angebliche Correspondenz Talleyrand's mit der Gräfin F(lahault?) war schon 1793 gedruckt; laut Bastide p. 155 wären sogar die darin befindlichen Aufschlüsse eine der Ursachen seiner Ausweisung aus England (Januar 94) gewesen. Der Druck der Correspondenz war erfolgt nach dem Tode des Ministers Lebrun und des Grafen F. (bei Montgaillard ⌊cf. IV, 39⌋ ist Lebrun's letzte Erwähnung die seiner Verhaftung, 2. Juny 1793. ⌊F... starb auf dem Schaffot, Bastide 156.⌋ (Ließ sie etwa fingirte oder interpolirte Briefe aus Rache drucken, weil Talleyrand in London nichts für sie that?)

Talleyrand selber hat An VII, bevor er aus dem Ministerium trat (vor Brumaire) éclaircissements veröffentlicht.

Die Verhandlungen vor dem Reichsdeputationshauptschluß: Haeusser II, 339, ss., mit Bezug auf Gagern, mein Antheil I und: Lang, Mémoires, II, 53. 364. 369. ⌊Aber Ste Beuve p. 177 Nota, citirt einen VI. Band Gagern's den wir nicht haben, wo sich ein Capitel: Talleyrand in seinen Beziehungen zu den Deutschen – findet.⌋

Méneval, Souvenirs.

Mignet, Notice sur Talleyrand.

George Sand ⌊«le Prince»⌋: Lettres d'un voyageur (Revue des deux mondes, October 1834)

Chateaubriand, mémoires d'outre-tombe, bes. vol. XIII.

Über die eigenen Memoiren des Talleyrand sehr abschätzig Chateaubriand XIII, 123, der ihn quelques détails agréables sur sa jeunesse vorlesen hörte: – bei Talleyrand's Unbeständigkeit müsse – si ces mémoires existent entiers ce dont je doute – das Widersprechendste darin vorkommen, über dieselben Menschen und Dinge. Je ne crois pas au dépôt des manuscrits en Angleterre; l'ordre prétendu de ne les publier que dans 40 ans d'ici me semble une jonglerie posthume. (Da Chateaubriand den betreffenden Abschnitt von 1838, Talleyrand's Tod, datirt, so käme das Jahr 1878 heraus). (Talleyrand hier freilich der Antipode des Chateaubriand, der seine mémoires d'outre-tombe noch bei Lebzeiten herausgeben mußte).

Metternich I, I, 74 *Hauptcharacteristik*: Zu verhindern daß etwas Bestimmtes geschehe, dazu war Talleyrand immer geschickt etc. ZB. III, 448 citirt Metternich Talleyrand's Wort: l'esprit sert à tout et ne mène à rien.

Referat «Basler Nachrichten» Nr. 267, 270, 273, 277, 279 und 281, vom 10., 14., 17., 22., 24. und 27. 11. 1878.

– Hr. Prof. Jak. Burckhardt: über Talleyrand. Beim Beginne großer Welterschütterungen wird durch die Menschen eine Welle der verschiedensten Gefühle hindurchgeweht: die Einen sehen den Dingen zu mit tiefer Sorge, die Andern mit blühenden und glänzenden Hoffnungen, als müßten alle Träume von der Zukunft sich nunmehr erfüllen; wieder Andere mit Gedanken der Rache, des Nachholens für Versäumtes; und endlich gibt es eine gewisse Anzahl von Leuten mit klarem Blick, hellen Auges, von kaltem Sinne, ausgezeichnete Köpfe, aber ihre Gedanken sind die der Beute: es sind die künftigen Raubvögel.

Nicht immer sind sie so ganz böse, es kommen Augenblicke in ihrem Leben, da viele sich große Verdienste um ihr Vaterland erwerben, ja eine innere Stimme mag sie mahnen, sich zwischen hinein nützlich zu machen, damit sie beständig möchten geduldet werden: im Ganzen wird dann das weltgeschichtliche Urtheil noch lange über sie hin- und herschwanken und zuletzt ein gewisses Gleichgewicht gewinnen.

Ein solcher Charakter war Maurice Talleyrand Périgord, geboren 1754 zu Paris, gestorben ebendaselbst 1838 in hohen Ehren, im Besitze gewaltiger Reichthümer, die er auf seine Verwandten vererbte. Da er mit einem Klumpfuße auf die Welt gekommen war, mußte er auf das Majorat seiner vornehmen Familie von vorneherein verzichten, man bestimmte ihn deßhalb für die Kirche; möglich, daß von dieser Bestimmung, die nicht die seinige war, eine gewisse Verbitterung in dem jungen Menschen Platz griff, die sich in allerlei Streichen äußerte.

Er wuchs heran als Abbé Périgord, machte gute theologische Studien, hat sich später dessen immer noch gerühmt und sogar behauptet, er sei noch ein vorzüglicher Theologe, das Studium der Theologie sei eine vortreffliche Vorschule für das der Diplomatie, was wir gänzlich dahingestellt lassen wollen, da es nur darauf ankommt, was für eine Theologie es eben ist. – Seine Familie war reich und mächtig genug, um ihm zwei bedeutende Abteien bereits in der Kindheit zukommen zu lassen, und frühe schon wurde ihm die Aussicht auf den uralten, berühmten Bischofsstuhl von Autun eröffnet.

Außer dem theologischen Studium aber, wird uns gemeldet, hatte er von frühe auf für Geldsachen und zwar nach allen Richtungen hin regen Sinn: er war bei Zeiten Hazardspieler und Agioteur, und die Börse kannte er wohl, machte auch ernsthafte Finanzstudien, wie es ein künftiger Kapitalist nothwendiger Weise muß, und genoß um dieser Eigenschaft willen ein bedeutendes Zutrauen unter seinem Stande.

Nun kam die Revolution. Charaktere wie Talleyrand sehen solchen Bewegungen von frühe ab ihre Tragweite an; Andere mochten sich noch täuschen, mochten eine Versöhnung für möglich halten: ihn hat diese Illusion wahrscheinlich nie heimgesucht. Er muß von Anfang an gewußt haben, die Bewegung werde furchtbar gründlich wirken. Derartige Charaktere sehen zwar nicht weit voraus; Jahrzehnte zu überschauen, würde sie nur stören, kolossale Perspektiven würden sie nur irre machen bei ihrem täglichen Thun, welches auf Erwerb aus ist. Dagegen sehen sie ein paar Monate voraus, und die, welche dieses können, können auch an der richtigen Quelle die richtigen Gewinnste machen. Talleyrand ließ sich nicht nur schon 1787 in die Notabelnversammlung abordnen, sondern ließ sich auch von Seite des Klerus in Autun für die états généraux wählen, und sowie er da auftrat, erregte er Aufsehen. Er war eine halb Voltaire'sche Physiognomie, deutlich an Voltaire erinnernd in dem Ausdruck des Kopfes, nach der Schilderung von Zeitgenossen l'air dur impertinent et spirituel; auch in der Bildung der Nase war etwas Voltaire'sches. Heben wir in dieser Parallele, worin sie einander glichen, das heraus, was mit Händen zu greifen ist: es waren beide vornehme, geistreiche Franzosen; dazu hatte Voltaire Zeit gehabt, den stärksten Eindruck auf den ganzen Geist des damaligen lebenden Frankreichs zu machen und jedem Franzosen irgend einen Strich von seinem Wesen einzugeben. Dagegen sind die Unterschiede eben doch auch groß: Voltaire hat in einer Autorschaft von 70 Bänden während eines langen Lebens alle Gedanken und Anschauungen seiner Nation vollständig umgedreht, von Talleyrand ist nichts Schriftliches vorhanden; sodann war Voltaire beständig fertig mit dem Wort, Talleyrand hat eigentlich mehr durch sein Schweigen imponirt als durch seine Worte. Wohl gibt es von ihm Scherzworte, blendende Witzworte, er schonte seine Leute nicht immer, allein im Ganzen ist das Wort nicht dasjenige gewesen, was Talleyrand so hoch gestellt hat; es waren seine Handlungen, seine Art des Arbeitens und wenn er etwas sagte, so waren es nicht zugespitzte, witzige Sachen, wie bei Voltaire, sondern gute Sprüche, in denen er seine ganze Erfahrung zusammenfaßte, und wenn man das eigentliche Lebenswort Talleyrand's, das bedeutendste, was er in dieser Art hinterlassen hat, citiren will, so wird es wohl dieses sein: les choses se font, en ne les faisant pas, die Sachen geschehen, wenn man sie nicht selber bewirken hilft; wenn man die Sachen kommen läßt, hat man Zeit, daneben zu stehen und gehörigen Orts den gehörigen Griff zu thun. Mögen Andere die Arbeit machen. Auch Napoleon sagte: Sachons leur gré des crimes, que l'on ne commet pas.

Auf der Stelle errieth er von sich aus, wo die Dinge hinauswollten, er errieth die vollständige Hoffnungslosigkeit des Widerstandes gegen das sogenannte vote en commun, die gemeinsame Abstimmung der drei Stände. Auch in der Frage der Kirchengüter war er, der Bischof von Autun und vielleicht künftiger Erzbischof von Lyon, auf Seite der Linken, er sah ein, daß die geistliche Einrichtung von Frankreich nothwendiger Weise eine große und gewaltige Aenderung nehmen wolle und bot die Hand zur Aufhebung der geistlichen Güter. Jedenfalls hat er in der Assemblée enorm viel gegolten; denn im Jahre 1790 wurde er Präsident dieser Versammlung, in der so viele ambitiöse Leute saßen, und zwar mit dreimal soviel Stimmen als der Abbé Sieyès, der Alles gethan hatte, um der erste Mann zu sein. Mirabeau und Talleyrand waren geraume Zeit die bedeutendsten Männer der Assemblée. Man hat von Talleyrand noch eine Anzahl von Reden aus jener Zeit und zwar solche, die zu den geistvollsten gehören, so eine über die Gleichheit von Maß und Gewicht und über ein allgemeines Schulgesetz, worin er durchgehends Laienunterricht für ganz Frankreich befürwortet, für einen Bischof von Autun außerordentlich viel. Wir wollen uns denn auch nicht wundern, wenn beim großen Feste des 14. Juli 1790, als die Einnahme und die Zerstörung der Bastille sich jährte, Charles Maurice Talleyrand in pontificalibus an einem prächtig geschmückten Altar auf dem Champ-de-Mars vor der königlichen Familie die Messe hielt. Zu Lafayette, dem unmittelbar dabei stehenden Chef sämmtlicher Nationalgarden Frankreichs, hatte er vorher gesagt: «Bitte, machen Sie mich nicht lachen.» Es soll die letzte Messe gewesen sein, die er in seinem Leben gelesen hat.

Nun gingen aber die Dinge trostloser voran, als Jedermann voraussah. Wir erfahren in der neuesten Zeit aus dem zweiten Bande des wunderbaren Werkes von Taine: les origines de la France contemporaine, wie hoffnungslos Alles schon stand, wie sehr der alte Staat in seinen Grundfesten erschüttert und alle Elemente der Ordnung und des Gehorsams faul und morsch geworden waren; man begreift kaum noch, wie während der Jahre 1790 und 91 die Leute in Paris sich noch so viel mit Hoffnungen nähren konnten, wie sie es thaten. Und nun mit dem Jahre 1791 beginnt auch offenbar bei Talleyrand eine Periode des Schwankens, er fühlt deutlich: das ist eine Sache, bei der man nur schwer große Gewinnste realisirt.

Im April 1791 finden wir Talleyrand in gefährlichen und bedeutenden Sachen, er hatte sich derjenigen großen Frage nicht entziehen können, die man damals la constitution civile du clergé nannte: der Klerus sollte nicht mehr durch geistliche Ernennung, sondern durch Volkswahl von unten gebildet werden und sollte mit Rom sozusagen kein Band mehr haben. Talleyrand hatte nicht umhin gekonnt, diesem Antrage sich anzuschließen, was ihm den tiefsten Haß seiner bisherigen Standesgenossen einbrachte, so daß er sich sogar in seinem Leben bedroht fand. Er war es auch, der als der Einzige mit zwei andern übrig gebliebenen Bischöfen die Weihe der neuen konstitutionellen Bischöfe vollzog. Dann aber hatte er an allem geistlichen Amtiren genug und legte sein Bisthum Autun nieder, um seine Laufbahn als Diplomat anzutreten.

Vom Jahre 1792 an beginnen seine Sendungen nach London; die Tendenz, der er sein Leben lang treu geblieben ist, war ein Bündniß mit England, eine Lieblingsidee, die er erst spät in der bekannten Quadrupelallianz der dreißiger Jahre hat verwirklichen können.

Nach Paris zurückgekehrt, lernte er Madame de Staël kennen, die es bekanntlich in Paris aushielt, so lange es irgend auszuhalten war, und die damals eine Anzahl von Leuten, die wir die Royalisten der äußersten Linken nennen können, wie z.B. Dumouriez, protegirte. Auch mit Madame de Flahault, der späterhin als Madame de Sousa berühmten Romanschriftstellerin, trat er in Verbindung.

Talleyrand sah den Sturm kommen, seine häufigen Reisen zwischen Paris und London dienten ihm wohl auch dazu seine Habe in Sicherheit zu bringen und sich zu einem Fluchtsprung vorzubereiten; als Gesandter machte er schon keinen Effekt mehr. Im Spätsommer 1792 war er in Pa-

ris, am 10. August und während der schrecklichen Tage vom 2. bis 4. September hielt er sich so viel als möglich zurück; am 10. aber wurde ihm ein Paß nach London zugestellt, von Danton unterzeichnet, worin es hieß, er gehe nach London «par nos ordres». Talleyrand war froh, aus Paris wegzukommen, was nicht leicht war, und lebte das Jahr 1793 über in London, verfolgt vom steigenden Hasse der wirklichen royalistischen Emigranten.
Auch das englische Ministerium fand ihn in wachsendem Grade gefährlich. Lord Grenville hatte von ihm gesagt, er sei profond et dangereux, und so wurde denn im Jahre 1794 auf ihn die Bill zur Wegweisung bedenklicher Fremden angewandt. Das einzige ihm noch offene Land war Amerika, er fuhr nach der Union und hat dort, wie es scheint, vollkommen still gelebt. Die Staatsmänner der Union sahen ihn nicht gern, denn es hieß, er suche das Land zu einem Kriege gegen England zu bewegen, was nicht wahr ist. Er schrieb an Madame de Genlis: «Ich habe alle meine Feinde vergessen, ich suche nichts Anderes mehr, als meine Umstände einigermaßen herzustellen.» Ein ander Mal aber schrieb er viel melancholischer: Wenn ich noch ein Jahr in Amerika bleiben soll, so sterbe ich. Er konnte die Lebensweise und die derbe, kräftige Einseitigkeit amerikanischer Persönlichkeiten nicht ertragen, und in seiner frivolen Weise sagt er: «Das ist ein Land, wo es 32 Religionen und ein einziges Eßgericht gibt.» Die schrecklichsten Dinge in Frankreich brauchten ihn nicht unmittelbar zu berühren, aber auf alle Weise arbeitete er dafür, wieder zurückberufen zu werden, sobald nur irgend die Zeiten wieder etwas ruhiger und gemäßigter wurden.
In Paris lebte wieder seit 1795 seine alte Freundin, Madame de Staël. Sie hatte sich im Ausland nie heimisch gefühlt. Wenn man ihr sagte, wie das Landleben, die pastoralen Zustände, die limpides ruisseaux so herrlich seien, so antwortete sie, der liebste Bach sei ihr der Rinnstein in der Rue du Bac in Paris, wo sie wohnte. Aehnlich war es mit Talleyrand, er wünschte in dieses Medium hineinzukommen, zumal die alten Verhältnisse allmälig wiederkehrten. Auf Antrieb der Madame de Staël nun befürwortete der berühmte Dichter Marie-Joseph Chènier 1795 seine Zurückberufung: «Wir müssen ihn retten, denn er wird überall von Emigranten bedroht, von denselben, die unsern Untergang veranlassen würden, wenn sie könnten.» Das Dekret wurde mit glänzender Majorität angenommen. So traf Talleyrand denn im Frühling 1796 wieder in Paris ein; freilich war der merkwürdigste Mann des damaligen Frankreich nicht mehr daselbst, Napoleon Bonaparte, mit dessen Schicksal das seinige so eng verflochten werden sollte.
Talleyrand hatte Gelegenheit, von außen her, vom Hörensagen, das Bild des außerordentlichen Menschen in sich zu sammeln, es war viel-

leicht für ihn ganz wünschbar, nicht gleich Anfangs durch den augenblicklichen, plötzlichen Effekt geblendet worden zu sein, sondern gleichsam das Echo erst vernommen zu haben, ehe er seine Stimme selber vernehmen konnte.

1797 gelang es Madame de Staël, seine Ernennung zum Minister des Auswärtigen durchzusetzen, keine kleine Aufgabe, denn das Direktorium selber war in sich gespalten. Gleich darauf erfolgte der Staatsstreich des Fruktidor, September 1797, wo die monarchistisch, aber nicht bourbonisch gesinnte Mehrheit beider Räthe kassirt und zum Theil nach Cayenne spedirt wurde.

Allmälig war Napoleon in Italien fertig geworden; er hatte den Frieden von Campoformio geschlossen und Talleyrand hatte seine Natur von Weitem her vollkommen erkannt; er war voll von Dienstbarkeit, und als am 18. Oktober 1797 die Unterzeichnung des Friedens erfolgte, schrieb er entzückt an Napoleon: Adieu, général pacificateur, amitié, admiration, respect, reconnaissance, – on ne sait comment terminer son admiration.

Beim Empfang des Siegers war es wieder Talleyrand, der die Bewillkommnungsrede halten mußte, sie ist von merkwürdiger Naivetät und zeigt, daß dieser Mann auch geschmacklos sein konnte, wenn es die Mode und der Geschmack desjenigen, dem man huldigen mußte, forderte.

Nun kam das Jahr 1798 und die egyptische Expedition, leider auch die Mittel, die zur Expedition führen mußten: die Plünderung des Schatzes von Bern. Es wird behauptet, daß bei der Expedition gegen die Schweiz Talleyrand Vieles vorbereitet habe, jedenfalls hat er als Minister des Auswärtigen das Seinige thun müssen.

Da ging Napoleon zur Armee des Orients ab, und es war ursprünglich abgeredet, Talleyrand solle nach Konstantinopel gehen, um die Türken einzuschläfern, allein er hatte durchaus nicht Lust, sich denjenigen Eventualitäten auszusetzen, die einen Diplomaten unter den damaligen Türken begegnen konnten, er mochte nicht in die «sieben Thürme», wo schon so mancher Gesandter gesessen hatte. Er begehrte nicht, sich dort Rheumatismen zu holen, überhaupt gar nicht von Paris fort, denn jetzt kam die Zeit der großen Gewinnste, jetzt konnte er als Minister des Auswärtigen jene goldene Ernte halten, um die ihn wohl kein rechter Mensch beneidet, es kamen geheime Subsidien von Spanien, welches das Direktorium fürchtete, – ein gutes Stück davon blieb in seinen Händen, dann 6 Millionen von Portugal. Wohl kam er bei den Amerikanern an den Unrechten, aber im Ganzen glückliches Spiel und gelungene Börsenkoups mehrten sein Vermögen gewaltig. Andere mahnte er freilich von solch zweideutigen und gewagten Spekulationen ab, nach der Maxime: Il faut cracher dans le plat pour en dégouter les autres.

Talleyrand war ein Minister des Auswärtigen, wie ihn selten eine andere Regierung gehabt hat; er verstand es ganz vortrefflich, die auswärtigen Kabinette zu beurtheilen, sie nach allen ihren Persönlichkeiten kennen zu lernen; er verstand noch mehr: seine Bureaux mit fähigen Menschen, die er gut belohnte, vollständig zu assortiren, Unterhandlungen korrekt zu führen, und selbst in unerhörten und ganz neuen Dingen Redaktionen, Formeln u. dgl. aufzufinden. Menschen wie er wollen nicht selber mächtig sein, sie begehren aber einer fähigen Macht zu dienen und derselben, wenn sie sich Etwas daraus versprechen, ihren Stempel aufdrücken zu helfen. Nun war aber das damalige französische Direktorium, zumal seit dem Fruktidor von 1798, nichts weniger als eine fähige Macht. Eine der elendesten Regierungen, die jemals ein großes Volk über sich ergehen lassen mußte, weit entfernt etwa große Blicke in die Zukunft zu thun, war es im Stande gewesen, Napoleon mit den fähigsten Generalen fern über Meer ziehen zu lassen, wesentlich doch aus Sesselfurcht, und seither war es von Staatsstreich zu Staatsstreich, von Konfusion zu Konfusion immer tiefer gesunken. Gegen den Sommer 1799 hin kannte man sich nicht mehr aus: Frankreich war von außen in allen seinen Positionen aufs heftigste gefährdet durch die Koalition fast aller großen Mächte, die ihm Italien wieder wegnahmen, ja seinen alten Besitz bedrohten; in Paris war die Unordnung groß, nicht nur regten sich namentlich die Jakobiner, nicht nur die alten und neuen Parteien, sondern auch die Denunzianten, die es durch ihre Wühlereien dahin brachten, daß Talleyrand sein Amt niederlegte. Statt seiner wurde jener merkwürdige Mensch eingeschoben, der es vom württembergischen Magister bis zum Minister, Grafen und Gesandten gebracht hat: Reinhardt.

Es mag Talleyrand ziemlich Angst gewesen sein, bis endlich Derjenige wieder anlangte, auf den er wohl oder übel jetzt sein Glück bauen mußte: Napoleon Bonaparte. Zwar war inzwischen Frankreich durch jenes gewaltige Manöver des Andrea Masséna gerettet worden, welches man gemeinhin die Schlacht von Zürich nennt; es war ferner nach außen gesichert durch die Thaten eines General Brune, der die Schlachten von Alkmaar und Bergen auf seiner Verdienstliste hat. Frankreich aber wollte nicht von Brune und nicht von Masséna gerettet sein, sondern es hatte sich eingebildet, daß nur Napoleon helfen könne; in der That verließ dieser auf die pflichtwidrigste Weise seine Armee, an welche die stärksten Bande der Ehre ihn hätten fesseln sollen, die Armee von Egypten, als sie gerade in der schlimmsten Lage war. Sowie er unter unermeßlichem Jubel der Bevölkerung nach Paris gekommen, war Talleyrand seine erste neue Bekanntschaft. Dieser sah gewiß schon damals die Alleinherrschaft Napoleons klar voraus und bestrebte sich, ihm durch seine Personenkenntnisse in ausgiebiger Weise nützlich zu werden.

Es ist bekannt, wie Napoleon den Staatsstreich des 18. und 19. Brumaire (9. und 10. November 1799) vollführte. An diesen beiden Tagen, den 18. in Paris, den 19. in Saint-Cloud, hört und liest man, sei Talleyrand stark betheiligt gewesen, doch weiß Niemand genau anzugeben, wie weit diese Betheiligung gegangen sei, mit einziger Ausnahme der Nachmittagsstunde des 19., als Napoleon vor den beiden Räthen, dem der Alten und der Fünfhundert, so ziemlich seine Fassung verlor – daß da der schlechtgeplante Staatsstreich nicht mißlang, war nächst Lucien Bonaparte's entschieden Talleyrand's Verdienst. Auch als man Abends in Saint-Cloud die Trümmer der beiden Räthe zu einer Schlußsitzung zusammen zu bringen suchte, war Talleyrand dabei; es wurden die Grundlagen jener Verfassung festgestellt, welche man hernach la constitution de l'an VIII nennt; auch das provisorische Konsulat war schon darin inbegriffen. – Wenige Wochen darauf ernannte Napoleon – als erster Konsul – Talleyrand wieder zum Minister des Auswärtigen.

Von da an beginnt die glänzende Thätigkeit Talleyrands als Minister des großen Herrschers, und, was man auch sagen mag, er war die zweite Person im Staate, er war absolut unersetzlich. Napoleon hat auch gewußt, daß mit seiner Art, direkt dreinzufahren, keine Unterhandlung zu führen sei; er wußte, daß Formen beobachtet und große Wege und Umwege gemacht werden müßten, und daß er und seine Adjutanten nicht dazu taugten. Natürlich hat Talleyrand nicht vergessen, seine hohe Stellung für seine eigenen Vortheile gehörig auszunützen, so beim Frieden von Lunéville 1801, bei den Präliminarien von London und dem Schlußfrieden von Amiens 1802.

Noch in demselben Jahre ergab sich aber eine neue große Millionenernte: es war jener Augenblick, in dem über das Schicksal von Deutschland verhandelt wurde, da, was schon seit dem Rastatter Kongreß vorbereitet worden, jetzt in Erfüllung gehen sollte, die Verschmelzung sämmtlicher geistlichen Staaten und einer großen Anzahl sogenannter Zwergländchen Deutschlands mit größern schon vorhandenen Staatsgebieten, welche allmälig französische Klientelstaaten werden sollten.

Offiziell ging diese Einschmelzung in Regensburg vor sich, wo die sogenannte Reichsdeputation bei dem im Erlöschen begriffenen Reichstag saß, die Hauptsache aber geschah bei weitem in Paris. Fürsten und Fürstensöhne bis zum armen Reichsritter pilgerten dorthin, um ihre Sache vorläufig in Ordnung zu bringen, und da zahlten denn die Einen, um nicht verschlungen zu werden, die Andern aber, um Kleinere verschlingen zu dürfen. Wie da verhandelt wurde, davon haben wir ein ziemlich klares Bild in den Memoiren des alten Hans von Gagern, des Vaters der bekannten Politiker des Jahres 1848, welcher als Agent des Hauses Oranien in Paris war und ebenfalls gehörig zahlen mußte: im Salon Talleyrand's be-

fand sich seine junge Pflegetochter Charlotte, ein Kind; Gagern erzählt, wie er die weisesten Häupter der europäischen Diplomatie, einen Aranda, einen Grafen Ludwig Kobenzl um dieses Kind bemüht sah und wie glückselig, wenn sie ihm ein Lächeln abgewinnen konnten; dann war ein Hündchen im Saale, welches man pietätsvoll von einer Stelle zur andern trug; doch hat Hans von Gagern diese altdeutsche Strafe des Hundetragens nicht erlitten.

«*Da, bei Herrn Talleyrand, durfte man nicht mit Tabatièren oder Brillanten kommen, sondern nur mit baaren Summen, und eine Ordre wurde nie unterzeichnet, schweigend zahlte man und ging. Eine Quittung, die etwa verlangt wurde, bestand in einem Kopfnicken Talleyrand's. Als Zeichen, daß er etwas bekommen habe, wurde z. B. abgeredet, daß beim nächsten Salon Talleyrand dem Betreffenden irgend ein Wort adressiren sollte, etwa: Comment va Madame. Thoren sind die, welche meinen, sie würden eine schriftliche Quittung bekommen.*» *Wer Talleyrand damals gesehen hätte, würde ihm kein langes Leben mehr zugetraut haben, er erschien völlig erloschen, von unendlichem Wohlleben schon halb aufgelöst, und schlich nur so mit gebrochenen Gliedern dahin, – er hat aber eben doch noch 36 Jahre in Glorie weitergelebt und bis in die letzten Zeiten noch einen ziemlich aufgeweckten Geist gezeigt. – Wenn ihn Napoleon, der wohl einige Eifersucht auf die enormen Gewinnste seines Ministers verspüren mochte, fragte:* «*Voyons, Talleyrand, combien avez-vous gagné avec moi?*» *oder, wenn's spitziger lautete:* «*Monsieur de Talleyrand comment avez-vous fait pour devenir si riche?*» *sagte er etwa:* «*Citoyen le premier consul, j'ai acheté des rentes la veille du Brumaire et je les ai vendue le lendemain*», *womit Napoleon natürlich geschlagen war.*

Nun aber kam die Zeit, da Talleyrand für seinen Herrn anfangen mußte in Sorgen zu sein; der wilde Geist der Ambition und des Abenteuers, der in Napoleon immer wieder hervorleuchtete, mußte ihm zu denken geben; es ist ja bei Thiers (Historie du Consulat) eine der bekanntern Klagen, daß Napoleon den Frieden von Amiens schon 1803 wieder gebrochen habe – wer weiß, ob dieser Ausspruch nicht auf Talleyrand zurückgeht, der ja nachmals an dem aufstrebenden Publizisten Thiers seine Freude hatte. Der Grund der Besorgniß des Ministers ist unschwer zu errathen: es ist sein Gewinnst. Dieser floß eigentlich immer nur in Friedenszeiten oder nach Friedensschlüssen, in solchen Ruhepausen nur konnte er seine Maschine aufstellen und seine Beute erwischen, dagegen sobald Krieg am Horizonte stand, waren die Gewinner höchstens die Generale, nicht die Diplomaten; kein Wunder also, wenn Talleyrand schon aus egoistischen Gründen ein Feind der Kriegslust Napoleons war. Einstweilen diente er ihm und mußte ihm weiter dienen, denn nun war es handgreiflich, daß Napoleon nach einer Monarchie und zwar nach deren glänzendster Repräsentation, nach dem Kaiserthume, strebe.

Als das Empire sich konstituirte, war Talleyrand einer der Hauptrathgeber für Alles, was Etikette und Ceremonien betraf; zum Lohne dafür erhielt er den Titel eines grand chambellan. Am Hofe war er von da an eine unentbehrliche Figur, er war eben noch vom alten Regime und man weiß, wie sehr die Leute, welche die alten Formen noch kannten, damals gesucht waren. Auch sonst brauchte ihn der Kaiser immer von Neuem; er nahm ihn entweder in die Feldzüge mit, oder ließ ihn doch nachkommen. Im Austerlitzer Kriege gab Talleyrand noch einmal Zeichen souveränen Takts und großer Mäßigung. Als Napoleons Sieg von Ulm zu ihm berichtet wurde – er war erst in Straßburg, – sandte er an den Kaiser ein Gutachten, das er ihm auch nach Austerlitz noch einmal empfohlen hat, folgenden Inhalts: man möge die österreichische Monarchie ja nicht zernichten, man möge sie allerdings absperren von allem Zugang zum französischen Einfluß, absperren von Italien, indem man ihr das Veneto, absperren von der Schweiz, indem man ihr Tirol, absperren von Süddeutschland, indem man ihr die vorderösterreichischen Lande nehme, sie aber auch auf satte Weise dafür entschädigen mit Moldau, Walachei, Bessarabien und Nordbulgarien, sie würde dann auf diese Weise veranlaßt sein, die Türkei auf ewig zu decken und Rußland würde zurückgeschoben; so würde fortwährende Zwietracht zwischen Oesterreich und Rußland sein, letzteres würde höchst wahrscheinlich seine Blicke nach Südosten richten und dort zuletzt die Feinde Frankreichs, die Engländer, treffen.

Es war ein Gutachten, das sich recht wohl hören ließ; Napoleon aber hat statt dessen wohl das Negative daran vollzogen, er hat den Oesterreichern das Veneto, Tirol und die vorderösterreichischen Lande genommen, ihnen aber keinen Ersatz dafür gegeben, er hat sie nicht zernichtet, wohl aber in der äußersten Wuth und Entrüstung zurückgelassen, als Feinde, von denen Thiers sagt: «à traiter les gens ainsi il faut les tuer» – man soll sie eher ganz unschädlich machen, sonst rächen sie sich im ersten günstigen Augenblick – «et ils en ont le droit».

Abermals erfolgte eine neue Verstärkung der süddeutschen Staaten, wiederum zahlten diejenigen, welche fürchteten verschluckt zu werden, und die, welche hofften Andere verschlucken zu können; die Dinge gingen höchst unwürdig zu, aber Talleyrand soll dießmal 18 Millionen in die Tasche gesteckt haben. – Das sind von den schmerzlichen Schattenseiten, man sollte vielleicht eher sagen, tiefen Nachtseiten in Talleyrand's Charakter und Treiben; aber es war damals ein vielverbreitetes Laster, bei den Generalen und überall sonst war der Raub eine der von Seiten der Großen zugegebenen Arten, zu etwas zu gelangen.

Vergessen wir nicht zu erwähnen, daß Napoleon damals Talleyrand einen neuen Titel gegeben hat: prince de Bénévent. Es war eine kleine Bosheit des Kaisers, um seinem Minister, der sich gar zu sehr wieder den Geistlichen und Emigranten genähert hatte, Verdruß mit der Kurie zu bereiten; denn Benevent war eine alte päpstliche Enklave im Neapolitanischen, der Titel also ein Hohn gegen den Papst. Talleyrand nahm den Titel an und hat ihn auch bis an sein Lebensende behalten, soll übrigens immer darüber gespottet haben.

1806 brach der furchtbare Krieg mit Preußen und Rußland aus, der sich an die Namen Jena, Auerstädt, Eylau und Friedland knüpft. Wiederum mußte Talleyrand mit, die Dinge zu redigiren und in Ordnung zu bringen, ganz gegen seinen Geschmack, aber es gab eben Niemand anders, der neben dem ewigen militärischen Treiben im Stande war, die diplomatische Arbeit zu versehen, aber auch nur von ferne so zu versehen wie er.

Nach Eylau war er nicht der einzige Unzufriedene, überall erschollen Klagen über das furchtbare Blutvergießen und auch in der Nähe des Kaisers fehlte es nicht an Leuten, die viel unbefangener redeten, als man sich's gewöhnlich denkt. Man genirte sich gar nicht immer, denn das eigene Wohlergehen hing zu sehr von dem Napoleons ab; die, welche sich am mäßigsten ausdrücken wollten, sagten: «Der Kaiser setzt sich viel zu sehr aus,» ein Admiral aber sagte sogar einmal: «l'empereur est fou». Auch von Talleyrand hat man aus jener Zeit genug Aeußerungen, es möchte mit Napoleons Glück einmal plötzlich ein Ende nehmen; diese Art, der Phantasie zu folgen, diese Spielerleidenschaft könne nur zum Bösen führen. – Beim Tilsiter Frieden leitete er die Verhandlungen mit Labanow, Kurakin und Goltz, es wird auch behauptet, daß er es gewesen sei, der den zweiten Geheimtraktat an England verkauft habe, in welchem Kaiser Alexander Napoleon gestattete, über Spanien und Portugal zu verfügen.

Hier kommen wir zum ersten Male auf ein Geheimniß, das Napoleon auf alle Weise zu verdecken gesucht hat: auf Talleyrand's Widerwillen gegen den spanischen Krieg. Als Napoleon nach langer Abwesenheit wieder zurückkam, legte Talleyrand im Jahre 1807 das Ministerium des Auswärtigen nieder. Er wollte nicht mehr dabei sein, oder, wie er sich gegen Gagern äußerte: «Ich will nicht unter den Würgengeln Europa's und nicht ihr Diener sein.» Es gibt Augenblicke höherer Unabhängigkeit in einem solchen Menschen, so schlecht und verworfen er bisweilen handeln mag, es gibt Augenblicke, da sich seine höhere Intelligenz aufbäumt gegen die vollkommene Thorheit eines blind daherrasenden, fürchterlich mächtigen Menschen, dem er bisher zu dienen verurtheilt gewesen ist; er kann auch seinen Protest gegen die Art und Weise eines solchen Vorgehens nicht ganz verhehlen: allerdings wird er Nichts sagen, aber sein Schweigen wird auch ein Protest sein; und nun hatte insbesondere Talleyrand von der Natur eine Miene bekommen, welche ganz von selber sein moquantes Schweigen auslegen konnte. Je mehr Napoleon sich in ruhigen Augenblicken fragen mochte, wie weit er sich schon vorgewagt, desto gewisser ist es, daß er Talleyrand hassen mußte, und der Kaiser war Derjenige, der sich dann in allen möglichen Schmähungen auf das Rücksichtsloseste gehen ließ.

Man weiß, wie Napoleon seinen Streich gegen Spanien eingefädelt hat; es war eines von den schlimmsten und für ihn schädlichsten Dingen, die er je unternommen, einer von den sechs enormen Fehlern, wie sie Thiers aufzählt, und dieser möchte auch hier das Echo von Talleyrand's Ansicht sein. Nachdem Napoleon in Bayonne die bourbonische Königsfamilie zur Abdankung gezwungen, glaubte er, Spanien müsse seinem Bruder Joseph sofort zu Füßen fallen, und man würde mit geringem Kampfe über allfällige Regungen des Volksgefühls in Spanien Meister werden.

Talleyrand hat 16 Jahre nachher und zwar an feierlicher Stelle in der Pairskammer im Jahre 1823, bei Anlaß der Angoulême-Expedition nach Spanien, protestirt: er sei gegen dieses ganze Unternehmen gewesen, er habe Napoleon von Anfang an die Zukunft enthüllt und ihn auf die Gefahren hingewiesen, die diese frevelhafte und bedenkliche Expedition nach sich ziehen müsse – «Ungnade war mein Loos».

Dennoch hat Napoleon Talleyrand fortwährend konsultirt und der neue Minister des Auswärtigen, Champagny, hatte erstaunlich böses Spiel: er war wohl ein treuer, zuverlässiger und emsiger Minister, Talleyrand aber mit seinen genialen Reden ließ an ihm kein gutes Stück. Noch im Herbst 1808 begleitete er den Kaiser nach Erfurt zur Zusammenkunft mit Alexander von Rußland; wenn es je eine difficile Zusammenkunft gab, so war es diese, indem Alexander bereits etwas abgekühlt war, da Napoleon ihm den Orient nicht gönnen wollte; anderseits, weil Napoleon schon Schaden in Spanien erlitten hatte. Die Nemesis war früh gekommen: nachdem er im Mai geglaubt hatte, Spanien in der Hand zu haben, mußte im August 1808 zum ersten Mal eine ziemlich beträchtliche französische Armee unter Dupont bei Baylen an Castaños und Theodor Reding kapituliren. Talleyrand war nur dem Namen nach in einer Charge als Großkammerherr nach Erfurt gekommen, in That und Wahrheit führte er die Unterhandlungen, und es hätte auch keinen Andern gegeben, der es gekonnt. Es kam zu einer halbwegs genügend scheinenden Abrede, und dann erst konnte Napoleon selbst in den spanischen Krieg ziehen. Es ist bekannt, daß er nur kurze Zeit dort blieb, weil das, was vorauszusehen war, inzwischen eintraf: das verzweifelte Oesterreich ergriff den Anlaß loszubrechen, zwar nicht zu seinem Glücke, aber auch schon nicht mehr zum ungetheilten Vortheil Napoleons.

Bis zum Januar 1809, der Rückkehr Napoleons aus Spanien, dauerte die sogenannte Gnade gegen Talleyrand noch fort, von da an beginnen die furchtbaren Unhöflichkeiten Napoleons gegen seinen frühern Minister. Man kann sie kaum genau datiren, es sind etwa fünf oder sechs Zornesausbrüche gewesen, die Talleyrand, einer immer heftiger als der andere, zu Theil geworden sind; erst erfolgten sie in einem sogenannten Conseil privé, sodann aber vor einer mehr oder weniger zahlreichen Assistenz; Napoleon wollte die Bourbonen dadurch glauben machen, Talleyrand sei der eigentliche Urheber des spanischen Krieges gewesen, was nun und nimmer wahr und von den Königen auch nicht geglaubt worden ist. Immer wieder aber findet man bei Napoleon, daß er zwischen die größten Unhöflichkeiten hinein seinen frühern Minister doch nicht gänzlich entbehren will, nicht daß er ihn konsultirt hätte, aber er läßt ihn in seiner Nähe, und mögen ihm dann seine eigentlichen Vertrauten auch einflüstern, er solle Talleyrand verhaften lassen, er hat es nie gethan. Napoleon mußte in einigermaßen lichten Augenblicken sich eben doch immer wieder sagen: Diesen allein müsse er doch einmal wieder zum Unterhandeln brauchen, es könnten die Zeiten aufhören, da man nur per Depesche und nur durch Generale mit den zitternden Kabinetten verhandelte; es könnten wieder die Zeiten kommen, da man Leute brauche, welche Gründe zu entwickeln wüßten und welche eine diplomatische Methode hätten – daher hat er Talleyrand nie völlig stürzen wollen.

Napoleon hatte inzwischen in Spanien erstaunlich schlechte Geschäfte gemacht; er fing an, dieses Land und was daran hing, zu hassen; man sollte ihm von diesem Kriege am liebsten gar nicht mehr reden; alle großen Pläne waren durch diese spanische Geschichte durchkreuzt und zernichtet, und nun hatte man den Engländern noch ein Ruhmestheater ohne Gleichen eröffnet. An der Spitze der Armee, welche Spanien zu Hülfe kam, stand der große Feldherr Arthur, Herzog von Wellington.

Alle diese Dinge mußten Napoleon auf's Bitterste kränken, anderseits aber kannte er gegen das übrige Europa weder Maß noch Ziel, sein Kolonialsystem wurde von Stunde zu Stunde unerträglicher, und zugleich konnte er es nicht mehr sehen, daß noch kleinere Staaten vorhanden seien, welche nicht die Mittel hatten, dieses Kolonialsystem im strengsten Sinne zu beobachten und inne zu halten, daher er einfach anfing, die kleinen Staaten aufzuessen. Nach der einen Seite hin hatte er schon bald diesen, bald jenen italienischen Staat zu seinem Reiche gezogen, anstatt ihn zum Königreich Italien zu schlagen; so gehörte Piemont, Genua, Toskana und der ganze Kirchenstaat zum sogenannten empire direct; auf der andern Seite, nach Norden hin, inkorporirte Napoleon bekanntlich das bisherige Land seines Bruders Louis, Holland, und dann, als ginge es in einem Flug, noch die ganze Nordseeküste Deutschlands, Oldenburg,

Hamburg und Lübeck, so daß zuletzt der Augenblick kam, da ein französischer Beamter nur im empire direct versetzt werden konnte, z. B. von Lübeck nach Terracina oder umgekehrt. Man kannte sich in diesem Reiche gar nicht mehr aus. Diese Dinge mußten jeden Denkenden mahnen, aufzumerken, wo und an welcher Stelle sich das letzte Schicksal einmal ansetzen würde, denn kommen mußte es auf diese Weise.

Napoleon eilte in den russischen Feldzug. Die ersten Nachrichten waren gloriös, nachher zweifelhaft, und endlich im Dezember langte in Paris das schreckliche 29. Bülletin an, jenes Bülletin, welches ohne Schwanken den völligen Verlust der Armee und zwar noch bis über die Berescina hinaus zugestand. Bei diesem Anlaß sprach Talleyrand, der frei in Paris geblieben war, das berühmte Wort: «c'est le commencement de la fin», ein tiefsinniges Wort, insofern er zu verstehen gibt, es sei nur der Anfang, denn der wirkliche Sturz des mächtigen Mannes werde noch Jahre verlangen, was vielleicht damals nicht alle Welt glaubte.

Napoleon kam zurück, und es entspann sich der große Kampf des Jahres 1813. Talleyrand hielt sich auf der Seite; erst als Napoleon nach den Schlachten bei Leipzig und Hanau Ende d. J. in Paris eintraf, haben wir wieder Kunde, wie es mit Talleyrand stand: Napoleon verfällt noch einmal in heftige Zornausbrüche gegen ihn und zwar in Gegenwart von Mehrerern; damals war es, als er das Wort sprach: «Wenn ich krank würde, so würdest du vor mir sterben, worauf Talleyrand antwortete: «Sire, je n'avais pas besoin de cet avertissement pour faire des voeux bien sincères pour la conservation des jours de votre Majesté.»

Was geschieht aber auf diese entsetzlich unhöfliche Szene? Napoleon bietet ihm abermals das Ministerium des Auswärtigen an! Talleyrand wies den Antrag jedoch ab, er wollte nicht wieder in Napoleons Diensten stehen, er gebrauchte aber einen Vorwand: das Ministerium sei unverträglich mit seiner jetzt noch innehabenden Würde eines vice-grand électeur. Das konnte man nun so oder so fassen; aber ist es nicht noch merkwürdiger, daß Napoleon ihn hernach zum Mitglied der Regentschaft ernannt hat, des Rathes, welcher der Kaiserin Marie Louise beistehen sollte, die in Paris blieb, während jenes letzten Feldzuges, den Napoleon im nordöstlichen Frankreich führte, während jener Tage von Brienne, Laon, Arcis u. s. w.? Man weiß, daß Napoleon mit all dem Genie, das er da aufbot, – denn in diesen Zeiten war er wieder völlig General, – eben doch seinen Gegnern nicht gewachsen sein konnte, sie waren in zu großen Massen da und hatten allmälig seine Kriegskunst auch kennen gelernt.

Beim Anrücken der Alliirten floh der kaiserliche Hof aus Paris nach Blois. Auch Talleyrand sollte mit, allein er hatte keine Lust, Paris zu verlassen; in Paris mußte der Hauptentscheid fallen, in Paris allein war man *an der Quelle der Ereignisse, das fühlte er und hatte den Muth, in Paris bleiben zu wollen. Das durfte man den Leuten aber nicht sagen, sondern mit großem Aufsehen und Geräusch fuhr er aus seinem Hotel nach der Barrière hin. Ein Oberst der Nationalgarde wollte ihn aber da durchaus nicht passiren lassen, weil er keinen Paß habe.*

Talleyrand sagte, man müsse sich den Gesetzen fügen, gerade wenn man Minister sei am meisten, und kehrte wohlgemuth in seinen Palast zurück.

Das war am 30. März 1814; in der Nacht des 31. mußte Paris kapituliren, die alliirten Truppen zogen ein, und Niemand geringerer nahm bei Talleyrand Logis als Kaiser Alexander. In diesem Hause wurde über das Schicksal Frankreichs in Beziehung auf seine künftige Regierung entschieden. Alexander wollte von Niemand Rath annehmen als von Talleyrand: «Sagt, was wir thun sollen, und wir werden es thun.» Talleyrand muß es dem Kaiser abgesehen haben, daß er für die Bourbonen noch am ehesten würde zu gewinnen sein. Offenbar ließ er sich auch hier von Stimmungen, die in seiner Nähe waren, leiten, als er aber einmal einen Entschluß gefaßt hatte, wußte er ihn auch zu formuliren: «Wir brauchen ein Prinzip, mit bloßem Hin und Herrathen, mit bloßen Zweckmäßigkeitsgründen kommen wir zu Nichts, wir müssen ein Prinzip haben, und dieses Prinzip ist die Legitimität. Ludwig XVIII. ist ein Prinzip, mit diesem sind wir stark gegenüber der ganzen Welt, und was ist denn ein Prinzip? Es ist ein Satz, welcher nicht bloß einen Hauptfall, sondern eine ganze Anzahl von Nebenfällen mit entscheidet.» Nun wußten die Etwas von Legitimität haltenden Mächte auch in andern Fragen von Europa Rath, man wußte, daß man die Herstellung der früheren Dynastien, wenigstens so weit als möglich, zu verfolgen habe.

So konnte denn am 12. April der Graf von Artois oder Monsieur, später Karl X., der Bruder Ludwigs XVIII. an der Spitze eines glänzenden Gefolges in Paris einreiten, Talleyrand kam ihm entgegen, und eine pathetische Bewillkommnungsszene besiegelte den neuen Bund. Im Mai traf dann Ludwig XVIII. selbst ein.

Nun blieb noch übrig, daß man in Paris Frieden schloß und daß man Ludwig XVIII. einige Bedingungen vorlegte. Beides war wesentlich das Werk Talleyrand's. Dasselbe macht ihm hohe Ehre, indem es ihm gelang, seinem Lande noch einige Stücke über den ehemaligen Besitz von 1792 hinaus zu sichern: Savoyen, mehrere Stücke des Departements de l'Ain, die Departemente des Oberrheins und der Mosel, mehrere belgische Festungen u. s. w. Auch den zweiten Theil seines Programms konnte Talleyrand verwirklichen: Legitimität des zurückberufenen Fürstenhauses wie der andern europäischen Könige, als Gegengewicht aber konstitutionelle Freiheiten. – Nun war er zunächst wieder Minister des Auswärtigen und, wenn einmal der Wiener Kongreß zu Stande kam, der unvermeidliche Unterhändler. Nicht daß er gerne Minister gewesen wäre zum täglichen Gebrauch, zum täglichen Widerstand gegen widerspenstige Kammern; sondern hoch oben zu stehen, dirigirende Ansichten anzugeben, das war es, was er eigentlich wünschte. So lange er noch in Paris war, nahmen sich die Royalisten noch einigermaßen zusammen, erst als er im September 1814 nach Wien verreiste, gaben sie sich ihren schon bisweilen sehr erstaunlichen reaktionären Ideen und Entwürfen offener hin.

In Wien trat Talleyrand gleich mit der größten Sicherheit auf, er wußte die Idee der Legitimität seines Herrn so zur Geltung zu bringen, als wäre Frankreich nicht das überwundene Land, sondern als hätte es mitgesiegt. Uebrigens war es auch ein Prinzip Kaiser Alexanders, daß man Frankreich ja nicht zu sehr demüthigen müsse, sondern daß es als fünfter Großstaat ganz nothwendig seine Macht und seinen Einfluß müsse ausüben dürfen. Dann vermochte Talleyrand bekanntlich auch noch, daß Spanien, Portugal, Schweden und Andere mit an den grünen Tisch gezogen wurden; allerdings hat er seinen Einfluß auch mißbraucht und sich ziemlich undankbar gezeigt: er war es, der Ende 1814 und Anfangs 1815 jenes Geheimbündniß zwischen England, Frankreich und Oesterreich zu Stande brachte, nicht gegen Preußen und Rußland, aber doch auch nicht in freundlichem Sinne gegen dieselben. Es war dieß das Geheimbündniß zwischen Talleyrand, Metternich und Castelereagh, das von Napoleon, als er nach Paris zurückkam, entdeckt und augenblicklich den beiden anderen Mächten, Preußen und Rußland, notifizirt wurde. Er hoffte dadurch Zwietracht unter seinen Gegnern zu stiften, was ihm aber bekanntlich nicht gelang.

Inzwischen bereitete sich die Rückkunft Napoleons vor. Sowie er auf französischem Boden erschien, brach die ganze bourbonische Herrlichkeit mit einem Male zusammen. Im Ganzen giengen die Dinge völlig ohne Talleyrand, und man kann sein Andenken glücklich preisen, daß er dießmal die Hände nicht im Spiel hatte; Fouché übernahm die ganze Mühe des Verraths. Doch wollen wir es durchaus nicht in's Schöne malen, daß Talleyrand alle Regierungen nach einander bedient und hernach verlassen hat; aber man müßte blind sein, um nicht zu sehen, daß alle Welt damals so handelte; Diejenigen, welche wirklich persönliche Ergebenheit gegen irgend eine Regierung besaßen, waren von jeher in sehr kleiner Zahl; Napoleon namentlich genoß für die große Macht, die er ausübte, und für seine ganze Wirksamkeit nur die persönliche Ergebenheit der unteren Klassen und der Soldaten, daneben aber ungemein wenig Anhänglichkeit von Seite der höhern Kommandirenden.

Zum zweiten Mal wurden die Bourbonen durch fremde Armeen wieder auf den Thron Frankreichs gesetzt, aber die Potentaten waren nicht mehr geneigt, gegen Frankreich so viel Schonung an den Tag zu legen, wie das erste Mal. Für Talleyrand konnte es nur angenehm sein, wenn dießmal eine andere und stärkere Macht entschied. Er wußte nun, daß seines Bleibens im Ministerium dießmal nicht lange sein würde; wenn die Dinge einmal organisirt waren, konnte er sich dem Privatleben widmen, dem er schließlich ein schönes Geld entgegenbrachte: der um die Wiedergewinnung seines Landes besorgte König Ferdinand von Neapel soll hiezu sechs, König Friedrich August von Sachsen drei Millionen aufgewendet haben. Nach einer Meldung von Sainte-Beuve soll er sich einmal geäußert haben, er habe während seiner ganzen diplomatischen Laufbahn von großen und kleinen Regierungen zusammen 60 Millionen Livres bekommen, eine enorme Summe, von der indessen einzelne Fälle gut belegt sind. Er war eben ein käuflicher Mensch, der die großen Schätze seines Geistes in den Dienst eines der ordinärsten Bedürfnisse zu stellen gewohnt war, dabei aber ein Mann, der allerdings für die charmantesten Genüsse des Privatlebens wie gemacht war. Er wußte sich in dieser spätern Zeit in der That auf's liebenswürdigste zu äußern; die Briefe, die man von ihm besitzt, sind vom Allerangenehmsten, was man lesen kann; er ist ein vornehmer, wohlerzogener alter Franzose. Auch im Institut ließ er sich dann und wann vernehmen und zählte zur vornehmen Gesellschaft von Paris, auch war er noch immer grand chambellan und bei allen Festlichkeiten des Hofes eine unvermeidliche Figur, was ihn freilich nicht hinderte, bei der Julirevolution sofort beizustimmen, und mitzumachen, und zwar schon am 29. Juli 1830 durch ein Billet an Prinzessin Adelaide von Orleans, der Schwester Ludwig Philipps, die ohnehin mit ihm scheint bekannt gewesen zu sein. Noch mehr Gefallen that er aber dem neuen König durch die Annahme des Gesandtschaftspostens in London. Hier griff er noch einmal mit Feuereifer in die europäischen Verhältnisse ein, hier konnte er das zweite Ideal seiner Jugendjahre verwirklichen: das enge Bündniß mit England, das nunmehr zur Wahrheit wurde, ja eine Quadrupelallianz, indem bekanntlich zu den beiden konstitutionellen Staaten Frankreich und England noch das konstitutionell gewordene Portugal und Spanien hinzukamen; er hat das Königreich Belgien gründen helfen und überhaupt, wie er sich ausdrückt, der Julirevolution durch diese Erweiterung ihres Kredits und ihrer Allianzen das Bürgerrecht in Europa verschafft; er hat Europa noch nach Kräften beruhigt, dann aber für gut befunden, als 80jähriger Greis seinen Abschied zu nehmen und die letzten Jahre in Muße zu verleben; er schätzte sich, wie Wilhelm von Humboldt, glücklich, nicht vom Aktentische in's Grab taumeln zu müssen.

Endlich im Jahre 1838 schlug die letzte Stunde für den merkwürdigen Mann. Noch am 3. März trat er im Institut auf, um gleichsam förmlich *und feierlich von dem illustren Paris Abschied zu nehmen. Das ganze berühmte Paris war anwesend. Mignet führte ihn auf seinen Fauteuil, man wußte, daß das sein Letztes sei. Zwei Monate darauf erkrankte er und am 17. Mai 1838 starb er in seinem Hotel im Vollbesitz seines Ruhmes als die berühmteste Persönlichkeit von Paris. Bekanntlich ist das, was man seine Beichte und Bekehrung nennt, bestritten worden, die entscheidende Persönlichkeit dabei war der Abbé Dupanloup. Draußen aber im Vorsaale wartete der Inbegriff aller Berühmtheiten von Paris, und so kann man sagen, er sei öffentlich wie ein König von Frankreich gestorben. Wenige Stunden vor seinem Tode hatte er noch die Kraft, sich Louis Philipp, dem König der Franzosen, vorstellen zu lassen und zwar nach vollkommen alter Hofsitte; nicht wahr dagegen ist die bekannte Anekdote, er habe sich Louis Philipp gegenüber beklagt: «Sire, je souffre comme un damné», worauf der König geantwortet habe. «Déjà?»*

Sein Leichenbegängniß wurde prachtvoll und mit allen möglichen Ceremonien begangen. In seinem Testamente soll sich das Wort finden, er habe nie eine Regierung früher verlassen, als sie sich selbst verließ. Mündlich soll er sich so ausgedrückt haben: «Nur wenig früher, als sie sich selbst verließ», und der Grund, den er dafür angab war, seine Uhr sei beständig etwas vorangegangen.

Claude Lorrain

Claude Lorrain

Der realistische Pol der Landschaft: die holländische Schule. Der idealistische Pol, welcher Anblicke und Gegenstände darstellt, weil er sie für schön, ja erhaben hält, hat seinen Mittelpunct in Rom. Seine Leute kosmopolitisch, aus allen Völkern. (Paul Bril, Annibale Caracci, Domenichino, Elzheimer, Agostino Tassi, Nicolas Poussin, Gaspero, dann: ⌊die Both⌋ van Bloemen (Orizzonte), François Millet, Glauber (Polydor) etc. Sein landschaftliches Substrat: Campagna, Apennin, Felsküsten, Eichen, Prachtbauten, Castelle, Ruinen. ⌊Keine speciell südliche Vegetation⌋. Seine Staffage: Bibel, Legende, antiker Mythus, Geschichte; endlich: die Pastorale, in antik idyllischer Gestalt oder auch in wirklicher Campagnolentracht. «Heroische Landschaft», – «eine unnütze Welt». Für Veduten gab es besondere Leute; das Gesammtproduct der wahren Meister ist die große ideale italienische Landschaft als solche.

Zwischen den beiden Poussins steht zeitlich: *Claude Lorrain*. Sein Lebensgang bis zur Beförderung durch Cardinal Guido Bentivoglio; seither die Gunst aller Päpste (die beiden Bilder Urban's VIII. im Louvre). Seine Begeisterung schon für die Schönheit des Einzelnen: die Eichen u. a. Bäume (das Bildchen der National Galery), das Wasser, das modellirte nähere Terrain, die römischen Ruinen, die Castelle, die Prachtbauten und deren würdevoller Styl ⌊kein Barocco⌋. Claude ist ein Herold dieser Dinge und bildet sie immer schön und ausgesucht. Seine Begeisterung für Licht und Luft. Er sagte: Seine Lehrerin sei die Sonne und oft malte er sie in der Mitte des Bildes. Seine Größe in morgenlichen und abendlichen Beleuchtungen. Erstaunliches Spiel des Lichtes durch alle Theile des Bildes. Hervorbringung der Lüfte mit Hülfe mehrmaligen Lasirens. Schönheit seiner Wolken, Abwesenheit alles Forcirten. Specimina der Morgenbeleuchtung: die Annunziata der National Galery; die Verstoßung der Hagar, Pinacothek München. Die vier Tageszeiten, Ermitage. Alles ruhig; den Seesturm ließ er den Niederländern, den Sturm in den Eichen dem Gaspero.

Seine Composition: die beiden Haupttypen: a) die Landschaft der Weite; b) das Bild der geraden Linien. (Meeresspiegel, Paläste, Vesten, Schiffe mit Masten und Tauwerk.)

Die Staffage: die entferntere am ehesten von ihm, die nähere oft von Filippo Lauri, Allegrini, auch von Jan Miel und Bourguignon.

Zu a): Auch bei Claude fast keine Veduten, ausgenommen: das kleine Foro Romano im Louvre und ebenda auf besondere Veranlassung gemalt: Le Siège de La Rochelle und Le pas de Suze – sammt natürlich einigen Skizzen nach der Wirklichkeit (Aqua acetosa, Grottaferrata etc.). Sonst lauter ideales, in seinem Innern umgestaltetes Gesammtbild, aus dem Irdischen umgesetzt in's Außerzeitliche und Außerörtliche. Frühe schon muß er sehr sicher in sich gewesen sein; schon die Flucht nach Aegypten (Dresden), die auf dem jedenfalls frühen Bild in Stuttgart beruht, zeigt sein Princip in Vollendung. Auch das molino wohl eine frühe Composition und diese verräth sich als solche, weil diese Überfülle fast zwei Bilder ausmachte. (Das Exemplar der National Galery wohl eine späte, 1648 gemalte Wiederholung des viel frühern Bildes Doria). | Claude malt beinahe nur Breitbilder. Die zwei ungleichen Eichencoulissen, ihre verschiedene Mächtigkeit, vom bloßen Baum bis zum wirklichen Wald, ihr Detail, Grad und Verschiedenheit ihrer Schiebung. Masse des Bildes: im Gegensatz zu Gaspero, welcher Mittelgründe mit mächtigen Objecten vorzog, schaut Claude eher in die Tiefe hinab; erst in der Ferne giebt er wieder Hochgebirge und daneben einen ganz fernen Meeresstrand. Was dazwischen liegt: ist wonnenvoll schön modellirtes und stets neu gedachtes Terrain in vielen und verschiedenen Abstufungen (wofür Tizian zuerst einen Blick gehabt hatte). Claude nimmt die Landschaft gern weit auseinander und läßt das Licht in der Mitte frei dem Beschauer entgegenströmen; die so entstehenden Schattenpartien erhalten das herrlichste Helldunkel. Bisweilen (Echo und Narciss, National Galery) setzt er die eine Eichencoulisse in die Höhe und bringt im Mittelgrund dann ein hohes Castell an. Die Ferne: Brücken, Städte, Auslauf von Gebirgen, Meereshorizont. ⌊Kannte Claude Sessa?⌋ Das große Hauptprachtbild: (Doria): Das Orakel von Delphi. Die kleinern Bilder und ihre Bedeutung: das kleine Waldbild im Louvre und das selige heimathliche Abendgefühl.

Zu b): Das Bild mit geraden Linien. Claude kennt außer dem tyrrhenischen Strand: Genua (die freie Wiedergabe im Louvre); Acis und Galathea (Dresden) deutet etwa auf Gegenden wie Rapallo? Portofino? (Dagegen keine Spur von Venedig). Bauten am Strande, Triumphbogen und Paläste von Rom, auch genuesische Paläste und edle classische Tempel {cf. die damalige Prospectmalerei und Prachtdecoration} ferner Meeresburgen und Leuchtthürme, auch Eichengruppen. Claude's Kenntniß des Schiffes. Die Staffage bisweilen modernes Hafenvolk. ⌊Nothwendig viele Staffage in allen Nähen und Fernen.⌋ Aber seine Bilder können das Überladene vertragen weil Alles dominirt wird: durch Sonne, Wolken, Luft und Wasser. Das Morgenbild: die Königin von Saba. Das Abendbild: die Einschiffung der S. Ursula.

Claude war in all seinen Typen am Ende des Möglichen angelangt; man konnte nicht auf ihm weiterbauen, sondern mußte neu anfangen. Auch Herman Swanevelt nicht sein Schüler, nur von ihm berathen. Claude's Formenwelt, innig verbunden mit seiner Stimmung, friedlich, meist abendlich, erhaben, elegisch, konnte nur ihm gehören. Das intimste Prachtbild: (Grosvenor Galery): Der Untergang des römischen Reiches.

Napoleon I. nach den neusten Quellen

| Die gegenwärtige Zeit dem Andenken Napoleons I. nicht günstig. – Der nachträgliche Enthusiasmus hatte um 1840 (Übertragung der Gebeine) culminirt[1] – dann Abnahme. – Es bedurfte die Rathlosigkeit von 1848 dazu, um die présidence und dann das Empire Napoleons III. möglich zu machen. Dieß second Empire sollte die Macht des ersten wiederholen und dessen Mängel vermeiden. Es errichtete das Denkmal der correspondance (sehr unvollständig).

Während dessen: Wandelung des Urtheils über das premier Empire, während die Unternehmungen Louis Napoleon's immer dubioser ausschlugen. Zwar darüber blieb die öffentliche Meinung der Franzosen mit dem Onkel wie mit dem Neffen einig, daß Frankreich eine herrschende Stellung in Europa einnehmen müsse, nur wurde man beim Onkel allgemach über zwei Dinge klar: daß er im Innern ein Despot gewesen und daß seine wahnsinnigen Unternehmungen die Invasion auf Frankreich hatten ziehen *müssen*. Thiers in seinen letzten Bänden und seine posthumen Rathschläge der Mäßigung – daneben bereits die Polemik gegen Napoleon I. als publicistisches Streitmittel gegen Napoleon III. (Barni). – Endlich streng, aber objectiv: Lanfrey. Die Pulverisirung der napoleonischen Legende, der Blague, der Illusion; die Hervorhebung des Bösen.

Dann 1870 und die zweite Invasion, welche als logische Ergänzung alles Napoleonismus überhaupt erschien. Erst nachher erschien der späteste Band von Lanfrey; er brauchte seinen frühern Ton gar nicht zu verändern.

Zwar weiß niemand, was jetzt wäre wenn der Prinz nicht im Zululande gefallen wäre – und personificiren werden die Franzosen ihre Staatslenkung immer in Einem, dem sie im entscheidenden Falle die ganze Kraft ihres Volksthums zu Gebote stellen ⌊d. h. ein Napoleonismus kann sich immer neu erzeugen⌋.

Aber dem Napoleon I. wird jetzt entschiedene Ungunst zu Theil. Er erscheint wie mitschuldig auch an der Invasion von 1870. Die Dichter, welche ihn in den 20er und 30er Jahren verherrlichten, sind jetzt völlig von ihm abgewandt, auch die Romanschreiber.

---

1 Dieß Datum etwa constatirt bei Chateaubriand mémoires d'outre tombe.

Wir würden jedoch unser Urtheil vor all solchen Schwankungen *unserer* Zeitgenossen nach Kräften sicher stellen müssen.

Unglücklicher Weise sind ihm aber auch diejenigen *seiner eignen* Zeitgenossen, deren Aussagen erst jetzt zu Tage gekommen, nicht günstig. (Zwar wartet man noch auf Talleyrands Memoiren).

Hier zu reden von:

Jung, Bonaparte et son temps, II voll.,[1] eine höchst abgünstige, vorherrschend dienstliche und Militärische Jugendgeschichte bis 1795, werthvoll durch die gleichzeitigen Actenstücke.

Mémoires de Mme de Rémusat, III voll. – 1802–1808.

Aufzeichnungen von Metternich, bis jetzt die beiden Abtheilungen des ersten Bandes.

Der Versuch eines Bildes von Napoleon's Wesen aus diesen neu zu Tage gekommenen zeitgenössischen Quellen muß nun nothwendig einseitig ausfallen. Das Große und Einzige an ihm kommt hier nicht zu Tage: die Verbindung einer unerhörten magischen Willenskraft mit einer riesigen, allbeweglichen Intelligenz – beides gerichtet auf Machtbereitung und beständigen Kampf zuletzt gegen die ganze übrige Welt.

| Die Documente und die Darstellung bei Jung.

Die ganze Jugendgeschichte hat einen fatalen Character: une fausse position beherrscht Alles. Dic Familie wird französisch gesinnt, weil Charles Bonaparte ein bedürfnißreicher armer Adlicher ist, abhängiger Supplicant ohne Unterlaß, mit Nachhilfe von Täuschung da Corsica noch nicht französisch war. Der am 7. Januar 1768 geborene Sohn ist nicht Joseph, sondern Napoleon (Nabulione); der Vater verwechselte die beiden Taufscheine nur deßhalb, weil Napoleon 1779 schon um ein Jahr zu alt gewesen wäre für Aufnahme in Brienne, der am 15. August 1769 geborene Joseph aber stillen, trägen Wesens war, und deßhalb zum Geistlichen bestimmt wurde. Als später Napoleon's richtige Geburtszeit (Januar 68) hie und da behauptet wurde, erklärte man die Angabe der unrichtigen aus seinem Wunsch, als Franzose geboren zu sein – unnütz. Schwierigkeit, das Richtige zu erforschen; die correspondance beginnt weislich erst mit Toulon, und in Archiven und Pfarrbüchern hat die Familie später eine Menge Scripturen wegnehmen lassen.

Wäre jene Fälschung nur ein einmaliger tour de main eines bedürftigen Vaters gewesen! allein die ganze Familie fährt dann so fort, sobald das Weiterkommen in der Welt es wünschbar macht:

Napoleon erreicht bei corsicanischen Behörden erlogene Gefälligkeitsatteste, wonach ihn der Sturm an der Abreise zu seinem Regiment verhin-

---

1 jetzt III

dert hätte. Er avancirt sich selbst zum Lieutenant colonel (Frühling 92). Er war bis 1794 über die Hälfte seiner Dienstzeit en congé gewesen.

Joseph als commissaire de guerre in Marseille 1793 nennt sich ebenfalls lieutenant colonel und entwirft 1804 einen ganz phantastischen état de service mit einer erlogenen Verwundung vor Toulon.

Louis 1794 (fünfzehneinhalbjährig) zum Adjoint d'artillerie gemacht, was hernach doch durch die bureaux annullirt wurde. In seinem Brevet als lieutenant d'artillerie 1795 werden ihm Wunden zugeschrieben. – In verschiedenen Zeiten gab Louis sich unwahre und widerspruchsvolle états de service. Später fälscht Napoleon Akten und Geschichte und zwar in S. Helena bis an sein Ende.

Der kleine Napoleon in Brienne: maigre, laid, criard, colère. Aber bald giebt er in seinen Briefen Critiken und Befehle in Betreff der Familie, zB: über Character und Laufbahn seines Bruders Joseph. – Die Minimen beurtheilten ihn schon ziemlich richtig. Später in der Militärschule von Paris seine Note, mit den Schlußworten: ambitieux et *aspirant à tout*; ce jeune homme est digne qu'on le protège.

Wahrscheinlich war sein Wille schon völlig entwickelt und er muß furchtbar gelitten haben in einer Zeit da er völlig arm und auf alle Weise untergeordnet war und da in seiner Nähe noch aller mögliche Widerstand und die völligste Gleichgültigkeit gegen seine Person existirte. Zerstreuen aber konnte *er* sich nicht wie andere, auch wenn er hernach in der Langeweile des Garnisonslebens Stücke von Romanen schrieb. In Doney der Ausdruck seines völligen Lebensüberdrusses: toujours seul au milieu des hommes (die Stylfarbe und Pathos J. J. Rousseau – dabei seine Orthographie nicht etwa italisirend, sondern die eines französischen Ouvriers).

Cameraden gab es für ihn eigentlich nie; auch als Officier suchte er nicht-militärischen Umgang, ganz besonders den mit commissaires des guerres. (So schon in Auxonne). Kurz vor der Revolution ein von ihm für seine Mutter verfaßter Bettelbrief an den Minister: an dessen coeur sensible et vertueux appellirt wird im Namen von acht pupilles, welche mit ihr vereint ihre Wünsche pour Votre conservation gen Himmel senden werden.

| Gleich mit der Revolution ist Napoleon dann der gefährliche Ehrgeizige, und geht mit heftigen Streichen bald als Revolutionär gegen das bestehende, bald als corsicanischer Rebell gegen Frankreich vor (nachdem die Familie seit 20 Jahren Supplicanten gewesen).[1]

Kecke Übertretungen seines Urlaubs schon vorher und besonders seither; sein Hin und Her zwischen Frankreich und Corsica; nur allmälig wird ihm deutlich, daß er nicht als Inselrebell sondern im großen Strom der französischen Revolution vorwärts kommen wird.

---

1 Lettres sur l'histoire de Corse.

Dann wieder beim Regiment in Auxonne und Valence, wo 1791 einer seiner Bekannten schreibt: Je ne lui connais pas de point d'arrêt autre que le trône ou l'échafaud.

Er wäre dringend gerne nach Paris gereist um aux Jacobins aufzutreten (in Valence ein Filialclub). Es fehlten nur 300 fr. die ihm Großonkel Luciano geben sollte. (Als er dann 1792 nach Paris kam muß er eingesehen haben daß er in einem Club nichts wäre).

Sobald es in Corsica volontaires nationaux mit Officierswahlen geben sollte, erzwang er sich (August 1791) einen dreimonatlichen Urlaub, den er dann weit überschritt und eilt aus Schulden und unbezahlten Rechnungen hinaus hin.

Jetzt regiert er auch seine Familie und wird schon bei der geringsten Bemerkung fürchterlich.

Während in Frankreich seine Compagnie an die Grenze marschirte und er abgesetzt wurde (wovon er Februar 92 Kunde erhielt), macht er sich in Ajaccio zum Lieutenant colonel bei einem corsicanischen Freiwilligenbataillon ⌊er, der abgesetzte Lieutenant d'artillerie⌋, und zwar per Staatsstreich, indem er den Hauptconcurrenten aus dem Hause wo dieser zu Gast war, wegschleppen ließ. Seine zweite Absicht auf einen Handstreich gegen die Citadelle von Ajaccio.

Nur durch die Kriegserklärung (April 92) ⌊und durch die allgemeine Confusion⌋ an einem kriegsgerichtlichen Urtheil vorbeigekommen, erscheint er Mai 92 wieder in Paris, wo er 20. Juny, 10. August und 2.–4. September anwesend war. Er lebte sehr ärmlich und speiste bei Justat à 6 Sous. Sein Brief an Joseph 3. July: die Völker verdienen nicht daß man sich um ihre Gunst bewerbe; die Leute hier erbärmlicher als in Ajaccio; das französische Volk ist un peuple vieux, sans préjugés, sans liens.

Nach dem 10. August wieder in die Armee aufgenommen, jetzt als *capitaine* d'artillerie. Er begehrte aber gar nicht an die Grenze, sondern reiste mit seiner Schwester Elisa 8. September von Paris ab nach Ajaccio.[1] (Er hätte sollen mit der Expedition Montesquiou nach Savoyen). Nun commandirt er wieder corsicanische Freiwillige, nimmt Theil an der Expedition gegen Sardinien – bricht dann mit dem enttäuschten Paoli und flieht mit seiner Familie nach Frankreich wo diese in einem Dorf bei Toulon ⌊(später in Brignoles)⌋ von Staats- und Municipalunterstützung lebten. – Zeit der sogenannten Föderation.

Jetzt *mußte* Napoleon zu seiner Compagnie nach Nizza, mit einem Certificat Salicetti's wegen langen Ausbleibens. – In der damaligen Kriegführung in Südfrankreich (während anderswo Marceau, Hoche und Pichegru schon berühmt wurden) bedeutete er noch gar nichts, bis er in

---

1 Er hat Valmy und Jemappes versäumt (Sybel).

Aix durch Salicetti den Conventcommissären Gasparin und Robespierre jeune vorgestellt wurde – hierauf bei der Belagerung von Toulon verwandt, weil gerade ein Artilleriechef verwundet worden war – er wird chef de bataillon commandant l'artillerie (worauf Fesch, Lucien und Joseph in Kriegscommissariate placirt und die Familie nach Marseille verpflanzt wurde). – Barras, Ricord zu den übrigen Commissairen des Convents. *Diese* machten ihn bei der Einnahme zum Général de brigade; sein Verdienst um Toulon sehr übertrieben; er hatte noch Collegen und Obere und wird nur einmal in einem Rapport Dugommier's citirt.

| Auch bei der nun folgenden (1794) Küsteninspection und bei der armée d'Italie seine Thätigkeit nur untergeordnet, nur Zuschauer, meist in Nizza;[1] intim mit Robespierre jeune und Ricord; dem Robespierre jeune gab er nach Paris einen rapport politique et militaire des armées du Piémont et d'Espagne mit. – Im July seine Spionirreise nach Genua; am Thermidorstag (27. und 28. July) war er wieder in Nizza.

Die neuen thermidoristischen Conventcommissäre Laporte und Albitte, nebst Salicetti (der aber Napoleon retten wollte) verhaften Napoleon, schon stand ihm als Freund des Robespierre der Transport nach Paris bevor doch kam er nur in die Haft von Antibes. – In einem Brief unmittelbar vor seiner Verhaftung desavouirt er den Robespierre jeune so schnöde, daß auf Louis Napoleons Befehl der Brief aus der correspondance wegblieb. (Fût-il mon père, je l'eusse poignardé moi-même s'il aspirait à la tyrannie).

Dann ohne Stellung; Theilnahme an der erfolglosen Expedition gegen Corsica 94/95.

Merz 95 Berufung zur armée de l'ouest, weil man fand, es seien bei der Armee d'Italie zu viele Corsen angestellt; der Minister des Auswärtigen schrieb: le patriotisme de ces réfugiés est plus équivoque que leurs dispositions à s'enrichir.

Napoleon brachte die Familie in Marseille unter und reiste mit Louis, Junot und Marmont ab.

Die damalige Reaction, bei der er Alles zu verlieren hatte, war ihm nothwendig verhaßt. (Aufenthalt im Bureau topographique zu Paris, und bald Vendémiaire ⌊5. October 95⌋.)

Ob für die Zeiten des italienischen und ägyptischen Feldzuges, für Brumaire und den Marengo Feldzug in den letzten zwei Decennien wichtige neue Aufzeichnungen aus Napoleons Nähe zu Tage gekommen sind? – Zu den Personalien die man aus Bourienne, Rapp und besonders Marmont schon kannte? –

---

1 Massena commandirte.

Mit dem consularischen Hofe beginnt dann (seit 1802) Mme de Rémusat, Hofdame der Josephine, ⌊dame du palais⌋ bei welcher sie auch nach
der Scheidung bis zu Ende blieb. Ihr Gatte ebenfalls am Hofe ⌊zuerst als
préfet du palais⌋, beim Empire: premier chambellan und als solcher der
nächste Subalterne Talleyrands, des grand chambellan. – Ferner wesentlich mit den Vergnügungen und Festen des Hofes betraut.

Von bester Herkunft, aus der Revolution arm emporgetaucht, wird das
Ehepaar zu Vertrauten der wichtigsten Hergänge und Stimmungen am
Hofe. Mme de Rémusat kann irren, aber die tiefe Einfachheit ihres We-
sens und die Lauterkeit ihres Characters bezeugt sich deutlich. Und in
Napoleon, über welchen sie sich Anfangs blendet, *muß* sie dann immer
klarer die totale Unlauterkeit erkennen.

1806 sah dann Metternich Napoleon zum erstenmal (in St Cloud),[1] und
dann in den verschiedensten Zeiten und öfter in den entscheidenden Augenblicken bis zur neunstündigen Audienz 26. Juny 1813 zu Dresden. –
Seine Aufzeichnungen: das Porträt, dann Relationen an seinen Hof, Verhandlungen, Briefe.

| *Aeußere Persönlichkeit und Manieren*
⌊Bis zu den Rippenstößen und Zerbrechen von Möbeln⌋

Klein, dazu noch der Oberleib zu lang – graublaue Augen – das Schöne:
Stirn, Augenlage, Nasenlinie. – Machoire lourde et carrée, – Hand und
Fuß klein, und er wußte es. Der Blick im Zorn wild und drohend.

Costüm meist nur eine Gardeuniform. Die Galatrachten wegen des
eiligen Anziehens saßen ihm meist unordentlich. Der valet de chambre
der ihm half, bekam etwa une preuve violente et positive de sa colère –
auch beim Ankleiden vor Andern.

Sein habitueller Ernst nicht edel; die Ursache desselben offenbar in seiner Präoccupation. Jung rêveur – dann triste – und später mauvaise humeur presque continuelle.

Seine geometrische Art, die eigenen Emotionen zu analysiren[2] – und
ebenso sein Nachdenken über das pourquoi in den Handlungen Anderer.
Daher irrte er wenn er Leute beurtheilte welche bloß aus Temperament
handeln.

Gänzlicher Mangel an Anstand und Lebensart; Geberden und Worte
courts et cassants.

Napoleon's glänzend originale Art zu reden, improvisirte Monologe,
in welchen ihn sein Geist oft unendlich weit trug.

---

1 Napoleon's insolente Anreden an ihn etc.
2 Er constatirt einst mit Erstaunen in sich ein penchant für Berthier.

Napoleon's Zorn; einst sagte er zu de Pradt: derselbe steige doch bei ihm nie in den Kopf. Seine Nervenemotionen mit Thränen – balancirt durch seinen etwas langsamen Pulsschlag.

Ohne irgend eine Geduld pour toute action manuelle. Seine Handschrift konnte er selbst nicht lesen.

Ni goût ni mesure dans sa gaieté; alors il prenait des manières qui se sentaient des habitudes de garnison. (Dieß bei Anlaß seiner gaietés am Abend vor dem Mord Enghien's).

Napoleon macht bei der Runde in den Salons den Damen unhöfliche Bemerkungen. (Laut Metternich fragte er meist: wie viele Kinder? und ob selbst gesäugt?) Seine erste Frage fast immer: Wie heißen Sie? – (Sire, toujours Grétry!) Horribles Gespräch mit einem Kreise von Hofdamen, denen er die Gerüchte über ihre Liebschaften meldet und verspricht, solche Gerüchte nicht zu dulden. Napoleon zur Duchesse de Chevreuse: sie habe rothe Haare! – Antwort: c'est possible, mais aucun homme ne me l'avait encore dit.

Sein Kleiderwegwerfen, Ruiniren, Manövriren mit den Stiefeln im Kamin. Bei einer heftigen Scene mit Josephine zerbrachen Stühle.

Seine confuse Manier zu essen.

Beim Königthum des Louis läßt Napoleon dessen Söhnchen les grenouilles qui demandent un roi auswendig lernen und beim Déjeuner der Josephine aufsagen, wobei er vor Lachen außer sich war.

Bei der Rückkehr von Tilsit wieder mehr enflure, der Abstand zu andern Menschen wieder größer.

Napoleon unersättlich an Lob, aus welchem Munde auch, und öfter dupe davon. – Man setzte sich damit in Credit.

Wenn er bei einer Ceremonie (hier Eröffnung des corps législatif) auf den Thron zuschritt, il semblait toujours s'y élancer. Seine Thronreden (von Maret, Fontanes) suchte er umsonst auswendig zu lernen, ließ sie sich vorsprechen, vergaß dieß Gelernte aber, und las sie dann höchst unangenehm ab. Es war peinlich, ihn öffentlich reden zu hören.

| La joie lui était si étrangère!

Napoleon ritt sans grâce, lauter Araber, parce qu'ils s'arrêtent à l'instant. Er sprengte gern steile Wege nieder und stürzte öfter, wovon man aber nicht sprach. – Auch im Kutschiren unglücklich; einst vierspännig in St. Cloud warf er an einem Gitter völlig um.

Sein Benehmen im Salon; auf und niedergehend, schweigend und redend, Niemand mehr antwortete. Er kann und will Niemanden à l'aise setzen; Jeder fürchtete une parole desobligeante vor Zeugen.

Napoleon an den Maskenbällen, masqué jusqu'aux dents, doch an seiner tournure leicht erkannt, intriguirte lestement und unschicklich die Damen; wenn er aber selbst attakirt wurde und die Person nicht erkannte, riß er ihr die Maske ab und *daran* erkannte man natürlich *ihn*. ⌊Der Maskenball bei Cambacérès, wo Napoleon die Gräfin Metternich über Marie Louise ausfragt⌋ – Er quälte (maskirt) Ehmänner mit wahren oder falschen Anecdoten über ihre Frauen, und ärgerte sich dann wenn dieß Folgen hatte die von ihm unabhängig waren. Il faut le dire, parce que cela est vrai, il y a dans Bonaparte une certaine mauvaise nature innée, qui a particulièrement le goût du mal, dans les grandes choses comme dans les petites.

Metternich, Porträt: Napoleon behielt 1806 bei seiner ersten Audienz in St. Cloud den Hut auf dem Kopf.

Napoleon's Conversation: Scharfblick und Einfachheit im Gange derselben, ein schwer zu beschreibender charme. Il ne causait pas, il parlait.

Kenntnisse: nicht über die eines Artillerie Officiers. Aber seine Begabung ersetzte das Wissen. Er wurde législateur und administrateur wie Feldherr, nämlich durch seinen Instinct. Tiefe Verachtung der Philosophie und Philanthropie des XVIII. Jh.; Herunterschätzung Voltaire's. (Der Passus über Napoleons Religiosität, entbehrlich). In geschichtlichen Dingen unvollständige Kunde der Thatsachen, aber höchster Scharfsinn in Beurtheilung von Ursachen und Wirkungen; er errieth was er nicht wußte. Seine Weisheit stammte aus einigen abrégés, wie er denn oft die gleichen Sachen (antike und französische Geschichte) citirte. Alexander, J. Caesar und besonders Charlemagne, dessen successeur de fait et de droit er in langen Auseinandersetzungen zu sein prätendirte.

Seine Willenskraft: bei einem schweren Sturz mit dem Wagen *will* er nicht sterben; jeder Andere wäre gestorben.

Im Privatumgang (d.h. à deux) einfach und oft coulant – im grand monde wirkte er nicht günstig! und um so weniger da man sah, daß er die Mängel seiner Anlage und Erziehung gern verdeckt hätte. Er hätte viel gegeben um höher gewachsen zu sein und ennoblir sa tournure, welche mit seinem Dickwerden immer gemeiner wurde. Er ging auf den Zehenspitzen, mit einer (vermeintlich) von den Bourbons entlehnten Körperbewegung. (Wer mag ihm das angegeben haben?) – Er ließ Talma kommen pour apprendre des poses.

Bisweilen verhörte er die Damen sur des relations secrètes de société. Er bekam etwa Antworten auf die er nichts zu erwiedern wußte.

Metternich *i* verso: Wie Napoleon den Metternich mit Marie Louise einsperrt, und ihn dann braucht, sie über Verschiedenes zu instruiren.

| *Napoleon's Denkweise*

Rien de si rabaissé que son âme. – Nulle générosité, point de vraie grandeur. – Keine Bewunderung für edle Handlungen. – Allgemeines Mißtrauen gegen die Gesinnung Anderer. Er taxirt die Superiorität nach der Geschicklichkeit im Lügen: «Mr de Metternich, est tout près d'être un homme d'état, il ment très bien.»

Mehr als den Ruhm suchte er den Erfolg. Er war kühn im Glück, aber timide et troublé im Mißgeschick. – Je suis lâche (zu Talleyrand). Daß ihm Talleyrand vor der Abreise nach Aegypten 100,000 fr. lieh, erklärte Napoleon später (obwohl er ihm das Geld wiedergab) für une action de dupe.

Gemüth (coeur) hatte ihm die Natur nicht gegeben. Seine Art in der Liebschaft nur ein despotisme de plus. Die Buhlschaft mit Hortense warf man ihm von verschiedenen Seiten vor – die mit Caroline Murat wurde von Mme Hulot behauptet – die mit allen Schwestern von Josephine. – Was bleibt nun wahr?

Bei seiner notorischen Menschenverachtung will er dieselbe doch nicht Wort haben, besonders nicht daß er die Franzosen verachte (er zog dabei die Rémusat am Ohr). Herabsetzung des Henri IV wegen Bonhomie.

Napoleon absolut nur auf Succeß eingerichtet. Seine gemeine Seele ohne die großen Gefühle welche dem Unglück trotzen lehren. Seine Fortune wurde zu seinem Specialaberglauben; für sie glaubte er sich Alles erlaubt. Als er durch den Fall Enghien für das faible attachement der Leute die Furcht eintauschte glaubte er einen guten Tausch gemacht zu haben. Napoleon hielt seinen Tod für le seul terme possible de sa fortune.

In Fontainebleau eröffnete Talleyrand der Rémusat les vices plus ou moins cachés von Napoleon's Character – la fourberie – incapable d'un sentiment généreux. – Die Rémusat weint, Talleyrand tröstet sie: Napoleon sei nöthig und fähig; freilich bei seinen jetzigen Rathgebern sei für nichts zu stehen; Murat wolle König von Spanien werden. – Il (Napoleon) me soupçonne dès que je lui parle modération.

Napoleon glaubt que la vertu n'existe nulle part et n'est qu'une ruse ou qu'une affectation de plus.

Napoleon empfing in Bayonne den Ferdinand noch d'égal à égal und lud ihn zum Diner, ließ ihm aber an demselben Abend durch Savary die Absetzung ankündigen. Beim Beginn der spanischen Sache: Je ne voudrais faire de mal à personne, mais quand mon grand char politique est lancé, il faut qu'il passe. Malheur à qui se trouve sous les roues!

Metternich: Handelsmotiv bei thätigen Leuten sei nur das Interesse, meinte Napoleon; Ehre und Tugend läugnete er nicht, aber nur die Träumer gingen ihnen im Leben nach, und solche seien ohne alle Fähigkeit zur Lenkung der menschlichen Gesellschaft. Die Menschen nur Werkzeuge, höchstens ouvriers und Er dann chef d'atelier.

Metternich *l*: die falschen östreichischen Bankscheine.

| *Napoleon's Ungeduld*
⌊Unfähigkeit sich zu zwingen. Zerstören der eigenen Einrichtungen⌋
La moindre gêne ihm unerträglich, schon beim Anziehen – il arrachait ou brisait tout ce qui lui causait le plus léger malaise.

Seine premières conceptions oft groß und gut, sie zu schaffen, war überdieß ein Zeichen seiner Macht; mais s'y soumettre après, devenait une abdication. Il n'a pas su supporter la domination même d'aucune de ses institutions.

Bei großen Ceremonien sagten die vor dem eilenden Napoleon hergehenden Kammerherrn: allons, allons, Mesdames, avancez donc! Die Damen mußten deßhalb ihre Schleppen über den Arm tragen.

Ohne irgend eine Geduld pour toute action manuelle. – Seine Handschrift, die er selbst nicht lesen konnte.

Zu den falschen Rechnungen seiner Ungeduld: u. a. auf die englische Opposition, welche er für die englische Regierung so gefährlich glaubte als sie es in Frankreich gewesen sein würde.

Als er dem Talleyrand in Fontainebleau die allgemeine Langeweile klagte, sagte Talleyrand: c'est que le plaisir ne se mène pas au tambour, et qu'ici, comme à l'armée, vous avez toujours l'air de dire à chacun de nous: allons, Messieurs et Mesdames, en avant, marche!

Napoleon's enorme Täuschung über die spanische Sache; auch diese wollte er de haute lutte erstürmen; seine impatience d'être obéi, und daherige Überstürzung.

Metternich: Napoleon rechnete immer stark auf die Fehler seiner Gegner, aber diese Verachtung schadete ihm zuletzt, namentlich als er der Coalition von 1813 keine Dauer und Kraft zutraute.

| *Napoleon's Ausbrüche*
Sobald er eine Maitresse hatte, war er gegen Josephine dur, violent, sans pitié. Übrigens giebt er seine Nebenverhältnisse nur für distractions.

Sein Duell mit den englischen Zeitungen; Courier und Sun wußten sehr wohl womit man ihn wüthend machte. Man mußte ihm Alles übersetzen.

Talleyrand sagte ihm: quand vous êtes heureux, vous n'êtes pas abordable.

Napoleon sagte zu de Pradt: der Zorn steige bei ihm nie bis in den Kopf hinauf. «Seine Imagination sei gestorben vor S. Jean d'Acre.»

Napoleon jagt den Tribun Lecourbe, der im Proceß Moreau für diesen gesprochen, mit Schimpf aus einer großen Sonntagsaudienz.

Sein Schimpfen über die englische Verfassung.

Metternich schon 1806 bei der ersten Audienz ⌊als Napoleon den Hut aufbehielt⌋ durchschaute den Mann durch alle Masken hindurch. Alle *Scenen* hielt Metternich fortan für préparées, étudiées et calculées sur

l'effet qu'il voulait produire sur l'interlocuteur. (Wobei aber zu rechnen, daß Napoleon dann sich gerne von seiner natürlichen Roheit und Bosheit weitertragen ließ).
2. August 1807 Empfang der Diplomaten nach Tilsit; Reihe von Insolenzen, auch Drohungen, besonders an den Nuntius und den portugiesischen Gesandten.
Metternich *e*: In Fontainebleau zum portugiesischen Gesandten Lima: Wenn mein Wille nicht geschieht, regiert das Haus Braganza in zwei Monaten nicht mehr...Ich erkläre jeder Macht den Krieg, die in zwei Monaten noch einen englischen Gesandten bei sich duldet etc.
Metternich *f*, verso und *g* recto: Die Scene vom 15. August 1808 in St. Cloud – doch heißt es noch: nous avions ici l'air de causer. (Napoleon absichtlich ruhiger – wegen Baylen?) Umsonst rief Napoleon dabei Tolstoy zum Zeugen auf.

| *Der Hof*
⌊Dessen Schweigsamkeit. Abwesenheit des Hazardspiel. Die Etikette au pas de charge⌋
Militärischer Ursprung dieses Hofes. – Man hörte auf Napoleon avec la déférence que l'on doit à la consigne. Die Schweigsamkeit schon am consularischen Hof der Art daß schon ein Wort Aufsehen machte. Vortheil davon: keine caquets. Außer daß man 1804 Talleyrand consultirte, ließ man die Campan kommen und die Rémusat schrieb was diese dictirte.
Militärische Durchführung der Etikette; das Ceremoniell ging wie unter Trommelschlag, au pas de charge, in beständiger Eile und Furcht.
Viele drängten sich zum Hofdienst, die früher den Napoleon aus Republicanismus oder Royalismus nicht gemocht hatten.
Verpflanzung der révérence (Defilircour) vom Münchner Hof in die Tuilerien. Gleichheit des ganzen Hofes durch das gemeinsame Verstummen.
Die großen Concerte in der Salle des maréchaux; hier der Hof wie in dem bekannten Bild: Napoleon et sa cour. Tanzen ließ man durch Leute vom Opernballett très élégamment vêtus (in Civil?).
Napoleon difficile et minutieux sur tout. Das Souper in der Galerie de Diane; über Allen schwebte der secret effroi.
Welches die Lage der fremden Fürsten in Fontainebleau war und wie ihnen die Rémusat zum Tanzen spielte und wer da durcheinander tanzte.
Die dépenses, fêtes et spectacles von Fontainebleau 1807 hatten nur 150,000 fr. gekostet (gegenüber den zwei Millionen von Ludwig's XVI. letztem dortigem Aufenthalt).
Hieher auch aus Blatt «Persönlichkeit» *b* das Benehmen Napoleons an den Maskenbällen.

| *Theater und Musik*
Napoleon's erbärmlicher literarischer Geschmack im Allgemeinen: der Marie Louise gab er die contemporaines von Rêtif de la Bretonne zu lesen als Schule de la délicatesse des sentiments et des usages de la société.
Er hätte gern «treffliche Tragödiendichter» gehabt und schätzte die Lebenden gering.
An der Literatur goutirte er im Grunde nur das was sich mit seinem Wesen, seinen politischen Erfahrungen und Denkweise berührte. (Er nimmt Alles sachlich). Die Comödie kam ihm daher vor, als sollte er sich aux commérages de vos salons interessiren. Napoleons Brief an Fouché: Dramen zu beseitigen, deren Zeit noch zu nahe wären, wie zB: die Zeit Henri IV.
Kein Theater und kein Vergnügen überhaupt haftete noch an dem präoccupirten Napoleon. – Auch Talma machte ihm den frühern Eindruck nicht mehr. Il s'en prenait à son premier chambellan, à Corneille, à Racine, aux acteurs du peu d'attention qu'il donnait au spectacle. – Man sollte *amuser l'inamusable*. In Fontainebleau das Theater durch plötzliche Aenderungen des Programmes gestört: je le veux. Im Theater träumte oder schlief er. Er kannte den Werth der Kunst nur par son esprit. Napoleon's Hutabnehmen vor David, Talma etc. Aber man mußte seinem Lob, Vergnügen und Absichten dienen. – Unabhängige Reputationen haßte er.
Musik: Abends im Salon: il écoutait des morceaux de musique lents et doux von italienischen Sängern vorgetragen, mit dünner, leichter Begleitung. – Das gab ihm eine détente. Vorzug für Paesiellos Musik «parce que, sagte er, elle est monotone et que les impressions qui se répètent, sont les seules qui sachent s'emparer de nous». Napoleons Widerwillen gegen Cherubini der ihm als General einst das ne sutor ultra crepidam zu Gemüthe geführt. – Dagegen Gunst des Le Sueur.
Napoleon und Mozart's Don Juan (II, 414, Nota, aus der Correspondance). Napoleon frägt 1805 Fouché über den Don Juan in Betreff des esprit public. – Dann auf dem Kriegszug hört er in Ludwigsburg die Oper beim Kurfürsten Friedrich und findet die Musik fort bonne (in einem Brief an Joseph?) – dito an Champagny: Monsieur Champagny, je suis ici à la cour de Wurtemberg, et tout en faisant la guerre, j'ai entendu hier de très-bonne musique. Le chant allemand m'a paru cependant un peu baroque. La réserve marche-t-elle? Où en est la conscription de l'an XIV –?
Napoleon's Unwille über die Pariser wegen des Beifalls der Vestalin, während er die Bardes des Le Sueur vorzog.

| *Napoleon und die Jagd*
Die Stelle aus Müffling über die Jagd bei Weimar, wobei sich die Marschälle in Erdlöcher verkrochen, habe ich nicht notirt. Napoleon hat dem Massena (bei dieser Jagd?) ein Auge ausgeschossen.

Fontainebleau 1807: Die zu Roß und Wagen begleitenden Damen in den verschiedenen Farben je nach dem Hofe zu dem sie gehörten (Josephine, Hortense, Murat, Borghese) – die Herrn grün mit Gold und Silber galamirt; es schimmerte durch den Wald. Aber Napoleon verfolgte nie regelmäßig den Hirsch, galoppirte auf der beliebigen Straße weiter wie das Roß ihn trug, indem er die Ursache der Jagd vergaß – zürnte aber dann wenn der Hirsch entkam, und wollte nicht begreifen, daß er durch Aenderung des Weges die Hunde irre geführt hatte – le moindre non-succès erregte sein Erstaunen und seine Ungeduld. {Metternich: L'Empereur chasse une quarantaine de mauvais cerfs, die man aus Hannover kommen lassen um einen Wald von 20 limes Runde zu bevölkern. – Bloß weil einst auch die Könige fixe Jagdtage hatten. Er liebt daran nur den heftigen Ritt, sprengt auch nur ventre à terre rechts und links durch den Wald, zur Verzweiflung des grand veneur Berthier. – Da Pferde und Wagen lange nicht hinreichend vorhanden sind, wird außer den fremden Fürsten Niemand zu diesen Jagden zugelassen}.

| *Behandlung der Hofleute und nächsten Umgebung*
⌊Die verruchten Reden. Allgemeine Spionage und Rapporte an Napoleon. Das Brieföffnen. Das Mißtrauenstiften. Réveiller tout son monde.⌋

Das *Brieföffnen*: Das erste citirte Beispiel: gegen eine Tochter Luciens, welche Napoleon hatte an den Hof nach Frankreich kommen lassen und welche über diesen Hof sehr frei an ihren Vater schrieb. – Napoleon erzürnt sandte sie wieder nach Italien.

Die unschuldigen Conversationen Napoleons mit der Rémusat in Pont de brique von der Familie Bonaparte nach Paris gemeldet, worauf Josephine eifersüchtig war.

Die royalistischen Hofleute, wenn sie sich etwa in der Weise des ancien régime gehen ließen, bekamen une parole sévère, une volonté cassante et neuve zu hören und verloren dann leicht allen Aplomb.

Napoléon accueillait tous les rapports; wer ihm on-dits brachte, kam in seine Gunst. – Oft deutete Duroc dem Rémusat an, er möge es auch so machen.

Seine zeitweilige Geliebte Mme X verläumdet eine Menge Leute bei ihm. – Der Sturz der X erfolgte dann weil Napoleon glaubte qu'on avait voulu le gouverner.

Allgemeines *Brieföffnen* bei Napoleon's Reise nach Mailand. Toutes nos lettres sont lues (Rémusat an seine Frau, in einem Brief welchen Corvisart nach Paris mitnahm). Hortense schrieb deßhalb wenig Briefe.

Dienst der Kammerherrn: plus on approchait de la personne de l'Empereur, plus la vie devenait désagréable. Wer ihn nur von Geschäften her kannte, merkte nicht völlig seine inconvénients; il y a toujours mieux valu avoir à traiter avec son esprit qu'avec son caractère.

Qui voulait nuire auprès de Bonaparte, était à peu près sur de réussir. (Bei Anlaß von Mme Maret).

Pariser Salonwitze die man an die Armee schrieb, werden Napoleon (durch Brieföffnung) kund; sein zorniger Rüffel an Fouché wegen geringer Surveillance; Fouché ließ dann die Gastgeber kommen und theilte ihnen eine inquiétude vague mit wegen der Leute die sie empfingen.

Der Hof voll Furcht, wie despotisch Napoleon von Tilsit heimkehren werde! – Josephine: L'Empereur est si heureux qu'il va sûrement beaucoup gronder.

Napoleon's Zumuthung an Rémusat, dieser hätte ihm während des Feldzugs in seinen Briefen an Duroc die Reden des Faubourg S. Germain anzeigen sollen. J'en suis bien fâché, mais Rémusat n'avancera guère, car il n'est point à moi *comme je l'entends*.

Was Josephine dergleichen schrieb (wenn ihre Hofdamen Sympathien für Königin Louise hatten), rückte später Napoleon der La Rochefoucauld vor und behauptete, er wisse es eben *durch Rémusat!*

Il exila des femmes, fit menacer des gens distingués, kuranzt Pauline und die Murat etc. – Diese petite terreur nannte Napoleon: réveiller tout son monde. – Hernach il reprit son train de vie ordinaire.

Il grondait durement, oft ohne Grund, humiliant son monde. Wenn ihm die Sachen recht waren, war sein Stillschweigen das Beste was zu erreichen war.

Die Galanterie am Hofe sehr reducirt weil Napoleon alles erfuhr und horrible Interpellationen darauf zu gründen im Stande war. Er wollte einen ernsten Hof; das Recht zu allen libertés sparte er für sich.

| Napoleon, wenn er etwas über eine Dame wußte, sagte es regelmäßig dem Gemahl, verbot ihm aber zugleich le bruit et la plainte.

Duroc als grand-maréchal war hart und genau; quand l'Empereur grondait, on s'apercevait dans le château d'une succession de brutalité dont le moindre valet de pied ressentait les atteintes.

Gegen den Rémusat (als Freund Talleyrand's) zeigte Napoleon une froideur malveillante, et donna à ses manières cette dureté qui rendait son service insupportable.

| *Mme de Stael*

Napoleon als Consul sagte: cette femme apprend à penser à ceux qui ne s'en aviseraient point ou qui l'avaient oublié. II, 396, ss.: Elle effaroucha promptement Bonaparte qui ne voulait être ni observé ni deviné.

Napoleon wenn er später von ihr redete, sprach auf das Bitterste, wobei sie groß und er sehr klein erschien. –

Im kaiserlichen Catechismus die ewige Verdammniß Solchen angedroht, die manqueraient à leurs devoirs envers notre Empereur. – Wozu Mme de Stael: fallait-il donc croire que Bonaparte disposerait de l'enfer dans l'autre monde parce qu'il en donnait l'idée dans celui-ci?
Metternich der sich 1810 für ihre Rückkehr nach Paris verwandte indem das Exil ihr eine Wichtigkeit gebe, bekam den Bescheid: Si Mme de Stael voulait ou savait être royaliste ou républicaine, je n'aurais rien contre elle, mais elle est une machine à mouvement qui remue les Salons. Ce n'est qu'en France qu'une pareille femme est à craindre et je n'en veux pas.

Mme de Genlis.
Napoleon, der ihre Berichte sich eingeben ließ (Fiévée) sagte von ihrer pruderie: Quand Mme de Genlis veux définir la vertu, elle en parle toujours comme d'une découverte.

| *Schmeichelei und Optimismus*
Bei Vertheilung der Adler auf dem Champ de Mars nach der Krönung: man konnte nicht läugnen daß es mit Strömen regnete, mais combien j'ai vu de gens qui assuraient le lendemain que la pluie ne les avait pas mouillés!
Napoleon bekam zehnmal so viel éloges als Louis XIV.
Beim Austerlitzer Zug die motions de voeux im Tribunat: (das Napoleon bereits der Aufhebung geweiht hatte): Ganz Paris solle ihm entgegen gehen etc.; er möge einziehen wie ein Imperator etc.
Ekelhafte Ergebenheitsadressen des Senats wenn er antecipirte Conscriptionen votirt. Dieselben mußten Napoleon's Verachtung und Willkür auf das Höchste treiben.
Das Tribunat, als er es aufhob, verschwendete die ergebensten Huldigungen.
Der Senat bewilligt Januar 1808 die Aushebung von 80,000 Mann der Conscription von 1809 «für Erreichung der Freiheit der Meere».

| *Josephine und: le Divorce*
⌊Metternich: Josephine bediente sich lange der forte teinte de superstition qu'a effectivement l'Empereur.⌋
Auf ein Verhältniß zu Barras wird doch angespielt in den Worten: ihr Toilettenluxus habe sie abhängig gemacht de ceux qui pouvaient l'aider à le satisfaire.
Alle möglichen Eigenschaften der «Annehmlichkeit» – aber Napoleon hatte doch bösen Einfluß auf sie, car il lui inspira le mépris d'une certaine morale, une assez grande défiance, et l'habitude du mensonge que tous deux employaient habilement tour à tour.

Ihre Verlegenheit während des aegyptischen Zuges; eine Verlobung der Hortense mit einem Sohn des Reubel scheiterte nur an Hortense's Widerspruch. – Napoleon durch Lucien's Briefe gegen sie eingenommen. – Man sieht jetzt, warum sie ihn beim Einholen verfehlte. – Aber nachher Versöhnung, zu Luciens Schmach. Sohn und Tochter der Mutter sittlich überlegen.

Vom divorce die ersten Spuren schon bei den Einleitungen zum Empire. – Gegen die Krönung der Josephine arbeiteten die Bonapartes; Joseph rieth, jetzt sich zu scheiden. Napoleon will der Josephine die Scheidung per Edelmuth insinuiren (die Rémusat wäre gegangen). – Aber sie will nur ausdrücklich verstoßen sein – dieß will Napoleon nicht, zugleich geärgert durch die Machinationen der Seinigen; er verspricht ihr die Krönung durch seine Hand. (Napoleon's Vorschlag, sie möge sich schwanger stellen etc.). Pius VII. bewegt Napoleon zur kirchlichen Trauung, welche Fesch vollzieht; die schriftliche Erklärung des Fesch. – Bei der Krönung die Mantelscene; Napoleon sagt zu seinen Schwestern quelques mots secs et fermes qui mirent tout le monde en mouvement.

Napoleon's Protest gegen alles Empire des femmes. – Er sucht Josephine und die Rémusat zu brouilliren.

Josephines Leben ging wesentlich mit der Toilette drauf. Elle n'ouvrait pas un livre, ne tenait jamais une plume, ne travaillait guère und schien doch nie gelangweilt. – Auch geschieden, in Malmaison trieb sie es bis an's Ende so, und noch an ihrem Todestag probirte sie eine elegante Robe de chambre weil vielleicht Kaiser Alexander zum Besuch käme. Elle a expiré toute couverte de rubans et de satin couleur de rose.

III, 61 Mainzer Rührungsscene mit Josephine und Talleyrand.

Josephine wagt sich nicht officiell in's Theater weil Napoleon auf die ihr allein gespendeten Applaudissements eifersüchtig werden könnte.

Die Rémusat über Josephine: J'ignore absolument le secret de son intime intérieur, ich kannte sie nur occupée de sa position et tremblant de déplaire à son mari.

Folgen die Vorspiele zum definitiven divorce: Napoleon verlangt schon Ergebung und Behülflichkeit – sie will aber nicht entgegen kommen – fürchtet er möchte sie aus der Welt schaffen. Hortense: comment peut-on regretter un trône? Fouché muß einen Brief an Josephine schreiben als käme derselbe von ihm – Napoleon desavouirt ihn mit Schimpf. Zwischen hinein Napoleon's Rührungen. Aber auch die Murat wünschte eine Schwägerin aus altem Hause. – Fouché droht dem Napoleon mit «Volksabstimmung». Jedermann richtete sich doch darauf ein daß es geschehen werde. Napoleon's Benehmen dann wieder so, daß Josephine glaubte er wolle ihr das Beisammenbleiben systematisch verleiden.

Daß Josephine während Napoleon's Ausflug nach Italien einigemale mit dem einen Prinzen von Meklenburg sprach, machte daß Napoléon gronda beaucoup nachher. Ebenso weil sie incognito in einem Vaudeville gewesen. – Folgen die Blätter: Metternich *i* und folgende.

| *Joseph, Jerôme, Elisa, Pauline*
⌊*Lucien:* es scheint, die Rémusat kannte ihn kaum persönlich.⌋
Joseph: manières plus douces als die übrigen Brüder. Mais il a comme eux la même affectation de fausseté; seine Ambition; seine Fähigkeit, immer audessous des situations – diese freilich schwierig. Weil er 1805 nicht auf seine «Succession in Frankreich» verzichten wollte, machte ihn Napoleon nicht zum König von Italien. Il se croyait appelé à reposer les Français de l'agitation où les mettait l'activité de son frère! – Affable Formen; aber er flößte kein Vertrauen ein. Joseph protestirte 1804, als Napoleon an Adoption des kleinen Louis dachte.

Elisa und die Murat in lächerlichem Zorn als sie nicht sogleich Princesses und altesses impériales wurden; Scene bei Napoleon: En vérité, à voir vos prétentions, Mesdames, on croirait que nous tenons la couronne des mains du feu Roi notre père!

Joseph hielt sehr darauf, daß sein Besitz von Neapel seinem Successionsrecht in Frankreich keinen Abbruch thue. (Ganz als ob Seinesgleichen die colossale Usurpation hätte fortsetzen können).

Borghese wird von Napoleon zum Verkauf seiner Statuen gezwungen. Die Einzelcharacteristiken Metternich's s. das Blatt *d*.

Metternich: Napoleon's faible für die Familie; mehrere Fürsten sind entsetzt worden bloß wegen Gier seiner Geschwister. 1810 zu Metternich: j'ai obscurci et je gêne ma carrière indem ich sie auf Throne setzte; die alten Monarchen handelten weise indem sie die Prinzen dans une grande et perpétuelle dépendance du trône hielten. Mes parents m'ont fait beaucoup plus de mal que je ne leur ai fait de bien, et si j'avais à recommencer, so hätten sie nur Paläste in Paris und ein paar Millionen; ihre Sache wären beaux arts et charité, nicht Reiche que les uns ne savent pas conduire, et dans lesquels d'autres me compromettent en me parodiant. Metternich später: es sei geradezu Nepotismus; Napoleon entfernt die Seinen auf ferne Throne gegen alle Klugheit, durch Sturz von Fürsten welche ihm und selbst seinen Launen völlig unterwürfig gewesen waren; – auf die beförderten Geschwister etc. hat er nun viel weniger Einfluß. –

Dieser Nepotismus hat selbst Napoleon's Ambition bezwungen. Metternich später (1810): Napoleon bedauert außer der Erhebung des Bernadotte auch die des Murat zum König von Neapel und die der Brüder, mais on ne devient sage qu'à la longue. «Ich hätte nur Generalgouverneure und Vicekönige ernennen sollen.»

| *Louis Napoleon und Hortense*
Une certaine hypocrisie de quelques vertu, etwas bessere Sitten als die der Familie – opinions bizarres – romantische Ideen – dabei complète sécheresse du coeur. – Kränklich und verbittert. – Égoiste et défiant.
Hortense von der Rémusat völlig in Schutz genommen als indignement calomniée par la haine des Bonapartes.
Louis ⌊bei der Heirath⌋: n'avait aucun goût pour Hortense! il détestait les Beauharnais et méprisait souverainement sa belle-soeur, mais, comme il était silencieux, on le crut doux; comme il se montrait sévère, on ne douta point qu'il ne fût honnête homme.
Folgt seine schmähliche Behandlung der Frau. Endlich Spionage der Bedienten, Oeffnen aller Briefe etc. Napoleon selbst äußerte stets vénération für Hortense.
Louis will schon 1804 nicht zu Gunsten seines Kindes «enterbt» sein, da Napoleon an Adoption des Kleinen dachte. Napoleon mußte das enorme ridicule vermeiden, das entstand wenn man erfuhr daß die Familie sich um eine Krone stritt, die das Land ihm noch gar nicht gegeben hatte. Louis verbietet der Hortense den Umgang mit der Mutter. Auf Napoleon's Warnungen hin droht er 1806 Frankreich zu verlassen.
Hortense bestieg den Thron von Holland wie ein Schlachtopfer. – Louis in Holland sogleich auf ihre Beliebtheit eifersüchtig; überwacht sie; Briefe und Schreibtische aufgebrochen; ihre Papiere durchwühlt. Es hätte ihr nichts gemacht, gefangen nach England geführt zu werden.
Der Tod des Kindes 5. Mai 1807. – Louis neue Eifersucht wegen der Bekanntschaft Hortense's mit Decazes in Cauterets. – Die Murat hatte ihn aufgestiftet. – Fortan Hortense's tiefste Verachtung gegen Louis; Alles war ihr gleichgültig. Die Scheidung unterblieb nur weil Napoleon schon die seinige vorhatte. Louis will l'air d'une victime haben und findet Leute die es glauben.

| *Das Ehepaar Murat*
Bei der ersten Schwangerschaft der Hortense war es nicht nur besonders die Murat, welche das Gerücht von einem Umgang mit Napoleon verbreitete, sondern sie theilte es auch Louis mit.
Das Ehepaar als Napoleon's Gelegenheitsmacher, öfter. (Die Hulot freilich behauptete ein Verhältniß zwischen Napoleon und der Murat).
Murat ein Hauptfeind Moreau's. Murat der Hauptthäter in der Enghiensache.
Caroline gab Napoleon ihr Haus dazu her wenn er dessen wegen einer fantaisie subite bedurfte; sie gab ihm Feste, insinuirte sich bei Maret und Fouché, damaligen Feinden Talleyrands. – Denn, sagte Murat, Moussu de Talleyrand, il ne veut pas que je sois roué (roi).

Der Jammer der Murat wenn etwa Auguste von Bayern oder Stephanie die Präcedenz hatten.

Metternich, bald nachdem er am Hofe erschienen, parut s'attacher à Mme Murat; deßhalb habe er später noch längere Zeit Murat in Neapel geduldet und beschützt die Madame noch jetzt (1819) in ihrer retraite.

Die Murat wünscht Königin von Polen zu werden. Fortdauer der Verbindung mit Fouché, der sie jedoch (wegen Napoleons Haß gegen jede liaison) nur mit Vorsicht sah. – Ihr Verhältniß zu Metternich damit erklärt, daß selbst dieser bei Hofe (bei Napoleon) Credit gehabt habe. (?) – Dem Talleyrand gab sie Murats Geistesbeschränktheit zu, deutete aber an, daß *sie* dieß ersetzen könne. – Sie gewann auch Maret, und Napoleon, von so vielen Seiten angeflötet, übte nun mehr Rücksicht gegen sie.

Talleyrand sagte schon in Fontainebleau der Rémusat: Murat wolle König von Spanien werden. Napoleon gönnte ihm Spanien nicht und dem Godoy Algarbien nicht, aber er glaubte von den Mitteln profitiren zu können, welche die Beiden ihm darboten.

Metternichs Schilderung der Caroline Murat als Kitt der Familie; sie kannte Napoleon sammt den an ihm hängenden Mängeln und Gefahren. Auch ihren Gemahl kannte sie und hätte ihn gelenkt wenn Murat zu lenken gewesen wäre. Er war nur Soldat, aber Soldat der Revolution und mit einem jacobinischen Instinct de domination.

Metternich I, II, 249, ss. ⌊1807/8⌋ «Mme la Grandeduchesse de Berg fu mise du secret (für die Scheidung der Josephine), weil sie am meisten Einfluß auf Napoleon hatte; seither zwischen ihr und Josephine dauernde Entfremdung.» (Das wissen wir nun besser, und auch Metternich wußte die wirkliche Wahrheit ohne Zweifel). (Caroline Bonaparte hatte *von jeher* für die Scheidung gearbeitet).

Das Porträt der Caroline bei Metternich, siehe *d.* Metternich weiß wohl, warum er discret spricht: «Gerne hätte sie für sich und die Ihrigen eine Existenz möglichst außerhalb von Napoleon's portée und sogar außerhalb der Chancen seines Schicksals ausgesucht.»

Metternich *h* vertuscht durch halbes Zugeständniß, daß Caroline von jeher für Josephine's Scheidung gearbeitet.

| *Napoleon's Diener*

⌊Zèle, nur wenn man inquiet sei. Eifersucht auf Eugène, Talleyrand. Aufsuchen der côtés faibles, compromettre, flétrir.⌋

⌊Metternich: Er erkannte nützliche Leute und wünschte sie zu brauchen; da er aber als Grund ihrer Treue nur irgend ein calcul d'intérêt voraussetzte, mußten sie sich so compromittiren daß sie nicht mehr zurückkonnten.⌋

Napoleon fuhr seine Leute oft mit paroles dures et embarrassantes an; er liebte es à froisser les individus plus ou moins tremblants devant lui. Il pense que l'inquiétude stimule le zèle. – Absichtlich zeigt er sich nie zufrieden – il laissait volontairement planer une petite terreur de détail dans l'intérieur le plus intime de son palais.... Il a l'air de haïr sans cesse le repos, et pour lui et pour les autres... Man fragte nicht, ist er mit Dir zufrieden gewesen? sondern: hat er plus ou moins grondé? Son service était la chose la plus pénible du monde.

Maret, seine Servilität und Mittelmäßigkeit. – Aber Napoleon meinte, er theile solchen Leuten schon mit was ihnen fehle. – Maret wagte in Dresden nicht, ihm zu rechter Zeit den Abfall Bayerns zu melden.

Caulaincourt, den er (als ehmaligen obligé des Hauses Condé) in der Enghiensache so furchtbar compromittirte, verzieh ihm nur langsam. – Noch 1813, bei der Haubitzgranate sagte Caulaincourt zum jüngern Mounier: il est vrai, et pourtant je ne croirais point qu'il y a un Dieu au ciel si cet homme-là mourait sur le trône.

Duroc, Savary, Maret absolut schweigsam; sie theilten nichts mit als Befehle.

Napoleon sucht Talleyrand und Rémusat auseinander zu halten. – Talleyrand: nous servons un maître qui n'aime pas les liaisons. (Metternich: Berthier liebt mich, sagte Napoleon, comme une bonne d'enfant).

Napoleon verlangt die Rémusat solle rompre avec mes ennemis (Mme de Damas) und verspricht eine glänzende Position.

Napoleon hält Fouché und Talleyrand so lange als möglich auseinander; als sie sich doch näherten, hielt er sie dann ferner von sich. Talleyrand ne fait aucun cas «de l'intérêt de vos généraux» [II, 229].

Savary will in Wien dem Rémusat die größte Carrière verschaffen, wenn er dem Napoleon den Royalisten André in die Hände schaffe. Da Rémusat nicht darauf einging, war Napoleon's Ton seither sec et glacial.

Auch Duroc später était excédé de son caractère et surtout de son système und offenbarte dieß noch am Tage vor seinem Tode. (Metternich: Duroc m'aime comme un chien aime son maître).

Den Savary muß man, sagte Napoleon, beständig corrompre – aber freilich, wenn ich ihm befähle Frau und Kinder zu tödten, er würde sich nicht besinnen. III, 381 Savary würde den Prinzen von Asturien «nicht mehr heimgelassen haben».

Wer ausgezeichnet war, hätte dieß verstecken müssen; man hat wohl eher affecté des faiblesses ou des nullités qu'on n'avait point réellement. Eugène war überzeugt, daß Napoleon aus Eifersucht auf seine Beliebtheit ihm mesures inutiles et oppressives aufgenöthigt habe.

Napoleon sagte oft er ziehe les gens médiocres vor. ... Bei Verwendung eines bedeutenden Menschen mußte er, um ihm zu trauen, dessen schwache Seite erkundet haben, die er alsbald unter die Leute brachte. – Wen er brauchte, den mußte er flétrir, und oft nur durch Angedichtetes. – Furcht vor jeder Superiorität.

Napoleon in Finkenstein giebt dem Savary den grand cordon und schreibt ihm einen (imaginären) Erfolg gegen die Russen zu, weil er ihn noch weiter brauchen wird.

Napoleon auf Talleyrand eifersüchtig *weil* ihm Dieser sehr nützlich gewesen war und eine allgemeine europäische Meinung existirte, Talleyrand sei ihm unentbehrlich. – (Wie weit Talleyrand die Stelle des vice-grandélecteur und das Abgeben des Auswärtigen an Champagny gewünscht habe).

| *Fouché*

Er war *gegen* die Sache Enghien. Wenn Napoleon Befehle sandte wegen der Gespräche des Faubourg S. Germain, sagte Fouché: es sei kindisch, den Franzosen das Reden verbieten zu wollen.

Napoleon: c'est un Jacobin enrichi, mais c'est tout ce qu'il me faut.

Fouché allein von den Ministern galt dafür, eine Partei zu haben: nämlich die Jacobiner. Daher unabhängiger als die übrigen.

Fouché hatte die große Übersicht über alle Polizeien. – Bonaparte et lui pouvaient se mentir souvent en s'entretenant ensemble, mais ils ne se trompaient sans doute point.

Fouché's freche Initiative für das divorce; er regt in Paris l'opinion publique auf, in réunions, Cafehäusern etc., ja nach der Rückkehr von Fontainebleau sagte er dem Napoleon, es könnte wohl kommen daß Volkshaufen unter seinen Fenstern nach einer andern Ehe verlangten. – Talleyrand warnt Napoleon vor Fouché's revolutionären Mitteln; Zurufe von Volksmassen seien zweischneidig; – nun gebot Napoleon dem Fouché Ruhe und nun verstummte das vorgebliche voeu national wieder. Doch beharrte Fouché bei der Scheidung.

Während Napoleon in Spanien war, näherte sich Fouché dem Talleyrand durch ihre beider ziemlich laute Mißbilligung, im Hinblick auf einen möglichen Tod Napoleon's. Die bedeutendsten Leute am Hofe dachten wie sie, schwiegen aber.

Metternich: Die Polizei gab sich schon keine rechte Mühe mehr, dem Schlag von Baylen die böse Wirkung zu benehmen (die Polizei aber war Fouché). Metternich *h*: Fouché's Annäherung an Talleyrand, aus einem mémoire Metternichs, Anfang December 1808. Bei der Nachricht von Baylen hatte sich «die Polizei» nicht einmal sonderlich Mühe gegeben, den übeln Eindruck zu verringern. Januar 1809: Talleyrand und Fouché wie Passagiere auf einem Schiff das ein extravaganter Pilot gegen Klippen steuert, prêts à s'emparer du gouvernail im Moment der höchsten Gefahr.

| Urtheil und Behandlung gegen die Franzosen

⌊Napoleon: En France l'esprit court les rues, aber es ist nur esprit und dahinter weder Character noch Principien. Jedermann läuft der Gunst – von oben oder von unten – nach; on veut être remarqué et applaudi (so zu Metternich Dresden Mai 1812)⌋

Il est très-commode de gouverner les Français par la vanité. ⌊Metternich 1811: Die Franzosen, bei allem Druck, genießen Ruhe im Innern während um sie herum Alles kracht; an irgend eine Bewegung im alten Frankreich ist nicht zu denken.⌋

Die Franzosen des enfants mobiles qu'on détourne de leurs intérêts par la vue d'un jouet nouveau. (Er konnte 1813 keinen Frieden schließen weil er ein zur Ruhe gesetztes Frankreich nicht mehr hätte regieren können). Seine Worte über den französischen Cultus der Persönlichkeiten, den Mangel an ernstem Willen und die Liebe für die Gleichheit, vorausgesetzt daß man oben und die Übrigen weiter unten seien.

Qu'est-ce qui a fait la révolution? la vanité. Qu'est-ce qui la terminera? Encore la vanité. La liberté est un prétexte; l'Égalité, voilà votre marotte. Napoleon will: consolider la révolution, was er aber durch die bloße Gleichheit zu erreichen meint. III, 153 Weßhalb die Freiheit für Wenige und deßhalb ungestraft zu unterdrücken sei, – die Gleichheit aber plaît à la multitude – und nun beweist er, daß sein neuer Adel sie nicht verletze.

Beim Zwangsankauf der borghesischen Sculpturen: Napoleon parlait très-bien à la vanité et au goût français. Denon auf Napoleons Feldzügen hieß nur l'huissier priseur, als beauftragter Kunsträuber.

Napoleon hatte eine deutliche Einsicht, wie schwer es sei, eine mit Gewalt begonnene Herrschaft fortzuführen. Wenn die Minister etwas Strenges vorschlugen, sagte er: me répondez-vous bien que le peuple ne se soulèvera pas? – Er schauderte wenn von excès eines peuple révolté erzählt wurde. Die Gardegenerale hatten Auftrag, jeden contact zwischen Volk und Soldaten zu vermeiden; {wenn Unangenehmes geschähe:} Je ne pourrais donner raison à ces derniers. Kamen dennoch Händel vor, so wurden meist die Soldaten gestraft und entfernt und *später mit Geld entschädigt*.

Appendice: Bei der Heimkehr vom Wagramzug fand Napoleon die öffentliche Meinung mehr beunruhigt über seine ewigen Kriege als beruhigt durch seine Siege, ja défiante, triste, sévère und nicht mehr voll Illusionen sondern voll Argwohn.

Als er, bei den Papsthändeln und dem schlechten Erfolg in Spanien, du neuf brauchte, folgte der russische Feldzug. Jamais la France n'a moins su ce qu'on faisait d'elle qu'alors qu'on la perdait en quelques coups de dés.

Metternich: Napoleon's beständige Klage, nicht die Legitimität für sich anrufen zu können, ohne welche jede Autorität gebrechlich sei. Und doch wollte er kein Usurpator sein. Er habe die Republik verdrängt, nicht das

Königthum. Der Thron in Trümmern, er habe ihn neu bauen müssen. «Jeune, j'ai été révolutionnaire par ignorance et par ambition; à l'âge de la raison, j'ai suivi ses conseils et mon instinct, et j'ai écrasé la révolution.»

Die Madeleine, durch Decret aus Berlin 1806 à la gloire des armées françaises gegründet (als Temple de la gloire), laut Aussage an Metternich später zu einem monument expiatoire für Louis XVI bestimmt. Mais le moment n'est pas venu où je puisse l'annoncer.

Über die angestellten Revolutionsleute: Es giebt unter ihnen gute Arbeiter; das Übel war daß sie alle haben Baumeister sein wollen. So sind die Franzosen: kaum Einer der sich nicht für tauglich hielte das Land zu regieren.

| *Napoleon und Paris*

III, 58, Nota: Napoleon's weniger Aufenthalt in Paris. In den zehn Jahren von 1804–1814 ist er nur 955 Tage in Paris gewesen. – Auf eigentlichen Reisen (d. h. was über Paris und die nächsten Landaufenthalte hinaus zu rechnen ist) war er 1600 Tage, also über vier Jahre, öfter sechs Monate an Einem Stück. (Ich bringe diese 1600 Tage schwer zusammen).

Geringe Aufmerksamkeit der Pariser auf den Hof, welcher ihnen nur als eine glänzende Parade erschien; man wußte, daß Niemand Einfluß auf Napoleon hatte.

Bei den prächtigen öffentlichen Festlichkeiten amusirte sich Paris aufs Höchste, aber nulle part on n'entendait des cris à la louange de l'Empereur.

L'Empereur quittait toujours Paris le plus tôt qu'il pouvait; Merz 1808 der Hof nach S. Cloud; – die Tuilerien mißfielen ihm wegen Unmöglichkeit des Promenirens, et puis, à mesure qu'il avançait, il se trouvait plus gêné en présence du Parisien. Auch erfuhr man, wenn er in Paris war, zu leicht seine Worte und seine emportements. Die Neugier belästigte ihn; dabei empfing man ihn öffentlich froidement. Die Pariser Aufenthalte immer kürzer; schon war von Versailles die Rede, dessen Herstellung begonnen wurde. – Ja er träumte von einer Verlegung der Hauptstadt nach Lyon. – Les Parisiens savaient assez bien que Bonaparte ne les aimait point, sie rächten sich durch Witze und Anecdoten, zeigten sich unterwürfig aber kalt und spöttisch. Napoleon glaubte, sie grollten ihm noch wegen Vendémiaire.

Metternich: Napoleon betrachtete die Pariser als Kinder und verglich Paris mit der großen Oper. (Die Schau- und Zerstreuungssucht der Menschen kann ihm als das curioseste Phänomen erschienen sein).

| Allgemeine Ansichten über das Dasein. Religion
Napoleons Wort: l'homme vraiment heureux, est celui qui se cache de moi au fond d'une province, et, quand je mourrai, l'univers fera un grand *ouf!*
Je ne m'amuse pas à penser aux morts. (Bei Anlaß des Todes von Louis' Sohn). An Hortense: Sachez que la vie est semée de tant d'écueils et peut être la cause de tant de maux, que la mort n'est pas le plus grand de tous.
In einem Brief an den Senat: sein Herz sei getröstet durch die beständige Anhänglichkeit Eugens «au milieu des sollicitudes et *des amertumes du haut rang où nous sommes placés*».
II, 368 Gegen den Clerus die gewöhnlichen Vorurtheile eines Revolutionärs. – Ob déiste oder athée? Die Unsterblichkeit seines Stammes ihm wichtiger als die seiner Seele etc. etc.
⌊III, 57⌋ Als Mme de Rémusat unglücklich war weil ihr Gemahl nach Mainz mußte und Napoleon sie fragte, sagte sie, j'ai mis ma part de gloire en bonheur! – Napoleon lachte und sagte: du bonheur? ah oui! il est bien question de bonheur dans ce siècle-ci!
Er betonte (als seine Bestimmung) la nécessité de renouveler toutes choses, nécessité imposée par la force de la révolution. Daher schon nach Tilsit seine Reue, nicht bis zum changement de toutes les dynasties vorgedrungen zu sein. Ma bonté, ma faiblesse etc. etc.; und nun seien eben noch Unzufriedene übrig welchen er einige Macht gelassen.
Napoleon an Hortense, Friedland 16. Juny 1807: Vivre, c'est souffrir.
(Die alte Houdetot sagte von Napoleon: il rapetisse l'histoire et il agrandit l'imagination).
Il disait souvent, que lui seul arrêtait la révolution, qu'après lui elle reprendrait sa marche.
Und bei all seinem Pessimismus rühmt er gerne seine étoile und findet es angenehm daß die Masse ihn für ein privilegirtes Wesen halte ⌊(Metternich)⌋.
Unter Vertrauten schrieb er dem Glück keinen zu großen Antheil an seinem Aufkommen zu: on m'appelle heureux parce que je suis habile; ce sont les hommes faibles qui accusent de bonheur les hommes forts.

| Der Krieg und die Armee
⌊Abstumpfung gegen die Siege. Succès – fortune. Anticipirte Conscriptionen. Der Catechismus. Die Bischöfe.⌋
Zu jedem Frieden mußte Talleyrands Gewandtheit den Napoleon zwingen; bei der Unterzeichnung nannte Napoleon den Frieden immer nur une halte. Er wußte nicht was mit seiner Armee anfangen, die immer anspruchsvoller wurde. – Auch fühlte man im Frieden die Servitude und

vergaß sie im Krieg. Anfang der Räubereien noch nicht der Armee aber der Generale im Austerlitzer Feldzug.

Napoleon's Einsicht daß der Effect der siegreichen Schlachten immer kurzlebiger werde: alle Siege des Austerlitzer Zuges wirken nicht halb so viel wie Marengo. Der Kriegsruhm, der in der Geschichte so lange lebe, sei bei den Zeitgenossen am schnellsten verwischt.

Aber, sagt die Rémusat, nur durch den Krieg übertäubte er die Gedanken die wir uns über kurz oder lang hinsichtlich seiner Regierung machen mußten. *Der Krieg bei ihm mehr Sache des Systems als der Neigung* ⌊diese Ansicht ist der Rémusat eigen⌋; sein erster Gedanke le pouvoir; er würde den Frieden vorgezogen haben, wenn dieser ihm Zuwachs seiner Macht sicherte.

Den Jenakrieg begann Napoleon schon mit répugnance, ihm graute schon vor den âpretés des Feldlebens – der Feldzug, obwohl Jena wie ein Wunder erschien, brachte schon lange nicht mehr den Eindruck des Austerlitzer Zuges hervor; Alles muthlos und unzufrieden; man spürte die Conscription und bald das Continentalsystem, und erkannte in Napoleons Handlungsweise den *Zorn*.

Napoleons Wort nach Tilsit: la gloire militaire s'use vite pour les peuples modernes; 50 Schlachten wirken nicht mehr als fünf oder sechs.

Die antecipirten Conscriptionen etc. Man errieth deutlich die Leiden der Armee im Feldzug von Eylau.

Die Bischöfe mußten die Bauern bei den antecipirten Conscriptionen zur Fügsamkeit vermahnen.

Er ließ die Armee draußen stehen; schon nur so gehörte sie ihm ganz und blieb im Athem; in Frankreich würde sie das Leiden zum Bewußtsein gebracht haben. Auch mußte er immer gerüstet sein. – Sie entartete, und kannte nicht mehr die Heimath sondern nur noch Ihn, den Sieg, et cet esprit de rapine, qui, pour le soldat, décore tous les dangers. – 1814 kam dann die Rache.

Metternich: In Paris allgemeiner Stumpfsinn und auch über die Siege keine Freude. – Für Ruhe hätte man alle gloire hingegeben.

Metternich von Napoleons Zug nach Spanien: ce n'est plus la nation (française) qui combat; la guerre actuelle est la guerre de Napoléon, ce n'est plus même celle de son armée.

| *Die Bulletins*

Bulletin nach Ulm: on peut faire en deux mots l'éloge de l'armée: elle est digne de son chef!

Er sagte einst in Gegenwart der Rémusat: qu'il n'aimait à donner de la gloire qu'à ceux qui ne pouvaient la porter. – Er verschwieg; bei seinen Generalen stellte er Fehler als Erfolge und umgekehrt dar. – Écoutant avant tout son besoin de tout effacer et d'établir son infaillibilité, – puis cherchant le genre d'effet qu'il voulait produire sur les étrangers et le public français –, enfin obéissant à ses vues sur ses lieutenants et à sa bienveillance ou sa malveillance pour eux. – La vérité ne venait que bien loin après tout cela.

Bulletins des Feldzuges von Austerlitz: enormer mauvais goût: Napoleon schreibt sich darin traits d'esprit und Edelsinn zu; wenn er die östreichischen und russischen Armeen nicht weiter verfolge, quelques larmes de moins seront versées. – Bewundernde Worte Alexander's über Napoleon zu Savary werden citirt.

Talma-Abner muß mitten in der Athalie das Bulletin vom Einzug der Franzosen in Neapel vorlesen. Die Bulletins des Jenafeldzuges wurden in den Theatern nicht mehr beklatscht. ⌊Im weitern Verlauf wurde gewaltsam nachgeholfen⌋

Il choquait le bon goût parisien.

«Le bel empereur (Alexander) et la jolie reine.» – *Daraus* schlossen die Pariser mit Schrecken, daß an den preußischen Krieg ein russischer sich anschließe.

Gemeinheiten über Prinz Louis Ferdinand.

Drohungen an den preußischen Adel, er werde sein Brod betteln müssen.

Über Davoust wegen Auerstädt: ich kann ohne Gefahr Ruhm auf ihn häufen, er wird nie stark genug sein um denselben zu tragen! –

Caricatur der kaiserlichen Bulletins in einem Tagesbefehl des Brune ⌊(Boulogne)⌋, III, 93: Soldats, vous lirez 15 jours de suite dans vos chambrées la proclamation sublime de S. M. l'Empereur et Roi à la grande armée. Vous l'apprendrez par coeur. Chacun de vous, attendri, répandra des larmes de courage et sera pénétré de cet enthousiasme irrésistible qu'inspire l'héroisme.

Metternich warf ihm einst die handgreiflichen Lügen vor; Napoleon lachte: ich schreibe sie nicht für euch, die Pariser aber glauben Alles und ich könnte ihnen noch ganz andere Sachen erzählen und sie würden's zugeben.

Schon im Jena Friedlandkrieg: Die Wirkung der Siege mit äußerster Sorgfalt vergrößert. Der gewonnenen Schlacht ging in Paris die kunstgerecht vorbereitete Nachricht von einer Niederlage voraus; die Mitglieder der Regierung selbst thaten als schwebten sie in lebhafter Sorge, bis dann die Kanonen der Invaliden einen ihnen schon bekannten Sieg verkündeten. – Hiebei der Nebenzweck, welcher jedoch *mißlang*: irgend Jemanden durch jene Nachricht zu bedenklichen Aeußerungen zu provociren.

Napoleon's Schmähproclamation gegen das Haus Oestreich an die Armee, bei Besetzung Wiens. – Als es ihm aber später mit dem Unterhandeln pressirte, sagte er zu Bubna: dergleichen sei nichts als Phrase gewesen; man erlaubt sich derlei vor der Schlacht; es verfliegt mit dem Pulverdampf der Kanonen.

| *Die Marschälle*
Napoleon's Wort zu Pasquier: on ne sait pas ce que c'est que d'avoir à tenir deux hommes comme Soult et Ney.
Die Lieutenants in ihren Gesprächen im Feld schonten ihn auch nicht, zumal wenn er sie in ihren Nebenoperationen sehr exponirt hatte. Lannes sagte im polnischen Feldzug bei Tische in Gegenwart Barantes: Napoleon suche sein Verderben und sende ihm Ordres demgemäß, ja Napoleon habe ihn vergiften wollen.

Die Generale vom Feld her gewohnt de ne plus rien voiler; sie voyent comme une bataille dans toutes les oppositions qu'ils rencontrent. – Wie sie reden von Allem was nicht Militär ist, aber auch sich gegenseitig herunterreißen.

Generäle mußten – mit Abscheu – als Kammerherrn functioniren, weil am Hof noch andere Classen bethört werden mußten, die man durch Kriegsgepränge verschüchtert hätte. Auch wollte Napoleon nicht in den Tuilerien an die Schlachtfelder erinnert sein.

II, 370. Seine Übelreden über alle seine Marschälle, über Massena offenbar aus Neid.

Metternich: Napoleon sagte: Vous avez lu la phrase que j'ai mise dans la bouche de Lannes (bei Aspern) – il n'y a pas pensé. Lannes me détestait cordialement. Als er mich im Sterben nannte, that er es wie sterbende Atheisten von Gott reden; als man mir es meldete, erklärte ich ihn auch sogleich für einen todten Mann.

Die großen Dotationen (besonders von 1808): man durfte die im Ausland angewiesenen Güter nicht ohne Specialerlaubniß veräußern, damit man an die Dauer von Napoleons dortiger Oberhoheit gebunden bleibe (bis jenseits der Weichsel). Französische Unterthanen waren die größten propriétaires zB: der Rheinbundsstaaten. – Die Fürsten großer Einkünfte beraubt.

| *L'Empire d'Occident*
(Schon 1804–?) Das Kaiserthum soll die mère-patrie des autres souverainetés werden; je veux que chacun des Rois de l'Europe soit forcé de bâtir dans Paris un grand palais à son usage; bei den Kaiserkrönungen müßten sie alle nach Paris kommen.

Bei Anlaß der Krönung durch den Papst: ce n'est qu'en *compromettant* successivement toutes les autorités que j'assurerai la mienne.

Er erstrebte une suprématie centrale sur les états de l'Europe, d'après l'idéal défiguré et exagéré de l'Empire de Charlemagne ₍(Metternich)₎.

Freilich aus Gründen des Augenblickes zog er dann Gegenden zum Empire direct, deren Einverleibung dann zu seinem Untergang beigetragen hat.

Metternich: Napoleon wollte zwischen der école militaire und den Invalides einen Riesenbau mit acht Höfen, bloß aus Stein und Eisen bauen, für die Archive von ganz Europa. Er glaubte dieselben gutwillig zu bekommen und sprach zu Metternich von Science, histoire etc.

Aber Talleyrand war der Ansicht (in Erfurt, zu Alexander) Rhein, Alpen, Pyrenäen sind la conquête de la France; le reste est la conquête de l'Empereur; la France n'y tient pas. – Er war wirklich der Meinung, alle Mächte müßten einen Damm gegen Napoleon's Ambition bilden, und que la cause de Napoleon n'est plus celle de la France.

Metternich *(m)* Januar 1811: Die Gewißheit, daß die erste, unausbleibliche Folge des Hinscheidens Napoleons... eine Umwälzung sein werde, ist allgemein. Eben dieses Gefühl benützt Napoleon zur Ausführung seiner Pläne und nichts kommt ihm vielleicht mehr zu Statten. In der Überzeugung welche so viele Herrscher und Beherrschte theilen, daß der Druck unter dem sie seufzen nur vorübergehend sei, liegt nach meiner Ansicht die wahre Ursache der Möglichkeit der Ausführung so vieler riesenartigen und zerstörenden Pläne eines Einzigen... Napoleon allein lebt und wirkt in der *Gegenwart;* die Völker Europa's leben alle in der *Zukunft,* und so vereinigt er die Endringe der Kette, ohne daß letztere es bemerken.

| *Behandlung Europa's*
Metternich: Immer nur: nehmt's uns wenn ihr könnt – oder: hindert uns, dieß und das zu nehmen wenn ihr könnt.

Die Moderation erscheint Napoleon 1807 nur noch als une gêne inutile – Europa prête à se fondre dans son immense creuset.

Bei den Sachen von Bayonne: Metternich: Fort mit allen Illusionen! dann nur schöpft man die Kraft die für das Aeußerste nöthig ist. Metternich sieht: es ist nichts Anderes als was seit dem Fall Enghien gegen so und so viele Staaten geschehen ist... Alle Mächte welche ihre Verträge mit Frankreich für Frieden gehalten, haben Alles verloren. Es giebt keinen Frieden mit diesem revolutionären System.

Fouché zu Metternich 1808: Quand on vous aura fait la guerre, il restera la Russie et puis la Chine.

Napoleon spricht von Rüstungen Oestreichs während alle seine «Verbündeten» die Conscription einführen mußten. Nach Tilsit glaubte er Preußen seinem natürlichen Tode überlassen zu können; nach seiner Ansicht waren Westfalen und Sachsen dessen natürliche Erben.

Eine besondere Qual für die Legitimen war, daß Napoleon von ihnen die Anerkennung aller seiner neugebackenen Könige erpreßte.

(Die wahre Ursache des östreichischen Krieges von 1809: daß Napoleon es unleidlich fand, immer noch bei seinen englischen und spanischen Sachen auf ein bestehendes Oestreich Rücksicht nehmen zu müssen – besonders das Mißlingen in Spanien trieb ihn dann zum Ausbruch gegen Oestreich). ⌊Er hatte Oestreich eigentlich völlig vernichten wollen.⌋

Metternich *i* die nicht gehaltenen, von Napoleon fingirten Conferenzen von Altenburg zwischen Metternich und Champagny, welche Metternich hätte gutheißen sollen.

Napoleon 30. September 1810: Ich werde den Krieg mit Rußland haben aus Gründen die außerhalb jedes menschlichen Könnens liegen, weil sie in der Eigenthümlichkeit der Sache selbst wurzeln.

Metternich *m*: wie Oestreich sich dabei zu verhalten habe.

Napoleon einst zu Metternich: Die Mächte berechnen bei Beginn eines Krieges nie genug, daß *ein Mann in meiner Lage* keinen Frieden schließen kann wenn er geschlagen wurde und die Scharte nicht auswetzte.

Metternich *o* und *p*: Die große Dresdner Unterredung vom 26. Juny 1813 im Palais Marcolini zu Dresden.

Referat «Allgemeine Schweizer Zeitung» Nr. 48, 49, 51, 52, 53, vom 26. 2. (Morgen- und Abendausgabe), 2., 3. und 4. 3. 1881

Die gegenwärtige Zeit ist dem Andenken Napoleons im Ganzen nicht günstig. Größerer Gunst genoß er in den 20er Jahren unseres Jahrhunderts, als noch viele Bonapartisten lebten und die Hoffnung, welche die Völker auf die Freiheitskriege gesetzt hatten, sich nicht erfüllte; diese Gunst stieg noch bis in die 40er Jahre, ihren Höhepunct bildet die Ueberführung der Gebeine Napoleons von St. Helena nach Paris unter Louis Philippe. In der Rathlosigkeit von 1848 wurde es dann möglich, daß sein Neffe Präsident und später Kaiser ward. Das neue Reich sollte die Größe des alten wiederherstellen und die Mängel desselben vermeiden. Des Neffen Verdienst um den Onkel besteht in der Herausgabe der «Correspondance», in welcher aber die piquantesten Stücke weggelassen wurden; man publicirte nur das, was Napoleon I. auf der Höhe seiner Macht selbst würde veröffentlicht haben. – So lange das zweite Kaiserreich in Blüthe stand, ging es gut, als aber die Angelegenheiten Napoleons III. immer dubiöser wurden, sank auch das Andenken Napoleons I. Die erste Invasion vom Jahre 1814, die zweite von 1815 erschienen jetzt als Folge des napoleonischen Thuns. Nun wurde man darüber einig, der erste Napoleon sei ein Despot gewesen, und habe die Dinge so weit getrieben, daß es zu diesen Invasionen habe kommen müssen. Ernster stellte Pierre Lanfrey *die Geschichte dar vom Gefühl einer historischen Anschauung aus. Er hat die napoleonische Legende zerstört; er zeichnete in Napo-*

leon I. mehr das Princip des Bösen, wie er es leider nur zu oft war. Als dann die letzte Invasion vom Jahre 1870 kam, erschien sie als eine Verurtheilung des Oheims und des Neffen zugleich. Als Lanfrey später den zweiten Band seiner «Histoire de Napoleon I.» erscheinen ließ, brauchte er den früher angeschlagenen Ton nicht zu ändern. Das ist der Gang der Beurtheilung, welche Napoleon I. in Frankreich selber erfuhr. Das Urtheil hat demnach geschwankt, von der Billigung kam es zur Mißbilligung.

Das Unglück für Napoleon ist nun aber, daß auch die Urtheile seiner eigenen Zeitgenossen, welche erst jetzt erschienen sind, für ihn nicht günstig lauten. Zwar wartet man noch immer auf die Memoiren Talleyrand's. Einige Quellen sind aber schon zu Tage gekomen, und werfen helle Strahlen auf Napoleon. So von Jung: «Bonaparte et son temps», zwei Bände. Dieses Werk reicht jedoch nur von Napoleons Jugend bis zum Jahre 1795; ein äußerst ungünstiges Werk für Napoleons Andenken, aber wichtig durch die Actenstücke, welche erst durch Jung zum Teil entdeckt worden sind. Es steht zu erwarten, daß das Werk fortgesetzt wird.

Bei der Redaction der «Correspondance» begann man wohlweislich erst mit der Belagerung von Toulon, und ließ die Kindheitsgeschichte Napoleons weg. Dagegen treten hier ein die sehr wichtigen Memoiren der Madame de Rémusat, drei Bände, sowie die Aussagen Metternich's in seinen hinterlassenen Werken. – Wir beginnen mit den Aussagen Jung's. Diese ganze Darstellung muß natürlich einseitig sein, weil aus den Quellen geschöpft wird, welche jetzt neu vorliegen und zu Ungunsten Napoleons lauten. Es lässt sich denken, daß künftig Quellen entdeckt werden, welche wiederum mehr zu Gunsten Napoleons ausfallen. Uebrigens ist nicht zu besorgen, daß eifrige Verehrer Napoleons darüber in Schmerz ausbrechen werden, wie etwa vor 40 Jahren, denn gegenwärtig gibt es wahrscheinlich keine solchen mehr.

Napoleons Vater Charles de Bonaparte war einer jener Corsen, welche sich sogleich, als im Jahre 1768 die Insel französisch wurde, mit dem größten Eifer an die neue Regierung anschlossen. Er erscheint als ein genußsüchtiger Mann ohne Mittel, der seine Kinder nur vermittelst der französischen Erziehungsanstalten durch die Welt bringen konnte. Beständig tritt er als Supplicant auf und wünscht überall nur Beförderungen und Begünstigungen. Dies übte schon auf die Geburt Napoleons I. einen betrübenden Einfluß aus. Es wurde nämlich Charles Bonaparte ein erster Sohn im Jahre 1768 geboren, der zweite am 15. August 1769. Nach der gewöhnlichen Annahme wäre der erste Joseph, der andere Napoleon gewesen. Allein in einem alten Kirchenbuch, welches nicht vernichtet wurde, heißt der ältere Sohn «Nabulione». Jung weist nach, daß der Vater zehn Jahre später die beiden Taufscheine absichtlich verwechselt habe. Der jüngere, Joseph, geboren 1769, eignete sich nicht zur militärischen Laufbahn, deshalb wurde er zum geistlichen Stande bestimmt; der ältere dagegen, Nabulione, war Feuer und Flamme für's Militär und wurde deshalb nach Brienne geschickt. Es galt aber damals auf der Kriegsschule in Brienne das Gesetz, daß kein Knabe von mehr als zehn Jahren aufgenommen werden dürfe.

Durch jenen Betrug wurde nun der mehr als 11 1/2jährige Napoleon als zehnjähriger Knabe in die Anstalt eingeschmuggelt. Man könnte sagen, dies sei die einmalige Ausflucht eines bedrängten Vaters gewesen, aber leider geht es so weiter und es fehlt auch später dort nicht an gefälschten Attesten und falsificirten Documenten. Die Bonaparte haben es damit nie streng genommen. Napoleon I. selbst verfuhr mehr als einmal ähnlich, ließ sich Gefälligkeitsatteste geben oder erzwang dieselben, so z. B. als er einst zu lange auf Urlaub geblieben war, um nachzuweisen, daß er nicht zur rechten Zeit hätte eintreffen können; ebenso beförderte er sich selbst zum Lieutenant-Colonel in einem Bataillone auf Corsica, und als er 1804 in den Senat eintrat, gab er einen Etat de service heraus, worin er von einer Verwundung spricht, die er nie empfangen. Auch sein Bruder Joseph verfuhr nicht anders und mit Louis Bonaparte verhielt sich's ebenso. Die Achtung vor den Actenstücken war überhaupt in jenen Kreisen nicht sehr groß.

Napoleon I. trat somit als 11 1/2jähriger Knabe in Brienne ein. Man kann sich denken, in welcher Lage der Knabe sich befand; die furchtbare Willenskraft war offenbar in ihm schon früh entwickelt, und so musste er schwer leiden zu einer Zeit, wo sich noch kein Mensch um sein Thun und Lassen bekümmerte und man ihn, weil er sich trotzig bezeigte, auf sich selbst beruhen ließ. Darauf lässt sich sicher schließen, wenn man seine schlechte Laune dort betrachtet. – Schon früh bewies er große Selbständigkeit; von Brienne schreibt er an die Familie nach Corsica über seine Brüder ganz als hätte er sie zu befehlen und benimmt sich so, als ob er die Familie zu dirigiren berufen wäre.

Von Brienne ging er über in die Militärschule von Paris. Auch hier grollt er mit seinen Cameraden; Freunde hatte er kaum je gehabt. Wenn er überhaupt Gesellschaft suchte, so waren es Leute aus der Armeeverwaltung, von denen er auf seine Weise Manches lernen konnte. Von Paris aus musste er verschiedene Garnisonen besuchen; einmal befand er sich auch in Douai, wo er dem Selbstmord nahe kam in Folge verletzten und zurückgestauten Trotzes. In diesem Seelenzustand schreibt er einen Brief, der ganz im Style Jean Jacques Rousseau's gehalten ist. Kurz vor der Revolution entwirft er im Namen seiner Mutter, der verwittweten Laetitia, eine Supplik an den damaligen Minister, worin er an das «cœur sensible et généreux» des Letztern appellirt im Namen von acht Waisen, «die ihre

Bitten vereinigen werden zur Erhaltung des Ministers». – Es mag ihn dies eine nicht geringe Selbstüberwindung gekostet haben.

Napoleon lernte niemals ordentlich die französische Orthographie und schrieb nie eine leserliche Handschrift; seine Schreibweise ist die eines ungebildeten Franzosen; er fügte sich überhaupt nur mit Widerwillen in irgend ein Gesetz. Französisch sprechen dagegen lernte er sehr gut, ja classisch.

Als die französische Revolution ausbrach, tritt Napoleon als ein gefährlicher und ehrgeiziger Mann hervor; er schwankte zwischen den zwei Tendenzen, entweder corsicanischer Rebell gegen Frankreich, oder französischer Jacobiner zu werden. Es dauerte geraume Zeit, bis er dann seine feste Richtung fand. – Nun beginnt der curiose Dienst zwischen den französischen Garnisonsstädten und Ajaccio. Einmal läßt er sich Urlaub geben zu einer Zeit, in der kein Officier seines Regiments fehlen darf und geht nach Corsica. Er kehrt zurück, wird angeschuldigt und wegen seiner Nachlässigkeit im Dienst aus der Armeeliste gestrichen. Allein der furchtbare Kampf, welcher bereits in seinem Innern tobte, ließ ihn über dieses Mißgeschick hinwegsehen. Unter den Leuten, welche ihn in Valence kannten, befand sich einer, der über ihn im Jahre 1791 sagte: «Dieser Mensch wird nicht eher anhalten, bis er entweder auf dem Thron oder dem Schaffot anlangt.» Manche durchschauten ihn also schon damals. Im Jahre 1792, als er wieder in Ajaccio weilte und dort viele Streiche verübte, vernahm er, daß er abgesetzt sei. Das verursachte ihm wenig Beschwerden. Nach einiger Zeit kehrte er wieder nach Frankreich zurück mit einem Gefälligkeitsattest, welches besagte, er habe mehrmals abreisen wollen, aber sei daran durch stürmisches Wetter verhindert gewesen. Was hatte er nun in Ajaccio gethan? Er hatte die Citadelle von Ajaccio durch einen Handstreich nehmen wollen und sich selbst zum Bataillonscommandanten gemacht. Sein Concurrent bei der Bewerbung ward in einem fremden Hause gepackt und in das Haus Napoleons gebracht; so geht alles bei ihm auf gewaltsame Weise; für ihn gibt es keine Schranken des Rechts, worin andere Menschen einen Halt finden, das existirt für diese Natur nicht. Schon 1792 wurde ihm durch die Kriegserklärung ermöglicht, daß er Gnade fand und wieder in die Armee eintreten durfte, weil man seiner benöthigt war. Er avancirte zum Capitain; sein Corps bekam die Weisung nach Savoyen unter dem General Montesquiou. Napoleon fand sich aber nicht ein und ging nach Paris; er hatte schon 1791 dringend gewünscht, dorthin zu kommen: nur bei den Jacobinern in Paris könne man sich wirklich zeigen; wir finden bei Jung einen Brief aus diesem Jahr, in welchem er seinen Oheim um Fr. 300 ersucht, welche er nöthig habe, um nach Paris zu kommen. Es war aber für ihn ein Glück, daß er damals nicht hingelangte. Erst 1792 kam er dann dahin und muß da-

mals etwas bei den Jacobinern gefunden haben, was ihm nicht diente; er blieb zwar in Paris, aber kein Mensch kann sagen in welcher Stellung. Am 20. Juli, 10. August, 2.–4. September 1792 folgten die Schreckenstage in Paris und Napoleon befand sich zu dieser Zeit dort; sein Vorgeben
5 war, er müsse seine Schwester Elisa aus der Erziehungsanstalt nach Corsica bringen; indeß reiste er erst später mit ihr nach Ajaccio ab. Hier hatten sich die Dinge eigenthümlich geändert. Die Partei der Franzosen war nicht mehr stark, es erhob sich eine Gegenpartei, welche die Trennung von Frankreich anstrebte. Im Frühling 1793 wurde Napoleon gezwun-
10 gen, nachdem er einige Gewaltthaten verübt hatte, mit der ganzen Familie nach dem Festlande zu flüchten. Seine Mutter Laetitia fand in der Nähe von Toulon in einem Dorfe Unterkunft und musste von der Wohlthätigkeit der dortigen Municipalität leben. Bald wurde es auch hier gefährlich, weil sich in Südfrankreich immer mehr die Gegenrevolution er-
15 hob; aber Marseille und Toulon fielen in die Hände der Jacobiner. Jetzt kam für Napoleon die günstige Zeit das Schicksal zu lenken. Man erkannte damals in dem wie selten entschlossenen Manne eine Rarität, so daß ihm das Schicksal zu lächeln schien. Er lernte eine Menge von Leuten kennen, die von ihm eine große Meinung hegten; sein Landsmann Sali-
20 ceti, Ricord und der jüngere Robespierre müssen im Juli 1793 seine Bekanntschaft gemacht haben. Hier konnte man ihn nun brauchen; wie es zunächst zuging, ist dunkel, aber im October 1793 verwendete man ihn gegen Toulon. Man hat sein Emporkommen und die Erkenntniß seines Werthes immer von dieser Belagerung von Toulon her datirt. Toulon war
25 damals von Frankreich abgefallen und an die Engländer übergegangen. Jung findet freilich, man habe aus Napoleon bei dieser Geschichte zu viel gemacht und schraubt seine Thätigkeit an der Belagerung von Toulon sehr herunter: er habe nicht bloß Obere, sondern auch bedeutende Collegen gehabt. Immerhin trug die gewonnene Gunst ihm jetzt eine bedeu-
30 tende Stellung ein; er wurde Général de brigade, kam freilich noch immer nicht an bedeutende Aufgaben, denn neben ihm hatte es Männer, wie Pichegru, Massena, die schon berühmte Generale waren. So erhielt er denn auch nach der Belagerung von Toulon keineswegs etwa große Aufgaben zu lösen; immerhin konnte er nun seiner Familie helfen; alle seine Ver-
35 wandten versetzte er in die Armeeverwaltung und gab ihnen administrative Stellen.

So kam der Sommer 1794. Massena führte damals die Manöver in Italien und sein Ruhm verdunkelte schon alle Andern. Er war der General, der am nächsten an Napoleon herangereicht hat. Im nämlichen Jahre, am
40 27. und 28. Juli 1794, musste Napoleon den Sturz Robespierre's erleben, und wurde in denselben verwickelt. Sobald er die Nachricht erhielt, zog er sich gleich zurück. Aus diesen Tagen besitzen wir einen Brief von ihm,

worin er sich über den Untergang des jüngern Robespierre folgendermaßen äußert: «Ich glaubte ihn rein; wenn er aber nach der Tyrannei gestrebt hat, so würde ich selbst nicht gezaudert haben, ihm den Dolch in die Brust zu stoßen.» Dieser Brief wurde wohlweislich von der Correspondance ausgeschlossen. Damit war er freilich noch nicht aus aller Verlegenheit; es kamen Commissäre her; doch konnte man verhüten, daß Napoleon nach Paris geschickt wurde. Er gerieth nur für zehn Tage in Haft, wurde dann freigelassen, blieb aber doch vorerst ohne Anstellung.

Sein Schicksal wurde nun schon einigermaßen überschattet; man zeigte sich auch sonst den Corsicanern nicht günstig bei der Armee; es hieß, ihr Patriotismus sei zweifelhaft, sie wollen nur Geld machen. Deshalb nahm man lieber Leute von der italienischen Armee. Napoleon kam dann im Februar 1795 an das bureau topographique zu Paris; hier trat seine eminente Begabung zuerst hervor; man erkannte, daß er ein Mann von weitester Combination sei. Es gingen ihm damals viele Pläne durch den Kopf; allein auf diese Einzelheiten kann nicht eingetreten werden, zumal da das Werk Jung's hier sein Ende erreicht. Napoleon blieb in Paris und ging nicht zur Armee; dort erhielt er das Commando im Kampfe gegen die empörten Pariser am 5. October 1795. Das haben ihm die Pariser niemals verziehen, daß er auf Ihresgleichen hat schießen lassen. Er sah freilich wohl ein, daß er nur durch die neuen Tendenzen aufkommen konnte und nicht durch den Royalismus. – Ueber die folgenden großen Epochen seines Lebens, den italienischen Feldzug und denjenigen nach Egypten dürften kaum neue Aufzeichnungen zum Vorschein gekommen sein. Es wäre erwünscht, wenn auch über diese Zeiten noch andere Augenzeugen berichten würden, obgleich man schon Memoiren darüber hat.

Vom Jahre 1802 an tritt dann Mme. de Rémusat als maßgebend ein. Sie wurde Hofdame am Hofe des Consuls, wo auch ihr Gemahl als Palastpräfect und erster Kammerherr angestellt war. So befand sie sich in beständiger Berührung mit Napoleon und konnte bis zum Jahr 1809 Alles genau beobachten; indeß reichen ihre Aufzeichnungen nur bis zum Anfang des Jahres 1808. Sie kann sich da oder dort ohne Absicht irren; aber die Einfachheit und Lauterkeit ihres Characters, ihr fester sittlicher Kern sind uns im Ganzen Bürge für die Wahrhaftigkeit ihrer Mittheilungen. Wo sie abbricht, setzen sodann die Aufzeichnungen Metternich's ein, der mit Napoleon oft und viel in entscheidenden Augenblicken conferirte. Napoleon sagte zwar von ihm: Il ment très-bien; allein es ist bestimmt anzunehmen, daß Metternich in dem, was er über Napoleon niederschrieb, nicht gelogen hat und wir können uns ihm darum wohl anvertrauen.

Was das Aeußere Napoleons betrifft, so lernen wir ihn da von Augenzeugen genau kennen. Er war klein von Gestalt, und als er mit der Zeit *dicker wurde, sah er ganz eigentlich gemein aus. Außerordentlich und wirklich dem antiken Ideal nahe erschien die Bildung der Stirne und die Linie der Nase; seine Augen hatten graublaue Farbe und in Augenblikken des Zornes einen ganz abscheulichen Ausdruck. Er besaß außerdem eine außerordentlich starke untere Kinnlade. Daß er nicht schön aussah, wusste er und wünschte dies darum zu verdecken; aber er konnte sich nie zu etwas zwingen, was ihm nicht entsprach. In Bezug auf die Haltung des Körpers nahm er Stunden bei Talma; auch gewöhnte er sich einen künstlichen Schritt an, in dem er die Bourbonen nachzuahmen vermeinte. Allein die Bourbonen sah er niemals als etwa im Wagen oder am Fenster; somit muß ihm Jemand dies weis gemacht haben. Aus allem dem ergibt sich ein Bild von großartiger Lächerlichkeit. Was seine Toilette betrifft, so zerriß er alles, was er am Leibe trug; mit den Stiefeln fuhr er öfter im Kaminfeuer umher; Festgewänder konnte man ihm beinahe nicht anziehen; die Ungeduld, welche ihn beständig umtrieb, zwang dazu, daß man jeweilen den günstigen Augenblick benutzen musste, um etwas an seinem Anzuge in Ordnung zu bringen. Mit den Lakaien verfuhr er oft sehr barsch, und es gab dabei nicht selten Rippenstöße. Er betrug sich überhaupt ungezogen und besaß nichts von dem, was man gute Manieren nennt; er wusste nicht, wie man in ein Zimmer treten, wie man sich setzen und wie man wieder aufstehen müsse; das Bewusstsein zwar von all dem ging ihm nicht ab, aber es war zu spät für ihn, sich zu ändern. So zeigte er sich auch sehr unbeholfen, wenn er auf den Thron zuging; man wusste nicht recht, ob er hinanschreiten oder hinaufspringen werde. Seine Thronreden galten ihm für sehr wichtig; er musste sie aber auswendig lernen, nachdem sie ein Secretär zurecht gemacht. Doch konnte er seinen Willen nicht so weit zwingen, etwas zu lernen, was von einem Andern verfasst war. Da er sie schließlich gleichwohl gut vortragen wollte, so las er sie dann ganz kläglich ab. Mit dem fast geschlossenen Munde und den zusammengekniffenen Zähnen machte er auf Alle, welche ihn öffentlich reden hörten, einen sehr bemühenden Eindruck. Die meisten Zeitgenossen freilich waren von ihm geblendet oder wollten es sein.*

    Noch ein Wort über Napoleons sonstiges Auftreten. Selbst seine Anbeter geben zu, daß er zu Pferde sich nicht gut ausgenommen habe. Die Pferde wollte er nach seinem Willen lenken, verstand dies aber nicht. Natürlich besaß er die allergelehrigsten Araberrosse, welche mitten im raschesten Laufe plötzlich stille stehen können. Da liebte er es denn besonders, bergabwärts zu reiten und dabei ist er oft gestürzt. Auch im Fahren versuchte er sich gern und warf dabei nicht selten um; solches Mißgeschick wurde aber sorgfältig verheimlicht und nur seine Vertrautesten wussten darum. Einmal hätte er beim Sturz fast seinen Tod gefunden; nachher sagte er zu Metternich: «Ich fühlte, wie das Leben mir entwich, aber ich sagte, ich will nicht sterben und blieb am Leben.» Vielleicht könnte daran etwas Wahres sein; denn was er an Willenskraft besaß, ist so erstaunlich, daß wir schwer über einen solchen Ausspruch ein Urtheil fällen können. Es muß ihm ja ein Maß von Kräften zugestanden werden, das über das gewöhnliche weit hinausging; das machte ihn zum außerordentlichen Menschen. Freilich ein drittes, was bei ihm fehlte, war das Herz.

Im Gespräch, zumal mit bedeutenden Leuten, konnte Napoleon sich coulant zeigen. Metternich sagt, daß die Unterredungen mit ihm einen unsäglichen Zauber gewährten, obgleich es keine Gespräche waren, sondern einfach Monologe, welche man von Zeit zu Zeit durch Bemerkungen unterbrechen durfte. Das Großartigste dabei bestand in seiner Phantasie und der Einfachheit seines Gedankenganges trotz der außerordentlichen Flugweite desselben. Es muß ein Genuß gewesen sein, mit ihm sprechen zu können. Auch Madame de Rémusat bestätigt dies. So zeigte sich Napoleon in der Unterredung. Sein Wissen aber darf man nicht hoch taxiren. Metternich versichert, seine Kenntnisse auch in der Mathematik, worin man doch viel von ihm erwarten sollte, seien nicht höher gegangen, als diejenigen eines gewöhnlichen Artillerieofficiers. Aber was er nicht wußte, das errieth er; seine Divinationsgabe trug ihn und so konnte er Gesetzgeber und Verwalter werden vermöge der Kraft seines Geistes. Was sein historisches Wissen anlangt, so erscheint auch dieses gering. Metternich vermuthet, er habe aus kurzen Abrissen die Geschichte gelernt, aus sogenannten Abrégés, weil er immer wörtlich das Nämliche citirte, Alexander, Cäsar, Karl den Großen, dessen Rechtsnachfolger er zu sein glaubte. Das Wissen machte bei ihm nicht die Hauptsache aus; er wusste im Gespräche immer zu errathen, worauf es eigentlich ankam, und lernte dadurch ungeheuer viel. Als er im Jahre 1802 seine neue, gemischte Bureaucratie um sich versammelt hatte, soll er sich zauberhaft rasch und geschickt bewiesen haben in der Aneignung dessen, was ihm von allen Seiten gebracht wurde.

Bei alledem war Napoleons Stimmung eine düstere. Auch seine angeborene Roheit kam immer wieder zum Vorschein. An seinem Hofe herrschte überhaupt keine rechte Art. Ein wirklicher Fürst kennt doch wenigstens seinen Adel im weitesten Umfange und weiß eine Anzahl Namen. Das war bei Napoleon gar anders. Sein Hof bestand aus einer außerordentlich bunt zusammengewürfelten Gesellschaft und seine erste Frage an einen Ankömmling lautete gewöhnlich: «Quel est votre nom?» Man mochte ihm den Namen noch so oft gesagt haben, er fragte immer wieder darnach. Als er einmal einen Schriftsteller Grétin immer wieder fragte: Quel est votre nom? antwortete ihm dieser: Sire, toujours Grétin. An die Damen richtete er gewöhnlich die Frage, wie viel Kinder sie haben

u. dgl. m. Seine Spässe, wenn er etwa heiter wurde, erinnerten gar zu sehr an die Garnisonen, in denen er sich ehemals bewegt hatte. Er besaß überhaupt einen schlechten Geschmack und verstand es nicht, sich zu zügeln; nicht selten setzte er die Frauen in große Verlegenheit. Einst theilte er einer Dame, welche rothe Haare hatte, diese seine Wahrnehmung mit: «Sire,» erwiderte diese, «das ist wohl möglich, aber Sie sind der erste, der mir das sagt.» Ein andermal stand er in einem Kreise von Damen und erzählte, er habe gehört, man rede schlechte Dinge über sie und fügte bei, er werde Solches nicht dulden. «Das fehlte noch», bemerkte darauf eine derselben, «daß der sich um unsern Ruf kümmern sollte.»

Außer derartigen Ungezogenheiten, führte er auch öfter Scenen mit Josephine herbei, in denen sogar Stühle zerbrochen wurden, wobei man mit Gewißheit annehmen kann, daß nicht seine Gemahlin dieselben zerbrach. Er verrieth überhaupt ein herzloses Wesen, ohne eigentliche innere Größe; denn diese beruhte nur auf seiner Intelligenz und Willenskraft. In Allem, was sich auf den Krieg bezog, vermochte er unendlich viel zu ahnen; dort dagegen, wo es sich um eine selbständige Denkweise handelte, war er ein verlorenes Menschenkind. Auch mangelte ihm völlig der Edelmuth; jede höhere Beurtheilung der Menschen ging ihm ab; er vermuthete bei andern nur Egoismus und beurtheilte sie danach. Er analysirte seine eigenen Interessen, combinirte sie und schob dies Alles dann den andern zu. Freilich gibt es auch Temperamentsmenschen, die nach Phantasie und nach Laune handeln; diese behandelte er ebenso. So beurtheilte er denn z. B. die Bonhomie Heinrich's IV. völlig falsch und war überhaupt nicht gut auf ihn zu sprechen: er habe ja nicht einmal eine Schlacht zu liefern vermocht. Er ist neidisch auf vergangenen Ruhm; mit Anerkennung spricht er höchstens etwa von Ludwig XIV. und das kennzeichnet ihn; Napoleon musste sich ja auch oft verstellen. Einmal gab er Metternich zu, Ehre und Tugend seien allerdings etwas, aber er fügte bei, nur Träumer lassen sich in ihrer Handlungsweise dadurch bestimmen und diese taugen nichts zur Regierung menschlicher Geschicke. Was war darum das Ende aller seiner Weisheit? Allgemeine Menschenverachtung. Doch hütete er sich wohl, in den Ruf zu kommen, daß er auch die Franzosen verachte. Als er in einer Gesellschaft von seiner Menschenverachtung sprach und das malitiöse Lächeln auf den Lippen der Mme. de Rémusat bemerkte, trat er auf sie zu mit den Worten: «Die Franzosen freilich verachte ich nicht» und kniff sie dabei ins Ohrläppchen, was mitunter sehr wehe gethan haben soll.

Ueber den Fall Enghien wird von Madame de Rémusat sehr genau berichtet; sie gibt uns Stunde für Stunde an, was damals in Malmaison vorging und ihr Zeugniß lautet für Napoleon völlig vernichtend. Er ist der alleinige Thäter, die Andern waren dabei nur seine Werkzeuge. Gegen den Herzog lag durchaus keine Klage vor; was man gegen ihn vorbrachte, beruhte auf lauter Erfindung. Enghien war eben der einzige Bourbone in seinem Bereiche und darum musste er sterben. Am Vorabend der Mordthat saß Napoleon noch deshalb zusammen mit Murat und einigen andern Generalen. Was er später über Talleyrand bemerkte, als ob dieser auch seine Hand im Spiele gehabt oder gar die That verschuldet hätte, stellt sich als schnöde Erfindung heraus; Wahrheit ist nur, daß er dem Genannten Anzeige machte von dem, was geschehen werde, aber Talleyrand schwieg, weil er wusste, daß er doch nichts ausrichten würde.

Napoleon zeigte sich überhaupt voll Ungerechtigkeit und ging beständig mit Unwahrheit um; Unwahrheit und Ungeduld sind die beiden Hauptzüge seines Characters. Vor Allem gibt er sie kund in seinem täglichen Leben. Er steht da als der Typus eines Usurpators, der keine Zeit hat zu warten. Schon bei den Aufzügen des Hofes ging es stets sehr hastig zu; die Damen mussten ihre Schleppen über den Arm legen, um überhaupt mitzukommen und fortwährend hieß es hinter ihnen her: «Allons, mesdames, allons, allons!» Im Jahre 1807 klagt Napoleon in Fontainebleau gegen Talleyrand über die Langweile an seinem Hofe. Talleyrand erwiderte, es liege dies an seiner eigenen unruhigen Stimmung, da sein Ruf: «allons, allons!» eben keine Fröhlichkeit aufkommen lasse. Aber auch in der sonstigen Thätigkeit erschien Napoleon voller Ungeduld: was er aufgerichtet, riß er später stückweise wieder ein. So hat er über das Königreich Italien seine Ansicht 5–6 Mal geändert; die politische Eintheilung von Süddeutschland warf er stets wieder um und Niemand konnte auf etwas bleibendes hoffen. Und wie nahm ihn erst seine Ungeduld mit in Umständen, die über seinen Bereich hinauslagen, wie namentlich Angesichts der englischen Gegnerschaft. Er glaubte zuerst, die Feindschaft müsse mit dem Sturze Georg's III. endigen; aber er täuschte sich, denn er wusste nicht, daß die damalige Opposition eine getreue Opposition Seiner Majestät war.

Auch die spanischen Angelegenheiten beurtheilte er vollkommen falsch; dasselbe war der Fall bei der Coalition von 1813; er glaubte, sie könne leicht gesprengt werden, da sie in sich schwach sei; das Gegentheil stellte sich heraus. Fremde Gesandte fuhr er oft äußerst derb an mit Drohungen, die dann durch ganz Europa widerhallen sollten. Metternich bemerkt darüber, Napoleon habe alles dies genau berechnet und die Erschütterung der Zuhörer zum voraus dabei bemessen; allein man erhält den Eindruck, Napoleon habe sich da vielmehr einfach seiner rohen Natur überlassen. Ueberaus ungeduldig wurde er, wenn die englischen Zeitungen gegen ihn loszogen; diese merkten sich dies aber gar wohl und sparten nichts, was ihn ärgern konnte. Anstatt nun ihre Angriffe ungelesen zu lassen, mußte man ihm dieselben übersetzen und er dictirte sprühende Gegenartikel in seine Organe. So machte er sich jede Annäherung an England unmöglich.

Mancher dankbare Leser der Memoiren der Madame de Rémusat vermisst vielleicht hier den und jenen Punct ihrer geistvollen Darstellung ungern; allein es muß, wenn auch wider Willen, auf manches höchst wichtige Detail verzichtet werden, um auf die Vielseitigkeit der Aufschlüsse aufmerksam machen zu können. Was die Darstellung des Hofes bei Madame de Rémusat betrifft, so wurde wohl seit der berühmten und höchst umständlichen Schilderung des Hofes Ludwig's XIV. durch Saint-Simon kein Hof mehr so geschildert, wie derjenige Napoleons. Dieser Hof hatte einen militärischen Ursprung, bestand aus den Generalen, und der Consulatshof behielt dieses militärische Band bei; im Militärleben herrscht aber keine gute Sitte und so diente jenes Hofleben nicht als Schule einer leichten und anmuthigen Geselligkeit und Napoleon selbst war nicht dazu angethan, diese Leichtigkeit zu erhöhen. Es lag ihm daran, daß immer eine gewisse Unruhe da sei. Von außen angesehen erhielt Alles einen einförmigen Anstrich; durch die militärische Sitte, die darin besteht, nicht zu sprechen, außer wenn man gefragt wird, wurde das Hofleben zu einer Schule der Schweigsamkeit. Napoleon pflegte die Leute unhöflich zu behandeln und sagte ihnen gern etwas vor den Andern, was sie verletzte. So blieb seine Gesellschaft beschränkt, und der Glanz den man bei ihm voraussetzt, ist nicht so außerordentlich gewesen.

Napoleon trug zwei Schleifen an seiner Börse, diejenige der Pracht und die der Knickerei und beide wechselten mit einander ab. Die Hofhaltung in Fontainebleau, wo während 2 Monaten des Jahres 1807 viele Fürsten bewirthet wurden, kostete nur Fr. 150,000, während man triumphirend auf die zwei Millionen hinwies, welche Ludwig's XIV. Hof einst dort verschlang. Napoleon bestrebte sich überhaupt, von der alten Uebung abzustechen und sein Palast-Chef, der Marschall Duroc, stand ihm dabei zur Seite; Duroc war aber ein guter Rechner und sah immer sehr genau nach bei den Festlichkeiten, daß man dem Willen des Herrn nachkomme. So ging es dabei oft sehr armselig her. Liest man nur, was Frau von Rémusat berichtet, so hört es sich gar schön an, weil sie keinen andern Hof kannte; sieht man aber bei Metternich nach, so wird man davon wenig erbaut. Napoleon meinte u. A. auch Jagden veranstalten zu müssen, weil die Bourbonen solche gehalten hatten. Man ließ aus dem Hannover'schen 40 elende Hirsche herbringen und setzte sie in dem mächtigen Parke von Fontainebleau in Freiheit, als ob dies hingereicht hätte. Ferner gab es der Leute, welche zur Jagd mitgehen wollten, viel mehr, als Pferde und Kutscher vorhanden waren. Man könnte vielleicht sagen, das sei angemessene Sparsamkeit; allein Napoleon fand daneben Mittel und Wege, um 300 Millionen in Gold in den Kellern der Tuilerien aufzuspeichern. Er erbte diesen Sparsamkeitstrieb von seiner Mutter Lätitia; sie hegte die Gewohnheit, so viel Geld zu sammeln als möglich, und dasselbe hinter dem Portrait ihres Gemahls aufzubewahren. Ihr ältester Sohn muß davon Kunde erhalten haben, denn er kam plötzlich zu ihr und nahm ihr einfach Alles weg; gleichwohl ging Lätitia mit mehr als 6 Millionen in's Exil. Woher besaß er aber jene 300 Millionen? Es waren zum Theil Beutegelder, Contributionen, zum Theil Erspartes von seiner Civilliste.

Natürlich wurden von Napoleon auch Festlichkeiten angeordnet, wie Hofconcerte in den Tuilerien u. a. m.; ältere Leute erinnern sich wohl des Bildes, das in manchen Gasthöfen hing: Napoléon et sa cour. Man importirte vom Münchnerhof die Defilircour, la révérance, weil Napoleon diese Erfindung für schön hielt; getanzt wurde nur durch die Mitglieder der Oper, die aber alle dabei in Civil erschienen; dann speiste man, wobei freilich der Herr nicht wünschte, daß man sich allzu satt esse oder allzu sehr freue. Er wusste ferner, daß Poesie und Kunst zur Verherrlichung des Lebens der Großen gehören, während er selbst gar nicht dafür empfänglich war; er gewann nur dem einen Geschmack ab, was sich auf seine Person bezog. Vom Lustspiel sagte er: Ich habe gar keinen Sinn dafür; hier nämlich konnte er die Dinge ja nicht auf sich beziehen, und darin zeigte sich der größte Mangel seines Lebens, der complete Egoismus. An den Dramen war ihm fatal, wenn sie zu sehr an seine Epoche heranrückten; schon Heinrich's IV. Zeit schien ihm eigentlich zu nahe. Wenn ein Dichter freilich ernstlich will, kann er ja in Scenen, die er nach Aegypten oder Indien verlegt, gelegentlich sehr anzüglich werden. Napoleon huldigte der Meinung, daß immer Tragödien aufgeführt werden müssen; auch nach Fontainebleau ließ er die ganze Truppe des Théatre français herauskommen und änderte das Programm von einem Tag auf den andern, weil nichts mehr Eindruck auf ihn hervorbrachte, alles von ihm abglitt. Er fasste damals seine verbrecherischen Pläne gegen Spanien und so konnte er unmöglich empfänglich sein für die großen Dichtungen; gewöhnlich schlief er ein oder hing seinen Gedanken nach. Talleyrand sagte deshalb einst zu Hrn. v. Rémusat: «Vous devez amuser l'inamusable.»

Mit der Musik stand Napoleon ebenfalls auf sonderbarem Fuße. Er verlangte von ihr Abspannung und zog deshalb solche Componisten vor, welche monoton schrieben, weil das, was sich oft wiederhole, am besten wirke. Daher beurtheilte er die meisten Componisten falsch. Cherubini, welcher das Unglück hatte, dem General Napoleon einst eine kleine Bemerkung über «Schuster und Leisten» zu machen, ging es von da an immer schlecht und seine Glanzperiode beginnt erst mit der Restaurationszeit. Freilich werden von Cherubini's Compositionen immer noch welche geschätzt werden, so lange unser musicalisches Leben währt; aber wer kennt heute die Meister, welche Napoleon ihm vorgezogen hat? So genossen Lesueur's «Barden» und Spontini's «Vestalin» Gnade vor ihm; es ärgerte ihn aber, daß die Pariser immer andern applaudirten. In ein interessantes Verhältniß stellte er sich zu Mozart's «Don Juan». Bei allen scenischen Stücken hegt er immer Sorge, wie sie auf den esprit public einwirken werden. Es sollte nun 1805 in Paris «Don Juan» zum ersten Mal aufgeführt werden. Napoleon, auf dem Zuge nach Ulm begriffen, hört davon, schreibt an den Polizeiminister, und verlangt Aufschub wegen der allfälligen Beziehungen des Stückes zum esprit public; man beruhigte ihn darüber. Nun reist er weiter; in Ludwigsburg sieht er als Gast Friedrich's von Württemberg «Don Juan» aufführen und schreibt darüber nach Paris: «Während ich Krieg führe, höre ich auch Musik, doch schien mir der deutsche Gesang etwas barok. Wie steht es mit der neuesten Conscription?» und so geht es in einem Zuge weiter. Man weiß nicht, wie es nachher der Aufführung des «Don Juan» in Paris erging. Das sind Züge eines Geistes, der aus den Dingen keine Freude zu schöpfen vermag; er kann nur die Welt beherrschen.

Das Benehmen Napoleons gegen die Hofleute bildet eine dunkle Partie, worin sich sein abscheuliches Wesen geoffenbart hat. Hervorzuheben ist da zuerst die Späherei, die Art, wie er alle möglichen Zuträgereien annahm, wie man damit Carriere machen konnte, wie ihm selbst der Eid der Verleumder willkommen war. Dahin gehört ferner die Sucht, alle Briefe zu öffnen, selbst jene der fürstlichen Personen; als man es erfuhr, nahm man sich freilich in Acht und Hortense z. B. schrieb als Prinzessin wenig Briefe mehr; aber als sie Königin von Holland geworden war, verfuhr ihr Gemahl nicht besser. Während des Aufenthaltes des Hofs in Mailand im Jahre 1805 vertraute man sich an, daß alle Briefe gelesen werden und schrieb deshalb nur, wenn man das Schreiben einem guten Bekannten mitgeben konnte. Napoleon ließ sich immer von einem schwarzen Cabinet begleiten. Als man 1807 bei Eylau und Friedland weilte, wusste man alles, was von der Armee nach Paris geschrieben wurde, und falls man ihm etwas nicht berichtete, nahm er es übel. Gerne hätte er's angenommen, wenn auch Hr. von Remusat ihm Mittheilungen gemacht hätte über das Geschwätz der Generale; allein dieser that ihm den Gefallen nicht, weshalb sich Napoleon äußerte: «Remusat dient mir nicht, wie ich's gern möchte.» Gleichwohl verlangte er immer, solches Geschwätz zu hören, was doch eines Mannes unwürdig ist; stetsfort musste er sich dieser kleinlichen Mittel bedienen.

Characteristisch erscheint ferner die Art, wie er die Hofleute hinter einander hetzte. Es war ihm unerträglich, wenn sich Leute gut vertrugen, so daß Talleyrand zu Remusat sagte: «Wir dienen einem Herrn, der keine freundlichen Beziehungen leiden mag.» Es kam so weit, daß Napoleon dabei ganz ungenirt auch das Mittel der Lüge anwandte. Hievon ein frappantes Beispiel: Josephine litt an der Schwäche, ihrem Gemahl in den Briefen allerlei zu schreiben, was in dem Salon der Gräfin de la Rochefoucauld von den Hofdamen geredet wurde. Dort herrschte große Sympathie mit der Königin Luise von Preußen. Josephine meldete dies Napoleon, bat ihn aber, er möge doch keinen Gebrauch von ihrer Mittheilung machen. Er aber ließ der Gräfin de la Rochefoucauld sagen, Frau v. Remusat habe ihm Solches geschrieben und dadurch hetzte er die beiden Damen hinter einander, bis man später den Sachverhalt erfuhr. Das sind schwarze Züge aus dem Leben des Mannes. Auch sonst schonte er den guten Ruf der Leute nicht; so wie er von einer Dame etwas Schlimmes wusste oder zu wissen glaubte, theilte er's ihrem Gemahl mit, verbot ihm aber, irgendwie Gebrauch davon zu machen. An den Maskenbällen erschien er über und über maskirt, war aber leicht kenntlich an seinem Schritt, seinen Manieren u.s.w.; er intriguirte bei solchen Anlässen alle Welt, namentlich die Ehemänner, indem er ihnen über ihre Frauen allerlei bemerkte. Wenn er aber selbst intriguirt wurde, so nahm er dies sehr übel und riß dem Betreffenden die Maske vom Gesicht. Daran erkannte man ihn und wir erkennen ihn daraus ebenfalls.

So stand es mit diesem Hof, welchen so Viele aus der Ferne mit Neid betrachteten; niemand wagte dort mehr offen zu reden; nur ein großer Mangel war der Welt bekannt: die berühmteste Frau Frankreichs, Madame de Staël hätte an denselben gehört. Die Zeit reicht nicht, um hier eingehend zu reden über den Kampf dieser Frau mit Napoleon. Als dieser die berühmte Frau von Paris weg wies, nahm sich Metternich ihrer an; er suchte Napoleon begreiflich zu machen, man gebe dadurch der Verbannten größere Wichtigkeit als sie verdiene und hoffte ihn so umzustimmen, aber vergeblich. Freilich ist zuzugeben, wenn man Niemand mehr Freiheit gönnen wollte, wenn man alle Salons aushorchen ließ, konnte Madame de Staël nicht mehr in Frankreich geduldet werden. In die Lücke, welche dadurch entstand, drängten sich dann genug Schmeichler, und Napoleon war der Schmeichelei außerordentlich zugänglich und vermisste sie, wo sie nicht auftrat. Es gab Leute, die ihn bei jedem Anlaß verherrlichten, und als die größten Schmeichler erwiesen sich die ehemaligen Jacobiner, Leute aus dem Senat, dem Tribunat, die gar nicht mehr wussten, wie sie alles ihm höflich genug darbringen sollten, besonders wenn der Senat die furchtbaren Conscriptionen bewilligte. Bei der berühmten Vertheilung der Adler unmittelbar nach der Kaiserkrönung am 4. December 1804 regnete es von früh bis spät; damals erklärten einige dieser Leute, der Regen habe an jenem Tage nicht naß gemacht!

Ueber die Familie und das nähere Verhältniß zu Josephine kann hier nicht eingehend gesprochen werden, so reich die Aufschlüsse darüber wären. Im Ganzen wird man sagen müssen, daß Josephine wenig Tiefe *besaß, so daß man bei all dem Unglück, das man für sie mitempfinden mag, doch keine wärmere Theilnahme mit ihr hegt. Die Oberflächlichkeit tritt allzu sichtbar hervor bei ihr; sie hätte mehr als einmal, als man ihr seit 1804 die Scheidung insinuirte, einwilligen sollen; ihre Tochter Hortense bezeigte sich viel entschiedener. Außerdem liebte sie die höchste Eleganz; sie starb umgeben von allem Prunke, ganz bedeckt mit rothen Schleifen, weil sie eben damals erwartete, der Kaiser Alexander werde sie noch besuchen. Weit mehr Theilnahme würde die Stieftochter Hortense in Anspruch nehmen, über deren Leben uns Madame de Remusat berichtet. Sie nimmt Hortense in Schutz gegen ihren Gemahl Louis Bonaparte und glaubte an ihre Unschuld. Hortense wurde freilich von ihrem Gemahl auf das tödtlichste verletzt und da mag sie in der Erbitterung wohl Andern Gehör gegeben haben. Denn man muß doch sagen, daß der Herzog von Morny ihr Sohn war und das gibt selbst der Enkel der Schriftstellerin zu. Immerhin muß man Louis Bonaparte's Benehmen verurtheilen. Ein fatales Licht fällt auf das höchst bedenkliche Ehepaar Murat, welches beständig in der Hoffnung und auf der Jagd nach Kronen ist, und endlich mit dem Thron von Neapel befriedigt wird. Caroline Bonaparte, die begabteste Schwester Napoleons, mit Murat vermählt, wird von Metternich geschildert als eine Frau von vielem Geist, die ihren Gemahl würde gelenkt haben, wenn er überhaupt lenkbar gewesen wäre. Sie besaß einen tiefen Einblick in die Gefahren, welche den Bonaparte drohten und hätte ihr Schicksal gerne außerhalb der Tragweite derselben gestellt. Freilich gilt Metternich hier nicht als zuverlässiger Zeuge, denn er stand 1808 in einem Zärtlichkeitsverhältniß zu Caroline, das den Zweck hatte, Staatsgeheimnisse aufzuspüren; auch genoß Caroline noch später Metternichs Protection, als sie in Oesterreich lebte; das muß man bedenken, wenn Metternich so von ihr redet.*

Lassen wir nun die Familie auf sich beruhen und sehen wir uns die Staatsdienerschaft an, mit welcher Napoleon Frankreich und die Welt regierte. Es brauchte deren gewaltig viel bis Alles bestellt war; Präfecten, Gesandte, Rathgeber, Späher, Diplomaten, und das Staatsoberhaupt verlegte auf diese Wahlen einen großen Theil seiner Kraft. Er stellte Leute von allen Farben an und sprach hiebei das schönste Wort, das aus seinem Munde ging, wenn er 1802 bemerkte, als man von ihm, dem ersten Consul, den Frieden erwartete: «Wenn ihr zusammen arbeiten müsst, so werdet ihr von selber Frieden halten.» «Es dienen mir Alle», sagte er, und berief darum auch Leute aus der Classe der ärgsten Jacobiner: «Diese Revolutionsmänner sind zum Theil sehr fähig und gute Handlanger; der Fehler lag nur daran, daß sie alle Baumeister werden wollten.»

Die Diener wurden aber nach und nach dieses Meisters satt und des Tyrannen überdrüssig. Nur Einzelne verharrten bis an's Ende bei ihm, so

Maret duc de Bassano, ein gefährlicher Mensch; dieser sollte ihm 1813 von dem Abfall Bayerns berichten; weil er sich genirte, ihm die Wahrheit mitzutheilen, traf Napoleon falsche Maßregeln. – Von Savary sagte Napoleon, man müsse ihn permanent bestechen, dann sei er gut und fähig, seine eigene Familie zu ermorden; er präsidirte denn auch bei der Ermordung des Herzogs von Enghien; Solches waren die Diener, auf die man für Alles bauen konnte. Als der Letztere den Prinzen von Asturien nach Frankreich zu bringen hatte, fragte ihn Frau von Remusat, ob er den Prinzen, wenn es ihm gelungen wäre zu fliehen, ermordet hätte. Da antwortete er: «Ermordet nicht, aber ich hätte dafür gesorgt, daß er nicht nach Spanien zurückgekommen wäre.» Es traten aber auch andere auf, welche den Mann durchschauten und sich heftig über ihn beklagten, so Duroc, der vor seinem Tode sich sehr bitter über den Selbstherrscher aussprach, so Caulaincourt, einer der fähigsten Diener Napoleon's. Im Jahre 1813, während des Feldzugs schlug eine Haubitzengranate in der Nähe Napoleon's ein. Da stellte sich Caulaincourt zwischen die Granate und den Kaiser. Der General Mortier machte ihm nachher sein Compliment und erhielt die Antwort: «Das ist schon recht; aber wenn ein Gott im Himmel waltet, so endigt dieser Mensch nicht auf dem Throne.» So satt waren sie seiner. –

Zuletzt wurden von dem Imperator alle Bande der Pietät theils über das Maß angestrengt, theils zerrissen. Und wenn er nur selbst dabei glücklich gewesen wäre; allein er zeigte sich später ganz erbittert und immer schlimmer Laune gegenüber der Welt und den Menschen. Dies sprach sich besonders aus in den Briefen an Hortense, welche noch seine schönsten sind. «Das Leben ist so voll von Klippen und mit Leiden angefüllt, daß der Tod wohl nicht das größte Uebel ist.» Er bemerkte auch ein andermal: «Derjenige Mensch ist wahrhaft glücklich, der sich vor mir tief in einer Provinz verbergen kann; und wenn ich einmal sterbe, so wird die ganze Welt ein tiefes ‹Ah›! ausstoßen.»

Eigenthümlich erscheint Napoleon in der Behandlung der Franzosen. Er hätte dieses Volk gar nicht als Beute zu betrachten gebraucht, sondern als würdiges Object der Heilung; doch dazu fehlte es ihm an allem Adel der Gesinnung. Er erblickte stets nur eine Beute darin und lästerte dabei fortwährend über die Franzosen, besonders Metternich gegenüber. Man sollte nicht meinen, daß er sie verachte, und doch erlaubte er sich Alles über sie zu sagen. «Die Franzosen sind Leute von Geist, der Geist läuft in den Straßen herum, aber dahinter steckt gar kein Character, kein Princip und kein Wille; sie laufen Allem nach, sind zu lenken durch Eitelkeit und müssen wie Kinder immer nur ein Spielzeug haben.» Er wusste recht wohl, daß dem nicht so sei; aber es diente ihm, die Franzosen so zu schildern. Diese Franzosen aber konnten ihm unter Umständen fürchterlich *werden. Er empfand infolge seiner früheren Erfahrungen einen tiefen Abscheu gegen die Volksbewegungen; denn wir wissen, daß er vom 2.–14. December 1792 in Paris weilte; später sah er während des Krieges im südlichen Frankreich die fürchterlichsten Scenen mit an; vielleicht hat er 1793 der Fussillade von Toulon mit angewohnt. Darum ist anzunehmen, daß er aus Erfahrung sprach, wenn er gegen Volksbewegungen den größten Widerwillen kundgab.*

Wenn seine Minister im Begriffe standen, etwas zu verordnen, so fragte Napoleon stets: «Garantirt Ihr mir, daß das Volk ruhig bleibt?» Auch hatten die Generale gemessene Befehle, wenn Schwierigkeiten zwischen Parisern und Gardisten vorkämen, immer den letztern Unrecht zu geben; es wurde alsdann der betreffende Gardist versetzt und heimlich mit Geld belohnt. Wenn aber Napoleon sogar dem Militär Unrecht gab, so mussten schon sehr starke Gründe dafür obwalten. Doch die Franzosen sind ihm scheinbar so ziemlich treu geblieben; trotz der wachsenden Lasten, der Conscriptionen, der Continentalsperre erhob sich Niemand gegen ihn; man blieb stumm und geduldig; Napoleon konnte sagen, daß die Franzosen ihm gehören. Dennoch traute er ihnen, wenigstens den Parisern niemals. Man hat nachgerechnet, daß er als Kaiser in den Jahren 1804 bis 1814 nur 955 Tage in Paris zugebracht habe, also nicht einmal volle drei Jahre! Sobald es ging, verlegte er die Residenz in eine andere Stadt; ihn ärgerte namentlich die Neugierde der Pariser und noch mehr ihre «Pietätslosigkeit»; sie zeigten sich kalt gegen ihn und spöttisch; auf den Hof gaben sie nicht viel; derselbe sei wohl eine Parade, aber man könne seiner gut entbehren. Der Gewaltige wusste auch, wessen unter Umständen die Pariser fähig sind, und es kam bereits so weit, daß er an eine ständige Verlegung der Residenz nach Versailles oder nach Lyon dachte. Die Pariser konnten ihm aber auch nicht angenehm sein, denn sobald etwas in den Tuilerien vorkam, wie z. B. ein Zornesausbruch gegen Josephine, so kam es gar zu rasch im Publicum herum. Das Volk wurde aber scharf beaufsichtigt und an polizeilicher Thätigkeit hat es in Napoleons ganzer Regierungszeit nicht gefehlt; indeß fand er seine hauptsächliche Sicherheitsmaßregel in der Fortführung des Krieges. Mit dem Kriege kam er immer wieder in Vortheil, mochte auch dabei die Verzweiflung des Volkes noch so hoch steigen.

Frühere Zeugen haben stets angenommen, Napoleon habe den Krieg geliebt; man stellte sich vor, eine Schlacht sei seine Lust gewesen und seine Brust sei nur frei geworden im Pulverdampfe. Aber Frau von Remusat leugnet dies entschieden, und sagt, wenn er die großen Erfolge hätte durch Frieden erreichen können, so hätte er dies gewiß gethan und namentlich vor dem Kriege von Jena habe er sich gefürchtet. Der Krieg wurde ihm auch sonst zuwider; er bemerkte mit größtem Unbehagen, daß jede Schlacht immer weniger wirke als die vorhergehende und 50 Schlachten nicht mehr austragen, als früher 5, daß Jena schon weit geringern Eindruck hervorbringe als Austerlitz. Er klagte, es sei ihm unerklärlich, daß der Kriegsruhm so rasch vorübergehe, während er doch in den Geschichtsbüchern eine so große Rolle einnehme. Gleichwohl schritt er stets von Krieg zu Krieg; die Armee verwilderte dabei, sie gewöhnte sich an's Rauben und eine wüste Zügellosigkeit riß ein; so musste er die Truppen außer Landes bringen, damit Frankreich nicht über Gebühr angestrengt aber auf die Ueberwundenen fortwährender Druck ausgeübt werde. Aus allen diesen Gründen konnte er aus den Kämpfen nicht herauskommen und weil die Armee das wunderbarste Werkzeug des genialen Menschen war, so lag darin schon für ihn eine Versuchung immer wieder Krieg anzufangen.

Ein besonders kennzeichnender Zug tritt hervor in der Ausbeutung der öffentlichen Meinung durch die Bulletins. Ihre Verlogenheit ist geradezu sprichwörtlich geworden. Herr von Remusat characterisirt sie folgendermaßen: Zuerst sollten sie die Leser veranlassen, Napoleon's Allwissenheit und Allgegenwart zu bewundern; zweitens bezweckten sie einen gewissen Effect auf das Ausland und auf Frankreich; drittens gaben sie berechnete, willkürliche Schilderungen der Leistungen seiner Marschälle, wobei oft geringe ungebührlich hervorgehoben, bedeutende herabgesetzt wurden; denn es lag ihm an der Wahrheit nichts, sondern Alles nur an der Wirkung. Schließlich hinkte dann noch etwas historische Wahrheit hinten nach. So lernten die Pariser bald seine Bulletins lesen und empörten sich, wenn er sich maßlos rühmte oder sich gar Züge der Gutherzigkeit beilegte: «selbst die Geschmacklosigkeit hat er gehabt!» Als er im Jahre 1806 nicht verschmähte auf eine Galanterie zwischen Alexander von Rußland und der Königin Luise von Preußen anzuspielen, schlossen die Pariser daraus sofort richtig, daß ein Feldzug gegen Rußland im Anzuge sei und die furchtbare Schlacht von Preußisch-Eylau bestätigte dies. So lernte man seine Bulletins deuten. Hie und da wurde er noch bei Lebzeiten durch ein Parodie gestraft, bisweilen sogar durch blinden Eifer unüberlegter Generale. So legte der diensteifrige Brune die Wichtigkeit einer Proclamation Napoleon's den Truppen so ans Herz, daß er befahl, sie sollen dieselben in ihren Zelten lesen, auswendig lernen und dabei «Thränen des Muthes» vergießen.

Unter seinen Marschällen gab es auch solche, die sich schon zur Zeit der Republik große Verdienste erworben hatten, wie Massena, auf den Napoleon immer neidisch war. Hoffentlich ist nicht wahr, was berichtet wird, daß er demselben auf der Jagd in Fontainebleau ein Auge ausgeschossen habe. Diese Generale ließen sich indeß nur schwer leiten und vergalten ihm die Tyrannei, die er an ihnen übte. Er sprach oft auf die ab-

scheulichste Weise von ihnen allen und sie gaben es ihm reichlich zurück und schonten seiner auch nicht. Das rächte sich dann bei seinem Sturze; es blieben ihm nur wenige treu; unter seinem Regiment verwilderte Alles und jede Billigkeit ging verloren. Frau von Remusat sagt von ihnen: Jede Opposition erschien ihnen wie eine Schlacht, welche man gewinnen müsse. Gleichwohl fand sich in ihnen eine herrliche Fülle von Talent und Muth beisammen, nur fehlte überall ein menschliches Verhältniß.

Was hat nun aber Napoleon schließlich erreichen gewollt, und wie sieht sein Ideal der Staatenbildung aus? Er glaubte geboren zu sein, um alles über den Haufen zu werfen und ein Reich gründen zu sollen, wie dasjenige Karl's des Großen gewesen war. Aber jenes Reich war ein ganz anderes gewesen und Napoleon hätte sich vielmehr auf das der Ottonen berufen sollen; allein mit seinem historischen Wissen war es ja nicht weit her, obschon er geistreiche Schlüsse zu ziehen vermochte. In seinem großen «Empire d'Occident» sollten die unterworfenen Könige Lehensleute des in Paris residirenden Kaisers sein; jeder von ihnen sollte einen großen Palast in Paris besitzen und zur Krönung der künftigen Kaiser sich dorthin begeben; auch der Papst wurde als Appendix des Hofes gedacht. Napoleon sagte einmal zu Metternich, sämmtliche Staaten könnten ihm ihre Archive übergeben; man würde sie dann in Paris in eine große Bibliothek bringen, welche etwa acht Höfe umfassen sollte, und damit großen Nutzen für die Geschichtswissenschaft schaffen. Metternich äußerte Zweifel, ob man sie ohne weiteres ausliefern würde; der Kaiser ging aber nicht weiter darauf ein. Auch auf andere Ideen ließ er sich ein; so z.B. äußerte er sich, er gedenke eine solche Macht zu gründen, daß auch nach seinem Tode sein Sohn in den Stand gesetzt sei, allen Angriffen mit Erfolg zu begegnen. Ein andermal gab er wieder die ganze Nachfolgerschaft preis und erklärte sich fest überzeugt, daß nach seinem Tode wieder die Jacobiner kommen werden. Es trieb ihn eben stets ein innerer Widerspruch hin und her; mocht er aber auch schwankender Meinung sein, so gehörte ihm doch die Gegenwart. Metternich's tiefsinniges Wort darüber lautet: «Napoleon treibt die Fürsten und Cabinette so um, daß sie allen Muth zum Widerstande verlieren; sie leben alle in der Zukunft; er aber beutet dieses Gefühl aus, lebt in der Gegenwart und vereinigt so die Glieder der Kette. Jeder wartet auf den andern, ob inzwischen etwas geschehe.» Zuletzt jedoch ist der Gewaltige weder auf dem Schlachtfelde, noch durch ein Attentat umgekommen, sondern ein dreijähriges Ringen musste ihn niederwerfen.

Die Hoffnungslosigkeit der Völker stieg in jenen Zeiten auf eine furchtbare Höhe; man muß Metternich gelesen haben, um die tiefste Verzweiflung schon zwischen dem ersten und zweiten Napoleonischen Kriege kennen zu lernen. Als Napoleon die spanische Königsfamilie in Bayonne durch Hinterlist gefangen nahm, schrieb Metternich an Franz: «*Jetzt fort mit allen Illusionen; diese Erkenntniß gibt uns Macht.* Alle, welche ihm getraut haben, sind verloren. Mit dieser Macht ist kein Friede mehr möglich.» Solche Einsicht war dem Staatsmanne aufgegangen. – Die Völker kamen zuletzt so weit, daß sie sich innerlich rüsteten, äußerlich fügten; Napoleon aber überschätzte diese Fügsamkeit, und hat dies dann nach dem russischen Unglück auf erstaunliche Weise büßen müssen. Von diesem russischen Kriege wußte er, daß er ihm nicht entgehen werde. «*Der Krieg mit Rußland wird unvermeidlich sein und muß kommen aus Gründen, die an und für sich vorhanden sind*», sagte er 1810 zu Metternich. Alle Welt rieth ihm ab, den Krieg zu unternehmen, auch hatte er zuerst den Plan gefasst, nur bis Smolensk vorzudringen und den übrigen Feldzug aufzuschieben; aber er wurde wie Metternich berichtet, diesem Plane untreu; aus Ungeduld erlitt er sodann im Jahre 1812 die bekannte Züchtigung.

Metternich sah Napoleon später wieder in Dresden, als er mit den Deutschen gekämpft hatte, die Schlachten von Lützen, Groß-Görschen und Bautzen gewann und übermüthig wurde. Die Einsichtigen wussten, daß es mit ihm zu Ende ging; der Kaiser selbst aber bäumte sich gegen diese Einsicht auf. Da damals alles auf die Oesterreicher ankam, so wünschte Napoleon während des Waffenstillstandes Metternich zu sehen und dieser kam zu ihm nach Dresden am 26. Brachmonat 1813, nachdem er früher Alexander besucht hatte; da kam es dann zu der berühmten neunstündigen Conferenz. Von allen Sterblichen des Auslandes hat keiner den Imperator so oft gesehen und so nüchtern beobachtet als Metternich.

Napoleon glaubte damals, den Oesterreicher unbedingt übertäuben zu können: er erklärte gleich: «Ich trete keinen Zoll breit Gebiet ab.» Oesterreichs Forderung lautete dahin, er solle Preußen wieder reconstruiren. «Das will ich nicht! Ich bin nicht wie die legitimen Fürsten; so einer kann, wenn er zwanzig Schlachten verloren hat, wieder in seine Hauptstadt einziehen; das kann ich nicht. Ich bin ein Sohn des Glücks!» Er ließ die Lehre nicht gelten, die Metternich ihn aus seinem Schicksal ziehen hieß: das Unglück in Rußland sei nur durch die Kälte erfolgt. Man weiß zwar, daß er von Moskau aus schon bei gutem Wetter den Rückzug antreten mußte; allein er wollte sich blenden.

Weiter bemerkte er, die Coalition der Mächte erzürne ihn nicht; «ihr Oesterreicher, auf Wiedersehen in Wien!» Das sollte den Gegner verblüffen, allein er kam an den Unrechten. Dann rühmte er, daß er eine neue, glänzende Armee besitze, die ihm zum Sieg verhelfen werde. Metternich antwortete darauf: «Es sind ja ganz neu ausgehobene, blutjunge Leute darunter und diese gehen verloren.» Jetzt wird Napoleon wüthend; er *wirft den Hut zu Boden:* «Sie sind kein Soldat und wissen nicht, wie einem Soldaten zu Muthe ist. Ich bin im Lager aufgewachsen; ich kümmere mich einen Pfifferling um das Leben einer Million Menschen!» *Metternich ergriff mit der Hand fest die Fensterconsole und erwiederte:* «Sire, warum haben Sie *mich* ausersehen, um mir das hier unter vier Augen zu sagen? Oeffnen wir die Fenster, damit es ganz Frankreich höre!» *Napoleon:* «Die Franzosen haben sich nicht zu beklagen. In Rußland sind nur 30,000 Franzosen zu Grunde gegangen; ich habe am meisten Deutsche und Polen geopfert.» *Metternich:* «Sire, Sie vergessen, daß Sie mit einem Deutschen reden.» *– Jetzt kam Napoleon wieder auf sein Verhältniß zu Franz und auf seine Ehe mit Marie Louise zu reden:* «Das war ein thörichter Streich von mir; ich bereue ihn.» *Metternich:* «Ja, Sire, Napoleon, der Eroberer hat einen Fehler begangen; alle Welt hielt die Ehe für ein Symbol des Friedens; in dieser Erwartung wurde sie leider getäuscht.» *– Als Alles nicht verfing bei dem österreichischen Staatsmann, nahm Napoleon eine gütige Mine an, klopfte seinem Widerpart auf die Schulter und sprach:* «Sie erklären mir nicht den Krieg!» *– Metternich:* «Sire, Sie sind verloren! Mir ahnte dies, als ich herkam, aber ich nehme die Gewißheit davon mit, indem ich gehe!»

Über das wissenschaftliche Verdienst der Griechen

*

* *

Über das wissenschaftliche Verdienst der Griechen.

Bei der Jahresfeier einer Universität gedenkt man besonders gerne derer, welche vor uns gelernt, geforscht und zuerst die Pfade der Wissenschaft gebahnt haben, die jetzt in tausendfachen Verschlingungen durch die geisterfüllte Welt weiter und weiter führen. Der kräftige Forscher und Denker, unser Rector magnificus, an dessen Stelle ich heute zu Ihnen zu reden habe weil er uns entzogen worden ist, auch er würde vielleicht aus der Vorgeschichte seiner Wissenschaft uns Köstliches mitgetheilt haben von derjenigen Art welche zu weitem Nachdenken auffordert. Gestatten Sie mir, ein anderes, nicht ganz unbestrittenes Capitel aus der Geschichte des Wissens in kurzen Umrissen zu behandeln: das wissenschaftliche Verdienst der Griechen. Ich hätte nicht das Recht, von *den* wissenschaftlich*en* Verdienst*en* der Griechen zu reden, weil dieß einen Anspruch in sich schlösse, welcher ferne von mir ist: die Bekanntschaft mit dem Inhalt aller einzelnen Wissenschaften. Wohl aber möchte es erlaubt sein, diejenige specifische Kraft, welche hier die Trägerin des Wissens war, in ihren allgemeinen Schicksalen, ihren Fördernissen und Beschränkungen zu betrachten.

Gewiß sind nicht die Griechen dasjenige Volk gewesen, bei welchem zuerst Wissen entstanden und gesammelt worden ist. | Jedenfalls wird hier der vordere Orient den großen zeitlichen Vorsprung gehabt haben vor allen Völkern mindestens des ganzen seitherigen Westens. Aegypter und Babylonier besaßen alte, vielseitig durchgebildete Culturen und mächtige Staaten welche die Zwecke dieser Culturen zu den ihrigen machten, und hochausgestattete Priesterkasten welchen das eigentliche Wissen oblag – Alles große Zeiträume, wenigstens viele Jahrhunderte hindurch umwogt von einer ungeheuren und bisweilen lüsternen Barbarenwelt. Der nächste neuere und noch immer uralte Schößling war Phönicien, und von hier aus ging dann ägyptische und babylonische Tradition auch auf die frühsten Griechen über.

Aber die unwissende Jugend dieses Volkes sollte noch sehr lange Zeiten vor sich haben. Griechenland war ja gar nie *ein* Staat und eine Kaste der Wissenden hat sich hier schon deßhalb gar nie gebildet. | Frei und eigenwillig baut sich dieß Volk seine Welt von Anschauungen und nimmt von den Culturformen des Orients und von seinen Bedürfnissen nur ganz allmälig an was ihm dient, und was es mit seiner sehr starken Eigenthümlichkeit verschmelzen kann. In ungebrochener Naivetät lebt es diejenigen Zeiten durch welche ihm später als sein Heroenalter erschienen sind.

Aber auch als mit der dorischen Wanderung diese Zeiten vorüber waren, war noch lange keine Wissenschaft möglich. Die Dinge von der sogenannten Machtfrage aus betrachtet, entdecken wir einen übermächtigen directen Feind, der vielleicht die Wissenschaft und ihr Entstehen viele Jahrhunderte verzögerte: den *griechischen Mythus*, d. h. die Verherrlichung eben jenes Zeitalters von Göttern und Helden.

Priesterkasten, wie in Aegypten und Indien und Persien, schaffen Theologien, welche den Mythus vereinfachen und discipliniren. Bei den Griechen wie bei den Germanen fehlte eine solche Kaste völlig und der Mythus konnte einen schrankenlosen Reichthum entwickeln, d. h. die Volksphantasie konnte sich dabei völlig gehen lassen und hat dieses Glück auf das Reichlichste und Kräftigste genossen.

Der Mythus ein um so stärkerer Feind der Wissenschaft, als er selber eine Urgestalt ⌊ein Lebensconcurrent⌋ derselben war: er enthielt nämlich nicht nur die Religion in sich, sondern auch die Naturkunde, die Weltkunde, die Geschichte, alles in höchst volksthümlicher Symbolik, und seine Form war Poesie.

Die mythische Welt schwebte über den damaligen Griechen wie eine noch ganz nahe herrliche Erscheinung; Familien und ganze Stämme leiteten ihren Ursprung noch von den Göttern her; Sitten und Gebräuche beriefen sich wegen ihres Ursprungs auf die mythische Zeit. | Man nennt dieß Volk «classisch», wenn aber Romantik darin besteht, daß alle Anschauungen und Gedanken sich auf eine glänzend ausgemalte Vorzeit zurückbeziehen, so haben die Griechen eine colossale Romantik genossen wie vielleicht kein anderes Volk auf Erden. Eine unvergängliche Poesie von den alten Sängern bis auf die chorische Lyrik und die größten Tragiker, dann auch eine bildende Kunst die seither nicht wieder erreicht worden, widmeten sich weit überwiegend dieser Gestaltenwelt. Wenn die Griechen so fest am Mythus hingen, so geschah dieß, weil sie ahnten daß sie in ihm ihre Jugend vertheidigten. Seine räumliche Ausbreitung: so weit es Hellenen gab, in allen Colonien; – die zeitliche: er hat hernach weitergelebt neben der Wissenschaft bis an's Ende der antiken Zeit, er hat sich in Naturkunde und Geschichte beharrlich immer wieder eingedrängt ⌊er hat sein Dasein gewaltsam verlängert⌋ und ist selber zur Wissenschaft geworden in Gestalt gelehrter Mythensammlung und Mythenvergleichung. Strabo u. a. ermitteln nicht was wirklich in der Urzeit geschehen, sondern welches die reinste, des Vorzugs würdigste Aussage des Mythus sei.

Als aber im V. Jh. aCn., dem der großen geistigen und politischen Entscheidungen, der Bruch der Denkenden mit dem Mythus eingetreten war und die Wissenschaft begann, traf dieselbe sofort auf eine *neue Concurrenz*, welche den Mythus zeitlich genau ablöste; ja dieselben Männer welche den Mythus und selbst das Dasein der Götter bekämpften und einzelne Zweige der Wissenschaft (Weltkunde, Staatskunde, ⌊Geschichte der πολεῖς⌋ Alterthümer, Länderkunde, Dichtererklärung, Haus- und Staatsverwaltung) neu schufen, die Sophisten (die man ja nicht bloß nach ihrem Concurrenten Plato beurtheilen darf), waren auch die Hauptrepräsentanten dieses neuen Feindes der Wissenschaft: | Es war die *Redekunst*, längst praktisch vorhanden, jetzt plötzlich ein Gegenstand methodischer Lehre und in der Praxis eine Sache auf Tod und Leben, weil in den nunmehrigen Demokratien die Rede vor Volksversammlung und Volksgericht die Schicksale entschied; – außerdem aber im ganzen übrigen griechischen Leben mit dem größten Eifer als etwas Selbstverständliches acceptirt und gepflegt – und als System bis zu einem solchen Grade verfeinert und vervollkommnet, daß die heutige Praxis kaum $^1/_{100}$ von den Vorschriften und Rathschlägen der griechischen und griechisch-römischen Rhetorik mit Bewußtsein anwendet.

Wohl ist die Redekunst ohne geistige Ausbildung und mancherlei Wissen nicht denkbar und hat mit der Gelehrsamkeit manche Berührung;[1] und der Störung und Aufregung konnte sich so ziemlich entziehen wer kein Politiker sein wollte. Sie war nun einmal eine Macht geworden, von einziger Art, dergleichen kein Volk bisher gekannt hatte, und thöricht wäre es, wenn wir Späte die Sache oder gar die Nation deßhalb bedauern wollten, während die Griechen eine Bestimmung ihres Geistes darin fanden. Aber der Verlust (im Sinne der Forschung gesprochen) ist unläugbar wenn man erwägt, welche Quote jedes griechischen Forscherlebens und seiner Kräfte mit der Redekunst muß dahingegangen sein, wenn man sieht wie selbst Aristoteles einen Theil seines kostbaren Lebens darauf wandte, wenn man das noch jetzt vorhandene gewaltige Depositum kennen lernt und dann erfährt, daß dieß nur arme Reste sind von hunderten von τέχναι, προγυμνάσματα etc., ästhetischen Auseinandersetzungen etc. bis auf die Byzantiner herab.

| Am griechischen *Staat* aber, an der πόλις hatte die Wissenschaft keine Stütze, sondern eher eine Feindin. Eine wissende Kaste gab es hier *nie*,

---

1 Es existirt kein willentlicher Antagonismus.

auch nicht von den Urzeiten an. Der Wille der πόλις ging nicht nach der Seite der Gelehrsamkeit; sie nimmt vor allem den Bürger für *ihre* Zwecke in Anspruch, und da hing dessen Werth eher an Allem als an seinem Wissen. Eine hohe nationale Anlage brachte freilich Denker, Dichter, Künstler empor; die πόλις aber tödtete sie dann hie und da oder setzte sie gefangen (Phidias) oder verscheuchte sie. Nichts aber lag ihr ferner als wissenschaftliche Anstalten; sie überließ schon den gewöhnlichen Jugendunterricht rein dem Privatleben, der Sitte.

Die Demokratie war ganz besonders den Naturforschern gefährlich, und wer die Himmelskörper, die man für von Göttern belebt oder direct für göttliche Wesen hielt, astronomisch oder die Welt überhaupt als ein System von Kräften erklärte, konnte einem Asebieproceß und der Todesstrafe verfallen. Bei einer sehr geringen Meinung von den Göttern, bei permanenter Verhöhnung derselben in der sicilischen und in der alten und mittlern attischen Komödie duldete man doch keine Läugnung derselben; der Glaube der leicht aufzuhetzenden Masse reichte gerade weit genug um die Rancune der Götter zu fürchten und es «sicherer» zu finden, daß ein Läugner der Göttlichkeit von Sonne und Mond getödtet werde.

Vom IV. Jh. an gingen die meisten Denker der πόλις nach Kräften aus dem Wege und die Cyniker machten sich ein Vergnügen daraus, ihrer offen zu spotten; | aber die verkommene Demokratie fing dann etwa mit einem Forscher Händel an, weil derselbe, statt sich von ihr brandschatzen zu lassen, sein Vermögen an seine Bildung, an Reisen und Sammlungen ausgegeben hatte. – So die Abderiten mit Demokrit, worauf er ihnen seinen großen Diakosmos und seine Schrift über die Dinge im Hades vorlas und ihnen sagte: mit solchen Forschungen habe er seine Habe ausgegeben. Sie ließen ihn dann wenigstens in Ruhe und hingen ihm nicht aus Rache noch einen Proceß an.

Unter solchen Gefahren, zwischen solchen Gegnern bildete sich die griechische Wissenschaft. Wenn nicht eine höhere Bestimmung und eine mächtige innere Nothwendigkeit – ein Beruf – darüber gewaltet hätte, so wäre nichts daraus geworden.

| Die Anlage der Griechen überhaupt: sie vermögen Theile und Ganzes, Besonderes und Allgemeines zu erkennen und zu benennen und dabei wird nicht unterweges das Wort – während es noch halb Symbol und noch nicht Begriff ist – gleich geheiligt und in seiner Versteinerung angebetet; ihre Gedankenwelt bleibt eine bewegte. Das Entscheidende ist nicht dieser oder jener Grad von Erkenntniß welcher erreicht wird, sondern die Fähigkeit zu jeder Erkenntniß. ⌊Hieher die *griechische Sprache* als Organ des Denkens überhaupt, der Philosophie und der Wissenschaft,

in Parallele mit den orientalischen Sprachen. – Sie scheint schon von Anfang an Poesie, Philosophie, Redekunst und Wissenschaft virtuell in sich zu besitzen.⌋

Es erhebt sich in der Mitte des griechischen Geisteslebens die *Philosophie*, getragen von einer ganz abnormen speculativen Begabung der Nation ⌊eine ganz gewaltige Macht⌋, mag sie auch das Höchste nicht erreicht, das große Thema von Freiheit und Nothwendigkeit kaum berührt haben (wie denn Das was Aristoteles, Größere Ethik, c. 9, darüber vorbringt, sehr ungenügend ist). Nun wird hier ähnlich wie bei der Redekunst die Frage erlaubt sein: ob nicht die Philosophie als Beschäftigung eine Concurrentin der Forschung gewesen sei? ⌊Ob sie nicht zu hochmüthig verfahren sei als sie (nach ihrer Gewohnheit) den Wissenschaften ihr Fachwerk vorschrieb?⌋ Sie hat derselben aber doch weit mehr genützt als geschadet. | Und die allgemeine freie Bewegung des Gedankens, welche die Philosophie errang, kam auch jeglicher Forschung zu Gute:[1] zB: die Kritik der Sinneswahrnehmungen seit Heraklit, die Idee einer beständigen Bewegung und Entwicklung bei ihm ⌊πάντα ῥεῖ⌋.

Die Vielheit, das wetteifernde Nebeneinander der Schulen hinderte die Tyrannei einer einzelnen philosophischen Secte, welche auch die Forschung hätte einseitig machen oder eingrenzen können.

Und endlich entwickelte die Philosophie auch im äußern Leben die freie Persönlichkeit, welche auch den Forscher ziert. Nie mehr in der ganzen Geschichte hat sich die freie Beschäftigung mit geistigen Dingen, amtlos, ohne obligatorische Berührung mit Staat und Religion und ohne officielle Schule, ein solches Ansehen von Macht geben können; sie wäre, abgesehen von ihrem Inhalt, schon ipso facto welthistorisch durch dieß bloße Auftreten, mit lauter unmittelbarem persönlichem Wirken, bei Lebzeiten fast gar nicht durch Bücher. – Damals [die Philosophie] von doppelt hohem Werthe:

weil sie dem Menschen ein inneres Glück darbot, das von dem zerrütteten Staat unabhängig war –

und weil sie den Menschen auch im Leben an Freiheit durch Entbehrung und Einfachheit gewöhnte; dazu die Leichtigkeit des Lebens im Süden

und weil sie nicht bloß den Philosophen, sondern unter Umständen auch den Forscher dazu erzog, eine Persönlichkeit und nicht ein bloßer Schriftsteller zu sein ⌊unmittelbares persönliches Wirken⌋; doch heißt es von Demokrit: ἐπιθυμῆσαι λαθεῖν und Epikur: λάθε βιώσας.

| (Hiemit von den Philosophen überzugehen auf die:) *Forscher* ⌊(soweit die Trennung möglich ist)⌋, sowohl für die Naturwissenschaften als für

---

[1] Nicht nur das Denken, auch das Wissen hier war unpriesterlich, laienhaft.

die Kunde des Vergangenen, der Ferne, der Welt im weitesten Umfange (Staatswesen, Cultur etc.).

Den Griechen gegenüber sind unsere Forderungen endlos und (zumal in neuerer Zeit) Undank und Tadel gleich bereit, wo sie nicht geradezu Alles und das Höchste geleistet haben, während man andere Völker unangefochten läßt weil man weiß daß bei ihnen doch nichts zu holen gewesen wäre. Wir sollten uns überhaupt wundern ⌊wenn wir optisch richtig verfahren wollen⌋ daß bei den Griechen neben: Mythus, Redekunst und philosophischer Speculation noch so viele Zeit und Kraft für die eigentliche Forschung übrig blieb. Sie hätten uns zB: nur ihre Poesie oder nur ihre bildende Kunst hinterlassen können und wir müßten schon leidlich zufrieden sein.

Die Opfer: der griechische Gelehrte war durchaus auf höchste, dauernde Anstrengung angewiesen und bedurfte der Resignation gegen Armuth, Exil u. a. Schicksalsschläge wie der Philosoph; – Demokrit gab sein Vermögen aus und Anaxagoras ließ das seine im Stich ὑπ' ἐνθουσιασμοῦ καὶ μεγαλοφροσύνης. Forschung: meist ohne Verbindung mit jeglichem Erwerb – nur *freie Schule*, so privatim als möglich, Alles auf freie Theilnahme angewiesen und sehr zufällig – ohne Stellen, ohne Honorare und Verlagsrechte.

Schwierigkeit und *subjektives Verdienst* der Wissenschaft daher von dieser Seite enorm,[1] und im IV. Jh. war es in der That die höchste Zeit, daß durch Alexander und die Diadochen Centra des geistigen Lebens und gesicherte Positionen für die Forschung entstanden außerhalb des verlotterten Griechenlands und daß die Last ⌊der bleibenden Deposita⌋ des Büchersammelns dem Einzelnen erleichtert, ja abgenommen wurde.

| Bisher hatte jeder Forscher selber sammeln müssen, Bücher sowohl als Kunden,[2] er hatte namentlich *reisen* müssen,[3] sowohl um selber die Dinge der Welt und die Kunden darüber zu sammeln – als um Wissende aufzusuchen – und dazwischen *lehrte* er auch wohl, wo er sich befand. (Freilich die Welt ist dem Weisen eine Fremde überhaupt, das Leben eine Herberge, der Leib selbst ein Kerker). Xenophanes: seit 67 Jahren irre er unstät im *hellenischen* Land umher und dieß Wanderleben habe er im 25. Jahr angetreten. (Er sagte es also im 92. Jahr).

Andere aber reisten auch schon früh im *Barbaren*land und gewiß besonders nach Aegypten. So ganz wohl schon Pythagoras.

---

1 Es bedurfte einer mächtigen innern moralischen Kraft.
2 Von ihren Schriften vieles wohl nur Copie oder Excerpt nach Andern, wie überall vor dem Bücherdruck.
3 Während man nirgends im vorrömischen historischen Hellas von reisenden Aegyptern oder Babyloniern hört.

Besonders Demokrit:[1] von meinen Zeitgenossen habe ich die meisten Länder durchirrt, das Entlegenste durchforscht, die meisten Climate und Gegenden kennengelernt und die meisten unterrichteten Männer gehört und in der Zusammenstellung von Linien sammt Beweis (er meint offenbar Geometrie) hat mich Niemand übertroffen, auch nicht die sogenannten Harpedonapten in Aegypten, bei denen ich fünf Jahre in der Fremde gewesen bin. (Angeblich laut Aelian war er auch in Babylon, ferner {in Persien} bei den Magiern, und in Indien). ⌊Er war der Polyhistor, der wahre Vorgänger des Aristoteles⌋

Reisen Plato's, des Eudoxos von Knidos etc.

Wahrscheinlich lernten die Forscher wie die Philosophen auf ihren Reisen freilich weniger die echten Landeseingeborenen als die angesiedelten Hellenen und die Halbschlächtigen, die Leute der hellenisch-barbarischen Mischracen kennen (und Plato mag in Aegypten besonders mit Juden umgegangen sein.) ⌊Besonders in Aegypten kam man wohl sehr schwer an den eigentlichen Wissenden nämlich den Priester.⌋ Aber sie lernten was kein anderes Volk hätte lernen können, weil sie allein lernen wollten und nicht die verachtungsvolle Ignoranz des Orientalen und seine Racenscheu hatten.

| Dann der Betrieb ihrer Wissenschaft: freilich rein individuell; Überlieferung *von einem zufällig vorhandenen Lehrer oder Autor auf zufällig vorhandene Schüler oder Leser;*[2] – *es fehlte*: a) nicht nur einstweilen dasjenige bleibende Depositum des Wissens, das sich nur an dauernde Staatsanstalten anschließen kann, b) sondern auch der gleichartige Ausbau des Wissens und die gleichartige Transmission sammt ihrer jetzigen Ubiquität welche alle civilisirten Länder umfaßt und nur beim Bücherdruck möglich ist.

| Hieher die Ansichten *Usener's* (Preussisches Jahrbuch 1884, Januar Heft). Die ganz großen Leistungen der griechischen Wissenschaft beruhten auf den drei Generationen: a) Plato, b) Aristoteles, c) nächste Nachfolge. Die Spätern: nur Medicin und exacte Wissenschaften, nämlich Mathematik, Astronomie und Mechanik – auch Grammatik. Dagegen sei Aristoteles unerreicht geblieben ja bald unfaßbar geworden. Die außerordentliche Kraft jener kurzen Zeit hier erklärt durch «Organisation der Arbeit». (Seminar?)

Plato, a. 387 im 40sten Lebensjahr von seinen Reisen (zuletzt von Dionys d. Ae.) heimgekehrt – seine Namengebung Nachahmung pythagoreischer Gesellichkeit – sein Garten beim Hain des Akademos – die Genossenschaft zugleich eine sacrale.

---

1 *Er* ist der große Gelehrte *vor* Aristoteles.
2 Priesterthümer können viel massenhafter und disciplinirter Thatsachen sammeln.

Aristoteles: 17jährig 367 zunächst in der Academie. Die peripatetische Schule des Lykeion nach dem Vorbild der Akademie; Aristoteles als Metöke nicht Grundbesitzfähig; erst Theophrast erwarb den Garten (mit Hülfe des Demetrios von Phaleron). Die Transmission eine verschiedene.

«Der Meister (Aristoteles wie Plato?) *ließ* nach einheitlichen Gesichtspuncten und nach großem, auf ein Ziel gerichtetem Plane die verschiedensten Gebiete durchforschen, Material sammeln, Aufgaben bearbeiten;... er wußte für jede Arbeit die geeignete Kraft zu ermitteln.» ... (Wovon mir doch auch noch etwas hätte vorkommen müssen?) In Plato's Schriften führen freilich fast bloß Ethik und Dialektik das Wort ... daß er aber noch Anderes gelehrt, zeige besonders der Timäos und das Fragment des Komikers Epikrates, wo die Platoniker über Botanik reden (d.h. wegen ihrer Kürbisdebatte verhöhnt werden). Die größten Mathematiker hätten sich «um Plato gedrängt» – und nun werden alle damaligen mathematischen und astronomischen Leistungen auf ihn gehäuft.

Auch Aristoteles habe dann (im Lykeion) das weitere Forschen den einzelnen Schülern (Theophrast, Dikaearchos) gleichsam vermacht. (?)

| Wahrscheinlich gab es viele sogenannte vergebliche Arbeit, indem Vieles viele Male von Verschiedenen, mit jedesmal neuer Anstrengung, entdeckt wurde[1] – d.h. es gab, im Vergleich mit jetzt, ebensoviele Inspirirte und Glückliche mehr.

Der *Hauptmangel* aber war: daß das Große nicht entschieden durchdrang, daß die größten Entdeckungen bald wieder verschüttet und vergessen werden konnten und daß außer dem Mythus welcher Natur und Geschichte permanent umwogte, auch der ganz ordinäre Wahn sich behauptete. Dieß hing nicht an einem Fehler des griechischen Intellectes als solchen, sondern an Umständen, unter welchen auch bei den neuern Völkern das gleiche Übel sich eingestellt haben würde. Und vielleicht würde selbst das bloße Dasein des Bücherdrucks diese Umstände nicht aufwiegen.

Es war dieß die Indifferenz der Polis, welche absolut nicht Schule hielt und dieß auch keiner Corporation gestattet haben würde, und keinen Bürger nöthigte, die Resultate des höhern Wissens oder auch nur eine bestimmte Quote von Einzelthatsachen daraus officiell in sich aufzunehmen,[2] und am Allerwenigsten sich hierüber bei Schulkindern und Aemterkandidaten durch Examina vergewisserte.[3]

---

1 Sie wußten nicht von einander.
2 Die Standarte des Richtigen muß irgendwo aufgezogen sein und wehen.
3 Der Connex zwischen a) Schule halten b) Examen halten c) Beamte anstellen, fehlte vollständig.
40 Im Mittelalter hielt der Staat auch nicht Schule, aber er hatte neben sich die gewaltige Corporation der Kirche, welche fast Alleinbesitzerin der Schule von oben bis unten war.

⌊Aemter galten als etwas Hohes, aber *Anstellungen* als etwas Banausisches; Keinem Staat aber fiel es vollends ein, die letztern mit einem System von Examinibus zu verknüpfen. Die Beamten*carriere* existirte nicht; alle wesentlichen Verrichtungen im Staat waren wandelbar. Diejenigen Verrichtungen aber, welche dauernde Thätigkeiten verlangten (Zölle u. dgl.) waren verachtet.⌋

| Hieran änderte auch die Diadochenzeit nicht das Mindeste. Das Museion von Alexandrien war keine Lehranstalt und vollends keine Examinationsbehörde; was zunahm, war die nur sehr mäßige Sicherung des Wissens soweit sie durch Aufbewahrung zu erreichen ist, aber von einer allgemeinen Verpflichtung zu irgend einem Wissen war so wenig die Rede als vorher. Das Wissen verlangt nicht nur Schutz sondern willentliche Verbreitung. Um so höher ist der Opfersinn der wirklichen Forscher anzuschlagen, ihre Unabhängigkeit und Hingebung, und vor allem ihr Genius.

Kunde des Weltsystems und Naturwissenschaften: Unbestritten haben die wissenden Kasten von Aegypten und Babylonien viel ältere und schon sehr vollständige Beobachtungen der Himmelskörper aufzuweisen gehabt; sie berechneten das astronomische Jahr,[1] brachten die Mondumläufe mit den scheinbaren Sonnenumläufen in Einklang, kannten Sonnen- und Mondfinsternisse zum Voraus, besaßen ein einfachgeniales System von Maß und Gewicht, waren Meister in der Geometrie.[2] In der Medicin bei den Aegyptern ein uraltes, festgehaltenes System, welches jedenfalls überwiegend wahre und richtige Bestandtheile enthielt und durch die Sitte der Einbalsamirung der Leichen den Vorsprung der anatomischen Kenntniß vor allen alten Völkern voraus hatte. Die Übergänge zwischen Wissenschaft und Technik: die ägyptische Chemie, Metallbereitung, Farben etc. Die Bewältigung der größten mechanischen und constructiven Aufgaben. – Gewiß haben die Griechen mittelbar und unmittelbar von diesen so viel ältern und in gewissem Sinne so viel vollständigern Culturen das Entscheidende überkommen oder gelernt – und: sie hätten nicht einmal recht gelernt: Sie müssen sich nachsagen lassen, daß ihre Jahresberechnungen, ihr Kalenderwesen unvollkommner gewesen nicht nur als das dieser Völker sondern sogar als das der mexicanischen Tolteken. Das unvollkommene Kalenderwesen wohl wesentlich Schuld der einzelnen πόλις welche an ihren Monaten etc. beharrlich festhielt.

| Allein wir müssen erst vernehmen ob irgend ein ägyptischer Papyrus oder ein assyrischer Thoncylinder Lehren enthält wie folgende:

1 Kalenderwesen
2 Grundpläne, Landkarten

Anaximander: die Erde sei eine in der Mitte des ἄπειρον schwebende Kugel.

Anaximenes: die Gestirne bewegten sich nicht (wie eine Decke) über der Erde, sondern *um* die Erde.

Diogenes von Apollonia: es gebe endlose Welten, von der Luft erzeugt durch Verdichtung und Verdünnung.

Pythagoras oder seiner Schule spätestens im V. Jh.: die ganze Welt ein κόσμος, – jeder Fixstern wohl eine Welt für sich. Dann die Entdeckung, welche alles aus den Angeln hebt, die «*Entdeckung*» als solche ⌊groß schon in ihren metaphysischen Consequenzen⌋, die größte welche das Menschengeschlecht je gemacht und gegen allen Augenschein durchgesetzt hat: daß die Erdkugel nicht die Mitte der Welt einnehme, sondern wie andere Himmelskörper ⌊(von welchen sie bei Weitem nicht der vornehmste sei)⌋ einen Centralkörper umkreise.

Freilich *vollendeten* die Pythagoreer die Entdeckung noch nicht; In die Mitte setzten sie nicht die Sonne sondern ein Centralfeuer, welches die bewohnte Erdhälfte nicht sah,[1] weil eine Drehung der Erde um ihre eigene Axe noch fehlte.[2] Spätestens das IV. Jh. (Heraclides Ponticus) holte auch noch diese Drehung nach, und das III. Jh. (Aristarch und Seleukos) setzte bereits ins Centrum die Sonne. ⌊Diogenes Laertios, VIII, 7. τὴν γῆν κινεῖσθαι κατὰ κύκλον behauptete zuerst der Pythagoreer Philolaos, laut Andern Hiketas von Syrakus. (Hiemit ist die Bewegung der Erde um einen Centralkörper, nicht die um ihre eigene Axe gemeint.)⌋

Hat irgend ein anderes Volk des Alterthums diese Erkenntnisse *vor* den Griechen gehabt? Ja? oder Nein? Waren nicht vielleicht die wissenden Kasten von Aegypten und Babylonien ⌊die des griechischen ἀγών entbehrten⌋ längst im Stillstand gewesen; nachdem sie früher die erstaunlichen Grundlagen gelegt? | Hatte das Wissen der Orientalen nicht überhaupt *innerliche* Grenzen? war ihnen Theilnahme für Alles *erlaubt*? zogen sie die Consequenzen?

Bedurfte es nicht vielleicht der Griechen, d. h. des freien Geistes, um jene Ahnungen und Entdeckungen ans Licht zu bringen? Freilich blieben dieselben in der Minorität und konnten wieder verdunkelt werden kraft jenes Umstandes, daß keine außerhalb der Wissenschaft liegende Macht existirte, welche willentlich das einmal errungene Wissen verbreitet hätte. Entscheidend war daß schon Aristoteles hier zur Reaction gehörte und ungefähr dasjenige System aufrecht hielt welches später das ptolemäische hieß: die concentrischen, sich drehenden Hohlkugeln, auf deren äußerster die Fixsterne befestigt sind, wie die Planeten und die

---

1 Aber Sonne und Mond sahen das Centralfeuer.
2 Cf. Aristoteles de caelo II, 13.

Sonne auf ähnlichen nähern sich bewegen NB; die Erde steht im Centrum still; die Reibung beim Drehen der Hohlkugeln verursacht Licht und Wärme etc.

Und nicht bloß das Volk sondern auch viele Gebildete blieben bis in die späteste antike Zeit beim ungefähren Augenschein und hielten die Erde für eine Scheibe – es war keine «Schande» dieß zu glauben –, sogar für eine oblonge Fläche, – obwohl Eratosthenes unter dem dritten Ptolemäer die erste Gradmessung unternommen und danach den Erdumfang leidlich richtig, nur $^{1}/_{7}$ zu hoch berechnet hatte. (Ptolemäus später $^{1}/_{6}$ zu niedrig).

Dem Copernicus aber genügten dann mitten im Strom der aristotelisch-ptolemäischen Lehren die wenigen, nur als Curiosität miterwähnten pythagoreischen Ahnungen um ihm den Muth zu seinem System zu verleihen.

Aristoteles: die Klagen über ihn: Sein Hang ins Breite zu gehen. Seine Ungleichheit in der Empirie, bald die emsigste Einzelforschung und tausendfaches Experiment, bald will er aus bloßen Begriffen das Wesen ⌊Einzelne⌋ der Dinge ermitteln. Er jagt Probleme auf und löst sie nicht. (Schopenhauer: «Lebhaftigkeit der Oberflächlichkeit, Mangel an Tiefsinn»). | (Wobei zu unterscheiden, welche seiner Schriften abgeschloßne Werke, welche bloß nachgeschriebene Hefte und welche bloß Collectaneen sind, wie zB: die Προβλήματα, lauter Beobachtungen aus allen möglichen Gebieten, mit über 1000 Fragen mit offenbar provisorischen Antworten, wie er sie für sich hinschreibt, oft flüchtig, wunderlich, dann aber scharfsinnig und geistvoll. Eine andere Schrift dieser provisorischen Art ist περὶ θαυμασίων ἀκουσμάτων, später von Andern beliebig vermehrt, lauter Naturthatsachen aus der Ferne, wobei es nicht Aristoteles' Schuld war, daß die Erzähler oder deren zehnte und zwanzigste Gewährsmänner Mythisch-Gesinnte oder Lügner waren. Er nahm sich die Sache ad notam um sie einst zu untersuchen). (Es hätte eine ganze Reihe von Lebensläufen bedurft, um alle Wissenschaften so weit durchzuarbeiten, wie es zB: ein Theil seiner zoologischen Schriften sind.)

Größe des Aristoteles. Er ist der Vater der Logik; durch ihn wurde es möglich den ganzen Mechanismus des Denkens von dem Gedachten abgelöst anzuschauen. Er schuf die erste theoretische Betrachtung der Dichtkunst. Seine Rhetorik ist Muster wissenschaftlicher Methode; seine Geschichte aller Theorien der Redekunst, συναγωγὴ τεχνῶν, ist verloren gegangen. Die Geschichte der ihm vorangegangenen philosophischen Systeme verdankt man vorherrschend ihm und seiner Polemik dagegen.

⌊Aristoteles beginnt überall mit Erforschung von Thatsachen; später dann sein abschließendes Wissen und Denken. Er hat vor Plato voraus: Rhetorik, ferner alles Historische und Philologische. Seine bedeutende

Bibliothek eine der frühsten. Er kennt und behandelt öfter die Leistungen seiner Vorgänger; seine Poetik zeigt große Kenntniß der Geschichte der Poesie.⌋

Seine enormen politisch-historischen Kenntnisse; verloren sind seine πολιτεῖαι, aber erhalten ist seine Politik, die frühste vorhandene Staatslehre, indem er sich nicht begnügte, eine Utopie aufzustellen. Und wenn er im Weltbau die höchsten schon vorhandenen Resultate verkennt ⌊und in der Metaphysik Zweifelhaftes leistet⌋, so ist er dafür der Schöpfer der Zoologie, der vergleichenden Anatomie und der wissenschaftlichen Botanik – il maestro di color che sanno.

| Freilich auch gegenüber von *seinen* Errungenschaften erhebt sich wieder bergeshoch der siegreiche Irrthum; zB: zur Kaiserzeit kann gegenüber den zoologischen Schriften des Aristoteles ein Buch entstehen wie Aelian περὶ ζώων, in welchem hie und da die mystische Anschauung, sonst aber überall der dickste Volksaberglaube die stärksten Wellen schlägt. Dazu noch die Dickgläubigkeit des Pausanias – sein vermeintliches Justemilieu.

Unsere moderne Verwunderung über die Leichtgläubigkeit der Griechen in Allem was außerhalb des innern Lebens des Menschen und des alltäglichsten Wahrnehmungskreises lag; – die kritiklose Leichtigkeit womit sie sich in irgend einen von Jemanden behaupteten Thatbestand fügten; – ihr mangelhafter Begriff von Dem was im Bereich und Willen der Natur liegen kann. – Dieß Alles wäre bei uns trotz allem Bücherdruck annähernd ebenso wenn nicht der Staat durch seine Schulen jedes Grades ein gesetzliches Maß von Kenntnissen oben hielte, und die größten modernen und heutigen Resultate könnten wiederum vereinzelt und vergessen bleiben. (Wobei dem Wissen doch auch die jetzige Industrie und Technik zu Hülfe kommt).

Wobei nicht geläugnet werden soll eine besondere Lust des Griechen am Fabelhaften, für Nähe und Ferne, Altes und Neues, die durch den fortlebenden Mythus immer neu gespeist wurde. Diese Fabelliebe wogt wie ein Meer immer wieder über das Wissen her. Es machte ihnen Vergnügen zu glauben, daß noch Kentauren und bocksfüßige Pane und Tritone irgendwo angetroffen würden. Sie logen gerne, nahmen einander aber auch die Lügen gutwillig ab ohne aufzubrausen. ⌊Die Medicin und Hippocrates zu übergehen⌋

Geschichte und Völkerkunde: Hier ist die Inferiorität des alten Orients mit Händen zu greifen, so dürftig auch unsere Kunde ist. Die Inder überhaupt geschichtslos, und mit Willen, hat doch die ganze äußere Welt Platz in einer einzigen Falte von Brahma's Mantel.

| Aegypter und Assyrer haben ihre Regentenchronik und ihre officiellen Actenstücke, wobei das eigene Volk wesentlich als Sache oder Werk-

zeug, das ganze Ausland aber nur als Object von Gier und Rache, als Beute figurirt. (Ob sie daneben Statistiken ihres eigenen Gebietes hatten?) ⌞Die sonstige assyrische Literatur weit überwiegend grammatisch (deuten von Sprache zu Sprache) mit geringen Resten von historischer, mythologischer, geographischer und statistischer Art – abgesehen von der Astronomie.⌟

Wenn Plato ⌞im Timaeus⌟ die ägyptischen Priester Buch führen läßt über das Treffliche und Große was bei andern Völkern vorgekommen, so stehen dem entgegen der aegyptische Racenhaß und Hochmuth und die Reinigkeitsgesetze, welche den Aegypter unvermeidlich isolirten und des Verständnisses alles Außerägyptischen unfähig machten.

Die Perser hatten königliche Archive der Achämenidengeschichte mit welchen es sich wird ebenso verhalten haben wie mit der Regentenchronik von Assur. Daneben aber ein typisch verklärtes Bild ihres alten Rajanidischen Hauses im Königsbuch, wo alle Personen und Ereignisse dem Kampf der beiden Weltprincipien untergeordnet erscheinen.

Die Juden machen es mit ihrer eigentlichen Geschichte so: sie ordnen dieselbe dem großen Gegensatz der Theokratie und ihrer Gegner unter,[1] erzählen jedoch nicht typisch-poetisch, sondern prosaisch; sie wollen das Geschehene melden; ihre Geschichte besteht aus den Acten eines Processes. Über Aegypten und Assur haben sie höchst wichtige Kunden, aber nur insofern diese ihre Invasoren waren; objectiver Geist über sich und die Fremden fehlt ihnen gänzlich. ⌞Bei den Propheten der Juden wird Jehovah auch zum Gott der Heiden, denn die ganze Welt soll ihm künftig dienen. Aber von einem *Verständniß* dieser Heiden ist keine Rede.⌟

{Phönicier und Punier? Wissen? bei erzwungenem Stillschweigen? ⌞Ihre Länderkunde mag ein arcanum imperii gewesen sein⌟}.

Diesen allen gegenüber haben nur die Griechen objectiven Geist für die ganze Welt.

Göthe, Maximen und Reflexionen (Werke I, 441): «Panoramic ability, schreibt mir ein englischer Kritiker zu, wofür ich allerschönstens zu danken habe.»

| Solche panoramatische Augen hatten aber nur die Griechen und durch sie die seitherigen Culturvölker. Sie sind die ersten welche etwas sehen und sich dafür interessiren können ohne es zu besitzen – oder zu begehren. Sie kennen viel vom Ausland durch ihre Colonien. ⌞Sie führen die Feder für alle andern Völker.⌟

Ferner kennen und schildern sie einander unter sich, da sie aus lauter kleinen Staaten und diese wieder aus Parteien bestanden. Ihre Geschichte und Kosmographie entsteht so gesund und natürlich als möglich: Basis:

---

[1] Die Belebung ihrer Geschichte hängt an diesem Punkt.

Topographie des einzelnen Ortes oder Gaues und Landes,¹ Ortsmythen, locale Antiquitäten, Erinnerungen aller Art, Verfassungsgeschichte.

Von da gehen sie über zur Geographie und Historiographie der Nachbarn, der Griechen überhaupt und fremder Länder und suchen sich einen Begriff von der οἰκουμένη zu machen. ⌊Die Aegypter hatten Flurpläne und vielleicht Landkarten gehabt, die Griechen entwarfen *Weltkarten*.⌋

Endlich bringen die Perserkriege, in welchen sich die Schicksale so vieler Länder verflechten, die Darstellung dieser Verflechtung hervor: Herodot, und damit ist ein Ziel gewonnen, hinter welchem man nicht mehr zurückbleiben darf.

Auch hier die größten Opfer: Jeder mußte selber reisen, sammeln, seinen Vorrath bilden. Keine Polis stellte einen Historiker an, keine beauftragte oder unterstützte einen Reisenden und was Müllenhoff bei Pytheas von einer Unterstützung der massaliatischen Kaufmannschaft und selbst des Staates meint (wie bei Barth und Rohlfs etc.) ist nichts als Vermuthung und im geraden Gegensatz gegen das einzige Wort der Überlieferung bei Strabo: er sei ἰδιώτης ἄνθρωπος καὶ πένης gewesen. – Auch die Periplen sind reine Privatleistungen gewesen.

| Die eigenthümlichen Schranken und Schwierigkeiten: Die Historiographie wurde groß in der Darstellung des *Zeitgenössischen* oder noch nicht lange Vergangenen, wo sie die volle Höhe der pragmatischen Darstellung schon mit Thucydides erreicht – sogar schon mit Herodot in Darstellung des ionischen Aufstandes. ⌊Man kann hier fragen, ob man es mit einer Wissenschaft und nicht eher mit einem künstlerischen Vermögen zu thun habe.⌋ –

Dagegen ist die Forschung über das Längstvergangene, die historische Kritik im engern Sinne hier immer eine schwache Seite geblieben: Die mythischen Zeiten blieben natürlich auch in den Händen des Mythus und die vermeintlich historische Auslegung, wie sie der Euhemerismus betrieb, war lächerlich oberflächlicher Rationalismus.

Für die nachmythischen Zeiten aber,² von der dorischen Wanderung bis in's VI. Jh. war man, abgesehen von vereinzelten urkundlichen Angaben wesentlich auf mündliche Überlieferung angewiesen, wenn man dieselben darzustellen strebte.

Die *mündliche Überlieferung* aber bleibt nicht beim buchstäblich Genauen,³ sondern sie wird eine *typische*, d. h. sie bleibt nicht bei einer sachlich genauen Begründung des Thatbestandes sondern sie hebt die innere Bedeutsamkeit des Ereignisses, das Characteristische hervor ⌊das was

---

1 die Ergographen
2 da wo nach heutigem Maßstab die Kritik hätte ansetzen müssen
3 Unterschied vom mündlichen Fortleben des Epos.

einen allgemeinen menschlichen oder volksthümlichen Gehalt hat und läßt oft am Ende von einer großen Kette von Persönlichkeiten, Ereignissen und Umständen nichts mehr übrig als eine Anekdote. Inzwischen aber haben außerdem die Erzählenden von Mund zu Mund die Geschichte auch *ergänzt,* nicht aus sonstiger Kunde, sondern aus der allgemeinen Natur des betreffenden Gegenstandes; sie haben ausgemalt und weitergedichtet; sie haben namentlich was in gewissen Lebensbeziehungen vorkam, auf den berühmtesten Repräsentanten derselben gehäuft.

| So wimmeln denn namentlich die Lebensumstände der meisten berühmten Griechen von solchen Zügen, die bei ihres Gleichen vorgekommen, aber auf sie übertragen sind[1] und die moderne Kritik hat hier oft ziemlich leichtes Spiel, solche Fictionen aufzudecken, sie zB: als beliebig ersonnen zu erweisen im Interesse eines oft nur vermeintlichen Synchronismus, oder sonst auf falsche Voraussetzungen hin. Im Lebenslauf nicht nur eines Pythagoras, sondern auch eines Euripides und Plato ist fast jeder Punct der Überlieferung streitig. Im Leben des Demosthenes stehen alle äußern Umstände und zwar durch urkundliche Angaben fest, aber die typische Erzählung warf sich dann auf seine rednerische Bildungsgeschichte und erst Schäfer hat mit kritischer Meisterhand diese Fülle von Zuthaten weggeschnitten. Hieher auch: die Ausmalung aller Geschichten von Verschwörungen.

Und doch ist auch dieß Typische, Anekdotische auf seine Weise Geschichte – nur nicht im Sinne des Einmalgeschehenen sondern des Irgendwannvorgekommenen – und oft von so sprechender Schönheit daß wir es nicht entbehren möchten. Was bliebe vom ersten Buch des Herodot übrig, welches völlig auf mündlicher Erzählung oft aus zehnter Hand beruhen mag und deßhalb auch noch lautet wie ein Epos? Wer aber diese typische Erzählungsweise der Griechen in Beziehung auf ihre Vergangenheit einmal kennt, der verzichtet in der Regel darauf, in griechischen Erzählungen aus der Vergangenheit jemals das wirklich einmal, durch einen bestimmten Menschen Geschehene buchstäblich genau zu erkunden. Der Grieche ist *gleichgültig* gegen das *Exacte,* an welchem uns Alles gelegen ist.

Außerdem aber ist der alte Grieche ein *Fälscher,* von frühe an. Bei Homer kann noch Niemand schreiben; – in der spätern Weiterbildung der Trojasage ist dann gleich der erste Brief welcher vorkömmt, eine Fälschung, welche Odysseus, Diomed und Agamemnon durch einen gefangenen Phryger verüben lassen, als käme der Brief von Priamos an Palamedes, und dieser kommt damit in's Verderben. | Da man massenhaft und schon frühe Weissagungen fälschte, da eine ganze heilige Literatur

---

[1] on ne prête qu'aux riches

seit dem VI. Jahrhundert im Interesse des sogenannten orphischen Systems von einem Duzend Autoren ersonnen und durchweg dem alten Orpheus zugeschrieben werden konnte, wie hätte man sich gegenüber der profanen Welt scheuen sollen? Von den erhaltenen griechischen Briefen sind reichlich ⁹/₁₀ fingirt. Gefälschte Urkunden und Geschlechtstafeln, neue Dichtungen mit den Namen der berühmtesten Sänger an der Spitze kamen häufig vor. Fürstliche Sammler wurden später mit einem Falsum über das andere betrogen.

Wer das Wahre suchte wie Thukydides, mußte: a) Wahrheit von typischer Poesie, b) Wahrheit von Fälschung auf Schritt und Tritt unterscheiden, c) und auch Thucydides konnte ein beharrlich eingewurzeltes falsches Factum wie die Tödtung des Hipparch als Stadtregenten, woran sich der *sofortige* Sturz der Tyrannis geknüpft haben sollte, nicht entwurzeln – er scheiterte gegenüber einer beliebten Stadtsage – und mußte sich nachsagen lassen, er habe, weil selber mit den Pisistratiden verwandt, dem Harmodios und Aristogeiton die Ehre nicht gegönnt, die Tyrannis gestürzt zu haben.

In Betreff der Kunde der *Ferne* haben sich die Griechen auch durch die besten und wahrhaftesten Nachrichten nicht leicht an ihrer alten *Fabelwelt* irre machen und sich später recht viele neue Lügen gefallen lassen. Als der Pontus längst von griechischen Colonien wimmelte, als längst ionische Weltkarten existirten – und Hekataei περίοδος γῆς – und Charon von Lampsakos seine äthiopischen, libyschen, persischen Monographien, ja einen Periplus des äußern Oceans verfaßt hatte, ließ Aeschylos im Prometheus die prachtvollste Fabelgeographie erglänzen; die alten Fabel-Völker und -Länder und -Thiere leben beharrlich fort und Neuere dichten dazu ihre Utopien wie Plato seine Atlantis. | Im Geist der meisten Griechen waren Geschehenes und bloß innerlich Geschautes und Gedachtes nie völlig geschieden. Daher denn auch die Erzählungen Derjenigen welche mit Alexander M[agnus] und den Diadochen bis nach Indien gedrungen, mit den enormsten Lügen Erfolg fanden.

Gegenüber von diesen Schwierigkeiten erhellt nun die volle Größe Derer welche der wahren und großen Geschichtsschreibung auf alle Zeiten die Bahn gebrochen und Vorbilder aufgestellt haben. Nicht um einer Dynastie, nicht um eines Tempels willen, sondern frei aus innerm Interesse an den Dingen, unter lauter Opfern hatte Geschichte und Geographie 100 Jahre hindurch sich ihr Dasein erkämpft, ohne «Regierungsunterstützung», ohne Verlegerhonorare; eine bedeutende Reihe von Forschern hatten die schriftlichen und erfragten Kunden von Hellenen und Barbaren gesammelt und nach Ländern und Orten zusammengestellt; es war wesentlich Geschichte in geographischer Anordnung, verbunden mit Naturbeschreibung und Sittenschilderung.

Nun Herodot, wie sein Landsmann Dionys Halikarnass mit Stolz sagt: er hob die pragmatische, d. h. auf den ursächlichen Zusammenhang gehende Darstellung in's Große und Mächtige, indem er nicht bloß einzelner Städte, einzelner Völker Geschichte schrieb, sondern viele Hergänge aus Europa und aus Asien zu Einem zusammenhängenden Bilde sammelte – und zwar wie er selbst sagt I, 1: damit nicht große und wunderbare Thaten der Hellenen und Barbaren ruhmlos blieben (ein Gedanke – der nie einem Orientalen kam).[1] Die ewige Frische des weltkundigen Reisenden, der von Autopsie und überwiegend mündlichen Mittheilungen überfließt, an Hellenen und Barbaren Freude hat, sobald er an ihnen das Constante, das Lebendige erkennt. | Wo ihm das Verständniß fremder Religionen und vollends die Anschauung eines zeitlichen Entstehens, Wachsens und Aenderns der Religionen aufgeht, ist er für uns der Stifter der vergleichenden Religionsgeschichte und Dogmengeschichte. In solchen Aussagen ist er erhaben.

Thukydides: Seine Aufgabe nach Zeit und Räumlichkeit viel enger begrenzt: der Kampf von Athen und Sparta um die Hegemonie, mit eherner Objectivität geschildert von einem Athener; überall Gründe, Hergang und Ergebnisse des Geschehenen in gleichmäßiger Vollständigkeit und vom höchsten Gesichtspunct aus dargestellt. Außerdem aber das erste Buch und seine Einleitung; hier wird zunächst dem Mythus völlig und in tiefstem Ernst der Abschied gegeben und dann bei der Übersicht der frühern Entwicklung Griechenlands zum ersten Mal eine Subsumtion von Ereignissen und Phänomenen unter allgemeinere Gesamtbeobachtungen, unter Resultate versucht. Thukydides könnte hier in jedem einzelnen Puncte irren und er irrt wirklich hie und da, aber er ist mit dieser Einleitung der Vater des culturhistorischen Urtheils geworden. – Der allgemeine politische Sinn der Athener wendet sich hier mit genialer Divination auf die Machtverhältnisse der Vergangenheit.

Diese beiden Großen hatten Vorbilder aufgestellt, welchen man allermindestens nachstreben mußte. Xenophon's Hellenica in ihren zwei ersten Büchern reichen noch nahe an Thukydides; seine Anabasis löst in vollendeter Objectivität die Aufgabe, ein Hellenenheer unter Barbaren als lebendes Gesammtwesen zu schildern, und wenn von den folgenden Geschichtsschreibern bis auf Polyb | kein Einziger in seiner alten Form erhalten ist, so lernt man doch wenigstens aus ihren spätern Umarbeitern wie Diodorus Siculus, was für herrliche Quellen dieselben vor sich hatten. Sicilien hat seine ganze schmerzensvolle Geschichte seit dem V. Jh. gerettet. Aus den Literarhistorikern aber sieht man, welchen gewaltigen Umfang die historische und kosmographische Literatur gewonnen hatte.

---

1 Ihm glaubt man's gern, den ägyptischen Priestern des Plato aber nicht.

Wer hieß jene Historiker, ihr Leben an ihre Aufgabe zu setzen? mit Ausnahme derjenigen welche später für diadochische Fürstenhäuser schrieben, wird kein anderes Motiv zu nennen sein als der innere Drang, Geschehenes, sowohl der Vergangenheit als vorzüglich Zeitgeschichte zu erzählen, und das Bewußtsein des Genius, dieß würdig und künstlerisch zu können.

Die ganze griechische Wissenschaft ist längst in die neuere Wissenschaft aufgenommen und übergegangen; ihre Entdeckungen sind berichtigt, vermehrt, überboten worden und mit Ausnahme der Geschichte braucht man nicht mehr den Stoff des Wissens von den Griechen zu lernen wie die Renaissance es mußte. Aber die Originalen unter ihnen bleiben nicht bloß eine große Erinnerung in der Geschichte der Entwicklung des Geistes, sondern sie gewähren beim Studium den erfrischenden Duft welchen nur Blüthen der Freiheit hervorbringen; ihre Gedanken, oft gewagt und einseitig, oft von sprechender Wahrheit und ergreifend in der Form, machen in hohem Grade den Eindruck der persönlichen Kraft, des Selbsterworbenhabens, der freien Theilnahme; es lautet nie als hätte es ihnen ein Anderer vorgeschrieben; es ist kein Müssen, sondern lauter Wollen. Hierin sind sie ein ewiges, ermuthigendes Vorbild. Möge dasselbe auch für uns, Lehrende und Lernende, nicht verloren sein.

Rafael als Porträtmaler

*

* *

Rafael als Porträtmaler

Rafael hätte des Porträtmalens nicht bedurft. Wenigkeit der Porträts überhaupt bis c. 1520.
Einwirkung bestimmter indivueller Typen auf seinen Idealismus. Seine Anfänge: Verklärung des Typus Perugino's. Die idealen Köpfe des Sposalizio hervorgegangen aus einem physiognomischen Postulat.
Dann in den florentinischen Madonnen, und spät in der Madonna della Tenda, der sehr bestimmte Idealkopf ⌊langgestreckte Nase weitvorragende Lippen⌋, auch in dem einen männlichen Kopf der Grablegung Borghese, später in den knienden Frauen des Heliodor und der Transfiguration und sogar in der römischen Schule.
In den florentinischen Madonnen das Phänomen: bei nur sehr bedingter Schönheit höchste Anmuth.
Andere sich wiederholende Typen (der Joseph etc.) zu übergehen. Dito der Mönchskopf im Geist des Fra Bartolommeo.
Die Porträts in den Fresken des Vaticans: Nothwendigkeit vielartigen physiognomischen Reichthums in diesen sowohl allegorischen als historischen Compositionen. Theologie, Philosophie, Poesie und Recht in ihren Repräsentanten; dann gewaltige erzählende Scenen zum Theil vom höchsten Pathos.
Die Doppelfrage:
   a) welche einzelnen Menschen der Vergangenheit sind gemeint?
   b) welche bestimmten Menschen aus Rafaels Gegenwart sind dazu benützt?
Für Letztere ist es ein großer Adelstitel, durch Rafael unsterblich gemacht zu sein. Archimedes ist Bramante, und eine Figur in der Disputa dito, und Michelangelo's Joel dito.
Die Umgebungen des Julius II., des Leo X., und Rafaels selbst hier massenhaft verbraucht. Julius II. ist Gregor IX. im Bild des geistlichen Rechts – er ist unmittelbar da: im Heliodor, in der Messe von Bolsena und

man kann dort den MarcAnton, Giulio Romano und Foliari constatiren, hier etwa den einen der beiden Cardinäle (als Rafael Riario) ⌞dann zwei Prälaten⌟ – nur leider nicht die fünf parafrenieri oder Schweizergarden? Und in den folgenden Fresken ist Leo X. vorhanden: als Leo d. Gr., Leo III., Leo IV. und dieß alles gewiß eher ungern als bei Julius. (In Loggien, Tapeten und Farnesina nichts mehr der Art).

Rafaels Sinn für Porträts in den Fresken: Die großen Männer des Melozzo etc. in Urbino copirte er früh mit der Feder. Die in den herunterzuschlagenden Fresken seiner Vorgänger ließ er vorher copiren und so leben sie zum Theil bei Paolo Giovio fort.

Der Sigismondo Conti in der Madonna di Foligno.

———

Zur eigentlichen Porträtmalerei ließ er sich, wie es scheint, nur aus einer Art Pflicht herbei; er mußte sich dazu eigens neu stimmen um das Individuelle als solches, nicht als ein Erhöhtes und Überwundenes zu geben und um die Tracht und Umgebung realistisch und bis in den Schein, die Illusion darzustellen.

Selbstporträts und was als solche gegolten hat: Vorläufig: der Wunsch der Nachwelt, Rafael's Züge überall zu finden, schon von den Bildern des Giovanni Santi an, dann in den Bildern Perugino's (Auferstehung), in den Fresken Pinturicchio's (und hier vielleicht Rafael wirklich) ⌞Bild der Canonisation der S. Caterina da Siena⌟.

Sodann die Thatsache: daß Maler ihre eigenen Züge oder etwas daraus in jugendliche männliche Köpfe legen ⌞Rubens, Van Dyck⌟ (Gewöhnung vom Malerspiegel her).

| Das Bild der Uffizj (c. 1506) und seine Beschaffenheit.

Das stark aufgefrischte Porträt in der Schule von Athen.

Der Holzschnitt bei Vasari.

Der Stich des Bonasone.

Dazu fälschlich so benannt:

Der jeune homme im Louvre, ein Wunderwerk der Einfachheit der Erscheinung bei größten versteckten Mitteln – absolut unbekannt.

Der Bindo Altoviti in München c. 22jährig, blond, blauäugig; Rafael in diesem Alter konnte noch lange nicht *so* malen.

Das Porträt Czartoryski in lose umgeworfener vornehmer Tracht. {Das Individuum identisch mit dem angeblichen Duca d'Urbino der Schule von Athen – irgendein Unbekannter aus Rafaels Umgebung 1510 und ganz gewiß nicht der c. 1535 von Tizian gemalte Francesco Maria della Rovere der Uffizien}.

———

Angelo Doni
Maddalena Doni geborene Strozzi
die «ältere Schwester» (Tribuna)
La donna gravida
Julius II., Pitti und Uffizj (Vasari lügt: faceva tremare etc.)
   die Juliusstatue Michelangelo's
   die Medaillen Caradosso's
   der Julius der Fresken
Leo X. mit den Cardinälen Medici und de' Rossi, Pitti, – A. del Sarto's
   Copie: Neapel
Giuliano Medici (Copie Bronzino, Uffizj)
Lorenzo Medici (Copie, Musée Fabre) (hiebei das Jünglingsporträt des
   Musée Fabre zu erwähnen)
Baldassare Castiglione, Louvre
Fedra Inghirami, Palazzo Pitti
Antonio Tebaldeo (nicht in Neapel)
Cardinal Bibiena (Madrid), Copie Palazzo Pitti
Navagero und Beazzano, Copie (?), Doria
«Rafael und sein Fechtmeister», Louvre
1518: Der Violinspieler, Sciarra
dito: Giovanna d'Aragona, Louvre
La Fornarina (Palazzo Barberini) hiebei zu erwähnen: die angebliche
   Fornarina, Tribuna
La donna velata, Palazzo Pitti
Madonna di San Sisto.

___

Referat «Allgemeine Schweizer Zeitung» Nr. 47 und 48, vom 24. und 25. 2. 1882

Man ist wohl berechtigt zu fragen, ob Rafael, der Maler des Idealen, er, dem nicht nur Olymp und Parnaß, sondern auch das Paradies der Seligen offen stand, ob er überhaupt auch das Individuelle gebildet hat. Es verstand sich das durchaus nicht unbedingt von selbst; Michel Angelo z. B. ließ sich nur ein einziges Mal zu einem Porträt herbei und von Lionardo da Vinci gibt es deren nur 3 bis 4 sichere. Auch in Venedig, der Porträtstadt κατ' ἐξοχὴν, beginnen sie eigentlich erst seit circa 1520, also nach Rafael's Tode, recht häufig zu werden. Rafael hat von früh an unermüdlich die Menschen studirt, wie das ja keinem Maler erspart bleibt; nur durch die auf diesem Wege mühevoll errungene Wahrheit hindurch ist das Ideal zu erreichen, kann aus dem Vielen das Eine, aus dem Unvollendeten das Vollendete, aus dem zerstreuten Einzelnen das Ganze, aus dem Unruhigen das Ruhige gezogen und zu einem höheren, reineren Neuen vereinigt werden.

Als Schüler des Pietro Perugino übernahm Rafael zunächst den Idealtypus der Schule, hauchte ihm aber sogleich ein neues Leben ein und erhob ihn auf die höchste Stufe. Er malte in verschiedene Bilder seines Lehrers oder dessen Werkstatt einzelne Figuren oder Köpfe hinein, die sich vom Uebrigen durch eine reinere, höhere Idealität innerhalb des allgemeinen Schultypus auszeichnen. Oder aber er nahm ein Motiv des Meisters neu auf und schuf daraus in einem eigenen Bild diejenige Herrlichkeit, deren es an sich überhaupt fähig war: so in Mariä Himmelfahrt im Vatican und im Sposalizio in der Brera. Der peruginische Typus ist hier auf's Höchste veredelt und verfeinert, bis nahe an die Grenze des Möglichen geführt, von einer fast nicht mehr menschlichen Zartheit und Süßigkeit mit den sanften Taubenaugen, der Schmalheit der Nasenflügel und Kleinheit des Mundes.

Mit 1503, mit seinem ersten Aufenthalt in Florenz, beginnt die Zeit der Selbständigkeit Rafael's, da die Wirklichkeit der florentinischen Kunst auf ihn wirkt. Er muß in dieser Zeit ein weibliches Modell von hohen Vorzügen, aber nicht eigentlich schön, gehabt haben, das einen großen Eindruck auf ihn machte und in vielen seiner Bilder noch bis in seine spätere Lebenszeit immer wiederkehrt. Man erkennt diese Züge deutlich in der Vierge d'Orléans, der Madonna di casa Tempi in München, der belle jardinière im Louvre, der Madonna del cardellino in den Uffizien und der Madonna im Grünen in Wien. Am deutlichsten zeigt die belle jardinière diesen einseitigen Modelltypus; es ist eine nicht ganz vollkommen normal schöne, aber geist- und lebensvolle Physiognomie mit einer außerordentlich steilen, spitz zulaufenden Nase und kleinem starklippigem, vortretenden Mund, dessen Oberlippe etwas schräg sitzt. Wenn wir diesem Kopf im Leben begegnen würden, so würden wir ihn vermuthlich erstaunlich wenig schön finden. Rafael erhob ihn bei aller Unvollkommenheit der Formen zu unsterblicher, übermächtiger Anmuth. Es ist eine Erscheinung von triumphaler Tröstlichkeit, die uns zeigt, daß in der echten Kunst über allen Formen des Skeletts, über aller Schädel-, Muskel- und Hautbildung, über allem Bau der Augen etwas höheres, unaussprechliches schwebt, das die echte Schönheit ausmacht. Auch in einzelnen männlichen Köpfen verwendete Rafael diesen Typus, so ganz deutlich in der Grablegung Borghese in dem jungen Mann, der den Leichnam hebt. In seiner späteren Zeit wurde er ihn los, doch nicht vollkommen; noch in der Madonna della Tenda in Turin und München tritt er wieder ziemlich excessiv, aber zu höchster Anmuth verklärt auf. Ja sogar in seinen großen Historienbildern findet er sich mehrmals, so im Heliodor in einer vorne links knienden Frau und nochmals in der Transfiguration in dem mäch-

*tigen Weib, das im Vordergrund kniet. Auch die Schüler Rafael's perpetuirten ihn immer wieder auf's Neue in ihren Bildern.
1508 wurde Rafael von Julius II. nach Rom berufen, um dort im Vatican die gewaltigen monumentalen Aufgaben zu lösen. In der camera della segnatura hatte er die großen geistigen Weltmächte, die Theologie, Poesie, Philosophie und Rechtswissenschaft in mächtigen Fresken zu verherrlichen; diese Mächte musste er repräsentiren durch eine Fülle von Individuen. Er zog außer dem ganzen Hofstaat des Papstes seine ganze Erfahrung und Ahnung herbei und schuf damit das wunderbare Ensemble von bedeutenden Menschen jeder Art, das sich nur mit Shakespeare's Reichthum an ganzen, urkräftigen Persönlichkeiten vergleichen lässt.
 Da ist es denn natürlich, daß man gerne wissen möchte, welche einzelne Persönlichkeit jeweils dargestellt ist, und zwar erheben sich da zwei Fragen: 1. Wer ist dargestellt im Sinn des Bildes? Welcher alte Weise, welcher Heilige, welcher Dichter ist gemeint? 2. Welcher Zeitgenosse Rafael's hat ihm bei der und der Figur vorgeschwebt oder gar Modell gestanden? Nur in wenigen Fällen kann man diese Fragen beide mit Sicherheit beantworten: so in der Schule von Athen ist die gebückte Gestalt rechts im Vordergrund, die geometrische Figuren in den Sand zeichnet, sicher Archimedes und dabei das Porträt des großen Architecten Bramante von Urbino, des älteren Verwandten Rafael's, der damals eben neu St. Peter baute, ein herrlicher, grandioser Greisenkopf, den auch Michel Angelo in seinem Joel in der sixtinischen Capelle verwerthete. Das übrige ist alles bestritten oder ganz unbekannt. Vasari hat eine Menge von Sagen überliefert und im vorigen Jahrhundert verlegte man sich vollends auf's Errathen, so daß jetzt arger Streit herrscht; da thut man am besten, sich nicht den Kopf zu zerbrechen, sondern zu genießen, was zu genießen ist und dessen ist wahrlich genug.
 Mehrmals stellte Rafael in diesen großen Fresken seinen Brodherrn Julius II. dar: so in der Ertheilung des geistlichen Rechts als Gregor IX., schon bejahrt mit weißem Bart, umgeben von zwei Cardinälen, in denen man den Cardinal Medici, den späteren Leo X., und den Cardinal Alessandro Farnese, den späteren Paul V., erkennt. Ebenso ist in dem wunderbaren Heliodorbild der Papst, der links in feierlich-ruhiger Majestät auf der sedia gestatoria hereingetragen wird, wiederum Julius; unter den Trägern sind: Rafael's Kupferstecher Marc Anton, sein bedeutendster Schüler Giulio Romano und ein päpstlicher Secretär. Die Messe von Bolsena ist wiederum ein wunderbares Ganzes von Porträts; auf der rechten Seite knien zehn Figuren: zu oberst Julius, stolz, hochsinnig, ganz versunken in großartige Anbetung; weiter unten Cardinäle und Hausprälaten; zu unterst Reitknechte des Papstes oder Hauptleute seiner Schweizergarde, ein prachtvoll stattliches Geschlecht; nach einer Tradition soll sich*

ein Diesbach darunter befinden. Mit Sicherheit lässt sich das nicht feststellen; jedenfalls ist es eine Gruppe, wie sie in der ganzen Malerei so vorzüglich schön und lebendig gerade für dieses Thema nicht wieder vorkommt; in dieser Gruppe verewigt zu sein, wäre wahrlich ein nicht zu verachtender Adelstitel.

Auch den Nachfolger Julius II., Leo X., brachte Rafael auf mehreren dieser Bilder an: so ist er ganz deutlich Leo der Große im Attilabild, Leo III. im Reinigungschwur und der Krönung Carls des Großen, Leo IV. im Sarazenensieg bei Ostia. Allein alle diese Bilder sind nicht mehr eigenhändig von Rafael ausgemalt und überdies hatte er offenbar nicht dieselbe Sympathie für diesen Papst wie für Julius II.

Eine große Aufgabe der Maler der Renaissance war das Empfehlungsbild, d. h. ein Bild, auf dem der Donator von Heiligen der Madonna mit dem Kind empfohlen wird. Rafael löste diese Aufgabe einmal majestätisch ergreifend in der **Madonna di Foligno** *im Vatican. Der Stifter, ein päpstlicher Secretär Namens Sigismondo Conti, ein kranker, schon dem Tode naher Mann, kniet vorne in tiefer Andacht; er wird der Madonna empfohlen durch drei Heilige, Gestalten von wunderbar feuriger Inspiration, die überselig sind und auch ihm ihre Seligkeit mittheilen. Oben in den Wolken thront die herrliche Madonna mit dem Christuskind und unten in der Mitte der Bilder steht der wundersame kleine Engel mit der Inschrifttafel. Sigismondo Conti hat von Rafael die Gewähr der Seligkeit erhalten, denn die empfehlenden Heiligen sind von einer Intensivität des Gefühls, wie sie sogar Rafael kaum wieder erreicht hat; obgleich wir sonst von ihm nichts wissen, so ist er uns doch empfohlen für alle Zeiten.*

Außer diesen gelegentlich auf großen Compositionen angebrachten Bildnißfiguren hat nun aber Rafael auch eigentliche Porträts geschaffen. Zunächst interessirt es uns natürlich am meisten, uns über sein **Selbstporträt** *in's Klare zu setzen. Allein hier stoßen wir auf eine der schwierigsten kritischen Fragen, auf ein Meer von Zweifeln und Einwürfen aller Art. Rafael ist ein allgemein geliebtes und liebenswürdiges Wesen, dem man mit Begeisterung überall nachgeht und ihn daher überall erkennen möchte. Schon auf den Bildern seines Vaters Giovanni Santi soll gleich jedes angenehme Christuskind der kleine Rafael sein und ebenso greift man in der ganzen peruginischen Schule auf jede entfernte Aehnlichkeit. Mit einiger Sicherheit kann man in Pinturicchios Fresco der Canonisation der heil. Catharina in der Libreria des Doms von Siena den jungen Mann, der links in der Ecke neben dem ganz authentischen Pinturicchio steht, als Rafael erkennen, der an diesen Bildern mitmalte.*

Das berühmte Selbstporträt in den Uffizien, das den Meister 22jährig 1505 darstellt, ist unzweifelhaft echt, aber ganz jammervoll übermalt; das ganze Kinn ist mit einem schmutzigen Ton übermalt, die Nase, die Lippen, das rechte Auge, namentlich beide Augenlieder fast ganz umgestaltet, so daß wir zum ewigen Jammer der Kunst den echten Ausdruck nicht mehr erkennen können. Auch kann man die Uebermalung nicht mehr beseitigen ohne riskiren zu müssen, das ganze Bild vollends zu zerstören.

Ein weiteres Selbstporträt findet sich in der Schule von Athen; dort hat der Meister am Rande links sich und seinen Lehrer Perugino hingemalt; allein die beiden Köpfe sind wiederum auf's stärkste mißhandelt worden. Bei Perugino weiß man gar nicht was anfangen, denn er stimmt ganz und gar nicht mit dem unzweifelhaften Selbstporträt in den Uffizien. Als Ergänzung sind wir angewiesen auf einen Holzschnitt in Vasari, der Rafael in seinem letzten Lebensjahr darstellt und auf einen ganz rohen gleichzeitigen Stich.

Noch sind drei weltberühmte Bilder zu besprechen, die lange Zeit fälschlich für Selbstporträts Rafael's gegolten haben:

1. Der sogenannte jeune homme im Louvre, ein vornehmer junger Mann von 18–21 Jahren in prachtvollem Costume, ganz unmöglich Rafael, sondern irgend ein liebenswürdiger, junger Tagedieb aus der Nähe Julius' II. Er hat einen Doppelgänger an dem wunderschönen jungen Mann im weißen Mantel mit blonden Haaren und blauen Augen in der Schule von Athen über der Gruppe links, der gewöhnlich für Francesco Maria della Rovere, Herzog von Urbino gilt. Dieser Mann war einer der ärgsten Missethäter der Renaissance, mehrfacher Mörder, ein böser, tükkischer Mensch, der sein gutes Theil von Verantwortlichkeit trägt für das unglückliche Schicksal Italiens. Wenn er es wirklich ist, so muß auch der jeune homme im Louvre so benannt werden. Es kann aber unmöglich so sein. Ein Porträt von Tizian in den Uffizien zeigt uns den Herzog von Urbino um 25 Jahre älter und da ist es denn ein odiöses, erbarmungsloses, höchst energisches Gesicht, das gar nicht die geringste Aehnlichkeit hat mit dem liebenswürdigen jungen Menschen der Schule von Athen; es kann nicht dasselbe Individuum sein und so müssen wir uns denn bei dem jeune homme damit begnügen, daß es irgend ein vornehmer junger Herr ist. Es ist ganz unzweifelhaft von Rafael gemacht und malerisch von allerhöchstem Range, von vorzüglicher Lebendigkeit und höchster Kunst im Helldunkel, in der weisen, vornehmen Sparsamkeit des Colorits.

2. Das Porträt des Bindo Altoviti, eines florentinischen nobile, in der Pinakothek zu München, ein Bild, das noch jetzt von Manchen für Rafael gehalten wird. Der Mann hat eine nicht zu leugnende Aehnlichkeit mit Rafael, nur ist er blond und blauäugig, während Rafael braune Haare und Augen hatte. Dazu stellt es einen Mann ungefähr im 22. Jahre vor und ist schon so vollendet gemalt, wie Rafael in diesem Alter es noch nicht gekonnt hätte. Die ganze Maltechnik des Bildes weist auf Rafael's spätere Zeit, da er den Venezianern, namentlich dem Giorgione und seinem hämischen Feinde Sebastiano del Piombo vieles abgesehen hatte, wie ja Rafael in seiner unerschütterlichen Ehrlichkeit nie glaubte ausgelernt zu haben, sondern bis zum letzten Athemzug sich unermüdlich weiterbildete. Der dargestellte Bindo Altoviti ist übrigens ein prächtiger, kraftvoller Mensch und das Bild ziemlich gut erhalten.

3. Das ebenfalls fälschlich für Rafael gehaltene und berühmte Jünglingsporträt im Palais Czartorisky zu Paris, ein echtes, von Rafael gemaltes Bild, aber nicht ihn darstellend.

Diese drei sind also zu eliminiren.

Wir dürfen wohl die Frage erheben, ob Rafael überhaupt gerne Porträts gemalt hat und glauben mit nein antworten zu müssen. Es kostete ihn sicher Ueberwindung, denn er musste sich dazu herabstimmen und große Sorgfalt auf allerlei Accessorien, auf die Tracht, auf äußere Illusion verwenden. Das sieht man auch ganz deutlich an dem Doppelporträt des Angelo Doni und seiner Gemahlin Maddalena geb. Strozzi im Palazzo Pitti. Rafael ist hier entschieden etwas befangen, kämpft mit dem Gegenstand. Die Maddalena ist höchst anmuthig; der Meister scheute sich nicht, hier der Gioconda des Lionardo einiges zu entnehmen. Von vollendetem Geschmack und sicher von Rafael so angeordnet ist die Tracht, wie überhaupt der Meister darin besonders groß war; man braucht nur auf die unendlich liebliche Eleganz der Costume im Sposalizio zu verweisen.

In den Uffizien ist das Porträt einer der Madd. Doni sehr ähnlichen, nur älteren Dame, vielleicht einer älteren Verwandten. Sie ist schon etwas verlebt, ohne alle Jugendfrische, hat aber vor der jüngern den Vorzug durch eine ganz himmlische Anmuth.

Von Julius II. haben wir zwei Porträts, beide wohl eigenhändig, das bessere in den Uffizien, das im Pal. Pitti etwas später (gute Copien sind im National-Museum zu London und im Museum von Berlin von Sebastiano del Piombo). Hier haben wir den Papst wie er wirklich war, hochbejahrt in guter Stimmung, ganz ruhig und mäßig in einfacher päpstlicher Haustracht. Es ist ein Bild von unbeschreiblicher, tief sympathischer Schönheit. Rafael muß ihn wahrhaft geliebt und bewundert haben, um ihn so malen zu können. Da ist vergessen der rücksichtslose, gefährliche Politiker, der pflichtwidrige Feind Venedig's, der Mann, der wohl die Franzosen aus Italien vertrieben, allein dafür die Spanier mächtig gemacht hat, vergessen all der Schmutz, der von bösen Zungen seinem Andenken angehängt worden ist. Es lebt ein großes harmonisches Gefühl in dieser gewaltigen und geistvollen Persönlichkeit.

Einer der größten Schätze des Louvre ist das Porträt des Baldassare Castiglione, eines feinen, leidensfähigen, geistvollen Mannes in einfacher Hoftracht, mit unendlich ausdrucksvollen Augen, ein Bild, das noch über die Porträts Tizian's hinausgeht. Tizian verstand es nicht so wie Rafael, uns die Personen, die er darstellt, so eigentlich warm an's Herz zu legen.

Der Pal. Pitti enthält das Porträt des päpstlichen Hausprälaten und Bibliothekars Fedra Inghirami, eines Mannes von großer, aber geistvoller Häßlichkeit mit einem vorquellenden Auge. Rafael hatte den Muth, dieses Auge nicht etwa durch Profildarstellung zu verdecken, sondern es zu geben, wie es war; er erhob aber gerade diesen Mangel zu erstaunlicher Wirkung und wusste ganz unendlich viel Geist und Leben hineinzulegen.

Ein Doppelporträt Navagero und Beazzano im Pal. Doria zu Rom ist wahrscheinlich nur eine sehr gute alte Copie. Rafael mochte diese Leute gemalt haben zur Erinnerung an einen fröhlichen Tag, den er mit ihnen auf einem Ausflug nach Tivoli zugebracht hatte.

Im Pal. Pitti befindet sich das Porträt Leo's X. mit den Cardinälen Medici und de Rossi. Es ist eine unangenehme Erscheinung, der man es anmerkt, daß sie Rafael nicht sympathisch war; er mochte wohl eine gewisse Abneigung gegen den Papst hegen, der seine Heimat Urbino den rechtmäßigen Händen entzogen hatte. Immerhin ist in malerischer Beziehung alles denkbare gethan, um an dem fetten, ungestalten Mann das Geistvolle, Interessante hervorzukehren. In der Behandlung und feinen Stimmung der ganz rothen Kleidung ist das Bild ein Wunderwerk der Malerei.

Der Cardinal Bibiena, ein ziemlich lockerer Vogel und schlechter Rathgeber Leo's X., ist von Rafael in einem Porträt im Pal. Pitti dargestellt. Es ist eine außerordentlich feine, geistvolle Physiognomie, die merkwürdig an Cardinal Antonelli erinnert, nicht in den Zügen, aber im Ausdruck.

Im Museum von Neapel wird dem Rafael das Porträt eines Tibaldeo zugeschrieben, ein ganz herrliches, sympathisches Bild, aber nicht von Rafael. Es ist so vortrefflich, daß man es nur ihm zutrauen mochte, ein sehr ehrenvoller Irrthum, der vielen andern Malern nicht passirt.

Ein räthselhaftes Bild ist der berühmte, 1518 datirte Violinspieler im Palazzo Sciarra zu Rom. Es ist ein junger, unendlich interessanter Mann mit Geigenbogen, Orangenblüthe und Lorbeer in einem mit fast niederländischer Illusion gemalten Pelzwerk. Man hat auf alle Violinvirtuosen des sehr musicalischen Leo X. gerathen, wird aber nie Sicherheit erlangen; das schadet auch gar nichts, denn das Original wäre vielleicht bei Weitem nicht so interessant wie das Bild.

Sehr glanzvoll ist das im Louvre befindliche Porträt der Johanna von Arragonien, der Enkelin des Königs Ferrante von Neapel, der Gemahlin des Ascanio Colonna und Mutter des Marc Antonio Colonna, des Helden von Lepanto. Sie war weltberühmt und vergöttert als Schönheit und trug diesen Ruhm mit großer Würde und Gelassenheit. Es wird behauptet, Rafael habe nur den Kopf selbst gemalt, das andere den Schülern überlassen, oder gar, er habe sie gar nie gesehen, sondern einen seiner Schüler nach Neapel geschickt, um sie zu porträtiren, und dann nach dessen Bild das seinige gemalt. Letzteres ist unmöglich wahr; er muß sie gesehen und gekannt, mit ihr gesprochen haben; das Werk ist zu vollkommen in seiner Sicherheit; eine rauschend glanzvolle Symphonie tönt in dieser Prachterscheinung mit dem wundervollen, roth-gold-weißen Kleid, das sich dem herrlichen Wuchs des Körpers anschmiegt, und dem wie eine aureola wirkenden Barett auf dem Kopf mit dem wunderbar schönen, regelmäßigen und vornehmen Gesicht. Es ist ein wahrer Triumph von vornehm-schöner, majestätischer Repräsentation. Copien dieses Bildes sind ziemlich verbreitet; auch unser Museum enthält eine recht gute.

Die Fornarina, die Geliebte Rafael's in seinen letzten Jahren, ist dargestellt in einem Bild im Pal. Barberini zu Rom. Es ist ganz deutlich ein Weib aus dem Volk, eine plebeische Schönheit ohne Geist, sogar als Schönheit nicht absolut tadellos, immerhin sehr schön, mit mächtigen Augen. Merkwürdiger Weise stellt die donna velata im Pal. Pitti, ein verschleiertes Frauenbild, dasselbe Weib vor, nur um einige Jahre älter und hier vergeistigt, lebendig und sprechend. Man wollte Rafael das Bild absprechen, aber mit Unrecht; es ist sicher von seiner Hand, aber allerdings ziemlich verdorben, namentlich am Schleier.

Die höchste Stufe desselben Typus ist dann die sixtinische Madonna zu Dresden. Hier sind die irdischen Schlacken beseitigt und aus dem zerstreuten und unreinen Menschlichen ist das Uebermenschliche zusammengezaubert zu einer der allerhöchsten und erhabensten Hervorbringungen der ganzen Kunst.

Über Echtheit alter Bilder

*
* *

Häufig die Frage über ein Bild: Von wem? – und ob echt? – und Verwunderung über die unbestimmten Antworten, welche höchstens auf eine bestimmte Schule lauten.
Zweierlei Sinn von «*echt*»:
Der eine: ob überhaupt alt oder mit Absicht der Täuschung nachgemacht damit es nur überhaupt für etwas Altes gelte? – Dieß oft leicht zu entscheiden. ⌊Die Rubensfabrik in Polen. Aber auch schon fast oder ganz gleichzeitige Täuschungen: die falschen Ruysdaels und Claude's. Die zu Tizians aufgemalten, an sich echten Venezianer.⌋
Der andere: ob das Bild richtig benannt, wirklich von dem betreffenden Meister? oder nur dafür ausgegeben. Hier die Antwort viel bedenklicher. Zuerst: wer hat das Bild früher getauft? Etwa ein Kenner aus der frühern Zeit, da man nur in einzelnen Schulen sattelfest war? oder in Galerien einen Maler proclamirte weil man ihn noch nicht hatte. Oder ein früherer Besitzer, der in seinem fool's paradise glücklich war? Oder ein Bilderhändler? mit andern Worten: Wünschen und Begehren haben das Urtheil bestimmt.
Seltenheit der völlig sicher benannten alten Bilder. Es hilft einem italienischen Bild der goldenen Zeit nichts daß es bei Vasari erwähnt sei; man schilt es doch etwa Schulcopie[1] und hie und da mit Hyperkritik (so die Madonna del passeggio der Bridgewater Galery). ⌊Mehrmals vorhandene:⌋ Die alten angeblichen niederländischen Copien nach Rafael – le réveil de l'enfant ibid. und in Neapel.
Sodann Schwierigkeit bei ganzen Schulen, namentlich bei der venezianischen wo das gemeinsame Können in gewissen Beziehungen sehr groß war. ⌊Schwierigkeit auf Tizian zu taufen. Frühere Gewohnheit: auf den berühmtesten Repräsentanten einer Schule zu taufen.⌋ ZB: ein halbes Duzend Schüler des Rembrandts auf seinen Namen ⌊Verboom heißt Hobbema⌋ Regnier de Vries heißt oft Ruysdael, oft mit Hülfe von gefälschten

---

[1] Die früh und viel copirten Meister; A. del Sarto und die alten Copien

Monogrammen.¹ (Die gefälschten Cartellini Io Bellinus). Jetzige Kunst der Auflösung des Vorraths unter die einzelnen Schüler.

Ferner: die Massenmaler mit großen Ateliers oder wenigstens: sehr beschäftigte Maler mit Gehülfen. Der Einzige welcher es oft sagt: Fra Bartolommeo mit Mariotto Albertinelli. Ihr Monogramm: zwei Siegelringe, durch ein Kreuz zusammen gehalten. An Rafaels vierge de François I ist Alles von Giulio und vielleicht nur der Kopf Josephs von Rafael. Solange solche Schüler völlig durch den Meister leben, ist das Bild noch nahezu *sein* Werk. Das Atelier des Rubens – Stufenreihe: Ganz eigenhändiges. Von Rubens vorgezeichnetes und untermaltes von Schülern in Haupttheilen oder nur in Accessorien vollendetes, von ihm übergangen. Bilder mit völliger Arbeitstheilung: Galerie de Maria de Medici. Atelierbilder, nur von Rubens componirt und schließlich übergangen. Schulcopien. Bei diesem Anlaß: das Neptunsbild Schönborn. Wahrscheinlich ein Bild der Arbeitstheilung ⌊mit vorwiegender Arbeit des Meisters⌋.

Und nun: wozu ⌊bei Anlaß hoher Schönheit⌋ der Lärm? Psychologische Gründe warum die Herren Kenner einander gern das gebrannte Herzeleid anthun.

a) Es ist etwas Schönes und Erhebendes, einen großen alten Meister aus echten und vorzüglichen Bildern allmälig kennen zu lernen und sich dessen Persönlichkeit innerlich anzueignen.

| b) Hierauf kömmt die menschliche Eitelkeit und prätendirt, einen großen Meister untrüglich zu erkennen, wobei die heimliche Voraussetzung, ihm congenial zu sein.

c) Ein Anderer und Dritter aber denkt ebenso und hat dabei andere Resultate.

d) Und je nachdem die Leute gutmüthig und wohl erzogen sind oder nicht, schlägt das Feuer ins Dach.

Und doch wären Mahnungen zur Bescheidenheit genug vorhanden. Die altniederländische Schule ist seit vierzig Jahren mehrere Male fast vollständig umgetauft worden, obwohl doch eine Anzahl Bilder stets gesichert waren.

Ferner: es giebt einzelne besonders schwierige Meister, welche nicht etwa successiv bald diesen bald jenen Maler nachgeahmt, sondern aus eigenen Kräften sehr verschiedne Initiativen angegeben haben – so in Italien Lorenzo Lotto, der unter venezianischen und lombardischen und florentinischen Namen geht und Hans Holbein.

Das Dresdner Concil von 1871 – bloß von Porträts des Holbein umgeben, ohne sich zu erinnern oder ohne zu kennen die großen Verschiedenheiten Holbein's sobald er andere Gebiete betritt wie man es nur im hie-

---

1 Das Bild in der Capitolskirche zu Köln.

sigen Museum inne wird – decretirte: Die Dresdner Madonna sei nur eine spätere Copie, an welcher Holbein keinen Theil gehabt. Die Herrn lehnten es aber ab, den spätern Meister zu nennen, welcher das Darmstädter Bild so herrlich umgestaltet hatte. Ein solcher hätte müssen als Caspar Hauser zum Meister erzogen und gleich nachher getödtet worden sein.
Und ebenso wurde noch 1875 Michelangelo's San Giovannino durch einen Congreß verkannt. Man wird nicht immer klüger deßhalb weil man zu Vielen ist.
Überhaupt die Hyperkritik und ihre heutigen triumphalen Manieren. – Die scheinbare Überlegenheit, womit Crowe und Cavalcaselle den Giorgione zerlegt und ihm sogar die zwei Hauptbilder im Louvre genommen haben. Dann als Gegensatz das Schicksal Rembrandts: nachdem man ihm früher alle möglichen Schülerbilder aufgeladen, giebt man ihm neuerlich echte, bezeichnete Werke, besonders Jugendbilder zurück. Die Geschichte von der Auction Schneider 1876.

Das Böse und Fieberhafte kommt aber in diese ganze Angelegenheit nicht so sehr von den Kunstgelehrten, als von den großen Modeleuten, welche berühmte Meister der Vergangenheit an ihren Wänden haben müssen, um ganz unerhört vornehm zu sein. Sie bringen den Kunsthandel in eine aleatorische Bewegung.
Dinge die zu Trost und Belehrung aller künftigen Zeiten und nur *einmal* vorhanden sind gehören nicht in den Privatbesitz ⌊namentlich nicht in den wandelbaren⌋. Nur können die öffentlichen Galerien mit ihren Angeboten nicht mehr nachkeuchen. Für bescheidnere Liebhaber der Spruch des Gioacchino Curti: Purchè la roba sia buona, non dimandar il nome dell'autore.

Referat «Allgemeine Schweizer Zeitung» Nr. 50–53, vom 28. 2., 1.–3. 3. 1882: Ueber die Echtheit alter Bilder (Academischer Vortrag von Hrn. Prof. Jacob Burckhardt.)

Es kommt häufig vor, daß man darüber consultirt wird, ob dieses oder jenes Bild echt sei; die Frage kann zweierlei Sinn haben: 1. Ist das Bild alt oder erst in neuerer Zeit mit der Absicht der Täuschung angefertigt? 2. Ist es richtig benannt, stammt es wirklich von dem angegebenen Maler? Das sind zwei ganz verschiedene Fragen, die jeweilen gesondert geprüft werden müssen.
Man sollte glauben, es wäre unmöglich, alte Bilder so täuschend nachzuahmen, daß sie wirklich für echt angenommen würden und doch ist das zu allen Zeiten häufig genug vorgekommen, ja es gab förmliche Fa-

briken von unechten Bildern, so z. B. im vorigen Jahrhundert eine solche, welche massenhaft falsche Rubens und Ruisdael in die Welt setzte. Bisweilen geschah derartiges einem Meister schon bei seinen Lebzeiten, so Claude Lorrain. Er sah eine Menge von Leuten in seinem Atelier, welche sich sehr begeistert und bewundernd gebahrten, in Wahrheit aber nur da waren, um ihm seine Motive abzusehen und dieselben dann in Nachahmungen noch früher auf den Markt zu bringen, als er sein eigenes Bild beendigt hatte. So entstand schließlich eine derartige Confusion, daß kein Mensch mehr wissen konnte, was wirklich echte Bilder des Meisters waren, und um dem ein Ende zu machen, gab er sein liber veritatis heraus, eine Sammlung aller wirklich von ihm eigenhändig ausgeführten Compositionen in guten Sepiacopien. Das Buch wurde später mehrfach facsimilirt herausgegeben und erreichte vollkommen seinen Zweck, die Sicherung der echten Compositionen. Das ist freilich nur ein vereinzelter ganz eigenartiger Fall.

Ganz besonders sind venezianische Bilder der Fälschung ausgesetzt. In Bologna existirte eine große Fabrik venezianischer Bilder, die der Vortragende selbst noch in ihren Resten gesehen hat. Das Verfahren war in der Regel das, daß man sich irgend ein unbedeutendes, aber echtes altes Bild von der Hand eines untergeordneten Malers verschaffte und dasselbe dann mit allerlei Mitteln soweit aufmunterte und aufputzte, bis es für einen Tizian ausgegeben werden konnte. Dieses Kunststück ist zur Beschämung der Kritik wirklich mehr als einmal gelungen. Solche Falsificate sind nicht immer ausschließlich auf bloße Gewinnsucht zurückzuführen; es gibt Menschen, die durch einen unwiderstehlichen inneren Drang förmlich dazu getrieben werden und die dann auch eine staunenswerthe Virtuosität in solchen Dingen erreichen. Ist es doch vor 20 oder 30 Jahren einem Griechen Simonidis gelungen, einen ganzen altgriechischen Schriftsteller anzufertigen und als echt an den Mann zu bringen; der Betrug wurde freilich nachträglich entdeckt und der Fälscher gezwungen, sein Product wieder an sich zu nehmen. Bei dem gegenwärtigen Stand der Kunstkritik sind nun freilich solche Beispiele glücklicher Fälschungen nicht mehr häufig, weit seltener als noch vor 20 oder gar 50 Jahren. Die Erkenntniß der Merkmale einzelner Malerschulen und einzelner Meister hat eben doch ganz gewaltig zugenommen und nimmt noch fortwährend zu.

Um die zweite Frage: Ist das Bild richtig benannt? mit Sicherheit beantworten zu können, muß man erst feststellen, von wem die gegenwärtige fragliche Taufe herrührt. War das eine alte Respectperson, die in großem Ansehen stand, auch wohl recht viel guten Geschmack und manche Verdienste um die Kunstgeschichte haben mochte, die aber eben doch in einer Zeit lebte, da man noch kaum eine einzelne Schule ganz übersah, geschweige denn den Zusammenhang der verschiedenen Schulen, da man noch nicht so leicht in der ganzen Welt herumreisen und vergleichen konnte, da die Gallerien noch nicht so zugänglich waren, wie jetzt u. s. f.? Oder stammt die Benennung von einem Besitzer, der zwischen lauter Rafael's, Guido Reni's und Gerhard Dou's wandeln wollte und sich in solcher Umgebung in einem Narrenparadies glücklich fühlte? Oder aber war es ein Kunsthändler, der in gewinnsüchtiger Absicht die Taufe vornahm? Die Sache ist oft enorm schwierig zu entscheiden. Wenn wir genau zusehen, ist die Zahl der unzweifelhaft sicher bekannten Bilder gar nicht so groß, wie man denken sollte. Es hilft einem italienischen Bild der goldenen Zeit nichts, daß es im Vasari verzeichnet steht; es kann deshalb doch nur eine gute alte Copie sein. Auch der Umstand, daß ein solches Bild nur in einem einzigen Exemplar vorhanden ist, schützt es nicht vor Zweifel. In diesem Fall ist z. B. Rafael's madonna del passeggio in der Bridgewater-Gallerie zu London; es ist ein Bild von zauberhafter Schönheit, vom Vollkommensten des Meisters. Nur am Kopf des Kindes ist ein leiser Fehler in der Perspective und das genügt, um die Eigenhändigkeit des Bildes verdächtig zu machen, obschon alles Andere von höchster Vollendung, die Madonna eine unentbehrliche Perle unter den herrlichsten Madonnenschöpfungen Rafael's ist. Dieser Zweifel möchte doch wohl unberechtigt, das Bild wenigstens in den Haupttheilen von Rafael's eigener Hand gemalt sein; dagegen mag zugegeben werden, daß die schöne und reiche Landschaft von einem Gehilfen des Meisters hinzugemalt ist.

Von dem eben dort befindlichen rafaelischen sog. Réveil de l'enfant ist ein zweites Exemplar im Museum zu Neapel; es ist wiederum eine der herrlichsten und liebenswürdigsten Schöpfungen Rafael's; aber welches der beiden Exemplare das Original, welches nur Copie ist, das ist heftig bestritten und könnte endgiltig nur entschieden werden durch Gegenüberstellung der beiden Bilder oder vielleicht auch schon durch eine Vergleichung vortrefflicher Photographien. Es ist überhaupt eine eigenthümliche Sache mit Rafael's Madonnen; von mehreren sind zwei oder drei Exemplare vorhanden, alle so schön, daß es wahrhaft wehe thut, eines davon zu beseitigen. Man sprach früher immer von ganz vorzüglich geschickten Niederländern, die in der Nähe Rafael's gearbeitet und seine ganze Art und Weise täuschend nachgeahmt hätten. Allein die Geschichte ist doch nicht recht glaubhaft; man begreift nicht, wie es möglich sein sollte, daß Leute, welche die reinste und feinste Schönheit Rafael's in ihrer Gewalt hatten, so gar nichts Selbständiges hätten hervorbringen sollen. Das sind eben ungemein schwierige Fragen, bei denen Behauptung gegen Behauptung steht.

Am allerschwierigsten und bedenklichsten ist die Entscheidung zwischen mehreren Exemplaren bei den Venezianern des 16. Jahrhunderts, *speciell bei Tizian*. *Man sollte zwar meinen, Tizian müsste vermöge seiner Originalität und seines herrlichen Colorits ganz unverkennbar durchbrechen; allein damit kommt man nicht aus. Es gibt von Tizian absolut sicher bezeichnete Bilder allerersten Ranges, auf die er alle seine Fähigkeiten verwendet hat und die ihm kein anderer hätte nachmachen können; bei andern hat er sich aber auch zuweilen etwas gehen lassen und wenn nun von einem solchen mehrere Exemplare vorhanden sind, so wird die Entscheidung außerordentlich schwierig. Die allgemeine Kunsthöhe der venezianischen Schule in Gesammthaltung und Pracht des Colorits war enorm hoch und daher konnte ganz leicht ein Maler zweiten oder dritten Ranges in einem besonders günstigen Augenblick den großen Meister in einer weniger bedeutenden Aufgabe erreichen. Das gilt ganz besonders von mythologischen Bildern; so gibt es allein von der tizianischen Danae 3 oder 4 sehr schöne Exemplare; vielleicht wird da die Zeit noch einmal Rath schaffen. In der Galerie zu Dresden befindet sich ein venezianisches Bild von der allerhöchsten Leuchtkraft, eine liegende Venus mit dem Amorin in einer herrlichen Landschaft, ein Werk, das wegen seines wundervollen Colorits von jeher hochberühmt war. Heute heißt es nun, es sei eine ganz späte Nachahmung von einem wenig bekannten Maler Celesti ungefähr um 1680. So wankt alle für sicher gehaltene Tradition; es thut eigentlich recht weh, so große Bewunderung an eine ganz späte Nachahmung einer Nachahmung verschwendet zu haben.*

Früher war es allgemeine Gewohnheit, ein Bild, in dem man die Angehörigkeit einer bestimmten Malerschule erkannte, gleich auf den berühmtesten Meister dieser Schule zu taufen; so galten eine Menge Bilder von Bernardino Luini, Marco d'Ogionno u. a. lange Zeit als Werke des großen Lionardo da Vinci. Es ist das eine natürliche und begreifliche Neigung und der Irrthum liegt nahe; nur hätte man bedenken sollen, daß der betreffende große Meister doch ganz unmöglich alle die unzähligen Bilder hätte malen können, die man ihm so zuschrieb. Die moderne Kritik hat hier eine gewaltige Arbeit zu verrichten und hat sie auch factisch in vielen Fällen verrichtet, so z.B. bei Rembrandt, dem man früher auch alle Bilder seiner Schüler und Nachfolger kühnlich zuschrieb. Diese früheren unrichtigen Taufen geschahen gar nicht immer in uneigennütziger Absicht und ohne Gewaltsamkeit; vielfach wurden die Monogramme gefälscht. So hatte z.B. Giovanni Bellini ungefähr ein Dutzend begabter Schüler, die seinen Typus der Madonna mit dem Kind in unendlich vielen Bildern perpetuirten und verbreiteten. Bei den Venezianern des 15. Jahrhunderts war es Sitte, ein kleines Täfelchen, Cartellino mit dem Namen des Malers in das Bild hineinzumalen; da kamen dann die Kunsthändler über ein solches Schülerbild, löschten den Namen des Schülers aus und setzten ganz frech den des Bellini an dessen Stelle. Heutzutage würde in den meisten Fällen auch die Versuchung zu einer solchen Fälschung fehlen, denn man weiß jetzt, daß diese Schüler zuweilen eben so schön malten wie der Meister und ein schönes Bild von Marco Basaiti oder einem ähnlichen gilt heutzutage im Kunsthandel so viel wie ein Bellini. Ebenso erhielten früher unfehlbar alle altdeutschen Bilder das bekannte A. D., das Monogramm Albrecht Dürers. Wir haben im hiesigen Museum eine Himmelfahrt Mariä von einem der Familie Glockendon und natürlich fehlt auch hier das A. D. nicht; für unsere Begriffe ist diese Fälschung auch zwecklos geworden, denn jetzt gilt ein echter Glockendon so viel wie ein Dürer. In der Capitolskirche zu Cöln befindet sich ein großes und wichtiges Bild aus der Schule Dürers, eine Trennung der Apostel; 1820 wurde das Bild restaurirt; ein bekannter Kunstkenner besuchte damals den Restaurator und in seiner Gegenwart malte derselbe das A. D. in das Bild hinein und bemerkte dazu, er thue das, «zu mehrerer Bekräftigung». Die Sache rächte sich schließlich auch; heutzutage sind die falschen Monogramme das allgemeine Gespött.

Weitere Umstände, welche bei der Entscheidung über die Echtheit eines Bildes berücksichtigt werden müssen, sind folgende: Große Maler, welche massenhaft bedeutende Bestellungen erhielten, konnten nicht alles eigenhändig ausführen und hielten sich daher große Ateliers, in denen unter ihrer persönlichen Leitung und Aufsicht Schüler und Gehilfen ihre Entwürfe ausführten. Hatte ein solcher Meister seine Gehilfen gut ausgewählt und sie ganz mit seinem Geist durchtränkt, in seine Malweise eingeführt, malen sie genau nach seiner Vorzeichnung und Anleitung, so kann ein solches Bild immer noch als ein Werk des Meisters gelten. So verhält es sich mit Rafael. Seine Madonna Franz I. im Louvre ist nach seinem Entwurf von Giulio Romano ausgeführt und nur die Gestalt des Joseph hat wahrscheinlich der Meister selbst hineingemalt. Die Madonna della Tenda in Turin und München ist auch nur in diesem Sinne sein Werk und doch kann man sie mit vollem Recht ein Original Rafael's nennen. Das schlagendste Beispiel dieser Art ist Rubens, der ein großes Atelier und eine Menge von Schülern und Gehilfen hielt und nach der geringsten Angabe 1500 Bilder unter seinem Namen in die Welt ausgehen ließ. Bei ihm muß man 6 Grade von Originalität unterscheiden: 1. Ganz eigenhändige Bilder; es sind entweder Werke seiner Jugend, da er noch nicht berühmt war, oder wenn sie aus der Zeit seines Glanzes stammen, so sind es Staffeleibilder kleinen Umfangs, die er nebenbei zu seiner Erholung mit besonderer Sorgfalt malte, etwa Porträts, wie der berühmte chapeau de paille im Nationalmuseum zu London oder kleine Landschaften. 2. Bilder, die er seinen Gehilfen genau vorgezeichnet, überwacht und übergangen hat. 3. Bei anderen fand eine förmliche Arbeitstheilung nach

Fächern statt; der Meister zeichnete vor und überwachte; der eine Gehilfe malte die prächtigen rauschenden Gewänder, der andere die Köpfe und das Fleisch, wieder ein anderer Früchte und Blumen, ein vierter die Landschaft etc. Bei den Bildern der Gallerie Medici im Louvre kann man sogar mit ziemlicher Sicherheit den einzelnen Gehilfen ihren Antheil zuweisen. 4. Bloße Atelierbilder, von Rubens vielleicht nur mit Kreide vorgezeichnet und ganz flüchtig übergangen. Auch da ist es immer noch Rubens; seine Gehilfen waren so vorzüglich in seinen Styl eingeübt, daß sie selbständig ganz in seinem Geist malten. In der wundervollen Gluth der Fleischtöne steht Jordaens sogar noch über dem Meister. 5. Schulcopien, an denen Rubens gar keinen directen Antheil hat. 6. Copien von Malern anderer Schulen, gemalt als Studien oder auf Bestellung.

Diese Unterscheidung der verschiedenen Grade von Originalität ist gar nicht immer leicht; wo man ein ganz besonders liebevoll ausgeführtes Bild kleinen Umfangs von Rubens trifft, da darf man in der Regel auf Eigenhändigkeit schließen. Ein sehr interessanter Streit hat sich neuerdings erhoben über das Bild Neptun und Amphitrite, welches aus der Galerie des Grafen Schönborn um 200,000 Mark für das Museum zu Berlin angekauft worden ist. Es ist so sicher ein echter Rubens, wie es nur irgend ein großes figurenreiches Bild aus seiner reifen Zeit sein kann, d. h. Rubens hat die Composition entworfen und auch einige besonders schöne Theile eigenhändig hineingemalt und im Uebrigen die Ausführung seinen Gehilfen unter seiner Aufsicht überlassen. Gewisse Partien, wie die Amphitrite und eine der Nymphen sind unverkennbar von seiner Hand, sprechen für sich. Ueber die Echtheit dieses Bildes hat sich nun unter Leuten hohen Ranges ein heftiger Streit mit den allerbittersten Vorwürfen entsponnen. Es ist recht schmerzlich zu sehen, wie bei Anlaß eines Werkes der hohen Kunst, das zum Trost und zur Erbauung der Menschheit geschaffen ist, sich ein so unerquicklicher Zank entspinnen kann.

Immerhin ist es lehrreich, sich den psychologischen Hergang dabei klar zu machen; er mag etwa folgender sein: Es ist schön und erhebend, durch langes eifriges Studium einem großen Maler allmählig nahe zu kommen, ihn verstehen zu lernen, ihn sich anzueignen. Glaubt nun Einer dazu gelangt zu sein, so stellt sich bei ihm gar leicht die Einbildung ein, er allein verstehe den Meister recht, denn – so argumentirt die liebe Eitelkeit gar zu gerne – er sei ihm congenial. Stoßen nun zwei Leute, welche diese Entwickelung durchgemacht haben, zusammen und sind sie unglücklicherweise nicht derselben Ansicht, so schlägt gleich das Feuer aus dem Dach. Dazu kommt dann als verschärfendes Moment das Geschwätz und namentlich die Presse der Großstadt; ferner stellt sich der Wunsch ein, bei dieser Gelegenheit dem und jenem, dem gegenüber man schon längst etwas auf dem Herzen hat, beiläufig einen kräftigen Hieb zu versetzen und so entspinnt sich schließlich eine große weitläufige Debatte, bei der sich das menschliche Gemüth mit seinen bösesten Schwächen und Tücken so recht gründlich aufdeckt. Und doch wäre man so sehr zur Demuth und Bescheidenheit aufgefordert; hat man es doch erleben müssen, daß die ganze altniederländische Schule binnen nicht allzu langer Zeit 3 bis 4 Mal vollständig umgetauft worden ist, und zwar jeweils von den größten Kennern. Es existirten zwar von allen angesehenen Malern eine Anzahl ganz sicher bezeichneter Bilder, welche hinreichenden Anhalt hätten bieten können zur Benennung der unsicheren; allein sie wurden nicht genug benützt; man verglich noch zu wenig. Namentlich der ganze kölnische Vorrath musste sich diese mehrfache Umtaufe gefallen lassen.

Ein fernerer Umstand ist ebenfalls sehr geeignet, zur Vorsicht aufzufordern: Es gibt nämlich eine ganze Anzahl von Malern, welche zu verschiedenen Zeiten ganz verschieden malten, weil sie die geistige Kraft hatten, die Dinge immer wieder neu anzuschauen. So z. B. wurde bis vor 20 Jahren Lorenzo Lotto ganz verkannt; seine Bilder gingen unter allen möglichen Namen, bis der große Kenner Mündler Ordnung brachte. Jetzt unterscheidet man ganz verschiedene Inspirationen dieses Meisters. In Bergamo befinden sich von ihm drei ganz sicher bezeichnete große Kirchenbilder, die unter sich so verschieden sind, daß vom bloßen Anschauen kein Mensch darauf verfallen würde, sie stammten von einem und demselben Maler. Ganz ähnlich verhält es sich mit unserem Holbein. Mit den Bildern unseres Museums lässt sich nachweisen, daß er mehrere ganz verschiedene Style hatte. Wären diese Bilder nicht urkundlich so unwiderleglich als seine Werke bezeugt – man würde durch bloße Conjectur niemals dazu gekommen sein, sie alle ihm zuzuweisen. Allein in den verschiedenen Abtheilungen des Passionsbildes hat er mehrfach den Styl gewechselt. Das wird von großen Kunstkennern noch vielfach zu wenig beachtet. 1871 wurde die weltberühmte Dresdener Madonna derjenigen von Darmstadt gegenübergestellt und nach eingehender Untersuchung und Debatte bezeugten 14 Kunstgelehrte mit ihrer Unterschrift, das Darmstädter Exemplar sei das allein echte und dasjenige von Dresden sei nur eine spätere Copie, an der Holbein gar keinen Antheil habe. Nun ist es ja allerdings wahr, daß vier Augen mehr und besser sehen als zwei, daß zwei Kunstkenner, die sich gut verstehen, sich durch gegenseitige Mittheilung und Vergleichung ihrer Erfahrung wesentlich unterstützen und fördern können. Allein ob auch 28 Augen besser sehen als zwei, ist eine ganz andere Frage.

Die Entscheidung nach der Majorität ist in Kunstsachen nicht das richtige Mittel zur Constatirung der Wahrheit; in einem Concil von Kunstrichtern spielt das persönliche Ansehen eine zu große Rolle. Durch den

Spruch dieser 14 ist nun also das herrliche Bild auf den Rang einer um 1600 von einem Anonymus gemalten Copie herabgesetzt. Sieht man sich das Bild selbst an, so kommt man freilich auf andere Gedanken; nicht umsonst hat es der Bewunderung von Jahrhunderten genossen, ist es doch in der ganzen reichen Dresdener Sammlung das einzige, das einigermaßen die tödtliche Nähe der sixtinischen Madonna aushält. Der Grund dieses offenbar falschen Urtheils waren Aeußerlichkeiten und vor allem die Unkenntniß der verschiedenen Style Holbein's. Merkwürdig ist, daß wenn man die Unterzeichner dieses Urtheils fragt, wer denn das Bild gemalt habe, wer im Stande gewesen sein könnte, es zu malen, sie sich verwahren, sie seien nicht verpflichtet, darauf Antwort zu geben. Die Annahme ist eigentlich recht sonderbar, daß ein Maler von so mächtiger und reiner innerlicher Kraft ganz im Stillen herangereift sein, dann rasch die Dresdener Madonna gemalt haben und darauf eben so rasch wieder spurlos verschwunden, vielleicht gar getödtet worden sein sollte, damit er ja nicht ein weiteres Bild hätte malen können; es wäre ein wahrer Karthäuser der Malerei. Die Sache wird noch unglaublicher, wenn man bedenkt, wie absolut unfähig die späteren Nachahmer Dürer's in den 1580er Jahren waren; wo hätte da plötzlich der große Zauberer herkommen sollen, der im Stande gewesen wäre, den Holbein zu veredeln und zu übertreffen. Einstweilen kann man den Streit auf sich beruhen lassen; glücklicher Weise bleibt uns ja das Bild unverkümmert; es spricht für sich und wird sich wohl auch mit der Zeit sein Recht in der allgemeinen Meinung zurückerobern.

Recht bezeichnend für den Werth von solchen Abstimmungen über Fragen der Kunst ist auch folgende Geschichte: 1875 tauchte in Florenz die Statue eines nackten jungen Menschen auf, in der man sofort einen Johannes den Täufer von Michel Angelo zu erkennen glaubte. Die italienische Regierung berief einen Congreß von Kunstkennern nach Florenz zusammen, der sich aussprechen sollte über die Echtheit und darüber, ob das Werk anzukaufen sei; der Congreß verneinte die Echtheit und darauf hin kaufte die Regierung die Statue nicht. Bald darauf erwarb sie jedoch die preußische Regierung für das Berliner Museum und jetzt ist sie allgemein als eigenhändiges Werk Michel Angelo's anerkannt.

Aehnlich wie mit Holbein verfuhr die Kritik mit Giorgione, nicht nur wurde vieles fälschlich auf ihn getauft, sondern man sprach ihm auch ungerechter Weise manches ab, indem man einseitig von drei oder vier sicheren Bildern einen Typus abstrahirte; entsprach dann diesem ein anderes Bild nicht, so sprach man es dem Meister rundweg ab. Sogar die beiden Meisterwerke im Louvre wollte man ihm abdisputiren; die Madonna mit dem Kind wies man dem Pellegrino di Sant Agnese zu, einem wackeren, aber wenig bedeutenden, alterthümlichen Maler mit einem kalten, abgestandenen Colorit, während doch das Bild im Louvre von einer solchen Leuchtkraft ist, daß man glauben möchte, es würde auch bei Nacht leuchten. Das Pastorale ebendort wollte man ihm auch nicht lassen; es wäre aber gar nirgends ein Maler aus jener Zeit aufzutreiben, der das wunderliebliche Bild hätte schaffen können.

Dem Rembrandt wollte man echte, bezeichnete Jugendwerke abdecretiren einzig darum, weil sie seinem späteren Typus nicht ganz entsprachen; weil sie noch nicht die absolut einseitige Concentration auf den bloßen Lichteffect zeigten, sondern auch noch in Zeichnung und Modellirung eine gewisse Sorgfalt bewiesen. Diese Bilder wurden ihrem rechten Autor nun allerdings wieder einfach zurückgestellt; allein noch 1876 wurden auf der Auction Schneider's in Paris zwei echte frühe Porträts Rembrandt's für unecht erklärt und demgemäß einem Käufer mit lautem Hohn um Fr. 3000 zugeschlagen; jetzt ist die Echtheit allgemein anerkannt und der Käufer hat ein vortreffliches Geschäft gemacht. Jetzt wäre allerdings ein solcher Irrthum kaum mehr möglich. Die Kritik kann heute mit viel größerer Sicherheit arbeiten als früher, seit die Eisenbahnen das Reisen und Vergleichen immer leichter machen und vortreffliche Photographien wenigstens einen annähernden Ersatz bilden für nicht selbst angeschaute Bilder.

Gegenwärtig ist leider ein verhängnißvolles fieberhaftes Treiben in den Bestand der Kunstwerke gekommen durch die Modeleute, welche meinen, nur zwischen echten alten Bildern sei man so recht furchtbar vornehm und daher ungeheure Summen zahlen und die Preise ganz gewaltig steigern. Wären es nur noch Leute von solidem, dauerhaftem Reichthum, so ginge es noch an, so würde das Bild in irgend einem Schloß oder Palast ruhig und geschützt 100 Jahre lang aufbewahrt; den Kunstliebhabern wäre es zwar schwer zugänglich; allein vielleicht würde es nach langer Zeit doch noch den Weg in eine öffentliche Sammlung finden. In der Regel ist es jedoch viel schlimmer: diese Besitzer sind sehr oft aleatorische Menschen, deren Reichthum heute gemacht und morgen wieder verflogen ist; so geht das arme Bild rasch von Hand zu Hand, kommt keinen Augenblick zur Ruhe. Dieses Wandern ist aber den Bildern geradezu tödtlich; jede einzelne Ortsveränderung trägt ein gutes Theil bei zur Zerstörung des noch Erhaltenen. So ist denn der gegenwärtige fieberhafte Markt ein großes Unglück für die Kunst. Streng genommen sollten eigentlich alle Bilder hohen Ranges in öffentlichen Sammlungen aufbewahrt sein; Kunstwerke, die zum Trost und zur Erbauung der Menschheit geschaffen worden, sollten Einzelne gar nicht besitzen dürfen, oder wenn das nicht durchführbar ist, so sollte der Privatbesitz wenigstens von seculärer Dauer und Sicherheit sein. Factisch ist freilich auch das nur ein frommer Wunsch. Nur mit Grauen kann man daran denken, was *geschehen wird, wenn einmal in Italien das Majorat aufgehoben sein wird und jeder der römischen Großen aus seiner Privatgalerie mit einem Schlag eine ganze Reihe von Millionen hervorzaubern kann. Dann kommt vielleicht das reiche America und nimmt mit einem Male alles das über den Ocean und damit außer unseren Bereich, was jetzt durch die große Liberalität der Besitzer Jedermann so leicht zugänglich ist.*

Das Jagen nach berühmten Namen hat überhaupt seine großen Schattenseiten: es wäre eigentlich richtiger, die Bilder um ihrer Schönheit willen zu lieben. Wohl ist es etwas herrliches, einen großen Meister in seinen Werken kennen zu lernen, in seinen Geist einzudringen. Allein auch das andere hat sein Recht und seinen Vorzug, keine Sorge zu hegen, ob das Bild auch echt benannt sei, wenn es nur in uns die Schwingungen des wahren Schönen hervorbringt, wenn es nur unsern innern idealen Sinn ergreift und uns als ein Symbol des Allerhöchsten erscheint. Allein die Leute sind selten, die so denken; der Vortragende erinnert sich mit Vergnügen an einen liebenswürdigen alten Mailänder, Besitzer einer sehr werthvollen ausgewählten Privatgalerie, der jede Untersuchung der Herkunft seiner Bilder lächelnd ablehnte mit den Worten: «Purchè la roba sia buona, non mi curo di saperne l'autore». (Wenn nur die Waare gut ist, was kümmert's mich, wer sie gemacht hat!) Das war ein Philosoph.

Aus großen Kunstsammlungen

| *Aus großen Kunstsammlungen*
Rückweis auf meine Vorlesung von Februar 1862
   Über Betrachtung von Bildern und Galerien.
   Der damalige Zustand jetzt sehr gesteigert, Oeffnung und Zunahme der Galerien[1] – des Reisens, starke Vermehrung der Hülfsmittel. Kunstsammlungen ein Besitz ersten Ranges für die betreffenden Städte und Länder,[2] zugleich ein Element der höchsten Weltcultur wie die ganze vergangene Kunst, welche uns lange nicht bloß die Vergangenheit sondern ein großes Stück des Ewigen in der Menschheit offenbart.
   Zwingen aber soll sich Niemand; das Seufzen: Ach, noch eine Galerie! Die sonstigen Aufregungen und Zerstreuungen des Reisens; die baldige Galeriemüdigkeit, welche daneben noch ihre sehr besondern Gründe hat. In den Samm*lungen* fehlt dem Beschauer nur zu leicht die Samm*lung*.
   Physiognomie der Galerien.
   Große Galerien altfürstlichen Besitzes, zum Theil schon in früher Zeit bei den Künstlern selbst bestellte Werke, allmälig erweitert durch Ankäufe und resp. Raub von Werken aller Schulen und Zeiten in unserm Jahrhundert zu großem Staatsbesitz hohen Ranges geworden, mit Werken aus aufgehobenen Stiftungen massenhaft bereichert, aus verlassenen Residenzpalästen dito; – in neuerer Zeit systematische Ausfüllung der Lücken durch Ankäufe.
   (Madrid und ebenso die Eremitage von mir nicht gesehen.)
   Der Louvre, im Ganzen die wichtigste und vielartigste Sammlung, mit zum Theil zahlreichen Hauptwerken von Hauptmeistern: Lionardo, Giorgione, Rafael, Rubens und Claude, letztere in ganzen Reihen; Paolo Veronese in riesigen Hauptwerken, Murillo im Besten was es außerhalb Spaniens giebt, dabei das große Depositum der französischen Kunst, – der Nebensammlungen nicht zu gedenken.
   | Dresden mit seiner sixtinischen Madonna und mit der Madonna Holbein's, – mit den modenesischen Ankäufen (Coreggio), mit seinen Tizia-

---

1 Hier nur die Gemäldegalerien – abzusehen von den endlosen übrigen Sammlungen.
2 Dresden und sein Verhältniß zur Galerie

nen und Paolo's und mit der massenhaften und meist vorzüglichen Auswahl aus den sämmtlichen Schulen des XVII. Jh.

München ⌊90 Rubens⌋: Die Düsseldorfer Galerie (Kurpfalz), zahlreiche Bilder aus Kirchen; hier endlich ein großes Depositum von alten Bildern der nordischen Schulen, u. a. die alten Flandrer der Boisseréeschen Sammlung.

Berlin: Außer dem alten königlichen Besitz: der Ankauf der Sammlung Solly mit den Italienern des XV. Jh. welche gar nirgends mehr in solcher Übersicht beisammen sind; zudem die alten Flandrer vom Genter Altar an, vielseitige Sammlung altdeutscher Bilder; die Reihe von eigenhändigen Rubens (wozu wohl auch das Bild Schönborn gehört); von Murillo der S. Anton von Padua; von wichtigen Holländern einzelne allerbeste Bilder.

Belvedere sehr ungleich in den Schulen, ersten Ranges nur in Venezianern – Giorgione! Palma! – und Rubens und Van Dyck und einer nicht großen Sammlung von holländischen Juwelen.[1] Rafael: Jungfrau im Grünen – Fra Bartolommeo: Darstellung im Tempel – Velasquez und die habsburgischen Familienporträts – Dürer: zwei Hauptbilder, Holbein: vorzügliche Porträts.

National Galery, die jüngste unter den Galerien ersten Ranges, welchen sie mit ungeheurn Kosten doch eingeholt hat. In Italienern des XV. Jh. nächst Berlin zwar nicht mit dem Besten, aber mit dem Rarsten versehen; doch hat sie den schönsten Perugino der Welt; aus der italienischen Blüthezeit der Lazarus des Sebastiano del Piombo; zwei echte unvollendete Michelangelo – von jedem Großen sonst Etwas, aber keine Hauptsachen, ausgenommen Tizian's Bacchanal; – dann aber die herrlichsten Rubens und die größte Auswahl der besten Holländer, darunter eine Anzahl ersten Ranges; endlich die capitalen Werke von Claude Lorrain. – Für die englische Schule die Hauptsammlung.

| Palazzo Pitti mit seinen ungeheurn Reichthümern von Werken der goldenen Zeit der italienischen Kunst macht doch in der Gesammterscheinung den Eindruck einer Wohnung eines überaus kunstliebenden Fürstenhauses wie die spätern Medici waren;[2] man ist bei den Großherzogen zu Gaste.

Die Uffizj mehr eine historische, officielle Sammlung besonders der toscanischen Kunst von Anfang bis Ende, aber dabei mit dem Überfluß des mediceischen Hauses aus allen Schulen reichlich ergänzt, sodaß Palazzo Pitti mehr die hoffähigen Bilder behielt, die Uffizj mehr den sonstigen Vorrath. ⌊Beide Sammlungen nicht in dafür gebauten Räumen⌋ Der

---

1 Sammlung des Erzherzogs Leopold Wilhelm
2 Vieles ist mediceische Bestellung des XVII. Jh.

vielseitige Sammler- und Kennergeist besonders des Cardinals Leopoldo Medici.

Museo von Neapel: Höchst massenhaft, aber die wenigen Hauptwerke wie zufällig hinein gerathen, das Ganze (wenigstens noch 1853) höchst nachlässig gehalten und in einem schon vorhandenen Gebäude aufgestellt.

Die kleinern Sammlungen – Galerien kleinerer Staaten und bloßer Städte, daher mehr mit localem Character, weniger ermüdend, übersehbarer und oft vom höchsten Reiz.[1]

Academie von Florenz, wesentlich aus denjenigen Kirchenbildern und Depositen von Klöstern gebildet, welche in beiden andern Sammlungen keine Stelle mehr würden gefunden haben; viele große italienische Altarbilder der goldenen Zeit.

Academie von Venedig, auf ähnliche Weise entstanden, mit zahlreichen Bildern ersten Ranges.[2]

⌊Die Galerie von Lucca: Madonna de candelabri jetzt in New York.⌋

Galeria von Brescia: mit Moretto und Romanino.

Galeria von Bergamo, Werk patriotischer Sammler, nicht bloß local bedeutend.

Brera, eine Zeitlang Sammelgalerie für das Regno d'Italia, ferner eo ipso für Mailand und die mittlere Lombardie; dann die abgenommenen Fresken; – das Sposalizio.

Ambrosiana, Sammlung einer Corporation mit vielen bloßen Curiositäten, aber auch einer Anzahl von Meistern ersten Ranges: Lionardo, Schule von Athen.

| Parma mit seinen Coreggio's.

Bologna, die Pinacoteca, mit der heiligen Caecilia.

Galerie von Turin: Gaudenzio; überhaupt Kirchenbilder des westlichen Oberitaliens; dazu der Hausbesitz von Casa Savoja, auch die Porträts des Hauses (Reiterbild des Tommaso).

Pinacoteca Vaticana, wesentlich entstanden aus den Bildern welche 1815 von Paris zurückkamen und nicht mehr an die betreffenden Kirchen zurückgegeben wurden. Darunter: Incoronata, Madonna di Foligno und Transfiguration, woneben man alle Bilder aus S. Peter vergißt.

Die Provinzialgalerien von Frankreich nur durch solche Bilder bedeutend, welche der Pariser Mißverstand und Unwissenheit den Départements überließ; alte Italiener in Lyon, Caen, Rouen etc.; Musée de Dijon.

---

1 Perugia, Siena
2 Padua, Vicenza, Verona

In Deutschland: Städel'sche Galerie in Frankfurt, seither glücklich vermehrte Privatstiftung, leider jetzt an's Ende der Stadt in einen zu prachtvollen Palast verwiesen; Treffliches aus allen Schulen.

Auch Mainz, Karlsruhe und Stuttgart und Darmstadt und Prag bewahren bedeutende Schätze; – Köln: die alte einheimische Schule.

Das Germanische Museum zu Nürnberg bewahrt jetzt alle nürnbergischen Bilder.

Braunschweig: besonders Niederländer; Rembrandt und seine Schule; der ganze Cursus der alten niederländischen Landschaft; ein italienisches Bild das ganze Galerien aufwiegt: Giorgione (vulgo Palma) Adam und Eva.

Endlich, an Galerien ersten Ranges hinanreichend: Cassel, in der schönen jetzigen Aufstellung; – in der holländischen Schule und dann besonders in Rembrandt wirklich Galerie ersten Ranges; die Ankäufe meist alt, in Zeiten gemacht da noch Gutes zu bekommen war.[1]

In den Niederlanden haben mehrere ansehnliche Städte ihre öffentliche Sammlung etc., zum Theil erst aus neuster Zeit, indem sich die Corporationen entschlossen haben, ihre Erinnerungen und Denkmäler zusammenzuthun.

| Amsterdam, Reichsmuseum, Trippenhuys. Oeffentliche Sammlung des holländischen Staates, eigentlich noch den großen Galerien beizuzählen ⌊doch hiefür zu einseitig⌋, mit Rembrandts Nachtwache und Van der Helsts Schützenbankett von 1648 und vielen wahrhaft entscheidend wichtigen Bildern des XVII. Jh. – Wird erst genießbar werden in dem Neubau, welcher dann auch die Doelen- und Regentenbildern des Stadthuys enthalten wird.

Rotterdam, etwa 100 gute Bilder.

⌊Haag: Moritzhuys⌋

Harlem, bloß an Doelen- und Regentenbildern schon eine herrliche Sammlung (Franz Hals).

Leyden: Laekenhal, mit dem Weltgericht des Lucas von Leyden und Vielem aus dem XVII. Jh.

In Belgien die Sammlungen von Brügge, Gent, Löwen.

Antwerpen, Museum, voll ältern und spätern niederländischen Glanzes und Ruhms, von Jan van Eyck bis auf die Schülerschüler des Rubens; von ihm und Van Dyck selbst Hauptwerke.

Brüssel: das Ideal einer kleinern Galerie, nicht zu wenig und nicht zu viel; ersten Ranges sind Adam und Eva von Hubert van Eyck und die Hauptbilder von Mabouse und Orley; von Rubens Einiges des Bezeichnensten, zB: die Kreuztragung.

---

1 Esterhazy Galerie, Pesth.

Die Privatsammlungen, so lange noch die Majorats-rechte und -pflichten sie beisammen halten werden: Borghese, Doria, Corsini, Brignole (jetzt Stadtgut), Lichtenstein, Bridgewater Gallery, Grosvenor Gallery, Wellington Gallery. Anderes ist rein persönliches Eigenthum: Baring (Northbrook).

Endlich eine Privatsammlung eines königlichen Hauses, zum Theil Erinnerungen, eigentliche Souvenirs von den Tudors bis auf die heutige Zeit: Hamptoncourt, (stets sichtbar zum Unterschied von Buckingham Palace und Windsor) – dazu aber Mantegna's Triumph Caesars und eine Fülle herrlicher nordischer und venezianischer Porträt. – Endlich neulich wieder nach Hamptoncourt zurückgebracht obwohl Staatseigenthum: die Carton's Rafaels.

| Dieser ganze ungeheure Vorrath besteht aus Werken der allerverschiedensten Gattungen; Vieles ist für eine ganz bestimmte Aufstellung im Raum bestellt und gemalt gewesen und muß sich jetzt in irgend einen Galeriesaal schicken wie es kömmt.

So die Kirchenaltarbilder.

Zunächst die Flügelaltäre der nordischen Kunst. (In den Galerien jetzt wohl zugänglicher als in den Kirchen, wo sie gewöhnlich verschlossen gehalten wurden – aber:) Die ausgezeichnetern existiren nie oder fast nie mehr als Ganzes in den Galerien,[1] sondern ein Stück davon da, das andere dort, ihres kirchlichen und künstlerischen Zusammenhanges beraubt; wo der mittlere Schrein Schnitzwerke enthielt, hat man oft diese weggeworfen und nur die gemalten Flügel behalten, weil diese eher «Liebhaber» fanden. – Welches diejenige Sorte von Speculanten sein mochte welche zB: 1803 den großen Aufhebungen kirchlicher Corporationen in Süd- und Westdeutschland nachzog? Der Genter Altar in Gent, Berlin und Brüssel. Dürer's Hellerscher Altar: Die beiden Flügel im städtischen Museum zu Frankfurt original, das Mittelbild Copie und dessen Original längst in einem Münchner Palastbrand untergegangen.

Die italienischen überhaupt neuern, auch spanischen, belgischen etc. «Altarblätter» zwar jetzt in den Galerien näher sichtbar, auch dem Kerzenrauch entzogen, dafür aber auch nicht mehr das Centrum einer Andacht sondern umgeben von allem Erdenklichen. Murillo's Conception im Louvre, so wesentlich für einen Altar geschaffen, paßt selbst nicht zu Rafaels Vierge au linge und Lionardo's Gioconda.[2] Tizian's Assunta in übelm Licht und niedrig aufgestellt, ehmals auf dem Hochaltar der

---

1 Die ganzen Altäre im Germanischen Museum und im Münchner National Museum sind nicht ersten Ranges.
2 Bedenken gegen den Salon Carré überhaupt.

Frari. | Und wo kein Kerzenrauch mehr droht, kann Steinkohlenrauch die Stelle vertreten: Sebastiano del Piombo, Lazarus, National Galery.

In neuster Zeit in Italien viele Altarblätter in die Localgalerien versetzt, wo sie vielleicht vor Verkauf sicherer sein mögen. Selbst abgenommene Fresken aus Kirchen und weltlichen Gebäuden bei deren Abbruch oder Umbau; so die Fresken in der Brera.

Weltliche Deckenbilder, plafonds, auf Tuch gemalt, jetzt in Galerien; im Louvre ist der Jupiter welcher die Verbrechen mit seinem Blitzstrahl verschmettert, der Plafond aus der Sala de' Dieci des Dogenpalastes, von Paolo Veronese. Die Plafonds von van der Werff an den Decken mehrerer Säle der Galerie von Cassel.

Zahllose Bilder der Galerien waren einst Hausaltäre. Hieher gehören fast alle noch erhaltenen Bilder der altflandrischen Schule, deren Kirchenbilder beim Bildersturm von 1566 untergegangen. – Diese Haus- und Reise-altäre sind immer Kleinodien gewesen, gewiß oft viele Generationen entlang in derselben Familie ⌊deren Patrone auf dem Bild meist zu den Seiten der Jungfrau⌋.

In Italien war das Hausandachtsbild ein beliebtes Brautgeschenk und weit der Hauptanlaß für die Ausbildung der Madonna, welche allein, oder mit den Kindern, als Brustbild oder ganze Figur dargestellt wird,[1] oft umgeben von Heiligen, gewiß meist Namensheiligen der Familie.

Florenz und seine Madonnenbilder, zu welchen ja auch die drei berühmten Madonnen Rafaels von 1505–1507 gehören.

Venedig und seine Breitbilder der Madonna mit Heiligen und Stiftern im Freien; | zugleich eine Schule edelster Bildnißmalerei.

Der besondere ästhetische Werth: die meist sorgfältige Ausführung; die Arbeit mußte der nahen, lebenslangen Besichtigung ausgesetzt bleiben, Generationen aushalten können.

Nun erst folgt der Kunstfreund als solcher; die großen Herrn des XVI. Jh.; das Haus Este erhält von Tizian den Cristo della moneta und zwei seiner berühmten Bacchanale; – das Haus Gonzaga die Grablegung (Louvre) und die heilige Magdalena; Franz I. und Carl V. erwerben direct kostbare Werke; Entstehung der mythologischen Hauptbilder, welche seither unerreicht geblieben: Coreggio und Tizian; – Kaiser Rudolf II. als Sammler. Zugleich wird ⌊im Norden wie im Süden⌋ die Porträtmalerei erst gegen Mitte des XVI. Jh. ganz standesüblich.

Mit dem XVII. Jh. Verbreitung des Sammlergeistes in weitere Kreise, theils Sammler des Aeltern, theils Besteller bei Zeitgenossen. ⌊Unter den Königen: Carl I., – Philipp IV.⌋ Richelieu – Mazarin – Fouquet – die fer-

---

1 Hochbilder und Tondi

miers généraux. In Italien Fürsten und Cardinäle. Endlich die reichen Holländer – Genre und Landschaft mit ihrer Intimität nur als Privatbestellung denkbar.

Schicksale der Bilder seit der französischen Revolution welche vom Verkauf der Galerie Orléans beginnend zugleich die größte Revolution im Bilderbesitz geworden. Überhaupt zuerst der Verkauf durch die verarmten Großen und Reichen.

Dann der infame Raub des Directoriums seit dem italienischen Krieg von 1796; es nahm lange nicht bloß den Reichen ihren Genuß, sondern hauptsächlich den Völkern ihre Denkmäler und ihren alten Ruhm. Daneben der Privatraub seiner Harpyien. Wenn die Bilder erzählen könnten! | Das Meiste 1815 aus dem Musée Napoléon wieder zurückgegeben, aber manches vom Wichtigsten nicht reclamirt; Mantegna's Madonna della Vittoria, das Denkmal der Schlacht am Taro, ist noch im Louvre.

Inzwischen wurden neu entstandene Staatssammlungen mannigfach die Erben der damals aufgehobenen Stifte und Klöster; Bilder aller Herkunft finden sich zusammen. Die Geretteten PrivatIndividuen aus dem allgemeinen Sturm werden in den Friedenszeiten Sammler, aber aller Privatbesitz neuerer Entstehung, nicht durch Majorate gesichert, bleibt wandelbar.

Und nun bricht die neuere Zeit an; ihre Physiognomie:

a) Es wird Mode, d.h. Zeichen eines bestimmten Grades von Vornehmheit, Bilder zu sammeln und zu haben, schon weil sie etwas Altes sind, wie denn zugleich alte Möbel und Geräthe aller Art mit Begeisterung aufgekauft werden.[1]

b) Aber die betreffenden Fortunen oder die Denkweise der Erben sind oft höchst wandelbar ja die von Börsenspielern; ganze Galerien werden erworben aber auch verkauft; seitdem die «Galerie des Prinzen von Oranien» durch König Wilhelm III. von Holland vergantet worden (circa 1850–?) sind große Bilderganten nichts unerhörtes mehr; seitdem die Gant Pourtalès drei Millionen eintrug, ist die Aussicht groß, weit mehr zu lösen als der Sammler ausgegeben.[2]

Seitdem sind berühmte Bilder auf einer ewigen Wanderschaft und ihr Verbleib entzieht sich oft lange Zeit den Blicken, zumal wenn sie inzwischen an Besitzer gelangt sind, welche Niemanden den Zugang verstatten. Die betreffenden Summen oft so, daß große und wohldotirte Galerien nicht mehr mitkommen können.

| Vergeblicher Wunsch, daß Werke von höherm Rang und besonders solche von einziger Art dem Privatbesitz völlig entzogen und nur ein Be-

---

1 Die Speculanten und die Phantasie der Käufer!
2 Individuen wie der Schwalbach im Nabab werden wichtig.

sitz der Völker, d. h. der europäischen Menschheit sein sollten ⌊bevor noch die Americaner zu kaufen beginnen⌋.[1]

Weil wir aber doch an vergeblichen Wünschen sind: Die alten Bilder möchten überhaupt nicht mehr viel reisen und auch Ruhe haben vor gewissen Restauratoren, welche besonders beim Besitzwechsel drüber kommen.

Hinfälligkeit von Holz, Tuch, Farbenschichten an sich; dazu der Wunsch der Besitzer, dunkel gewordene Bilder wieder frisch glänzen zu lassen; Wegnehmen alter Firnisse wobei die alten Lasuren mit weggehen. Specielles Unglück gerade sehr berühmter Bilder, welchen man das natürliche Altwerden nicht hat gönnen wollen und die deßhalb periodisch geputzt, übermalt oder übertüpfelt worden sind; wenige rafaelische Madonnen sind gänzlich unberührt; die heilige Familie in München eine gut restaurirte Ruine. Die schönsten Landschaften haben oft ruinirte Horizonte.

Endlich die allgemeinen Gefahren der großen Kunstsammlungen in Städten welche heftigen politischen etc. Stürmen ausgesetzt sind, wie der Louvre im Mai 1871. – Der Untergang von Kunstwerken, früher etwa das Werk zufälliger Feuersbrünste und Kriegsereignisse, kann eine Manifestation bestimmter Leidenschaften werden.

Was kann man hiebei noch wünschen? daß treffliche und dauerhafte Photographien noch bei Zeiten das Mögliche zur Verbreitung alles Besten thun möchten. – Und einstweilen so eifrig *sehen* als möglich, da man nicht mehr weiß wie bald die Welt eine Galerie zum letztenmal sieht.

| Diesen gewaltigen Vorrath schickt sich der heutige gebildete Mensch an, kurzweg sich anzueignen, ja denselben ohne Weiteres *genießen* zu wollen. Das was Jahrhunderte zur Reife gebraucht hat, soll beim ersten Anblick schon den Bildern rasch abgewonnen werden. ⌊Das schnelle Abjagen vieler großen Städte und Galerien auf Einer eiligen Tour.⌋

Bald aber meldet sich das Gefühl, daß diese Kunstwerke der Vergangenheit auf ganz anderm Wege zu Stande gekommen sein möchten als das Meiste was jetzt geschaffen wird. –

Das heutige Organ, durch welches die Kunst zu den Bevölkerungen redet, sind wesentlich und vorherrschend die großen Ausstellungen, mit ihrer Art von Wetteifer; dieser legt sich auf das Gewinnende und Reizende, auf das Zierliche und Pikante, Überraschende und Gefühlvolle, die Illustration von Zeitideen und Zeitsympathien; den Ausstellungen zur Seite geht eine Tagespresse, in welcher die Beschauer sich Raths erholen. Summa: das größte denkbare Entgegenkommen.

1 Madonna de' candelabri ist jetzt in America «auf Besuch».

Aus großen Kunstsammlungen 389

Die ganze vergangene Malerei dagegen kommt uns gar nicht entgegen; sie ist nicht für Ausstellungen, nicht um Jedermann zu gewinnen, nicht begleitet von irgend einer Publicität geschaffen worden; der darin lebende Wille war schon der damaligen Zeit gegenüber ein anderer, und vollends gegenüber von uns; – Kunst und Künstler waren anderer Art und andere Kräfte als die jetzigen müssen über sie und ihr Wohlergehen verfügt haben.

Daher denn manchen aufrichtigen Beschauer in den Galerien ein Gefühl der Fremde überkömmt, der Unbehaglichkeit gegenüber jenem Willen einer vergangenen Zeit. | Ein Solcher möge die Galerien einfach auf sich beruhen lassen. Es giebt ausgezeichnete Menschen welchen die Kunst der Formen nichts sagt, während zB: Poesie und Musik sie auf das Tiefste ergreifen (Schiller in der Dresdner Galerie, Lord Byron gleichgültig gegen die bildende Kunst); ja es giebt Menschen von trefflichem Caracter und großer Intelligenz welche für gar nichts empfänglich sind als für das unmittelbare Leben welches sie sich und ihrer Umgebung verschönern können durch Güte und Geist.

Jeder geistige Genuß aber führt wenigstens etwas *Arbeit* mit sich. Und so wird man auch den Gemälden der vergangenen Zeiten irgendwie entgegenkommen müssen, wenn man sie nicht völlig übergehen will. Wer nur schnell die paar berühmtesten Bilder einer Galerie, nur die Zweigestirnten bei Bädeker besieht und dann von dannen eilt, wird auch von diesen kaum einen dauernden Eindruck mit sich nehmen; einige Musse ist schon von dem Wesen des *Genusses* unzertrennlich, um von der *Erkenntniß* zu schweigen.

Da beginnt man denn zu ahnen, was eine Galerie höhern Ranges uns auferlegt: hier findet sich zusammengedrängt was vielen der größten Meister als vielleicht einmalige höchste Inspiration ist geschenkt worden.

Und geht man auf den *einzelnen Meister* ein, so erwacht eine Reihe von Reflexionen welche uns zu fühlen giebt, wie unendlich ferne wir dem Manne stehen, dessen Werk so ganz in Kürze genossen werden soll: Was für Veranstaltungen der Natur und Geschichte hat es bedurft, um diesen großen primären Künstler zu bilden? Welche Heimath und Familie? welchen Moment der Entwicklungsgeschichte seiner Stadt und Nation? | Welche Fülle von innern und äußern Bedingungen hat zusammentreffen müssen? Wie Viele Höchstbegabte sind unterweges untergegangen? – wie viele sind in schlechte Kunstzeiten gefallen und haben dann mit ihrer Energie nur das Beste eines sehr zweifelhaften Styles geschaffen, wie zB: Bernini in der Sculptur, Luca Giordano in der Malerei? {Wie viele an sich für Sculptur und Malerei hoch ausgestattete Menschen der mohammedanischen Welt haben sich gar nie ausbilden und äußern dürfen? Der Islam hat genug an Bevölkerungen alter Kunstländer (Kleinasien, europäische Türkei etc.) in sich aufgenommen um diese Frage zu berechtigen}.

Wie sehr ist es überhaupt ein Glücksfall wenn der primäre Meister entsteht? und wenn er eine ganze Reihe von primären Werken schaffen kann und nicht etwa bloß sich nach großem anfänglichem Aufschwung selber wiederholt? Wenn er sich der Nachwelt als ein beständig wachsender offenbaren kann wie Rafael? Und nun steht er uns gegenüber, aber er kömmt ganz andere Wege daher als die unserer habituellen Augen sind. Seine Werke sind erlebt, erkämpft, erlitten, und wir möchten nur mit leichter Hand Früchte pflücken. Aus welchen Tiefen haben die großen Meister das schöpfen müssen, was wir nun so oberflächlich genießen möchten. Ein großer italienischer Maler des XV. Jh. sammelt vielleicht in einem Altarwerk das Können und Empfinden seiner ganzen Zeit, und wir sehen darin nur eine «Madonna mit Heiligen» wie so viele andere.

| Schon das in den Bildern großer Maler condensirt vorhandene *Studium* erweckt hohes Staunen und Dankbarkeit. In ihnen lebt zunächst auf summirt was ihre Lehrer und entferntern Vorgänger allmälig der Natur abgewonnen, – dann erst ihr eigner Erwerb. Wie unzählige Sonnenuntergänge brauchte es bis Claude die Abendlandschaft der Grosvenorgalery mit den römischen Ruinen schaffen konnte? Wie viele schöne einzelne Erscheinung bei Rafael, wie vieles mußte er aus dem Leben, dann aber noch aus eignem allmälig gereiftem innerm Ahnen sich zu eigen gemacht haben bis die Wunderbilder seiner Madonnen *in ihm* gereift waren?

Dann aber folgten erst die Kämpfe, bis die äußere Erscheinung des innern Bildes vorhanden, bis das *Gemälde* vollendet war. Wer weiß wie viele groß angelegte Künstler diesen letzten Schritt nicht mit reinem Erfolg vollbrachten? Wie Vieles wird unterweges von der Vision bis zur Staffelei verloren gegangen sein? Und ein bloßes Betheuern des Künstlers, daß er viel Herrlicheres gesehen als gemalt, würde wenig helfen. Die Bilder höchsten Ranges aber *sind* solche, bei welchen wir die Gewißheit zu haben glauben, daß das Herrlichste geschaut *und* erreicht worden sei.

Ist aber einem solchen Meister Fruchtbarkeit und Vielseitigkeit gegönnt gewesen, so wird er zum größten *Erläuterer und Zeugen seiner Zeit und Nation*. Rafael ist der allerhöchste Zeuge für das damalige Italien; er macht zB: die damalige Schriftwelt nicht überflüssig, aber er ist auch | den Größten seiner Zeitgenossen jedem einzeln als Offenbarer seiner Zeit überlegen. – Rubens ist ein größerer Erklärer seines damaligen Belgiens als alle damaligen Gelehrten und Dichter und Künstler seines Landes zusammengenommen, er *ist* das Form- und Farbegewordene Belgien seiner Zeit. Ein solcher Meister aber, der für sein Volk so viel bedeutet, bedeutet es auch für die ganze Menschheit.

Und nun ergiebt sich erst *der definitive Gesichtspunct:* Es handelt sich gar nicht bloß darum, der vergangenen Kunst durch ein historisches, retrospectives Studium «gerecht» zu werden, denn dieselbe ist ohne uns und unsere Gerechtigkeit oder Ungerechtigkeit da und Niemand ist zur Kunstgeschichte verpflichtet; – wir besehen die Galerien gar nicht um der Maler willen, sondern um unsertwillen; wir sollen uns glücklich schätzen, Bereicherung für unser eigenes Fühlen und Schauen zu finden in der hohen Verbindung von Idealismus und Wahrheit, welche die Kunst verschiedener großer Zeiten uns darbietet.

Allmälig vernimmt man dann ihre Stimme: kommt aus Eurer Welt heran zu der unsrigen! wir deuten Euch ein Zweites Dasein, soweit Ihr des Willens dazu fähig seid! – Könnt Ihr uns entbehren, desto besser für Euch! Aber bei uns könnt Ihr Euch frei machen vom Geist des bloß Niedlichen und Süßen und Raffinirten, denn wir waren der Natur noch um Jahrhunderte näher und des Idealen mächtiger als Eure Zeit!

| Folgt: *Die Kunst des Sehens,* ohne welche man sich beim besten Willen in der Masse der verschiedenen Eindrücke (die so rasch auf einander folgen) verliert und namentlich müde wird, an den Augen sowohl als am innern Auffassungsvermögen; beiden Organen wird unermeßlich viel zu viel auferlegt. Hier nur per parenthesin: bei Abwechselung zwischen Beschauen und Notizenmachen hält man leicht viele Stunden lang aus, durch die bloße Abwechselung der Beschäftigung; das Auge findet sich jedesmal erfrischt und sieht das Bild wieder anders. ⌊Conversation mit Begleitern ersetzt dieß nicht, denn diese werden meist eben so müde.⌋

Nothwendigkeit: die Bilder welche man wirklich kennen lernen will, zu *isoliren*; das Bild beginnt erst zu reden, wenn man es (mit Aufwand einiger Willenskraft) von seiner Umgebung ablöst und nicht alle Schulen und Einzelimaginationen aus einhundert Bildern ringsum drein reden läßt. Nur so wird es zu einem Bekannten, zu etwas Persönlichem. Ohnehin giebt es leise Bilder, welche nur das Nothwendige geben, nicht mehr Mittelaufwand enthalten als für Inhalt und Zweck nöthig waren, ja nicht einmal durch Einzelschönheit bestechen und doch eine große Anmuth und Harmonie haben. – (Hieher: mitausgestellte Cartons, ferner Skizzen etc.). Und endlich giebt es verletzte Bilder welchen man sehr entgegenkommen muß. Es giebt unvollendete Bilder, die man unvollendet gelassen hat (Michelangelo's Madonna von Manchester, National Galery), und solche die von geringerer Hand mit einem Anschein der Vollendung versehen worden sind (Rafael, Madonna del Baldacchino, Palazzo Pitti). | Solche alle, wenn sie von großen Meistern sind, verlangen ganz vorzüglich, daß Blick und Sinn von all dem Brillanten und Vollendeten ringsum völlig abstrahiren.

Das Nächste wird dann eine *Abrechnung mit dem Inhalt* sein, der dem Beschauer sehr ferne liegen, einem fremden und schwer verständlichen

Ideenkreis angehören kann. Bisweilen hat die Kunst vermöge ihrer höchsten Mittel auch sehr entfernte Gegenstände entweder dem Verständniß nahe gebracht oder so behandelt daß auch das unwissende und dabei unverdorbene Auge *etwas* Wunderbares dargestellt sieht. Solche glückliche Unwissende können von der Schule von Athen, von der Disputa tief ergriffen werden ohne irgend zu wissen, welches die äußere Aufgabe Rafaels war; dieselbe ist eben mit der hohen Idealität zu einer völlig einheitlichen Erscheinung geworden und nun wirken Beide zusammen untrennbar.

Aber in sehr vielen Fällen hat man es mit räthselhaften Geschichtsdarstellungen, mit seltenen Mythen, mit buchmäßig ersonnenen Allegorien zu thun, zu deren Deutung eine abgelegene Gelehrsamkeit gehört. Die Zeit der Entstehung hat ihre Interessen, ihre Lecture, ihre oft sehr kunstwidrigen Gedanken den Meistern auferlegt und damit den Bildern einen vergänglichen, hinfälligen Bestandtheil gegeben.

Je mehr nun der einzelne Meister sich hierin bedrängt und beladen zeigt, desto weniger dankt man es ihm. Denn es hat Einen gegeben, der sich aus den obscursten Geschichtsmomenten und der abgestandensten Allegorie einen Scherz und Jubel machte: Rubens. | Rubens nahm die mythologischen und allegorischen Figuren fröhlich unter das gewaltige Heer seiner Gestalten auf und mischte sie unter die historischen als ob dieß gar nicht anders sein könnte (Galerie de Marie de Médicis etc.). – Was nun geschieht, geschieht deutlich; über das Wollen bleibt nie ein Zweifel; die wildesten Ereignisse gruppiren sich so daß sie als Masse ruhig wirken ⌊jede Bewegung hat den natürlichsten Gang⌋; dazu überall das reichste individuelle Leben, die Harmonie und Kraft des Colorites und die Ströme von Licht. Seine Eigenschaft war: jedem, auch dem schwermöglichsten Vorgang diejenige Seite abzugewinnen, von welcher aus sich derselbe in lauter Leben und Feuer verwandeln ließ. Von dieser Seite wird ihn der emsige Beschauer kennen lernen, freilich erst allmälig.

Weit in den meisten Bildern aber ist der *Inhalt leicht zu* entziffern, weil er überhaupt *einfacher Art* ist, oder allbekannte religiöse Scenen, geläufige Mythen u. dgl. dargestellt sind. Ja man hört die Klage, daß das *längst Bekannte* sich in den Galerien in massenhafter Wiederholung vorfinde.

Allein hier scheiden sich die welche zum Kunstgenuß überhaupt bestimmt sind und die welche es nicht sind; letztere verlangen stets sachlich Neues, als ob die Kunst die illustrirende Dienerin des möglichst verschiedenen Geschehenen wäre. Und die moderne Kunst pflegt ihnen hierin wirklich entgegenzukommen und in Historie und Genre stets sachlich neue Themata zu behandeln. Wem aber die Kunst als solche etwas zu sagen im Stande ist, der wird vielleicht inne, daß gerade die am häufigsten vorkommenden Aufgaben die vorzüglichsten Lösungen gefunden.

| Es giebt sehr viele höchst vorzügliche Darstellungen der sechs bis sieben Hauptscenen aus dem Leben Christi von der Verkündigung bis zur Transfiguration, aus allen Schulen und Zeiten. Und innerhalb der Werke eines und desselben Meisters ersten Ranges finden sich oft mehrere Compositionen derselben Scene, sei es weil derselbe sich an einer ersten Lösung nicht genug gethan, sei es weil die Welt – nicht eine Wiederholung sondern eine zweite, dritte Darstellung von ihm verlangte.

Rubens hat die Anbetung der Könige zwölfmal componirt, wovon mir sieben Bilder bekannt sind, und mit diesen allein wäre er schon ein großer Meister. Das strahlende Bild im Museum von Antwerpen, in 14 Tagen gemalt. Und wenn Rubens mit stets neuem Feuer dieses Ereigniß zu erfüllen wußte, wenn jedes dieser Werke ein neu empfundenes ist, so sollen wir glücklich sein, wenn wir die unermeßlichen Kräfte der Kunst bei solchem Anlaß von dieser Seite ahnen lernen.

Schon Paolo Veronese, sein nächstes Vorbild, hat eine Anzahl von Anbetungen der Könige hinterlassen – ein Blick diesem Thema entlang durch die ganze Kunst aufwärts bis zu den Mosaiken von San Apollinare nuovo in Ravenna und S. Maria maggiore in Rom macht schwindeln.

Bei den holländischen Genremalern (Jan Steen ausgenommen) erregt die Mäßigkeit und geringe sachliche Variation des Inhaltes Erstaunen; hier am ehesten mag auch dem Laien die Frage aufsteigen, warum solche Bilder dennoch einen magischen Zwang ausüben? Die ausgezeichnetsten davon erscheinen schlechthin unerschöpflich; sie sind auch durch keinen Stich zu ersetzen, während neuere Genrebilder, auf Witze oder sehr gesteigerten Gefühlsausdruck gebaut, bald ermüden und durch Nachbildungen ganz genügend zu ersetzen sind.

| Diese erreichte *Einheit des Gegenstandes und der Darstellungsmittel* ist der vergangenen Kunst eigen; es ist als wären letztere zugleich mit dem erstern aufgewachsen. Freilich *nicht alle vergangene Kunst theilt diesen Vorzug*: Das frühere Mittelalter hat das Wollen ohne das Vollbringen; es stellt das Heilige und Erhabene mit sehr unzulänglichen Mitteln dar.

In der neuern Kunst findet sich etwa das Gegentheil: *einzelne* sehr große und bis zur höchsten Vollendung ausgebildete *Kunstmittel* bei sehr ungenügender Entwicklung anderer Kunstmittel und bei oft sehr großem Mißverhältniß zum Inhalt: – Rembrandt und seine Lichtmalerei und Fähigkeit der Characteristik bei höchst mangelhafter Kenntniß der Körperform und der Perspective derselben und barocker Auffassung des Vorganges.

Hier mag dann der Beschauer am ehesten in sich die Fähigkeit entwikkeln, Gegenstand und Darstellung völlig zu trennen, die aufgewandten Kunstmittel aufs Höchste bewundern zu lernen, für alles Übrige aber seine berechtigten Vorbehalte zu machen, und sich zB: nicht mit dem Argument fangen zu lassen: daß Inhalt und Vortrag doch immer harmonisch seien, d. h. daß diese Auffassung[1] eine diesen Kunstmitteln völlig gemäße sei.

Man lasse sich nicht durch die «Kenner» in den jetzt beliebten Rembrandtscultus hinein treiben. Erstens hat unser subjectives Gefühl, so gering die Aesthetik davon redet, etwa auch sein Recht der Antipathie und sogar des Abscheus. Rembrandt stößt alle einfachen Menschen ab. | Sodann ist dem unverdorbenen Sinn eine geheime Idealität eingeboren und diese braucht nicht vor dem Häßlichen deßhalb zu capituliren, weil dasselbe genial vorgetragen wird. Und jedenfalls abstoßend wirkt jede weite Abweichung von der normalen Körperbildung, dergleichen bei Rembrandt so oft vorkömmt. Seine specifischen und wirklich großen Eigenschaften würden nicht dabei gelitten haben wenn er jene Mängel *nicht* hätte. Nur muß man in der Regel bei ihm ein größeres oder gelinderes Widerstreben überwinden, bevor uns der Genuß möglich wird. Das ganze Alterthum seit seiner Reifezeit hat uns diese Zumuthung niemals gestellt.

Je weniger man sich überhaupt Genüsse aufreden läßt, desto eher wird man, bei einigem Ausharren, ein selbständiges Verhältniß zu bestimmten Meistern und Bildern gewinnen.

Am ehesten wird man *kunstgeschichtlicher Belehrung* bedürfen, um bei der Betrachtung von Galerien das bloß *Secundäre* ausscheiden zu lernen, womit eine große Vereinfachung des beginnenden Studiums erreicht wird.

Worin das Secundäre liegt: Keinesweges darin, daß ein Maler denselben Gegenstand behandelt, der schon vor ihm von Andern behandelt worden ist; – zB: die italienische Malerei des XV. Jh. weist eine Menge Madonnen mit Heiligen und noch dazu von ganz ähnlicher Anordnung auf, von welchen doch viele wahrhaft primäre Bilder sind, weil die Meister in das bekannte und übliche Thema eine volle Eigenthümlichkeit, ein Inneres zu legen vermochten. | Die bedeutendern Holländer des XVII. Jh., ausgenommen die Nachahmer Rembrandts, sind sämmtlich primäre Meister auch wenn sie nahezu dieselben Gegenstände darstellen, und dieß gilt gleichmäßig von Genre, Porträt und Landschaft. Daher kommt es daß das Museum von Amsterdam die einzige größere Galerie ohne unbedeutende und langweilige Bilder ist. Die Schülerschaft im damaligen Holland war die eigenthümlichste Sache von der Welt; jeder erreicht eine sehr hohe Stufe der Kunstmittel und dabei gleicht kaum Einer seinem Lehrer; – die Themata, wenigstens im Genre, sind annähernd gemeinsam und doch malt sie Jeder so als gehörten sie ihm allein.

---

1 Sie ist eben eine für den Gegenstand absolut zu niedrige.

Das Secundäre beginnt bei Meistern, welche neben großem Talent auf jede Weise abhängig sind und nicht anders können als ihre Lehrer oder Vorbilder nachahmen. Manche wollen im Grunde nur ähnliche Erfolge erreichen wie diese. ⌊Das Secundäre liegt im Styl und kann sich in materiell neuen, nie dargestellten Momenten doch völlig verrathen.⌋

Etwas Anderes ist es mit vielen sehr achtbaren Meistern, welche in die Zeit eines sog. großen Styles gefallen sind; einem solchen genügt schon ohnehin selten der Nachgeborene; den Andern aber liegt es nahe, ohne eigenes mächtiges Inneres durch bloße Aneignung des Ideenkreises und der Kunstmittel der primären Meister oft sehr ansehnliche und verdienstvolle Bilder zu schaffen, welche der Beschauer laut ihrer unläugbaren Kraft für primär halten muß, bis die Runde durch viele Galerien ihn den primären Meister kennen lehrt. Dieser Art ist Vieles von den Nachfolgern Rafaels.

| Ja es pflegen ganze Schulen secundär zu heißen wie die der Caracci von Bologna, obwohl hier vor jeder Mißachtung zu warnen ist, denn es war in dieser Schule viele echte und primäre Kraft und Guido Reni, welcher 100 Jahre früher das Allergrößte würde geleistet haben, ist auch noch in seinem XVII. Jh. ein sehr großer Meister sobald er seine volle Macht aufwendet.

Derjenige Punct, wo das Secundäre am Fatalsten wirkt, ist das *entlehnte Pathos*, welches mit Recht als vorzüglich langweilig gilt. Freilich je pathetischer ein Nachahmer war, desto beliebter mag er zu seiner Zeit gewesen sein – und daß er in einer folgenden Zeit um so viel unbeliebter sein würde, mag ihn vielleicht wenig gekümmert haben. Besondere Schwäche der französischen Schule hierin, mit ihrer Abhängigkeit vom Pathos des Poussin und den Ausdrucksrecepten des Lebrun, bis zu gänzlichem Verzicht auf eigene Empfindung. Es wollten und mußten eben viel mehr Leute Pathos zeigen als dessen fähig waren.

Viele Galerien sind mit dem Secundären überfüllt, und auch an solchen Bildern ist oft viel zu genießen und zu lernen. Ja das unverdorbene Auge eines Unwissenden kann vor Allem davon auf das Stärkste berührt werden, weil es von dem Primären ergriffen wird welches mit in dem Secundären liegt, oder von dem allgemeinen großen Schulgut welches oft zB: auch geringere Bilder der venezianischen Schule so stattlich und schön erscheinen läßt.

Namentlich aber werden einem Solchen gute Copien völlig den Eindruck der Originale machen, | sobald es sich um Werke und Schulen handelt, wo der Accent auf der Composition und auf Größe und Adel der Formen liegt. Ohnehin erwartet der einfache, unverdorbene Sinn von der Kunst gerne das Feierliche, das Bild einer höhern Welt und ist auch mit unvollkommenen Anregungen aus dieser Welt zu rühren und zu bewegen. Ja selbst vor dem geringsten Kupferstich wird er noch in Rafaels und

Tizians Grablegung, in Lionardo's Abendmal die untödtliche Schönheit empfinden. Möge Galeriebesuchern dieser Art die nöthige Musse und das Wiederkommen gegönnt sein, damit sie ganz nach ihrem Innern bald dieses bald jenes Bild lieb gewinnen. Dieser dann auch zu den großen Meistern führen, und richtiger als der gewöhnliche Weg der conventionellen Bewunderung.

Die Griechen und ihre Künstler

Referat «Allgemeine Schweizer Zeitung» Nr. 259–261, vom 1.–3. 11. 1883

Als das Höchste, was die Hellenen geleistet haben, gilt uns ihre Kunst; erst in zweiter Linie kommt dann ihr Denken, Wissen, Forschen, und unter mancherlei Vorbehalten nennen wir als Drittes ihre Staatsweisheit.
Man sollte nun denken, daß die Griechen ihre Künstler hoch geschätzt hätten. Denn, stelle man sich nur die Herrlichkeit eines griechischen Tempels vor: Vom hohen Giebel herab leuchten die prächtigen Gruppen, und im Hofe glänzt es von Marmor- und Erzstatuen, silbernen und goldenen Anathemen. Ein solcher Tempel mußte Jedem, der ihn sah, als ein übermenschliches Werk erscheinen. Was liegt da näher als der Gedanke, die Hellenen hätten ihre Künstler als Wesen übermenschlicher Art betrachtet und es für ein Glück gehalten, ihnen nur nahen zu dürfen, an ihrer Gefühlswelt theilnehmen zu können? Das Gegentheil davon ist die Wahrheit.

Das Leben der Hellenen war nicht eine vollständige Muße, in den früheren agonistischen Zeiten war sie durch Wettkämpfe, in der Blüthezeit des 5. und 4. Jahrhunderts durch das politische Treiben auf dem Markt unterbrochen. Wer aus irgend welchem Grunde nicht an diesen Beschäftigungen theilnehmen konnte, stand bewundernd daneben. Die Sclaven verrichteten aber alle eigentliche Arbeit, und das Maß der Würdigung, welches sie genossen, theilte sich auch dem Product ihres Fleißes mit; überhaupt sank so alles, was irgendwie mit körperlicher Anstrengung und der Hände Arbeit zusammenhing, bedeutend im Credit; und doch konnte man der Arbeit nicht entbehren. Der Grieche ist von Haus aus Kaufmann und Seefahrer. Das kühne Wagen, das mit diesen beiden Berufsarten zusammenhängt – den zehnten Theil aller Schiffe pflegte man ja damals zu verschätzen – sagte seinem ritterlichen Geist zu, und dennoch gelten sie für unehrenhaft. Das Gewerbe des Ackerbaues war von Alters her geadelt, schon wegen seines in die Augen springenden Zusammenhanges mit der Wehrfähigkeit. Und dennoch läßt Platon in seinen Utopien den Ackerbau von Knechten verrichten, und auch bei Aristoteles stehen sie niedrig, denn es fehlt ihnen die ἀρετή (die bürgerliche Tüchtigkeit). Um mehrere Stufen tiefer stehen sodann die eigentlichen Gewerbe-

treibenden, denn man sah die Gewerbe meist nur von den minder geachteten Einsaßen, den Metöken, ausgeübt; nicht für unedel gilt wiederum der Capitalist, Fabricant oder Großindustrielle, weil er nicht selber zur Arbeit Hand anlegt. Ganz verpönt ist sodann aller Kram, die Geldwechslerei und jedes Bankgeschäft, so große Reichthümer man auch mit diesen Gewerben sammeln konnte. Im Ganzen war die Folge, daß sich der durchgehende Begriff der Banausie bildete, worunter man das Arbeiten müssen um Erwerb und die dabei eintretende Verringerung an Leib und Seele verstand. Das ging wie Münze von Hand zu Hand und wollte nicht aus dem Curse weichen. Weil sich diese Anschauung für die Alten so ganz von selbst verstand, haben wir die Aussagen darüber nicht an einer Stelle beisammen, wir müssen sie aus verschiedenen Schriftstellern zusammensuchen; sie sind deshalb aber nicht minder stringent. Die Folgen hievon für die Werthschätzung des Künstlers waren bedenklich; er ward mit unter die Banausen gerechnet, insofern er unter körperlicher Anstrengung für seinen Verdienst arbeitete. Namentlich war jegliche Arbeit an der Feueresse in Verruf, auch wenn bei der Goldschmelze ein Zeus von Olympia entstand. Die Aussagen darüber stammen freilich aus späterer Zeit, von Plutarch, von Lucian; aber man darf nicht vergessen, daß diese Leute Zeugniß ablegen für die Anschauungen der Athener in ihrer besten Zeit, daß sie Herolde sind altattischer Denkweise. Unentbehrlich für uns in Beurtheilung solcher Verhältnisse sind hundert Stellen von Plutarch's Perikles, jener überaus merkwürdigen Biographie, die, wenn auch viel bestritten, uns doch ganz sicher die Denkweise alter Zeiten wiedergibt. So wird an einer Stelle ausgesagt, daß man sehr wohl eine Sache schätzen und doch deren Urheber verachten könne. «Wer wollte», so fragt Plutarch, «weil er den Wohlgeruch liebt, ein Salbenkrämer, oder weil die Purpurfarbe ihm gefällt, ein Färber sein mögen? Welcher junge Mann würde, wenn er die Hera von Argos oder den Zeus von Olympia sieht, deshalb Polyclet oder Phidias sein wollen?» Eben dieser Werthschätzung genießt auch Archilochos und andere Dichter. Der Urheber eines Werkes ist Plutarch nicht nachahmenswerth, auch wenn die ganze Welt bewundernd vor dem Werke steht. An andern Stellen nennt er die berühmtesten griechischen Künstler Banausen, weil sie nicht rhetorisch gebildet waren. Als Beispiele führt er einen Phidias, einen Ictinos (Erbauer des Parthenon) an! Die Rhetorik beherrschte das ganze vierte Jahrhundert; und gerade die in ihrer Kunst so bewunderten berühmten Politiker verfuhren im eigentlichen Sinne banausisch.

Uebrigens spricht sich auch das attische Alterthum selber hier und da über diese und ähnliche Verhältnisse aus. Auch ihm ist jede Thätigkeit, die mit körperlicher Hantirung verbunden ist, verächtlich. Platon selber verräth dies im Gorgias. Sein Socrates, den wir bekanntlich stets sorgfäl-

tig vom historischen Socrates zu unterscheiden haben, sagt, der Kriegsmaschinenmeister (heutzutage Chef der Artillerie) könne eine ganze Stadt in der Gewalt haben, werde aber doch verachtet, weil er mit seiner Hände Arbeit, mit körperlicher Bemühung, sich bethätigt. Es ist ganz wohl denkbar, daß Socrates sein Gewerbe aufgab, weil er der damit verbundenen Banausie entgehen wollte.

Es kam wohl auch vor, daß gewisse Leute die Verachtung, welche sie den Künstlern entgegenbrachten, auf die Kunstwerke selber übertrugen, so jener bekannte König Agesilaos von Sparta, welcher sich auch sonst durch Extravaganzen auszeichnete. Er hatte den guten Geschmack, auf dem Todbette seine Nächsten aufzufordern, ihm keine Statuen von Banausen setzen zu lassen, da diese doch nichts nützen könnten, wenn nicht das, was er für Sparta gethan, ihn als sein Denkmal überlebe. Dies ist für den Geschichtsforscher ein entschiedenes Glück, denn diesen Agesilaos findet man ohnehin zu jener Zeit auf jedem Kreuzweg. – Diese Raisonnements pflanzen sich hie und da fort bis auf die römische Zeit, Malerei und Plastik sinken in der Ansicht der Zeitgenossen vollständig zum Handwerk herunter.

Lucian erzählt seinen Lesern in einer höchst interessanten Schrift, betitelt: «Der Traum», wie es ihm ergangen. Er war in der Lehre bei einem Oheim, welcher sein Brot als Hermenmacher verdiente, d. h. auf fertige Steinpostamente Götterköpfe aufsetzte. Nun erscheint ihm in einer Nacht die Kunst im Traum, und spiegelt ihm, auf die Gestalten eines Phidias, Polyclet, Praxiteles, Myron hinweisend, seinen künftigen Ruhm vor, wenn er ihr treu bleiben wolle. Allein die Bildhauerei, das robuste Weib, hatte beschmutztes Haar, schwielige Hände, aufgeschürztes Kleid und war mit Kalk über und über bestäubt. Ihre Sprache war die des gemeinen Volkes und sie stotterte. Die andere aber erschien als Frau von feiner Gesichtsbildung, edlem Anstand und zierlich gekleidet, und die Rede, welche sie, die Paideia, dem Lucian, hielt, ist theilweise eine zu prächtige Girandole literarisch-rhetorischen Hochmuths, als daß es sich nicht verlohnte, sie hier wiederzugeben. Sie lautet so:

«Die Vortheile, die du zu erwarten hast, wenn du ein Steinmetz bleibst, hast du von dieser hier vernommen. Am Ende würdest du eben doch nichts sein, als ein Handarbeiter, der die ganze Hoffnung seines Fortkommens in der Welt auf seine Hände gründet, unangesehen, kaum besser als ein Taglöhner, von geringer und beschränkter Denkungsart, im Staatswesen unbedeutend, gleich wenig im Stande, dich deinen Freunden nützlich, als dich deinen Feinden furchtbar zu machen, wie gesagt, ein bloßer Handwerker vom großen Haufen, der sich ducken und schmiegen, Respect haben muß vor jedem Höheren, kurz, du würdest ein wahres Hasenleben führen. Und solltest du selbst ein Phidias oder Polyclet wer-

den, und hättest du eine Menge wundervoller Werke hervorgebracht, so
würde zwar jeder, der sie sieht, deine Kunst rühmen, aber gewiß keiner
von Allen, so lange er bei Verstand ist, möchte wünschen, deines gleichen
zu sein. Denn so groß du auch in deinem Fach wärest, immer würdest du
doch für einen armseligen Handwerker gelten, der sein Brot mit seiner
Hände Arbeit verdienen muß.» Und später: «All das, was ich dir nun vorgeführt, wolltest du nun von dir stoßen, um in einen armseligen, groben
Kittel zu schlüpfen, sclavenmäßige Haltung anzunehmen, Heben und
Meißel, Schlägel und Stemmeisen in den Händen zu führen, immer dein
Haupt auf die Arbeit niedergebückt, mit Leib und Seele an der Erde zu
kleben; du würdest in jeder Beziehung ein niedriger Mensch sein, der
nicht wagt, sein Haupt zu tragen wie ein freier Mann und frei zu denken,
sondern im Gegentheil, über dem Bestreben, seinen Werken Ebenmaß
und Wohlgestalt zu verleihen, kaum daran denkt, diese Eigenschaften an
sich selber zu zeigen, und im Grund weniger geachtet wird, als die Steine,
die er bearbeitet.»

Lucian ließ sich belehren, bildete sich zum Redekünstler aus und trug
später diesen Traum in seiner Vaterstadt vor, «mit einem nicht weniger
berühmten Namen,» sagte er selbstbewusst zu seinen Landsleuten, «als
sich irgend ein Bildhauer unserer Zeit einen solchen gemacht hat.» Ein
Glück ist es immerhin, daß Lucian keine Götter zu meißeln kriegte.

Für die Plastik selber war es ein Segen, daß sie als banausisch niedergehalten wurde. Denn nur so konnte sie unangefochten bleiben von den
Rednern, den Philosophen, den Dichtern der alten und mittleren Comödie. So konnte sie unentwegt weiter schaffen und hielt jene Idealgestalten
der Götter und Heroen aufrecht, nachdem die mittlere Comödie sie
schon lange in den Schmutz ihrer offenbachischen Burlesken gezogen
und die Philosophie sich ihrer längst begeben hatte.

Mit immer neuer Frische und Thatkraft schuf die griechische Bildhauerkunst weiter, als hätte es niemals einen peoloponnesischen Krieg und
eine durch ihn hervorgerufene innere und äußere Zerrüttung von ganz
Hellas gegeben. Eine weitere Folge der Mißachtung des Künstlerstandes
war es, daß man in der griechischen bildenden Kunst keine Dilettanten
kennt. Niemand konnte sich dafür begeistern, ein Leben voll demüthigender Verachtung auf sich zu nehmen, wenn er nicht durch unwiderstehlichen innern Drang zur Kunst hingetrieben wurde. Dadurch unterscheidet sich die Plastik zu ihrem Vortheil von der Tragödie, zu deren
Cultur sich jedes junge Bürschlein berufen glaubte; die 10,000 dichtenden junge Herrchen sind ja aus Aristophanes bekannt genug. Bethätigung in der Kunst, namentlich in der plastischen Kunst, bedingte ein Leben voller Entbehrungen: Phidias, das läßt sich nun nicht mehr leugnen,
starb im Kerker an Gift; denn stieg ein Künstler zu seinen Lebzeiten gar

zu hoch im Ansehen, so regte sich der ächt hellenische Neid und der
Mann ward auf diese oder jene Weise beiseite geschafft; und der Anklä-
ger des Phidias erhielt zum Lohn lebenslängliche Steuerfreiheit.
   Wie war es nun möglich, daß die Maler nicht für Banausen galten? Das
Factum als solches steht fest. Was hat sich nicht ein Zeuxis, ein Parrhasios, erlauben dürfen! Der erstere trat zu Elis auf in einem purpurnen
Kleid, das über und über mit seinem Namen in Gold gestickt war, der
zweite sang seinen eigenen Ruhm in selbstgedichteten Versen u. dgl. Auch
gab es zahlreiche Maleranecdoten, um die Plastiker dagegen kümmerte
sich kein Mensch; ebensowenig wußte das Alterthum und wünschte es je
zu wissen, wie die großen Plastiker aussahen. Phidias wurde gerichtlich
wegen Asebie belangt, weil er auf dem wunderbaren Schild der Athene
Polias auch sein und des Perikles Bildniß angebracht hatte; und einzig
aus der abergläubischen Furcht, das Bestehen des ganzen Werkes hänge
an den beiden Figuren durch irgendwelche geheimnißvolle Maschinen,
fand man nicht den Muth, die Porträts von dem ehernen Schilde zu entfernen. Es ist nicht daran zu zweifeln, daß die Maler deshalb höher geschätzt wurden als die Bildhauer, weil man ihre Arbeit für eine weniger
anstrengende hielt, obschon der Maler unter Umständen schwerere kör-
perliche Arbeit zu verrichten haben kann, als der Plastiker. Ferner thaten
die Maler selber ihr Möglichstes, um nicht als Banausen vor den Augen
der Menge dazustehen. Sobald sie reich genug waren, um nicht mehr auf
den unmittelbaren Ertrag ihrer Arbeit angewiesen zu sein, schafften sie
gratis, wie z. B. schon Polygnot, der berühmte Freskenmaler, welcher seiner zweiten Vaterstadt Athen die Gemälde in der Stoa Pökile schenkte,
oder Zeuxis, welcher alle seine Werke ohne Entgeld weggab, weil, wie er
bemerkt, keine Summe hoch genug sei, sie nach ihrem wahren Werthe zu
bezahlen. Dagegen ließ er ruhig seine Bilder gegen ein Eintrittsgeld ausstellen, denn nicht Geld anzunehmen, sondern Geld verdienen zu müssen mit seiner Hände Arbeit galt für banausisch; jene Maßregel erhöhte
darum nur seinen Ruhm. Nikias aus Athen schenkte seine Νέκυια, die
Darstellung von Odysseus' Abstieg in die Unterwelt, seiner Vaterstadt,
nachdem ihm einer der Ptolemäerkönige nur die Summe von 60 Talenten
(Fr. 350,000) hiefür geboten hatte. Dafür erhielt er überall freie Zeche.
Später wurde die Malerei neben Gymnastik, Kitharistik und Grammatik
sogar Unterrichtsgegenstand durch Pamphilos aus Sikyon.
   Es berührt uns hinwiederum ganz eigenthümlich, daß unter den Tau-
senden von Titeln philosophischer Werke, welche Diogenes der Laertier
uns aufzählt, keine sind, welche von der Kunst handeln. Einzige Ausnahme macht der unermüdliche und vorurtheilsfreie Forscher Demokrit,
von dem ein Werk über die von den Hellenen bekanntlich nie geübte
Kunst des Wölbens und über Malerei genannt wird.

Von den Sophisten, welche ja über Alles sprechen wollten und sollten, behandelte Hippias von Elis allein die Malerei und die Plastik. Wie man sich seine Behandlung dieses Thema's vorzustellen habe, ist freilich nicht ganz klar. Es muß, wie es scheint, glücklicherweise ein unwissender Widerwille gegen alle wissenschaftliche Behandlung der Kunst geherrscht haben, sonst hätte eine für die griechische Kunst geradezu verhängnißvolle Aesthetik entstehen können. Die Sophisten reden ja natürlich ab und zu auch über die Kunstwerke, die ihnen täglich vor Augen standen. Socrates nimmt gelegentlich seine Bilder und Gleichnisse auch von dem Künstler, aber er nennt ihn in einem Athemzuge mit all' den andern Gewerbsleuten, z. B. mit dem so beliebten Steuermann; ein Künstler ist ihm nur eine besondere Art Handwerker, für den er keine Spur mehr Achtung zeigt, als für irgend einen der Letztern. Einerseits liegt der Grund für dieses beharrliche Schweigen der Philosophen eben in dem Umstand, daß die Künstler in ihren Augen durchaus nur Banausen waren, anderseits beruht es darauf, daß Philosophie und Kunst eigentlich in einem Concurrenzverhältniß standen. Socrates, wenigstens der historische, steht auf beständigem Kriegsfuß mit den Handwerkern von ganz Athen: Den lieben langen Tag geht er von dem Einen zum Andern, um ihm zu beweisen, daß er absolut nichts verstehe, als sein Handwerk, und zieht daraus immer und immer wieder den Schluß: «Schuster bleib bei deinem Leisten!» Den Proceß, welcher ihm schließlich das Leben kosten sollte, verdankte er zum großen Theil dem Haß gegen alles Banausische. Denn einer der Hauptbeweggründe für Anytos, den Philosophen anzuklagen, lag darin, daß er seinen jungen hoffnungsvollen Sohn mit allen ihm zu Gebote stehenden Mitteln vom Eintritt in das blühende väterliche Gerbergeschäft abzuhalten suchte. – Und dann machte man sich auch Concurrenz. Das einzige Trachten der Kunst war das, den alten Mythus, die Götter- und Heroenwelt zu verherrlichen, während die Philosophie mit allen ihr zu Gebote stehenden Mitteln das Ansehen der Götter zu untergraben suchte und darnach strebte, ihr Nichtsein zu beweisen.

Platon läßt sich mehrmals direct über die Kunst vernehmen. Freilich gibt es in dem Utopienstaat, den er in seinen Büchern «vom Staat» schildert, weder Poesie, noch Kunst; überhaupt ist nach ihm der freie Wille des Individuums höchstens noch beim Philosophen vorhanden und bei diesem auch allein nothwendig, denn er hat das Staatswesen zu leiten. In der gemäßigten Utopie, den Büchern «von den Gesetzen», kommt er den Forderungen der realen Welt eher einige Schritte weit entgegen. Nun sind ja wohl die «Gesetze» bekanntlich angefochten worden; Thatsache ist aber, daß schon Aristoteles sie kannte, und mag vielleicht auch eine fremde Feder bei ihrer Abfassung thätig gewesen sein, die Ideen des Buches sind ganz unzweifelhaft ächt platonisch. Platon kommt in den

Νόμοι zu der Ansicht, daß Bildnerei in der Welt sein müsse, verhaßt ist ihm aber vorab aller Privatcult; wer opfern oder beten wolle, möge zu öffentlichen Altären, in die Tempel gehen. Privatgottesdienst sei überall möglichst auszurotten, denn es werden so wie so mehr als zu viel Weihgeschenke an die Götter gestiftet und gebildnert. Besonders jene Bildnerei, die aus Gelübden hervorgeht, erscheint ihm verwerflich, denn Gelübde werden unüberlegt, unphilosophisch, in Augenblicken äußerster Noth gethan. Dann macht Platon auf den Nachtheil des Privatcultus aufmerksam, daß dabei auch der Böse Opfer bringen und die Götter bestechen könne, damit er sich ihrer Hilfe zu seinem schlimmen Thun gegen den Staat versichere. Mit Befolgung dieses Rathes würden wir aller der herrlichen, kleinen Kunstwerke verlustig gehen, auf welche erst unser Jahrhundert eigentlich aufmerksam geworden ist. Platon hegte einen tiefen Widerwillen gegen alles Anathemensetzen, aber indem er dies verbietet, greift er allen Griechen recht eigentlich in's Herz hinein und beleidigt den Stolz des Einzelnen und ganzer Körperschaften. Alle die wundervollen Kunstkleinodien von Gold, Silber oder Elfenbein müßten, wenn's nach ihm ginge, vom Erdboden verschwinden, also auch alle Chryselephantinstatuen, und ein Zeus aus Olympia hätte müssen eingeschmolzen werden! Denn Gold und Silber erregen habsüchtige Gier, Elfenbein aber stamme von einem todten Körper und daß von einem solchen der Gottheit ein Geschenk dargebracht werde, das zieme sich nicht. Gegenstände aus Erz und Eisen decretirt der Gesetzgeber weg, weil diese Stoffe zum Krieg gebraucht werden. Es bleibt also nichts übrig, als Weihgeschenke aus Holz, Stein und Geweben. Von Gemälden möchte Platon nur solche als Anathemen zulassen, welche an einem Tage können dargestellt werden, also die miserabelsten ex voto-Bildchen. Gewebe will er nur dann als Weihgeschenke zulassen, wenn sie von einer Frau in einem Monat können hergestellt werden. Alle die prachtvollen Purpur- und Goldgewebe, an welchen oft ganze Corporationen Jahre lang arbeiteten, Göttergewandungen, Teppiche oder wie man sie nun sonst nennen will (πέπλοι), wären dadurch aus den Tempeln verbannt worden. Zudem «ziemt» sich nur das Weiße als Farbe, und so geht's nun weiter. Platon würde die Kunst äußerlich auf einen ganz ärmlichen Etat gesetzt haben, wenn es nach ihm gegangen wäre; es war auch in der That damals Ueberfülle vorhanden. Aber auch innerlich schränkt der Philosoph die zeitgenössische Kunst ein durch sein Lob der altägyptischen als einer stationären. Daran erkennen wir den wahren Platon. Ueber das Was und Wie wurde im alten Aegypten von jeher in den Tempeln entschieden, da durfte sich Keiner unterstehen, etwas Neues zu erfinden, nur was von den Priestern als gut war erkannt worden, durfte überhaupt gebildet werden; und was vor 10,000 Jahren gebildet ward, ist im alten Aegypten eben so *schön, als was erst heute entstand. Ebenso will es Platon mit der Musik gehalten wissen; das gilt ihm für staatsmännisch. Und als das geschrieben ward, stand Scopas in der Fülle seines Schaffens, die schönsten Werke eines Phidias wurden von der Welt bewundert, aber geehrt wurden die beiden Künstler nicht.*

Für unser Verständniß ist außerordentlich merkwürdig, daß selbst Aristoteles die Kunst so vollständig ignorirte. Man findet von Malerei und Plastik in seinen Werken auch beinahe keine Spur. Hin und wieder kommt er ja wohl auch in Rhetorik und Poetik auf die Kunst zu sprechen, in den Problemata ist ein besonderer Abschnitt der Musik gewidmet, aber etwas eigentlich greifbares über dieses Thema lieferte er nicht. Und doch hatte dieser große Gelehrte einen sehr regen Sinn für Schönheit, wie aus den noch immer nicht nach ihrem wahren Werth geschätzten Physiognomica zur Evidenz hervorgeht.

Dieser Zug der Geringschätzung gegen die Kunst, der Verachtung des Künstlers geht durch die Jahrhunderte abwärts. Im 3. Jahrhundert entstehen die großen Philosophenschulen und bilden ihre Systeme. Wachsende Zerrüttung des hellenischen Lebens, innere Unruhen in den Städten, ein ganz besinnungsloses Prassen in den Tag hinein, theilweise eine systematische Ausrottung der früher herrschenden Classen (Sparta), das bezeichnet den Uebergang vom 3. zum 2. Jahrhundert.

In Griechenland selber war somit für die Kunst kein Gebiet mehr, aber es erwuchsen jetzt griechische Königreiche in Asien und Africa, Königreiche von Umfang und Kraft. Da entstand in Kleinasien – nicht vor 197 kann es gewesen sein – in Pergamon, der Hauptstadt des Attalidenreiches, unter Attalos II. oder Eumenes II. jener wunderbare Marmoraltar ungefähr 100 Fuß in's Geviert, dessen Reste jetzt das Museum von Berlin zu einem der bedeutendsten Kunstwallfahrtsorte der Welt erheben. Die bis jetzt in Berlin liegenden Reste repräsentiren eine Länge von etwa 250 Fuß. Der Gegenstand, den diese herrlichen Reliefs behandeln, ist der Kampf der Giganten und Titanen mit den Olympiern: es sind die Halbgötter im Ringen mit den Göttern, ein Kampf ist's, wie er innerlich angeschaut wurde von gewaltigen Meistern als erhabener Sturm von Angriff und Gegenwehr, die bedeutendste Aeußerung der künstlerischen Kraft damaliger Zeit – und doch wissen wir über das großartige Werk aus den Jahren, in welchen es entstand, rein nichts, obgleich es uns an Quellen über jene Zeitgeschichte keineswegs mangelt. In dem ganzen so umfangreichen Polyb z. B. ist auch nicht eine Anspielung auf den Altar von Pergamon zu finden. Die einzige Notiz des ganzen Alterthums über jenes herrliche Bildwerk finden wir in einem verlegenen, selten gelesenen Autor aus der Zeit des Kaisers Theodosius; aber kaum je ist ein Citat der ganzen Geschichte für die Kunst so reich an den herrlichsten Folgen ge-

wesen, wie jenes achte Capitel des Ampelius; denn erst auf seine Angaben hin wurden in Pergamon Ausgrabungen angestellt. Nun möchten wir ja wohl die Erbauer des Altars, den Meister und seine Schüler, gerne kennen lernen, aber nirgends finden wir etwas, was uns auf ihre Namen führen könnte. An den Reliefs sind hier und da Bruchstücke von Inschriften, vielleicht Reste der Künstlernamen eingemeißelt; allein man kann mit vollständiger Sicherheit behaupten, daß es auf Grund dieses Materials keinem Scharfsinn gelingen wird, die Namen zu eruiren. Dieser pergamenische Altar ist eines der letzten Zeugnisse von dem Ungebrochensein des hellenischen Geistes; hier geht die Kunst, wie ein Raubthier auf seine Beute, auf das Thema los, welches eines der Gewagtesten des ganzen Mythus war, und die Schöpfer des großartigen Werkes müssen zu den gewaltigsten Geistern aller Zeiten gehört haben. Das erwogen aber die Leute von dazumal nicht. Gewiß galten die Bildner des Altars den Pergamenern als ganz geschickte, brave Banausen, aber eben nur als Banausen, und wir mit unsrer Frage nach jenen Meistern müssten ihnen wohl höchst sonderbar vorgekommen sein.

In spätern Jahrhunderten begann man, Phantasiepreise der höchsten Art für Kunstwerke zu bezahlen, ohne daß dies irgend welchen Einfluß auf die Werthschätzung des Künstlers als Menschen auszuüben im Stande war.

Im 2. und 3. nachchristlichen Jahrhundert begann die Literatur sich der bildenden Künste zu bemächtigen und den Malern und Bildhauern Themata, Sujets vorzulegen; die Kunst fing an, nach Programmen zu arbeiten. Noch aus dem 1. Jahrhundert kennen wir ein solches Werk: es ist des Archelaos v. Priene «Apotheose Homer's». Das ganze Verhältniß artete schließlich aus in einen Triumph der Literatur über die Kunst. In den «Gemälden» des «Philostratos», der Beschreibung einer Galerie, findet sich ohne Zweifel gar manches Bild, das gar nie wirklich bestanden hat; der Schriftsteller führt sie nur als schönen Vorwurf zu einem Kunstwerk an. Die Kunst wird zugleich immer schwächer und muß sich solches gefallen lassen. Bei einem Rhetor des 5. Jahrhunderts finden wir geradezu eine Sammlung umständlicher Programme; aber wie wäre die gesunkene, verrostete Plastik jener Zeiten auch nur noch von ferne im Stande gewesen, dieselben zu realisiren?

Es bleibt immerhin ein Phänomen, daß eine Potenz, wie die Meister der alten, hellenischen Kunst, von ihrem Volke so vollständige Verkennung erfahren mussten. Ihre Werke aber stehen noch heute da, hoch und unerreicht von den Gestaltungen aller Epigonen. Ja, wer weiß, es war vielleicht ein großes Glück, daß sie seit dem 4. Jahrhundert vor Christo in vollster, schlichter Verborgenheit dahinlebten, nicht zerpflückt und nicht verschwatzt von einem Zeitalter, das im Stande gewesen wäre, Alles, auch das Höchste und Edelste, zu zerpflücken und zu verschwatzen.

Die Reise einer Kaiserbraut (1630)

Referat «Allgemeine Schweizer Zeitung» Nr. 271–274, vom 15.–17. 11. 1883

Die Prinzessin, von der heute zu reden sein wird, ist die Infantin Maria Anna, Tochter Don Philipp's III. von Spanien, Schwester Don Philipp's IV. und zweier vor ihr verstorbener Prinzen, deren Einen wir aus Schiller's Wallenstein als den «Cardinalinfanten» kennen. Ihr Bräutigam ist Erzherzog Ferdinand, damals erst König von Ungarn, später als römischer Kaiser Ferdinand III.; durch Verbindung mit diesem Prinzen wurde Maria Anna Mutter Ferdinand's IV. und Leopold's I., in siebenter Generation stammt von ihr ab der jetzige österreichische Kaiser Franz Joseph.

Die Häuser Spanien und Oesterreich standen zu einander in engen Beziehungen der Verwandtschaft; durch die Politik waren sie auf einander angewiesen, oft aber erlitt das Verhältniß Jahre lang Erkaltung. Eine alte Abrede stipulirte gegenseitige Verschwägerung der beiden Häuser in der Weise, daß der älteste Erzherzog die älteste Infantin heirathe, denn, so begründete man dies, in Spanien sind auch die Prinzessinnen erbfähig, und Oesterreich darf es unmöglich darauf ankommen lassen, daß das spanische Reich an eine feindliche Familie falle. 1615, zur Zeit, da der Herzog v. Lerma als allmächtiger Minister schaltete, war man vom Programm abgekommen, da hatte der französische König sich die älteste Infantin als Braut heimgeführt. Seit 1617 aber fand nothgedrungen wieder eine Annäherung zwischen den beiden Linien des Hauses Habsburg statt; eine andre Wahl hatte man vollends nicht mehr, als i. J. 1620 Spanien in der Pfalz intervenirt hatte.

Im Jahr 1623 wurde eine auswärtige Heirath wenigstens versucht: da tauchten plötzlich am spanischen Hof zwei elegante Cavaliere auf, welche kein Mensch kannte. Sie gaben sich dann zu erkennen als Karl, Prinz von Wales, und den Herzog von Buckingham. Sie kamen, um die Infantin Maria Anna zu freien. Trotzdem der Prinz eine sehr distinguirte Persönlichkeit war, holte er sich doch nur eine Absage in Madrid, er ging heim, mit dem ziemlich wenig sagenden Trost, daß man ja später die Verhandlungen über diesen Punct wieder aufnehmen könne. Es war gut, daß diese Werbung sich zerschlug, es wäre von den vielen Thorheiten Jacob's I. von

England eine der größten gewesen, was doch gewiß etwas heißen will, wenn eine englisch-spanische Allianz in diesem Sinne zu Stand gekommen wäre. Nun erführen wir gerne, was denn Maria Anna selber zu dieser Freiwerbung sagte. Wir erfahren aber nur, daß sie lieber in's Kloster gegangen, als in diese Verbindung gewilligt hätte; über den Eindruck, den der junge Engländer auf die damals 17jährige Spanierin machte, schweigen alle Quellen.

Mittlerweile machten die Schicksale des 30jährigen Krieges, man mochte wollen oder nicht, eine enge Verbindung zwischen Oesterreich und Spanien nothwendig. Und so erschien denn im Jahre 1628 ein österreichischer Gesandter einer solchen durch eine Personalallianz zu bewirkenden engeren Verbindung wegen zu Madrid: es war Franz Christoph Khevenhiller, der Verfasser der Annales Ferdinandei, ein Mann, der Spanien so genau kannte, wie wenig Andere. Sein Stil ist kraus, spanisch-italienisch-französisch, wer aber deshalb schließen wollte auf eine steife, pedantische Persönlichkeit, würde sich gründlich irren: er ist ein feuriger österreichischer Cavalier, der im Stande ist, den feinsten Ränken spanischer Hofintrigue zu trotzen, ja sogar oft sie zu überbieten. Schon Anfangs 1620 hatte er einmal das spanische Cabinet förmlich überrannt, um es zu veranlassen, zu Gunsten Oesterreich's von Belgien aus in der Pfalz zu interveniren. Er that damit, wie der Erfolg herausstellte, auch Spanien selber einen Dienst, denn dadurch kam jene große spanische Etappenstraße zu Stande von Mailand durch Savoyen, die Franche Comté, das österreichische Elsaß und die Pfalz nach den spanischen Niederlanden. Nun lag es natürlich im Interesse Frankreichs, diese Straße zu sprengen und es galt, durch Concentrirung der spanisch-östreichischen Macht diesen Bemühungen die Spitze zu bieten. In dieser Absicht unternahm Khevenhiller, schon damals Ritter des goldnen Vließes, seine Reise nach Madrid, um eine Heirath zwischen dem ältesten Sohn seines kaiserlichen Herrn und der Infantin Maria Anna zu Stande zu bringen.

Die Spanier von dazumal kennt nun unser Khevenhiller sehr genau, wie sie sich insgemein für prima Sorte Menschheit hielten. Die Granden vor Allen verbanden mit einem zur Natur gewordenen Ernst den festen Willen, die Welt zu genießen, mit ihrem Stolz eine unergründliche Verschlagenheit, mit einer tief gewurzelten Religiosität rücksichtslose Politik; ihre Keckheit ging soweit, daß sie zu Zeiten die kühnsten Verschwörungen gegen die Regierung unternahmen; allerdings sieht man oft und viel, daß ihr Stolz nichts weiter ist, als ein bloßer Hochmuth.

Khevenhiller wird uns eine ansprechende Persönlichkeit durch seine Correspondenzen an den Wiener Hof. Er hatte den Auftrag, die Hochzeit per procura auf's Jahr 1629 einzuleiten. Es kam aber eine wahre Unzahl von Schwierigkeiten dazwischen und eine der bedeutendsten war gleich *von Anfang an der Geldmangel.* Die Reise eines Mitgliedes der spanischen königlichen Familie nämlich ging damals mit einem ungeheuren Luxus vor sich, mit einem Pomp, der an denjenigen des Achämenidenhofes erinnerte. Man berechnete die Kosten dieser Brautfahrt von Spanien nach Wien auf sechshunderttausend Ducaten. Der spanische Hof hatte eine so unglaubliche Masse von Mitessern bei sich, daß seine Locomotion beinahe unmöglich wurde. Auch das schwerfällige Ceremoniell erschwerte jegliches Reisen ungemein. Das Alles wusste denn der Kaiser Ferdinand, und da ihm sehr daran gelegen war, daß die Verbindung möglichst bald zu Stande komme, ließ er seinem königlichen Vetter von Spanien durch Khevenhiller vorstellen, er, der Kaiser verzichte gern auf alle übliche Begleitung von Seite des Hofes und alle diese Formalitäten, er werde keine in dieser Hinsicht begangene Unterlassung übel nehmen. Stand doch das Schicksal beider Dynastien auf dem Spiel; denn die Familien waren wenig zahlreich, und da die lebenden Glieder der spanischen eher kränklich waren, that wirklich die Verbindung dringend Noth; es war wichtig, nicht zu zögern. Außer dem Geldmangel aber lag noch ein anderes Hinderniß vor, das von der Prinzessin selber scheint ausgegangen zu sein, und das wir hier einstweilen nur angedeutet haben wollen. Diese beiden Momente hemmten das Antreten der Reise auf eine Art, welche den guten Khevenhiller beinah zur Verzweiflung brachte.

Weil der österreichische Gesandte diese Dinge wenn nicht genau wußte, so doch ahnen konnte, lag ihm sehr daran, den kirchlichen Act des Desponsoriums zu Stande zu bringen, die öffentliche Verlobung, welche die Sache unwiderruflich machte. Sobald das Desponsorium perfect war, konnte man nichts anderes mehr über das Schicksal der Infantin denken, als daß sie die künftige Kaiserin sei und alles müssige Geschwätz über anderweitige Verbindungen war damit zu Boden geschlagen. Dem Hof anderseits lag daran, die Reise so weit als möglich hinauszuschieben. Als der für das Desponsorium bestimmte Tag erschien, wurde der König plötzlich von einem hitzigen Fieber ergriffen; allein was dazu hatte dienen sollen, die Ceremonie zu verzögern, das wußte, so scheint es, Khevenhiller dazu zu benützen, sie möglichst zu beschleunigen: gerade jetzt, so argumentirte er, wo der König schwer krank ist, muß das Desponsorium vollzogen werden; und so beging man die kirchliche Handlung vor dem Krankenlager Philipp's, welcher merkwürdiger Weise unmittelbar darauf wieder genas.

Die Infantin, von deren Character wir sonst nicht viel erfahren, hat gerade in damaliger Zeit ihren Willen in einem wichtigen Punct durchgesetzt. Sie, die nunmehr Königin von Ungarn heißt, sollte nach dem Wunsch ihres ganz von Jesuiten umgarnten Schwiegervaters einen Beichtiger aus diesem Orden nehmen. Aber sie brachte es dazu, daß sie ihren vorherigen geistlichen Rath, den Franziscaner Fray Diego Quiroga, den wir im Wallenstein mehrmals genannt finden, beibehielt. Inzwischen hatte Oesterreich der spanischen Macht einen hochwichtigen Dienst geleistet dadurch, daß es mit der Wallensteinischen Armee in den Niederlanden und im Mailändischen intervenirte; diese beiden Interventionen konnten lediglich Spanien zu Gute kommen und man war den deutschen Habsburgern zu großem Dank verpflichtet. Nicht besser konnte demselben Ausdruck verliehen werden, als indem man die Reise der Königin von Ungarn möglichst beschleunigte. Allein wieder trat der leidige Geldmangel hindernd zwischen Wunsch und Ausführung. Der spanische Stolz verbot aber, das Hinderniß aufrichtig zu nennen und es wurde als Grund der Verzögerung angeführt, der König könne seine Schwester unmöglich, wie sich's geziemen würde, bis an's Meer begleiten, da er die Niederkunft seiner Gemahlin Isabella abwarten müsse. Im October 1629 genas die Königin eines Söhnchens, des im Jünglingsalter verstorbenen Don Baltazar.

Jetzt hätte man mit allem Fug die Abreise erwarten können; war doch der König nun frei. Das Hinderniß war jetzt der erste Minister Herzog von Olivarez, der sich wenigstens der Mitreise des Königs widersetzte. Khevenhiller war in heller Verzweiflung. Die Zustände des damaligen spanischen Hofes characterisirt vielleicht nichts besser, als des Oesterreichers Notiz, er schreibe auf zwar vergoldetem, aber fließendem Papier. Schon hatte man scheinbar überhaupt auf die Reise verzichtet, als am 26. Dec. 1629 plötzlich der König ohne vorherige Bekanntmachung an den Hof, wahrscheinlich auf geheimes Drängen von Wien hin, mit dem ganzen ungeheuren Hoftroß zur Begleitung seiner Schwester auf ihre Brautfahrt aufbrach. Ein ganzer Hof schloß sich der Reisegesellschaft an, mit einziger Ausnahme der Musikcapelle. Der Zug ging von Madrid ostwärts gegen Saragossa und Barcelona. Schon auf den ersten Stationen hinter Madrid aber ergab sich, daß für Quartiere soviel wie gar nicht gesorgt war. Noch in Castilien war's mit den Vorbereitungen so schlecht bestellt, daß es in einem Nachtquartier dem König einen halben Finger tief auf's Bett schneite. Zu Daroca in Aragon gab's allerhand Ergötzlichkeit: des Nachts wurden Stiere durch an ihnen befestigte Raketen wüthend gemacht, und die armen Thiere dann so in die Nacht hinaus getrieben. Behörden und Bischof der Stadt überreichten der Infantin reiche Geldgeschenke.

Am 8. Jan. 1630 endlich kam man in Saragossa an; da hieß es, man dürfe an ein Weiterreisen gar nicht denken, in Barcelona sei die Pest ausgebrochen. Khevenhiller traute gleich nicht; denn von Anfang an waren Unwetter und Pest ausgebrochen und hatten wieder aufgehört, ganz nach dem es den reisenden Parteien passte. Khevenhiller drang darauf, im Hinblick auf das Mißtrauen in Wien bei längerem Aufenthalt im Binnenland, an die Küste zu kommen, wies auch darauf hin, daß die Pest mitten im Winter kaum sehr gefährlich sein werde. Plötzlich nahm von Saragossa aus der König französischen Abschied, worüber man sich nun denken mag, was man will; nicht einmal seiner Schwester sagte er Lebewohl, was sich diese, wie begreiflich, sehr zu Herzen gehen ließ. Dafür stieß bald von Madrid her zum Hoflager der Königin von Ungarn der spanische Obersthofmeister, der Herzog von Alba, der Enkel des bekannten Ministers Don Philipp's II.; dieser Mann nun legte Khevenhiller alle nur erdenklichen Schwierigkeiten in den Weg. Als man nach langem Zuge glücklich in Barcelona ankam, war von der Pest nicht von Ferne die Rede. Allein an eine Fortsetzung der Reise war nicht zu denken aus dem einfachen Grunde, weil die Flotte noch nicht da war. Man saß also vor der Hand hier fest, was um so mißlicher war, da das Geld ausging und bald eine Art Mangel in dem Troß auszubrechen begann. Anfangs war man, weil die Ankunft grade in die Zeit des Carnevals fiel, noch ziemlich lustig beisammen. So wurde der Königin zu Ehren ein Ball gegeben, an dem die Damenwelt sich bis vier Uhr früh unermüdlich dem Vergnügen des Tanzes hingab, weil sie der Ansicht war, so lange die Königin von Ungarn zusehe, dürfe man an ein Aufhören nicht denken, und es anderseits der hohen Zuschauerin nicht scheint eingefallen zu sein, daß diese Leute auch müde werden könnten. Ueberhaupt war Donna Maria Anna um das Wohlergehen ihrer Umgebung von einer leidlichen Gleichgiltigkeit. Später, zur Fastenzeit, wurden in den Kirchen und Klöstern Besuche abgestattet; dem Beichtvater Pater Quiroga zu Gefallen wurde im Franciscanerkloster eine Collation entgegengenommen; «sie war gut, aber auf Capucinermanier», sagt Khevenhiller.

Der österreichische Gesandte schrieb die verzweifeltsten Briefe nach Madrid und machte Vorstellungen darüber, was wohl Kaiserliche Majestät zu solchen Verzögerungen denken müsse. Olivarez antwortete ihm mit wahrhaft kläglichen Entschuldigungen, die vom spanischen Bettelstolz zeugen, und beklagt sich über Khevenhiller, der so unzart sein könne, ihm solche Verzögerungen vorzuhalten.

Endlich, nach langem, ungeduldigem Warten kam das Geld, Mitte Mai auch die Schiffe, wenigstens theilweise, in ungenügender Zahl. Es waren größtentheils Galeeren, also Ruderschiffe. Zur Einschiffung kam man erst im Juni, als die Flotte endlich vollständig beisammen war, und man reiste ohne große Ceremonien ab. Es war so schlecht für alle Bedürfnisse gesorgt, daß man ohne Proviant gewesen wäre, hätte man nicht mitten auf dem Meere ein Hamburger Schiff getroffen, dem man Mehl abkaufen konnte.

Noch vor der Abfahrt war ein Bote aus Frankreich gekommen mit der Nachricht, Anne d'Autriche wünsche ihre Schwester vor deren Vermäh-

lung noch einmal zu sehen, und der die Gesellschaft deshalb einlud, eine
Landung in Frankreich zu gewähren. Das war für Khevenhiller ein neuer
Donnerschlag. Er fand die Ausflucht, daß er das unmöglich zugeben
könne, da ja die Franzosen ohnehin für freies Geleite sehr unzuverlässig
seien und zudem die Krone Frankreichs sich gegenwärtig mit Habsburg
Mantua's wegen in offenem Kriege befinde. Wenn überhaupt eine Begegnung der königlichen Frauen stattfinden solle, so sei sie allein denkbar
auf einer der mittelländischen Inseln, oder höchstens im Hafen von Toulon. In der Folge zerschlug sich dann die Sache, da Anne d'Autriche der
Pest wegen nicht weiter südlich reiste, als bis Lyon.

Vorsichtig und langsam ging die Küstenfahrt vor sich und am 19. Juni
kam man in Genua an. Das Meer war sehr unruhig, Cavaliere und Damen mußten in die Barken und an's Land getragen werden, nur die Königin von Ungarn sprang «galantemente» in die Barke. Im Palazzo Doria
am Meere nahm man Quartier und blieb da wiederum einen vollen Monat. Inzwischen waren die Sachen Frankreichs gut gegangen. Diese
Macht nämlich verfocht die Ansprüche eines Herzogs von Mantua-Nevers auf das Herzogthum, und Habsburg mußte solchem Ansinnen im Interesse seiner Hegemonie in der Lombardei entgegentreten. Es wurde
deshalb von der Wallensteinischen Armee ein beträchtlicher Truppenkörper detachirt, welcher unter Collalto vor Mantua lag, während Spanier
unter Spinola die Festung Casale belagerten. So drohte der dreißigjährige
Krieg ein europäischer zu werden. Kaiser Ferdinand mußte dringend
wünschen, den König von Ungarn bald zum römischen König gewählt zu
sehen; es war dazu bekanntlich die Zustimmung der Kurfürsten erforderlich, und er berief deshalb einen Kurfürstentag nach Regensburg auf den
Juni, es wurde aber damals seinem Rufe noch nicht Folge geleistet. Am
24. Juni jenes Jahres geschah dann auch das Denkwürdige, daß der junge
Schwedenkönig Gustav Adolf, hauptsächlich auf Richelieu's Drängen
hin, auf deutschem Boden, in Pommern, landete. In Italien gingen die Ereignisse indeß raschen Schrittes vorwärts. Mantua war gefallen. In Mailand herrschte schrecklich die Pest, diesmal aber die wirkliche. Es kümmert uns aber bei dieser Epidemie weniger das Schicksal der gekrönten
Häupter, welche durch sie hätten gefährdet werden können; die Personen, für welche wir bei diesem Anlaß fürchten und hoffen, heißen Renzo,
Lucia, Rodrigo. Denn die Poesie hat diese Pest auf ihre unsterblichen Fittiche genommen, und Manzoni's «Verlobte» haben einen unvergänglichen Strahlenglanz auf sie gegossen.

In der Reisegesellschaft berieth man über den einzuschlagenden Weg.
Alba intriguirte beständig gegen Khevenhiller und hatte dabei natürlich
die spanischen Edelleute auf seiner Seite, weshalb Khevenhiller, der immer in der Minorität war, sich auf's Ueberreden angewiesen sah. Manch-

mal hat es den Anschein, als ließe Alba sich gerne überreden. Einen großen Fehler machte Khevenhiller, als er auf den Vorschlag Alba's, nach Norden zu reisen und auf dem Wege über Rhätien die österreichischen Erblande zu gewinnen, nicht ohne Weiteres einging; dies war vielleicht der einzige unkluge Streich von ihm während der ganzen Reise. Er hing nämlich an der Idee, seine Route durch's Tirol zu nehmen, weil Erzherzog Leopold, der Oheim des Königs von Ungarn als damaliger Beherrscher von Tirol für einen festlichen Empfang seiner künftigen Nichte gesorgt hatte und Khevenhiller wünschte, er möge seine Vorbereitungen nicht umsonst getroffen haben. Anderseits hätte man auf dem Wege über Tirol venetianisches Gebiet berühren müssen, und da war man ohne vorhergehende langwierige Unterhandlungen nicht vollkommen sicher. Man frug in dem Dilemma die beiden Generale Spinola und Collalto um ihre Meinung, und in der Antwort der Beiden haben wir zugleich ein Stück Characterbild. Spinola, ein bedachtsamer, alter Herr, rieth zu einer durch Verhandlung zu sichernden Reise über venetianisches Gebiet, Collalto aber, ein ungestümer Haudegen, empfahl, den Troß in Genua liegen zu lassen und mit Gewalt durch's venetianische Gebiet durchzubrechen. Da kommt dem Herzog Alba ein Gedanke: aus Genua müsse man doch fort, es sei das Einfachste, um den Süden Italiens herumzufahren und so Triest zu gewinnen. Zudem habe man so den Vortheil, daß die Königin von Ungarn in Neapel, also auf spanischem Boden, sich ausruhen und ihr Gefolge Geld machen könne. Es scheint, daß man des Letztern dringend bedurfte und es auf jede auch bedenkliche Weise genommen hätte. Am 19. Juli fuhr man denn von Genua ab und die Genuesen dankten dem Himmel, als sie die lästigen Gäste los wurden. Bei der Küstenfahrt wurde mehrmals angehalten, auf toscanischem, auf römischem Gebiet. Als man auf der Höhe von Gaeta ankam, wurden sämmtliche Stücke der Flotte gelöst zum Gruß der weithin sichtbaren Kirche der Dreifaltigkeit, und die Königin verrichtete ihre Andacht angesichts des Heiligthums.

Anfangs August landeten die Schiffe der Infantin Maria Anna bei Procida, und es stieß zu ihnen der spanische Kronbeamte für Neapel, der Vicekönig, Herzog von Alcala. Dieser und Alba haßten sich gegenseitig von Herzen; war doch schon in Genua die Ansicht geäußert worden, der Obersthofmeister sei nur deshalb für den Umweg um Italien so begeistert, weil er dem Herzog von Alcala gerne einen Schabernack spielen wollte. Alba nämlich, der frühere Vicekönig von Neapel, wollte diese Stelle wieder in Besitz nehmen und suchte deshalb den jetzigen Inhaber derselben auf jede mögliche Weise zu compromittiren.

Man hatte sich nun über das Ceremoniell zu einigen, und es war durchaus nicht gegenstandslos, wenn die beiden Granden sich heftig stritten, wem der Vortritt gebühre, ob Alcala, dem jetzigen Vicekönig, oder Alba,

Die Reise einer Kaiserbraut (1630)

der es gewesen, aber für sich als Obersthofmeister der Infantin und künftigen Kaiserin mehr Achtung beanspruchte. Man einigte sich dahin, daß der Erzbischof von Sevilla zwischen den beiden Herzögen reitend den Einzug mitmachen solle. Khevenhiller zog es vor, am Einzug gar nicht theilzunehmen, da er fürchtete, eine seines Kaisers unwürdige Stelle dabei einnehmen zu müssen. Er übernahm deshalb das Commando der Avanguardia auf der Flotte. Während des Einzuges wurde geschossen und zwar theilweise auch scharf, wobei das Unglück passirte, daß auf seiner Galeere zwei Ruderknechte getroffen und sofort getödtet wurden. Die Landungsbrücke bei der Ausschiffung war mit Decken von Goldbrocat geschmückt, auf welche die Matrosen Anspruch zu haben glaubten und ihr Recht auf so ungestüme Weise zur Geltung brachten, daß sie das Tuch unmittelbar hinter der dahinschreitenden Prinzessin abschnitten, und bei dieser Gelegenheit zwei etwas zurückgebliebene Hofdamen über den Haufen warfen. Die Zänkereien zwischen Alba und Alcala bereiteten der Königin viel Aerger und veranlaßten sie, einen ganzen Monat lang zu Hause zu bleiben. Inzwischen schraubten sich die beiden Herzöge mit allen möglichen Verleumdungen; es ging soweit, daß man allen Ernstes davon redete, Alba werde Alcala verdrängen. Es mochte scheinen, als ob über all' den Hindernissen die Leute diese Brautreise beinah aus dem Gedächtniß verloren hätten.

Inzwischen gingen die weltgeschichtlichen Ereignisse ihren Gang. Am 13. August, auf dem Regensburger Reichstag, wurde Wallenstein verabschiedet; Spinola war vor Casale gestorben; schon tauchte Mazarin auf, noch nicht in hoher Stellung, einstweilen nur als päpstlicher Kriegscommissär und Depeschenträger; Richelieu hatte jetzt endlich definitiv das Heft in die Hände bekommen, nachdem seine Stellung während einer heftigen Krankheit des Königs längere Zeit sehr kritisch gewesen war, endlich aber war er unumschränkter Meister geworden. (11. November 1630.)

Beinahe 4 ½ Monate, kein Mensch wußte weshalb, blieb die Königin in Neapel, und man konnte endlich merken, daß sie selber es war, welche die Reise gerne hinausgeschoben hätte. Da nahm Khevenhiller das Herz in die Hände und ermahnte die Fürstin schriftlich in väterlichem Tone, ihm doch die Ursache ihres Zauderns mitzutheilen, er müsse sie kennen. Als die Infantin vorschützte, sie müsse die Genesung Alba's abwarten, der, wohl aus Gefälligkeit gegen seine Herrin, unpäßlich geworden war, wollte diesen Grund der Oesterreicher nicht gelten lassen, Alba sei ja jetzt vollständig überflüssig. Khevenhiller gab sogar der Fürstin zu verstehen, sie verzehre hier in Neapel ihrem königlichen Bruder doch viel Geld und wies darauf hin, wie durch dieses ewige Aufschieben die Freundschaft des Wiener und des Madrider Hofes wesentlich gefährdet werde. Da auf einmal gibt die Königin aus unbekannten Gründen nach und betreibt nun selber die Abreise.

Am 18. December 1630 machte man sich auf den Weg ohne auch nur für die nothwendigsten Bequemlichkeiten gesorgt zu haben, und reiste im schwersten Winter quer durch Italien, über den Apennin. Anfangs Januar wurde die Grenze des damals von Urban VIII. oder vielmehr seinen Nepoten, den Barberini regierten Kirchenstaates, überschritten. Der Pabst hatte zum Empfang der Reisenden einen eigenen Legaten und den Weltlichen von seinen drei Neffen gesandt, damit sie der Königin seinen Segen überbrächten, und ihr in seinem Namen reiche Geschenke verehrten, z. B. sechs «schwarze Schimmel», eine prächtige carminrothe Sänfte mit Crystallfenstern, drei weiße Esel u. drgl. Als man in Loreto ankam, ward natürlich längere Zeit gehalten und es entspann sich sofort ein Präcedenzhader zwischen dem jungen Barberini und dem Herzog Alba. Die Königin hatte bei sich ein Geschenk ihres Bruders an das wunderthätige Gnadenbild in Loreto, einen ganz aus Diamanten zusammengesetzten Adler, welcher mit großer Umständlichkeit der Maria angeheftet wurde. Am 13. Januar 1631 kam man in Ancona an, wo unter dem Admiral Pisani eine genügende venetianische Flottille, vom Kaiser gemiethet, sie erwartete. Alba erklärte, diese Flotte sei inficirt, er könne unmöglich dulden, daß die Infantin der Gefahr einer Erkrankung ausgesetzt werde. Khevenhiller, entschlossen, jetzt keine Zögerung mehr zuzulassen, theilte dem Spanier mit, daß er selber die Flotte untersuchen werde und ließ sich mit Frau und Kind – er reiste mit Familie – übersetzen. Als er sich überzeugt hatte, daß eine Gefahr nicht von Ferne vorliege, wollte er an's Land zurück, wurde aber am Ufer von einem Posten mit Todesdrohung an der Landung gehindert, unter dem Vorwand, daß er nun selber inficirt sei. Das war ihm doch zu viel! Kurz entschlossen sprang Khevenhiller auf den Mann los, warf ihn in's Wasser und konnte triumphirend seiner künftigen Herrin melden, daß auf der ganzen Flotte von Pest nicht die Rede sei; zugleich beschwerte er sich über diese Handlungsweise und wusste die Königin zu überzeugen, jetzt sei es höchste Zeit, endlich energisch die Weiterreise zu betreiben. Die Flotte war aber nicht complet, es musste die Ankunft einiger weiterer Schiffe abgewartet werden. In dieser Zwischenzeit brach noch in der königlichen Wohnung Feuer aus, der Erzbischof von Sevilla flüchtete sich in der Eile ohne Pantoffeln und holte sich eine schwere Erkältung, die ihm nach Verfluß von wenigen Tagen den Tod brachte. Der bedauernswerthe Greis hatte seine Augen noch nicht geschlossen, als der widerwärtige Streit um die Spolienrechte ausbrach, und man um die Hinterlassenschaft des Prälaten sich vor dessen Bette zankte.

Endlich gelangte die Reisegesellschaft glücklich auf die Flotte, wo sie Pisani, umgeben von einem glänzenden Stab junger venetianischer No-

bili, empfing. Alba machte den Admiral mit besorgter Miene auf einige
Wölkchen am Horizont aufmerksam, welche möglicherweise ein Unwetter herbringen könnten; da erklärte Pisani dem bisherigen Obersthofmeister sehr energisch, von jetzt an habe er im Namen Kaiser Ferdinand's
für die Sicherheit der Königin von Ungarn zu sorgen und Niemand anders habe sich drein zu mischen. So musste sich denn Alba wohl oder übel
fügen.

Gegen Ende Januar landete man in Triest, wo Erzherzog Leopold zum
Empfang wartete und für die Reise den Marschall machte. Die Route
ging von Triest über den Karst nach Laybach, von da dann über Leoben
gegen den Semmering. Am 21. Febr. sollte in Mürzzuschlag große Aufwartung von etwa 100 Cavalieren unter dem Grafen Thun stattfinden
und der Kaiser mit dem König von Ungarn dann der Gesellschaft über
den Semmering entgegenkommen. In der Reihe der Cavaliere erregten
die Aufmerksamkeit der Prinzessin besonders zwei in der gleichen Farbe
reich gekleidete Herren. Es stellte sich heraus, daß der Eine derselben der
König Ferdinand von Ungarn selber war. Er redete seine Braut spanisch
an, «da sah sie, daß sie betrogen war, als man ihr gesagt hatte, es fehle
ihm an Gestalt und Vernunft; nun war er ja gar so übel nicht!» Diese
Reise von Madrid bis Wien hatte 14 volle Monate gewährt.

Es ist interessant, sich manchmal recht auffällige weltgeschichtliche
Contraste zu vergegenwärtigen. Am 16. Novbr. reist der Kronprinz des
deutschen Reiches von Berlin über München nach Genua, wo er am 18.
ankommen soll. Dort heizen bereits drei deutsche Dampfer für ihn und
in wenigen Tagen wird er am Madrider Bahnhof vom König von Spanien
empfangen werden. – Am Abend des 13. wird der Arlbergtunnel durchstoßen. Ingenieure und Arbeiter reichen sich durch die eben entstandene
Oeffnung die Hände und es wird so eine Verkehrsstraße eröffnet, welche
speciell uns das schöne Tirol um ein gut Theil näher rücken wird.

Die Weihgeschenke des Alterthums

Die Weihgeschenke des Alterthums

Ein Geschenk an ein Heiligthum ist noch kein Weihgeschenk wenn auch ἀνατίθημι für Beides gesagt wird.

Zur Vergleichung: das Weihgeschenk des Mittelalters.

Der Einzelne, resp.: die Corporation, Familie etc., welcher für sein Seelenheil sorgt oder Bitte oder Dank oder Buße zu äußern hat ⌊während die Griechen unbußfertig sind⌋: hat zunächst reichlichen Anlaß, sich beim Bau von Kirchen durch Geld, Landschenkungen, Frohnden etc. zu betheiligen und wird Mitstifter des Bauens überhaupt und namentlich Mitstifter von Pfründen. (Dieß Alles fällt bei den Griechen weg; der Staat baut die Tempel, ausgenommen kleine Heiligthümer ⌊doch bauen die Alkmäoniden die Fronte von Delphi⌋).

Ferner kann er in und an der Kirche noch insbesondere stiften: Altäre, Glasgemälde, und Gräber![1] Cultusgeräthe, Leuchter, große Kerzen; priesterlichen Schmuck und Gewänder, goldne Kronen mit Juwelen an Marienbildern. ⌊Sonst ist die Wallfahrt mit ihren Mühen selber ein Opfer.⌋ (Bei den Griechen fällt dieß Alles weg).

Dann erst, als Übergänge zum antiken Anathem:

    a) das Exvoto,[2] votum fecit, gratiam accepit, einem bestimmten Gnadenort versprochen, gelobt

        das kleine Gemälde, meist die betreffende Noth oder Gefahr darstellend

        die Nachbildung geheilter Gliedmaßen, meist nur Holz oder Wachs, doch auch Silber und Gold.

        die silbernen Herzen

        Das Gelübde kann aber auch den ganzen Bau einer Kirche, eines Klosters betreffen.

    b) Schon völlig mit dem Anathem des Alterthums stimmend: das Geschenk resp. Vermächtniß von irgend etwas Theurem oder Kostbarem,

---

[1] Der griechische Tempel duldet nur Heroengräber.

[2] Hier trifft das Anathem des Mittelalters mit dem antiken zusammen, einstweilen stellenweise.

welches dann entweder mit der Zeit in ein Kirchengeräth umgegossen wird, oder im Kirchenschatz bleibt.

Hier das zu Grunde liegende Gefühl identisch mit dem der Griechen: α) etwas Werthvolles von sich zu schenken, β) sich dem Überweltlichen zu empfehlen, im Gedächtniß zu erhalten.

(Die Monstranz von Überlingen mit Theilen von goldenen Ketten, gefaßten Juwelen, Fingerringen und einem Medaillon Rudolfs II. an dreitheiliger Kette – lauter allmälig hergeschenkte Gaben – ob es lauter Votivgaben sind? oder sonst aus Andacht geschenkt?)

Das Anathem bei den Griechen
Sein uralter Zusammenhang mit dem Opfer. – Nun ist schon die Bedeutung des Opfers lange nicht immer unter den drei Kategorien des: Dank- Bitt- und Sühnopfers unterzubringen. Die tausendjährige Übung des Opfers machte es zu einer Gewohnheit auch wenn das Motiv dunkel blieb. Und wenn nun das Anathem wesentlich eine bleibende Gestalt des Opfers war, so ist die ursprüngliche Bedeutung auch bei ihm dunkel. Thatsache: daß in Olympia vor den Tempeln, tief unten in schwarzer Erdschicht, unzählige kleine Figuren von Thon oder Erz, Menschen und Thiere, besonders Pferde, gefunden wurden. – Dieß bis jetzt die ältesten sichern Anatheme, d. h. die frühsten Begleiter gebrachter Opfer. Und dergleichen wird nun bei alten Heiligthümern überall ausgegraben.

Die Griechen hatten das Gefühl, daß bei ihren Opfern wenigstens den Thieropfern, die Götter zu kurz kämen, weil man ihnen Knochen und Fett überließ, das Genießbare aber selber aß. Möglich daß damit das Weihgeschenk um so viel mehr eine Gewissenssache werden konnte, als Ergänzung des ungenügenden Opfers?

| Das Weihgeschenk nach den dunklern *Motiven*: es hielt den Weihenden länger im Gedächtniß der Gottheit lebendig als das Opfer. Seine vollständige Symbolik bleibt unerreichbar (Krösos, mit seinem angstvollen Abkauf des Schicksals durch Goldbarren; ist kein Hellene). Und dieß trotz aller Kunden; auch der Epigramme.[1] Echte Anatheme entweder schriftlos oder mit bloßer Angabe des Weihenden und der Gottheit in dem das Object sichtbar dastand und die Denkweise sich nicht laut machte.

Unter der Maske des Weihenden spricht ein geistreicher Dichter, oft mehrere, um die Wette, in Varianten. Der Gesichtskreis, meist kleine Leute. Der Ort: im Freien, oder bei einem ländlichen Heiligthum. ⌊Die Sachen oft an den nächsten Bäumen etc. aufgehängt oder befestigt.⌋

---

1 Anthologia Lyrica VI.

Geräthe und Kleidungsstücke des täglichen Gebrauches:
   a) um die weitere Gunst der Gottheit
      der Hirt: dem Pan einen Knüttel an einen arcadischen Fels
      Daphnis: Syrinx, Stab, Wurfspieß, Fell, Tasche
      Arbeiterinnen: Spindel, Weberschiffchen, Wollenkorb an Pallas
   b) weil der Weihende, alt, sein Geräth nicht mehr handhaben kann.
Müde Leute geben das Werkzeug ihres Lebens der Gottheit.
   der Zimmermann der Pallas
   der Schmied dem Hephästos
   der Fischer dem Poseidon und den Nymphen, Netz, Nachen
   der Trompeter seine Salpinx (wem?)
(etwa auch weil der *Gegenstand* unbrauchbar geworden). (Ein Wanderer seinen Hut der Hekate).
   Kriegswaffen ⌊meist erbeutete⌋, vielleicht wegen Gelübdes in der Schlacht: Mancher Tempel wurde zum Arsenal – die acht lucanischen Schilde, Helme, Linnenharnische, Dolche.
   Gelöste Gelübde, also Dank-Anatheme: Der Schiffbrüchige sein Haar und die unter die Haube Gekommene ihre falsche Haartour. Die junge genesene Mutter (Gewand an Artemis, Eileithyia).
   Bittanatheme: für eine kranke Tochter einen Leuchter dem Gotte von Kanopos. In Kurtempeln: silberne und thönerne Gliedmaßen.
   Von Frauen bei verschiedenen Anlässen: Toilettensachen. Bekannt: der Spiegel der Lais, Widmung an Kytheria. (Dagegen stammen die wirklich gefundenen Toilettensachen meist nur aus Gräbern, immerhin die Cistae von Palestrina aus einem Fortunentempel, und diese also wirkliche Anatheme.)

Das Kunstwerk als Anathem beginnt schon mit der bescheidensten Gattung: das gemalte Täfelchen = ex voto Geretteter, die oft eben nur dieß aufbringen konnten. Tempel und Heroa wimmelten bisweilen davon.[1] Abbildung der betreffenden Gefahr und der angerufnen Gottheit? Doch auch nur Porträts? Das Gemälde des Hungers (von Belagerten?). Gelübde reicher Seefahrer aber waren vielleicht die Gemälde berühmter Meister in den kleinern Hallen um den Ζεὺς σωτὴρ im Piraeus; im Freien standen dort Statuen.

Goldene und silberne Gefäße für den Tempelcult. Der *Dreifuß* im Cultus und in der Kunst:
   a) Ursprünglich Hauptstück des Reisegepäcks der Wandervölker: nur ein metallener Ring auf drei Füßen. Dazu der Kessel. Heiligkeit und

---

1 Über Basen von Anathemen: Milchhöfer p. 192.

Mantik des Herdes. (Die Götter können nicht weissagen wenn ihnen nicht die Menschen den Dreifuß geben).
b) Der Dreifuß als Beutestück von Überwundenen wird zum Anathem.
c) Als Symbol des Sieges werden Dreifüße extra geschaffen weil man Haus und Herd des Feindes überwältigt – nicht mehr die erbeuteten selbst, sondern aus dem Ertrag der Beute gebildete. Und hier wird das Geräth eine Prachtform. Schon die in Amyklä mit freistehenden Götterbildern. Oder ein Jahrespriester stiftet rite einen Dreifuß sodaß ein Tempel eine ganze Sammlung enthielt.[1]

| Die Reihe schon von der mythischen Zeit an beginnend. Der goldene Dreifuß der Hellenen in Delphi nach Plataeae ⌊auf einer ehernen Schlange⌋. Der eherne, von drei marmornen Persern emporgehaltene im Olympieion zu Athen. ⌊Ganze Beutezehnten adhoc verwendet⌋

Indem und nachdem der Dreifuß so ⌊schon frühe⌋ zu einem allgemeinen Symbol des Sieges geworden, wird er auch zum: *Kampfpreis* bei Wettkämpfen jeder Art, und daran knüpfte sich, vielleicht fast von Anfang an, die Sitte, denselben einer Gottheit zu weihen; der inschriftliche Name des Siegers am Dreifuß im Tempel sicherer verewigt als im Privaterbe.

Hesiod, Gesangessieger in Chalkis weiht den seinigen den helikonischen Musen. In weiterer Ableitung die athenische Sitte: der choragische Sieger, wenn reich, baut an der Dreifußstraße ein besonderes Sacellum und *auf* oder *in* diesem den Dreifuß: Monument des Lysikrates – der περιβόητος. Der Dreifuß selbst als Ziergebäude, mit einer Sculptur dar*in*; das vaticanische Relief. Der beneidete Preis am Sichersten unter göttlicher Obhut.

Inzwischen der Dreifuß auch als Geräth weitergebildet (Seine Umsetzung in den Marmor: Leuchterfuß, Altar.)

Curiositäten, Andenken, Erinnerungen aller Art den Heiligthümern anvertraut, ob immer förmlich geweiht? – ⌊Die Tempel zugleich Archive, Cassen, Aufbewahrung von öffentlichen Inschriften⌋

Die Gefühle beim «Weihen» sehr verschieden. Pittakos stiftet in die Tempel von Mitylene Leitern als Symbole vom Auf und Nieder des Glükkes. Der bevorzugte Einzelne weiht sein Porträt (gemalt oder plastisch) und entzieht es damit den Wechselfällen des Privaterbes. Im Erechtheion der gemalte Stammbaum des Lykurgos. Die Statuen der beiden Töchterchen der kretischen Priesterin der Artemis. Die Statuen von Knabe und Mädchen in Makedonien laut Gelübde.[2]

---

1 Pausanias IX,10,4,7 des Apollon Ismarios in Theben. Sodaß Steigerung der Form durch Concurrenz entstehen konnte.
2 Die Bratspieße der Rhodopis?

Andenken:
die Lade des Kypselos im Heräon zu Olympia.
Die Triere von Gold und Elfenbein wegen Aegos Potamoi von Kyros dem Lysander, von Lysander nach Delphi geschenkt.
Das Gemälde der Bosporusbrücke des Mandrokles zu Samos.
Hier besonders einzuschalten: Die Gewöhnung des Stiftens in die Ferne an berühmte Orakeltempel und Agonalstätten. ⌊Der Agon in zweiter Potenz als Wetteifer von Poleis, Tyrannen, Colonien.⌋

Das *Götterbild* als Anathem (abgesehen vom eigentlichen Cultbild ⌊abgesehen auch vom Hauscult und Grab⌋) bisweilen auf Träume und Erscheinungen hin.
Seine enorme Scala von der kleinen thönernen Figurine[1] etwa in einem Felsloch, am Kreuzweg bis zu den vielleicht geringen steinernen Statuen unter Baumgruppen, im Gebirge etc. (schwankend zwischen Anathem und Cultbild),[2]
die Hamadryaden unter den Pinien über dem Wasser,
ein Weinbauer setzt irgendwo dem Dionysos einen Satyr,
ein Jäger im Gebirge ein Bild der Artemis,
Timonax einen Hermes in ein Gymnasion;
Xenokles und sein Marmorrelief der Musen «ruhmvoll durch seine Kunst vergißt er auch die Musen nicht»
bis zu Götterstatuen höhern Ranges, welche in einen Tempel, oder in dessen Halle, Vorhof und Umgebung geweiht wurden, wobei es nichts machte, wenn die *Tempelgottheit selbst* in vielfacher Wiederholung und in allen Stylen aus allen Zeiten vorkam etwa mit verschiedenen ἐπικλήσεις: die Ζᾶνες oder Strafzeuse in Olympia ⌊Olympia die größte Zeussammlung der Welt⌋. Lehrreiche Übersicht – wenn auch unschön gehäuft? bis zu riesigen Stiftungen: Athene Promachos des Phidias, der Ares der gegen Kleomenes bewehrten Argiverinnen.

Die *Thiere* in Erz und Marmor als Anatheme
Das Primitive: Haut und Hörner von Herdenthieren und Jagdthieren etwa an nahen Bäumen befestigt während die Opfernden – Bauer, Hirt, Jäger – das Fleisch aßen und die Knochen opferten.
| Das Nächste: als Anatheme fürstlicher etc. Jäger eiserne Köpfe eines Löwen und eines Wildschweins ⌊in einem Tempel zu Pergamon⌋, eherner

---

1 Es sind wohl besonders Figurinen der Gottheit des betreffenden Tempels; den Göttern brachte man ja endlos oft ihr eigenes Bild dar.
2 Auch die schönste Privatbestellung galt nicht dem Privatbesitz sondern einem Anathem, Feuerbach II,115, bei Anlaß des Praxiteles.

Bisonkopf in Delphi (von einem Päonenkönig). Dazu aus späterer Zeit
der bellend lebendige Jagdhund des Leukon ⌊der Artemis geweiht?⌋.
Nun die zu Anathemen verewigten Opferthiere. Die von Kleonae opfern einen Bock zur Pestzeit und weihen dann einen ehernen Bock nach
Delphi. Ptolemaeos Philopator hat vier Elephanten opfern *wollen* und
weiht dann dem Helios vier eherne Elephanten (Das Denkmal von Chambéry).
Andere Male das Motiv dunkel oder von Pausanias nur zweifelhaft
verstanden. Eherne Rinder in Delphi bedeuteten nur das Gedeihen der
betreffenden Stadt in Ackerbau und Wohlstand ⌊Dankanathem?⌋.
Thiere die sich ein Verdienst um eine Stadt erworben: Der eherne Esel
der Ambrakioten in Delphi (weil ein Esel sie vor einem molossischen
Hinterhalt gewarnt). Der eherne Wolf der Delphier, weil ein Wolf einen
Tempelräuber tödtete. Die kerkyräischen ehernen Stiere in Olympia und
Delphi aus dem Zehnten eines Thunfischfanges, dessen Nähe ein Stier
durch Brüllen verrathen. Hätten wir nur die Kuh des Myron! ⌊Cf. das colossale eherne Rind im Conservatoren Palast, Capitol.⌋ (Warum ein Wanderer einen ehernen Frosch weihte)?
Thiere welche im Mythus der betreffenden Stadt berühmt waren. Eherner Wolf und Stier auf der Agora von Argos (Pyrrhi Einritt), einst hatte
Danaos dort einem solchen Kampf zugesehen. Die eherne Ziege der Elyroten in Delphi, zwei Apollskinder säugend. Der Löwe: uralte aegyptische und asiatische Kunstfigur. Der riesige vom Branchidenweg, mit Inschrift, britisches Museum. (Anathem eines Befragers des Orakels?) Die
Löwen auf Schlachtfeldern (Chaeroneia). Der herrlichste Löwe: der von
Knidos, britisches Museum. ⌊Dieser gewiß noch eine bloße Decorationsfigur.⌋ Massenhaft vorhanden kleine eherne und thönerne Thierfiguren –
ob Anatheme? oder Grabzeug?

Endlich der *Opferer* selbst als Anathem. Massenhafte Darstellung der
Cultushandlungen in den Heiligthümern von Aegypten, Ninive, Persepolis und dann bei den Griechen; u. a. der Panathenäenzug. Es soll das einmal oder periodisch der Gottheit dargebrachte Opfer ihr gleichsam monumental im Gedächtniß gegenwärtig erhalten werden.
Einmal wird ein Gelübde eines periodischen und zwar täglichen Opfers
der Gottheit geradezu durch ein Anathem abgekauft: das Kriegsgelübde
der Orneaten an Apoll auf tägliche Procession mit Opfern.[1] Ihr σόφισμα
die eherne Gruppe in Delphi.
Aus einem Beutezehnten von Motye stifteten die Agrigentiner nach
Olympia die betend die Hände vorstreckenden ehernen Knaben, wobei

---

1 cf. Heft Culturgeschichte F, 12.

der Grieche errieth, daß diese gebetet haben müßten während die Väter kämpften.

Endlich die 35 Knaben der Messanier sammt Chorlehrer und Flötenspieler, ertrunken im Faro, aber merkwürdiger Weise nicht nach Rhegion und nicht in die Heimath selbst, sondern nach Olympia.

Das Anathem vertritt die Privatbestellung und den Privatbesitz und wird, auch ohne religiösen Impuls, der dauernde Anlaß für Entstehung von Kunstwerken.

Juristisch *unsichere Grenzen des Anathems und des bloßen Denkmals:* So schon bei den Erzbildern der Sieger in den Kampfspielen, der Athleten, Reiter und Viergespanne. Dann bei vielen Bildnißstatuen. Was man an eine geweihte Oertlichkeit stiftete, war Anathem und damit besser gesichert, und endlich sind zwar die figurenreichen Gruppen, besonders in Olympia und Delphi, rechtlich unbezweifelte Anatheme gewesen – aber das Stiftungsmotiv meist schon kein religiöses mehr.

⌊Die monumentale Verherrlichung des Individuums und die ganzer Städte dringt in's Heiligthum und füllt mit der Zeit ganze heilige Bezirke völlig aus ⌊ihre Werke im Freien, in den Tempeln, in Thesauren⌋:

Die Akropolis von Athen.
Die Altis von Olympia, und
Delphi mit seiner Terrasse und Thesauren.
Hier Vereinigung von Orakel und Spielen.

In Olympia und Delphi wetteifern die Staaten der ganzen hellenischen Welt, nicht mehr durch Gaben, welche den Gott des Ortes verherrlichen, sondern durch oft sehr mächtige Kunstwerke welche den weihenden Staat verherrlichen.

Die Goldbarren des Krösos u. dgl. waren noch wirkliche Anatheme gewesen. Die Siegerstatuen und die Gruppen sind es im innersten Grunde nicht mehr.

Die Gruppen zum Theil klein (die frühern). Dann wohl von stark wachsendem Maßstab von kostbaren Hölzern, Elfenbein, Gold (die frühern, und diese in geschloßenen Räumen aufgestellt), von Erz fast alle spätern, und vergoldet, womit Brennus seine Gallier von Weitem lüstern machte. ⌊Dann von Marmor (Attalosgruppen)⌋

Der Inhalt: mythologisch, allegorisch, historisch-politisch und gemischt aus Allem,
              Götter, Heroen der betreffenden Staaten, Feldherrn und Krieger.

Die Vereinigung der Figuren auf gemeinsamen Brustwehren, theils langgestreckt, theils im Halbrund. Das Compositonsprincip? es fehlte noch der mittlere architectonische Körper, der Pfeiler, um und an welchem wir jetzt die Nebenfiguren gruppiren. Von dramatischer Einheit und Wirkung war kaum die Rede; da aber die größten Meister dergleichen schufen muß die Einzelgestalt so herrlich gewesen sein als was Jene sonst geschaffen haben.

Die *Aufstellung im Freien*. (Durch noch vorhandene Piedestale und Brustwehren zu controliren). Wir würden uns sehr wundern und protestiren! Großes und Kleines, Altes und Neues, auf wechselndem Niveau bunt durcheinander, nur bei dem festesten Willen, das Einzelne apart zu betrachten, überhaupt genießbar. Die Griechen *hatten* diese Gabe des isolirenden Beschauens.

Die Griechen hielten es ja schon mit den Tempeln so und stellten deren mehrere zB: auf Akropolen unregelmäßig und mit abweichenden Axen zu einander (wie sie allmälig gestiftet worden; da sie nicht Versammlungsräume von Gemeinden sondern jeder das Haus einer Gottheit ist, machte der frühere den spätern nicht entbehrlich) cf.: Eleusis, Dodona, Samothrake.

Vollends mit Statuen und Gruppen füllten sich einzelne Weiheorte völlig an, das Eine optisch völlig unbekümmert um das Andere. Es fehlte die Isolirung, wonach das plastische Kunstwerk sich sehnt. Es fehlte noch völlig die Nische.

Was man sich unter Umständen gefallen ließ: Als es mit den hellenischen Staaten schon stark abwärts ging, die Akropolis von Athen aber schon völlig angefüllt war, begnügte sich König Attalos I. für sein Anathem des Sieges von 239 aCn. ⌊die Basis noch vorhanden⌋ mit einem Raum von 800 Quadratfuß (16 × 50 Fuß) an der Südmauer des Bezirks für vier Schlachtgruppen (jede von wenigstens zwölf Figuren? von halb bis ²/₃ Lebensgröße ⌊dießmal Marmor!⌋) deren optischer Genuß uns jetzt fast unmöglich scheint während die Bildung des Einzelnen, sobald man sich darauf concentriren kann, vorzüglich ist (10 Statuen vorhanden). Seither aber wissen wir, daß 40 Jahre später Pergamos noch viel Gewaltigeres leisten sollte. –

Finis.

Einleitungsblatt zu «Pythagoras. (Wahrheit und Dichtung)»
(PA 207, 171, 60).

Pythagoras (Wahrheit und Dichtung)

Pythagoras.
(Wahrheit und Dichtung)

In einer sonst völlig historischen Zeit und Umgebung, in dem Großgriechenland des VI. Jh. v. Chr., tritt eine Gestalt auf, um welche der Mythus mit unerbittlicher Gewalt seine schimmernden Fittiche geschlagen hat; dazu kam eine bewußte Tendenz Früherer und Späterer, diese Gestalt nachträglich bestimmten Absichten dienstbar zu machen. Durch den Schleier doppelter und dreifacher Täuschungen hindurch sucht nun die neuere Forschung den Thatbestand zu ergründen wie er in Wahrheit gewesen sein möchte, und doch ist die Frage in Hauptbeziehungen noch eine offene zu nennen. Was ich in meinem Beitrag zur Lösung als Dichtung bezeichne, ist nun nicht etwa ein Ersinnen von Thatsachen in der Art eines historischen Romans; meine Willkür wird nur darin bestehen, daß ich unter dem Überlieferten nach Gutdünken auswähle, die Accente vertheile und die Motive, wo sie nicht überliefert sind, zu errathen versuche. Weit entfernt von dem Anspruch, der Wissenschaft einen Dienst zu leisten, habe ich nur versuchen müssen mich selber nach Kräften in's Klare zu setzen über ein Problem das mich schon längst lebhaft beschäftigt hatte. Es fand sich, daß mehr als ein Baustein, der von der Kritik aufgegeben in dem Trümmerhaufen lag, sich wohl wieder mit einem zweiten und dritten zusammenfügen lasse und dann Schlüsse gestatte auf die Urgestalt des Baues. – Das Bild des Pythagoras, wie es sich nun darbietet, ist fremdartig und sonderbar, allein es hat unläugbare Züge von Größe.

*
* *

In Mitten der großen colonialen Bewegung der griechischen Nation, da sie an allen Barbarenstrand einen hellenischen Küstensaum anwob, erhielt außer Sicilien, Campanien, Calabrien und Apulien auch der Golf von Tarent eine Reihe Ansiedelungen, meist gegen Ende des VIII. Jh. aCn. Es waren Anwanderer der verschiedensten Herkunft, spartanische Dorer, ozolische Lokrer, Ionier und namentlich Achäer;¹ sie gründeten Tarent, Metapont, Heraklea, Siris, Sybaris, Kroton am südlichen Ende des Golfes, endlich gegen das Aeußerste von Italien hin: Kaulonia, Lokroi. Die Binnenvölker: Messapier, Iapygier, Lucaner u. a. welche man sich als Hirten vorstellt, scheinen leicht in irgend ein abhängiges Verhältniß gebracht worden zu sein. ⌊Was außerdem die gekauften Sklaven für eine Quote waren weiß man nicht.⌋ Einzelne Colonien waren bald in außerordentlich raschem Gedeihen; Sybaris soll 25 Tochterstädte, zumal gegen das tyrrhenische Meer hin gegründet haben ⌊d. h. es hatte 25 abhängige Ortschaften⌋, darunter Poseidonia. Freilich hatte nur Tarent einen natürlichen Hafen, während die übrigen Städte meist durch breite Lagunen vom Meer getrennt waren und Kroton zB: nur eine seichte Rhede hatte. Ihnen fehlten die Vortheile und Nachtheile der Hafenstädte: die Kühnheit zur See, die beständige Neuerung, das rasch zugreifende Volk von Lootsen und Ruderern.

Die Verfassung, so viel man weiß, sollte beruhen auf einem ewigen Vorrecht der Abkömmlinge der zuerst Angelangten, welche einst die Städte gegründet und die Feldmarken ausgemessen hatten; tausend Männer in jeder Stadt ⌊in Lokroi nur 100⌋ waren der Souverän und bestellten Rath und Gericht; zugleich repräsentirten sie die Familien der ersten Gründer und sollten, wie es scheint, jeder noch im Besitz eines ungetheilten, unverkäuflichen Erbgutes sein. Anerkannt war damals die Fruchtbarkeit und Gesundheit dieser jetzt so verrufenen Gegenden; Kroton war sogar sprichwörtlich gesund, und wurde die Stadt der berühmten Athleten (Milon!),² später freilich auch der berühmten Aerzte. Es hatte über drei Stunden Mauerumfang.

Im Fett konnte man ersticken, und die Luxusgesetze werden wenig geholfen haben ⌊Sybaris der sprichwörtliche Sündenbock⌋. Überreichthum an Korn, Wein, Herden herrschte da wo jetzt der permanente Hunger herrscht.

Die Sicherheit des Zustandes im Innern des einzelnen Coloniestaates hing einstweilen daran, daß die herrschende Kaste sehr zahlreich und der Grundbesitz das Entscheidende war, nicht der Geldbesitz wie in Seestädten. Die Sicherheit nach außen wäre einstweilen eine vollkommene gewesen: noch drängten die mittelitalischen Binnenstämme nicht nach Süden – aber der Neid der Städte gegeneinander brachte Gefahr; schon wenige Zeit nach ihrer Gründung beschlossen Metapontiner, Sybariten und Kro-

---

1 Strabo: Wenn man vom Vorgebirge Lacinium umbiegt, da lagen die Achäerstädte welche jetzt nicht mehr sind, ausgenommen Tarent. Aber wegen des Ruhmes einiger Derselben muß ihrer doch gedacht werden.
2 Große Zahl der krotonischen Olympioniken; in einer Olympiade siegten ihrer sechs im Wettlauf.

toniaten, die übrigen angesiedelten Griechen aus Italien zu vertreiben; ihre Heere nahmen einstweilen Siris ein wobei Grausamkeiten vorfielen, welche eine Pest als göttliche Strafe nach sich zogen; der Krieg blieb dann den Krotoniaten am Halse welche sich nun an Lokroi rächen wollten, das den Siriten Hülfe geleistet hatte, und dießmal unterlagen sie dem verzweifelten Heldenmuth einer Minderzahl; angebliche 120,000 Mann wurden von 15,000 besiegt – Zahlen welche etwa dann annehmbar sind, wenn man voraussetzt, die betreffenden Städte hätten ihre ländlichen Unterthanen – mochten sie vollzählig dabei sein oder nicht, als Contingente mitgerechnet.

Die Herrschenden darf man sich jedenfalls als rüstig und kriegslustig vorstellen. In ihrer Lebensweise werden sie sich | dem Adel des eigentlichen Griechenland nach Kräften genähert haben, als Edel-Treffliche, so gut es ging. Waffen, Leibesübungen und Gelage und vor Allem das edle Roß werden ihre Zeit ausgefüllt haben, der Begleiter zum Kriege wie zum Kampfspiel. Als besonders bevorzugt wird gegolten haben wer sich das Auftreten in Olympia und den andern Kampfstätten des alten Hellas erlauben konnte, zum Ringkampf oder zum Wettreiten und Wagenrennen. Metapont und Sybaris hatten in Olympia eigene Thesauren. ⌊Metapont weihte auch ein χρυσοῦν θέρος nach Delphi.⌋

Wie gerne hing man auch noch mit der mythisch-heroischen Zeit der homerischen und vorhomerischen Helden zusammen! – Diesen Städten genügte ihre Ansiedlungsgeschichte bei Weitem nicht; überall erzählte man von viel frühern Heroen der mythischen Zeit, welche in Italien Denkmäler ihrer Kraft hinterlassen hätten. Die Krotoniaten, trotz der schönen Erzählung welche ihren historischen Gründer Myskellos (710 aCn.) verklärte, fabelten von hieher verschlagenen, vom trojanischen Krieg zurückkehrenden Achäern, welche nicht mehr weiter konnten weil die mitgeführten Troerinnen ihre Schiffe verbrannten, während sie das fruchtbare Land auskundschafteten, wo dann ohnehin gut bleiben war. Ja schon Herakles sollte einst hier, als er mit seinem Rinderraub aus Hesperien vorsprach, von einem gewissen Kroton herrlich bewirthet worden sein. – Ebenso glaubten die Metapontier ihre Stadt sei eigentlich von Nestor und seinen Pyliern gegründet welche bei demselben Anlaß in die Irre gerathen; daher die (offenbar prächtige periodische) Todtenfeier der Neleiden, des Hauses Nestor's; überhaupt war bei den Großgriechen der Heroencult eifriger und feierlicher als bei den Hellenen des Mutterlandes. U. A. war Epeios, der Verfertiger des trojanischen Pferdes der Gründer von Metapont; die Werkzeuge adhoc zeigte man noch im Tempel der Athene vor der Stadt. Erst in zweiter Linie gab dann auch Metapont eine historische Gründung im VIII. Jh. zu, durch Daulios den Stadtherrn von Krissa im Golf von Korinth – und endlich erst noch einen andern achäischen Gründer Leukippos, der den Tarentinern den Grund und Boden zur neuen Stadt abschwatzte.

Um jeden Preis sucht der Hellene sein Dasein an das Uralterthum, den Mythus anzuknüpfen und ebendamals wollte jede anständige Familie durch irgend eine kühne Genealogie von Göttern abstammen.

Von diesen Göttern hatte der Hellene eine geringe Meinung in moralischer Beziehung, aber vielen Glauben an ihre Gegenwart und an die Nothwendigkeit ihrer Begütigung. Grade in den hier vorkommenden Gegenden hatte man noch neue Beispiele ihrer hülfreichen Anwesenheit: Das Volk von Lokroi bei jenem Sieg über die Krotoniaten war begleitet gewesen von zwei mächtigen Reitern auf weißen Rossen in rothen Mänteln; – den Söhnen des Zeus, Kastor und Polydeukes, und auf übernatürliche Weise hatte man den Sieg noch an demselben Tage in Korinth, Athen und Lakedämon erfahren. – An Tempeln und Weihestätten aller Art wird es nirgends gefehlt haben, und am capo delle colonne, etwa drei Stunden südlich vom alten Kroton, sieht man noch die Reste eines altberühmten Heiligthums aller Völker des Golfes: den Tempel der Hera Lakinia, ehemals in einem weiten heiligen Bezirk, welcher Wälder und Weiden enthielt und von hohen Tannen umzäunt war; hier weideten Herden aller Art, ohne Hirten; die Thiere kamen des Morgens aus ihren Ställen und kehrten Abends wieder dahin zurück ohne von wilden Thieren oder durch Menschenbosheit geschädigt zu werden; der Ertrag dieser Herden war sehr reich und aus demselben gestiftet fand sich im Tempel eine massiv goldene Säule. Wundersam war auch, daß die Asche des Brandopferaltars vor dem Tempel durch keinen Wind aufgeweht werden konnte.

Den Cultus der Götter vollständig aufrecht zu halten, sie nicht durch Vernachlässigung zu erzürnen war damals die Pflicht jeder griechischen Stadtgemeinde. ⌊In reichen Städten gedieh er zur höchsten Pracht und die größte Stärke der griechischen Religion hing vielleicht daran, daß die ganze Lebensfreude und das agonale Wesen mit dem Cultus in engsten Zusammenhang gebracht war.⌋

| Die Geschicke im Großen aber hingen doch nicht von den Göttern ab. Das Herrschende war das Fatum und die Griechen, welchen man so gerne eine heitere Lebensansicht zuschreibt, waren voll lauter pessimistischer Klage über das Erdenleben. Nur daß sie sich doch nicht zu bloßer Beschaulichkeit resignirten und nie auf Wirken und Wollen verzichteten.

Die Hellenen Unteritaliens nahmen vollen und reichlichen Antheil an den Licht- und Schattenseiten des damaligen religiösen Zustandes der Gesammtnation. Es ist ganz vorzugsweise die Zeit des Orakels von Delphi, welches schon bei Auszügen zu Coloniegründungen immer befragt wurde sodaß die Colonien in einem besondern Pietätsverhältniß zum delphischen Apoll standen und ihm die prächtigsten Weihegeschenke darbrachten. Aber auch der Glaube an jegliche Weissagung oder Ahnung war ihnen und den Griechen des Mutterlandes gemeinsam und namentlich den Zeichendeuter im Kriege wollte Niemand entbehren, es kam aber vor daß ein solcher der Stadt welche ihn im Solde hatte, entwich wenn die Opferzeichen gar zu übel lauteten, denn diese Männer glaubten an ihre Lehre und besaßen sie durch alte Überlieferung. ⌊So Kallias der Jamide, der den Sybariten entwich und zu den Krotoniaten überging.⌋ Nach Ansicht der Alten liegt das große Netz der Nothwendigkeiten gar nicht so tief im Boden verborgen; eine geweihte und kluge Hand kann es stellenweise mit Einem Griff bloßlegen. Weniger ehrwürdig und im Leben sehr stark vertreten war anderer Aberglaube und vollends die Magie sowohl die welche man zu erleiden glaubte als die welche man, oft mit Hülfe der verdächtigsten Beschwörer, übte. Es war eine alte griechische Meinung daß man durch Sprüche und Formeln auf Götter und auf dämonische Zwischenwesen eine Wirkung ausüben könne, und der Götterzwang war außerdem eine Praxis der alten Italier; Numa fängt am Aventin die Wald- und Quellgeister Picus und Faunus, und Tullus Hostilius kömmt um bei einer mißlungenen Beschwörung des Jupiter. Wehe aber wenn sich ein gaunerischer Beschwörer in einer heimlich schuldbewußten Familie einnistete, und Aengste erregte um sie dann durch Götterbeschwörung zu heben. Die sogenannten Orphiker, welche etwa gleichzeitig mit Pythagoras auftraten, sind vielleicht von Anfang an nichts anderes als solche Betrüger gewesen.

Noch unheimlicher aber ist die Beschwörung Verstorbener, welche damals viel allgemeiner gewesen sein muß als die verhältnißmäßige Seltenheit der wirklich erwähnten Fälle würde ahnen lassen; dieselben werden nämlich im Ton der Selbstverständlichkeit und mit Einzelzügen erzählt welche nur bei einer häufigen Praxis denkbar sind. Unteritalien muß hiefür einen ganz besondern Ruf gehabt haben, weil die Spartaner von dort her «Psychagogen» kommen ließen, um den Schatten des Feldherrn Pausanias vom Tempel der Chalkioikos, dem Ort seines Todes, wegzubringen. Italien wird wie Griechenland seine Seelenbeschwörungsstätten gehabt haben: diejenige bei Misenum und Cumä war weltbekannt; eine andere mag sich kaum zwei Tagereisen von Kroton, unweit Terina am Tyrrhener Meer befunden haben. Der Vater eines früh verstorbenen Sohnes hielt denselben für das Opfer von Gift oder Zaubermitteln und bekam dann in jenem Heiligthum, aber nur im Schlaf, seinen eignen Vater und seinen Sohn zu sehen welche ihn beruhigten; auch fand sich ein Täfelchen vor mit der Auskunft, der Sohn sei eines vom Schicksal bestimmten Todes gestorben und sein Weiterleben wäre weder für ihn noch für die Eltern gut gewesen. Andere Male erfolgt die Erscheinung im Wachen;

ganz nach der düstern homerischen Anschauung erscheint auf die Bannung auf Sühnungen und Weinopfer hin das Schattenbild (εἴδωλον) des Verstorbenen, sei es daß man es zu sichern oder nach Geheimnissen zu fragen hat, die Jener in's Grab genommen. Es ist nur ein Augenblick Urlaub, den die Schattenwelt dem Einzelnen gegeben.

| Außerdem herrschte hier der Glaube an bösartige Kobolde oder Gespenster, ja das Hauptbeispiel gehört in jene nämliche Gegend von Terina, nach dem nur wenige Stunden entfernten Temesa. Ein Gefährte des Odysseus, Polites, war einst von den Temesanern wegen verübter Ungebühr gesteinigt worden; sein Geist oder Dämon verhängte nun über sie so viele Todesfälle von Jung und Alt, daß man sich an das Orakel von Delphi wandte. Der Bescheid lautete: der «Heros» müsse versöhnt, ihm ein heiliger Bezirk mit Tempel geweiht werden; dann solle man ihm alljährlich die schönste Jungfrau von Temesa geben. So geschah es und das Übel hörte auf. Die Leute brachten es, wer weiß ob Jahrhunderte hindurch, über sich, regelmäßig das schönste Mädchen als Jahrespriesterin in dieß schauerliche Heiligthum, in die Nähe eines vorhanden geglaubten fürchterlichen Wesens zu sperren, und so war die Sachlage noch während des ganzen Aufenthaltes des Pythagoras in dem so nahen Kroton; erst reichlich 20 Jahre nach seinem Tode machte ein muthiger Faustkämpfer, Euthymos, dem Spuk ein Ende; der besiegte Kobold versank im Meer und Euthymos wurde der Gatte der befreiten Priesterin. – Die herrenlose, von keiner festen Doctrin gehütete griechische Religion war wehrlos gegen so Vieles was an sie herankam und ebenfalls griechischer Götterdienst zu sein begehrte. Namentlich muß der Taumel der dionysischen Feste und Wallfahrten, welcher um das Jahr 600 aCn. seinen Höhepunct erreichte, auch in Unteritalien sich reichlich verbreitet haben, indem hier auch die Eingebornen den Dionysos und seine Gattin als Liber und Libera rauschend verehrten. Diese Bacchanalien wurden in der Folgezeit zu einem verbrecherischen Unwesen, welches später den inzwischen {in Italien} herrschend gewordenen römischen Staat zu einer scharfen Untersuchung nöthigte.

Bei diesen Westgriechen an dem damals so gesegneten Golf von Tarent ging überhaupt Gutes und Schlimmes der hoch angelegten hellenischen Natur reich durcheinander. Daß es aber noch immer ein jugendliches Volk war, sollte sich zeigen als eine große Persönlichkeit in seiner Mitte auftrat, das Gewissen rege machte und auch dem Denken einen gewaltigen neuen Stoff und eine neue Richtung gab.[1]

---

[1] Pythagoras als Parallelerscheinung der Orphiker, welche hier in Kürze zu erwähnen wären. Cf. u. a. Nägelsbach, Nachhomerische Theologie, p. 403 sammt Nachtrag p. 484.

| Um das Jahr 532 aCn. oder wenig später erschien in Kroton ein Mann von majestätischem Ansehen, ein Jonier von der Insel Samos, doch ursprünglich thyrrenischer Herkunft, Pythagoras. Er war etwa 40jährig, also nach griechischer Ansicht auf der Höhe seiner Kraft; sein Haar wallte in langen Locken; sein Gewand war schneeweiße Wolle. Man erfuhr, daß er schon in Samos vier Jahre lang gelehrt und dann große Reisen gemacht habe und auch die strengste Kritik kann nicht umhin, ihm einen längern Aufenthalt in Aegypten zuzugestehen. Selbst die weitern Reisen nach Babylonien, zu Chaldäern und Magiern bestreitet man einem Menschen wie dieser war, vielleicht mit Unrecht. Warum aber war er hierauf nicht in Jonien geblieben wo damals eine so kräftige Philosophenschule blühte? warum nicht nach Athen gegangen? Es wird sich zeigen daß er eben kein bloßer Philosoph war, obwohl Er zuerst sich so nannte, und er mag Gründe gehabt haben, seinen archimedischen Punct eher bei den Westgriechen zu suchen. Ein Verhältniß zum Orakel von Delphi ist ihm wie es scheint, nur angedichtet worden.

Aus seinem ganzen Wesen sprach ein edler ruhiger Ernst, ohne alles Mürrische; Spott und gewöhnliches Gerede kam nicht aus seinem Munde. Alles an ihm athmete einen großen Zweck. Er begann zu reden, vielleicht zuerst vor Wenigen, dann vor Vielen und vor dem ganzen Volke der reichen, üppigen und kräftigen Stadt bis ihm die Krotoniaten «mit Weib und Kind» ein riesiges Auditorium (ὁμακόειον) errichteten. Seine Lehre aber war eine solche welche das bisherige Bewußtsein der Menschen aus den Angeln heben konnte: die Seelenwanderung.

Die Seele ist göttlichen Ursprungs; sie wandert im Verlauf der Zeiten durch verschiedene irdische Gestalten, durch Menschen- und Thierleiber, und von ihrem Verhalten in diesen zur Züchtigung über sie verhängten Lebensläufen wird es abhängen, ob und wie bald sie wieder in das göttliche Wesen aufgenommen werde.

Dieß war die Lehre welche Pythagoras dem dürftigen hellenischen Jenseits entgegenhielt. Dasselbe hatte mit Ausnahme weniger großer Frevler und großer Tugendhafter Allen das gleiche traurige ziellose Schattendasein mit der wispernden Stimme zuerkannt und auch diese Existenz hatte können durch schändliche Beschwörer gestört werden.

Freilich hatte schon seit uralter Zeit den Griechen etwas gedämmert, was sich mit der Metempsychose scheinbar berührte: die Metamorphose, die Wandlung eines Wesens in ein anderes war ihnen von jeher geläufig gewesen. Die Götter hatten einen Menschen je nach Umständen gerettet oder bestraft indem sie ihn in eine Pflanze verwandelten oder zum Fels versteinerten und das Volk war überzeugt, daß gewisse Thiergattungen wie zB: die Delphine verwandelte Menschen seien. In endlosen Varianten und stets neuen Motivirungen kann man diesen Glauben bei den Griechen verfolgen. Allein alle diese Verwandelungen waren definitiv, während die Metempsychose des Pythagoras einen ganzen Kreislauf durch viele Leben in Aussicht stellte.

Hatte er Kunde von der brahmanischen Lehre, welche dieß Alles in reicher systematischer Vollendung erledigt? Oder von seinem nur um Jahrzehnde ältern Zeitgenossen Buddha, welcher bei tiefem Jammer über das Erdenleben das allmälige Erlöschen der vielgewanderten Seele im Nirwana zum Glauben des ganzen Volkes, zum Trost der Armen und Leidenden machen wollte? Man weiß es nicht, und Pythagoras war jedenfalls der Mann, in dessen Geist Indisches oder Aegyptisches ein völlig eigener Besitz wurde. Und das Erdenleben, wenn es schon eine Prüfung war, verachtete er nicht, sondern gab ihm die | höchste für ihn erreichbare Weihe und Würde durch *Erkenntniß*. Die Menschen kämen zur Welt, sagte er, wie zu den großen Festversammlungen, die Einen um Geschäfte zu machen, die Andern um an den Wettkämpfen Theil zu nehmen, die Dritten als *Beschauende*. Das große Wort des um zwei Generationen jüngern Anaxagoras mag dem Sinne nach schon dem Pythagoras eigen gewesen sein: Das Geborenwerden sei dem Nichtgeborenwerden vorzuziehen schon damit man den Himmel *betrachte* und die ganze Ordnung des Weltgebäudes.

Doch hievon wird weiter zu reden sein. Suchen wir uns nur zunächst vorzustellen wie die große Seelenlehre wirken mußte. In dieser Zeit des ersten Auftretens in Kroton muß jene *Erweckung* um sich gegriffen haben welche weit über die hellenische Bevölkerung hinaus wirkte; Italier verschiedener Herkunft, welche sich vielleicht furchtbaren Anschauungen des Jenseits und schrecklichen Todtenculten entrissen fühlten durch die zu ihnen gedrungene neue Lehre, strömten nach Kroton um den Mann zu hören und zu sehen; es waren u. a. Lucaner, Peuketier, Messapier und Römer. Zwei Jahrhunderte später erhielt Pythagoras eine Statue auf dem römischen Forum neben der des Alkibiades, weil im samnitischen Kriege das Orakel von Delphi befohlen hatte, dem weisesten und dem tapfersten der Hellenen Standbilder zu setzen, und da mag die große, in Familien aufbewahrte Erinnerung an jene Tage und Jahre für Pythagoras als den weisesten entschieden haben.

Er selbst nannte wenigstens vier seiner frühern Menschwerdungen und rechnete deren irdische Lebenssumme auf 207 Jahre. Andere erinnerte er etwa an ihre frühern Lebensläufe; dem Myllias «rief er in Erinnerung», daß er einst Midas, Sohn des Gordios, gewesen sei, worauf derselbe nach Kleinasien reiste um dort an dem Grabe seiner vormaligen Hülle die gebührenden Opfer zu bringen. In dem Bellen eines Hundes erkannte Pythagoras die Stimme eines verstorbenen Freundes. Aber auch den Zwischenaufenthalt seiner eigenen Seele zwischen seinen Avatar's, den Hades, kannte und schilderte er.

Allzuleicht hat man diese Aussagen als bloße Phantasien der Umgebung verworfen. Wir wissen nicht genug wie sich die Gestalten der hellenischen Vergangenheit im Innern des Pythagoras reflectirten und welche Verwandtschaften ihm aus dem Dunkel winken mochten. Auch seinen unbefangenen Verkehr mit Thieren, in welchen er ehmalige Menschenseelen geahnt haben muß, hat man schwerlich ersonnen, nur abenteuerlich übertrieben: mit der verwüstenden Bärin der daunischen Gebirge, welche er streichelte, speiste und mit der Beschwörung entließ, nichts Lebendiges mehr anzugreifen; mit dem Stier welcher dann noch lange beim Heratempel von Tarent auslebte, als der «heilige Stier des Pythagoras»; mit dem Adler der zu ihm niederschwebte und sich streicheln ließ. Für völlig wahrscheinlich darf es gelten, daß er einst einen ganzen Zug Fische, welche schon im Todeszappeln am Strande lagen, frei kaufte und wieder in das Meer entließ. Über solche Entschlüsse konnte bei ihm vielleicht eine Rührung des Augenblickes entscheiden. Natürlich wurde Pythagoras in der Phantasie des Volkes der allgemeine Wundermann, auf welchen Züge Anderer ganz unbefangen übertragen wurden. Dahin gehört sein gleichzeitiges Auftreten in Metapont und Tauromenion welches mit seiner Lehre in gar keinem Zusammenhang steht. – Daß ihn endlich Manche für einen Gott hielten, etwa für den aus dem Hyperborenland gekommenen Apoll, hing an der sichtlichen Erhabenheit seines Wesens und an der Kraft seines Wirkens; dagegen verwahren sich die vorhandenen Kunden ausdrücklich gegen eine bloße Abstammung von Göttern, wie sie den übrigen vornehmen Griechen genügte. Was wollte auch die Abstammung bedeuten, wenn bei der Geburt die Seele von anderswoher kam?

| Hierüber hatte Pythagoras eine Lehre, die ihm möglicher Weise in Aegypten geoffenbart worden war: aus den zahllosen Seelen welche vacant in der Luft schweben, aus denjenigen welche sich in andern Leibern auf der Erde und im Meer befinden nimmt der Seelenverwalter Hermes eine und senkt sie, wie es scheint im Moment der Geburt, in den neuen Leib. {Dieß ist vielleicht eine Erinnerung an den ägyptischen Thot, den Schreiber des Himmels, welcher nicht nur die Wiederkehr der Feste, d. h. den Kalender, sondern auch Jahre und Lebensdauer der einzelnen Menschen aufzeichnet. Der hellenische Hermes führt nur beim Tode den Menschen an seinen Bestimmungsort.} {Daß bei den Leichen nicht die Verbrennung sondern eine ganz einfache Bestattung pythagoreischer Brauch wurde, kann ebenfalls als ägyptische Einwirkung gelten; die heutigen Buddhisten ziehen eifrig die Verbrennung vor, damit die Leiche nicht durch böse dämonische Künste neu belebt werde.}

Die große moralische Folge der Metempsychose war *das Gefühl der Verantwortung für das eigene Heil in einem künftigen Leben*. Gewöhnliche, selbstsüchtige Menschen mochten hievon wenig berührt werden; da sie von ihren vermuthlichen frühern Lebensläufen kein Bewußtsein hatten, kümmerten auch die künftigen sie nichts und einer also für sie sehr gleichgültigen Lehre werden sie ohnehin wenig oder keinen Glauben geschenkt haben. Daß aber ganze Völker bis auf den heutigen Tag vom Seelenwanderungsglauben völlig erfüllt und in ihrem Thun bestimmt sein *können*, zeigt der Religionszustand weiter Gegenden des östlichen Asiens wie ihn Bastian schildert. – Das Einzelne der Lehre des Pythagoras hierüber wagen wir bei der Unvollständigkeit der Überlieferung nur kurz anzudeuten. Gottheit ist Alles was unvergänglich ist, insbesondere der Aether, und jede Menschenseele (ψυχή) ist ein Theil dieses Aethers und also göttlich und unsterblich, während das bloße Leben (ζωή) des Individuum's sein sterbliches Theil ist. Jener Aether aber soll zugleich als das «Warme» gedacht gewesen sein; die Sonne und die übrigen Himmelskörper als Götter, weil das Warme, das Lebenserweckende in ihnen herrsche; Götter und Menschen als verwandt, weil der Mensch Antheil am Warmen habe, u. dgl. mehr. Hier fehlt nun der Gottheit jedes moralische Attribut, es will uns aber schwer in den Sinn, daß eine solche Lehre diejenige große moralische Erhebung hervorgerufen hätte, welche um Pythagoras herum stattgefunden hat, und die Gottheit, in welche endlich aufgenommen zu werden das höchste und tiefste Sehnen war, wird wohl im Munde des Meisters noch andere Eigenschaften gehabt haben. Und wir erfahren die letztern aus einer andern Quelle (Aelian XII, 59): Wahrheit und Güte! Dieß seien die edelsten Gaben der Gottheit und die Eigenschaften worin man ihr gleichen könne.

Die hellenischen Einzelgötter blieben daneben in voller Geltung bestehen und Pythagoras und die Seinen erwiesen ihnen den gebührenden Dienst; es ertönten Oden zur Lyra und der Hymnus auf Götter und große Menschen. Dieß war nicht etwa eine bloße Anbequemung aus Klugheit; der Meister fand die Götter vor; sie waren älter als er, und laut guten Zeugnissen war er außerdem überzeugt vom Dasein übermenschlicher Mittelwesen, der Dämonen und Heroen.[1] Aber in welcher Gestalt fand er die Götter vor! Von denjenigen Unwürdigkeiten, welche die Dichter, besonders Homer in der Ilias, auf Zeus und Hera, Ares und Hephästos gehäuft, hatten sich die Götter nie mehr erholt und dem Pythagoras blieb hier nur ein Protest des Abscheus; ihm kam vor als hätte er im Hades die Seele des Hesiod gesehen, an einen Pfeiler gebunden und beständig wispernd, die des Homer aber an einem Baume hängend und von Schlangen umwunden. Seine hohe Anschauung von den Göttern verräth sich in sei-

---

1 Hieher: Aelian IV, 17: Das Erdbeben ein σύνοδος τῶν τεθνεώτων. – Der öfter in die Ohren tönende Laut: φωνὴ τῶν κρειττόνων.

ner Vorschrift über das Gebet: man möge nichts Besonderes für sich selber erbitten, da wir das wahrhaft Wünschenswerthe nicht kennen. Es bleibt also den Göttern überlassen, dasselbe für den Menschen auszuwählen. | Daß übrigens Pythagoras noch Stifter besonderer heiliger Begehungen war, daß er dieselben aus Aegypten mitgebracht, deutet Herodot in einer räthselhaften Stelle an. Mit Unrecht aber würde man aus diesen Ceremonien einen förmlichen Geheimcult seines engern Bundes machen; dieselben verbreiteten sich im Gegentheil, und wenn sie, wie wir glauben, die Seelenwanderung verherrlichten, so mußte Pythagoras ihre Verbreitung wünschen und fördern. Neustiftungen von Culten aber waren in der unbeaufsichtigten griechischen Religion eine beinahe alltägliche Sache. Sein neuer Cult war gewiß ein sehr ruhiger im Vergleich mit jenen stürmischen, oft in wildem Nachtlärm daher brausenden Festen des Dionysos und der Göttermutter, und diese scheint Pythagoras mißbilligt zu haben, wenigstens was Theilnahme der Frauen betrifft. Spätere Pythagoreerinnen mahnen ausdrücklich davon ab.

Hier gelangen wir zu einem Haupterfolg des Pythagoras. Wäre seine Lehre eine bloße Philosophie gewesen, so wäre die hellenische Frau davon ausgeschlossen geblieben wie sie damals von Allem was höheres Streben hieß, auch vom Anblick der Wettkämpfe und Schauspiele, mehr und mehr ausgeschlossen wurde. Trügt uns nun nicht alles, so war es die Macht des neuen Seelenwanderungsglaubens, welche die gleiche Würde der Geschlechter, und zwar im höchsten denkbaren Sinne herstellte. Furchtlos drängten sich von Anfang an Frauen von nahe und fern zu den Anreden welche der erhabene Weise vor jenen großen Versammlungen hielt; die Krotoniatinnen erreichten durch ihn von ihren Männern die Entfernung der zahlreich gehaltenen Buhlerinnen und in vielen Häusern erhielt die Ehe ihre Heiligkeit wieder. Bei den begabtesten und edelsten aber fand sich die Fähigkeit vor, die ganze übrige Lehre mitzumachen, und an der Spitze der bekannt gewordenen Pythagoreerinnen finden wir seine Gemahlin Theano, dann seine Tochter Damo.

Gerne vernähmen wir auch ob im Namen der Seelenwanderung auch der Sklave als gleichwerthig mit dem Freien betrachtet wurde, allein die Überlieferung enthält keinen sichern Wink hierüber und was von Zamolxis als Sklaven des Pythagoras gemeldet wird, halten wir für tendenziöse Erdichtung.

Es war schon genug an dem sonstigen Kampf welchen er gegen die hellenischen Gewohnheiten und Anschauungen zu führen hatte. Alles damalige griechische Leben, nicht bloß Dasjenige in den Ringschulen und bei den großen Festversammlungen, war zum Agon, zum Wettstreit unter Gleichstehenden geworden und der Drang zur persönlichen Auszeichnung war das eigentliche Kennzeichen welches den Hellenen von dem

Barbaren unterschied. Mit schneidendem Widerspruch verwarf nun Pythagoras dieses Treiben welches nur die Existenz im Diesseits auf das Höchste steigerte; er verlangte völligen Verzicht auf allen Agon, auch auf den Wettstreit im täglichen geselligen Verkehr; wer dem Ruhm und dem Vorrang nachstrebe, sei knechtisch geboren; auch den Reichthum müsse man verachten können.

Und hiemit wurde auf eine Weise Ernst gemacht, wie es nur bei tiefgreifenden religiösen Erregungen vorgekommen ist da das Irdische plötzlich unwerth wird: eine wie es scheint sehr große Zahl der Anhänger verzichteten auf ihre Habe und legten dieselbe zusammen um ein gemeinsames Leben zu beginnen! Es würde genügen auf die große Parallele im vierten Capitel der Apostelgeschichte zu verweisen; gerne aber erinnern wir hier an eine ähnliche Entwicklung welche im XI. Jahrhundert zum Theil auf Grund und Boden der Schweiz stattgefunden hat, und in der Chronik des Bernold von Constanz geschildert ist. | In den wildesten Jahren des Investiturstreites bildete sich, hauptsächlich um das Kloster Allerheiligen in Schaffhausen herum die sogenannte vita communis zahlloser auch reicher und vornehmer Laien welche ihre Habe zusammengaben, einer der stärksten Beweise der wirklich religiösen Lebenskraft der gregorianischen Partei. – So war auch bei den Pythagoreern der Gemeinbesitz entstanden nicht um Zwecke zu erreichen, nicht aus dem Haß der hellenischen Staatsidee gegen das Privatdasein, überhaupt nicht aus theoretisch politischen Gründen, und am allerwenigsten zum Zweck einer neidischen Ausgleichung der Genüsse, sondern um einer hohen Stimmung willen. Das Zusammenleben wird man sich jedoch nicht klösterlich, sondern unter Beibehaltung der bisherigen Wohnungen in der Stadt zu denken haben; auch behielten sie die Ehen und die Familien bei. Zwanglos wie die Sache gekommen war wird sie sich im Einzelnen gestaltet haben.

Eine weitere Folge des ernsten Metempsychosenglaubens war ein gewisser Grad von Ascese, nicht bis zur Quälerei und Marter, sondern nur im Sinne einer beständigen Selbstbeobachtung und Bereithaltung der Seele zu einer womöglich höhern Umwandlung. Da die Menschen zur Prüfung, ja zur Züchtigung auf der Erde weilen, so sind die Leiden (oder wenigstens Belästigungen, πόνοι) vom Guten, die Genüsse vom Übel. Daß überdieß Pythagoras sammt seinem nähern Anhang Vegetarianer war und es damit sehr gründlich nahm,[1] hing entweder an der Ascese, oder an dem Glauben daß Menschenseelen in den Thieren weilen können, ja daß das höhere organische Leben eine große Gesammtheit bilde, wie man dieß schon im Alterthum ausgelegt hat. Außerdem verzichtete

---

[1] Siehe jedoch die neuern Nachträge

Pythagoras (Wahrheit und Dichtung) 437

man innerhalb des geweihten Kreises gänzlich auf den Wein. Der Verstand blieb damit beständig für die höchsten Probleme verfügbar, die Seele gesichert gegen unfreie Erschütterungen.

Den Schlußstein aller Consequenzen der neuen Weltansicht bildete eine heilige Scheu vor dem Meineid welcher damals in Staat und Geschäften eine furchtbare Ausdehnung gewonnen hatte. Wer hieran zweifeln möchte, den kann man auf die Definition des Griechenvolkes verweisen welche Herodot dem ältern Cyrus in den Mund legt: Ich fürchte mich nicht vor Leuten welche in der Mitte ihrer Städte einen Platz haben wo sie zusammenkommen und einander mit falschen Eiden betrügen. Eidtreue sollte ein Kennzeichen des Pythagoreers sein und möglichste Vermeidung des Eides blieb es, so lange es Pythagoreer gab.

Bisher haben wir es mit einer wesentlich ethischen und religiösen Lehre und Denkweise zu thun gehabt. In der weitern so fragmentarischen und entstellten Überlieferung mag es unserer Ahnung für dießmal überlassen sein, einen möglichen Weg zu suchen.

Neben dem großen Begründer einer neuen Moral lernen wir den großen Wissenden und Lehrer kennen, und *diese* Kraft muß in der spätern krotoniatischen Zeit des Pythagoras vorgeherrscht haben. An die Stelle tiefergriffener Bevölkerungen tritt ein engerer Anhang welcher außer der religiösen Gemeinsamkeit, außer der ascetischen Lebensweise auch durch ein höchst angestrengtes Lernen mit dem Meister verbunden ist und sich dann als eine wahre Anstalt wiederum in Lehrer und Zuhörer gliedert. Eine begabte Bevölkerung zeigt auf überraschende Weise was hellenischer Wissensdrang vermöge. Geschildert wird dieß Verhältniß in der Sage von einer fünfjährigen Prüfungszeit, während welcher man den Pythagoras nicht einmal zu sehen bekommen habe,[1] was jedenfalls nicht wörtlich zu nehmen ist, indem er bei seinen Ausgängen in der Frühe gewiß fortwährend für Jedermann wenigstens materiell sichtbar war. Unentbehrlich war nur ein mehrjähriger stufenweiser Vorunterricht für das mächtige Wissen welches der wahren Pythagoreer | harrte, und dieser kann nur durch eine Stufenreihe von Schülern ertheilt worden sein.

Über die Lehrweise haben wir sehr eigenthümliche Aussagen, zum Theil in starker Färbung späterer Zeiten.

Von Pythagoras selbst gab es vielleicht bei Lebzeiten nichts Schriftliches; im höchsten Grade herrschte dafür seine Autorität und eine streng eingehaltene Disciplin. Den Schülern genügte zum verehrungsvollen Glauben, wenn Er selbst etwas gesagt hatte, αὐτὸς ἔφα. Einwendun-

---

[1] Man genoß einen fünfjährigen Unterricht bei seinen Schülern sobald er deren gebildet hatte.

gen würden ihnen auch nichts genützt haben wenn es wahr ist, daß er etwa eine wichtige Lehre mit den Worten einleitete: Bei der Luft die ich athme! beim Wasser das ich trinke! werde ich keinen Tadel, keine Kritik dieser meiner Worte dulden! – Heute würde hierauf mit Hohn von allen Enden her geantwortet werden; Pythagoras aber richtete diese Worte nicht an die ganze Mit- und Nachwelt, sondern an Schüler, und wies sie zunächst an stilles Erwägen und Überdenken Dessen was er gesagt. Dieß ist wohl auch der Sinn des mehrjährigen Stillschweigens (ἐχεμυθία) das ihnen soll auferlegt gewesen sein; fertige Redner, welche Alles zerschwatzen konnten, gab es damals seit Thersites Zeiten schon längst, obwohl die systematische Redekunst noch nicht erfunden war; Er verlangte vor Allem die Fähigkeit der Meditation, welche die Schüler beständig begleiten sollte, von ihrem morgenlichen Herumwandeln in Tempelbezirken an bis zu der Selbstprüfung vor Schlafengehen: worin habe ich gefehlt? was habe ich vollzogen? und welche Pflicht versäumt?

Daß seine Lehre eine geheime gewesen wird zwar von allen Seiten berichtet, man wird aber zu unterscheiden haben. Die große Predigt der Seelenwanderung und die ganze ethische Lehre müssen öffentlich gewesen sein und wenn der «nächtliche Vortrag» ⌊νυκτερινὴ ἀκρόασις⌋, welchen er wie es scheint beständig beibehielt, 600 Zuhörer herbeizuziehen pflegte, so wird wohl jeder Gedanke an Geheimhaltung schwinden und dafür ebenderselbe religiöse und moralische Inhalt vorausgesetzt werden müssen. Anders war es wohl mit der wissenschaftlichen Lehre; nicht daß Pythagoras deren Inhalt der Welt mißgönnt oder mit specieller Verwerthung derselben einen Vortheil für sich bezweckt hätte; das Geheimhalten kann hier die gradweise, behutsam allmälige Mittheilung gesichert, das muthwillige Vorwegnehmen der Resultate abgeschnitten haben; späte, höchst geheimnißkrämerisch gesinnte Berichterstatter haben dieß nur mißverstanden und Alles in Eine Rubrik zusammengeworfen. Da entstanden u. a. jene wunderlichen Unterscheidungen von Solchen welche den Meister nur hinter dem Vorhang gehört, und solchen die ihn auch gesehen hätten, den eigentlichen Esoterikern, u.s.w. Immerhin wollen wir auch die Möglichkeit zugeben, daß diejenigen Punkte, in welchen sich Pythagoras mit Idee und Praxis des Staates im Zwiespalt fühlte, eine geheime Behandlung verlangen konnten. – Die famosen symbolischen Vorschriften, welche wir absichtlich übergehen, können keinen Unterricht ersetzt haben und werden zum großen Theil nur ein Jargon der Schule gewesen sein, womit die Draußenstehenden neugierig gemacht wurden.

Bei der Frage nach dem Inhalt der pythagoreischen Wissenschaft stoßen wir vor Allem auf die Zahlenlehre, und hier wird man schwerlich jemals eins werden. Wir sind glücklich wenn wir das Verschiedene (u. A. was Zahl ist und was nicht) säuberlich gesondert halten können; bei Pythagoras dagegen sind die Zahlen Gleichnisse von Kräften, und ihre Beziehungen unter sich Gleichnisse von Gedanken. | An den Gegensatz von Gerade und Ungerade, von Einem und Vielem, an das Verhältniß der heiligen Vierzahl (Tetraktys) zur vollkommenen Zehnzahl (indem 1+2+3+4=10) u. dgl. m. knüpfte vielleicht Pythagoras bei einer der sonstigen Abstraction noch nicht fähigen Schülerschaft behutsam geistige Gegensätze und Verhältnisse an, und führte seine Hörer etwa auf einmal in das Erhabene empor. Auch eine ästhetische Seite hatte die Sache; der Kreis war ihm die schönste Fläche, die Kugel der schönste Körper, daher er denn auch der Erde diese Gestalt zusprach. Als wäre es aber der Mischung noch nicht genug, lehrte er auch noch daß Zahlen durch Töne und umgekehrt ausgedrückt seien; wie etwas Selbstverständliches wurde dieß mit Hülfe von Saiten verschiedener Länge oder Beschwerung dargethan. Nun übte schon lange vor Pythagoras die Musik eine gewaltige, für uns kaum mehr verständliche Wirkung auf die Griechen, sei es eine aufregende oder eine besänftigende bis zur eigentlichen Heilkraft, er aber scheint die Musik gradezu als sociale Seele der Schule behandelt zu haben. Derselbe Mann welcher den verschiedenen Klang der Schmiedehämmer maß, gab den Seinigen jene feierlichen Abend- und Morgenchoräle und förderte den innigen Zusammenhang unter ihnen mächtig durch das Reich der Töne.

Dieß Alles aber soviele Beschwerde es unserm Verständniß schon bereitet, war nur der Unterbau einer großen neuen Hauptlehre, welche das tiefste zusammenhängende Studium verlangte und den eigentlichen Weltruhm des Pythagoras mit sich gebracht hat: derjenigen vom Weltgebäude. Bis man uns Schwarz auf Weiß deutlich beweisen wird daß schon Aegypter oder Babylonier auf dieselben Resultate gekommen seien, werden wir daran festhalten müssen, daß der Weise von Samos zu allererst die Erde aus der Mitte des Weltsystems weggewiesen hat. Er und seine nächsten Schüler konnten allerdings die Lehre noch nicht vollenden; er gerieth auf das astronomische Wahngebilde einer Gegenerde und setzte in die Mitte des Systems nicht die Sonne, sondern ein Centralfeuer («Wache oder Burg des Zeus, Hestia etc.») welches wohl von der Sonne aus, nicht aber von der Erde aus gesehen werde. Streitig ist, ob er bereits die Drehung der Erde um ihre eigene Axe gekannt; nachgeholt wurde dieselbe jedenfalls von Forschern des IV. Jh., und im III. Jh. erhielt auch die Sonne ihre Stelle im Centrum des Systems, wenn auch nur durch eine Minoritätsmeinung gegenüber der herrschenden aristotelischen.

Die genannten Weltkörper sammt dem Mond und den Planeten empfand Pythagoras in ihrer Bewegung als eine mächtige Harmonie (der Sphären) und glaubte deren Klang zu hören. An seinen beständigen Himmelsbeobachtungen werden auserwählte Schüler ohne Zweifel Theil ge-

nommen haben. Diese überaus ernste und consequente Beschäftigung bildete vielleicht das große Gegengewicht zu den Sorgen um das Heil mit welchem der feste Glaube an die Seelenwanderung den Einzelnen erfüllen mußte. Man halte daneben was sehr stark beschäftigte geistliche Orden
5 der neuern Welt, wie zB: die Jesuiten, in Mathematik und Astronomie geleistet haben. – Wie weit waren jetzt diese Pythagoreer hinausgerathen aus dem geistigen, poetischen Medium in welchem sie wie andere italische Griechen bisher gelebt hatten, aus dem Mythus von Göttern und Heroen! wie völlig war dieser in ihrem Geist und Gemüth entwurzelt!
10 | In welchem Sinne Pythagoras, indem er thatsächlich so große Aenderungen im Innern seiner Schüler hervorbrachte, auch das Wissen vom Menschen gepflegt hat, wissen wir nicht. Immerhin stammt von ihm die frühste psychologische Eintheilung der ψυχὴ, des Nichtmateriellen, in Intelligenz, Leidenschaft und Vernunft: νοῦς, θυμός, und φρένες – er-
15 stere beide haben auch die andern lebenden Wesen, die Vernunft nur der Mensch. – Große medicinische Kunde und Macht würde man dem Pythagoras zugeschrieben haben auch wenn er sie nicht besessen hätte, und die leiblich-seelische Diät war erweislich ein Hauptstück seiner Lehre.

Von der Nothwendigkeit des Geschehenden und zwar in Gestalt eines
20 Verhängnisses (εἱμαρμένη) soll er überzeugt gewesen sein wie ein anderer Grieche,[1] und die mantische Erkundung der Zukunft verschmähte er ebenso wenig. Er hielt sich indeß nur an den Vogelflug und an jene merkwürdige Mantik durch scheinbar zufällig gehörte Worte, welche die Griechen κληδόνας nennen[2] und vermied das mantische Brandopfer ausge-
25 nommen dasjenige mit Weihrauch. Daß die in den Lüften schwebenden vacanten Seelen dem Menschen Tränen, Vorzeichen, auch Krankheiten senden könnten, war ihm ebenso wahrscheinlich als vielen andern Griechen welche dieselben Wesen Dämonen nannten.

Wie Vieles von seiner ganzen Lehre ausschließlich ihm, wie vieles Schü-
30 lern angehörte, wird man deßhalb nie erfahren weil die letztern Alles systematisch Ihm beilegten und nichts Eigenes haben *wollten*, worin ihr Verhalten sich völlig von dem in andern Philosophenschulen unterschied. Überhaupt hing diese Schule unter sich und mit ihrem Meister auch lange nach seinem Tode durch ein Band der Innigkeit zuammen wie selten eine
35 andere Vereinigung auf Erden; berühmte Beispiele der äußersten Hingebung wurden noch von späten Pythagoreern erzählt; man half einander und suchte einander auf aus weiter Ferne; man sorgte für die Todteneh-

---

1 Ihm mochte es genügen, daß das Leben der Seele von dieser irdischen εἱμαρμένη frei war.
40 2 Aelian IV, 17: Der öfter in die Ohren tönende Laut erschien ihm als «Stimme der Götter».

ren eines in fremdem Land verstorbenen Genossen des Bundes auch wenn man ihn persönlich nicht gekannt hatte. Dieß ist nur erklärbar wenn Pythagoras für die Seinigen viel mehr als ein Philosoph und ein Gelehrter, wenn er eine große religiöse Thatsache gewesen war. Hier ist keine andere Deutung möglich. Diese Haltung der Schule sagt deutlich und unwiderleglich was Pythagoras gewesen sein muß.

Nicht Jeder aber taugte für diesen Verein. Als Pythagoras in Kroton eine Macht wurde, wollten sich auch böse, gewaltthätige Individuen an ihn anschließen um, wie sie womöglich immer thaten, bei der Macht zu sein; so jener Kylon welcher abgewiesen und dann das Haupt einer feindlichen Partei wurde. Andere, welche sich anschlossen aber in der Folge ungenügend oder untreu befunden wurden, sahen sich nach einiger Zeit ausgeschlossen und hier stoßen wir auf einen Zug gefährlichen Übermuthes in der Schule, wenn es wahr ist daß man solchen förmliche Grabdenkmäler gesetzt habe wie Verstorbenen. Dem Meister selbst wird eine durchdringende Beurtheilung der Menschen und ihres Characters zugeschrieben, allein bei großem Zudrang konnte er nicht Jeden prüfen.[1]

| Und nun gelangen wir an die Conflicte, in welche er sammt seinen Anhängern gerieth und an die vermuthliche Gestalt der Krisis welcher er unterlag.

Auf eine hinreißende Wirkung hin, wie die seinige anfänglich war, folgt unvermeidlich ein Rückstrom; die einst so hohe Stimmung muß bei Unzähligen verflogen sein wie einst bei so vielen Florentinern gegenüber von Savonarola. Laut einer Aussage sollen ihm von den Tausend, welche die Stadtregierung ausmachten, nur Dreihundert geblieben sein, diese aber können durch ihr Zusammenhalten einen unverhältnißmäßigen Einfluß ausgeübt haben, und dieß mochte als ein Unrecht empfunden werden. In solchen Zeiten melden sich dann die alten Anschauungen wieder und machen ihr heiliges Recht der Gewohnheit geltend.

Der ausgesetzteste Punct war ohne Zweifel die Ascese, welche am bittersten angefeindet wird nicht von Solchen denen sie auferlegt ist, sondern von Solchen welche sie *nicht* incommodirt und welche dann von Mitleid mit den Gequälten überströmen. Und nun erhob sich die Gewohnheit des guten Lebens der Achäer an dem damals so gesegneten Golf; es erhob sich die Geselligkeit des Symposion's gegen Den welcher seinem engern Anhang den Wein verbot, und überdieß den Fleischgenuß und ohne Zweifel alles Jagdvergnügen und allen Fischfang! – Es erhob sich gegen die Ruhmesverachtung die alte Ruhmlust, und zwar vielleicht auch in der Seele mancher Anhänger! Welche merkwürdigen Kämpfe

---

1 Hieher Pythagoras als Physiognomiker, Porphyrius cap. 54.

mußten zB: im Innern des gewaltigen Athleten Milon von Kroton vor sich gegangen sein wenn derselbe wirklich zugleich ein eifriger Freund des Pythagoras war wie versichert wird! – Gegen die Seelenwanderung aber wird sich das homerische, volksthümliche Jenseits erhoben haben im
5 Bunde mit dem Leichenpomp und der Gräberpietät der italischen Griechen. Hier hatte sich einmal Pythagoras selbst, wie es heißt, bis zum Spotte gehen lassen. Bei eifriger Verehrung der olympischen Götter hielt er offenbar nicht viel von den Göttern der Unterwelt, welche ja (den Hermes ausgenommen) über das dauernde Schicksal der Seelen nach seiner
10 Lehre nicht mehr entschieden; diese seien es, scherzte er, welche bei ihrer kümmerlichen Ausstattung um so begieriger seien auf große Traueraufzüge in Schaaren, auf all den Wein und das Naschwerk das man zu den Gräbern bringe, auf all die kostspieligen Todtenopfer! Die Folge hievon sei, daß Hades oder Pluton von solchen Liebhabern des Trauerluxus oft
15 und gern bald diesen bald jenen zu sich herabhole um wieder zum Genuß jener Opfer zu kommen, während er Diejenigen, welche ihn auf Erden nur mäßig ehrten, lange am Leben lasse. – Hier mochte ein Gefühl beleidigt worden sein, welches nicht verzieh.

Gegen das ganze weltabgewandte Wesen des Pythagoras aber stemmte
20 sich die hellenische Stadtrepublik, die Polis, mit ihren bisherigen Ansprüchen auf den ganzen Menschen, mit ihrem eigenthümlichen Leben welches nur Geselligkeit aber keine abgeschlossene Gesellschaft vertrug, und dieß muß von Anfang an einen Conflict nicht bloß mit dem Anhang sondern innerhalb dieses Anhanges verursacht haben. Jedes andere Opfer
25 hätten viele Bewunderer dem Meister gebracht, aber auf das tägliche Sichgeltendmachen in der herrschenden Kaste, und außerdem auf Roß und Ringplatz zu verzichten, dieß mochte ihnen herbe vorkommen und Viele mögen sich allgemach von ihm abgewandt haben.

| Diesem steht allerdings gegenüber eine schon im Alterthum vertretene
30 und von Neuern vielfach gebilligte Annahme: Pythagoras habe mit Hülfe seines Bundes eben Kroton und die Nachbarstädte regieren *wollen*, ja es sei dieß ein Hauptziel all seines Wirkens gewesen. Es wird jedoch erlaubt sein, ein hievon abweichendes Gedankenbild zu entwerfen, zu welchem uns die *Gesammtheit* der Überlieferung eher hinzuführen scheint.

35 Pythagoras war ein Samier und es ist nicht wahrscheinlich daß er in Kroton, trotz aller Verehrung, legal über die Stellung eines geduldeten Schutzbürgers oder Metöken hinauskam. Setzen wir aber auch sein Vollbürgerthum voraus, und zweifeln wir nicht an seiner tiefsten Theilnahme für die Bevölkerungen die ihn umgaben, so konnte er doch überhaupt
40 nirgends Bürger im vollen hellenischen Sinne sein, indem er an die Stelle des politischen Lebens und Treibens ein neues und großes, zum Theil überirdisches Interesse setzte. Ganz gewiß beschäftigte ihn das Schicksal

Pythagoras (Wahrheit und Dichtung) 443

der griechischen Polis und das von Kroton insbesondere; als Weiser wurde er von nahe und ferne um Rath gefragt und er wird auch den redlichsten Rath gegeben haben; sein bekanntes Princip war: dem Gesetz und der Verfassung zu Hülfe kommen, die Gesetzlosigkeit bekämpfen! – aber factisch traf er überall auf die wirklichen, furchtbar egoistischen Kräfte. Ebendamals stand in allen Städten des Golfes bevor die Bewegung der Masse gegen die Familien der ersten Gründer und der heftigste Kampf von Stadt gegen Stadt, und welche Menschen kamen dabei auf die Oberfläche! Pythagoras welchem alles Leben heilig war, mußte beim Anfang der Händel mit Sybaris erleben, daß unter den Gesandten dieser Stadt, welche ohnehin das Gehässigste, nämlich Auslieferung der sybaritischen Flüchtlinge zu verlangen kamen, ein Mann war der einen seiner eigenen Freunde ermordet hatte. Er konnte nichts als sich von diesem Individuum abwenden. Diese Zeiten, gegen das Jahr 511 hin, mögen die eines wahren Kampfes innerhalb seiner nächsten Umgebung gewesen sein; vielleicht gewannen Diejenigen die Oberhand welche erklärten: wir bleiben Pythagoreer und regieren dennoch Kroton und andere Städte durch unsere Intelligenz und festen Zusammenhalt – denn jenseits von dieser Linie harrt unser nicht bloß Ohnmacht, sondern Verderben! – Der Krieg stand bevor, Kroton war der angegriffene Theil und in großer Sorge; Pythagoras konnte schon das Tödten unschädlicher Thiere nicht leiden und verabscheute vollends die Zerstörung aller Pflanzungen welche bei allen Hellenen kriegsrechtliche Praxis war – unter den Anhängern aber wird es gelautet haben: gerade wir müssen den Krieg anführen denn es ist dießmal ein gerechter! – Und nun ging gar der Seher der Sybariten, Kallias der Jamide, zu den Krotoniaten über weil dort die Opferzeichen so ungünstig ausfielen!

Inzwischen regten sich Abgewiesene wie jener Kylon, Ausgestoßene wie jene welchen man Denkmäler wie Gestorbenen gestiftet hatte; auch Leute welche über Störung des Besitzwesens durch das Gemeinleben klagten; und diese Gegner waren Blutsverwandte und Verschwägerte der Pythagoreer, es waren ebenfalls Aristokraten und Mitglieder des Rathes der Tausend, aber ihr Haß war noch größer als ihr Standesinteresse; die Herrschaft des Bundes, riefen sie, sei eine Verschwörung gegen die Vielen, gegen die Masse! | Und nun trat der Pythagoreer Milon, der weltberühmte Athlet, es heißt in der Tracht des Herakles, mit Löwenhaut und Keule, an die Spitze des krotoniatischen Heeres welches dann am Flusse Traeis über 300,000 Sybariten siegte.

Mit Schauder mußte jetzt Pythagoras zusehen, welches Schicksal über die besiegte Stadt verhängt wurde: die Einwohner wurden zernichtet oder zersprengt, Sybaris zerstört und der Fluß Krathis über die Trümmer geleitet. Weiter offenbarte sich das Hochgefühl der Sieger darin, daß die

Krotoniaten das große Fest von Olympia aus dem Sattel zu heben suchten, indem sie auf dieselbe Zeit zu einem Wettkampf einluden welcher durch mächtige Geldprämien die Kämpfer an sich ziehen sollte; es scheint jedoch daß die Hellenen nicht darauf hörten sondern dem einfachen Kranze von Olympia, dem wilden Oelzweig, treu blieben. ⌊Daneben schoren die Milesier ihre Häupter und trugen Trauer, weil ihnen an Sybaris ein guter Handelskunde und Consument untergegangen war.⌋

Daß aber trotz Milon's angeblicher Anführung die *Menge* sich als Siegerin betrachtete, zeigte sich darin, daß jetzt Kylon den offenen Widerstand gegen den pythagoreischen Verein beginnen konnte, weil dieser die Vertheilung der großen Feldmark von Sybaris nach dem Geschmack der Menge zu verhindern suche.

Da verließ Pythagoras im Jahre 509 Kroton nach mehr als 20jährigem Aufenthalt, und siedelte nach Metapont über. Es war dieß ein großer Verzicht, und er muß sein Wirken in Kroton für weiterhin unmöglich, für unnütz oder den Seinigen gefährlich gehalten haben bis er zu diesem Entschlusse gelangte. Die Anhänger blieben zurück und die Leitung der Schule als solcher kam an Aristaios, welcher in der Folge auch die Wittwe des Meisters, Theano, soll geheirathet haben.

Während nun Kroton in politischer Beziehung auf das hohe Meer des Wechsels zwischen Demagogie und Tyrannis gerieth, scheint der Meister in Metapont noch einige ruhige Jahre verlebt zu haben! Es wird zwar nicht ausdrücklich gemeldet daß er auch hier als Lehrer aufgetreten sei, allein in dem großen Pythagoreerverzeichniß nach Städten welches uns erhalten ist, werden so viele Metapontiner genannt, daß man gerne eine Anzahl derselben noch in die Zeit seiner Anwesenheit verlegt.

Er starb 497 oder nicht viel später. Aus dem bunten Gewirr von Sagen über sein Ende wählen wir die einfachste und friedlichste aus Valerius Maximus: «mit Blicken voll Ehrfurcht schaute Metapont seinen flammenden Scheiterhaufen».

Seine Schüler aber wurden nunmehr durch ihre Feinde zu einer wesentlich politischen Partei erklärt, gleichviel ob sie es waren oder nicht. Dieß rief dann, wie es scheint an mehrern Orten und zwar Jahrzehnde nach Pythagoras' Tode, jene furchtbaren Executionen gegen sie hervor, da sie schaarenweise verbrannt oder gesteinigt wurden. ⌊Es sähe der menschlichen Leidenschaft vollkommen ähnlich, daß auch eine ganz still und anspruchlos gewordene Gemeinde ausgerottet wurde bloß weil sie jetzt klein war und weil ihre Mitglieder anders waren als andere Leute⌋

Ihre Reste jedoch waren stark genug, um noch viel später als Lehrer und Vorbilder eines idealen Tugendlebens hie und da in dem gesunkenen Hellas die Jugend zu begeistern und so steht mit dem Weisen von Samos in weiter und doch unläugbarer Verbindung der große Epaminondas.

Nach andern Seiten hin ist dann Plato mit pythagoreischem Glauben und Wissen ganz erfüllt gewesen und hat diesen Kräften Bahn gebrochen als es die Reste der Pythagoreer von sich aus nicht mehr vermochten.

Der Seelenwanderungsglaube aber ist in der Folge von den Griechen völlig abgelehnt worden.   5

Über erzählende Malerei

*
* *

Über erzählende Malerei.

Das unermeßliche Thema, welches in diesem Titel liegt, wäre weder unsere Sache noch die Aufgabe einer Stunde. Was wir zu geben haben, sind nur einige zerstreute Betrachtungen, wie sie sich auf Wanderungen durch Monumentalbauten und Galerien von selbst aufdrängen können, zumal in großen Mittelpunkten der Kunst, wo das massenhafte Alte neben dem massenhaften Neuen zu uns spricht. Am meisten fällt in die Augen: die monumentale Malerei.

Die Zeit um 1700: neben der damaligen Kirchenmalerei: Verherrlichung von Dynastien und Corporationen, theils in Gobelins, theils in umfangreichen Gewölbefresken, mit Umsetzung der Macht in Allegorie und Mythologie, von Lebrun's großer Galerie in Versailles, bis zu Tiepolo's Treppenhaus von Würzburg.

Diesem Allem stellt das XIX.Jahrhundert gegenüber eine Gesammtleistung, welche in Masse und Character nicht nur von dieser sondern von jener Vergangenheit ganz wesentlich abweicht und oft die größten künstlerischen Kräfte der Zeit in ihrem Dienst hatte und noch hat. Es sind nicht mehr die gewölbten Decken sondern die Wände, es ist nicht mehr ein allegorischer Olymp sondern es ist Thatsächlichkeit, es sind weniger die Dynastien welche dargestellt werden als vielmehr Momente aus den Geschichten der Völker. Ferner in großer Anzahl, massenhaft, ferner stets neue Themata. (Dieß wird auch von der Genremalerei jetzt erwartet, nachdem sie sich bei den alten Holländern in einem so beschränkten und wohlbekannten Kreise bewegt hatte).

| Die aufgewandten Mittel: In den gewaltigen öffentlichen Neubauten unseres Jahrhunderts lassen mächtige Regierungen die wichtigsten zumal politischen Ereignisse aus der Geschichte ihres Volkes malen, bisweilen in großen Cyclen; in Oel oder in Fresco. Louis Philippe füllte schon das öde Schloß von Versailles mit dem Musée historique an, der mittlere Stock des Münchner Nationalmuseums enthält die ganze Geschichte Bayerns

und des Hauses Wittelsbach in einem enormen Freskencyclus, und im Berliner neuen Museum (Treppenhaus) durfte Kaulbach sogar die Culturgeschichte der Menschheit schildern. In allen politischen Gebäuden erhalten wenigstens die Festräume große geschichtliche Darstellungen – nicht zu reden von dem an die übrigen baulichen Flächen vertheilten allegorisch-symbolischen Schmuck. Dazu die vielen einzelnen Historienbilder, zum Theil vom höchsten Aufwand, Bestellungen resp. Ankäufe des Staates oder der einzelnen Liebhaber. Bisweilen hat sogar die Kunst ihre eigene Geschichte verherrlichen dürfen:[1] De Keyzer und die vornehmen Begegnungen der alten niederländischen Maler (Vestibule du Musée d'Anvers).

Die Mittel der neuern Kunst adhoc: Außer einem vielseitigen Studium der ältern Schulen, besonders der Venezianer – das Studium der vergangenen Zeit im weitesten Umfang,[2] in Oertlichkeit und Costüm und Nationalität, und nach Kräften auch im geistigen Ausdruck (in Willen und Intelligenz). Das Vermögen und der Wille zu einer reichern physiognomischen und psychologischen Scala als die vergangene Kunst hat aufwenden können (oder wollen). ⌊Ganze große Gebiete des Realismus werden in die Kunst hereingenommen.⌋ Bei den Vorzüglichsten: die Gabe einer neuen und großen dramatischen Auffassung, bei Andern wenigstens Wille und Vermögen des Lebens und der Bewegung, auch ohne Furcht vor dem Heftigen. Bei Allen: der Wille der brillanten Erscheinung.

| Specielle Quelle des Erfolges: Es handelt sich wesentlich um den Ruhm des betreffenden Volkes in politischen und Schlachtenbildern, oder um Persönlichkeiten und Ereignisse welche die Sympathie großer Gruppen der Beschauer für sich haben, und diese kann eine durch die öffentliche Meinung gegebene oder durch eine vorherrschende Lecture der höher gebildeten Stände erregte sein. Paul Delaroche schuf freilich für den Privatbesitz seine Bilder aus der englischen Geschichte auf die literarische Beschäftigung mit England hin welche hauptsächlich von Guizot ausging.

Die Geschichte der nationalen und auch wohl localen Vergangenheit im Sinne der Billigung und Bewunderung, und vollends die einer nähern Gegenwart ist ein allverlangter und selbstverständlicher Gegenstand der Malerei geworden. Und wo diese aufhört setzt die Illustration an, namentlich unterstützt durch die ungeheure Entwicklung des Holzschnittes und seiner Nebengattungen, sowohl in reich ausgestatteten Prachtwerken als in der illustrirten Tagespresse.

---

1 während die Thätigkeit des Malers als solche nicht mit Glück darzustellen ist.
2 Und viel Lecture und geschichtliche Betrachtung

In weiten Kreisen herrscht die Überzeugung, daß die Historienmalerei in diesem Sinne ⌊mit unabsehbaren stets neuen geschichtlichen Aufgaben⌋ weit der wichtigste Beruf der Kunst sei; daß Genre, Porträt und Landschaft ein viel geringeres Können voraussetzten, daß die mythologische und sonstige ideale Malerei eine bloße Liebhaberei von Kennern bleibe, und daß für die religiöse Malerei unser Jahrhundert nur einen schwachen Beruf habe (obschon ganze Kirchen, alte und neue, mit Fresken bedeckt werden).

Heute herrscht in der ganzen Malerei, auch im Genre, das Was, das stets neue Sujet, über das Wie. Nun kömmt es aber in der Kunst weniger auf das Was als auf das Wie an. Sie ist ein geheimnisvolles Vermögen welches sich unter gewissen Sternen mit dem Geschehen in Verbindung setzen kann aber nicht ohne größte Gefahr dessen Dienerin wird. Sie ist nicht Illustratorin alles Dessen was einmal passirt ist, und wäre auch der Hergang noch so merkwürdig.[1] Ist aber das Geschehene vollends nur durch seine Folgen wichtig, so kann sie ja diese doch nicht in das Bild hinein malen, und wenn sich auch die Macht eines ganzen Reiches und das Schicksal eines Jahrhunderts an die betreffende Thatsache gehängt haben sollte. Das Geschichtlich Wichtige substituirt sich dem Malenswerthen.

Überdieß aber ist die historische Wichtigkeit oder Wünschbarkeit der Thatsache in der Regel die Überzeugung nur Einer Nation oder Partei ja oft nur Eines Jahrzehnds;[2] dann können schon die Beschauer fremder Nationen und Parteien sich das Bild verbitten oder es übersehen. Vollends aber stehen ungünstig diejenigen gemalten Scenen welche nur provincial oder local wichtig oder wünschbar gewesen. Ist freilich der Moment in hohem Grade für freie Erzählung geeignet gewesen, hat sich zugleich der rechte Meister gefunden und für denselben begeistert, so schadet dem Factum seine Localität und Obscurität nichts; die Kunst wird es berühmt machen und der Welt an's Herz legen für alle Zeiten. Aber der Fall wird rar sein. | Für die Kunst aber ist es eine Lebensfrage, daß sie der ganzen Welt unserer Race verständlich, daß sie allermindestens europäisch sei. Die Musik zB: genießt diesen Vortheil. Und im Grunde handelt es sich hier noch weniger um die Wohlfahrt und den Ruhm des Künstlers – den wir ihm gerne gönnen – als um die Beglückung der genießenden Welt.

Das heutige Gesetz der historischen Illusion:[3] ihre glänzenden Leistungen – daneben aber die Gefahren, welche sie über den Künstler verhängt

---

1 Wir sind nicht mehr im alten Theben und Ninive, wo die Kunst eine Bilderchronik war.
2 Schon in der ältern Kunst (Venedig, Geschichte der Farnesen in Caprarola etc.) gehört die Zeitverherrlichung zum Vergänglichsten.
3 Fraglich, ob man je wieder daraus weg kann? nachdem man einmal von diesem Baum der *Kenntniß* gegessen?

⌊Der Künstler wird mit einem Stück Gelehrsamkeit beladen.⌋: Zeit und Kräfte, welche er auf das Studium von Costüm und Oertlichkeit und auf das möglichst historisch wahrscheinliche Darstellen und Zusammenstellen dieser Dinge wendet, sind in Abrechnung zu bringen bei seiner verfügbaren Gesammtkraft. ⌊Ganz dasselbe gilt von dem historischen Drama welchem das genaue Einhalten der Zeitsitte keine Erhöhung der poetischen Kraft mittheilt, wohl aber vorhandene Kräfte in Anspruch nimmt.⌋ Dabei wandelt sich der Maßstab für die historische Genauigkeit dieser Dinge; was der Künstler aus den Costümbüchern der letzten Jahrzehnde entnahm, wird schon als nicht mehr richtig kritisirt, und was etwa gar um 1830 im Costüm des Mittelalters gemalt bedeutete, erscheint jetzt opernhaft, oder Style troubadour. Wenn aber auch Alles genau richtig wäre, ist es vielleicht erst recht unschön in der Erscheinung, so wichtig auch der Hergang an sich sein möchte.

Neben der historischen Illusion trat auch die ethnographische auf den Kampfplatz, statt des vergangenen Costüm's das Fremde. Horace Vernet entdeckte die Araber und costümirte dann auch die heiligen Ereignisse der Urzeit täuschend in orientalischem Aufzug. Aber jetzt ist der ganze gemalte Orient in welchem sich Decamps, Delacroix, Fromentin mit so großem Erfolg ergingen, entweder aus der Mode oder, wie bei Gérôme, auf eine ganz präcise Gattung von Genrebildern reducirt. Das orientalische Sujet rettet ein Bild nicht mehr wenn es nicht sonst zu retten ist.

Wenn aber nur das Costum allein veraltete! Es veraltet jedoch auch die Denkweise oft sehr rasch, welche dem Künstler und seinen Beschauern gemeinsam eigen war;[1] Bilder welche auf ihrer ersten Ausstellung das Publicum auf das Stärkste ergriffen, machen ihm jetzt keinen Eindruck mehr.[2] Namentlich das Hochpathetische wird oft rasch ungenießbar; das ganze Pathos der David'schen Schule wird gegenwärtig als unwahr und affectirt gemieden. Auch das Musée historique von Versailles ist im pathetischen Sinne fast durchweg veraltet, überhaupt beachtet man gegenwärtig dort wenige Stücke,[3] welche nicht durch das Sachliche sondern etwa als Marksteine coloristischer Kühnheiten in Ansehen geblieben sind (Eugène Delacroix). Die Welt hat seit 1830 politisch und social sehr rasch gelebt.

Ferner kann eine Stärke der modernen Historienmalerei, jenes reiche physiognomische und psychologische Vermögen, künstlerisch ein Nachtheil werden durch allzugroße Anhäufung stark individuell belebter Aus-

---

1 (Zunächst, selbst wenn die *Gesinnung* vorhielte, ist alle Gesinnung von der Welt nicht im Stande, eine ungünstige Aufgabe zu einer günstigen zu machen)
2 Es ist schon an sich ein kritisches Ding mit der Begeisterung vergangener Zeiten.
3 Außerdem natürlich die ältern Darstellungen und Souvenirs; das Musée Historique ist zugleich Sammlung.

druckköpfe. Besonders in Darstellungen großer gedrängter Versammlungen kann vor ihrer Concurrenz die allgemeine malerische Stimmung nicht leicht zu ihrem Rechte kommen.[1] Ein Blick auf Lionardo's Abendmal zeigt welches etwa die Grenzen des Schönen in dieser Beziehung sind, und welches Gesetz sich die malerische Oekonomie einst auferlegte.

| Die höchsten Triumphe hat endlich die historische Illusion in einer Anzahl der vorzüglichsten Schlachtbilder aus den letzten Kriegen erreicht; es sind ohnehin Leistungen von höchst begabten Meistern; Begehr und Verlangen sind hier am stärksten, und die Anerkennung hängt hier, löblicher Weise, nicht davon ab daß der Betrachtende mit der einen oder andern Partei sympathisire; französische Kriegsbilder haben zB: in Berlin die größte Bewunderung erregt; der Fanatismus des Rechtbehaltens redet hier nicht mit. Unermeßlich reiche Mittel der lebendigen Darstellung von Mensch und Roß sind aufgewandt worden;[2] das Anschaulichmachenkönnen, hier auf Augenblicke der mächtigsten Spannung gewendet, wird zu einer magischen Gewalt; – allein dieselbe Kunst, die so viel vermag, lebt zugleich in der stärksten Knechtschaft unter der militärischen Richtigkeit und muß die optische Gesammt-Schönheit, von welcher das Kunstwerk eben doch lebt, großentheils aufopfern, damit ein bestimmter Moment mit allen Kräften «verewigt» werde.

Und das vermag die Malerei allerdings zu bewirken, daß ein Hergang länger und stärker als sonst geschehen würde, im Gedächtniß und in der Seele der Menschen hafte. Allein dieser Hergang, wie wichtig und groß er auch sei, wird von spätern Hergängen erreicht und überboten werden und die Kunst wird ihm keine Ewigkeit mittheilen können die sie nicht selbst in sich hat.

Die Kunst aber will vor Allem schöne, große, mächtige Erscheinung sein; nur hierin kann ihre eigene Ewigkeit liegen, welche auch nach Verlust des Originals noch in Nachbildungen weiter zu leben vermag. Dabei muß sie *ihren* höchsten Gesetzen *frei* nachleben dürfen. Wie wenig man ihr Zumuthungen stellen darf, erhellt noch besser als aus der Malerei aus dem Relief; hier wird die Mißachtung der innern Gesetze sofort und sichtlich bestraft, selbst wenn ein Ghiberti sie übertritt.

Und nun meldet sich auch eine ganz andere Art von Illusion als die welche auf die zeitliche Wirklichmachung der Vorgänge ausgeht: Das Gemälde muß durch seine *künstlerische* Kraft eine solche Stimmung hervorbringen daß man seinem Inhalt von vornherein das Höchste zutraut. Das Historienbild müßte immer, noch bevor es materiell verständlich ist, schön und ergreifend sein und vorläufig auf den Beschauer wirken als ein

---

1 Gallait in seiner Abdication de Charles V wußte hier noch Rath!
2 Den Uniformen ist abgerungen worden was sich irgend optisch verwerthen ließ.

Vorgang aus einer mächtigen fremden Welt; der Eindruck müßte da sein noch ohne das Sachverständniß. Hernach hätte man noch immer Zeit zu fragen was das Werk insbesondere vorstelle. Es müßte die Probe halten so lange der Hergang noch unbekannt und die Einzelfiguren noch anonym wären. Diese Probe hält u. a. Rafael aus in den Fresken der Camera della segnatura.

Wie ist dieß zu erreichen? Hauptvorbedingung jedenfalls: indem von der Kunst nur verlangt würde was sie aus innerm Berufe gerne giebt.

| Und hier würde man inne werden daß sie wenig oder keine Freude hat an dem Thatsächlichen wenn es weiter nichts als dieses gewesen ist, sondern daß sie nach derjenigen hohen Bilderwelt verlangt, welche die Völker und ihre Dolmetscher die Dichter geschaffen haben im Anschluß an ihre Religionen, Mythen, Urgeschichten, Sagen und Mährchen.[1] Auch hier will sie nicht immer gebunden sein, sondern von dieser idealen Gestaltenwelt aus weiter träumen dürfen. Gewährt man ihr dieses, dann kann sie auch am ehesten «schöne, große und mächtige Erscheinung» werden, wonach sie vor Allem dürstet.

Diese Aufgaben haben Allverständlichkeit oder doch leichte Verständlichkeit für sich und unterliegen nicht den Schranken des Localen und Zeitlichen; in ihnen *kann* wenigstens eine hohe Kunst das Unvergängliche und Ewige erreichen.[2] Die Menschen des Tages werden vielleicht gleichgültig daran vorüber gehen und die pathetische Darstellung des Vergänglichen vorziehen, allein sehr bald folgen auf sie andere Menschen eines andern Tages; die Kunst aber wünscht «liebliche Dauer». Sie ist eins derjenigen herrlichen Bande welche Völker und Jahrhunderte mit einander zu einer Gemeine verknüpfen können. Und wenn diese Gemeine eine Elite ist, so braucht es glücklicherweise keine Elite der Reichen und Mächtigen zu sein; öffentlich sichtbare Kunstwerke können jeden nicht Verbildeten ergreifen, auch wenn er ungebildet ist. Gegenstände und Beschauer haben hier ein gemeinsames ideales Bürgerrecht, das keine Schranken von Ländern und Zeiten kennt.

⌞Nicht daß die idealen, religiösen, mythischen Gegenstände den Künstler vor dem Mißlingen sicherten! er muß ein Berufener sein, und der Gefahren und Abgründe sind manche.⌟

| Zunächst ist das kirchliche Historienbild durchaus nicht jedes Künstlers Sache. Es hat Meister von sehr hoher und vielseitiger Anlage und vom gründlichsten Wissen gegeben, welche ihm nicht gewachsen waren.

---

1 Sie liebt diese Themata, *weil* dieselben eine so große Freiheit gestatten. Als Illustratorin der Dichtung verlangt sie namentlich große Freiheit. Ein Hergang kann in der Dichtung schön sein ohne es im Gemälde zu sein.
2 Die Säle des Cornelius in der Glyptothek werden verständlich bleiben wenn man einst den ganzen Frescocyclus des Nationalmuseum's nicht mehr mag.

Und andererseits haben ganz mittelmäßige Künstler oft dennoch massenhaft heilige Historien malen müssen oder wollen.

Das sprechende Beispiel der französischen Schule schon vor Louis XIV: In Paris und anderswo vorhandene Stiftungen und fortlaufende Verpflichtungen gewisser Gilden auf neue Kirchenbilder (wobei, beiläufig gesagt, die alten verschwanden und Frankreich um alle Altäre seiner frühern Style gekommen ist); dazu der damalige Geschmack für das erzählende Altarbild, welches in der goldenen italienischen Epoche die Ausnahme gewesen war und nur bei einer ganz besondern Inspiration vollkommen gedeihen kann; dieses fiel jetzt in die Hände von Malern einer nur mittlern Begabung; das Resultat: die *Überfüllung*, weil das mangelnde centrale Können durch Vielartigkeit des Wissens aufgebessert werden sollte, und im Ausdruck das *Theatralische*, welches entsteht wenn bei mangelndem innerm Antrieb die Erregtheit des Vorganges durch Reflexion producirt werden muß; der Maler selbst dachte sich dabei als Acteur und überdieß gab es auch bereits ein tragisches Theater, bei dessen Leuten sich einzelne Maler notorisch Raths erholten.

Aber selbst Nicolas Poussin, welcher diesen Kreisen aus dem Wege ging und in Rom auslebte, hat doch theils für sich theils für französische Kunstfreunde sehr *viel mehr* große historische Scenen componirt als gut war. Er construirte heilige und profane Geschichten zwar nach den Gesetzen seiner Kunst, aber in der Regel ohne alles innere Feuer,[1] ohne alle Nothwendigkeit, steinern, und dann helfen auch die vielen einzeln angebrachten Gefühlsäußerungen nichts, da sie beliebig hinzugefügt erscheinen, während ihm die malerische Empfindung des Ganzen nicht an Einem Stücke aufgegangen ist. Der Mangel an Farbenreiz (welchen er in einzelnen einfachern (frühern) Compositionen recht wohl erreichte) und an unbefangenem Reichthum des Individuellen würde diesen Werken nachgesehen werden, wenn sie nicht in der Hauptsache bloß *gemacht* wären.

Andere berühmte Meister haben etwa in der Illustration des Guten zu viel gethan. Dürer in seinen drei Passionscyclen in Holzschnitt und Kupferstich unterlag dem Anlaß, die heilige Geschichte in möglichst *viele* Einzelmomente auseinanderzuziehen und fragte sich oft gar nicht mehr, was bildlich wünschbar sei und was nicht, sodaß neben tiefsinnigen und wahrhaft dramatischen | Compositionen sich auch völlig seelenlose und unbedeutende vorfinden. Aehnlicher Weise hat in der Frescomalerei bisweilen das Beschaffen großer Cyclen Themata von sehr ungleicher Wünschbarkeit hervorgebracht.

---

[1] Catalogue du Louvre, p. 263: Il recherait, dans les grands écrivains, les sujets les plus propres à exprimer le caractère moral et les affections de l'âme; la force de l'expression lui paraissait une des qualités les plus recommandables.

Während wir aber auf dem Wege wären, auch in Betreff der idealen Aufgaben der Malerei immer bedenklicher und difficiler zu werden, tönt uns aus dem XVII. Jahrhundert der fröhliche Ruf des größten Erzählers aller Zeiten entgegen: «Jeder nach seiner Begabung! mein Talent ist der Art, daß noch nie ein Werk, wie groß auch nach der Quantität und der Vielartigkeit der Aufgaben, meinen Muth überstiegen hat!» Also schrieb auf der Höhe seiner Riesenkraft Peter Paul Rubens. Er hätte sein Lebtag lauter Bilder in der Art des Liebesgartens (Madrid, Dresden) malen und seine Zeitgenossen damit vor Entzücken thöricht machen können. Allein das Bewußtsein der großen dramatischen Bestimmung, der Drang auch zum hoch Heroischen und Furchtbaren schlug vollständig durch.

Eine solche Riesenkraft des Lebendigmachens von Allem und Jeglichem wird man natürlich vor Allem auch für massenhafte Darstellungen aus der Zeitgeschichte in Anspruch genommen haben? Allerdings! und hier dürfen wir nur die berühmteste dieser Zumuthungen erwähnen: Ende 1620 ließ die Wittwe Heinrichs IV. und thatsächliche Regentin von Frankreich den Rubens nach Paris kommen, wo sie damals im Luxembourg Hof hielt. Es handelte sich um eine Darstellung des Lebenslaufes der Königin. Rubens, als höchst gewinnende Persönlichkeit und Mann der größten Welt nahm Maria Medici sofort für sich ein und wurde mit ihr eins über 21 große und zum Theil sehr figurenreiche Bilder, deren Skizzen in Paris entworfen und von der Königin genehmigt wurden. Manche Themata ergaben sich von selbst, und der Meister wird es leicht gehabt haben sie vorzuschlagen; in andern dagegen mußte er die erbärmlichen Streitigkeiten der Parteien von Mutter und Sohn darstellen helfen, und hier hatte die Empfindlichkeit der Königin ihre besondern Schmerzen und ihre Eitelkeit ihre besondern Triumphe. Man sieht nicht daß diese Scenen mit geringerer Theilnahme erfunden wären als die übrigen. Eine Hauptsache für Rubens, die man zu wenig betont, war die äußere Stattlichkeit der damals 46jährigen Herrin, welche er sich wohl getrauen konnte als Hauptperson seiner Schildereien zur Geltung zu bringen. Er malte dann in Antwerpen die Bilder mit Hülfe seiner ganzen Schule und 1625 wurden sie im Luxembourg in die Wände der Galerie eingefügt welche danach den Namen erhielt; Rubens war wieder da und malte noch einige Zugaben.

Kein Besteller und kein Maler der heutigen Tage dürfte oder möchte eine Darstellungsweise der Zeitgeschichte verantworten wie diese. Nicht nur sind Costüm und Oertlichkeit sehr frei gewählt, sondern – wehe! – es sind allegorische Gestalten und antike Götter unter die wirklichen Leute gemischt, ja sie werden öfter das handelnde Element im Bilde; der innere Antrieb der Thatsachen wird in sie verlegt. | Will sich aber vielleicht jemand heute mit dem Wunsche melden, diese Bilder möchten ungemalt geblieben sein? oder auch nur: Rubens möchte an deren Stelle etwas Anderes gemalt haben? Nein, die Persönlichkeit des Rubens (Und schon an dieser darf uns Etwas gelegen sein) wäre unvollständig ohne diese herrlichen, wenn auch sehr speciellen Fulgurationen seines Genius. Denn die Kunst hat diese so bedingten Aufgaben auf ihre Adlerschwingen genommen und Alles in Einen Strom von Leben verwandelt. Und dieß konnte sie nur, indem man sie auf das Freiste walten ließ und ihr ihre eigene Sprache gestattete; nur so war jene Verbindung des geheimnißvollen schöpferischen Vergnügens mit den einzelnen Scenen, des *Wie* mit dem *Was* auf lebendige Weise möglich.

Gerne möchte man bei den Besprechungen des Meisters mit der Königin zugegen gewesen sein, auch wenn sie ihm die elenden Hofhändel von 1617 an so recht von Herzen parteiisch erzählte. Während des Redens der leidenschaftlichen Frau mag schon eine schöne Composition wie die Flucht aus dem Schlosse Blois in seinem Geist entstanden sein, und für die Schlußallegorie: den Triumph der Wahrheit, fand er einen seiner reichsten und herrlichsten Accorde.

Aber außer der Zeitgeschichte hat Rubens die historische, die heilige und auch die mythische Vergangenheit in großen bewegten Scenen rastlos geschildert, und mit stets wachsendem Erstaunen kommen wir allmälig der unversiegbaren Quelle dieses Könnens näher. Rubens besaß alle Gaben eines großen Meisters, und wenn seine Menschenbildung nicht nach Jedermanns Geschmack und Stimmung ist, so giebt ihm doch die ganze Welt einen unvergleichlichen Reichthum der Phantasie, ein wunderbar lebendiges und sehr dauerhaftes Colorit, eine seltene Kraft der Lichtdarstellung, endlich ein meisterliches Wissen und Können in allen Theilen seiner Kunst zu. Die souveräne Gabe jedoch, welche ihn stellenweise über alle übrigen Maler erhebt und welche alle jene und noch weitere Eigenschaften in ihren Dienst nahm, das wahrhaft centrale Vermögen war von ganz besonderer Art, konnte sich auch nur entwickeln, wenn er jeden Vorgang räumlich und sachlich frei, ohne jegliche Rücksicht auf historische Illusion, vom Boden auf neu schaffen durfte.

Wir lieben es, den wahrhaft großen Meistern Augenblicke zuzuschreiben, da sie künftige Kunstwerke wie in einer Vision vollendet vor sich sehen. Diese Vision scheint bei Rubens von reicherer Art gewesen zu sein als bei Andern. Er sah *zu gleicher Zeit* vor sich eine ruhige, symmetrische Anordnung der Massen im Raum – und doch die stärksten leiblichen und seelischen Bewegungen; er sah Licht und Leben sich hauptsächlich von der Mitte des Bildes aus verbreiten; er sah seine triumphalen Farbenharmonien und Licht- und Schattenfolgen, wie sie kommen mußten vor sich – und dieß Alles im Dienste einer Augenblicklichkeit, welche | für ihn vielleicht das Wesentlichste, das Beglückende, das Hinreißende war.¹ Darauf hin konnten dann jene Bilder entstehen welche der Beschauer, wenn er eine Minute die Augen schließt, nachher völlig verändert vorzufinden erwartet. Was will alle historische Illusion heißen neben dieser ergreifenden Täuschung welche in der Kunst selbst liegt? Alle geschichtliche Genauigkeit ist der ausgesprochenste, unverträglichste Gegensatz zu dieser Art von *lebendigem* Geschehen, welches zugleich die mächtigste und wohlgefälligste malerische Erscheinung mit sich führt.

Nicht ohne Furcht berühren wir hier Einzelnes insbesondere, wäre es auch nur weil wir schon in Sorgen sind uns nur schwer verständlich zu machen.

Rubens hatte das ausgebildetste Bewußtsein der Accente, welche dann, in ihrer Vertheilung im Bilde, als Aequivalente wirken sollen. Diese Accente aber sind höchst vielartig; Alles was den Blick *oder den innern Sinn* des Beschauers – denn diese beiden concurriren hier mit einander – auf eine bestimmte Stelle zieht, ist Accent, die helle Lichtmasse eines Gewandes so gut wie ein feurig belebter Kopf, das mehr Materielle wie das mehr Moralische, das mehr optisch Wirksame wie das psychologisch Bedeutende. Im Bilde sind diese Aequivalente zugleich meist Gegensätze, von Licht gegen Schatten, von Farbe gegen Farbe, von Bewegtem gegen Ruhiges, u. s. w., und endlich in höherm Sinne Gegensätze dramatischer Art, sagen wir einstweilen: von Interesse gegen Interesse.

Es hat Maler gegeben welche ihre Accente im Einzelnen mit größter Kraft und Schönheit betonten, Seelenkündiger und große Poeten im Einzelnen, deren herrlichste Köpfe und Gefühlsregungen dennoch für die Gesammtwirkung verloren gehen, weil ihre Accente, herrenlos über das Werk vertheilt, bald gehäuft bald zerstreut, zusammen keine Aequivalente bildeten. ⌊Daß die Vertheilung coloristischer u. a. rein optischer Accente im Bilde schon eine künstlerische Aufgabe sein kann, lehrt u. a. die Blumenmalerei. In den Blumenguirlanden des Daniel Seghers herrscht im Grunde ein ähnliches Gesetz wie in den großen pathetischen Scenen seines Zeitgenossen und Landsmanns Rubens.⌋

In den mächtigsten und reichsten Compositionen des Rubens dagegen genießt der Beschauer, zunächst unbewußt, neben der stärksten dramatischen Bewegung eine geheimnißvolle optische Beruhigung. Allmälig wird er dann inne, daß die einzelnen Elemente einer mächtigen, aber nach Kräften verhehlten und verborgenen Symmetrie unterthan sind. Mit dieser mathematischen Figur hat ganz gewiß Rubens seine Arbeit nicht begonnen, sondern im Augenblick jener Vision wird sie sich von selbst *mit*

---

1 Die Hauptsache: Rubens sah die Vision in gleichmäßiger Reife und Stärke vor sich bevor er den Pinsel ergriff.

eingestellt haben und dann mit dem Übrigen in seinem Innern gewachsen sein.

Im Raub der Leukippiden (Pinacothek) machen die beiden weiblichen Körper eine fast regelmäßige Lichtmasse genau in der untern Mitte des Bildes aus, um welche sich das Übrige wie eine Wolke vertheilt: die Entführer Kalais und Zetes, die beiden Rosse und die beiden Amorine. Diese acht Wesen zusammen füllen das genau quadratische Bild auf dem Grunde einer hellen und saftigen Landschaft aus. Das Erstaunen steigt wenn man inne wird daß jene beiden herrlich entwickelten Körper einander genau ergänzen, daß der eine genau den Anblick gewährt den der andere nicht gewährt, daß der Maler sie weislich | durch einen Zwischenraum von einander zu isoliren gewußt hat. (Sie schneiden sich nicht). Vielleicht wird man sagen: dieß seien Künste der bloßen Gewandtheit und äußern Meisterschaft, was aber weit darüber hinausgeht, ist das von jener Symmetrie ganz unbehelligte unglaubliche Feuer und die Wahrheit des Augenblickes.

In dem gewaltigen Bilde der Wunder des S. Franz Xaver (Belvedere), einem jener Gedränge mit mehrern gleichzeitigen Ereignissen woran selbst bedeutende Maler zu scheitern pflegen, entdeckt das Auge mit der Zeit eine große beruhigende Quincunx, wie die tiefe Dominante im Orgelpunct einer mächtigen Figur. Die fünf Hauptaccente sind: rechts oben, auf einer hohen Basis, der schwarz gekleidete Heilige im Act des Wunderwirkens und sein Gefährte; links oben der vom Tode oder Todesnähe erweckte Hindu{fürst,} hinter welchem ein Neger das schwarze Leichentuch emporzieht; – in der Mitte, im Licht die Gruppe des portugiesischen Harnischmanns und des Mulatten im gelben Gewande, jener nach dem Wiederbelebten, dieser nach dem Heiligen blickend; – endlich rechts unten die Gruppe der kniend gegen den Heiligen Gewandten und eines vorwärts tastenden Blinden; links unten der zweite Wiederbelebte mit den Seinigen. Diese Aequivalente sind dramatisch und òptisch im Einzelnen lauter Gegensätze an Bedeutung, Macht, Alter, Leiblichkeit, Tracht und Wendung und wirken dabei als eine vollkommene Harmonie. Bei nähern Zusehen mag man dann noch inne werden, was für weitere Beruhigungsmittel Rubens hat diesem Gedränge zu Theil werden lassen: er gab den Leuten der einzelnen Gruppen annähernd gleiche Kopfhöhen und ließ gegen die Mitte des Raumes hin eine hell beschienene steinerne Stufe frei. Ein solches Freilassen von etwas Boden, Landschaft, Luft in den gedrängtesten Scenen hatte er vielleicht von Paolo Veronese gelernt.

In der Amazonenschlacht (Pinacothek) dominirt schon die gewölbte steinerne Brücke als ruhige mathematische Form das ganze Getümmel, auf der Mitte derselben aber hat Rubens jenes furchtbare Quintett ertönen lassen: Theseus erlegt die Königin Thalestris; ein Grieche reißt über den Rücken von Theseus Roß das Banner der Amazonen zu sich herüber und die Bannerträgerin, die von ihrem Kleinod nicht lassen will, wird damit von ihrem Pferd heruntergerissen; drunter genau in der Mitte starrt uns eine enthauptete Leiche entgegen. Auf beiden Seiten des Abhanges gegen das Gewässer hin geht das wildeste Schicksal von Rossen und Reiterinnen symmetrisch seinen Gang; unten wollen sich zwei Amazonen durch Schwimmen retten.

In der Galerie Lichtenstein (Wien) findet sich ein umfangreicher Cyclus großer Bilder, bestimmt zur Ausführung in gewirkten Teppichen. Rubens pflegte in solchen Fällen nicht colorirte Cartons zu liefern, gemalte Oelbilder fielen ihm offenbar leichter. Das Thema war die Geschichte jenes heldenmüthigen Publius Decius, der sich im Samniterkrieg den Todesgöttern weihen ließ, weil er damit seinem Heer den Sieg sicherte. Von diesen großartigen Compositionen hat des Decius Untergang im Reiterkampf von jeher die meiste Bewunderung erregt. Dieß ist der Gegenstand einer vordern Gruppe, während weiter hinten in einem | zweiten Licht Sieg und Verderben des Massenkampfes von links nach rechts schreiten. Es sind drei Reiter: Decius auf steigendem Schimmel, sein nun mehriger Gegner auf einem ausschlagenden Braunen, und ein Dritter, dessen Roß man kaum sieht, dieser hat im vorhergegangenen Moment dem Decius die Lanze in den Hals gestoßen; vorn unten ein todtes Pferd, Menschenleichen und zwei noch lebend Zuckende. Ich glaubte dieß herrliche Bild längst zu kennen, wurde aber erst neulich zu meinem größten Erstaunen inne, daß diese ganze Gruppe optisch ein regelmäßiges etwas niedriges Sechseck bildet, während ich früher nur das unsägliche Feuer des Vorganges und die Herrlichkeit des Colorites bewundert hatte. ⌊In der Mitte der Gruppe aber sind zwei Lücken Luft durch welche man Theile entfernterer Figuren sieht.⌋

Allein Rubens dürstete nach noch wildern Aufgaben einer höchsten Augenblicklichkeit und fand sie in jenen furchtbaren Jagden auf die mächtigsten Thiere der Wildniß. In dem erstaunlichsten dieser Bilder, der Löwenjagd in München (Pinacothek) kommen die Köpfe des ausholenden Helmträgers, des einen Löwen und des abwärts stürzenden Arabers in eine und dieselbe Verticale, nur um ein weniges links von der Mitte des Ganzen, welche dem hellen Gewande des Arabers gehört. In dieser wunderbaren Scene von sieben Menschen, vier Pferden und zwei Löwen sind alle Motive völlig klar und außer dem gegenwärtigen Moment ist der ebenvergangene und der nächstkünftige mit hineingemalt. Gerade wo bei Rubens der Beschauer fürchtet, das Gespann seines Sonnenwagens möchte mit ihm durchgegangen sein, bewährt er heimlich die sicherste Mäßigung.

Auch bei einfachern und ruhigern Aufgaben ist Rubens der wahre Meister der schön lebendigen Anordnung und der sprechenden Aequivalente. Zwischen den drohenden Kampf der Sabiner und Römer (Pinacothek) malt er in die Mitte die lichten Frauen welche ihre Kinder küssen und emporheben; bei den feindlichen Gatten und Vätern rechts und links entsprechen sich die Reiter und die jeweilig vortretenden Figuren bei lauter contrastirenden Bewegungen und Bildungen.

Eins der schönsten Beispiele wesentlich idealer Aequivalente bietet die große heilige Familie des Belvedere dar: in der rechten Hälfte des Bildes Maria ruhig sitzend im Licht mit dem sich sanft niederneigenden Kinde, hinter ihr Joseph; in der linken Hälfte halbbeschattet Elisabeth welche eilig ihren kleinen Johannes vor sich hin schiebt, und Zacharias welcher Aepfel darreicht.[1] Hier wiegen sich höhere Güte und herzlicher Eifer in idealem Sinne und zugleich optisch rein auf.

In der großen Himmelfahrt der Maria im Belvedere, dem vollkommensten der zahlreichen Bilder dieses Inhalts von Rubens Hand, bildet Maria mit den Engeln oben eine symmetrische Raute welche sich als duftige Lichtwelt von der ganzen untern Partie und ihren leuchtenden aber tiefen Farben abhebt.

Im heiligen Ambrosius der den Kaiser Theodosius von der Schwelle der Kirche abweist (ebenda) sind die beiden Gruppen optisch und moralisch wie auf der Goldwage gegeneinander abgewogen: links der energische Imperator mit seinen | drei Adjutanten, wovon Einer oder der Andere die Frage wohl mit Gewalt zu erledigen fähig wäre, aber die Gruppe hat das Licht hinter sich und ist im Schatten gegeben, zwei Stufen tiefer, welche Theodosius eben hinaufsteigen will; auf diesen Stufen rechts der Heilige mit seinen ganz ruhigen, meist bejahrten Begleitern, materiell hülflos, aber in vollem Licht, in leuchtendem Bischofsmantel und mit majestätischer Geberde und hochehrwürdigen Zügen.

Bei diesem Anlaß ein Wort über die Costüme bei Rubens: Bischof und Chordiener haben durchaus die Trachten seines XVII. Jahrhunderts, und der Kaiser und die Seinigen tragen den allgemeinen römischen Kriegshabit wie ihn Rubens ziemlich obenhin von antiken Denkmälern abstrahirt hatte. Woher kommt es aber, daß wir bei diesem Meister, der doch bei Gelegenheit die funkelnde Pracht von Sammet, Seide und Schmuck nicht verschmäht, so selten an die Kleidung denken? sollte es daher kommen daß dieselbe seinen Gestalten so selbstverständlich vollkommen sitzt als hätten sie nie etwas Anderes getragen? Wie gerne kann man sich neben dieser Art von Richtigkeit die historische Unrichtigkeit gefallen lassen!

Wie oft möchte man überhaupt lieber mit Rubens irren als mit Andern Recht haben! Seine Bilder sind zB: oft stark angefüllt und stören doch nicht wegen der malerisch richtigen Vertheilung, während Andere mit viel wenigern Figuren in derselben Scene überfüllt erscheinen.

---

1 Die beiden Gruppen ursprünglich zwei Außenflügel, sie sehnen sich zueinander.

Es läge uns nun nahe, auch seine Darstellungen aus der heiligen Geschichte auf das erzählende Element hin zu prüfen und zu schildern, und wir würden ihn überall wahr, mächtig und absolut selbständig, hie und da groß und erhaben finden. | Es darf ihm nie vergessen werden daß von ihm die ergreifendste Darstellung der Auferweckung des Lazarus (Museum Berlin)[1] stammt.

Man kann abschließend über Rubens sagen: Von keinem Maler giebt es auch nur annähernd so *viele* Compositionen welche mit so voller Hingebung und innerer Beglückung zu Stande gekommen scheinen als von ihm. Dieß gilt gleichmäßig von seinen heiligen, mythologischen, allegorischen und genrehaften Scenen. Überall wirkt jene geheimnisvolle centrale Kraft, jene Begeisterung welche ihm für alle, auch die wunderlichsten Themata von bewegungsfähiger Art verliehen war. Was Andern eine desperate Aufgabe erscheinen mochte, dem gewann er erst recht die Darstellungsfähigkeit ab.

Aber Alles was er gewesen ist, konnte er nur sein, indem man ihm a priori seine volle Art von Freiheit gestattete. Freilich als der riesige Verwirklicher alles Geschehenden – der im Grunde die Arbeit von Jahrhunderten vorwegnahm – todt war, fand sich in seiner eigenen Schule so wenig als anderswo ein gleichwerthiger Nachfolger, und auch die größte Kraft *nach ihm*, ich nenne aus guten Gründen Luca Giordano, kam ihm kaum von Ferne nahe. Und doch durfte dieser noch was Rubens gedurft hatte.

| Mit welchen Schwierigkeiten ringt daneben die Historienmalerei unserer Zeiten! wie selten darf sie fragen nach der malerischen Wünschbarkeit dessen was sie darzustellen hat! Wie herrscht das *Was* über das *Wie*! selbst bei dem größten Können. Wünscht man aber noch Werke der höchsten Inspiration von den Künstlern, so wird man dieselben heute am ehesten erhalten, wenn man ihnen selbst die materielle Wahl des Thema's frei läßt und nur die große und schöne Erscheinung begehrt. Man überlasse sie ihren Visionen.

Ein solcher Maler, welcher bei einer höchst außerordentlichen Anlage diesem Ziele nach ging, ist vor Kurzem aus der Welt geschieden: Makart. Was ihm fehlte, zum Schmerz aller Derer welche bewunderten was er besaß, wollen wir an diesem noch frischen Grabe nicht erörtern. Die Magie aber, womit er seine Zeitgenossen beherrschte, lag, für die Meisten unbewußt, doch darin daß er wirklich im Ganzen nur seine eigenen Visionen gemalt hatte. Sie gingen nicht hoch, sie zahlten der Materie einen schweren Zoll; sie entsprachen social einem Medium welches der Nachwelt nicht sympathisch sein wird, aber sie waren sein eigen.

1 Sein Christus ist hier erhaben.

Die Anfänge der neuern Porträtmalerei

Die Anfänge der neuern Porträtmalerei.

Ein ruhmvoller Zweig der Malerei ist gegenwärtig zwar nicht am Absterben begriffen, doch ist seine Ausübung sehr viel seltener geworden: die malerische Darstellung des Individuums, einzeln oder als Gruppe von Mehrern. Bei der Zeitbedrängniß und Eile in welcher wir leben, wird das Bildniß im Ganzen einem mechanischen Verfahren, der Photographie überlassen. Wir stehen der Porträtmalerei im Grunde schon wie einem historisch abgeschlossenen Ganzen gegenüber. Möge es gestattet sein, die Anfänge dieser Gattung in einer kurzen Übersicht zu verfolgen.

Wir werden uns dabei nicht ausschließlich auf das gemalte Einzelporträt beschränken dürfen; in vielen und verschiedenen Weisen hat von jeher die Verewigung des Einzelmenschen, sei es für ihn oder für Andere, als wünschbar gegolten. Unser Thema wird sich daher erweitern müssen zu einem Überblick der Geschichte der *Aehnlichkeit*, des Vermögens und des Willens, dieselbe hervorzubringen.

Gerne wird hier verzichtet auf die Porträtkunst des ganzen Alterthums; aus der griechischen Zeit ist uns ja ohnehin nur das plastische Bildniß, sei es Hermenbüste oder Statue, erhalten und wir werden uns hüten, hier und für heute jenes große Thema zu berühren, welches Verrechnung zwischen Aehnlichkeit und höherer Auffassung heißt. Die einzige Statue des Sophokles im Museum des Laterans könnte endlose Betrachtungen hervorrufen. Immerhin müssen wir betonen, daß auch das gemalte Porträt nicht fehlte. In Theben soll laut Staatsbeschluß den Malern wie den Bildhauern vorgeschrieben gewesen sein, die dargestellten Leute zu veredlen, und eine Geldbuße traf die Verhäßlicher.[1] Im Hinblick auf die Gesetzmacherei der Griechen in den Zeiten des Verfalls ist diese Notiz durchaus nicht zu verwerfen; wichtiger aber ist eine andere Aussage, laut welcher das ohne Zweifel gemalte, nicht gemeißelte Porträt bei den wohlhabenden Athenern des III. Jahrhunderts v. Chr. schon eine allgemeine Sitte gewesen wäre. | Bei Theophrast (cap. 2) gehört es zu den üblichen Complimenten eines athenischen Schmeichlers an seinen Herrn: das Haus sei hübsch gebaut, das Landgut herrlich angepflanzt und das Porträt ähn-

---

[1] Aelian Varia Historia IV, 4.

lich,¹ was nicht von einer Büste oder Herme sondern von einem Gemälde zu verstehen ist.²

Vollends sorgten die Römer für ihre Einzelverewigung mit dem äußersten Luxus bis zur großen Gemme in Sardonyx. In der letzten Zeit des römischen Reiches beginnen bereits die historischen Persönlichkeiten in noch erhaltenen Mosaiken der Kirchen, die Bilder der Kaiser und Consule auf den elfenbeinernen Diptychen, und die aus aufgelegten Goldblättchen durch Schaben hervorgebrachten Porträts im Boden gläserner Gefäße, die sogenannten fondi d'oro.

Die nächstfolgenden Zeiten waren, abgesehen vom oströmischen Reiche, die einer tiefen Barbarisirung der Kunst. Ein ganzer großer Zweig der civilisirten Menschheit, die islamitische Welt, verbot sich jede menschliche Darstellung sodaß wir nur durch Beschreibungen in Worten erfahren wie die berühmten Mohammedaner ausgesehen haben.³

Im Abendland aber haben die Menschen ohne Zweifel beständig Verlangen danach gehabt, abgebildet zu werden, und zu einer Zeichnung eines Angesichtes von oberflächlicher Aehnlichkeit gehört bekanntlich nicht viel und manches Kind kann sie heut zu Tage erreichen. Aber die Köpfe auf den Münzen des ersten Jahrtausends zeugen von einem ganz unglaublichen Ungeschick und wenn irgendwo ein leidlich characteristischer Porträtkopf in jenen Zeiten gelungen ist so wird sich derselbe höchstens in den Miniaturen der Handschriften finden. Diesen verdanken wir die annähernd genau überlieferten Züge Carls des Großen und Carls des Kahlen, u. A. m. In der Regel aber wird auch in den Miniaturen nur Costüm oder Ornat genau, der Kopf conventionell und ohne Anspruch auf Aehnlichkeit gegeben sein.

Vom zweiten Jahrtausend an erwachten die Künste wieder und nahmen bald unter der Anführerschaft der Architectur einen Aufschwung in das Erhabene. Es sollte jedoch noch recht lange dauern bis das Porträt zu selbständigen Kräften kommen würde, obschon, wie gesagt, an einem beständigen Verlangen danach nicht zu zweifeln ist, indem beständig einzelne Individuen abgebildet wurden. | Erwägt man nämlich die Voraussetzungen unter welchen dieß in der Regel geschah, so wird man noch nicht ein individuell vollendetes Porträt erwarten. Es handelt sich um die Darstellung des Verstorbenen auf seinem Grabe, von bloßem eingegrabenen Contour bis zum Relief und bis zur vollen Rundsculptur, um die Darstellung des Lebenden als Stifters im gemalten Fenster oder im Altargemälde.

1 Über die Verschönerung das Gesetz von Theben, Aelian IV, 4.
2 Hieher: die neuern Mumienfunde mit Porträttafeln, durch Graf etc.
3 Was immerhin beweist daß man ihre Porträts gerne gehabt *hätte*.

Unläugbar giebt es einzelne Grabfiguren welche eine individuelle Aehnlichkeit haben und eine der merkwürdigsten von diesen ist wohl die in starkem Relief gehaltene Erzplatte im Dom von Merseburg, welche den in der Nähe (1080) gefallenen Gegenkönig Rudolf von Rheinfelden darstellt, und höchst wahrscheinlich bald nach seinem Tode entstanden ist.[1]

Übersieht man aber die gewaltige Anzahl von Sarcophagstatuen, Reliefgestalten und Contourgrabplatten in Stein und Erz welche aus dem XII., XIII. und XIV. Jh. auf uns gekommen sind und zwar in den Kirchen des ganzen Occidents, so drängt sich bald die Überzeugung auf daß die Porträtähnlichkeit des Kopfes die Ausnahme, ja bis tief ins XIV Jh. eine seltene Ausnahme ist. Bei Lebzeiten war der Betreffende schwerlich abgebildet worden und der Meister des Grabmals war etwa bestenfalls auf eine persönliche Erinnerung angewiesen; er war hergekommen bei der großen Steinsculptur welche damals Portale, Strebepfeiler und Innenpfeiler der Kirchen mit heiligen Gebilden versah, mit Gestalten des alten und neuen Bundes, mit Aposteln, Schutzpatronen und Engeln, alle in einem idealen oder wenigstens typischen, übereinkömmlichen Styl. Diese Behandlungsweise ging dann von selbst in hohem Grade auch auf die Grabfiguren über, welche gleichsam Eines Geschlechtes mit den Heiligen sind. Ferner hat man es mit einer Zeit zu thun da das Bewußtsein des Standes, der socialen Gruppe zu welcher der Einzelne gehörte, beinahe noch wichtiger war als seine Individualität, daher beim Prälaten, beim Fürsten, beim Ritter, bei der Edeldame es mehr auf die standesgemäße Tracht, das bischöfliche Pluviale, die Rüstung, den Helm, den Mantel und Schmuck der Frauen als auf die Genauigkeit der Gesichtszüge ankam. Wenn sie nur, einzeln und insgesammt, wie zB: die herrliche Reihe von Grabsteinen der thüringisch-hessischen Landgrafen in der St. Elisabethenkirche zu Marburg, ein stattliches Geschlecht darstellten. In Italien allerdings werden seit Ende des XIII. Jh. die Grabstatuen welche Aehnlichkeit der Gesichtszüge zu versprechen scheinen, häufiger, allein bei näherm Nachsehen wird man selbst an Papstgräbern, selbst in den lebendigsten Köpfen noch eher das Typische vorherrschend finden und sich daran erinnern, daß in der gleichzeitigen Malerei, auch als die Einwirkung Giotto's ganz Italien durchdrungen hatte, das Individuelle sich nur selten und ganz allmälig einstellte.

| Weiter ist zu erwägen die große Unbefangenheit, mit welcher man bei Zerstörung oder Umbau von Kirchen Längstverstorbenen neue Grabmäler errichtete und dem Kopf dabei beliebige Züge aus der Kunst des XIII., XIV. Jh. gab. König Ludwig der Heilige verherrlichte um 1264 in S. Denis

---

[1] Doch bei den Statuen vielleicht schon frühe die Benützung der Todtenmaske.

eine ganze große Reihe von Merovingern, Carolingern und Capetingern durch neue Monumente dieser Art. Bald hernach ließ ein kunstsinniger Abt von S. Emmeran in Regensburg eine Anzahl uralter Gräber seiner Abtei mit neuen Statuen versehen, darunter dasjenige des Ortsheiligen selber, und dieser heilige Emmeramnus ist eines der herrlichsten Werke der Zeit um 1300 geworden. In unserer Nähe, im Freiburger Münster, findet sich die Grabstatue des letzten, 1218 verstorbenen Zähringers, und aus Gründen des geschichtlichen Interesse's würden wir so sehr wünschen daß sie gleichzeitig wäre, müssen aber bekennen, daß sie wahrscheinlich im XIV. Jh. beim Abbruch der frühern Ruhestätte des Herzogs im alten Chor, neu und von aller Erinnerung unabhängig gearbeitet wurde. Im hiesigen Münsterchor ist das Grab der Königin Anna und ihres Söhnchens erst nach dem Erdbeben neu geschaffen worden.

Es bleibt wohl dabei, daß die frühsten völlig individuellen Steinsculpturen nicht einmal die Gräber des Hauses Plantagenet im Chor von Westminster, sondern niederländisch-burgundischen Ursprunges sind: eine Anzahl von Grabplatten in Tournay, in welchen die deutliche Bezeichnung der Gewandstoffe und der Hautfalten zugleich eine Gewähr der Gesichtsähnlichkeit enthält, sodann die hochwichtigen Meisterwerke von Dijon. Hier sieht man an dem übel zugerichteten Portal der Carthause den Herzog Philipp den Kühnen und seine sehr schöne Gemahlin Margaretha Flandrica kniend zwischen ihren Schutzheiligen dargestellt, offenbar mit völliger Lebenswahrheit; im Musée findet sich dann die Grabstatue des Herzogs, überaus fein durchgeführt, bemalt und von fast befremdlicher Wirklichkeit, das Werk eines Niederländers Claus Sluter. Dieß sollten die Anfänge werden zu einer großen Nachfolge.

Eine scheinbar größere innere Gewähr der Aehnlichkeit als die Grabmäler hat die Darstellung der Stifter bei Lebzeiten, und wir wollen nicht läugnen daß die Glasmaler des XIII., XIV. Jh. welche am untern Saume oder auch nur in einer untern Ecke der gewaltigsten Kirchenfenster die knienden Gestalten der Donatoren anzubringen hatten, bisweilen ganz deutlich nach individueller Kenntlichkeit gestrebt haben. Allein die stenographisch abkürzende Art des ganzen Vortrages gestattete nur eine sehr äußerliche, summarische Wiedergabe der Gesichtszüge und bei Fürsten und Großen welche in der Ferne weilten, wird man in der Regel auch hier mit der Beobachtung der Standestracht vorlieb genommen haben. Von den sieben knienden Herzogen und Herzoginnen von Oestreich in den Fenstern von Königsfelden mögen kaum einzelne eine Gesichtsähnlichkeit in Anspruch nehmen dürfen. Dasselbe mag schon von den hundert Jahre ältern Stiftergestalten in den Fenstern der Cathedrale von Chartres gelten. | Nur in den seltenen Altartafeln des XIV. Jh. wird den Stiftern, wo sie mit angebracht sind, eine wirkliche Porträtähnlichkeit,

welche das Nähere des Characters wiedergiebt, zuzugestehen sein. Allein man sieht der Arbeit noch eine ungemeine Anstrengung und geringe Geschicklichkeit an, auch sind die betreffenden Figuren kleinern Maßstabes als die Heiligen und Historien des betreffenden Bildes;[1] man würde sich
5 gescheut haben zumal vor einer lebensgroßen Anwesenheit und gab sich damit zufrieden, der Fürbitte sowohl der Heiligen als der Andächtigen bei Gott und der heiligen Jungfrau irgendwie empfohlen zu sein. – Die sichersten Porträts damaliger Persönlichkeiten finden sich aber wiederum in den Miniaturen der kostbarsten Bücher jener Zeit. Was dagegen noch
10 im ganzen XIV. Jh., im Süden wie im Norden fehlt, ist das einzeln, für den Privatbesitz bestellte gemalte Bildniß.

Dieß Alles wurde wie mit einem Zauberschlage anders seit dem Beginn des XV. Jh. Durch eine geheimnißvolle Strömung welche in Italien zuerst die florentinische, im Norden zuerst die flandrische Kunst gleichzeitig er-
15 griff, kam damals die Kraft und der Wille empor, die ganze Lebenswahrheit darzustellen. Die Florentiner von Uccello und Masaccio an gewannen den Hergängen eine volle dramatische Lebendigkeit, den einzelnen Gestalten den vollen Ausdruck des bewegten physischen und geistigen Daseins, der Erscheinung überhaupt die perspectivische Richtigkeit ab. In
20 Flandern hatten jene Bildhauer von Tournay und Dijon das Zeichen der Lebenswirklichkeit gegeben, jetzt unter der Führerschaft des mächtigen Brüderpaares Hubert und Johann van Eyck, mit Hülfe einer plötzlich errungenen Klarheit und Leuchtkraft der Farbe, erhob sich eine miniaturfeine Malerei bis zu einer völlig individuellen Beseelung der einzelnen
25 Physiognomien, bis zu einer völlig täuschenden Wiedergabe der Oertlichkeit, der Stoffe und alles Materiellen überhaupt. Nur der feste Wille, dennoch ein ideales, heiliges Dasein darzustellen, hielt diese Meister über der Gefahr, in das Alltägliche zu versinken. Ihre Wirkung war zunächst bei Weitem größer als die der Italiener; nicht nur ergab sich die ganze nieder-
30 ländische Kunst ihrem Styl, sondern der ganze Occident, auch Spanien und Portugal und vor Allem Deutschland eigneten sich davon an was sie nur irgend konnten. Alle diese Länder verzichteten auf ihren bisherigen Ausdruck des Schönen und Heiligen; all ihre bisherig gothische Darstellungsweise in Malerei und Sculptur muß den Leuten wie ausgelebt und
35 conventionell vorgekommen sein. Selbst Italien empfand im XV. Jh. eine starke Einwirkung durch flandrische Bilder, in einer Zeit da es noch weit entfernt war, dieselbe zurückzugeben.

| Mit der völligen Individualisirung des Menschen in der flandrischen Malerei war nun auf einmal die Kunst des Porträts *mit* entdeckt. Die Ge-
40 stalten des großen Genter Altarwerkes – stückweise theils noch in S. Ba-

---

1 Figurinen, kniend, im Profil.

von zu Gent theils in Berlin und Brüssel – beruhten auf neuen, unerhörten Studien nach der Natur, und wenn auch die Maria des Hubert van Eyck noch eine aus dem Innern kommende ideale Schöpfung sein mochte, so sind doch die Modelle des Gottvater, des Täufers Johannes in der Nähe des Meisters unzweifelhaft lebendig vorhanden gewesen; in den figurenreichern Einzeltafeln des mächtigen Werkes finden wir dann jene zahllosen Köpfe aus der wirklichen Umgebung der beiden Brüder, ja ihre eigenen Porträts in der Reitergruppe der gerechten Richter, von der Hand des jüngern Bruders Johann. Für diese und alle ihre übrigen Schöpfungen wählten sie mit festem Blick aus dem Volke das sie umgab die Menschen welche ihnen irgendwie zusagten, den vornehmen Baron, den glänzenden Ritter, den Soldaten, den Kaufherrn und Bürger, den Bettler, den Prälaten, den Priester, den Einsiedler, die Nonne und die Begine. Ihr Maßstab war keineswegs derjenige der möglichsten Schönheit, auch nicht der der höchsten Energie, sondern eher derjenige einer gewissen Redlichkeit. Johann van Eyck war bei seinen spätern Marienbildern von Modellen abhängig, welche man nie für schön, nur für traulich-angenehm gehalten haben würde, allein man glaubt das Leben selbst vor sich zu sehen. Bei ihm und seinen besten flandrischen Nachfolgern bemerkt man übrigens daß sie an einmal für vorzüglich befundenen Modellen gerne festhielten – es läßt sich aber auch denken daß dieß nicht ganz freiwillig geschehen sein möchte und daß Leute aus dem Volk sich scheuten, dieser ganz neuen ungewohnten Zauberkunst herzuhalten, welche ihnen die Seele aus dem Leibe malte und sie dabei als Heilige, als allegorische Gestalten u. s. w. auftreten ließ. Das erwünschte Modell war rar zu haben.

Von den untern Tafeln des Genter Altarwerkes sind aber zwei ausschließlich den fast lebensgroßen knienden Gestalten des Stifters Jodocus Vydt und seiner Gemahlin Elisabeth Burlut gewidmet, und hier vielleicht zum erstenmal tritt das moderne Porträt, auf dem neutralen Grunde einer steinfarbenen Nische, uns unmittelbar entgegen. Es ist einer derjenigen Fälle in der Kunstgeschichte, da eine Erfindung gleich mit dem ersten Sprunge bis nahe an die höchste Vollkommenheit gelangt. Das Ergreifen des Characters und die Mittel der Darstellung sind in gleichem Maße staunenswerth. Vor Allem muß constatirt werden daß das abendländische Porträt hier als ein völlig naives Kunstwerk auf die Welt gekommen ist; das Ehepaar ist erfüllt von Andacht und Ernst, aber von den wirklich vorhandenen Zügen ist diesen Köpfen nichts erspart; keine sogenannte höhere Auffassung hat sich zwischen sie und den Beschauer hineingelegt; wir wissen ganz genau wie der reiche Genter Kaufherr Vydt ausgesehen hat, intelligent, aber besorglich wie es der vielleicht gefahrvolle Erwerb | und das kluge Zusammenhalten seines Reichthums mit sich bringen mochte; dabei innerlich abhängig – in dem andern Bilde die mächtig feste und entschlossene Elisabeth Burluut, in einfachem violettem, grüngefüttertem Gewande und weißem Kopftuch. Ihre Züge sagen, daß sie nicht nur der Halt ihres Gemahls sondern auch wohl der bestimmende Theil im Hause gewesen, und dann möchte sie auch wohl über die Stiftung des unvergleichlichen Altarwerkes hauptsächlich entschieden haben.

{Es war nur eine reiche Genterin, und nun sehen wir uns mit Begier um nach Bildnissen des regierenden Hauses, nach jenem Philipp dem Guten, Herrn von Burgund und den Niederlanden, welcher ja spätestens seit 1426 den Johann van Eyck in seinem persönlichen Dienst hatte und ihn auf das Höchste schätzte. Wir erwarten wenigstens Nachrichten von Altarwerken welche der Stiftung des Genter Kaufherrn ebenbürtig gewesen sein müßten, allein Nachrichten und Denkmäler, Heilige und Porträts bleiben hier völlig aus, obgleich Hubert van Eyck 7 Jahre, Johann 21 Jahre unter Philipp gelebt haben. Der damals noch bis 1435 dauernde Krieg hinderte den Herzog nicht an sonstigem Luxus und fast möchte man glauben, daß die Vorliebe für enorm kostbare gewirkte Teppiche und Goldschmiedearbeiten die Malerei in den Hintergrund gedrängt habe, mit Ausnahme der Büchermalerei}. Es bleibt selbst in der noch folgenden langen Lebenszeit Philipps und in der Zeit Carls des Kühnen auffallend, daß auch die flandrischen Nachfolger der van Eyck nur wenig für das herzogliche Haus, dagegen Manches für hohe Beamte desselben – zB: im Louvre die Madonna mit dem burgundischen Kanzler Rollin – und für reiche Privatleute gearbeitet haben. Denn reich mußte man sein um diese mit höchster Feinheit und Pracht ausgeführten heiligen Bilder ⌊und Hausaltäre⌋ zu bezahlen.

Während es nun von Philipp zwar sprechend ähnliche Porträts, aber keines von Meisterhand und von seiner dritten und wichtigsten Gemahlin Isabella von Portugal kaum ein sicheres Bildniß giebt, hat man aus dem letzten Jahrzehnd des Jan van Eyck eine Anzahl sicherer Gemälde, mit welchen das vom Altar abgelöste, für sich bestehende Porträt eigentlich beginnt, fast lauter Brustbilder oder Halbfiguren viel unter Lebensgröße, auf dunkelm Grunde in Dreiviertelansicht. Wir können nicht wissen welchen Bedenken Anfangs die abgesonderte, weltliche rein für den Privatbesitz bestimmte Darstellung eines Individuums beggnete. Die Dargestellten sind zum Theil cosmopolitische Fremde, welche über die Vorurtheile hinaus waren, wie der mit wunderbarer Meisterschaft dargestellte greise Cardinal Santacroce (Belvedere) oder der florentinische Tuchhändler Arnulfini in Brügge (National Galery), oder der Mann im Pelzrock und rothen Chaperon (National Galery) welcher ebenfalls kein Niederländer zu sein scheint. Auch in dem Mann mit der Schriftrolle (National Galery) und der Chiffer Timotheos Leal Souvenir dürfen wir einen Fremden, vielleicht einen jener Griechen vermuthen welche beim herannahenden Untergang ihres Reiches im Abendland Hülfe suchten. Ein Bildniß des Belvedere stellt wenigstens einen noch jungen belgischen Geistlichen Jan van der Leuw vor. Einige dieser Bilder sind stark verletzt und restaurirt, in allen aber offenbart sich eine neue Welt der geistigen und äußerlichen Lebenswahrheit welche gar keine Rücksichten kennt. Wenn | in solchen Köpfen auch nur die Pupille unverletzt erhalten ist so haben wir es mit einem Können zu thun, welches allem bisher Geleisteten wesentlich überlegen erscheint. Und nun muß jenes erstaunlichen Bildnisses im Berliner Museum gedacht werden, welches als «der Mann mit den Nelken» bekannt ist. Aus dem Dunkel tritt mit voller wirklicher Körperlichkeit hervor die Halbfigur eines alten Mannes, der laut seiner Halszierde dem wohlthätigen Orden der Antonierherren angehörte. Man mag zweifeln ob heute Jemand von diesem Aussehen einem so unerbittlichen Realisten wie Johann van Eyck sitzen würde; zu Stande gekommen ist ein hartes runzliches Gesicht mit klarem kaltem Blick und eher großen Ohren; in der Rechten hält der Mann die Nelken, die erhobene Linke will deutlich etwas sagen. Das Merkwürdige ist, daß man allgemach Zutrauen zu diesem Greise faßt und ihn zuletzt sympathisch findet. Hat Jan van Eyck diese unendliche Theilnahme auf diese völlig unregelmäßigen Züge und dieß Netz von Altersfurchen gewendet, so muß doch wohl Etwas darin gelebt haben was jenseits des bloßen ersten Eindruckes liegt. An Feinheit der Ausführung, an Plasticität der Formen, an Trefflichkeit des Lichtes und der Farbe und an Wahrheit des Characters wäre dieß Bild schwer zu erreichen.

Bisher war nur von Porträts auf neutralem, meist dunkelm Grunde die Rede. Allein Jan van Eyck war in seinen Andachtsbildern auch ein großer Entdecker und Darsteller der Umgebung des Menschen, mochte es die Landschaft mit dem völlig naturwahren Erdreich und Pflanzenwuchs, mochte es die innere Perspective eines Zimmers oder einer Kirche sein. Einmal hat er die vollkommen naturrichtige Umgebung auch einem Porträt mitgegeben, dem schon genannten Bilde Arnulfini (National Galery); hier sind es zwei ganze Figuren, etwa anderthalb Fuß hoch, ein Ehepaar, nicht in Putz sondern in einer gewöhnlichen Tracht, wenn auch am Kopftuch der Frau eine fünffache Spitzenreihe vorkömmt; der Herr scheint zum Ausgehen gerüstet, sonst würde er wohl nicht den Pelzrock und den enormen kesselförmigen Filzhut tragen, der seinem völlig blutleeren Gesicht einen so abenteuerlichen Ausdruck giebt. Sie reichen sich die magern, feinen Hände, aber sehr kalt; die Gattin, Jeanne de Chenany, hat wenigstens eine gesunde niederländische Bildung, während der Gemahl wie der Abkömmling einer schon völlig großstädtisch verlebten Familie aussieht. Dieselbe erstaunliche Wirklichkeit welche diese Gestalten belebt, herrscht nun auch in dem Raum und den Accessorien. Es ist eine in die Tiefe gehende Stube mit den Fenstern links, genau richtig mit dem gehörigen Licht und dessen Reflex erfüllt; bis zu völliger Illusion sind wiedergegeben ein metallener Hängeleuchter, | ein Kehrwisch, die Orangen welche auf und unter der Fensterbank liegen, ein geschnitzter Betstuhl, die auf der Erde liegenden Klappschuhe von Herrn und Frau, aber all diese zum Greifen wirklichen Dinge sind noch nichts im Vergleich mit dem Rundspiegel an der Rückwand des Zimmers. Hier geschah ein Wunder der Täuschung und der mikroskopischen Darstellung. In diesem etwas convex gedachten Rundglase reflectirt sich nämlich die dem Beschauer zunächst gedachte Thür welcher das Ehepaar sich zu zuwenden censirt ist, und außerhalb derselben erkennt man noch Leute. Und nun hat dieser Spiegel noch eine Einfassung von zehn erbsengroßen Rundbildchen biblischen Inhaltes, welche ganz täuschend mit spiegelnden Crystallscheiben wie mit Uhrgläsern bedeckt sind. Endlich ist dieß wundersame Familienporträt vielleicht das frühste auf welchem auch der begünstigte Hausgenosse, der Hund mit dargestellt ist, und zwar ist es jene Race des kleinen Affenpinschers, welche in spätern Zeiten auch die Gunst A. Dürer's genoß. Es ist der erste völlig lebendige Hund, sowie auf dem Genter Altarwerk die Rosse der gerechten Richter und der Streiter Christi die ersten wirklich lebendigen Pferde der neuern Kunst sind.[1] Bald finden sich dann auf den Andachtsbildern der Schule, etwa im Gefolge der heiligen drei Könige, die zierlichsten Windhunde ein. Für Alles aber hat es einmal einen Anfang geben müssen. Diese Thiere eröffnen eine erlauchte Reihe von völlig lebendigen und zum Theil prachtvollen Hunden bis zu dem edeln falben Hund des Paolo Veronese, zu den verschiedenen Racen bei Rubens und Van Dyck, von den gewaltigsten Begleitern der Eber-, Bären- und Löwenjagd bis zum King Charles, endlich bis zu den herrlichen Thieren welche auf den Bildern des Jan Fyt und Jan Weenix das todte Wild zu hüten pflegen.

Verfolgen wir jedoch die Geschichte des Bildnisses, zunächst in der flandrischen Schule. Eine gewisse Scheu vor dem selbständigen Porträt muß trotz jener wundersamen Leistungen des Jan van Eyck herrschend geblieben sein; dasselbe ist und bleibt *rar*, und die Erhaltung des wirklich Vorhandenen hatte doch die günstigsten Chancen durch die solide Ausführung und die leichte Aufbewahrung; die Reichsten zogen es fortwährend vor, als Stifter in der Ecke eines Andachtsbildes, kniend vor Maria und den Schutzheiligen, oder etwa in den Gestalten der drei Könige und ihres Gefolges porträtirt zu werden. Von Rogier van der Weyden, Hugo

---

1 Etwa die des Paolo Uccello ausgenommen wenn dessen Schlachtbilder nicht doch erst nach 1434 (Datum des Bildes Arnulfini) entstanden sind.

Die Anfänge der neuern Porträtmalerei   469

van der Goes, Dirk Bouts giebt es kein einziges *sicheres* selbständiges Porträt während ihre Andachtsbilder so reich sind an thatsächlichen Porträts, an heiligen Gestalten nach Vorbildern aus dem wirklichen Leben und an Figuren von Stiftern, ja ganzen Familien derselben. Die wenigen sichern Sonderbildnisse bei Memling verrathen uns einigermaßen den Grund hievon: dieselben sind nämlich betend mit gefalteten Händen, und nach der Seite blickend dargestellt und nehmen damit von selbst wiederum den Character von Stifterbildern an. Jenen eindringenden Blick auf den Beschauer | in dem Mann mit der Nelke, jenen lauernd forschenden in dem Manne mit dem rothen Chaperon hat man nun auf niederländischen Bildern des XV. Jahrhunderts nicht mehr zu gewärtigen. Wer sich apart porträtiren läßt, entschuldigt sich gleichsam durch Andacht.

Ein Südländer aber lief durch die flandrische Schule, und gewann ihr alle Kunstmittel ab und dieser ließ sich das Sonderbildniß weder nehmen noch durch Andacht modificiren. Es war Antonello aus Messina. Und statt belgischer Kaufleute und Beamter von behutsamer Zurückhaltung und bisweilen von welker Gesundheit bekam er kräftige italienische Vornehme und Gewalthaber zu malen wie zB: jenes Brustbild im Louvre welches man ohne jeden überlieferten Grund den Condottiere zu nennen pflegt; eine völlig gebieterische, mit sich und Andern fertige Physiognomie, mit einer Pupille deren Wirkung zum Unvergeßlichsten gehört was ein aufmerksamer Beschauer aus dem Louvre mitnimmt.

Bei diesem Anlaß möge eine Vermuthung gestattet sein. Bekanntlich sind die Züge des Angesichtes Carls des Kühnen streitig. Der leidenschaftliche Herr mag ungerne den Malern gesessen haben, es hätte jedoch Künstler genug in seiner Nähe gegeben, welche diese Physiognomie im Fluge erhaschen konnten. Vor seiner zehnjährigen verhängnißvollen Regierung hatte er ein langes Erbprinzenleben voll Pomp und Aufsehen geführt. Umsonst hat man ihn in Andachtsbildern nachweisen wollen; in der Münchner Anbetung der Könige, einem Hauptwerk des großen Rogier van der Weyden, stellt der jüngste König wahrscheinlich so wenig ihn als der älteste seinen Vater Philipp den Guten vor. Die eherne Statue in der Hofkirche zu Innsbruck, die Grabstatue in Notre Dame zu Brügge sind nahezu hundert Jahre nach ihm entstanden wahrscheinlich nach einer völlig falschen Tradition. Nun existirt in mindestens vier Copien des XVI. Jahrhunderts – venezianischen sowohl als niederländischen – die Erinnerung an ein Meisterwerk der vorhergegangenen Epoche, und zwar bei dem Exemplar von Dijon in Verbindung mit der Nachricht, daß Karl der Kühne dargestellt sei. Vor einem Vorhang und einem landschaftlichen Ausblick sieht man das Brustbild eines noch jungen Mannes im Harnisch, aufgelehnt. Die außerordentlich reich gewellten braunröthlichen Haare, der unzufriedene Ausdruck, der unbeschreiblich eigenthümliche Blick bleiben unvergeßlich, und die so ungemein freie, unbefangene Auffassung giebt auch den bessern dieser Copien einen hohen Werth. Ich kann mich nicht von dem Gedanken losmachen, daß wir hier den Verlust eines Originals von Antonello, das etwa gegen Mitte der 1460er Jahre entstanden sein möchte, zu beklagen haben.

Doch es ist Zeit der Porträts der deutschen Schule des XV. Jahrhunderts zu gedenken, welche hier wie in der religiösen Malerei einen sehr starken Einfluß von Seiten der flandrischen Schule erfuhr.

Die erste Wahrnehmung welche wir nun hier machen, ist, daß es wenigstens aus den letzten Jahrzehnden des XV. Jh. beträchtlich | mehr deutsche als flandrische Sonderbildnisse giebt. Eine Zahlenstatistik des Vorhandenen haben wir freilich noch nicht, auch muß man diese deutschen Bildnisse, deren Kunstwerth in der Regel nicht groß ist, weniger in den Galerien als in den Sammlungen mittelalterlicher Antiquitäten aufsuchen. Neben dem massenhaften Vorkommen kniender Donatoren, ganzer Familien und Corporationen auf den Altarwerken muß in Deutschland die *Sitte* auch dem Einzelbildniß und namentlich den Doppelbildnissen von Mann und Frau günstiger gewesen sein als in den Niederlanden.[1] Diese Sitte fanden dann Dürer und die übrigen Meister der Blüthezeit vor Allem Holbein als eine schon bestehende vor und ihr verdanken wir die Fülle herrlicher Porträts von Leuten aller Stände aus den ersten Jahrzehnden des XVI. Jahrhunderts. Auch jetzt war nicht nur die absolute Zahl sondern die relative Quote wie es scheint, stärker auf Seiten Deutschlands als der Niederlande, welche doch Porträtmaler wie Qu. Messys und Jan Mabouse besaßen. Von da an ist das Porträt ununterbrochen ein werther Besitz des wohlhabenden deutschen Hauses geblieben.

Ganz eigenthümlich verliefen die Dinge in Italien. Von Masaccio an war hier die Darstellung des Individuellen weit in die Kunst eingedrungen; selbst der Madonna sieht man deutlich das Modell an; in den bewegten Darstellungen aber gelangt die italienische Malerei durch eben dasselbe Naturstudium zu reiner Kraft und Freiheit wie sie der Norden nicht erreichte und wer dieß Phänomen näher verfolgt, wird leicht zu dem Schlusse gelangen daß die Italiener an ruhiger und bewegter Lebenswahrheit so unendlich Vieles und Neues zu leisten vor sich sahen, daß ihnen (d. h. ihren Malern) am Einzelporträt kaum etwas gelegen sein konnte. Und überdieß sorgte die damalige monumentale Malerei für massenhafte Porträtsammlungen: sie gab den heiligen Scenen eine oft sehr zahlreiche Assistenz oder Zuschauerschaft; das ganze notable Pisa der damaligen Zeit lebt in den Fresken des Benozzo Gozzoli weiter, das berühmte und vornehme Florenz in denjenigen des Domenico Ghirlandajo u. A. m.

---

1 Letzteres fehlt in Italien.

⌊Dazu Venedig.⌋ Endlich war eine wunderbar aufgeblühte Sculptur beständig damit beschäftigt, die namhaften Individuen durch sprechend naturwahre Büsten für das Haus, durch liegende Statuen für das Prachtgrab zu verewigen.

Was konnte hier das gemalte Einzelporträt noch für eine Stelle in Anspruch nehmen? Eine eigentlich monumentale Verewigung, nach welcher der Machtsinn und Ruhmsinn dürstete, gewährte es nicht; diese erwartete man bei Weitem eher vom Prachtgrabe und von der Schaumünze; außerdem lebte man persönlich am sichersten weiter als Donator auf einem Altarbilde, als Anwesender in einem Fresco, also in heiliger, unantastbarer Umgebung, außerdem ganz besonders als Stifter auf einem Madonnenbilde für die Hausandacht. | Hie und da mochte ein politischer Gebrauch zu Gunsten des Einzelporträts vorhanden sein, wie bei den Dogen von Venedig, welche alle als Brustbilder gemalt werden mußten, und auch bei den Päpsten scheint etwas der Art gegolten zu haben. Dagegen vermissen wir das Einzelporträt bei sämmtlichen Gewalthabern der ersten Hälfte des XV. Jh., etwa mit Ausnahme des hagern gebieterischen Braccio {da Montone} in der Münchner Pinakothek; ein vorzügliches Porträt Alfons des Großen, vielleicht von Antonello, hat sich verborgen und lebt gegenwärtig nur im Kupferstich fort.[1] Von dem furchtbaren Sigismondo Malatesta besitzen wir in einer Capelle in San Francesco zu Rimini wenigstens ein Frescobildniß von 1451, da er, begleitet von zwei Windhunden, vor seinem Namenspatron S. Sigismund kniet. Und hier in Rimini meldet sich endlich auch das Porträt für den intimen Besitz des Hauses: jene beiden weiblichen Profilköpfe angeblich von der Hand des Piero della Francesca in der National Galery, deren Einer die berühmte Geliebte Sigismondo's, Isotta, der Andere eine Gräfin Palma von Urbino darstellt. Isotta ist nicht idealisirt; die lange, wenn auch schön gebildete Nase, der späte Haaransatz werden nicht verhehlt; was ihr aber von Schönheit bleibt, ist umso viel urkundlicher gewonnen. Ein dritter höchst interessanter ganz jugendlicher Profilkopf der Galleria Poldi in Mailand gehört in dieselbe Reihe. {Neben solchen vereinzelten Bildern kam es auch unvermeidlich vor, daß hie und da ein Maler das Studium eines Kopfes, der für ein Altarbild oder für ein Fresco bestimmt sein mochte, aus künstlerischer oder persönlicher Theilnahme bis zum unabhängigen Bilde durchführte. Dieß mag gelten von jenen zwei ergreifenden Köpfen welche in den Uffizien als ein Greisenporträt von der Hand Masaccio's und als sein jugendliches Selbstporträt willkürlich benannt sind. Der Greis ist die Lebenserfahrung und Freundlichkeit selbst, in dem Jüngling aber ist offenbar eine feste, beinahe fanatische Hingebung an irgend et-

---

1 Bei D'Agincourt, Malerei, 144.

was Mächtiges außer ihm und ein stolzer Verzicht auf alles Gewöhnliche ausgedrückt und für ein Künstlerporträt wird man es immer halten.

Bisweilen verlangte auch wohl die Celebrität und die gute Collegialität ihr Denkmal in Farben. Der Louvre besitzt von der Hand des Paolo Uccello die fünf auf Einem Bilde vereinigten lebensgroßen Brustbilder des Giotto, Donatello, Brunellesco, Giovanni Mannetti und das des Uccello selbst, als Repräsentanten der Malerei, Sculptur, Architectur, Mathematik und Perspectivik.}

Aber auch in der zweiten Hälfte des XV. Jh. ist das gemalte Einzelporträt in Italien noch keineswegs so häufig als der Cultus der politischen Macht, des Ruhmes und der Schönheit würde erwarten lassen. Das urbinatische Herzogspaar in den Uffizien, ein späteres Hauptwerk des Piero della Francesca, sticht deßhalb sehr hervor; mit flandrischer Unerbittlichkeit ist die Hakennase und die steile Oberlippe des Montefeltro wiedergegeben, | und auch gegen die Herzogin, eine geborene Sforza, wäre jeder neuere Maler gefälliger gewesen, indem ihre freundlichen Züge hiezu Anlaß boten. Melozzo von Forlì,[1] welcher die ausgezeichnetsten Leute desselben Hofes sogar in ganzer Figur zu malen bekam,[2] mußte jedem Einzelnen eine allegorische Figur – Kunst oder Wissenschaft – beigeben, vor welchen er kniet oder sich verbeugt, und damit treten diese Porträts etwa wieder in die Reihe der Donatorenporträts zurück.[3]

In dieser ganzen Angelegenheit entscheidet nun einmal nicht sowohl die Kunst, als die Sitte, und diese war in Italien dem Einzelporträt für das Haus noch nicht günstig. Aus den letzten Zeiten des XV. Jh. tauchen hie und da in den Galerien erstaunliche Köpfe empor, welche an Geist, Energie, Modellirung im Licht auf dunkelm Grunde kaum mehr zu erreichen sind und bei einzelnen derselben wird schon vermuthungsweise der Name des Lionardo da Vinci ausgesprochen. Sodann mag er durch einzelne in Mailand ausgeführte wundersame Bildnisse den Anstoß dazu gegeben haben, daß hier am frühsten vornehme Herrn und Damen in größerer Anzahl sich einzeln porträtiren ließen, wofür dann Leute seiner Umgebung wie Boltraffio, Bernardino de' Conti u. A. in vortrefflicher Weise sorgten. Auf diesem Boden konnte dann in Fresco die großartig weihevolle Darstellung einer ganzen Brüderschaft erwachsen, wie sie Bernardino Luini zu beiden Seiten seines gegeißelten Christus (Ambrosiana) gemalt hat. Lionardo's berühmte Gioconda aber soll er erst bei seinem nachherigen Aufenthalt in Florenz gemalt haben, und zwar wie zum Antritt des glorrei-

---

1 Sixtus IV. und die Seinigen, von Melozzo.
2 Endlich die Gesammtdarstellung einer fürstlichen Familie in der Camera de' sposi des Castells von Mantua, Hauptwerk Mantegnas.
3 Die Bentivogli in Giacomo maggiore zu Bologna von Lorenzo Costa.

chen XVI. Jh., von 1500 an. Lisa, die Gemahlin des Herrn del Giocondo von Florenz, ist jedoch gewiß nicht auf eine bloße Bestellung für das Haus gemalt worden, sondern weil der Meister hier der erstaunten Welt eine bisher noch nicht erreichte Schönheit offenbaren konnte.

Etwas analoges gilt dann von sämmtlichen Porträts der großen Florentiner, auch Rafaels. Eine Sitte welche bei einem bestimmten gesellschaftlichen Rang oder Wohlstand das Einzelporträt verlangt hätte, existirt im Süden des Apennin's noch das ganze XVI. Jh. hindurch nicht; die großen Historienmaler schafften hie und da ein Porträt um des Ruhmes, der Freundschaft, der großen Schönheit willen, oder weil mächtige Fürsten das eigne Porträt oder das eines Begünstigten verlangen, und endlich liefert mancher Meister sein Selbstporträt. – Dieß ist Alles und wir haben dabei den günstigen Eindruck, als hätte es in dem damaligen Toscana und Rom überhaupt nur außergewöhnliche Individuen gegeben.

Jene Sitte aber existirte endlich seit dem Schluß des XV. Jh. in Venedig, und hier wird noch einmal an Antonello von Messina zu erinnern sein, welcher seinen Kunstgenossen in der reichen und mächtigen Stadt die flandrische Porträtkunst und zugleich das neue chemische Verfahren der Flandrer welches man als Erfindung der Oelmalerei bezeichnet, zu offenbaren kam. Von seiner Weise inspirirt ist das echte Selbstporträt | des Giovanni Bellini in den Uffizien, allein dem Bellini selbst wuchsen dann neue Schwingen und weit über dieß Bild hinaus, schon bis in die freiste Unbefangenheit hinein reicht dann das berühmte Doppelporträt im Louvre, welches von ihm gemalt ist, freilich keinesweges ihn und seinen Bruder Gentile darstellt. Während dieser Zeit steigen die Dogenporträts beständig an Werth und der Doge Loredano von Bellini's Hand (National Galery) erreichte jene allerhöchste Kraft und Feinheit welche ein Porträt unvergeßlich macht. Zugleich aber füllten sich die Ceremonienbilder und Legendenbilder in den geistlichen Zünften oder Scuole zu Venedig dicht mit hunderten von Bildnissen an und die Gabe des Porträtirens verbreitete sich man möchte sagen über ganz Venedig. Und jetzt konnte jene Sitte der Einzelporträts ruhig und wie selbstverständlich Platz greifen. Für die Vielheit und Wichtigkeit der venezianischen Einzelporträts kam sehr in Betracht, daß es meist adliche, jeder ein Stück von der souveränen Nobilität waren, welche sich wie Fürsten betrachteten, was in den übrigen Staaten die Vornehmsten nicht konnten weil sie Unterthanen waren. Vom Dogenporträt ging man nun über zu Admirälen, zu Senatoren, zu Procuratori di San Marco mit ihren purpurnen pelzverbrämten Talaren, zu vornehmen Damen in voller Toilette. Auf diesem Thatbestand beruht es, daß Tizian neben all seiner sonstigen Größe gleichsam selbstverständlich zum ersten Porträtmaler der neuern Kunst wurde, während er nicht einmal so sehr sein Venedig als das berühmte Italien und Europa malte.

Die Feuergarbe welche in Venedig emporstrahlte, nahm jedoch alsbald verschiedene Farben an. Mit Giorgione entstand die Characterhalbfigur, in welcher das Vorhandensein eines ausgezeichneten, vorgefundenen Typus und dessen höchste psychische und malerische Steigerung für uns nicht mehr zu unterscheiden sind; mit Palma vecchio und Tizian erhob sich glänzend die venezianische Bella, die Darstellung einer ungenannt gebliebenen oder später willkürlich benannten Schönheit in reicher Modetracht oder Phantasietracht. Die Frage, wie weit Porträt? wie weit Ideal? gehört zu den anmuthigsten Geheimnissen der italienischen Kunstgeschichte.

―――

(Deutlich nachzuholen: die venezianische Madonna mit Heiligen, meist Halbfiguren, und der stiftenden Familie, als Hausandachtsbild).

―――

Die Malerei und das neue Testament

*
* *

Die Malerei und das neue Testament

Das Thema dem Wortlaut nach endlos; das Werk von anderthalb Jahrtausenden. Wenn schon so viel versprochen wird, warum nicht außer der Malerei auch die Sculptur? warum nicht außer dem neuen Testament auch noch das alte? und das Fortklingen des Heiligen in der Legende? Wir müßten den größten Theil der christlichen Kunstgeschichte behandeln.

Statt dessen unser Thema hier auf das engste zu begrenzen, zunächst dem Umfang nach auf das Neue Testament; dann soll unsere Aufgabe nicht sein, nachzuweisen, welche Scenen von den verschiedenen Kunstzeiten, Schulen und Meistern gemalt worden? und wie? – sondern wir werden nur die wirklich kunstüblich gewordenen Scenen nach ihren verschiedenen Graden *der malerischen Darstellbarkeit* in Kürze zu prüfen haben.

Dargestellt wurde unendlich Vieles aus dem Neuen Testament um des religiösen Sachinhaltes willen, zB: in Cyclen von Glasgemälden und Fresken, in Miniaturen der Handschriften, und später in Bibel-Illustrationen, oft ohne weitere Rücksicht auf malerische Wünschbarkeit. Die Kirche von den altchristlichen Zeiten an verlangte aus dogmatischen Gründen die Verwirklichung biblischer Ereignisse, mochten sie dazu geeignet sein oder nicht. | Wie vollkommen die Kirche der Malerei das Gesetz machte, wie sie die Auswahl und Feststellung der einzelnen Scenen und der dazu erforderlichen Figuren in ihrer Hand behielt, lehrt sehr genau das byzantinische Malerbuch. Dasselbe beschreibt eine außerordentlich große Zahl von biblischen Momenten, welche dargestellt werden mußten als fortlaufende Bilderbibel für das Volk, ohne die mindeste Rücksicht auf die malerische Wünschbarkeit, ja auch nur auf die Möglichkeit. Denn sehr vielen Ereignissen, welche sich bildlich gar nicht völlig verwirklichen ließen, mußte durch beigeschriebene Sprüche nachgeholfen werden. Und auch unser abendländisches Mittelalter hat in ganz ähnlicher Weise Malerei und Sculptur der heiligen Geschichte absolut dienen lassen. Erst im Verlauf der Jahrhunderte nahmen in der Kunst diejenigen biblischen Scenen überhand, für welche sich eine Vorliebe gebildet hatte. Das Persönliche macht sich von zwei Seiten geltend über die lehrende Absicht der Kirche hinaus: einerseits waren es Stifter und Stiftungen welche die Scenen des höchsten Gefühls, der tiefsten Andacht bevorzugten, und andererseits gewannen auch die Künstler ein entscheidendes Wort in dieser Sache und gaben den darstellungsfähigsten Scenen überhaupt von sich aus das Übergewicht. So gewiß es für die Kunst ein Glück gewesen war, in der Dienstbarkeit der Religion Schutz zu finden vor der Barbarei wilder und unfertiger Zeiten, so gewiß konnte sie ihre höchste Vollendung nur erreichen wenn ihr Verhältniß zur Religion das eines freien Gebens und Empfangens wurde.

| In diesem umgrenzten Umfang genommen sind die neutestamentlichen Aufgaben ein gewaltiges Geschenk der Religion an die Malerei, und ein für die ganze Welt gültiges. Nicht die politische Macht, nicht der Wille eines einzelnen Volkes oder Jahrzehnds hat diese Scenen vorgeschrieben; sie haben die Allverständlichkeit in allen Zeiten und Ländern voraus und werden dieselbe behaupten bis an's Ende der Tage. Die Kunst aber hat in jedem Jahrhundert ihr Bestes aufgewandt zu deren Verherrlichung. Noch einmal und mit siegreicher Evidenz zeigt es sich, daß in der Kunst nicht ein stets neues *Was*, nicht die beständige materielle Neuerfindung von noch nicht dagewesenen Aufgaben das Entscheidende ist, sondern das *Wie*, welches sich hier in der stets neuen Auffassung und Gestaltung des Feststehenden offenbart. Hier meldet sich nämlich das trostreiche Phänomen, daß gerade die häufigsten Darstellungen keine Ermüdung der Kunst mit sich führen, sondern vielmehr eine Reihe der allergrößten Meisterwerke aller Zeiten in sich enthalten, ja derartige Lösungen der betreffenden Aufgaben, daß alles Verlangen und Wünschen einstweilen nicht mehr darüber hinaus kann. Das höchste Ausreifen der erzählenden Kunst, und zwar in einem überaus verschiedenen und stets erneuten *Wie*, ist einem begrenzten Kreise von Darstellungen zu Gute gekommen.

| Es ist eine andere Welt als die der antiken Kunst, und unser Reichthum besteht darin daß wir beiden gerecht werden und beide genießen können. Eine parallele Betrachtung gestatten sie schon deßhalb nicht im vollen Sinne des Wortes, weil das aus dem Alterthum Erhaltene weit wichtigstentheils aus Sculpturen und zwar aus Einzelgestalten besteht, während in der christlichen Welt der Accent auf der Malerei und auf dem Erzählenden liegt; Mittel und Gesetze der beiden Künste aber sind so verschieden daß sie über das Geleistete nicht miteinander um die Palme streiten können. Wenn es sich dann um die Gegenstände handelt, so hat

das Alterthum voraus, daß die Gestalten seiner ausgereiften Kunst zugleich Gestalten seiner Poesie und freie ideale Schöpfungen sind, während die christliche Kunst an eine historische Überlieferung gebunden ist. Da nun die Antike schon die vollendete Schönheit vorwegnahm in ihren sämmtlichen Gottheiten und Heroen, was sollte der christlichen Kunst noch bleiben?

Es ist der Ausdruck alles Seelischen in Zügen und Geberden; eine Fülle der schönsten und ergreifendsten Regungen. Auch dem Alterthum sind sie nicht fremd gewesen; es giebt uns die heitere Fröhlichkeit in bacchischen und Kindergestalten, die leise Wehmuth in so manchem göttlichem Haupt, wie das des vaticanischen Hermes, den Schmerz in Niobe und den Ihrigen, den Jammer des Helden in Laokoon, den wilden Zorn in den Kampfreliefs und ganz mächtig und groß am pergamenischen Altar. Allein nur wo die Malerei herrscht und ihre Aufgaben vorwiegen, wird die vollkommene, allseitige Entwicklung des Ausdruckes, sowohl des dauernden (im Character) als auch des momentanen und zwar in reicher Abstufung erreicht werden. Und nun hat die christliche Kunst auch ihre besondere Idealität zu erreichen: es ist die des Reinen und Heiligen in ihren Hauptgestalten, und wenn dieselben auftreten umgeben vom Elend der Welt und von der Bosheit der Widersacher, so wird eben durch die Macht des Gegensatzes jene Idealität zur ergreifendsten Wirkung gelangen.

Diese Welt des Ausdruckes ist die große Errungenschaft der religiösen Malerei, und die hier gewonnenen Mittel, die hier bewußt gewordenen Kräfte sind dann auch der ganzen profanen Kunst bis in die Genremalerei hinein zu Gute gekommen. Vielleicht würde das Vermögen dazu auch in der profanen Kunst mit der Zeit von sich aus erwacht sein, allein wer will die große Förderung läugnen welche dabei von der heiligen Kunst ausgegangen ist?

| Das Leben Christi beginnt in der Kunst schon mit seinen Vorfahren. Dieß sind jene gekrönten Gestalten unter Baldachinen auf Teppichgrund, welche in den Chören großer und reicher gothischer Kirchen die Oberfenster einzunehmen pflegen. Noch einmal und in ganz anderer Weise, als Ausruhend Wartende, zum Theil in ganzen Familien, hat Michelangelo sie an den Oberwänden und Gewölbekappen der sixtinischen Capelle dargestellt.

Unzählige Male sind die vier Evangelisten gemalt worden, und hier treffen wir schon öfter auf eine der höchsten psychologischen Aufgaben der Kunst: auf die Inspiration, vorzüglich bei Johannes; mag er als Jüngling oder als Greis auftreten, dort bei Domenichino, hier bei Fiesole am Gewölbe der Capelle Nicolaus V.[1]

---

1 Hier auch von den Engeln zu reden.

| Auch der Engel muß hier noch gedacht werden, bevor von den erzählenden Darstellungen die Rede ist. Sie sind ursprünglich eine Anleihe aus der antiken Kunst, welche in ihren Niken oder Victorien die jugendliche geflügelte Gestalt in langem Gewande bis zur größten Schönheit ausgebildet hatte. Das christliche Weltalter verlieh ihnen eine neue Seele. Als alleinige völlig freie Idealgestalten der christlichen Kunst dürfen sie unsere genauste Theilnahme erwecken; hier erreichten die großen Meister nicht nur eine himmlische Reinheit, sondern sie wußten damit zu verbinden den Ausdruck des Jubels in den himmlischen Glorien und den der tiefen Klage wenn die Engel den Gekreuzigten umschweben. Das große Fresco des B. Luini in Lugano wird schon um dieser obern Gruppe wegen jedem ernsten Beschauer unvergeßlich bleiben. An den Engeln lernte die Malerei auch das Schweben schön und großartig darstellen.

Die Kinderengel, welche erst seit dem XV. Jh. in der Kunst auftreten, genossen eine große Förderung durch die Studien welche jetzt für das Christuskind gemacht wurden, an dessen Idealität und Lebensfülle die ihrige Theil nahm. Nur so hat es kommen können, daß derselbe Rafael, welcher den Christusknaben der Madonna del passeggio schuf, auch das wunderbare Kind mit der Schrifttafel im Vordergrund der Madonna di Foligno malen konnte. Die spätere Kunst hat die Kinderengel oft in großer Profusion verwendet, Rubens in ganzen Guirlanden, Murillo in zerstreuten Gruppen jenachdem der Wind die Wolken treibt auf welchen sie sich befinden. Im Einzelnen wird man auch hier noch viel Schönes und Liebliches finden.

Zu völliger Individualität ausgebildet sind die drei Erzengel. Raphael als Begleiter des jungen Tobias ist dann überhaupt zum Angelus Custos der Jugend geworden in herrlichen Bildern der italienischen Kunst. Michael ist nach der Andacht des Mittelalters der Seelenwäger im Weltgericht und der Sieger über die dunkeln Mächte; in gewaltigem Schwung saust er mit der Lanze auf den Satan nieder. Gabriel ist der Engel der Verkündigung, und mit dieser, mit einem jener Themata etc. etc.

| Mit der Verkündigung, mit einem jener Themata wie sie die hohe Kunst nicht herrlicher wünschen kann, beginnen dann die erzählenden Darstellungen. Hier haben auch Schulen, welchen die lebendige Bewegung noch weniger zu Gebote stand, wie die altflandrische und altdeutsche, ein Höchstes erreichen können in der Anmuth und Innerlichkeit der beiden Köpfe, in der weihevollen Stille der Vision, welche von glänzenden Spätitalienern nicht mehr so erstrebt noch erreicht worden ist.

Die Heimsuchung der Maria ist vor Allem einer der Anlässe gewesen, die Landschaft walten zu lassen, und zwar das Gebirge über welches Maria zu Elisabeth kam. Die moderne Landschaft mag es sich offen gestehen, daß auch sie im Heiligthum und für das Heiligthum entstanden ist; eine höhere Macht hat über die elementare Natur den Segen sprechen müssen, damit sie darstellungswürdig und schön würde. Die Begegnung der beiden Frauen verlangt eine reiche Empfindung welche auch Malern ersten Ranges nicht immer eigen gewesen ist, wohl aber zB: unserm kräftigen Hans Baldung in dem einen Flügel des Freiburger Hochaltars, und es thut uns wohl, ihn hier nennen zu können als Einen, der in der Hauptsache neben den berühmten Heimsuchungen von Palma vecchio, Rafael, Paolo Veronese und Rubens seinen besondern Sieg behält. Ihm wie dem Mariotto Albertinelli haben die beiden Gestalten im Vordergrund genügt, während bei Andern durch Zuthat des Zacharias, des Joseph und der Dienerschaft die Scene zu einer bloßen anmuthigen Begrüßung geworden ist.

Die Vermählung der Maria, mit dem Doppelchor von Jungfrauen und Freiern aus einer mittelalterlichen Sage, ist für uns Eins geworden mit einem Wunderwerk des jugendlichen Rafael, das Keiner mehr erreicht hat.

Es folgt die Geburt, nach alter Kunstübung vereinigt mit der Anbetung der Hirten. Wir werden sogleich von der Anbetung der Könige zu sprechen haben, welche in der Kunst so viel mehr in den Vordergrund tritt; die Anbetung der Hirten aber ist das gemüthlich schönere Thema, weil es gar keine Ceremonie ist sondern rein in Rührung und Entzücken aufgeht. Es sind die Armen, aber sie sind die ersten Zeugen und Engel haben es ihnen verkündigt und sie – laut den Malern – auch bis in die Hütte begleitet. Hier kommt die Schönheit besonders des armen italienischen Racevolkes vom greisen Hirten bis zum jungen Hirtenmädchen zu ihrem Rechte; bisweilen blasen einige von ihnen Dudelsack und Pfeife, als Hirtenfreude. Da die Scene eine nächtliche ist, | wagten es zuerst flandrische und deutsche Meister wie Baldung und Holbein, das Licht von dem strahlenden Kinde in der Krippe ausgehen zu lassen; erst einige Jahre später schuf Coreggio seine heilige Nacht. Rubens aber, in den mindestens fünf Bildern dieses Inhalts, ist herzlich und gemüthlich wie irgendwo.

Nun erst kommt das mächtige, von Segen für die Kunst triefende Thema der Anbetung der Könige. So wie der ferne Orient auf göttliche Weisung hergezogen kam, so ist seither die Kunst von sechzehn Jahrhunderten seit den altchristlichen Sarcophagen und Mosaiken periodisch hergezogen gekommen und hat dieser Aufgabe jedesmal ihre vollen Kräfte und Gaben dargebracht; et obtulerunt ei munera. Zu den fünf Hauptfiguren der Mutter, des Kindes und der Könige gesellte sich freilich aus lauter eifriger Andacht allmälig ein gewaltiges Gefolge, bis in weite Ferne, bis zur Heeresmacht welche zwischen Gebirgen heranzieht; ja Benozzo Gozzoli in den Fresken der mediceischen Capelle des Palazzo Ricardi führte den Zug um drei Wände des Raumes herum.[1] In der nächsten

---

1 (cf. auch Gaudenzio in einer Capelle des Sacro monte von Varallo)

Nähe entstand vollends ein Gedränge wie auf dem berühmten Altarwerk des Gentile da Fabriano. Da war es Zeit wieder in das Einfach-Mächtige einzulenken, und dieß war die Aufgabe welche sich Lionardo setzte in dem unvollendeten, nur angelegten Bilde der Uffizien; Mutter und Kind in der Mitte des Bildes sind hier umgeben von einem strengen Halbkreis von Stehenden, Gebückten und Knienden, voll der tiefsten Erregung. Auf diesem Pfade schritt dann Rafael weiter in einer seiner spätesten Compositionen, einem mächtigen Breitbild, welches uns freilich nur in unwürdiger willkürlicher Übersetzung durch einen der Teppiche der sog. zweiten Reihe überliefert ist. Aber die Schönheit eines großen rafaelischen Motives ist eine untödtliche. Auch hier nehmen Mutter und Kind vor dem Gemäuer die Mitte des Bildes ein; rechts und links Gruppen, welche sich malerisch völlig aufwiegen. Links sind es die Asiaten, deren Typus und Tracht zum Theil von den Barbaren aus antiken Statuen und Reliefs entlehnt ist, alle in einem und demselben heftigen Zug auf die Knie geworfen, mit vorgestreckten Armen; rechts hat Rafael wohl ein anderes Volk, die Hellenen darstellen wollen, denn hier sind Bewegung, Ausdruck, Gestalt und Tracht wundersam individuell abgestuft.

Ganz als wäre aber diese Scene noch völlig frisch und nie gemalt worden, hat Paolo Veronese mindestens fünf große Darstellungen derselben, alle von einander unabhängig, hinterlassen, und Rubens hat sie zwölfmal, jedesmal mit neuem Feuer componirt, jedesmal als wäre ihm das Thema vorher noch nie begegnet. Und von all dieser Herrlichkeit kehren wir so gerne zu Zeiten wieder in die alten Schulen zurück und verehren auch im Kölner Dombild des Meister Stephan das Höchste was *seine* Zeit und Kunst empfand und was *sie* vermochte.

Die Darstellung im Tempel verherrlicht in der Regel die priesterliche Würde auf das Höchste, indem Simeon gen Himmel schauend die Worte eines bald selig Sterbenden ausspricht. Nur das allervorzüglichste dieser Bilder, von Fra Bartolommeo (im Belvedere), ertheilt dem Christuskinde selbst die höchste Function; während Simeon zu Maria leise redet, spendet es den Segen und deutet mit der Linken auf seine Brust. An stiller Harmonie, | an Weisheit der malerischen Aequivalente, an Schönheit und Würde der einzelnen Gestalten, steht dieß Bild auf der vollen Sonnenhöhe aller Kunst.

Die Mutter mit dem Kinde und das erweiterte Thema der heiligen Familie, ein Gegenstand welchen die christliche Kunst bekanntlich vor dem ganzen Alterthum voraushat, offenbart in jeder Schule und bei jedem Maler welches das Vermögen der Lieblichkeit und die Gabe der höhern Stimmung sei. Auch wenn diese Aufgabe hundert Jahre lang keinen berühmten Künstler beschäftigt, so wird sie nach einer solchen Pause immer wieder neugeboren an's Licht treten.

Der Kindermord von Bethlehem gelangte wahrscheinlich auf die Altäre weil man an vielen Orten Reliquien der unschuldigen Kinder zu besitzen glaubte. Meister der Bewegung und des Ausdruckes wie Rafael, Guido und Rubens haben das Thema in ergreifender Weise behandelt, aber man wird es nie zu den glücklichen rechnen.

Die Flucht nach Aegypten und die Ruhe auf der Flucht – Beides oft in Geleit von Engeln – sind als Themata der Malerei über jedes Lob erhaben. Welche liebliche Inspiration leitete Baldung, als er Maria mit dem Kinde unter einer Palme vorbeireiten ließ, deren Zweige von Engelkindern niedergebeugt werden, damit Eines davon dem Christuskind Datteln reichen könne! Beide Themata sind auch für die höhere Weihe der Landschaftmalerei von größter Bedeutung geworden, von dem zauberhaft geschlossenen Walddickicht des Coreggio (Madonna della Scodella, Parma) bis zu dem offenen paradiesischen Gelände bei Claude Lorrain (Galleria Doria).

Nun folgt allerdings eine für die Kunst wahrhaft gefährliche Scene: Christus als Knabe unter den Schriftgelehrten, wobei die geistige und seelische Überlegenheit einer einzelnen Gestalt über eine große antipathische Majorität zur Geltung gebracht werden soll. Geschickte Meister wie Jordaens und Rembrandt mochten zwar mit äußern Kunstmitteln, Colorit, Mitwirkung der Costume und der Tempelarchitectur u. s. w. noch immer ansehnliche Bilder hervorbringen, konnten aber die schwere Incongruenz welche in der Sache liegt, nicht verbergen. Doch hat die Welt wenigstens einmal erfahren müssen wie sich ein Genius höchsten Ranges zu diesem Momente stellen würde, und zwar durch das von Lionardo entworfene und vielleicht angefangene, von B. Luini (eher A. Solario?) ausgeführte Bild der Nationalgalerie. Wie so gerne bei Gegenständen welche schon durch physiognomische Gegensätze erledigt werden können, sind es dießmal bloße Halbfiguren, und Tempel und Accessorien haben einem bloßen dunkeln Grunde Platz gemacht; Christus aber, in Gestalt eines jugendlichen Engels von überirdischer Schönheit, argumentirt nicht gegen die vier anwesenden Schriftgelehrten, sondern er spricht nach vorn, zum Beschauer.

| *(Zu Christus und die Schriftgelehrten)*
Im spätern Leben Christi sind die Gespräche mit den Pharisäern und Schriftgelehrten bekanntlich nie ausgegangen und zwei dieser Momente: die Scene der Ehebrecherin und der Zinsgroschen, sind wahrhaft kunstüblich geworden. Allein die Malerei nahm den Schriftgelehrten hier schon durch ihre geringere Zahl und durch Beschränkung auf Halbfiguren oder Kniefiguren gewissermaßen die physische Übermacht und stellte ihnen einen erwachsenen Christus voll Hoheit gegenüber, welcher über-

dieß im vollen Lichte zu stehen pflegt, während Jene das Licht vom Rükken haben. Tizian hat den Zinsgroschen sogar auf zwei Halbfiguren beschränkt und auf dieses Bild seinen höchsten Christustypus verwendet. Und doch wird die noch mächtigere Wirkung jenem Bilde Lionardo's mit
5 der jugendlichen Engelgestalt verbleiben.

| Neben der Jugend Christi tritt nun Persönlichkeit und Geschichte Johannes des Täufers groß und bedeutungsvoll in die Kunst ein, welche dem Vorläufer viele Einzeldarstellungen, auch durch Rafael und Tizian, und ganze Cyclen gewidmet hat, letztere durch Domenico Ghirlandajo
10 und A. del Sarto. | Denn für diese Florentiner war der Täufer der große Schutzheilige ihrer Stadt. Es giebt einzelne herrliche Bilder, da Johannes seine Zuhörer auf den in der Ferne wandelnden Christus weist, und der Jordan rief öfter einer schönen Landschaft; in höherm Grade kunstüblich wurde aber nur die Taufe Christi und das letzte Schicksal des Täufers.
15 Die Taufe hat aus der goldenen Zeit ein Wunderbild wie das des Cesare da Sesto (beim Duca Scotti in Mailand) ⌊und aus dem XV. Jh. das Gemälde von Verrocchio – der Francia in Dresden⌋ aufzuweisen, und auch bei den Spätern gehört diese Scene meist zum Vorzüglichsten und Reinsten was sie geschaffen haben; so bei Guido Reni (Belvedere), Albani (Pi-
20 nacothek von Bologna) und Maratta (Chor von Santa Maria degli angeli zu Rom). Guido verlieh seinem Christus die tiefste Andacht, dem Täufer Größe. – Was jedoch auf die Enthauptung folgt, die Tochter des Herodes mit oder ohne Umgebung, und ihr Verhalten zum Haupte des Johannes, ist überhaupt nicht im Sinne der religiösen Kunst gemalt worden, wohl
25 aber in allen Schulen, um des malerischen Thema's willen. Unser Museum besitzt die merkwürdigste Darstellung der Übergabe des Hauptes, welche die deutsche Kunst hervorgebracht hat: das kleine Prachtbild des Niclaus Manuel. Rein künstlerisch genommen ist der Contrast zwischen einem idealen todten Haupt und einem vollen jugendlichen Leben, zwi-
30 schen einem edeln Opfer und einem herzlosen Triumph recht wohl eine Aufgabe welcher sich große Kräfte widmen konnten.

Im Leben Christi müßten wir wieder anknüpfen bei der Versuchung, aber dieß psychologisch so vielversprechende Thema eignete sich nicht für Altäre, und die wenigen vorzüglichen Darstellungen desselben stam-
35 men, so viel mir bekannt ist, von nordischen Malern her. Im untern Freskencyclus der sixtinischen Capelle geht wohl eine Versuchung von Sandro Botticelli mit, allein diese wunderliche Composition erschöpft gerade die seelische Seite der Erzählung nicht.

In jenem nämlichen Cyclus aber finden sich die wunderbarsten Beru-
40 fungen der Apostel dargestellt, von Domenico Ghirlandajo und Pietro Perugino. Zwar enthalten diese mächtigen Breitbilder nach Art des XV. Jahrhunderts eine zahlreiche Assistenz von Unbetheiligten, welche uns nur als

lebendig aufgefaßte Menschen überhaupt interessiren, aber in der Mitte der Bilder geht ein großartiger, weihevoller Moment vor sich. Bei Ghirlandajo knien Petrus und Andreas vor Christus, bei Perugino ist es die Verleihung des Amtes der Schlüssel, vielleicht das Mächtigste was der noch nicht süßlich gewordene Perugino in seiner besten Zeit gemalt hat; Ausdruck und Geberde des knienden Petrus gehören bereits zum Ersten der hohen und freien italienischen Kunst.

Das Lehramt Christi ist kein Gegenstand für die Malerei. Hiemit soll nicht gesagt sein, daß begabte Meister mit Aufwand vieler Kunstmittel nicht ein bestimmtes Gespräch Christi mit den Jüngern kenntlich machen, ja sogar eine Bergpredigt malen könnten, allein malerisch bleibt ein Mißverhältniß übrig zwischen Einem Sprechenden und einer großen Menge, die sich nur durch leise Schattirung eines und desselben Ausdrucks unterscheiden kann. Man wird etwa sagen: ein sichtbarer Vorgang ist für das Auge beinahe unentbehrlich und dieser fehlt hier. Allein die ideale Kunst kennt manche große Scene ohne allen äußern Vorgang, nur ist es dann ein anderes Beisammensein als das | Eines Sprechenden und vieler Hörenden. Wir können aber leicht in's Klare kommen, sobald wir sehen, wie völlig genügend, ja mit welcher ergreifenden Deutlichkeit die Malerei das Gespräch Christi mit Einem oder zwei Anwesenden darzustellen vermocht hat: Christus mit Nicodemus als Nachtbild, Christus mit Martha und Maria, und vor Allem das herrliche Lieblingsthema der Venezianer: Christus mit der Samariterin am Brunnen.

Immerhin hat die Malerei die Lehre Christi so viel als möglich darzustellen versucht, indem sie die Gleichnisse daraus wählte und nach ihrem ganzen Hergang veranschaulichte. Man ging darin oft sehr weit, bis zu den Blinden als Blindenleitern, ja bis zum Splitter in dem Auge des Einen und dem Balken im Auge des Andern, und zu Anfang des XVII. Jahrhunderts hat Domenico Fetti eine ganze Reihe von Genrebildern geschaffen mit welchen eigentlich Parabeln des neuen Testamentes gemeint sind, wie zB: das Weib welches den verlornen Groschen sucht. Das byzantinische Malerbuch vollends nennt vierzig Parabeln welche gemalt wurden. Kunstberühmt aber wurden vor Allem die Geschichte vom verlornen Sohn, und die vom barmherzigen Samariter. Die Deutlichkeit des Sinnbildes und des äußern Herganges in seinen aufeinander folgenden Momenten ließen hier nichts zu wünschen übrig. Für die Geschichte vom reichen Mann und dem armen Lazarus haben wir wenigstens die eine überaus geistvolle Ausführung von Bernard van Orley, auf den Außenflügeln seines Hiobsaltares in der Galerie von Brüssel. Dagegen haben die klugen und thörichten Jungfrauen, welche im Mittelalter als Statuen so manches Kirchenportal schmückten, in der großen Malerei des XVI. und XVII. Jahrhunderts keine namhaften Darsteller gefunden, was seinen

Grund in der Schwierigkeit haben mochte, sie als nächtliche Gruppe im Streit um das Oel deutlich wirken zu lassen.

Die Wunder sind für die malerische Darstellung in sehr ungleichem Grade geeignet. Der Zusammenhang zwischen einer gewöhnlichen Ursache und einer gewöhnlichen Wirkung, worauf sonst die Sichtbarkeit eines Herganges beruht, ist hier aufgehoben; an ihre Stelle tritt ein Machtwort oder eine Geberde und daneben ein Ereigniß, welches für den gläubigen Sinn allerdings die Folge davon sein soll, es aber für das Auge nicht ist. Die Vervielfachung der Brode und Fische, das Verhalten Christi auf dem Schiffe, besonders Marcus VI, 45, der wunderbare Fischzug sind von sehr großen Meistern dargestellt worden, aber für die letztere Scene hat es doch der ganzen allerreifsten Kraft Rafaels bedurft, um im ersten Teppich der berühmten Reihe neben der hohen Schönheit auch die überzeugende Deutlichkeit zu erreichen.

Schon weit darstellbarer sind die Heilungen, die Verbindung zwischen dem Wort Christi und der plötzlich aufleuchtenden Hoffnung eines Kranken. Der Teich von Bethesda, wo Christus zu dem Kranken spricht: Stehe auf, nimm dein Bett und wandle, hat venezianischen und niederländischen Meistern zugleich den Anlaß geboten, eine große Hallenarchitectur, einen Wasserspiegel, eine Menge von Duldenden darzustellen.

Vollkommene Sichtbarkeit des Vorganges erreicht jedoch die Malerei erst bei den Todtenerweckungen. | Die Tochter des Jairus und der Jüngling von Nain, jenes eine Scene des geschloßnen Raumes und Lichtes, letzteres ein Hergang im Freien vor dem Stadtthor, sind von bedeutenden Meistern behandelt worden. Allem aber geht in der Darstellbarkeit voran die Erweckung des Lazarus; der Bericht ist ein sehr umständlicher, die Scenerie mit dem Grabe eine mächtige, die Anwesenheit der beiden Schwestern ein hoher Gewinn für die Kunst. Compositionen ersten Ranges sind seit Giotto diesem erschütternden Hergang gewidmet worden: in Concurrenz mit Rafaels Transfiguration malte Sebastiano del Piombo mit Hülfe Michelangelo's das berühmte Bild der Nationalgalerie, welches die höchste künstlerische Meisterschaft und Gelehrsamkeit, nur nichts Ergreifendes hat; hundert Jahre später aber schuf Rubens die jetzt in der Galerie von Berlin befindliche Erweckung des Lazarus. Wem der Riese der erzählenden Macht hie und da in andern Bildern unidealisch und massiv erschienen ist, der komme und bekenne vor diesem wunderbaren Werke, daß eine so ergreifende Darstellung des Hergangs sonst überhaupt nicht und ein so erhabener Christus kaum wieder gemalt worden.

Von andern Ereignissen des Neuen Testamentes haben die Maler besonders gerne die schon erwähnte Scene von Christus und der Ehebrecherin behandelt, einen psychologisch überaus anregenden Moment, der auch eine große optische Schönheit gestattet, sobald nicht Christus sich auf die Erde bückt um zu schreiben. Tizian in dem Bilde des Belvedere hat vielleicht geleistet was geniale Oeconomie leisten konnte; er beschränkt sich, wie bei wesentlich physiognomischen Aufgaben öfter, auf Kniefiguren und den neutralen Grund einer Mauerkante; keine Architectur, kein Tempel; die Pharisäer haben das Weib ergriffen und Christus überrascht, ja überfallen; Hauptlicht hat nur Christus links, ein zweites Licht die wehmüthig niederschauende, von Zweien sehr derb gepackte Frau; sämmtliche Pharisäer, deren Reden und Zischeln man erräth, sind im Halblicht oder im Dunkel gegeben.

Ein schönes Thema welches meines Erinnerns nur der byzantinischen[1] und dann wieder der protestantischen Malerei seit Cranach angehört, ist Christus der die Kinder segnet. Dasselbe löste, malerisch gesprochen, eine andere bis zur Reformation sehr häufig dargestellte Scene ab: die sogenannte Sippschaft Christi. Die spätmittelalterliche Vorstellung hatte nämlich vorausgesetzt, daß die Mütter sämmtlicher Apostel Verwandte der Maria gewesen und damit wurde deren gemeinsame Darstellung sammt allen Kindern verlangt, letztere auf der Erde spielend oder in den Armen der Frauen, das Christuskind in der Mitte.

Die Gastmäler des Neuen Testamentes sind hauptsächlich, ja fast ausschließlich für die Refectorien reicher Klöster gemalt worden, in einem überwiegend weltlichen Sinn, denn der ältere Klosterbrauch hatte in jenen Räumen nur das Abendmal und etwa noch die Passion gefordert. Bei der Hochzeit von Cana ist das ohnehin schwer zu verdeutlichende Wunder meist völlig übertönt von den tafelnden Gästen, auch wenn es nicht so glänzend prächtig zugeht wie in dem berühmten Colossalbilde des Paolo Veronese. Von | demselben großen Meister und seinem Atelier gingen auch mehr oder minder ruhmwürdige Darstellungen der Gastmäler beim Pharisäer oder bei Simon von Bethanien aus. Hier mußte dann Magdalena vorkommen welche Christo die Füße salbt und mit ihrem Haar abtrocknet, und dieß ist einer der merkwürdigen Momente welche zwar beim Lesen völlig würdige Bilder erwecken, im Gemälde aber etwas Anstößiges haben was auch der größte Maler nicht umgehen könnte. Laut dem Text kann sich Magdalena fast unbemerkt genaht haben und erst allgemach beachtet worden sein, während der Maler sogleich die Blicke auf sie lenken *muß* als auf die Hauptsache. Paolo hat sich auf die verschiedenste Weise zu helfen gesucht und auf den Bildern des Louvre, der Brera und der Galerie von Turin der Magdalena ganz verschiedene Stellen angewiesen, die bescheidenste in dem Bilde der Brera; das letztgenannte NB Turiner Bild, als Gemälde das vorzüglichste von allen, ist zugleich in der Wirkung das profanste, nicht nur wegen der vielen neutralen

---

1 Ἑρμηνεία, p. 191

Figuren und Baulichkeiten, sondern weil rechts vorn jene symbolische
Handlung dem Beschauer so nahe gerückt ist, welche im Bilde kein richtiges Resultat geben *kann*. Das orientalische Salben, für uns schon an sich
fremdartig, geschieht hier *während* Christus sitzend zu den Übrigen
spricht, und zwar so als ob er über irgend Etwas gleichgültiges spräche.

Der höchste Augenblick aus der Zeit des Erdenlebens Christi: die Verklärung auf Tabor, hat feierliche Darstellungen hervorgerufen schon
seit dem frühen Mittelalter und im XV. Jahrhundert hat Giovanni Bellini
das strenge, tief andächtig empfundene Bild geschaffen welches sich im
Museum von Neapel befindet; immerhin die weitaus bedeutendste vorrafaelische Transfiguration. Rafaels Gemälde aber (im Vatican), wo die
verklärte Scene in Verbindung gebracht ist mit der Geschichte vom besessenen Knaben, ist dann eins der ganz großen Vermächtnisse der reifen
italischen Kunst an die künftigen Völker und Jahrtausende.

Vom Einzug in Jerusalem ist mir keine ältere Darstellung bekannt welche dem sehr reichen und großartigen Moment gerecht geworden wäre;
aus unserm Jahrhundert stammen u. a. die schönen Compositionen von
Overbeck und Hippolyte Flandrin (in den Fresken von Saint Germain
des près) welche wohl der strengen kirchlichen Kunst genügen, aber die
Möglichkeiten des Thema's noch lange nicht erschöpfen. Die Doppelbewegung des Zuges Christi und der ihm entgegen Strömenden, der Gegensatz von Jubel und Todesahnung, die grandiose Oertlichkeit mit dem
Tempel in der Höhe, dieß und so vieles Andere scheint noch einer neuen
Lösung Raum zu lassen, welche überdieß alle Mittel der Farbe, Beleuchtung und Landschaft zu Hülfe nehmen könnte um dem Einzug in Jerusalem die volle Macht zu verleihen deren diese Scene fähig wäre.

| Ein Moment welcher nur naturalistischen Schulen und Malern zusagte, war die Vertreibung der Händler aus dem Tempel. In Neapel, wo
man vielleicht Mühe hatte, die Kramladen vom Innern der Kirchen fern
zu halten, kommen mehrmals große Fresken dieses Inhalts vor; außerdem hat sich Jordaens bei dieser Scene wohl befunden, und auch Rembrandt hat ihr eine berühmte Radirung gewidmet.

Indem wir nun von der Passion zu reden hätten, entsinkt uns der Muth.
Wer soll in Kürze berichten, wie hier die Religion die Malerei an der
Hand genommen und auf die höchsten Höhen nicht bloß des Empfindens
sondern auch des Könnens hinaufgeführt hat? Die großen Meister haben
es nie als eine Zurücksetzung empfunden daß in der Mitte ihrer Aufgaben sich kein antiker Schönheitsjubel, kein Apollon noch Dionysos
sondern ein Leiden vorfand, denn hier erst entdeckten sie die höchsten
Kräfte in ihrem Innern. Welche Augenblicke für die Malerei! sie heißen
Abendmahl, Gethsemane, Gefangennehmung, Geißelung, Eccehomo,
Kreuztragung, Golgotha, Kreuzabnahme; dann die drei Momente: Bekla-

gung, Grabtragung und Grablegung; hierauf folgen die Bilder des Christus in der Vorhölle, der Auferstehung, der Frauen am Grabe, des Christus als Gärtner, und endlich jenes erhabene Emmaus. Über Letzteres allein sei hier ein Wort gestattet. Ein Glücksfall hat es gewollt, daß die größten Meister diese Scene für die Gastquartiere von Klöstern zu schildern bekamen. Das Evangelium verlegt die Wandelung in die bisher stumpfen Augen der beiden Jünger, die Malerei aber hat es wagen dürfen, sie auch in Christus selbst zu verlegen, und bei Giovanni Bellini strahlt auf einmal sichtbar eine übermenschliche Hoheit aus ihm hervor.

Himmelfahrt und Pfingstfest sind zwar von berühmten Meistern, letzteres von Tizian und Rubens behandelt worden, aber nicht mit voller Theilnahme. (Die Himmelfahrt Christi war völlig in den Schatten gerathen neben der Himmelfahrt der Maria).

Die auserlesensten Momente der Apostelgeschichte scheinen auf alle Zeiten erledigt durch Rafaels Compositionen zu den Teppichen der ersten Reihe. Man würde es schwer haben, sich von derjenigen Erzählungsweise wieder loszumachen, welche ihm auf der Höhe seiner Macht verliehen gewesen ist. Er hat einen Typus der apostolischen Menschheit geschaffen, welcher der bleibende sein wird.

Den Abschluß der großen kirchlichen Aufgaben machen die letzten Dinge. Man überdenke was Auferstehung und Weltgericht für die Malerei seit den byzantinischen Mosaiken geworden sind, wie sie von Zeit zu Zeit, mit Orcagna, Signorelli und Michelangelo, Rubens und Cornelius deren höchste Kräfte in Anspruch genommen, ja ihre Schicksale bestimmt haben. Den unermeßlichen Reichthum an Ausdruck jeder Art und Stufe einer malerischen Einheit zu unterwerfen, war nur Sache eines ganz außerordentlichen Vermögens, aber dasselbe hat sich mehrmals gefunden und ist bei diesem Thema erst seiner ganzen Macht bewußt geworden.

Processionen in der alten Welt

| *Processionen in der alten Welt.*

Die heutige Welt liebt im Ganzen die Ceremonien aller Art nicht sehr; man sieht etwa gerne eine Weile zu wenn es glänzend dabei hergeht, aber man ist weniger gerne ein Theilnehmer, und die meisten Leute finden, es sei Zeitverlust und die wirklichen großen Geschäfte dieser Welt gingen ohne dieß vor sich.

In vergangenen Zeiten war es anders: die Religionen insbesondere verlangten nach großen und vielartigen Aeußerungen ihres Cultus und die Völker brachten nicht nur ihre Andacht, sondern auch ihr künstlerisches Vermögen herbei, um denselben zu verherrlichen, und ihr Verständniß für alles Symbolische. Dieß Verständniß ist uns fast völlig abhanden gekommen.

Unsere Bildung hat aber noch nicht die Gewohnheit, das Vergangene einfach auf sich beruhen zu lassen, sondern aus der Betrachtung der Gegensätze der verschiedenen Zeiten und Völker zieht sie einen sehr mächtigen Theil ihrer Belehrung. Für unser vorliegendes Thema sind ohnehin die vorhandenen Kunden reich zu nennen.

Die bildliche Kunde besteht in zahlreichen Denkmälern, gemeißelten und gemalten, welche den Cultus in seinen beiden großen Aeußerungen: Opfer und Procession darstellen. In den ägyptischen Tempeln und in den Palästen von Ninive sind ganze Wände voll solcher Ceremonien gefunden worden, auch die persische Sculptur stellt gerne feierliche Gottesverehrung dar, aber auch von den Werken der classischen Kunst gehört ein wichtiger Theil hieher, wobei wir die römischen Denkmäler übergehen und bloß der griechischen gedenken wollen. In dieser Welt von abgebildeten Cultushandlungen und priesterlichen Gestalten entdeckt man allmälig einen tiefern Sinn; es sind nicht bloße Erinnerungen für die künftigen Geschlechter, nicht bloße Denkmäler, sondern die im oder am Tempel angebrachte Abbildung sollte auch der Gottheit selbst gegenwärtig halten, wie man ihr durch Opfer und Zug gehuldigt habe und stets wieder huldigen werde. ⌊Dabei war es eine im Ganzen beglückende Aufgabe für die ideale Kunst.⌋

Die schriftlichen Kunden bestehen aus einer Menge von einzelnen Nachrichten in alten Schriftstellern, auch wohl in Inschriften, und aus einigen mehr oder weniger umständlichen Beschreibungen. Aus dem Überlieferten wird unsere Vorstellung hie und da anderswo eine Lücke der Tradition ausfüllen dürfen.

Indem wir das Opfer und die sonstigen Cultushandlungen übergehen, bleibt für unsere Betrachtung die Procession, πομπή, übrig, der sich bewegende Gottesdienst, wovon noch eine vielversprechende Erinnerung in dem Worte *Pomp* weiterlebt.

Sie entsteht auf sehr verschiedene Weise. Uralt, wenn auch nur in Italien durch Denkmäler und schriftliche Kunden deutlich nachgewiesen, waren die festlichen Umzüge mit Götterbildern, Heiligthümern und Opferthieren um die Feldmark oder um die Mauern einer Ortschaft zu bestimmten heiligen Zeiten.

| Regelmäßige Hergänge: Die Procession schreitet zu einem Tempel: ein Opfer, ein Weihgeschenk wird herbeigeführt oder herbeigetragen, bisweilen aus weiter Entfernung. Oder sie geht von einem Tempel aus, in dessen Hofe sie sich gebildet haben wird, um an einer geweihten Stelle eine heilige Handlung zu vollziehen, ein Opfer darzubringen, und kehrt dann wieder in den Tempel zurück. Oder ein Gott besuchte einen andern Gott, oder einen andern Tempel seines eignen Namens, wobei ein Bild muß mitgetragen worden sein, sogar das hölzerne Cultusbild selbst.

Das Geleit welches dem Priester voranging und folgte, nahm mit der Zeit eine reiche und gesetzmäßige Gestalt an: die Gehülfen des Cultus, die auserlesenen Dienerinnen, der Chor dessen Gesang die betreffende Gottheit verherrlichte, die Kithar- und Flötenspieler.

Ferner erweiterte sich der Zug durch das Mittragen von heiligen Geräthen, Dreifüßen, Gefäßen zu Vollziehung des Opfers an der Stelle der Ankunft, auch von geheimnißvollen Symbolen in gewiß oft prächtigen Behältern oder Körben; ja man trug oder fuhr bei der Dendrophorie die der betreffenden Gottheit heiligen Pflanzen mit, zB: für Apoll einen Lorbeerbaum.

Endlich aber hatte einer der jüngsten wenn auch noch immer sehr alten Götter, Dionysos, das hellenische Volk, welches von jeher Feste und Tanzreigen liebte, zu einer Art von Aufzügen begeistert, welche alle Schönheit, aber auch jede Art von Muthwillen zur Erscheinung brachten. Statt πομπή, Procession, heißt es hier eher κῶμος, θίασος, der Schwarm, und diese Feste waren noch dazu vorherrschend Nachtfeste. Hört man auf die Dichter, so lautet es öfter als wäre der Gott selber und lebendig gegenwärtig gewesen und nicht etwa bloß ein Priester in der Tracht des Gottes, und, in der That, bei dem dionysischen Taumel, welcher durchaus nicht bloß vom Weine kam, waren die seltsamsten Phantasien möglich. Da ferner Dionysos mit einem zahlreichen Geleite von Satyrn, Mänaden etc. gedacht wurde, so ergaben sich für die Leute eines bacchischen

Schwarmes die Maskirung von selbst und der Zug wurde ein Stück Carneval. Und da solche Schwärme auch von Dorf zu Dorf zogen, fuhren sie theilweise auf Wagen, von welchen herunter dann auch die ausgelassensten Possen tönten und Hohn gegen Alles was in der Nähe war.

Der Wagen nimmt aber auch in den Processionen anderer Gottheiten oft eine wichtige Stelle ein, schon etwa wegen Weite des Weges, auch wenn wir der eigentlichen Wallfahrten nicht gedenken. Die Herapriesterin von Argos wurde bei einem Feste von Rindern anderthalb Stunden weit gezogen, wie aus der Geschichte von Kleobis und Biton hervorgeht. Anderemale mögen es Götterbilder gewesen sein welche gefahren wurden, schon weil sie zum Tragen zu schwer und groß gewesen wären. Wenn aber vollends eine Procession in spätern Zeiten zu einer Reihenfolge von Schaustücken wurde, so verlangte schon die Sichtbarkeit den Gebrauch der Wagen und so wird sich an einem berühmten Beispiel zeigen wie weit der Aufwand gehen konnte.

| Was an all diesen Dingen die Theilnahme, die nachdichtende Phantasie der Nachwelt rege macht, ist unsere Gewißheit, daß der Anblick schön gewesen. Jene Kunstwerke bezeugen es, und sagen uns auch, daß die Kunst die Ceremonie *gerne* dargestellt habe. Für alles Priesterthum und sonstigen Dienst an einem Tempel wurde mindestens untadlige normale Erscheinung verlangt und es gab Tempel deren Jahrespriesterin das schönste Mädchen des Ortes war. Dazu kam die einfache Tracht, und wir dürfen hinzusetzen, die Anmuth von Gang und Bewegung bei einem Personal welches von keiner täglichen Arbeit und Mühe wußte, weder von einer sitzenden noch von einer mit schwerer leiblicher Anstrengung verbundenen. Rechne man hinzu die reiche Vegetation des Südens, den Schmuck von Blumen und Gewinden an Allem und Jeglichem, auch an den Opferthieren und ganz besonders die edle Bekränzung des menschlichen Hauptes, auf welche die neuere Zeit so fast völlig verzichtet hat, nachdem dieselbe im Alterthum jeden heitern oder feierlichen Augenblick begleitet hatte – so wird auch die bescheidene πομπή in einem griechischen Dorf oder Städtchen einen Anblick gewährt haben, um welchen wir das Volk des Ortes beneiden können. ⌞Wer in Athen zu nichts mehr gut war, trug etwa Zweige im Zug; θαλλοφόροι sind bei Aristophanes Vespae 544 = abgestandene Alte.⌟

Auch wo sich auf italischem Boden griechischer Götterdienst aus uralten Zeiten erhalten hatte, glaubte man noch einen edlern Styl zu erkennen. Ovid kannte gewiß alle Pracht des Cultus von Rom, welchem er in seinem Festkalender ein so wichtiges Denkmal gestiftet hat, aber was er einmal aus Stimmung und aus freien Stücken schildert, ist eine Junoprocession in dem von Hellenen der Vorzeit gegründeten Bergstädtchen Falerii (beim jetzigen Città Castellana). Unter uralten geweihten Bäumen steht der ursprüngliche einfache Altar, auf welchem zunächst ein Rauchopfer gebracht wird; von hier aus geht der Zug durch die mit Schattentüchern bedeckte Gasse des Ortes, unter Flötenklang und Jubel des Volkes; die Opferthiere sind herrliche weiße Rinder, auch ein Schwein, dagegen keine Ziegen, weil einst ein solches Thier die Juno verrathen hatte; dafür durften am Festtage die Buben von Falerii nach einer unglücklichen Ziege mit Spießen werfen und sie blieb als Beute Dem welcher sie getroffen; eine jener Erinnerungen an bestimmte Züge des Mythus der betreffenden Gottheit, wie sie bei den Götterfesten der Griechen beständig vorkommen. Weiter im Zuge folgen die Jungfrauen welche auf dem Haupt Körbe mit den geheimen Heiligthümern tragen, in weißen Gewändern nach griechischer Weise, aber Gold und Edelsteine in den Haaren und Gold an den Sandalen; endlich Juno selbst, wahrscheinlich ein Bild auf einem Wagen gefahren, und nun verstummte die Menge in ehrfürchtigem Schweigen.

Wir würden viel mehr Schilderungen griechischer Aufzüge besitzen, wenn sich bei der allgemach ungeheuren Ausdehnung des Cultus die Sache nicht von selber verstanden hätte. Es muß ein allgemeines Vermögen der Nation geworden sein, bei Processionen leicht und richtig einzustehen und zu wissen was man zu thun und wie man sich zu geberden habe. | Die Gewöhnung an den volksthümlichen und an den gottesdienstlichen Tanz kam jeder Richtigkeit und rhythmischen Schönheit des Auftretens und also auch den Götterzügen zu Gute. Ebenso war der Gesang man darf sagen im Besitz der ganzen Nation schon durch das beständige Bilden und Einüben gottesdienstlicher Chöre, welche von selber in die Processionen eintraten. Zugleich aber waren die Griechen ein Volk von Kennern gegenüber ihren Kithar- und Flötenspielern und auch diese werden beim Cultus das Beste was sie konnten geleistet haben. Wir dürfen jedoch nicht leicht erwarten, Schilderungen vorzufinden von Dingen welche den Schreibenden so oft und so gleichmäßig gut vor die Augen kamen.

Die zahlreichen Erwähnungen von πομπαὶ, oft nur eine Zeile, beziehen sich etwa auf deren Stiftung oder auf ein besonderes Ereigniß welches dabei vorgekommen. Im Jahre 536 v. Chr. überwältigte Polykrates die Stadt Samos am Feste der Staatsgöttinn Hera, indem im Festzuge selbst die Einverstandenen sich mit plötzlichem Mord über die Übrigen herwarfen, während er mit seinem sonstigen Anhang die wichtigsten Puncte der Stadt besetzte. Dreißig Jahre vorher soll Phalaris sich zum Tyrannen von Agrigent gemacht haben, indem er an einem großen Fest, den Thesmophorien, mit den von ihm gewonnenen Bauarbeitern des Zeustempels über die Bevölkerung – vielleicht wiederum bei der Procession – herfiel und die Männer tödtete. Weltbekannt ist der improvisirte Aufzug, womit dem Peisistratos seine Überwältigung von Athen gelang, indem er auf einem Wagen die vermeintliche Stadtgöttin selbst lebendig mit sich führte. Wie gerne erführen wir aber Näheres zB: über das Hauptjahresfest einer reichen und kunstliebenden Bürgerschaft wie die von Rhodos. Die Stadt selber, erst in verhältnißmäßig später Zeit von einem großen Meister so angelegt daß sie als weit die schönste Griechenstadt galt, wird wohl eine große Hauptstraße an's Meer hinab gehabt haben und gewiß schöner als die Canebière in Marseille oder der Corso von Livorno; auf dieser bewegte sich vermuthlich am Fest des Sonnengottes der prachtvolle Zug, welcher ein vollständiges Viergespann sammt Wagen in's Meer zu versenken hatte, offenbar als Sinnbild des abgelaufenen Sonnenjahres. Wer etwa einwenden möchte, dieß sei ein thörichter Luxus gewesen, dem geben wir zunächst zu bedenken daß die Rhodier reich genug waren sich so etwas zu erlauben, sodann daß man es hier mit einem Volk zu thun hat, welches die Mythen seiner Götter wirklich auf Augenblicke mitlebte und sich damit ihnen zu nähern, ihnen mystisch zu «folgen» glaubte.

Wie nun der Sonnengott der große Herrscher von Rhodos war, so hatten die meisten griechischen Städte irgend eine Hauptgottheit von welcher sie insbesondern Schutz erwarteten, welche «die Hände über sie hielt», und das Hauptfest derselben, alljährlich oder in längern Zeiträumen gefeiert, wird außer den Wettkämpfen und öffentlichen Speisungen auch einen Festzug enthalten haben, der alle übrigen übertraf und das ganze künstlerische Vermögen der Stadt in Anspruch nahm.

| *(Panathenaeen)*
Das periodische Hauptfest einer Stadt ersten Ranges, bei der festliebendsten aller Nationen alle vier Jahre begangen. Der vielleicht urspüngliche Kern: daß der Stadtgöttin auf der Akropolis, der Athene Polias ein neuer Mantel (πέπλος) dargebracht werden mußte. Hieran hatte sich aber geknüpft: eine lange mythische Vorgeschichte des Festes bis in die Zeiten lange vor Theseus hinauf, ja bis zum aegyptischen Urgründer Kekrops. Ferner die Verbindung mit Wettkämpfen, gymnastischen und musicalischen, welche zu den prächtigsten und vielartigsten von Griechenland gehörten und ihren Ruhm bis zu den Etruskern verbreiteten, sodaß in halb Italien bemalte Vasen gefertigt wurden, als Nachahmung der Oelkrüge, welche in Athen als Preise dienten, mit der Beischrift: Wettpreis von Athen.

Erst der vierte Tag des Festes gehörte dann der großen Procession von der Stadt nach dem Erechtheion auf der Akropolis. Der Peplos, jedesmal von athenischen Jungfrauen unter priesterlicher Leitung gewirkt, enthielt irgend eine Großthat aus dem Mythus der Athene. Er wurde, ausgespannt und vollkommen sichtbar, auf einem Wagen gefahren welcher die Gestalt eines Schiffes hatte. Allein dieses Weihegeschenk hatte allmälig im Lauf der Zeiten eine Begleitung bekommen, welche eine der merkwürdigsten Processionen der Welt bildete. Anfangs mag mitgezogen sein wer da ⌊von athenischen Bürgern⌋ wollte; und mitgelaufen ist hernach Jedermann, aber in den Zug selbst kamen wohl mit der Zeit nur *Auserlesene*: Reiter, Bewaffnete mit Schild und Speer, die Sieger der so eben vollendeten Wettkämpfe, schöne Jungfrauen als Dienerinnen der Göttin, welche verschiedene Werkzeuge, Behälter und Gefäße des Cultus trugen, ehrwürdige Greise mit Oelzweigen, bekränzte Jünglinge, zum Theil wiederum als Träger von Opfergeräthen, Flöten- und Kitharspieler. Es war eine Exhibition des besten lebendigen Besitzes dieser Stadt. Auch die Opferthiere werden vom Ausgewähltesten und prächtig geschmückt gewesen sein.

Nun hätten wir scheinbar eine Abbildung dieses Zuges: am Parthenon, dem großen Haupttempel der Göttin in der Nähe des Erechtheions, ist unter Leitung und Angabe des Phidias der berühmte Fries entstanden über 500 Fuß lang, welcher die Mauer innerhalb der Säulenhalle krönte und sich jetzt größtentheils im britischen Museum befindet. Man hat ihn für eine unmittelbare Darstellung des Panathenäenzuges, oder auch nur der Vorprobe desselben erklärt, allein der Künstler hat sein Thema sehr viel freier aufgefaßt. Aus der Auswahl traf er eine zweite, viel höhere Auswahl, meist Wenige aus Vielen. Zunächst hat er sein athenisches Volk, welches wahrscheinlich in reichem Putz auftrat, in die einfachste Idealität zurückversetzt und statt der Athener des V. Jh. die reinste hellenische Gestaltenwelt walten lassen. Losgesprochen von aller ceremonialen Knechtschaft bewegt sich hier die edelste Gesamterscheinung welche je einer großen Menge von Menschen und Thieren zu Theil geworden, frei und ungezwungen dem Heiligthum zu. Die Einzigen, welche mitgehen *müssen*, sind die paar Gestalten von Schutzbürgern (Metöken) und ihren Frauen; gebückt | tragen sie den Übrigen die σκάφη (das Opfergefäß) und die ὑδρεῖα (das Wassergefäß) nach. – Sodann hat Phidias sich nicht gescheut, am Anfange des Reiterzuges die Vorbereitungen dazu darzustellen, welche ihm die lebendigsten Motive boten: ungeduldige Rosse werden bereit gehalten, die Gürtung des Gewandes vervollständigt u. s. w. Er läßt seine Reiter und Wagenfahrer auf das Lebendigste sprengen wie sie es im wirklichen Zuge gewiß nicht durften; Siegesgöttinnen führen die Zügel oder bekränzen den Fahrenden, welcher hiemit als einer der Kampfsieger der vorhergehenden Tage bezeichnet wird. Endlich hat Phidias auf geniale Weise seinen Zug von Anfang, von der Westseite des Tempels her in zweie getheilt, welche an den beiden Langseiten des Tempels sich vorwärts bewegen, um an der Ostseite von links und rechts her auf die in der Mitte sitzenden Götter zu treffen. In der Nähe dieser Gestalten beginnen beide Züge stille zu stehen; heilige Acte werden vollzogen, heilige Belehrung ertheilt, der Peplos übergeben. {Das nachherige große Festopfer und die gemeinsame reichliche Bewirthung des Volkes fanden natürlich keine Stelle mehr in dieser Darstellung, aber herrliche Rinder dieser Hekatombe gehen, zum Theil kaum gebändigt, schon im Zuge mit.}

Kehren wir von dieser verklärten Darstellung wieder zu der wirklichen Procession zurück, so wird man sagen dürfen: ohne einen sehr hohen und alten Ruhm der Letztern wäre auch die erstere nicht zu Stande gekommen.

Und so wie die wirkliche Procession den Künstler begeisterte, so wird sie andererseits auch auf die Processionen anderer Griechenstädte Einfluß gewonnen haben. Denn Athen war über die Tage des Festes schon von denjenigen zahllosen Griechen besucht welche von den Wettkämpfen magisch angezogen wurden; diese aber lernten dabei auch den berühmten Zug kennen, und darauf hin mag ihnen das Heimische, wie es war, oft nicht mehr genügt haben.

Daneben aber scheinen die bacchischen Aufzüge auch manche Processionen verschiedener Götter mit ihrem Muthwillen angesteckt zu haben, durch das Mitlaufen von Masken. Der Mythus so mancher Gottheiten bot abenteuerliche, auch komische Figuren dar, und dieser Mythus wurde bei wichtigern Festen etwa pantomimisch aufgeführt; die betreffenden Gestalten aber können schon im Zuge mitgegangen sein. Anderes vollends ist wahrer Fastnachtsübermuth; eine äußere Bordure des Komischen und Burlesken setzt sich an die Ceremonie an.

Wir besitzen noch die Schilderung einer Isisprocession in Korinth, zwar erst aus der Kaiserzeit, aber gewiß einem allgemeinen Brauche der hellenischen Seestädte entsprechend, wo die ägyptische Göttinn als Schützerin der Seefahrt schon längst große Verehrung genoß. Es handelt sich um das wichtige Fest des 5. Merz, da die durch den Winter unterbrochene Seefahrt, das mare clausum, officiell wieder eröffnet wurde. Es ist ein frischer, herrlicher Frühmorgen im Beginn des Frühlings, an welchem der Zug aus dem prächtigen Korinth an das Meer hinab sich bewegt. |

Aber welches sind die Plänkler, die ihn eröffnen? ein grottesker Soldat, ein kurzgeschürzter Jäger mit Messer und Jagdspießen, ein Männchen welches in prachtvollem Putz, Haartracht und Gang ein Weib vorstellte, dann ein mit Schild, Helm, Beinschienen und Schwert Ausgerüsteter, täuschend als Gladiator,[1] ferner die Spottfigur eines römischen Magistrats

---

1 Offenbar ein Renommist.

mit Fasces und Purpur, und die eines Philosophen mit Mantel, Stab, Sandalen und Bocksbart, dann Vogelsteller und Fischer mit ihrem Geräth. Von all diesen mag noch gelten, daß sie gemäß Gelübden, offenbar an Isis, diesen Carneval aufführten, nun aber folgte auch noch eine Bärin als altes Weib auf einem Tragsessel und ein Affe mit Hut und gelbem Rock, einen goldnen Becher in der Hand, als Ganymed, endlich neben einem mit Flügeln angethanen Esel ein gebrechlicher Alter und dieses Paar verherrlichte oder verhöhnte eher den uralten Mythus der Stadt von Bellerophon und dem Pegasus. Nun erst kömmt die eigentliche Procession: weißgekleidete, bekränzte Frauen welche Blumen und Wohlgerüche streuen oder mit dem elfenbeinernen Kamm, einem Symbol der Isis, die Geberden des Haarordnens machen; eine große Schaar von Männern und Frauen mit Lampen, Fackeln und Kerzen als symbolische Huldigung an die Grundkraft der Himmelslichter; dann Pfeifen- und Flötenspieler; zwei weißgekleidete Chöre welche abwechselnd die Strophen eines neu für den Anlaß gedichteten Liedes singen; dann die Flötenspieler des Serapis mit ihrer Tempelmelodie; daneben immer Leute welche rufen man möge dem Zuge Platz machen; dann die große Schaar der in die Isismysterien eingeweihten korinthischen Männer und Frauen, alle in weißem Linnen, in der Hand jenes eigenthümlich sausende Lärminstrument der Göttinn, das Sistrum; hierauf sechs Priester, jeder mit einem der geheimnißvollen Symbole der Göttinn, einer nachenförmigen Lampe, einem Palmzweig, einer goldenen Wanne u. s. w., dann ein Mensch mit der halb goldenen halb schwarzen Maske eines Hundskopfes, als Anubis, Zögling und Stiefsohn der Isis, dann weitere Symbole und endlich ein Priester mit einer goldnen Urne, welche die Göttin selbst versinnbildlicht. Am Meeresstrande geht der Hauptact vor sich: ein prächtiges Schiffchen, mit Hieroglyphen bemalt, mit einem Segel auf welchem ein Wunsch um glückliche Schifffahrt eingewirkt steht, wird unter großen Ceremonien mit Specereien gefüllt und der Fluth übergeben, und lange folgen ihm noch alle Augen bis es am Horizont verschwindet. Auch die Rückkehr des Zuges zum Isistempel und die dort erfolgende Abdankung wird mit merkwürdigen Zügen bis in's Einzelne geschildert.

Isis besaß wenigstens eifrige und fanatische Gläubige, für welche auch die Procession trotz aller Zuthaten eine ernste Sache war. Andere Male aber wird auch bei sehr | prachtvollen und umfangreichen Exhibitionen die Frage wach: ob dieselben noch in einem wahren Verhältniß gestanden zu der ursprünglichen religiösen Bedeutung des Actes? Der letztere war anfänglich überall sehr ernst gemeint gewesen, schon weil die hellenischen Götter, empfindlich und rachsüchtig wie sie waren, unterlassene Gottesdienste durch Landesunglück bestrafen konnten. Die Griechen hatten sich dann damit geholfen daß sie alle Pracht, Kunst und Lebensfreude in den Dienst des Cultus zogen und ihm damit die Bangigkeit benahmen. Dieser Cultus aber mag dann, wo die Mittel vorhanden waren, in That und Wahrheit oft nur noch der Vorwand und Anlaß gewesen sein zu Vorgängen welche von der höchsten Kunst hinabreichten bis zum wildesten Sinnentaumel. Der Dienst des großen Naturgottes Dionysos hatte seine Abzweigungen sowohl in der großen attischen Tragödie als in der allgemeinen Trunkenheit der Dionysien und in den Wallfahrten halb besessener Frauen.

Wesentlich zu Ehren des Dionysos geschah auch die weit größte und prächtigste Procession von der uns das Alterthum Kunde hinterlassen hat, und zwar ziemlich genaue Kunde. Die griechischen Könige des Ostens, Nachfolger Alexanders hatten in die von ihnen besetzten Länder griechische Sitte, Religion und Cultur mitgebracht und lebten in der Ahnung, daß die Dauer ihrer Herrschaft am ehesten gesichert sei, wenn sie nicht zu Orientalen würden sondern Griechen oder Macedonier blieben. Zu den vorgefundenen Religionen konnte man in ein Verhältniß treten, soweit dieselben ebenfalls polytheistisch waren und eine Verwandtschaft oder Identität ihrer Götter mit den griechischen zuließen. Auf ganz besondere Pfade aber geriethen die Ptolemäer, Könige von Aegypten; sie verzichteten weislich auf eine officielle Fusion[1] beider Religionen, stifteten und übten in Alexandrien und anderswo den vollen griechischen Cultus, machten sich aber zugleich zu Oberpriestern, ja zu Göttern des altägyptischen und bauten und dotirten eine Anzahl der prachtvollsten Tempel die von denjenigen der frühern Dynastien des Nillandes kaum zu unterscheiden sind.

Was uns nun im V. Buch des späten Sammelschriftstellers Athenäus geschildert wird, ist eine rein griechische Procession unter dem zweiten Ptolemäer, Philadelphus (285–246 v. Chr.) War es aber wesentlich ein religiöser Aufzug? oder war der mitfolgende colossale Aufmarsch der ganzen ptolemäischen Heeresmacht und deren Musterung die Hauptsache? Oder war Beides zusammen noch außerdem bestimmt, den unterworfenen Nationalägyptern und den massenhaft angesiedelten Juden einen unauslöschlichen Eindruck zu machen? Wir müßten, um hierauf zu antworten, in das Innere des Ptolemäers hinein sehen, der aus Gutem und Bösem, Großem und Kleinem so sonderbar gemischt war. Dann würden wir auch erfahren wie weit Philadelphus das Einzelne vorgeschrieben hat und ob der hochgebildete König dabei mehr in ästhetischem oder in politischem Sinne verfuhr. | Der ursprüngliche Aufzeichner dieses Schau-

---

1 Welche sie an und für sich wohl gewünscht hätten, wie der Serapiscult beweist.

spiels, Kallixenos von Rhodos, hatte eine Abbildung vor sich, vielleicht eine unendlich lange Rolle; Athenäus aber, welcher ihn excerpirte, sagt ausdrücklich daß er Alles übergangen habe woran nicht Gold oder Silber angebracht gewesen sei, und so wären wir schon von vornherein aller Vollständigkeit überhoben, ohnehin aber werden wir uns auf das Allermerkwürdigste zu beschränken haben und Mehreres schon deßhalb gerne übergehen, weil die Auslegung schwer und streitig ist, wie so oft bei Beschreibungen aus fernen Zeiten und fremden Sprachen. Es war ein Fest welches sich vierjährig wiederholte wie die Panathenäen, allein die damalige Aufführung war offenbar von ganz einziger Art, wie sie auch in einer langen Regierung und bei enormen Einkünften sich nicht leicht wiederholen konnte.

Die Schilderung beginnt mit einem riesigen Prachtzelte, innerhalb der Burg, d. h. des weiten Königspalastes von Alexandrien, wobei nicht genauer gesagt wird, in welcher Beziehung dasselbe zur Procession stand; die hundert Divans, welche es enthielt, werden etwa zum Gelage des Hofes und der Vornehmen nach Schluß des Zuges gedient haben. Wo bleiben aber unsere zierlichsten heutigen Festhütten neben diesem Wunderbau? Goldene Palmen und Thyrsen gegen 80 Fuß hoch trugen ein leichtes Gebälk und goldne Adler mit abwärts gebreiteten Flügeln dienten als Giebel; drüber war Tuchwerk gespannt in einem schönen, scheinbar architectonischen Dessin. In dem Zelt scheint aufgestellt gewesen zu sein was die königlichen Sammlungen nur irgend für diesen Tag liefern konnten: hundert marmorne Sculpturwerke der ersten Künstler, dazwischen Gemälde der sikyonischen Schule, goldgewirkte und figurirte Draperien, goldne und silberne Schilde – dieß alles aber war nur eine untere Garnitur, und oben drüber lief ringsum eine künstliche Felslandschaft mit lauter Grotten in welchen Gestalten der Tragödie, der Komödie und des Satyrspiels, offenbar von Wachs oder Thon und in wirkliches Zeug drapirt, beim Gelage dargestellt waren, gleichsam eine verklärte Zechgesellschaft. An zwei Stellen war die Felslandschaft durch Nympheen, Quellgrotten unterbrochen, welche ohne Zweifel reichlich mit sprudelndem Wasser versehen waren. Wir übergehen alle selbstverständliche Pracht der Divans, der Dreifüße zu deren Bedienung, des colossalen Buffets als Schlußdecoration und der Bodenteppiche, nur muß von den goldnen Geschirren bemerkt werden daß sie mit Steinen, zum Theil wohl mit geschnittenen Gemmen geschmückt waren. Für das Gefolge der Gäste ging außen um das Zelt eine besondere Halle herum, ebenfalls prächtig geschmückt, und von Myrthen und Lorbeeren umgeben.

Für die Procession war der Hauptschauplatz der Hippodrom, in welchem sie sich wird hin und zurückbewegt haben; eine Oertlichkeit welche vielleicht an ihren beiden schräg gesenkten Lang-Seiten hunderttausend

Zuschauern Raum gewährte, so gut als der Circus maximus von Rom deren mindestens 150,000 faßte.

| Für das Personal des Zuges selbst hatte man viele Tausende von Menschen, und darunter gewiß vorzüglich eingeübte, zur Verfügung. Der Wille war der einer einmaligen ungeheuren Verschwendung, und wenn auch die mitgeführten Gefäße und Geräthe von Gold und Silber in die Schatzkammern des Königshauses und etwa auch der Tempel gehören mochten, so war doch der Aufwand der durchgehenden Vergoldung von Allem und Jedem ein verlorener, denn das Alterthum kannte nur echte Vergoldung und keine Surrogate. Auch bei den Trachten dürfen wir lauter echte und zum Theil kostbare Stoffe voraussetzen, wofür die Alexandriner scharfe Augen besitzen mochten. Weltbekannt und auch für die Herrscher nicht gleichgültig waren ohnehin ihre bösen Zungen.

| Der riesige Zug bestand eigentlich aus einer ganzen Anzahl von Zügen, πομπαί welche durch Pausen können unterbrochen gewesen sein. Eine besonders raffinirte Berechnung auf das Auge, eine Steigerung der Effecte muß man hier nicht verlangen, und wenn eine solche gemeint gewesen wäre, so könnte unsere kurze Übersicht hievon doch keine Idee geben.

Zunächst, gleich beim Beginn, überrascht uns eine Allegorie, für welche der heutige Zuschauer absolut kein Verständniß haben würde: es war der Zug des Morgensternes, «*denn* die Procession begann bei dessen Aufgang»; wahrscheinlich ein jugendlicher Fackelträger, wie der Stern in der bildenden Kunst versinnbildlicht zu werden pflegte; dann kamen, vielleicht nur als drapirte Gruppe auf einem Wagen, die Eltern des Königspaares, dann vorläufig – irgendwie – alle Götter, nebst Abbildung ihrer Mythen, und endlich der Abendstern, Hesperos. – Nach diesem Vorspiel begann der große dionysische Zug.

Zunächst möge man sich nochmals erinnern was bei Processionen des Dionysos schon längst Alles gestattet und wie breit und groß der allgemeine Rahmen um dessen Festlichkeiten gediehen war. Sodann hatte sich der Mythus dieses Gottes nach allen Seiten ausgedehnt und ausgebildet und zuletzt einen Eroberungszug nach Indien in sich aufgenommen; mit einem Heere von Satyrn und Mänaden war der Gott ausgezogen und mit kostbarer Beute, namentlich mit den mächtigen Thieren des Ostens wiedergekehrt, auch mit reichgeschmückten Gefangenen; alle diese Wesen aber sollten bei diesem Zuge sichtbar werden. Rechne man ferner hinzu, daß jeder Gegenstand, jedes Geräth welches zu Mythus und Cultus des Gottes in Beziehung stand, dießmal nicht nur mitgetragen, sondern in colossaler Vergrößerung und Pracht auf Wagen mitgefahren werden konnte. Endlich wundere man sich nicht über die unbefangene Abwechselung zwischen lebendigen Masken und drapirten Statuen, wozu sogar noch Automaten kamen wie sich zeigen wird. Es kommen einzelne Gruppen vor, da riesige Statuen von lebendigen Masken umgeben sein mochten, ohne daß unsere Quelle den Unterschied angiebt.

Schon die Polizei welche das Volk zurückhalten mußte, bestand aus einer Schaar von Silenen; dann kamen Satyre mit hohen epheuumrankten Leuchtern, Siegesgöttinnen mit Weihrauchschalen auf hohen Stangen mit Epheu, ein Altar mit derselben Pflanze umwunden, welche dem Dionysos neben dem Weinlaub vorzüglich heilig war, und überall an diesem Epheu sah man Vergoldung; auf dem Altar aber schwebte ein goldener Rebenkranz. Und, nach nochmaligen 120 Trägern von Weihrauchschalen, kam Weinlaub und Epheu zu Einem goldenen Kranz geflochten, wahrscheinlich angeheftet an einem Baum, getragen durch 40 bunt bemalte Satyre, deren Einer den Stamm, die Übrigen die Seitenschnüre des Baumes werden gehalten haben. – Und nun kamen wieder zwei jener Masken, welche nur hellenischen Zuschauern verständlich waren: das Jahr, | ein riesiger Mann in tragischem Aufzug, mit einem Füllhorn im Arme, und die vierjährige Epoche, ein reichgeschmücktes Weib von herrlichem Wuchse, in der einen Hand einen Kranz von Persäa, in der andern einen Palmzweig; durch diese Allegorien erinnerte das Fest, welches ja ein vierjähriges war, gleichsam an sich selber. Nach weitern dionysischen Comparsen und Sinnbildern schritt einer der Priester des Gottes, der aber zugleich ein namhafter tragischer Dichter war, Philiskos, und ihm folgte das ganze Personal des Theaters von Alexandrien. Man muß sich hiebei erinnern daß nicht nur das griechische Theater überhaupt von den Festen des Dionysos herstammte, sondern daß es für die Griechen in den eroberten Ländern des Ostens ein sociales Band, ein Zusammenhalt ersten Ranges geworden war.

Bald darauf beginnt unter beständigem Geleit von Satyrn und Silenen eine Folge von Wagen, alle von Menschen gezogen, kleinere nur von 60, der größte von 600 Menschen, und dieser hatte auch die größte Plattform, von etwa 25 Fuß Breite zu 40 Fuß Länge, was von vornherein nur zu sehr breiten Straßen oder zu einem Raum wie der Hippodrom passen konnte. Der erste Wagen trug ein prachtvoll drapirtes Riesenbild des Dionysos, welches aus einem goldenen Becher Wein spendete und von einer Schattenlaube überwölbt war, an welcher Kränze, Bänder, Tamburine und Masken schwebend hingen; als Geleite folgten Priester und Priesterinnen und Schwärme verschiedener Art, darunter eine Menge von Mänaden in vier verschiedenen Nuancen, mit Dolchen und Schlangen in den Händen. Dann kam der Wagen der Nysa, jener Fabelstadt um welche sich Europa, Asien und Africa stritten, wo einst der Gott geboren worden; ganz im Sinne der antiken Städtepersonification trug er eine 12 Fuß hohe Nysa, welche durch eine Mechanik aufstehen und sich setzen konnte; auch hier war eine Schattenlaube angebracht und an den Ecken des Wagens vier goldene Leuchter. Das Nächste war dann dem Dionysos als Gott des Weines gewidmet: ein Wagen mit einer colossalen Kelterbütte, wo 60 Satyre unter Gesang eines Winzerliedes die Trauben zu stampfen schienen; wenigstens floß beständig Wein vom Wagen, und ebenso von einem folgenden, auf welchem sich ein Schlauch befand, aus Pardelfellen zusammengenäht, und etwas wie 500 Saum fassend, wenigstens scheinbar. Dann ein riesiger silberner Mischkrug, reich figurirt, auf einem besondern Wagen, und nun beginnt eine Reihe von Allem was nur Gefäß heißt, offenbar zum Theil sehr groß und nur für diesen Zug als Decorationen gearbeitet, zum Theil äußerst kostbare wirkliche Prachtsachen aus den Schatzkammern: Hydrien, Amphoren, Mischkrüge, Kühlgeschirre, Dreifüße, Tische, ja ganze colossale Rundbuffets, davon eines für lauter Goldgefäße, und was nicht gefahren wurde, das wurde von 1600 Knaben getragen. {Es scheint daß von dem massenhaft mitgeführten Wein während des Zuges den Zuschauern zu kosten gegeben wurde; «sie wurden alle süß gemacht».} Auch kleine Gruppen welche den Mythus des Gottes darstellten, zB: die Brautkammer seiner Mutter Semele wurde daher getragen oder geführt; | und die einzelnen Figürchen trugen Gewänder von Gold mit Edelsteinen. (Daß es solche Gruppen in Glaskasten gab, beweist ein palatinisches Wandgemälde).

Und abermals folgen die größten Wagen. Der eine trug die Grotte des Dionysos, aus deren tiefem Schatten während des ganzen Zuges wilde Tauben und Turteltauben hervorflatterten, mit Bändern an den Füßen damit die Zuschauer sie leicht fangen konnten. Aus der Grotte floß eine Milchquelle und eine Weinquelle; die Nymphen aber welche dort irgendwie beschäftigt waren, sammt dem Götterboten Hermes möchten wohl nur Statuen oder Wachsbilder gewesen sein. Der folgende Wagen eröffnete den Mythus von der siegreichen Heimkehr des Gottes aus Indien; 18 Fuß hoch gebildet lagerte er auf einem bekränzten Elephanten, auf dessen Hals ein jugendlicher, aber ebenfalls riesiger Satyr als Kornak saß. Jetzt kam die lebendige Beute welche der Gott mitgebracht, und hiezu werden die königlichen Casernen, Marställe, Meierhöfe und Menagerien das Meiste geliefert haben: fünf Schaaren Esel, von Satyrn geritten, mit Geschirr von Gold und Silber; 24 Viergespanne von Elephanten, dann jedesmal in großen Zahlen Gespanne von Böcken, africanischen Hirschen, Straußen und Kameelen; dann, von Maulthieren gezogen, Zeltwagen mit gefangenen indischen Frauen; ein Zug von Kameelen mit indischen Specereien; zinsbare Aethiopen welche 600 Elephantenzähne und 2000 Ebenholzstämme trugen; eine endlose Schaar von Jägern mit Hunden der vornehmsten fremden Racen; Käfige mit Papageien Pfauen u. s. w.; fremde Schafe und Rinder; ein weißer Bär, Pardel, Panther, Luchse und endlich ein Nashorn aus Aethiopien.

Es folgte der letzte ganz große Wagen der πομπή des Dionysos, und hier war in einer kühnen Doppelgruppe offenbar von drapirten Figuren seine Verherrlichung mit der des Herrscherhauses allegorisch verflochten. Man sah den Gott, von Hera verfolgt, zum Altar der Rhea flüchtend, ferner Alexander d. Gr., Ptolemäos den Vater des Philadelphos, endlich die Statuen der Trefflichkeit (ἀρετή) und der Stadt Korinth. Die offenbare Unvollständigkeit der Beschreibung macht es uns schwer, den Zusammenhang zu deuten, jedenfalls aber gehörte Alexander schon als Eroberer von Indien recht wohl in einen Zug seines göttlichen Vorgängers. ⌊Und die Stadt, welche diesen Zug schaute, war überdieß seine Gründung.⌋

Dann kamen, wahrscheinlich einzeln thronend auf ebensovielen Wagen, die Personificationen aller derjenigen Griechenstädte in Asien und auf den Inseln, welche durch die Siege des Macedoniers von der persischen Knechtschaft befreit worden. Und noch einmal Attribute des Gottes in riesiger Größe: ein goldener Thyrsosstab von gegen 140 Fuß Höhe, und eine Lanze von 90 Fuß. Dreihundert Kitharspieler machten den Beschluß, und es wird ausdrücklich gesagt daß sie zusammenspielten. Ob sie gleichwohl, für unsere Ohren, gegen das Geräusch des Zuges hätten aufkommen können, lassen wir dahin gestellt. Gleich darauf folgten noch 2000 prächtig geschmückte Stiere, wahrscheinlich für das Hauptopfer und diese werden sich kaum völlig still verhalten haben.

| Von hier an, da die Züge anderer Götter beginnen, wird die Beschreibung offenbar ein unordentliches Excerpt; für den allgemeinen Character der Procession sind besonders bezeichnend die höchst colossalen Götterattribute und Opfergeräthe vom Maßstab jenes Thyrsos und jener Lanze; so sah man daherfahren einen haushohen Dreifuß, einen Stab des Hermes, einen Blitzstrahl des Zeus, einen mystischen Kranz von 120 Fuß Umfang und eine ganz riesige Trophäe von Waffen. Am liebsten aber möchten wir uns denjenigen von vier Elephanten gezogenen Wagen vergegenwärtigen welcher wiederum Alexander, dießmal von Gold, zwischen Nike und Athene trug. Auch für Zwecke des Augenblickes wurden vielleicht damals in Alexandrien Künstler in Anspruch genommen, deren sonstige Werke noch immer jener ganz großen hellenistischen Kunst angehörten, von welcher uns die pergamenische Schule einen so erhabenen Begriff giebt.

Den Beschluß machte der Aufzug der ganzen ptolemäischen Heeresmacht, 56,600 Mann zu Fuß und 23,000 Reiter, alle in der ihnen zugehörenden Uniform und Rüstung. Es ist nicht undenkbar, daß der ganze Zug dießmal mit so unerhörter Pracht ausgestattet worden, weil Philadelphos einen seiner erfolgreichen Feldzüge kurz vorher vollendet hatte. Vielleicht hat selbst Rom in der Folge kein Prachtschauspiel mehr gesehen wie gerade dieses war. Aber ein unabweisbares Gefühl sagt uns doch daß für uns der Anblick jenes Panathenäenzuges in der perikleischen Zeit wünschenswerther erscheinen würde.

———

In neuerer Zeit, zu Ende des XV. und Anfang des XVI. Jh. lebte ein deutscher Kaiser welcher einem Prachtzug ähnlich wie der ptolemäische wenigstens nachsann. Von irgend einer Verwirklichung konnte bei den leeren Kassen keine Rede sein, aber Max I. gönnte sich wenigstens das volle Gedankenbild; er dictirte 1512 seinem Schreiber Treitzsaurwein die sämmtlichen Bestandtheile des Zuges und Hans Burgkmayr von Augsburg, dessen Phantasie sich leicht und gerne der des Kaisers anschloß, schuf die Zeichnungen welche vorzüglich gut in Holz geschnitten wurden. So entstand der Triumphzug in … Platten, ersonnen von dem alternden Kaiser mit der Lust eines Kindes an Allem was prächig und vergnüglich ist, zugleich mit dem Pathos eines Jägers, Ritters und Soldaten, und Alles getragen von dem Hochgefühl habsburgisch-spanischer Weltherrschaft. Den Zug des Philadelphus hatte nur geschaut wer an einem bestimmten Tage des III. Jh. in Alexandrien war; der Triumphzug Maximilian's im Holzschnitt wäre beim längern Leben des Kaisers im ganzen heiligen Römischen Reich auf den Märkten verkauft worden und man hätte überall erfahren wie er triumphiren würde wenn er die Mittel besäße; vom ptolemäischen Zug haben wir Worte übrig, vom maximilianischen die ganze reiche Erscheinung. Freilich hat jener wirklich Statt gefunden und dieser nicht, aber Max, nachdem er sich mit diesen Phantasien gute Tage gemacht, konnte dann wieder unbefangen zu andern Phantasien übergehen. Und wie wenige Leute hatte er damit bemüht! und nur solche die ihm dabei gewiß gerne dienten: den Schreiber, den Maler und die Holzschneider.

Matthias Grünewald

| *M. Grünewald,* als Aschaffenburger vom untern Main; daher, wem es Vergnügen macht, ihn noch zu einer «fränkischen Schule» rechnen mag. In der Formengebung müßte er dann einige Verwandtschaft mit Riemenschneider haben wovon nichts zu entdecken ist. Auch von A. Dürer hat er gar nichts und dieser hätte sehr viel eher von Grünewald lernen können. Auch von italienischer Einwirkung ist nichts spürbar.

Die Hauptsache sind:
a) eine sehr außerordentliche Phantasie in zwei Richtungen:
α) eine von andern Meistern unabhängige Vorstellungskraft; das Heilige verbildlicht sich hier noch einmal ganz selbständig; –
β) eine Phantastik von höchster Kraft und Eigenthümlichkeit; Fulguration des Visionären und Dämonischen
b) eine Reihe neuer optischer Überzeugungen welche Grünewald nur sich selbst verdankte:
α) die Gewandung in großen Maßen und Flächen, völlige Befreiung von allem Geknitterten und aller Knechtung unter bestimmten Gewandstoffen; dieselben zwar meisterlich dargestellt, aber dießmal im Dienst des Ganzen und es sind andere Stoffe als bei den Zeitgenossen.
β) Ein ganz neues Princip des Colorites,[1] insofern die Composition nach Farben hier zum ersten – und letztenmal in der alten deutschen Kunst auftritt; – ferner die Meisterschaft im Helldunkel und Reflex – wozu noch eine erstaunliche Modellirung.
Er konnte dieß Alles leisten weil er seine Zeit und Kraft nicht mit Illustrationen verlor.

Altar von Isenheim – Museum von Colmar
Der S. Sebastian, Meisterwerk der Modellirung und der Tonstimmung, im Character zwar nicht ideal, aber ein energischer Dulder, das Ganze gestimmt zur feuerrothen Draperie.

Der S. Antonius höchst großartig; das geschloßne Licht, die grandios geworfene Gewandung, die Unbekümmertheit um den Teufel am Fenster.

---

1 Neue Farben- und Lichtwerthe.

Die Versuchung des S. Antonius: Das eigentliche Thema: der Tagesanbruch am Ende eines entsetzlichen nächtlichen Kampfes; die Dämonen sind bei allem Barocken wirkliche Persönlichkeiten, wie sie dem Grünewald selber im trüben Dämmer erscheinen mochten, und nicht lächerliche Formenmischungen wie bei Hieronymus Bosch.

S. Antonius und S. Paulus; Antonius hier der 1516 verstorbene Stifter; das würdigste Haupt, das herrlichste fallende Gewand; S. Paulus eine eigenthümliche Gestalt der Ascese; dazu die oberrheinische oder fränkische Thebais, lauter Grün, moosig behängte Stämme, Durchsicht durch eine Schlucht auf das Waldgebirge.

Maria mit dem Kind – und als Fortsetzung davon: Das Engelconcert im gothischen Pavillon...

Dieß und das Übrige: Verkündigung – und Auferstehung.

Der Crucifixus der Außenseite der Außenflügel. Sowie die Predella: Beklagung des Leichnams. Und endlich die Innensculpturen des Schreins. Siehe meine Vorlesung über das Museum von Colmar.

Das Bild der Pinacothek (St. Mauritius und S. Erasmus) für die von Cardinal Albrecht erst 1518 erbaute St. Moritzstiftskirche zu Halle bestellt, also wahrscheinlich später als der Altar von Isenheim.

Referat «Allgemeine Schweizer Zeitung» Nr. 271, vom 14. 11. 1885

Historische und Antiquarische Gesellschaft. Hr. Prof. Jac. Burckhardt sprach in der Sitzung vom 12. ds. über den deutschen Meister Matthias Grünewald aus Aschaffenburg, dessen wenig zahlreiche sichere Werke ihm eine hervorragende Stelle unter den deutschen Malern anweisen. Ueber seine Lebensumstände ist uns nur wenig bekannt; zur Zeit des Cardinalerzbischofs Albrecht von Brandenburg hielt er sich in Mainz auf und wurde von diesem Kirchenfürsten beschäftigt. Es finden sich von ihm mehrere Gemälde in München, zwei, ein Crucifixus von erschreckender Realität und eine Kreuztragung (beide der Sammlung Habich zugehörig) im Casseler Museum, der sog. Isenheimer Altar in Colmar, und in unsrem Basler Museum ein unzweifelhaft ächtes und ein bestrittenes Bild. Aus diesen Werken nun geht hervor, daß Grünewald durchaus einen eigenen Entwicklungsgang verfolgte, und beispielsweise von Dürer's Einfluß unberührt blieb. Er ist der Meister des Helldunkels und bringt in glücklichen Momenten wahrhaft wunderbare Farbeneffecte zu Stande; vor Allem liebt er das visionäre Licht. Der für die Antoniterpräceptorei zu Isenheim im Elsaß zu unbekannter Zeit geschaffene, mehrflüglige Altar im Colmarer Museum lässt diese Eigenschaften Grünewalds besonders hervortreten. Die meisten Bilder dieses Altars, eine Verkündigung

Mariä, eine Madonna mit dem Kind im Freien, ein wundervolles Engelconcert von ganz eigenthümlicher Auffassung, eine Auferstehung Christi
und verschiedene, besonders schöne Heiligengestalten (Sanct Antonius
der Abt, Paulus der Einsiedler, Sanct Sebastian) stammen zweifellos von
dem Meister, während die Außenseiten der Außenflügel eine Kreuzigung
und die Predella eine Grablegung aufweisen, welche beide Bilder nicht
ganz auf der Höhe der übrigen Theile stehen. In der Discussion wurde
deßhalb die Vermuthung ausgesprochen, diese Bilder möchten von einem
Gehilfen des Meisters, vielleicht seinem Bruder Hans herstammen. In
diesem Fall wäre auf Hans von Aschaffenburg auch die Kreuzigung in
Cassel und diejenige in unsrem Museum zurückzuführen. Treffliche Photographien unterstützten die Ausführungen des Herrn Referenten; doch
gehört grade Grünewald zu den für Photographen am wenigsten dankbaren Autoren. Das bei ihm mit Vorliebe gemalte visionäre Licht mit seinem gelblichen Schein projicirt sich auf die Photographie dunkel, so daß
lediglich mit Hilfe dieser Abbildungen schwerlich jemand sich einen Begriff von dem Meister wird machen können.

Format und Bild

*
* *

Aufmerksam wird man heute auf das Format von Bildern und Kupferstichen beinahe nur: wenn es sich beim Schmuck einer Wand um Pendants handelt. Zu beiden Seiten einer Thür oder einer Uhr oder eines Spiegels oder eines größern Bildes u. dgl. wünscht man Bilder zu haben welche vor Allem in der Größe ungefähr gleich, und im Format der Bildfläche einander wenigstens ähnlich seien, – solche bringt man dann in identische Rahmen. Hochbild zu Hochbild – Breitbild zu Breitbild von möglichster Homogeneität.

Kupferstecher und Verleger haben sich nicht selten auf diesen Wunsch eingerichtet, und dabei den Originalen ungescheute Gewalt angethan. ⌊Man kömmt bei den berühmtesten Kupferstechern auf die größten Rücksichtslosigkeiten, ja auf eine wahre Gleichgültigkeit gegen Format und Gesammtumfang der Bilder. Besonders sind ihnen die ungewohnten Formate der Fresken verhaßt und sie ziehen obere Bogenabschlüsse gern in's Viereck, auch bei Staffeleibildern.⌋

Rafael Morghen gab zunächst dem Cenacolo einen beliebigen Gesammtumriß und stimmte hernach das Pendant dazu: Guido's Aurora, durch Zusatz von Wolken oben und unten. Und dieß in einer faden Kunstzeit. Weitere Veränderungen sogar im Contour der Bilder selbst, ohne Zweifel damit sie mit einem andern Stich Pendant machen: es giebt eine Lithographie (oder Stich) des Sposalizio, welche das obere Halbrund durch einen geraden Abschluß ersetzt![1]

Solchen Freiheiten wird hoffentlich die Verbreitung der Photographie ein ewiges Ende machen. ⌊Nur traue man bloß solchen Photographien welche den Rahmen mit darstellen. Anderes Unheil stiftet die gewöhnliche Photographie: Oft ist sie gegen die Ränder der Bilder hin nicht gut – etwa zu dunkel – gerathen und man schneidet dieß ab. Oft ist ihr eigener Rand verletzt – man schneidet ihn ab. Oft ist sie nach Stichen gemacht, deren Willkürlichkeiten sie ohne Weiteres theilt. Sicher ist die Integrität

---

1 Auch der Contour soll heilig sein.

des Bildes nur wenn die Photographie den Ansatz des Rahmens, resp. der Einfassung mit enthält.⌋

Folgt: wie groß die Formatfrage ist – und von wie hoch und weit sie herkommt.

| Im Großen – nämlich in der ganzen monumentalen Kunst – schreibt die Architectur sie vor: Wandflächen – Lunetten – Kuppeln – Gewölbe – Giebel.

Eins der stärksten Gebote das sie je hat gegen eine ihrer sogenannten Schwesterkünste ausgehen lassen: Die Sculptur hat den griechischen Tempelgiebel mit Gruppen ausfüllen müssen, welche von sich aus nie auf dieß Format gerathen wären. ⌊Dennoch aber darin das Herrlichste geleistet hat was wir besitzen.⌋ Die Metopen des dorischen Frieses: annähernd das Quadrat, für Malerei, dann für darstellendes oder erzählendes Relief. Dann der fortlaufende Fries, vielleicht einst mit beliebigen Erzählungen in Malerei oder Sculptur ausgefüllt; in der Folge entwickelt er, vorwiegend in Kampfdarstellungen, die höchsten und bleibenden Idealgesetze des Reliefs. Es würde später auch kein pergamenischer Altarfries entstanden sein, wenn nicht der Tempelfries zuvor die Gattung festgestellt hätte.

Der römische Tempel und seine große Nische; sie ist kein Format an sich, aber sie verlangt von dem Sculpturwerk, daß seine Dimension und Proportion mit ihr in Einklang stehe.[1] Sie bildete mit demselben ohne Zweifel ein ideales Ganzes. Dito die Tabernakel oder Aediculae (schon die der griechischen Kunst, s. die pergamenischen in Berlin) in bestimmter Beziehung zu den darin aufzustellenden Bildwerken. (Wohl existirte daneben im Alterthum eine reiche Sculptur für völlig isolirt aufgestellte einzelne Gestalten im Freien – und für Gruppen im Freien, auf gerade oder halbrund laufenden Postamenten – dergleichen in der neuern Welt nie wieder vorgekommen ist. – Die heutige freie Denkmalstatue wünscht womöglich doch einen symmetrischen, baulichen Hintergrund).

| Die Herrschaft über die Formate in der altchristlichen, byzantinischen, romanischen Baukunst eine absolute, mit kaum bemerkbarer Rücksicht auf die besondern Wünschbarkeiten der Sculptur und Malerei – und nicht nur die Baukunst herrscht, sondern das Sachliche über das Formale, das Was über das Wie. Genügend: die gewaltsam gestreckten Statuen in der Einwärtsschrägung der romanischen Portale. Die Felder jeder Art von Wölbungen wurden der Malerei oft sehr rücksichtslos als Formate auferlegt. Das einzig günstige und für die Kunst folgenreiche Format: die Lunette (volles oder gedrücktes Halbrund, später der Spitzbogen).

---

1 Dazu die außerordentliche Freiheit der Formate an den Gewölben.

Die Gothik: das Wichtigste hier: der Tabernakel als Gehäuse einer Statue; starkes Hochformat, starke Betonung alles Verticalen. Sculpturen in Giebeln müssen sich nach deren Steilform richten. (Die schöne Marienkrönung im Freiburger Portalgiebel). Die Portale: starke Sachknechtschaft in den historiirten und Weltgerichtslunetten und in den Figurinen und Gruppen der Hohlkehlen; die edle und einfache Lunette von Marburg: Auf Reben- und Rosenranken Maria und zwei kniende Engel; von einem nur mäßigen Meister, aber von großer Formatschönheit.

Die gemalten Fenster des echten Styles:[1] Das Gebot des Stabwerks; das Erzählende in Medaillons gegeben, weil es nicht fehlen durfte; die künstlerisch berechtigte Aufgabe aber nur Einzelfiguren unter Baldachinen.

| Die Renaissance: sie ist, abgesehen von ihren Formen, die Architectur der Verhältnisse, der schön wirkenden Eintheilung von kubischen Maßen und von Flächen jeder Art, und hier finden sich nun von selbst Formate, in welchen sich Sculptur und Malerei wohlfühlen, schon weil auch Rücksicht auf sie genommen wird. Vor Allem Breitwände und Hochwände für Fresken;[2] bei Wachsen des Maßstabes der Gestalten und Vereinfachung der Composition erhält die Anordnung im Raum die höchste Wirksamkeit und Schönheit. Dazu eine Gewölbe- und Kuppelmalerei, welche zuerst in strenger Eintheilung (Michelangelo's Gewölbe der sixtinischen Capelle, Rafaels Säle) dann endlich in einheitlichem idealem Empyreum (Correggio) das Allerhöchste geleistet hat. – Das Pendentif und seine Bedeutung.

Freilich dann in der Gewölbemalerei baldige Verwilderung: von Seite der Künstler durch rasches Extemporiren, von Seite der Besteller durch sachlich ungehörigen Inhalt; das Biegen und Krümmen der Formate; die Beliebigkeit der Cartouchen, welche (plastisch oder gemalt) eine Fülle besserer oder schlechterer Improvisationen enthalten.

Vollends im Barockstyl: die völlige Willkür des Formats und die geschwungenen Ränder alles Einrahmenden.

Die neuere Kunst hat dann die Schönheit der strengern Eintheilung und deren Stimmung zu einem weise abgestuften idealen Inhalt wieder gefunden: Säle von Cornelius in der Glyptothek. ⌞Von den Hauptbildern bis zu den Zwickelformaten⌟

| Bis hieher nur Baukunst und Sculptur in ihrem Wechselverhältniß und schon dieses reichlich genügend um zu beweisen, was a) die an einem Gebäude der Sculptur und Malerei gegebene Stelle und b) das untrennbar mitgegebene Format bedeuten kann.

---

1 Straßburger Münster: Urtheil Salomo's, in vier Abtheilungen je eine Figur: Salomo, gute Mutter, Henker mit Kind, böse Mutter.
2 Ihr Bogenabschluß in allen gewölbten Räumen.

Die bildende Kunst aber hat offenbar Ursache, ein solches Gegebenes im Ganzen dringend zu wünschen, sonst hätte sie sich nicht gelegentlich in ein so hartes Anerbieten, wie zB: das der griechischen Giebelgruppen mit solcher Hingebung gefügt.

Dieß Gegebene ist vor Allem eine Begrenzung, ein Abschluß; es sichert die Kunst vor dem Zerfließen in's Endlose. ⌊Das Format ist die Abgrenzung des Schönen gegen den ganzen übrigen Raum.⌋

Das Format im Allgemeinen aber kann sein: a) ein durch die Architectur Gegebenes; b) ein frei gewähltes, so bei den meisten transportabeln Gemälden; c) eine Mitte halten etwa manche Altargemälde, bei welchen etwa die Breite gegeben, die Höhenrichtung eher frei war.

Das Format ist nicht das Kunstwerk, aber eine Lebensbedingung desselben, viel mehr bedingend als der Maßstab, welcher zB: in der Abbildung sehr starke Reductionen zuläßt, wobei dennoch das Kunstwerk noch zu einem hohen Grade von Wirkung kömmt.

Völliger Ruchlosigkeit bedurfte es, um Bilder zu beschneiden, damit sie in Galerien symmetrisch mit andern figurirten;[1] die Missethaten der Wiener Stallburg.[2]

Der Meister empfindet seine Malerei einheitlich mit ihrer Begrenzung und in strengstem Bezug zu derselben; er allein hat die Ränder anzugeben. Man soll daher auch dem Rahmenmacher nicht die mindeste Vollmacht lassen, über das Bild hinein zu greifen. – Die sehr wichtige Rahmenfrage hier zu übergehen.

| Die einzelne Theilfigur: Brustbild – Halbfigur mit Händen – Kniestück (stehend oder sitzend). Nach dem Inhalt: Porträt, Idealfigur, Genrefigur, auch zahlreiche heilige Gestalten. Nach der Umgebung: Landschaft, bauliche Ansicht, Inneres eines Zimmers oder sonstigen Raumes,

---

1 Der große vaticanische Tizian!
2 Die Stallburg: Engerth, Gemälde etc. p. XLVII: Im Auftrag Carls VI. 1720–1728 durch Graf Althann und Inspector Bertoli elf Zimmer resp. Säle der Stallburg zur kaiserlichen Galerie eingerichtet. ⌊Die Räume «gewölbt und klein».⌋ Die Säle erhielten Holzgetäfel und Goldverzierungen, die Bilder gleiche, reich geschnitzte Rahmen, schwarz mit Gold. Die Bilder der Decoration des Ganzen untergeordnet; über den Thüren womöglich Ovale, und somit quadratische Porträts von Tizian, Van Dyck etc. zu Ovalen beschnitten. Dagegen schmal beschnitten, weil für schmale Pfeiler, wurden alle Porträts von Tintoretto. An den schmälsten Pfeilern Festons von lauter kleinen Porträts in ovalen Rahmen, daher «viereckige kleine Bilder zu Achtecken umgewandelt» (ob für diese ovalen Rahmen?) – Bei der Übertragung in's Belvedere ersetzte man an vielen Bildern das Abgeschnittene. «Glücklicher Weise» war in den meisten Fällen nur vom Hintergrund abgenommen worden. (Ich fürchte, Engerth verschweigt die Hauptgräuel, nämlich die Verstümmelung großer Bilder zum Zweck der Symmetrie!)

vorherrschend aber ein neutraler Ton, der als Luft oder als Wand verstanden sein kann.

Hohe Wichtigkeit von Format und Umfang; die Wirkung des herrlichsten Kopfes kann verdorben werden, wenn von diesem scheinbar gleichgültigen Raum oben eine Handbreit abgeschnitten wird, und ebenso wenn man beide Seiten oder gar nur eine davon beschneidet. Im Belvedere sind mehrere der herrlichen Venezianerinnen des Palma vecchio und Tizian damit stark beeinträchtigt worden, abgesehen von ihren Übermalungen; es sind jetzt doppelte Ruinen.

Gerade die einzelne Theilfigur ist für die Formatfrage besonders lehrreich. Bei der Wenigkeit der Formen und der Lichtaccente ist deren richtiges, vom Künstler bestimmtes Verhältniß zur Gesamtfläche umso wesentlicher. Selbst Maler welche sonst es mit dem Format weniger genau nehmen, wie zB: Rembrandt, sind hier strenger; sein wunderbarstes Selbstporträt, das der National Galery, hat ein Verhältniß zum Umfang welches wie auf der Goldwage abgewogen scheint.

| Leider sind gerade Porträts nur zu oft oben, unten oder auch an den Seiten gekürzt worden, damit sie in einer Reihe mit andern Porträts symmetrisch seien, «hineinpaßten».

Italiener des XV., Deutsche des beginnenden XVI. Jh. begränzten ihre Halbfiguren, sowohl Porträts als Madonnen und Heilige, gerne vorn durch eine Steinbank. Spätere Besitzer haben etwa ein Stück davon weggesägt, spätere Stecher Theile davon weggelassen. Und doch war dieser steinfarbene untere Rand nicht umsonst im Bilde und half dessen wesentliches Format bestimmen und wirkte auch in der Farbe als steinfarbene Fläche. Und der Maler hatte doch gewußt was er that.

Völlig klar wird dann das Verhältniß der einzelnen Theilfigur zu ihrem Format in denjenigen Madonnen Rafaels, welche Theilfiguren sind; das mäßige Oblongum-Hochformat bildet mit der Darstellung ein absolutharmonisches Ganzes, und wo irgend dieser Wohllaut nicht völlig vorhanden wäre, dürfte man schließen, daß das Format durch nachherige Verstümmelung oder durch Übergreifen des Rahmens oder durch Willkür des Stechers Nachtheil gelitten habe:[1] Madonna del Granduca, Madonna di Casa Colonna (Berlin), Madonna del velo (München Pinacothek und Galerie von Turin) ⌊Madonna di casa Tempi, Madonna des Lord Cowper, Vierge d'Orléans⌋. Schon die eine der beiden frühern Berliner Madonnen. Von Rafaels Porträts: Hier nur das Kniestück Julius II. zu erwähnen, ewiges Vorbild aller Kniestücke im Verhältniß zum For-

---

[1] Es ist kaum einem Stich zu trauen und einer Photographie nur dann wenn sie den Rahmen noch mit enthält.

mat. – Nebst dem der Johanna von Aragonien. (Hat der Geigenspieler Sciarra seinen echten Umriß?)

| Das Format und die *erzählende* Malerei. Hier anscheinend ein verschiedenes Verhalten der mehr idealen, auf Composition und Zeichnung beruhenden Kunst – und der mehr realistischen und coloristischen. Für erstere sind Rahmen und Format eine Begrenzung, welche mit den Linien der Composition ein strenges, feierliches Ganzes bildet. Für letztere ist der Rahmen gleichsam eine Oeffnung der Wand, durch welche man einen wirklichen, oft glühend beleuchteten und höchst momentanen Vorgang erblicken soll.[1] Hier hat das Format sich mehr nur im Allgemeinen (?) nach der Wünschbarkeit zu richten welche der Vorgang mit sich bringt;[2] es darf nicht widersinnig sein. ⌊Immerhin ist Rubens u. A. noch sehr empfindlich für das Format.⌋

Oft ist jedoch eine vorgeschriebene Aufgabe in einen schweren Widerspruch getreten mit einem ebenfalls *von außen vorgeschriebenen Format:* ⌊(Folgen die Fälle da die Besteller oder ein feststehender Usus die Schuld tragen):⌋ Eine Reihe von Ereignissen, welche zusammen einen Cyclus bilden und in einer Reihe von völlig gleichen Flächen, zB: an den Wänden oder in den Lunetten eines Klosterkreuzganges dargestellt werden mußten, waren nur höchst ungleich für das sich identisch wiederholende Format geeignet.[3]

In Venedig, wo man das Fresco vermied, trat eine Breitbildmalerei auf Tuchflächen an dessen Stelle, welche über der geschnitzten Vertäfelung der Wände hinläuft und bisweilen dem Thema höchst ungünstig ist. Sie ist dem Thema bisweilen direct ungünstig oder nöthigt dasselbe doch zu einer Anordnung, neben welcher sich eine größere, ergreifendere denken ließe. Lange, friesartige Historien passen ohnehin eher in einen idealen als in einen realistischen Styl und in coloristische Voraussetzungen. | Die Andachtsbilder der Dogen im Palazzo ducale lassen mehrfach himmlische Erscheinungen bis nahe an die Erde rücken.

In solchen Fällen der Disharmonie, an welchen ja der Künstler nicht Schuld war, wird man oft noch genug zu bewundern finden, wenn es ein großer Meister ist. Sowohl im Einzelnen, als auch in der Geschicklichkeit womit er die Disharmonie weniger fühlbar macht, und ein malerisches Ganzes schafft. – Tizian's Fides mit dem Dogen Grimani. Die genannten Fälle sind solche, da wenigstens zur Entwicklung einer Historie noch immer Raum genug übrig zu bleiben pflegt nach der Breite hin.

---

1 zB: Tizian, Bacchanal der National Galery
2 Auch Licht- und Farbenaccente verlangen doch sehr den Einklang mit Format und Raum.
3 Hieher überhaupt die Gefahren des Cyclenmalens.

Tiefer zu beklagen ist die Einzwängung eines figurenreichen, oft sehr wichtigen Vorganges in ein schmales Hochformat. Der nordische Altar des XV. und beginnenden XVI. Jh.; die Mitte vorherrschend ein Schrein mit geschnitzten Statuen oder Gruppen, verschließbar mit Flügeln welche innen und außen bemalt sind.

Gegeben war eigentlich für solche schmale Hochtafeln: die Einzelgestalt oder etwa Gruppen von zwei Gestalten, – aber sehr häufig wurden heilige Ereignisse verlangt. War das Format noch irgend erträglich, so erreichte ein H. Baldung in solchen Schmaltafeln noch immer Darstellungen wie die Heimsuchung und die Flucht nach Aegypten des Freiburger Hochaltars. ⌊Und Holbein: die Geburt und die Anbetung der Könige in der Universitätscapelle ebenda.⌋ Bei figurenreichen Darstellungen aber bot sich dann als nächste Auskunft: die Zweitheilung der Tafel | in ein oberes und ein unteres Ereigniß, die einander in der malerischen Wirkung Eintrag thun.

Und nun hat es geschehen müssen, daß (für einen wahrscheinlichen Altar unserer Rathhauscapelle) Holbein auf ganz besonders schmalen Tafeln acht Scenen der Passion, je zwei über einander, hat zu malen bekommen.¹ Neben allen hohen und einzigen Eigenschaften des Werkes wird man bewundern dürfen wie er die Schwierigkeiten des Formates umgeht und dem Blick einen weitern Raum vorzaubert, als der vorhandene ist, allein man würde ihn doch lieber sich ergehen sehen in Compositionen desselben Inhaltes in freigewähltem Raume. Die Tuschpassion, für Glasmalerei in günstigerm Format componirt, läßt ahnen was er geleistet haben würde.

Während die deutsche Kunst in ihrer Hochblüthe noch einer ältern Altar-Anordnung folgt, hat die italienische Kunst schon im XV. Jh., zur Zeit der Frührenaissance das mehrtaflige Altarwerk überwunden und die Zeit der Hochblüthe findet bereits das einheitliche *Altarblatt* vor, dessen Breite etwa bedingt wird durch die des betreffenden Altars, während die Höhe frei variirt und der obere Abschluß bald horizontal bald rund ist. Die höchsten Meisterwerke der italienischen Kunst zeigen uns nun den vollen magischen Einklang von Inhalt und Format, mag es sich um symmetrische Gnadenbilder oder um bewegte Erzählung handeln, um eine Madonna di Foligno oder eine Transfiguration. | Diese Werke halten die entscheidende Probe aus, daß sie beim geringsten Zusetzen oder Wegnehmen verlieren, daß man sich das Format nicht anders denken kann als es ist.

---

1 Was wir jetzt vor uns haben, sind die Außenseiten von Flügeln eines Schreins, ohne Zweifel von Innenflügeln.

Hieher das streng oder annähernd gleichseitig quadratische Bild: Im Alterthum: die Malereien welche in die pompejanischen Wandflächen eingelassen sind; Echo von πίνακες? welche etwa ebenfalls vorherrschend quadratisch waren? – In der Renaissance: das annähernde Quadrat eine Zeitlang in Florenz für Altarwerke beliebt: (Tafeln des Sandro, Altäre in Santo Spirito etc.). – Dann auf der vollen Höhe der Kunst: Fra Bartolommeo: die Madonna des Domes von Lucca, und Bilder in Florenz, Altar Pitti etc. Auch Mehreres bei A. del Sarto. – Bei Rafael: die Grablegung Borghese. Es sind gerade Bilder von höchstem Range.

Die deutsche Kunst: Dürers Allerheiligenbild (Belvedere).

Die profane Malerei: Tizian, mehrere mythologische Scenen, das eine Bacchanal von Madrid, das Bild der Fruchtbarkeit, Diana und Callisto, Diana und Actaeon (Bridgewater-Galery).

Dann im XVII. Jh. große und auffallende Bedeutung des Quadrats: in Italien von den Bolognesen (Guido, ⌊Guercino⌋ etc.) bis Neapel, für heilige wie für profane Historienbilder (Pietro da Cortona) und sogar für Landschaften; dann bei Rubens (Raub der Leukippiden etc.) – und bei mehrern Spaniern (Herrera, Zurbaran). ⌊Berghem's Schlachtbild in der Galerie von Haag.⌋ Sobald eine heilige Darstellung keine Glorie enthält, meldet sich das Quadrat wie von selbst. Nur Landschaften sagt man, dürfen nie Quadrate sondern nur entweder Breitbilder oder Hochbilder sein. Aber Italiener malten doch quadratische.

| Sonst wurden im XVII. Jh. Hochoval und Queroval beliebt, gegenwärtig als süßliche Formate wenig geachtet. Aber es giebt Madonnen in beiden Formaten von Guido Reni und Landschaften von Claude Lorrain; auch ist das Hochoval für Porträts beliebt gewesen u. a. bei Rembrandt. Diese Meister fanden bisweilen und je nach Umständen einen Vortheil im Wegbleiben der leeren Ecken, eine weitere Concentration der Mittel auf die Hauptsache.

In neuerer Zeit ist, abgesehen von der offciellen und monumentalen Malerei, das Format völlig frei dem Gefühl des Künstlers überlassen. Er muß wissen, welche Begrenzung seinem jedesmaligen Gegenstande angemessen ist, welches die demselben natürliche Lebensausdehnung im Raum ist.

Die ganze Malerei aber wird Nutzen davon haben wenn sie sich periodisch davon Rechenschaft giebt wie Meister höchsten Ranges das Format behandelt haben, und immer von Neuem wird man sich wieder auf Rafael zurückgewiesen finden.

Er zeigt zunächst wie sich die große ideale Anordnung in gegebenen, keineswegs günstigen Formaten zu bewegen hat. Die Säle des Vaticans welche er auszumalen hatte, waren, den Constantinssaal ausgenommen, unbedeutende Räume mit nachlässigen Kreuzgewölben; die Wandflächen boten ihm ungenau gemessene Halbrunde dar, mit unterm rechtwink-

lichem Ausgang, überdieß unten durch einschneidende Thüren und Fenster unregelmäßig unterbrochen; seine Malereien aber würden als denkbar vollkommenste Compositionen in solchem Raum schon die höchste Bewunderung erregen auch ohne jeden Blick auf das Einzelne, | und aus
5 jenen Unregelmäßigkeiten entwickelte er neue Elemente der Schönheit.

Das Format der Sybillen an einer Oberwand von S. Maria della pace ist ein längliches Viereck in welches von unten ein Rund einschneidet. Mancher geschickte Maler würde in eine solche Fläche irgend etwas Annehmbares hineingemalt haben, aber nur Rafael bringt durch die reine Voll-
10 kommenheit seines Werkes den Eindruck hervor, als hätte er gerade dieß desperate Format dringend verlangt und gar nicht andres haben wollen.

Für das gegebene Oblongum seiner Teppiche fand er wie von selbst den möglichst angemessenen Maßstab seiner Gestalten, den richtigen Augpunct, und eine gleichmäßig durch alle hindurchgehende Erzählungs-
15 weise, sodaß der Inhalt – die Apostelgeschichte – sich in einem und demselben Wohllaut durch den ganzen Cyclus verbreitet.

Wie er aber in den Tafelbildern mit frei gewähltem Format vollkommen ist in Betreff der Raumausfüllung, wurde bereits bei Anlaß einiger Madonnen und Porträts angedeutet. Da wir nun hier nicht seine ganze
20 Welt von Schöpfungen nach dieser Seite hin durchgehen können, so mag es genügen auf seine Rundbilder hinzuweisen.

Das Rundformat hat seine eigene merkwürdige Geschichte innerhalb der Kunstgeschichte. Aus dem fernsten hellenischen Alterthum schimmern uns die Schilde des Achill und des Herakles entgegen wie Homer
25 und Hesiod sie beschrieben haben, mit einer Welt von Bildwerken in concentrischen Streifen. | Dann lehren uns zuerst eine Anzahl vorzüglicher griechischer Stadtmünzen, wie ein Kopf, eine Gestalt, eine Scene des Mythus schön im Rund anzubringen sei, während die Gemme verschiedene, bisweilen ganz zufällige Formate zeigt, weil man die Fläche des kostbaren
30 Steins auf das Aeußerste ausnützen wollte. Unter den gemalten griechischen Vasen sind hier die Flachschalen wichtig,[1] weil ihr inneres Rundbild schon hie und da die möglichst schöne Anordnung von Gestalten und ganzen Scenen in dieser Einrahmung erreicht hat, und dasselbe gilt auch von den vorzüglichsten Spiegeln mit eingravirten Zeichnungen. In
35 der römischen Kunst folgt das Scutum, das Rundrelief in Stein oder Metall bis zu den Schalen des Silberschatzes von Hildesheim, auf deren mittlerem Rund in Hochrelief, ja fast in Freisculptur ganze Gestalten oder Brustbilder hervortreten; besonders dient bei den Römern das gemeißelte Rund für ein weit herausragendes Brustbild, ja für ein bloßes Haupt mit
40 Halsansatz. Die römischen Münzen aber, auch die trefflichsten, stehen je-

---

1 Hier die Drehscheibe als Mutter des Rundformats.

nen griechischen nach, und wenn sich, was die Malerei betrifft, in Pompeji eine Reihe von wundervollen Rundbildchen gefunden hat wie jene muthwilligen schwebenden Genien mit Attributen der Götter, so wagen wir diese wie alles Beste von Pompeji noch der spätgriechischen Kunst auf die Rechnung zu schreiben. – Im Mittelalter herrscht, wie oben gesagt, das Sachliche lange Zeit über alle andern Rücksichten, also auch über diejenigen, welche die Composition im Rund verlangen könnte, und in der gothischen Zeit hat man in die Rundeintheilungen des Maßwerks und in die Medaillon's auf Teppichgrund | womit die großen ansteigenden Glasflächen so vieler Kirchenfenster angefüllt sind, oft den ungehörigsten erzählenden Inhalt vertheilt. Und doch giebt es auch da Manches was innerhalb dieser Vorbedingungen vorzüglich heißen kann und Einzelnes in den Fenstern von Königsfelden gehört hieher.

Entscheidende Schritte that erst wieder die Renaissance, zum Theil in Nachfolge des Alterthums. Ihr verdankt man die große, meist in Erz gegossene Schaumünze, mit Köpfen in Profil oder Dreiviertelsansicht und trefflich in's Rund componirten Reversen; sie hat auch in marmornem Rund das Brustbild wieder zu einem neuen Leben gerufen, bald im Profil, bald von vorn und dann als kräftige Freisculptur aus einer Höhlung vortretend. Gleichzeitig aber erhob sich auch die Malerei, hauptsächlich die neugeborene florentinische des XV. Jahrhunderts; nicht für Kirchenbilder sondern für das Haus und für die Privatandacht entstanden Tondi, oft von bedeutender Größe und mehrere der wichtigsten Compositionen von Filippo Lippi, Sandro Botticelli, Domenico Ghirlandajo und Lorenzo di Credi sind Rundbilder. Nur allmälig entdeckte die Malerei die innern Gesetze dieser Gattung; sie stellte Anfangs ihre Gestalten und Ereignisse mit demselben Realismus in Tracht und Zügen, in derselben wirklichkeitsgemäßen Räumlichkeit – sei es Gebäude oder Landschaft – dar wie in Bildern anderer Formate. Erst gegen Ende des Jahrhunderts wurde ihr deutlich daß das Rund ein wesentlich ideales Format ist welches nur ruhige Gegenstände von idealer Schönheit erträgt und auf jeden genauern Hintergrund am Besten verzichtet.

| Inzwischen wuchs Rafael empor, und so wie er in mehr als Einer Beziehung die reinsten Resultate der florentinischen, nicht bloß der peruginischen Schule zog, so auch in der Behandlung des Tondo. (Es hat Copisten und Stecher gegeben welche seine Compositionen in's Achteck und in's Oval zogen!) Von allen stehenden Halbfiguren im Rund ist die kleine Madonna Connestabile (in Petersburg) das vollendetste Juwel; es ist jene Mutter welcher das Kind im Gebetbuch blättern hilft, in der Ferne die sanfteste Frühlingslandschaft. In der Madonna Terranuova (in Berlin) ist das Problem schon viel schwieriger gestellt: die Jungfrau fast bis zu den Füßen sichtbar im Freien auf einer Steinbank sitzend mit dem Kinde;

rechts und links die beiden Johannes als Kinder; die Anordnung ist ein noch nicht ganz gelungener Versuch, allein dieß vergißt man über der hohen Schönheit des Einzelnen.[1] In diese frühere Zeit fallen auch die drei kleinen einfarbigen Rundbildchen Glaube, Liebe, Hoffnung in der vaticanischen Galerie und diese sind so vollkommen schön im Raum daß man nichts anders wünschen kann als es ist. Großartig und aus der reifsten Zeit ist dann die Madonna di casa d'Alba (in Petersburg), das einzige Tondo wo Rafael es gewagt hat, die Mutter in ganzer Gestalt auf der Erde sitzend darzustellen. Nun bleiben uns noch zwei Bilder übrig, in welchen Rafael den Rund-Raum fast völlig mit den Gestalten ausgefüllt, und diese mit einer sonst unerhörten Lichtwirkung dem Beschauer sozusagen ganz nahe gebracht hat: die Vierge aux candelabres und die Madonna della Sedia. Die erstere ist mir in dem bezaubernd schönen Exemplar Robinson bekannt | wobei ich unentschieden lassen muß ob dieses oder das Exemplar des Lord Munro eigenhändig sei oder keines von Beiden; die Erfindung Rafaels wird Niemand läugnen. Neben der Halbfigur der Mutter mit dem prachtvoll entwickelten Kinde in hellem Tageslichte sieht man noch aus dem Halbdunkel hervortauchend zwei Engel mit brennenden Leuchtern, sodaß vom neutralen Grunde möglichst wenig mehr übrig bleibt. Von der Madonna della Sedia hier zu reden, ist vollends überflüssig; sie enthält so zu sagen die ganze Philosophie des Rundbilds als solchen so deutlich in sich, daß jeder unbefangene Blick sich hier davon Rechenschaft geben kann, was das schwierigste und schönste aller Formate und was ein Format überhaupt für die Darstellung bedeutet. Von der Mitte, dem Ellbogen des Kindes aus mag das Auge das Licht verfolgen, wie es durch das Bild wandelt, die holde Vertheilung des Nackten zur Gewandung, der ungezwungene Fluß der Linien, die richtige Wirkung der einzigen Senkrechten, nämlich der geschnitzten Stuhllehne. Freilich wird die Hinweisung auf diese Dinge etwa lästig und pedantisch befunden werden neben der wunderbaren Seele des Bildes, allein diese Seele bildet mit jenen scheinbar nur äußerlichen Vorzügen Ein untrennbares Ganzes.

Auch dem Rund in Fresco, welches an Gewölben und Kuppelzwickeln häufig angewandt wurde, hat Rafael einmal die allerhöchste Weihe abgewonnen: in der auf Wolken sitzenden Poesie mit den beiden Genien mit Schrifttafeln, am Gewölbe desjenigen Saales im Vatican, an dessen Wänden Disputa del Sagramento, Schule von Athen und Parnaß gemalt sind. Die Worte, welche auf den Schrifttafeln der Genien zu lesen sind und die Inspiration der Dichtung von oben andeuten: Numine afflatur – mögen hier für uns auch dem wunderbaren Maler gelten welcher dieses Tondo zu schaffen im Stande war.

1 Die Vierge au Palmier, Bridgewater Galery als nicht rafaelisch auszuschließen.

Van Dyck

Van Dyck

Lebensumstände.
⌊Geboren 22. Merz 1599, Jahrgänger des Velasquez, Rubens starb 30. Mai 1640, Van Dyck starb 9. December 1641⌋ Er überlebte den Meister nur um eineinhalb Jahre.

Einer der berühmtesten, jedenfalls bekanntesten Künstler; fast alle seine Werke Jedem verständlich und genießbar und meist großen Eindruck hinterlassend, neben allen andern Ursachen besonders weil er immer *anzieht*. ⌊Er hat la grâce⌋ Dabei fleißig bis an den Tod, nie erlahmt, stets inspirirt und reichlich in den Galerien vorhanden sodaß er vielen Beschauern zum alten Bekannten wird, dem man mit Freuden wieder begegnet.

Frage: ob er ein Meister ersten Ranges gewesen? Ja! sobald man vor den so vielen eigenhändigen und wohlerhaltenen Bildern steht, welche meist so wirken daß man nicht nur ergriffen ist, sondern auch gar nichts dazu oder davon thun, nichts ändern möchte. Allein auch bei der höchsten denkbaren Begabung und Willenskraft hängt es nicht immer von den Einzelnen ab, welche *Herrscher*stellung er in der Kunst einnehmen wird. Es kann ein Anderer vor ihm dagewesen sein, der auf lange Zeit und für einen halben Welttheil die Richtung angegeben hat.

Rubens, zweiundzwanzig Jahre älter, hatte die fleißigen und saubern, aber in den Maniren der römischen Schule befangenen Antwerpner Vorgänger gestürzt;[1] ausgerüstet mit der mächtigsten künstlerischen Individualität wie Lionardo, resp. Michelangelo. Dem Lionardo weit überlegen durch den enormen Willen und Drang des Darstellens, schöpferisch völlig im Sinne der Natur, geläutert durch die größten italienischen Vorbilder die ihm *gemäß* waren, nämlich durch Tizian und Paolo Veronese, mit einem riesigen Rayon von Aufgaben, vom Weltgericht bis zur Landschaftsskizze ⌊(alle Themata welche der ihn umgebenden Welt irgend lieb waren)⌋, Alles von Einem und demselben Geiste aus neu geschaut und neu gegeben, begeistert für das Geschehen innerhalb der idealen und historischen Welt, der größte Erzähler der ganzen Geschichte der Malerei,

---

1 Er hatte zum Medium ein Kunstland wie das damalige Belgien.

in Summa fähig, Alles irgend Wünschbare vorweg zu gewähren, *den Stoff* einer ganzen Schule vorweg aufzuarbeiten, zugleich aber diese Schule selber zu erziehen und als Gehülfen colossaler Unternehmungen an sich zu ketten.

Neben einem Solchen mußte Jeder, der ihm nahe kam, irgend in den Schatten gerathen, so groß auch sein Kunstvermögen, so ausgiebig seine Schöpfungskraft sein mochte. Es war aber kein Unglück, Schüler und Vasall des Rubens zu sein; man wurde dabei Mitgebietiger in einem großen blühenden Reiche. ⌊Wer gelernt hatte was bei Rubens zu lernen war, konnte sich wohlig der eigenen Kraft überlassen.⌋ Fromentin's Frage: was aus Van Dyck und den Übrigen geworden wäre, wenn man sich Rubens wegdenkt? Den mächtigen Ruck, durch welchen Rubens die ganze Kunst des Nordens neu orientirte, hätte Van Dyck mit all seinen eigenen Kräften doch nicht vollbracht; wäre er vielleicht in Italien geblieben und ein sehr großer Italiener geworden ⌊während dann die Manieristen in Antwerpen weiterregierten⌋? Es hat, wahrscheinlich zum Glück, anders kommen müssen.

Wohlhabend von Hause aus, sehr frühe reif, kam Van Dyck nach einer vielleicht nur kurzen Lehre bei Hendrik van Balen schon als Jüngling in die Werkstatt des Rubens ⌊(Mehr als etwas Latein wird er nicht von Schulbänken her gehabt haben)⌋; seine Fortschritte waren der Art daß er noch nicht ganz 19jährig Meister in der Malergilde wurde. Zwei Jahre später bei der großen Bestellung | für die Jesuitenkirche von Antwerpen wird dem Rubens bereits die Bedingung gestellt, diesen Gehülfen mitarbeiten zu lassen, und eins der zahlreichen Altarbilder wurde dem Van Dyck insbesondere aufgetragen.

Welches damals in eigenen Arbeiten sein Styl war, wissen wir sehr genau aus der Verspottung Christi und den dazu gehörenden Bildern des Pfingstfestes und der beiden Johannes im Museum von Berlin.[1] ⌊Auch aus dem Dresdner S. Hieronymus⌋ Es ist Rubens, und in seiner derbsten und herbsten Art, auch in dem körperlichen Typus,[2] welcher erst in der Folge bei Van Dyck eine so große Wandelung in's Edle und Vornehme erfuhr. Mit solchen eigenen Arbeiten und mit einer mehrmonatlichen Abwesenheit in England und Holland wechselte dann beständig die Hülfsarbeit an großen Werken des Rubens, wie man denn in der Galerie de Marie de Médicis bedeutende Partien der Hand dieses Schülers zuschreibt. Daß Rubens in eifersüchtige Sorge gerathen über das Emporkommen Van

---

[1] Hier scheint er ein Jordaens zu werden.
[2] S. Hieronymus ist ein verwildertes Individuum. Sein trunkner Silen (Dresden) könnte von Jordaens sein.

Dycks als Historienmaler und daß er ihn deßhalb auf das Porträt als die ihm besonders zusagende Gattung hingewiesen,[1] gehört zu dem Gerede, womit die niederländische Kunstgeschichte stellenweise heimgesucht ist. ⌊Das Gegentheil ist die Wahrheit.⌋

Die Jahre 1623–1626 brachte Van Dyck in Italien zu. Wir vernehmen nicht daß er irgend einen der damaligen berühmten Meister aufgesucht habe, auch nicht Domenichino, Albani oder Guido Reni[2] oder vollends die Nachfahren des Caravaggio; seinen niederländischen Landsleuten in Rom und ihrer rauschenden Gesellichkeit ging er aus dem Wege; mit der Hauptthätigkeit der großen Bolognesen, der monumentalen Frescomalerei, hatte er so wenig als Rubens eine Berührung; was er von Künstlern aufsuchte waren einige große Todte, vor allem Tizian und Paolo Veronese, gerade wie es einst sein Lehrer in Italien gehalten hatte; bei Lehrer und Schüler ist es hingegen bezeichnend, daß beide Coreggio eher umgangen haben. Von Tizian waren es außer den Porträts besonders einige kirchliche und mythologische Bilder der frühern und mittlern Zeit, welche auf Van Dyck den größten Eindruck gemacht haben müssen, indem das Wiederleuchten davon namentlich in seinen eigenen mythologischen Malereien sich eigenthümlich mit den Farben- und Lichtwerthen der Rubens'schen Palette verbindet.

Van Dyck hatte aber Italien betreten nicht nur als fertiger Künstler, der wenigstens als Colorist von keinem damaligen Italiener zu lernen hatte, sondern als diejenige glänzend vornehme Persönlichkeit, als welche er in der Erinnerung der Menschen lebt. Er hat in Bologna u. a. auch verweilt und muß doch von Guido, wenigstens von dessen Werken, einen Eindruck empfangen haben? –

| Van Dyck in Italien.
Er kam wohl um zu lernen, aber wie ein fertiger großer Meister lernt, und wesentlich um eine Laufbahn zu machen.[3] Bedeutende religiöse und Altarbilder: Die Grablegung Palazzo Borghese. Die Bilder für die Riviera und für Sicilien.[4] Aber vor Allem wurde er für drei Jahre der große Porträtmaler. Geringe Ausbreitung der damaligen Porträtmalerei in Italien,[5] ausgenommen Venedig; der florentinische Hof hielt sich bereits seinen Suttermans. In diese Lücke trat nun Van Dyck ein. ⌊Genua holte, als es Van Dyck hatte, plötzlich nach was es neben Venedig versäumt hatte⌋

1 Stellt das Münchner Porträt wirklich Van Dyck vor?
2 Doch etwa der Madonnenkopf Pitti?
3 Rubens war einst viel unfertiger hingegangen.
4 Cf. Bellori ein großes Gnadenbild. Vielleicht auch der Zinsgroschen (Duchesse Galiera).
5 Die italienischen Maler hielten das Porträt für eine geringe Gattung.

Van Dyck hatte in Rom das Glück, sofort denselben Cardinal Guido Bentivoglio[1] zu malen welcher bald darauf, circa 1627 der erste Beschützer des Claude Lorrain war. ⌊Für Bentivoglio auch ein crucifixus vier Palmen hoch, aufwärts blickend⌋

Namentlich aber nahm ihn Genua in Anspruch, wohin er von Rom, Sicilien, Venedig, mehrere Male zurückkehrte.[2] Die genuesischen Porträts – Bedeutung auch des Reiterporträts.[3] Allein wenn irgendwann, so entschied sich in Italien das Übergewicht des Porträtmalers über den Historienmaler.[4]

Van Dyck war vornehm gewesen in Sitte und Geschmack von Jugend auf, und Rubens muß ohnehin auf seine ganze Umgebung gewirkt haben wie ein Fürst. Van Dyck aber mußte jetzt vollends in Italien inne geworden sein welche gewaltige Clientel auf Lebenszeit seiner wartete, die er und nur er würde zufriedenstellen können.

Rückkehr nach Antwerpen; die glorreichen sechs Jahre 1626–1632 (mit häufigem Zwischenaufenthalt in Brüssel am Hofe der Infantin, wo ⌊neben Rubens⌋ so viele vornehme Fremde ankehrten). Die Reihe von Kirchen- und Andachtsbildern welche damals (oder zum Theil auch schon früher) entstanden, würden schon für sich das Dasein eines großen und ruhmvollen Meisters würdig ausfüllen.

Es ist wahr, die Auffassung und das Wesentliche der Darstellung wären ohne Rubens nicht denkbar, und auch einzelne Motive, ja Hauptmotive sind aus den Passionsbildern des Meisters geradezu herübergenommen, worüber man damals sehr viel liberaler dachte als jetzt; überhaupt konnten in jenen großen Zeiten Bilder entstehen die bei ganz geringer sachlicher Eigenthümlichkeit doch den allergrößten Lebenswerth und Kunstwerth haben.

Neben Rubens wird Van Dyck zurückstehen so oft es sich um einen sehr mächtig bewegten Moment handelt. {So vermuthlich in der Kreuzaufrichtung ⌊vor 1631⌋ in Notre Dame zu Courtray. Aber er kann schon sehr wohl den Rubens ergänzen in Darstellungen der Kreuzigung, wo die heiligen Frauen, Johannes, die Engel uns zum erstenmale offenbaren, daß sich die Macht der Empfindung, welche Rubens in so hohem Grade besitzt, verbinden ließ mit einer edlern, zartern Bildung, mit einer höhern Idealität des Schmerzes. So das mächtige Golgatha in Saint Mi-

---

1 Das vornehmste Cardinalsporträt der Welt.
2 Der Mann mit der Urkunde, Frankfurt Staedel. – Der Wallenstein in der Galerie Lichtenstein.
3 Van Dyck als Pferdemaler.
4 Wirkung der vornehmen italienischen Gesellschaft auf Van Dyck, und wenn er ihren Typus nur am Bentivoglio erkannt hätte.

chel in Gent (1628) und das noch herrlichere in Saint Rombaud zu Mecheln (1627) | eine schöne, klar abgewogene Composition voll tiefsten Ausdruckes und einer unvergleichlich harmonisch düstern Haltung. Es ist verwandt mit der dramatisch und im Licht so außerordentlichen berühmten Kreuzigung des Rubens im Museum von Antwerpen, und doch wieder ganz anders, und dabei wiederum verschieden von einem dritten großen Altarwerk, das ich nur aus dem Stiche kenne. Alle diese Bilder stellen Christus schon todt, mit gesenktem Haupte dar.

Anders die Einzeldarstellungen des Crucifixus welche den noch Duldenden aufwärts schauend geben, einsam auf dem Grunde eines düstern Wolkenhimmels. Eine ganze Anzahl solcher Bilder, über Europa zerstreut, werden dem Van Dyck beigelegt, um aber über Eigenhändigkeit sicher zu urtheilen müßte man sie messen an den beiden Wunderwerken des Palazzo reale in Genua und im Museum von Antwerpen ⌊dort der Kopf mehr beschattet, hier im Licht⌋; auch dann werden vorzügliche Copien von Gehülfen uns täuschen können, nur daß diese vielleicht doch nicht die ganz wunderbare Seele der Augen so werden gegeben haben wie sie der Meister gab.

In diese Reihe gehört auch noch ein großes Altarbild ⌊(1630)⌋ des Museums von Antwerpen; Van Dyck hat es laut eines Versprechens an seinen sterbenden Vater für die dortigen Dominicanerinnen gemalt, als Geschenk für Dienste welche das Kloster demselben in seiner Krankheit geleistet hatte. Schon das Mittelalter hatte den Gekreuzigten bisweilen mit einer Anzahl von Heiligen umgeben, etwa den Schutzpatronen der betreffenden Kirche oder Stadt; auch ein einzelner Orden nahm etwa den Gekreuzigten völlig für sich in Anspruch; im Refectorium von S. Croce in Florenz umarmt S. Franz den Kreuzesstamm und daneben stehen links Maria und die Ihrigen, rechts aber lauter Heilige des Barfüßerordens. Bei Van Dyck heben sich von nächtlichem Gewölke in einfacher Großartigkeit ab: der vollendet herrliche Crucifixus der in Ekstase emporblickende S. Dominicus, die das Kreuz und die Füße Christi umfassende heilige Catharina von Siena, eine der ergreifendsten Nonnengestalten der ganzen Kunst, endlich unter dem Kreuz sitzend ein empordeutender Kinderengel. Beinah einfarbig, ist das Bild dennoch ein Wunderwerk der coloristischen Stimmungen und in so Wenigem von höchster Macht des Eindrucks.

Eine Kreuzabnahme und eine Grabtragung hat Van Dyck nicht gemalt; es folgt sogleich die Beklagung des stets liegend oder lehnend gebildeten Leichnams. Mir sind aus einer ganzen Anzahl sieben Bilder dieser Art in der Erinnerung; als frühe und noch nicht völlig reife Schöpfungen mögen das bei allem Farbenglanz recht unharmonisch componirte Bild der Galerie Borghese und das eine Bild in München nur erwähnt werden. Von den übrigen sind drei Breitbilder wo der Leichnam ausgestreckt liegt: das einfach schöne in S. Antoine de Padoue zu Antwerpen; dann das kleinere hochberühmte Bild der Münchner Pinacothek, leuchtend in völlig tizianischer Harmonie ⌊(Replik im Louvre?)⌋; – | aber nicht ganz glücklich in der Anordnung der Füße des Leichnams und in der weltlichen Hübschheit des Einen klagenden Engels; – weit das herrlichste ist das dritte dieser Bilder im Museum von Antwerpen, als Farbenbild eben so wonnevoll schön und dabei von einer Vollkommenheit der Anordnung, von einer Reinheit der Formen und einer Gluth der Empfindung wie sie selten in der Kunst so vereinigt beisammen sind. Maria, auf der Erde sitzend, mit der in ihren Schooß gelegten Leiche, breitet die Hände aus gegen die beiden jammernd nahenden Engel, welchen Johannes (einer der sublimsten Köpfe Van Dyck's) die Wunde der linken Hand Christi weist. Endlich in derselben Galerie das majestätische Hochbild wo Magdalena die Hand der Leiche küßt, und – von nicht viel geringerm Werthe – das Hochbild des Museums von Berlin, wo Johannes die Leiche stützt.

In all diesen Bildern erreicht das religiöse Pathos und der edle Ausdruck des Schmerzes eine erstaunliche Höhe. Es giebt Vortreffliches dieser Art aus der Schule der Caracci und Mächtiges aus der spanischen Schule, aber dort wird man am Colorit, hier an der Reinheit und Vollendung der Formen Einiges vermissen, während sich bei Van Dyck Alles zusammenfindet. Es ist und bleibt einer der Höhepuncte religiöser Malerei.

Von diesen hochpathetischen Aufgaben dürften wir wenn es diese kurze Stunde gestattete, noch lange nicht zum Porträtmaler übergehen. Eine ganze Anzahl von Kirchen- und Andachtsbildern bliebe noch übrig, und davon würde schon die Bekränzung der heiligen Rosalia (Belvedere) genügen um den Ruhm eines Malers zu begründen. Van Dyck schuf dieselbe ⌊1628⌋ für den Altar einer geistlichen Brüderschaft, deren Schutzheilige, dießmal: Maria mit dem Kinde, S. Rosalia, S. Petrus und S. Paulus auf Einem Bilde vereinigt werden mußten; Aehnliche Aufgaben waren seit Jahrhunderten der Anlaß geworden zu den herrlichsten Altarblättern. In Van Dyck erwachten wieder einige der schönsten Klänge von Altvenedig: Tizian's großes Votivbild der Familie Pesaro und Paolo's Vermählung der heiligen Catharina. Vor einem Säulenbau treten schräg in das Bild hinein die thronende Madonna zwischen den beiden Aposteln; vor ihr kniet in prachtvollem goldgewirktem Gewande die heilige Rosalia, welcher das Christuskind einen Rosenkranz aufsetzen wird; ein Engel bringt noch einen Korb mit Rosen und zwei Kinderengel werfen Rosen aus den Wolken herab. Angesichts dieser Madonna und dieser Heiligen wird man inne, welche grandiose Lieblichkeit dem Meister zu Gebote stand, sobald er sich über die irdische Schönheit erhob, welche nur ihr Bildniß von ihm verlangte.

Einiges bei Van Dyck ist unmittelbar venezianisch, ja directe Nachbildung nach Tizian, und zwar nach dessen Halbfigurenbildern, welche die Madonna mit den drei oder vier großen Sündern darstellen, mit David, Magdalena, dem reuigen Petrus und einer Gestalt welche als Adam, oder als der gute Schächer oder | als der verlorene Sohn gedeutet wird. Von Van Dyck finden sich im Louvre und in Berlin herrliche Neubildungen dieses Thema's, und das letztere Bild für ein bloßes Atelierwerk zu halten wird mir sehr schwer. Einmal hatte Van Dyck auch statt der Maria den verklärten Christus im Leichentuch und mit dem Kreuz den großen Sündern gegenübergestellt (Ehemalige Düsseldorfer Galerie, aber jetzt nicht in München).[1]

In der Legende erscheint die heilige Jungfrau häufig einem bevorzugten Heiligen, und Altarbilder dieses Inhaltes kommen überall vor. Van Dyck hat das Thema mindestens zweimal behandelt. Zu den größten Schätzen der Brera gehört der inbrünstig kniende S. Antonius von Padua, zu welchem Maria das Kind herabreicht damit es ihm die Wangen streichle; – noch erstaunlicher aber wirkt (im Belvedere) der heilige Hermann Joseph, welchem Maria, von zwei Engeln begleitet, einen (jetzt durch Übermalung verschwundenen) Ring in die von dem einen Engel geführte Hand legt ⌊(1630)⌋. Das Zusammentreffen der drei Hände, der verzückte Blick des Heiligen, sein nobles Knien, die coloristische Verrechnung seines leicht wallenden weißen Prämonstratensergewandes mit allem Übrigen machen aus diesem Bilde ein Juwel der Kunst.

Von den besonders oft dargestellten Legenden ist die Marter des heiligen Sebastian u. a. durch zwei Bilder in München vertreten, und ein Bild im Louvre stellt den Heiligen dar welchem klagende Engel die Pfeile ausziehen.

Es bleiben noch die Madonnenbilder Van Dyck's zu erwähnen. Schon in den bisher erwähnten Darstellungen der Maria auf den Kirchenbildern lebt ein anderer Typus als bei Rubens. Dieser hatte seine Madonna geschaffen unabhängig von allen Italienern, von der Antike, von allen frühern und damaligen Niederländern; es ist auch nicht etwa der Typus der schönen Brabanterin wie er in den Frauen seines Hauses lebte, sondern das was ihm individuell liebenswürdig und mütterlich erschien. Van Dyck dagegen, wenn uns die Ahnung nicht trügt, ist in Italien einem Wesen begegnet, welches hohe südliche Anmuth und weihevolle Strenge vereinigt haben mag. Es ist eine eher schmale Gesichtsbildung und eine eher schlanke Gestalt, in der Art des Stehens, Schreitens, Sitzens von ungesuchter Würde. Schon in den bisher genannten Bildern tritt uns der Abglanz dieser Erscheinung entgegen, ganz besonders aber in einigen

1 cf. Rathgeber und meine Photographie

Madonnen und heiligen Familien. Und zwar hie und da bis in eine kalte Eleganz verirrt, wie zB: in der Madonna von Dresden, auch wohl mit einer gesuchten Wendung aus dem Bilde hinaus, wie in der heiligen Familie des Belvedere; in voller Schönheit aber begegnet uns dieser Typus wenn wir die Ruhe auf der Flucht (in München) betrachten oder das liebenswürdige große Votivbild in Louvre, wo ein bejahrtes bürgerliches | Ehepaar vor der heiligen Jungfrau kniet; zum schwarzen Habit dieser braven Leute hat Van Dyck das Übrige so gestimmt, daß er das rothe Gewand der Madonna fast völlig verschwinden läßt unter einem hellgraubraunen Schleier und einem mächtigen dunkelgrauen Mantel. Etwas wesentlich Anderes offenbart uns der berühmte aufwärtsschauende Madonnenkopf des Palazzo Pitti, und hier läßt sich vielleicht eine (sonst ganz vereinzelte) Einwirkung des Guido Reni annehmen. Und endlich die wunderbare heilige Familie von München! Hier hat die Madonna den edelsten *matronalen* Ausdruck welchen Van Dyck je erreicht hat, das Kind aber, zu welchem der kleine Johannes ein Schriftband emporreicht, ist unter all den zahlreichen Kinderbildungen des Meisters von ganz besonders majestätischer Schönheit, und nur der kleine Christus auf die Weltkugel gelehnt (Dresden) möchte ihm nahe kommen. Doch mag auch der herrliche schlafende Bambino der Ruhe auf der Flucht (München) nicht vergessen werden. Die Kinder in seinen Porträts sind die irdischen Geschwister dieser Ideale.

Der mythologischen Bilder wollen wir nur mit einem Worte gedenken, obwohl sich darunter die Dresdner Danae befindet, welche mit so unendlichen Feinheiten des Colorits zu Stande gebracht ist und dem Van Dyck schwer wird abgestritten werden können. Auch Susanna (München) mag bei den mythologischen Malereien mitgehen. Im Ganzen wirken dieselben selbst bei der vollkommensten, wesentlich venezianischen Ausführung weniger als die des Rubens, vielleicht weil bei Diesem alles Einzelne so resolut in den Gesammtmoment aufgeht, so völlig nur um des Ganzen willen vorhanden scheint, während Van Dyck in gewähltern Formen doch hier mehr durch das Einzelne wirkt. An poetisch erfundene Novellenbilder im Sinn des Giorgione und Palma ist ihm offenbar der Gedanke nicht gekommen.

Noch während des Aufenthaltes in England seit 1632, von welchem bald weiter zu reden sein wird, malte Van Dyck außer der unglaublichen Menge von Porträts auch ziemlich viele mythologische und religiöse Bilder, diese für catholische Große und für Königin Henriette. Letztere erhielt von ihm jene wunderliebliche Ruhe auf der Flucht, wo vor der rastenden heiligen Familie Engelkinder tanzen; einer löst sich vom Reigen und wendet sich in heller, rührender Bewunderung der heiligen Jungfrau und dem Kinde zu. Das Original in Petersburg; für mich wäre das Exemplar Pitti schön genug um eigenhändig zu sein. Die bedeutendste biblische Composition dieser letzten Jahre aber ist wohl der Simson (Belvedere), womit Van Dyck das (jetzt in München befindliche) Simsonsbild des Rubens überbot. Bei Rubens ist Delila furchtsam, bei Van Dyck glaubt man das siegreich höhnende «Fahre hin» aus dem Munde der Buhlerin zu vernehmen. Von den übrigen Bildern mag Einiges noch auf adlichen Landsitzen erhalten, Einiges auch in der englischen Revolution irgendwie verloren gegangen sein.

Schöpfen wir etwas Athem, bevor wir zu den Porträts der fünfzehn letzten Jahre 1626–1641 dieses nur 42jährigen aber enorm ausgiebigen Lebens, zu dem Bildnißmaler ohne Gleichen übergehen. Es wird ihm nachgesagt er habe groß und sogar etwas locker gelebt und zuletzt trotz aller Einnahmen sich an Alchymisten gewendet, was schon deßhalb nicht zu glauben weil er reich gestorben ist. Er hat seine volle Kraft bis an sein Ende behalten; das irrige Urtheil, wonach er zuletzt abgearbeitet und verlebt gewesen, kommt von den zahlreichen Atelierbildern welche von ihm ausgingen. Rubens würde auch verlieren wenn man ihn nach solchen beurtheilte.

| So wie in der Historienmalerei, so geht Van Dyck auch im Porträt unvermeidlich von Rubens aus welcher nicht nur in den historischen Individuen seiner Galerie de Marie de Médicis die großartigste Frische der Auffassung und Darstellung an den Tag gelegt hatte, sondern auch im Einzelbilde der größten Kraft und der intimsten Feinheit und Schönheit fähig war. Gelehrte Herrn wie der Dr. van Thulden der Pinacothek und der Gevartius der Galerie von Brüssel sind uns auf alle Zeiten empfohlen und theuer gemacht; fast die sämmtlichen Bilder aus der Familie des Rubens gehören zu seinen Juwelen, auch jene Cousine der National Galery welche unter dem irrigen Namen le chapeau de paille bekannt ist, und wenn man die schönste Frau welche Van Dyck gemalt hat, die Luisa de Tassis der Galerie Lichtenstein mit dem Dresdner Bild des Rubens, der Frau mit den drei Rosen vergleicht, so ist diese nicht nur an sich die lieblichere, sondern auch die Kunst des Rubens steht hier so hoch als die des großen Schülers irgendwo.

Die Zeit aber, in welche Van Dyck fiel, war eine Porträtzeit überhaupt wie sie bisher noch nicht vorgekommen war. Der goldenen Periode der italienischen und deutschen Kunst zu Anfang des XVI. Jahrhunderts hatte wenigstens noch nicht eine quantitativ so ausgebreitete Sitte des Porträts zu Gebote gestanden. Jetzt war diese Sitte in höchster Zunahme und nun boten sich auch die Meister dar: neben Rubens und Van Dyck Velasquez, Franz Hals und Rembrandt, um nur diejenigen allerersten Ranges zu nennen. Wir wollen hier ihre Begabungen nicht gegeneinander abwägen; sie waren neben dem was sie sonst gewesen, sämmtlich geborene Bildnißmaler, wenn dieß aber bei Van Dyck noch eines ganz besondern Beweises bedürfte, so würde derselbe darin liegen daß der so stark beschäftigte Meister so viele und herrliche Bilder, nämlich die seiner Kunstgenossen, offenbar freiwillig gemalt hat ⌊denn sie gehören zu seinem Allerbesten⌋; andere derselben hat er wenigstens so weit einfarbig mit dem Pinsel gezeichnet, daß sie als Vorlagen für die Stecher dienen konnten.

Im Einzelnen von den Bildnissen des Van Dyck hier zu reden ist unmöglich. Er hat etwa 280 verschiedene Personen porträtirt;[1] nie ist ein neuerer Maler so sehr einem allgemeinen Wunsch einer Elite von Leuten entgegengekommen, und diese Elite, von hohem Stand oder von geistigem Range ist und bleibt nun in ihrem Abbild ein großes physiognomisches Gesammtzeugniß jener Zeit. Ob die jetzige große Welt einem eben so hoch begabten Meister ein eben so ansprechendes Substrat gewähren würde, selbst abgesehen von Fräcken und Uniformen, wollen wir lieber nicht erörtern. Wer aber das Vornehme auch im Bilde und in der Vergangenheit haßt, der sollte es sagen und sein Genüge etwa bei Rembrandt suchen. Dieser macht ja seine Leute auch unvergeßlich aber in anderm Sinne als Van Dyck die seinigen.

Die Jahre 1626–1632 gehören dem vornehmen und berühmten Belgien und einzelnen erlauchten Gästen welche am Hofe der verwittweten Regentin aus und ein gingen. Dieß war Isabella Clara Eugenia ⌊la serenissima Infanta⌋, Tochter Don Philipps II., aus seiner Ehe mit Elisabeth von Frankreich, dieselbe welche damals an Rubens nicht nur den größten Maler sondern einen treu ergebenen Diplomaten besaß. Auch Van Dyck hat sie mehrmals gemalt, aber nie mehr im fürstlichen Ornat sondern im Gewande des Ordens dem sie sich angeschlossen hatte, als Clarissin, mit den festen, tief nachdenklichen Zügen des vorgerückten Alters.

| Von 1632 bis an sein Ende 1641 lebte dann Van Dyck, einige Reisen abgerechnet, in England als Hofmaler Carls I. und als Liebling der ganzen englischen Aristocratie, in einer fürstengleichen Stellung. In der uns obliegenden Kürze nehmen wir die Porträts beider Perioden zusammen, mögen auch die der englischen einen etwas kühlern Ton des Colorites verrathen. Leider sind mir nicht nur die Van Dyck's auf den Landsitzen des Adels sondern auch diejenigen des Schlosses von Windsor, darunter eine Anzahl von Hauptbildern, unbekannt geblieben.[2]

Ohne Gehülfen hätte Van Dyck der enormen Menge von Aufträgen nicht genügen können; wenn er die Köpfe gemalt und das Übrige vorge-

---

1 Es war wie schon in Genua als der große Porträtist kam, kamen auch die Leute.
2 Die englischen Hauptsammlungen Wauters, p. 230, Note.

zeichnet hatte, sollen sie den Rest vollendet haben; ganz besonders aber sollen die so oft dringend gewünschten Wiederholungen ihr Werk sein, an welchen Van Dyck nur noch einen geringen oder auch gar keinen eigenhändigen Antheil mehr genommen habe. Ich gestehe indeß, daß ich, so weit meine Wahrnehmung reicht, eine viel größere eigene Betheiligung des Meisters glaube annehmen zu müssen. Es ist mir zunächst nicht denkbar, daß bei Bildern von solcher Harmonie des Ganzen die Gehülfen sollten etwa nach einer Farbenskizze die Gewänder und die Accessorien gemalt und dabei diese «Einheit der Atmosphäre» hervorgebracht haben, und das Hauptexemplar oder einzige Exemplar eines ausgezeichnetern Porträts möchte doch eher ganz von der Hand des Meisters sein. ⌊(Es kann hier nicht gegangen sein wie bei den großen Kirchen- und Historienbildern des Rubens)⌋ Und selbst bei jetzt als solche anerkannten Atelierwiederholungen ist es doch bemerkenswerth daß dieselben so lange als völlig eigene Schöpfungen gelten konnten. Von jenen Gehülfen sind sicher constatirt Jan van Reyn und David Beek, denn Adrian Hannemann ist wohl nicht Mitarbeiter sondern nur glücklicher Nachahmer Van Dyck's gewesen. Wenn nun Reyn und Beek nach bloßen Farbenskizzen und Anweisungen ganze wunderbare Bilder mit Ausnahme der Köpfe hätten malen können, so würden sie doch nach des Meisters frühem Tode sich etwas berühmter gemacht haben als geschehen ist.

Beneiden darf jeder jetzige Porträtmaler den großen Antwerpener, weil derselbe in eine Zeit und in eine Gesellschaft gerieth welche eine so außerordentlich günstige, ja eigentlich schöne Tracht trug. Ein Glücksfall welcher hätte fehlen können, denn noch die nächstvorhergehende Generation war viel unschöner costumirt gewesen. Jetzt dagegen war zunächst gewichen alles Gesteppte vor dem lose Liegenden und schön und leicht Fallenden,[1] der steife Radmantel vor dem leicht übergeworfenen Seidenmantel, der abscheuliche Mörserhut vor dem weichen breitrandigen Hut bei Herrn und Damen. Noch nicht lange in Gebrauch war die malerische Schräge. Das natürliche Haar wurde lange getragen und nobel gepflegt. Der Spitzbart wurde ziemlich allgemein, nicht nur bei Adlichen sondern auch bei Geistlichen (die Päpste welche den Henri IV trugen). Die erwünschteste Veränderung aber betraf die Tracht des Halses; die Krause (Krös) wurde ebendamals zum Kragen, nachdem sie etwas dreißig Jahre hindurch das Herzeleid der Künstler mochte gewesen sein, auch wenn sie daran die größte Virtuosität entwickelten. Zwar behauptete sie sich noch als Amtstracht bei Hofe, und der Oberkämmerer der Infantin, Montfort (Belvedere und Uffizi) wendet seinen Hals noch darin mit majestätischer Freundlichkeit um; ferner bei alten Leuten wie in dem einfach herrlichen

---

1 Die Marchesa Brignole ist noch gesteppt und trägt ein Krös.

Porträt jenes Herrn van Gheest | welcher der Freund des Rubens und der glückliche Besitzer von dessen Amazonenschlacht war (National Galery). Andere Male ist es wohl noch eine Krause, aber eine viel niedrigere und biegsamere, ein Faltenkragen, welche dem Halse und den Schultern in Hebung und Senkung folgt. Dann öffnet sie sich auf einmal weit in der Mitte und bildet bald nur noch nach dem Rücken hin eine Prachterscheinung der eigenthümlichsten Art. (Porträt der Luisa Tassis, Galerie Lichtenstein). Endlich weicht sie vollständig dem übergeschlagenen Kragen, welcher kurz und einfach oder umständlich ausgedehnt und dann mit dem reichsten Spitzenrand versehen sein kann. – In den Stoffen herrscht die Seide, für deren Erscheinung Van Dyck begeistert war und zwar gerne in den sanftern Tönen wie Hellblau und Rosa, bleu marin etc. und Wamms und Aermel sind noch öfter in zwei Farben gestreift; vollends liebt Van Dyck in den Vorhängen, Draperien und Fußteppichen die gedämpften Farben; Alles damit den delicaten Köpfen die Vorherrschaft bleibe, daher denn auch die leuchtenden Sammeteffecte der Venezianer hier selten vorkommen. Ein reich behandeltes Changeant von Seidenstoffen ist mir in keinem Porträt aufgefallen; dieß blieb den Draperien der Danae (Dresden) vorbehalten. Geschmeide und Perlen hatten schon die altflandrischen Maler unübertrefflich dargestellt; Van Dyck machte davon discreten Gebrauch und überließ dem Rembrandt das Behängen seiner Figuren mit massenhaftem Gold und glitzerndem Gestein. – Dieß ganze Costum nun war offenbar nicht von Pariser Schneidern und Modistinnen erfunden, sondern eine Schöpfung der höhern Stände selbst, immer von Neuem aber drängt sich die Vermuthung auf, Van Dyck selber sei mit seinem guten Rathe angehört worden, und zwar von einigen der schönsten Damen welche er gemalt hat. In dem Porträt der Luisa de Tassis vereinigt sich dergestalt Alles was dem Maler als solchem wünschbar war, daß man glauben muß, er habe bei diesem Costum etwas zu sagen gehabt.

Das Format, so weit sich aus den nicht durch Verkürzung entstellten Bildern urtheilen läßt, ist mit feinem Tact behandelt, Brustbild und Kniestück sitzen richtig in der Umrahmung; bei ganzen stehenden Figuren und schmalem Format des Bildes meldet sich hie und da eine gewisse Leere, zB: in einem und dem andern der sechs oder sieben Bilder dieser Art in München; dagegen sind die Gruppen von mehrern Figuren von tadellos schöner Anordnung sowohl coloristisch als in den Linien, und hieher gehören gerade die Bilder der englischen Königsfamilie. So das herrliche Bild von König und Königin mit zwei Kindern und einem dienenden Mohren, wovon mir nur die alte Copie in der Wiener Academie bekannt ist; dann die drei Kinder in Turin, die drei Kinder mit zwei Hündchen in Dresden, sowie das Bild der fünf Kinder in Berlin. Dieses Alles wird jedoch übertroffen durch ein berühmtes Bild des Louvre, welches zeigt was Van Dyck noch in seinen letzten Jahren vermochte. Am Waldesrand ist Carl I. vom Pferde gestiegen; er ist einfach hell gekleidet und schaut gegen den Beschauer hin; neben dem vollen Tageslicht treten im Halbschatten etwas rückwärts der Stallmeister Marquis Hamilton mit der Hand über dem Roß welches den Kopf neigt und sich das Knie leckt – und weiterhin ein Reiterknecht mit dem Mantel des Königs über dem Arm. Es ist wie ein letzter freier Abend des unglücklichen Königs, bevor | die Schmach über ihn hereinbrach; schon sind alle drei voll tiefen Ernstes, dabei durch die Etikette genau unterschieden und in der Anordnung im Raum allein schon ein Meisterwerk.[1]

Hier handelt es sich um einen landschaftlichen Grund, allein auch sonst stellt Van Dyck seine Leute nie in ein eigentliches geschlossenes Local und Licht; abgesehen von den Bildnissen auf neutralem Grund ist die Scenerie niemals eine Stube sondern eine Art von offener, officieller Oertlichkeit, bestehend aus Ansätzen einer Säulenhalle, aus Draperien gedämpften Tones, aus einem Ausblick in's Freie. Dieß ist seine Art selbst bei Porträt's von Bürgerlichen, auch von Kunstgenossen, zB: in dem schönen Bilde des Malers Jan de Wael und seiner Gemahlin, in der Pinacothek.

Suchen wir uns nun eine allgemeinere Rechenschaft zu geben von der Art wie Van Dyck seine Leute auffaßte. Vor Allem lebte in ihm eine hohe psychologische Intelligenz, aber im Dienste einer sehr besondern Sinnesweise. Die allgemeine Aufgabe des Porträtsmalers ist die, daß er sein Object auffasse im Sinne der guten Stunde, daß er das Constante darin erkenne und auf das Momentane und Zufällige verzichte, daß er den Menschen darstelle so wie Jeder eigentlich sein sollte oder könnte. So hielt es Tizian, und auch Van Dyck suchte den Leuten die gute Stunde abzugewinnen. In England hielt er nicht nur glänzende Dienerschaft, Wagen und Pferde, sondern auch Musiker und scherzhafte Leute zur Unterhaltung der zu malenden Herrn und Damen welche er zu Tische behielt um das am Vormittag Angefangene Nachmittags zu vollenden.[2] Man kam gerne zu ihm und es war ein Genuß, solazzo, bei ihm zu verweilen. Sein Tisch kostete ihn 30 Scudi täglich; und Bellori fügt bei: «Dieß wird den an unsere italienische Sparsamkeit Gewöhnten unglaublich scheinen, aber nicht Denjenigen welche das Ausland kennen.» Aus derselben

---

1 {Daß verstorbene Familienglieder schon als Miniatur in der Hand der Hauptperson mitgegeben wurden, cf. Bellori bei Anlaß des Familienbildes Buckingham}.
2 {Aussage des Bellori aus dem Munde von Digby}.

Quelle wollen wir noch beifügen, daß die Herrschaften ihm nur saßen für die Aehnlichkeit des Kopfes, worauf Modelle welche er hielt, das Costum derselben anzogen, damit er mit Musse vollenden konnte. Außerdem erfährt man, daß er sich Leute mit vorzüglich gebildeten Händen hielt, und daß nicht all seine Lords und Ladies die vornehmen lang gezogenen Hände in Wirklichkeit besaßen welche sie auf seinen Bildern haben. Die Hauptsache wird immer gewesen sein, daß er seine Leute zum Sprechen brachte, nach dem Worte jenes antiken Philosophen: «Sprich, damit ich dich sehe.» So erfuhr er ihre Denkweise und die Voraussetzungen ihres Daseins und zauberte dieß in das Bild hinein.[1]

Über Tizian aber geht er beträchtlich hinaus nach der Seite der Vornehmheit, der angeborenen Distinction, welche das Gegentheil ist von allem Gezierten. Er selber war in hohem Grade adlich in Gestalt und Zügen und in seiner ganzen Persönlichkeit. Nun geben aber große Porträtisten ihren Leuten immer etwas von ihrem eigenen Wesen in mysteriöser Weise mit und auch Rubens hatte dieß in seinen Porträts gethan, bei Van Dyck aber ist dieß ganz besonders deutlich sichtbar; ja seine Leute haben daher ein air de famille unabhängig von seiner Malweise. Dabei ist ihre Haltung und Bewegung durchaus nobel und leicht. Auch in der prächtigsten Tracht nehmen sie sich nie endimanchirt aus sondern so als | hätten sie ihr Leben hindurch nie etwas anderes getragen. Hie und da sind scheinbar ruhige Gestalten innerlich momentan belebt; Carl I. in dem Bilde zu Dresden würde uns etwas ganz Bestimmtes zu sagen haben. Einige Male verräth Van Dyck noch Anderes; in seinen prachtvollen Thomas von Carignan (Berlin) hat er die Zweideutigkeit dieses Herrn deutlich hineingemalt und in seinen sogenannten Richard Cromwell {eine völlig thörichte Benennung} (Dresden) eine gewisse Menschenverachtung; der Oberkämmerer Montfort hat etwas Weingrünes – aber dieß Alles tritt so leise und discret auf, daß Niemand zu klagen veranlaßt war. Gewiß war unter dem italienischen, flämischen, spanischen und englischen Adel, welchen Van Dyck zu malen hatte, mancher rohe und verwilderte Mensch welchen erst der Maler ehrlich machte durch offenen Blick und dessen Leidenschaftlichkeit er bändigte durch höhern Anstand. Nirgends findet sich das Patzige wie es etwa Franz Hals seinen Respectspersonen mitgiebt; nirgends ist man so entfernt vom Wachtmeister aus Wallenstein's Lager. Bei jedem seiner Porträts müßten wir uns die Zeit nehmen, aus dem was er giebt, zu errathen was er vorfand; auch sind nicht so ganz selten die Fälle, da Porträts derselben Person von einem andern Maler vorhanden sind und wie zB: Carl I. wirklich und am Werktag aussah, lehrt das große Porträt in ganzer Figur von Mytens (Galerie von Turin). Wie aber Van Dyck die

---

[1] {Die Porträts in mythologischer Redaction cf. Bellori; sie waren nicht wenige}.

Häßlichen und Dummen von sich ferne gehalten hat, welche ja auch reich und von hohem Stande sein konnten, bleibt noch zu errathen.

Hie und da werden wir inne daß er eine habituelle Geberde erlauscht und den Dargestellten damit für seine Bekannten doppelt kenntlich gemacht haben mag. Wir dürfen überzeugt sein daß zB: die Art wie die Leute die Handschuhe halten oder sich damit beschäftigen, charakteristisch ist. Nicht umsonst faßt der Moncada im Belvedere mit der Rechten das Band an welchem sein Kleinod hängt und legt die Linke an den Degen; nicht umsonst hält der griesgrämige Alte der Galerie Lichtenstein die Linke in das Band der Medaille fest verwickelt; der Prince de Croy (Pinacothek) scheint am Eingange eines Palastes den Beschauer zur Präcedenz einzuladen; das ganze Wesen dieses fetten und feinen Herrn ist nichts als Ein après vous!

Die Reiterporträts gehören zu den vorzüglichsten vorhandenen, schon vom Marchese Antonio Brignole an (Genua, Palazzo rosso);[1] Van Dyck, welcher selber einen Marstall hielt, wußte wie ein vornehmer Herr sich zu Pferde präsentiren müsse; von seinem Moncada im Louvre sagt Waagen, es sei wohl überhaupt das schönste Porträtbildniß dieser Art was es gebe.[2] Und doch ist Van Dyck keinesweges ein vollkommener Pferdemaler gewesen. Vor Allem hat ihm Bewegung und perspectivische Wiedergabe des Thieres Mühe gemacht, sonst würde er nicht dieselbe, so wie er sie beim Rosse des Moncada gegeben, bei demjenigen Carls I. im Museum von Madrid so ganz genau wiederholt haben: dieselbe Wendung des Kopfes, dasselbe Heben des rechten Vorderfußes und linken Hinterfußes. Sodann sind die sprengenden Rosse des Don Carlo Colonna (Palazzo Colonna, Rom) und des Thomas von Carignan (Galerie von Turin) bei prachtvoller Lebendigkeit doch nicht ohne Tadel in der Zeichnung. Wir sehen hiebei ganz davon ab daß das damalige Luxuspferd ein wesentlich | anderes Thier war als das jetzige und bei den jetzigen Kennern kaum für schön gelten würde. Aber als Bilder machen diese Gemälde doch einen mächtigen Gesammteindruck, zumal das letzte Bild Carls I., der von einem Waffenknecht begleitet durch einen Triumphbogen geritten kommt. (Alte Wiederholungen bei Wellington und in Hamptoncourt; das Original vermuthlich in Windsor).

Was aber den Pferden fehlen mag, das bringen die herrlichen Hunde Van Dyck's wieder ein, jene redliche mächtige Dogge welche etwa die Kinder Carl's I. begleitet, jene wundervollen Hühnerhunde und Windhunde ohne welche manche Herrn nicht gemalt sein wollten, und endlich jene

---

1 Memento: Carl V., Uffizj Tribuna.
2 (Sprengende Feldherrn: Stich von Ribera (Crippa) – Dohna Culturgeschichtliches Bilderbuch 1883 – Jan de Werth ib. 2013 ⌊von W. Hollar⌋.

Nuance zierlicher Bologneser, welche sogar nur deßhalb King Charles heißen weil man aus Van Dyck's Bildern erfährt daß sie bei der englischen Königsfamilie so beliebt waren.

Nachdem wir von dieser vornehmen Welt und ihrer Umgebung Abschied genommen, wenden wir uns noch einmal zu den Leuten bürgerlichen Standes welche Van Dyck gemalt hat und nehmen wir etwa die betreffenden Bilder in Cassel und München zum Maßstab. Hier wird man zugeben können daß ihm das Bürgerlich-Patricische weniger zusagte als das Vornehm Adliche; seine Bürgermeister u. s. w. sind klug und leutselig, aber bei ganzen Figuren ist schon ihr Schritt ein anderer als der der Vornehmen. Nur wenn das Individuum ausgezeichnet und dem Maler werth war, hört aller Unterschied der Wirkung auf und dem herrlichen Kniestück des Antwerpner Syndicus Meerstraten sieht man auf den ersten Blick an daß es mit ganzer voller Sympathie gemalt ist wie das reiche und gewinnende Naturell dieß möglich machte. Die damalige holländische Malerei hatte bekanntlich eine große Aufgabe an bürgerlichen Collectivporträts in Gestalt von Doelenstukken (Aufzügen und Bankett von Schützengilden) und Regentenstukken (Sitzungen von Behörden) und auch die belgische Kunst wurde hie und da für Aehnliches in Anspruch genommen. So hat denn auch Van Dyck einst für das Hôtel de ville von Brüssel ein mächtiges Sitzungsbild in lebensgroßen Figuren gemalt welches den Magistrat in voller Berathung darstellte und als ein hohes Meisterwerk in Anordnung und Durchführung galt. Vermuthlich ist dasselbe im Jahre 1695 untergegangen als Marschall Villeroi im Dienst seines «großen» Königs die Stadt bombardirte, wobei ein Drittheil derselben in Asche sank. Wäre es noch vorhanden, so würde es wohl in gleichem Range stehen mit der Nachtwache Rembrandt's und dem Friedensbankett des van der Helst; Franz Hals aber würde auch mit seinen vorzüglichsten Malereien dieser Art (Museum von Harlem) neben der ausgeglichenen Harmonie des großen Brabanten wahrscheinlich zurückstehen.

Dem Van Dyck als Mensch aber gereicht es zum ewigen Ruhm, daß einige seiner mit größter Hingebung gemalten Bildnisse die von Kunstgenossen und zwar im weitern Sinne des Wortes sind.[1] Schon in der großen Porträtsammlung welche er unter dem Titel Icones im Stiche ausgehen ließ sind die Künstlerporträts die häufigsten und im Grunde die wichtigsten, eine ganze Anzahl von Collegen hat er aber auch gemalt. Im Belvedere zieht in der Mitte einer Reihe von Bildnissen der vornehmsten Leute die edle Persönlichkeit des großen Thiermalers Franz Snyders sofort die Blicke und die Sympathie auf sich und bevor ich den Namen nachschlug,

---

[1] Erwäge man die volle, handgreifliche Unmöglichkeit eines solchen Phänomens bei einem damaligen italienischen Künstler.

dachte ich das Gemälde sollte einen großen Dichter vorstellen. Wiederum finden wir in Cassel Snyders mit seiner Gattin welche ihre Hand auf die seinige legt die auf der Stuhllehne ruht. | Vollends aber übertönen in der Münchner Pinacothek die Bilder dieses Inhalts die der vornehmen Welt. Ein Brustbild im herrlichsten Goldton welches früher ebenfalls als das des Snyders galt, jetzt als das eines Bildhauers Georg Petel von Augsburg benannt wird; das muntere kleine Brustbild des Schlachtenmalers Peter Snayers, die sympathische Halbfigur des Kupferstechers Mallery; der Domorganist Liberti sind schon lauter Juwelen der Porträtkunst, zumal der letztere, in dessen reicher und begeisterter Persönlichkeit der Musiker mit den feinsten Mitteln der Kunst verherrlicht ist, wobei auch auf die nobeln Hände ein hier besonders berechtigtes Gewicht gelegt wird. Dann folgen die Bildnisse des Bildhauers Colyns de Nole und seiner Gemahlin; er im Lehnstuhl sich etwas vorwärts neigend, innerlich zufrieden, ein wahres Bild des redlichen Glückes; sie nicht ohne Andeutung von Prüfungen aber von großer Herzensgüte; als jedoch ihr Bild fertig war, malte Van Dyck noch das Töchterchen hinzu das sich an ihren rechten Arm hängt; vielleicht hatte es schon während die Mutter gemalt wurde, recht schön darum gebeten und der große Kindermaler ließ sich rühren. ⌊De Wael mit Frau hier zu übergehen.⌋ Und endlich besitzt die Pinacothek das jugendliche Selbstporträt des Meisters und wir glauben ihn kennen zu lernen wie er ironisch lächelnd in die Welt schaute nach seinen ersten großen Erfolgen. Noch einmal begegnen wir in derselben Galerie seinen Zügen aus etwas spätern Jahren im kleinern S. Sebastiansbilde, zuletzt dann in dem berühmten, trotz aller Zerstörung noch immer wunderbar lebendigen Brustbild des Louvre.

Noch in England hatte er, wie wir sahen, neben den Bildnissen religiöse und mythologische Bilder gemalt und in seiner letzten Zeit sehnte er sich deutlich nach großen monumentalen Aufträgen. Sein Wunsch, an den Wänden des großen Saales von Whitehall, dessen Decke von Rubens gemalt ist, die Macht des englischen Königthums in großen historischen Ceremonienbildern darzustellen, scheiterte an Carl's I. politischer und financieller Bedrängniß; bei einem Aufenthalt in Paris gelang es ihm nicht den Auftrag für die sogenannte grande galerie du Louvre zu erhalten; es schien, Poussin bekomme den Vorzug, Simon Vouet endlich behauptete durch Protection die Bestellung in der That, starb aber darüber und das Werk unterblieb.[1] Mißmuthig kehrte Van Dyck nach England zurück, vielleicht um die Zeit da Lord Strafford von Carl I. preisgegeben wurde und auf dem Schaffott endete. Den 9. December 1641 starb Van Dyck in

---

[1] Gehört die Schlacht von Martin d'Eglise in München zu einer Weiterführung von Rubens Geschichten des Henri IV?

Blackfriars, noch nicht 43jährig. Sein großer Meister war nur eineinhalb Jahre vor ihm dahingegangen. Van Dyck ist ihm an Macht nicht gleich gewesen, aber er hat ihn ergänzt im Adel und in der Innigkeit der Empfindung und besonders im Ausdruck des heiligen Schmerzes; er ist ihm vielleicht überlegen gewesen in der Feinheit des Naturgefühls; im Bildniß aber hat nicht Rubens sondern Van Dyck den Typus festgestellt, in welchem hochstehende Leute gerne aufgefaßt und gemalt sein möchten in alle Ewigkeit.

Der Adel des ganzen XVII. Jahrhunderts und dessen Nachkommen in allen Ländern sind dem Meister zum höchsten Danke verpflichtet, weil er das allgemeine Vorurtheil für Distinction in den obern Ständen fest begründet hat. Im Grunde ist ihm aber hiefür die Menschheit überhaupt verpflichtet.

Das byzantinische Reich

| *Das byzantinische Reich*

Kurze Definition. Der östliche Rest des römischen Weltreiches. Ausgreifen nach dem Westen unter Justinian. Gewaltige Verringerung durch den Islam und seitdem in beständigem Kampf mit Diesem. Dazu seine übrigen Feinde: früher Perser und Avaren, jetzt Bulgaren, Petschenegen, Slaven und Normanno-Russen und Ungarn. ⌊Später: Türken verschiedener Stämme von den Seldschuken an, Kreuzfahrer von 1204, Mongolen etc.⌋
Die Ungunst der Neuern von Gibbon bis Dahn. «Fäulniß oder richtiger noch Vertrocknung». Der angebliche rasche Verfall (1000 Jahre dauernd). ⌊«Dieß Reich habe weder zu leben noch zu sterben vermocht» cf. auch Kortüm Mittelalter II, 506.⌋
Byzantinisch heißt: Im Staatsleben: Despotismus mit lauter Thronrevolutionen, Druck und Erpressung, Knechtssinn. In der Kirche: unauslöschlicher dogmatischer Zank und daneben bodenloser Aberglaube. Im Feld: käufliche Söldner und verweichlichte Griechen. In der Kunst: knechtische Wiederholung.[1]
Diesem gegenüber wurde die Entwicklung des abendländischen Mittelalters glänzend hervorgehoben.
Fremdartig ist uns das Byzantinische von Grund aus und wir möchten nicht darin gelebt haben (freilich in *unserm* Mittelalter auch nicht. ⌊Ja es wäre uns schon in der Zeit unserer Großeltern recht unbequem zu Muthe.⌋) Aber in diesem Fremdartigen erkennt ein unbefangener Blick allermindestens eine große Lebenskraft, welche sich gegen alle Feinde auf das Mächtigste gewehrt hat und noch heute, nachdem ihr staatliches Gehäuse seit 400 Jahren untergegangen als Sitte und Sprache weiterlebt, den jetzigen Osmanen das Leben schwer macht und in ihrer Umwandlung als griechische *Kirche* das Band zwischen Rußland und allen griechischen Gläubigen bildet.
Dieß Gebilde, in seiner Fremdartigkeit soll uns nun sine ira et studio in Kürze einigermaßen näher gebracht werden ⌊gleichviel ob mit oder ohne Billigung der abendländischen Gemüthlichkeit⌋. Es kann hie und da

---

1 Eine eigentliche Abgunst neben abgeschmackter Vorliebe gegen den Islam.

Schauder wie Lächeln erregen aber es ist in seinen Lebenszügen beachtenswerth. Und das Abendland wird ihm einigen ganz soliden Dank schuldig sein – auch abgesehen davon daß Constantinopel uns einen so wichtigen Theil der antiken Schriftwelt gerettet.[1]

Das Staatswesen so völlig despotisch daß wir uns schwer denken können wie nur das Leben noch einen Werth gehabt habe. Im VI. Jh. hatte Justinian eine «Staatsidee» verwirklicht, neben welcher die des alten großen Römerreiches lauter Gelindigkeit und mildes Gehenlassen vorstellt: Schärfste Heimsuchung nach innen bis zu Entvölkerung, allgemeines Elend und Umgestaltung, resp. Ausrottung der höhern Stände. Nach außen: thunlichste Wiedereroberung des Occidents, instauratio imperii romani. Und Byzanz hat dann wirklich Nordafrica 130 Jahre lang besessen (bis auf Omar und Ommayaden) und wenn es Italien wieder an die Langobarden verlor, so hat es doch Theile davon noch sehr lange behauptet.

Freilich in dem furchtbaren VII. Jahrhundert, gleichzeitig mit heftigen kirchlichen Händeln, ging Syrien, Mesopotamien ⌊auch ein Theil von Kleinasien⌋ und ganz Nordafrica an den Islam verloren; ⌊während zugleich eine slavische Völkerwanderung bis in den Peloponnes drang.⌋ zweimal wurde Constantinopel selbst jahrelang durch mohammedanische Flotten und Armeen bedroht. Aber immer wieder erhob sich das Reich und stellte sich nach Kräften her; es muß also sein Leben noch der äußersten Vertheidigung werth gehalten haben.

| Im VIII. Jahrhundert erschwerten sich gerade die tüchtigsten Kaiser die Regierung unermeßlich durch den Kampf gegen die Bilderverehrung. Es lag darin nicht nur eine religiöse sondern eine absurde Geschmackstyrannei.[2] Allerdings wandelte sich dieser Kampf in einen kaum noch verhüllten Angriff auf die allzugroße Macht und Unabhängigkeit der Kirche als solcher; bezeichnend ist hiefür, daß so viele Generale dieses Sinnes waren, deren willenlose Truppen – die «Soldatesca» (Ranke) – sich zu jedem Druck, jeder Execution gegen die Bilderfreunde brauchen ließen.

Aber schon im VIII. Jahrhundert hatte eine furchtbar kluge Kaiserin-Regentin nachgegeben und nach Erneuerung des Kampfes im IX. Jahrhundert wurde nochmals und vollständig nachgegeben und fortan das Jahresfest der Orthodoxia, d. h. der Herstellung der Bilder gefeiert.

Merkwürdig daß hiemit auf lange Zeit der dogmatische Hader überhaupt erlosch. ⌊Es ist eine Erquickung, vom X. Jh. zu reden welches der dogmatischen Händel ledig ist. Staat und Cultur waren mit ihrer Religion wieder eins.⌋

---

1 Folgt zunächst Übersicht Bl. 99:
2 Das darf man freilich kaum sagen, daß die Religionen mit der Zeit eine enge Verbindung mit dem Geschmack eingehen und Geschmackssache werden.

Status des Reichsumfanges um das Jahr 900: Wechselnde Grenze in Kleinasien. Die großen Inseln verloren: Cypern, Kreta, Sicilien. Unteritalien streitig. Der Balkan und der Pontus immer wieder bedroht: von Bulgaren, Petschenegen, Slaven, Türken-Ungarn, NormannoRussen ⌊mohammedanische Piraten überfielen oft den Archipel bis an den Hellespont⌋. Höchstens nominell abhängig: Serben und Croaten.

Das *Volk* im illyrischen Dreieck und in Kleinasien von der buntesten Herkunft, wie ja seine Kaiser auch, war stellenweise gewiß dünn gesäet aber durch das Griechische verbunden, welches zum Theil erst von der Kirchensprache mag zur Volkssprache geworden sein. ⌊Das Reich lebte von einer mehrmaligen Transfusion fremden Blutes, bei beständiger Amalgamirung durch die Kirche und deren griechische Sprache.⌋

{Schon hieher: unsere Unwissenheit über das Leben in den Provinzen namentlich in Städten wie Thessalonich, Nicäa, Philadelphia, Ephesos etc.}. Alle Aufzeichnung handelt nur von Kirche, Herrschaft und Krieg, und das Centrum aller dieser Dinge ist Constantinopel.

Das Herrscherthum und die Bestellung des Throns. Der Orient als Heimath großer völlig absolutistisch organisirter Staatsgebilde seit den alten sogenannten Weltmonarchien. ⌊Allgemeine Voraussetzung: Erblichkeit; Dynastien sterben aus, oder werden durch neue Hebungen besejtigt.⌋

Ein gewaltiges Reich war seit dem VII. Jh. emporgekommen, als Machtgestalt einer neuen Religion: Das mohammedanische Khalifat, welches ja binnen zwei Jahrhunderten dem byzantinischen Reich mehr als die Hälfte seines Besitzes raubte. Nach den vier ersten Khalifen, die noch als wirkliche Nachfolger des Propheten zum Theil schon unter heftigem Streit erhoben worden, folgte eine 90jährige Dynastie: die Ommayaden von Damascus. Das Reich von der maroccanischen und portugiesischen Küste bis an den Himalaya; die Khalifen zum Theil furchtbare Menschen, aber mit ihnen war auch der Höhepunct überschritten und mit den Abbassiden von Bagdad, 750–1258 beginnt sogleich der Abfall entfernterer Provinzen und das ganze Jahrhundert des höchsten abbassidischen Scheinpompes hindurch (750–850) geht die Bildung von Nebenreichen ihren Gang, welche dem Khalifen höchstens noch zum Schein huldigen und sein wirkliches Machtgebiet auf ein Minimum beschränken; dabei werden die Abbassiden mehr und mehr unfähig und leben in beständiger tödtlicher Bedrohung durch ihre Leibwachen; einige Sicherung kam für sie erst als sie 936 die weltliche Gewalt an eine jener Nebendynastien abgaben und nur noch geistliche Herrn blieben. Inzwischen steigen neue mohammedanische Reiche, sogar ein neues Khalifat, wie Blasen in einem siedenden Kessel auf. Für die christlichen Lande waren auch diese Theilfürsten noch höchst furchtbare Feinde.

⌊Anders in Byzanz, obwohl Einiges dem Islam ähnlich scheint. Aber Khalif, resp. Sultan besitzt sein Land und Volk, während hier das Reich den Kaiser besitzen will. Zunächst versteht sich auch hier der Absolutismus von selbst und von irgend einem politischen Gegengewicht oder Gegenrecht ist nie die Rede gewesen; die Nation hat weder ein Recht noch auch Organe dafür, oder nur Scheinorgane wie den Senat; was der Kaiser verordnet, ist wohlgethan, und Nikephoros I. ließ 809 durch eine Synode beschließen, der Kaiser sei über dem Gesetz. ⌊Allein der tiefste Grund des Herrscherrechtes ist hier ein anderer als im mohammedanischen Orient, wovon unten zu reden.⌋ Ein Gedanke an Republik ist vollends nie in einem byzantinischen Kopf vorhanden gewesen. Nie will man die Verfassung ändern, wohl aber die Person.

Den mohammedanischen Staaten glich das Reich auch durch gänzliche Abwesenheit eines Adels der einen Stand im Staate gebildet und die Macht mit dem Herrscher getheilt hätte durch erbliche Ausübung der wichtigen Functionen. ⌊Keine Aristocratie nur persönliche Hof- und Staatswürden.⌋ Aber es gab doch wenigstens vornehme Familien in Constantinopel, wie wir sie in der Nähe mohammedanischer Throne nirgends finden, mit größerm erblichem Besitz, wie zB: damals die Ducas, Argyrer, Phocas, und wir treffen sie thatsächlich hie und da in hohen Aemtern, als fähige Anführer im Feldlager, ja als Usurpatoren des Thrones mit oder ohne Erfolg, freilich sie haben nicht das mindeste Vorrecht auf irgend eine Machtübung.[1]

Und der von Constantin dem Großen eingerichtete Senat war nur zur Decoration da,[2] um bei Processionen und Festen zu figuriren; wirklich befragt hat man ihn nur in Augenblicken der äußersten Schwäche, wenn der Palast eine andere Instanz zu Zeugen anzurufen hatte oder die Verantwortlichkeit mit Jemand zu theilen begehrte. Der Senat wird herbeigerufen um nach dem Tode eines Kaisers den Cassenbestand zu constatiren, des vollen oder leeren Schatzes je nach den Umständen; er weint am Sterbebette eines Kaisers; er wird von Kaiserinnen in gefährlichen Augenblicken um Rat gefragt; zu bedenklichen Verhandlungen mit Barbaren werden ein paar Senatoren mit hinaus beordert; bei mißlungenen Verschwörungen werden die ganz unbetheiligten Senatoren tödtlich bedroht und die gelungene Usurpation müssen sie sanctioniren helfen.

Die Verwaltung war der mohammedanischen ähnlich, ja sie hatte derselben sogar Anfangs als Vorbild gedient: der militärische Commandant

---

1 Der höchste Rang, Magistros, Patrikios etc. ist nur eine vom Kaiser dem Einzelnen erwiesene Gnade.
2 Immerhin der Senat in den islamitischen Staaten undenkbar.

Das byzantinische Reich 539

eines Landestheils[1] hatte zugleich die Civil- und Finanzverwaltung, d. h. er war ein Pascha und mußte es sein, da das Reich fast beständig in gewaltsamem Zustande, nämlich in Vertheidigung begriffen war.

Die Beamten, zum Theil sehr gebildete Specialisten, mußte man in moralischer Beziehung nehmen wie sie waren; eine öffentliche Meinung, vor welcher sie hätten Scheu empfinden können, gab es nicht, und heute hilft ja in sehr großen und freien Staaten alle Presse nichts gegen Diebe, Streber und Speculanten. ⌊Den guten Willen für Ordnung und Rechtlichkeit haben mehrere Kaiser an den Tag gelegt, und Basilius Macedo wandte alle kriegsfreie Zeit darauf.⌋

Die Finanzen waren in der Regel wohl geordnet und die meisten Kaiser vorsichtige Haushalter; neben ihnen stand der Schatzmeister welcher den Haß auf sich zu nehmen hatte. Bei Calamitäten, besonders Erdbeben und Pest, half der kaiserliche Fiscus oft sehr reichlich, auch in den Provinzen. Constantin Porphyrogennetos förderte außer den Wissenschaften auch die Gewerbe und brachte sie in hohen Flor. ⌊Dieß Reich hat u. a. keine Staatsschulden hinterlassen, d. h. es hat nicht unter Vorwand von «Fortschritt» die Habe der Zukunft vorweggefressen.⌋ Das allgemeine Vorurtheil von byzantinischer «Aussaugung und Verödung» trifft nicht. Es ist wahr daß die Regierung in hohem Grade, wenn auch nicht absolut, das Getreidewesen und für Constantinopel den Getreidepreis in den Händen hatte, indem die Provinzen zum Theil in Naturalien steuerten, während zugleich der Kornverkauf die einzig mögliche Art der Besteuerung bei Unzähligen wird gewesen sein, aber muthwillig ist dieses Verhältniß wohl nie behandelt worden.

Diese Hauptstadt mit ihrer in jeder Beziehung einzigen Lage, ein Kampfobject vielleicht noch für ferne Zeiten, denn es ist Regina Orientis, war damals das Asyl aller Mittel der Herrschaft, alles Könnens und Wissens, uneinnehmbar für Slaven, Avaren, Perser, ommayadische Khalifen, Bulgaren und Russen, sturmfrei, weil sie es sein *wollte*. Zugleich das beständige, nie ausgehende Steuerobject, wie Paris es lange Zeit für die französischen Könige war, endlich der größte Tauschplatz der occidentalischen, orientalischen und nordischen Waaren.[2]

Engbau, mit wenigen freien Plätzen, Constantin hatte schnell und nachlässig gebaut und Justinian mußte sogar dessen Grabkirche, die Apostelkirche, vom Boden auf neu bauen. ⌊In der Gegend des jetzigen alten Serai stand der Kaiserpalast, ein Aggregat aus den Zeiten verschiedener Regierungen, in der Nähe des Hippodroms und der Sophienkirche.⌋

---

1 στρατηγός, στρατηλάτης
2 Cf. Cedrenus p. 490 wie die Speculanten unter Leo Philosophus den Bulgarenmarkt nach Thessalonich verlegten.

Es lebte ein Pöbel dort und es gab Kaiser welche das schlimmste Pöbelthum beförderten, wie zB: Constantin Kopronymos, als er bei seinem Triumphzug die gefangen mitgeführten Bulgaren dem Volk überließ, welches sie marterte und vor dem goldenen Thor schlachtete. Dieser nämliche Kaiser hat auch die durch Erdbeben und Pest heruntergekommene Stadt nach Kräften neu bevölkert; «er verdichtete sie». In Zeiten des Religionsstreites war dieses Stadtvolk vollends unberechenbar, als aber einmal das Parteiwesen des Hippodroms und der Bilderstreit vorüber waren, gab es überhaupt keinen Aufstand mehr welcher vom Volke ausgegangen wäre, sondern nur noch aufrührische Theilnahme für Usurpatoren, diese aber konnten Retter des Reiches sein. Diese Stadt hatte den absoluten Willen der Gegenwehr gegen die äußern Feinde; von ihr aus ist mehr als einmal das sonst größtentheils verlorene Reich wieder erobert worden.

Denn das Kriegswesen dieses Staates bestand nicht, wie in Handbüchern zu lesen, aus «feilen Söldnern und verweichlichten Griechen». Wohl hatte man zu Kriegszeiten Geworbene von verschiedenen Nationen und sogar Religionen,[1] aber in weit größerer Zahl Ausgehobene ⌊ja Ausgewählte, ἐπίλεκτοι⌋ aus der Bevölkerung. Das Wort für Regierungsbezirk, Thema, bedeutet zugleich Aushebungsbezirk, ja das ausgehobene Regiment selber. Dabei war die Mäßigkeit und Zähigkeit der Bevölkerungen der Balkanhalbinsel und Kleinasiens eine wichtige Vorbedingung zu den heldenmüthigen Leistungen so mancher byzantinischer Armeen zumal gegen die furchtbaren Heere des Islam. Ein Gesandter Otto's des Großen bekam aus dem Munde des gewaltigen Kriegers Nikephoros Phocas eine Kritik der deutschen Streitmacht zu hören, welche uns indirect lehrt, auf was man in Byzanz zu sehen pflegte: «Die milites Deines Herrn verstehen nicht zu reiten; eine Schlachtordnung des Fußvolks anzuordnen geht über euer Vermögen, die großen Schilde, die schweren Rüstungen, die langen Schwerter, das Gewicht der Helme stört jedes rechte Dreinfahren; dazu euer unendlicher Appetit und euer Trinken; auch Schiffe habt ihr ja nur wenige». Während eben die ottonische Heeresmacht ein halb freiwilliges Gefolge war, diente in der byzantinischen Alles der kriegerischen Zweckmäßigkeit. | Man mußte dieser Armee Vieles, auch bedenkliche Gräuel, durchgehen lassen, zB: Menschenraub auf eigenem, wenn auch unteritalischem Reichsgebiet, und wenn sie zeitweise in Constantinopel stationirte, wurde sie zu kaiserlichen Bauten verwendet nur damit ihr keine meuterischen Gedanken kämen; aber Feldherrn wie die beiden Phocas (Nikephoros und Leon) behandelten ihre

---

[1] Es gab ganze Regimenter von eingestellten Überwundenen und Überläufern. Später, zur Zeit der Komnenen, hatten die Geworbenen etwa das Übergewicht?

Soldaten wie eigene Söhne und es kam vor daß Herr und Flotte ihre Trauer um einen Anführer, der einem kaiserlichen Verdacht zum Opfer gefallen, deutlich an den Tag legten. ⌊Ausgezeichnete Krieger und Officiere waren einer Ehrenbezeigung sicher, wahrscheinlich vor der Front.⌋ Fähige Feldherrn, auch unter schwachen und mißtrauischen Regenten, haben mit diesen Truppen oft das Erstaunliche geleistet, während ihnen bei irgend einem Mißerfolg mindestens die Verbannung bevorstand. Ihr Verhalten gegen Feinde welche meist sehr grausame Barbaren waren muß man nicht nach abendländischen Grundsätzen beurtheilen; mitgeführte saracenische Gefangene hat man in Masse enthaupten lassen bloß weil sie der ohnehin beutereichen Armee zur Last waren; gefangene Renegaten wurden etwa lebendig geschunden.[1] Als einst Ruderer zu desertiren begannen, brachte ihnen Basilius Macedo einen heilsamen Schrecken bei, indem er scheinbar 30 von den Schuldigen pfählen ließ; in Wirklichkeit aber waren es gefangene Saracenen, die man unkenntlich gemacht hatte.

Neben der kriegerischen Praxis besaß man in Byzanz auch das größte militärische Wissen jener Zeit, sowohl was Taktik und Strategie als was die Wehrmittel betraf. Unter den letztern ist neben den Kriegsmaschinen besonders das griechische Feuer bekannt, welches geschleudert wurde und außer seiner Unlöschbarkeit auch noch eine explosive Kraft gehabt haben soll; der Besitz desselben galt als eine himmlische Gnade und das Geheimniß der Bereitung scheint unenthüllt geblieben zu sein.

Solche Kräfte waren es mit welchen tapfere und einsichtige Kaiser und Feldherrn das durch den ersten Anprall des Islams so stark geschmälerte und erschütterte Reich vertheidigten und zeitweise wieder ausdehnten. Und dieses Reich lebte nicht nur für sich selber, sondern unbewußt deckte es auch Europa die Jahrhunderte hindurch während welcher der vielgetheilte Occident mit seinen so schwach und eigenwillig organisirten Staaten (vor und nach den kräftigern Carolingern) zur eigenen Rettung nicht immer befähigt gewesen wäre.

In diesem Reiche ging nun das Imperium, die Kaisermacht oft auf die unerwartetste Weise von einer Hand in die andere. Wir werden bald sehen wie bedingt die Erblichkeit der Krone war. Als ein Kaiser des IX. Jh. ⌊Michael Balbus⌋ sich bei Lebzeiten von männiglich die Nachfolge der Seinigen mit Unterschrift zusichern ließ, fand man dieß absurd: «er meinte auch die Zeit *nach* ihm zu binden statt Alles Gott anheim zu stellen». Und doch folgten wenigstens auf Diesen Sohn und Enkel.

Allein mit dieser Hinweisung auf göttliche Fügung war es den Byzantinern nicht recht Ernst; tief im Grunde ihres Bewußtseins lauerte neben

---

1 Es gab Solche welche bei den Saracenen Commando's hatten wie Leon von Attalia. Über den renegirten Priester Themel: cf. Cedrenus p. 525.

vielem andern Aberglauben auch der von einem Kaiserfatum, ganz wie
zur Zeit des römischen Alterthums. Von dieser sonderbaren Macht im
byzantinischen Leben muß man sich vor Allem ein Bild machen können.
Daß vorsichtige Leute von den Vorzeichen und Weissagungen in christlichen Phrasen zu reden pflegten, darf über den völlig heidnischen Character derselben nicht täuschen.
 | Wer aus gewöhnlichem Stande herauf den Kaiserthron bestiegen hat,
muß schon in früher Jugend von Prodigien umgeben gewesen sein oder es
werden ihm solche angedichtet; über dem Bauernkind Basilius (Macedo)
schwebt in der Ernte ein Adler und läßt sich nicht wegtreiben. In Betreff
der eigentlichen Voraussicht wechselt der Ausdruck in den Berichten:
fromme Geistliche zB: haben die Gnadengabe (χάρισμα) des Vorausse-
hens, es sind jene göttlichen Männer welche um ihrer Reinheit willen zu-
kunftskundig sind, wie Leon Philosophus sagte. Andere dagegen, Weltliche sowohl als sehr vornehme Geistliche, sind Sterndeuter und ihre
Astrologie wird sich von der damals im höchsten Schwange gehenden
mohammedanischen kaum viel unterschieden haben. ⌊Man consultirt abwechselnd Heilige, Wahrsager, auch Juden als μάντεις Sterndeuter und
auch Dämonen. Auch den antiken Beckenzauber verschmäht man nicht.⌋
Es war eine der trübsten Beschäftigungen der Kaiser, sich Gedanken zu
machen über den vermuthlichen oder geweissagten Nachfolger, welcher
den Sohn und die ganze Familie verdrängen werde. Und es ist vorgekommen, daß Einer sich deßhalb sehr leicht zur Abdankung bequemte (Michael Rhangabe). Kaiser Theophilos offenbarte seiner Gemahlin Theodora das Zeichen (σημεῖον) welches an dem Verdränger seines Hauses
sichtbar sein müsse; mit Entsetzen bemerkte sie es an dem künftigen Kaiser Basilius, dem eben genannten. Kaiser Leo Armenus wußte daß Michael der Stammler auf ihn folgen werde;[1] er hielt ihn in scharfer Haft
und trug beständig die Schlüssel der Ketten bei sich mit welchen Michael
gefesselt war; dennoch unterlag er einem Complott welches diesen erhob
und ihn – noch in den Fesseln – auf den Thron führte.[2] Wenn man ermes-
sen will, wie stark bisweilen der Glaube der Leute an die Thronaussich-
ten eines noch Unbekannten wirken konnte, muß man die Geldmittel erwägen die einem Solchen zu Gebote gestellt wurden: eine reich begüterte
Dame in der Gegend von Patras, die Danielis, vernahm daß der Oberpriester des berühmten Andreasheiligthums den jungen Basilios mit dem Ceremoniell eines künftigen Kaisers behandelt hatte und zwar ohne daß

---

[1] Michael war dem Leo schon bei dessen Einzug einst auf den Rand des Mantels
getreten.
[2] Die Zumuthung Constantins VIII. an Romanos Argyros cf. Heft *101*, verso, unten.

Dieser es inne wurde; sie schenkte nun dem Basilios solche Summen, daß er Ländereien in Macedonien kaufen und seine Umgebung ausstatten konnte; die einzige Gegenbedingung war, daß derselbe ihren Sohn Joannes zum geistlichen Bruder annahm. Später, als Kaiser, empfing er zweimal ihren Besuch in Constantinopel, und sie kam nicht ohne beträchtliche abermalige Summen als Geschenk mitzubringen.

Außerdem aber gab es die sogenannten ὁράσεις, Bücher welche theils mit Abbildungen theils mit Schrift die Zukunft des Reiches enthüllten,[1] wie solche auch im persischen Sassanidenreich und bei den Mohammedanern vorhanden waren. Man fand darin verzeichnet wie lange jeder Kaiser lebe und welches die guten und schlimmen Ereignisse seiner Regierung sein würden. Leo Armenus, derselbe welcher seinen geweissagten Nachfolger Michael den Stammler gefangen hielt, wußte doch schon aus einem solchen Buche seine eigene Todesart und die Woche seines Todes voraus; ein Löwe mit einem Schwert im Halse war abgebildet zwischen zwei Chiffren welche Weihnacht und Epiphanie bedeuteten. ⌊Ein Buch welches man einem sicilischen Bischof zuschrieb, beschäftigte sich sogar mit dem Schicksal der Ottonen.⌋

Vieles von diesen Dingen mag auch nur der Phantasie der Leute von Constantinopel angehören, welche Jahr aus Jahr ein mit dem Palast beschäftigt und außerdem mit Superstitionen antiker, auch slavischer Herkunft völlig angefüllt war. Viele Prachtbauten und Kunstwerke von Constantinopel hatten irgend eine magische Bedeutung für die Zukunft. Auf Antrag eines sogenannten Astronomen ließ Kaiser Romanos Lakapenos von einem Pfeiler über dem Gewölbe des Xerolophon den obern Aufsatz wegnehmen, und zu derselben Stunde starb in weiter Ferne der Quäler des Reiches, König Simeon der Bulgare, an einer Herzkrankheit; jener Aufsatz war auf ihn «gemünzt» gewesen, ἐστοιχειῶσθαι.

⌊Treten wir nun dem byzantinischen Throne etwas näher und lernen wir die Umstände kennen unter welchen hier Herrschaft geübt und erstrebt wurde.

Der allgemeine Regulator der Dinge ist die Gefahr; der Kaiser ist vor Allem der Gerant der allgemeinen Vertheidigung gegen Barbaren und Mohammedaner. Kein Vorwand zur Usurpation ist so wirksam als Nachtheile im Felde, mögen sie vom Kaiser in Person oder von seinen Generalen erlitten worden sein.

Und dieses Reich will beisammen bleiben. Es ging hier ganz anders zu als in dem stückweise verschleuderten Reiche Carls d. Gr. In keinen byzantinischen Kopf, wenigstens des I. Jahrtausends, ist der Gedanke gekommen an Abtrennung von Provinzen und Stiftung von Nebenreichen;

---

[1] angebliche Visionen des Daniel

kein Feldherr noch Statthalter macht irgend eine byzantinische Provinz dauernd abtrünnig. Von den zahllosen Usurpatoren der Macht will Keiner nur ein Stück; ihre Berechtigung kann sogar nur darin liegen, daß sie auf ihre Manier das Ganze als solches retten wollen. Endlich war dieß Reich völlig frei von der wahrhaft kindischen Erbtheilung welche mehrere Reiche des Abendlandes stets von Neuem zur Schwäche verurtheilte, sowie von dem Aufkommen lassen erblicher Provincialhäupter als großer Lehnsträger.

Das Reich hat mehrere Dynastien gehabt, darunter eine langdauernde, die makedonische, allein wir werden bald sehen unter was für befremdlichen Nebenherrschern.

Für Alles was nun folgt, sind wir angewiesen auf Geschichtschreiber welche wohl im Ganzen für wahrheitsliebend gelten mögen, immerhin aber für das was im Innern des Palastes und im Innern der Menschen vorging, mannigfach abhängig gewesen sein müssen von derjenigen Auffassung der Thatsachen wie sie sich in der Stadt wird wohl oder übel gebildet haben. Am genausten werden sie berichtet gewesen sein vom äußern Hergang der Ermordungen, vielleicht schon weniger von der jedesmaligen Quelle des Complottes; unsicher bleiben alle Vergiftungssagen.

| Das Volk von Constantinopel war im Ganzen für Beibehaltung einer einmal vorhandenen Dynastie und freute sich wenn ein Usurpator wenigstens die Princessin aus einer solchen heirathete;[1] der letzten, keineswegs respectabeln Kaiserin vom macedonischen Hause rief es noch zu: Mutter! Mutter! ⌊Dasselbe Volk freute sich auch, wenn Einer aus unterm Stande empor kam, cf. Excerpt aus Ranke über Basilios Macedo.⌋

Allein die Lage des Reiches war längst diese, daß man dringend der Fähigen bedurfte. Es hat wohl hülflose junge oder unbefähigte Erbkaiser gegeben, aber rasch tritt ein Fähiger oder Einer der dafür gilt als *Nebenkaiser* auf, und von jener Reihe zitternder Haremsitzer wie die Abbassiden des sinkenden IX. Jahrhunderts waren, ist hier nicht die Rede. ⌊*Das Nebenkaiserthum den Byzantinern eigen*: Vermeidung des Mords der Legitimen.⌋ Dieser Thron hat ein einziges entschiedenes Scheusal getragen, den Phocas; denn Justinian II. ist durch Irrsinn zu entschuldigen; und einen einzigen tollen Genüßling und CircusWagenfahrer, Michael den Trunkenbold. Und auch dieser wenigstens später offenbar verrückt. Fürsten wie Nero, Domitian, Commodus, Caracalla, Elagabal hat es hier nie gegeben, denn auch das Furchtbarste was Justinian I. verfügt hat, war Folge eines kaltblütigen Systems und einer aparten Auffassung seines Herrscherthums.

---

1 Cedrenus 552.

Allerdings gewährt die byzantinische Geschichte weit die allergrößte
Auswahl von halbregulären und völlig unregelmäßigen Thronfolgen und
daneben noch von zahllosen Usurpationsversuchen und Verschwörungen
jeder irgend denkbaren Art ⌊sammt betreffenden Gassenkrawallen⌋. Was
dabei zu Stande kam wurde etwa nachträglich durch den sogenannten Senat legalisirt und durch die Krönung des Patriarchen geheiligt, aber entscheidend war jedesmal die Gewalt, mochte sie mehr vom Palast oder
von Theilen der Armee oder von der Hülfe der Bevölkerung Constantinopel's ausgehen. ⌊Eine Behörde zu Bestellung des Thrones gab es nicht.⌋
 Im günstigen Fall ersieht sich etwa ein kinderloses Kaiserpaar einen
tüchtigen General zum Nachfolger. Oder ein Kaiser der nur eine Tochter
hat, befördert einen solchen zum Schwiegersohn und Nachfolger. Gegen Phocas aber riefen bedrohte Angesehene, selbst aus seinem eigenen
Hause, einen fähigen Commandanten aus Africa auf den Thron: Heraklius, den Retter des bereits an Perser und Avaren so viel wie verlorenen
Reiches.
 Aber auf der Erblichkeit des Thrones ist in diesem Reiche niemals auf
längere Zeit Segen gewesen; kaum folgt hie und da auf einen Vater, der
eine Dynastie beginnt, ein tüchtiger Sohn, wie zB: auf Michael Balbus
Theophilus ⌊auf Leo Isauros C. Kopronymos⌋;[1] höchstens daß etwa in
einer spätern Generation wieder einige Kraft zum Vorschein kommt; die
einzige glänzende Ausnahme, erst im II. Jahrtausend: das Haus der Komnenen.
 Sodann innerhalb mehrerer Kaiserfamilien selbst schreckliche Usurpationen mit Mord oder Verstümmlung. ⌊Verstümmelung ist Unschädlich-
machung mit Vermeidung des Mordes.⌋ – So schon im Hause des Hera-
klius: | Eine Stiefmutter vergiftet den ältesten Sohn und wird später mit
abgeschnittener Zunge exilirt. Ein Kaiser tödtet seinen Bruder. Der
Nachfolger dieses Kaisers schneidet zwei Brüdern die Nasen ab. Endlich
der letzte des Hauses, Justinian II. noch im vollen Besitze der Macht
durch eine Empörung der Gefängnisse gestürzt.[2] Die Befreiten dann an
der Spitze der Volksmenge. Mit abgeschnittner Nase nach Cherson. Später mit bulgarischer Hülfe zurück thront im Hippodrom mit den Füßen
auf dem Nacken seiner beiden Nachfolger, deren Einer vom Andern gestürzt worden war. – Nach sechs Jahren folgte dann ein Aufstand und
seine Ermordung. Im Isaurischen Hause der furchtbare Kampf zwischen
Mutter und Sohn. Basilius Macedo läßt sich elend gegen den Sohn Leo
einnehmen.

---

1 Die Söhne des kräftigen Basilius Macedo taugten Alle nicht viel.
2 Besonders weil seine Heere im Feld Unglück hatten.

Die Macht im Orient: um ihretwillen, auch auf bloßen Verdacht hin, wird das Familiengefühl völlig suspendirt und das Schrecklichste geschieht als etwas Selbstverständliches. Am ehesten noch zu entschuldigen: bei Gefahr der Dynastie durch einen Unfähigen dessen Beseitigung ⌊durch Sturz resp. Tödtung oder durch ein Nebenkaiserthum⌋. Bardas, der Mutterbruder des Michael Temulentus hat offenbar geschwankt ob er den Neffen durch Feldzüge aufrütteln oder selber nach der Krone greifen solle. ⌊Das ganze Capitel Bardas und M. Temulentus ist exceptionell durch die offenbare Verrücktheit des Kaisers.⌋

Überhaupt kommen auf und neben diesem Thron Leute vor, welche politisch ruchlose Frevler und dabei auf alle Weise reichsnützlich sind. ⌊*Herrscherthum und Kraft bleiben im Ganzen vereint.* Die Bauernkräfte auf diesem Thron; die Barbaren. Der Thron hat mehrere Usurpatoren erst recht fähig gemacht. Die Usurpation hat hier größere Chancen der Begabung als das Erbe.⌋ Unvernünftige talentlose Herrschsucht treibt am ehesten einzelne Kaiserinnen, wie Martina, Irene. Dagegen die Usurpatoren fast sämmtlich konnten sich verantworten durch die Nothwendigkeit einer andern Regierung als die bisherige; es giebt kaum einen ganz frivolen Menschen darunter. Einige Usurpatoren wie rechtmäßige Kaiser schon physisch sehr ausgezeichnet: Basilius Macedo ein mächtiger Ringer, Roßbändiger, Wolfstödter; – Manuel Komnenos und sein goldener Schild welchen selbst Raimon, der Hercules von Antiochien, nicht zu regieren vermochte.

Das Zugreifen des Thronstrebens sobald einmal sein Entschluß gefaßt ist: Basilius Macedo hat den Bardas, den relativ fähigen Oheim des Michael, mindestens in seiner und des Kaisers Michael Temulentus Gegenwart niederhauen lassen und hierauf sich zum Sohn adoptiren lassen, dann den gefährlich verrückt gewordenen Kaiser einige Zeit hernach des Nachts im Palast von S. Mamas im Verein mit einigen Hofleuten getödtet.[1] Zu Basilii Erhebung halfen dann mit: die Mitmörder, der Senat, die Garde, das Heer und das Stadtvolk. Und es *wurde* eine ausgezeichnete Regierung und alle Feinde des Reiches bekamen sie zu spüren.

Er krönte drei Söhne zu Mitkaisern (dieß auch sonst ein Versuch Dynastien zu festigen) aber sein ältester, bereits im Krieg brauchbarer Sohn Constantin starb vor ihm; der Abt des Euchaïtenklosters Santabarenos, ein Gauner und Intrigant, zauberte dem Vater im Walde die Gestalt des Sohnes zu Pferde vor und der Vater konnte ihn umarmen. Aber der zweite Sohn und nunmehrige Nachfolger Leo VI. philosophus, der den Betrüger durchschaut wird von diesem beim Vater, wegen Mordabsicht auf der Jagd, verdächtigt, eingekerkert und erst nach einiger Zeit restituirt, doch

---

1 Es ist ein Hergang etwa wie bei Paul I.

vollständig, sodaß Basilius sich muß offen als getäuscht bekannt haben.[1] {Solches Bekenntniß kömmt den Despotismus gar nicht so bitter an und findet sich auch im Islam; bei Saadi sagt ein König zu seinem Wesir, den er eingekerkert und neu erhoben: Verzeih mir, ich habe gefehlt und dich Unschuldigen gepeinigt! – worauf der Wesir: Nicht deine Schuld, der Rathschluß Gottes des Seelenlenkenden war es!²}

| Leo VI. gelehrt,[3] Taktiker in der Theorie, schrieb auch Juristisches und Reden, u. a. zu Ehren von Heiligen ⌊Sendschreiben an Gläubige und an Saracenen⌋, aber als Herrscher war er zerfahren und abhängig. Für den Vater seiner zweiten Gemahlin, Zauzas, erfand er die Würde eines *Kaiservaters*.[4]

Möglich wurde die Carriere eines Kammerherrn Samonas, ehmaligen Mohammedaners der sich seinen alten Glauben fast offen vorbehielt und den Hof mit den schändlichsten Intriguen füllte ⌊und tüchtigen Feldherrn verderblich wurde⌋, während er offenbar dem Leo unentbehrlich wurde. Leo traut auch seinem allerdings elenden Bruder Alexander das Schlimmste zu; läßt ihm aber im Sterben a. 911 doch das Reich, mit Bedingung dasselbe seinem Sohn: Constantin Porphyrogennetos zu bewahren. Leo hatte im Sterben sein Kaiserpathos wiedergefunden: er hatte den um sich versammelten Senat an sein Wohlwollen erinnert und ihn um Treue für Gattin und Sohn gebeten; der Senat weinte und klagte in untröstlicher Trauer weil er eines solchen Herrn und Kaisers beraubt werde. (cf. die Sterberede Theophili 842 an die große Versammlung in der Magnaura: ich gehe nun und weiß nicht in welches Leben; ich empfehle Euch Gattin und Sohn. – Auch damals weinte und klagte Alles.)

Alexander's nur Einjährige Regierung,[5] die eines besinnungslosen und ruchlosen Menschen, abhängig von Zauberern, kaum abgehalten von Verstümmelung des Neffen zu Gunsten eines Vergnügungsgenossen. 912 folgt dann der siebenjährige Neffe C. Porphyrogennetos[6] unter Vormundschaft einiger Hofleute und bald auch seiner Mutter Zoe Karbonopsine.[7] Sofort heißt es: die Herrschaft d. h. das Reich sei hauptlos und könnte den größten Gefahren erliegen, womit sicher die Gefahren des *Reiches*, äußere und innere gemeint sind. Cedrenus dagegen nach seiner

---

1 Basilius Macedo gestorben 886.
2 Saadi: Rosengarten.
3 Leo VI.: 886–911.
4 cf. Timesitheus bei Gordian III. und die Atabeke der seldschukischen Sultane von Mossul.
5 Alexander 911–912.
6 Constantin Porphyrogennetos 912–959.
7 Zoe Karbonopsine: Sie war von Alexander verbannt, auf das Andringen des Sohnes wieder hergeholt.

eignen Meinung: «Das öffentliche Wesen war furchtbar krank weil so viele und vornehme Leute fieberhaft nach der Krone strebten.»

In der That sofort der Versuch des Constantin Ducas,[1] der eine bedeutende geheime Partei für sich hatte, die ihn für den einzig geeigneten mit Aussicht auf allen Anklang hielt. Straßenkampf; er fällt vor der Chalke; sein Anhang theils getödtet theils sonst bestraft.

Nun die Bulgaren mit Simeon vor der Stadt auf der ganzen Landseite; daß nun die Vormünder sich dazu entschlossen, den kaiserlichen Knaben zu einer Zusammenkunft mit Gastmahl in den Blachernen herzugeben, während es sich doch nur um momentanen Abkauf des Simeon handeln konnte, zeugt von erbärmlicher Rathlosigkeit. ⌊Simeon kam wenigstens der Form nach zu Gaste in die Stadt.⌋

Um hierauf den Bulgaren das *ganze* Heer entgegenzusenden, schließt Zoe einen Frieden mit den Saracenen, dem Khalifat. Aber der Oberfeldherr im bulgarischen Krieg, Leo Phocas und der Admiral der Pontusflotte, Romanos Lakapenos hatten die Augen offenbar mehr auf den Thron als auf die Feinde gewandt, – und nun entschied ⌊hinter dem Rücken der Zoe⌋ der Erzieher des Kaisers, Theodoros, da Romanos Lakapenos dem macedonischen Hause etwas näher bekannt war, daß dieser zum «*Hüter*» des Kaisers gewonnen würde;[2] er versprach mit hohen Eiden, nie selber nach der Krone zu streben und diesen Eid brach er dann. Mit einem leidlich unblutigen Staatsstreich wurde Alles entschieden und Leo Phocas ging auf's Land nach Cappadocien.

Wäre nun Romanos Lakapenos wirklich «der Fähige» gewesen, dessen das Reich bedurfte so hätte Byzanz den ganzen Hergang sammt allem Eidbruch leicht über sich ergehen lassen. Allein er war nur machtgierig, und seine 26jährige Regierung wäre eine der geringsten wenn nicht einige tüchtige Generale hie und da etwas geleistet hätten. ⌊Dieß ist die Ausnahme; man hatte ihn für fähig gehalten und er war es nicht, sondern allenfalls ein Phraseur.⌋

| Auf die schnödeste Weise erzwingt Romanos Lakapenos von dem hülflosen Knaben eins nach dem andern: Die Verlobung mit seiner Tochter Helena, die sich später eines solchen Vaters ganz würdig erwies – die Ernennung zum Kaiservater – die Entfernung der Zoe und des Theodoros – dann machte er sich, angeblich mit Einwilligung des Constantin Porphyrogennetos zum Caesar – dann zum Kaiser; C. Porphyrogennetos muß ihn eigenhändig krönen.

Das Folgende geschah Alles mit Gewalt und unter heimlichem Jammer des Knaben: Die Erhebung der eigenen Söhne zu Mitkaisern: Christopho-

---

1 Gardeoberst aus einer im Krieg ausgezeichneten Familie.
2 R. Lakapenos Mitherrscher 919–944.

ros, Stephanos, Constantin (sodaß es eine Zeitlang fünf Kaiser gab). In der Rangordnung kam der echte Kaiser zuerst nach Romanos Lakapenos, dann sogar nach dessen ältesten Sohn Christophoros und endlich ganz an's Ende zu stehen, wobei Romanos Lakapenos behauptete: nur auf diese Weise seien die Complotte niederzuhalten. Den vierten eigenen Sohn Theophylaktos designirte er zum Patriarchen noch als derselbe ein Knabe war, sodaß wenigstens anzunehmen ist daß er damals dessen künftige Untauglichkeit noch nicht vorausgesehen.

Als Simeon abermals vor der Stadt lag, kam jetzt Romanos Lakapenos mit ihm zusammen – derselbe Kaiser welcher in einer Bankettrede vor Officieren so enthusiastisch vom Kampf für's Vaterland zu sprechen wußte – unter weit elendern Bedingungen als einige Jahre früher der junge C. Porphyrogennetos, nämlich unter dem vollen Hohn der Bulgaren, welche während dessen fortfuhren zu sengen und zu brennen, an einer Uferstelle des goldenen Horns, wo der Kaiser so viel als in ihrer Gewalt war; und nun jammerte er vor Simeon und führte dem Barbaren zu Gemüthe er sei doch auch ein Christ und einer ewigen Vergeltung gewärtig. «Da schämte sich Simeon (selber) dieser Demüthigung des Kaisers»[1] und ließ sich wieder abkaufen. Und als Simeon bald darauf starb,[2] konnte sein Sohn Petros die Vermählung mit einer Enkelin des Romanos Lakapenos ertrotzen in einem Augenblick da die Bulgaren durch Türken, Serben und Kroaten bedrängt waren; Petros hatte eben richtig gerechnet, gerade jetzt müsse man gegen Byzanz rücken, bevor dasselbe sich den übrigen Feinden anschließe.

Es versteht sich von selbst daß gegen eine so kümmerliche Regierung die Empörungsversuche nicht ausblieben; schon dem eigenen ältesten Sohn und Mitkaiser Christophoros war nicht zu trauen, indeß starb dieser bald. Was aber in der Geschichte aller Usurpationen unerhört sein möchte, geschah jetzt: Daß sich nämlich Jemand nicht etwa für einen verstorbenen Kaiser oder Prinzen ausgab, sondern für jenen Gardeoberst Constantin Ducas, der einst 912 seinen Usurpationsversuch mit dem Leben bezahlt hatte. Es war ein gewisser Basilius, welcher in Kleinasien große Schaaren an sich zog, und die Städte in Verwirrung setzte. Einmal eingefangen wurde er zum Verlust der einen Hand verurtheilt, allein wieder frei geworden setzte er sich eine eherne Hand an wie Götz von Berlichingen eine eiserne und erneuerte seinen Aufstand. Dießmal durch ein kaiserliches Heer geschlagen und wiederum beigebracht, wurde er im sogenannten Amastrianon lebendig verbrannt. Sonst ist die Hauptstelle der politischen Hinrichtungen das halbrunde Ende des berühmten Hippo-

1 (Cedrenus)
2 Simeon starb 927.

droms von Constantinopel. Doch wird man im Ganzen die Tödtungen [vermieden haben], nur waren die Verstümmelungen, womit die Betreffenden unschädlich werden sollten, häufig so schlimm als der Tod.[1]

| Im Schatten des Palastes saß, in die Ecke gedrängt, der rechtmäßige Kaiser Constantin Porphyrogennetos. In den Jahrzehnden seiner Abhängigkeit hatte er sich wenigstens eine vielseitige Bildung erworben.

Die Zeiten des Bilderstreites hatten in die byzantinische Wissenschaft eine weite Bresche gelegt, aber nach dem Tode des letzten Bilderverfolgers Theophilos (842) hatte der mütterliche Oheim und aufgedrängte Mitherrscher seines Sohnes Michael des Trunkenbolds, Bardas, im Kaiserpalaste selbst eine wissenschaftliche Anstalt eingerichtet und die Forschung zum Wiederaufleben gebracht. – Ein halbes Jahrhundert später studirte dann Porphyrogennetos nicht nur selber Arithmetik, Musik, Astronomie, Geometrie und die «über alle hervorragende» Philosophie, sondern er bestellte für jede Wissenschaft die besten und angesehensten Männer zu Lehrern.

Er selber war ein fleißiger Autor und seine Werke über die Provinzen und über die Reichsregierung enthalten eine Fülle wichtiger Thatsachen für die Zustände von Ost-Europa und Kleinasien bis in's X. Jahrhundert. Sein persönlichstes Interesse jedoch redet zu uns in seinem umfangreichsten Buche: von den Ceremonien des byzantinischen Hofes. Er mag dasselbe in seiner Zurücksetzung begonnen und als wirklicher Herrscher fortgeführt haben; Einiges ist offenbar erst nach seinem Tode hinzugefügt.

Ceremoniell und Etikette haben für die Mächtigen dieser Erde ihren Sinn; es handelt sich darum, Unberufene bei allem öffentlichen Auftreten zurückzuhalten, den Effect zu steigern indem jedem Betheiligten Stelle, Tracht und Auftreten vorgeschrieben wird, und endlich auf die Massen jenen Eindruck zu machen als wäre der Hof über das gewöhnliche Dasein erhaben. In Byzanz aber war der Hof das Eins und Alles und selbst einem Kaiser darf man es hier nicht zu sehr verdenken, wenn er das Ceremoniell als etwas Wichtiges behandelt, obgleich ein Hofmarschall oder Ceremonienmeister zu solcher Autorschaft auch genügt hätte. Was aber an diesem Buche zu tadeln, das ist der kleinliche Geist welcher diese Dinge *innerlich* wichtig nimmt und ganz besonders das massenhafte Ersinnen und Ausbilden der Ceremonien. Es ist nämlich psychologisch kaum denkbar daß alle diese endlosen Aufzüge und Feste hätten so vor sich gehen, daß alle diese Vorschriften durch eine so große Zahl von Theilnehmenden hätten richtig memorirt und ausgeübt werden können; was wir vor uns

---

1 Reiche Auswahl in den Autoren.

Das byzantinische Reich   551

haben, ist offenbar großentheils nur Ideal und Wunsch eines höchst ceremoniensüchtigen Kaisers, der zu dem Überlieferten sehr Vieles hinzuthut. Bei jedem größern Fest ist der ganze Hof und ein guter Theil der Staatsbeamten und des Militärs in Scene, von den Patricii und Proconsules und Senatoren bis zu den geringsten Vorläufern und Wegmachern. Auch die beiden – jetzt politisch völlig harmlos gewordenen – Parteien des Circus, die Grünen und die Blauen, stehen aufmarschirt mit ihren Orgeln,[1] denn dieses volltönende Instrument hatte in Constantinopel seine eigentliche Heimath und bei einem Feste stand sogar vor dem Palast die goldene Kaiserorgel, das sog. πρωτοθαῦμα. Die sehr zahlreichen kaiserlichen Kirchgänge bewegten sich nicht bloß vom Palast nach der nahen Aja Sofia, sondern öfter durch einen großen Theil der Stadt, mit einem Duzend Pausen, wo wieder besondere Ceremonien vorgingen. Die Acclamationen des Volkes überließ man nicht dem Zufall; besonders aufgestellte Rufer (κράκται) | hatten bestimmte Formeln zu rufen und das Volk ihnen wieder in bestimmten Formeln zu antworten. Es galt als schicklich, daß der Herrscher sich während aller Pausen niedersetzte; dieß war ein Privilegium der Majestät. Bei einem bestimmten Kirchgang war vorgeschrieben daß der Kaiser die Fußbekleidung wechsle; in diesem Moment bildete das Geleit einen dichten Kreis um ihn, damit er nicht gesehen werde. Bei der Krönung der Kaiserin bestand das Damenpersonal (in Ermanglung eines adlichen weiblichen Constantinopels ⌊eines Geburtsadels⌋) aus lauter Beamtenfrauen welche mit den Titeln ihrer Männer aufgeführt werden: die Frau Consulin, Hauptmännin, Schreiberin, Schiffslieutenantin u. s. w. Ganz besonders imposant waren die Einzüge der aus dem Krieg heimkehrenden Kaiser, wobei man doch bemerkt daß die letztern es Jeder nach seinem Belieben hielten wie sich zB: Kaiser Theophilos einst die Kinder der Stadt entgegensenden ließ, mit Blumenkränzen. Anderes sind Feste innerhalb des Palastes und seiner Gärten, wie die beinahe gemüthliche kaiserliche Weinlese und das an die Stelle der alten Saturnalien gerathene Brumalienfest, welches ein engherziger Kaiser abschaffte und ein Anderer wieder einführte.

Oefter war große Galatafel, namentlich im Saal der neunzehn Tische, und es galt laut ausdrücklicher Aussage als eine höchste vorhandene Auszeichnung wenn man dort des Vorsitzes gewürdigt wurde. Beim Kaiserbegräbniß gab es ein ergreifendes Ritual: der Praepositus rief der Leiche zu: schreite hinaus, Kaiser! dich ruft der König der Könige und Herr der Herrn! Lege die Krone von Deinem Haupt! – und zugleich nahm er der Leiche die Krone ab und legte ihr eine einfache Purpurbinde an. Das all-

---

1 Offenbar riesige Leierkasten. Cf. die an Pipin geschenkte Orgel?

gemeine Kaisermausoleum war die Apostelkirche, der Bau Constantin's des Großen dessen Grab dort das verehrteste war.

Den allerhöchsten Pomp entwickelte der Hof beim Empfang fremder Gesandten, und um zu blenden vermied man es sogar nicht, Ketten mit Lampen, Draperien, Teppiche, Candelaber u. A. aus Kirchen u. a. Anstalten zu entlehnen, ja sogar Prachtsachen aus Gold, Silber und Email von Geldwechslern. Der Ort des Empfanges war die Magnaura, ein Prachtbau welcher an den Palast stieß. Hier saß der Kaiser auf dem salomonischen Throne mit den goldenen Löwen, welche zum Brüllen und zum Schlagen mit dem Schweif eingerichtet waren, andere Thiere waren so construirt daß sie sich aufrichten und niedersetzen konnten; vor dem Thron stand ein goldener Baum mit einer Menge goldener Vögel auf den Zweigen welche in verschiedenen Tönen sangen.

Diese Spielereien – «zu Verblüffung der Völker geschaffen» – hatten ein uraltes Vorbild an der goldenen Platane im Achämenidenpalast zu Susa und noch jetzt enthielt auch der Khalifenpalast von Bagdad einen Baum von Gold und Silber mit beweglichen Zweigen, auf welchen goldene und silberne Vögel sangen. Die Frage ist nur, ob im Palast von Constantinopel Thiere und Baum, welche erweislich Theophilos hatte aus Gold machen lassen, nicht inzwischen (es scheint durch Michael den Trunkenbold) waren in Gold verwandelt und durch vergoldetes Erz ersetzt worden. So wenigstens fand ein Gesandter des Königs Berengar II. von Italien diese Dinge vor; beim Hereinführen der Gesandten sangen die Vögel und die Löwen brüllten noch und schlugen mit den Schweifen, allein sie waren nicht mehr von Gold. | Kaiser Constantin Porphyrogennetos jedoch, welchem der Gesandte aufzuwarten hatte, besaß ein Mittel des majestätischen Erscheinens wie es wohl sonst an keinem Hofe der Welt gebräuchlich gewesen ist und von welchem er in seinem Buche noch schweigt: während der Audienz saß er zuerst nur wenig über dem Boden erhaben und dann plötzlich in verändertem Habit hoch oben gegen die Decke des Saales hin, mit Hülfe einer geheimen Mechanik welche einem Elevator oder Lift muß entsprochen haben. Später, laut Benjamin von Tudela ließ Manuel Komnenos im Blachernenpalast eine Krone mit den kostbarsten, selbst bei Nacht leuchtenden Edelsteinen so über seinem Thron aufhängen daß sie genau auf seinen Scheitel kam wenn er sich setzte.

Kehren wir noch einmal zu seinem Buche zurück, um wenigstens noch etwas vom Kriegsceremoniell zu vernehmen. Er selber ist zwar, wie es scheint, nie im Felde gewesen, doch verzeichnet er für Züge in Kleinasien genau die Stationen des kaiserlichen Hauptquartiers, die Aufwartungsstellen der Beamten und Commandanten, und ganz besonders umständlich das auf Saumthieren gehende kaiserliche Gepäck. Wir lassen Geschirr, Garderobe, Apotheke u. A. auf sich beruhen und sehen nur auf die Feldbibliothek. Aufzeichnungen dieses Inhalts, aus welchen sich ganze Denkweisen errathen lassen, darf man nicht übersehen; bei Napoleon zB: ist für uns unschätzbar das Verzeichniß der Bücher welche er auf den Zug nach Aegypten mitnahm: Ossian, Werther's Leiden, das alte und neue Testament, der Koran, der Veda, Mythologie und Montesquieu, die letztern fünf Namen unter der Rubrik Politique, denn um Erbauung war es ihm ja bei den Religionsbüchern nicht zu thun.

Anders die kaiserliche Feldbibliothek laut Porphyrogennetos: zunächst ein geistliches Ritualienbuch, dann strategische Schriften verschiedener Art; von Historikern u. a. Polyaen; dann aber ein Traumbuch und zwar wahrscheinlich das sehr umständliche des Heiden Artemidor; ein Buch welches die Vorbedeutungen derjenigen Menschen oder Thiere enthielt welche Einem begegneten; endlich mehrere Schriften über die Witterung, wobei man im Zweifel bleibt, ob dieselbe meteorologisch oder im Sinne des Aberglaubens erörtert war. Den Beschluß macht ein Buch über das was bei der Schiffahrt zu beobachten ist.

Endlich lernen wir noch den Gruß des Kaisers an Heerschaaren kennen: Wir treffen Euch gut! Wie geht's, meine Kinder? wie geht's Euern Weibern die meine Schwiegertöchter sind? und Euern Kindern? u. s. w. Die Truppe hatte zu antworten: im Leben (und Glanze?) Deiner Herrschaft sind wir, Deine Knechte, wohl auf! –

Vielleicht aber während der zurückgesetzte Kaiser noch an diesem Buche schrieb, traf er ganz im Stillen, mit Hülfe eines längst vertrauten Gardeofficiers Basilios, tückische Vorkehrungen zum Sturze des aufgedrungenen Mitkaisers Romanos Lakapenos und der Familie desselben. Romanos, in Gewissensnöthen, hatte dem Sohne des Porphyrogennetos und seiner Tochter Helena, dem künftigen Kaiser Romanos II. wenigstens eine fürstliche Ehe verschafft, mit Bertha, der Tochter des Usurpators Hugo von Italien, als wollte er doch das Reich auf diesen Enkel bringen; von geistlicher Seite war er gewarnt, gegen seine eigenen Söhne Stephanos und Constantin kein allzu nachsichtiger Eli zu sein.

Da gewann jener Gardeofficier zunächst (944) | den Stephanos zum Sturze des Vaters der auf eine Insel geschickt wurde, und im folgenden Jahr unter Mitwissen der vornehmsten Generale ließ Porphyrogennetos dann auch die beiden Schwäger bei einem Déjeuner an seinem kaiserlichen Tische plötzlich packen und in verschiedene Exile schleppen, und dieß sogar auf Antrieb seiner Gemahlin Helena, der Schwester beider. Den jüngsten Bruder, den unwürdigen Patriarchen Theophylaktos, welcher seine Zeit mit Wohlleben und Pferdesport hinbrachte, ließ man in seinem Amte. Dann krönte Porphyrogennetos seinen Sohn Romanos II.

zum Mitkaiser, und Theophylakt trug kein Bedenken, dabei zu pontificiren. Die Opfer und mehrere sonstige Angehörige des Lakapenos wurden sämmtlich zu Klerikern geschoren. Schwer zu errathen ist, weßhalb Porphyrogennetos seinem früh von Bertha verwittweten Sohn eine zweite Gemahlin von geringer Herkunft, ja von einer Familie von Krämern gab, die später so übel berüchtigte Theophano. Freilich zeigte sich der nun zu voller Herrschaft gediehene Porphyrogennetos, abgesehen von seinen Verdiensten um die Wissenschaft, als ein kümmerlicher Regent, und wenn nicht die großen Generale der Familie Phokas für ihn glänzende Saracenensiege erfochten hätten, würde er schwerlich noch 14 Jahre, bis 959, weiterregiert haben.[1] Es fand sich daß er gerne trank, das Leichte dem Schweren vorzog, bei Bestrafungen mitleidslos war, und die Stellen, selbst die wichtigsten, äußerst leichtfertig besetzte, wobei sich seine Gemahlin Helena und jener nun hochbeförderte Gardeofficier der sein Helfer bei den Staatsstreichen gewesen, von den Ernannten bezahlt zu machen pflegten. Zugleich machte sich auch der Patriarch Theophylaktos eine ähnliche Einnahme von den durch ihn ernannten Geistlichen und Bischöfen.

Allein das Ende des Porphyrogennetos erregt dann doch Mitleid; sein Sohn und Mitkaiser Romanos II., derselbe welchem er das Buch von der Reichsverwaltung zugeeignet, jetzt «ungeduldig daß der Vater noch regiere» ließ ihn vergiften und Theophano war Mitwisserin. Einige Tage vor seinem Tode, Abends, flogen Steine von oben in seine Wohnräume mit großem Sausen und gewaltigem Lärm; als er dann Wächter aufstellen ließ, war kein Thäter zu finden. Denn, sagt unsere Quelle, die Sache ging nicht von Menschen aus sondern von einer höhern Gewalt. Wir aber müssen leider vermuthen, daß der entmenschte Thronfolger noch einen Hohn zum Verbrechen habe fügen lassen.

Romanos II.,[2] war liederlich und von seiner nächsten Umgebung abhängig, die ihm ähnlich war; der eigentliche Regent war ein Kammerherr Joseph Bringas. Es fehlte nicht an Verschwörungen; u. a. wollte jener Gardeofficier, der Helfer seines Vaters, sich auf den Thron schwingen, wurde aber entdeckt und starb im Wahnsinn. Die Mutter Helena wollte der Kaiser aus dem Palaste entfernen, da ließ sie solche Verwünschungen hören daß er sich davor entsetzte. Die Schwestern dagegen zwang er Nonnen zu werden unter äußerstem Widerstreben derselben. Die Mutter starb aus Gram hierüber.

Während dessen aber erkämpften die gewaltigen Brüder Phokas neue Siege für das Reich. Der ältere, Nikephoros, ist der Eroberer von Kreta,

---

1 Alleinherr 945–959
2 Romanos II. 959–963.

wo seit einem Jahrhundert eine ursprünglich aus Spanien gekommene, dann von andern Seiten her verstärkte mohammedanische Piratenrotte regiert hatte. Der andere, Leon, schlug den Emir von Aleppo bis zur Zernichtung und öffnete Syrien wieder der byzantinischen Herrschaft. Der Autor welcher diese Großthaten erzählt, ist freilich im Stande daneben zu melden daß damals in Constantinopel | ein Kunstreiter die größte Bewunderung erregte, indem er auf einem durch den Hippodrom jagenden Pferde stehend mit einem Schwert die schwierigsten Geberden machte. Und Kaiser Romanos II. berief den Bezwinger von Kreta ab, weil eine Sage ging, wer die Insel bezwänge, werde Kaiser werden.

Allein mitten in diesen Dingen starb Romanos erst 24jährig an den Folgen seines Wandels bei schwächlicher Constitution, man sagte auch, in Folge von Gift.[1] Und nun ließ Theophano, Regentin für die hinterlassenen Kinder, den Nikephoros Phocas nach Constantinopel kommen und im Hippodrom Triumph halten, vielleicht weil sie in ihm schon den künftigen Gemahl erkannte. Zugleich ließ sie den auf Lesbos im Exil lebenden Stephanos, Sohn des Romanos Lakapenos aus der Welt schaffen. Es ist kaum zu bezweifeln daß Nikephoros damals die Fäden spann zu einer baldigen Usurpation; bei längerm Leben des Romanos II. hätte er wohl bis auf Weiteres sich ruhig verhalten, während jetzt, gegenüber einer Kaiserin Wittwe mit zwei Söhnen und zwei Töchtern im frühsten Kindesalter, er sich schlechterdings nur fragen konnte, welcher General sich des Thrones und der mehr oder weniger freundlichen und loyalen Obhut über diese Familie bemächtigen werde. Die Avancen der Theophano wollte Nikephoros, wie es scheint, gar nicht bemerken; nicht als Theilnehmerin einer Abrede sondern erst in Folge von mächtigen Ereignissen sollte sie die seinige werden. Auf die Stimmung des Volkes von Constantinopel konnte ein großer siegreicher General immer rechnen. Einstweilen fuhr er fort in einer längst begonnenen Komödie: er trug unter seinen Waffen ein härenes Gewand und aß kein Fleisch; überall wurde herumgesagt: der große Feldherr, seit ihm sein einziger Sohn beim Lanzenspiel verunglückt war, sehne sich längst nach dem Eintritt in's Kloster, und bei seiner Unterredung mit dem Kammerherrn Bringas betheuerte er, er würde schon längst Mönch geworden sein wenn ihn nicht die Hingebung an die Kaiser Constantin Porphyrogennetos und Romanos im Dienst festgehalten hätte.

So wie er dann wieder bei der Armee in Kleinasien war, bereute Bringas, daß er dieß Wild wieder aus dem Netze gelassen und schrieb heimlich an zwei andere namhafte Generale des anatolischen Heeres, Johannes Tzimiskes und Romanos Kurkuas, sie möchten gegen hohe Be-

1 15. Merz 963.

förderungen und Belohnungen den Nikephoros aus dem Wege räumen; statt dessen zeigten sie diesem die Briefe und ließen ihm, heißt es, die Wahl, entweder seinen Staatsstreich zu machen oder sogleich von ihrer Hand zu sterben. Und nun wurde vor größern zu Caesarea vereinigten Heeresmassen Nikephoros zum Kaiser ausgerufen.[1]

Der unvermeidliche Aufstand welcher auf diese Nachricht in Constantinopel ausbrach, war einer von den Gefährlichen, indem der wildeste Pöbel drei Tage lang Raub und Demolition übte ohne Unterschied der Parteien, bis endlich Nikephoros Phocas durch die goldene Pforte einzog, wo ihm die ganze Stadt begegnete mit Lichtern und Räucherwerk und lautem Zuruf.[2] In Aja Sofia wurde er sofort auf dem Ambon durch den Patriarchen Polyeuktos gekrönt.

Theophano wurde zunächst aus dem Palast in ein anderes kaiserliches Gebäude gebracht und Bringas in ein fernes Exil. Erst nach einigen Wochen warf Nikephoros die Maske ab, vermählte sich mit Theophano und gab seinen Kasteiungen den Abschied, lebte aber dann doch spartanisch einfach bis an sein Ende. Seine nunmehrigen Stiefkinder, Basilius II. (der spätere Bulgarentödter) und Constantin VIII. galten als seine Mitkaiser und den Basilius hatte schon sein Vater Romanos II. krönen lassen, allein sie wurden gewöhnt, dem neuen Stiefvater bei allen Ceremonien ehrfurchtsvoll die erste Stelle zu gönnen und auf niedrigen Sesseln etwas rückwärts Platz zu nehmen.

In Betreff der Persönlichkeit, des Hoflebens und der diplomatischen Verhandlungsweise des Nikephoros besitzen wir die bekannte Caricatur von der Feder des Bischofs Liutprand von Cremona, | welcher im fünften Regierungsjahre des Nikephoros als Gesandter Otto's des Großen in Constantinopel erschienen war. Der tapfere Saracenensieger wird geschildert als ein in jeder Beziehung odiöser Zwerg und recht komisch liest sich zB: die Beschreibung einer jener Processionen, um welche sich einst Constantin Porphyrogennetos so viele Mühe gemacht hatte; das ganze vornehme Gefolge trug weite und schäbige Tuniken die schon die Großväter nicht neu getragen hatten. Freilich der Gesandte war auch auf alle Weise mißhandelt worden und hatte den enormen Dünkel von Byzanz gegen die ganze übrige Welt reichlich zu kosten bekommen. Aber in seinem Bericht macht er selbst mit seinem giftigen Schelten und mit seiner handgreiflichen Unfähigkeit zu jeder diplomatischen Verhandlung einen noch viel komischern Effect als Nikephoros und die Byzantiner, ja uns will scheinen als bekomme auch Otto der Große sein Theil mit. Die bekannte Streitfrage ob Otto überhaupt wohl gethan, nach langer Unterbrechung

---

1 Regierung 963–969.
2 Umständlich in einer Interpolation von C. Porphyrogennetos de cerimoniis I, 96.

wieder deutsche Herrschaft über Italien zu erstreben, mag unberührt bleiben; jedenfalls waren seine Geschäfte in Unteritalien von der zweifelhaftesten Art; er hatte die Langobardenfürsten von Capua und Benevent den Byzantinern abwendig gemacht und in seine Pflicht genommen und drohte auch den byzantinischen Besitz in Apulien und Calabrien zu nehmen in einer Zeit da in jenen Gegenden jeder Waffengang der nicht gegen die stets von Neuem eindringenden Mohammedaner gerichtet war, sündlich und frevelhaft heißen mußte. Und während er Solches einem Fürsten und Feldherrn wie Nikephoros bot, meinte er zugleich, dieser werde ihm die Verlobung seines jungen Stieftöchterchens, welches nach der Mutter Theophano hieß, mit seinem Sohne Otto II. gestatten, ja etwa die unteritalischen Gebiete als deren Mitgift drein gehen lassen. Hier ist die Frage erlaubt: wußte man denn in der Nähe Otto's des Großen nichts von dieser macedonischen Familie, mit welcher man sich doch nur deßhalb alliiren wollte weil sie für vornehmer galt als irgend eine im Abendland? nichts von Romanos II. dem Vergifter seines Vaters? nichts von Herkunft und Thun und Treiben der Theophano seiner Gemahlin und Wittwe? Als der von seinem Herrn so übel exponirte Liutprand kaum wieder lebendig nach dem Abendlande zurückkam, erhob sich erst recht der Krieg in Unteritalien und nicht zu Otto's Vortheil, und bekanntlich wurde erst unter der folgenden Regierung die jüngere Theophano an Otto für seinen Sohn verabfolgt, unter Bedingung gänzlichen Verzichtes auf alles byzantinische Gebiet in Unteritalien. Die deutsche Geschichte bezeugt der Gemahlin Otto's II. daß sie dann als Regentin völlig im Interesse des deutschen Reiches gehandelt habe, aber welche traurige und fremdartige Figur macht dann ihr Sohn Otto III. mit welchem der directe Stamm Otto's des Großen ausging! In seiner Hingebung an Pomp und Ceremonien ist er das leibhaftige Abbild seines Urgroßvaters Constantin Porphyrogennetos.

Nikephoros aber, welches auch sein Aussehen und wie düster und stürmisch seine Art gewesen sein möge, bleibt eine unvergeßliche Gestalt in der Weltgeschichte und es hat seinen Grund daß von ihm umständlicher die Rede ist als von einer Reihe von Kaisern vor und nach ihm. Zwar enthält eine unserer Hauptquellen eine förmliche Anklageschrift gegen ihn, aber jeder einzelne Punct derselben kann je nach der Sympathie des Lesers zu seinem Lobe gewendet oder doch wenigstens irgendwie gerechtfertigt werden. Sobald man sieht daß er um jeden Preis dem Reiche nach allen Seiten Luft machen und dessen kriegerische Kräfte und Erfolge auf das Höchste steigern wollte, begreift man zunächst die financielle Härte seiner Regierung und die geringe Rücksicht auf die Klagen der öffentlichen Meinung, | zumal derjenigen der Hauptstadt. Unter Berufung auf das Kriegsbedürfniß verringerte er eine Art von Honorar der Senatoren, cassirte die Pensionen frommer Vorgänger an einzelne Kirchen und Klöster, verbot der Kirche die weitere Bereicherung durch Grundstücke, nahm den Bischöfen eine beträchtliche Quote ihrer Einnahmen und ließ keinen mehr wählen ohne sein Gutachten; ja die Neuernannten heißen geradezu Leute des Kaisers. Mit dem Werthe der Münzen machte er freilich Künste wie sie in keinem Jahrhundert, in keinem Reiche zu loben sind, und den Soldaten soll Anfangs in Constantinopel viel übler Muthwille gegen die Einwohner nachgesehen worden sein. Den Schlüssel zu seiner ganzen Denkweise aber giebt ein neues Dogma, dessen förmliche Annahme er dem Klerus zumuthen wollte; gegenüber dem bisherigen byzantinischen Ideal der Heiligkeit, nämlich der mönchischen Ascese verlangte er: die im Krieg Gefallenen sollten fortan als Märtyrer verehrt werden. Da weit seine wichtigsten und ersehntesten Kämpfe gegen den Islam gerichtet waren, hatte dieß in seinem Sinn volle Wahrheit. Dem Gesandten Otto's sagte er: unser Reich führt Krieg gegen die Assyrer, und nicht gegen Christen wie dein Herr thut!

Das erste was Nikephoros gleich nach seiner Thronbesteigung wagte, war der Bruch mit den Fatimiden, den Herrn des wichtigsten Theiles der africanischen Mittelmeeerküste und der Insel Sicilien, von wo aus sie häufig auch Unteritalien an sich zu reißen suchten. Als zur Jugendzeit des C. Porphyrogennetos Byzanz zugleich von diesen «Carthagern» und von Simeon dem Bulgaren bedroht wurde, hatte sich die vormundschaftliche Regierung zu einem Jahrestribut an die fatimidischen Khalifen bequemt; zwischen hinein hatte man seither auch wieder Krieg mit ihnen geführt und dann weiter bezahlt. Dieß war «ein Abscheu» für Nikephoros; diese Schmach sollte keinen Augenblick weitergeduldet werden. Zunächst freilich hatte Flotte und Heer, die er ausgesandt, in Sicilien Unglück, allein diese Gegenden waren bei Weitem nicht das Hauptziel für ihn; seine Richtung ging längst auf Syrien, auf einen rastlosen Kampf mit den Hamadanidenfürsten von Mosul und Diarbekr, mit den so viel als unabhängigen Emiren von Aleppo u. a. Gegenden und mit dem Beherrscher der Gläubigen selbst, nämlich mit dem abbassidischen Khalifen, welcher damals unter der militärischen Obhut des Hauses der Buiden lebte; zunächst sollte das obere Euphratgebiet genommen werden und Bagdad sollte zittern. Denkt man sich ein halbes Jahrhundert von Regierungen wie die des Nikephoros, so konnte der ganze Islam tief und auf immer erschüttert werden.

Zunächst sandte er nach dem Osten jenen Johannes Tzimiskes, der ihm einst die Wahl gelassen zwischen Tod und Krone. Vor Allem machte derselbe mit Cilicien fertig; wo bisher als furchtbare Gegner zu Land und Meer die Emire von Tarsus gehaust hatten; die gewaltige Schlacht von Adana zernichtete die ganze Kraft der dortigen Mohammedaner; der Hügel, auf welchem ihre letzten 5000 Mann um Mann niedergemacht wurden, hieß seither die Bluthöhe, weil das Blut stromesweise davon niedergeflossen. Im folgenden Jahre (965) zog Nikephoros selber mit großer Heeresmacht aus, und blieb dann über den Winter im Osten; Tarsos, Laodikea, Aleppo wurden erobert, das phönicische Tripolis und Damascus steuerbar gemacht. Antiochien am Orontes, welches er vielleicht mit dem ersten Anlauf hätte nehmen können, griff er nicht an, man sagte: weil in Aller Mund die Rede ging: gleich mit Einnahme dieser Stadt werde der Kaiser sterben. Aber zwei im Osten zurückgelassene Befehlshaber nahmen dann die berühmte alte | Stadt dennoch, obwohl er es ihnen bei seinem Weggang ausdrücklich verboten hatte. Unter der folgenden Regierung sollte es sich dann weisen weßhalb er von dieser Eroberung nichts hatte wissen wollen.

Auch Cypern wurde wieder gewonnen und der heilige Nikon reinigte das dort noch vorhandene Christenthum. Den Bulgaren versagte Nikephoros wie den Fatimiden den üblich gewordenen Tribut, bekriegte sie im Balkan und kaufte dann die Russen unter Swiatoslaw zu einem Angriff mit 60,000 Mann gegen sie. Den schon erwähnten unteritalischen Krieg führte er durch Generale.

Wie groß aber auch seine Verdienste um das Weiterleben des Reiches sein mochten, der anfängliche Jubel um ihn war völlig verstummt und er wußte sich allgemein gehaßt. Die weitläufige Gebäudegruppe welche zusammen der Kaiserpalast hieß, hatte damals ringsum allerlei zierliche Außenbauten, welche wir uns als Pavillons und Casino's vorstellen dürfen; diese demolirte er und machte aus dem Palast eine «Akropolis und Tyrannenburg gegen die unglücklichen Constantinopolitaner», mit Vorrathsräumen und Kornspeichern als wäre er darauf gefaßt, dort eine Belagerung auszuhalten; freilich als die ganze Befestigung fertig war, in der Nacht desselben Tages da ihm der Bauaufseher die Schlüssel überreicht hatte, ist er dann aus der Welt geschafft worden. Die Überlieferung betont in einer Reihe von Zügen den tiefen Haß der Stadtbevölkerung welchen er sich durch seine offenbare Verachtung derselben zugezogen hatte, allein diese Tradition steht deutlich unter dem Einfluß der Stimmungen jener letzten Zeit und selbst in Betreff einer GetreideverthEurung, deren sich Nikephoros Phocas sogar gerühmt haben soll, ist ihr nicht recht zu trauen, indem der Mißwachs durch austrocknende Winde zugegeben wird und damit auch eine Ursache der allgemeinen Theurung. Ganz gewiß ist noch im Volke gegen ihn geschürt worden als sänne er auf das Verderben der Bevölkerung, und diejenigen welche sich zu seinem Sturze zusammenthaten, werden auch zu diesen Hetzereien die Mittel gehabt haben. Schon gab es bei einer Procession, ja sogar auf dem Exercirplatz offene Insulten gegen ihn und sogar Steinwürfe.

Die entsetzliche Theophano und Johannes Tzimiskes hatten sich einander heimlich genähert. Mit einiger Phantasie wäre es nicht schwer, sich die innern Vorgänge in diesen Beiden auszumachen. Der Kaiser hatte der Gemahlin längst nicht mehr ja vielleicht niemals getraut und sie sammt den jungen Stiefsöhnen schon auf den asiatischen Feldzug mitgenommen, ohne Zweifel damit sie nicht in Constantinopel sich irgendwie mit Gegnern einlasse; unterweges ließ er sie damals in einer Festung seiner warten. Tzimiskes aber war in des Kaisers Ungnade gerathen und mußte in seiner Wohnung außerhalb der Hauptstadt in einer Art von Hausarrest leben, wo ihn Niemand besuchen durfte, offenbar weil Nikephoros auch gegen ihn Verdacht hatte. Die Verrechnung zwischen diesen Beiden bleibt unsern Augen entzogen; als Feldherrn gleich ausgezeichnet, in den Mitteln gleich unbedenklich, sind sie doch auf ewig darin unterschieden, daß Nikephoros der Verrathene und Tzimiskes der Verräther gewesen ist. In den letzten Tagen war Nikephoros wieder milder geworden; auf Betrieb der Theophano, heißt es, sollte Tzimiskes wieder nach der Hauptstadt kommen, und erst als er schon gegenüber von Constantinopel in Chalcedon war, hieß es wieder, er solle noch etwas warten. Allein in der Nacht des 11. December 969 wurde er über das Wasser geholt und nach dem kleinen Hafen gebracht welcher unmittelbar an den Palast stieß. Nikephoros mochte alle Thore seiner Burg wohl geschlossen und mit zuverlässigen Wachen versehen haben: darauf hatte er nicht gerechnet, daß seine Gemahlin den Todfeind sammt fünf Andern in einem Korbe würde aus dem Hafen heraufwinden lassen. Zuletzt war ihm | doch wieder ein Verdacht aufgestiegen; schriftliche Warnungen kamen, und er soll noch an dem grauenvollen Abend seinen Bruder Leon mit bewaffnetem Geleit zu sich entboten haben, der dann zu spät gekommen sei. Als die Bande oben war und mit gezognen Schwertern in sein Schlafgemach drang, fanden sie dasselbe leer und glaubten einen Augenblick verrathen zu sein – war nicht am Ende die Kaiserin zu Allem fähig? im Schrecken sollen sie nahe dran gewesen sein sich aus dem Palast hinunter zu stürzen – da erschien ein Diener aus der Frauenwohnung, d. h. von der Kaiserin ihnen nachgesandt und wies ihnen den Weg zu dem Raume wo Nikephoros war. ⌊(Er mochte auf die Warnungen hin öfter das Schlafgemach gewechselt haben?)⌋ Sie fanden ihn am Boden schlafend auf einem scharlachfarbenen Tuch und einem Bärenfell, das er einst von seinem Oheim, einem Mönche erhalten. Er konnte noch nicht lange eingeschlafen sein; Tzimiskes weckte ihn, den großen Waffengenossen, durch einen Fußtritt, da stützte er den rechten Arm auf und schaute empor; einer versetzte ihm einen furchtbaren Hieb auf die Mitte des Schädels; inzwischen hatte Tzimiskes irgendwo Platz genommen auf einem kaiserlichen Sessel; vor ihn schleppten die Übrigen nun unter lautem Hohn den Sterbenden, welcher

nur noch seufzen konnte: Kyrie eleison, hilf, o Gottesmutter! Da aber
inzwischen im Palaste Lärm geworden war und die Wachen es merkten
und Solche herbeikamen welche den Kaiser würden vertheidigt haben,
machte die Bande denselben völlig nieder, schnitten sein Haupt ab und
zeigten es durch ein Fenster. Da sahen die unten herbei Eilenden zum
Letztenmal, etwa zwischen zwei Fackeln, die entstellten Züge dessen welcher dem Reiche Kreta, Cilicien und das nördliche Syrien wiedergegeben.
Schon in der Nacht hörte man, wie Leute auf den Gassen den Johannes
Tzimiskes als Kaiser hoch leben ließen.

Er bestieg den Thron ausdrücklich nur als Mitregent[1] der beiden Söhne
des Romanos II., Basilios II. und Constantins VIII. Mit Hülfe eines jener
Kammerherrn die an diesem wandelbaren Hofe sich durch Geschäftstalent unter mehrern Kaisern zu behaupten wußten und den er zum Genossen seiner Herrschaft, etwa in der Art eines Wesir's erhob, änderte er den
Hof und die hohe Beamtenschaft und ließ die von Nikephoros Verbannten zurückkehren. Unter diesen waren Bischöfe, welche lieber in's Exil
gegangen waren als daß sie die Decrete zur Beraubung und Erniedrigung
der Kirche unterschrieben hätten.

Für die Verwandten des Nikephoros genügte dem Tzimiskes das Exil,
überhaupt zeigte er sich merkwürdig ruhig, besonnen und unter Umständen verlogen.

Am Tage nach der Schreckensnacht war er mit geringem Geleit nach
Aja Sofia gegangen um sich dort vom Patriarchen Polyeuktos krönen zu
lassen. Allein dieser weigerte ihm den Eintritt, so lange seine Hände noch
von Blut triefen und verlangte Werke der Reue. Tzimiskes nahm dieß
ganz gelinde auf; er begehre nur in Güte zu verhandeln; den Nikephoros
habe er nicht eigenhändig getödtet, sondern Leon und Atzypotheodoros
hätten es gethan im Auftrage der Kaiserin. Da verlangte der Patriarch,
diese müsse aus dem Palast geschafft und nach einer Insel verbannt werden. Dem neuen Kaiser brach hierüber nicht das Herz; Theophano kam
nach Proconnesos, und auch jene beiden Mörder mußten aus der Stadt.
Außerdem wurden die kirchenfeindlichen Decrete des Nikephoros feierlich zerrissen und der Kirche wieder ihre frühere Freiheit gegönnt. Und
erst als Tzimiskes noch außerdem versprochen, zur Sühne des Begangenen sein ganzes Privatvermögen an die Armen zu vertheilen, öffneten sich
die Pforten von Aja Sofia und an Weihnacht krönte ihn der Patriarch.

| Er trat in die macedonische Kaiserfamilie ein durch Vermählung mit
einer Tochter des Porphyrogennetos, Tante seiner Mündel. Tzimiskes
war einer jener Byzantiner in welchen die Ruchlosigkeit des Emporkommens sich mit großen Regenteneigenschaften vertrug. Er siegte über alle

1 Johannes Tzimiskes 969–976.

Feinde des Reiches, zunächst über Russen, Bulgaren, Petschenegen und Türken (Ungarn) und hielt dann seinen Triumph unter größtem Jubel sehr bescheiden; auf das für ihn bereit gehaltene schneeweiße Viergespann ließ er die Gewänder der überwundenen Bulgarenkönige legen und darüber das Bild der Gottesmutter, der Stadtschützerin aufstellen; er selbst ritt hernach. Er erleichterte die von Nikephoros so hoch gespannten Steuern, war im Strafen von Complotten merkwürdig gelinde, hatte bedeutende Generale und wußte sie offenbar zu behandeln. Jetzt gab er auch die jüngere Theophano für Otto II. her, aber nur unter Bedingung des ottonischen Verzichtes auf Apulien und Calabrien.

Seine persönliche Kühnheit war gefürchtet; im Russenkrieg bot er einst dem Großfürsten Swiatoslaw den Entscheid durch Zweikampf an, sintemal durch Eines Mannes Tod besser fertig gemacht werde als durch Aufzehren und Hintödten der Völker; wer siege, der möge dann Herr über Alles sein! – Swiatoslaw verbarg hinter den hochmüthigen Reden, womit er dieß abwies, vermuthlich ein anderes Gefühl.

Mit den Erwerbungen des Nikephoros im Orient sah es Anfangs deßhalb mißlich aus, weil die Mohammedaner durch den Verlust von Antiochien außer sich gerathen waren. Antiochien wurde zwar durch einen tüchtigen General Nikolaos vertheidigt, aber andere Städte gingen verloren und schon wurde dafür gearbeitet, daß die verschiedenen Staaten des Islam's all ihre Feindschaften bei Seite setzen und sich gegen Byzanz verbinden sollten; die Anführung sollte den Carthagern, d.h. den Fatimiden zufallen als den im Land- und Seekrieg Kundigsten. Allein eben diese waren damals im Begriff Aegypten zu ihrem Reiche zu ziehen und hielten ihre raubgierigen Augen bereits auf den Orient geheftet. Der Gedanke des großen Bundes blieb eine schöne Aufwallung. Nach einiger Zeit erschien Tzimiskes selbst im Orient, nahm Aleppo wieder und zog südwärts, man sagt, bis nach Damascus, ging dann über den Euphrat und eroberte Samosata, Edessa und Nisibis, und dießmal hatte man in Bagdad Ursache zum Zittern. Mangel an Lebensmitteln soll ihn zum Rückzug bewogen haben, auf welchem er durch jenen Kammerherrn und Wesir soll vergiftet worden sein, weil ihm über dessen Raubsucht die Augen aufgegangen waren. Kaum lebend erreichte er Constantinopel und starb 976, zu früh für seine Schützlinge und Mitkaiser, unter welchen die Erschütterungen des Reiches wieder begannen. Diesem Reiche aber sollte es beschieden sein, noch lange auf der Bresche zu stehen und schon im XI. Jahrhundert bekam es zu glänzenden neuen Feinden, nämlich dem Weltreich der seldschukischen Türken auch glänzende heroische Vertheidiger, das Haus der Komnenen.

Die Allegorie in den Künsten

| *
* *

Religionen und Völkergeschichten, sollte man denken, bedürften zu ihrer
Verherrlichung durch die Kunst nur ihrer großen göttlichen und menschlichen Persönlichkeiten und Ereignisse. Allein thatsächlich und zu allen
Zeiten hat sich auch die Allegorie eingestellt und in Farbe, Marmor und
Erz Verwirklichung verlangt.

Allegoria ist Andeutung oder Darstellung einer Sache durch eine andere, indem man den Gedanken verhüllen und doch offenbaren will, zB:
Darstellung einer allgemeinen Wahrheit durch eine Erzählung, Parabel,
äsopische Fabel. In der Kunst und ihrer Sprache dagegen hat das Wort
einen ganz bestimmten und engen Sinn: Darstellung eines Allgemeinen in
Einer menschlichen Gestalt.

Sprache und allgemeine Betrachtung sind der Kunst längst vorangegangen: aus vielen Erscheinungen derselben Gattung ist bereits das ihnen
Gemeinsame *abgezogen* worden, es sind *Abstracta* entstanden und zu deren Darstellung wird nun nicht nur die bildende Kunst veranlaßt sondern
auch die Poesie ist nicht selten hierauf eingegangen. Wir werden fortan
«Abstractum» und «allegorische Figur» als gleichbedeutend brauchen.

Sorgfältig beseitigen wir hier andere Bedeutungen des Wortes Allegorie: das schon erwähnte *Gleichniß* in Gestalten aus dem wirklichen Leben, die Parabel, ferner die *Anspielung* auf irgend eine Thatsache durch
Ereignisse der Vorzeit, so bei Rafael in den vaticanischen Sälen, als er den
französischen Überfall des Kirchenstaates durch die Geschichte des Heliodor züchtigte und den religiösen Zweifel der damaligen Zeit durch die
Messe von Bolsena widerlegte.

Im Allgemeinen sind nun die allegorischen Gestalten oder Abstracta
beim Volk nicht beliebt und ein häufig vorkommendes Vorurtheil findet
sie langweilig. Einst war hier ein Kupferstich sehr verbreitet, welcher die
Hoffnung darstellte, wie sie vor einem Vorhang sitzend zum Fenster hinaus sah, neben sich einen großen Anker; sie schien die personificirte Langeweile. Allein die Jahrtausende vor uns haben längst für die Allegorie
entschieden; eine mächtige Tradition hat die Umwälzungen der Staaten,
Völker und Culturen überstanden und nun ist die Allegorie so wenig

mehr aus der Kunst zu entfernen als die allgemeinen Ausdrücke aus der Sprache. Wenn auch die christliche Religion sie allenfalls in der Kunst entbehren kann, so konnte es, wie sich zeigen wird, die griechische Religion nicht, vollends aber kann die *weltliche monumentale Kunst* nicht ohne sie auskommen und die *Ruhmredigkeit* des Menschengeschlechts klammert sich fest an sie an.

Die Thätigkeit, durch welche Menschen culturgeschichtlich und weltgeschichtlich mächtig geworden, die Summe ihrer moralischen und intellectuellen Eigenschaften, läßt sich zunächst nicht in ihrem Bildniß allein sichtbar machen, sodann in der Regel auch nicht durch Einzelereignisse die der Künstler erzählen könnte, und hier nimmt sich die Allegorie, das Abstractum sein Recht. Man wird jene Eigenschaften in besondern Gestalten verewigen, daneben aber auch die Richtungen und Thätigkeiten, die von einem Mächtigen ausgegangen, in figurenreichen Schilderungen entwickeln. In Sculptur und Malerei, in großen Räumen und an großen Bauten können dann allegorische Gestalten mit solchen allgemeinen Thätigkeitsbildern zusammen ausgedehnte Cyclen, Gedankenkreise bilden.

| *Der heutige Bestand:*

Vor Allem lassen sich *Völker* und *Reiche* ihre Personification in möglichst großartigen, äußerlich oft colossalen Gestalten nicht nehmen, und auch die Städte haben sich von Alters her so darstellen lassen, kenntlich an ihren Mauerkronen. Die Physiognomie wird neben ihrer Idealität auch etwas Besonderes, der einzelnen Nation oder Stadt Gemäßes zu erreichen suchen und für Weiteres sorgen zunächst Attribute, sodann aber Reliefs an Sockel und Aufbau und Nebenfiguren, welche wiederum Allegorien sind theils örtlicher Art (besonders große Ströme) theils moralischer und intellectueller Art (Krieg, Handel, Industrie, Überfluß etc.). Riesige Aufgaben wie die Germania (Niederwald). Hier auch der Victoriendenkmäler zu gedenken, obgleich hier eine Gestalt der antiken Kunst benützt werden konnte.

Prachtbrunnen bedürften der Abstracta kaum oder doch nicht nothwendig, da sie mit den schönen Wasserfabelwesen im Geist des Alterthums auf das Reichste geschmückt werden können. Der Brunnen *kann* schon mit bloßer Schönheit auskommen.

Das eigentliche Denkmal, die Verherrlichung eines Individuums gegenwärtig massenhaft in Übung. Sobald man irgend über die Porträtstatue hinausgeht und die *Beziehungen* des Betreffenden zum Leben andeuten soll – sei er Fürst, Feldherr, Beamter, Dichter, Künstler etc. gewesen – melden sich die Abstracta unvermeidlich von selbst, am Sockel oder in

Nebenfiguren. Berlin: Göthe mit lyrischer und tragischer Poesie ⌊sammt drei Genien⌋ und wissenschaftlicher Forschung. Schiller mit lyrischer und tragischer Poesie, Geschichtschreibung und Philosophie. Wien: Beethoven: Prometheus mit dem Geyer.

Es zeigt sich daß die kräftigsten Meister der Plastik diese Gestalten lieben – und besonders beim Berliner Schillerdenkmal käme man nicht auf die Idee welche man wohl aussprechen hört: «Die Allegorie sei eine besondere Liebhaberei verfallender Kunstepochen». Die Sculptur, was auch Individuelles von ihr verlangt werde, bleibt dem Idealen zugeneigt, welches allein ihr gestattet, frei ihren innersten Antrieben nachzuleben.[1] –

Vieles was in einer Porträtstatue selbst bei geistvollster Auffassung ganz unmöglich anzudeuten ist ⌊Eigenschaften welche der Mann hatte und Wirkungen die er hervorbrachte⌋, wird auch in den Reliefs des Sokkels irgendwie ausgesprochen, in plastischen Schilderungen. Es können Zustände, ideal gegebene aber concrete Genrebilder sein: am Sockel eines Mächtigen das Gedeihen, der Kunstfleiß, die Festfreude, die Rüstungen zur Wehrkraft, als Beschäftigungen[2] – oder auch wiederum Allegorien: Am MaxJosephsDenkmal außer der Bavaria die Felicitas publica, zwischen den Beschäftigungsreliefs. An Kundmanns Schubert-Denkmal auf der einen Seite das Quartett als vier liebliche Genien.

Es findet sich auch zB: bei sehr bevorzugten Fürsten daß gerade die äußern Ereignisse bei weitem weniger wünschbar sind für die Darstellung als die Zustände, – abgesehen davon daß letztere im *Relief* bei Weitem darstellbarer sind; das zarte Leben und die innern Bedingungen des Reliefs machen es nicht geeignet zur Illustrirung jedes beliebigen äußern Hergangs, – | selbst wenn derselbe an sich wichtig und sogar zB: im *malerischen* Bilde der Darstellung würdig wäre. – Vollends aber soll man beiden Künsten nicht Momente zumuthen, welche erst in ihren Folgen wichtig geworden sind.

Colossale Aufgaben wie Rauch's Friedrichsdenkmal, an dessen Sockel sogar alle berühmten (norddeutschen) Zeitgenossen versammelt sind, oder vollends das Prinz Albert Denkmal im Hyde Park, welches die geistigen Beziehungen einer halben Welt in Porträts und Allegorien um den Verewigten gruppirt, bleiben außer Betracht.

Neuste Aufgabe: das Lessing Denkmal für Berlin und die in der Presse besprochenen Concursarbeiten, was die Sockelreliefs betrifft: Athene schmettert ein Ungethüm, die Lüge, nieder. Die Toleranz: ein Weib mit Fackel, gen Himmel schauend; über ihren Schoß reichen sich kniend ein

---

[1] Hier auch die Thiere, besonders die Löwen zu erwähnen (und auch die Löwenverschwendung). (Bären in Bern). ⌊– Das Thier kann Wappenthier sein.⌋
[2] Summa Thätigkeitsbilder

Mann und ein Knabe die Hände, mit stürmischem Drängen, wie von langer Knechtschaft erlöst. – Auf jeder Seite ein Ringer, welcher die Hydra der Heuchelei bezwingt. – Der Jüngling welcher Gott nur um den Trieb nach Wahrheit bittet, da die Wahrheit selbst, nur für Gott bestimmt, in ihrer Felsenkammer schlummert. – Sogar «der kritische Geist» – als allegorische Gestalt.

Bei Dichtern hat man sich etwa statt der Allegorien der Hauptgestalten aus ihren Dichtungen bedient, zB: an Schwanthalers Göthestatue in Frankfurt, allein auch wenn diese besser wären, würden sie der mißrathenen Porträtstatue nicht aufhelfen können, an welcher nur der Kopf gut ist.

Die zunehmende Verbindung der Sculptur und besonders der Allegorien mit der Architectur der drei letzten Jahrzehnden.
Das monumentale Bauwesen des Empire und der nächstfolgenden Zeit fast ohne plastischen und malerischen Schmuck; hie und da eine Nische für die Statue eines berühmten Mannes und die Nische blieb oft unausgefüllt. Eine Aenderung begann mit einigen figurenreichen Giebelgruppen ⌊auf Anregung der Elgin marbles etc.⌋ Die der 1830 vollendeten Glyptothek von Wagner. Hier eine einzige allegorische Figur und dieß ist, dem häufigen Gebrauch seit der Renaissance zufolge, eine Gottheit, bei welcher der Künstler einen fertigen und vorzüglichen Typus geschenkt bekommt; dießmal Pallas als Schützerin der plastischen Kunst. Die übrigen acht Figuren sind die plastischen *Künstler* nach ihren einzelnen Beschäftigungen: der Modellirer, der Erzgießer, der Steinbildhauer, der Töpfer als solcher u. s. w., und man kann streiten ob sie Allegorien oder eher *Repräsentanten* zu nennen sind; jedenfalls brauchte die Kunst sie nicht erst zu schaffen wie die Abstracta, sondern sie fand sie im Leben vor (wenigstens im vergangenen). In Paris entstanden die Giebelgruppen des Pantheon und der Madeleine und allmälig wurde die reichere Anwendung des Plastischen wenigstens ein allgemeiner Wunsch bei Prachtbauten. ⌊Die Sculpturen des Berliner Schauspielhauses von Tieck etc.⌋

Aber erst seit Mitte unseres Jahrhunderts verband sich die architectonische Composition selbst in reicherm Maße mit figürlichen Elementen jeder Art und erst seit eineinhalb Decennien tritt zum gemeißelten Stein an den Fassaden auch noch das Mosaik, die glasirte Malerei, die (einst blühende dann längst vergessene) gewöhnliche Malerei, das Sgraffito hinzu und im Innern ganze Cyclen von Fresken u. s. w.

| Residenzen, Gerichtspaläste, Ministerien, Museen, Theater, Bahnhöfe, Banken, Börsen, Zeughäuser, Kunstschulen und jetzt oft auch Privatgebäude werden mit einem früher unerhörten figürlichen Reichthum ausgestattet. Manches wohl nur decorativ und für die Ferne berechnet, im-

mer aber sehr vorherrschend ideale Gestalten und Ereignisse und als solche ein Glück für die Kunst gegenüber dem sonst vordringenden Realismus. Hier massenhafte Verwendung der Allegorien oder Abstracta ⌊Wir werden völlig davon umringt, ob wir wollen oder nicht.⌋: Die Bestimmung oder Idee des Baues selber meist eine große weibliche Gestalt, sei es allein, sei es als Mitte einer Giebelgruppe, thronend oder stehend. Dann in Nischen oder auf Dächern und Balustraden vertheilt: verwandte Abstracta, Seitenideen oder wiederum jene Repräsentanten entweder in allgemeinem Sinn (wie im Giebel der Glyptothek) oder in historischem Sinn: berühmte Männer des betreffenden Faches ⌊in Statuen, Büsten, Medaillons⌋. (Die Professoren auf dem Kranzgesimse der Straßburger Universität). Manches in Bogenwinkeln, Dreiecken, Giebelenden u. s. w. verräth sich bald als bloße *Füllfigur,* womit nur eine höhere Belebung des Raumes erzweckt wird als die Architectur von sich aus erreichen könnte, aber auch diese Füllfiguren sollen der Kunst um ihres idealen Styles willen willkommen sein.

Auch die *Karyatiden* oder weiblichen Stützfiguren erregten Entzücken, als sie an Drake's Haus im Thiergarten nach langem Todesschlaf wieder aufwachten, nur wurde seither etwas starke Verschwendung damit getrieben und in Wien allein wäre an Karyatiden in Freisculptur und Wandrelief wohl ein Bataillon zusammenzubringen, jedenfalls sehr viel mehr als einst im ganzen alten Hellas vorhanden waren.

Nun ist zuzugeben *daß dieser ganze Schmuck moderner Prachtfassaden lange nicht so im Einzelnen genossen wird wie die Schöpfer desselben erwarten mochten.* Nicht viele Leute haben die physische Kraft ein Ganzes so reich an Einzelgestalten und Scenen genau durchzugehen, bei der Ermüdung welche der Anblick von unten und die Bewaffnung des Auges unvermeidlich mit sich bringen, zumal bei grellem Sonnenlicht.[1] Und was vollends auf dem Dache gegen die Luft steht, ist wirklich mühsam zu prüfen. (Die Zeit hätte man immer wenn man wollte.)

Schlimmer ist aber, daß man auch von Dem was man wirklich ansieht, – allegorischen Figuren und Gruppen – oft nur wenig berührt wird und wenig behält. Man weiß bald nicht mehr recht was man gesehen hat. Von den Gruppen am Erdgeschoß der großen Oper in Paris welche doch gewiß keine geringen Arbeiten sein können, fixirt sich keine als la Danse, das so viel bestrittene Wunderwerk des jung verstorbenen Carpeaux. Man kann wohl sagen: die Aufgabe war bei Weitem günstiger als die musique dramatique und musique lyrique u. s. w. welche in den übrigen Gruppen dargestellt sind, aber es möchte wohl den tüchtigen Meistern

---

1 Es bleibt bei einem summarischen Eindruck von Reichthum.

dieser übrigen Gruppen auch der Tanz nicht so gelungen sein wie er Carpeaux in seiner frevelhaften Weise gelang.

Ferner wird bisweilen eine plastische Profusion an unrechter Stelle geübt. *Börsen* zB: mögen notwendige Athmungsorgane | des modernen Lebens sein und sollen in der Mitte des Luxusquartiers einer großen Stadt eine reiche bauliche Physiognomie erhalten. Es hat aber keinen Sinn mehr wenn an der Börse von Brüssel schon die Podeste der Vortreppe mit großen Gruppen (Löwen von Genien gelenkt) beginnen. Die eigentlichen Abstracta wären auf einer Börse die Gestalten der Hausse und der Baisse, und diese könnte man ja auf dem Giebel eines solchen Gebäudes auf einem ehernen Wagebalken und vom Winde beweglich anbringen – weiterer Allegorien wozu der Ort einladen würde, nicht zu gedenken ⌊zB: die Dämonen des Kraches⌋.

Eine der gediegensten Gesammtdecorationen in Plastik, Mosaik und Malerei aus unsern Tagen ist wohl die des Berliner Kunstgewerbemuseums. Ohne einige kühne Allegorien ist man doch nicht ausgekommen: in einem Giebel lehnen zu beiden Seiten einer Pallasbüste zwei männliche Gestalten welche den erfindenden und den ausübenden Künstler andeuten sollen; in venezianischem Mosaik sind anderswo die Hauptepochen des Kunstfleißes versinnlicht durch allegorische Gestalten wie die Kunst des Islam's, die Byzantinik, die Gothik, die Renaissance, u.s.w. welche man durch Baumodelle in ihren Händen kenntlich gemacht hat; ein Fries im Lichthof schildert die Überbringung von Festgaben aller Zeiten und Völker, von der Steinzeit an, an die thronende Borussia, u.s.w.

Im Ganzen wird man sagen müssen: Bei fortdauerndem reicherm Schmuck öffentlicher Gebäude jeder höhern Bestimmung wird man auf stets neue Offenbarungen der plastischen und gemalten Allegorik gefaßt sein müssen. Gar zu vielartige und wichtige geistige Beziehungen deren Darstellung man verlangt, lassen sich durch bloß historische Gestalten und Scenen absolut nicht verwirklichen. Es wird nicht immer leicht sein, deutlich zu sprechen, selbst für Gebildete, aber die Kunst wird solche ideale Aufgaben immer willkommen heißen und ihr Genius wird sie führen.

Und nun steigen wir die vergangenen Zeiten rasch aufwärts, um den Gang der Allegorie auch durch die *ältere Kunst* zu verfolgen. Die nächste Vorzeit welche wenigstens bei ihren Festen einen großen Verbrauch derselben aufgewiesen hat, war die *französische Revolution*. Unter der Leitung David's entstanden riesige Statuen der Natur, der Liberté; beim Feste des 10. August 1793 sah man das «Volk» auf einem Fels sitzend, bedroht vom herankriechenden Ungeheuer des Fédéralisme; am Feste des höchsten Wesens 8. Juni 1794 hatte Robespierre die Function, eine riesige Gruppe von Atheismus, Ehrgeiz, Genußsucht, *Zwietracht* und falscher Einfachheit anzuzünden; als dieselbe zusammensank, kam, freilich etwas geschwärzt, eine Statue der Weisheit zum Vorschein.[1] Von ähnlichem Geschmack waren auch die Feste des Directoire: wenn Directoren und Gesetzgeber zwischen griechischen und römischen Gottheiten nach dem Marsfelde zogen und der Sonnenwagen des Phöbus, von Jahreszeiten und Horen umtanzt, im Moraste stecken blieb ehe er noch seinen hölzernen Thierkreis erreichte.[2]

Woher stammte aber zunächst diese Manier? Direct aus der Cultur, Kunst und Poesie des *vorhergegangenen Zeitalters*, und Voltaire ⌊sobald ihm die *Tendenz* wichtiger war als die Poesie⌋ hatte in seiner Henriade ausgiebigen Gebrauch | davon gemacht. Man darf freilich fragen: hat die Poesie dasselbe Recht auf allegorische Gestalten wie die bildende Kunst? hat sie nicht die Verpflichtung, alle Motive d.h. alle Beweggründe des Handelns in lebendige Menschen zu verlegen und *hiefür* all ihre erfindende Kraft anzustrengen? ⌊Sie hat ja keine gegenwärtige Schönheit vorräthig wie die Kunst?⌋ Die Antwort ist nicht ganz einfach, soviel aber ist gewiß daß die Poesie der Epoche Ludwigs XIV. mit ihren Allegorien schlechte Geschäfte gemacht hat. Im V. Gesang der Henriade, nach einem Gebet des Jaques Clément welcher zur Ermordung des Henri III bestimmt war, läßt zB: Voltaire die Zwietracht auftreten:

La *Discorde* attentive, en traversant les airs
Entend ces cris affreux et les porte aux enfers.
Elle amène à l'instant, de ces royaumes sombres
Le plus cruel tyran de l'empire des ombres.
Il vient, le *Fanatisme* est son horrible nom.
Enfant dénaturé de la religion etc.

Er nimmt zum Erscheinen die Truggestalt des Guise an, weil sich Voltaire doch genirt, eine abstracte Fratze vor Menschen handelnd auftreten zu lassen.

Diese Discorde ist aber eine alte Bekannte u.a. von Boileau's Lutrin her, wo sie im I. Gesang nach einer Runde durch Klöster sich vor ihrem Palast, dem Palais de justice, aufstellt und zusieht wie von allen Straßen her die Landkutschen mit Plaideurs angefahren kommen. Weiterhin hat Boileau die Allegorien nur mäßig angewendet bis auf den VI. Gesang, wo Piété sincère sich von der grande chartreuse aufmacht und begleitet von den drei christlichen Tugenden durch halb Frankreich nach Paris reist, um sich dort mit der Themis klagend zu besprechen. Diese absurde Partie nimmt dem hübschen komischen Epos einen guten Theil seines Werthes.

---

1 C. A. Menzel II 46
2 Laut Mercier kamen unter dem Directoire die Toaste auf abstracte Wesen in die Mode.

Diese Gattung verträgt nicht leicht pathetische Einlagen und wenn sie Abstracta mit Glück vorbringen soll, werden es komische, ja burleske sein müssen, wie sie etwa im italienischen komischen Epos vorkommen.¹

Allein mit Boileau sind wir bereits in das so *allegorienreiche XVII. Jahrhundert* hinaufgelangt, welches in dramatischen Moralitäten, in autos sagramentales, in katholischen und protestantischen Schul- und Volksdramen die abstracten Gestalten nicht im Mindesten scheut und in Marmor und Erz wie in farbenstrahlenden Bildern sie massenweise verbraucht.² Ein eigener Zweig der Gelehrsamkeit gab sich längst mit den Allegorien ab und schuf auch ganz undeutsame Gestalten.

Kein *Grabmal* von höherem Aufwand welches nicht neben dem Bild des Verstorbenen noch mindestens Eine klagende Tugend oder – bei Fürsten und Kriegern – eine posaunende Fama enthielte. Die unterliegende Partei – mögen es Feinde oder Untugenden sein – stürzt nicht selten purzelnd abwärts oder wird mit Füßen getreten; Gruppen neben dem Altar des heiligen Ignatius im Gesù. An den Papstgräbern in S. Peter zu Rom finden sich immer mindestens zwei Tugenden in lebhaftem Bezuge zu einander, oft noch von Putten begleitet; ruhig sind die allegorischen Gestalten nur *vor* dem Barocco (Grab Pauls III.) und *nach* demselben (Grab Pius VII.). An weltlichen Denkmälern wie Reiterstatuen pflegen unten gefesselte Figuren zu sitzen deren Deutung vielleicht andern Leuten und Ländern Wehe und Schmach bereiten sollte.

Und in diesem Medium lebte auch die *Malerei des XVII. Jh.*, namentlich wenn sie Gegenstände darzustellen hatte welche mit der bloßen Erzählung absolut nicht zu erledigen waren. Rubens in den Malereien der Galerie du Luxembourg füllte den ganzen Lebenslauf | der Maria Medici an theils mit Allegorien theils mit den Göttern des Alterthums welche in allegorischem Sinne gebraucht sind, Minerva für alle Weisheit, Apoll für die Musik, Mercur für die diplomatische Verhandlung, und im Gouvernement de la Reine hat er den ganzen Olymp leuchten lassen. Die Malerei darf heute so etwas nicht mehr, allein wir möchten wissen wie sie sich ohne Allegorien behelfen würde wenn ihr Themata vorgeschrieben wären wie jene. (Oder wären die Maler etwa heute so stoisch, sich solche zu verbitten?) In der Regel werden Beweggrund und Entschluß in eine allegorische Gestalt verlegt, und einiger derselben müssen wir hier gedenken: Gallia mahnt Heinrich IV. eifrig das von Amor und Hymen dargebrachte Bildniß Mariens zu betrachten; auf der Landungsbrücke zu Marseille eilen Gallia und Massilia ihr entgegen; weiterhin wird der neu geborene

---

1 Boileau's und Voltaire's Abstracta sind öde Maschinerien.
2 Auch Shakspeare läßt einmal das «Gerücht» auftreten. Zu Anfang vom II. Theil Heinrichs IV.

Ludwig XIII. dem Genius der Gesundheit auf den Arm gelegt; bei der Huldigung nach Heinrich's Tode sieht man neben der Gallia auch die allegorische Figur der «Regentschaft» welche der Königin das Steuerruder des Staates überreicht; bei der Unterhandlung in den Streitigkeiten zwischen Mutter und Sohn schreitet Mercur ganz unbefangen zwischen zwei Cardinälen einher; der Friede als mächtige Frau löscht Fackeln und endlich hebt die Zeit, als Saturn, die Wahrheit in die lichte Höhe. In den Gestalten des Bösen ist Rubens so reich wie in denjenigen des Guten; wir lernen, meist in heftiger Bewegung kennen die Zwietracht, Neid, Haß, Betrug, Wuth, Unwissenheit, Übelrede u. s. w., und als Rebellion figurirt eine mehrköpfige Hydra. Einiges galt freilich schon zu des Malers Lebzeiten für undeutsam.

Wer nun Rubens wegen dieser Aufgaben bedauern sollte, würde seine Wehmuth wegwerfen; der furchtlose Meister hat sich ein andermal mit offenbarer Begeisterung allegorisch vernehmen lassen in dem theologischen Cyclus von neun Bildern colossalen Maßstabes für das Kloster Loeches. Man halte daneben die hohlen, ohne alles Gefühl concipirten himmlischen Gruppen in Kaulbach's Fresken. ⌊Und welche gemalte Allegorie würde der des (30jährigen) Krieges im Palazzo Pitti gleichkommen?⌋

Aus der Zeit des Barocco steigen wir wieder eine Stufe empor in das mächtige XVI. Jahrhundert, in *die Renaissance,* und hier lassen wir die ganze damalige Poesie und schriftliche Symbolik beiseite. Bei den großen Künstlern tritt hier die Allegorie auffallend wenig hervor; von Lionardo ist mir wenigstens keine bekannt, von A. del Sarto zweimal die Caritas, von Coreggio findet sich nichts der Art; von Tizian etwa das späte Bild der Fides mit dem Dogen Grimani. Von Michelangelo's berühmtesten Gestalten aber, seinen Schiavi, seinem Sieger, seinen vier Tageszeiten sei es hier gestattet zu schweigen damit nicht eine große umständliche Frage aufgerührt werde. Nun bleibt noch Rafael; er hat sehr mäßigen Gebrauch von dem Abstractum gemacht,[1] aber er hat am Gewölbe eines der vaticanischen Säle in einem Rundbild die holde und erhabene Wundergestalt der Poesie geschaffen, und die Worte auf den Tafeln der sie begleitenden Genien werden hier glaubhaft: Numine afflatur.

Diese Sparsamkeit der Größten contrastirt mit der sonst sehr allgemeinen allegorischen Neigung und Praxis und mit dem Thun der nächsten Vorgänger. *Im XV. Jahrhundert,* zur Zeit der *Frührenaissance* hatten auch die namhaftesten Meister Tugenden, Wissenschaften und geistige Qualitäten der | verschiedensten Art sehr häufig personificirt und von einem oder mehrern ihrer Anhänger oder Repräsentanten begleiten las-

---

1 Sockelfiguren der Sala dell'Incendio.

sen: daß aber die allegorischen Frauen öfter auf Wagen fahren, stammt entweder von einer wirklichen Übung bei Carnevalszügen, oder aus den Trionfi des Petrarca. Seit seinem Trionfo d'amore hat das Abstractum eigenes Fuhrwesen, hundert Jahre hindurch.

Mit dem *XIV. Jahrhundert* sind wir schon an den Pforten des Mittelalters angelangt. In Italien wird die Malerei dieser ganzen Zeit überschattet von Giotto und seinen Nachwirkungen, wobei die Menschengestalt und das Geschehen, das Ereigniß ein völlig neues Leben empfing. Aber in den Aufgaben herrschte noch die strenge Theologie, öfter in dominicanischer Auffassung. Man darf daher das allegorische Wollen und Vermögen nicht sowohl beurtheilen nach solchen Programmalereien wie Giotto's Allegorien von Armuth, Keuschheit und Gehorsam in der Unterkirche von Assisi, oder wie die 14 Künste und Wissenschaften in der spanischen Capelle zu Florenz, als vielmehr nach dem freiwillig Entstandenen. Und hier wird die grausige Gestalt des Todes, der dahersausenden Morte in dem nach ihr benannten wichtigsten Fresco des Campo Santo zu Pisa auf alle Zeiten eine der großartigsten Personificationen bleiben welche der Kunst je gelungen sind. Und ebenso aus freier Begeisterung sind entstanden oder wenigstens gestaltet worden die königlichen Frauen als Tugenden, welche Ambrogio Lorenzetti in seinem sonst sehr wunderlichen Gemälde «vom guten Regiment» als höchsten Schmuck anbrachte. Die Pax und namentlich die Concordia gehören zu den reinsten Schöpfungen der allegorischen Malerei. Das «gute Regiment» selber ist freilich in sehr fragwürdiger Weise als riesige thronende Kaisergestalt personificirt.

Im *eigentlichen Mittelalter*, seit dem Ende der altchristlichen Zeit gilt die Kunst als unfrei und völlig von der Kirche abhängig, deren Theologie ihr in der That das Schema der heiligen Gestalten und Darstellungen bis zu einem gewissen Grade vorschrieb. Und darunter waren auch ganze Cyclen von Allegorien, zunächst die drei christlichen und die vier Cardinaltugenden Einsicht, Kraft, Mäßigung und Gerechtigkeit sammt den sieben Todsünden. Auch die von der Kirche in ihren Schutz genommenen sieben freien Künste: Grammatik, Rhetorik, Dialektik, Arithmetik, Musik, Geometrie, Astronomie. Sehr vieles aber ist in verschiedenen Jahrhunderten in freiwilligem frommem Eifer durch einzelne Autoren und durch Besteller von Kunstwerken hinzugethan worden: am Altar von Klosterneuburg sind von vierzehn Tugenden und löblichen Zuständen, zB: Furcht und Freude die Halbfiguren zu sehen. Ein Bischof von Cambray im X. Jahrhundert (Wibold, um 970) welcher das Würfelspiel seiner Cleriker mißbilligte, ersann für sie ein theologisch-symbolisches Spiel von 56 Abstracta, darunter außer den zeitüblichen Tugenden und intellectuellen Eigenschaften auch das gesunde Urtheil, die Bescheidenheit, der Tact, die Zerknirschung u.s.w., nur ist der Bericht hierüber so undeutlich daß man nicht sieht ob es sich um gemalte oder plastische Figuren oder etwa nur um Täfelchen, etwa wie Dominosteine mit Inschriften handelte.[1]

In der Erzählung – sei es Malerei oder Relief – war das Abstractum entbehrlich, weil die Darstellung der guten und bösen Impulse durch Engel oder Dämonen geschehen konnte. | In Einzelfiguren und Cyclen aber griff man bisweilen zu jeder Aushülfe. Man gab dem Abstractum, meist einer gekrönten Frau, ein Schild oder Rund in die Hand, welches irgend ein conventionelles Zeichen oder Attribut, etwa eine Thiergestalt enthielt; die Geduld erhielt ein Lamm, die Klugheit eine Schlange u. s. w. Andere Male bei Allegorien des Bösen entstand eine Genrefigur oder Genrescene: die Feigheit wurde dargestellt als Mann vor einem Hasen fliehend; die Thorheit als Mensch mit einem Narrenkolben; die Abgötterei als Mann vor einem Affen betend; die Ungerechtigkeit als Gespräch zwischen Partei und Richter; die Zwietracht als Streit zwischen Mann und Frau; der Zorn als Weib welches einen abmahnenden Mönch ersticht, u. dgl. m.

Bisweilen aber hat die Kunst offenbar aus freiem Schwung in die abstracten Figuren ihr Bestes hineingelegt und Werke hohen Ranges haben wir in der Nähe. Am Straßburger Münster und zwar am Portal des südlichen Querschiffs findet sich von all den zahllosen Darstellungen der Kirche und der Synagoge die weitaus bedeutendste; jene als jugendliche Königin, diese zusammensinkend mit verbundenen Augen und zerbrochenem Rohrstab; von den Fassadenportalen enthält dasjenige links den Cyclus von speerbewaffneten Tugenden welche auf Sünden treten. Am Freiburger Thurm enthält schon das Aeußere am Erdgeschoß die merkwürdige Allegorie des weltlichen Standes, des Richterthums sitzende Gestalten mit Mützen. Das Innere der Vorhalle bietet dann in den Statuen längs den Wänden nicht nur ein Ganzes von höchstem plastischem Werthe, darunter die zum Theil wundervollen zehn Jungfrauen, sondern auch eine Auswahl wichtiger allegorischer Gebilde, die sieben freien Künste und dieselben beiden Figuren welche auch am Portal unseres Münsters vorkommen: ein König an dessen Rücken Feuerflammen und Kröten abgebildet sind, und eine zu ihm gewendete Frau; nur hier aber erfahren wir aus alten, obwohl nicht gleichzeitigen Beischriften mit Sicherheit die Namen: Verläumdung und Üppigkeit. Nun heißt freilich calumnia griechisch διαβολή und damit gelangt man schon in die Nähe des διάβολος, des Satan, wogegen freilich geltend zu machen wäre, daß dieser wohl in Historien und Weltgerichtssculpturen, doch aber kaum in

---

[1] Und haben die Cleriker von Cambray nicht etwa auch mit diesem Tarock Hasard gespielt?

Einer Reihe mit den christlichen Idealgebilden möchte dargestellt worden sein.[1] Der sehr große und freie Zug welcher der abendländischen Kirchensculptur im XIII. Jahrhundert eigen war, kam auch den allegorischen Gestalten in hohem Grade zu Statten.

Die *Kunst von Byzanz*, soweit nicht Büchermaler Darstellungen der Römerzeit copirten, machte sehr wenigen Gebrauch von der Allegorie, und von diesem Wenigen sind keine Abbildungen zu uns gedrungen. Es handelt sich um Gestalten der Welt (κόσμος), der Zeit (χρόνος), der Nacht, des Tages und weniges Andere.

Endlich sind wir beim *alten Rom* angelangt und hier weiß schon Jeder welcher dessen Geschichte auch nur angesehen oder römische Münzen gehandhabt hat, daß eine ganze Anzahl von Abstracta es nicht nur zur Kunstform sondern auch zum Cultus mit eigenen Tempeln gebracht hatte. Unversehens geräth | man etwa auf die Idee, daß dergleichen dem trocknen, prosaischen Römervolk ziemlich leicht geworden sei. Aber der Tempel von Furcht und Erblassen (Pavor und Pallor) ist von König Tullus Hostilius in äußerster Kriegsgefahr gelobt worden, der der Bellona in heißer Etruskerschlacht von einem Consul, der von Ehre und Tapferkeit in furchtbarem Punierkampf von dem großen M. Marcellus, der der Concordia bei Beschwichtigung schwerer innerer Wirren von Camillus. Es muß also ein tieferer Ernst bei der Vergöttlichung solcher Wesen gewaltet haben. Freilich wurden ihrer allmälig eine große Anzahl bis Vespasian der Pax, dem Frieden, einen der glänzendsten Tempel von Rom schuf, und was nicht bis zum Cultus gelangte, kömmt doch personificirt auf Münzen vor wie die drei Münzgöttinnen (Monetae) oder diese und jene Reichsstraße (Via) als Weib mit einem Rade, oder der jährliche Kornvorrath (Annona) als Frau mit Füllhorn und Kornmaß.

Die Kunstform dieser Wesen freilich, soweit wir sie kennen, ist längst keine rein römische sondern eine griechisch-römische. Das weltherrschende Rom hatte die Cultur der Hellenen im allerweitesten Umfange sich angeeignet und auch in der Kunst eine große und merkwürdige Fusion mit der griechischen vollzogen. Für die Moneta wurde die griechische Gestalt der Mnemosyne benutzt.

Steigen wir nun eine letzte Stufe der Zeiten empor um bei dem Kunstvolk aller Kunstvölker uns zu überzeugen wie man es hier mit der Bildung der abstracten Wesen gehalten. Kämen diese in der *griechischen Kunst* nicht vor, so hätte die ganze seitherige Plastik und Malerei in dieser Beziehung kein gutes Spiel. Denn die Welt hat sich gewöhnt, in der Kunst von den Griechen die letzten Urtheilssprüche anzunehmen. Der Reichthum und die Herrlichkeit ihres Olymps, die Lebendigkeit ihres

---

1 Memento: Chartres mit ganzen Reihen von «Tugenden».

Mythus, so scheint es nun, hätten ihnen die Allegorie völlig entbehrlich machen müssen, auch galten ihre Götter ja häufig schon als Fachgötter von Beziehungen des Menschenlebens und konnten die Allegorie vertreten ⌊(obwohl nicht immer genügend)⌋, so wie sie oft dafür genommen werden bis heute. Und dennoch lernen wir die Griechen als sehr eifrige Allegoriker kennen. Das Bilden von Abstracta welches uns Mühe macht, war bei ihnen ein populäres Vermögen, und die Allegorie brauchte hier nicht erst durch literarisch gebildete Leute dem Volke aufgeredet zu werden. ⌊Ohnehin hätte ihre Religion wie sich bald zeigen wird, ohne Abstracta nicht völlig auskommen können.⌋

Ihr *Bewußtsein* war dem Abstrahiren geneigt und ihre *Sprache* verräth dieß durch eine überreiche Fülle von Bildungen. Sodann werden schon sehr früh *Kräfte* der glückbringenden sowohl als der schrecklichen Art, Zustände, Leidenschaften zu *persönlichen Gestalten* und die hesiodische Theogonie zählt ihrer ganze Schaaren auf. Bei Homer besitzen einige dieser Kräfte eine bestimmte Handlungsweise sammt Reflexionen und Entschlüssen. Die «*Ate*» (Schuld) hat in der Ilias einen umständlichen Mythus; Eris ist eine genau geschilderte Gestalt von ganz anderm Gewicht als die Discorde bei Voltaire und Boileau; die *Bitten* (Λιτάς) hat sich Homer als besondere, vom Bittenden abgetrennt handelnde Wesen vorzustellen vermocht. Im Gewissen anderer Völker ist das Schreckbild für einen Mörder | die Gestalt des Ermordeten, hier tritt die *Erinnys* auf, die von ihrem Opfer getrennt gedachte Blutthat. – In der Folge dringen handelnde Abstracta in die *äsopische Fabel* ein und allen *Dichtern* ist die Anrede an abstracte Wesen die geläufigste Sache; Pindar apostrophirt die Ruhe, die Zuverlässigkeit, die Wahrheit, die Botschaft u.s.w. Weltbekannt ist das *scenische* Auftreten von «Kraft» und «Gewalt» im Prometheus des Aeschylus, und zwar unterscheidet sich das mitleidslose Abstractum «Kraft» in Handeln und Reden von dem noch der Rührung fähigen concreten Gott Hephästos. Das Lehrreichste in dieser Gattung bietet im rasenden Herakles des Euripides die Gestalt des Wahnsinns (Λύσσα), welche von der Pflicht ihrer Rolle völlig zu abstrahiren und ein davon getrenntes Bewußtsein auszusprechen vermag, indem sie zu ihrem Leidwesen und nur auf Hera's Befehl den von ihr verehrten Helden überfallen muß. Der *Komödie* konnten solche Figuren bisweilen zu ihren Zwecken sehr dienlich sein, und bei Aristophanes finden sich als handelnde Personen Krieg und Kriegslärm, Armuth und Reichthum, und in den Wolken: die gerechte und die ungerechte Sache, beide ohne Zweifel in höchst barockem Aufzug.[1] ⌊Was man aber auf der Scene sah, das konnte auch in der Abbildung nicht befremden.⌋

---

1 Von den stummen Masken dieser Art nicht zu reden.

Auch die *Philosophie* in ihrem frühern Stadium fühlt sich, zB: bei Empedokles von Abstracten umgeben welche noch nahezu Personen und von eigenthümlich mythischer Beschaffenheit sind.

Oft und relativ leicht erfolgt im griechischen Bewußtsein die *Vergöttlichung* des Abstractums und zwar sobald ihm eine dauernde Macht zugetraut wird, wie Hesiod deutlich sagt. Die olympischen und übrigen Götter hatten wohl Fachpatronate, zugleich aber eine große Vieldeutigkeit, und nun glaubte man in bestimmten Lagen und Augenblicken des Lebens etwas Göttliches als besonders mächtig oder thätig zu erkennen und wußte es doch auf keine sonst bekannte Gottheit sicher zu deuten; die Götterwelt bei all ihrer Ausdehnung war gerade an dem Punct unvollständig wo man ihrer am Ernstlichsten bedurft hätte. Ein Abstractum gewährte die ersehnte Auskunft; es bedeutete nur was sein Name besagte, dieß aber sicher und klar; es erhielt einen Cultus des Dankes mit Wunsch nach fortdauernder Gewogenheit, oder einen Cultus der Furcht, mit Wunsch fernern Unbehelligtlassens. Oefter sind es ihrer zwei, weil man sich nicht getraut mit Einem Worte den ganzen Begriff zu erschöpfen und sicher gehen will. Gewiß sind manche Abstracta nur bei den Dichtern vergöttert und namentlich Euripides ist freigebig mit solchen Apotheosen, aber eine große Anzahl hat wirklichen *öffentlichen Cultus* genossen, wenigstens in einzelnen Städten.

So die Gottheiten des Rechts: Themis, Dike, Eunomia; die der Sitte und Milde: Aidos, Eleos; die des Friedens: Eirene; dann die Gottheit der Beredung: Peitho, in doppeltem Sinn, in der Volksversammlung und im Leben des Einzelnen. Nach dem Frevel gegen die Partei des Kylon errichteten die Athener Altäre der «Gewaltthat» und des «Mangels an Scheu». In Korinth gab es ein Heiligthum des Zwanges und der Gewalt, und noch ein spätmacedonischer Corsar pflegte, wo er anlegte, Altäre der Gottlosigkeit und Ruchlosigkeit zu errichten.

| Oefter befahl ein Orakel einen solchen Cult bei bestimmtem Anlaß, in Korinth den des Grauens (Δεῖμα), in Sparta den der Furcht, des Todes, des Lachens. – In Olympia, der Stätte der heftigsten Gemüthsspannungen, hatte der günstige Moment (Καιρός) seinen Altar am Eingang des Stadions. Timoleon, nach seinem Siege über die sicilischen Tyrannen, baute einen Tempel der Automatia und in seinem eigenen Bewußtsein mochte der Sinn dieser Gestalt schwanken zwischen «Zufall» und «innerm Antrieb».

Nun versteht es sich nicht von selbst, daß eine Gottheit welche Altar und Opfer besaß, auch bildlich dargestellt wurde, während andere, ohne Altar und Opfer, durch berühmte Bildwerke verherrlicht gewesen sind. Genug daß schon die Religion wenigstens oft die Bildlichmachung verlangte und daß ohnehin nach dem Vorgang der Poesie auch die Kunst vor der Verwirklichung der Abstracten durchaus keine Scheu empfunden haben wird.

In der erhaltenen Beschreibung eines berühmten Prachtstückes aus dem VII. Jh. aCn., des Kypseloskastens finden wir u. a. schon eine *Allegorie in Action:* ein schönes Weib trieb, würgte und schlug ein häßliches, und darunter waren Recht und Unrecht verstanden. – *Seuchen,* an welchen die Kinder einer Stadt wegstarben, wurden gebildet als Pestweiber, Ποίναι; in Korinth war es das schon genannte Grauen oder Δεῖμα als Statue und zwar als schauerlich gestaltetes Weib. Als Anathem wahrscheinlich einer belagerten Stadt fand sich in einem Tempel zu Sparta ein Gemälde welches den *«Hunger»* darstellte: ein blasses hageres Weib, die Hände auf den Rücken gebunden.

Von der *Malerei* und ihren Allegorien erfahren wir beinahe nur durch Nachrichten und dann nur zufällig, indem die meist summarischen Beschreibungen dergleichen am ehesten übergingen. So wird uns ein Bild aus ziemlich alter Zeit beschrieben welches den als Bettler verkleideten Odysseus am Hofe des getäuschten Priamos darstellte; die Aufzählung der Figuren ist folgende: Priamos, Helena, *die Leichtgläubigkeit,* Odysseus, Deiphobos, Dolon; – offenbar war das Abstractum an derjenigen Stelle eingereiht, wo ein innerer Vorgang dargestellt werden mußte, den die Kunst mit ihren noch einfachen Mitteln der bloßen Geberde nicht erreichen konnte. Der Maler wird sich auch wohl nicht gescheut haben den Namen beizuschreiben. Eine solche Beischrift findet sich wirklich auf der Dareiosvase des Museums von Neapel und wir erfahren daß die betreffende weibliche Gestalt der von der nahe sitzenden Asia gegen Hellas ausgesendete *Fluch* ('Ἀρά) ist. Und dieß war lange nicht die einzige Darstellung dieses Abstractums; Demosthenes meldet wie folgt: «Die Maler in ihren Darstellungen des Hades *pflegen* die Gottlosen zu schildern begleitet von den Gestalten des *Fluches,* der *Lästerung,* des *Neides,* der *Empörung* und des *Zankes.*»

Und welche kühne und für uns unerwartete Personificationen wagte nicht die monumentale *Sculptur!* Im Vordergrund des griechischen Lebens stand lange das Treiben der Wettkämpfe, zumal an den großen Festorten, und nun kam bald nach den Perserkriegen als Weihgeschenk nach Olympia eine Statue des Wettkampfes, des *Agon* selbst; der Künstler hatte unter den fünf Hauptgattungen des Kämpfens wählen müssen und sich für den Sprung entschieden, wie die Halteren oder Sprungkolben in den Händen der Figur bewiesen. Ebendort in der Vorhalle des Zeustempels stand eine Gruppe: Iphitos, der Neugründer der olympischen Spiele, bekränzt von der allegorischen Gestalt des *Gottesfriedens* (ἐκεχειρία) welchen der Festgau genoß. In Olympia fanden wir bereits auch den Altar des *«günstigen Momentes»,* die berühmteste Statue desselben aber stand im Vorhof eines

Tempels zu Sikyon und war das Werk des großen Lysippos: es war die Gestalt eines Jünglings dessen Haar am Occiput kurz geschoren war, vorne aber lang herabhing, weil man den günstigen Augenblick, die Gelegenheit, am Stirnhaar ergreifen müsse; in den Händen hielt er eine Wage weil deren Zünglein gerne schwanke wie das Schicksal, ferner ein Schermesser, weil das Schicksal auf der Schärfe eines solchen stehe; die Fersen seiner geflügelten Füße standen spitz auf einer Kugel, vielleicht als wollte er deren Rollen aufhalten. Mit Ausnahme der Wage, welche als Symbol und optisch erträglich ist, war hier alles Übrige in absurder Weise auf sprichwörtliche Reden und übliche Metaphern gebaut, an welche man sich erst erinnern muß; die Griechen aber, als wortwitziges Volk, mögen die Statue mehr bewundert haben als wir uns gerne denken.

Wie viel glücklicher war Kephisodot, der Vater des Praxiteles, als er für den Palast der Stadtbehörde von Athen die «*Friedensgöttin*» mit dem Knäblein «*Reichthum*» auf dem Arme schuf! Hier sprechen wir nach eigenem Anblick, denn die Glyptothek zu München besitzt eine wahrscheinliche Nachbildung des Werkes. Der überaus schöne und milde Kopf der Göttinn hat nur einen leis matronalen Anflug; die Rechte mag man sich mit einem Scepterstabe denken. Von demselben Meister stammte auch derjenige Cyclus der *Musen* welcher später am liebsten nachgebildet wurde; nun sind die Musen selbst keine Abstracta, sondern höhere Wesen in welchen die Beglückung durch den Geist lebendig geworden, wohl aber ist ihre Mutter *Mnemosyne*, das «Erinnern» eine echte Allegorie, und sie glaubt man zu erkennen in einer schön gedachten verhüllten Gestalt des vaticanischen Musensaales.

In manchem Tempel waren neben der Gottheit deren *Verwandte*, auch *dienende Wesen* mit aufgestellt, oft nur Eigenschaften, Prädicate der Gottheit selbst. Bei den Töchtern des Asklepios, des Heilgottes, sagen es ihre Namen: Gesundheit, Schmerzstillung, Heilung. Das Herrlichste in diesem Sinne, aber für uns wohl auf ewig verloren, mögen zwei berühmte Dreiklänge gewesen sein, in einem Tempel zu *Megara: Eros*, begleitet von Sehnsucht und Verlangen, Werke des Skopas – und *Aphrodite*, begleitet von Überredung und Tröstung, Werke des Praxiteles.

Unter den im helikonischen Hain wunderbar zerstreuten Sculpturwerken befand sich auch die Gestalt der *Mysterienweihe* (Τελέτη), vielleicht ein Werk der besten Kunst und eine Allegorie höchsten Ranges. Unsere Phantasie wird schwerlich ausreichen um uns auch nur eine Ahnung hievon zu gewähren. – (Zu übergehen: Schlaf und Tod.)

| Seit dem Siege der Demokratie beginnen die *politischen* Allegorien, und zunächst taucht mehrmals die Gestalt Ἀρετή, der Tugend, d.h. der Trefflichkeit im Staate auf. Schon ist von einer Colossalgruppe, Arete und *Hellas*, die Rede.

Ganz vorzüglich aber gehört hierher die Gestalt des *Demos*, welche bereits von der Komödie in ihrer burlesken Weise ausgenützt worden war und nun, öfter in sehr großer Dimension, in den verschiedensten Städten aufgestellt wurde. Wenn die Stadt sich als solche verherrlichen wollte, so hatte man die weibliche Gestalt der Tyche, der Demos dagegen verherrlicht die siegreiche demokratische Partei. Wahrscheinlich weil dann bei zeitweiligen Reactionen solche Bilder zerstört wurden, weiß man nicht sicher welches der Typus des Demos gewesen ist. Wir lassen ganz beiseite die Malereien, auch die bei Plinius so sonderbar beschriebene des Parrhasios, welcher die allerverschiedensten Charakterzüge in seiner Figur soll vereinigt haben; besäßen wir nur die Demosstatuen großer Meister wie Leochares! Das Colossalbild des Demos zu Sparta freilich kann erst in den elendesten Zeiten Lakedämons gesetzt worden sein, als es gar keinen echten spartiatischen Staat mehr gab. Im III. Jahrhundert aCn. kam zwischen zwei befreundeten Handelsstädten folgende Symbolik zu Stande: die Syrakusier errichteten in ihrem rhodischen Bazar eine Gruppe des Demos von Syrakus welcher den Demos von Rhodos bekränzte. Aber 60 Jahre später stellten die Rhodier selbst in ihrem Athenetempel den Demos von *Rom* auf, 30 Ellen hoch, gemäß ihrem Colossalgeschmack.

Wiewiet die Kraft der Characteristik in den abstracten Wesen ging, können wir schon deßhalb nicht wissen, weil uns die ganze *Tafelmalerei* verloren gegangen ist, von welcher soeben ein räthselhaftes Meisterwerk erwähnt wurde. Neben einer vollendeten Beleuchtung, Abtönung, Modellirung stand ihr offenbar auch eine tiefe seelische Belebung und eine vielseitige Physiognomik zu Gebote. Ihre Meisterschaft verführte sie etwa auch zu einem Thema wie die Μέθη, die Trunkenheit, in einem berühmten Gemälde des Pausias: man sah ihre Züge durch das Glasgefäß hindurch, aus welchem sie trank. Eine bedeutende Erfindung aber war die in genauer Beschreibung erhaltene Allegorie des berühmten Apelles von der *Verläumdung*, und diese Beschreibung hat in spätern Zeiten einem Sandro Botticelli und einem Rafael den Anlaß zur Nachdichtung geboten, auch einem Taddeo Zucchero, dessen Stich unser Hans Bock benützte als er im Vorzimmer des heutigen Regierungsrathssaales sein großes Fresco entwarf. Ein thörichter *Herrscher*, etwa König *Midas*, thront begleitet von *Unwissenheit* und *Argwohn;* vor ihn tritt heftig erregt ein schönes Weib, die *Verläumdung*, in der Linken eine flammende Fackel, mit der Rechten einen jammernden *Jüngling* an den Haaren schleppend; es geleitet sie ein blasser, abgezehrter, giftig blickender Kerl, der *Neid;* das weitere Gefolge sind zwei Zofen der Verläumdung, nämlich *List* und *Täuschung;* dann kommt, in der Haltung der Trauer, mit schwarzem zerrissenem Kleide die *Reue*, weinend zurückgewandt sieht sie voll Schaam die herannahende *Wahrheit*. Diese Composition hatte jedenfalls in der

Hauptgruppe ein höchst imposantes Motiv. – Von andern Allegorien des Apelles erfahren wir, daß er in einem | Triumph Alexanders den Krieg dargestellt hatte als einen beendigten mit auf den Rücken gebundenen Händen.

Glücklicher Weise ist wenigstens *eine* umständliche Allegorie, ein Marmorrelief erhalten, die *Apotheose Homers* im britischen Museum, zwar erst aus der Kaiserzeit aber noch ein sehr zierliches Werk griechischer Kunst, von Archelaos von Priene. Die obern Theile, mit Apoll, Zeus und den Musen, sind leicht zu deuten, in der untersten Reihe aber ist der thronende Homer von lauter allegorischen Gestalten umgeben welche einen gelehrten Beirath ahnen lassen und ohne die beigeschriebenen Namen selbst von den Zeitgenossen kaum würden verstanden worden sein. Recht poetisch knien zu beiden Seiten des Thrones Ilias und Odyssee, und auch das läßt sich noch hören, daß hinter dem Thron die bewohnte Erde und die Zeit stehen, weil Homers Ruhm beide erfüllt hat, daß ferner vor ihm der Knabe Mythos auftritt, die weitern Figuren aber: Historia, Poiesis, Komödie, Tragödie, Physis, Arete, Mneme, Pistis und Sophia schmecken nach dem Schema einer Prunkrede, so hübsch sie künstlerisch gegeben sind.

In der *Literatur* selbst wo man für keine Kunstform zu sorgen hatte, nahm später eine große Verschwendung von Allegorien überhand, gerade wie in der damaligen halbchristlichen Gnostik. *Lucian* verräth sich an vielen Stellen als Zeitgenossen dieser Gnostiker durch massenweises Auftreten abstracter Figuren, nur spottet anderswo sein Tadelgott Momos selber über dergleichen Abstractionen wie Arete, Physis, Heimarmene, Tyche u. s. w. und frägt den Zeus ganz keck, ob er diese Damen jemals selbst gesehen?

Ungerne übergehen wir ganze große Gattungen von Allegorien wie die der *Elemente, der Tageszeiten und der sonstigen Zeitbestimmungen*, indem zB: schon allein die Personificationen der Wasserwelt Manches vom Schönsten enthalten haben müssen. Denn es gab zB: eine Thalassa (das Meer) welche, von Nereiden umgeben, die Aphrodite als meergeborenes Kind emporhielt, und in demselben Tempel (zu Korinth) eine Statue der Meeresstille (Galene).

Auch der Allegorien des *Oertlichen* können wir hier nur im Vorübergehen gedenken. Daß Quelle, Fluß, Gebirge, Insel in menschlichen Gestalten dargestellt wurden, lag nicht an einem Unvermögen, dergleichen abzubilden, sondern es war begründet in einem eigenthümlichen Pandämonismus der Griechen. In den homerischen Hymnen spricht Leto mit der Insel Delos, Apoll mit dem Orakelquell Telphusa; in der bildenden Kunst aber lebte zugleich ein durchgehender Wille, nur menschliches oder thierisches Leben darzustellen.

Auf das, was die Natur geschaffen folgt was die *Menschheit* war und schuf: die Stadt, die Nation, das Reich, Alles zumal seit Alexander oft in großen ambitiösen plastischen Werken. | Die nicht seltenen Darstellungen der Hellas, in welcher die Künstler ihre eigene Nation geistig und leiblich geschildert haben müssen, sind untergegangen, während Roma in sehr stattlichen Bildwerken fortlebt und die Provinzen wenigstens in zahlreichen Nachbildungen auf Münzen und Reliefs. – In den griechischen Bildern der Städte wechseln zweierlei Typen: die stehende Glücksgöttin mit Füllhorn und Ruder, und eine sitzende Gestalt mit Mauerkrone und kenntlichen örtlichen Attributen.

Weit das wichtigste erhaltene Werk der letztern Art ist eine vaticanische Marmorstatue, Nachahmung eines berühmten Bronzewerkes von Eutychides. Wir sehen die verklärte Darstellung der großen Antiochia am Orontes; sie sitzt auf einem Fels als Andeutung der steilen Lage der Stadt, den Kopf auf den Arm und diesen auf den übergeschlagenen Schenkel gelehnt, den andern Arm rückwärts gestützt, in der denkbar anmuthigsten Wendung; unter ihren Füßen taucht in halber Figur der jugendliche Flußgott Orontes empor. Ist es aber wirklich eine Allegorie? Die spätern, äußerst abergläubigen Antiochener flüsterten sich eine Sage zu: Als König Seleukos, einer der gewaltigsten Marschälle des großen Alexander, die Stadt gründete, soll man deren künftiges Glück durch ein Menschenopfer haben sichern wollen; in Mitten der anzulegenden Stadt, an vorbestimmtem Tage, bei Sonnenaufgang hat der Weihepriester Amphion die schöne Jungfrau Aimathe geopfert; dann hat man ihre Gestalt in Erz gebildet und aufgestellt als Tyche, d. h. als vergötterte Darstellung der Stadt.

Und so würde vielleicht in jenem herrlichen Gebilde die Gestalt eines unglücklichen Mädchens fortleben, welches in hochcultivirter Zeit einem elenden Aberglauben zum Opfer gefallen und dann vergöttlicht worden wäre. Suchen wir eine harmlosere Grundlage für diesen Mythus: Oft mag eine berühmte Schönheit dem Bildner als Typus gedient haben, wenn er die Göttin ihrer Heimathstadt zu erschaffen hatte, und sie durfte in Glück und Ehren ausleben.

Demetrios Poliorketes

*
* *

Demetrios Poliorketes.
⌊Unsere heutige Betrachtung hat zu beginnen mit einem Tagesdatum.⌋
Den 11. Juny 323 aCn. gegen Abend starb zu Babylon im Palast Nebucadnezars Alexander der Große, König von Macedonien und Herr von Asien bis an den Indus.
Die letzte Revue seiner Macedonier, indem man eine Mauer des Saales durchbrach, wo er lag. Sein letztes Wort: welch ein Kampf um mein Erbe. Er hinterließ einen nicht ganz zurechnungsfähigen Bruder und unmündige Kinder. Er war noch nicht 33jährig.
Die Kampfgenossen und Marschälle: Perdiccas, Antipatros, Krateros, Lysimachos, Antigonos, Leonnatos, Pithon, Ptolemaeos etc., Seleukos (dieser avancirt erst) meist vornehme Makedonier;[1] man hätte Jeden für einen König gehalten, alle sorgfältig von Philipp und Alexander ausgewählt, gewaltig stattlich und kräftig; sie schienen ausgelesen nicht aus Einem Volk sondern aus der ganzen Welt. Perdiccas ging in die Höhle einer Löwin und nahm ihr die Jungen weg.
In die Statthalterschaften theilten sie sich (nach wilden Tumulten in Gegenwart der Leiche Alexanders) sogleich; über ihnen, im Namen des Königshauses, sollte Einer als Reichsverweser walten, aber es war bereits als hätten sie Reiche unter sich vertheilt. Der Einzige welcher bis zum letzten Athemzug das Haus Alexanders oben halten wollte, war nur ein ehmaliger Secretär und nicht einmal ein Makedonier: der uneigennützige Eumenes. Einer von ihnen, Antipatros' Sohn Kassandros, thatsächlicher Erbe von Makedonien, das er aliter quam scelere nicht bekommen konnte, that den Übrigen den Gefallen, allgemach fast das ganze Haus Alexander's aus zu rotten, so viel davon Alexanders eigene Mutter übrig gelassen.
Einstweilen aber durch mehrere Jahrzehnde tobt jener unerhörte Kampf um die Welt, Projecte auch auf Länder welche Alexander nicht gehabt

---

[1] Sie werden nun *Diadochen*.

hatte, auf den Westen und auf Carthago (Ophellas). Eine desperate Zeit, da man der Sache lange gar kein Ende absah. Mehrern wurde zugetraut, daß sie durchaus das ganze Erbe an sich bringen wollten, zB: dem Perdiccas und dem Antigonos. Eine hadernde Riesengesellschaft. ⌊Nur allmälig bilden sich feste einzelne Territorien und bis Rom sich einmischte, hörten die Grenzkriege nie ganz auf.⌋

Sie hatten den Vortheil daß die persische Regierung als solche überall nur die Erinnerung von Ohnmacht und Abscheu hinterlassen hatte und daß *für sie* wenigstens kein Rächer und Retter aufstand, auch nicht im eigentlichen Persis.

Ihre größte Schwierigkeit und Gefahr: das Überlaufen der Mannschaften, besonders der eigentlichen makedonischen Heereskörper. Eumenes, als ihn die Argyraspiden an Antigonos verriethen, in Ketten, hielt ihnen noch jene Anrede: möge es Euch, Verlornen! durch die schwurrächenden Götter so gehen wie ihr es euern Feldherrn macht! möget ihr arm und heimathlos all euer Leben im Lagerexil zubringen! mögen euch dann eure eignen Waffen morden an welchen schon mehr Blut von euern eigenen als von feindlichen Anführern klebt! Allein das Überlaufen blieb, zum Schrecken selbst sehr ausgezeichneter Anführer. Bisweilen wenn die Reiterei eins will, so will das Fußvolk das Gegentheil. | Und doch sind, mitten unter Asiaten, diese Truppen öfter das einzige Publicum, in dessen Gegenwart, vor dessen Fronte, die Diadochen wichtige politische Entscheide, Erklärungen zu Reichserben etc. vornehmen müssen; auch Anreden vor Entscheidungsschlachten. ⌊Im Grunde entscheiden die Soldaten öfter wer Diadoche sein könne.⌋

Dazwischen ein beständiges Gewirr von geheimen Unterhandlungen und momentanen Bündnissen, mit Überlistungen und Vorbehalten aller Art; dabei Ehen zwischen den verschiedenen Häusern; Alexander hatte sich mit Asiatinnen vermählt, die Diadochen heirathen bald ausschließlich Frauen anderer Diadochen-, resp. Fürstenhäuser; es dämmert die Anschauung der «Ebenbürtigkeit».

Bei veränderten politischen Umständen verstieß man dann etwa die bisherige Gemahlin – doch war dieß nicht nöthig, da schon die makedonischen Könige, besonders Philipp, förmlich in Polygamie gelebt hatten; man behielt mehrere Gemahlinnen neben einander – vielleicht schon weil ja die Lage wieder umschlagen konnte. Die Verhältnisse erstaunlich, bisweilen gemüthlich, bisweilen entsetzlich. Unglaublich bunt besonders die Familienverhältnisse des Ptolemaeos Lagi und die des Lysimachos, des Thersites unter der ersten Generation der Diadochen.

Aber auch sonst ging es in diesen rein auf Behauptung und sogenannte Zweckmäßigkeit gestellten Familien meist herzlos und gewaltsam zu. ⌊Mißtrauen, Verdacht, Ohrenbläserei.⌋ Mord von Söhnen, Müttern, Gemahlinnen – denn, sagt Plutarch, was bloßen Brudermord betrifft, so war dieß, bei Sicherung der Herrschaft, ein Postulat wie die Postulate der Mathematiker sind.

Eine Familie macht eine rühmliche Ausnahme: Einst waren bei König Antigonos fremde Gesandte, als sein Sohn Demetrios, von der Jagd heimkehrend, mit den Jagdspießen in der Hand hereintrat und den Vater herzlich begrüßte und sich neben ihn setzte. Meldet daheim, sagte Antigonos den (offenbar etwas erstaunten) Gesandten, daß ich und mein Sohn so gut zusammen stehen! Unter den außerordentlichen Menschen jener Zeit sind uns Vater und Sohn besonders deutlich geschildert. Die kriegerischen und politischen Ereignisse der Jahrzehnde nach Alexander stürzen lawinenartig auf uns herein; entfesselte Energien höchsten Ranges sind nie mehr so viele nebeneinander am Leben gewesen; die Weltgeschichte bietet kein zweites Beispiel mehr.[1] ⌊Wir fragen umsonst, weßhalb so gewaltig viele Kraft und Begabung hat müssen – ohne für uns sichtbares, bleibendes Resultat – verpufft werden.⌋ Glücklicher Weise hat Plutarch für uns wenigstens den Demetrios von all diesen Gestalten abgelöst in einer besondern Darstellung und dabei auch des Antigonos umständlicher gedacht.[2] – Aus Diodor, Justin u. a. Quellen brächten wir dieß Bild sonst nur unvollständig zusammen.

Antigonos war von vornehmem, halbfürstlichem macedonischem Stamm, älter als König Philipp und wohl schon Zuschauer der furchtbaren Krisen Macedoniens welche der Machtergreifung Philipps vorangingen; dann unter Philipp und Alexander hoch angesehen und Hauptgenosse der Feldzüge des letztern. Nach Alexanders's Tode bald im Besitz wichtiger Theile von Kleinasien (Mitte und Süden), zeigte er sich sofort unbotmäßig gegen die jeweiligen Reichsverweser, – | bis ihm die Verbindung mit dem Reichsverweser Antipatros neue Vortheile eintrug, nämlich jetzt auch noch das Commando über den größten Theil des Reichsheeres in Asien.[3]

Persönlich ein Riese und gegen Ende seines Lebens schwer transportabel, ernst, barsch in Worten und Handlungen; er nahm die Leute von oben herab «und erzürnte manche jüngere und mächtige Männer»; auf den Schlachtfeldern war man gewöhnt seine Donnerstimme und seine ungestümen Worte zu vernehmen, und im Getümmel auch Spaß und Hohn. – Seit Antipatros Tode (319) völlig unabhängig in dem wilden Hin und Her, da man einander Reiche abjagte zum Schrecken der Übrigen.

---

1 Daneben bei Diodor die römischen Consuln, welche zwei und zwei ihre einfache Pflicht thun.
2 Außerdem der Eumenes des Plutarch zu erwähnen.
3 Notorisch glaubte er das ganze Erbe Alexander's gehöre am Besten ihm.

Der Sohn Demetrios, beim Tode Alexander's 14jährig (geboren 337), er muß daher von Alexander noch einen lebendigen Eindruck gehabt haben. Aufgewachsen im Feldlager seines Vaters und gewiß mit höchster Sorgfalt erzogen. Das Unstete freilich, als ein Habituelles, färbte an ihm ab und macht ihn einigermaßen zum Abenteurer den auch die unerhörtesten Lagen nicht befremden.[1] Militärisch zog ihn der Vater streng; als einst der Sohn fragte: wann brechen wir auf? – sagte mürrisch Antigonos: Bist du in Sorgen daß du allein die Trompete überhören möchtest? Zwanzigjährig führte dann Demetrios zum erstenmale Schaaren an; in einer siegreichen Schlacht seines Vaters hatte er das Commando der Reiterei.

Er war kein Riese wie sein Vater, aber noch mächtig über das Mittelmaß, von heroischer Pracht des Anblicks und deutlich ein König; furchtbar und dann wieder von bethörender Anmuth. ⌊Man lief ihm von weit her entgegen um ihn zu sehen.⌋ Er konnte ganz Genuß und dann wieder ganz Thätigkeit sein und vermochte Beides völlig getrennt zu halten; der beste Gesellschafter beim Gelage, prachtliebend und sogar weichlich aber nüchtern im Kriege und von höchster Energie im Handeln; sein Ideal unter den Göttern war der stürmische und dann wieder üppige Dionysos. Das Leben wie es zu dieses Gottes Zeiten gewesen sein sollte, hätte er gerne wieder gehabt. Es war eine von jenen Alkibiades-Physiognomien, noch im nicht mehr jugendlichen Alter furchtbar durch die Gabe des (selbst unwillentlichen) Bestrickens und Gewinnens.

Aufgewachsen in einer Atmosphäre wo man sich alles Zweckdienliche und sehr vieles Genußdienliche zu erlauben gewohnt war, Sohn eines Vaters der zwar zu den moralisch hochstehenden Diadochen gehörte aber doch die Tödtung des edeln Eumenes – für dessen Rettung sich Demetrios umsonst bemühte – und der letzten Schwester Alexanders auf sein Gewissen nahm,[2] ist Demetrios noch immer eine Lichterscheinung neben einem Lysimachos, Kassandros oder Ptolemaeos Keraunos; er hat nicht nur gewiß manches «nützliche Verbrechen» unterlassen, sondern hie und da aus idealen Absichten handeln können. Der Haupteindruck aber welchen er macht, ist der einer gewaltigen Energie welche sich selbst beharrlich als das Centrum der Dinge betrachtet und die Welt als das ihm von Rechtswegen angehörende Gebiet. ⌊Und die Menschen als Object seiner Attractionskraft⌋ Ein solcher Mensch consumirt vor unsern Augen die Möglichkeiten einer ganzen Menge von Lebensläufen.

| Wenn Demetrios Königreiche und Völker nicht mehr an sich zieht, so haben sie sich selber alles Das zuzuschreiben was dann mit ihnen ge-

---

1 Die Kraft des Abenteurers ist: nie zu verzagen.
2 Und auf einen Traum hin würde er den jungen Mithridates getödtet haben wenn Demetrios diesen nicht gerettet hätte.

schieht. Interesse wird er ewig erwecken, denn der Stoff aus welchem er besteht, ist zu rar. Aber ganz ernsthaft kann man ihn nicht nehmen; unsere Theilnahme ist mehr die der Spannung und Curiosität welche einem genialen Waghals folgt als jene welche einen Innehaber großer weltgeschichtlichen Aufgaben begleitet.

Das anfängliche Gebiet des Antigonos, das mittlere und südliche Kleinasien sammt wechselnden Annexen hat Vorzüge und Mängel wie kein anderes: es ist das centrale unter den Diadochengebieten, muß sich aber gegen die peripheralen entweder vertheidigen oder sie angreifen; Antigonos und Demetrios trauen sich Ansprüche auf das ganze Erbe Alexanders zu; die übrigen suchen daher periodisch deren Zernichtung.

| Sein Vater hatte ihn frühe vermählt mit Phila, Tochter des Reichsverwesers Antipatros und Wittwe des Krateros welcher bei den Macedoniern das beste Andenken hinterlassen hatte {und Schwester des schrecklichen Kassandros}; sein ältester Sohn aus dieser Ehe, Antigonos Gonatas und dessen Nachkommen sind dann mit der Zeit das Herrscherhaus von Makedonien geworden, fast lauter tüchtige Menschen und bis auf eine späte und jammervolle Ausnahme frei von Familienmord wie kaum ein zweites Diadochenhaus.

Diejenige Situation in welcher wir Demetrios als selbständig handelnd auftreten sehen, ist dann der Kampf seines übermächtig gewordenen Vaters gegen die verbündeten Herrscher Ptolemaeus von Aegypten, Seleukos von Oberasien, Lysimachus von Thracien und Westkleinasien, und Kassandros welcher einstweilen Herrscher von Macedonien geworden war; – seit c. 315. Dem Ptolemäer lag an Syrien, an den Inseln (besonders Cypern) und an festen Posten auf dem griechischen Continent; Kassandros wünschte, wie jederzeit die Herrn von Macedonien, in Griechenland wenigstens einen überwiegenden, durch Garnisonen verstärkten Einfluß.

Antigonos hatte in diesem Kriege dem Sohn die Anführerschaft in Syrien überlassen.[1] Hier unterlag Demetrios 312 bei Gaza[2] dem erfahrenen Kämpfer aus der «Ringschule Alexanders», dem Herrscher von Aegypten; 5000 seiner Leute fielen, 8000 wurden gefangen, Zelt und Gepäck fielen in die Hand des Siegers. Nach dem abgeschmackten und grausamen Kriegsrecht der Griechen hätte nun dieser die Gefangenen in die Sklaverei verkaufen oder ihnen die rechte Hand oder wenigstens deren Daumen abhauen, auch sie brandmarken können; statt dessen sandte er dem Demetrios die mitgefangenen Freunde sammt Zelt und Gepäck zu-

---

1 Demetrios' Soldaten die er in großer Versammlung anredete waren in einer echten Spielerstimmung; sie wollten es jetzt lieber mit dem jungen, unverbrauchten Sohn als mit dem bald 70jährigen Vater versuchen.

2 Umsonst warf er sich in der Schlacht mit Flehen den Flüchtigen entgegen; er wurde mitgerissen.

rück, mit Vermelden, zwischen Leuten wie sie, aus dem Gefolge Alexanders kämpfe man nur um Ehre und Herrschaft; die gefangene Masse wird er wohl in sein eigenes Heer herübergenommen haben, wie in diesen Kämpfen öfter geschah. Noch eine andere griechische Chicane kam hier nicht vor: daß der Unterlegene durch das Herausbegehren der Leichen der Seinigen officiell die Niederlage eingestehen mußte. Antigonos ließ dem Sohn auch jetzt noch das Commando, um ihn nicht herunterzustimmen; Demetrios aber flehte zu den Göttern, sie möchten ihn nicht lange in des Ptolemaeos Schuld lassen, und in der That schlug er bald darauf einen Feldherrn desselben und nahm ihn mit 7000 Mann gefangen sammt allen Lagervorräthen. Er erbat sich von seinem Vater rasch die Erlaubniß und sandte dem ägyptischen König den Feldherrn und dessen Gefolge reich beschenkt zurück.[1] Noblessen dieser Art kommen unter kämpfenden Diadochen noch hie und da vor; sie hätten nur innerhalb ihrer eigenen Familien sich immer auf ähnliche Weise benehmen müssen.

Die weitere militärische Aufgabe des Demetrios war dann, die ptolemäischen Garnisonen aus den Städten von Lycien und Karien zu vertreiben, auch wohl ein Zug gegen die Nabatäer welcher wenigstens den Asphalt vom todten Meere in die königlichen Kassen leitete; ein flüchtiger Raubzug gegen Babylon etc. Auf einmal aber heißt es: ganz Griechenland soll vom Druck des Kassandros und Ptolemaios erlöst und befreit werden. Vater und Sohn waren hierüber völlig einig; es sei eine Sache des Ruhmes und der Ehre. | Und wenn man dann dem Antigonos beibringen wollte, Athen namentlich wäre gut zu *behalten* als Fallbrücke gegenüber dem übrigen Hellas, sagte er: die beste und sicherste Fallbrücke sei das Wohlwollen; Athen, als Thurmwart der Welt, werde die Befreiungsthat wie mit Feuerzeichen rasch in die ganze Menschheit hinausleuchten lassen.

Hievon können wir dem harten alten Realpolitiker glauben so viel wir wollen. Griechenland war tief zerrüttet und abgenagt; den Diadochen aber, mit Ausnahme des jeweiligen Herrn von Macedonien, konnte in *dem* Sinne sehr am Wohlwollen der Griechen gelegen sein, daß sie dringend deren Zuwanderung in ihre asiatischen und ägyptischen Städte und an ihre Höfe wünschten, denn alle Herrschaft über die Lande des Orients hing am hellenischen Element und dessen Kraft und Geist. Antigonos konnte ein freies Griechenland wünschen weil nur ein solches sich wenigstens gegen ihn nicht feindlich verhielt.

Beim Sohn wird aber die Phantasie hinzugetreten sein. Es ist wohl denkbar daß unter seinen Erziehern ein griechischer Literat gewesen war,

---

1 Jetzt erst nahm Antigonos dem Sohn recht das Maß und fand, derselbe sei in der That der Herrschaft würdig.

der ihm mit dem Ruhm von Hellas und vor Allem mit Ruhm und Herrlichkeit Athens den Kopf völlig angefüllt hatte, und all dieß hatte der feurige Demetrios zum erstenmal zu sehen. Es war eine Erholung zwischen das ewige Lagerleben und die ewigen Asiatengesichter hinein.

Im Jahre 307 fuhr er mit 250 Schiffen und 5000 Talenten aus und überwältigte leicht die Garnisonen und Befestigungen des Kassandros. In Athen selbst hatte dieser die letzten zehn Jahre hindurch einen andern Demetrios, den von Phaleron als seinen Machtwalter stehen gehabt und Anfangs waren die Athener von diesem ganz entzückt gewesen und hatten ihm Statuen gesetzt so viele als Tage im Jahre sind; jetzt aber fürchtete er die Bürger schon weit mehr als die Feinde und sein großer Namensvetter sorgte ihm für eine glimpfliche Flucht nach Theben. Er selbst wollte Athen erst betreten nachdem alle Häfen und die Umgegenden in seiner Gewalt und nachdem auch Megara befreit war, wobei seine Soldaten plünderten.[1]

Hier ließ er den Stilpon zu sich kommen; es war wohl der erste veritable griechische Philosoph den er zu sehen bekam; er mochte von Jugend auf die Scene zwischen Diogenes und Alexander erzählen gehört haben und erwartete etwas wie jenes Wort: Geh mir aus der Sonne! – bekam aber nur den Hochmuth eines Sektenhauptes zu hören: – Hat dir jemand von meinen Soldaten Etwas von deiner Habe geraubt? – «Ich sah Keinen welcher Wissen fortgetragen hätte.» – Ich hinterlasse eure Stadt als eine freie! «Ganz recht, du lässest bei uns keinen Sklaven zurück.» Es waren nämlich den Megarern, wie bei Eroberungen zu geschehen pflegte, fast alle Sklaven davongegangen.

Endlich konnte der Einzug in Athen vor sich gehen. Feierlich berief Demetrios das Volk zusammen, gab ihm seine frühere Verfassung zurück, und erklärte: es würden von Seiten des Antigonos 150,000 Scheffel Korn und das nöthige Holz für den Bau von 100 Trieren anlangen. – Die unglückliche Stadt, welche ihre letzten Kriege des patriotischen Aufschwunges, den Krieg von Chäroneia und den von Lamia, verloren hatte, war, wenn man sie sich selbst überließ, die Beute von Strebern der schlimmsten Art; gewöhnlich schmeichelten diese dem Demos – jetzt wandten sie diese Kunst auf Demetrios. Den klugen und rechtschaffenen Leuten | welche dazu schwiegen, darf dieß seit Ereignissen wie zB: der Justizmord an Phokion gewesen war, nicht zu sehr verargt werden, obwohl man doch gerne berichten möchte daß sich wenigstens Eine Stimme gegen den Schwindel erhoben hätte welcher jetzt in Scene ging.

Das Wort führte besonders ein gewisser Stratokles den man hinlänglich kannte. Einst bei einer Seeniederlage kam er den Boten zuvor, zog be-

---

1 Der Besuch bei Patrae und die Geschichte von der Kratesipolis.

kränzt durch die Stadt, verkündigte einen Sieg und veranlaßte eine Fleischvertheilung an das Volk. Als hernach die Augenzeugen der Schlacht erschienen und das Volk ihn zornig zur Verantwortung rief, ließ er dreist den Lärm über sich ergehen und sagte dann: was habt ihr denn Schlimmes erlitten? wenn ihr es euch zwei Tage hindurch habt wohl sein lassen? Einige Andere suchten ihn bald noch zu überbieten.

Nun war offenbar wenig Geld vorhanden und die Ehren welche man dem Demetrios zudachte, durften nicht viel kosten, nur ungefähr was heut neue Straßennamen u. dgl. Die Athener decretirten nun zuerst dem Demetrios und seinem Vater Antigonos den Königstitel zu welcher bis jetzt als unberührbares Eigenthum der Familie Alexanders gegolten hatte; ja sie erklärten Vater und Sohn zu «erhaltenden Gottheiten» und bestellten ihnen einen Priester dessen Namen statt desjenigen des bisherigen Archon Eponymos in die öffentlichen Acten kam; in das Gewand der Pallas wurden neben den Göttern die Namen oder auch die Figuren der Beiden eingestickt; an der Stelle wo Demetrios aus dem Wagen gestiegen, wurde ein Altar errichtet mit dem Namen des «niederblitzenden Demetrios»; zu den zehn bisherigen Wahlkörpern wurden zwei neue hinzugefügt, eine Demetrias und eine Antigonis; wenn zu den beiden eine Botschaft geschickt würde, sollten die Boten nicht Gesandte heißen sondern Theoren, wie man die Boten am Göttertempel zu nennen pflegte, auch wurde Demetrios bereits als ein Orakel angefragt. Den Monat Munychion nannte man Demetrion und sogar das altberühmte Fest der Dionysien Demetrien. Aber nicht nur wurde nun der neue Gott sehr hochmüthig – es war auf jenen Ehren auch sonst kein Segen; an den Demetrien fror es und Reben, Feigen und Getreide wurden zu Nichte; und an den Panathenäen, als man das Gewand der Pallas auf einem Wagen ausgespannt daher fuhr, zerriß ein Sturm dasselbe.

Damals heirathete Demetrios eine Athenerin, und die Stadt mußte dieß noch als besondere Ehre aufnehmen. Es war eine Descendentin des großen Miltiades und um ihres frühern Schicksals willen sind wir genöthigt, uns hier einen Augenblick nach der westgriechischen Welt zu wenden.

Dort lag eine Insel, die größte, schönste und unseligste des Mittelmeeres: Sicilien, und ein Herrscher waltete damals über ihr, vielleicht von allen Sterblichen derjenige welcher unser Gefühl am Stärksten zwischen Abscheu und Bewunderung hin und her wirft: Agathokles. Schon waren zwei Jahrhunderte von Kämpfen vorüber zwischen Hellenenstädten hoher Cultur und mächtigen politischen Lebensdranges, Kämpfen unter sich und gegen begabte und schreckliche Tyrannen, ferner gegen den stets neu andringenden Stamm Cham: das große Carthago, außerdem Kämpfen mit den Söldnern, in deren Hände große Theile der Insel zu fallen pflegten. Endlich hatte sich der Töpfersohn erhoben, gerade | während

die Diadochen am heftigsten um den Orient kämpften, keiner von den
Ihrigen, nicht aus dem Stab Alexanders, nicht pathetisch sondern ein
blutdürstiger Spaßmacher, das furchtbarste Beispiel des über jede Lage
klaren, mit jedem Entschluß vertrauten Spätgriechen. Durch massenhaften Parteimord am Grabe Timoleon's ⌊317 aCn.⌋ zum Herrn von Syracus
und dann eines Theils der Insel geworden hatte er es bald mit den Carthagern zu thun, wurde von ihnen geschlagen, in Syracus belagert und
schien verloren – konnte aber plötzlich und unvermerkt mit 15,000 Söldnern ausfahren, in Africa anlegen und Carthago selbst bedrohen. Da hat
er seine 60 Schiffe der Demeter und Persephone geweiht und angezündet,
damit seine Söldner so wie er zwischen Sieg und Tod gestellt seien; da hat
Carthago, durch Zwist und Verrath seiner Feldhauptleute noch besonders bedroht, dem Moloch 200 Kinder geopfert. Um aber den Angriff auf
diese Stadt wagen zu können, bedurfte Agathokles doch einer größern
Truppenzahl. Er sandte nach Kyrene an den Ophellas, einen Genossen
Alexanders, welcher dort als ptolemäischer Statthalter, dann durch Abfall als selbständiger Herrscher waltete, er möge mit seinem Heere kommen und Herr von Carthago werden, indem er, Agathokles, mit africanischem Besitze doch nichts anfangen könne. Ophellas erscheint mit
10,000 Mann; Agathokles benützt einen Augenblick da die meisten dieser Kyrenäer auf Fourage aus sind, überfällt unter Vorwand von Verrath
den Ophellas im Lager, haut ihn und seine Getreuen nieder und zieht die
Mannschaft in seinen Dienst ⌊307 aCn.⌋.[1] Gerne lassen wir seine weitere
Laufbahn, in welcher Entsetzliches und Nützliches abwechseln, aus den
Augen bis zu dem Moment, da der 72jährige, vergiftet auf Antrieb eines
Enkels den Scheiterhaufen besteigt um zu enden wie Herakles.

Die Wittwe des Ophellas, Eurydike, welche sich irgendwie nach ihrer
Heimath Athen hatte retten können, wurde nun die zweite Gemahlin des
Demetrios. Phila galt freilich immer als die erste; wo diese Frauen sich
während seiner Feldzüge aufzuhalten pflegten, erfährt man nicht.

Als Demetrios in Griechenland noch nicht viel mehr als Athen und Megara befreit hatte, Ende 307 aCn., rief ihn sein Vater unliebsamer Weise
wieder auf ein wichtigeres Kriegstheater, in den Kampf um Cypern. Und
hier erst beginnt der besondere Ruf des Demetrios als Erfinders und Erbauers von Kriegsmaschinen und von Schiffen wie man sie bisher noch
nicht gekannt hatte.

---

1 (Daß Demetrios selbst einmal das Auge auf Sicilien gerichtet hatte und einen
  seiner Leute zu Erkundung des Zustandes der Insel aussandte: Diodorus Siculus
  Fragment LXXI.)
  (Es geschah unter der Form einer Botschaft an Agathokles zu Ratification eines
  Bündnisses).

Die erstern, worunter eine besonders berühmte die Städtebezwingerin, Helepolis hieß, waren nicht wie man denken sollte, besonders mächtige Fernschleudermaschinen, sondern hölzerne Belagerungsthürme von mehrern Stockwerken voll Bewaffneter. Die Schiffe aber sollten sowohl größer als schnellbeweglicher sein als alles bisherige; das bisher übliche Schiff, die Triere mit drei Reihen von Ruderern hinter einander auf jeder Seite, können wir uns vorstellen; schon sehr viel schwerer wird uns dieß bei den Schiffen des Demetrios mit je 13, sogar 15 und 16 Ruderbänken, da aber das Alterthum ihm aus dieser Specialität einen besondern Ruhm gemacht hat, so mag es dabei sein Bewenden haben. | Es war damals überhaupt eine Zeit der Neuerungen im ganzen Militärwesen schon durch die viel größern und verfügbarern Massen und Mittel in jeder Richtung, im Vergleich mit dem bisherigen Kriegswesen der griechischen Kleinstaaten.

Zunächst hatte Demetrios gegen eine Flotte des Ptolemaeos bedeutende Erfolge, als nun aber Ptolemaeos in Person mit ganzer Macht herangefahren kam wechselte man zunächst folgende wohlmeinende Depeschen: Ptolemaeos: Demetrios möge sich doch bei Zeiten davon machen ehe er von der ganzen ägyptischen Wucht erdrückt werde! Demetrios: er wolle den Ptolemaeos jetzt noch entwischen lassen, wenn derselbe seine Posten in Griechenland, Sikyon und Korinth zu räumen den Befehl gebe.

Was aber zunächst folgte, war ein großer, ruhmvoller Seesieg des Demetrios ⌊306 aCn.⌋ welchen er mit glänzender Generosität zu krönen wußte:[1] er begrub die Leichen der Feinde herrlich und entließ die Gefangenen. Auch die Landbesatzungen auf Cypern hatten sich ihm ergeben müssen. Ptolemaeos war mit bloß acht Schiffen geflohen; sein ganzer Prachtvorrath war in die Hände des Siegers gefallen und damit u.a. auch die Flötenspielerin Lamia welche denselben dauernd zu fesseln vermochte und dabei die Spöttereien anderer Damen über ihre nicht mehr ganz jungen Jahre überhören konnte.

Es ist die Glanzzeit von Vater und Sohn, welche damals, noch vor den übrigen Diadochen, definitiv den Königstitel und das Diadem annahmen das ihnen die Athener schon voreilig zuerkannt hatten.[2] Man bemerkte bald an allen diesen Fürsten den höhern Ton und abgeschloßnern Umgang; wie tragische Schauspieler änderten sie mit dem Costüm Schritt, Stimme, Anrede, Kopfneigen; in den Entscheiden wurden sie gewaltsamer; es verschwand die höfliche Ironie, in welche sich bisher ihre Gewalt gekleidet hatte.[3]

---

1 Demetrios wird freilich auch hier Soldat; auf dem Verdeck stehend kämpft er in einem wahren Gewühl, wirft Speere, fängt Geschosse auf und erlegt Feinde; in solchen Momenten wird immer noch etwas Ilias lebendig.
2 Plutarch Demetrios 18.
3 εἰρωνείαν τῆς ἐξουσίας ἀφελόντες

Ein Angriff des Antigonos und Demetrios auf Aegypten ⌊305/4⌋ blieb nun allerdings ohne Erfolg und dem Sohne mißlang trotz aller Maschinen die lange Belagerung des sehr festen und von den Bürgern tapfer vertheidigten Rhodos. Athenische Gesandte erwiesen dem Demetrios den Gefallen, ihm von den Rhodiern ein ehrenhaftes Abkommen zu verschaffen: auf ein dauerndes Bündniß von Rhodos mit Vater und Sohn, ausgenommen gegen Ptolemaios. Was die Maschinen betrifft, so sollen die Rhodier den Demetrios gebeten haben, ihnen einige zum Andenken dazulassen, oder wenigstens die 100 Fuß hohe Helepolis; u. A. soll er diese den Göttern geweiht haben, und jedenfalls konnte er sie ja nicht von der Stelle bringen.

Die Athener aber bedurften seiner; außer der Sorge vor Kassandros, welcher sie mit Gewalt wieder unterwerfen wollte, ängstigte sie ein allgemeines Unheil welches damals erst in seinen Anfängen war: das Raubwesen der Aetolier, der Bewohner einiger nordwestlichen Gaue Griechenlands. Dasselbe hatte begonnen als rechtmäßige und heldenmüthige Vertheidigung einer Anzahl verbündeter Thalschaften gegen macedonische Angriffe, artete nun aber aus zu einer fortwährenden räuberischen Bedrohung der übrigen Griechen. Hellenische Städte, welche einst den Xerxes und den Mardonios besiegt, sind nun hülflos gegen Raubpöbel aus den Gebirgen, denn ihre Rhetoren und Streber retten sie nicht. Ein kräftig alterthümlich gebliebenes Volk, ohne namhafte Städte, zieht jetzt gegen | die hochgebildeten aber verkommenen Griechenstaaten auf Beute aus, und dieß periodisch, ein Jahrhundert hindurch, an dessen Anfang wir uns hier befinden.

Im Spätherbst 304 erschien Demetrios wieder in Griechenland, scheuchte den Kassandros aus der Nähe von Athen weg bis über die Thermopylen, zog 6000 von dessen Macedoniern an sich und «befreite» die Hellenen weit und breit. Nun aber begann sein zweiter Aufenthalt in Athen welcher seinen Namen mit so vieler Schmach bedeckt hat. Man gab ihm, da er ja doch als Gott galt, eine Wohnung in den geweihten Räumen des Parthenon's selbst, im Opisthodom, und hier führte er nun das bodenloseste Wüstlingsleben.[1] Auf einen ganz kleinen Aufschwung zur Unabhängigkeit hin wurden die Athener gleich wieder feige vor seinem Unwillen; die Urheber des betreffenden Vorschlags wurden theils getödtet, theils flüchtig, und es erging ein Staatsbeschluß des Inhalts: der Demos von Athen beschließe daß Alles was Demetrios befehle, bei den Göttern für heilig und bei den Menschen für gerecht gelte.

Er ging hierauf nach dem Peloponnes und befreite mit leichter Mühe und zum Theil durch Geldzahlungen an Kassandros Besatzungen Arka-

---

1 (Ob nicht in den Berichten auch athenische Phantasie redet?)

dien, Argos, Sikyon, Korinth. In Argos führte er den Vorsitz an dem großen Jahresfeste der Göttin Hera und heirathete zum drittenmale und zwar eine Schwester des damals noch ganz jungen Pyrrhos ⌊– geboren c. 319⌋, welcher seines Reiches Epirus verlustig und ganz auf die eigene Tüchtigkeit angewiesen war. Von dieser Gemahlin, Deidamia, hatte Demetrios später den Sohn Alexandros. Auf dem Isthmos bei Korinth war eine Versammlung «wobei viele Leute zusammen kamen», ohne daß man von einer eigentlichen Vollmacht dieses «Synedrions» reden könnte; immerhin rief ihn dasselbe zum Anführer von Hellas aus, wie dieß einst ebendort mit Philipp und Alexander geschehen war;[1] Demetrios aber dünkte sich noch viel größer als jene beiden. – Auf der Rückreise schrieb er an die Athener: er verlange bei seiner Ankunft sogleich die eleusinischen Weihen und zwar von den sog. kleinen Weihen zu den großen und bis zu den epoptischen, welche man sonst erst mindestens ein Jahr nach den großen bekommen konnte; und auch die großen waren durch Monate getrennt von den kleinen. Irgend ein besonderer religiöser Trost hing damals an diesen Weihen nicht mehr, aber ein richtiger Athener mußte sie mitmachen und ein solcher wollte ja Demetrios sein. Und nun nannte man den ebenlaufenden Monat halb nach dem Monat der kleinen, halb nach dem der großen und gab dem Demetrios alles was er haben wollte sammt der Epoptie; einen Widerspruch wenn auch umsonst, wagte nur der Hauptweihepriester, der Fackelträger Pythodoros.[2]

| In jener Zeit mag auch Demetrios das Festlied gesungen worden sein, das uns noch erhalten ist:[3]

    Wie doch die größten und liebsten Götter in der Stadt weilen!
    Jetzt bringt uns die Festzeit zugleich die Demeter und den Demetrios;
    Sie kommt um zu begehen die erhabenen Mysterien der Kore,
    Er aber ist da, fröhlich, schön und lachend wie es dem Gotte (Dionysos) ziemt,
    Seine Freunde um ihn wie die Sterne um die Sonne.
    Gruß Dir, Sohn des gewaltigen Poseidon und der Aphrodite!
    Denn die übrigen Götter sind entweder weit fort oder haben keine Ohren,
    Oder sind nicht vorhanden oder sie kümmern sich keinen Deut um uns, Dich aber sehen wir,
    Nicht von Holz oder Stein, sondern wirklich, und bringen Dir Verehrung.

---

1 Hieher die Toaste aus Plutarch Demetrios 25.
2 Wahrscheinlich aus dieser Zeit der Ithyphallicus bei Bergk 538. Cf. O. Müller Literaturgeschichte I, 245.
3 Bergk Anthologia lyrica p. 538

Zuerst stifte Frieden, Theuerster, denn dazu bist Du mächtig!
Züchtige nun vor allem:
Die nicht über Theben sondern über ganz Hellas mächtige Sphinx
Auf seinem Felsgebirge sitzt der Aetolier wie jene alte Sphinx,
Und raubt uns Alles was wir sind und wir können uns nicht wehren;
Denn Aetolisch ist, die Nachbarn zu berauben und nun auch die ferner Wohnenden.
Diesen züchtige Du, wo nicht, so finde einen Oedipus,
Der entweder diese Sphinx in den Abgrund stürzt oder sie zum Fels macht.

| Gleich darauf aber verlangte der Geweihte 250 Talente (gegen 1,300,000 Fr.) und trieb sie unerbittlich ein; man sagte er habe sie unmittelbar seinen Buhlerinnen gegeben, jedenfalls aber trieb seine Lamia bei einem berüchtigten Gastmahl noch außerdem von vielen Leuten Geld ein.

Dieses Sündenleben nahm dann ein plötzliches Ende, indem der Vater seiner wieder zu Land und Meer dringend bedurfte: gegen Antigonos war die große Coalition der übrigen Könige wieder in vollem Gange. Er sagte wohl: da fliegen wieder körnerpickende Vögel zusammen die man mit Einem Steinwurf und mit Lärm verscheucht! aber er wurde dann doch sehr nachdenklich und schweigsam | und ernannte jetzt – man weiß nicht in welcher Gegend – vor versammeltem Volke den Demetrios ausdrücklich zum Nachfolger oder geradezu zum Regenten. ⌊Schlimme Vorzeichen und Träume verdüsterten diese Zeit.⌋

Nach längern Hin- und Herzügen kam es dann zu der entscheidenden Schlacht bei Ipsos in Phrygien ⌊Sommer 301 aCn.⌋. Demetrios that wiederum Wunder der Tapferkeit, aber wiederum riß der Soldat den Feldherrn hin; er verfolgte mit der Reiterei in heftiger und ehrgeiziger Hast den Thronerben des Seleukos, Antiochos und jagte ihn in die Flucht, konnte sich aber dann nicht mehr rechtzeitig mit dem Fußvolk vereinigen; umsonst hoffte der 81jährige Antigonos immer noch der Sohn werde eintreffen; wie er hoffte und spähte, sank er von vielen Geschossen getroffen; die Schlacht wurde ein völliger Sieg der Verbündeten welche die Länder des Antigonos theilten.

Demetrios flüchtete mit dem Rest seiner Truppen (9000 Mann) nach dem Archipel zu und eilte namentlich durch Ephesos hindurchzukommen bevor etwa seine Mannschaft den Schatz des berühmten Artemistempels plündere. Es war etwas über ein halbes Jahrhundert seit ein phokischer Club den Tempel von Delphi besetzt und den dortigen Schatz hauptsächlich mit Bezahlung eines Söldnerheeres verschleudert hatte; auf Anführern und Mannschaft hatte fortan Fluch geruht und alle nahmen ein schreckliches Ende, und so etwas vermied nun Demetrios um jeden Preis.

Demetrios Poliorketes

Er besaß noch immer seine Seemacht, Sidon, Tyrus, Cypern u. a. Inseln, einzelne Posten im Peloponnes, und – wie er glaubte – Athen, wo seine Schätze und seine dritte Gemahlin Deidamia geborgen waren. Als er jedoch von Ephesos herangefahren kam, begegneten ihm bei den Cycladen athenische Gesandte mit der Eröffnung: er habe sich von der Stadt fern zu halten, indem der Demos beschlossen habe, keinen von den Königen hereinzulassen; seine Gemahlin habe man mit allen Ehren nach Megara geleitet. – Er verbarg Zorn und Kummer und bat sich unter mäßigen Beschwerden nur seine Schiffe aus. Mit diesen und seiner sonstigen Flotte war er noch immer ein großer und gefährlicher Pirat und schädigte namentlich im Norden des Archipel's das Gebiet des Lysimachos; bald war er wieder «unverächtlich»; die festen Puncte in Griechenland hütete ihm sein junger Schwager Pyrrhos.

Und bald darauf erfolgte wieder eine jener Wendungen durch welche das Schicksal des Demetrios sprichwörtlich geworden ist. Der große Seleukos, Herr vom Indus bis an's Mittelmeer und bis über den größten Theil von Kleinasien, der Hauptsieger von Ipsos, fand jetzt für gut, seinen bisherigen Verbündeten Ptolemaios und Lysimachos Beschäftigung und Kummer zu verschaffen, indem er den Demetrios an sich zog. Die Welt vernahm mit dem größten Staunen, daß Stratonike, die bezaubernde Tochter des Demetrios von der Phila, die Gemahlin des Großkönigs werden solle. Bald fuhr Demetrios mit der Tochter und der ganzen Flotte aus, legte zu Anazarbos in Cilicien Beschlag auf einen annehmbaren Rest des ehmaligen Reichsschatzes (1200 Talente) und hielt dann mit Seleukos eine Zusammenkunft in dem nahen Rossos wo man lange und auf das Zutraulichste verkehrte. Auch Phila kam nach, und dann noch Deidamia, welche jedoch bald starb. Während dann Seleukos mit der jungen Gemahlin[1] glänzend nach Antiochien hinaufzog, durfte Demetrios Cilicien behaupten, wenigstens einstweilen, denn Seleukos wurde hierüber wieder reuig und bot ihm umsonst eine Abstandssumme.

| Jetzt[2] konnte Demetrios wieder der Athener gedenken.[3] Kassandros von Macedonien, welcher ihm dabei hätte hinderlich werden können, war um diese Zeit schon krank und wurde bald darauf bei lebendigem Leibe von den Würmern gefressen, weil er das Haus Alexanders ausgerottet hatte. Demetrios fuhr nun nach Griechenland, tummelte sich zunächst im Peloponnes und besetzte dann Schritt vor Schritt Attica.

---

1 Es ist dieselbe welche er später seinem Sohne Antiochos abtrat weil dieser in die Stiefmutter verliebt war bis zu gefährlicher Krankheit.
2 297 aCn.
3 «Herr, gedenke der Athener!»

Athen aber war damals[1] im allertiefsten Elend. Ein Demagoge Lachares hatte sich noch im Einvernehmen mit Kassandros zum Tyrannen aufgeworfen; er suchte seines Gleichen an Grausamkeit gegen die Menschen und Ruchlosigkeit gegen die Götter, nämlich Tempelraub. Dazu kam aber, seit Demetrios die Stadt einengte eine Hungersnoth. Damals zählte Epikur seinen Genossen täglich die Bohnen zum Essen vor. Eine ptolemäische Entsatzflotte ließ sich zwar bei Aegina sehen, verschwand aber wieder weil die des Demetrios viel stärker war und nun entwischte auch Lachares und es ist nicht einmal sicher ob das Scheusal seinen verdienten Lohn fand.

Die Athener hatten eine bekannte Manier: durch Volksbeschluß die Todesstrafe festzusetzen für Jeden der Dieses oder Jenes vorschlagen würde, als ob nicht die Dinge doch geschähen wenn sie geschehen müssen. So stand auch dießmal der Tod auf jeder Erwähnung von Frieden und Sühne mit Demetrios, aber am Ende mußten sie ihm doch Gesandte schicken. Demetrios zog in Athen ein und berief das Volk in's Theater, dessen Scene tüchtig mit Mannschaft umgeben und besetzt war. Und nun kam er selber aus den obern Gängen herunter wie die tragischen Schauspieler und redete wider alles Erwarten ohne Bitterkeit, mit leichtem und freundlichem Tadel. Er kündigte der ausgehungerten Stadt 100,000 Scheffel Getreide als Geschenk an und als er dabei einen nicht völlig griechischen Ausdruck gebrauchte und ein naseweiser Athener ihn laut verbesserte, fügte er hinzu: für diese Verbesserung sollt ihr noch weitere 5000 Scheffel haben. Zu Beamten ernannte er solche die dem Demos genehm waren. Im ersten Jubel wurden ihm zwei von den Hafenstädten Athens zuerkannt, er aber nahm sich noch weitere Posten, um sicher zu bleiben wenn der Demos von Neuem borstig würde, wie Plutarch sagt.

Nachdem er nun Athen hatte, sollten auch die Spartaner zu Paaren getrieben werden; er schlug den König Archidamos bei Mantinea und stürmte siegreich vorwärts im Thal des Eurotas – als ihn plötzlich die Aussicht, König von Macedonien zu werden, nach dem Norden rief. Freilich im gleichen Augenblick verlor er in der Ferne einen Posten an Lysimachos, und Cypern an Ptolemaius, allein dergleichen konnte er schon mit der Zeit wiedergewinnen. Von den Söhnen des Kassandros hatte der eine die Mutter ermordet, eine Halbschwester Alexanders d. Gr., weil sie dem andern günstiger war und diesen erheben wollte; der letztere nun, Alexandros, rief nach und neben einander Pyrrhos und Demetrios zu Hülfe; Pyrrhos kam zuerst und riß Stücke von Macedonien ab und jetzt kam auch Demetrios, als man schon andern Sinnes geworden war und seiner nicht mehr zu bedürfen glaubte. Tage und vielleicht Wochen lang

---

1 296 aCn.

reisen nun Alexandros und Demetrios und ihre Gefolge zusammen; von
Macedonien wieder südwärts nach Thessalien, und bei Beiden und ihren
Gefolgen ist heimlich der einzige Gedanke der, wer dem andern mit dem
Mord zuvor kommen werde, auf der Reise oder beim Gelage.
 | In Larissa fiel der Entscheid;[1] ein Wink des Demetrios an seine Dory-
phoren und Alexandros wurde niedergemacht sammt einigen Begleitern.
Einer der letztern sagte im Sterben: Demetrios ist uns nur um einen Tag
zuvorgekommen!
 Abermals übt nun dieser seine Zauberkraft; weiß am folgenden Morgen das Gefolge des Ermordeten nicht nur zu beruhigen sondern auch zu
seiner Anerkennung als König zu bewegen. Das Grauen vor jenem Muttermörder, ja vor dem ganzen Hause des Kassandros durch welchen die
Familie des großen Alexander untergegangen war, endlich die Erwägung
daß man wirklich keinen bessern als Demetrios vorräthig habe, dieß Alles entschied daß sie ihn schon auf thessalischem Boden zum König ausriefen und dann nach Macedonien führten, wo er allgemeine Anerkennung fand. Auch hatte er einen heranwachsenden Sohn von der Phila,
Tochter des Antipatros bei sich, den Antigonos Gonatas, der als Erbe der
Herrschaft gelten konnte.
 Die nächstfolgenden Jahre, da er sich auf einem beschränkten Terrain
bewegt, sind die am wenigsten interessanten in seinem Leben: Händel mit
Lysimachos, mehrmaliges Einschreiten gegen unbotmäßige griechische
Gebiete zumal gegen das widerspenstige Theben, gegen welches er sich
dann höchst milde benimmt, ein Krieg gegen die Aetolier füllen diese
Zeit aus. Vor Theben, bei der zweiten Intervention, hatte der ungeduldige Herr wieder eine Helepolis mit sich welche zwei Monate brauchte
um 1200 Fuß weit zu rutschen, aber er kam doch wenigstens zu seinem Zweck. Außer Macedonien besaß er große Stücke vom Peloponnes
sammt Megara und Athen und jetzt auch Thessalien und das unterworfene Böotien.
 Der Krieg gegen die Aetolier[2] war vielleicht eine Pflicht für denjenigen
der sich als Schutzherrn von Hellas gab, zumal als einmal das große vierjährige pythische Fest von Delphi nicht konnte gehalten werden weil jene
die Engpässe besetzt hatten, allein dieser Krieg war verbunden mit Feindschaft zwischen Demetrios und seinem frühern Schwager Pyrrhos und an
diese Feindschaft hing sich dann das definitive Unglück des Demetrios.
 Vielleicht trug ein persönliches Mißverhältniß dazu bei. Agathokles
von Sicilien hatte dem Pyrrhos eine Tochter Lanassa zur Gemahlin gege-

---

1 294 aCn.
2 290–289 aCn.

ben und ihm dazu das eroberte Kerkyra geschenkt.[1] Allein Lanassa konnte sich mit den andern, halbbarbarischen Gemahlinnen des Pyrrhos, päonischen und illyrischen Fürstentöchtern nicht vertragen, wich nach Kerkyra als wäre diese Insel ihre Mitgift und rief dorthin den Demetrios, da sie erfahren hatte daß dieser von allen Königen in den Ehen der verträglichste sei. Er kam, heirathete sie und gewann damit Kerkyra; bald galt er auch als Verbündeter seines entsetzlichen neuen Schwiegervaters.

Pyrrhos aber war seinerseits der Verbündete der Aetolier geworden und hatte in seinen Feldzügen bereits die größern Erfolge,[2] und als Demetrios einst das Unglück hatte zu erkranken und in Pella darniederlag, machte Pyrrhos mit seinen gemischten Rotten wenigstens für den Augenblick einen weiten Einfall in das Land seines Gegners, bis vor Edessa. Demetrios genas wieder und trieb ihn zurück. Aber mit seinen Macedoniern war eine gefährliche Veränderung vorgegangen.

Sie hatten in den letzten Jahrzehnden allerlei Herrn kennen und mit einander vergleichen gelernt und sollten noch nicht am Ende sein mit ihren Erfahrungen. Zunächst aber widmeten sie dem Pyrrhos und seinem gewaltigen Dreinhauen, obschon er ihr Land verheerte mehr und mehr ihre Bewunderung. Philipp und Alexander, zu welchen sie allmälig wie zu großen Göttern emporschauen lernten, gaben ihnen den Maßstab für ihre Kennerschaft.

| König Pyrrhos von Epirus war eine Gestalt wie aus uralter Zeit, vom Typus der Heroen vor Ilion. Er brauchte sich nicht zum Gott erklären zu lassen, wie Demetrios, denn er war seiner Abstammung von Neoptolem, Achill, Peleus, Aeakos und Zeus völlig sicher und konnte zB: Milzkranke heilen durch Berührung mit der Hand. Mit den Heroen der Urzeit stimmte nicht nur zusammen daß er etwa mitten in einer Schlacht einen homerischen Zweikampf annahm,[3] sondern daß er gerade wie jene nicht im Besitzen und Genießen sondern im steten Vorwärtsdringen sein Leben fand. Er will beständig seine Kräfte messen und verscherzt leicht das Verlorene, und hierin gleicht ihm auch Demetrios, aber Pyrrhos war mäßig im Leben, konnte Zorn und Leidenschaft bändigen und betete bei seinen Gelübden und Opfern zu den Göttern immer nur um Eins: um Gesundheit, denn damit fände sich für ihn Sieg, weite Herrschaft, Ruhm und Reichthum von selbst. Das Höchste was ihm bestimmt war, hatte er damals erst vor sich, daß er der erste große Hellene sein sollte welcher Rom entdecken und von Rom als großer Hellene erkannt werden würde.

1 Lanassa hatte sich schon in Unteritalien von dem Vater zu politischer Bethörung brauchen lassen. Cf. Diodorus Siculus Fragment LXXI Eclogen IV, p. 490. (Tauchnitz VI, p. 44.)
2 289 aCn.
3 Einen Mamertiner hieb er von oben herab in zwei Stücke.

Einstweilen aber ist Strategie für ihn die eigentliche Königskunst und Pausen im Kriegführen sind ihm das Unerträglichste.

Und nun glaubten die Macedonier von allen Königen nur in ihm wenigstens das Schattenbild der Kühnheit Alexanders zu erkennen; er glich auch den ersten Genossen des großen Königs im Anblick, in der raschen Bewegung, der Vehemenz, der Gluth im Kampfe. Andere Könige ahmten jetzt Alexander nach im Tragen von Purpur, in Leibwachen oder auch im Schrägneigen des Halses; sie gaben, und namentlich Demetrios, Alexanders Wucht und Stolz wieder wie Schauspieler auf der Scene; Pyrrhos aber *war* Alexander in Waffen und Hieb.

Ihm gegenüber erschien jetzt Demetrios doppelt pompsüchtig und üppig; er trug sich in Purpur und Gold bis auf die Schuhe, für ihn wurde eine Chlamys gewirkt auf welcher das ganze Weltsystem sammt den Gestirnen gestickt zu sehen war; das Wunderwerk war noch nicht fertig bei seinem Sturz und wurde später im Schatze seiner Nachkommen gezeigt, deren doch keiner es zu tragen wagte «obwohl es unter ihnen an dreisten Königen nicht fehlte». Dann klagte man über seine Unzugänglichkeit; entweder gab er keine Audienz oder er zeigte sich dabei schlimm und herb. Als er einst bei einem Ausritt besserer Laune schien als sonst, liefen Leute mit Bittschriften herbei und freuten sich schon als er alle diese in seinen Mantel nahm, aber auf der Brücke des Flusses Axios angelangt that er seinen Mantel auseinander und warf alle diese Scripturen ungelesen in's Wasser, ungefähr wie später Cardinal Du Bois die eingegangenen Schriften stoßweise in das Kamin zu werfen pflegte mit den Worten: voilà ma correspondance faite!

Auch Gesandte mußten lange warten und bekamen kaum mehr Bescheid. Alles was man unter dem Namen «Geschäfte» begreift, war gewiß nie die Sache des Demetrios gewesen; jetzt aber lebte er vollends in einem sichtbaren Mißmuth. Auch seine Soldaten hatten große Ursache zu klagen wenn es wahr ist daß er sie schon im Feldzug gegen Theben absichtlich und auf völlig unnütze Weise aussetzte. Als ihm einmal sein Sohn Antigonos deßhalb Vorstellungen | machte, soll er geantwortet haben: bist du denn den Umgekommenen auch noch Sold und Kost schuldig?[1] – Allerdings setzte er auch sich selber sehr aus und hatte furchtbare Narben aufzuweisen.

Ganz im Stillen aber soll er nun Alles vorbereitet haben um mit Einem Schlage das ganze Reich seines Vaters Antigonos wieder zu erobern.[2] Hoffnungen und heimliche Rüstungen dieser Art sehen ihm ganz ähnlich,

---

1 Es soll angedeutet werden daß er sich seiner eignen Soldaten, wenn er zu viele hatte, entledigte.
2 288 aCn.

nur wird es uns schwer, an die Zahlen zu glauben welche angegeben werden; er soll nämlich 98,000 Mann zu Fuß, 12,000 Reiter und 500 Schiffe, darunter wieder von jenen ganz großen, bereit gehabt haben und dieß ist, im Hinblick auf das kleine Gebiet und die relativ geringen Mittel doch kaum denkbar.

Jedenfalls aber genügte das was verlautete, mochte es wahr oder nur in den Cabineten der drei Großgebietiger ersonnen sein – um wieder fast dieselbe große Coalition gegen ihn zu Stande zu bringen welche einst seinem Vater auf der Höhe seiner Macht den Untergang zugezogen hatte; Seleukos, Ptolemaios, Lysimachos und als vierter jetzt Pyrrhos, welchem die drei Übrigen natürlich Macedonien versprechen mußten. Man rückte von allen Seiten in sein Gebiet ein; Ptolemaios kam mit der ägyptischen Flotte und machte ihm Hellas abtrünnig. Und nun zeigte es sich, wie sehr ihn schon die Macedonier innerlich aufgegeben haben mußten; es war bald nur die Frage, ob seine Truppen zu Lysimachos oder zu Pyrrhus überlaufen würden. Am Ende lief dann Alles zu Pyrrhus über[1] weil er bereits die größte Macht an Ort und Stelle hatte; dem unglücklichen Demetrios aber sagte man ins Gesicht: er möge sich durch die Flucht retten, da die Macedonier es müde seien um seines Wohllebens willen Krieg zu führen. Da legte er in seinem Zelt den Königsmantel ab und einen dunkeln Überwurf an und machte sich in der Stille fort, zunächst nach Kassandrea (dem ehmaligen Potidaea). Hier nahm seine älteste Gemahlin Phila Gift, und die Motive welche uns gemeldet werden, waren vielleicht diejenigen welche sie selber noch angab: sie brachte es nicht mehr über sich, den schicksalsversuchtesten aller Könige abermals als einen länderberaubten Flüchtling an ihrer Seite zu sehen; sie verzichtete auf jede Hoffnung und haßte jetzt die Fortune besser: die Chance, die τύχη des Gemahls, weil dieselbe im Schlimmen beharrlicher sei als im Guten. Als Tochter des Antipatros, als Wittwe des Krateros, als letzte vom Hause des Kassandros glaubte sie mindestens Königin von Macedonien sein zu müssen; dieß wurde ihr jetzt nicht mehr gewährt und sie starb. Pyrrhus war nun König von Macedonien, trat jedoch Theile davon an Lysimachos ab.

Demetrios aber hätte nicht der sein müssen der er war, um jetzt schon gänzlich zu verzagen. Er taucht in Griechenland auf,[2] als Privatmann, doch schon umgeben von einem kleinen Anhang und von Militärs, welche seine Begabung noch immer zu schätzen wußten. Zunächst ging er ohne königliche Zier von Stadt zu Stadt herum und zeigte sich sogar in Theben – erklärte aber hier auf einmal daß er die Verfassung der Stadt herstelle und geberdete sich damit doch wieder als König von irgend Etwas.

---

1 287 aCn.
2 Ptolemaeos muß wieder abgezogen gewesen sein.

Athen glaubte ihm noch trotzen zu können, rief dann aber im Schrekken vor ihm – als er wieder mächtiger geworden – erbärmlicher Weise den Pyrrhus zu Hülfe, und als dieser nicht erschien, sandte der Demos den Philosophen Krates zu Demetrios hinaus um ihn zu begütigen; es war ein Cyniker der um seiner bösen Zunge willen gefürchtet und dabei kein geborner Athener, also nöthigenfalls preiszugeben war.

| Das damalige Athen und die Philosophen. Sie saßen bereits schulenweise dort, Aristoteliker, Cyniker, Epikur mit den Seinigen, Zenon der Stoiker u. s. w. und dieß war eine Sache wie sie in der ganzen damaligen Hellenenwelt nicht wieder so vorkam; wer sich damals mit Philosophie abgab, mußte eine Zeitlang in Athen geweilt haben. Der Staat hätte dieß Treiben als einen Ruhm der Stadt können gewähren lassen, allein es mußte sich eines Tages (im Jahre 305, zwischen dem ersten und dem zweiten Besuche des Demetrios) richtig ein Antragsteller Namens Sophokles finden, welcher den Volksbeschluß durchsetzte daß kein Philosoph einer Schule vorstehen dürfe wenn es nicht dem Rath und dem Demos gefalle; auf Übertretung stand natürlich wieder die beliebte Todesstrafe. Da zogen alle Philosophen fort, darunter ein Theophrast der bis auf 2000 Zuhörer gehabt haben soll, und kamen erst wieder nachdem ein gewisser Phillion den Sophokles der Ungesetzlichkeit angeklagt und die Athener das Gesetz für unwirksam erklärt, ja den Sophokles um fünf Talente gebüßt hatten. Und nun hatte Athen seine Celebritäten wieder, denn abgesehen von einigen Komödiendichtern besaß es sonst deren keine mehr. Und von herrlichen Künstlern die es gehabt haben kann sind Ruhm und Werke nicht bis zu uns gedrungen.

Die Philosophen waren aber unter Umständen noch zu besondern Dingen gut, so zB: in Ermanglung achtbarer Staatsmänner zu Gesandtschaften an Diadochen, deren einige eine nicht geringe, wenn auch etwas unklare Idee von Philosophie hatten. Als nun der erzürnte Demetrios ⌊287 aCn.⌋ in der Nähe von Athen erschien, sandte man ihm zur Begütigung den Krates.

Derselbe gehörte zu den Cynikern und zwar zu den echten, zu jenen heitern Pessimisten, welche auf diejenige unermeßlich größere Quote der Lebensgüter, die von Elend und Verlust bedroht ist, verzichteten, um mit dem Rest auszukommen: mit Mäßigkeit, Gesundheit, Freiheit. Er hatte ein bedeutendes Vermögen weggegeben und sich dann erst als einen freien Menschen betrachtet; mit ihm theilte die äußerste Armuth (und das regelmäßige Essen: Wolfsbohnen) seine Hipparchia, die den häßlichen bucklichen Menschen trotz seiner eigenen Warnung geheirathet hatte. Seine Wonne war nun die scharfe Rede über solche welche nicht geartet waren wie er und dieß ging gewiß nicht vor sich ohne Gelächter der Anwesenden. Auch forderte er geringe Weiber mit Schimpfreden heraus um sich an *Dem* was sie erwiderten, abzuhärten. Seine populäre Hauptlehre aber war die seines Meisters Diogenes: alles Elend und alle Erniedrigung hänge an den Bedürfnissen und am Wohlleben.

Gegenüber vom Staat war die Verachtung der Cyniker und namentlich des Krates eine unbegrenzte und ihr Ruhm die Heimathlosigkeit. Der Staat Athen aber brauchte nun ihn der ein geborener Thebaner und in seinem jetzigen Aufenthalt kaum Metöke oder Einsasse sein mochte; vielleicht fürchteten sich Bürger, zu dem erzürnten Demetrios hinauszugehen. Ob er denselben wirklich besänftigt, überhaupt was er mit ihm verhandelt hat, mag dahingestellt bleiben; Demetrios hatte noch andere Gründe, Athen für jetzt nicht zu belagern.

| Die Athener hatten jedoch ihre Angst umsonst gehabt; Demetrios begehrte nicht mit einer Belagerung Zeit zu verlieren, sondern auf den Klang seines Namens hin Schiffe und Leute zu sammeln, welche ein Unternehmen auf die Gebiete des Lysimachos mit ihm theilen würden. Nachdem er sich, wie man glaubt, mit Pyrrhus über Griechenland irgendwie abgefunden, erscheint er mit einem kleinen Heer in Ionien, welches Lysimachos gehörte. Zunächst, in dem schönen Milet, heirathete er zum fünften male; dort befand sich nämlich eine der Gemahlinnen des Ptolemaios die mit demselben brouillirt war, Eurydike; ihre Tochter Ptolemaïs die sie mit sich hatte, wurde die Gemahlin des Demetrios.[1] Anfänglich hatte er nun einige Erfolge in Lydien und Karien, wurde dann aber durch Agathokles, den Sohn des Lysimachos (denselben der später auf Anstiften seines Vaters ermordet wurde) nach Phrygien getrieben und verlor von seinen Leuten viele durch Hunger und Krankheiten; der Rest aber war äußerst mißmuthig als man glaubte Demetrios wolle sie nach dem weitern Osten, nach Armenien und Medien führen. Auf Grund und Boden des Seleukos war er nun doch schon angelangt; indem er nach Tarsus zog und dort mit seiner Mannschaft so gut als möglich Posto faßte, entschloß er sich zu einem Briefe an Seleukos mit welchem seine Laufbahn im Grunde abgeschlossen sein mußte.

Seleukos war längst nicht mehr sein Schwiegersohn sondern sein Gegenschwäher; nach einer Ehe von einem Jahr hatte er die Stratonike seinem Sohn Antiochos abgetreten weil dieser wenn auch nicht bis zum Sterben, so doch bis zu schwerer Krankheit in die Stiefmutter verliebt gewesen war; immerhin konnte Demetrios in seinem Brief sich noch als Verwandten bezeichnen. Es folgten lange Klagen über sein Schicksal und Bitten um Mitleid mit Einem der selbst Feinden Theilnahme einflößen könnte.

---

1 Diese Vermählung war schon früher einmal projectirt.

Und Seleukos ließ sich wirklich rühren und wies dem verirrten König und seiner Schaar reichlichen Unterhalt an. Was nun aber folgte, hat sein hohes psychologisches Interesse nur wenn man Plutarch Wort für Wort folgen kann.

Die noble Gemüthlichkeit wie sie etwa zwischen Diadochen[1] vorkam, der beständige Wunsch den Demetrios zu schonen sind echte Empfindungen in der Seele des Seleukos; allein er hat Warner in seiner Umgebung welche ihn an die grenzenlose Unternehmungslust, an die berühmten Glückswechsel des Demetrios erinnern, und so wie dann ein wirklicher Kampf zwischen beiden Königen wieder losbricht, muß man den Verzweifelnden fürchten und die Zugänge zu Syrien verschanzen. Ja Seleukos durfte bereits fürchten daß seine eigenen Truppen unter den Zauber gerathen möchten, der seinen Gegner noch immer umgab. Dabei macht es dem Seleukos Ehre, daß er die zudringlichen Hülfsanerbieten des verrufenen Lysimachos abwies.

Demetrios aber, je nach Wechsel seiner Stimmung und Lage, schreibt neue bewegliche Briefe: man möge ihn nicht dürftig und bloß hinausstoßen dem Lysimachos zur Beute – oder: Seleukos möge ihm wenigstens gestatten auszuziehen auf Eroberung gegen irgend ein freies Barbarenvolk, um dort als Herrscher auszuleben. Dazwischen aber, enger und enger eingeschlossen und hervorbrechend «wie ein Thier», bringt er dem mit mäßigen Streitkräften herbeigekommenen Seleukos mehrmals wirkliche Nachtheile bei, bis eine Erkrankung seiner Herrlichkeit ein Ende machte. Seine Mannschaft, tapfere, aber offenbar nur zusammengelesene Söldner, wandten sich von ihm ab und gingen zu Seleukos über | nachdem dieser es über sich gebracht hatte, persönlich mit einer Schaar derselben zu reden; er war zu Fuß, ohne Helm, bloß mit einem kleinen Schild bewaffnet, als er kam und ihnen begreiflich machte, er habe schon längst ihrer und nicht des Demetrios schonen wollen. – Demetrios mit Wenigen irrt dann noch in Wäldern und Gebirgen und hofft nach dem Meere durchzubrechen; es handelte sich wenigstens um persönliche Rettung, und zunächst wallte er noch auf und zog das Schwert, wenn unter seinen Begleitern von Übergabe die Rede war. Als ihnen aber die Lebensmittel völlig ausgingen, sandte er an Seleukos und meldete endlich seine förmliche Übergabe an.[2]

Seleukos in edler und freudiger Stimmung pries nun sein Glück das ihm erlaube, gütig und redlich zu handeln. Er ließ das Königszelt rüsten und sandte Boten um Demetrios aus den Sorgen zu befreien damit er muthig käme als zu einem vertrauten Verwandten. Allein nun begann in der Nähe des Seleukos selbst so viel Sympathie und so viel Gerede über die

---

1 Die Gegend: von Cilicien bis an den obern Euphrat.
2 286 – oder Februar 285 – ?

große Stellung welche Demetrios künftig bei ihm einnehmen werde, daß jene Warner wieder zu Worte kamen und dem Großkönig die Sorge beibrachten, es möchte in seinem Lager große «Neuerungen» geben sobald Demetrios zu sehen sein würde. Es ist möglich daß diese Leute recht hatten. Gewiß nicht ohne Herzeleid sandte nun Seleukos einen Obersten mit 1000 Mann, welche den schon so hoffnungsreichen Demetrios umzingeln und nach dem syrischen Apamea bringen mußten. Seleukos hat ihn nie mehr gesehen. Aber er würde ihn, glaubt man, bei längerm Leben der Stratonike und dem Antiochos mitgegeben haben in die obern Lande, und den Lysimachos hat er mit äußerstem Abscheu abgewiesen als dieser für die Tödtung des Demetrios hohe Summen bot.

Apamea lag in herrlicher, damals fruchtbarer Gegend, als Halbinsel wie Bern, Freiburg, Besançon, umströmt vom Orontes. Unter den spätern Seleuciden war dort eine große Hauptgarnison, ferner die Kriegsoberrechnungskammer, das Gestüt von 3300 Rossen, und das ganze Personal der Roßzüchter, Fechtmeister und andern Leute welche für Kriegsunterricht besoldet waren, und unter solchem Volk hätte man einen Demetrios unmöglich dürfen verkehren lassen. Aber zu Seleukos Zeit war dort nur erst das große Elephantendepot und auf diese 500 klugen Pachydermen welche dort ihre Ställe hatten übte Demetrios keine Magie aus.

Er lebte hier in sicherer Hut mit königlichem Glanze ausgestattet, mitten in herrlichen Anlagen und Thierparks zur Jagd; von seinen mitgeflüchteten Genossen durfte bei ihm leben wer da wollte; von Seleukos kamen nicht selten Besuchende mit tröstlichen Worten. – Dem Sohne und spätern Nachfolger in Macedonien, Antigonos Gonatas meldete Demetrios nach Griechenland, man solle, auch wenn Brief und Siegel von ihm kämen, Alles ignoriren als wäre er ein Gestorbener; der Sohn habe fortan Besitz und Geschäfte zu verwalten. Antigonos trug Trauergewand und bot sich dem Seleukos als Geißel für den Vater an, und viele Städte und Dynasten verwandten sich dringend für diesen. Seit er machtlos war, erhob sich wieder das Phantasiebild des großen Abenteurers und man gedachte wieder seiner herrlichen Eigenschaften.

Allein diese waren schon nicht mehr vorhanden. Es ist leid es zu sagen, aber Demetrios Poliorketes war inzwischen versimpelt. Nachdem er Anfangs fleißig der Jagd und der Bewegung im Freien obgelegen wurde er träger und brachte endlich seine ganze Zeit mit Wein und Würfelspiel zu. Ja er fand dann, dieß sei eigentlich das Leben das er | längst ersehnt und nur aus Unverstand und leerer Ruhmsucht bis jetzt verfehlt habe unter unendlichen Beschwerden für sich und Andere, nun aber endlich unerwartet vorfinde. Im dritten Jahre seines Aufenthalts in Apamea ⌊283 aCn.⌋ erkrankte er dann über diesem Wohlleben und starb dort 54jährig.

Seleukos fand dann doch Tadel wegen seines Verhaltens und soll bereut haben daß er dem Mißtrauen zu viel nachgegeben. Antigonos mit seiner Flotte reiste nun der goldnen Urne entgegen welche die Asche seines Vaters enthielt und nahm sie auf sein Admiralsschiff; alle Städte wo er anlegte, spendeten Kränze und gaben Leute in Trauergewand mit;[1] bei der Einfahrt gegen Korinth stand die Urne auf dem Vorderdeck, und der Purpurmantel und das Diadem lagen darüber, die weitere Ceremonie wie sie Plutarch beschreibt, war voll Rührung und Weihe, aber verspäteter Art. Die bleibende Beisetzung der Reste des Rastlosen erfolgte in der Festung Demetrias in Thessalien, welche er einst selber erbaut und mit den Bewohnern der nächsten Ortschaften bevölkert hatte.

---

1 Mit dem Scheiterhaufen war die Verklärung erfolgt.

Macbeth

*
* *

Macbeth.

Wer heute über Shakspeare spricht, wird wohl thun, wenn er auf jeden Anspruch, Neues zu sagen gründlich verzichtet. Ein Jahrhundert der reichsten ästhetischen, kritischen und exegetischen Beschäftigung mit dem großen Dichter hat eine ganze Bibliothek geschaffen welche nur von ihm handelt und zwar in mehrern europäischen Sprachen.

Eine solche Lage der Dinge kann recht wohl dazu führen daß sich überhaupt Niemand mehr etwas zu sagen getraut über einen so reichlich behandelten Gegenstand, es seie denn daß er die Zahl jener Bücher durch ein neues vermehre, welches ungeahnte Aufschlüsse bringen müßte. Wenn wir zB: über die Lebensumstände des Dichters Näheres erfahren könnten als man bisher weiß, würde das Dankgefühl für ein solches Buch sehr laut und groß sein.

Daß wir nun dennoch wagen, einem der ruhmvollsten Werke Shakspeare's eine kurze Abendstunde der Betrachtung zu widmen, entschuldigen wir mit dem einfachen Zweck, denjenigen welche Macbeth bewundern wie wir, durch einige Angaben und Betrachtungen zum nähern Verständniß jener Dichtung behülflich zu sein. Für die Kenner haben wir nicht zu sorgen. Bearbeiter höchsten Ranges haben den Macbeth für das schwerste Stück des Dichters erklärt und Tieck hat seiner herrlichen Übersetzung einen umständlicheren Commentar beigegeben als irgend einem andern Drama. Glücklicher Weise beziehen sich die Schwierigkeiten wesentlich auf Einzelnes, während das Werk im Ganzen für jeden Leser von der größten, leuchtendsten Wirkung ist. Was uns hier obliegt zu erörtern, sind einige Vorbedingungen desselben, und aus dem Nachweis derselben geht nur ein erhöhter Ruhm des Dichters hervor.

Wenn es sich bloß um wissenschaftlich interessante Verumständungen des Stückes handelte, würden wir schweigen. ⌊Wir wollen nicht die Gelehrsamkeit über Macbeth steigern sondern womöglich die Freude an dem Stück.⌋

Macbeth eines der spätern Werke – 1606. Damals seit drei Jahren regierte Jacob I., früher König von Schottland, jetzt Erbe der Elisabeth – er selber nannte sich König von Großbritannien und Irland.

Shakspeare's historische Dramen bisher alle aus der englischen Geschichte und in diesem Sinn noch ein ganz besonders wichtiger Besitz der englischen Nation.[1] – Von König Johann bis zu Heinrich VIII.

Außerdem aus der alten englischen Fabelgeschichte (theils früher theils später als Macbeth gedichtet:) König Lear[2] ⌊Zeit des Propheten Elias⌋ – und Cymbeline ⌊Zeit des Augustus⌋. Die Sagen von Wales ließ Shakspeare unberührt. Sie setzen überall den Haß gegen die Angelsachsen voraus. So fehlt ihm Merlin, Artus, Ginevra, die ganze Tafelrunde sammt Parcival.

Shakspeare's nächste Quellen: die Chronik des Holinshed, aus welcher alle seine historischen Grundlagen stammen. Und nun ein Stück aus der *schottischen* Geschichte welche ebenfalls in Holinshed behandelt war; Shakspeare wählte das Thema, nicht bloß weil überhaupt ein König von Schottland König von England geworden war, sondern weil Jacobs Familie, die Stuarts, die *Nachkommen Banquo's* sind.

Dem Dichter war an des Königs Gunst gelegen, und es *durfte* ihm aus verschiedenen Gründen daran gelegen sein. Allein als das Thema gewählt *war* erhob sich der Dichter zu einer seiner allermächtigsten Schöpfungen und entwickelte darin einen menschlichen Gehalt, der von allen bestimmten Zeiten und Umständen unabhängig ist.

| Der Schauplatz: örtlich und zeitlich viel weiter entfernt als das England seiner Königsdramen:[3] das entlegene Schottland, und eine Zeit (das XI. Jh.) welche als eine mythische gelten konnte. ⌊Der Dichter umso viel freier.⌋

Shakspeare's Quelle, Holinshed, steht uns nicht zu Gebote, wohl aber die Quelle dieser Quelle: Boethius. Sagengeschichte von dunkelstem Ursprung.

Wenn sich die Bewunderung für das Stück noch höher steigern soll als durch das einfache Lesen so geschieht dieß, indem man *das* kennen lernt was Shakspeare in der Chronik vorfand.

Man merkt es dem Drama nicht an, daß in den fünf Akten 24 Jahre zusammengedrängt sind, nämlich die 7 letzten des Königs Duncan, und die 17 des Macbeth. – Summa: 1033–1057 ungefähr. Aus dieser ganzen langen Zeit läßt Shakspeare weg was ihm nicht dient um dann wieder Einzelnes wörtlich und umständlich herüberzunehmen. Mit gewaltigen Griffen vereinfacht er und nimmt nur auf was zu dem großen Haupthergang

---

1 Hamlet aus Saxo Grammaticus. Ist aber überhaupt kein Geschichtsdrama.
2 Indirect aus Galfred von Monmouth.
3 Shakspeare vermeidet die horrible Geschichte der Stuarts selber im XV. Jh.

in Beziehung gebracht werden kann; Nebenumstände, die in der Chronik nichts damit zu thun haben, bindet er an diesen Hergang fest wo und wie es ihm dient – oder er läßt sie weg. Zur psychologischen Grundlage giebt die Chronik nur dürftige Elemente.

Die Hauptvarianten:

Chronik:	Shakspeare:
Macbeth leiblicher Vetter Duncans und einziger naher Verwandter	Die Verwandtschaft beschwiegen;[1] Macbeth soll Usurpator sein.
Die beiden Angriffe des MacDonwald und der Norweger getrennt erzählt.	Hier wird daraus ein gleichzeitiger Doppelangriff. Der dritte Angriff (der englischen Dänen) hier weggelassen.
Duncan regiert ruhig sieben Jahre weiter – erst nachher treffen Macbeth und Banquo auf einer Reise nach Forres die drei Wesen.	Die siegreichen Feldherrn Macbeth und Banquo treffen die drei Wesen sogleich nach dem Doppelsiege.
Hier sind es: a) Parcae, Nymphae ⌊medio campo⌋, und nachher wirken auf Macbeth: b) Haruspices, c) die muliercula futurorum praescia welche ihn mit den zwei unmöglichen Gefahren beruhigen.	Hier sind es Hexen von Anfang an, sammt der aus der Mythologie entlehnten Hekate.

Gleichlautend: die ersten Reden der drei an die Feldherren.

Der Than von Cawdor wird bald darauf gestürzt wegen Hochverraths	Der Than von Cawdor hat mit den Norwegern oder den Rebellen gehalten und wird sogleich gestürzt.
Macbeths Streben nach der Krone hat den Vorwand einer Tutel über den Prinzen Malcolm.	Macbeth ist der Weissagung blind verfallen und hat gar keinen weitern Anspruch obwohl er «Vetter» des Königs ist.
Macbeths Gemahlin, cupida nominis regii (sie wird dann nicht mehr erwähnt).	– Aus diesem einen Wort wird *Lady Macbeth*.
Macbeth gewinnt für das Attentat Anhänger, *auch den Banquo*, und sie ermorden den Duncan bei Inverness.	– Shakespeare aber blättert etwa 30 Folioseiten und etwa 70 Jahre zurück und entnimmt aus der Geschichte des Königs Duffus dessen Ermordung durch Donewald, Schloßherrn von Forres. Duffus[2] hat junge Verwandte desselben hinrichten lassen und kehrt dennoch bei ihm ein; Donewald von seiner Gemahlin zum Mord

---

1 Beiläufig I, 7 nennt er sich wohl des Königs Vetter.
2 Ihm ist vorher durch Zauberinnen mit einem Wachsbild zugesetzt worden.

Macbeth   609

	angefeuert. Duffus mit zwei Kämmerlingen zur Ruhe, nach frommem Gebet. Donewald macht selber die Kämmerlinge trunken und dringt dann mit vier Knechten ein; *diese* tödten den Duffus. Morgens 5 tödtet Donewald die Kämmerlinge. Aber: er hat nur aus Rache gehandelt und will nicht selber König werden. Der Reichserbe Cullen bekömmt alle Schuldigen gefangen und läßt sie enthaupten. 10
| Macbeth macht sich durch bestochnen Anhang zum König.	Macbeth wird König man weiß nicht wie (p. 305). Seine Usurpation ist selbstverständlich.

Die Prinzen Malcolm und Donalbain flüchten nach England und Irland.

Macbeth regiert zehn Jahre trefflich. Königsreise, Schutz aller Hülflosen. Umständliche Gesetzgebung. Alles nur Verstellung um Volksgunst. Nachher wird er wieder der alte grausame Mensch.	Shakspeare dagegen hängt hier sogleich 15 seinen III. Act an.
Hauptsorge vor Banquo und dessen Hause.	– Dieß auch bei Shakspeare. 20
Einladung des Banquo und Fleanchus ad caenam = ad caedem.	

Der Mord erfolgt draußen. Fleance kann entweichen
(nach Wales laut Chronik). 25

Macbeth, jetzt ohne Glück, wirbt Söldner und baut Dunsinnan wobei die Großen kehrum frohnden müssen; nur Macduff stellt sich nicht ein.	Nach Banquo's Erscheinung erfährt man: Macduff stellte sich schon zu einer Einladung nicht ein.
Macbeth von den Haruspices gewarnt, von der muliercula beruhigt. –	Die Höhlenscene im IV. Act. 30

Macduff ist nach England geflohen.
Macbeth nimmt Fife und tödtet Macduffs Frau, Kinder und Diener.
Verhandlung zwischen Macduff und Malcolm in England großentheils wörtlich
herübergenommen. 35
Die Erprobung Macduff's durch Malcolm's Selbstanklage.
Macduff will Kreuzfahrer werden. (Dieß nur die Chronik).
Endlich Zutrauen und gegenseitiges Gelübde.
Edward von England giebt 10,000 Mann und Siward mit.
Macbeth in Dunsinnan. 40
Malcolm gelagert am Birnam-Wald.
Der Befehl wegen der Baumäste.

Die Schlacht.

Macbeth flieht bei Anfang des Handgemenges.	Macbeth kämpft auf das Gewaltigste.
	45

Macduff holt ihn bei Lunfama ein.   Sie treffen einander in der Schlacht selbst.
Macduffs Wort: ... daß vor der Zeit Macduff geschnitten ward aus Mutterleib.
Macduff bringt Macbeth's abgehauenen Kopf
dem Malcolm.

⌊Macbeth ein glänzender Anlaß um die Souveränetät eines Dichters gegen einen gegebenen Stoff kennen zu lernen.⌋ Shakspeare erkennt in der ganzen zerstreuten Überlieferung diejenigen Motive welche durch ihn mächtig wirken werden. Sie fügen sich zusammen wie von selbst und nun entwirft er das gewaltige Bild. ⌊Er mag rasch und in Einem Zuge gearbeitet haben.⌋

Der Bau der Tragödie im Grunde einfach aber ihr Zug ist höchst mächtig, sodaß der Zuschauer völlig hingenommen wird. ⌊Er *beschleunigt* enorm und bei jedem Actschluß ist die Spannung auf das was kommen wird, gewaltig.⌋ Glanz und Reichthum des Ausdruckes hier auf ihrer vollen Höhe; ja der Reichthum zumal des Bildlichen der Art, daß auch die größten Übersetzer kaum Alles wiedergeben können.

Shakspeare's Gabe, sich in eine besondere örtliche Stimmung, in einen Horizont versetzen zu können. ⌊Aber glücklicher Weise ist er an kein altschottisches Costüm und an Studien in Museen gebunden, hat auch noch kein Publicum vor sich welches behauptet, ohne dergleichen keine Illusion zu verspüren.⌋ Wahrscheinlich war er nie gereist, aber er hatte die Kraft, seinen ganzen Macbeth in eine nordische Beleuchtung zu rücken. Alles erscheint um einen wesentlichen Ton anders, entfernter als in den englischen Geschichtsdramen, wenigstens derjenigen der historischen Zeit; denn mit dem Ton des «König Lear» stimmt Macbeth schon eher zusammen.

Nun ist die ganze schottische Tradition reich durchzogen von sogenanntem *Aberglauben*, wobei wie in allem Altschottischen, der keltische und der germanische Bestandtheil kaum mehr von einander zu scheiden sind.

| Das Thema: Zwei Menschen von höchst mächtigem Wesen, Macbeth und Lady Macbeth, werden in ihrem Willen unfrei durch Einwirkung dämonischer Mächte von außen, und an die Möglichkeit eines solchen Herganges glaubte das ganze Mittelalter und auch die Zeit Shakspeare's.

Aber diese dämonischen Mächte könnten nicht so von dem Willen und dem *ganzen* Innern des Menschen Besitz nehmen, wenn ihnen hier nicht Etwas entgegen käme: die Gier welche in jedem Menschen lauert und entfacht werden kann, die Selbstsucht, welche in's Grenzenlose aufschwillt. ⌊In Beiden ist schon frühe ein gefährliches Gelüste.⌋

Und kommt denn bis Heute nicht Analoges vor? Es sind nur nicht mehr die Hexen der Haide, aber es sind zB: allgemeine Wahnkräfte, geistige Fluida, Tendenzen u. s. w. Sie können heute den Menschen unfrei machen und sich mit seiner unsaubern Gier verbinden. Der Jacobiner der französischen Terreur handelte unfrei gegenüber von seiner Tendenz und wurde Denunciant, Mitglied eines Revolutionstribunals, ja Mörder schlechthin.

Die völlige Confessionslosigkeit des Drama's; nur bei Duncan's Söhnen und bei der Schilderung König Eduard's von England wird Andacht und Frömmigkeit erwähnt. Die Hauptcharactere dagegen sind weder christlich noch auch nur heidnisch, sondern furchtbar selbstsüchtig.

| Der I. Act. Das Drama beginnt während des Doppelangriffs des Empörers Macdonwald und der Norweger – auf einer Haide bei Gewitter. Drei Hexen treten auf. Shakspeare faßt hier *in Eins* zusammen ⌊– aus Boethius = Holinshed⌋:

a) die Naturgeister, Nymphae, unsern Sylvanen = Fanggen, Waldgeistern, Erdweibchen etc. vergleichbar
b) die Wahrsager welche damals Paläste und Hütten bedienten
c) eine besonders der Zukunft kundige Frau
d) – und aus der Geschichte des Königs Duffus konnte er hinzunehmen wenn er es nicht aus dem sonstigen Gerede des ganzen Spätmittelalters schon hinlänglich gekannt hätte: die in Städten wohnenden Zauberinnen von Gewerbe welche durch Abschmelzen einer Wachsfigur das Leben eines Menschen verzehren können; in casu thun sie dieß weil sie durch böse Dämonen darin belehrt und von Vornehmen dazu gegen Duffus erkauft sind.

Shakspeare hat aber in der That aus dem Aberglauben seiner Zeit eine Menge von Zügen hinzugenommen, I, 3 und III, 5 und IV, 1 würden sogar hiefür wichtige und reiche historische Kunden sein, wenn man es nicht eben doch mit einem Dichter zu thun hätte.[1]

Da nun dieß Hexenwesen förmlich zur zweiten großen Potenz in seinem Drama wurde, empfand er die Nothwendigkeit, demselben ein höheres theoretisches Bewußtsein von seinem Thun zu verleihen. Aus irgend einer Kunde vom griechischen Glauben entnahm er die Hekate, welche bei den Griechen aus einer Göttin des Gedeihens zu einer Führerin der Schatten und Patronin alles Zaubers geworden war. Bei Shakspeare ist sie die Herrin der Hexen. III, 5 schilt sie dieselben weil sie dienen:

> *Dem verkehrten Sohn,*
> *Der, trotzig und voll Übermuth*
> *Sein Werk nur, nicht das eure thut.*

Hekate's Wille dagegen ist, daß der Mensch das Böse um sein selbst willen thue, wenn es ihm auch gar keinen Vortheil bringt (Tieck). Sie hat die Gabe, durch Geister den Macbeth in weitern Wahnwitz und Zerstö-

---

[1] König Jacobs I. Daemonologia verfaßt im dicksten Glauben, und zwar zur Rechtfertigung der Hexenverfolgung.

rung und besonders in falsche Sicherheit hineinzutreiben, welche jeder Zeit des Menschen Erbfeind gewesen.

Die Anfangsscene auf der Haide dient nur dazu, dem Zuschauer zu verkünden, daß die Hexen bereits das Auge auf Macbeth haben. Dann auf dem Feld bei Fores die rasche Exposition der kriegerischen Lage, in der fieberhaften Erzählung des verwundeten Kriegers und des Than von Rosse, über den Doppelsieg und den Ruhm des Macbeth und des Banquo.

Und nun wieder die Haide mit Gewitter und die berühmte Begegnung mit den Hexen.

«*So schön und häßlich sah ich nie 'nen Tag.*»

Auf dem Bilde von Joseph Koch (Museum) sind die Hexen umwallt von dem gemeinsamen Mantel der Weissagung ⌊Diese Gruppe soll von Genelli sein⌋; Macbeth aber sieht sie nicht wirklich sondern nur als Vision in seinem Innern; er träumt während Banquo völlig lebendig ist. Bei Shakspeare aber sieht Macbeth sie und spricht zu ihnen. Die Scene in Wenigem höchst mächtig.

Macbeth's Vater Synnel: er hat dessen Tod so eben vernommen und doch wissen denselben die Hexen schon und daß nun Macbeth Than von Glamis ist – sowie sie aber verschwunden sind, wird er auf der Haide begrüßt von den Lords welche ihm die Ernennung zum Than von Cawdor bringen, womit die zweite Weissagung erfüllt ist.

Der herrliche Contrast zwischen Macbeth, in dessen Innern nun das Aufwallen der ehrgeizigsten Hoffnung sofort zu kämpfen hat | mit der furchtbaren Ahnung des Frevels der zwischen ihm und dieser Hoffnung liegen muß ⌊(I. Act)⌋:

... die Versuchung
Deren entsetzlich Bild aufsträubt mein Haar,
Sodaß mein festes Herz ganz unnatürlich
An meine Rippen schlägt ...

und Banquo, der von Anfang an durchaus edel gegeben ist und schon im Gespräch mit den Hexen völlig seine Haltung bewahrt hat. Er weiß «des Dunkels Schergen» können Wahrheit erzählen aber «um uns den tiefsten Abgrund zu verrathen». Doch rafft sich auch Macbeth auf mit dem berühmten Wort:

... komme was kommen mag,
Die Stund und Zeit durchläuft den rauhsten Tag.

Der Empfang der Beiden bei dem dankbaren König – und schon dehnt Macbeth heimlich seine Frevelabsicht auch auf den Thronerben Malcolm aus.

I, 5 ⌊Inverness⌋ Das Auftreten der Lady Macbeth. (Erinnerung an Auguste Crelinger.) Zuerst liest sie den Brief des Gatten, ist augenblicklich hingenommen und fürchtet nur daß derselbe bei allem Ehrgeiz den Willen des Frevels nicht haben möchte. Ihre kalte und wundervolle Definition hievon. Sie kennt den Gemahl hierin schon lange und ihr Inneres ist schon mit Allem vertraut.

Und nun wird der Zuschauer durch das Schlag auf Schlag der Botschaften mit der Unwiderstehlichkeit des bevorstehenden Schicksals vertraut gemacht. Der König wird auf Inverness eintreffen und schon wird auch Macbeth selber angemeldet und indem sich Lady Macbeth völlig verhärtet, tritt er ein. Der Unterschied beider: Macbeth ist in Rath und Feld um Duncan gewesen und weiß daß es noch eine Welt, ein Land, einen äußern Zustand giebt, um welchen er seine großen Verdienste hat, gegen welchen sich aufzulehnen von schrecklichen Folgen sein muß, – für die Gemahlin dagegen ist dieß Alles so gut wie nicht vorhanden; ihre Denkweise ist einseitig = unbedingt; ihre Phantasie von Anfang an unfrei; sie sieht nichts als das Ziel und treibt den Gemahl vorwärts: Und sie *will* so sein:

... *kommt, Geister, die ihr lauscht*
auf Mordgedanken, und entweibt mich hier.

In der kurzen Scene des königlichen Empfanges wirkt rührend die falsche Sicherheit des Königs und des Banquo: die anmuthige Lage des Schlosses, die lichte, milde Luft, die Schwalbennester an allen Simsen.

Schlußscene des I. Actes: In Macbeth's Monolog die letzte Gegenwehr: Zum Unterschied von Hamlets «Sein oder Nichtsein» wo das Jenseits als Grund für Handlungsweisen ⌊in casu für Enthaltung vom Selbstmord⌋ vorbehalten wird, würde sich Macbeth über das künftige Leben hinwegsetzen; ⌊Diese Unabhängigkeit vom Jenseits hat er schon in die Action mitgebracht.⌋ ihn schrecken aber die Folgen schon auf Erden:

auf dieser Schülerbank der Gegenwart. –

Er weiß oder ahnt, daß der blutige Unterricht den Erfinder straft – und nun tritt ihm noch einmal Duncan, den er unter seinem eigenen Dache ermorden soll, vor die Seele. Dessen Milde und Reinheit, und das Mitleid (*«das wie ein nacktes ungebornes Kind auf Sturmwind reitend die Schreckensthat in jedes Auge blasen wird»*) das er erregen wird.

Aber nun kommt Lady Macbeth und spricht die furchtbare Logik der Machtgier. Ihre Reden gehen in das Entsetzliche hinein (und werden wohl auf der Scene nicht so gesprochen?) Der erste und letzte Widerstand Macbeths hat in ihr eine völlige *Wuth* entfesselt, und damit reißt sie ihn fort. Sie hat an seine Kraft appellirt und ihn gehöhnt, und darauf hin:

... *gespannt*
zu dieser Schreckensthat ist jeder Nerv.

| Der ganze II. Act gehört dann dem Königsmord. Shakspeare's Gabe des Schauerlichen auch ohne Sichtbarkeit der Gräuel. Es ist nur der Schloßhof und eine obere Galerie, bei Nacht. Zuerst die kurze Rede mit Banquo der sein Gewissen rein hält.

Macbeth mit einem Dolch in der Hand hat zugleich eine Vision eines andern Dolches, welcher allmälig blutig erscheint; er bricht seine Rede ab weil jetzt gehandelt werden muß:
«Für heiße That zu kalt das müß'ge Wort.»
Während er hinaufsteigt, erscheint die Lady unten; sie hat vorher Duncan's Kämmerlinge durch einen Trank betäubt und hätte dabei den Duncan selber getödtet wenn er nicht im Schlaf ihrem Vater geglichen hätte. (Dieß der einzige menschliche Zug in ihr).

Nun hören Beide Stimmen die der Zuschauer nicht hört – die Lady glaubt es sei nur Eulenruf, Macbeth erscheint zuerst oben auf dem Gang weil er Etwas gehört hat – dann tritt er nach der That unten im Hofe bei der Lady auf und nun ist sie es welche fragt:
L: *Sprachst du nichts?* – M: *Wann?* – L: *Jetzt.*
M. *Wie ich runter kam?* – L: *Ja!*

Dann schildert er wie er in das Schlafgemach der beiden Prinzen hineingeblickt und ihre Schreckensträume belauscht hat. Und jetzt kommt trotz der Einreden der Lady der entsetzliche Jammer wegen der That über ihn:
Mir war als rief es: «*Schlaft nicht mehr, Macbeth*
Mordet den Schlaf! ihn, den unschuldigen Schlaf,
Schlaf der des Grams verworr'n Gespinst entwirrt,
Den Tod von jedem Lebenstag, das Bad
Der wunden Müh, den Balsam kranker Seelen,
Den zweiten Gang im Gastmahl der Natur
Das nährendste Gericht beim Fest des Lebens
      ...und drum wird Cawdor
Nicht schlafen mehr, Macbeth nicht schlafen mehr!»

Die Lady muß nun selbst hinauf um die Kämmerlinge mit Blut zu benetzen und die Dolche wieder hinaufzutragen. Dann eilen Beide sich zu bergen.

Folgt die einzige genrehafte Scene:[1] der Monolog des Pförtners während gepocht wird;[2] – und dann die allmälige Entdeckung des Geschehenen, in raschen meisterhaften Scenen. Hier zuerst lernen wir Macduff ⌊welcher in der Folge den Macbeth tödtet⌋ kennen, der zuerst die Leiche Duncan's sieht und Lärm macht – Alles kommt herbei; auch Macbeth welcher erklärt daß er im ersten Schmerz über Duncan's Tod die beiden Kämmerlinge getödtet habe. Banquo behält die Besinnung und verlangt Untersuchung:
«*Ich steh in Gottes großer Hand!*»

---

1 Wir glauben diese Scenen entbehren zu können; das Publicum des Shakspeare verlangte eine periodische Losspannung.
2 Es ist bemerkt worden daß Scenen dieser Art in den spätern Dramen des Shakspeare seltener werden.

Und wie sie zur Versammlung in der Halle abgehen, bleiben nur Malcolm und Donalbain auf der Scene. Sie wissen daß die Mörder des Vater's auch die ihrigen werden können. Nur 13 Zeilen entsetzter Zwiesprache und dann Trennung. Hier muß das Spiel das Größte thun.

Aus folgenden kurzen Gesprächen zwischen Rosse und Macduff vor dem Schlosse erfährt man daß bereits der Verdacht der Anstiftung auf die Prinzen gewälzt wird. Aber Macbeth ist schon zum König «ernannt» und zur Krönung nach Scone gegangen, während Duncan's Leiche nach Colmeskill (Jona) geführt wird. Macduff aber *geht nicht* nach Scone, sondern auf sein Schloß Fife, und damit beginnt sein Trotz gegen den neuen König.

| Der III. Act. Nach der Chronik käme hier die Regierung Macbeths als König, zuerst wenigstens die zehn guten Jahre derselben. Allein eine gute Regierung scenisch sichtbar darzustellen ist unmöglich, wenn man sich nicht mit edlen Redensarten wie in der Clemenza di Tito begnügen will.¹ Psychologisch und also dramatisch mußte bald auf Duncan's Untergang der des Banquo und seines Hauses folgen, durch Macbeths Ungeduld.

Großes Bankett auf der Königsburg Fores; auf den Abend angesagt. Banquo verabschiedet sich noch für den Nachmittag, verspricht aber, sich Abends einzustellen. Dann treten die zwei Mörder ein, Macbeth hat schon gestern mit ihnen gesprochen. Shakspeare kennt hier Nuancen; im Richard III. die beiden Mörder des Clarence, und nachher wenigstens aus dem Munde Tyrrell's der Bericht von zwei andern Mördern der Söhne Eduard's IV. Das Motiv der Mörder Banquo's ist, daß es verbitterte Menschen sind – und daß Macbeth ihnen hat glaubhaft machen können sie seien insbesondere von Banquo bedrückt worden, ja zu Bettlern gemacht. Jetzt erst werden sie zum Morde gedungen und Macbeth wendet viel Beredung an sie. ⌊Mit bloßer Bestechung wären in *dieser* Tragödie auch Mörder nicht zu haben; sie brauchen ihr Theil an der allgemeinen Leidenschaft.⌋

Dann die Scene mit der Lady, welcher er sein Vorhaben nur andeutet, weil sie nachher beim Bankett unbefangen sein muß. Furchtbar ist seine leise Hoffnung, die Schrecken wegen des Königsmordes und die seitherige Friedlosigkeit loswerden zu können durch Tödtung Banquo's und seines Sohnes.

Im Park von Fores: Banquo wird ermordet und mahnt den Fleance zur Flucht: «Du kannst mein Rächer sein!» – ⌊(Was er hernach gar nicht ist; Fleance soll nur nicht feig erscheinen)⌋ Ein dritter Mörder, der anfangs zu den zwei andern gestoßen, frägt: wer schlug das Licht aus? und macht drauf aufmerksam daß Fleance entflohen sei.

---

1 Metastasio – – und – Shakspeare.

Folgt das berühmte Bankett, dessen scenische Anordnung schwierig; Macbeth muß beweglich sein während die Gäste Platz genommen haben; – er muß erst die Meldung des Mörders in Empfang nehmen.[1] Sein noch leerer Platz ist hinter dem Tisch, in der Mitte zu denken, laut Tieck vor einem Vorhang aus welchem Banquo's Geist vortreten kann.[2] ⌊Banquo war geladen von Allen erwartet? und *ist* gekommen.⌋ Die zweimalige Erscheinung und die Anreden Macbeths gehören zum Entsetzlichsten was innerhalb der hohen Poesie vorgekommen ist. ⌊Banquo in der Schilderung Macbeths ist viel grauenvoller als der alte Hamlets Geist.⌋ ⌊Der Geist setzt sich wie ein anderer Gast, obwohl ihn die Nachbarn nicht sehen.⌋ Lady Macbeth, welche den Geist nicht sieht, behält die Haltung und selbst Macbeth gewinnt sie wieder, aber die Gäste müssen doch entlassen werden.

Das Resultat ist, sich noch einmal zu den Hexen zu begeben, wenn er auch das Schlimmste auf schlimmem Wege erfahren müsse. Entschlossen ist er auch zu weitern Schreckensthaten:

Seltsames glüht im Kopf, es will zur Hand,
Und muß gethan sein eh noch recht erkannt
Lady: Dir fehlt die Würze aller Wesen, Schlaf!

Die zwei letzten Scenen sind nur erklärend; III, 5 das Supremat der Hekate über das Thun der Hexen – III, 6 erst von Tieck in die jetzige Ordnung gebracht: Gespräch zwischen Lenox[3] und einem andern Lord: Macbeth ist durchschaut; in halbverdeckter Weise wird Duncans, der beiden Kämmerlinge und Banquo's Tödtung nach der Wahrheit enthüllt; Macduff aber ist aus Trotz nicht mehr bei Hofe und am Bankett erschienen; es ist sein zweites Ausbleiben – außerdem erfährt der Zuschauer bereits daß der flüchtige Prinz Malcolm am englischen Hofe Hülfe finden wird.

| Der IV. Act. Die große letzte Hexenscene und der Anfang der Peripetie. ⌊In der Chronik hier nur die zukunftkundige muliercula welche den Macbeth beruhigt, weil nur der wandelnde Wald und nicht vom Weib Geborene ihm Verderben bringen können. Ferner die Haruspices welche vor Macduff warnen.⌋ Die Hexen sind an jenem Gebräu beschäftigt welches den Auslegern und Übersetzern so viele Mühe gemacht hat, und wovon das Recept Kaspar's in der Wolfsschlucht nur ein so matter Nachklang ist.

Was Macbeth von den Hexen hoffen kann? Es ist traurig genug, daß sie seine letzte Instanz überhaupt sind. Wer einmal sich mit ihnen eingelas-

---

1 Niemand sieht Banquo als Macbeth; so viel muß man dem Dichter Credit geben.
2 Im Berliner Schauspielhause erschien Banquo an der einen Ecke des Hufeisentisches.
3 Lenox später noch in Macbeths Umgebung.

sen hat, muß wieder kommen. Und nun will er Bescheid haben auch wenn darob die Welt unterginge.

Er darf dann aber nicht fragen, weil die nun bevorstehenden dämonischen Erscheinungen ₎«unsere Meister»₎ seine Fragen vorauswissen. Das bewaffnete Haupt, das blutige Kind, das gekrönte Kind darf man nicht zu genau nach ihrer Gestalt deuten wollen; Shakspeare der Theaterunternehmer und Regisseur gab vielleicht was am leichtesten zu geben war, oder was man vorräthig hatte. Die drei Offenbarungen ₎(gemäß der Chronik)₎: vor Macduff wird Macbeth gewarnt, die Sicherheit vor jedem vom Weibe Geborenen, die Sicherheit bis der Birnam-Wald nach Dunsinnan emporsteige. Endlich fragt er, ob Banquo's Nachkommen Könige sein werden? – Und dieß ist seine Hauptfrage. Und nun lassen die Hexen, auf's Schwerste bedroht, diese Nachkommen erscheinen.

Es war nicht außerhalb der Denkweise seiner Zeit, Catharina Medici hat sich (etwa 30 Jahre vor Abfassung des Macbeth) auf einem Landschloß ihre Nachfolger zeigen lassen und Henri IV gesehen. Die acht Könige sind die Stuarts von Schottland; der erste gleicht noch dem Ahn Banquo; der achte hält einen Spiegel, worin Macbeth noch viele andere sieht, darunter Manche mit zwei Reichsäpfeln und drei Sceptern, als Könige von Großbritannien und Irland. (Shakspeare konnte noch nicht wissen daß mit einem Enkel Jacobs I. die Stuartschen Könige aufhören würden). Und nun steht noch der blutige Banquo lächelnd daneben und deutet auf sie. Macbeth steht starr; unter einem höhnischen Tanz verschwinden die Hexen.

Lenox erscheint und meldet, daß der Pferdegalopp welchen Macbeth gehört hat, der von Boten war welche die Flucht Macduffs nach England gemeldet. Die Scene schließt mit Macbeths Gelübde, nie mehr zu warten mit irgend einer Blutthat. Nun muß er wenigstens sofort Macduffs Burg Fife überfallen und dort Alles ausmorden.

Nur keine Geister mehr!

In der folgenden Scene dringen Mörder in Fife ein und tödten Macduffs Sohn und verfolgen dessen Gattin. Für das Kind erweckt der Dichter eine besondere Sympathie durch Reden eines frühreifen Verstandes wie in Richard III. für die Söhne Eduards.

Die lange letzte Scene spielt in England – in einem Park bei einem Schloß König Eduards – hauptsächlich zwischen Macduff und dem geflüchteten Prinzen Malcolm, Sohn Duncan's. Shakspeare bedarf einer umständlichen Exposition für den V. Act. Die Tiefe der Verzweiflung von Macbeth und die Hoffnung die der Zuschauer in Beziehung auf dessen Sturz hegen kann – werden veranschaulicht: durch das anfängliche Mißtrauen Malcolms ₎zu welchem schon Agenten Macbeths gekommen sind₎, durch dessen Selbstanklage der Untauglichkeit zur Krone, durch das Heeresaufgebot Eduards des Bekenners welcher dabei als heiliger Wunderthäter geschildert wird, durch Rosse's Bericht von der mörderisch gewordenen Regierung Macbeth's, und endlich von der Ermordung von Macduff's Familie. Und nun kennt der Zuschauer auch den Rächer.

| Der V. Act. – Auf Dunsinnan. Lady Macbeth als Nachtwandlerin, beobachtet von Arzt und Kammerfrau. Als Wirkung eine weltberühmte Scene – nur kurz.

Ist es aber noch die Lady Macbeth der ersten Acte? Wohl gehen die Schatten des Duncan, der Lady Macduff, des Banquo an ihrem offnen aber «sinnverschlossenen» Auge vorüber – aber die kalte Unmenschlichkeit des frühern Auftretens ist schwer vereinbar mit der Zartheit dieser Nachtwandlerin und ihrem Schuldgefühl, da ihre Hand nach Blut riecht.

Die weitern Scenen, im Heer und Feld sowohl als im Schloß Dunsinnan, gehören dem Kriege. Macbeth, in trübster Stimmung, rüstet sich als Held.

Rascher Scenenwechsel: Malcolm's Befehl: die Aeste vom Birnam Wald sollen abgehauen und von den Kriegern getragen werden.

Im Schloß: Macbeth erfährt von einem der Seinigen den Tod der Königin – vielleicht jeder neuere Dichter hätte sie auf der Scene sterben lassen. Macbeth: Sie hätte später sterben können. – Und nun wird er für 12 Verse der allgemeine Pessimist in Sachen des Lebens überhaupt und man hört Shakspeare's eigene düstere Lebensansicht, wie sie im Sturm, Wie es euch gefällt, Hamlet, König Lear u. a. a. O. sich ausspricht.

Folgt die Kunde vom Ansteigen des Birnam-Waldes. Und endlich Macbeth auf dem Schlachtfelde bis zum Kampf mit Macduff, welcher im Verlauf der furchtbarsten Reden ihm verkündet:

Daß vor der Zeit
Macduff geschnitten ward aus Mutterleib.

Aber sie gehen kämpfend ab; Macbeths Tod erfolgt nicht auf der Scene, aber Macduff trägt dann das abgeschnittene Haupt daher, und diesen rauhen Zug hat Shakspeare aus der Chronik entnommen.

Malcolm wird zum König ausgerufen und verkündet Herstellung der Gerechtigkeit und alles Heiles.

Die Briefe der Madame de Sévigné

*
* *

Die Briefe der Madame de Sévigné

Ihre Verbreitung. Abgesehen von einigen Briefsammlungen des Alterthums welche zu gelehrten Zwecken immer neu gedruckt werden, vielleicht die verbreitetste Sammlung die es giebt. Es existiren mehr Bände der Sévigné in den Händen des Publicums als von irgend einem Briefautor. ⌊Es gab noch vor 70 Jahren in Frankreich manche Leute die jährlich alle Bände durchlasen.⌋
Und da der ganze Zustand, auf den sie sich beziehen, ein längst vergangener ist, an welchen sich kein äußeres Interesse mehr anknüpft, da sogar alle Familien ausgestorben sein werden welche darin vorkommen, da auch das Ausland die Anhänglichkeit der Franzosen theilt, so kann diese Verbreitung nur auf irgend einem innern Werthe beruhen. Ein solcher innerer Werth könnte ein sachlicher sein, ein historischer, zeitgeschichtlicher, sittengeschichtlicher. Er könnte ein ästhetischer sein, ein stylistischer, der einer formalen Vorbildlichkeit (Epistolographie). Entscheidend aber auf alle Zeiten wird nur die Persönlichkeit sein welche sich darin offenbart. ⌊Die Sévigné vereinigt dieß Alles, und das Dritte gilt für sie im höchsten Grade.⌋ Man wird ewig gerne in der Gesellschaft der Sévigné sein, und nun erfährt man daß es schon den Zeitgenossen so ging.
Dazu das völlig literarisch Absichtslose; sie hat keine Zeile für ein Publicum geschrieben. Der supreme Duft: die Naivetät. Die besondere Weihe und geheime Grenze: es sind sehr überwiegend Briefe einer Mutter an eine Tochter.
Und nun macht es nichts mehr aus, daß sie einem schon sehr locker gewordenen höchsten Stande ihres Landes angehören. Dieses Land war damals das höchst civilisirte. Weder in dem verkommenen Italien und Spanien noch in Deutschland und England kann es damals eine Briefschreiberin dieses Ganzen von Eigenschaften gegeben haben. Ebenso treffliche Charactere wohl, aber keine Frau mehr von solcher Begabung und Lust der anmuthigen und eleganten Mittheilung, zugleich Zeitgenossin

einer für ihr Land classischen Zeit der Poesie und Literatur, einer Zeit der Hochschätzung des geschriebenen Wortes.

Schwierigkeit für den Leser späterer Zeiten, in Memoiren und Briefsammlungen sich in dem oft sehr zahlreichen, für den Autor selbstverständlichen Personal zu orientiren. Die französische Hof- und Stadtgesellschaft in den Memoiren der Zeit der letzten Valois, denen des Bassompierre, Duc de Guise, Cardinal de Retz und der Fronde überhaupt; endlich vollends in Saint-Simon. Eine Menge Personen waren dem Autor wichtig, – und geistreich war oder schien im damaligen Frankreich Jedermann. Auch in den Briefen der Sévigné treten sehr viele Leute auf welche uns nur interessiren so weit characteristische Züge und Worte von ihnen mitgetheilt werden.

Auch mit ihren eigenen Verwandten und nächsten Bekannten dürfen wir uns hier nur abgeben so weit dieß ganz nothwendig ist, und so auch mit den äußeren Zügen ihres eigenen Lebens.

Marie de Rabutin-Chantal geboren 1626. ⌊Sie war Bourguignonne⌋ Ihr Vater fiel im Kriege als sie ein Jahr alt war. Ihre Großmutter väterlicher Seits Françoise de Chantal, Mitstifterin der Visitandinerinnen, schon als Heilige geltend, obwohl sie erst von Benedict XIV. selig und von Clemens XIII. heilig gesprochen wurde. Mme de Sévigné besuchte überall die Klöster dieses Ordens wo sich solche fanden und galt bei den Nonnen als relique vivante. Auf den Fall daß sie in Paris stürbe, wollte sie bei den Visitandinerinnen begraben sein. Der Stammhalter der Rabutin's war ihr bedenklicher Vetter Roger Comte de Bussy(-Rabutin). Auch *seine* Briefe sind gesammelt und mehrmals gedruckt; darunter Briefe an die Sévigné und nicht wenige von ihr. ⌊Außerdem seine stellenweis werthvollen Memoiren.⌋ Seine wilde militärische Jugend unter Richelieu, dann die Gewöhnung der Franzosen der Fronde an schrankenlose Rede und Schrift; allmälig entstand seine Histoire amoureuse des Gaules, zur Verzweiflung mancher Familien, und auch seine Cousine schonte er nicht: à defaut de vices, il lui suppose des ridicules... qu'elle ait eu au moins le goût de toutes les sottises qu'elle n'a point faites etc. Aber die Strafe sollte nicht ausbleiben; Bussy merkte (in seiner enormen Eitelkeit) seit Ludwigs XIV. eigener Regierung nicht bei Zeiten daß ein anderer Wind wehe; das Hohnepigramm auf das Verhältniß zur Lavallière, noch dazu nach der Weise eines Kirchenliedes, unter Faxen auf Schloß Roissy abgesungen, – und als der König erbittert war,[1] regten sich auch die übrigen Verletzten; folgten 13 Monate Bastille und dann Exil auf seine Güter;[2] eine späte Begnadigung schaffte ihm weder Gunst noch verlorene Habe wieder. Die Cousine

---

1 Sobald Louis XIV *mit* erzürnt war, war Bussy verloren.
2 Von allen bösen Mäulern bleibt Eines in der Patsche.

hatte ihm zwar verziehen; die Correspondenz mit dem Haupt des Hauses und mit dem immerhin witzigen Vetter konnte sie nicht ganz entbehren – aber sie schickt sich doch ziemlich kühl in seine spätern malheurs ⌊und giebt ihm christliche Lehren⌋. – Er starb 1693. | In einem Brief an ihn: Adieu, mon sang! – je vous embrasse. Die Kraft ihrer väterlichen Familie, *nein* sagen zu können: j'ai refusé rabutinement.

Die mütterliche Familie: Coulanges – besonders ihr Erzieher und Retter, le bien bon: Christophe de Coulanges Abt von Livry. Er machte sie zur Erbin und half ihr so lange er lebte. ⌊*Ihm* verdankt man die Sévigné.⌋

Der Gemahl: sie heiratete 18jährig 1644 Henri Marquis de Sévigné[1] – der 1650 im Duell fiel. (Das Nähere aus der Introduction). Sie erwähnt ihn nur einmal, um zu sagen daß der bien bon sie aus dem abîme beim Tode des Gemahls herausgezogen.

Die beiden Kinder: Charles de Sévigné, höchst begabt und angenehm ⌊un trésor de folie!⌋, lebte aber mit der Zeit in der Provinz aus.[2] ⌊Er war nie in Gnaden und konnte daher auch nicht in Ungnade fallen⌋ Die Comtesse de Grignan, die berühmte Tochter, an welche dann das Übrige anzuschließen. ⌊Vermählt 1669⌋

Wer die lettres irgend näher kennt, wird Nachsicht mit demjenigen haben welcher in Kürze davon reden soll – zugleich aber es doch vielleicht mißbilligen wenn von dem vielen Einzelnen, für welches man Interesse und Vorliebe faßt, nur so Weniges hervorgehoben werden kann. Unsere Auswahl möge einstweilen als eine fast zufällige gelten.

(Seit 1654 die Sévigné oft am Hofe – das Nähere unbekannt). ⌊Seit 1653 wieder ein Hofleben möglich.⌋

1661, 9. Merz starb Cardinal Mazarin und hinterließ dem jungen Louis XIV: les portraits de toute la cour.

Mme de Sévigné damals mit einem durch den Abbé de Coulanges wieder hergestellten Wohlstand, mit einem 14jährigen Sohn und einer 13jährigen Tochter. 35jährig und allumworben, aber längst entschlossen nur für diese Kinder zu leben; besonders die Tochter sollte nicht ein Schicksal haben wie das ihrige gewesen. ⌊Sie wies später noch Anträge ab, so 1685 den des Duc de Luynes.⌋

Im Herbst erfolgte der Sturz des Fouquet – Surintendant des finances – der sich ebenfalls der Wittwe genähert hatte. Beim damaligen Benehmen des Königs mußte den Denkenden und Fühlenden auf alle Zeit klar werden mit wem man es zu thun hatte. Der Proceß zog sich sehr lange hinaus.

---

1 Verwandter der Retz – le coadjuteur
2 Sein Leben auf den Gütern in der *Bretagne* – les Rochers.

Winter 1664/5 Mutter und Tochter bei den Hoffesten, welche zum Theil bereits in Versailles gehalten wurden. Damals wahrscheinlich jenes Ballet von fünf Amazonen und Schäferinnen, darunter die Tochter und Henriette d'Orléans: ein Ballet que des siècles entiers auront peine à remplacer et pour la beauté et pour la jeunesse et pour la danse.

Aber aus derselben Zeit die *erste erhaltene Gruppe von Briefen:* Sie hatte einst auf *Fouquet's* Zärtlichkeiten hin ein paar scherzhafte Antworten geschrieben; als ihn nun Niemand mehr gekannt haben wollte, da hat außer La Fontaine noch die Sévigné sich für ihn interessirt. Sie war Tag für Tag und äußerst genau berichtet vom Proceß und dabei merkwürdig fähig, das Juristische aufzufassen. Diese Briefe an Pomponne (den spätern Minister des Auswärtigen) werden ewig eine Art von Sympathie für Fouquet aufrecht halten, welches auch dessen Schuld gewesen. Fouquet in seinen Antworten hat immer den Leser für sich weil ihm die Sévigné ihre Klarheit und ihr Mitgefühl leiht.

1669 Vermählung der Tochter mit dem Comte de Grignan. Dessen Stellung in der Provence. Er hielt Hof für den meist abwesenden Gouverneur Vendôme. Seine Feinde im Lande (besonders der Bischof Forbin von Marseille) und am Hofe, wo beständig für ihn gearbeitet werden mußte.

1670 Anfang des großen Stromes der Briefe, veranlaßt durch die Entfernung der Tochter; etwa 20 Jahre Correspondenz-Umfang, wovon sie im Ganzen sieben Jahre getrennt blieben (von 1690 an dann fast immer beisammen). Und diesem Schmerz hauptsächlich verdanken wir die Briefe und die Briefstellerin ihren Weltruhm. (Hätte sie Romane geschrieben so würden nur noch Literarhistoriker sie lesen).

Das Verhältniß zur Tochter: ein ganzes großes besonderes Capitel: vous ne sauriez croire combien vous faites toute la joie, tout le plaisir et toute la tristesse de ma vie.

Offene Ungerechtigkeit gegen den Sohn, dessen Werth sie doch kennt, und offene Geringschätzung der Großkinder.

Die Sehnsucht nach der Tochter in unendlich reichen Wendungen. Das Gefühl jederzeit so stark daß man nirgends Wiederholung inne wird; in der spätern Zeit erkennt sie in der Trennung von der Tochter eine von Gottes Gnade verhängte Buße. – Und doch, wenn sie zusammenlebten, quälten sie einander auch etwa vor Liebe, und altkluge Leute machten dazu altkluge Bemerkungen.

| Die Tochter war eine pathetische Natur ⌊sie liebte les grandes douleurs etc.⌋ und fähig, Cartesianerin zu sein. Die Mutter reich gemüthlich, auch humoristisch. ⌊Diese humoristische Ader war einzig auf den Sohn übergegangen.⌋ Vom Cartesianismus, wovon auch andere ihr den Kopf voll machten, sagt sie: je veux apprendre cette science comme l'homme, non pas pour jouer, mais pour voir jouer. Man erfährt aber nicht ob es

dazu gekommen ist. ⌊S. unten: les choses abstraites vous sont naturelles comme elles nous sont étrangères.⌋

Der besondere Umstand: daß die Existenz des Hauses Grignan eine ruinöse wurde; Grignan machte in Aix die honneurs eines Vicekönigs; auf Schloß Grignan sollte man sich öconomisch erholen, aber auch hier ging in großem Train und gar überall im Spiel viel zu viel drauf; Mme de Sévigné hat mit Geschenken, Summen und Güterverschreibungen mehrmals ausgeholfen.

Allmälig erwächst dann doch aus den Enkelkindern eine neue Freude: Der junge Marquis de Grignan zeichnet sich schon 17jährig im Deutschen Kriege aus; 18jährig an der Mosel erstürmt er ein Schloß: ce marmot! Dieu le conserve! – und in Paris dazwischen weiht ihn die Großmutter in den Umgang mit der Welt ein. Pauline, die spätere Mme Simiane wird Secretärin ihrer Mutter; die Großmutter sieht schon aus der Ferne wie sie heranreift und hat dann gewiß die höchste Freude an ihr erlebt, als sie ihre letzten Jahre in der Provence zubrachte; auf Schloß Grignan ist sie April 1696 im 70. Jahr gestorben.

Zunächst aber soll sie vor uns *leben* – nicht aus den Aussagen Anderer welche lauter Bewunderung sind (sondern aus ihren eignen Worten). Wo sie dieß bemerkt, wendet sie sich ab und entfernt sich gerne. Namentlich belästigte man sie, wenn man nur Complimente über ihre Schönheit vorzubringen wußte. Die Mutter war 44jährig; mes cheveux blancs. Sie war und blieb aber noch lange la mère beauté (Ihr Porträt von Mignard) und auf der vollendeten Höhe ihres Seins bleibend. Il n'y a rien de si aimable que d'être belle; c'est un présent de Dieu qu'il faut conserver. – Aber auch: quand on n'est plus jeune, c'est alors qu'il faut se perfectionner et tâcher de regagner par les bonnes qualités ce qu'on perd du côté des agréables ... je veux tous les jours travailler à mon esprit, à mon âme, à mon coeur, à mes sentiments.

In Rennes ⌊(1680)⌋, in Mitten des ganzen Adels der Bretagne: Sie sehnt sich fort; on m'honore trop; je suis extrêmement affamée de jeûne et de silence ... Aber die Leute konnten sich kaum von ihr trennen; sie sagt nicht daß *sie* das Bindemittel gewesen, aber auf Reisen blieb etwa ihre ganze Gesellschaft noch einen Tag beisammen: car la bonne compagnie est de fort bonne compagnie!

Lange Dauer ihrer Gesundheit und völlige Genesung nach zwei Krankheiten. 1680: Ma santé me fait honte; il y a quelque chose de sot à se porter aussi-bien que je fais. 1687: Dito; nur die Sorge, es möchte nicht ewig so dauern. 1690 (im 64. Jahr): Wenn man Butterschnitten speist, so sieht man an der meines Sohnes noch den Anbiß von allen Zähnen, aber an der meinen auch. Noch ein Jahr vor ihrem Tode findet sie sich gesunder als je; gestorben ist sie an den Blattern.

In ihr der höchste Verein von völliger Haltung und ungezwungener, aber bemessener Hingebung. Ihr beständiges Streben nach Vervollkommnung: «könnte ich 200 Jahre alt werden, so würde ich die vortrefflichste Person der Welt. Ich verbessere mich leicht, und jetzt im Alter noch leichter als früher.»

Da sie eine unangenehme Dienerin nach den Rochers mitnimmt: ich will eben sehen wie weit meine Gefügigkeit geht! das wäre hübsch wenn ich nur mit Leuten leben könnte die mir angenehm sind!

Ihr Bewußtsein von einer seltenen Gabe des Umgangs: Je crois en vérité que personne n'a plus de facilité que moi dans le commerce de la vie civile.

Die Leute dieses Umgangs: Es war darunter böses und geistreiches Volk: der Vetter Bussy. «Le coadjuteur» nämlich Cardinal Retz, Verwandter der Sévignés, – jetzt seine enormen Schulden unerhörter Weise zahlend und in Commercy mit Abfassung seiner Memoiren beschäftigt, bußfertig im Wandel und sehr frei in der Feder. La Rochefoucauld und sein beständiger Umgang. Mme de La Fayette, Verfasserin der princesse de Clèves. Die Wittwe Scarron, bis sie Mme de Maintenon wurde ⌊deren esprit aimable et merveilleusement droit⌋. Sie hat Corneille und Boileau oft gesehen und wie es scheint auch Racine nicht selten. Den ganzen Hof kannte sie wohl persönlich und in verschiednen Epochen – Pomponne, in dessen Gegenwart man das Gefühl hat, glücklich zu sprechen. Auf der Kanzel hörte sie besonders Bourdaloue. ⌊Abgesehen von den Aufwartungen bei Louvois und Colbert für die Grignans war sie nirgends die Suchende sondern die Gesuchte.⌋

Ihre gesellschaftliche Kunst und zugleich ihre Rettung: Il faut ôter l'air et le ton de compagnie (das Ceremoniöse) le plus tôt qu'on peut, et faire entrer les gens dans nos plaisirs et dans nos fantaisies sans cela il faut mourir, et c'est mourir d'une vilaine épée.

Nun kann man dieß nicht mit Jedermann,[1] aber wer sich dazu eignete à entrer dans les plaisirs et les fantaisies de Mme de Sévigné, der mußte völlig bezaubert sein. Manchen Leuten erschien jeder Landaufenthalt der Sévigné als ein Raub an der Pariser Gesellschaft. | Und Mme de La Fayette hat einmal nicht nur mit Entziehung der Freundschaft gedroht wenn Mme de Sévigné nicht sofort von den Rochers wieder komme, sondern ihr gesagt, sie werde aux Rochers krank werden oder gar sterben und que mon esprit baissera. – Dieß war zu stark; Mme de Sévigné antwortete u. a.: sie sei nicht krank, altere nicht und sei noch nicht am Radotiren ⌊weiter unten: je ne me sens aucune décadence⌋, hoffe übrigens auf Dauer der Freundschaft trotz dieser Drohungen.

---

[1] Die Du Plessis welche die Sévigné nachahmte! sie war das specielle Herzeleid der Sévigné.

Der Provinzadel, dem sie doch früher selber angehört hatte, bekömmt Einiges zu hören: In Vitré, bei den Ständen von Bretagne: il est plaisant ici, le prochain, particulièrement quand on a dîné. Freilich die Duchesse de Chaulnes läßt sie abermals und zwar mit ihren Garden, nach Vitré abholen, indem man sie nicht entbehren könne pour le service du Roi.

Sehr niedlich: der Vorzug der schlechten Gesellschaft vor der guten: wenn jene weggeht, athmet man auf und hat ein positives Glücksgefühl;[1] dagegen les gens qui plaisent, vous laissent comme tombé des nues; on ne sait plus comment reprendre le train de sa journée; der Fall komme freilich nicht häufig vor.

Ihre Scherze und niedlichen Malicen: Auf einer Reise in der Bourgogne begegnet man den Sänften des Ehepaars Valavoire; Alles steigt aus; Valavoire küßt Mme de Sévigné, et a bien pensé m'avaler, car il a, comme vous savez, quelque chose de grand dans le visage (nämlich seinen Mund). 1680 bei einer großen Aufwartung in Rennes: Je trouvai d'abord trois ou quatre de mes belles-filles (nämlich Damen um welche ihr Sohn herumgeschwärmt war; sie wünscht ihnen andere Männer als gerade diesen Sohn). ⌊(Eigentlich wünscht sie dem Sohn eine Frau anders als diese.)⌋ An Präsident Moulceau, der sich beklagt hatte, (in seinen jungen Jahren) schon Großvater zu sein: Paete, non dolet!

Eine sehr ernste Seite ihrer Geselligkeit: sie blieb den Leuten treu wenn sie krank und hinfällig wurden. Einmal klagt sie: was hilft mir meine Gesundheit? à garder ceux qui n'en ont point.

Für den Ton der damaligen vornehmen Societät, für die Voraussetzungen des Zusammenlebens ist sie die Quelle ersten Ranges. Ihre Meisterschaft der Schilderung von Persönlichkeiten und Zuständen in wenigen Zeilen. Sie sieht in die Risse und Spalten hinein und hat namentlich eine wiederkehrende Klage: über das hohe Spiel, la bassette, le reversi.

Culturhistorisch besonders belehrend: das Pathos einer nervösen und dann auch sentimentalen Gesellschaft; ⌊Es ist das Bedürfniß nach Aufregung, welches der vornehme Stand anderer Völker noch nicht so empfand.⌋ das Bedürfniß Jemanden zu bedauern, wie zB: die ihrem Gemahl davongegangene Großherzogin von Toscana (Cousine des Königs); l'on se fait une belle âme de la plaindre et de la louer.

Bei Todesfällen wie der des Turenne nimmt die Trauer und deren Manifestation im vornehmen Frankreich eine solche Wucht an, daß dann bei der Bestattung in S. Denis auch das Volk anfängt zu weinen und zu jammern ohne recht zu wissen warum.

⌊Auch die Trauer um andere Gefallene hat etwas Gesuchtes und officiell Übertriebenes.⌋ Beim Tod des jungen Comte de Guiche in Turenne's

---

1 Dieß geht u. a. auf die Du Plessis.

Lager ist allgemeiner Jammer in den großen Familien und Mme de Sévigné schreibt in dieser Atmosphäre an die Tochter, von welcher dann aus Grignan ein Echo dieser Stimmung kommt. Aber die Posten damals langsam, und nun antwortet die Mutter: man denkt hier nicht mehr daran daß ein Guiche auf der Welt gewesen; wie sollten wir fertig werden wenn wir uns in jeden Fall so vertiefen sollten?

«Madame de Sévigné Historien.» ⌊D. h. die Bedeutung ihrer Aussagen über *äußere* Thatsachen.⌋ Im Politisiren, besonders während der Kriege, folgt sie völlig dem officiellen Optimismus und theilt die allgemeine, in gewissem Sinn vorgeschriebene Verblendung, und so auch bei Anlaß der englischen Revolution von 1688 und der daran hängenden politischen Chancen. In Frankreich bekam man nur noch gefälschte Berichte.

In der berüchtigten affaire des poisons sind die Briefe nicht für den Hergang, nur für den Eindruck zu brauchen;[1] Mme de Sévigné sah die Brinvilliers und die Voisin zum Tode fahren; – Olympe Mancini, Comtesse de Carignan Soissons, war bei Zeiten abgereist: il n'est rien de tel que de mettre son crime *ou* son innocence au grand air! Von Einzelanecdoten ist berühmt das Vorgesicht vom Tode des großen Condé drei Wochen bevor er starb.[2]

Louis XIV und der Hof. Menge von Nachrichten und Eindrücken. Gesprochen hat sie den König jedenfalls noch Februar 1689 in S. Cyr bei Aufführung der Esther, da er zu den Sitzen schritt wo sie saß und sie um ihren Beifall für das Stück anging; sie behielt ihre volle contenance und blieb, als der König weiter ging, l'objet de l'envie; die Condés und die Maintenon kamen hierauf auch noch um ihr Freundliches zu sagen; je répondis à tout, car j'étais en fortune.

| Sie mußte den König längst kennen und beurtheilen. Aber es war nicht ihre Schuld daß dieser Mensch das ganze vornehme Frankreich auf sich und seinen Dienst hatte orientiren können.

Mit der Tochter muß sie sich von früh an über Louis XIV mündlich verständigt haben und es ist unnütz, aus den Briefen ihr *Urtheil* über ihn entnehmen zu wollen in einer Zeit da jeder Brief aufgemacht werden konnte.

Den Hof kannte sie mit all seinem goldenen Elend, mit all den vornehmen Leuten welche der König absichtlich durch seinen Dienst und dessen weitere sociale Voraussetzungen ruinirte[3] – und dennoch: 1680, 31. Mai:

---

1 Den Hergang kennt man jetzt urkundlich viel genauer.
2 varia n
3 Saint-Simon vol. XII, édition nouvelle

sie hätte gerne eine Stelle am Hofe gehabt:[1] c'est un grand plaisir d'être *obligé* d'y être, et d'y avoir un maître, une place, une contenance; que pour moi, si j'en avais une, j'aurais fort aimé ce pays-là ... Das Übelreden auf den Hof sei wie das auf die Jugend bei Montaigne.

Ihre wirklichen Nachrichten vom Hofe, namentlich vom Auf und Nieder der königlichen Liebschaften haben *den* Werth daß sie das augenblickliche Gerede der Hofleute genau wiedergeben, denn dieß konnte sie erfahren, – allein oft wird dieß nicht bestätigt und sie muß sich nachträglich berichtigen.

Indem wir hier auf ihre Schilderungen der äußern und officiellen Welt verzichten, wenden wir uns zu dem Bilde ihres Innern.

Ihre fast durchgehende gute Laune ist Sache ihrer Gesundheit, ihrer Selbstbeherrschung und ihres Wohlwollens gegen die Andern. Ihre allgemeinen Lebensansichten dagegen sind eher düster, und zwar ohne Rücksicht auf ihre besondere Zeit und Lage.

Mit Mme de Lafayette und La Rochefoucauld hält sie bisweilen so traurige Conversationen, «daß man uns nur noch zu begraben brauchte». Alles erwogen sind die Bedingungen dieses Lebens hart, und es ist grausam mit Bitterkeit gemischt. Alle philosophies, d. h. Verzichtstheorien sind immer nur gut wenn man sie gerade nicht braucht. Hätte man mich einst um meine Meinung gefragt, so wäre ich am liebsten in den Armen meiner Amme gestorben; damit hätte ich vielen Kummer vermieden und wäre sicher in den Himmel gekommen. *Mais parlons d'autre chose.*

Am Ende ihres Lebens 1695/6: von mir aus würde ich nie ein so langes Leben gewünscht haben; il est rare que la fin et la lie n'en soit humiliante. Aber eine Stimme sagt: il faut marcher malgré vous. Und zuletzt bleibt ihr die Ergebung in den Willen Gottes; tout est mieux entre ses mains qu'entre les nôtres.

Ihre Religiosität. Sie ist ein Weltkind und es ist ihre höchste Begabung dieß so zu sein wie sie es ist; aber sie ist ein schuldloses Weltkind. Das Milieu, in welchem sie mit den Ihrigen zu leben hat, läßt es ihr jedenfalls klug erscheinen, nicht aufzufallen und weder dévote noch Jansenistin zu werden. ⌊Das Opfer, sich der absoluten Leitung eines Geistlichen zu unterziehen will sie nicht bringen.⌋

Allein sie hat einen offenen Sinn für das wirklich Religiöse, sei es in der Vergangenheit (Kirchengeschichte) sei es in ihrer Umgebung; von Frivolität ist sie so entfernt als man sein kann. Diejenigen welche sie am Höch-

---

1 Noch später einmal wurde wirklich dafür gearbeitet sie am Hofe zu placiren.

sten verehrt hat, waren eben doch Jansenisten: Arnauld d'Andilly, Pomponne und die Seinigen.

Sie hört alle Tage Messe und beichtet regelmäßig, aber kein Beichtvater hat sichtbaren Einfluß auf sie. Daß auch bei der Beichte die menschliche Eitelkeit ihre Rolle spielen könne, sagt sie mit einem Wort welches La Rochefoucauld's würdig wäre: on aime mieux dire du mal de soi que de n'en point parler.

Manchen äußern Begehungen des Cultus frägt sie nicht viel nach; der Rosenkranz verursacht nach ihrer Meinung mehr Zerstreuung als Andacht, und in Südfrankreich mißfällt ihr das Treiben der Pilger und der pénitants. ⌊Sie verlangt einen feinen Catholicismus, ihr Hauptprediger ist Bourdaloue und sie schilt über talentlose Fastenprediger mit welchen man sich in der Provence begnügen muß.⌋ Aber sie ist völlig Catholikin: je sais bien ma religion et de quoi il est question; die Aufhebung des Edicts von Nantes läßt sie kalt oder in den Briefen stellt sie sich so, – und da in jener Zeit «Jedermann Missionär wurde», bekehrte auch sie einen höhern hugenottischen Beamten in St. Malo, indem sie ihm «auf ihr Ehrenwort» versicherte, der Catholicismus sei die wahre Religion. ⌊Bei Anlaß einer zu bekehrenden hugenottischen Dame: il y a plus d'affaire à devenir chrétienne qu'à se faire catholique.⌋

Aber inzwischen bleibt die Frage zwischen dem Weltleben und Gott noch immer unerledigt. Arnauld sagte ihr, que j'étais une jolie payenne und ich sollte mich bekehren. Je ne suis ni à Dieu ni au diable. Oefter kommt sie in wahres Verzagen wenn sie beim besten Willen keine dévotion verspürt. | Nachdem sie einen frommen alten Geistlichen zu Tische gehabt hat: c'est un saint, mais je ne suis pas sainte, et voilà le malheur. Auf das Stärkste wird sie hin und her bewegt durch die Fragen über Freiheit und Nothwendigkeit, Prädestination, göttliche Zulassung des Bösen; sie sucht überall Aufschluß. ⌊Die Kanone welche Turenne traf: je vois ce canon chargé de toute éternité.⌋

Inzwischen aber naht der Gedanke an Tod und Ewigkeit. Am Sterbebette eines verehrten frommen Verwandten (Saint-Aubin): c'est avec de telles gens qu'il faut apprendre à mourir. Je vis dans la confiance, mêlée pourtant de beaucoup de crainte.

Einstweilen aber, ihr ganzes späteres Leben hindurch, suchte sie Geist und Seele mit dem edelsten Stoff zu erfüllen: ihre Lecture:

Sie läßt sich zwar das Vorlesen von Romanen wie Calprenède's Cléopatre und Pharamond noch gefallen, tadelt sich aber wenn sie noch stellenweise daran Geschmack findet – dafür ist sie überzeugt daß das Große und Berühmte der Literaturen aller Zeiten ihr gehöre als wahre Nahrung des Geistes, sowohl die freien Schöpfungen der Poesie als die wichtigsten

Perioden der Weltgeschichte und Kirchengeschichte. Und auch der Tochter möchte sie gerne solche Überzeugungen beibringen; doch war Mme de Grignan minder beharrlich: J'achève tous les livres et vous les commencez! Ferner liebte die Grignan mehr die Philosophie: Les choses abstraites vous sont naturelles, comme elles nous sont étrangères – und endlich war ihr der Muth zum Durchlesen großer Geschichtswerke nicht einzupflanzen.

Unter den Dichtern ihrer Zeit, die die Mutter meist persönlich kannte, steht Corneille weit oben an und sie will, ihm gegenüber, Racine gar nicht recht aufkommen lassen; man hat ihr kaum verziehen daß sie von Racine schrieb: qu'il passerait avec le café! Lafontaine genoß ihre höchste Bewunderung für die Fables, eine ungleiche für die Contes, Boileau ihre volle Hochachtung; auffallend wenig ist von Molière die Rede.

Literatur der Vergangenheit: Sie konnte etwas Latein und gut Italienisch und pflegte dieses: pour entretenir noblesse; (das Italienische ist noch das Vornehme) das Weitmeiste aber las sie in Übersetzungen: platonische wie lucianische Dialoge, Virgil, Ovid, Tacitus, Plutarch, sogar Quintilians Reden. Dann Josephus (den jüdischen Krieg). –

Von den Kirchenvätern: S. Augustin (wenigstens von der Prädestination) und die Predigten des Chrysostomus, dann mehrere neuere Werke (Fléchier, Maimbourg) über die älteste Kirchengeschichte und über Theodosius d. Gr. Ihr Gefühl, wie groß es gewesen, als Athanasius allein noch die Gottheit Christi vertheidigte.

Für das Mittelalter, wenigstens das französische, hatte sie jedenfalls erweislich Mézeray zur Hand, von Pharamund bis Henri IV, in drei Folianten, welches Format sie überhaupt nicht fürchtete. ⌊Sie hatte nicht bloß niedliche Büchlein mit Goldschnitt in den Händen.⌋ Sie las eine Histoire des croisades, und erbaute sich an Anna Komnena. Dann eine vie de St. Louis (etwa eine Bearbeitung des Joinville). Sie will genau das XIV. Jh. kennen, da die Valois auf den Thron folgen.

Neben Darstellungen der Reformation und des XVI. Jh. bis auf Davila melden sich dann die französischen Autoren: Comines, Montaigne «mon ancien ami» und in einem verstohlenen Citat auch Rabelais, und zur Seite der weltlichen Literatur des XVII. Jahrhunderts die Bücher von Port Royal und mit höchster Verehrung: Pascal.

1680, 5. Juny, aux rochers: die vier Tablettes ⌊– in ihrem Cabinet⌋: Dévotion, Histoires, Morale, Poésies et Mémoires woneben: les romans sont méprisés et ont gagné les petites armoires.

Gegen das Neue des Tages ist sie eher mißtrauisch. Was sie der Tochter schreibt, ist nicht Kritik oder esprit über die betreffenden Bücher, sondern einfache Erwähnung oder begeisterte Empfehlung in zwei Zeilen.

{Ihre Musikurtheile}.

Allein neben dieser Lecture war sie oft und lange in Anspruch genommen durch das was man Geschäfte nennt und wofür französische Frauen eine besondere Begabung haben. Ihre Schule hierin verdankte sie dem bien bon, der so lange er lebte und gesund war, ihr dabei auf alle Weise half. ⌊Sie versteht es, Pachtverträge zu schließen, Processe zu führen, Korn zu verkaufen etc.⌋

Es handelte sich um nichts Geringeres als um die Existenz und sie hat einst ihre Wohnung in Paris (wahrscheinlich die im Hôtel Carnavalet) plötzlich verlassen und ein Jahr aux Rochers leben müssen, um dort, bei Sohn und Schwiegertochter die Dinge wieder in ein Geleise zu bringen und selber wohlfeiler zu existiren ⌊manger mes provisions⌋. Außer dem stets drohenden Ruin des Hauses Grignan waren auch die Sévignés etwa auf dem Aeußersten. Bei Sohn und Tochter wurde unbesonnen gelebt und bei den Grignan's kam ein großer Train ⌊zunächst ein durch Aemter aufgenöthigter Aufwand⌋ und hohes Spiel hinzu ⌊Die Grignans fraßen ein Vermögen nach dem andern⌋; außerdem aber zahlte der durch sogenannte erfolgreiche Kriege mehr und mehr verarmende König bald diese bald jene Besoldung ⌊(pension)⌋ nicht mehr; | und ließ alle Welt bluten; für die bretagnischen Besitzungen (les Rochers etc.) kam noch hinzu daß Bauernaufstände in jener Provinz Strafbesatzungen u. dgl. nach sich zogen welche viel mehr schadeten als die Aufstände selbst.

Es wäre eine lehrreiche und traurige ökonomische Geschichte dieses Hauses zu erzählen. Nachdem die Mutter für Tochter und Sohn Alles aufgeopfert, ist ihre letzte Zeile ⌊3. Februar 1695⌋ hierüber: Je mourrai sans aucun argent comptant, mais aussi sans dettes; c'est tout ce que je demande à Dieu, et c'est assez pour une chrétienne.

Immerhin blieben die unverkäuflichen oder wenigstens nicht verkauften Güter und der edelste und einfachste Genuß derselben: die Freude an schönen Bäumen und Pflanzungen, am goldenen Laub des Herbstes, am dämmernden Abendhimmel und dessen Wolkengebilden, endlich an den Mondnächten. In der Bourgogne hatte sie das altväterische Bourbilly, le château de mes pères (der Rabutins) mit den schönen Wiesen, dem Bach und der malerischen Mühle.

In der Bretagne ist vom Schloß Sévigné bei Rennes nur obenhin die Rede, desto mehr aber von les Rochers, gelegen gegen die Grenze von Anjou und die Loire-Mündung hin. Hier hatte sie offenbar schon zur Zeit ihres Gemahls einen Theil der Anlagen neu gepflanzt und erlebte noch daß die Bäume 40–50 Fuß hochwuchsen; sie versah dieselben mit lateinischen und italienischen Schrifttafeln, und bei jedem Aufenthalt pflanzte sie Neues: le mail, le cloître, le labyrinthe. ⌊Ihr Jammer als der Sohn auf dem Gute Buron herrliche alte Bäume fällen ließ für einen Erlös von

400 Pistolen, «von welchen in einem Monat kein Sou mehr da sein wird». Und dann folgt erst noch der Wald, le Bois des Rochers. Hier wandelt sie allein mit ihrem Stock, begleitet nur von der Dienerin Louison. L'aimable serein, le plus ancien de mes amis... La solitude de l'entrechien-et-loup. – Einmal sind ihr als Reconvalescentin die Gänge im Mondschein verboten: je ferme les yeux en passant devant le jardin pour éviter la tentation.

Und da sie auch einen Winter dort zubringt, schreibt sie 4. December 1689: Ne vous représentez point que je sois dans un bois obscur et solitaire avec un «hibou» sur ma tête;... rien ne se passe si insensiblement qu'un hiver à la campagne; cela n'est affreux que de loin.

In dem umgebenden Landvolk, dessen wilde Gährung sie erlebt hatte, erkennt sie doch auch Eigenschaften von welchen sonst damals Niemand redet: Je trouve des âmes de paysans aimant la vertu comme naturellement les chevaux trottent – trotz des spaßhaften Ausdruckes ein Wort welches ihr die größte Ehre macht.

Auf ihren Reisen aber erweitert sich ihr Blick bis zum Entzücken über landschaftliche Schönheit; sie genießt wie damals überhaupt nur wenige und wie gewiß kaum eine andere Frau den Anblick der Gelände an der untern Seine und Loire und bewundert den großen Umriß des Mont St. Michel so weit sie ihn sehen kann. Die Aussicht von dem etwas hochgelegenen Grignan aus, wo weit über Languedoc und Provence der Mont Ventoux herrscht, giebt ihr das Wort ein welches durch sie möchte in die Literatur eingeführt worden sein: j'aime fort tous ces amphithéatres! Und selbst im Winter auf Grignan, da unten die Rhone und oben die Tintenfässer bei der Bise gefrieren und man nur Schnee athmet, nos montagnes sont charmantes dans leur excès d'horreur, und sie wünscht nur daß ein Maler da wäre pour bien représenter l'étendue de toutes ces épouvantables beautés. Hier überspringt ihr Verlangen ein volles Jahrhundert; erst unsere Zeit hat die Darstellung der Schneeberge als eines großen, nicht bloß zufällig mitzugebenden Gegenstandes nachgeholt.

Es wäre nun einladend bei diesem Anlaß auch von der Art wie Mme de Sévigné reiste etwas zu sagen. Denn alles was sie berichtet wird interessant durch ihre ungesuchte Frische der Wahrnehmung und Erzählung. Allein um der Kürze willen muß auf dieß wie auf so vieles Andere das aus ihr zu lernen ist, verzichtet werden, leider auch auf das Capitel von der Medicin, worin sie eine wesentliche Ergänzung und Bestätigung Molière's bietet. Es war die Zeit da die Aerzte gravitätischere Gesichter machten als je und sich dabei doch als Quacksalber taxirt fanden. 1676:[1] J'ai vu les meilleurs ignorants d'ici; Jeder räth etwas Anderes und sie folgt

---

1 1676, Paris

Keinem. In Vichy: man braucht die Herrn nur anzusehen um sich ihnen nie mehr auszuliefern; werthe Personen die man in ihren Händen weiß, werden hoffentlich trotz ihrer Behandlung gesund werden. Natürlich doctern nun Fremde, Engländer, auch Capuciner und Privatleute. Am Sterbebette La Rochefoucauld's parteien sich Freunde und Familie zwischen dem Frère Ange und dem sogenannten Engländer, | welcher endlich seine Mixtur eingeben darf, und Tags darauf stirbt der Kranke. Die Princesse de Tarente hat seltene und kostbare Mixturen und heilt eine Menge Leute; Mme de La Fayette trinkt Vipernbrühe, und merkwürdig! wenn man diesen Thieren Kopf und Schweif abgehauen hat und ihnen auch die Haut abzieht, bewegen sie sich dennoch, «wie alte Leidenschaften». Hausmittel der merkwürdigsten Art, sympathetische Kuren werden gepriesen: Riez-en si vous voulez. Interessant ist außerdem der von Brief zu Brief wechselnde Credit der neuen Genußmittel Caffe, Thee und Chocolade.

Nach allem Diesem wäre nun noch von ihren Briefen als solchen zu reden, und zwar zunächst von dem Institut welches dieselben zu befördern hatte, von der Post. Hier wurden auf geheimen Befehl unaufhörlich Briefe intercipirt; die Beamten, hiedurch demoralisirt und frech geworden, nahmen es dann mit ihrer einfachen Pflicht nicht mehr genau, und brandschatzten nun ohne Zweifel die geängstigten und nervösen Briefsteller; die größten Damen mußten einzelne Postcommis zu Freunden gewinnen.[1] Eine Mme de Sévigné schreibt in ihrem Jammer zu Handen der Beamten ⌊Subjecte⌋ welche unterweges irgendwo ihre Briefe aufmachen werden: Messieurs, Sie haben ja doch kein Vergnügen beim Lesen und machen den Correspondirenden vielen Kummer; mögen Sie wenigstens die Briefe wieder zumachen damit dieselben richtig an ihre Bestimmung gelangen! –

Es gab freilich in Frankreich Eine Briefstellerin welche hoch genug stand um etwa die Worte zu wagen: Die Minister mögen nur aufmachen lassen und «ihre eigene Schand» lesen. Es war die Schwägerin des Königs, Elisabeth Charlotte von der Pfalz, Herzogin von Orleans; ihre Correspondenzen stehen an historischem Gehalt unermeßlich höher als die der Sévigné; als Frau und Verwandte war sie ebenso ehrenhaft; die beiden Style aber bilden einen Contrast den man ohne Heiterkeit nicht verfolgen kann. Der der Sévigné ist reine französische Eleganz, der der Herzogin ein unvergleichliches originales Pfälzerdeutsch. Die Sévigné hatte ihr 1672 bald nach ihrer Ankunft die Aufwartung gemacht und schrieb da-

---

[1] 1685 Auffangen der Briefe der vornehmsten jungen französischen Herrn welche in Ungarn gegen die Türken standen.

mals: Je trouvais Madame mieux que je ne pensais, mais d'une sincérité – charmante. ⌊Die Offenherzigkeit war das Hauptvergnügen der Elisabeth Charlotte: Sie war ungenirt wie ein Reitersmann.⌋
Dann theilte die Princesse de Tarente, geborene von Hessen und Tante der Elisabeth Charlotte – der Sévigné einige Briefe der Herzogin mit, indem sie ihr dieselben bestmöglich übersetzte und erklärte. Dagegen scheint es nicht daß Elisabeth Charlotte eine Kunde gehabt hätte von ihrer großen Zeitgenossin im Briefschreiben, und die gedruckten Sammlungen von deren Briefen hat sie nicht mehr erlebt. Dieselben begannen etwa 30 Jahre nach dem Tode der Sévigné.

Da lernte man denn in ganz Frankreich eine Autorin kennen die schon vom Wetter ungesucht so zu schreiben weiß daß man es noch heute lesen mag; man bewunderte jene zahllosen Characterzüge und Porträts in wenigen Worten, wobei man doch die Leute vor sich zu sehen glaubt; die französische Literatur, ja die französische Nation war um eine Gestalt reicher welche man nie mehr entbehren möchte.

In vertrautem Kreise waren ihre Briefe schon frühe herumgegeben worden und ein Echo der Bewunderung drang bis zu ihr. Sie hatte jedoch ein bescheidenes Bewußtsein vom Werthe ihrer Thätigkeit: Mon style naturel et dérangé ... Vous savez que je n'ai qu'un trait de plume, ainsi mes lettres sont fort négligées, mais c'est mon style et peut-être qu'il fera autant d'effet qu'un autre plus ajusté – dieß sagt sie aber nur in Betreff eines mitgesandten Briefes an einen Bischof – wie denn auch ihre Briefe an Bussy um einen Grad absichtlicher sind als die übrigen. Als sie einst wegen der geschwollenen Hand dictiren mußte, sagte ihr Corbinelli: que je n'ai point d'esprit quand je dicte.

Sonst läßt sie sich völlig gehen und sie *kann* sich ungestraft gehen lassen; dieß nennt sie: dem Pferd den Zügel auf den Hals legen. In ungesuchter Schönheit rollen die einfach gegliederten Sätze dahin, und über Allem waltet eine edle Persönlichkeit.

Alte Frage, ob Mme de Sévigné imitable oder inimitable sei? Einen Einfluß hat sie auf das ganze Briefwesen der höhern Stände unläugbar gehabt und noch der letzte Theil der Briefe der George Sand würde nicht ganz so lauten wie er lautet, wenn es keine Sévigné gegeben hätte.

Sie wirklich nachahmen, einen Eindruck wie sie hervorbringen zu wollen wäre eitel, denn vor Allem *sind wir nicht* Mme de Sévigné, aber ihre Diction kann recht wohl zum Muster dienen.

Und wessen Französisch-Sprechen etwas eingerostet ist, der wird mit großem Nutzen einige Bände dieser Briefe lesen, welche ja der reine Weiterklang einer Conversation sind, und welcher Conversation!

Mittheilungen über den Barocco

| *Mittheilungen über den Barocco*[1]

Die Einwirkung der italienischen Baukunst auf die des übrigen Europa und die daherige Umgestaltung der letztern erfolgt in mehrern großen Wellenschlägen.

Zuerst schon seit Anfang des XVI. Jh. erheben sich im außeritalienischen Europa gemischte Style: Die Anordnung in Grundplan und Aufbau bleibt wesentlich die des Mittelalters, die Formenbildung wird italienisch:

    Frankreich: Style François I
    Deutschland: Rathhaus von Köln, Ottoheinrichs Bau
    England: Styl Heinrichs VIII. und Elisabethstyl
    Spanien: estilo plateresco.

Dieß alles im Verlauf des XVI. Jh. in sehr freien Wandelungen, vermischt mit nachträglichen Stößen aus Italien, stellenweise in der reichsten Verwilderung (Wendel Dietterlin), aber auch in Vereinfachung und Reinigung: Style Henri IV und Louis XIII; Frankreich erreicht allmälig die Kraft, neben Italien eine zweite Formenquelle zu werden.

Inzwischen aber erhebt sich Italien seit 1580 zu einem großen zweiten und dießmal sehr allgemeinen Supremat vermöge des Barocco, der Kunst der Gegenreformation.[2] Auf das Weite und Imposante gerichtet, auf das Wirkende mit freister Verfügung über alle bisherigen Einzelformen der Renaissance, im Bündniß mit einer sehr unbedenklichen plastischen und malerischen Decoration, – vor Allem aber getragen von mächtigen und willenskräftigen Meistern und von einer festen durchgehenden Überzeugung. Die Unbedenklichkeit allein that es nicht; es gehörte Genie dazu.

Kräfte die sich dem Barocco widersetzen konnten, waren eigentlich nur in Frankreich vorhanden. Dagegen in Spanien und Deutschland räumt der Barocco mit der frühern Renaissance völlig auf und setzt sich an deren Stelle; die ausgezeichnetsten Begabungen finden ihr Heil nicht darin, sich ihm zu widersetzen, sondern sich ihn anzueignen und zu handhaben. Deutsche zum Studium in Italien, italienische Meister (Sca-

---

1 (Historische Gesellschaft, 16. October 1890)
2 cf. H. Wölfflin: Renaissance und Barock.

mozzi, S. Solari) theils persönlich in Deutschland, theils für Pläne in Deutschland in Anspruch genommen. Dazu die reisenden Decoratoren, meist Oberitaliener, Tessiner, Tyroler, sammt den deutschen Stuccatoren und Malern welche in Italien gelernt haben.[1] Für Deutschland: die Schwächung der ganzen heimischen Cultur durch den 30jährigen Krieg.

Dazu aber kam daß die großen, evidenten Kräfte der frühern italienischen Renaissance, die logische Anlage und der Aufbau in den nun einmal weltgültigen Formen und Verhältnissen, den Norden jetzt erst, freilich in ihrer jetzigen Verhüllung durch den Barocco erreichten und nun wirklich überwältigten. Jetzt erst hören in Deutschland die gothisch gemeinten Grundrisse völlig auf.

Lage seit etwa 1650: Sowohl das jetzt absolute Fürstenthum als auch die Kirche und besonders die reichern Orden werden vom Baugeist als solchem ergriffen. Nirgends genügen mehr die ältern Paläste und Abteien; schon der Geist der Symmetrie verlangt neue Anlagen. Dazu in Deutschland: die Vielheit der Machtpuncte geistlicher und weltlicher Gattung, und bald die Ambition zwischen den Bauherrn.

| Die Kirchen: innere Weiträumigkeit und jetzt erst recht: die Kuppeln seit dem Dom von Salzburg; Weltwirkung von S. Peter. Die Barockfassade und ihre Eigenschaften; sie behält etwa die Zweithürmigkeit; die geschwungenen Fassaden; überhaupt gedeiht in Deutschland der Barockthurm besser als in Italien. (Zwischen den Thürmen gern das ovale Vestibul).

Paläste und Abteien ⌊Auch Landsitze seit Versailles⌋: symmetrische Anlage, vortretende Flanken, italienische Fassadenwirkung, Zuthat von Plastik an Portalen und Fenstern; Dachbalustraden nicht selten.

Vestibule und Treppen möglichst mächtig entwickelt, sogar zu eigenen großen Baukörpern. ⌊Unentbehrlich solange man wird Eintretende zur Ehrfurcht disponiren wollen.⌋ Die feierliche Haupttreppe des Barocco kann in der Anlage nie mehr überboten und höchstens mit seiner Hülfe erreicht werden. Ganz für sich und durch speciellen Raum bedingt: Bernini's große vaticanische Treppe, welche nirgends zum Vorbild dienen konnte. In Deutschland: Klosterneuburg, Brühl, Pommersfelden, Würzburg etc. theils mit mittlerer Rampe und weiter aufwärts zwei Seitenrampen, theils vom Vestibul auch nach links und rechts divergirend, nach verschiedenen Theilen des Obergeschosses, oder sich nach oben wieder gegen die Mitte hin vereinigend: – Brera, Palazzo Madama in Turin; bisweilen obere Hallen rings um den Treppenbau (Würzburg etc.). Das Unicum: Bruchsal mit Treppe in zwei Halbrunden, einen Raum umziehend

---

1 Selbständiger Feuereifer im deutschen Barocco, welcher sogar Italien entbehren könnte.

welcher zugleich den Durchgangsraum auf der Hauptaxe des Obergeschosses zwischen Speisesaal und Kaisersaal bildet.

Die Corridore und ihre jetzige Weite und Höhe. Endlich: das Innere der Säle und Zimmer und deren Decoration.

Hier setzt *Paul Decker* an. *Paul Decker* von Nürnberg, geboren 1677, in Berlin seit 1699, Schüler des A. Schlüter welcher damals für den neuen (seit 1701) König Friedrich I. das Schloß von Berlin baute (das schon 1697 für den bisherigen Kurfürsten begonnen war). – 1706 wieder in Nürnberg; seine damaligen Publicationen für Goldschmiede, Plafonds etc. – 1708 in Pfalzgräfl. Sulzbachischem Dienst, bald darauf in Markgräfl. Bayreuthischem (theilweise von ihm: die jetzige Bibliothek von Erlangen). ⌊Sein Tod 1713.⌋ Sein eigentlicher Ruhm aber nicht von ausgeführten Bauten sondern von der 1711 begonnenen Publication:

Der fürstliche Baumeister (Augsburg, in folio). Die großen Absichten: Residenz für einen Fürsten, Königspalast sammt Triumphbögen, Katafalken etc., Lust- und Garten-Häuser und Grotten; Kirchen und Capellen etc. Zu Stande kamen nur 131 Blätter, nach Deckers Zeichnungen von Andern gestochen. (Dohme's Auswahl von 57 Blättern: die interessantesten Innendecorationen aller drei Folgen, etwa um $^1/_3$ verkleinert; die ersten sechs Blätter nicht nach den Stichen sondern nach erhaltenen Originalzeichnungen). (Es fehlen: alle Grundrisse, alle Fassaden und besonders alle Treppen).

Decker ergänzt den Pozzo welcher keine Interieurs von profanen Prachträumen giebt. Er ist völlig Barocco aus eigener Kraft und kann Versailles völlig ignoriren und entbehren.

Im Detail: der Vorabend des Rococo ⌊der bald mit Oppenort, Gillot, Watteau u. A. eintrat⌋; er hat schon Muschel und Muschelrand, auch die gegitterte Fläche, aber noch nicht die beiden an einander streifenden, resp. sich ineinander rollenden ungleichen Voluten. – Seine eher schwache Seite: die Grottesken. Sein sicherer Verlaß auf eingeschulte Decoratoren aller Art, besonders Stuccatoren.

Seine Strenge: es sind lauter ausführbare Gedanken, nicht Phantasien eines Theatermalers.

Die Gemälde des Senators Giovanni Morelli in Bergamo

Referat «National-Zeitung» Nr. 73, vom 26. 3. 1892

Historische und antiquarische Gesellschaft. Die vorletzte Sitzung des Vereinsjahres brachte einen interessanten Vortrag von Herrn Prof. Jakob Burckhardt über die Bildergalerie, die der berühmte Kunstforscher Giovanni Morelli der Stadt Bergamo geschenkt hat. Nach einigen einleitenden Bemerkungen über den Senator Morelli, der unter dem Pseudonym Iwan Lermolieff für eine Menge von Bildern alter Meister die richtigen Namen gefunden hat, beleuchtete der Vortragende kurz die Bedeutung des Bildermuseums von Bergamo überhaupt. Es ist eine gute Galerie zweiten Ranges. Sie besitzt neben einer ganzen Anzahl von Bildern in der Art des Giovanni Bellini einen ächten Raphael (das Brustbild eines bekleideten St. Sebastian), sodann von Lorenzo Lotto, der von 1515 bis 1524 in Bergamo gelebt hat, eine ganz herrliche Vermählung der heiligen Katharina und eine heilige Familie unter einer Laube von Feigenblättern und Jasmin, zwei Bilder von tizianischem Zauber. Von Tizian selbst weist die Sammlung einen knienden Geistlichen auf, dem Christus entgegenkommt; ferner enthält sie Porträte von G. Battista Moroni, einen ächten Velasquez und viele Sachen aus der Nähe des Giorgione da Castelfranco. Die Galerie von Bergamo kann sich also mehrerer Hauptbilder rühmen; ihr schönster Schmuck aber ist der Schatz des Senators Morelli, der sich, wenn nicht Werke von außerordentlichen Meistern, so doch solche von außerordentlichen Schulen zu verschaffen gewußt hat. Einige zwanzig derselben wies nun Herr Prof. Burckhardt in ausgezeichneten Photographien vor und begleitete sie mit jenen begeisternden Erklärungen, welche die Wonne aller Derer sind, die je zu des Gelehrten Füßen als dankbare Schüler gesessen haben. Der Vortragende hielt bei seinen Ausführungen eine historische Reihenfolge inne und zeigte zuerst von dem Maler und Medailleur Vittore Pisano (Pisanello), 1380–1456, dessen Gemälde größtentheils untergegangen sind, das Porträt des Leonello d'Este, Markgrafen von Ferrara-Modena; das Bildniß ist der charakteristische Tyrannenkopf eines jener «präzisen Realpolitiker, an denen das ehemalige Italien keinen Mangel hatte». Dann folgte ein Bild des Pesellino von Florenz, eine allerliebste Szene aus der 10. Novelle des 10. Buches des Boccaccio darstellend, miniatur-

mäßig schön, rein und nobel gemalt. Besonders als Pferdemaler ist dieser Pesellino nicht zu verachten. Von dem phantasiereichen Sandro Botticelli (1446–1510) enthält die Sammlung eine sog. «Geschichte der Virginia» mit vielen Figuren und mit der für den großen Florentiner so bezeichnenden sauberen Ausführung der Architektur und der Skulpturen; das Bild zeigt auch Botticelli's Neigung für das höhere Pathos in ausgestreckten, furchtbar erregten weiblichen Gestalten. Von demselben Maler ist ein Porträt des in der Verschwörung der Pazzi vom 26. April 1478 zu Florenz ermordeten Giuliano Medici, ein Gesicht von großer Strenge und hervorragender Intelligenz. – Einen ausgezeichneten «Schick» hat Morelli mit der Erwerbung eines Bildes von Antonio Polajuolo gemacht, welches den Tobias mit dem Erzengel Raphael darstellt. Von dem Hauptmaler von Vicenza, Bartolomeo Montagna, besitzt Bergamo einen hl. Hieronymus, und die alte Schule von Ferrara ist durch einen prachtvollen jugendlichen Evangelisten Johannes von Ercole Grandi (Roberti) vertreten. Giovanni Bellini heißen zwei Madonnen, von denen die eine von dem Meister selbst, die andere aus guter bellinesker Zeit stammt. Ein Bellineske ist auch Marco Basaiti, von dem ein äußerst gewissenhaftes Bild eines vornehmen Venezianers vorhanden ist. Eine heilige Martha des Mailänders Borgognone (1455 bis 1523) und ein gutes Porträt von der Hand des Ambrogio de Predis schließen die Maler des Quattrocento ab. In das 16. Jahrhundert führt uns sodann ein Bild von wunderbarer Lieblichkeit: ein ganz jugendlicher «Salvator Mundi» von einem Schüler des Leonardo da Vinci, Giov. Ant. Boltraffio. Schwach, aber doch durch ein eigenhändiges Bild, eine unbedeutende Madonna mit beiden Kindern, ist Bernardino Luini vertreten. Ein gutes Werk der goldenen Zeit ist aber dann ein männliches Porträt von Giov. Cariani. Bedeutend ist auch das Bildniß einer vornehmen Dame von Paolo Morando, genannt Cavazzola. Die Schule der großen Venezianer ist repräsentirt durch einen der Besten, durch Alessandro Bonvicino, genannt Moretto, von Brescia (1498–1555). Sein Bild, die Samariterin am Brunnen, weist einen edlen und weihevollen Christuskopf auf, und ganz herrlich ist die Samariterin in ihrer völligen Hingabe an die Worte des Herrn geschildert. – In die Manieristenzeit weist ein Bild der Bolognesischen Malerin Sophonisba Anguisciola; es stellt eine heilige Familie mit vortrefflich studirten Figuren dar, aus einer Zeit, da die Schnellmalerei schon sehr eingerissen war.

Nun hat aber der glückliche Morelli nicht bloß italienische Bilder zu erwerben gewußt, sondern auch in der Gewinnung von Werken niederländischer Maler hat er wohlerwogene und gute Griffe gethan. Darum prangt in der Galerie von Bergamo ein herrliches Porträt von Jan Gerrits Cuyp, und eine Perle der Sammlung Morelli ist ein Frauenbildniß von

Govaert Flinck, einem Nachfolger Rembrants; dieses Bild stellt unstreitig die liebenswürdigste, anziehendste Holländerin dar, welche damals gemalt worden ist. *Frans Hals* heißt ein Kopf, der aber eher von *Bartholomäus van der Helst* herrühren dürfte. Ein schönes Bild, die Aesopische Fabel vom Besuche des Satyrs beim Bauern illustrirend, ist wohl mit Recht dem *Karel Fabritius*, einem Rembrantschüler, zugeschrieben. Das Licht wandelt durch dieses Bild in der allerwohlthätigsten, man könnte sagen, wonnigsten Weise, und in der Schönheit der Lichtwirkung wäre das Werk Rembrants selbst würdig. Das köstliche Bild eines jungen, stillvergnügten Rauchers von *Jan Miense Molenaer* schloß die Reihe der Gemälde ab, durch deren Vorweisung und Erläuterung Herr Prof. Jakob Burckhardt seinem großen Zuhörerkreis eine Stunde gediegensten Genusses verschafft hatte.

Marien Krönung in der bildenden Kunst

| *Marienverehrung*
Durch den Sieg des θεοτόκος im nestorianischen Streit erhielt dieselbe einen mächtigen Aufschwung. – Noch im V. Jh. das Fest der Verkündigung τοῦ ἀσπασμοῦ – und Purificationis = Lichtmeß. Durch Justinian 542 ἑορτὴ τῆς ὑπαπάντης, wobei das Zusammentreffen mit Simeon und Hanna Lucas 2,24 in den Vordergrund gestellt wurde. Noch Ende des VI. Jh. die πανήγυρις κοιμήσεως, festum assumptionis, dormitionis Mariae. – Und das Fest von Mariae Geburt. ⌊Die Marienverherrlichung des Johannes Damascenus, VIII. Jh.⌋

(Erst XII. Jh.: Mariae Empfängnis. – Weitere Feste Kurtz § 113, 1.) Im Malerbuch vom Athos p. 299 schließt kurz: Thomas zeigt den Aposteln den Gürtel; Maria schwebt auf Wolken in den Himmel empor.

Gregorius Turonensis, De gloria martyrum I, 4: Beim Nahen des Todes der Maria ⌊48 pCn.⌋ versammeln sich alle Apostel von ihren fernen Gegenden her bei ihr; Christus erscheint mit Engeln, et accipiens animam ejus, tradidit Michaeli Archangelo, et recessit. Am folgenden Morgen früh tragen die Apostel die Leiche in das monumentum, bewachen es und warten auf die Erscheinung des Herrn; et ecce *iterum* astitit eis Dominus, susceptumque *corpus* sanctum in nube deferri jussit in paradisum: ubi nunc, resumpta anima, cum electis eius exultans aeternitatis bonis... perfruitur. ⌊Hier wird die Seele erst im Himmel wieder mit Maria vereinigt, abweichend von Pseudo Melito.⌋

Laut Nota hätte Gregor dieß aus Pseudo Melito. Der Glaube sei dann in Gallien sehr verbreitet worden (aus Gregor offenbar) und auch in die Liturgien hinein gerathen; doch noch nicht mehr als die Übertragung zuerst der Seele, dann des Leichnams in den Himmel. –

Wann und wo wurde zuerst von einer himmlischen *Krönung* gesprochen? De gloria martyrum I, 9 heißt es nur: angelicis choris canentibus, in paradisum, Domino praecedente, translata est.

Entstand der Glaube und zwar volksthümlich, an eine einmal im Himmel geschehene *Krönung* etwa aus der inzwischen so häufig gekrönt und thronend dargestellten Maria?[1] Hier das *Zusammenthronen* Christi und

---

1 cf. Apsis von Neuwerk in Goslar

der Mutter im Mosaik der Apsis von S. Maria in Trastevere, vielleicht als Zwischenglied. (In den römischen Mosaiken des IX. Jh. ⌊S. Maria in Domenica, Rom.⌋ trägt Maria nur den Schleier,[1] auch wenn sie in der Mitte zweier Schaaren von Heiligen dargestellt ist). Alterniren Christi mit Gottvater, und mit der Trinität. Das *Thronen* hatte sich schon frühe eingestellt für Maria, zB: bei Anbetung der Könige (S. Apollinare nuovo, Ravenna).

Hat die Dogmatik des Mittelalters jemals von der Krönung ausdrücklich gesprochen?[2] – Hier das Opus Virginis gloriosae von Albertus Magnus nachzusehen, verfaßt, als es in der Kunst schon längst Krönungen Mariae durch Christus gab.

Auch die Lyrik hatte Maria längst zur «Königin» erklärt, und eine Königin mußte einmal gekrönt sein. «Chuningin des himeles, porte des paradyses» etc. ⌊Lesebuch Col. 198.⌋ Später: des himilis chuniginne (Sequenz, Lesebuch Col. 273). Dann das Zitat aus W. von der Vogelweide bei Knackfuss. Salomones hohen Thrones bis du, Frau, Gebieterin.

Wenn Theologen sich der Sache angenommen hätten, so wäre nicht die Abwechselung der krönenden Persönlichkeiten (Christus, Gott Vater, ganze Trinität) entstanden. Es scheint daß für die Krönung der Norden die Priorität (seit Anfang des XIII. Jh.) gehabt hat; im Süden hat Cimabue in seinen großen Glorienbildern die Krönung nicht; mir ist sie erst bei Giotto bekannt. Und auch schon im großen Mosaik von S. Maria Maggiore von Jacopo Torriti. Sie mochte nach Italien herüberkommen im Gefolge des gothischen Styles.

Wer weiß wie Vieles auch im antiken Mythus nicht von Dichtern und Rhapsoden sondern erst von den Künstlern entschieden worden ist.

| *zu Marien Krönung*
Seit Carl dem Großen und besonders seit den Kämpfen der Carolinger gab es im Abendland in mehrern Dynastien eine Krönung, und das byzantinische Reich kannte sie längst. ⌊Sie geschieht immer wo hoher Clerus betheiligt ist.⌋

Aber die byzantinische Malerei kennt keine Krönung Mariä, während das Abendland sie hervorbringt. Pseudo Melito und sein Amplificator Jacobus de Voragine geben nur die Himmelfahrt, aber noch nicht die Krönung.

Wo und wie früh kommen die zwei Engel vor, welche über dem Haupt der Jungfrau die Krone schwebend halten? – Schönheit des Motives.

---

1 (Bisweilen ein Band von Juwelen und Perlen).
2 In der Kunst: Maria war gekrönt und Niemand konnte sagen durch wen.

Im XIV. Jh. war man mit den Kronen überhaupt sehr freigebig und krönte Reihen von Märtyrinnen und auch von allegorischen Gestalten. Maria bei der Krönung – sitzend – oder kniend. Daneben aber behauptete sich auch seit Langem die Assunta ohne Christus: Engel als bloßes Begleit – oder die Mandorla tragend (Paris, Strebepfeiler am Chor von Notre-Dame; hier Maria stehend; Campo Santo von Pisa: Maria thronend emporschwebend ⌊angeblich Simone Memmi⌋), und der künstlerische Vorzug einer aufwärts schwebenden und alleinigen Hauptgestalt[1] muß den Künstlern früh bewußt worden sein. Hieher die Episode von S. Thomas und dem Gürtel. Altar des Orcagna in Orsanmichele. Neben der Krönung immerfort auch der Tod Mariae umständlich behandelt: Ravenna, Santa Maria in porto; oben Musikengel und singende Aelteste neben Christus.

Aus den «Wolken» des Melito wird die Mandorla.

Im Norden schon im XII. und XIII. Jh. Maria gewöhnlich gekrönt dargestellt so oft es sich um Majestät handelt; in Italien: bei Simone di Martino (Palazzo Pubblico Siena) und bei Giovanni di Paolo (Gnadenmutter a' Servi). Dagegen sehr feierliche Krönung durch Christus bei Simone da Bologna (Pinacoteca Bologna) – und ganz besonders bei Don Lorenzo Monaco, Uffizj (Altar von Cerreto). Gentile da Fabriano, Museum von Neapel: eine auf einer Wolke sitzende Madonna in doppelter Mandorla von Cherubin und Engeln, welche oben schließt mit einem Christus mit ausgebreiteten Händen.

Wann ist man im Norden von der einfachen Krönung durch Christus abgegangen? Sie war noch im XV. Jh. vorhanden in dem (nürnbergischen?) Bilde wovon ich den Contour besitze und jedenfalls in dem Imhoffschen Altar in S. Lorenz – Deutsche Kunst IV. Nun das Bild mit den drei Personen der Trinität (Museum) als Rosenkranzbild in Kreisen von Engeln und Heiligen «niederrheinisch unter niederländischem Einfluss». Dann ebenso bei Holbein Vater, Galerie von Augsburg, Basilica S. Maria maggiore.

Endlich dann der vorherrschende Typus in Deutschland: Christus und Gott Vater einander gegenüber die Krone haltend; oben die Taube; unten in der Mitte Maria vorwärts kniend. Dürer: der Heller'sche Altar. ⌊Hier unten die Apostel um das offene Grab in welches Einer gebückt hineinschaut.⌋ Baldung: der Hochaltar in Freiburg. Hans Liefrinck: der Schnitzaltar von Altbreisach. (Burgkmayr: das Rosenkranzbild in Augsburg? ⌊ist nur eine Art Benediction⌋)

---

[1] Doch Christus hier oben an der Mandorla kleiner, dito bei Gentile da Fabriano, Museo di Napoli.

Bei Anlaß der *Assunta*:[1] Man sollte nur solche Bilder Assunten nennen, welche unten a) das Grab, b) die Apostel mit enthalten. Perugino's wichtige Bilder in Bologna und Florenz sind keine Assunten sondern nur Madonnen mit Heiligen, auf welchen Madonna in die Luft auf Wolken gerathen ist, weil bei dem bereits großen Maßstab der Figuren die Heiligen unten allen Raum einnehmen. Und doch könnten beide Bilder als Assunten bestellt und gemeint sein. ⌊Es sind nur Madonnen auf Wolken, cf. den Mantegna Trivulzio. Dito: Macrino d'Alba, in Turin.⌋

Eine wirkliche Assunta Perugino's in Bologna ist das Bild in S. Martino maggiore (Photographie). Von Pinturicchio ist eine wirkliche Assunta das Bild von Neapel und eine wirkliche Incoronata das Hauptbild im Vatican. Nicht zu vergessen: die Assunten des Cola della Matrice. Die der Galleria campidoglio mit der Leiche unten – die der Galleria Borghese mit den Aposteln am Grabe.

| Das Bild des Lorenzo Costa zu Bologna (S. Giovanni in monte): unten sechs Heilige, oben in den Wolken Madonna knieend zwischen dem sitzenden Gott Vater und Christus; – die Krone nur durch zwei schwebende Engel über ihr gehalten. (Costa geht nur so weit als die Legenda aurea reicht).

Francesco Francia hält nach Kräften fest an der zwischen Heiligen thronenden Madonna; doch giebt es auch: Eine eigentliche Incoronata von ihm: Dom von Ferrara (Photographie) unten ein paar Apostel und sehr verschiedene Heilige; – das liegende Kind offenbar eins der SS. Innocenti.

Parallele der Assunta: die von Engeln in die Lüfte getragene S. Magdalena – auch wohl S. Maria egiziaca?

Crivelli: Brera: Incoronata mit Lunette der Pietà. Gottvater krönt Christus und Maria, und Christus hilft ihm die Maria krönen, zu beiden Seiten je drei Heilige. Taddeo di Bartolo, Capelle des Palazzo pubblico von Siena stellt im letzten Bilde nicht den Tod der Maria, sondern Christus vor, welcher ihre Leiche wieder belebt um sie mit sich zu nehmen. Im Campo Santo bei Orcagna ist Maria neben Christus als gleichmächtige Mitrichterin, mit Krone. Die Mandorle beider sind identisch.

Im Breviario Grimani: Maria in weißem Gewande von dem thronenden Christus gekrönt, mit der Linken, während seine Rechte benedicirt. Ringsum Cherubin. Der Himmelsvorhang aufgezogen und unten von zwei Engeln gehalten, während drei andere die Rauchfässer schwingen.

---

1 Auch in Deutschland kommt die Assunta mit Engeln über dem Sarcophag mit den Aposteln vor.

Adam und Eva, welche bei Borgognone vorkommen, finden sich schon, und zwar im Himmel gedacht, bei Johannes Damascenus; Legenda aurea p. 523: Im Augenblick da Maria sterben soll, ertönt ihr Ruf: Veni ad nos, o sacrum et salutiferum cellarium! tu nostrum implesti gaudium.

Bei Rubens (Museum von Brüssel) wird Maria durch die Trinität mit einem Kranze gekränzt.[1] Hier nur dieß, sammt Putten – Alles im Gleichgewicht.

Marienkrönung überhaupt am Günstigsten wenn sie für sich, nicht als oberer Theil eines Altarwerkes gegeben wird, d. h. wenn die Apostel und das Grab wegbleiben dürfen, wenn die Incoronata nicht zugleich Assunta sein muß sondern Mitte und Haupttheil des Bildes ist. Von vielen Kuppelfresken zu Ehren der Assunta weiß Niemand näher zu sagen, ob die Krönung oder nur ein sonstiger göttlicher Empfang dargestellt sei.

Die Zusammenordnung der Apostel unten am Grab – und der Krönung oben in ein einziges Bild war eine große Freiheit, zweimal geübt von Rafael; eigentlich paßt zum Grab nur die emporschwebende Assunta. (Kam jene Zusammenordnung erst bei den Peruginern auf?)

Zur bloßen Madonna in trono etc.: die Flandrer seit Jan van Eyck geben öfter statt der Krone ein bloßes Diadem mit Juwelen in den Haaren. (Auch etwa bei Dürer in Stichen und Zeichnungen).

Bei Fiesole kommt die Krönung sowohl der sitzenden als der knienden Maria vor.

Ist es aber immer Krönung und nicht eher Benediction der schon gekrönten? Gaudenzio Ferrari (Vercelli) vereinigt die Assunta und die Incoronata; im Aufsteigen wird sie von Gottvater mit einem Laubkranz gekrönt, zwischen zwei Engeln, weiter unten neben ihr die Putten mit Doppelkerzchen. Zu der Assistenz unten bei Assunta und Incoronata: die Incoronata des Pinturicchio (Vatican) hat außer den Aposteln noch fünf kniende Heilige, Ordensstifter etc. Dito, Francesco Francia im Dom von Ferrara, Incoronata: unten ein paar Apostel gemischt mit mehrern Heiligen.

Die frühste Incoronata der italienischen Kunst wird wohl das Mosaik der Apsis von S. Maria maggiore in Rom von Jacopo della Torrita sein, entstanden unter Nicolaus IV. (1288–1292).

| *Hypothetische Resultate*: Wirkung des Nichtvorhandenseins eines Mariengrabes in oder bei Jerusalem.

Frühe Gewöhnung der Darstellung des Thrones, auch wenn eigentlich die Ehre dem Kinde erwiesen werden sollte, doch thatsächlich für die

---

1 cf. die Blumen als Einfassung in der Antwerpener Schule.

Mutter entscheidend. Dann das Zusammenthronen mit Christus, der ihr die Hand über die Schulter legt; Mosaik von S. Maria in Trastevere. Gewöhnung an Maria mit der Krone im Norden schon vor Ende des XII. Jh. Vermuthliche Frage: Wer sie gekrönt habe? Dann im Norden gleich mit dem XIII. Jh. ihre Krönung durch Christus, weit verbreitet. ⌊Dieß durch eine *volksthümliche* Hebung, wenn auch mit Einstimmung der Geistlichen⌋ (Wie früh schon mit dem Trostgedanken daß die Irdischgeborene, aber leiblich in den Himmel aufgenommene ein Vorbild seliger Unsterblichkeit sei?) Vom Norden scheint dann die Krönung durch Christus mit dem gothischen Styl nach Italien gedrungen zu sein: frühste ganz große Darstellung im Mosaik der Apsis von S. Maria maggiore, von Jacopo Torriti, 1288–1292. Dann bei Giotto: Ancona von S. Croce (Cappella Baroncelli). Die Incoronata in den Schulen von Italien.

Die Legenda aurea meldet von Seiten der Trinität bei der Aufnahme der Maria nur ein tripudium; – die officielle Kirche weiß nichts von einer Krönung und kaum recht von einer assumptio.

Alterniren der krönenden Person zwischen Christus und Gott Vater beim nämlichen Künstler (Cosimo Rosselli ⌊resp. Sandro⌋). Neben der Incoronata behauptet sich im Süden auch die Assunta, und erhält im XVI. Jh. das Übergewicht wahrscheinlich durch die künstlerisch gesinnten Besteller und durch die Künstler.

Begleitende Umstände: Bei einer nur bedingten Vergrößerungsfähigkeit des Altarblattes – jetzt der Übergang von der bisherigen relativen Kleinheit der Figuren zur Lebensgröße und darüber: die nunmehrige Schwere einer Krönungsgruppe in der Luft – zumal wenn das Bild *zugleich* Assunta sein und unten die Apostel am Grabe mit enthalten sollte. Die zwei Lösungen Rafael's (Pinacoteca Vaticana). Eine kniende oder gebeugt sitzende Maria, mit dem Blick seitwärts oder abwärts – mußte nun den Platz räumen einer großen aufwärts gerichteten ekstatischen Assunta: die des Tizian 1518 (Academia Venedig), welche auf aufwärts schwebenden Wolken *steht*.

Und nun folgt erst mit Rafaels Transfiguration das vollkommen schöne Aufwärts*schweben*. In den Marienaltären der bleibende und entschiedene Vorzug der Assunta vor der Incoronation.

Die Hauptsache, veranlaßt durch: a) das Hochformat der Altarbilder b) die Tradition von großen Fresken her[1] – wurde nun die Combination der Apostelgruppe unten mit einem gewaltig feierlichen Hergang oben; Tod und Aufnahme sind zwei ganz verschiedene Momente, zumal in der

---

1 cf. Lippo Lippi, Dom von Spoleto

Kunst. (Dennoch aber hat die Malerei oft das Sterbebette mit der Krönung combinirt) (und auch mit der Assunta).

Von früh an wären auseinanderzuhalten: a) das Sterbebette, mit Christus der die Seele hält (Hauptbild: die Lunette am Südportal von Straßburg – dann Giottesco: Ravenna, Santa Maria in porto), b) das leere Grab mit den Blumen.

In beiden Fällen die Apostel völlig verschieden.

| *Engel*

Der Engel welcher bei Melito der Jungfrau ihren nahen Tod verkündet, sagt: Dein Sohn wartet Deiner cum Thronis et Angelis et universis coeli virtutibus.

Gewöhnliche Aufzeichnungen (in Winer finde ich die betreffende Stelle sub voce «Engel» nicht): angeli, archangeli, throni, ⌊dominationes,⌋ principatus, potestates, virtutes – dann Cherubim und Seraphim Throne – im Ganzen neun Chöre der Engel.

Über Functionen und Gestalt der Engel cf. bei Schäfer den umständlichen Excurs aus Didron, p. 233.

Die völlige Belebung der Engel und in Schaaren ist erst bei Themata wie Marien Tod, Assumptio und Krönung[1] recht in Schwung gekommen und natürlich nur in der Malerei vollständig.

Die Anwesenden und Mitrichter des jüngsten Gerichtes:

Orvieto: *die Felder des Gewölbes*: Fiesole: der Weltrichter und die Engel, Propheten. Signorelli: Engel mit Marterwerkzeugen und Posaunen. Apostel (und Maria). Virginum cohors. Patriarcharum cetus. Doctorum sapiens ordo. Martirum candidatus exercitus.

Malerbuch von Athos ⌊nennt außerdem bei Anlaß der πᾶσα πνοή,⌋: Die Bischöfe mit Chrysostomus voran. Die heiligen Einsiedler, mit Antonius voran. Die rechtgläubigen Könige, mit Constantin voran. Die Martyrinnen, mit S. Catharina voran. Die heiligen Nonnen, mit S. Eupraxia voran.

Die Anwesenheit nicht bloß aller Chöre der Engel sondern dieser vielen Categorien von Heiligen, welche sich eigentlich nur beim Weltgericht von selber versteht, wird schon in der Legenda aurea auch bei der Assunta und deren Empfang berichtet. Sie konnte dann auch bei der Incoronata gelten. (Der als Quelle genannte Gerardus episcopus und martyr[2] ist aus der Art de vérifier les dates nicht zu ermitteln. ⌊Fehlt auch in Iselin's Lexicon⌋).

---

1 ? auch schon beim Weltgericht?
2 (p. 512 bei Grässe)

| *Varia*

Francesco di Giorgio: Die Incoronata (Tafelbild) in den belle arti zu Siena (al.: in Asciano) überfüllt mit Heiligen in drei Stufen: unten vorn knien S. Catharina von Siena und ein kriegerischer Heiliger, daneben Stehende zu beiden Seiten; mittlere Stufe: Heilige aller Art über einander ragend, in der Mitte zwei Engel welche die Console des Throns stützen; oberste Stufe: um die Krönung mit Engeln gehen (auf einem Halbrundsitz?) Heilige des Alten Testamentes herum, Salomo mit Psalterium, Patriarchen etc.

Das Bild *Perugino's* für Vallombrosa ist schon deßhalb keine Assunta, weil die Madonna sitzt und also nicht im Aufwärtsschweben begriffen ist.[1] Sie schaut nur empor zum Gott Vater, dieser aber winkt ihr nicht sondern benedicirt nur.

Zu den *Aposteln* in den Krönungen und Assunten: Andrea Solario in der Certosa: hier nur acht Apostel anwesend, in schön gebundener Gruppe um das Grab, in Rede unter einander, nur Einer deutet empor. Tizian, und der dramatische Moment seiner Gruppe der Apostel. M. d'Oggiono (Brera) stärkster Wechsel und Unruhe in Wendung und Inhalt der Köpfe. Rafael's Werkstatt: Incoronata di Monte Luce. Gaudenzio: die Assunta von Busto Arsizio. Dosso Dossi: die mißrathene Incoronata, von Dresden, s. den Catalog – eigentlich nur Empfang der Maria. Unten die unsymmetrische Gruppe, während das Thema unbedingt Symmetrie verlangt. – Es sind die vier Kirchenlehrer, außerdem S. Bernardino da Siena? s. den Catalog. Assunta und Incoronata des Paolo Veronese s. das Schema: das ruhige Altarblatt, Bl. 18, verso, oben.

Luini: Assunta an der Mitte der großen Wand im Monastero maggiore: die Jungfrau mächtig und schön zwischen musicirenden Engeln und Putten; die Apostel unten so ergreifend als es Luini vermochte, nicht stehend oder durcheinander stürmend, sondern fast alle kniend, in einer bereits eingetretenen gemeinsamen Andacht; – erhobene Hände; auch Einer zu mehreren sprechend.

Gaudenzio: das Fresco in S. Cristoforo in Vercelli: Die Apostel unten mit halben Leibern sichtbar, naturalistisch bei andächtigster Absicht, zum Theil ergreifend individuell; das eifrige Spiel der Hände. Oben ist es eine wahre Assunta zwischen Putten mit Doppelkerzen, die nur ganz zuletzt zur Incoronata wird, weil Gott Vater, von Engeln unterstützt, die Jungfrau mit einem Laubkranz krönt.

---

1 ? Dieß kein Grund.

Anhang

Von Burckhardt erwähnte Literatur

Das Verzeichnis enthält die Schriften, die in den in JBW 13 publizierten Vorträgen direkt oder indirekt erwähnt sind. Aufgeführt werden die von Burckhardt verwendeten Ausgaben. Sind diese nicht zu identifizieren oder nicht mehr greifbar, werden heute gebräuchliche Ausgaben genannt. In solchen Fällen sind die bibliographischen Angaben kursiv gesetzt.

Antike und klassische Autoren sowie literarische Werke erscheinen im Verzeichnis nur, wenn die von Burckhardt benützte Ausgabe bekannt ist bzw. das Werk die Grundlage eines Vortragstextes bildet.

Abraham a Sancta Clara (= Megerle, Johann Ulrich): Reimb dich, Oder ich Liss dich. Das ist Allerley Materien, Discurs, Concept, und Predigten, Nunmehr in ein Werck zusammen gereimbt, Lucern 1687.

Aelian: Varia Historia *[Historical Miscellany, ed. and transl. by N. G. Wilson, London; Cambridge (Mass.) 1997 (Loeb)]*.

Albertus Magnus: Opera, t. 20, Lugduni 1651.

Ampelius, Lucius: Liber memorialis *[Aide-mémoire (= Liber memorialis), texte établi et traduit par Marie-Pierre Arnaud-Lindet, Paris 1993]*.

Anshelm, Valerius: Berner-Chronik, von Anfang der Stadt Bern bis 1526, hrsg. von Emanuel Stierlin und Johann Rudolf Wyss, Bd. 2, Bern 1826.

Anthologia lyrica continens Theognidem, Babrium, Anacreontea cum ceterorum poetarum reliquis selectis, edidit Theodorus Bergk, Lipsiae 1854.

L'Art de vérifier les dates des faits historiques, des chartes, des chroniques, et des autres anciens monumens, depuis la naissance de Notre-Seigneur, par un religieux Bénédictin de la congrégation de S. Maur, 3e éd., 3 vol., Paris 1783–1787.

L'Art pour tous. Encyclopédie de l'art industriel et décoratif, éd. par Emile Reiber, Paris 1861 ff.

Athenaios: Deipnosophistae, e recognitione Augusti Meineke, 4 vol., Lipsiae 1858–1867 *[The Deipnosophists, with a Engl. transl. by Charles Burton Gulick, 6 vol., London; Cambridge (Mass.) 1927–1941 (Loeb)]*.

Barni, Jules: Napoléon et son historien M. Thiers, Genève 1865.

Bastian, Adolf: Beiträge zur vergleichenden Psychologie. Die Seele und ihre Erscheinungsweisen in der Ethnographie, Berlin 1868.

Bastide, Louis: Vie religieuse et politique de Talleyrand-Périgord, prince de Bénévent, depuis sa naissance jusqu'à sa mort, 2e éd., Paris 1839.

Baumgarten, Hermann: Spanisches zur Geschichte des sechzehnten Jahrhunderts, in: Historische Zeitschrift, Bd. 39 (= N.F. Bd. 3), München 1878, S. 385–418.

Bellori, Giovanni Pietro: Le vite de' pittori, scultori et architetti moderni, Roma 1672 [reprographischer Nachdruck: Bologna 1977].

Berlichingen, Götz von: Mein Fehd und Handlungen, hrsg. von Helgard Ulmschneider, Sigmaringen 1981.

Bernold von Konstanz: Chronicon, in: MGH SS 5, ed. G. H. Pertz, Hannoverae 1844, p. 385–467.

Beugnot, Jacques-Claude: Mémoires du comte Beugnot, publiés par Albert Beugnot, 2e éd., 2 vol., Paris 1867–1868.

Bode, Wilhelm von: Die Marmorstatue Johannes des Täufers von Michelangelo, in: Jahrbuch der Königlich Preußischen Kunstsammlungen, 2 (1881), S. 72–78.

Bode, Wilhelm von: Rembrandt's früheste Thätigkeit, in: Die graphischen Künste, Jg. 3, Wien 1881, S. 49–72.

Boethius, Hector: Scotorum historiae a prima gentis origine cum aliarum et rerum et gentium illustratione non vulgari libri XIX, Parisiis 1575.

Boileau, Nicolas: Œuvres complètes, Paris 1966.

Bourrienne, Louis-Antoine Favelet de: Mémoires sur Napoléon, le Directoire, le Consulat, l'Empire et la Restauration, 11 vol., Stuttgart 1829–1830.

Brantôme, Pierre (de Bourdeille) de: Vies des grands capitaines estrangers et françois, in: Œuvres complètes du Seigneur de Brantôme, accompagnées de remarques historiques et critiques, t. 1, Paris 1822.

Bulwer, Henry Lytton: Essai sur Talleyrand, traduit par Georges Perrot, Paris 1868.

Burger, Willem (= Thoré, Théophile): Les Musées de la Hollande, 2 vol., Paris; Bruxelles; Ostende 1858–1860.

Bussy-Rabutin, Roger de: Correspondance de Roger de Rabutin avec sa famille et ses amis (1666–93). Nouvelle édition par Ludovic Lalaune, 6 vol., Paris 1858–1859.

Bussy-Rabutin, Roger de: Histoire amoureuse des Gaules, éd. par Francis Cleirens, Paris 1961.

Bussy-Rabutin, Roger de: Les mémoires de Messire Roger de Rabutin. Nouvelle édition revue de l'auteur, 2 vol., Amsterdam 1731.

Candolle, Alphonse de: Histoire des sciences et des savants depuis deux siècles, suivie d'autres études sur des sujets scientifiques, en particulier sur la sélection dans l'espèce humaine, Genève; Bâle; Lyon 1873.

Cantù, Cesare: Storia della città e della diocesi di Como esposta in dieci libri, 2 vol., Como 1829–1831.

Capella, Galeatius: De bello Mediolanensi, seu de rebus in Italia gestis pro restitutione Francisci Sfortiae II, in: Thesaurus antiquitatum et historiarum Italiae, ed. Joannes Georgius Graevius, t. 2.2, Lugduni 1704, col. 1254–1336.

Capella, Galeatius: De bello Mussiano liber adoptivus, in: Thesaurus antiquitatum et historiarum Italiae, ed. Joannes Georgius Graevius, t. 3.2, Lugduni 1704, col. 1229–1238.

Cedrenus, Georgius: Annales sive historiae ab exordio mundi ad Isacium Comnenum usque compendium, Basileae 1566 *[Georgii Cedreni Compendium historiarum, in: PG 121 (pars 1), Parisiis 1894; PG 122 (pars 2), Parisiis 1889, col. 9–368]*.

Cervantes Saavedra, Miguel de: Leben und Taten des scharfsinnigen Edlen Don Quixote von la Mancha. Aus dem Spanischen von Ludwig Tieck, *Zürich* 1987.

Chastellain, Georges: Chroniques des derniers duc de Bourgogne, in: Choix de chroniques et mémoires sur l'histoire de France, ed. J. A. C. Buchon, Paris 1837 (Panthéon littéraire).

Chateaubriand, François Auguste René de: Mémoires d'outre-tombes, *2 vol., Paris 1976 (Bibliothèque de la Pléiade, Nr. 67; 71)*.

Commynes, Philippe de: Mémoires, *introduction, édition, notes et index de Joël Blanchard, avec la collaboration de Michel Quereuil pour le glossaire, Paris 2001*.

Constantinus Porphyrogenitus: De cerimoniis aulae byzantinae, *in: PG 112, Parisiis 1897*.

Correspondance générale de Napoléon Ier publiée par ordre de l'empereur Napoléon III, Paris 1858–1869.

Crowe, Joseph Archer; Cavalcaselle, Giovanni Battista: A history of painting in North Italy. Venice, Padua, Vicenza, Verona, Ferrara, Milan, Friuli, Brescia, from the fourteenth to the sixteenth century, 2 vol., London 1871.

Damas-Hinard, Jean Joseph Stanislas Albert: Napoléon. Ses opinions et jugemens sur les hommes et sur les choses, 2 vol., Paris 1838.

Decker, Paul: Fürstlicher Baumeister oder Architectura civilis, Augspurg 1711 *[photomechanischer Nachdruck: Hildesheim; New York 1978]*.

Decker, Paulus: Groteschgen-Werk vor Mahler Goldschmidte Stucato, Nürnberg [s. a.].

Diderot, Denis: Essais sur la peinture, *in: Œuvres esthétiques, éd. par Paul Vernière, Paris 1988, p. 666–740*.

Dietterlin, Wendel: Architectura, Nürnberg 1598 *[photomechanischer Nachdruck: Darmstadt 1965]*.

Diodor: *Diodorus of Sicily: The library of history in twelve volumes, with an Engl. transl. by C. H. Oldfather et al., London; Cambridge (Mass.) 1946–1971 (Loeb)*.

Diogenes Laertius: *Leben und Meinungen berühmter Philosophen, Buch 1–10, aus dem Griechischen übersetzt von Otto Apelt, 2. Aufl., Hamburg 1967*.

Dohme, Robert: Aus Paul Deckers Fürstlichem Baumeister, Berlin 1885.

Dyck, Anthonie van: Icones principum virorum doctorum pictorum chalcographorum statuariorum nec non amatorum pictoriae artis ab Antonio Van Dyck ad vivum expressae, Antverpiae [s. a.] *[L'iconographie d'Antoine van Dyck. Catalogue raisonné, par Marie Mauquoy-Henrickx, 2 vol., Bruxelles 1956]*.

Eisenmann, Oscar: Die neueren Erwerbungen der Dresdener Galerie, in: Kunstchronik 40, 1881, Sp. 649–655.

Enghert, Eduard R. von: Kunsthistorische Sammlung des Allerhöchsten Kaiserhauses. Beschreibendes Verzeichnis der Gemälde, 3 Bde., Wien 1882–1886.

Epicurea, ed. Hermannus Usener, Lipsiae 1887.

Exposition de tableaux et dessins d'anciens maîtres organisée par la Société néerlandaise de bienfaisance à Bruxelles 1873, 2e éd. augmontée d'un supplément, Bruxelles 1873.

Feuerbach, Joseph Anselm: Geschichte der griechischen Plastik, aus dem Nachlasse [Joseph] Anselm Feuerbach's hrsg. von Hermann Hettner, 2 Bde., Braunschweig 1853 (Nachgelassene Schriften von [Joseph] Anton Feuerbach, Bde. 2–3).

Die Flersheimer Chronik. Zur Geschichte des XV. und XVI. Jahrhunderts, hrsg. von Otto Waltz, Leipzig 1874.

Freytag, Gustav: Aus einer kleinen Stadt, 2. Aufl., Leipzig 1880.

Frizzoni, Gustavo: Collezione di quaranta disegni scelti dalla raccolta del Senatore Giovanni Morelli, Milano 1886.

Fromentin, Eugène: Les maîtres d'autrefois, Belgique – Hollande, 2e éd., Paris 1876.

Fugger, Johann Jacob: Spiegel der Ehren des Höchstlöblichen Kayser- und Königlichen Erzhauses Oesterreich, Nürnberg 1668.

Gagern, Hans Christoph von: Mein Antheil an der Politik. Unter Napoleons Herrschaft, 5 Teile in 6 Bänden, Stuttgart; Tübingen 1823–1833.

Gelzer, Heinrich: Die politische und kirchliche Stellung von Byzanz, in: Verhandlungen der zweiunddreißigsten Versammlung Deutscher Philologen und Schulmänner in Gera vom 30. September bis 2. October 1878, Leipzig 1879, S. 32–55.

Gervinus, Georg Gottfried: Geschichte des neunzehnten Jahrhunderts seit den Wiener Verträgen, Bd. 1, Leipzig 1855.

Gindely, Anton: Neues über Wallenstein, in: Beilage zur Allgemeinen Zeitung, Nr. 147, 1875, S. 2301 f., und Nr. 148, 1875, S. 2318 ff.

Giovio, Paolo: Elogia veris clarorum virorum imaginibus apposita quae in musaeo Ioviano Comi spectantur, Venetiis 1546.

Giovio, Paolo: Elogia virorum bellica virtute illustrium, Basileae 1575.

Giovio, Paolo: Elogia virorum literis illustrium, Basileae 1577.

Goethe, Johann Wolfgang von: Goethe's poetische und prosaische Werke in zwei Bänden, Stuttgart; Tübingen 1836–1837.

Goethe, Johann Wolfgang von: Italienische Reise, *in: HA, Bd. 11, hrsg. von Erich Trunz und Herbert von Einem, München 1988.*

Goethe, Johann Wolfgang von: Nausikaa, *in: HA, Bd. 5, hrsg. von Lieselotte Blumenthal [et al.], München 1988, S. 68–72.*

Goethe, Johann Wolfgang von: Ruysdael als Dichter, *in: WA, Bd. 48, hrsg. von Otto Harnack, Weimar 1897, S. 163–168.*

Goethe, Johann Wolfgang von: Wilhelm Meisters Lehrjahre, *in: HA, Bd. 7, hrsg. von Erich Trunz, München 1988.*

Goethe, Johann Wolfgang von: Wilhelm Meisters theatralische Sendung, *in: WA, Bd. 52, hrsg. von Julius Wahle und Harry Maync, Weimar 1911.*

Gregor von Tours: Liber miraculorum in gloria martyrum, in: MGH SS rer. Merov. 1.2, ed. W. Arndt et B. Krusch, Hannoverae 1885, p. 487–561.

Grumello, Antonio: Cronaca, ed. Giuseppe Müller, Milano 1856 (Raccolta di cronisti e documenti storici lombardi inediti, vol. 1).

Gruyer, François-Anatole: Raphaël peintre de portraits. Fragments d'histoire et d'iconographie sur les personnages représentés dans les portraits de Raphaël, 2 vol., Paris 1881.

Guicciardini, Francesco: La Historia d'Italia, nuovamente con somma diliggenza ristampata [...] con le annotationi in margine delle cose piu notabili, fatte da Reverendo padre Remigio Fiorentino, Venetia 1563.

Guizot, François: Histoire de la Révolution d'Angleterre, 6 vol., Paris 1854–1856.

Guler von Weineck, Johannes: Raetia. Das ist ausführliche und wahrhaffte Beschreibung der dreyen loblichen Grawen Bündten und anderer Retischen Völcker, [Zürych 1616].

Häusser, Ludwig: Deutsche Geschichte vom Tode Friedrichs des Großen bis zur Gründung des deutschen Bundes, dritte verbesserte und vermehrte Auflage, 4 Bde., Berlin 1861–1863.

Handbuch der Malerei vom Berge Athos. Aus dem handschriftlichen, neugriechischen Urtext übersetzt mit Anmerkungen von Didron d. Ä. und eigenen, hrsg. von Godehard Schäfer, Trier 1855.

Herodot: *Historien, gr. u. dt., hrsg. von Josef Feix, 2 Bde., 4. Aufl., München; Zürich 1988 (Tusculum).*

Hirth, Georg: Kulturgeschichtliches Bilderbuch aus drei Jahrhunderten, 6 Bde., Leipzig; München 1881–1890.

Homer: *Ilias, übertr. von Hans Rupé. Mit Urtext, Anhang und Registern, 8. Aufl., Zürich; München 1983 (Tusculum).*

Homer: *Odyssee, gr. u. dt., hrsg. von Anton Weiher. Mit Urtext, Anhang und Registern, 7. Aufl., Zürich; München 1982 (Tusculum).*

Hormayr, Joseph von: Kaiser Franz und Metternich. Ein nachgelassenes Fragment, Leipzig 1848.

Houbraken, Arnold: De groote Schouburgh der Nederlantsche Konstschilders en Schilderessen, 3 Teile, 2. Aufl., s'Gravenhage 1753 *[photomechanischer Nachdruck: Amsterdam 1976].*

Hübner, Julius: Verzeichnis der Dresdner Gemäldegallerie, 4. Aufl., Dresden 1872.

Iamblichos: De vita Pythagorae *[Pythagoras. Legende, Lehre, Lebensgestaltung, hrsg., übersetzt u. eingel. von Michael von Albrecht, Zürich; Stuttgart 1936].*

Iselin, Jacob Christoph: Neu-vermehrtes Historisch- und Geographisches Allgemeines Lexicon, 4 Teile, 4. Aufl., Basel 1747.

Iung, Théodore: Bonaparte et son temps, 1769–1799, d'après les documents inédits, 3 vol., Paris 1880–1881.

Iustinus, M. Iunianus: Epitoma historiarum Philippicarum Pompei Trogi *[Pompeius Trogus: Weltgeschichte von den Anfängen bis Augustus im Auszug des Justin, eingeleitet, übersetzt und erläutert von Otto Seel, Zürich; München 1972].*

Jacobus a Voragine: Legenda Aurea, ed. Th. Graesse, Dresdae; Lipsiae 1861 *[Iacopo da Varazze: Legenda aurea, ed. critica a cura di Giovanni Paolo Maggioni, 2a ed., 2 vol., Firenze 1998].*

James I.: Daemonologia, hoc est adversus incantationem sive magiam institutio, forma dialogi concepta et in libros III distincta, Hanoviae 1604.

Khevenhüller, Franz Christoph: Annales Ferdinandei, t. 10–12, Leipzig 1726.

Knackfuß, Hermann: Deutsche Kunstgeschichte, 2 Bde., Bielefeld; Leipzig 1888.

Kortüm, Friedrich: Geschichte des Mittelalters, 2 Bde., Bern 1836–1837.

Kugler, Franz: Handbuch der Geschichte der Malerei seit Constantin dem Grossen, 2. Aufl., unter Mitwirkung des Verfassers umgearbeitet und vermehrt von Jacob Burckhardt, 2 Bde., Berlin 1847.

Kurtz, Johann Heinrich: Abriss der Kirchengeschichte. Ein Leitfaden für den Unterricht in höheren Lehranstalten, 5. Aufl., Mitau 1863.

Lang, Karl Heinrich von: Memoiren. Skizzen aus meinem Leben und Wirken, meinen Reisen und meiner Zeit, 2 Teile, Braunschweig 1842.

Lanfrey, Pierre: Histoire de Napoléon Ier, 5 vol., Paris 1867–1875.

Las Cases, Marie Joseph Emmanuel Dieudonné de: Mémorial de Sainte-Hélène, ou journal, où se trouve consigné, jour par jour, ce qu'a dit et fait Napoléon durant dixhuit mois, 8 vol., Paris 1823.

Le Pautre, Antoine: Les œuvres d'architecture, Paris 1652.

Lemcke, Carl: Rembrandt van Rijn, in: Dohme, Robert: Kunst und Künstler, Faszikel 35, Leipzig 1877, S. 3–56.

Lermolieff, Ivan (= Morelli, Giovanni): Die Werke italienischer Meister in den Galerien von München, Dresden und Berlin. Ein kritischer Versuch, aus dem Russischen übersetzt von Johannes Schwarze, Leipzig 1880.

Lichtenberg, Georg Christoph: Ausführliche Erklärung der Hogarthischen Kupferstiche, *in: Schriften und Briefe, hrsg. von W. Promies, Bd. 3, München 1972, S. 657–1060.*

Die Limburger Chronik des Tilemann Elhen von Wolfhagen, in: MGH SS 4.1, ed. Arthur Wyss, Hannoverae 1883.

Liutprandus Cremonensis: Antapodosis, ed. J. Becker, Hannover; Leipzig 1915.

Liutprandus Cremonensis: Legatio ad Nicephorum Phocam, in: Rerum Italicarum Scriptores, ed. Ludovicus Antonius Muratorius, vol. 2, Mediolani 1723, fol. 479–489.

Ludolff, Hiob: Allgemeine Schau Bühne der Welt, oder: Beschreibung der vornehmsten Welt Geschichte... vom Anfang dieses siebenzehenden Jahrhunderts biß zum Ende desselben, vol. 1–2, Franckfurt am Mayn 1699–1701.

Lützow, Carl von: Geschichte des deutschen Kupferstiches und Holzschnittes, Berlin 1891 (Geschichte der Deutschen Kunst, Bd. 4).

Ludwig, Otto: Shakespeare-Studien, Leipzig 1872.

Marmont, Auguste Frédéric Louis Viesse de: Mémoires du duc de Raguse de 1792 à 1832, 9 vol., Paris 1857.

Martin, Henri: Histoire de France depuis les temps les plus reculés jusqu'en 1789, 16 vol., Paris 1855–1858.

Melito von Sardes siehe [Pseudo-]Melito

Méneval, Claude François: Napoléon et Marie-Louise. Souvenirs historiques, 2e éd., 2 vol., Paris 1844.

Menzel, Karl Adolf: Geschichte unserer Zeit, in: Karl Friedrich Becker's Weltgeschichte, 7. Aufl., 12.–14. Theil, Berlin 1838.

Mercier, Sébastien: Paris pendant la Révolution (1789–1798), ou: Le nouveau Paris, 2 vol., Paris 1862.

Mérimée, Prosper de: Cervantes, in: Portraits historiques et littéraires, Paris 1874.

Metternich, Clemens von: Aus Metternich's nachgelassenen Papieren, hrsg. von Richard Metternich-Winneberg, 8 Bde., Wien 1880–1884.

Michaud, Louis-Gabriel: Talleyrand, in: Biographie universelle ancienne et moderne. Supplément, rédigé par une société de gens de lettres et de savants, t. 83, Paris 1853, p. 157–346.

Michelet, Jules: Histoire de France au dix-septième siecle (Histoire de France, t. 11–13), Paris 1861–1863 [in: Œuvres complètes, éd. par Paul Viallaneix, t. 9, Paris 1982].

Mignet, François-Auguste: Antonio Perez et Philippe II, Paris 1845.

Mignet, François-Auguste: Notice historique sur la vie et les travaux de M. le prince de Talleyrand, in: Notices et mémoires historiques, t. 1, Paris 1845, p. 107–160.

Milchhöfer, Arthur: Die Anfänge der Kunst in Griechenland, Leipzig 1883.

Miot de Melito, André-François: Mémoires, 3 vol., Paris 1858.

Montgaillard, [Guillaume-Honoré Rocques] Abbé de: Histoire de France depuis la fin du règne de Louis XVI jusqu'à l'anné 1825, 9 vol., Paris 1827.

Morus, Thomas: Utopia, in: Thomae Mori [...] lucubrationes, Basileae 1563, p. 1–159 *[The Complete Works of St. Thomas More, vol. 4, ed. by Edward Surtz and J. H. Hexter, New Haven; London 1965]*.

Müffling, Friedrich Carl Ferdinand von: Aus meinem Leben, Berlin 1851.

Müllenhoff, Karl: Deutsche Altertumskunde, Bd. 1, Berlin 1870.

Müller, Karl Otfried: Geschichte der griechischen Literatur bis auf das Zeitalter Alexanders, nach der Handschrift des Verfassers hrsg. von Eduard Müller, 2 Bde., Breslau 1841.

Nägelsbach, Carl Friedrich: Die nachhomerische Theologie des griechischen Volksglaubens bis auf Alexander, Nürnberg 1857.

Orléans, Elisabeth Charlotte von: Briefe aus den Jahren 1676 bis 1706, hrsg. von Wilhelm Ludwig Holland, Stuttgart 1867.

Pasquier, Etienne Denis de: Mémoires du chancelier Pasquier, t. 1, 3e éd., Paris 1893.

Pausanias: *Description of Greece, with an Engl. transl. by W. H. S. Jones in four volumes, with a companion volume containing maps, plans and indices, London; Cambridge (Mass.), 1959–1961 (Loeb)*.

Perez, Antonio: Les obras y relaciones de Ant. Perez, secretario de estado, que fue del rey de España Don Phelippe II. de esto nombre, Geneva 1631.

Philippson, Martin: Philipp II. von Spanien und das Papstthum, in: Historische Zeitschrift, Bd. 39 (= N.F. Bd. 3), München 1878, S. 269–315 und 419–457.

Platner, Ernst; Urlichs, Ludwig: Beschreibung Roms. Ein Auszug aus der Beschreibung der Stadt Rom, Stuttgart; Tübingen 1845.

Plinius d. Ä.: Naturalis historia *[Naturkunde, lat. u. dt., hrsg. u. übers. von Roderich König u. a. in Zusammenarbeit mit Joachim Hopp, Karl Bayer, Wolfgang Glöckner, München 1978; Darmstadt 1989 (Tusculum)]*.

Plutarch: *Große Griechen und Römer, eingel. u. übers. von Konrat Ziegler, Zürich 1964–1975*.

Plutarch: *Plutarch's moralia, with an Engl. transl., in sixteen volumes, London; Cambridge (Mass.) 1927 ff. (Loeb)*.

Porphyrios: Vita Pithagorae *[Porphyre: Vie de Pythagore, in: Vie de Pythagore. Lettre à Marcella, texte établi et traduit par Edouard des Places, Paris 1982, p. 36–86]*.

Pozzo, Andrea: Perspectiva pictorum et architectorum Andreae Putei e societate Jesu, 2 vol. = Prospettiva de' pittori e architetti d'Andrea Pozzo della Compagnia di Giesù, 2 vol., Roma 1693–1700.

*[Pseudo-]*Melito von Sardes: De transitu Virginis Mariae, in: Bibliotheca maxima veterum patrum et antiquorum scriptorum ecclesiasticorum, t. 2.2, Lugduni 1677, p. 212–216 *[in: PG 5, Parisiis 1894, col. 1231–1240]*.

Puteanus, Erycius: Historiae Cisalpinae libri duo, in: Thesaurus antiquitatum et historiarum Italiae, ed. Joannes Georgius Graevius, t. 3.2, Lugduni 1704, col. 1143–1182.

Puteanus, Erycius: Joannis Jacobi Medicaei insubris breve elogium *siehe* ders.: Historiae Cisalpinae libri duo.

Quirini, Vincenzo: Relazione, in: Le relazioni degli ambasciatori veneti al Senato durante il secolo decimosesto, raccolte ed illustrate da Eugenio Albèri, serie 1, vol. 6, Firenze 1862, p. 1–66.

Ranke, Leopold von: Deutsche Geschichte im Zeitalter der Reformation, 6 Bde., Berlin 1839–1847.

Ranke, Leopold von: Geschichte Wallensteins, in: Sämmtliche Werke, Bd. 23, Leipzig 1876.

Ranke, Leopold von: Weltgeschichte, Aufl. 1–3, Theil 5, Leipzig 1884.

Rapp, Jean: Mémoires du général Rapp, aide-de-camp de Napoléon, écrits par lui-même et publiés par sa famille, Paris 1823.

Rathgeber, Georg: Annalen der niederländischen Malerei, Formschneide- und Kupferstecherkunst, Gotha 1844.

Regnet, Carl A.: Claude Lorrain, in: Dohme, Robert: Kunst und Künstler des Mittelalters und der Neuzeit, Bd. 6 (Kunst und Künstler Spaniens, Frankreichs und Englands), Leipzig 1880, Lieferung 92–96.

Rémusat, Claire-Elisabeth-Jeanne de: Mémoires de Madame de Rémusat 1802–1808, publiés par Paul de Rémusat, 3 vol., Paris 1880–1881.

Rhetores Graeci, ed. Christianus Walz, t. 1, Stuttgartiae; Tubingae 1832.

Rhode, Erwin: Die Quellen des Jamblichus in seiner Biographie des Pythagoras, in: Rheinisches Museum für Philologie 26, 1871, S. 554–576; 27, 1872, S. 23–61.

Richelieu, Armand-Jean de: Mémoires, *in: Collection des mémoires relatifs à l'histoire de France: depuis l'avènement de Henri IV, jusqu'à la Paix de Paris, conclue en 1763, éd. par Petitot, continué par L. J. N. Monmerqué, vol. 10–11, Paris 1821 ff.*

Richelieu, Armand-Jean de: Testament politique, 7e éd., Paris 1947.

Rudhart, Georg Thomas: Thomas Morus, Nürnberg 1829.

Saadi: Mosliheddin Sadi's Rosengarten, nach dem Texte und dem arabischen Commentare Sururi's aus dem Persischen übersetzt mit Anmerkungen und Zugaben von Karl Heinrich Graf, Leipzig 1846.

Saint-Simon, Louis de Rouvroy, duc de: Mémoires complets et authentiques du duc de Saint-Simon sur le siècle de Louis XIV et la Régence, éd. par M. Chéruel, 13 vol., Paris 1882–1884.

Sainte-Beuve, Charles-Augustin: Œuvres, *éd. par Maxime Leroy, 2 vol., Paris 1949–1951.*

Sainte-Beuve, Charles-Augustin: Madame de Sévigné, *in: Œuvres, vol. 2*, Paris 1951, p. 991–1007.

Sainte-Beuve, Charles-Augustin: Monsieur Talleyrand, éd. par Jules Troubat, Paris 1870 *[Monsieur de Talleyrand, éd. par Léon Noël, Monaco 1958]*.

Savary, Anne Jean Marie René, duc de Rovigo: Mémoires du Duc de Rovigo, pour servir à l'histoire de l'Empéreur Napoléon, 8 vol., Bruxelles 1828.

Schack, Adolf Friedrich: Meine Gemäldesammlung, Stuttgart 1882.

Schaefer, Arnold: Demosthenes und seine Zeit, 3 Bde., Leipzig 1856–1858.

Schiller, Friedrich: Briefwechsel. Briefe an Schiller, *in: Schillers Werke. Nationalausgabe, Bd. 36.1, hrsg. von Norbert Oellers, Weimar 1972*.

Schiller, Friedrich: Briefwechsel. Schillers Briefe, *in: Schillers Werke. Nationalausgabe, Bd. 29, hrsg. von Norbert Oellers und Frithjof Stock, Weimar 1977*.

Schiller, Friedrich: *Der Briefwechsel zwischen Schiller und Goethe, 3 Bde.*, im Auftrage der Nationalen Forschungs- und Gedenkstätten der klassischen deutschen Literatur in Weimar hrsg. von Siegfried Seidel, Leipzig 1894.

Schiller, Friedrich: Gedichte, *in: Schillers Werke. Nationalausgabe, Bd. 2.1, hrsg. von Norbert Oellers, Weimar 1983*.

Schiller, Friedrich: Wallenstein, *in: Schillers Werke. Nationalausgabe, hrsg. von Hermann Schneider und Lieselotte Blumenthal, Bd. 8, Weimar 1949*.

Schlabrendorf, Gustav von: Napoleon Bonaparte und das französische Volk unter seinem Consulate, Germanien [Hamburg] 1804.

Schlosser, Friedrich Christoph: Geschichte des achtzehnten Jahrhunderts und des neunzehnten bis zum Sturz des französischen Kaiserreichs. Mit besonderer Rücksicht auf geistige Bildung, 4. Aufl., Bde. 6–7, Heidelberg 1857–1859.

Sepúlveda, Juan Ginés de: De rebus gestis Caroli V liber 1–5, *in: Obras completas, edición crítica y traducción de Elena Rodríguez Peregrina, vol. 1*, Pozoblanco 1995.

Sepúlveda, Juan Ginés de: De rebus gestis Caroli V liber 6–10, *in: Obras completas, edición crítica y traducción de Elena Rodríguez Peregrina, vol. 2*, Pozoblanco 1996.

Sévigné, Marie de Rabutin-Chantal de: Lettres de Madame de Sévigné à sa fille et à ses amis, nouvelle édition, par Ph. A. Grouvelle, 8 vol., Paris 1806.

Seyssel, Claude de: Histoire singulière du Roy Loys XII de ce nom, père du peuple, faicte au parangon des règnes et gestes des autres Roys de France, ses précédeurs [...], Paris 1558.

Shakespeare, William: Macbeth, in: Shakspeare's dramatische Werke übersetzt von August Wilhelm von Schlegel und Ludwig Tieck, Bd. 12, Berlin 1840, S. 269–361 *[in: Shakespeares dramatische Werke, übersetzt von A. W. Schlegel und L. Tieck, Bd. 2, Zürich 1979, S. 111–189] [engl. Ausgabe: ed. by Kenneth Muir, London 1953 (= The Arden Edition of the Works of William Shakespeare)]*.

Stettler, Michael: Chronicon oder Grundtliche Beschreibung der denckwürdigesten Sachen und Thaten welche in den Helvetischen Landen...sich zugetragen unnd verloffen, Bd. 2, Bern 1626.

Strabon: *Strabo: Geographike – The Geography, with an Engl. transl. by Horace Leonard Jones, 8 vol., London; Cambridge (Mass.) 1917–1932 (Loeb)*].

Stumpf, Johann: Schwytzer Chronik, Zürych 1606.

Sybel, Heinrich von: Geschichte der Revolutionszeit von 1795 bis 1800, 2 Bde., Düsseldorf; Stuttgart 1870–1879 (= Geschichte der Revolutionszeit von 1789 bis 1800, Bde. 4 und 5).

Taine, Hippolyte: Les Origines de la France contemporaine, 6 vol., Paris 1876–1893 *[2 vol., Paris 1986]*.

Thiers, Adolphe: Histoire du Consulat et de l'Empire, 21 vol., Bruxelles; Leipzig 1845–1862.

Topin, Marius: L'Homme au masque de fer, Paris 1869.

Trithemius, Johannes: Annales Hirsaugienses, 2 vol., St. Gallen 1690.

Troyes, Jean de: Histoire de Louys XI. Roy de France. Et des choses memorables avenuës de son Regne, depuis l'an 1460, jusques à 1483, in: Philippe de Comines, Mémoires, vol. 2, Brusselle 1723.

Ulmann, H.: Margarete von Oesterreich, Regentin der Niederlande, in: Zeitschrift für Allgemeine Geschichte, Bd. 2, Stuttgart 1885, S. 289–306.

Unger, Georg Friedrich: Zur Geschichte der Pythagoreier, in: Sitzungsberichte der philosophisch-philologischen und historischen Classe der königlich-bayerischen Akademie der Wissenschaften, Jg. 1883, München 1884, S. 140–192.

Usener, Hermann: Organisation der wissenschaftlichen Arbeit. Bilder aus der Geschichte der Wissenschaft, in: Preußische Jahrbücher, Bd. 53, 1884, S. 1–25.

Vasari, Giorgio: Le vite de' più eccellenti pittori, scultori e architetti, 13 vol., Firenze [Le Monnier] 1846–1857 *[Le vite de' più eccellenti pittori, scultori e architetti, nelle redazioni del 1550 e 1568, testo a cura di R. Bettarini, commento secolare a cura di P. Barocchi, vol. 1–6, Firenze 1966–1987]*.

Verri, Pietro: Storia di Milano, 2 vol., Milano 1783–1798.

Villot, Frédéric: Notice des tableaux exposés dans les Galeries du Musée impérial du Louvre, 3e éd., Paris 1861.

Vögelin, Johannes Konrad: Geschichte der Schweizerischen Eidgenossenschaft, Bd. 2, 3. Aufl., Zürich 1861.

Voltaire, François Marie Arouet: Œuvres, nouvelle édition revue, corrigée et considérablement augmentée par l'auteur, 10 vol., Dresden 1748–1754.

Voltaire, François Marie Arouet: Œuvres complètes, 72 vol., Paris 1784–1789 *[Œuvres complètes de Voltaire, éd. par Louis Moland, 52 vol., Paris 1877]*.

Waagen, Gustav Friedrich: Handbuch der deutschen und niederländischen Malerschulen, 2 Bde., Stuttgart 1862.

Waagen, Gustav Friedrich: Königliche Museen. Verzeichniss der Gemälde-Sammlung, Berlin 1860.

Waagen, Gustav Friedrich: Rubens-Album, Berlin 1864 [wiederabgedruckt in: Kleine Schriften, Stuttgart 1875, S. 235–296].

Wauters, Alphonse-Jules: La peinture flamande, Paris 1883.

Wiboldus Cameracensis: Ludus clericalis, in: PL 134, Parisiis 1853, col. 1007–1016.

Winer, Georg Benedict: Biblisches Realwörterbuch zum Handgebrauch für Studirende, Candidaten, Gymnasiallehrer und Prediger, 2 Bde., Leipzig 1847–1848.

Wölfflin, Heinrich: Renaissance und Barock. Eine Untersuchung über Wesen und Entstehung des Barockstiles in Italien, München 1888.

Zimmerische Chronik, hrsg. von K. A. Barack, 4 Bde., Tübingen 1869 (Bibliothek des literarischen Vereins in Stuttgart, Bde. 91–94).

Abkürzungen

Briefe	Burckhardt, Jacob: Briefe, vollständig und kritisch bearbeitete Ausgabe mit Benützung des handschriftlichen Nachlasses hergestellt von Max Burckhardt, 11 Bde., Basel 1949–1994.
Dürr	Jacob Burckhardt: Vorträge 1844–1887, im Auftrag der Historischen und Antiquarischen Gesellschaft zu Basel herausgegeben von Emil Dürr, Basel 1918.
GA	Jacob Burckhardt-Gesamtausgabe, 14 Bde., Basel 1929–1934.
JBW	Jacob Burckhardt Werke. Kritische Gesamtausgabe, Basel; München 2000 ff.
Kaegi	Kaegi, Werner: Jacob Burckhardt. Eine Biographie, 7 Bde., Basel 1947–1982.
HA	Goethes Werke. Hamburger Ausgabe in 14 Bänden, hrsg. von Erich Trunz, Hamburg, später München 1948 ff.
MGH	Monumenta Germaniae Historica
– SS	Scriptores (in Folio)
– SS rer. Merov.	Scriptores rerum Merovingicarum
PA	Staatsarchiv Basel-Stadt, Privatarchiv
PG	Patrologiae cursus completus, series Graeca, ed. Jacques-Paul Migne.
PL	Patrologiae cursus completus, series Latina, ed. Jacques-Paul Migne.
WA	Goethes Werke. Weimarer Ausgabe, hrsg. im Auftrag der Großherzogin Sophie von Sachsen, 4 Abtl., 133 in 143 Bänden, Weimar 1887–1919.

Kommentar

Cardinal Richelieu

1, 3 **Cardinal Richelieu:** Bei der Vorbereitung des Referates konnte sich B. zusätzlich zu den hier edierten Vortragsnotizen auf sein ausführlicheres Vorlesungsmanuskript «Geschichte des XVII. und XVIII. Jahrhunderts» (PA 207, 140) stützen.

1, 24 **Thron für eine Infantin beansprucht:** Nach der Ermordung Heinrichs III., des letzten Valois, erhob Philipp II. von Spanien für seine Tochter aus der Ehe mit Elisabeth von Valois, Isabella Clara Eugenia, Anspruch auf die französische Krone.

1, 29 **Ermordung des Henri IV ... Absichten:** Heinrich IV. wurde 1610 unmittelbar vor dem Eingreifen in den Jülich-Klevischen Erbfolgestreit ermordet. Diese Intervention hätte den offenen Konflikt mit Spanien bedeutet.

1, 31 **Jetzt die Doppelheirathen:** Die Hochzeit Ludwigs XIII. mit der spanischen Infantin Anna d'Austria sowie des spanischen Thronfolgers, des späteren Philipp IV., mit Elisabeth von Frankreich, Schwester Ludwigs XIII., fand 1615 statt.

1, 32 **Luynes:** Charles d'Albert, Herzog von Luynes, Vertrauter des jungen Ludwig XIII., band 1617 staatsstreichartig den Einfluß der Königinmutter Maria von Medici auf den König zurück und erzwang deren Exil in Blois. Wachsender Widerstand gegen Luynes und sein Tod 1621 stärkten wieder die Stellung der Königinmutter und förderten damit auch den Aufstieg Richelieus. Dieser wurde 1624 in den Staatsrat berufen, dem er bereits 1616/17 für kurze Zeit angehört hatte.

2, 4 **Gaston:** Gaston d'Orléans, der Bruder Ludwigs XIII., beteiligte sich an zahlreichen Komplotten gegen Richelieu.

2, 6 **die Condés Vater und Sohn:** Henri II de Bourbon und Louis II de Bourbon, Prinzen von Condé. Sie standen in der Thronfolge bis 1638 direkt hinter Gaston d'Orléans.

2, 6 **Soissons:** Louis de Bourbon-Condé, Graf von Soissons, wie Gaston d'Orléans ein Hauptakteur bei Revolten und Verschwörungen gegen Richelieu.

2, 18 **Benehmen ... Ernennung zum Cardinal:** vgl. dazu B.s Vorlesungsmanuskript «Geschichte des XVII. und XVIII. Jahrhunderts», PA 207, 140, Bl. 91: «... nach der Flucht Maria Medici's von Blois vermittelt er [i. e. Richelieu] zwischen ihr und dem Sohn – doch hindert Luynes sein Cardinalat – er erhält es erst unter Sillery ⌊er tanzte als er es erfuhr⌋.»

2, 23 **Barberinen:** Urban VIII. enstammte der römischen Adelsfamilie Barberini.

2, 29 **Richelieu und Ludwig, zweimal:** An den französischen Kriegszügen in Savoyen und im Piemont 1629 und 1630 zur Unterstützung des Herzogs von Mantua gegen spanische und kaiserliche Angriffe während des mantuanischen Erbfolgekrieges nahmen Ludwig XIII. und Richelieu persönlich teil.

2, 30 **sein Candidat:** Carlo I Gonzaga, Herzog von Nevers, von Mantua und Monferrat.

2, 34	**Khevenhiller:** Khevenhüller, Annales Ferdinandei, t. 11, col. 427–430.
2, 39	**Herzog Carl:** Karl IV., Herzog von Lothringen.
2, 41	**De Vigny und A. Dumas... Romane:** Gemeint sind hier «Cinq-Mars ou une conspiration sous Louis XIII» und «Les trois mousquetaires».
3, 5	**dann la journée des dupes 11. November 1630:** An diesem Tag entschied sich Ludwig XIII. gegen seine Mutter, Maria von Medici, die politisch ausgeschaltet und nach Compiègne verbannt wurde, und für Richelieu, dessen politische Gegner in Ungnade fielen.
3, 8	**ihre Flucht:** Maria von Medici floh am 18. Juli 1631 von Compiègne nach Brüssel.
3, 13	**Madame Gaston zu werden... ihre Schwangerschaften:** vgl. dazu B.s Vorlesungsmanuskript, PA 207, 140, Bl. 91: «Die Großen (dießmal Ornano etc.) benützen die allmälige Chance, bei der Kränklichkeit und dauernden Kinderlosigkeit Ludwig's XIII. auf die Succession Gastons und auf Richelieu's Sturz zu rechnen. ⌊Anne d'Autriche, nach mehreren fausses couches, läßt dem Gaston sagen: er möge nicht heirathen, d. h. verfügbar bleiben – Ludwig XIII. erfuhr es? [...]⌋». Ebd., Bl. 95: «Und in seiner [i. e. Ludwigs XIII.] Nähe gab es doch allerlei Interessen innerhalb des allgemeinen spanischen Verrathes: Gaston – und Anne d'Autriche welche diesen haßte und doch wohl als Witwe hätte heirathen müssen.»
3, 14	**val de grâce:** Das Karmelitinnenkloster in der Rue Saint-Jacques in Paris bildete einen Stützpunkt der spanisch Gesinnten. Anna von Österreich zog sich oft dorthin zurück.
3, 15	**le masque de fer:** vgl. dazu B.s Vorlesungsmanuskript, PA 207, 140, Bl. 96: «Im Merz [1631] die fausse couche Anna's. Wahrscheinlich gab Richelieu dem König von Schwangerschaft und Abortus Kunde. Erst mit Ludwigs Verachtung der Königin war Richelieu seiner sicher. Michelet XII, 435 behält eine Möglichkeit vor, daß das Kind lebendig geboren worden und etwa le *Masque de fer* sei. Cf. auch XV, 86».
3, 19	**cf. dagegen Marius Topin:** L'homme au masque de fer, p. 43–46.
3, 20	**sterb ich heute...:** Michelet, Histoire de France, *Œuvres complètes*, vol. 9, p. 258.
3, 21	**Οἷος πέπνυται...:** «Er allein hat Verstand, die andern sind flatternde Schatten», Homer, Odyssee 10,495.
3, 22	**Salon Agoston:** Die Familie Agoston, eine Gruppe von Schaustellern, gastierte 1872 auch in Basel und ließ u. a. Gespenster und Geister auf der Bühne erscheinen.
3, 25	**père Joseph:** François Joseph Le Clerc du Tremblay, Vertrauter und Berater Richelieus.
3, 30	**le peuple ne contribue plus...:** Michelet, Histoire de France, *Œuvres complètes*, vol. 9, p. 222. Die Aussage ist Richelieu in den Mund gelegt.
3, 31	**le dictateur du désespoir:** ebd., p. 223.
3, 32	**furchtbaren finanziellen Mittel... Croquants et va-nû-pieds:** vgl. dazu B.s Vorlesungsmanuskript, PA 207, 140, Bl. 99: «Der Krieg reiner und unvermeidlicher Cabinetskrieg, in Ermanglung des Elan moral nur mit Geld zu führen. Die heftigsten Mittel: Zurückhaltung der Rente, murrende Rentiers eingekerkert. Oder man ließ Provinzen sich von der Quartierpflicht loskaufen und legte dann dennoch Soldaten in die Häuser. / 1637

erhielten die Commis den Namen *Intendants;* sie walteten mit rechtlicher, finanzieller und polizeilicher Macht und kreuzten Gouverneurs und Parlamente; sie waren meist ohne Geburt, jüngere Söhne von Richtern, Beamten etc. Es waren 35 Dictatoren, statt den frühern 3000 für die Steuererhebung bestimmten Notabeln. / Steueraufstände 1639–1640: Im Midi die Croquants durch La Valette, in der Normandie die va-nu-pieds durch Gassion gebändigt.»

4, 3 **gründet 1637 die Académie de France:** Die königliche Stiftungsurkunde für die Académie datiert vom Januar 1635. Die Beglaubigung durch das Parlament verzögerte sich und erfolgte erst im Juli 1637.

4, 4 **Säuberung der Sprache... Seine eigenen Dramen:** vgl. dazu B.s Vorlesungsmanuskript, PA 207, 140, Bl. 98: «Als Minister unterstützte er [i. e. Richelieu] die guten Schriftsteller der Zeit: Rotrou, Corneille, Benserade, Mézeray, Chapelain etc. – Seine Tyrannei, Dramenpläne zu machen und ganz oder meist von Andern ausführen zu lassen: von Boisrobert, Corneille, Rotrou, l'Etoile, Colletet. – Geschichte wie Corneille's Cid entstand, 1635 ⌊als Corneille nach Rouen zurückgekehrt war⌋ – auf Michelets Manier, XII, 185s. 1637 die Stiftung der Académie de France, eigentlich nur für die Säuberung der Sprache, tatsächlich aber sogleich als Literaturinstanz, und zwar zunächst gegen den Cid (als Verherrlichung Spaniens und des Duelles) ⌊Cid II, 8 erklärt schon genügend Richelieu's Widerwillen.⌋ – Auch in den übrigen Stücken des so loyalen Corneille fand die hohe Gesellschaft Verse für ihre Fronderie.»

4, 6 **Sein Schloß Richelieu und Stadt:** Neben dem erweiterten Stammschloß der Familie im Poitou ließ Richelieu eine Stadt bauen, die allerdings keinen Bestand hatte und heute nur noch in Resten erkennbar ist. Schloß Richelieu wurde während der französischen Revolution zerstört.

4, 6 **seine Sammlungen:** Im Palais Cardinal (später Palais Royal), im Château de Rueil außerhalb von Paris und im Familiensitz im Poitou legte Richelieu seine große Kunstsammlung an, die neben Antiken auch Gemälde von Raffael, Tizian, Caravaggio und Rubens sowie mehrere Porträts von Philippe de Champaigne umfaßte.

4, 7 **Sturz des Verräthers Marillac:** Louis de Marillac, Marschall und Gegner Richelieus, wurde kurz nach der «journée des dupes» im November 1630 verhaftet und im Mai 1632 hingerichtet.

4, 8 **Gaston... Montmorency:** Zu der 1632 vom Brüsseler Exil aus initiierten Revolte von Gaston d'Orléans, in die sich auch Henri II de Montmorency hineinziehen ließ, vgl. B.s Vorlesungsmanuskript, PA 207, 140, Bl. 97: «Darauf [i. e. nach der Hinrichtung von Marillac] erschien Gaston mit 2000 Spaniern (d. h. Mischgesindel) auf französischem Boden, findet aber fast gar keinen Anhang. Montmorency, Gouverneur von Languedoc, durch eine Interessenfrage mit Richelieu entzweit, zwingt die Stände von Languedoc durch Gewaltmaßregeln zum Mithalten und verläßt sich auf spanischen Zuzug. Gaston und Montmorency von den königlichen Truppen unter Schomberg geschlagen; – Gaston unterhandelt und demütigt sich wieder (bis zum Versprechen, künftig alle zu seinen Gunsten entstehenden Complotte zu denunciren und sich über keine Strafe seiner Genossen zu beklagen). Montmorency, für den alle Welt auf den Knien lag, condamné au conseil (wo Richelieu den Joseph zur Befürwortung der Strenge vorgeschoben haben soll), le fut immédiatement par le parlement de Toulouse, décapité le même jour, 30 Oct. 1632.»

4, 10 **Montmorency ... geköpft. Allgemeine Furcht ... Duellstrafen:** ebd.: «Auch Anhänger Montmorency's, seine gentilshommes processirt und hingerichtet; es sollte gegenüber der Staatsidee auch keine schädliche Vasallentreue mehr geben. ⌊Hieher auch Duellstrafen, selbst gegen die Leichen der Getöteten, cf. Ludolf II, 141⌋⌊Schon unter Henri IV heißt es: man kämpft auf den Tod; oft ziehen auch die Secundaten tödtlich gegen einander; oft alle tot.⌋⌊Gegen die Duelle war es hohe Zeit einzuschreiten.⌋»

4, 12 **Spanien den offenen Krieg ... Officiere ... ließen sich absichtlich schlagen:** ebd.: «Richelieu's Kriegserklärung gegen Spanien 16. Apr. 1635. Aber man hatte großen Mangel an guten Generalen und Officieren, was mit guten Duellanten nicht identisch war. Und Manche, heißt es, ließen sich im Felde gerne schlagen, nur damit Richelieu Verdruß habe.»

4, 14 **Gegen den CardinalInfanten ... ruft Richelieu Paris auf:** Der Kardinal-Infant Don Fernando, Bruder Philipps IV. und Statthalter der Niederlande, drang 1636 mit einer Armee in den Norden Frankreichs ein; vgl. dazu B.s Vorlesungsmanuskript, PA 207, 140, Bl. 97: «Die große Gefahr von 1636, da die Croaten des CardinalInfanten bis Pontoise drangen. Richelieu fuhr ohne Begleitung in Paris herum; die Zünfte vom König in der großen Galerie empfangen; eine Armee ausgehoben; Parlament und Bürger zahlten reichlich – und während dessen begann die Raubarmee des CardinalInfanten sich zu verlaufen.»

4, 15 **Jean le vert:** Johann von Werth/Werdt, General im Dienst der Liga und des Kaisers. Er versuchte 1636 im Verbund mit dem spanischen Heer des Kardinal-Infanten nach Paris vorzustoßen.

4, 19 **Anne d'Autriche ... in Richelieu's Händen:** Die Königin unterhielt während des Krieges mit Spanien eine geheime Korrespondenz mit ihrem Bruder Don Fernando, dem Kardinal-Infanten und spanischen Statthalter in Brüssel. Der Austausch der Briefe erfolgte über das Kloster Val de Grâce; vgl. dazu B.s Vorlesungsmanuskript, PA 207, 140, Bl. 98: «Und im selben Jahr [i. e. 1637] (Aug.) erwischte Richelieu die Correspondenz Anna's, machte ihr sehr bange und ließ sie in seiner Gegenwart ein Bekenntniß niederschreiben: ihrer Verbindungen mit Spanien sammt Versprechen, künftighin de ne rien écrire qu'on ne voye, und nicht mehr unbegleitet in die Klöster zu gehen.»

5, 1 **Soissons ... Donchery:** Louis de Bourbon, Graf von Soissons, drang an der Spitze eines von Spanien unterstützten Heeres 1641 bei Sedan in Frankreich ein, fand aber den Tod in der für die Aufständischen siegreich verlaufenen Schlacht von La Marfée. Die Revolte brach in der Folge schnell zusammen. Die übrigen Frondeure unterwarfen sich Ludwig XIII., nachdem dieser Donchery eingenommen hatte.

5, 2 **ausgenommen Anna?:** vgl. Michelet, Histoire de France, Œuvres complètes, vol. 9, p. 355: «La reine en était-elle?»

5, 3 **1642 Cinq Mars und Gaston:** Henri Coeffier de Ruzé d'Effiat, Marquis de Cinq-Mars, anfänglich von Richelieu protegierter Favorit Lud-

Kommentar 671

wigs XIII., wandte sich in der Folge gegen Richelieu, ließ sich für Gaston d'Orléans und die spanischen Interessen gewinnen und wurde 1642 wegen Hochverrats hingerichtet.

5, 4 s'en défaire ... La paix: Michelet, Histoire de France, Œuvres complètes, vol. 9, p. 356 f., wonach auch Ludwig XIII. den Wunsch bekundet haben soll, sich von Richelieu zu befreien, und die allgemeine Kriegsmüdigkeit auf einen Friedensschluß mit Spanien hoffen ließ.

5, 6 Tarascon-Lyon: In Tarascon wurde Richelieu das geheime Abkommen zwischen Gaston d'Orléans und Olivares zugespielt, das einen Frieden zwischen Frankreich und Spanien zum Preis des französischen Rückzugs aus eroberten Positionen vorsah. Gaston d'Orléans, der seiner Stellung wegen kaum zu belangen war, erlangte auf sein Geständnis hin einmal mehr Verzeihung. Der an der Konspiration beteiligte Cinq-Mars dagegen wurde wegen Hochverrats in Lyon hingerichtet.

Über Besichtigung altdeutscher Bilder

6, 7 **Meister Stephan:** Gemeint ist der Kölner Maler Stefan Lochner.

6, 7 **Dünwegge:** Victor und Heinrich Dünwegge sind 1521–1553 in Dortmund nachweisbar; da urkundliche Nachrichten fast völlig fehlen, bleibt ihre Herkunft und verwandtschaftliche Beziehung ungewiß.

6, 9 **M. Schön:** Auf Grund einer Bildinschrift wurde Martin Schongauer im 19. Jahrhundert auch Martin Schön genannt, vgl. G. K. Nagler, Künstler-Lexicon, Bd. 15, München 1845, S. 425.

6, 34 **Meister E. S.:** Von dem anonymen Künstler sind über 300 Stiche bekannt.

7, 12 **Wilhelm von Köln:** Der in der Limburger Chronik hervorgehobene Maler Wilhelm von Köln ist vielleicht mit dem 1358–78 nachweisbaren Wilhelm von Herle identisch; die mit dem «Meister Wilhelm» im 19. Jahrhundert verbundenen Werke werden heute späteren Malern wie Stefan Lochner und dem Meister der heiligen Veronika zugeschrieben.

7, 18 **Rogier:** Gemeint ist Rogier van der Weyden.

7, 20 **Stuerbout:** Dirk Bouts, der in Vergessenheit geriet und erst Mitte des 19. Jahrhunderts wiederentdeckt wurde.

7, 23 **«Streiter ... Richter»:** Es handelt sich um die zwei untern Tafeln des linken Flügels des Altarbildes in St. Bavo, Gent. Zur Zeit B.s war das Polyptychon in seine Einzelteile zerlegt, und die beiden Tafeln befanden sich im Museum von Berlin. (Bei den «Gerechten Richtern» handelt es sich um eine Kopie.)

8, 9 **unsere Darstellung des heiligen Kreuzwunders:** Oberrheinischer Meister von 1479: Die heilige Helena findet das Kreuz Christi, Basel, Öffentliche Kunstsammlung.

8, 13 **das Paulusbild Holbeins d. ä.:** Das Bild «Basilica San Paolo fuori le mura» befindet sich in der Staatsgalerie, Augsburg.

8, 22 **der ältere Holbein ... Transfiguration:** Es handelt sich um die Mitteltafel des Epitaphs der Schwestern Walther; Augsburg, Staatsgalerie.

9, 3 **unser Rosenkranzbild:** Französischer (?) Meister I. M. von 1457: Die Krönung Mariae durch die Dreieinigkeit, Basel, Öffentliche Kunstsammlung.

9, 15   der heilige Thomas auf unserm Baldung: Die Kreuzigung Christi, Basel, Öffentliche Kunstsammlung.
9, 16   S. Eventius und S. Theodolus auf Flammen stehend: Die beiden Heiligen sollen unter Kaiser Hadrian im Kerker heidnische Gefangene bekehrt und getauft haben. Bevor sie enthauptet wurden, entstiegen sie unversehrt einem Feuerofen.
9, 19   seine Maria im Rosenhag: Colmar, Dominikanerkirche.
9, 19   seine mater dolorosa: Gemeint ist das Mittelbild («Pietà») des Stauffenberg-Altars, welcher heute dem Meister des Stauffenberg-Altars zugeschrieben wird; Colmar, Musée d'Unterlinden.
9, 20   seine vier heiligen Frauen: Es handelt sich um «St. Dorothea», «St. Margaretha», «St. Barbara», «St. Katharina»; Basel, Öffentliche Kunstsammlung. Der Museumskatalog von 1908 führt die vier Tafeln an unter «Basler Schule, Ende XV. Jh.». Unter derselben Zuschreibung erwähnt der Katalog von 1926 noch die zwei ersten Werke, während die nachfolgenden Kataloge keines der vier Bilder mehr nennen.
9, 24   M. Schön: Pius Joachim: Oberdeutscher Meister (um 1460): Bildnis eines alten Mannes, ebendort.
9, 26   Holbein d. ä.: der Scherge und der Henker: B. denkt hier vermutlich an die beiden Figuren auf dem linken Flügel («Martyrium des heiligen Petrus») des Katharinen-Altars in der Staatsgalerie Augsburg.
9, 28   Der Teufel... auf Grünewald: Martin Schongauer: Der heilige Antonius, von Dämonen gepeinigt; Matthias Grünewald: Die Versuchung des heiligen Antonius (Seitenflügel des Isenheimer Altars), Colmar, Musée d'Unterlinden.

Über das Englische als künftige Weltsprache

14, 28   mit einem besondern Abschnitt: p. 292–307.
16, 20   Le français bat l'italien...: ebd., p. 303.
16, 28   économe de paroles: ebd., p. 304.

Thomas Morus und die Utopia

18, 23   civitas coelestis, vel potius pars eius...: «Der himmlische Staat oder vielmehr der Teil desselben, der noch in dieser vergänglichen Welt auf der Pilgerfahrt sich befindet und im Glauben lebt [...], führt im irdischen Staat gleichsam in Gefangenschaft sein Pilgerleben [...]; während dieser himmlische Staat auf Erden pilgert, beruft er aus allen Völkern seine Bürger und sammelt aus allen Zungen seine Pilgergemeinde [...].»
18, 28   Tho. Mori Herkunft... die Familie: Für die biographischen Angaben stützte sich B. auf die Lebensbeschreibung von Rudhart: Thomas Morus, S. 3 ff.; vgl. dazu das Exzerptblatt «*Thomas Morus*, von Rudhart»: «Aus einer Juristenfamilie geboren wahrscheinlich um 1480 ⌊etwa 1482–3⌋ (nicht weit von Rafael und Luther und Rabelais! freilich in der Zeit Eduards IV., Ludwig's XI. etc. etc.). – Schlichte und mäßige Erziehung; große

Kommentar 673

Familienpietät. / Mehrere Jahre placirt bei Cardinal Morton († 1500) [...]. Der Cardinal schickt ihn mit Bewilligung seines Vaters nach Oxford. Hier karges, strenges Studienleben; bereits bei berühmten Humanisten; mit [Thomas] Linacre las er Aristoteles und Plato (notorisch auch die πολιτεία). – Interesse auch für die Natur. / Seine Progymnasmata (lateinische Übersetzungen griechischer Epigramme). Doch auch Studium der Rhetorik und der Scholastik ⌊im Wetteifer mit seinem Freund [William] Lilly⌋; Morus früh an ein theologisches Urtheil gewöhnt, übrigens bleibend altgläubig. (Ungeachtet seiner frühen Polemik gegen Legendenschmiede). / Noch in Oxford lernte er 1498 Erasmus kennen. Später besorgte er u. a. dessen Geldangelegenheiten in England und nahm ihn immer bei seinen Besuchen bei sich auf. Die große Ungleichheit beider Charactere; Morus der stärkere; er drängte später den Erasmus, sich gegen Luther auszusprechen; – während er wissenschaftlich beständig von Erasmus abhing und zumal die Anregung zum Lucianischen von ihm annahm. Er übersetzte einiges von Lucian 1499–1506. Er dedicirt ihm das Lob der Narrheit. / Mori Vater hatte aber inzwischen den Sohn zum Rechtsstudium genöthigt (in New-Inn, dann in Lincolns-Inn), weil er die Humaniora daneben offenbar für brodlose Künste hielt. – Morus bleibend ascetisch, trug schon als Jüngling das Cilicium, schlief auf Holz, wachte und fastete, und hielt als Jurist in einer Kirche unter größtem Beifall Vorlesungen über Augustin, *De civitate Dei*. / Und schon 1504 (unbekannt wie) ins Unterhaus gelangt, sprach er gegen eine von Heinrich VII. verlangte allzuhohe Subsidie (40,000 Pfund, für die Ausstattung der Princessin Margaretha nach Schottland) und bewirkte deren Verwerfung. Der König, der dem besitzlosen Jungen nichts anhaben konnte, warf dafür seinen Vater so lange in den Tower, bis dieser 100 Pfund erlegte. – (Heinrich VII. erhielt dann doch 30,000 Pfund). – Morus zog sich in die Carthause von London zurück. / Hier soll er u. a. französisch gelernt, Mathematik und Musik geübt und die englischen Chronisten studirt haben. Er war nahe am Entschluß Mönch zu werden. Dann besuchte er auf kurze Zeit Löwen und Paris. (ca. 1508). – Bald darauf vermählte er sich mit Jane Colte, der ältesten von drei Schwestern, obwohl ihm die mittlere lieber gewesen wäre; er that es aus Mitleid und Rücksicht. Er unterrichtete sie in Wissenschaften und Musik. / Er lebte nun als höchst redlicher und geschickter Advocat, der immer zuerst zu Vergleichen rieth und nur gerechte Sachen annahm. Dann wurde er Untersheriff der Stadt London und gewann wohl 100 Pfund jährlich. – Dann Friedensrichter. / Seine Heiterkeit die des guten Gewissens; daß er sie bis auf das Schaffot behielt, verargten ihm erst die Puritaner des XVII. Jh. / Seine Kinder erster Ehe: Margaretha (später vermählt Roper), Elisabeth, Cäcilie, Johann. Seine zweite Ehe mit der weder schönen noch jungen Alice Middleton blieb kinderlos. Auch sie brachte er dazu, mehrere Instrumente zu lernen und täglich eine Aufgabe zu lösen. Das vollendete Hauswesen – das abendliche Hausgebet. Vorliebe für merkwürdige Thiere, deren er viele hielt. / Erasmi Aufenthalt und inniger Verkehr mit Morus: 1509–1514/5. / Des Morus Epigramme beginnen früh und reichen bis 1519 und drüber. Sein literar.-nationalpolitischer Streit mit Brixius. Seine Geschichte Richards III. (nach Morton's mündlichen und schriftlichen Mittheilungen) unvollendet, in einer englischen und einer lateinischen Recension vorhanden. / Umsonst ging er Heinrich VIII. nach Kräften aus dem Wege; der König erwischte ihn 1515 und 1516 zu Gesandtschaften nach den Niederlanden in Handels- und Zollsachen. Eine königliche Besoldung schlug er hernach aus, trotz Wolsey's Zureden. – Sein bester Gewinn bei jenen Reisen war die Bekanntschaft mit Hieronymus Buslidius zu Mecheln, und Petrus Aegidius, Syndicus von Antwerpen. / Sein Brief an Dorpius zu Gunsten von Erasmi griechischem Neuen Testament und der neuen Exegese scheint ein Muster edler philologischer Debatte zu sein; Dorpius lernte nun griechisch. Folgt die *Utopia*, veranlaßt vielleicht durch den Umgang mit Aegidius; entworfen noch zu Ende 1515, mit einer unglaublich geringen Muße zwischen seinen Geschäften.»

18, 29 **Morton:** John Morton, Erzbischof von Canterbury und ab 1487 Lordkanzler von England, genoß dank seiner Dienste die Gunst von Heinrich VII.

18, 32 **das Familienporträt:** Das Bild von Hans Holbein d. J.: Porträt von Thomas Morus und Familie, ist verschollen. Es gibt zwei Kopien von Rowland Lockey (Sammlung Lord St. Oswald, Nostell Priory, und National Portrait Gallery, London). Die Vorzeichnung des Gemäldes von Holbein befindet sich in Basel, Öffentliche Kunstsammlung.

19, 4 **die Gespräche in Antwerpen:** Im Sommer 1515 trafen sich in den Niederlanden Gesandte aus Flandern und England – unter ihnen Thomas Morus – zu Verhandlungen über einen Handelsvertrag. In einer Konferenzpause begab sich Morus nach Antwerpen, um dem Stadtschreiber und Humanisten Petrus Aegidius (Peter Gilles) einen Besuch abzustatten. Bei ihm will er den Weltreisenden Raphael Hythlodeus, angeblich einen Reisegefährten von Amerigo Vespucci, gekennengelernt haben: Hier geht die Geschichte in Fiktion über.

19, 5 **Hythlodaeus:** Raphael Hythlodeus ist, wie sein Name verschlüsselt andeutet, predigender Philosoph und Arzt, der mit der Diagnose des Zustandes der Menschheit auch Heilungsmöglichkeiten aufzeigt.

19, 6 **Seine Reflexionen über den damaligen Gewaltstaat...fremde Völker:** B. faßt hier kurz das erste Buch, die «Rede des trefflichen Herrn Raphael Hythlodeus über die beste Staatsverfassung» (Morus, Utopia, *p. 1–109*), zusammen, worin die Mißstände in den damaligen Staatswesen aufgezeigt werden.

19, 7 **die Adresse an den «König von Frankreich»:** Die in der Rede des Hythlodeus fingierten Anschauungen des französischen Hofes reflektieren zeitgenössische Verhältnisse.

19, 8 **Geldmacherei – Münzveränderungen...Abkauf von Strafen:** Utopia, *p. 90–93*; vgl. dazu das Exzerptblatt «Thomas Morus, Utopia (ed. Basil. 1563)»: «Dann p. 38 die Erfindungen der fürstlichen Räthe um Geld zu machen: Herauf- und Herabsetzung der Münze: Scheinbare Kriegsrüstungen um von den Unterthanen Steuern zu bekommen, und dann Friedensschluß mit großen kirchlichen Ceremonien [...]. / Plötzliche Erneuerung antiquirter Gesetze, die längst Jedermann übertreten hat, zum Zwecke hoher Bußgelder, wobei die Regierung sich noch stellt als wäre sie die Gerechtigkeit selbst. ⌊Geht beides direct und deutlich auf Hein-

Kommentar 675

rich VII.⌋ / Das Abkauferlassen von Staaten um hohes Geld, oder eher aber Verkaufen der Erlaubnis zu gemeinschädlichen Dingen.»

19, 10 **alendus exercitus**: «der Unterhalt des Heeres», Utopia, *p. 92*. Hythlodeus zitiert hier Crassus, gemäß dem kein Haufen Gold zu groß sei für einen Fürsten, der eine Armee unterhalten muß, vgl. Cicero, De officiis 1,8,25.

19, 11 **Hinrichtung für Diebstahl zu hart – Quellen des Elends und Diebstahls:** Utopia, *p. 58–61*; vgl. dazu das Exzerptblatt «a̲ Thomas Morus, Utopia (ed. Basil. 1563)»: «p. 13. Hythlodaeus ist früher einmal in England und mit Cardinal Morton bekannt gewesen; dort hat er bei Tische die Ansicht verfochten, daß gegen Diebe die Hinrichtung viel zu hart sei und doch Den nicht abschrecke welcher sonst nichts zu leben habe. ⌊Offenbar ist es die Meinung des Morus selbst (Aber gewiß nicht die der Engländer im Ganzen).⌋ Man verfahre wie schlechte Lehrer welche die Schüler lieber schlügen als belehrten. Folgen die verschiedenen Quellen des Elends und Diebstahls: abgedankte Soldaten, dito Dienerschaft von Adlichen, ausgetriebene Bauern etc.»

19, 13 **Die Polyleriten und ihre Zwangsarbeit für Verbrecher:** vgl. Utopia, *p. 76f.*; «Polyleriten» sind Vielredner; dazu das Exzerptblatt «a̲ Thomas Morus, Utopia (ed. Basil. 1563)»: «p. 26. Bei den Polyleritae (einer fingirten Republik in Persien) will Hythlodaeus den wahren Strafmodus, nämlich ein sehr gemäßigtes Schellenwerk angetroffen haben. Dort ist auch die gute Einrichtung, daß das corpus delicti nicht an den Fürsten sondern an den Bestohlenen zurückkehrt.»

19, 15 **Die Achorier, welche ihren König zwingen, ein zweites Reich wieder wegzugeben:** vgl. Utopia, *p. 88–91*; «Achorier» sind Landlose.

19, 16 **Die Macarenser, die ihrem König nur einen beschränkten Schatz gönnen:** vgl. ebd., *p. 96f.*; «Makarenser» sind Glückliche; dazu das Exzerptblatt «a̲ Thomas Morus, Utopia (ed. Basil. 1563)»: «p. 42. Ein anderes Nachbarvolk der Utopier, die Macarenses, lassen ihrem König nicht mehr zu in seinem Schatz zu haben als mille auri pondo, genug gegen Rebellen und äußere Angriffe, aber nicht genug zu einem eigenen Angriffskrieg.»

19, 31 **hat König Utopus ... das Land zur Insel machen müssen:** vgl. zum Folgenden Utopia, *p. 112ff.*

20, 6 **inops und mendicus**: ebd., *p. 146;* «mittellos und Bettler».

20, 19 **«von Natur»**: ebd., *p. 136f.*

20, 22 **rapacitas**: ebd., *p. 138;* «Habgier».

20, 35 **conspiratio divitum**: ebd., *p. 240;* «die Verschwörung der Reichen».

20, 38 **Einst sollen Römer und Aegypter hier gestrandet sein:** vgl. ebd., *p. 108f.*

20, 41 **mundi machinam ... als mirabile spectaculum:** ebd., *p. 182;* «den Mechanismus der Welt» als «wunderbares Schauspiel».

21, 1 **Später bringt Hythlodaeus ... Druck und Papierfabrication:** vgl. Utopia, *p. 178–185.*

21, 3 **Betrachtung der Natur ... als gratus Dei cultus:** ebd., *p. 224;* als «eine Gott wohlgefällige Verehrung».

21, 5 **p. 151:** ebd., *p. 234–237.*

21, 8 **Alles durch Wahl ...:** vgl. zum Folgenden Utopia, *p. 122ff.*

21, 20 **Causidici:** ebd., *p. 194;* «Rechtsanwälte».

21, 27 **Keine Liguenpolitik! ...:** vgl. zum Folgenden Utopia, *p. 196ff.*

21, 34	**besonders von Zapoleten:** vgl. ebd., *p. 206–209*; die Zapoleten sind ein Volk, das sich «leicht verkauft».
21, 36	**Offenbar aus Pico:** vgl. den Beginn von Giovanni Pico della Mirandolas Traktat «De hominis dignitate» («Über die Würde des Menschen»), wonach Gottvater als höchster Künstler den Menschen erschuf, damit dieser das Weltall bewundere.
22, 4	**Eudämonismus neben strenger, düstrer Religiosität:** vgl. zum Folgenden Utopia, *p. 160 ff.*
22, 17	**Die Religio*nen* der Utopen:** vgl. zum Folgenden Utopia, *p. 216 ff.*
22, 21	**Mythras:** Ursprünglich ein persischer Lichtgott, der auch Wahrheit und Recht verkörperte, war Mithras im römischen Weltreich der Gott eines von Soldaten verbreiteten, sehr beliebten Mysterien-Kults.
22, 31	**armis et tumultu:** Utopia, *p. 220*; «mit Waffen und Aufruhr».
23, 6	**von einem laetus interitus:** ebd., *p. 224*; von einem «seligen Ende».
23, 20	**Heilige Leute, in kleiner Zahl:** vgl. zum Folgenden Utopia, *p. 226 ff.*
24, 17	**Der Brief von Courinus Nucerinus, d.h. Erasmus:** Expositio fidelis, *in: Opus Epistolarum Des. Erasmi Roterodami, t. 11, ed. by P. S. Allen, Oxonii 1947, p. 368–378 (Appendix 27)*. Der Brief, von dem zeitweise angenommen wurde, Erasmus selbst hätte ihn geschrieben, wurde 1535 bei Froben in Basel gedruckt. Der Titel der Schrift über Prozeß und Tod des Morus lautet: Expositio fidelis de morte D. Thomae Mori et quorundam aliorum insignium virorum in Anglia; im weitern werden als Autor P. M. und als Empfänger Caspar Agrippinus angegeben. Es ist nicht auszuschließen, daß der Briefschreiber mit Philipp Montanus, einem Schüler von Erasmus, zu identifizieren ist. Mit Sicherheit läßt sich aber nur festhalten, daß der Briefschreiber in England gewesen war, Morus kannte, und daß der Brief in Paris abgefaßt wurde. – B. scheint das Schreiben aus der Basler Ausgabe von Thomas Morus, Opera, p. 511–530, zu kennen, wo es mit «G. Courinus Nucerinus Phil. Mont. S. D.» gezeichnet ist.
24, 20	**Schlußurtheil über Heinrich VIII.:** Expositio fidelis, *p. 374*.

Bei Anlass von Vereinsphotographien

25, 5	***Bei Anlass von Vereinsphotographien:*** Der im Manuskript überlieferte Titel wird durch folgende Sätze aus dem Zeitungsreferat in den «Basler Nachrichten» Nr. 269, vom 13. 11. 1873, verständlich: «Herr Professor *Jakob Burckhardt* sprach, von der Vereinsphotographie der modernen Zeit ausgehend, über ihre präcedenten Analogieen, vornehmlich diejenigen, welche die holländische Kunstübung des XVII. Jahrhunderts geschaffen hat. Die Vereins*photographie* hat ihren Anfang genommen, sobald Daguerre's Kunst entstanden war, das Vereins*bild*, abgesehen von der technischen Ausführung, ist älter.»
26, 27	**Van der Helst's quatre bourguemaîtres ... Amsterdam und Louvre:** Die Vorsteher der Armschützengilde S. Sebastian von Amsterdam.
26, 30	**Rembrandts Nachtwache:** Amsterdam, Rijksmuseum.
26, 36	**Teniers der Ermitage:** D. Teniers d. J.: Das Fest der Armbrustschützen und Hellebardiere zu Antwerpen.

26, 37	**Bild des Stadthuys:** Die «Magere Kompagnie» wurde von Hals begonnen und von Pieter Codde vollendet; heute Rijksmuseum.
27, 9	**1648 Van der Helst:** Das Bankett nach dem Friedensschluß von Münster, Amsterdam, Rijksmuseum.
27, 16	**Wildprett:** Schweizerisch für Wildbret; vgl. Schweiz. Idiotikon, Bd. 5, S. 886.
27, 21	**die Schützenbrüderschaft S. Sebastian ... im Freien beisammen:** Die Schützengilde S. Sebastian wohnt der Aufführung der Legende Wilhelm Tells bei.
27, 23	**Wauters p. 301:** La peinture flamande.
27, 35	**Ferdinand Bol und Jan Bray ... Vorsteher von Leprosenhäusern:** Amsterdam, Historisches Museum; Haarlem, Frans-Hals-Museum.
27, 37	**Dujardin ... Vorsteher des Spinnhauses:** Amsterdam, Rijksmuseum.
27, 38	**Rembrandt, die Staalmeesters:** Amsterdam, Rijksmuseum.
28, 2	**«Anatomen»:** Den Haag, Mauritshuis.
28, 10	**das eine Bild von Bray:** Die Regentinnen des Leprosoriums.
28, 10	**dann das letzte ... von Franz Hals:** Die Regentinnen des Männer-Armenhauses, Frans-Hals-Museum.
28, 17	**Bild der Generalstaaten:** Nachweisbar im Galeriekatalog bis 1922, nachher nicht mehr aufgeführt. Auch im Werkkatalog Ter Borchs wird das Bild nicht erwähnt.
28, 21	**die Bilder von Ravestein und Jansson (van Keulen?):** Jan Ravesteyn: Die Ratversammlung empfängt die Offiziere der Zivilgarde; Cornelis Janssens van Ceulen: Der Haager Magistrat.
28, 35	**Th. de Keyzer ... Amsterdamer Magistrat:** Den Haag, Mauritshuis.
29, 8	**Ein neuer Stadhouder:** Wilhelm III. von Oranien.
29, 11	**Stutzperücke:** kurze, runde Perücke; vgl. Grimm, Wörterbuch, Bd. 10, S. 740.
29, 19	**Jordaens:** Jacob Jordaens.
29, 31	**Ostade (Louvre):** Adriaen van Ostade: Die Familie des Malers.
29, 39	**(heißt jetzt de Hoogh):** Pieter de Hooch: Familienbild in einem Hof von Delft.
30, 1	**Martem Pepym:** Schule der südlichen Niederlande des XVII. Jh.: Anna Selbstdritt und die Regenten der Waisen.
30, 1	**De Crayer:** Die Schutzmadonna des Schützenschwures.
30, 22	**Sala del maggior consiglio:** Venedig, Palazzo ducale.
30, 23	**Holbein:** Hans Holbein d. J.; der Karton zu diesem Bild in der Barber-Surgeons' Hall befindet sich im Royal College of Surgeons of England.
30, 38	**Sant'Agostino (?) in Braida:** Angelo Massarotti, Cremona, Sant'Agostino.
30, 39	**Notizen:** vgl. B.s Notizbüchlein «Oberitalien von Bergamo Romagne und bis Loreto. Notizen 1878» (PA 207, 36i), S. 44, wo der Autor nach der Beschreibung des Freskos folgendes festhält: «Ist manches Doelenstuck werth, von einem guten Spätvenezianer etwa 1670?»
31, 7	**Heliodor:** Vatikan.
31, 7	**Schule von Athen:** Vatikan.
31, 8	**Disputa del Sagramento:** Vatikan.

Über niederländische Landschaftsmalerei

33, 3 die drei Bilder des Jan Hackaert, staffirt von Adriaen van de Velde: Jan Hackaert hat verschiedene Landschaften gemalt, deren Figuren van de Velde zugeschrieben werden, vgl. z. B.: Flußlandschaft mit Jagdszene, Amsterdam, Rijksmuseum.

33, 33 Ruysdaels Ansicht seiner Vaterstadt Haarlem: Jacob van Ruisdael hat mehrere Ansichten von Haarlem gemalt, vgl. z. B.: Blick auf Haarlem, Amsterdam, Rijksmuseum.

33, 35 Der Nachmittag bei Jan van der Hagen ... Canal (mit Schleuse, Dorf und Gehölz): Vermutlich handelt es sich um die «Ansicht von Cleve» von Joris van der Hagen; Enschede, State Museum Twenthe.

33, 38 Delftsche Meer ... Mauer eines Bauernhauses: «Das Landhaus» von Dirk Jan van der Laen in Berlin, Staatliche Museen, das früher Vermeer van Delft zugeschrieben wurde.

33, 39 s. das Blatt: Die Specialität: vgl. Reisenotizen Niederlande 1873 (PA 207, 36), wo B. die «wunderbare Theilung der Arbeit, während jetzt der Maler in jedem Bild eine neue ‹Idee› haben soll» beschreibt.

34, 2 die Ansicht von Delft: Den Haag, Mauritshuis.

34, 9 Salomon Ruysdaels Haideschenke: Amsterdam, Rijksmuseum.

34, 19 Der Delftsche Meer bei Suermondt: Jan van der Meer d. Ä.: Dünenlandschaft mit Gehöft, Berlin, Staatliche Museen.

34, 28 Ruysdael: la ferme: Bauernhütte: zuletzt in Brüssel, Expos. Kat. 1873, p. 62, damals im Besitz des Comte Du Chastel; Verbleib unbekannt.

34, 29 Hobbema: das Bauernhaus in Bäumen: ehemals in Dresden, Gemäldegalerie, Verbleib unbekannt.

34, 37 Wie weit drang Ruysdael nach Deutschland vor?: Jacob van Ruisdael bereiste 1652 nur die Gegend der deutsch-holländische Grenze.

35, 6 die drei Dresdner Bilder, cf. Göthe: Goethe hat in seinem Aufsatz «Ruysdael als Dichter» den «Wasserfall», das «Kloster» und den fälschlich «Kirchhof» genannten «Judenfriedhof bei Ouderkerk» interpretiert, vgl. WA, Bd. 48, S. 163–168.

35, 9 Sein angebliches Schloß Bentheim: Vom Schloß Bentheim gibt es mindestens zwölf Darstellungen.

35, 28 Bild la mare: Ein Gemälde mit diesem Thema von Jacob van Ruisdael befindet sich z. B. in St. Petersburg, Eremitage.

35, 31 sein Haus in den Eichen (König von Belgien): «Bauernhaus im Sonnenlicht», Washington, National Gallery, Pendant der «Mühle» im Louvre, früher im Besitz Leopolds II. von Belgien.

35, 40 van der Neer Ansicht von Dordrecht: im Zweiten Weltkrieg zerstört; ehemals Berlin, Kaiser-Friedrich-Museum.

35, 41 der Anfang des Aufthauens – Ruysdael: Amsterdam, Rijksmuseum.

36, 4 Verschuur, Spätnachmittag bei Dordrecht: zuletzt in Brüssel, Expos. Kat. 1873, p. 76, damals im Besitz des Barons von Mecklenburg; Verbleib unbekannt.

36, 20 Ruysdael, besonders der in Berlin: Bewegte See; im Zweiten Weltkrieg zerstört; ehemals Berlin, Kaiser-Friedrich-Museum.

36, 25 Joseph Vernet ... Haager Bild: Claude-Joseph Vernet: Der Wasserfall bei Tivoli.

36, 30	**Artus van der Neer von Gorkum:** Van der Neer ist in Amsterdam geboren, hat aber als Verwalter bei den Herren Arkel in Gorkum gelebt.
36, 37	**Brandbilder wie 1652 (das alte Stadthaus von Amsterdam):** Berlin, Staatliche Museen.
36, 38	**ein Bildchen bei Suermondt:** gilt heute als Werk in der Art des Aert van der Neer: Brand des Alten Rathauses in Amsterdam, Berlin, Staatliche Museen.

Ludwig XI. von Frankreich

38, 11	*Dichtern, wie Walter Scott:* B. bezieht sich auf den Roman «Quentin Durward».
39, 41	*«Es kommt gar nicht darauf an...:* vgl. Georges Chastellain: Chroniques des derniers duc de Bourgogne, 2e partie, chap. 31, in: Choix de chroniques et mémoires sur l'histoire de France, ed. J. A. C. Buchon, Paris 1837, p. 245.
40, 14	*Sforza ließ sagen, der König solle alles versprechen...:* vgl. Commynes: Mémoires, livre 1, chap. 8.
43, 2	*«Die Genuesen ergaben sich...:* vgl. Henri Martin: Histoire de France, vol. 7, p. 141.
43, 10	*«Entweder so, oder das Reich geht zu Grunde.»:* vgl. Claude de Seyssel, p. 41.
43, 28	*«Streicht nur das ‹Seele›...:* vgl. Claude de Seyssel, p. 42 recto.
43, 41	*einen Kardinal ... 11 Jahre lang im Käfig:* Gemeint ist Jean Balue; vgl. dazu Commynes, Mémoires, livre 6, chap. 6, wo von vierzehn Jahren die Rede ist.
44, 4	*eines Bischofs von Paris:* Guillaume Chartier.
44, 20	*einen leibhaften Heiligen:* Francesco di Paolo.

Leben und Sitten des Adels um 1500

47, 13	**dessen Chronik um 1560 von Einem des Hauses verfaßt:** Gemeint ist Graf Froben Christoph von Zimmern; zur Diskussion über die Autorschaft vgl. Gerhard Wolf, Von der Chronik zum Weltbuch. Sinn und Anspruch südwestdeutscher Hauschroniken am Ausgang des Mittelalters, Berlin 2002, S. 134 ff.
47, 17	**Comines:** Mémoires, livre 5, chap. 18: «Et pour parler d'Alemagne en general, il y a tant de fortes places, et tant de gens enclins à mal faire, et à piller et dérober, et qui usent de force et violence, les uns contre les autres, pour petite occasion [...]»
47, 17	**Quirini:** Relazione, p. 24–26.
47, 18	**Freytag, Bilder aus der Deutschen Vergangenheit I, 300, ss.:** *Gesammelte Werke. Zweite Serie, Bd. 6, S. 292 ff.*
48, 38	**Götz von Berlichingen:** Mein Fehd und Handlungen.
49, 3	*die Leheneinrichtung ein Schutz ... untreue herzer:* Zimmerische Chronik, Bd. 2, S. 532.

49, 25   die Anecdote... Sigismund: ebd., Bd. 1, S. 234 f.; dazu im Faszikel PA 207, 171, 44 B.s Exzerptblatt *Kaiser und Reich a*: «I, 235 Man dankt einem Kaiser (wenn er keine Macht hat) nicht einmal für die alten Reichslehen des betreffenden Hauses, indem man diese (seit unvordenklichen Zeiten?) aus altem langem hergebrachtem Brauch ohne alle Verpflichtung besitze. Johann von Zimbern setzt sich vor Möskirch ans Angerthor, an einen Tisch da Sigismund 1418, von Constanz kommend, vorbeizieht; nun erst nimmt er den Hut ab und bückt sich (noch immer sitzend?) bis auf die Knie und erklärt: sein Stillsitzen bedeute keine Verkleinerung königlicher Majestät, sondern nur daß er ein freier Herr und weder dem König noch sonst Jemand mit irgend welcher Pflicht oder Gelübde verbunden sei, von welchem (König?) er auch weder Lehen noch sonst etwas habe, *denn* die Regalien und hohen Gerichte (also ursprünglich allerdings Reichslehen) besitze er aus altem hergebrachtem Brauch und ohne alle Verpflichtung. Worauf Sigismund sich sehr gnädig geäußert habe, einst sollte es schon gegen Barbarossa ein Freiherr von Krenkingen ähnlich gemacht haben.»

49, 29   **In Schwaben: wo man dem König... als Herrn vom Haus Oestreich:** dazu das Exzerptblatt *Kaiser und Reich a*: «Schwaben galt als in einem besonders directen Verhältniß zum Reiche stehend; kein Kurfürst in der Nähe, überhaupt für Zimbern etc. kein größerer Fürst als der Graf, resp. Herzog von Württemberg. – Das Experiment des schwäbischen Bundes: Oestreich. Interesse, die schwäbischen Stände groß und klein unter seiner Aegide gegen Baiern, Schweiz etc. zu vereinigen. Das Interesse der Städte und Schwächern überhaupt, Sicherheit zu erlangen.»

49, 40   **Ruprecht von der Pfalz macht... zum Amtmann:** vgl. Zimmerische Chronik, Bd. 1, S. 227.

50, 12   **der ⅙ der Freveln und niedern Gerichte zu Burgle:** vgl. ebd., Bd. 2, S. 72 f. «Frevel» bezeichnet die vom Gerichtsherrn verhängte Buße für ein Vergehen.

50, 13   **der ¼ des Weinzehnten... vererbbar:** vgl. Zimmerische Chronik, Bd. 2, S. 370 f.

50, 17   **S. die Beispiele:** dazu die Exzerpte aus der Zimmerischen Chronik, Bd. 2, S. 73 f., auf den Blättern *Zum Lehnswesen a* und *Zum Lehnswesen b*: «Rottweil schickt jährlich dem Bischof von Chur einen Sperber; Besenfeld auf dem Schwarzwald dem Prior von Reichenbach 9 Heller in einem Seckel der 3 Pfennig kostet; das Städtchen Leiningen dem Bischof von Worms drei Meisen und eine Regel Birnen [...]»

50, 22   **Die verlorenen Pfandbriefe des Hauses Zollern:** vgl. Zimmerische Chronik, Bd. 1, S. 259 f.

50, 26   **Würtemberg 1480 gegen die Geroldseck zu Sulz:** vgl. ebd., S. 295; dazu das Exzerptblatt *Verhältniß zu den Fürsten a*: «p. 295. Gegen den letzten Sulzer Geroldseck benützt Eberhard im Bart ein altes Oeffnungsrecht; der Geroldseck läßt in bestem Vertrauen 1480 die württembergische Mannschaft ein, wird aber gepackt und zwei Jahre auf Urach im Kerker gehalten weil er in Acht (des Reiches) sei. Württemberg verschluckt Sulz wie andere Grafschaften und Herrschaften mehr.»

Kommentar 681

50, 26   I, 226: Wer Alles Theilansprüche auf ein einzelnes Schloß machte: Zimmerische Chronik, Bd. 1, S. 226–228.
50, 30   ein rechter erdenwurm: ebd., Bd. 1, S. 260.
50, 35   die glückliche Zimbernsche Theilung von 1508: vgl. ebd., Bd. 2, S. 189 ff.; dazu das Exzerptblatt *Erbrecht; Majorate a*: «II, 189 Erbtheilung der drei Zimbern Brüder 1508, dießmal friedlich, unter väterlichem Rath eines alten Freundes der Familie, des Deutschorden Comthurs Wolfgang von Clingenberg. Der jüngste, Wilhelm Werner, verzichtete auf das Erbe gegen eine kleine Ausweisung, die zwei andern, Johann Werner d. J. und Gotfrid Werner, theilen. (Folgt die genaue Auseinandersetzung). In der Abrede war auch eine standesgemäße Heirath des Aeltesten, Johann Werner d. J., binnen Jahresfrist einbedungen. Er heirathete dann eine Schenkin von Erbach 1510. Erst als die Ehe kinderlos zu bleiben schien, 1514, heirathete der zweite Bruder Gottfried Werner – und nun erst bekam auch Johann Werner Kinder.»
51, 3   das Schloß in Schwaben...sich im stegraiff ernähren: vgl. Zimmerische Chronik, Bd. 1, S. 291; «sich im stegraiff ernähren» bedeutet «als berittener Wegelagerer vom Straßenraub leben» (vgl. Grimm, Deutsches Wörterbuch, Bd. 10.2, Sp. 1389). Dazu das Exzerptblatt *Adel, Fehden etc. a*: «p. 291. Eine Linie der Geroldseck wohnt zu Sulz, die haben sich auch (in weitere Linien) zertheilt, und dieweil sie mit sonders hochs vermögens wie die andern (die Hauptlinie) hätten mögen sein, die den Theil Gerolzeck mit seiner Zugehörde besessen, do haben sie sich auch im Stegeraif, wie dazumal leider ein böser Gebrauch in deutschen Landen, eintheils *müssen* ernähren... bis sie darob um Leib und Gut kamen und zuletzt in Armuth gestorben und verdorben.»
51, 13   Georg Truchsess hinterläßt kein baares Geld...: vgl. Zimmerische Chronik, Bd. 2, S. 451; dazu das Exzerptblatt *Erbrecht; Majorate b*: «II, 450 Georg von Truchsess habe seinen Söhnen kein baar gelt (woraus nur Verthun und Überhausen entstehe), kein Testament (woraus nur Mißverständnisse und Hader folgen) und noch weniger ein wehrliches Haus (woraus nur Zank entspringe) hinterlassen wollen. – Er muß ihnen also nur den Landbesitz und sonstige Renten etc. hinterlassen haben; auch mochte er denken, wenn Zank sein solle, so erledige sich derselbe durch freie Verhandlung leichter als wenn ein Testament da wäre, in dessen Wortlaut und Absicht Advocaten sich einnisten könnten.»
51, 19   Das Testament des Edelherrn (1483): vgl. Zimmerische Chronik, Bd. 1, S. 444 f.
51, 24   Schwaben und nicht Oestreich: ebd., S. 445: «Item das du und deine knecht Schwaben seien und nit Osterreichen.»
51, 27   1495 Johann Wernher's Testament: vgl. ebd., S. 557.
51, 30   Durchreiten, Baize und Jagd auf den Feldern...: vgl. ebd., Bd. 2, S. 207 ff.; dazu das Exzerptblatt *Die Unterthanen b*: «II, 207, ss. Gründe des Herumreitens eines ritterlichen Gespenstes: Ritter Schmeller von Ringingen hat bei Lebzeiten den armen Leuten ihre Fruchtfelder durch Reiten, Baizen, und Jagd verwüstet, manchmal sogar aus heimlichem Neid...(folgt eine unbedeutende Stelle)...er habe nach Gunst oder Abgunst dem Einen gegeben und dem Andern genommen; den Unterthanen

in Ringingen habe er alle Backöfen in den Häusern verboten, sodaß Jedermann im Backofen des Herrn auf der Almut (Allmend?) bei dessen Becker mußte backen lassen, welchem man je den zwanzigsten Laib lassen mußte; dieser Becker mußte ihm einen schweren Zins zahlen; der Gemeinde Ringingen nahm er eine Kälberweide und machte daraus Wiesen für sich; somit sei Gott erzürnt etc. etc.»

51, 40　Die Reden bei Annahme einer Huldigung: vgl. Zimmerische Chronik, Bd. 1, S. 489; dazu das Exzerptblatt *Die Unterthanen a:* «I, 489 Wenn bei Annahme einer Huldigung ein Herr selber die Rede hält, und zwar gut, so scheint dieß eine Ausnahme gewesen zu sein.»

51, 41　Der Wille, die Mößkircher bei Hab und Gut zu erhalten; das Zechverbot: vgl. Zimmerische Chronik, Bd. 1, S. 411 f.; dazu das Exzerptblatt *Die Unterthanen a:* «I, 411. Ein Zimbern hat die Einsicht, seine Unterthanen bei ihren hab und guetern zu erhalten, indem deren Wohlhabenheit sein eigner größter Nutzen sei. Nichts verdroß ihn mehr als wenn seine Mößkircher das Ihrige verthaten; er spähte selber auf dem Markt wer ins Wirthshaus gehe; er verbot den Trinkern das Zechen innerhalb der Mauern von Möskirch, was Einer dadurch umging, daß er den Wein vor seinem Fenster trank, das in der Ringmauer lag.»

52, 1　Das Springen der Herrn und Bürgersöhne über die Ablach: vgl. Zimmerische Chronik, Bd. 2, S. 127; dazu das Exzerptblatt *Die Unterthanen a:* «II, 126 Der adliche Herr und seine Kriegsgenossen (dito Adliche) wetteiferten etwa mit den Bürgersöhnen seines Ortes im Springen, zB: über den Fluß Ablach; es wird constatirt, daß ein Bürgersohn es ihnen zuvorthat.»

52, 2　Der Scherz mit den alten zimbrischen Bürgern: vgl. Zimmerische Chronik, Bd. 2, S. 184 f.

52, 3　Der Tanz in Hohenmessingen 1522: vgl. ebd., S. 395; dazu das Exzerptblatt *Die Unterthanen c:* «II, 396 Auf seiner Flucht vor der schwäbischen Sündfluth 1522 richtet Johann Wernher in Hohenmessingen zur ‹Kurzweil› einen Tanz von wohl 1000 Personen an; wenn er damals unter den Bauern wäre verloren worden, würde es große Mühe gebraucht haben, ihn zu finden oder wieder aus den Bauern zu klauben, meinte Domherr Eberstein.»

52, 3　Die Loyalität der Seedorfer 1524 ... die Seedorfer Weiber!: vgl. Zimmerische Chronik, Bd. 2, S. 398–402; dazu das Exzerptblatt *Die Unterthanen c:* «II, 399 Dagegen ist in Seedorf noch 1524 die Loyalität so groß, daß als seine Gemahlin in den Wehen lag, die ganze Gemeinde, reich und arm, Mann und Weib, freiwillig zur Fürbitte nach Heiligenbronn zog, wohin damals große Wahlfahrt war. II, 400 Aber im Bauernkrieg sind dann dieselben Seedorfer die hitzigsten gegen ihn. Als bei seiner Flucht nach Rottweil seine Gemahlin mit den zwei Söhnen im Wagen durch den Ort fuhr, schrien die Seedorfer Weiber: man sollte sie fangen und die Jungen umbringen, damit Niemand zu dereinstiger Rache übrig bleibe.»

52, 11　Das Riesengeschlecht Liechtenberg und dessen Diener: vgl. Zimmerische Chronik, Bd. 1, S. 449.

52, 12　Veit Werner fällt dem König Max in Inspruck auf: vgl. ebd., Bd. 2, S. 59 ff.

Kommentar 683

52, 13 **Erziehung und Dienste des Gottfrid Wernhers von Zimbern:** vgl. ebd., S. 415–417; dazu das Exzerptblatt *Race b:* «II, 414–421 Die Erziehungsgeschichte des Gottfried Wernher das wahre Beispiel einer völligen Verwahrlosung [...]».

52, 14 **Der Muth, auch gegen Gespenster:** vgl. Zimmerische Chronik, Bd. 2, S. 49, wo der Edelmann zu dem durch geisterhafte Erscheinungen erschreckten Diener spricht: «Und da es schon der teufel und sein muetter, so furcht ich in nit [...]».

52, 14 **Riesenstärke: Bastian Speet:** vgl. Zimmerische Chronik, Bd. 2, S. 50; dazu das Exzerptblatt *Race b:* «Stärke und Behendigkeit der Speet; Baschion Speet zu Pflumern konnte jeden, auch den stärksten Mann in einen Sack schieben und darin behalten, was er oft an fürwitzigen Edlen und Unedeln bewies. Über Land ging er meist zu Fuß und ließ sich ein Pferd durch einen Knecht nachführen; vor Städten und Flecken bestieg er es.»

52, 14 **Wort Sonnenbergs: ach du edles gesunds kecks Herz:** Zimmerische Chronik, Bd. 2, S. 423: «Ach, du edels, gesunds, kecks herz, das du in aim so siechen, keinnutzigen leib must verschlossen sein, niemands, auch dir selbs nit kannst hilflich oder furstendig sein! aber der will Gottes bescheh!»

52, 17 **Kurfürst Jacob von Trier warnt ... (die Wittwe von Tübingen!):** vgl. Zimmerische Chronik, Bd. 2, S. 149; zu Sophia Böcklin, der reichen Witwe des Grafen Konrad von Tübingen, siehe S. 54.

52, 19 **Margareth und Barbara von Zimbern und ihre Werber:** vgl. Zimmerische Chronik, Bd. 2, S. 160; dazu das Exzerptblatt *Race a:* «II, 160. Die zwei jüngsten Töchter des Johann Wernher d. ä., Margareth und Barbara, waren so schön, daß große reiche Herrn, welche die Zerrüttung des Zimbern Hauses kannten, ein Manderscheid, ein Merspurg-Befort sie zur Ehe begehrten ohne alle zugab oder heirathgut. Ihr Bruder Johann Wernher d. J. verzögerte die Sache und sie heiratheten endlich einen von Affenstein und einen von Weitigen.»

52, 21 **«irer fürbindigen schöne halb»:** «ihrer ausgezeichneten Schönheit wegen», Zimmerische Chronik, Bd. 2, S. 277.

52, 21 **Graf Egmont und die Werdenberg (ohne alles Gut):** vgl. ebd., S. 280 f.; dazu das Exzerptblatt *Race a:* «II, 280. Ein Graf von Egmont (aus den Niederlanden) kommt auf den Ruf der Schönheit einer Werdenberg nach Sigmaringen und besieht und nimmt sie ohne Heirathsgut, ja ohne die Kleider; sie sei ihm in einem Hemde, wie er selbst begehrte, überantwortet worden.»

52, 22 **Gottfried Wernher von Zimbern und Apollonia von Henneberg:** vgl. Zimmerische Chronik, Bd. 2, S. 442 ff.; dazu das Exzerptblatt *Race a:* «II, 442 Obwohl er nichts besaß als die Herrschaft vor Waldt, bekam er doch von allen Seiten die vornehmsten Heirathsanträge da er sich in Kriegs- u. a. Sachen so wohl gehalten und dazu ain herrliche gerade schöne person war. Er wählt dann Apollonia von Henneberg die ebenfalls über die Maßen schön war. Die ganze Werbegeschichte noch ziemlich romantisch.»

52, 25 **Alle Bodman: Hans; – alle Zollern: Friedrich:** vgl. Zimmerische Chronik, Bd. 1, S. 284.

52, 26 alle Lupfen: Hans (weil das Erdmännlein einem Hans den Schatz versprochen): vgl. ebd., Bd. 2, S. 383.
52, 27 Graf Alwig von Sulz... seinen Sohn Wolf Hermann taufen ließ: vgl. ebd., S. 175; dazu das Exzerptblatt *Die Taufnamen:* «II, 175. Graf Alwig von Sulz ließ seinen jüngern Sohn mit zwei Namen, Wolf und Hermann, taufen, aus der Ursach: so der Jung ein reuterisch man werde, soll er Wolf heißen, wo nit, sölle jm der nam Hermann bleiben. Da es ein guter, frommer, einfältiger Mann wurde, hieß er dann Hermann.»
52, 29 Ritterschlag... am heiligen Grab... zum zweitenmal: vgl. Zimmerische Chronik, Bd. 1, S. 477; dazu das Exzerptblatt *Das heilige Land:* «Der Ritterschlag am heiligen Grab wurde damals durch einen gewissen Bruder Johann von Preußen ertheilt, einen alten namhaften (ehmal. Deutschritter?) und nunmehrigen Minoriten, der am heiligen Grabe auslebte und von Friedrich III. das Privilegium dazu erhalten habe, Adliche dort zu Rittern zu schlagen.»
52, 38 Verstoßung von Vätern (Haus Geroldseck): vgl. Zimmerische Chronik, Bd. 1, S. 354 f.; dazu das Exzerptblatt *Benehmen in der Familie a:* «Ein alter Vater (Geroldseck) welcher zu lange lebt, wird von zwei Söhnen vom Regiment gestoßen und mit einem Nothpfennig ausgewiesen.»
52, 38 Einkerkerung von Vätern (Christoph von Baden...): vgl. Zimmerische Chronik, Bd. 2, S. 184.
53, 1 Verhältniß zwischen Brüdern... Gangolf und Walter von Geroldseck: vgl. ebd., S. 332 f.
53, 3 Eitelfritz hilft den Städten gegen Friedrich den Oettinger: vgl. ebd., Bd. 1, S. 257 ff. Die beiden Brüder hatten die Grafschaft unter sich geteilt und wohnten zusammen auf Zollern, bis sie sich entzweiten und Eitelfriedrich weichen mußte. In diesem Zwist verbündete sich der Letztere mit den Städten und half ihnen bei der Einnahme des Schlosses von Zollern.
53, 4 Der Zollern-Zollern läßt... vor dem Schloß tanzen und pfeifen: vgl. ebd., Bd. 2, S. 327 f.
53, 6 Hans von Sonnenberg schlägt dem Andres zu Mengen ins Gesicht: vgl. ebd., S. 328; dazu das Exzerptblatt *Adel, Fehden etc. y:* «p. 328. Die Grafen Endres und Hans von Sonnenberg (Brüder) schädigten einander um mehr als 100'000 Fl.; bei einer Vermittlungszusammenkunft in Mengen schlug Hans den Endres mit der Faust blutig ins Gesicht; ohne Dazwischenkunft der Verwandten würden sie einander getödtet haben.»
53, 7 verfeindete Brüder: Hag, Fürstenberg, Löwenstein, Clingenberg: vgl. Zimmerische Chronik, Bd. 2, S. 329–331.
53, 8 Der fremde gräfliche Brudermörder als Einsiedler bei Balingen: vgl. ebd., S. 330.
53, 9 Gottfried Wernher ertrotzt... Möskirch: vgl. ebd., S. 316–321.
53, 11 Ein Roß um eine Pfeife: ebd., S. 316, wird der Tausch der Herrschaften folgendermaßen kommentiert: «Solche abwechslung der herrschaften mocht wol haisen Glauci und Diomedis permutatio, das ist ain ross umb ain pfeifen.»
53, 13 Johann Wernher schenkt Wilhelm Werner's Becher an Tochter: vgl. ebd., S. 455 f.; dazu das Exzerptblatt *Benehmen in der Familie c:* «II, 454. Zur Hochzeit der Tochter des Johann Wernher d. J. mit Jos Niclas von

Zollern leiht der Oheim Wilhelm Wernher sein Silbergeschirr her; aus demselben schenkt Johann Wernher mit großem Pathos der Tochter einen hohen vergoldeten Becher (oben mit einem springenden Brunnen), welchen jedoch Wilhelm Wernher dann wieder mit sich fortnimmt.»

53, 16 **er ist nirgends lieber als wo man ihn nicht gern hat:** vgl. Zimmerische Chronik, Bd. 2, S. 468.

53, 19 **Die verwaisten Töchter Erbach und ihre Behandlung:** vgl. ebd., S. 249–251; dazu das Exzerptblatt *Benehmen in der Familie d:* «II, 249.251 In der Geschichte ⌊c. 1504⌋ der zwei jungen hinterlassenen Töchter des Erasmus von Erbach sieht man lehrreich, wie eine herzlose Mutter (geb. von Werdenberg), gierige Verwandte (Schenk Eberhard von Erbach) und Feinde des Hauses welche sich stellen sie retten zu wollen (Landgraf Wilhelm von Hessen) um die Wette sie in Mangel und Elend bringen.»

53, 22 **Anna von Werdenberg-Zimbern plündert Seedorf:** vgl. Zimmerische Chronik, Bd. 1, S. 244; dazu das Exzerptblatt *Benehmen in der Familie d:* «Anna von Werdenberg ist gegen ihren Vater Zimbern eine böse, eigennützige Tullia; sie plündert nach dem Tode ihrer Mutter das väterliche Schloß Seedorf und führt mit Hülfe ihres Gemahls allen Hausrath von da nach Dietfurt.»

53, 25 **Katharina und Anna... ins Fraumünster:** Gemeint ist das adlige Damenstift Fraumünster in Zürich; vgl. Zimmerische Chronik, Bd. 2, S. 155.

53, 27 **Graf Hermann von Henneberg... stieß er die dritte... in ein... Kloster:** vgl. ebd., S. 442–449.

53, 34 **Johann Wernher hätte gern gehabt wenn... seine Schwestern, ledig blieben:** vgl. ebd., S. 159 ff.

53, 39 **die Wittwe Johann Wernher's d. ä.:** vgl. ebd., S. 31.

53, 42 **lebt in weißem Gewande aus:** ebd., S. 584: «Sie ist steetigs, biß an ir ende, in weisem beklaidt gewesen und ein klaidung gehapt, als ob das ain sonderer orden gewesen were».

54, 1 **Die Wittwe des Grafen von Tübingen und ihr Geld:** vgl. ebd., S. 148–150; dazu das Exzerptblatt *Wittwenheirathen:* «II, 147 Sophia Böcklin, die reiche Wittwe des Pfalzgrafen oder Grafen Conrad von Tübingen, mit 60,000 Fl. Hauptgut, von vielen Herren umworben (c. 1507) in Straßburg wohnhaft. Eine hochmüthige, ausgemergelte Alte; obwohl nur vom Adel, will sie doch als Gräfin Wittwe nur wieder einen Grafen ⌊und keinen bloßen Freiherrn⌋, und da Markgraf Christoph von Baden den Johann Wernher von Zimbern oft mit sich nach Straßburg nimmt, wo monatelang bankettirt und getanzt wurde, bedingt sie sich bei Zimbern's Werbung ein, daß er einen Grafentitel und einen andern Namen als Zimbern erwerbe; schweren Herzens willigt er ein, Graf von Rordorf zu werden. (Offenbar rechnete er, die Ehe werde kinderlos bleiben und das Böcklinsche Erbe dereinst auf seine jüngern Brüder oder deren Erben fallen können, welche ja Zimbern bleiben und das Geschlecht fortpflanzen würden). Aber der eigne Bruder des Markgrafen, Kurfürst Jacob von Trier räth ihm die Ehe ab; die Zimbernehen seien bisher nie gelts oder guets wegen geschlossen worden; Sophiens erste Ehe sei gewesen man wisse wie; der Namenswechsel schimpflich; voraussichtlich kein guter Tag, da S. ihn verachten werde.»

54, 5   es steckt gemainlich in disem volk...: Zimmerische Chronik, Bd. 2, S. 173.
54, 6   Hans Schilling von Wildeck... setzt sich für sie dem Werdenberger Haß aus: vgl. ebd., S. 41.
54, 8   Adam von Rosenstein... ein treuer Amtmann in deren Nöthen: vgl. ebd., S. 173.
54, 11 der Reiterhans und die Berbelin des Johann Wernher d. j.: vgl. ebd., S. 413; dazu das Exzerptblatt *Bastarde b*: «II, 413 Johann Wernher d. J. hat einen Diener, den Reiterhans, mit seiner Bastardtochter Berbelin vermählt, ihn auch zum Vogt von Seedorf gemacht, aber derselbe taugt nichts.»
54, 14 Der Bastard Heinrich von Zimbern... von der Seitenlinie: vgl. Zimmerische Chronik, Bd. 2, S. 224–228.
54, 24 Die Bastardtochter Hugo's von Werdenberg, Eleonora... protegirte Intrigantin: vgl. ebd., S. 310–312.
54, 29 Die Durchreise durch Stuttgart: wer solten wir sein? wir sein von Zimbern: vgl. ebd., S. 29–31; dazu das Exzerptblatt *Die adliche Misère a*: «II, 31. Während ihres Elends reist die Wittwe [von Johann Wernher von Zimbern] von einem Verwandten zum andern und fährt u. a. incognito durch Stuttgart, als gerade die Herzogin von Würtemberg mit Gefolge ausfuhr; die Wagen begegneten sich und die würtembergischen Reiter wollten wissen, wer die Frau sei? Dieweil aber kain reisiger diener, so den wagen belaite, vorhanden, gab der furmann von irer aller wegen, ungehaissen, die antwort, sprechendt: ‹Wer solten wir sein? wir sein von Zimbern› und fuere damit immerdar fort. Also ließ man sie faren etc. (Man begehrte sich wohl nicht mit dem Elend einzulassen).»
54, 31 Johann Wernher d. J. macht... Livreen für seine Diener: vgl. Zimmerische Chronik, Bd. 2, S. 268.
54, 35 Verwunderung des Autors über die Menge von Burgstellen: vgl. ebd., S. 499.
54, 36 Die Kirche von Weiler... vehin mentel (Edelfrauen): vgl. ebd., S. 405; «vehin mentel» sind mit Pelz besetzte Mäntel.
54, 40 Die Junker von Bubenhofen...: vgl. ebd., S. 492–494.
55, 1   verkromen: für Waren ausgeben.
55, 6   Helfenstein, Beichlingen, Hoheneck verhausen ihre Herrschaft: vgl. ebd., S. 320.
55, 6   verhausen: durch schlechtes Haushalten aufbrauchen (vgl. Grimm, Deutsches Wörterbuch, Bd. 12.1, Sp. 541 f.).
55, 7   Besonderer Schimpf... Schlösser zu verkaufen wonach man den Namen führt: vgl. Zimmerische Chronik, Bd. 2, S. 325 f.
55, 9   Ein verschwenderischer Zollern... zwei Jahre auf den Asperg gethan: vgl. ebd., S. 460 f.
55, 13 Johann von Zimbern wagt es nicht, zwei Enkel... zuzusenden: vgl. ebd., Bd. 1, S. 239.
55, 15 Iselin: Jacob Christoph Iselin, Lexicon, 4. Teil, S. 806.
55, 17 Hugo von Werdenberg gedachte die Söhne... zu Geistlichen zu machen: vgl. Zimmerische Chronik, Bd. 1, S. 536 f.
55, 19 Hugo läßt den Johann Wernher d. ä. in Rom vergiften...: vgl. ebd., Bd. 2, S. 62–64, 74–76; dazu das Exzerptblatt *Verwilderung etc. a*: «Dem Hugo

Kommentar 687

von Werdenberg wird zugetraut daß einst Johann Wernher 1491/2 in Rom sei vergiftet worden (er genas wieder), und ⌊II, 74⌋ daß 1499 dessen Sohn Veit Wernher an dessen langsamwirkenden Gift zu Sulz am Neckar gestorben. – ⌊II, 62.⌋ Freilich Veit Wilhelm hatte ihn bei Sigmaringen mörderisch überfallen wollen und statt Hugo's einen Vetter erwischt.»

55, 21 **Felix von Werdenberg schenkt... das Schefelin mit dem Blut des Andres von Sonnenberg:** vgl. Zimmerische Chronik, Bd. 2, S. 306 f.; dazu das Exzerptblatt *Verwilderung etc. b:* «II, 307 Graf Felix von Werdenberg schenkt ganz naiv dem Gottfried Wernher von Zimbern ein schefelin (lanceola) welches bei seinem Mordüberfall ⌊1511.⌋ gegen Graf Andreas von Sonnenberg (mit 20 Wunden!) gebraucht worden war; die Blutflecke waren nicht davon zu tilgen.»

55, 23 **Felix und sein Erstechen... von Soldaten:** vgl. Zimmerische Chronik, Bd. 2, S. 312; dazu das Exzerptblatt *Verwilderung etc. b:* «II, 311. Lob des Felix als eines namhaften Militärs, tadelhaft nur wegen Jähzorns und grimmen Gemüths, indem er nämlich aus geringen Ursachen viele Lanzknechte mit Scheffelinen (lanceolis) erstochen und mit Bengeln erworfen hat; im Bengeltreffen hatte er die sicherste Übung.»

55, 24 **Ein Menschenleben für ihn wie... eine Muschel:** vgl. Zimmerische Chronik, Bd. 2, S. 518.

55, 25 **Autor's... Raisonnement über Vergiftungen in Königshäusern:** vgl. ebd., S. 216 f.; dazu das Exzerptblatt *Verwilderung etc. a:* «II, 217 hätte Autor jenen Seitenblick auf die Könige nicht nöthig, den er sich bei Anlaß der vermeintlichen Vergiftung Herzog Philipps durch Juaña erlaubt: ‹Den hohen Herrn laufen die bösen Stück ungestraft hin, es gehörte aber ein lederner Sack dazu, wohl zugestrickt und in das schwäbische Meer damit, das wär lustig zuzusehen!› (Es ging schon im Herren- und Grafenstand bunt genug her).»

55, 29 **Erinnerung an die Falkensteiner 1380–1390:** vgl. Limburger Chronik, S. 107.

55, 29 **Die... Geroldseck zu Sulz haben sich «im Stegreif *müssen* ernehren»:** vgl. Zimmerische Chronik, Bd. 1, S. 291.

55, 31 **die klainfuegen schlechten verdorbenen Adlichen...:** ebd., Bd. 2, S. 477 f.

55, 33 **Götz von Berlichingen und seine Geständnisse:** Mein Fehd und Handlungen, z. B. S. 86 ff.

55, 34 **weder Edel noch Unedel war sicher...:** vgl. Zimmerische Chronik, Bd. 2, S. 436.

56, 5 **zuckte:** «zurückhielt», vgl. Grimm, Deutsches Wörterbuch, Bd. 16, Sp. 286.

56, 5 **So hatte er einst auch gegen Worms... Forderungen übernommen:** vgl. Flersheimer Chronik, S. 54 ff.

56, 7 **die Friedingen... etc. welche 1512 Hohenkrähen... zu ihrer Veste erkoren hatten:** vgl. Zimmerische Chronik, Bd. 1, S. 417 ff.

56, 11 **Es geht wohl hin, den Kaufleuten die Deschen schüttlen...:** ebd., Bd. 2, S. 435; «Deschen»: «Taschen».

56, 14 **Ulrich von Würtemberg... Gesind an seinem Hofe... Predigt des Barfüßers:** ebd., S. 434–437; dazu das Exzerptblatt *Raubritterthum a:* «II, 434 Ein Barfüßer predigt zu Stuttgart vor Ulrich und seinem ganzen Hofe: Es giebt Leute, heißen Straßenräuber, wollen besser sein als die Diebe; wie soll man aber mit denselben umgehen? man soll sie fahen, vor Gericht stellen und peinlich beklagen; findet man sie im Unrecht, soll man sie in Stiefeln und Sporn an den lichten Galgen henken und wohl lassen verzablen!!! ho ho ho! wär lustig zuzusehen! – Dieß sagte er mit steigendem Ton. [...] II, 437 Jener Schenk Ernst von Tautenberg [...] erbittet sich einst an einem Bankett zu Stuttgart die Röcke aller Gäste (offenbar wie zum Scherz) und giebt sie hernach nicht mehr zurück; wahrscheinlich mochte man sie nicht mehr von ihm verlangen.»

56, 19 **Max nannte sie Heckenreiter:** Kaiser Maximilian I.; vgl. ebd., Bd. 2, S. 376.

56, 21 **Auch Kurfürst Johann von Sachsen übte... keine Gnade:** vgl. Zimmerische Chronik, Bd. 2, S. 435 f.

56, 24 «**Storken- und hetzennester**»: ebd., Bd. 1, S. 275; dazu das Exzerptblatt *Das Schloß a*: «I, 275. Abgelegene oder ruinirte Schlösser heißen Storken- und hetzelnester. (Atzelnester?)». – «Hetzel»: «Elster» (Grimm, Deutsches Wörterbuch, Bd. 4.2, Sp. 1273).

56, 25 **Die adlichen Troglodyten... ihre Blaufußvögel:** vgl. Zimmerische Chronik, Bd. 2, S. 404 f.; dazu das Exzerptblatt *Das Schloß a*: «II, 404 Adliche Troglodyten: Zu Weiler an der Donau hauste ein Adelsgeschlecht hoch in einer Felshöhle, schwerzugänglich und für sturmfrei geltend; darüber geht der Fels noch weit senkrecht in die Höhe und enthält noch einige Löcher wo Blaufußvögel nisteten; die Herren der Höhle machten Geschenke damit; ja es wurden deren bis Lothringen und Frankreich versandt.» – «Blaufußvogel»: «Falke» (Grimm, Deutsches Wörterbuch, Bd. 2, Sp. 84).

56, 26 **feierliche Grundsteinlegung (Neuzollern 1454):** vgl. Zimmerische Chronik, Bd. 1, S. 270.

56, 28 **Der schwankende Thurm zu Falkenstein, oben vorgekragt:** vgl. ebd., Bd. 2, S. 514.

56, 29 **Gottfried Wernher nimmt... Fenster, Schlösser und Beschläge:** vgl. ebd., S. 316.

56, 32 **Die Anlage auf hohen Bergen: Raisonnement von 1517:** Überlegungen zum Schloßbau von Ritter Fritz Jacob von Anweil, ebd., S. 520.

56, 35 **Die Frage: ob ein festes... Haus nützlich sei:** vgl. ebd., S. 450 f.; dazu das Exzerptblatt *Das Schloß b:* «Unsere Vorfahren haben viel darüber gestritten, ob ein festes und wehrliches Haus einem Geschlecht nützlich und gut sei, und bei allen Gründen für und wider findet es sich doch, daß die Geschlechter welche solche feste und wehrliche Häuser hatten, sich oft darauf verließen, ihren Obern oder ihren Nachbaren daraus trotzten, dann aber selten aufrecht oder bei ihren Gütern blieben, wie dieß die Erfahrung lehrt bei den Herrn von Friedingen, Clingenberg (eine Zeitlang Besitzern von Hohentwiel), Sickingen, Rosenberg und Andern noch höhern Standes, welche zu ihrem eignen Nachtheil für ihre Fründ und Gegner (Schlösser) gebaut haben.»

56, 39 **Baugelt II, 100:** dazu das Exzerptblatt *Das Schloß a*: «II, 100 Es scheint daß hie und da bestimmte Quoten von aller Beute für die Instandhaltung der betreffenden Schlösser bei Seite gethan wurden, wenigstens ist hier von einem ‹Baugelt› die Rede welches 5 von 100 sei.»

Kommentar   689

57, 5   Das Scheittragen auf Schloß Lichtenberg: vgl. Zimmerische Chronik, Bd. 1, S. 449; dazu das Exzerptblatt *Das Schloßleben:* «I, 449. Auf Schloß Lichtenberg im Elsaß war der Brauch, daß man Keinem des Hofgesindes Morgensuppen gab, wenn er nicht dem Koch ein Scheit Holz in die Küche getragen hatte; weder Edel noch Unedel durfte sich dessen weigern.»

57, 6   Die iebung des alten Gottfried: vgl. Zimmerische Chronik, Bd. 2, S. 166; dazu das Exzerptblatt *Das Schloßleben:* «II, 166. Der alte Gottfried von Zimbern erhielt seine Gesundheit u. a. damit daß er täglich von Wildenstein den weiten Weg nach der Propstei Beuron zu Fuße ging und auf dem Rückweg immer von der Donau aufwärts etwas (Ein Scheit Holz? etc.) trug, im selbs zu einer iebung.»

57, 9   Die Livreen: zimbrisch farb ungeschaffne farb: vgl. Zimmerische Chronik, Bd. 2, S. 268 f.

57, 13 Der Kuchenbub beim Grafen von Sonnenberg: vgl. ebd., S. 118; dazu das Exzerptblatt *Das Schloßleben:* «II, 118. Wer bei Graf Andreas von Sonnenberg zur Fastenzeit einkehrte, da brachte der Kuchenbub dem Gast einen neuen Löffel und bekam dafür etwas; ja dieß war die beste Besoldung der Kuchenbuben.»

57, 16 Andere freilich trauern um Jagdfalken und Jagdhunde: vgl. Zimmerische Chronik, Bd. 2, S. 431.

57, 19 bei Ulrich von Würtemberg Rennen und Stechen: vgl. ebd., S. 432.

57, 20 Auf dem Augsburger Reichstag 1518 Gesellenstechen: vgl. ebd., S. 303; dazu das Exzerptblatt *Turnier:* «Rennen und Stechen, wo ein Landau einen Ebling ledig herab stach, was für etwas so großes gegolten habe als wenn Kay den Lanzelot herabgestochen hätte. (Als wäre dergleichen schon sehr selten gewesen). Und wer wisse wie es dabei zugegangen? Sei doch bei einer Hochzeit Wilhelm's von Hessen ein Herzog von Lüneberg in einem Gesellenstechen ledig herab gerannt worden, sodaß er mit der einen datzen (Hand? Fuß?) hangen blieb und Jedermann merkte, er habe einen Haken (?) gebraucht.»

57, 21 Bubenhofens zweiter Hochzeit in Rottweil: vgl. Zimmerische Chronik, Bd. 2, S. 493.

57, 24 Turniere von 1487 ... Gründe der Abnahme: Fugger, Spiegel der Ehren, S. 977 (anno 1487); dazu das Exzerptblatt *Turnier:* «In diesem Jahr wurden zu Regensburg und Worms die zween letzte Hauptturniere (deren Crusius, von 550 Jahren, 36 zehlet) gehalten; und hat man nach der Zeit diese ritterliche Übung abkommen lassen.»

57, 28 wie man wieder ein turnier welte anrichten? ...: vgl. Zimmerische Chronik, Bd. 2, S. 520.

57, 30 Hie und da gingen Armaturen ... in irgend einem Schloßbrand unter: vgl. ebd., S. 78 f.

57, 38 der böse Felix von Werdenberg: ebd., S. 313.

57, 39 Der Sohn eines Fluchers ... lahm geboren: vgl. ebd., Bd. 1, S. 237.

58, 2   Die Lüge des Johann von Nassau-Saarbrück: vgl. ebd., Bd. 2, S. 125; dazu das Exzerptblatt *Turnier:* «Graf Hans von Nassau Saarbrück erzählt auf einem Bundestag zu Ulm vor etlichen Grafen und Herren, er sei bei Coblenz auf dem gefrornen Rhein mit dem Pferde durchgebrochen, unter dem Eis durchgeritten und glücklich jenseits wieder ans Land gekommen.»

58, 3   Das Saufen mäßiger als um 1560: vgl. Zimmerische Chronik, Bd. 2, S. 127.
58, 4   schon 1490 bei Anshelm das «niderlendisch... säuische» Zutrinken verboten: Valerius Anshelm, Berner-Chronik, Bd. 2, S. 123.
58, 14   «Speikatzen»: Lästerer, Spötter (vgl. Grimm, Deutsches Wörterbuch, Bd. 10.1, Sp. 2803 f.); Zimmerische Chronik, Bd. 2, S. 33.
58, 17   Das Maislen: der Kurzweil; vgl. Zimmerische Chronik, Bd. 2, S. 410; dazu das Exzerptblatt *Schwänke und Bosheiten e*: «II, 410, ss. et passim: Grafen und Herrn wenn sie zu Gaste sind, maislen (s. oben 400), d. h. sie werfen Becher und Anderes zum Fenster hinaus; bei einem Essen, das der Rath von Ulm giebt, werfen sie einander immer hitziger mit Kirschensteinen, streichen einander Pfeffer an die Backen etc.»
58, 17   Der Hof Herzog Ulrichs: vgl. Zimmerische Chronik, Bd. 2, S. 437–439; dazu das Exzerptblatt *Schwänke und Bosheiten e*: «Tollheiten am Hofe Herzog Ulrichs, besonders wenn Alles trunken war. In Summa, wie der Herr so war das Hofgesind, und wie das Regiment, also hatte es auch einen Bestand oder nahm ein Ende.»
58, 18   Tinte statt Gesichtswasser: vgl. Zimmerische Chronik, Bd. 2, S. 151; Ludwig von Leonstein hatte das wohlriechende Wasser, womit sich Sophia Böcklin, die Witwe des Grafen Konrad von Tübingen, abends parfümierte, mit Tinte vermischt.
58, 18   Die Locken des Jünglings: vgl. ebd., S. 501 f.; Wolf von Bubenhofen pflegte sein langes Haar im Garten mit dem Morgentau zu benetzen. Als die Hofleute dies bemerkten, tränkten sie das Gras mit einem übelriechenden Wasser.
58, 18   Johann Wernher überschlägt sammt Roß... (Graf von Bitsch): vgl. ebd., S. 39; dazu das Exzerptblatt *Schwänke und Bosheiten a:* «II, 38. Die jungen Zimbern, Veit Wernher und Johann Wernher der Jüngere am pfälzischen Hof; letzterer spielt dem Grafen Georg von Bitsch einen höchst zotigen Possen, und Bitsch rächt sich in der Folge bei einer großen Hofjagd zu Heidelberg, indem er zu bewirken weiß, daß vor allem Frawenzimmer herr Johanns Wernher in ainem grossen wiltgarn sich und sein pferdt beschlug und zu hauffen fiel; sodaß ihn die Damen mußten aus dem Garn schneiden helfen.»
58, 19   Ludwig von Löwenstein... einen Kellner... vom Galgen losgebeten: vgl. Zimmerische Chronik, Bd. 2, S. 125.
58, 21   Eberhard im Bart und der glühende Thürgriff: vgl. ebd., Bd. 1, S. 346; Wernher von Zimmern verbrannte sich an einem von Graf Eberhard von Württemberg zum Glühen gebrachten Türgriff die Hand.
58, 22   Ein Vetter... will... zum Abdecker zu Tische gehen: vgl. ebd., Bd. 2, S. 176 f.
58, 23   Die Worte Sonnenbergs an und über... Werdenberg: vgl. ebd., S. 286; dazu das Exzerptblatt *Schwänke und Bosheiten d*: «II, 286 Die Worte, durch welche Graf Andres von Sonnenberg sich 1511 die Ermordung zuzog: er nannte den Felix von Werdenberg: ein kleins schwarz schreiberle, das vermain auch was zu sein, aber es seie nicht mit im.»
58, 25   Tintenfresser und Stiefelschmurber: vgl. Zimmerische Chronik, Bd. 1, S. 553: Auseinandersetzung zwischen Heidelberger Studenten, den «Tintenfressern», und Junkern des Pfalzgrafen, den «Stiefelschmurbern».

Kommentar 691

58, 26 **Die Wittwe Zimbern läßt Hans Sättelin zum Turnier antreiben:** vgl. ebd., Bd. 2, S. 32; dazu das Exzerptblatt *Schwänke und Bosheiten a*: «II, 32. Das Spottturnier zu Rottweil (nach 1500) wobei ein altes reuterlin, hiess Hans Sättelin ... ein guets froms dorechts mendle auf Anstiften der Wittwe von Zimbern dahin bethört wird, gegen eine mit Blutblasen angefüllte Puppe zu Pferd zu rennen, welche den Hans von Praunen, einen Diener der Wittwe vorstellt. Sättelin durchsticht die Puppe und flieht voll Schrecken in ein Asyl [...] bis Praunen selbst ‹mit andern *Speikatzen*› erschien und ihn wieder herausführte.»

58, 26 **Johann Wernher d. J. sendet den Dominicanern ... ein Faß voll Frösche:** vgl. Zimmerische Chronik, Bd. 2, S. 401.

58, 29 **Johann Wernher ... läßt einen Schimmel schwärzen:** vgl. ebd., S. 184 f.

58, 30 **Ib. id: der Wolf im Entenstall:** vgl. ebd., S. 185; dazu das Exzerptblatt *Schwänke und Bosheiten d*: «II, 184. Johann Wernher d. J. von Zimbern läßt einem guten aber etwas seltsamen Mößkircher Bürger die fetten Enten aus dem Stall holen und einen halbwüchsigen Wolf hineinsperren, der des Morgens beim Oeffnen den guten Burger umrannte. Dann lud Johann Wernher denselben sammt Andern zu einem Entenessen, indem man dem Wolf die Enten vor dem Angerthor wieder abgejagt habe. Der Burger glaubte es (oder that dergleichen?), erhielt dann aber viel mehr verehrt als die Enten werth waren.»

58, 30 **Jos Niclas ... und der gehenkte Schneider:** vgl. Zimmerische Chronik, Bd. 2, S. 458; dazu das Exzerptblatt *Schwänke und Bosheiten e*: «II, 458 Gefährliche Roheit des Jos Niclas von Zollern gegen einen Schneider welcher beinahe wäre erhenkt worden; er hatte sich an einen Ast anbinden müssen und Jos Niclas zog ihm dann die Schranne worauf er stand, unter den Füßen weg; sodaß er bereits ‹erschwarzet› – ein anwesender Kriegsmann hieb dann noch glücklich den Nestel durch, woran er hing. – Dergleichen galt noch als Schwank.»

58, 31 **Gegen unberechtigtes Gänseweiden der Gegginger ... als Zigeuner verkleidet:** vgl. Zimmerische Chronik, Bd. 2, S. 188 f.; dazu das Exzerptblatt *Verkleidung:* «II, 188 Gegen unberechtigtes, öfter eingeklagtes und verbotenes Gänseweiden einer Anzahl Einwohner von Geggingen weiß Johann Wernher d. J. von Zimbern zuletzt kein anderes Mittel, als sich mit Hans Gremlich in berittene Zigeuner zu verkleiden und auf der Gegginger Weide die Gänse wegzufangen. Dann ließ er die Bauern kommen und offenbarte wer die Zigeuner gewesen, sammt Zuspruch.»

58, 33 **Graf Wolf von Oettingen als Bettler – das Lied:** vgl. Zimmerische Chronik, Bd. 2, S. 159 f. Über den als Bettler verkleideten Grafen, der so seine Geliebte besuchte, ist ein Lied entstanden.

58, 34 **Ein Edelmann als Mönch:** vgl. ebd., S. 187.

58, 39 **die Narren aller mit den Zimbern bekannten Häuser:** vgl. ebd., S. 387 ff.

58, 42 **Wildhans und noch ein Speet und die drei Todten:** vgl. ebd., S. 47. Wildhans Spät (Speet) und sein Vetter reiten an einer Richtstätte vorbei, und Wildhans ruft den Gehenkten zu: «Ir drei durren brueder, was hangen ir alda? Kompt hinnacht zum nachtessen und seit meine gest!» Abends kommen die drei Gehenkten und begehren Einlaß. Nach dem gemeinsamen Essen verabschieden sie sich, und einer rät Wildhans, er solle nie

	mehr einen Menschen verspotten, der für seine Schuld mit dem Tod gebüßt habe.
58, 42	der Edelmann von Hildesheim und die Dämonen: ebd., S. 48 f.
59, 7	der Chrystall des Johann Wernher d. ä. (die Cisterne): vgl. ebd., Bd. 1, S. 482; dazu das Exzerptblatt *Talismane etc. Schätze etc.:* «I, 482. Johann Wernher von Zimbern besitzt auch einen christallen, der ihm den Fehler einer Cisterne offenbart, die an einem unbekannten Abfluß litt.»
59, 8	Der Glück- und Siegstein des Hauses Zimbern: vgl. Zimmerische Chronik, Bd. 1, S. 559.
59, 11	Der spiritus familiaris der Lichtenberg: vgl. ebd., Bd. 1, S. 455–457.
59, 15	Schätze... der Nigromant... Schatz am Heberberg und die Lupfen: vgl. ebd., Bd. 2, S. 383; dazu das Exzerptblatt *Talismane etc. Schätze etc.:* «II, 383 Der Ahn des Hauses Echter von Mespelbronn hat dessen meiste liegende Güter zu Geld gemacht, dieses vermauert und dann bei einem plötzlichen Schlagfuß sich nicht mehr über den Ort erklären können. Die Nachkommen wenden sich an einen Nigromanten in Erfurt der sich aber für den Fall der Auffindung die Hälfte bedingt und deßhalb abgewiesen wird. (Wahrscheinlich hatte er sie durch die Bedingung nur erst recht lüstern und bereit zu vorläufigen Opfern machen wollen). So viel erfuhr man: das Geld sei in einer Mauer zu Mespelbronn. Vielleicht soll diese Baarschaft auf einen Andern warten, wie zB: der Schatz am Heberberg im Hegau laut Aussage eines denselben hütenden Erdmännleins, auf Einen wartet welcher Hans heißt, weßhalb dann auch die Grafen von Lupfen als Inhaber der Herrschaft Hewen immer einen Sohn ihres Hauses haben Hans taufen lassen.»
59, 20	Friedrich III. und Hugo von Werdenberg: vgl. Zimmerische Chronik, Bd. 2, S. 181 f.; dazu das Exzerptblatt *Magie:* «II, 181. Hugo von Werdenberg (st. 1508): als langjähriger Geheimkämmerer Friedrichs III. wohnte er allein den nächtlichen Operationen des Kaisers, welcher Nigromant war, bei, und zwar schweigend; er sah und hörte dabei oft wunderbarliche und erschreckliche Dinge. Desto kühner durfte er sich dann (politisch) Alles erlauben. (So weit ist Friedrich III. in den geheimen Künsten wohl nie gedrungen).»
59, 20	Johann Wernher d. Ä. und sein Schicksal... den Leib S. Rudolfs: vgl. Zimmerische Chronik, Bd. 1, S. 482; dazu das Exzerptblatt *Magie:* «Er [Johann Wernher d. Ä.] wollte auch per magicas artes erkunden ob der Leib S. Rudolph's wirklich zu Mößkirch liege, aber der Bischof von Constanz widerrieth ihm, in sanctos per responsa spirituum zu inquiriren.»
59, 22	schimpfs- und schalknarrenweis: Zimmerische Chronik, Bd. 2, S. 353.
59, 23	Peter Schneider von Möskirch... im Venusberg gewesen: vgl. ebd., S. 80 ff.
59, 25	Die Wittwe Johann Wernhers d. ä.... will... ihrer Tochter... nicht zur Nativität behülflich sein: vgl. Zimmerische Chronik, Bd. 2, S. 159.
59, 27	Der Aberglaube... Glückshaube: vgl. ebd., S. 375 ff.
59, 28	das Horoscop des Beilagers: vgl. ebd., S. 454, 456; dazu das Exzerptblatt *Aberglauben:* «Sowohl Damen als Herrn verstehen sich auf Auswahl eines Zeichens, d. h. astrologisch bestimmten Momentes für das Beilager

Kommentar 693

eines neuen Ehepaars, wonach die Ehe fruchtbar oder unfruchtbar werden mußte.»

59, 28 **die vornehmen Alchymisten ... laut Trithemius:** Dieser nennt in den Annales Hirsaugienses, vol. 2, p. 286–288, neben mehreren Bischöfen und Äbten namentlich Werner von Falkenstein, Erzbischof von Trier 1388–1418.

59, 32 **wuoteshere:** ursprünglich die wilde Jagd eines Geisterheeres, nach mythologischer Vorstellung von Wotan angeführt; vgl. Zimmerische Chronik, Bd. 2, S. 201; dazu das Exzerptblatt *Das Gespenst des Edelmanns a:* «Das echte Gespenst dieses jagenden Adels, worin er sein Schauerbild erblickt, ist das wuoteshere, hier offenbar als einzelner Jäger mit einem Horn.»

59, 35 **Veit Wernher erscheint seiner Mutter im Leichentuch:** vgl. Zimmerische Chronik, Bd. 2, S. 77 f.

59, 36 **Collectiverscheinung der Ahnen ... bei der Leiche des Letzten eines Stammes:** vgl. ebd., S. 49 f., das Auftauchen gespenstischer Reiter beim Tod von Graf Weichmann von Rapin.

59, 39 **cf. den Stein ... bei Jehan de Troyes p. 250:** Der Graf von Saint-Pol besaß einen Stein, der ihn vor Vergiftungen schützte; vgl. Troyes, Histoire de Louys XI, p. 207.

60, 4 **Das Gespenst und der Kriegsmann ... das Prasseln:** vgl. Zimmerische Chronik, Bd. 2, S. 207 ff.: Der Geist des Freiherren Schmeller von Ringingen kommt nach seinem Tode nicht zur Ruhe. Er trifft einen aus fremden Diensten heimkehrenden Kriegsmann und bittet ihn, seiner Frau und den Kindern von seiner Qual zu berichten. Beim Weggehen hört der Kriegsmann hinter sich ein ungeheuerliches Prasseln wie von einem Bergsturz.

60, 5 **Wolf von Fürstenberg ... am Weiher zu Donaueschingen:** vgl. ebd., S. 215 f.; dazu das Exzerptblatt *Das Gespenst des Edelmanns c:* «[...] Graf Wolf von Fürstenberg [...] erzeigte sich nach seinem Tode ⌊† 1509⌋ zu Roß und zu Fuß, weil er einst den großen Weiher zu Donaueschingen machen lassen ohne den betreffenden Dörfern und Privatleuten Ersatz zu geben. Man sah ihn mit dem Amtmann und Andern die ihm zu dem Weiher verholfen, bei Tag und Nacht am Weiher auf und nieder reiten oder gehen; Nachts war oft solcher Lärm auf dem Weiher, daß die Nachbarn sich nicht aus den Häusern wagten. Erst nach Jahren wurde das Gespenst durch Almosen u. A. vertrieben.»

60, 8 **Der Heizgeist Schmeller von Ringingen:** vgl. Zimmerische Chronik, Bd. 2, S. 207 ff.

60, 11 **Graf Hans von Sonnenberg ... spukt zu Wolfeck bei Tage:** vgl. ebd., S. 284 f.

60, 15 **die Zettel auf Wolfeck:** vgl. ebd., S. 285. Zur Verbannung des Geistes von Graf Hans von Sonnenberg wurden Beschwörungen auf Zettel geschrieben und über den Türen aufgehängt.

60, 16 **Bagutzlen ... Maltersack mit Erbsen:** «Bagutzlen» sind Beginen; vgl. ebd., S. 329. Zur Beschwörung des Geistes von Hans von Sonnenberg wurde den Nonnen und Beginen eine große Anzahl Gebete auferlegt, «und es lautet die Sage, man habe einen mältrigen Sack mit Erbsen in die Klöster und Beginenhäuser ausgeteilt und damit die Zahl der Gebete nach den Erbsen (d. h. nach der Zahl der Erbsen) verrichten lassen.» (Exzerptblatt *Das Gespenst des Edelmanns d.*)

60, 20 Der Typus des adlichen schwäbischen Palästinapilgers: vgl. Zimmerische Chronik, Bd. 1, S. 278 ff.

60, 21 Friedrich von Zollern... geht ins heilige Land da... nirgends kein blatz mer ist: vgl. ebd., S. 252 f.

60, 23 Jerusalemfahrt des Johann Wernher d. ä.: vgl. ebd., S. 472 ff.

60, 25 Noch 1517 eine große adliche Gesellschaft... besuchten auch Monserrat: vgl. ebd., Bd. 2, S. 369 f.

60, 27 Der Narr Peter Letzkopf viermal in S. Yago... es war nit viel an ihm gelegen: vgl. ebd., S. 355 ff.

60, 31 die Nonnen tragen... Schildchen... auf den Chormänteln: vgl. ebd., Bd. 1, S. 244 f.

60, 34 Zerrüttung des Benedictinerordens: vgl. ebd., S. 374; dazu das Exzerptblatt *Verhalten gegen Klöster*: «Gegen Benedictinerklöster (selbst Hirschau) erlauben sich die Adlichen den schnödesten Spuk.»

60, 34 Klagen über Verarmung der adlichen Familien: vgl. Zimmerische Chronik, Bd. 1, S. 336.

61, 2 ließ sich ein adlicher Herr noch in einer Kutte bestatten: vgl. ebd., Bd. 2, S. 284.

61, 4 der letzte Graf Georg von Bitsch bei den Carthäusern... nicht als Mönch: vgl. ebd., Bd. 2, S. 39.

61, 7 Felix von Werdenberg droht... einen Galgen zu errichten: vgl. ebd., S. 517 f.; dazu das Exzerptblatt *Verhalten gegen Klöster*: «II, 518 Die Werdenberger (u. a. Besitzer von Heiligenberg) bekommen Händel mit der Abtei Salmansweiler welche u. a. ihren Müller gegen die Werdenberger in Schutz nahm; Felix von Werdenberg insbesondere wollte die Sache mit der grossen braitaxt behawen und drohte, er werde vor dem Kloster ein Hochgerüst aufrichten und es mit Mönchen und Müllern anfüllen. Es scheint, die Sache wurde auf Tageleistungen vermittelt.»

61, 10 Verhalten gegen Pfarrer... verachtungsvoll: vgl. Zimmerische Chronik, Bd. 2, S. 340 f.; dazu das Exzerptblatt *Die Weltgeistlichen*: «II, 340, s. wird offenbar mit Vergnügen erzählt, wie Gabriel von Magenbuch (Sohn des letzten adlichen Magenbuch und einer Zieglerstochter) vom Priester redet: ein solchen kelchbuben der unserm hergott misrathen ist! [...] Ib.: Der Pfarrer schont auch den Adlichen nicht; in einer Predigt spricht ein Geistlicher von Longinus der herankommt um Christus in die Seite zu stechen: Indess so kompt ain alter hüneresser und sticht etc.»

61, 19 Der freie Markt in Oberndorf II, p. 111: dazu das Exzerptblatt *Die Städte als Aufenthalt des Adels*: «II, 111. Der sog. ‹freie Markt› wird doch nach einem kleineren Ort entboten, der einem einladenden Herrn eigen gehört.»

61, 24 1442 die Fastnacht in Horb... der Riesenhirsch: vgl. Zimmerische Chronik, Bd. 2, S. 178 f.

61, 27 in Constanz (der Adel des St. Georgenschilds)... die vornehmen Bürger dabei: vgl. ebd., S. 180 f.

61, 30 Die Karsthansen... die stolzen eingemaurten pauren: vgl. ebd., Bd. 1, S. 270.

Niederländische Genremalerei

62, 35 **seit Diderot?:** vgl. Essais sur la peinture, *p.* 722–727.
63, 23 **Die Centaurenfamilie des Zeuxis:** vgl. Lukian, Zeuxis 3–7.
63, 23 **der Hoplit des Theon:** vgl. Aelian, Varia historia («Bunte Geschichten») 2,44.
63, 26 **malte Peiräikos u.a.:...Eßwerk u. dgl:** vgl. Plinius, Naturalis historia 35,37,112 f.
63, 27 **Kalates: Comödienscenen:** vgl. ebd. 37,116.
64, 34 **Rafael's Incendio del borgo:** Rom, Vatikanische Museen.
64, 35 **Pestbild (Kupferstich):** Die Zeichnung wird der Werkstatt Raffaels zugeschrieben; der Kupferstich «Morbetto» stammt von M. A. Raimondi.
64, 35 **Michelangelo: il bersaglio de' Dei:** Windsor, Royal Library.
64, 37 **Tizian (Madrid):** Das Venusfest.
65, 22 **die zwei Musikanten:** gilt heute als anonym.
65, 23 **Speisung der Hungrigen:** Paris, Louvre.
65, 24 **Das Tischgebet:** Washington, National Gallery.
65, 24 **Die Procession:** Paris, Louvre.
65, 25 **Die Wachtstube:** Paris, Louvre.
65, 25 **Scene in einer Schmiede:** Paris, Louvre.
65, 30 **Velasquez eine Gruppe von Hofleuten:** Das Bild «Die Versammlung» gilt als Werkstattbild; Paris, Louvre.
65, 31 **Murillo und seine Betteljungen...zum Theil zweifelhaft:** Die Eigenhändigkeit wird bei keinem der Bilder mehr in Frage gestellt.
66, 4 **Manfreddi:** Der Bezug zu Florenz ist unklar, denn Bartolomeo Manfredi hatte seine Lehrzeit in Mailand, Cremona und Brescia verbracht und war dann vor allem in Rom tätig.
67, 16 **Jan van Eyck's Adam und Eva:** Gent, St. Bavo.
68, 10 **Die Alpen auf dem van Eyck im Louvre:** Die Madonna des Kanzlers Rolin.
68, 33 **Qu. Messys (wo?): der heilige Hieronymus:** Das Werk ist nicht mit Sicherheit identifizierbar, da im letzten Jahrhundert mehrere Bilder dieses Inhaltes Massys zugeschrieben worden sind. Heute gilt nur noch die Fassung in Wien, Kunsthistorisches Museum, als dem Künstler nahestehend, auch wenn sie mehrheitlich einem Nachfolger von Massys zugeschrieben wird.
68, 35 **Die Herodias des Jan van Assen:** wird Jacob Cornelisz van Oostsanen zugeschrieben.
69, 2 **Das Wunder des heiligen Benedict von Jan Mostaert:** wird heute Jan II. van Coninxloo zugeschrieben.
69, 25 **Giebt es gemaltes Genre von Lucas van Leyden?:** z.B. Die Schachpartie, Berlin, Staatliche Museen.
69, 33 **Kreuztragung:** Wien, Kunsthistorisches Museum.
69, 34 **Predigt Johannis:** Das Original befindet sich in Budapest, Szépművészeti Museum.
69, 34 **(auch hier):** Basel, Öffentliche Kunstsammlung; wird Jan Bruegel d.Ä. zugeschrieben.
69, 34 **das echtere Exemplar...(Galerie Lichtenstein):** bis 1931 im Galeriekatalog nachweisbar; Verbleib heute unbekannt.

69, 35	**Bergpredigt:** Von Bruegel gibt es keine «Bergpredigt»; vermutlich meint B. hier eine der Fassungen der «Predigt Johannis».
69, 35	**der Kindermord:** Die Fassung in Wien, Kunsthistorisches Museum, gilt als Kopie von P. Bruegel d. J. nach dem Original von Bruegel d. Ä., London, Hampton Court.
70, 8	**in Berlin, zwischen Pilgern und Bettlern:** Gemeint ist vermutlich das Bild von P. Bruegel d. J.: Schlägerei auf dem Lande.
70, 29	**Franz Franck d. ä. den Apelles:** Gemeint ist vermutlich das Bild von Willem van Haecht: Alexander der Große besucht das Atelier des Apelles, Den Haag, Mauritshuis.
70, 40	**Gonzales Coques... und Ehrenberg:** Auf dem Gemälde in Den Haag stammt die Architektur von Wilhelm Schubert van Ehrenberg.
71, 25	**In München: die von Soldaten gequälten Bauern:** Marodierende Soldaten, Werkstattbild, im Depot.
72, 5	**Waagen (p. 46):** Rubens-Album; Wiederabdruck in: Kleine Schriften, S. 290.
72, 16	**Fisch- und Küchenbilder... (Belvedere):** Im Belvedere befanden sich zwei Bilder dieses Inhaltes: F. Snyders und A. van Dyck: Fischmarkt; F. Snyders und Cornelis de Vos: Fischmarkt; heute beide Wien, Kunsthistorisches Museum.
72, 18	**So de oude songen... Berliner Museum:** im Zweiten Weltkrieg zerstört.
72, 26	**das Concert (München):** Schleißheim, Staatsgalerie.
72, 31	**David Teniers Sohn (1610–1694):** David Teniers d. J. starb bereits 1690.
73, 2	**von ihm eine Madonna nach Tizian:** Paris, Louvre.
73, 17	**Das Concert im Wirthshaus (Exposition zu Brüssel, 1873):** Expos. Kat. 1873, p. 48, damals im Besitz von Baron Van de Woestyne d'Herzeele; Verbleib unbekannt.
73, 33	**(unser Bild):** Im Stall, Basel, Öffentliche Kunstsammlung.
73, 39	**Aehnliches Bild: Wien, Lichtenstein:** Ein Pferdehandel, Vaduz, Fürstliche Sammlungen.
73, 40	**Arnolt van Maas (Louvre):** wird heute Michael Sweert zugeschrieben.
74, 19	**la pittura (in halbidealem Costum, bei Sarasin):** Gemeint ist das Bild, das B. in einem Brief an Felix Sarasin (Briefe, Bd. 3, Nr. 238, S. 133 f.) begutachtet und näher beschreibt: «Sog. *Teniers*. Die Malerin und der Farbenreiber. Wenn es kein Teniers ist, so ist es ein herrliches, geistvolles Bild, unberührt, der Hintergrund so schön abgetönt wie bei irgend einem Velasquez. Das Idealcostüm der Dame deutet darauf hin, daß die Mal*erei* als solche gemeint ist und daß das Bild vielleicht zu einem Cyclus von allegorischen Darstellungen der Künste gehörte. Sehr fein ist der Gegensatz der schon etwas reifen und prätentiösen Dame mit dem sehr jugendlichen Farbenreiber – Preis 650 francs de france! Ich selber würde ihm 500 bieten, wenn ich nicht alles Ankaufen solcher Schätze verschworen hätte.» Das Bild befand sich danach im Besitz des Sohnes, Jacob Sarasin-Schlumberger, vgl. GA 14, S. 486. – Verbleib unbekannt.
74, 22	**Porträts (Schönborn, Wien):** das eines Juristen: im Galeriekatalog von 1894 aufgeführt; Verbleib unbekannt.
74, 33	**Ankunft des reichen Mannes in der Hölle:** im Zweiten Weltkrieg zerstört.
74, 37	**David Ryckaert (geboren zu Antwerpen 1615):** D. Ryckaert ist 1612 geboren.

Kommentar

74, 39	das beste Exemplar: Berlin: im Zweiten Weltkrieg zerstört.
75, 5	seine «fünf Sinne»: London, National Gallery; eines der Bilder (Der Geschmackssinn) gilt heute als Kopie.
75, 8	Peter van Laar... (geboren zu Naarden 1613): Pieter van Laer, geboren in Haarlem, lebte von 1599 bis um 1642.
76, 6	die Schiffe... lebende Wesen waren wie die der Phäaken: vgl. Homer, Odyssee 8,556–571.
76, 12	die Lästerungen bei Houbraken: De Groote Schouburgh der nederlantsche Konstschilders en Schilderessen.
76, 22	Rembrandt (1608–1669): Rembrandt van Rijn lebte von 1606 bis 1669.
76, 26	la leçon d'anatomie: Den Haag, Mauritshuis.
76, 27	la ronde de nuit: Amsterdam, Rijksmuseum.
76, 27	die Staalmeesters: Amsterdam, Rijksmuseum.
76, 30	Die verkümmerte Bauerndirne Diana... Galerie Lichtenstein: wird heute G. Flinck zugeschrieben; Vaduz, Fürstliche Sammlungen.
77, 15	Galerie Schönborn: aufgeführt im Galeriekatalog von 1894 als «Nach Rembrandt»; Verbleib unbekannt.
77, 19	Burger (II, Introduction, p. X): Les Musées de la Hollande.
77, 28	Herzog von Geldern, Museum von Berlin: Gemeint ist das Bild «Simson bedroht seinen Schwiegervater».
77, 29	Ziska's Schwur: Die Verschwörung des Claudius Civilis, Stockholm, Nationalmuseum.
77, 35	La famille du bucheron: Le Ménage du menuisier; Eigenhändigkeit heute umstritten.
77, 36	die zwei Philosophenbildchen (Louvre): «Philosophe en méditation» und «Philosophe au livre ouvert». Das erste Bild wird dem Rembrandt-Kreis oder der Rembrandt-Schule, das zweite Gerson Salomon Koninck zugeschrieben.
77, 38	der Samariter (Louvre): wird der Rembrandt-Schule zugeschrieben.
77, 38	Studirende Mönche?: Da dieses Thema in der Rembrandt-Schule sehr häufig ist, scheint sich B. hier zu fragen, ob es vom Meister selbst ein entsprechendes Bild gibt oder gab. Heute wird Rembrandt kein Werk mit diesem Thema mehr zugeschrieben.
77, 39	Tischgebet?... Tisch mit Globus?: siehe vorangehenden Kommentar; von Rembrandt selbst gibt es heute keine Werke mehr mit diesen Themen.
78, 12	la laitière: zuletzt London, Sammlung Beit; Verbleib unbekannt.
78, 13	la liseuse: Es gibt mehrere Fassungen dieses Themas.
78, 13	la couseuse: zuletzt London, Kunsthandlung Edward Speelmann; Verbleib unbekannt.
78, 13	l'écouteuse: Es gibt mehrere Fassungen dieses Themas.
78, 13	la rêveuse: Amsterdam, Rijksmuseum.
78, 13	l'ouvrière en dentelles: Es gibt mehrere Fassungen dieses Themas.
78, 23	Theodor de Keÿser: Gemeint ist wohl Thomas Hendricksz de Keyser.
78, 32	Pape Schüler des Mieris: gilt als Schüler des Dou.
78, 36	24 Jahr älter als Rembrandt: Frans Hals ist zwischen 1581 und 1585 geboren, Rembrandt 1606.
79, 5	Beide geboren... mit Rembrandt, 1608: A. Brouwer ist 1605 oder 1606, Joos van Craesbeek um 1605 geboren.

79, 10	Terburgs oder Dow's? **Schüler war Netscher:** Netscher gilt als Schüler Terborchs.
79, 11	**Metsu's bester Schüler: Uchterfeldt:** Ochtervelt war Schüler von N. Berchem und P. de Hooch, malte aber in der Art von Metsu.
79, 15	**hat Wynants berühmte Genremaler zu Schülern ... Wouverman:** Wouvermann scheint auf Wijnants eingewirkt zu haben und nicht umgekehrt.
79, 39	**Lehrer des Jan le Ducq:** Le Ducq ist ein Schüler von Potter, aber seine Bilder stehen denjenigen Dujardins nahe.
81, 11	**das Bild bei Suermondt: zwei Zänker und ein Vermittler:** Nachfolger von Adriaen Brouwer: Bauernstreit, Berlin, Staatliche Museen.
81, 18	**Bild der Galerie Schönborn ... eine Fußoperation:** Frankfurt, Städel.
81, 27	**Cornelis Bega malt etwa drei Discurse zugleich:** Wien, Kunsthistorisches Museum.
81, 28	**Brouwer ... in einem Meisterbilde ... einen eingeschlafenen Raucher:** Aachen, Suermondt-Ludwig-Museum.
82, 33	**Schüler Brouwer's:** Steen war Schüler von N. Knupfer, A. van Ostade und J. van Goyen.
82, 41	**Burger I, 105 ... cf. 252:** Les Musées de la Hollande.
83, 12	**Lichtenberg:** Ausführliche Erklärung der Hogartischen Kupferstiche.
83, 21	**Jordaens ... lateinische Moralsprüche zu seinen Kotzenden:** Fest des Bohnenkönigs, Wien, Kunsthistorisches Museum.
83, 41	**«Fliegenden Blätter»:** Die humoristische Wochenzeitschrift erschien seit 1845 in München.
84, 21	**Mann in der Nachtkappe:** wird P. J. Quast zugeschrieben.
84, 23	**Briefleserin, Briefschreiberin:** Amsterdam, Rijksmuseum, und Dresden, Gemäldegalerie; Washington, National Gallery of Art.
84, 32	**Brüssel Exposition: Brekelenkamp: Frau in einem Buch ... lesend:** zuletzt in Brüssel, Expos. Kat. 1873, p. 71, damals im Besitz des Comte du Chastel; Verbleib unbekannt.
84, 41	**Brakenburg, Galerie Schönborn in Wien:** im Galeriekatalog von 1894 aufgeführt; nachher nicht mehr nachweisbar.
85, 10	**(Brüssel Exposition 1873) ... die sitzende Spitzenklöpplerin:** zuletzt in Brüssel, Expos. Kat. 1873, p. 80, damals im Besitz van Hoobroeck; Verbleib unbekannt.
86, 2	**ein Familienbild des Jan van der Meer ... Wiener Academie:** wird heute Pieter de Hooch zugeschrieben.
87, 19	**Die Fruchthändlerinnen ... von Brekelenkamp (Suermondt):** Die Obsthändlerin, Berlin, Staatliche Museen.
87, 29	**Treffliche Bilder von Pape ... Brüssel Exposition 1873:** zuletzt in Brüssel, Expos. Kat. 1873, p. 80, damals im Besitz des Comte Du Chastel; Verbleib unbekannt.
87, 36	**Dusart ein Quacksalber im Museum von Amsterdam:** wird A. van Ostade zugeschrieben; Haarlem, Frans-Hals-Museum (leihweise).
88, 3	**zwei Nähterinnen (Brüssel Exposition 1873):** Brüssel, Königliche Museen.
88, 22	**Ansicht des Dam ... (Amsterdam, Stadthuys):** Historisches Museum.
88, 36	**das Jagdrendezvous bei einer Fontaine (Brüssel Exposition 1873):** zuletzt in Brüssel, Expos. Kat. 1873, p. 63, damals im Besitz des M. Jules Delebecque; Verbleib unbekannt.

Kommentar 699

88, 39 **Museum von Haag: Carls II. Abfahrt von Scheveningen:** Amsterdam, Rijksmuseum (leihweise).

89, 42 **Terburg malte ... den Friedensschwur von Münster:** London, National Gallery.

90, 17 **Jan le Ducq's Comödiantenwagen (Wien, Schönborn):** bereits im Galeriekatalog von 1894 nicht mehr aufgeführt.

90, 18 s. die Wiener Notizen, Blatt: **Wouverman:** PA 207, 38: Wien 1872, Blatt «f. Wouvermans – Jean le Duc etc. Wachtstubenmaler etc.»: «... Schönborn: Jean le Duc? (von Waagen übergangen). In einem mächtigen Wirthshausschuppen der eben angelangte, schon ausgespannte Wagen der Comödianten; rechts ein Herr zu Pferde; – ganz wie die Scene aus dem Roman comique.»

90, 35 **Lionardo ... Kampf um die Standarte:** Gemeint ist eine Szene der von Leonardo nie vollendeten und früh zerstörten «Schlacht von Anghiari», die häufig, u. a. von Rubens, kopiert wurde.

91, 1 **Dazio grande:** Schlucht am Fuße des Monte Piottino (Kt. Tessin), wo sich die Franzosen und Österreicher im Oktober 1799 eine Schlacht geliefert haben.

91, 17 **Das Warten vor dem Ausritt zur Jagd als Morgenbild:** Es gibt mehrere Fassungen zu diesem Thema.

91, 32 **Gerhard Terburg (geboren 1608):** G. Terborch ist 1617 geboren.

93, 28 **Terburg (Wien, Belvedere) malt eine schreibende junge Dame:** Kopie nach Terborch, das Original befindet sich in Den Haag, Mauritshuis.

93, 42 **die junge Frau ... mit einem Weinglas:** Junges Paar beim Wein, Berlin, Staatliche Museen.

94, 2 **Terburg (Galerie Suermondt) giebt einem jungen Soldaten:** Berlin, Staatliche Museen.

94, 22 **Cornelis Bega: der meditirende Mönch ... (Museum Amsterdam):** wird heute Salomon Koning zugeschrieben.

96, 9 **Mieris (die Säugende ... hinten eine Magd):** gilt heute als Werk der Niederländischen Schule des 17. Jh.; Paris, Louvre.

97, 13 **Metzu (Wien, Belvedere) ... Spitzenklöpplerin:** wird heute einem Metzu-Nachfolger zugeschrieben; Wien, Kunsthistorisches Museum.

97, 15 **Brüsseler Exposition 1873 ... ein Metzu ähnlichen Inhalts:** Brüssel, Königliche Museen.

97, 19 **un militaire fait présenter ...:** vgl. Villot, Notices des tableaux, p. 156.

97, 29 **Ehemann, im Lehnstuhl ruhend:** Nicht der Ehemann, sondern die Gattin sitzt im Stuhl.

97, 41 **Monsieur Burger:** Musées de la Hollande, t. 2, p. 100 ff.

98, 3 **(Galerie Schönborn, Wien): Metzu: eine schreibende Frau:** London, Wallace Collection.

98, 7 **Göthe's Deutung (Kugler II, 204):** Handbuch der Geschichte der Malerei, Bd. 2, S. 503: «Eine der anmuthigsten Compositionen Terburg's befindet sich in zwei trefflichen Exemplaren in den Museen von Berlin und von Amsterdam; sie ist u. a. aus Goethe's Wahlverwandschaften (wo sie als lebendes Bild dargestellt wird) bekannt: ‹Einen Fuss über den andern geschlagen, sitzt ein edler ritterlicher Vater und scheint seiner vor ihm stehenden Tochter ins Gewissen zu reden. Diese, eine herrliche Gestalt, in faltenreichem weissem Atlaskleide, wird zwar nur von hinten gesehn, aber ihr ganzes Wesen scheint anzudeuten, dass sie sich zusammennimmt. Dass jedoch die Ermahnung nicht heftig und beschämend sei, sieht man aus der Miene und Geberde des Vaters; und was die Mutter betrifft, so scheint diese eine kleine Verlegenheit zu verbergen, indem sie in ein Glas Wein blickt, das sie eben auszuschlürfen im Begriff ist.›» Goethe übernahm den Titel von Johann Georg Willes Reproduktionsstich, der die Unterschrift «Instruction paternelle» trägt; tatsächlich ist eine Bordellszene dargestellt.

98, 20 Jan le Ducq ... Violinist und Zitherspieler sitzend: wird heute Cornelis Saftleven zugeschrieben.

98, 42 Terburg (Museum von Antwerpen) ... die Lautenspielerin: Die Eigenhändigkeit ist heute umstritten.

99, 9   eine Klavierspielerin aus dem Bilde blickend: Im Galeriekatalog von 1872 Dirk Hals zugeschrieben, gilt es heute als Werk von Jan Molenaer.

99, 16 der Louvre ... eine Clavierlection und eine Violoncelllection: Von Netscher besitzt das Museum seit jeher «La leçon de chant» und «La leçon de basse de Viole».

99, 25 (Galerie Schönborn, Wien) unter dem Namen Van der Werff: im Galeriekatalog von 1894 aufgeführt; nachher nicht mehr nachweisbar.

99, 32 ein promenirendes Paar ... in der Galerie Lichtenstein: aufgeführt im Galeriekatalog von 1831 als «Eine Familie im Garten»; nachher nicht mehr nachweisbar.

99, 35 Bürgermeister (Pieter van der Werwe) sammt Gattin: Die Identität der dargestellten Personen ist umstritten.

100, 9 Pieter de Hoogh, geboren um 1643: P. de Hooch, Schüler von N. Berchem, ist 1629 geboren.

101, 12 Raucher der die Pfeife anzündet: Amsterdam, Rijksmuseum.

101, 14 Bild der Toilette zum Kerzenlicht: Den Haag, Mauritshuis.

101, 24 qu'on m'ôte ces magots-là!: Voltaire, Anecdotes sur Louis XIV, in: Œuvres, t. 2, Dresden 1748, p. 363.

Wallenstein laut der Geschichte

102, 11 *Von der Parteien Gunst und Haß...*: Wallensteins Lager, Prolog, Vers 102 f.

103, 4 *Kaufsumme und Werth ... im Verhältniß von 4½ : 11:* vgl. Gindely, Neues über Wallenstein, in: Beilage zur Allgemeinen Zeitung, Nr. 147, 1875, S. 2302; Gindely spricht zunächst von der Münzfälschung Wallensteins, bei welcher der Silbergehalt für 4½ fl. auf 11¼ fl. ausgedehnt wurde; aber auch bei der anschließend geschilderten Grundstücksspekulation hat Wallenstein ähnliche Gewinne erzielt.

104, 8 *man weiß, wie Wallenstein damals ... gehandelt:* vgl. Gindely, Neues über Wallenstein, in: Beilage zur Allgemeinen Zeitung, Nr. 147, 1875, S. 2301 f.

104, 19 *auf seine Kosten ... 50,000 Mann ins Feld zu stellen:* vgl. Ranke, Geschichte Wallensteins, S. 25.

105, 10	«*er mit dem eroberungslustigen Fürsten...*: vgl. ebd., S. 38.
105, 23	*zwei Hahnen auf Einem Miste...*: Khevenhüller, Annales Ferdinandei, t. 12, col. 1121.
105, 30	*wie er eigentlich... keine andern Absichten verfolge:* vgl. Ranke, Geschichte Wallensteins, S. 51–54.
106, 26	*Es werde nicht gut... bis man... den Kopf vor die Füße lege:* vgl. ebd., S. 129.
106, 33	*Er entschuldigte die Schwäche des Kaisers:* vgl. ebd., S. 137.
107, 5	*7. Sept.:* 17. September.
107, 9	*Wenn derselbe ihm 10–12,000 Mann... überlasse:* vgl. ebd., S. 152 f., und Khevenhüller, Annales Ferdinandei, t. 12, col. 1113.
108, 1	*«mit Gewalt zu seinem Willen zu bringen»:* vgl. Ranke, Geschichte Wallensteins, S. 198 f., und Khevenhüller, Annales Ferdinandei, t. 12, col. 1137 f.

Schillers Wallenstein

110, 5	**Die Malteser:** Schiller hegte seit 1788 den Plan, ein Drama in «griechischer Manier» zu schreiben und nahm die Beschäftigung an diesem Theaterstück 1799 und 1803 wieder auf, vollendete es aber nie.
111, 6	**Capucinerpredigt:** Wallensteins Lager, Vers 484–594.
111, 6	**das Lied «Wohl auf, Cameraden»:** ebd., Vers 1052–1107.
111, 10	**Wilhelm von Humboldt. Dieser... in Prosa zu schreiben:** vgl. Humboldts Brief vom 26. 3. 1796.
111, 31	**«Sein Lager nur erkläret sein Verbrechen»:** Schiller, Wallensteins Lager, Prolog, Vers 118.
111, 32	**Der Dichter holt mächtig weit aus:** vgl. dazu z. B. Schillers Brief vom 1. 12. 1797: «... so habe ich diesen ruhigen Anfang dazu benutzt, die Welt und das Allgemeine, worauf sich die Handlung bezieht, zu meinem eigentlichen Gegenstand zu machen.»
111, 38	**Nein! Dasjenige Lied... völlig wegblieb:** vgl. Goethes Brief vom 5. 10. 1798, dem er Abraham a Sancta Claras Band «Reimb dich, Oder ich Liss dich» beigelegt hatte.
112, 14	**die Volksscenen in Göthe's Egmont:** vgl. dazu den 1. (Armbrustschießen) und 2. Aufzug (Platz in Brüssel).
112, 31	**im vierten Dienst:** vgl. Schiller, Wallensteins Lager, 6. Auftritt.
112, 37	**Wie er sich räuspert etc.:** vgl. ebd.
113, 6	**Wir geben nicht nach und marschiren nicht:** ebd., Vers 836.
113, 10	**Der Bauer ist auch ein Mensch:** ebd., Vers 658.
113, 15	**für den Styl war Schiller... auf Pater Abraham gewiesen worden:** vgl. Goethes Brief vom 5. 10. 1798. Das Vorbild für die Kapuzinerpredigt ist die Schrift «Auff, auff ihr Christen» in Abraham a Santa Claras «Reimb dich, Oder ich liss dich».
113, 24	**Ein Reich von Soldaten...:** Schiller, Wallensteins Lager, Vers 332 ff.
113, 27	**Das Wort ist frei,...:** ebd., Vers 339 f.
113, 33	**Wer weiß was er noch erreicht...:** ebd., Vers 455 f.
113, 36	**Weiß doch Niemand an wen *der* glaubt:** ebd., Vers 594.

114, 2   Nicht er ist's, ...: ebd., Prolog, Vers 111–114.
114, 13 dessen Wesen Schiller selber «retardirend» nennt: Brief vom 2. 10. 1797.
114, 29 Charactere ... in völliger Verschmelzung mit ihrem Schicksal: vgl. Schillers Brief vom 28. 11. 1796: «Das eigentliche Schicksal tut noch zu wenig, und der eigne Fehler des Helden noch zu viel zu seinem Unglück.»
115, 28 (Im II. Act): ders., Die Piccolomini, 2,7.
115, 35 Khevenhiller XII, 1139, s.: Khevenhüller, Annales Ferdinandei.
116, 4   nächst I, 2: Schiller, Die Piccolomini, Vers 210–257.
116, 10 Bring ihn zu Bette: ebd., Vers 2262.
116, 18 «der hellgebornen, heitern Joviskinder»: ebd., Vers 985.
116, 21 Schwere, harte Urtheile, zumal bei Otto Ludwig: in den «Shakespeare-Studien».
116, 22 ein Widerspruch in Wallenstein selbst: ebd., S. 56.
116, 24 im Streit mit seinen eigenen Voraussetzungen: ebd., S. 222.
116, 25 Die Handlung sei die des Hamlet: ebd., S. 223.
116, 27 «*Der* Wallenstein ... ist Posa's Bruder»: ebd., S. 224.
116, 30 Wallenstein's idealistische Resignation: ebd., S. 227.
116, 31 In diesen elf Acten sei nichts motivirt: ebd., S. 345.
116, 35 das Bild des wirklichen Wallenstein: ebd., S. 230.
117, 8   Doch euren Augen soll ihn jetzt ...: Schiller, Wallensteins Lager, Prolog, Vers 104 f.
117, 21 «erklärt»: vgl. ebd., Vers 118.
117, 23 «des Muthes freier Trieb ...: ders., Wallensteins Tod, Vers 180 f.
117, 30 so deutlich er sich auch bewußt ist (p. 200): vgl. ebd., 1,7.
117, 41 O! Sie zwingen mich ...: ders., Die Piccolomini, Vers 701 f.
118, 7   Göthe: der astrologische Aberglaube ...: Brief vom 8. 12. 1798.
118, 13 Die Sterne lügen nicht ...: Schiller, Wallensteins Tod, Vers 1668 ff.
118, 18 «auf ungewisse Erfüllung hin ...: ebd., Vers 143 ff.
118, 20 «müsse die That vollbringen weil er sie gedacht»: ebd., Vers 141.
118, 25 Wenn ich nicht wirke mehr ...: ebd., Vers 528.
118, 33 Woher weißt du ...: ders., Die Piccolomini, Vers 861 ff.
118, 37 Denn nur vom Nutzen wird die Welt regiert: ders., Wallensteins Tod, Vers 443.
119, 4   Dir stieg der Jupiter hinab bei der Geburt: ders., Die Piccolomini, Vers 967 f.
119, 9   Das Irdische, Gemeine magst du sehn ...: ebd., Vers 973 ff.
119, 18 «Heut gilt es, ...: ders., Wallensteins Tod, Vers 2777–2781.
119, 25 O, nicht um diese thut mirs Leid ...: ebd., Vers 2742–2745.
119, 34 bei Ranke p. heißt es: Geschichte Wallensteins, S. 151.
119, 37 «Die Frau Terzkin ...: Khevenhiller, Annales Ferdinandei, t. 12, col. 1164.
119, 39 Khevenhiller: Annales Ferdinandei, t. 12, col. 1105.
120, 8   Entworfen bloß, ist's ein gemeiner Frevel: Schiller, Wallensteins Tod, Vers 470.
120, 9   Denn Recht hat jeder eigene Character: ebd., Vers 600.
120, 17 «mit dem höchsten Opfer das Liebe bringt»: ders., Die Piccolomini, Vers 1885 f.
120, 18 Seine Liebe soll seine Ehre ihm erklären: ders., Wallensteins Tod, Vers 1318 f.

120, 23 im V. Act: ebd., 5,3.
121, 15 Otto Ludwigs unbillige Kritik: Ludwig, Shakespeare-Studien, S. 400 f.
121, 29 Es geht ein finstrer Geist durch unser Haus: Schiller, Die Piccolomini, Vers 1899.
121, 36 im III. Act... er appellirt an sie wie an sein Gewissen: ders., Wallensteins Tod, 3,21.
121, 38 Ranke p. 14: Geschichte Wallensteins, S. 10.
122, 2   folge deinem ersten Gefühl: Schiller, Wallensteins Tod, Vers 2338 f.
122, 2   Reue soll nicht deiner Seele schönen Frieden stören: ebd., Vers 2345 f.
122, 7   *Wie du dir selbst getreu bleibst,* ...: ebd., Vers 2348–2352.
122, 12 Otto Ludwig faßt... wie einen Selbstmord auf: Ludwig, Shakespeare-Studien, S. 401 und 420 f.
122, 14 «Es wäre ehrenvoller...: ebd., S. 57 f.
122, 17 «Der Selbstmord... aus der Reflexion.»: ebd., S. 401.
122, 19 «Warum ferner Thekla nicht an ihre Mutter denke?»: ebd., S. 401.
122, 21 Die Regimenter die mir anvertraut sind...: Schiller, Wallensteins Tod, Vers 2243 ff.
122, 27 dort (in S. Cathrinen Stift)...: ebd., Vers 3132.
122, 30 Thekla eine Geisterstimme: ders., Gedichte, in: *Schillers Werke,* Bd. 2.1, S. 198.
122, 34 Dorten wirst auch du uns wieder finden: ebd., Vers 13 f.
123, 14 Du hast's erreicht etc.: ders., Wallensteins Tod, Vers 1786.
123, 14 «über welchen der Affect keine Gewalt hat»: vgl. Ludwig, Shakespeare-Studien, S. 225.
123, 31 Buttler hat... sein Rachegefühl schon überlebt: Schiller, Wallensteins Tod, Vers 2869–2881.
123, 40 ἐξάγγελος: «Bote».
124, 12 Ich denke einen langen Schlaf zu thun...: ebd., Vers 3677 ff.

Ein Gang durch das vaticanische Museum

125, 13 waiden: vgl. Grimm, Deutsches Wörterbuch, Bd. 14.1, Sp. 561 ff., wonach die Schreibweisen mit -ai- und -ei- bis mindestens 1785 die gleiche Bedeutungsausdehnung haben.
126, 12 des claudianischen Berges: Gebirge in der Wüste im östlichen Ägypten, wo im Altertum Granit und Porphyr gebrochen wurde; vgl. Plinius, Naturalis historia 36, 57.
126, 27 Jupiter von Otricoli: Sala Rotonda, Inv. 257. Anzahl und Art der in diesem Vortrag erwähnten Objekte machen es nötig, auch die Inventarnummer nachzuweisen.
126, 31 sein Bruder Serapis-Pluto: Sala Rotonda, Inv. 245.
126, 34 das Haupt des Poseidon: Museo Chiaramonti, Inv. 1270.
126, 35 als Herrscher thronend... Jupiter Verospi: Sala dei Busti, Inv. 671.
126, 37 der bärtige Bacchus... Sardanapallos: Sala della Biga, Inv. 2363.
127, 3   Hera mit Diadem und Scepter: Sala Rotonda, Inv. 249.
127, 5   Juno Lanuvina: Sala Rotonda, Inv. 241.
127, 6   die colossale Demeter: Sala Rotonda, Inv. 254.

127, 9 die Tyche von Antiochien: Galleria dei Candelabri, Inv. 2672.
127, 13 Artemis rasch anstürmend ... Sala della biga: Inv. 2338.
127, 13 schwebend mit der Fackel ... Gabinetto delle maschere: Braccio Nuovo, Inv. 2240.
127, 15 zaghaft herbeischleichend: Braccio Nuovo, Inv. 2268.
127, 17 Apoll schön heranschreitend ... mit der Kithara: Sala delle Muse, Inv. 310.
127, 20 Apoll vom Belvedere: Cortile del Belvedere, Inv. 1015.
127, 33 sogenannte Minerva medica des Braccio nuovo: Inv. 2223; vgl. auch Platner-Urlichs, Beschreibung Roms, S. 140.
127, 38 die sieben aus der Villa des Cassius: Sala delle Muse, Inv. 299, 295, 291, 287, 317, 312, 308.
128, 9 die sitzende Kalliope: Sala delle Muse, Inv. 312.
128, 11 die völlige Verhüllung der Polyhymnia ... mit Rosen bekränzt: Sala delle Muse, Inv. 287.
128, 14 Mutter der Musen, Mnemosyne: Sala delle Muse, Inv. 282.
128, 24 die Venus der Sala a croce greca: Gabinetto delle Maschere, Inv. 812.
128, 26 γλυκὺς ἵμερος: Homer, Ilias 3, 139.
128, 31 der Eros (génie du Vatican): Galleria delle Statue, Inv. 769.
128, 37 Gestalt des Dionysos ... Sala della biga: Inv. 498; späthadrianisch-frühantoninische Kopie nach einer späthellenistischen Plastik des ausgehenden 2. Jh.
129, 7 Antinoos, bekam in seinen schönsten Darstellungen ... in der Sala rotonda: Inv. 256.
129, 16 Aphrodite, schön zusammengeschmiegt ... über einer Wasserfluth: Gabinetto delle Maschere, Inv. 815.
129, 18 sie ist wieder vom Bade aufgestanden und trocknet sich ... die Haare: Gabinetto delle Maschere, Inv. 807.
129, 19 Eros, in rascher Bewegung: vgl. Platner-Urlichs, Beschreibung Roms, S. 137.
129, 22 Apoll ... lauert einer Eidechse auf: Galleria delle Statue, Inv. 750.
129, 36 Dionysos sich auf seinen Genossen Ampelos ... lehnt: Museo Chiaramonti, Inv. 1375.
129, 38 Silen mit dem Bacchuskind in den Armen: Braccio Nuovo, Inv. 2292.
129, 39 der Auflehnende (Periboëtos): Braccio Nuovo, Inv. 2219.
129, 40 Laufende mit dem Bacchuskind auf der Schulter: Galleria dei Candelabri, Inv. 2555.
129, 41 Der kleine Flötenbläser: Galleria dei Candelabri, Inv. 2760.
129, 41 der einschenkende (sogenannter Ganymed des Phaidimos): Museo Chiaramonti, Inv. 1376.
130, 1 Der auf seinem Schlauch zurückgelehnte: Galleria dei Candelabri, Inv. 2524.
130, 2 die aufgestemmt sitzenden (Mitte des Braccio nuovo): Inv. 2219.
130, 3 der sich wild zurückbeugende Klingplattenschläger: Wahrscheinlich meint B. die Statue von Attis im Museo Chiaramonti, Inv. 1656.
130, 5 Fauno di rosso antico: Gabinetto delle Maschere, Inv. 801.
130, 7 Die bacchische Tänzerin: Gabinetto delle Maschere, Inv. 813.
130, 18 der Triton, Seepferd mit menschlichem Oberleib: Sala degli Animali, Inv. 464.

Kommentar 705

130, 20   der Oberleib eines Tritons: Galleria delle Statue, Inv. 765.

130, 31   Nil mit den 16 Genien = Ellen: Braccio Nuovo, Inv. 2300; die auf verschiedenen Höhen verteilten Genien stellen die Ellen dar, um die der Fluß bei Hochwasser steigt.

130, 32   Der Tigris (trajanische Zeit?): Scala Simonetti, Inv. 168; die Statue, wohl ein Werk hadrianischer Zeit, ist unter Leo X. restauriert worden.

131, 5   die Danaide; die leise Vorwärtsneigung: Galleria delle Statue, Inv. 563.

131, 6   die sitzende und abwärts schauende Nymphe: Galleria delle Statue, Inv. 582.

131, 9   die majestätische Ariadne: Galleria delle Statue, Inv. 548.

131, 12   σπήλαιον: ‹Höhle, Grotte›.

131, 16   Der Heraklestorso des Apollonios: Atrio del Torso, Inv. 1192; der Torso wird neuerdings als «Sinnender Ajas» gedeutet (u. a. weil sich die vermeintliche Löwentatze als Pantherfell entpuppt hat).

131, 20   das Haupt des Menelaos: Sala dei Busti, Inv. 694.

131, 26   der Discuswerfer welcher ... sein Ziel mißt: Sala della Biga, Inv. 2349.

131, 29   der Discuswerfer, im Augenblick des Wurfes sich bückend: Sala della Biga, Inv. 2346.

131, 30   der Apoxyomenos: Gabinetto della Apoxyomenos, Inv. 1185; 1849 in Trastevere gefunden.

132, 4   ausruhend und sinnend Meleager: Sala degli Animali, Inv. 490; die Statue aus dem 2. Jh. geht auf ein Original aus dem 4. Jh. v. Chr. zurück.

132, 10   die Amazonen: Plinius berichtet in seiner Naturgeschichte (34,53) von fünf bronzenen Amazonen im Artemis-Tempel von Ephesos, die aus einem Künstlerwettstreit hervorgegangen seien; die überlieferten Marmorkopien werden in drei Typen unterteilt und – durchaus kontrovers – Phidias, Polyklet sowie Kresilas zugeschrieben; vgl. Galleria delle Statue, Inv. 748, und Braccio Nuovo, Inv. 2272, 2252.

132, 27   Artemis mit einem Jagdhunde: Museo Chiaramonti, Inv. 1841.

132, 35   Löwe als Sieger über das Pferd: Sala degli Animali, Inv. 444.

132, 35   mit dem Rest eines Rindes zwischen den Vordertatzen: Sala degli Animali, Inv. 390.

132, 36   der Luchs mit dem todten Lamm: Sala degli Animali, Inv. 520.

132, 38   die Ziege welche ihr Junges säugt: Sala degli Animali, Inv. 535.

132, 38   die zwei mit einander spielenden Windhunde: Sala degli Animali, Inv. 430.

132, 40   Die großen Molossen: Cortile del Belvedere, Inv. 897, 872; gemeint sind Molosser.

133, 1   das Crocodil: Sala degli Animali, Inv. 530.

133, 2   ein riesiger Kamelskopf: Sala degli Animali, Inv. 511.

133, 3   Amor als Löwenbändiger: Sala degli Animali, Inv. 497.

133, 4   Centaur: Sala degli Animali, Inv. 404.

133, 18   der Held von Messene, Aristomenes: B. meint wahrscheinlich die Statue in der Sala della Biga, Inv. 2347.

133, 19   Alkibiades: Sala della Biga, Inv. 2357.

133, 20   Von Perikles die herbe großartige Herme: Sala delle Muse, Inv. 269.

133, 22   Euripides in ganzer Gestalt: Braccio Nuovo, Inv. 2266.

133, 24   Demosthenes: Braccio Nuovo, Inv. 2255.

133, 26 der sitzende Menander: Galleria delle Statue, Inv. 588; die Statue aus dem 1. Jh. v. Chr. geht auf ein Original aus dem 3. Jh. v. Chr. zurück.
133, 35 Das Haupt Sulla's: Museo Chiaramonti, Inv. 1493.
133, 35 Das Haupt Caesar's: Sala dei Busti, Inv. 713.
133, 36 von Augustus u. a. die Büste aus seiner Knabenzeit: Sala dei Busti, Inv. 714.
133, 41 Arzt als Asklepios: Braccio Nuovo, Inv. 2288.
134, 24 Ehepaares mit verschlungenen Händen: Sala dei Busti, Inv. 592.
134, 30 der schöne Sarcophag mit dem Mythus des Protesilaos: Galleria dei Candelabri, Inv. 2465.
134, 36 Pudicitia: Braccio Nuovo, Inv. 2284.
135, 3   Hermes psychopompos: Cortile del Belvedere, Inv. 907.
135, 19 Laocoon: Inv. 1059, 1064, 1067.

Don Quixote

136, 24 Tiecks Übersetzung: Cervantes, Leben und Taten des scharfsinnigen Edlen Don Quixote von la Mancha. Die Übersetzung von Ludwig Tieck erschien 1799–1801 in Berlin. – B. benutzte die zweibändige Ausgabe der «Classiker des In- und Auslands», deren siebte Auflage 1894 erschien. Im folgenden wird zu Tiecks Seitenzählung die ursprüngliche – aber von Tiecks Aufteilung in 12 Bücher abweichende – Kapitelangabe gemacht.
136, 29 le plus simple comme le plus élégant...: Mérimée, Cervantes, p. 34.
136, 32 I, 458 ... (Zweikampf...mit Heinrich von Ramstein): Cervantes, Don Quixote, 1, 49.
137, 20 seine frühern Comödien, wovon nur zwei erhalten: Gemeint sind «Numancia» und «El trato de Argel».
137, 25 n'offrent que des imbroglios assez faibles de conception: Mérimée, Cervantes, p. 26 f.
137, 37 Geburtsort des Don Quixote...nicht näher bestimmt...: Don Quixote, 2, 74.
137, 40 Er und S. Vincent de Paule gehören zu den...Sklaven: Die Gefangennahme von Cervantes ereignete sich 1575; erst ungefähr zwanzig Jahre später wurde de Paule auf den Sklavenmarkt von Tunis gebracht, nachdem sein Schiff bei Narbonne überfallen worden war.
138, 9   die Bibliothek des Don Quixote: vgl. Don Quixote, 1, 6.
138, 22 Mein Wunsch war kein Anderer...: ebd., 2, 74.
138, 28 Reflexionen...So I, 442 dem Canonicus von Toledo...: ebd., 1, 47.
138, 40 Gines de Pasamonte I, 166. II, 186.197.206: ebd., 1, 22; 2, 27.
138, 42 Italien lieh den Morgante: Pulci: Morgante.
139, 5   «milesische Erzählung»: Sammelbegriff für schwankhafte Erzählungen, der auf die «Milesischen Geschichten» des Aristeides von Milet (ca. 100 v. Chr.) zurückgeht.
139, 15 I, 280 ... «Zur Erntezeit kommen viele Schnitter...: Don Quixote, 1, 32.
139, 27 Auch der Canonicus I, 455, s. constatirt: ebd., 49.
140, 5   laut I, 5 wäre Don Quixote...verliebt gewesen: ebd., 1.
140, 20 er verzieht sich «leutselig»: ebd., 19.

Kommentar 707

140, 25 Cf. II, 21 wo vom ersten Theil die Rede ist...: ebd., 2, 3.
140, 36 die ihm begegnenden Kaufleute die Dulcinea... für die Schönste erklären: vgl. ebd., 1, 4.
140, 38 thut zB: Gelübde en bloc die er in seinem Roman gelesen: vgl. ebd., 10.
140, 41 Cf. die Excerpte bei I, 190 ss.: Exzerptblatt *Don Quixote 4*: «Sancho Pansa meint: ob er denn von irgend einer Untreue der Dulcinea wisse? – Don Quixote: das sei grade die Blume seiner Unternehmung; aus Gründen unsinnig zu werden, sei nichts Besonderes; das Feine sei, es ohne alle Ursache zu werden. Er will einstweilen unsinnig sein, bis Sancho Pansa einen Brief an Dulcinea und dann wieder deren Antwort an Don Quixote überbracht haben wird.» Vgl. Don Quixote, 1, 25.
141, 1 I, 28 ... das berühmte Autodafe: ebd., 6 f.
141, 11 Nach I, 131: er glaubt sich... dazu geboren... das goldene Alter zurückzuführen: ebd., 20.
141, 18 Chrysostomus und Marcella: vgl. ebd., 12–14.
141, 22 bei Anlaß der galizischen Füllen ⌊I, 95⌋... Schläge erhalten...: ebd., 15 f.
141, 42 wie auf Windmühlen: vgl. ebd., 8.
141, 42 so auf Schafherden: vgl. ebd., 18.
142, 7 «So hat mich also der Herr des Himmels der Mühe überhoben...: ebd., 19.
142, 12 I, 138 Lächerlicher Vorwurf an Sancho Pansa: ebd., 20; dazu das Exzerptblatt *Don Quixote 3*: «Don Quixote macht sich und ihm einen Vorwurf aus dem vielen Schwatzen, wie es in keinem Ritterbuch zwischen Herrn und Stallmeister vorkomme: ‹und wahrlich ich halte dieß für einen großen Fehler, sowohl von deiner als von meiner Seite; von deiner, daß du so wenig Achtung gegen mich hast; von meiner, daß ich mich nicht in größere Achtung setze etc.› und nun fährt er per Ihr fort.»
142, 15 I, 148 Don Quixote raubt... Helm Mambrin's: Don Quixote, 1, 21. – Einmal mehr bezieht sich hier Don Quixote auf eine literarische Figur: Mambrin ist der Onkel des sarazenischen Kriegers Mambriano, nach dem der Ritterroman «Mambriano» von Francesco Cieco detto da Ferrara benannt ist.
142, 19 malt sich zB. I, 152, ss. ... Ruhmesthaten und Heirath mit einer Infantin: ebd.
142, 22 I, 159 die Befreiung der Galeotten: ebd., 22.
142, 30 I, 171 Don Quixote bekömmt... Händel: ebd., 24 f.
142, 38 I, 200 circa: Don Quixote's Tollheiten... Pfarrer und Barbier: ebd., 25 f.; dazu das Exzerptblatt *Don Quixote 4* [verso]: «Lächerlich daß Don Quixote ihm noch einige seiner Unsinnigkeiten nackt vormachen will, was sich Sancho Pansa flehentlich verbittet; Don Quixote schlägt dann doch zweimal das Rad. [...] Während dessen trifft Sancho Pansa bei der Wippschenke den Pfarrer und Barbier aus Don Quixote's Heimathsort, hat aber vergessen, sich von Don Quixote die Briefe geben zu lassen; den Brief an Dulcinea kann er ihnen jedoch dictiren, freilich sehr frei. Von Don Quixotes Versprechen an ihn renommirt er mächtig; die Beiden erwogen, wie gewaltig Don Quixotes Tollheit sein müsse, da sie auch den Verstand des Sancho Pansa mit sich genommen.»
142, 39 323, ss.: Der Kampf mit den Weinschläuchen – cf. Apulejus: ebd., 35; Apuleius, Metamorphosen 2, 32.

142, 41 der Ziegenhirt Andres I, 18 und 265: ebd., 4 und 31; dazu das Exzerptblatt *Don Quixote 5*: «Der einst von dem Bauern gezüchtigte Hirt Andres (p. 18) taucht noch einmal auf: wenn ihr (Don Quixote) mich noch einmal fändet da man mich in Stücke hiebe, so überlaßt mich nur meinen Leiden, lieber als mir zu helfen.»
142, 41 Cf. auch 170/1: Don Quixote, 1, 24.
143, 1 349 Don Quixote redet ... über Waffen und Wissenschaften: ebd., 1, 38.
143, 4 425, ... hält er ... eine seiner schönsten Reden: ebd., 45.
143, 9 I, 432, ss. ... auf einem Ochsenkarren nach Hause spedirt. Das Orakel: ebd., 46; dazu das Exzerptblatt *Don Quixote 6* [verso]: «Auf eine Idee des Pfarrers hin wird Don Quixote im Schlaf überfallen und in einen Lattenkäfig auf einen Ochsenkarren verladen; der erste Barbier ruft ihm aus einem Winkel mit verstellter Stimme ein Orakel zu: er müsse mit der weißen Taube von Toboso verbunden ein Geschlecht erzeugen, welches der ewige Ruhm der Mancha sein werde.»
143, 12 455, ss. Im Gespräch mit dem Canonicus: Don Quixote, 1, 49 f.
143, 23 Cervantes meldet bereits, daß Don Quixote hierauf gestorben: ebd., 52.
143, 30 er zählt p. 10 begeistert die alten irrenden Ritter auf: ebd., 2, 1.
143, 32 II, 231 mit so hagern Wangen: ebd., 31.
143, 36 p. 131: ein buntgewirkter Narr: ebd., 17
143, 37 p. 186, ss.: Don Quixote sieht eine Schenke: ebd., 24.
144, 6 Der Stallmeister wird ... gewonnen durch das Versprechen einer Insel: vgl. ebd., 1, 7.
144, 25 so entwickelt er (I, 95) etwa die Theorie: sich Alles gefallen zu lassen: ebd., 15.
144, 27 Freilich hält sich etwa ein Gastwirth ... an Sancho Pansa: vgl. ebd., 17.
144, 34 Höchst komisch ist Sancho Pansas Entsetzen ...: vgl. ebd., 20.
144, 38 I, 152: Warum nicht lieber Kriegsdienste ... nehmen?: ebd., 21.
144, 39 So auch I, 131. I, 148 ... I, 171: ebd., 19; 21; 23; dazu das Exzerptblatt *Don Quixote 3*: «p. 131. Ganz echt ist, daß Sancho Pansa inzwischen aus den Mundvorräthen des Leichengeleites sich ein Paket macht. [...] p. 148. [...] Don Quixote verbietet ihm aber auch, sich das Pferd des Barbiers anzueignen; doch das Sattelzeug erlaubt er ihm.»
145, 1 II, 6: Warum nicht lieber ... zu Heiligen werden ...: ebd., 2, 8.
145, 16 I, p. 273 «müde vom Lügen»: ebd., 1, 31.
145, 19 I, nach 460: wenn ich in meinem Reich ein König bin ...: ebd., 50.
145, 27 gesteht p. 92 zu, daß ihm der Teufel ... einen Beutel mit Dublonen ... halte: ebd., 13.
145, 32 p. 46 für den neuen Auszug ... Gehalt ausbedingen: ebd., 7.
145, 40 p. 24: ebd., 2, 4.
146, 3 II, 247 giebt Don Quixote eine ... Definition von Sancho Pansa's Wesen: ebd., 32 f.
146, 8 II, 84: Mit jedem Tage ... mehr gescheidt: ebd. 12.
146, 11 Besuch zu Toboso (II, 62, ss.): ebd., 10.
146, 13 (II, 166) ... «wenn ich mich auf Fragen und Antworten lege ...: ebd., 22; dazu das Exzerptblatt *Don Quixote 10* [verso]: «p. 169 Sancho Pansas frevelste Rede, da sie den Don Quixote wieder (nachdem sie ihn vom Seil

Kommentar   709

           abgekommen geglaubt) aus der Höhle emporziehen: ‹wir dachten, man
           hätte Euch unten behalten um die Art fortzupflanzen.›»
146, 16   II, 212 Wenn man ... Schläge bekommen hat ...: Don Quixote, 2, 28.
146, 31   I, 355–370 circa: ebd., 1, 39–41.
146, 33   Schon der Verkehr unter den Aermsten ... I, 61, ss. höchst gentil: ebd., 11.
146, 35   da es hieß: wähle (als Beruf) die Kirche ... I, 356: ebd., 39.
146, 37   II, 84: ebd., 2, 12.
146, 39   I, 285 *von der unziemlichen Neugier:* ebd., 1, 33.
147, 1   der Basilio als brillantester Dorfbursche II, 145: ebd., 2, 19 f.
147, 6   I, 69 Gesänge für den Weihnachtsabend: ebd., 1, 12.
147, 8   das Personal des Auto von der Hofhaltung des Todes ... (II, 78): ebd.,
           2, 11.
147, 12   Hirtin Marcella: vgl. ebd., 1, 12–14.
147, 26   Von I, 171 an beginnt ... Finale von vier Liebespaaren: ebd., 23 ff.
147, 40   cf. den Aventurier Buscon: Quevedo, Historia de la vida del Buscón.
148, 8   I, 247, ss., 334: Don Quixote, 1, 29; 37.
148, 25   «es wird sich doch nicht Alles in diesem Castell ...: ebd., 44.
148, 27   II, 320: Sidi Hamet Benengeli ... *Novellen:* ebd., 2, 44.
149, 1   I, 27 ss. der berühmte Autodafe: ebd., 1, 6.
149, 6   I, c. 440 die Gespräche des Pfarrers: ebd., 48.
149, 12   II, circa 119 Begegnung mit Don Diego de Miranda ... p. 131: ebd., 2, 16;
           18.
149, 14   II, 78 Die große Gunst welche die Comödianten genießen: ebd., 11; dazu
           das Exzerptblatt *Don Quixote 9*: «II, 78. Begegnung mit dem Wagen, auf
           welchem das Personal des Auto von der ‹Hofhaltung des Todes› im Co-
           stüm fährt. Rozinante wird scheu und wirft den Don Quixote ab; Sancho
           Pansa's Esel wird von den Spaßmachern der Truppe gemißhandelt – aber
           Sancho Pansa räth hernach alle Rache ab; da die Comödianten immer be-
           günstigt würden, solle Don Quixote sich nicht mit ihnen einlassen.»
149, 36   s. Beiblatt: PA 207, 171, 48, unpaginirtes Blatt mit Exzerpten aus Don
           Quixote, 1, 48.
149, 37   II, 111 ... nennt Don Quixote diese Zahl: Don Quixote, 2, 16.
150, 13   Avellaneda ... Cervantes ... Lepanto: ebd., Vorwort an den Leser.
150, 40   II, 85, ss.: ebd., 12–15.
151, 2   II, 62 In Toboso ... beim nächtlichen Herumirren: ebd., 9.
151, 15   p. 186 die Geschichte von dem Dorf welches man mit dem Eselsgebrüll
           neckt: ebd., 25; vgl. dazu das Exzerptblatt *Don Quixote 10*: «Folgt die Ge-
           schichte von den zwei Richtern die einen verlornen Esel herbeibrüllen wol-
           len indem sie um einen Hügel herum gehen; jeder aber hält das Geschrei
           des andern für das des Esels, worauf sie sich beggenen und Complimente
           machen. Es findet sich dann daß Wölfe den Esel gefressen haben. Die Leute
           des betreffenden Dorfes werden dann von ihren Nachbarn mit Eselsbrüllen
           geneckt, worauf es zu Kämpfen zwischen Dorf und Dorf kömmt.»
151, 17   die Hochzeit des Camacho (II, circa 150): Don Quixote, 2, 20 f.
151, 24   der Bandit Gines de Pasamonte, p. 192: ebd., 25.
151, 30   Der Aufenthalt auf dem Schloß ... in Barcelona: ebd., 32 ff.; 60 ff.
151, 38   II, 78: ebd., 11.
151, 39   II, 179: ebd., 23.

151, 40 cf. 210: ebd., 27.
151, 41 II, 217: ebd., 29; dazu das Exzerptblatt *Don Quixote 11*: «Don Quixote bildet sich schon ein im offnen Meer zu sein, ja den Aequator passirt zu haben, wo auf den Leuten alle Läuse sterben; Sancho Pansa jedoch macht das Gegenexperiment.»
152, 12 **hölzernes Zauberroß ... mit Feuerwerk angefüllt:** vgl. Don Quixote, 2, 41.
152, 14 **Bei einer ähnlichen Scene II, 353:** ebd., 48; dazu das Exzerptblatt *Don Quixote 12* [verso]: «p. 353 muß denn auch Cidi Hamet *versichern*, der Anblick, d. h. die optische Wirkung des Don Quixote im Hemde und der verkappten Dueña Rodriguez sei so komisch gewesen, daß er, Cidi Hamet, würde sein bestes Kleid dafür gegeben haben, die Beiden zu sehen.»
152, 23 **Durch eine Botschaft der Herzogin (370) ... vom Hochmuth angesteckt:** Don Quixote, 2, 50.
152, 25 **Die 200 Ducaten ... beim Abschied zugesteckt werden:** vgl. ebd., 57.
152, 32 **p. 361 das Spielhaus:** ebd., 49; Sancho Pansa darf das Spielhaus nicht aufheben, weil es einem einflußreichen Mann gehört.
152, 33 **p. 392 die Dorfneuigkeiten:** ebd., 52; Therese Pansa teilt ihrem Mann, dem Statthalter Sancho, in einem Brief die Neuigkeiten aus dem Dorf mit.
152, 34 **Von p. 404 an ... Zeit der Vertreibung der Morisken:** ebd., 54.
152, 36 **Von p. 446 an ... hohe Räuberromantik:** ebd., 60.
153, 24 **Don Quixote's Zweikampf ... auf Sancho Pansas Esel:** vgl. ebd., 64 f.
153, 41 **seiner Meinung nach ... Spötter und Verspottete gleiche Thoren:** ebd. 70.
154, 4 **In einem dieser Wirthshäuser ... Don Alvaro Tarfe:** vgl. ebd., 72 f.
154, 18 **Schon I, 33 hatte die Nichte geweissagt:** ebd., 1, 6.
154, 23 **In seinem Testament ersucht er die Executoren:** vgl. ebd., 2, 74.

Über die Kochkunst der spätern Griechen

155, 13 **Die Helden selber verstehen ... das Bereiten der Speisen:** vgl. Athenaios 1, 18 a–b.
157, 28 **Vorschlag, die Festgelder für ernste Zwecke ... zu nehmen, die Todesstrafe:** vgl. Scholia Demosthenica 1, 1, 1 f.
157, 36 **Bereits ist die Gänseleber ein ... Leckerbissen:** vgl. Athenaios 9, 384 c.
157, 42 **Acharner 885: Die tiefe Rührung des Dikäopolis:** Aristophanes, Acharner 885–890.
158, 2 **der Koch als Theaterfigur ... bei ... Mäson:** vgl. Athenaios 14, 659 a–b.
158, 8 **Epicharmos ... nach den erhaltenen Bruchstücken:** Von Epicharmos sind ungefähr 40 Titel und 300 Fragmente überliefert. B. bezieht sich hier vermutlich auf die zahlreichen Zitate bei Athenaios; vgl. aber auch Epicharmos, Fragmentensammlung, hrsg. von August O. F. Lorenz, Berlin 1864.
158, 12 **Mithäkos ... war ein Syracuser ... Abkömmling des Herakles:** vgl. Athenaios 12, 516 c.
158, 16 **«es braust der Schlund ...:** ebd., 10, 411 b.
158, 18 **Bei spätern Komikern rühmt sich Herakles:** vgl. ebd., 2, 63 d–e.
158, 20 **ja schon in seiner Jugend ... packt der Halbgott ein Kochbuch:** vgl. ebd., 4, 164 b.
158, 29 **Sünden Maienblüthe:** Shakespeare, Hamlet, 1, 5, 76.

Kommentar   711

158, 35 die Jagdbeute wie sie Jeder... mitbringen durfte: vgl. Athenaios 4,141c.
159, 4   «Weizenmehl, Kälber und Gänse...: ebd., 14,657b–c.
159, 18 Polyarchos, Athenaeus XII, 64: 12,545a.
159, 29 ahmte die Rede... des alten... Sängers nach: vgl. ebd., 3,101b–e.
159, 32 von Hesiod selbst ein Gedicht... welches jedoch von... Euthydemos: vgl. ebd., 3,116a–c.
159, 42 berühmte Beschreibung eines «Gastmahls», von... Matron: ebd., 4,134d–137c.
160, 6   «Den ganzen Tag lungern sie...: ebd., 1,6d–e.
160, 19 Der glücklichste Mensch... der König von Persien: vgl. ebd., 12,545 f.
160, 24 die «Delias» des Nikochares: bezeugt von Aristoteles, Poetica 2,2 (1448a11), wobei unklar ist, ob Aristoteles ein Epos oder eine Komödie meint.
160, 33 zu Scheitern gegangen: «in Trümmer gegangen».
160, 35 «Wer im Leben noch etwas für sicher hält...: Athenaios 3,103e–104a.
161, 17 Eine Philosophenschule... Wohlleben zu ihrem Princip erhoben: vgl. ebd., 12,544a–b.
161, 20 «Die nämlichen Philosophen...: ebd., 3,103d–e.
161, 23 Auch die Pythagoreer mußten sich dergleichen gefallen lassen: vgl. ebd., 7,288a–b.
161, 33 nämlich das kleine Opfermahl... vom Gesichtspunct des Miethkoches: vgl. ebd., 7,292a–c.
161, 39 Dann treten vornehme Geizhälse auf: vgl. ebd., 6,230a–b.
162, 11 Beim Komiker Euphron... sagt zB: ein Koch: vgl. ebd., 1,7d.
162, 15 Anderswo hören wir... *den* Koch prahlen: vgl. ebd., 9,405e–f.
162, 25 cf. Athenaeus XIV, 77: 14,659a.
162, 28 Zu Hause hält er wohl eine Garküche: vgl. ebd., 9,402e–404d.
162, 37 Wie viele weiß ich die... ihr Vermögen aufgegessen: vgl. ebd., 7,290d–e.
162, 38 Kaum in den Dienst genommen hört man ihn: vgl. ebd., 9,376f–377a.
162, 41 cf. Athenaeus VI, 109: 6,275b.
163, 3   «Wir drei allein sind noch übrig...: ebd., 9,378a–b.
163, 5   Ein Anderer nennt sich als Schüler des Sophon: vgl. ebd., 9,403e–404a.
163, 14 Ein Dritter zählt... sechs große Vorgänger auf: vgl. ebd. 9,379e–f.
163, 25 daß er beständig in homerischen Ausdrücken rede: vgl. ebd. 9,382 f.
163, 32 Ich habe Unsterblichkeit erfunden; mit dem bloßen Duft kann ich Todte erwecken: vgl. ebd., 7,289a.
164, 1   Wir drei allein, Boidion, Chariades und ich... Schule des (großen) Sikon: vgl. ebd. 9,378a–379a.
164, 11 ein Koch... in einer Komödie des Damoxenos: vgl. ebd., 3,101f–103b.
164, 37 Nun wären es genug der Köche: vgl. ebd., 7,293e.
164, 39 «nicht aus Gewinnsucht...: vgl. ebd., 10,431e.
164, 41 J, 138 recto und 147, recto: B.s Vorlesungsmanuskript «Griechische Culturgeschichte», PA 207, 123c, Blatt J 138, «Das Essen. Das Genußleben», und Blatt J 147, «Alexander». Beide Blätter enthalten einen Hinweis auf Athenaios 14,659d–660a, wo von einem Koch die Rede ist, der sich auch aufs Opfern versteht.
165, 8   Alexis, wenn er ein... Recept... in einen Dialog vertheilt: vgl. Athenaios, 12,516d–e.

165, 10 Jene unverschämten Preise! jene düstere Grobheit...: vgl. ebd., 6,224c–228c.
165, 19 schrieb...Lynkeus von Samos eine «Kunst des Kaufens»: vgl. ebd., 6,228c.
165, 30 wenigstens schenkten sie einst... das Bürgerrecht: vgl. ebd., 3,119 f.
166, 14 Ein Armer, heißt es... überfällt die ihm unbewaffnet begegnen: vgl. ebd., 6,227d–e.

Die Phäakenwelt Homer's

167, 8 Homer: Odyssee 6–8.
168, 16 Rabelais: Pantagruel, besonders Buch 4 und 5.
168, 23 Reisen Gullivers: Jonathan Swift, Gulliver's Travels.
168, 24 Brobdignac: eigtl. Brobdingnag.
168, 36 Athenaios VI, 95.96: 6,267e–269e.
169, 1 Odyssee IX–XII: Kikonen... Ogygia und Kalypso: In den Gesängen 9–12 erzählt Odysseus den Phaiaken seine Irrfahrten.
169, 24 γαῖα καὶ ὕλη: Homer, Odyssee 5,398; «Land und Wald».
170, 12 μάστιξεν δ' ἐλάαν: ebd., 6,82: «sie schwang die Peitsche, um anzutreiben».
170, 24 «wie ein Berglöwe»: ebd., 130.
171, 5 Wäre mir doch ein solcher Gemahl erkoren...: ebd., 244 f., in der Übersetzung von Johann Heinrich Voss, 2. Aufl., Königsberg 1802.
171, 10 «Ein künftiger Gemahl, aus ferner Männer Schiffe...: ebd., 277–284.
171, 21 «{gleich}hinschwebende» Schiffe: ebd., 221 (Voss).
172, 1 «denn sie vertrauen nur ihren schnellen Schiffen...: ebd., 7,34–36.
173, 25 «denn nie hat Jemand der in mein Haus gekommen...: ebd., 8,32–36.
176, 23 Göthe, italienische Reise, über seine Nausikaa: Das Referat der «Basler Nachrichten» bringt folgende Überleitung von Homer zu Goethe: «In späterer Zeit hat sich die Kunst öfters mit der herrlichen Gestalt der Nausikaa beschäftigt.»
176, 24 Plan und Bruchstücke: II, 186: Goethe's poetische und prosaische Werke, Bd. 1, Abt. 2, S. 186–188, Nausikaa-Fragmente; vgl. HA, Bd. 5, S. 68–72 (Fragmente) und S. 496 f. (Plan).
176, 26 Nausikaa von Sophokles: Von diesem Werk sind zwei Fragmente überliefert.
176, 27 Aristoteles, in der Politie der Ithakesier: Fragment 152.
176, 28 Die Landschaft des Rubens, Palazzo Pitti: Odysseus auf der Insel der Phäaken.
177, 1 7. Mai: am 8. Mai 1787.
177, 24 im Scenarium nur kurz: «die Leiche»: Goethe's poetische und prosaische Werke, Bd. 1, Abt. 2, S. 188; HA, Bd. 5, S. 497.
178, 15 Ein weißer Glanz ruht über Land und Meer...: Nausikaa, Vers 135 f.
178, 17 läßt er Mignon singen: Kennst du das Land: Goethe, Wilhelm Meisters Lehrjahre, 3. Buch, 1. Kap. Mit «1795» bezieht sich B. auf die endgültige Version des Romans, dessen erster Band (Buch 1 und 2) 1795 erschien.

Mailänderkriege seit 1521

179, 15 **Tyranniciden von 1476:** Die Ermordung von Herzog Galeazzo Maria Sforza durch drei Verschwörer beendete die Herrschaft der Sforza nicht. Für den minderjährigen Sohn und Nachfolger, Gian Galeazzo II, führte zuerst die Mutter, Bona von Savoyen, dann der Onkel, Lodovico il Moro, die Regierung.

181, 34 *seine eigene Mutter:* Louise von Savoyen, Herzogin von Angoulême.

181, 39 *Gian Giacomo Medici. Seine eherne Statue:* von Leone Leoni, im Dom von Mailand.

182, 28 *ein vornehmer Demagoge aus dem Geschlechte der Visconti:* Astorre Visconti.

182, 35 *«Wie werdet Ihr es dann nachher mit mir machen?»...:* Puteanus, Historiae Cisalpinae libri duo, col. 1159 f.

182, 40 *Uriasbrief:* Urias erscheint im 2. Buch Samuel 11 als Ehemann der von König David begehrten Bathseba. In einem Brief an seine Heerführer befiehlt David, Urias in der Schlacht dem Tod auszusetzen, und er läßt den Brief durch Urias selbst überbringen.

183, 38 *Schlacht von Pavia am 25. Nov. 1525:* Die Schlacht fand am 24. Februar 1525 statt.

184, 6 *der Papst:* Clemens VII.

185, 4 *letzten Verfügungen des Connetable:* Ranke, Deutsche Geschichte im Zeitalter der Reformation, Bd. 2, S. 393 f.

185, 29 *Versicherung eines zeitgenössischen Geschichtschreibers:* vgl. Grumello, Cronaca, p. 483 f.

185, 34 *das Heiligthum der Madonna von Saronno... Luini... sich geflüchtet hatte:* Gemeint ist das Oratorio della Vergine del Soccorso ad Uboldo bei Saronno. Daß Bernardino Luini sich dorthin wegen eines begangenen Mordes flüchtete, ist nicht belegt.

186, 2 *in Lugano, wo er eine Madonna und... Passion malt:* Santa Maria degli Angioli.

Spanien unter Philipp II.

187, 9 **Die Quelle... venezianische Gesandtschaftsberichte:** Relazioni degli Ambasciatori Veneti.

187, 20 **die Späher (Buffonen):** Relazioni degli Ambasciatori Veneti, vol. 5, p. 361; dazu das Exzerptblatt *Philipp II. – Spätere Zeit* [f]: «E' amicissimo di certa sorte di buffoni, con i quali si trattiene alle volte, ed è curiosissimo di saper tutti gli andamenti delle persone di qualità della corte, e si serve per lo più di loro per istrumento di questa sua curiosità, poichè s'intromettono da per tutto. ⌊Buffonen als Späher⌋»

187, 24 **Begabte wollte er nicht... Ruy Gomez:** Relazioni degli Ambasciatori Veneti, vol. 5, p. 356; dazu das Exzerptblatt *Philipp II. – Spätere Zeit* [e]: «E in quelli che elegge ha più mira alla bontà e conformità del genio che al valore; perchè di quelli che sanno molto e sono di elevato ingegno, dubita S. M. che vedano più di lontano che non fa essa; sì come per lo contrario di quelli di mezzano valore ella confida più, come faceva di Ruy Gomez [...]»

187, 31 **Don Juan, nur spada e cappa:** Relazioni degli Ambasciatori Veneti, vol. 5, p. 270; dazu das Exzerptblatt *Philipp II. – Spätere Zeit* [d]: «Gegen Don Juan d'Austria haben diese Venezianer großes Mißtrauen; wenn Philipp Frieden mit Venedig halten wolle, so sei dieß anders mit Don Juan und mit den Ministern und Capitänen des Königs, facendo, come si suol dire, la guerra per i soldati. E ritrovandosi esso Don Giovanni con spada e cappa, con un desiderio ambizioso di acquistar per sé alcuna cosa, il che non può fare stando le cose del mondo in pace, und da man schon die Bedrohung Genua's (1575) ihm zuschreibt, so wird er wohl keine Gelegenheit vorbeigehen lassen per accender fuoco in Italia, non mettendo in pericolo niente del suo.»

188, 6 **l'amor che universalmente possiede:** Relazioni degli Ambasciatori Veneti, vol. 5, p. 26; dazu das Exzerptblatt *Spanien – Anfänge Philipps II.* [a]: «Philipp in Spanien geboren und erzogen und anerkanntermaßen aufs Höchste bemüht die spanische Nation zu erhöhen, *coll'amore che universalmente possiede* pare aver molto bene assicurati e fermati tutti quei regni.»

188, 12 **Non s'adira... Philipp weiß mit schwarzem Mantel:** Relazioni degli Ambasciatori Veneti, vol. 6, p. 463.

188, 20 **Voll Verdacht; von seinem Lächeln zum Messer nur zwei Fingerbreit:** ebd., p. 464.

188, 29 **che in un principe di casa d'Austria si può tenere...:** ebd., vol. 5, p. 322.

188, 31 **è di natura piuttosto severa per non dir crudele:** ebd., p. 324.

189, 11 **facendo la guerra per i soldati:** ebd., p. 270; vgl. dazu das oben zitierte Exzerptblatt *Philipp II. – Spätere Zeit* [d].

189, 16 **1584 Granvella als Treiber zur Monarchia univ.:** ebd., p. 357 f.; dazu das Exzerptblatt *Philipp II. – Spätere Zeit* [e–f]: «Il cardinale vorrebbe che il re non pur avesse per fine il conservar il suo, *ma conseguir la monarchia universale*, se fosse possibile, e che rompesse affatto con Francia. Granvella will den gänzlichen Bruch mit Frankreich; man müsse den Krieg gegen dasselbe nicht mehr in maschera führen; dieß sei das einzige Mittel um mit dem flandrischen Krieg gut fertig zu werden [...].»

189, 30 **Carl gab, ma tardo... und dann tüchtig:** Relazioni degli Ambasciatori Veneti, vol. 5, p. 184.

189, 34 **80,000 scudi Einkommen... aber noch vielmehr durch die italienischen Fürsten:** ebd., p. 220.

189, 38 **Don Quixote I, 357 Barbaresken... I, 467 der Bramarbas:** I, 39 und 51.

190, 27 **wegen des Anjou:** Die Utrechter Union hatte 1580 die Oberhoheit über die niederländischen Nordprovinzen François d'Anjou, dem jüngsten Bruder des französischen Königs, übertragen und sich 1581 offiziell von Philipp II. losgesagt.

190, 28 **Nach der Armada und der Katastrophe Perez:** Um seine Auslieferung nach Madrid zu verhindern, verursachte Perez 1590 in Aragon einen Volksaufstand. Während dieser Unruhen floh er nach Frankreich. B. folgt hier dem Bericht von Tommaso Contarini, in: Relazioni degli Ambasciatori Veneti, vol. 5, p. 401 ff.

190, 29 **Dessen Unersetzlichkeit nach seinem Tode:** ebd., p. 459; dazu das Exzerptblatt *Philipp II.* – *Letzte Zeit* [k]: «In den niederländischen Angelegenheiten ging es immer mehr bergunter seit Farnese's Tode, was jetzt die Spanier selbst eingestehen sebbene sono stati così male affetti verso quel principe.»
190, 38 **folgt 1595:** Krieg Frankreichs gegen Spanien.
190, 40 **Die di casa in casa erbettelte Steuer von 1595:** Relazioni degli Ambasciatori Veneti, vol. 5, p. 450; dazu das Exzerptblatt *Philipp II.* – *Letzte Zeit* [k]: «Die Geldnoth: mentre fui a quella corte (1593–95), mandò S. M. per tutta la Spagna un Gesuita, che andò di casa in casa chiedendo e ricercando aiuto come per elemosina per le spese della guerra che fa S. M., della qual ragione trasse un milione e mezzo d'oro, ma con molta indegnità. Obwohl man dabei sagte: es sei besser das Geld per amor di Dio zu sammeln als es mit Gewalt zu verlangen, so war doch die Bitte nicht so, daß sie nicht thatsächlich doch forza di commandamento enthalten hätte.»
191, 14 **Philipp im Sterben vermeidet seine Schwester zu sehen:** Relazioni degli Ambasciatori Veneti, vol. 5, p. 491; dazu das Exzerptblatt *Philipp II.* – *Letzte Zeit* [l]: «Der König hat in seiner letzten Krankheit seine Schwester die Kaiserin Maria nicht sehen wollen um ihr nicht Gnaden erweisen zu müssen; in seinem Testament ist sie nicht einmal genannt.»

Rembrandt

194, 27 **Rembrandt van Rijn (1607–1669):** Rembrandt ist 1606 geboren.
199, 13 **«auf dem Kopf ein Baret mit Feder, um den Hals ...:** Königliche Museen. Verzeichniss der Gemälde-Sammlung, S. 277.
199, 40 **Porträt in Cassel, welches eine Unbekannte mit einer Nelke vorstellt:** wird heute F. Bol zugeschrieben.
200, 19 **cf. Lemke, p. 51:** Lemcke, Rembrandt van Rijn.
200, 28 **Govaert Flinck (und dessen Gemahlin):** werden F. Bol zugeschrieben; die Identität der Dargestellten ist umstritten.
200, 29 **der Schreibkünstler Copenol (Cassel, Copie):** gilt heute als eigenhändiges Werk, aber die Identität der dargestellten Person ist umstritten.
200, 31 **das Casseler Bild das so heißt, stellt nicht dieselbe Person vor:** Die Identität der dargestellten Person ist strittig.
200, 37 **Der Uytenbogard:** Bartsch, Rembrandt, 279 und 284.
200, 38 **Lutma:** ebd., 276.
200, 38 **Abraham Francen Antiquar:** ebd., 273.
200, 38 **Burgemeester Six:** ebd., 285.
200, 39 **Copenol:** ebd., 282 und 283.
200, 39 **Jüdischer Arzt:** ebd., 278.
201, 3 **das eine jetzt in Cassel:** gilt heute als ein Werk aus der Rembrandt-Werkstatt.
201, 3 **bis zu den spätesten ... der Pinakothek:** Die Alte Pinakothek in München besitzt nur ein frühes Selbstbildnis von 1629.
201, 27 **die Goldwägerin (Dresden):** Kopie nach Rembrandt.

201, 30   «ein Stück ist fertig wenn der Meister *seine* Absicht darin erreicht hat.»: u. a. in Houbraken, Schouburgh, S. 112.
201, 35   «der Geruch der Farben wird euch lästig!»: ebd., S. 116.
201, 36   Sänger mit Notenbuch (Belvedere): Der lesende Titus, Wien, Kunsthistorisches Museum.
201, 42   jüngern Edelmannes in Dresden: Vermutlich ist hier das «Bildnis des Willem Burchgraeff», Werkstattbild, gemeint.
202, 3   eines Kahlkopfes walten (Porträt in Cassel): gilt als Werkstattbild.
202, 4   der jüdische Kaufmann, National Galery: wird einem Nachfolger Rembrandts zugeschrieben.
202, 5   Kopf in Pelzmütze, Cassel: gilt als Werkstattbild.
202, 6   der sitzende Mann mit Stock, Cassel: gilt heute als ein Bild aus dem Rembrandt-Umkreis.
202, 18   Kniestück eines Fähndrichs (Galerie von Cassel): Kopie nach dem Original in Paris, Privatsammlung (dieses Urteil findet sich schon bei B. in einem späteren Zusatz auf der verso-Seite).
202, 36   die Staalmeesters (1661): B. nennt hier das auf dem Bilde apokryph (18. Jh.) angebrachte Datum. Als Entstehungsjahr wird heute 1662 angenommen.
204, 6   Diana und Endymion (Galerie Lichtenstein, Wien): wird heute G. Flinck zugeschrieben; Vaduz, Fürstliche Sammlungen.
204, 13   seine Venus, den Amor herzend (Louvre): Kopie nach Rembrandt: Hendrickje Stoffels als Venus.
204, 14   Trutschel: «dicke, aber gutmütige Frau; fülliges, aber anmutiges Mädchen»; vgl. Schweiz. Idiotikon, Wörterbuch der schweizerdeutschen Sprache, Bd. 14, Frauenfeld 1974, Sp. 1372 f.
204, 21   Die Radirung von Jasons Hochzeit: Bartsch, Rembrandt, 112.
204, 23   la fortune contraire: ebd., 111.
204, 27   die vorzüglich gerathene Kuchensiederin: ebd., 124.
204, 29   l'Espiègle ... welcher dem daneben sitzenden Weib unter den Rock schaut: ebd., 188.
204, 31   «Faustus»: ebd., 270.
204, 34   auf seinen Speer gelehnte Harnischmann: wird heute Willem Drost zugeschrieben.
205, 3   Die beiden sogenannten Philosophenbildchen des Louvre: «Philosophe en méditation» und «Philosophe au livre ouvert», das erste Bild wird dem Rembrandt-Kreis oder der Rembrandt-Schule, das zweite Gerson Salomon Koninck zugeschrieben.
205, 9   (Lemke): Lemcke, Rembrandt van Rijn, S. 38 f.
205, 22   der Herzog von Geldern (Berlin, Museum): Simson bedroht seinen Schwiegervater; auf Grund des Werkes von Alfred Woltmann und Karl Woermann, Geschichte der Malerei, Bd. 3, Leipzig 1888, S. 689, fügt B. später diesen Titel auf der verso-Seite bei.
205, 34   Ziska's Schwur: Die Verschwörung des Claudius Civilis, Stockholm, Nationalmuseum.
206, 40   pflegt ihn die neuere Aesthetik auch noch zu rühmen: vgl. z. B. Lemcke, Rembrandt van Rijn, S. 27–30.
207, 6   Christi Predigt: Bartsch, Rembrandt, 67.

Kommentar 717

207, 14 «der Modellzeichner»: ebd., 192.
207, 18 **Adam und Eva:** ebd., 28.
207, 21 **die Radirung mit der Potiphar:** ebd., 39.
207, 23 **Susanna in kleinerm Maßstab (Louvre...):** Teilkopie nach dem Original in Berlin, Staatliche Museen.
207, 27 **seine sechs Bilder:** Anbetung der Hirten, Kreuzaufrichtung, Kreuzabnahme, Grablegung, Auferstehung, Christi Himmelfahrt; München, Alte Pinakothek.
207, 36 **der Verstoßung der Hagar (München, Pinacothek):** wird heute Jacob de Wet zugeschrieben; indem B. sich vermutlich auf den Galeriekatalog von 1888 stützte, verneinte er in einem Zusatz die Eigenhändigkeit dieses Werkes.
207, 39 **Die Erscheinung des Engels bei der Hagar:** wird heute F. Bol zugeschrieben; Salzburg, Landessammlung.
208, 1 **Jacobs Traum, mit drei Engeln:** Kopie nach Gerbrant van Eckhout; Galerie Graf Schönborn-Buchheim.
208, 4 **sieht ihn als Knirps... wie er den Seinigen seine Träume erzählt:** Bartsch, Rembrandt, 37.
208, 17 **das große Bild vom Opfer der Eltern Simsons:** Die Zuschreibung des Bildes «Das Opfer des Manoah» ist umstritten.
208, 34 **Simsons Überwältigung (Cassel...):** Das als Werkstattkopie geltende Bild wurde im Zweiten Weltkrieg zerstört.
208, 35 **Wiederholung in der Galerie Schönborn:** heute Frankfurt, Städel.
208, 36 **Rubens:** Lugano, Sammlung Thyssen-Bornemisza.
208, 36 **van Dyck:** Wien, Kunsthistorisches Museum.
209, 2 **in einer theilweise damit übereinstimmenden Radirung:** Bartsch, Rembrandt, 43.
209, 8 **die Radirung der Verkündigung bei den Hirten:** ebd., 44.
209, 19 **Die Reihenfolge der Entstehung ist unbekannt:** Kreuzabnahme und Kreuzaufrichtung entstanden 1632/33, Himmelfahrt, Grablegung und Auferstehung 1635–39, die Anbetung der Hirten erst 1646.
209, 20 **die Radirung der Kreuzabnahme:** Bartsch, Rembrandt, 81.
209, 21 **Eremitage in Petersburg:** gilt als Werkstattbild.
209, 22 **Galerie Schönborn, Wien:** aufgeführt im Galeriekatalog von 1894 als «Nach Rembrandt»; nachher nicht mehr nachweisbar.
210, 13 **Der Catalog giebt sie als alte Copie... die erstere aber benennt er als Skizze:** Dresden, Kat. 1862, 1867 und 1872, Nr. 1233 und 1224.
210, 25 **Tintoretto und Rubens:** Von Tintoretto läßt sich keine ausschließliche Darstellung der Kreuzaufrichtung nachweisen: in den Werken in München, Alte Pinakothek, und Venedig, Scuola Grande di San Rocco, Sala dell'Albergo, wird die Aufrichtung der Schächerkreuze dargestellt. – Rubens: Antwerpen, Kathedrale, und Paris, Louvre.
210, 33 **aus der Transfiguration entlehnt... wie Rafael:** Rom, Vatikanische Museen.
210, 39 **Louvre, salon carré:** Le Ménage du menuisier; Eigenhändigkeit umstritten.
211, 2 **Bild dieses Inhalts (München, Pinacothek):** gilt heute als eigenhändig. (Diese vermutlich auf Grund des Galeriekataloges von 1888 vorgenommene Berichtigung findet sich in einem späteren Zusatz B.s.)

211, 9 die Darstellung des Christuskindes im Tempel: Simeon im Tempel.
211, 15 die Pinacothek in München ... Christus unter den Schriftgelehrten: wird heute Salomon Koninck zugeschrieben.
211, 28 der barmherzige Samariter: wird der Rembrandt-Schule zugeschrieben.
211, 30 die Verhandlung des Herrn mit den Weinbergarbeitern: wird der Rembrandt-Schule zugeschrieben.
211, 38 die Predigt Christi: Bartsch, Rembrandt, 67.
211, 39 die eine Darstellung der Samariterin am Brunnen: ebd., 70 und 71.
211, 40 die beiden Auferweckungen des Lazarus: ebd., 72 und 73.
212, 1 Masaccio's Paulus, wie selbst Lemke zugiebt: Lemcke, Rembrandt van Rijn, S. 28. Gemeint ist der Petrus in der «Auferweckung des Sohnes des Theophilus» in der Brancacci-Kapelle, S. Maria del Carmine, Florenz.
212, 2 das sogenannte Hundertguldenblatt: Bartsch, Rembrandt, 74.
212, 5 die größere Kreuzabnahme: ebd., 81.
212, 7 Ruhe auf der Flucht: ebd., 57.
212, 9 Darstellung der Samariterin: ebd., 70 und 71.
212, 11 die kleinere Kreuzabnahme: ebd., 83.
212, 12 zwei Emmausbilder: ebd., 72 und 73.
212, 13 die Taufe des Kämmerers aus Mohrenland: ebd., 98.
212, 14 die Enthauptung Johannis: ebd., 92.
212, 15 der barmherzige Samariter: ebd., 90.
212, 18 Tod der Maria: ebd., 99.
212, 31 kleine Wandbild der Pinacothek, mit Abendsonne und Sturmwolken: gilt heute als «Englisch um 1780».
212, 32 die sogenannte «italienische Landschaft»: Der eigenhändige Anteil wird heute eingeschränkt, da das Bild teilweise von F. Bol übermalt worden ist.
212, 33 die Landschaft in Dresden: gilt heute als Werk des Jacob de Villeers.
212, 34 Neuere haben ... vermuthet, Rembrandt möchte ... bis in die Eifel gelangt sein: z. B. Lemcke, Rembrandt, S. 39.

Rococo

215, 2 Trophäe: Reliefdarstellungen erbeuteter Rüstungen, Waffen usw.
215, 11 Theile von Fontainebleau: z. B. die Salle de Conseil.
215, 13 im Schloß von Würzburg: Die Residenz, der Sitz der Würzburger Fürstbischöfe, wurde 1719–1790 unter der Leitung von Balthasar Neumann erbaut. Im Zweiten Weltkrieg wurden große Teile zerstört, nicht jedoch das von Tiepolo dekorierte Treppenhaus; heute ist der Wiederaufbau abgeschlossen.
215, 16 den Zimmern Carls VII.: B. bezieht sich gemäß seinen Notizen auf die Räume 72–79 der Münchner Residenz (vgl. Residenz München, Amtlicher Führer, München 1937). Der Entwurf der Räume 72 und 73 stammt von Joseph Effner. Nach dem Residenzbrand von 1729 wurden das architektonische Gesamtkonzept und die Dekoration des unter Kurfürst Karl Albrecht, dem späteren Kaiser Karl VII., erneuerten Appartements François Cuvilliés d. Ä. anvertraut. Der im Zweiten Weltkrieg zu großen Teilen zerstörte Bau ist heute wiederhergestellt.

215, 23 **Cartouchen:** ein aus Roll-, Knorpelwerk oder Rocaille gebildeter Zierrahmen für Wappen, Inschriften u. dergl.
215, 24 **eine Agraffe:** volutenartige Klammer, die den Scheitel eines Rundbogens mit einem darüber laufenden Gesims verbindet.
215, 26 **Dessus-de-porte:** Wandfeld mit Gemälde oder Relief über einer Tür.
215, 27 **Amortissement:** In der Architektur bezeichnet der Begriff ein gegen oben sich verjüngendes Abschlußelement.
215, 28 **Thürsoffitto:** Türsturz.
215, 31 **Trumeaux:** ursprünglich der mittlere Steinpfosten eines Portals, der das Tympanon stützt, allgemein ein steinerner Fensterpfosten; der Wandspiegel am Fensterpfeiler.
215, 33 **Lambris:** Bezeichnung für Holz-, Marmor- oder Stuckverkleidungen auf dem Sockel von Innenwandflächen.
215, 38 **Watteau: L'escarpolette:** vgl. «L'art pour tous», p. 198 f., fig. 602; im folgenden bezieht sich B. häufig auf die großformatigen Abbildungen dieser Zeitschrift.
216, 19 **die schönste im Wohnzimmer ... auf dem Schlußfuß:** B. hatte dazu in seinen Notizblättern festgehalten: «Console unter dem Spiegel der Mittelwand: von vollendet reicher und schöner Bildung, mit Hercules als Schlangentödter auf dem hintern Schlußfuß.»
216, 32 **der elfenbeinerne Bischofsstab ... zu München:** B. meint die Krümme eines Abtstabes von Joseph Deutschmann.
216, 34 **die Dosen- und Uhrensammlung in Paris 1874:** Höchstwahrscheinlich denkt B. hier an die im Palais Bourbon durch die «Société de protection des Alsaciens et Lorrains demeurés Français» organisierte Ausstellung, deren eine Abteilung Kunstgegenstände zeigte; vgl. dazu den Katalog: Notice sommaire des objets d'art exposés dans le Palais de la Présidence du Corps législatif, le 23 avril 1874 au profit des Alsaciens-Lorrains en Algérie, Paris 1874.
217, 4 *Speisesaal:* Gemeint ist das Vorzimmer (Raum 72).
217, 13 *Empfangssalon:* Gemeint ist das Äußere Audienzzimmer (Raum 73).
217, 27 *Ursprünglicher Thronsaal:* Gemeint ist das Innere Audienzzimmer (Raum 74).
218, 1 *Wohnzimmer:* Gemeint ist das Konferenzzimmer (Raum 76).
218, 21 **Bette: schon unter Ferdinand Maria gewirkt:** Die Applikationsarbeit auf rotem Samt stammte von François Joseph Bassecour, 1735.
218, 27 *Toilettezimmer:* Gemeint ist das Spiegelkabinett (Raum 78).
219, 15 **das Kamin von D. Marot:** vgl. «L'art pour tous», p. 325, fig. 750. Daniel Marot hat lange Zeit als Innenarchitekt in Amsterdam und Den Haag gearbeitet.
219, 19 **optimo jure:** «mit bestem Recht».
220, 9 **s. le livre de portières ... art pour tous:** vgl. «L'art pour tous», p. 319, fig. 742; p. 351, fig. 802; p. 382, fig. 893 – mythologische Panneaux aus Claude Gillots «Livre de Portière».
220, 36 **Pozzostyl:** vgl. Andrea Pozzo, Perspectiva pictorum et architectorum.
221, 14 **Kerzenleuchter:** vgl. z. B. «L'art pour tous», p. 108, fig. 175.
222, 28 **Maskeraden ... (Watteau):** vgl. «L'art pour tous», p. 430 f., mit einer Auflistung von Watteaus Arabesken.

222, 29 Putten (Boucher): vgl. «L'art pour tous», p. 67, fig. 107 – das Titelkupfer des ersten Buches von Bouchers Kindergruppen.
223, 3 Salembier, art p. t.: vgl. «L'art pour tous», p. 190, fig. 381.
223, 13 Kutschen, Sänften etc.: vgl. «L'art pour tous», p. 248, fig. 519.
223, 15 «Ce cachet de spirituelle élégance...: Zitat aus «L'art pour tous», p. 80, wo «Tables-Consoles par De Cuvilliés» abgebildet sind.
223, 18 cf. art p. t. den porte-huilier von Meissonnier: «L'art pour tous», p. 161, fig. 307.
223, 31 culs-de-lampe: eigtl. das Boden- oder Endstück einer Hängelampe; in der Architektur zapfenartige, herabhängende Glieder oder Verzierungen.
224, 7 Anse de panier: Der Korbbogen entspricht einem gedrückten Rundbogen von elliptischer Form.
224, 29 cf. Schübler: Es ist unklar, welches der vielen Werke des Architekturtheoretikers Johann Jacob Schübler B. meint.
226, 14 Decke à la Louis XIV... (Marot etc.): vgl. «L'art pour tous», p. 43, fig. 63.
226, 17 der ganze Lepautre: Les œuvres d'architecture.
226, 24 Die besten Vasen bei Lepautre: vgl. «L'art pour tous», p. 145, fig. 269.
226, 30 Gewölbe des Domes von Würzburg: Der Dom wurde im Zweiten Weltkrieg stark beschädigt; heute wiederaufgebaut. Im Querhaus und im Chor sind barocke Stuckdekorationen erhalten.

Talleyrand

227, 5 «attachée à la cour»: Sainte-Beuve, Monsieur de Talleyrand, *p. 86*.
227, 5 Sein Vater... starb als Charles kaum 14jährig: Talleyrands Vater, Charles-Daniel de Talleyrand-Périgord, starb 1788.
227, 6 Il n'avait jamais couché sous le même toit...: ebd., *p. 87*.
227, 12 par la dextérité qu'elle douait à la pensée: ebd.
227, 18 Michaud läugnet die Geschichte von den drei Schwestern: Talleyrand, p. 158: Es wurde Talleyrand vorgeworfen, fünfzehnjährig hätte er drei Schwestern verführt, und zwei seien deswegen aus Kummer gestorben.
227, 18 Ein Familienrath... erwirkt une lettre de cachet: Bastide, Vie religieuse et politique de Talleyrand-Périgord, p. 19.
227, 21 Michaud läugnet die beiden Haften in Bastille und Vincennes: Talleyrand, p. 158.
227, 23 Dieß Priesterthum... wie Ste Beuve meint: Monsieur de Talleyrand, *p. 87*.
227, 25 Gagern hörte ihn sagen: er halte sich für einen der stärksten Theologen: Gagern, Mein Antheil an der Politik, Bd. 1, S. 105.
227, 34 Seine Physiognomie douce, impudente et spirituelle: Sainte-Beuve, Monsieur de Talleyrand, *p. 88*.
228, 7 Voltaire prägt in 70 Bänden: Œuvres complètes, Paris 1784–1789 (72 Bände, wovon zwei Registerbände).
228, 13 la parole n'a été donnée à l'homme que pour déguiser sa pensée: Sainte-Beuve, Monsieur de Talleyrand, p. 228.
228, 15 les choses se font en ne les faisant pas: Gagern, Mein Antheil an der Politik, Bd. 1, S. 128.

228, 24 **dießmal escorté de deux gardes du corps:** Bastide, Vie religieuse, p. 28.
228, 26 **Werk eines gewissen Roret von 1834:** Das vierbändige Werk «Monsieur de Talleyrand, mémoires pour servir à l'histoire de France» erschien 1834–35 anonym bei J.-P. Roret in Paris; Verfasser ist Charles Maxime Catherinet de Villemarest, der unter Talleyrand im Außenministerium diente, aber zu Beginn der Restauration entlassen wurde.
228, 37 **Taine I, p. 18 und 19 Nota:** Les origines de la France contemporaine.
229, 3 **p. 36 sein Brief:** Bastide, Vie religieuse.
229, 5 **Laut Mignet brach Talleyrand mit Mirabeau, weil dieser die lettres secrètes ... drucken ließ:** Notice historique sur la vie de Talleyrand, p. 120.
229, 12 **Provence:** comte de Provence, der spätere Ludwig XVIII.
229, 12 **Geschwätz des Bastide:** Vie religieuse, p. 37 ff.
229, 16 **nicht par le bailliage de son diocèse, wie Bastide meint:** ebd., p. 39.
229, 18 **Jugeant les hommes avec indulgence...:** Choderlos de Laclos, Galerie des États-généraux, Paris 1789, zitiert bei Sainte-Beuve, Monsieur de Talleyrand, *p. 89.*
229, 22 **Michaud: Er war verschuldet...:** Talleyrand, p. 161 f.
229, 29 **la vérification des pouvoirs en commun...:** ebd.
229, 37 **Il faisait bon marché de son ordre...:** Sainte-Beuve, Monsieur de Talleyrand, *p. 91.*
229, 41 **«on raconte etc.»:** Bastide, Vie religieuse, p. 37 f.: «On raconte que dans l'une des premières réunions des notables, le comte d'Artois, depuis Charles X, s'étant approché de l'abbé de Périgord, et lui ayant demandé des conseils: ‹Il faudrait deux têtes, lui répondit l'abbé, deux... pas plus..., plus tard il en faudra bien davantage. – Et lesquelles? – la tête du duc d'Orléans et celle de Mirabeau›.»
230, 2 **Hat er ... den 5./6. October 89 vorbereiten helfen?:** Michaud, Talleyrand, p. 164 f. – Am 5. Oktober 1789 zogen die Pariser Marktfrauen nach Versailles und erzwangen die Verlegung des Hofes und der Nationalversammlung nach Paris, wo diese fortan unter dem Druck von «Galerie und Straße» standen.
230, 5 **laut Ste Beuve wollte ihn Mirabeau sogar zum Finanzminister machen:** Monsieur de Talleyrand, *p. 92.*
230, 7 **c'eût été mettre Tantale à même du Pactole:** ebd.
230, 15 **16. Februar 1790:** B. hat in seinem Handexemplar der Monographie von Bastide, Vie religieuse, p. 63, das vom Autor genannte Datum «16 février 1789» durch den Randzusatz «1790» geändert. Das Handexemplar befindet sich jetzt in der Universitätsbibliothek Basel.
230, 21 **Dann seine Proposition ... union politique ... par l'entremise des sciences:** Bastide, Vie religieuse, p. 70–72.
230, 33 **Ah ça, je vous en prie, ne me faites pas rire:** Pasquier, Mémoires, t. 1, p. 247.
230, 37 **der pot-de-vin ... (bei Roret etc.):** zitiert bei Bastide, Vie religieuse, p. 79 f.
231, 4 **«comme dirigeant les intrigues de l'agiotage»:** ebd., p. 81.
231, 10 **enthalte nichts was la conscience la plus craintive beunruhigen könnte:** ebd., p. 87.
231, 14 **episcopi in partibus von Lydda und Babylon:** «Bischöfe im heidnischen Gebiet von L. und B.»

231, 16 Ste Beuve: mit der Excommunication bedrohte: Monsieur de Talleyrand, *p. 96*.
231, 16 Wie er die Beiden dazu brachte, cf.... auch Ste Beuve: Monsieur de Talleyrand, *p. 95:* «Il fallait trois évêques pour consommer ce sacre. Des deux associés de l'évêque de Lydda, le moins hésitant des deux, qui lui dit que leur collègue Miroudot, évêque de Babylone (les noms mêmes prêtent à la farce) était bien ébranlé. Sur quoi Talleyrand sans marchander se rend chez l'évêque de Babylone, et lui fait une fausse confidence: il lui dit que leur confrère Gobel est lui-même sur le point de les abandonner, que pour lui il sait trop à quoi cela les expose; que sa résolution est prise, et qu'au lieu de risquer d'être lapidé par la populace, il aime encore mieux se tuer lui-même si l'un des deux vient à le lâcher. Et en même temps il tournait nonchalamment entre ses doigts un petit pistolet qu'il avait tiré de sa poche comme par mégarde, et dont il promettait bien de se servir. [...] Dumont (de Genève) la tenait [l'anecdote] de sa bouche, et il l'a racontée dans ses ‹Souvenirs›.»
231, 21 **persuadé que *là* ne seraient pas les profites de la révolution:** Michaud, Talleyrand, p. 174.
231, 24 **Jetzt, da die Besorgniß vor meinem Pariser Bisthum vorüber...:** Sainte-Beuve, Monsieur de Talleyrand, *p. 94*.
231, 33 **Général, je vous croyais de l'esprit:** ebd.
231, 35 **Briefe bei Bastide:** Vie religieuse, p. 76, 88–90.
231, 36 **Ste Beuve, Nota zu p. 22:** Monsieur de Talleyrand, *p. 110f., n. 33*.
232, 9 **das Spiel trage bei à cette inégalité de fortune...:** ebd., *p. 94*; Bastide, Vie religieuse, p. 98.
232, 13 **Bei der Installation Gobel's... Talleyrand schon nicht mehr als Geistlicher...:** ebd., p. 98 f.
232, 23 **Bastide hält ihn nun für schuldig:** Vie religieuse, p. 76 ff.
232, 24 **in einem nachträglichen Briefe:** Der Brief an M. de Chantelauze ist vom 9. Februar 1867; Sainte-Beuve, *Nouveau Lundi, vol. 12, p. 454 f. (Appendice)*.
232, 26 **Michaud glaubte ebenfalls daran:** Talleyrand, p. 172.
233, 17 **1869 der Artikel von Ste Beuve:** Die fünf «Lundis», die Sainte-Beuve dem Staatsmann Talleyrand nach der Lektüre der Monographie von Henry Lytton Bulwer («Essai sur Talleyrand», traduit par Georges Perrot, Paris 1868) gewidmet hatte, sind in der Zeitung «Temps» (9., 26. Januar, 9., 23. Februar, 9. März) erschienen. Nach dem Tode Sainte-Beuves wurden die Artikel von Jules Troubat unter dem Titel «Monsieur de Talleyrand» herausgegeben. B. benützte für seinen Vortrag diese 1870 bei Calmann Lévy erschienene Erstausgabe oder die Neuauflage von 1880. In den «Nouveaux Lundis» sind die Artikel erst im zwölften und letzten Band 1885 erschienen.
233, 29 **Bulwer: Talleyrand... der bedeutendste Mann...:** Essai sur Talleyrand, p. 119 f.; wörtlich zitiert bei Sainte-Beuve, Monsieur de Talleyrand, *p. 97 f*.
233, 36 **Sein rapport sur le système d'éducation... von Ste Beuve p. 25 sehr gepriesen:** Rapport sur l'instruction publique, présenté au nom du Comité de Constitution et lu à l'Assemblée par son auteur, les 10, 11 et 19 septembre 1791; Sainte-Beuve, Monsieur de Talleyrand, *p. 97*.

234, 3	laut Bastide mit Chauvelin: Vie religieuse, p. 122: «M. de Talleyrand, sans doute par suite de son rapprochement avec M. Chauvelin, et sur ce que Pétion avait déclaré, fit plusieurs voyages en Angleterre pour y sonder le terrain.» – Laut Bastide reiste Talleyrand das zweite Mal zusammen mit Chauvelin; vgl. ebd., p. 132.
234, 4	laut Ste Beuve mit Biron: Monsieur de Talleyrand, p. 99.
234, 7	Lord Grenville nannte ihn...dangereux: ebd., p. 103; Bastide, Vie religieuse, p. 131.
234, 16	Laut Bastide hätte er geheime Vollmachten...mitgehabt: ebd., p. 132.
234, 31	Im Paß, mit den Signaturen...Danton und Lebrun...: Michaud, Talleyrand, p. 182.
234, 34	Laut Ste Beuve p. 34 entlockte Talleyrand...den Paß mit einem Witz: Monsieur de Talleyrand, p. 102.
234, 37	Laut Michaud: Talleyrand am 10. August mit Röderer...: Talleyrand, p. 181.
235, 4	Ste Beuve p. 33: ebd., p. 101.
235, 7	Anklagezustand...wegen eines Briefes aus dem eisernen Schrank: Michaud, Talleyrand, p. 182.
235, 11	Bastide: il avait alternativement servi...: Vie religieuse, p. 145.
235, 16	fast der einzige...auf welchen die Alien-Bill angewandt wurde: ebd., p. 147.
235, 36	je ne songe guère à mes ennemis...: Bastide, Vie de Talleyrand, p. 131.
235, 37	ob er in Philadelphia mit Nachtmützen gehandelt?: vgl. Michaud, Talleyrand, p. 184.
236, 1	Si je reste encore un an ici, j'y meurs: Sainte-Beuve, Monsieur de Talleyrand, p. 115, n. 51.
236, 2	qu'il avait trouvé aux États-unis trente-deux religions...: ebd., p. 259, n. 52.
236, 3	Lesarten von: de la merde dans un bas de soie...cf. Ste Beuve p. 36, Note: ebd., p. 116, n. 59.
236, 7	Mme de Stael...détermina Chénier...à plaider...: Bastide, Vie religieuse, p. 160.
236, 9	«Ich reclamire Talleyrand...au nom de la haine...»: ebd., p. 161 f.
236, 14	wenn man ihr von Pastorales und ruisseaux limpides redete: Michaud, Talleyrand, p. 187.
236, 18	Seine ganze Habe...soll nur 50,000 Fr. betragen haben: ebd., p. 186.
236, 29	Bastide meint...diese Heirath sei die conditio sine qua non: Vie religieuse, p. 187.
236, 31	Laut Michaud...den Napoleon...nicht mehr in Paris angetroffen: Talleyrand, p. 187.
236, 34	Auch Damas-Hinard glaubt: Napoléon, vol. 2, p. 521.
237, 9	laut Mignet hatte man ihn schon abwesend dazu ernannt: Notice historique, p. 124.
237, 10	Ste Beuve hält ihn...für Verfasser...zweier...Mémoires (über America...): Monsieur de Talleyrand, p. 119 ff. Es handelt sich um die «Mémoire sur les relations commerciales des Etats-Unis avec l'Angleterre» (20. 9. 1796) und den «Essai sur les avantages à retirer de colonies nou-

velles dans les circonstances présentes» (3. 7. 1797). Beide Texte sind bei Bulwer, Essai sur Talleyrand, p. 369 ff., nachzulesen.

237, 15 «Pour les politiques en disponibilité...: Sainte-Beuve, Monsieur de Talleyrand, *p. 119*.

237, 23 Michaud... Talleyrand's Theilnahme am Fructidor: Michaud, Talleyrand, p. 188 ff.

237, 24 Talleyrand's kecke Correspondez mit Napoleon: Sainte-Beuve, Monsieur de Talleyrand, *p. 126 f*.

238, 5 gab Napoleon der Stael jene famose Antwort: ebd., *p. 128:* «[Mme de Staël] interpella [Napoléon] au milieu d'un grand cercle, lui demandant quelle était, à ses yeux, la première femme du monde, morte ou vivante: ‹Celle qui a fait le plus d'enfants›, lui répondit-il en souriant.»

238, 14 La cause que vous défendez...: Bastide, Vie religieuse, p. 207.

238, 15 Michaud... von der Expedition gegen Bern:... préparée de longue main: Michaud, Talleyrand, p. 197.

238, 24 le fond de la vie: Sainte-Beuve, Monsieur de Talleyrand, *p. 129*.

238, 27 laut Bourienne... 3 Millionen: Mémoires, vol. 1, p. 339.

238, 28 Chateaubriand... Quand M. de Talleyrand ne conspire pas, il trafique: Mémoires d'outre-tombe, livre 23, chap. 11.

238, 31 Talleyrand: profita de la saisie des navires américains...: Sainte-Beuve, Monsieur de Talleyrand, *p. 130*.

238, 36 im Artikel bei Michaud: Talleyrand, p. 200–203.

238, 39 un homme d'audace et d'esprit...: Sainte-Beuve, Monsieur de Talleyrand, *p. 131*.

238, 40 de cette caverne dont le vestibule...: ebd., *p. 132*.

239, 1 erzählt Michaud... Diebstahl Talleyrand's an den spanischen Subsidiengeldern: Talleyrand, p. 198 f.

239, 9 laut Napoleon auf Betrieb der société du manège hin: Sainte-Beuve, Monsieur de Talleyrand, *p. 131*.

239, 9 société du manège: eine Partei, die sich aus ehemaligen Jakobinern zusammensetzte und die sich in der Salle de manège versammelte.

239, 14 Michaud:... Talleyrand... hielt sich ein Thürchen offen...: Talleyrand, p. 204.

239, 32 laut Bastide erst 19. July: Vie religieuse, p. 219.

239, 37 cf. Bastide p. 215: ebd., p. 215–217.

240, 33 Das Wort: vous savez nager... von Gagern dem *Talleyrand* in den Mund gelegt: Mein Antheil an der Politik, Bd. 1, S. 115.

240, 36 Son rôle avait été des plus importants au 18 Brumaire...: Sainte-Beuve, Monsieur de Talleyrand, *p. 133*.

240, 40 son habile entremise à Paris dans la journée du 18,...: ebd., *p. 134*.

241, 6 pour ne pas trop froisser l'opinion publique...: ebd., *p. 131*.

241, 8 Mignet: Talleyrand savait... flatter et le conseiller: Notice historique, p. 127.

241, 11 nachdem er (Bastide) die Gesandtenstelle in Berlin ausgeschlagen: Vie religieuse, p. 225 f.

241, 17 Talleyrand: ich kaufte Renten am Vorabend des 18 Brumaire...: ebd., p. 227.

241, 20 aus den Angaben von Marchant deducirt: zitiert bei Bastide, Vie religieuse, p. 214–217.

Kommentar 725

241, 31 **Schlosser VI, 376:** Geschichte des achtzehnten Jahrhunderts, S. 375 f.
241, 36 **afin de constater ce droit:** Bastide, Vie religieuse, p. 240.
241, 37 **Bastide 241: was Talleyrand ... für einen Possen spielte:** ebd., p. 241 f.; Talleyrand hatte Mme Grand anscheinend Robinson Crusoe zum Lesen gegeben mit dem Hinweis, es handle sich um den Reisebericht von Denon.
242, 1 **Napoleons Reden über Mme Grant...:** Michaud, Talleyrand, p. 213 f.
242, 7 **Eine Anecdote von ihr (Schlaberndorf) p. 200:** Schlabrendorf, Napoleon Bonaparte: «Der Gemahlin des Ministers Talleyrand, die vorher als Madame Grand ein lustiges Leben geführt haben soll, sagt' er [Napoleon] [...] j'espère que Madame Talleyrand fera oublier Madame Grand. Man sagt, diese habe ihm in der größten Bestürzung geantwortet: sie würde sich immer nach dem Beispiele der Madame Bonaparte richten.»
242, 9 **s. mein Heft:** B.s Vorlesung über das Revolutionszeitalter, PA 207, 142.
242, 10 **Haupternte vor dem Reichsdeputationshauptschluß wissen Bastide...:** Vie religieuse, p. 246 ff.
242, 11 **... und Ste Beuve so viel wie nichts:** Monsieur de Talleyrand, *p. 135–138.*
242, 12 **cf. Schlosser VI, 398, bes. 401 Nota:** Laut Schlosser, Geschichte des achtzehnten Jahrhunderts, waren Chaptal und Talleyrand vor Napoleon zu den Verhandlungen in Lyon eingetroffen. In der Fußnote zitiert Schlosser Bonacossi: Bourrienne et ses erreurs, vol. 1, p. 291–300.
242, 14 **Thiers III spricht von der Revue:** Histoire du Consulat, p. 305 f.
242, 31 **altdeutsche Strafe des Hundetragens:** Bei Landfriedensbruch mußte ein adliger Delinquent vor Vollstreckung der Todesstrafe einen Hund tragen, was als symbolische Bestrafung der Verletzung der Treue gedeutet wurde; dann aber auch eine Schandstrafe als Ersatz für den Galgen, vgl. Deutsches Rechtswörterbuch, Bd. 6, Weimar 1961–72, S. 60, 86; Handwörterbuch zur deutschen Rechtsgeschichte, Berlin 1990, Bd. 4, Sp. 1353 ff.
242, 32 **«das Nassauische Haus hat nicht einen Kreuzer... gegeben:** Gagern, Mein Antheil an der Politik, Bd. 1, S. 122.
242, 36 **la plupart des choses se font, en ne les faisant pas:** ebd., S. 128.
242, 39 **Haeusser und Lang, Memoiren II, 52, N.:** «Die Geldlieferung beim Reichsdeputationstag in Regensburg im Jahre 1802 für die gesuchten Entschädigungen und Vergrößerungen gingen in erster Hand an diesen Mäkler Feder, durch diesen an den Banquier Durand in Paris, und durch diesen an Madame le Grand, die nachherige Gattin von Talleyrand [...]»
243, 8 **bei Ste Beuve p. 74 ... pour la mesure et le ton:** Monsieur de Talleyrand, *p. 134.*
243, 12 **il n'est point parvenu, il est arrivé:** ebd., *p. 236.*
243, 16 **Ses belles façons faisaient contraste...:** Mémoires d'outre-tombe, livre 24, chap. 5.
243, 24 **Si, comme vous dites, Bonaparte s'est rendu coupable...:** Sainte-Beuve, Monsieur de Talleyrand, *p. 137.*
243, 39 **Ste Beuve 79, 80:** Monsieur de Talleyrand, *p. 137.*
244, 3 **C'est la même conduite que pour l'affaire du duc d'Enghien...:** Sainte-Beuve, Monsieur de Talleyrand, *p. 181.*
244, 25 **Laut Bourienne – vol. V, 184 – warnte Talleyrand den Enghien:** Mémoires sur Napoléon, t. 5, p. 154.

244, 26 **laut Savary VII, 39 hätte er ihn warnen können:** Mémoires du duc de Rovigo.
244, 27 **Troplongs Brief an Ste Beuve:** abgedruckt bei Sainte-Beuve, Monsieur de Talleyrand, éd. Troubat, p. 239 f.
244, 28 **Den Brief bei Chateaubriand:** Mémoires d'outre-tombe, livre 16, chap. 6.
244, 33 **laut Schlaberndorf Talleyrand ... Schützer von Priestern und Emigranten:** Schlabrendorf, Napoleon Bonaparte, S. 211.
244, 35 **Les plus avisés se trompent quelquefois ...:** Sainte-Beuve, Monsieur de Talleyrand, *p. 137*.
244, 40 **Die Geschichte von dem aus dem Kaminbrand geretteten Brief:** ebd., *p. 136*. Am 4. und 7. April 1814 ließ Talleyrand die ihn in Bezug auf die Verurteilung Enghiens kompromittierenden Dokumente aus den staatlichen Archiven entfernen und verbrannte sie im Kamin seiner Wohnung. Der sich unter diesen Papieren befindende Brief Talleyrands vom 4. März 1804 verbrannnte dabei nicht vollständig.
245, 4 **Cf. in meinem Heft ... Aussage von Menneval:** B.s Vorlesung über das Revolutionszeitalter, PA 207, 142, Blatt 165, b: «Nun bleibt noch wegen Enghien's das Zeugniß von Meneval [...] welcher einen den Talleyrand compromittirenden Brief hierüber mit eigenen Augen gesehen hatte. Allein bis der Brief wird producirt werden, hat sich Meneval, glaube ich eher, geirrt.»
245, 26 **Quant à M. de Talleyrand, prêtre et gentilhomme, il inspira ...:** Mémoires d'outre-tombe, livre 16, chap. 7.
245, 40 **indifférence ou calcul ... vous avez eu bien peur pour votre ami:** ebd., chap. 1.
245, 41 **IV, p. 123:** Mémoires d'outre-tombe, livre 16, chap. 6.
247, 9 **(Seine angeblichen Worte p. 256):** Bastide, Vie religieuse.
247, 25 **abgedruckt bei Mignet, Notices I, 130:** Notice historique, p. 130–133.
247, 38 **Schlosser VII, 152:** Geschichte des achtzehnten Jahrhunderts, Bd. 7, S. 152, N. 37: «[...] et il est tel fonctionnaire du grand empire qui aura retiré une somme de dixhuit millions de Francs pour vente de sujets et cession de territoire aux membres du corps germanique refondus en états de la confédération du Rhin! [...] tel fonctionnaire public exigeait qu'un petit prince d'Allemagne lui achetât à un prix exorbitant deux cent mille bouteilles de vin de Champagne [...]»
247, 39 **Heft Bl. *181*:** PA 207, 142: «Ein deutscher Fürst kaufte *Einem* 200,000 Flaschen Champagner zu enormem Preis ab [...]»
248, 20 **«Herr Talleyrand sah diesen Krieg ... sehr ungern:** Gagern, Mein Antheil an der Politik, Bd. 1, S. 169 f.
248, 29 **Cf. Bl. Geldgeschäfte ... 4 Millionen Fl.:** vgl. Sainte-Beuve, Monsieur de Talleyrand, *p. 158*.
249, 9 **sans gagner le vaincu ...:** Mignet, Notice historique, p. 133.
249, 23 **«Andern hat er es noch deutlicher als mir gesagt ...:** Gagern, Mein Antheil an der Politik, Bd. 1, S. 175.
250, 1 **Talleyrand ... nicht mehr unter den Würgengeln Europa's:** Gagern, Mein Antheil an der Politik, Bd. 1, S. 175
250, 34 **Schlosser: «Gegen einen Proceß von Seiten des Kaisers ...:** Geschichte des achtzehnten Jahrhunderts, S. 235 f.

Kommentar

250, 39   Ste Beuve: Dieß sei... keine Ungnade gewesen: Monsieur de Talleyrand, *p. 159*.

251, 4   Laut Mignet legte er das Amt freiwillig nieder: Notice historique, p. 134.

251, 10   Napoleon auf S. Helena: C'est lui qui a poussé à la guerre...: Bastide, Vie religieuse, 279.

251, 16   «patriotisme»: Sainte-Beuve, Monsieur de Talleyrand, *p. 160*.

251, 23   Il y a aujourd'hui seize ans...: Chateaubriand, Mémoires d'outre-tombe, livre 43, chap. 8.

251, 28   Chateaubriand XIII, 118... lettres... aus dem Archiv verschwunden: ebd.; laut Chateaubrind verkaufte Talleyrand die Briefe 1817 an Metternich, vgl. ebd., Notes et remarques, n. 8 zu livre 43, chap. 8.

251, 38   Les esprits, dont la qualité principale est le bon sens...: Sainte-Beuve, Monsieur de Talleyrand, *p. 160*.

252, 18   très-employé sous main par Napoleon...: vgl. ebd., *p. 161 f.*

252, 35   nous n'aurions pas dû nous quitter: Mignet, Notice historique, p. 136.

252, 40   Beiblatt zu Revolutionszeitalter *204*: B.s Vorlesung über das Revolutionszeitalter, PA 207, 142.

253, 2   Méneval hörte sie aus Gaudin's Munde: Michaud, Talleyrand, p. 261.

253, 6   l'empereur l'éloigna de sa personne: Mignet, Notice historique, p. 136.

253, 7   il eut le tort de le rendre mécontent sans le rendre impuissant: ebd., p. 137.

253, 9   Combien Talleyrand vous a-t-il coûté: Sainte-Beuve, Monsieur de Talleyrand, *p. 248*, der Gagern, Bd. 5.2, S. 205, rückübersetzt.

253, 13   Ste Beuve p. 102, s. Il (Napoleon) le sentait ennemi...: Monsieur de Talleyrand, *p. 163*.

253, 21   Je l'ai (Talleyrand) couvert d'honneurs...: ebd., *p. 181*.

253, 36   Hormayr... «Fouché... Anstifter des Krieges von 1809.»: Kaiser Franz und Metternich, S. 58.

254, 6   sur de sourdes intrigues: Sainte-Beuve, Monsieur de Talleyrand, *p. 164*.

254, 6   Der Brief bei Ste Beuve... beweist nichts: ebd., *p. 164*.

254, 10   Laut Ste Beuve (Senfft)... sie selber ging auf ein Landgut in Artois: ebd., *p. 162*; Sainte-Beuve zitiert die «Mémoires du comte de Senfft», Leipzig 1863.

254, 11   Ste Beuve p. 197: Monsieur de Talleyrand, *p. 231*.

254, 15   Talleyrand hatte... das Hôtel Monaco... gekauft: vgl. ebd., *p. 165*.

254, 24   Je suis un vieux parapluie... Quel dommage qu'un aussi grand homme...: ebd., *p. 166*.

254, 39   Enfin, voilà le commencement... il n'y fut pas étranger...: Bastide, Vie religieuse, p. 284.

255, 2   Fouché était le Talleyrand des clubs...: Las Cases, Mémorial de Sainte-Hélène, tome troisième, p. 52.

255, 6   Gott sei Dank! Bonaparte muß dem Fall nahe sein...: Bastide, Vie religieuse, p. 285.

255, 15   weiß Bastide nur von nouvelles trames: ebd., p. 289.

255, 17   Si j'étais malade dangereusement...: ebd., p. 284.

255, 22   Carl der Kühne gegen die Croy: Antoine de Croy besaß großen Einfluß auf Philipp den Guten und hatte wichtige Staatsämter inne. Karl der Kühne wies ihn und seinen Bruder Jean später vom Hof, nachdem er erfahren hatte, daß Antoine sich von Ludwig XI. hatte bestechen lassen.

256, 5 Il n'est pas à croire que Talleyrand ait fait autre chose...: Sainte-Beuve, Monsieur de Talleyrand, p. 167.
256, 11 le mauvais esprit *des* Talleyrand...: ebd., p. 168.
256, 20 (Montgaillard): Histoire de France, vol. 7, p. 328 f.
256, 20 Brief an Joseph, 8. Februar: Sainte-Beuve, Monsieur de Talleyrand, p. 168.
256, 24 laut Ste Beuve: weil er... régence der Kaiserin offen behalten wollte: ebd., p. 169.
256, 28 seine Worte an Savary... Ste Beuve p. 117: ebd.: «Eh bien! voilà donc la fin de tout ceci! N'est-ce pas aussi votre opinion? Ma foi! c'est perdre une partie à beau jeu.»
256, 32 Mignet: barrière du Maine: Notice historique, p. 141.
256, 33 Laut Mignet durch die Nationale Garde... Lebrun widerfuhr dasselbe: ebd., p. 141.
256, 41 Savary vol. VII: Mémoires du duc de Rovigo, p. 23 ff.
257, 1 laut Bastide's Ansicht... Vitrolles... «einer seiner Hauptagenten»: Vie religieuse, p. 316.
257, 4 Ste Beuve: Revenu à son hôtel...: Monsieur de Talleyrand, *p. 171*.
257, 8 laut Montgaillard erst 31., zwei Uhr Morgens: Histoire de France, vol. 7, p. 399.
257, 35 Talleyrand...: Sire, tout ce qui n'est pas Louis XVIII...: Bastide, Vie religieuse, p. 317–320.
257, 37 Den 1. April beruft Talleyrand den Senat...: ebd., p. 322.
257, 40 laut Chateaubriand... seine Whistpartie: Mémoires d'outre-tombe, livre 22, chap. 17.
258, 7 il faut qu'une porte soit ouverte ou fermée: eine Redeweise des 19. Jh., «eine Entscheidung treffen».
258, 9 Mignet: Wer nur Eine Meinung gehabt...: Notice historique, p. 141 f.
258, 15 je me moque de l'histoire: Montgaillard, Histoire de France, vol. 7, p. 427.
258, 22 Nur entweder Napoleon oder die Bourbons: Bastide, Vie religieuse, p. 320.
258, 34 Beugnot 114: je reste persuadé...: vol. 2.
258, 41 Monsieur: der Graf von Artois, Bruder Ludwigs XVIII., der spätere König Karl X.
259, 2 Monsieur konnte nur schluchzen: M. de Talleyrand, Messieurs, je vous remercie!...: Bulwer, Essai sur Talleyrand, p. 247.
259, 25 «il protégea de loin la marche de Napoléon»: Bastide, Vie religieuse, p. 395.
259, 35 Cf. Chateaubriand VI, 134: Mémoires d'outre-tombe, livre 22, chap. 21.
260, 17 d'être l'auteur de tous ses maux...: Bastide, Vie religieuse, p. 407 f.
260, 21 bis er... Talleyrand eine Ohrfeige gab: ebd., p. 409.
260, 24 Laut Ste Beuve war Talleyrand sogar renversé par terre: Monsieur de Talleyrand, *p. 214, n. 21*.
260, 26 es war préméditation... une mission infâme: Bastide, Vie religieuse, p. 411.
260, 37 Chateaubriand: Je rejette les calomnies de Maubreuil: Mémoires d'outre-tombe, livre 22, chap. 20.
260, 40 Ste Beuve p. 123: M. de Talleyrand a toujours nié...: Monsieur de Talleyrand, *p. 172 f*.

Kommentar 729

261, 9 **Mignet: M. de Talleyrand, appuyé sur les restes...**: Notice historique, p. 143.
261, 23 **Ste Beuve: Die ganze erste Restauration...**: Monsieur de Talleyrand, *p. 170.*
261, 40 **C. A. Menzel III, 110**: Menzel, Geschichte unserer Zeit, in: Becker's Weltgeschichte, Theil 14, S. 110.
262, 10 **giebt Mignet dann zu, es sei une faute grave gewesen,...**: Notice historique, p. 147.
262, 19 **Gervinus I, 229**: Geschichte des neunzehnten Jahrhunderts seit den Wiener Verträgen.
262, 19 **Gervinus: Die Vertreibung Murat's aus Neapel...**: ebd., S. 188 f.
262, 29 **Chateaubriand:** Mémoires d'outre-tombe, livre 23, chap. 11.
262, 31 **Laut Savary... auch Geld von Murat angenommen**: Mémoires du duc de Rovigo, t. 8, p. 43.
262, 36 **(Gervinus)**: Geschichte des neunzehnten Jahrhunderts, Bd. 1, S. 229.
262, 40 **C. A. Menzel III, 125**: Menzel, Geschichte unserer Zeit, in: Becker's Weltgeschichte, Theil 14, S. 125.
263, 7 **(So Chateaubriand)**: Mémoires d'outre-tombe, livre 23, chap. 11.
263, 9 **in Basel... Baron Werner als Agent Metternich's... ⌊(Gervinus)⌋**: Geschichte des neunzehnten Jahrhunderts, Bd. 1, S. 132 ff.
263, 13 **als Agent Fouchés ein M. de St. Léon... (Chateaubriand)**: Mémoires d'outre-tombe, livre 23, chap. 11.
263, 16 **Montrond durch Napoleon... an Talleyrand gesandt ⌊(Gervinus)⌋**: Geschichte des neunzehnten Jahrhunderts, Bd. 1, S. 132.
263, 18 **Talleyrand... sprach... für die Bourbons,... für Orleans ⌊(Gervinus)⌋**: ebd., S. 133.
263, 19 **In Talleyrand's Wiener Briefen bei Bourienne**: Mémoires, vol. 10, p. 289–316.
263, 21 **Alexander... gegen Louis XVIII... erkaltet (Chateaubriand)**: Mémoires d'outre-tombe, livre 23, chap. 11.
263, 28 **Laut Ste Beuve hätte Fouché... Montrond nach Wien zugesandt**: Monsieur de Talleyrand, *p. 190.*
263, 31 **diese Thür sei noch nicht offen...**: ebd.
263, 40 **pour soigner son foie**: ebd., *p. 191.*
264, 2 **Chateaubriand VII, 16**: Mémoires d'outre-tombe, livre 23, chap. 19.
264, 2 **das Capitel ist ein ἀκέφαλον**: Kapitel, dessen Anfang fehlt.
264, 12 **Nun wird dem Talleyrand vorgeworfen... ⌊(Chateaubriand)⌋**: Mémoires d'outre-tombe, livre 23, chap. 20.
264, 20 **Chateaubriand VII, 27: ... Tout à coup une porte s'ouvre...**: ebd.
264, 30 **Chateaubriand... «Il était à peu près neuf heures...**: zitiert bei Bourrienne, Mémoires, vol. 10, p. 359.
265, 10 **ce qui est proclamé bon et utile...**: Sainte-Beuve, Monsieur de Talleyrand, *p. 194.*
265, 18 **Ste Beuve p. 156...: Il faut toujours se méfier...**: ebd., *p. 201.*
265, 24 **Beschreibung seines Auftretens Ste Beuve p. 166 aus einem englischen Bericht**: ebd., *p. 206*; Sainte-Beuve zitiert einen Artikel aus der «Morning Post».
265, 26 **j'avais voulu obtenir... et tranquilliser le monde etc.**: ebd., *p. 223.*

265, 28 Mignet: Er präsidirte die Londoner Conferenzen...: Notice historique, p. 156 f.
265, 33 ⌊Ste Beuve:⌋... ne songea plus qu'à finir...: Monsieur de Talleyrand, p. 207.
265, 34 Mignet: Il mit un intervalle entre les affaires et la mort.: Notice historique, p. 157.
265, 41 Vous avez tort, il n'est point parvenu...: Sainte-Beuve, Monsieur de Talleyrand, *p. 236.*
266, 1   Ste Beuve 171: Il avait la voix mâle, profonde...: Monsieur de Talleyrand, *p. 209 f.*
266, 15 Chateaubriand XIII, 121: M. de Talleyrand, en vieillissant...: Mémoires d'outre-tombe, livre 43, chap. 8.
266, 21 *Chateaubriand, vol. XIII, Schlußurtheil:* ebd.
267, 13 Chateaubriand: pour faire preuve de force...: ebd.; Talleyrand las die Rede am 3. März 1838.
267, 17 Sous couleur de payer une dette d'amitié...: Sainte-Beuve, Monsieur de Talleyrand, *p. 225.*
267, 22 zu allen sonstigen Eigenschaften könne sie die *bonne foi* als Garantie...: Michaud, Talleyrand, p. 339.
267, 34 Chateaubriand XIII, 125:... disputant minute à minute...: Mémoires d'outre-tombe, livre 43, chap. 8.
268, 1   Ste Beuve: Er starb fast öffentlich...: Monsieur de Talleyrand, *p. 233–235.*
268, 6   Die Geschichte vom comme un damné... verwirft Ste Beuve in den Nachträgen p. 234: ebd., *p. 76 (Introduction).*
268, 10 Notice von Mignet: Notice historique, p. 158–160.
268, 12 Ste Beuve: le flair merveilleux des événements...: Monsieur de Talleyrand, p. *132 f.*
268, 20 In seinem Testamente soll es heißen...: Gervinus, Geschichte des neunzehnten Jahrhunderts, Bd. 1, S. 41.
268, 25 Mignet, Notice... Il aima la force...: p. 158 f.
269, 2   Gagern: Es war außerordentlich großer Aufwand...: Mein Antheil an der Politik, Bd. 1, S. 108 f.
269, 28 Voyons, Talleyrand, la main sur la conscience...: Monsieur de Talleyrand, *p. 154.*
269, 33 Laut Senfft... Aufnahme von Schwarzburg, Waldeck, Lippe und Reuß...: zitiert bei Sainte-Beuve, Monsieur de Talleyrand, *p. 156.*
269, 41 cf. Heft Revolutionszeitalter 189 und 208: B.s Vorlesung über das Revolutionszeitalter, PA 207, 142.
270, 8   Ne jouez pas!...: Sainte-Beuve, Monsieur de Talleyrand, *p. 159.*
270, 21 Gagern:... nicht mit Tabatieren... sondern mit baarem Geld: Sainte-Beuve, Monsieur de Talleyrand, *p. 247 (note 9),* der Gagern, Bd. 5.2, S. 204, übersetzt.
270, 26 Ste Beuve meldet es p. 58: Monsieur de Talleyrand, *p. 159.*
270, 30 Das Werk von Roret 1834: siehe den Kommentar zu S. 228, 26.
271, 1   Talleyrand selber hat An VII... éclaircissements veröffentlicht: Sainte-Beuve, Monsieur de Talleyrand, *p. 102.*
271, 5   VI. Band Gagern's: Band 5.2, S. 200 ff.
277, 11 *Fruktidor von 1798:* Fructidor von 1797; so auch im Manuskript.

Claude Lorrain

289, 8   **Gaspero:** Gaspard Dughet, gen. Poussin.
289, 19 **die beiden Bilder Urban's VIII. im Louvre:** Die beiden Gemälde im Louvre sind spätere, eigenhändige Fassungen der für Urban VIII. gemalten Bilder «Landschaft mit tanzenden Bauern», Sammlung des Earl of Yarborough, und «Hafen», Alnwick Castle, Sammlung des Duke of Northumberland.
289, 21 **das Bildchen der National Galery:** Pastorallandschaft.
289, 25 **Seine Lehrerin sei die Sonne:** vgl. Regnet, Lorrain, S. 71.
289, 30 **die Annunziata der National Galery:** Landschaft mit Hagar und einem Engel.
289, 31 **Die vier Tageszeiten, Ermitage:** heute bekannt unter den Bezeichnungen «Jakob, Rahel und Lea am Brunnen», «Ruhe auf der Flucht», «Tobias mit dem Engel» und «Jakobs Kampf mit dem Engel».
290, 2   **Filippo Lauri, Allegrini ... und Bourguignon:** Filippo Lauri ist der einzige der hier genannten Künstler, von dem man mit Sicherheit weiß, daß er mit Claude Lorrain zusammengearbeitet hat.
290, 3   **das kleine Foro Romano im Louvre:** Blick auf den Campo Vaccino.
290, 6   **Aqua acetosa, Grottaferrata:** Der Werkkatalog enthält einige Zeichnungen der Acqua acetosa (vgl. z. B. Wien, Albertina), aber keine, die sich mit Sicherheit als Abtei oder Dorf Grottaferrata identifizieren läßt.
290, 10 **frühen Bild in Stuttgart:** Der Verbleib des Bildes, das heute als Kopie des Gemäldes in Dresden gilt, ist unbekannt.
290, 13 **Exemplar der National Galery... des viel frühern Bildes Doria:** Das Gemälde «Landschaft mit der Hochzeit von Isaak und Rebekka» in London wird auf 1648, die eigenhändige Replik «Landschaft mit tanzenden Figuren» in Rom, Galleria Doria-Pamphilj, auf 1648/49 datiert.
290, 31 **das kleine Waldbild im Louvre:** Vermutlich ist hier die «Pastorallandschaft» gemeint.
291, 1   **die Königin von Saba:** London, National Gallery.
291, 1   **die Einschiffung der S. Ursula:** London, National Gallery.
291, 8   **(Grosvenor Galery): Der Untergang des römischen Reiches:** Pastorallandschaft mit Titusbogen, London, Sammlung des Duke of Westminster; gilt heute als Kopie des Bildes Liber Veritatis 82 aus dem 18. Jh., vgl. Marcel Röthlisberger: Claude Lorrain. The Paintings, vol. 1, New Haven 1961, p. 234 f.; vgl. ebenfalls Briefe, Bd. 7, S. 384 und 391.

Napoleon I. nach den neusten Quellen

292, 8   **das Denkmal der correspondance (sehr unvollständig):** Die Publikation der Correspondance générale wurde von Napoleon III. veranlaßt, sie erschien zwischen 1853 und 1869. Ein Teil der in der Correspondance générale nicht enthaltenen Briefe wurde 1887 veröffentlicht: Supplément à la correspondance de Napoléon Ier. Lettres curieuses omises par le Comité des publications. Rectifications, éd. par A. Du Casse, Paris 1887.
292, 17 **Thiers:** Histoire du Consulat et de l'Empire.

292, 19 Barni: Napoléon et son historien M. Thiers.
292, 20 Lanfrey: Histoire de Napoléon Ier.
292, 23 Erst nachher erschien der späteste Band von Lanfrey: Der letzte Band ist 1875 erschienen.
292, 26 wenn der Prinz nicht im Zululande gefallen wäre: Der einzige Sohn Napoleons III., Louis Napoléon, fiel 1879 in Afrika als Offizier im britischen Kolonialdienst.
292, 35 Chateaubriand mémoires d'outre tombe: livre 24, chap. 16.
293, 5   wartet man noch auf Talleyrands Memoiren: erschienen 1891–1892.
293, 11 Metternich: Aus Metternich's nachgelassenen Papieren (im folgenden: Metternich).
293, 19 die Darstellung bei Jung: Iung, Bonaparte et son temps, vol. 1–2.
293, 20 une fausse position ... der Vater verwechselte die beiden Taufscheine: zur Familie und zur Verwechslung der Taufscheine Iung, vol. 1, p. 32–52.
293, 40 jetzt III: Bd. 3 erschien 1881.
294, 3   Joseph als commissaire ... vor Toulon: Iung, vol. 1, p. 381–383.
294, 6   Louis 1794 ... états de service: ebd., p. 472.
294, 12 maigre, laid, criard, colère: ebd., p. 62.
294, 16 ambitieux et *aspirant à tout*...: ebd., p. 125.
294, 24 toujours seul au milieu des hommes: ebd., p. 168.
294, 30 coeur sensible et vertueux...: ebd., p. 199 f.
294, 41 Lettres sur l'histoire de Corse: ebd., p. 346–393.
295, 2   Je ne lui connais pas de point d'arrêt autre...: ebd., vol. 2, p. 481.
295, 5   Es fehlten nur 300 fr. die ... Luciano geben sollte: ebd., vol. 1, p. 103.
295, 24 speiste bei Justat à 6 Sous: ebd., vol. 2, p. 183.
295, 25 die Völker verdienen nicht...: ebd.
295, 28 Nach dem 10. August ... *capitaine* d'artillerie: ebd., p. 201.
295, 41 Sybel: Geschichte der Revolutionszeit, Bd. 4, S. 162.
296, 22 Fût-il mon père, je l'eusse poignardé...: ebd., p. 455.
296, 28 le patriotisme de ces réfugiés est plus équivoque...: ebd., p. 476.
296, 38 Marmont: Mémoires du maréchal Marmont duc de Raguse.
297, 22 Machoire lourde et carrée: Rémusat, Mémoires, vol. 1, p. 100.
297, 26 preuve violente et positive de sa colère: ebd., p. 101.
297, 29 rêveur ... mauvaise humeur presque continuelle: ebd., p. 102.
297, 31 Seine geometrische Art ... courts et cassants: ebd., p. 103 f.
297, 40 Er constatirt ... in sich ein penchant für Berthier: ebd., p. 231.
298, 1   Napoleon's Zorn ... derselbe steige doch bei ihm nie in den Kopf: vgl. ebd., p. 121.
298, 4   Ohne ... Geduld pour toute action manuelle: ebd., p. 223.
298, 6   Ni goût ni mesure dans sa gaieté...: ebd., p. 321.
298, 10 Laut Metternich fragte er meist: wie viele Kinder?...: Metternich, Bd. 1, S. 285.
298, 11 Wie heißen Sie? – (Sire, toujours Grétry!): Rémusat, Mémoires, vol. 2, p. 77.
298, 14 Duchesse de Chevreuse: sie habe rothe Haare!: ebd., p. 316, note.
298, 20 läßt Napoleon dessen Söhnchen les grenouilles ... aufsagen: ebd., vol. 3, p. 33 f. Gemeint ist die Fabel «Les grenouilles» von La Fontaine.
298, 23 Bei der Rückkehr von Tilsit wieder mehr enflure: ebd., p. 183.

Kommentar 733

298, 25 Napoleon unersättlich an Lob... öfter dupe davon: ebd., p. 201.
298, 27 Wenn er... auf den Thron zuschritt, il semblait... s'y élancer: ebd., p. 203.
298, 33 La joie lui était si étrangère: ebd., p. 207.
298, 34 Napoleon ritt sans grâce...: ebd., p. 229f.
298, 40 Jeder fürchtete une parole desobligeante: ebd., p. 233.
298, 41 Napoleon an den Maskenbällen, masqué jusqu'aux dents...: ebd., p. 333.
299, 3 Maskenball bei Cambacérès, wo Napoleon die Gräfin Metternich über Marie Louise ausfragt: Metternich, Bd. 1, S. 98.
299, 6 Il faut le dire... dans Bonaparte une certaine mauvaise nature...: Rémusat, Mémoires, vol. 3, p. 333.
299, 10 Metternich, Porträt: Metternich, Bd. 1, S. 275 ff.
299, 13 Il ne causait pas, il parlait: ebd., S. 277.
299, 15 Er wurde législateur... durch seinen Instinct: ebd., S. 278.
299, 18 Der Passus über Napoleons Religiosität, entbehrlich: vgl. ebd., S. 280 f.
299, 21 Seine Weisheit... aus einigen abrégés: ebd., S. 280.
299, 27 Im Privatumgang... einfach und oft coulant...: ebd., S. 285.
299, 35 Bisweilen verhörte er die Damen sur des relations secrètes de société: ebd., S. 286.
299, 37 Metternich i verso: Wie Napoleon den Metternich mit Marie Louise einsperrt: ebd., S. 108.
299, 40 Rien de si rabaissé que son âme...: Rémusat, Mémoires, vol. 1, p. 105.
300, 5 timide et troublé im Mißgeschick: ebd., p. 106.
300, 5 Je suis lâche... une action de dupe: ebd., p. 108–110.
300, 8 in der Liebschaft nur ein despotisme de plus: ebd., p. 111.
300, 15 Herabsetzung des Henri IV wegen Bonhomie: vgl. ebd., p. 332.
300, 19 Fall Enghien... faible attachement: ebd., p. 384–386.
300, 21 le seul terme possible de sa fortune: ebd., vol. 3, p. 44.
300, 22 les vices plus ou moins cachés...: ebd., p. 267–269.
300, 28 la vertu n'existe nulle part...: ebd., p. 329.
300, 30 Napoleon empfing... Ferdinand noch d'égal à égal: ebd., p. 383.
300, 32 Je ne voudrais faire de mal à personne...: ebd., p. 390.
300, 35 Handelnsmotiv bei thätigen Leuten sei nur das Interesse...: Metternich, Bd. 1, S. 280–282.
300, 40 die falschen östreichischen Bankscheine: ebd., Bd. 2, S. 334; vgl. dazu das Exzerptblatt «Metternich I»: «Napoleon voll Zufriedenheit und Abandon. – L'Empereur m'a parlé de deux projets qu'il avait conçus pour nous ruiner [...]. ‹J'avais tout prêts 300 millions de billets de la Banque de Vienne›, me dit-il; ‹je vous en inondais. Je garantissais d'un autre côté la constitution hongroise.›»
301, 3 La moindre gêne... il arrachait ou brisait tout...: Rémusat, Mémoires, vol. 1, p. 101.
301, 5 premières conceptions... mais s'y soumettre après, devenait une abdication: ebd., p. 293 f.
301, 10 allons, allons, Mesdames, avancez donc!...: ebd., vol. 3, p. 20.
301, 12 Ohne... Geduld pour toute action manuelle...: ebd., vol. 1, p. 223.
301, 18 c'est que le plaisir ne se mène pas au tambour...: ebd., vol. 3, p. 234.
301, 21 auch diese wollte er de haute lutte erstürmen...: ebd., p. 385.
301, 28 Sobald er eine Maitresse hatte... dure, violent, sans pitié: vol. 1, p. 206.

301, 29   Nebenverhältnisse nur für distractions: ebd., p. 265.
301, 32   quand vous êtes heureux, vous n'êtes pas abordable: ebd., p. 230.
301, 35   «Seine Imagination sei gestorben vor S. Jean d'Acre.»: ebd., p. 274.
301, 36   im Proceß Moreau: ebd., p. 298 ff.; zu Lecourbe vgl. vol. 2, p. 7 f.
301, 41   préparées, étudiées et calculées...: Metternich, Bd. 1, S. 276 f.
302, 7   In Fontainebleau zum portugiesischen Gesandten...: ebd., Bd. 2, S. 133.
302, 11   Metternich... nous avions ici l'air de causer: ebd., Bd. 2, S. 204; vgl. dazu das Exzerptblatt «Metternich g»: «Ganze Audienz in St. Cloud, 15. August 1808, eigentlich ein lautes Gespräch Napoleon's mit Metternich 5/4 Stunden lang, in Gegenwart der übrigen Diplomatie: [...] Dem Metternich weissagt Napoleon den Krieg in's Gesicht, obgleich Frankreich und Oestreich ihn nicht wollen – denn England wolle ihn. [...] Napoleon war in seinen Reden an Metternich auch höchst indiscret gegen die anwesenden Gesandten von Rußland und Pforte, als hätte er die beiden im Sack. – Aber dießmal war er in Ton und Ausdrücken ruhiger und Metternich blieb ihm nichts schuldig [...]»
302, 13   wegen Baylen: Im Juli 1808 unterlag das französische Heer in der Schlacht bei Bailén den spanischen Truppen.
302, 16   Die Etikette au pas de charge: Rémusat, Mémoires, vol. 2, p. 32.
302, 18   avec la déférence que l'on doit à la consigne: ebd., vol. 1, p. 116.
302, 20   Vortheil davon: keine caquets: ebd., p. 190.
302, 21   ließ man die Campan kommen: Henriette Campan (1752–1822) war Kammerfrau der Königin Marie Antoinette und eine geschätzte Erzieherin und Vorleserin unter Napoleon, Verfasserin eines vierbändigen «Journal anecdotique».
302, 24   au pas de charge: Rémusat, Mémoires, vol. 2, p. 32.
302, 27   Verpflanzung der révérence... das gemeinsame Verstummen: vgl. ebd., p. 295 f.
302, 31   Napoléon et sa cour: Jacques Louis David: Le sacré du Napoléon, Paris, Louvre.
302, 31   Tanzen ließ man durch Leute vom Opernballett... der secret effroi: Rémusat, Mémoires, vol. 2, p. 349 f.
302, 37   Die dépenses, fêtes... nur 150,000 fr. gekostet: ebd., vol. 3, p. 316 et note.
303, 2   der Marie Louise... die contemporaines von Rêtif de la Bretonne: ebd., vol. 1, p. 104 f.
303, 5   «treffliche Tragödiendichter»: ebd., p. 189.
303, 9   aux commérages de vos salons: ebd., p. 280.
303, 10   Dramen zu beseitigen, deren Zeit noch zu nahe... die Zeit Henri IV: ebd., vol. 2, p. 163, note.
303, 14   Il s'en prenait à son premier chambellan...: ebd., p. 172.
303, 15   Man sollte *amuser l'inamusable*: ebd., p. 350.
303, 17   je le veux: ebd., vol. 3, p. 235.
303, 18   Er kannte den Werth der Kunst nur par son esprit: ebd., p. 239.
303, 21   il écoutait des morceaux de musique lents...: ebd., vol. 1, p. 102 f.
303, 25   Napoleons Widerwillen gegen Cherubini...: vgl. ebd., vol. 2, p. 413 f.: «[Cherubini] lui avait répondu un peu brusquement, ‹qu'on pouvait être habile sur le champ de bataille et ne point se connaître en harmonie›.»

303, 26   ne sutor ultra crepidam: «Schuster bleib bei deinem Leisten», vgl. Plinius, Naturalis historia 35,10,85.
303, 28   *Mozart's Don Juan* (II, 414, Nota, aus der Correspondance): Briefe vom 23. 6. und 4. 10. 1805.
303, 39   Die Stelle aus Müffling über die Jagd bei Weimar: Aus meinem Leben, S. 28.
304, 1   Fontainebleau 1807...: vgl. Rémusat, Mémoires, vol. 3, p. 228–231.
304, 10   L'Empereur chasse une quarantaine de mauvais cerfs...: Metternich, Bd. 1, S. 296.
304, 21   *Brieföffnen*... gegen eine Tochter Luciens...: Rémusat, Mémoires, vol. 1, p. 135.
304, 28   Die royalistischen Hofleute... bekamen une parole sévère...: ebd., vol. 2, p. 40.
304, 31   Napoléon accueillait tous les rapports...: ebd., p. 93 f.
304, 35   Der Sturz der X... qu'on avait voulu le gouverner: ebd., p. 110.
304, 37   Toutes nos lettres sont lues: ebd., p. 140.
304, 40   plus on approchait de la personne de l'Empereur...: ebd., p. 372.
305, 3   Qui voulait nuire auprès de Bonaparte...: ebd., p. 380.
305, 6   sein zorniger Rüffel an Fouché: vgl. ebd., vol. 3, p. 187.
305, 7   Fouché... inquiétude vague...: ebd., p. 155 f.
305, 10   L'Empereur est si heureux...: ebd., p. 169 f.
305, 14   J'en suis bien fâché...: ebd., p. 184–186.
305, 19   Il exila des femmes... reprit son train de vie ordinaire: ebd., p. 187 f.
305, 22   Il grondait durement...: ebd., p. 236 f.
305, 25   Die Galanterie am Hofe... le bruit et la plainte: ebd., p. 242–244.
305, 30   quand l'Empereur grondait...: ebd., p. 317.
305, 33   Gegen den Rémusat... une froideur malveillante...: ebd., p. 400 (appendice).
305, 37   cette femme apprend à penser...: ebd., vol. 2, p. 399.
305, 38   Elle effaroucha promptement Bonaparte...: ebd., p. 398.
306, 2   manqueraient à leurs devoirs... Mme de Stael: fallait-il donc croire...: ebd., vol. 3, p. 50 et note.
306, 6   Si Mme de Stael voulait ou savait être royaliste...: Metternich, Bd. 1, S. 286, zur Fußnote.
306, 12   Quand Mme de Genlis veux définir la vertu...: Rémusat, Mémoires, vol. 2, p. 402 f. – Napoleon und Mme Genlis unterhielten eine Korrespondenz «dans laquelle elle l'avertissait de ce qu'elle lui croyait utile, et lui apprenait de l'ancien régime ce qu'il voulait savoir». Fiévée, Schriftsteller und Schützling von Mme Genlis, wurde von ihr in diesen Briefwechsel einbezogen.
306, 16   mais combien j'ai vu de gens...: ebd., p. 74.
306, 19   Napoleon bekam zehnmal so viel éloges als Louis XIV: vgl. ebd., p. 80.
306, 20   Beim Austerlitzer Zug... wie ein Imperator: vgl. ebd., p. 256 f.
306, 29   Conscription von 1809 «für Erreichung der Freiheit der Meere»: ebd., vol. 3, p. 337.
306, 31   forte teinte de superstition qu'a effectivement l'Empereur: Metternich, Bd. 2, S. 251.
306, 33   ihr Toilettenluxus habe sie abhängig gemacht...: Rémusat, Mémoires, vol. 1, p. 139.

306, 37 car il lui inspira le mépris d'une certaine morale...: ebd., p. 141.
307, 9 die Rémusat wäre gegangen: ebd., vol. 2, p. 51 f.
307, 12 Napoleon's Vorschlag, sie möge sich schwanger stellen: ebd., p. 58.
307, 14 die schriftliche Erklärung des Fesch: ebd., p. 67; vgl. dazu das Exzerptblatt «Rémusat g»: «Zwei Tage vor der Krönung copulirt Fesch Napoleon und Josephine – un autel avait été préparé dans le cabinet de l'empereur; zwei Adjutanten anwesend; Fesch stellte eine schriftliche Erklärung aus, welche sie sorgfältig verwahrte. (Die Abwesenheit des Gemeindepfarrers war später nur eine Ausrede; Fesch selber beharrte laut dabei, die Trauung sei gültig gewesen. Nach der Scheidung wollte Napoleon das Papier Fesch's mit Gewalt herausbaben).»
307, 14 **Bei der Krönung die Mantelscene...**: Rémusat, Mémoires, vol. 2, p. 67–72. – Die Schwägerinnen, die den Mantel von Josephine tragen mußten, taten dies mit solchem Widerwillen, daß Josephine am Gehen gehindert wurde.
307, 17 **Napoleon's Protest gegen alles Empire des femmes:** ebd., p. 97 f.
307, 19 **Elle n'ouvrait pas un livre...:** ebd., p. 346.
307, 25 **III, 61 Mainzer Rührungsscene:** Rémusat, Mémoires; vgl. dazu das Exzerptblatt «Rémusat o»: «Napoleons Mainzer Rührung mit Josephine und Talleyrand, die er zusammen umarmt: Il est pourtant bien pénible de quitter les deux personnes qu'on aime le mieux.»
307, 26 **Josephine wagt sich nicht... in's Theater:** ebd., p. 119 f.
307, 28 **J'ignore absolument le secret de son intime intérieur...:** ebd., p. 244.
307, 33 **comment peut-on regretter un trône:** ebd., p. 285.
307, 37 **Fouché droht... mit «Volksabstimmung»:** ebd., vol. 3, S. 304 f.
307, 41 **Daß Josephine... mit dem einen Prinzen von Meklenburg sprach:** vgl. ebd., p. 256 f.
308, 2 **Metternich i und folgende:** Die Blätter *i* und *k* tragen den Titel: *Zu Napoleon's Art*. Auf Blatt *k* finden sich die Auszüge aus dem Brief, in welchem die Gattin Metternichs ihrem Gemahl über das Gespräch mit Josephine und deren Absicht, sich scheiden zu lassen, berichtet; Metternich, Bd. 2, S. 321.
308, 5 *Joseph:* **manières plus douces...:** Rémusat, Mémoires, vol. 1, p. 130.
308, 14 **Scene bei Napoleon: En vérité, à voir vos prétentions...:** ebd., p. 397.
308, 21 **Einzelcharacteristiken Metternich's s. das Blatt *d*:** Das Blatt *d* enthält Exzerpte über die Familie von Napoleon Bonaparte aus Metternich, Bd. 1, S. 309 ff.
308, 24 **j'ai obscurci et je gêne ma carrière...:** ebd., S. 312 f.
308, 31 **es sei geradezu Nepotismus:** ebd., S. 241.
308, 37 **mais on ne devient sage qu'à la longue...:** ebd., Bd. 2, S. 398.
309, 2 Une certaine hypocrisie de quelques vertu...: Rémusat, Mémoires, vol. 1, p. 135 f.
309, 5 indignement calomniée par la haine des Bonapartes...: ebd., vol. 2, p. 253 f. et note.
309, 7 n'avait aucun goût pour Hortense...: ebd., p. 156 f.
309, 14 Louis will schon 1804 nicht... «enterbt» sein: vgl. ebd., vol. 1, p. 354 f.
309, 28 l'air d'une victime...: ebd., vol. 3, p. 251.
309, 40 sagte Murat, Moussu de Talleyrand...: ebd., vol. 2, p. 308.
310, 3 Metternich... parut s'attacher à Mme Murat...: ebd., vol. 3, p. 48.

310, 7   wegen Napoleons Haß gegen jede liaison: ebd., p. 253.
310, 14 Talleyrand sagte...Murat wolle König von Spanien werden: vgl. ebd., p. 268 f.
310, 18 Metternichs Schilderung der Caroline Murat: Metternich, Bd. 1, S. 311.
310, 23 Metternich I, II, 249, ss. ... «Mme la Grandeduchesse de Berg fu mise du secret...: ebd., Bd. 2, S. 251.
310, 29 Das Porträt der Caroline bei Metternich: ebd., Bd. 1, S. 311.
310, 33 Metternich *h* vertuscht...daß Caroline...für Josephine's Scheidung gearbeitet: ebd., Bd. 2, S. 251.
310, 38 Er erkannte nützliche Leute...: ebd., Bd. 1, S. 280.
311, 1   paroles dures et embarrassantes...: Rémusat, Mémoires, vol. 1, p. 124.
311, 2   Il pense que l'inquiétude stimule le zèle: ebd., p. 224.
311, 4   il laissait volontairement planer une petite terreur...: ebd. p. 125.
311, 15 il est vrai, et pourtant je ne croirais point...: p. 329, note.
311, 20 nous servons un maître...: ebd., vol. 2, p. 143.
311, 21 Berthier liebt mich...comme une bonne d'enfant: Metternich, Bd. 1, S. 282 f.
311, 22 die Rémusat solle rompre avec mes ennemis...: Rémusat, Mémoires, vol. 2, p. 167 f.
311, 25 Talleyrand ne fait aucun cas «de l'intérêt de vos généraux» ⌊II, 229⌋: Rémusat, Mémoires.
311, 29 war Napoleon's Ton seither sec et glacial: ebd., p. 241.
311, 30 Duroc später était excédé...: ebd., p. 244, note.
311, 32 Duroc m'aime comme un chien...: Metternich, Bd. 1, S. 282 f.
311, 33 Den Savary muß man...corrompre: vgl. Rémusat, Mémoires, vol. 2, p. 245.
311, 35 III, 381: Rémusat, Mémoires.
311, 38 affecté des faiblesses...: ebd., vol. 2, p. 367.
311, 39 Napoleon aus Eifersucht...mesures inutiles et oppressives...: ebd., vol. 3, p. 15.
311, 41 Napoleon...ziehe les gens médiocres vor: ebd., p. 46.
312, 4   Napoleon...dem Savary den grand cordon...: ebd., p. 135.
312, 14 es sei kindisch, den Franzosen das Reden verbieten zu wollen: ebd., vol. 2, p. 212.
312, 16 c'est un Jacobin enrichi...: ebd., p. 366.
312, 19 Bonaparte et lui pouvaient se mentir...: ebd., vol. 3, p. 178.
312, 22 er regt in Paris l'opinion publique auf...: ebd., p. 304.
312, 26 Talleyrand warnt...vor Fouché's revolutionären Mitteln: vgl. ebd., p. 307 f.
312, 34 dem Schlag von Baylen die böse Wirkung zu benehmen: Metternich, Bd. 2, S. 250–252.
312, 39 Januar 1809...prêts à s'emparer du gouvernail: ebd., S. 269.
313, 2   En France l'esprit court les rues...: ebd., Bd. 1, S. 123.
313, 6   Il est très-commode de gouverner...: Rémusat, Mémoires, vol. 1, p. 183.
313, 7   Die Franzosen, bei allem Druck, genießen Ruhe...: Metternich, Bd. 2, S. 405–421.
313, 10 Die Franzosen des enfants mobiles...: Rémusat, Mémoires, vol. 1, p. 198 f.

313, 16 Qu'est-ce qui a fait la révolution?...: ebd., p. 392.
313, 18 Napoleon will: consolider la révolution...: ebd., vol. 2, S. 37.
313, 19 III, 153 Weßhalb die Freiheit... zu unterdrücken sei: Rémusat, Mémoires.
313, 22 Napoleon parlait très-bien à la vanité...: ebd., vol. 3, p. 343.
313, 23 Denon... l'huissier priseur, als beauftragter Kunsträuber: ebd., p. 116.
313, 27 me répondez-vous bien que le peuple...: ebd., p. 356.
313, 35 défiante, triste, sévère... voll Argwohn: ebd., p. 401.
313, 38 Jamais la France n'a moins su ce qu'on faisait d'elle...: ebd., p. 409 f. (appendice).
313, 40 Napoleon's... Klage, nicht die Legitimität für sich anrufen zu können: Metternich, Bd. 1, S. 281.
314, 2   «Jeune, j'ai été révolutionnaire...: ebd., S. 286 f.
314, 5   Die Madeleine... monument expiatoire: ebd., S. 308.
314, 9   Über die angestellten Revolutionsleute: ebd., S. 65.
314, 14 III, 58, Nota: Napoleon's weniger Aufenthalt in Paris: Rémusat, Mémoires.
314, 23 nulle part on n'entendait des cris...: ebd., p. 205 f.
314, 25 L'Empereur quittait toujours Paris...: ebd., p. 353 ff.
314, 37 Napoleon betrachtete die Pariser als Kinder...: Metternich, Bd. 1, S. 280.
315, 2   l'homme vraiment heureux...: Rémusat, Mémoires, vol. 1, p. 125.
315, 5   Je ne m'amuse pas à penser aux morts: ebd., p. 186.
315, 6   Sachez que la vie est semée de tant d'écueils...: ebd., p. 187, note (Brief vom 20. 5. 1807).
315, 9   sein Herz sei getröstet... «au milieu des sollicitudes...: ebd., vol. 2, p. 108, note.
315, 10 Anhänglichkeit Eugens: Eugène de Beauharnais, Adoptivsohn Napoleons, zeitweise Vizekönig von Italien.
315, 12 II, 368: Gegen den Clerus die... Vorurtheile eines Revolutionärs: Rémusat, Mémoires.
315, 15 ⌊III, 57⌋... j'ai mis ma part de gloire en bonheur!: Rémusat, Mémoires.
315, 19 la nécessité de renouveler toutes choses...: ebd., p. 103.
315, 24 Vivre, c'est souffrir: ebd., p. 149, note.
315, 25 il rapetisse l'histoire et il agrandit l'imagination: ebd., p. 162.
315, 27 Il disait souvent, que lui seul arrêtait la révolution...: ebd., p. 225.
315, 29 rühmt er gerne seine étoile... on m'appelle heureux...: Metternich, Bd. 1, S. 283.
315, 39 nannte Napoleon den Frieden immer nur une halte...: Rémusat, Mémoires, vol. 1, p. 382 f.
316, 4   alle Siege des Austerlitzer Zuges wirken nicht halb so viel...: ebd., vol. 2, p. 271.
316, 7   Aber, sagt die Rémusat, nur durch den Krieg...: ebd., p. 273 f.
316, 13 Den Jenakrieg begann Napoleon schon mit répugnance...: ebd., vol. 3, p. 59.
316, 19 la gloire militaire s'use vite...: ebd., p. 65.
316, 27 Sie entartete... et cet esprit de rapine...: ebd., p. 200.
316, 31 In Paris allgemeiner Stumpfsinn...: Metternich, Bd. 1, S. 71.
316, 33 ce n'est plus la nation (française) qui combat...: ebd., Bd. 2, S. 248.

316, 37   on peut faire en deux mots l'éloge...: Rémusat, Mémoires, vol. 2, p. 203.
316, 39   qu'il n'aimait à donner de la gloire...: ebd., p. 205 f.
316, 41   Écoutant avant tout son besoin de tout effacer...: ebd., p. 207, note.
317, 6   Napoleon schreibt sich darin traits d'esprit...zu...: vgl. ebd., p. 222–227.
317, 15   Il choquait le bon goût parisien: ebd., vol. 3, p. 83 f.
317, 16   «Le bel empereur... et la jolie reine.»...: ebd., p. 86 f.
317, 22   ich kann ohne Gefahr Ruhm auf ihn häufen...: ebd., p. 81.
317, 25   III, 93: Soldats, vous lirez...: Rémusat, Mémoires.
317, 31   ich schreibe sie nicht für euch...: Metternich, Bd. 1, S. 280.
318, 1   dergleichen sei nichts als Phrase gewesen...: ebd., S. 91.
318, 5   on ne sait pas ce que c'est que d'avoir à tenir deux hommes...: Rémusat, Mémoires, vol. 2, p. 208 f., note.
318, 12   Die Generale...gewohnt de ne plus rien voiler...: ebd., p. 280 f.
318, 20   II, 370. Sein Übelreden über alle seine Marschälle...: Rémusat, Mémoires.
318, 22   Vous avez lu la phrase...: Metternich, Bd. 1, S. 282.
318, 33   Das Kaiserthum...mère-patrie des autres souverainetés...: Rémusat, Mémoires, vol. 1, p. 407.
318, 34   je veux que chacun des Rois de l'Europe...: ebd., vol. 2, p. 276.
318, 37   ce n'est qu'en *compromettant* successivement...: ebd., p. 37.
318, 39   une suprématie centrale sur les états...: Metternich, Bd. 1, S. 289.
319, 5   Riesenbau...für die Archive von ganz Europa...: ebd., S. 110.
319, 8   Rhein, Alpen, Pyrenäen...la conquête de la France...: ebd., Bd. 2, S. 254.
319, 12   que la cause de Napoléon n'est plus celle de la France: ebd., S. 256.
319, 13   Die Gewißheit, daß die erste...Folge...eine Umwälzung sein werde: ebd., Bd. 2, S. 405.
319, 26   une gêne inutile...: ebd., Bd. 2, S. 138.
319, 28   Fort mit allen Illusionen!...: ebd., S. 174.
319, 34   Quand on vous aura fait la guerre...: ebd., S. 182.
320, 6   Metternich *i* die...Conferenzen von Altenburg...: ebd., Bd. 1, S. 90.
320, 9   Ich werde den Krieg mit Rußland haben...: ebd., S. 112.
320, 12   wie Oestreich sich dabei zu verhalten habe: ebd., S. 116; auf Blatt «Metternich *m*» faßt B. die Rede Metternichs an Kaiser Franz I. zusammen: «Im Jahre 1811 werde Napoleon den Krieg noch nicht erheben sondern erst Frühling 1812; Oestreich müsse sich inzwischen stärken, sein Papiergeld vermindern und sich auf eine bewaffnete Neutralität rüsten. Die Folgen des in jedem Fall excentrischen Unternehmens Napoleons müssen dann die spätere Richtung angeben; Oestreich in seiner Flankenstellung könne ein entscheidendes Gewicht ausüben.»
320, 13   Die Mächte berechnen bei Beginn eines Krieges...: Metternich, Bd. 2, S. 431.
320, 16   Metternich *o* und *p*...Dresdner Unterredung...: ebd., Bd. 1, S. 149 ff.
327, 40   *einen Schriftsteller Grétin:* Gemeint ist der Dramenautor André-Joseph Grétry.

Über das wissenschaftliche Verdienst der Griechen

343, 11 πολεῖς: «Stadtstaaten».

343, 37 τέχναι, προγυμνάσματα: «wissenschaftliche Behandlungen der Redekunst, rhetorische Übungen» (Bezeichnung für die entsprechenden Lehr- und Übungsbücher).

344, 25 So die Abderiten mit Demokrit, worauf er ... seinen ... Diakosmos .. vorlas: vgl. Diogenes Laertius 9,39.

345, 8 Aristoteles, Größere Ethik, c. 9: Magna Moralia 1,9.

345, 16 die Idee einer beständigen Bewegung ... πάντα ῥεῖ: Diogenes Laertius 9,8; «alles fließt».

345, 37 ἐπιθυμῆσαι λαθεῖν: Aelian, Varia historia 4,20; «er habe danach gestrebt, zurückgezogen zu leben».

345, 37 λάθε βιώσας: Epikur Fr. 551 (Usener); «Lebe im Verborgenen».

346, 15 Demokrit gab sein Vermögen aus: vgl. Diogenes Laertius 9,36; 9,39.

346, 16 ὑπ' ἐνθουσιασμοῦ καὶ μεγαλοφροσύνης: Plutarch, Perikles 16; «in göttlicher Begeisterung und mit hohem Sinn».

346, 31 die Welt ist dem Weisen eine Fremde ... der Leib selbst ein Kerker: vgl. Platon, Cratylus 400c.

346, 32 seit 67 Jahren irre er unstät ... Wanderleben: Diogenes Laertius 9,19.

346, 36 nach Aegypten ... wohl schon Pythagoras: vgl. ebd. 8,3.

347, 1 von meinen Zeitgenossen habe ich die meisten Länder durchirrt ...: Die Fragmente der Vorsokratiker, 68 B 299; die Echtheit des Fragmentes ist heute umstritten.

347, 6 Harpedonapten: «Philosophen, Weise».

347, 7 laut Aelian: Varia historia 4,20.

347, 10 Reisen Plato's: vgl. Diogenes Laertius 3,6 f.

347, 10 Eudoxos von Knidos: ebd. 8,87.

347, 28 Ansichten *Usener's* (Preussisches Jahrbuch 1884, Januar Heft): Organisation der wissenschaftlichen Arbeit, S. 1–25.

347, 34 «Organisation der Arbeit»: ebd., S. 11.

348, 5 «Der Meister ... *ließ* nach einheitlichen Gesichtspuncten ... durchforschen ...: vgl. ebd.

348, 11 das Fragment des Komikers Epikrates: Athenaios 2,59c; heute in: *The Fragments of Attic Comedy, p. 354–357 (2. Fragment)*.

348, 14 «um Plato gedrängt»: vgl. Usener, Organisation der wissenschaftlichen Arbeit, S. 12.

350, 1 die Erde ... in der Mitte des ἄπειρον schwebende Kugel: Diogenes Laertius 2,1; ἄπειρον: «das Unbegrenzte, Unbeschränkte».

350, 3 die Gestirne bewegten sich ... um die Erde: vgl. ebd. 2,3.

350, 5 es gebe endlose Welten, ... erzeugt durch Verdichtung und Verdünnung: vgl. ebd. 9,57.

350, 7 die ganze Welt ein κόσμος: vgl. ebd. 8,48.

350, 12 daß die Erdkugel ... einen Centralkörper umkreise: vgl. Aristoteles, De caelo 2,13 (bes. 293a–b); vgl. Peschel, Geschichte der Erdkunde, S. 32 ff.

350, 20 Diogenes Laertios, VIII, 7. τὴν γῆν κινεῖσθαι κατὰ κύκλον: 8,85; «die Erde bewege sich kreisförmig».

350, 26 ἀγών: «Wettkampf».

Kommentar   741

350, 37 dasjenige System...welches später das ptolemäische hieß: vgl. Aristoteles, De caelo 2,14.
351, 7   Eratosthenes...den Erdumfang leidlich richtig...berechnet: vgl. Peschel, Geschichte der Erdkunde, S. 43.
351, 11 Dem Copernicus aber genügten...die wenigen...pythagoreischen Ahnungen...: vgl. De revolutionibus, bes. 1,5.
351, 18 Schopenhauer: Parerga und Paralipomena, § 5.
351, 21 Προβλήματα: «Problemata».
351, 25 περὶ θαυμασίων ἀκουσμάτων: «Über Wunderbares».
352, 5   πολιτεῖαι: «Verfassungsgeschichten».
352, 10 il maestro di color che sanno: Dante Alighieri, La Divina Commedia. Inferno, 4,131.
352, 14 περὶ ζώων: «Tierleben».
353, 7   Plato ⌊im Timaeus⌋: 23a.
353, 27 arcanum imperii: Staatsgeheimnis.
353, 30 Werke I, 441: Maximen und Reflexionen, 289.
354, 5   οἰκουμένη: «bewohnte Erde».
354, 13 Müllenhoff: Deutsche Alterthumskunde, Bd. 1, S. 311.
354, 17 ἰδιώτης ἄνθρωπος καὶ πένης: Strabon 2,4,2; «ein einfacher Mann, der sich durch eigene Arbeit seinen Lebensunterhalt verdienen mußte».
354, 22 Herodot in Darstellung des ionischen Aufstandes: 5,28–6,32.
355, 19 Schäfer: Schaefer, Demosthenes und seine Zeit.
355, 35 in der spätern Weiterbildung der Trojasage...der erste Brief...eine Fälschung...: vgl. z. B. Apollodoros, Epitome 3,8.
356, 12 Tödtung des Hipparch: vgl. Thukydides 1,20.
356, 22 περίοδος γῆς: «Fahrt um die Welt, Erdbeschreibung».
356, 27 Plato: vgl. Timaios 25 ff. und Kritias.
357, 2   er hob die pragmatische...Darstellung in's Große...: Dionysios von Halikarnassos, Über die Eigenarten des Thukydides 5.
357, 41 den äyptischen Priestern des Plato aber nicht: vgl. Timaios 23a.

Rafael als Porträtmaler

359, 9   Sposalizio: Mailand, Brera.
359, 11 spät in der Madonna della Tenda: Die Datierung wird allgemein zwischen 1514 und 1516 angesetzt; München, Alte Pinakothek.
359, 13 Grablegung Borghese: Rom, Galleria Borghese.
359, 14 Heliodor: Rom, Vatikan, Stanza di Eliodoro.
359, 14 Transfiguration: Rom, Vatikanische Museen.
359, 19 der Mönchskopf im Geist des Fra Bartolommeo: Gemeint ist der Kopf des heiligen Jakobus im Altarbild «Madonna del Baldacchino», Florenz, Palazzo Pitti. Vgl. dazu Gruyer, Raphaël peintre de portraits, vol. 1, p. 134, Anm.; heute wird die umgekehrte Beeinflussung diskutiert.
359, 25 Die Doppelfrage: a) welche...sind dazu benützt?: vgl. Gruyer, Raphaël peintre de portraits, vol. 1, p. 135 ff.
359, 30 Archimedes ist Bramante: Schule von Athen, Rom, Vatikan, Stanza della Segnatura.

359, 30 **eine Figur in der Disputa dito:** Rom, Vatikan, Stanza della Segnatura. Aus Blatt 5 der Exzerpte geht hervor, daß hier «der auflehnende Alte links» gemeint ist.
359, 31 **Michelangelo's Joel:** Rom, Sixtinische Kapelle.
359, 33 **im Bild des geistlichen Rechts:** Die Ausführung wird zu großen Teilen der Schule Raffaels zugeschrieben; Rom, Vatikan, Stanza della Segnatura.
359, 34 **Messe von Bolsena:** Rom, Vatikan, Stanza di Eliodoro.
360, 4 **Leo d. Gr.:** «Leo der Große und Attila», die Ausführung wird zu großen Teilen der Schule Raffaels zugeschrieben; Rom, Vatikan, Stanza di Eliodoro.
360, 5 **Leo III.:** Die «Krönung Karls des Großen» wird der Werkstatt Raffaels zugeschrieben; Rom, Vatikan, Stanza dell'Incendio.
360, 5 **Leo IV.:** «Schlacht bei Ostia», die Ausführung wird zu großen Teilen der Schule Raffaels zugeschrieben; Rom, Vatikan, Stanza dell'Incendio.
360, 5 **Loggien:** Die Erfindung geht vermutlich auf Raffael zurück, ausgeführt wurden die Gemälde von seiner Werkstatt; Rom, Vatikanische Museen.
360, 6 **Tapeten:** Rom, Vatikanische Museen.
360, 6 **Farnesina:** Raffael: Triumph der Galatea, Rom, Villa Farnesina. Der Entwurf der «Geschichte der Psyche», ebendort, wird Raffael zugeschrieben, ausgeführt wurden diese Fresken von seiner Werkstatt (Giulio Romano und Gianfrancesco Penni).
360, 7 **Die großen Männer des Melozzo etc. in Urbino:** Die «Uomini illustri» werden Joos van Wassenhove (Justus von Gent) und Pedro Berruguete zugeschrieben; Urbino, Palazzo Ducale (Museo Nazionale delle Marche), und Paris, Louvre.
360, 8 **copirte er früh mit der Feder:** Die zwölf Zeichnungen eines Künstlers aus dem Umfeld Raffaels befinden sich im sog. «Libretto di Raffaello» oder «Libretto veneziano», Venedig, Gallerie dell'Accademia.
360, 9 **Fresken seiner Vorgänger…bei Paolo Giovio fort:** Laut Vasari-Bar., vol. 3, p. 259, ließ Raffael eine Anzahl von Köpfen nach den bildnisreichen Fresken Bramantinos abzeichnen, bevor er sie herunterschlug, um für den «Heliodor» und die «Messe von Bolsena» Raum zu gewinnen. Giulio Romano, der Raffaels Nachlaß erbte, schenkte die Zeichnungen Paolo Giovio, der durch Tobias Stimmer Holzschnitte anfertigen ließ, um damit seine Schriften (Elogia veris clarorum virorum, Elogia virorum literis illustrium und Elogia virorum bellica virtute illustrium) zu illustrieren.
360, 11 **Madonna di Foligno:** Rom, Vatikanische Museen.
360, 20 **Perugino's (Auferstehung):** Rom, Vatikanische Museen.
360, 21 **Bild der Canonisation der S. Caterina da Siena:** Siena, Dom, Libreria Piccolomini.
360, 26 **Das Bild der Uffizj (c. 1506):** Selbstporträt.
360, 28 **Der Holzschnitt bei Vasari:** Le Vite, de' più eccellenti pittori, scultori, e architettori, Fiorenza 1568, t. 2, p. 64.
360, 29 **Der Stich des Bonasone:** abgebildet in: The Illustrated Bartsch, ed. by Suzanne Boorsch, vol. 29, New York 1982, p. 136.
360, 31 **Der jeune homme im Louvre:** Das «Männliche Bildnis» wird heute Parmigianino zugeschrieben.

Kommentar 743

360, 33 **Bindo Altoviti in München:** bis 1938, heute in Washington, National Gallery. Die Zuschreibung schwankt zwischen Raffael und Giulio Romano.

360, 35 **Das Porträt Czartoryski... Francesco Maria della Rovere der Uffizien:** Eine Eigenhändigkeit wird heute ausgeschlossen; Krakau, Museum. Die Identität der dargestellten Person ist unbekannt.

361, 1 **Angelo Doni:** Florenz, Palazzo Pitti.

361, 2 **Maddalena Doni geborene Strozzi:** Florenz, Palazzo Pitti.

361, 3 **die «ältere Schwester» (Tribuna):** Weibliches Bildnis (La muta), Urbino, Galleria Nazionale delle Marche. Die Bezeichnung rührt von der Ähnlichkeit der dargestellten Frau mit Maddalena Doni her; vgl. Gruyer p. 117–122.

361, 4 **La donna gravida:** Florenz, Palazzo Pitti.

361, 5 **Julius II., Pitti und Uffizj:** Das Originalbildnis des sitzenden Papstes wird in London, National Gallery, aufbewahrt. Bei den von B. erwähnten Fassungen handelt es sich um Kopien: das Gemälde im Palazzo Pitti stammt von Tizian, dasjenige in den Uffizien wird zu großen Teilen Gianfrancesco Penni zugeschrieben.

361, 5 **Vasari lügt: faceva tremare etc.:** «faceva temere il ritratto a vederlo come se proprio egli fosse il vivo», Vasari-Bar. vol. 4, p. 174.

361, 6 **die Juliusstatue Michelangelo's:** 1508 vor S. Petronio in Bologna aufgestellt, aber bereits vier Jahre später zerstört.

361, 7 **die Medaillen Caradosso's:** Es sind mindestens drei Medaillen mit dem Porträt Julius II. bekannt; alle drei wurden 1506 ausgeführt.

361, 9 **Leo X. mit den Cardinälen Medici und de' Rossi, Pitti:** Florenz, Uffizien.

361, 11 **Giuliano Medici:** Von Raffaels verschollenem Original existieren mehrere Kopien, eine davon wird Bronzino und seiner Werkstatt zugeschrieben; Florenz, Museo Medici.

361, 12 **Lorenzo Medici (Copie, Musée Fabre):** Es handelt sich um eine Kopie nach einem verschollenen Original Raffaels; Montpellier.

361, 12 **das Jünglingsporträt des Musée Fabre:** heute aus dem Werkkatalog ausgeschlossen.

361, 16 **Antonio Tebaldeo (nicht in Neapel):** Gemeint ist das heute Sebastiano del Piombo zugeschriebene «Männliche Bildnis»; Budapest, Szépmüvészeti Museum. Das Porträt in Neapel (Gallerie Nazionali di Capodimonte), «Mann mit einer Schwertglocke in der Hand», wird seit 1860 Francesco Salviati zugeschrieben; vgl. Gruyer, Raphaël peintre de portraits, vol. 2, p. 110 ff.

361, 17 **Cardinal Bibiena (Madrid):** Die Identität der dargestellten Person ist umstritten.

361, 18 **Navagero und Beazzano, Copie (?), Doria:** Heute besteht kein Zweifel mehr an der Echtheit des Doppelporträts; Rom, Doria-Pamphilj.

361, 20 **Der Violinspieler:** Paris, Sammlung Guy de Rothschild, Sebastiano del Piombo zugeschrieben.

361, 21 **Giovanna d'Aragona:** bei Raffael 1518 bestellt, ausgeführt vermutlich von Giulio Romano.

361, 22 **La Fornarina (Palazzo Barberini):** Rom, Galleria Nazionale.

361, 22 **die angebliche Fornarina, Tribuna:** Das weibliche Porträt wird heute Sebastiano del Piombo zugeschrieben.

361, 25 **Madonna di San Sisto:** Dresden, Gemäldegalerie.
363, 32 *Alessandro Farnese, den späteren Paul V.:* Alessandro Farnese war der spätere Papst Paul III.

Über Echtheit alter Bilder

369, 23 **Vasari:** Le vite de' più eccellenti pittori, scultori e architetti.
369, 24 **die Madonna del passeggio der Bridgewater Galery:** Edinburgh, National Gallery. Die Ausführung wird G. Penni zugeschrieben; es ist nicht auszuschließen, daß die Konzeption auf Raffael zurückgeht.
369, 26 **le réveil de l'enfant... in Neapel:** Die «Madonna Bridgewater» befindet sich als Leihgabe in Edinburgh, National Gallery; das Bild in Neapel ist eine Kopie.
369, 33 **Regnier de Vries:** Gemeint ist Roelof (Roelant) Jansz. de Vries.
369, 33 **Ruysdael:** Jacob Isaacksz. van Ruisdael.
369, 34 **A. del Sarto und die alten Copien:** Vasari-Bar., vol. 4, p. 394.
370, 6 **Rafaels vierge de François I:** Paris, Louvre; Raffael und Mitarbeiter (Raffael wird die Ausführung der Madonna, des Jesuskindes und des Josef zugeschrieben).
370, 14 **das Neptunsbild Schönborn:** «Neptun und Amphitrite», 1881 aus der Wiener Sammlung Schönborn für die Berliner Gemäldegalerie erworben, bis 1939 ausgestellt, 1945 vermutlich verbrannt.
370, 38 **Das Dresdner Concil... spätere Copie:** Der sog. Holbein-Streit um die Authentizität der beiden Fassungen der Meyer-Madonna begann 1830. 1871 bezeichneten die 14 in Dresden versammelten Kunsthistoriker das Bild von Darmstadt als Original, das von Dresden als «freie Copie». Heute wird die Dresdener Madonna Bartholomäus Sarburgh zugeschrieben.
370, 41 **Das Bild in der Capitolskirche zu Köln:** St. Maria im Kapitol. Ein beidseitig bemalter Altarflügel mit dem «Marientod» und dem «Abschied der Apostel» wurde aufgrund eines gefälschten Dürer-Monogramms der Dürerschule zugeschrieben. Heute wird die Tafel einem Schüler von Hans Baldung Grien zugewiesen.
371, 6 **wurde noch 1875 Michelangelo's San Giovannino... verkannt:** Die Statue tauchte 1874 in Pisa auf. Bei einem Michelangelo-Kongreß in Florenz konnte die Frage der Echtheit nicht geklärt werden. Daraufhin erwarb Wilhelm von Bode die Figur für das Berliner Museum, wo sie im Zweiten Weltkrieg verlorenging. Heute wird sie einem Nachfolger Pietro Francavillas zugeschrieben. B. bezieht sich auf Bode, Die Marmorstatue Johannes des Täufers von Michelangelo, S. 72–78.
371, 10 **Crowe und Cavalcaselle:** A History of Painting, vol. 2, p. 119–169, bes. p. 157–169.
371, 11 **die zwei Hauptbilder im Louvre:** Gemeint sind «Pastorale» – heute wird allgemein angenommen, sie sei von Giorgione begonnen und von Tizian beendet worden – und «Madonna mit Kind» – heute Sebastiano del Piombo zugeschrieben.
371, 15 **Auction Schneider 1876:** Die frühen Bildnisse Rembrandts von Johannes Ellison und seiner Gemahlin Maria Bockenolle wurden auf der Auktion

Kommentar 745

in Paris als unecht erklärt und für wenig Geld verkauft. Vgl. Bode, Rembrandts frühste Thätigkeit, S. 50.

371, 25 **Gioacchino Curti:** vgl. Briefe, Bd. 9, Nr. 1349, S. 299.

374, 16 *liegende Venus:* Venus und Amor mit dem Lautenspieler, freie Adaption nach Tizian aus dem späten 17. Jahrhundert; Kriegsverlust.

378, 41 *Pellegrino di Sant Agnese:* Gemeint ist Pellegrino da S. Daniele.

Aus großen Kunstsammlungen

381, 4 **Rückweis auf meine Vorlesung... Betrachtung von Bildern und Galerien:** Vortrag vom 15. Februar 1862, siehe JBW 12.

381, 31 **mit der Madonna Holbein's:** Holbeins «Madonna des Basler Bürgermeisters Jakob Meyer zum Hasen» befindet sich im Schloßmuseum Darmstadt. Das von B. hier angesprochene Bild in Dresden, ausgeführt von Bartholomäus Sarburgh, galt als Original, bis es 1871 im sog. Holbein-Streit von vierzehn Kunsthistorikern als Kopie erkannt wurde, deren Herkunft später noch genauer geklärt werden konnte. B. zweifelte im Vortrag «Über Echtheit alter Bilder» vom 21. Februar 1882 diesen Entscheid an, siehe S. 370 f.

381, 32 **mit den modenesischen Ankäufen (Coreggio):** 1745 kaufte August III., König von Polen, von Francesco III d'Este, Herzog von Modena, 100 Bilder für die Dresdner Sammlung, darunter von Correggio die «Madonna des heiligen Franziskus», die «Madonna des heiligen Sebastian», die «Madonna des heiligen Georg» und die «Heilige Nacht».

382, 3 **90 Rubens:** Die Alte Pinakothek in München besitzt heute rund sechzig Bilder von Rubens.

382, 3 **Die Düsseldorfer Galerie:** Die von Kurfürst Johann Wilhelm von Pfalz-Zweibrücken (1658–1716) begründete Düsseldorfer Gemäldegalerie folgte den Erbgängen innerhalb des Hauses Wittelsbach und wurde 1806 von König Maximilian I. von Bayern mit der Münchner Sammlung vereinigt.

382, 5 **Boisseréeschen Sammlung:** Die Sammlung der Kölner Brüder Sulpiz und Melchior Boisserée wurde 1827 von König Ludwig I. von Bayern für die Münchner Pinakothek erworben.

382, 7 **Sammlung Solly:** Edward Solly (1776–1844) war einer der ersten Sammler der frühen italienischen, flandrischen und altdeutschen Malerei. Die Sammlung wurde 1821 aus finanziellen Gründen veräußert. Friedrich Wilhelm III. von Preußen erwarb bei dieser Gelegenheit mehr als 1100 Bilder für die königliche Gemäldegalerie, die 1830 im Alten Museum in Berlin öffentlich zugänglich gemacht wurde.

382, 9 **Genter Altar:** Das Polyptychon von Hubert und Jan van Eyck war zur Zeit B.s in seine Einzelteile zerlegt. In Gent befanden sich noch die Mittelbilder. Die Innen- und Außenseiten der Flügel – mit Ausnahme der bis 1861 verschollenen und dann in Brüssel verwahrten Adam- und Evatafeln – waren 1815 in den Kunsthandel gelangt und 1821 von Friedrich Wilhelm III. von Preußen gekauft worden. Sie befanden sich bis 1919 in der Berliner Gemäldegalerie. Heute ist der Altar an seinem ursprünglichen Standort in Gent, St. Bavo, wiederhergestellt. Die 1934 gestohlene Tafel mit den «Gerechten Richtern» mußte durch eine Kopie ersetzt werden.

382, 11 **das Bild Schönborn:** «Neptun und Amphitrite» wurde vermutlich 1945 zerstört; siehe auch S. 370.

382, 11 **von Murillo der S. Anton von Padua:** Kriegsverlust.

382, 14 **Belvedere:** Der Großteil der Sammlung befindet sich heute im Kunsthistorischen Museum in Wien.

382, 18 **Dürer: zwei Hauptbilder:** B. denkt an die «Marter der zehntausend Christen» und das «Allerheiligenbild».

382, 23 **den schönsten Perugino:** Gemeint sind die drei Tafeln des Polyptychons aus der Certosa von Pavia: Madonna mit Kind und Engeln; Erzengel Michael; Erzengel Raphael mit Tobias.

382, 24 **zwei echte unvollendete Michelangelo:** Grablegung; Madonna mit Kind.

382, 40 **Sammlung ... Leopold Wilhelm:** Die Sammlung wurde 1656 von Brüssel nach Wien überführt und befindet sich heute im Kunsthistorischen Museum.

383, 16 **Madonna de candelabri jetzt in New York:** einst Raffael zugeschrieben, heute Eigenhändigkeit überwiegend ausgeschlossen; Baltimore, Walters Art Gallery.

383, 22 **das Sposalizio:** Raffael.

383, 23 **Ambrosiana, Sammlung einer Corporation:** Die älteste Kunstgalerie Mailands geht auf die private Sammlung von Kardinal Federico Borromeo zurück. Die Aussage B.s bezieht sich vermutlich auf die Tatsache, daß die Pinakothek auch die Accademia del Disegno beherbergte.

383, 25 **Schule von Athen:** Raffael, Karton des römischen Wandbildes.

383, 27 **Bologna, die Pinacoteca, mit der heiligen Caecilia:** Raffael.

383, 30 **Reiterbild des Tommaso:** Anthonis van Dyck: Tommaso Francesco von Savoyen, Fürst von Carignano.

383, 33 **Incoronata, Madonna di Foligno und Transfiguration:** Werke Raffaels.

384, 1 **Städel'sche Galerie in Frankfurt ... Palast verwiesen:** 1815 stiftete der Bankier Johann Friedrich Städel mit rund 500 Bildern die Galerie, welche 1877 in ein neues Gebäude am Schaumainkai umzog.

384, 10 **Giorgione (vulgo Palma) Adam und Eva:** wird heute Palma il Vecchio zugeschrieben.

384, 20 **Amsterdam, Reichsmuseum, Trippenhuys ... in dem Neubau:** Der Neubau des Rijksmuseums wurde 1885 eröffnet und nahm nicht nur die bis dahin im Trippenhuis ausgestellte Sammlung auf, sondern auch die Bestände des Museums Van der Hoop sowie zahlreiche Gemälde, die sich bis dahin in öffentlichen Gebäuden befunden hatten.

384, 31 **Leyden: Laekenhal:** Stedelijk Museum de Lakenhal.

384, 38 **Adam und Eva von Hubert van Eyck:** Die im späten 18. Jh. vom Genter Altar entfernten zwei Tafeln kamen nach ihrer Auffindung 1861 ins Museum von Brüssel. Sie wurden erst 1920 dem Altar von St. Bavo in Gent wieder beigefügt. Die Zuweisung der einzelnen Tafeln ist umstritten.

384, 38 **die Hauptbilder von Mabouse und Orley:** z. B. Jan Gossart: Venus und Amor; Bernard van Orley: Die Tugend der Geduld.

384, 41 **Esterhazy Galerie, Pesth:** Die Sammlung Esterházy, die im wesentlichen das Ergebnis der Sammlertätigkeit des Fürsten Nikolaus Esterházy

Kommentar 747

(gest. 1833) darstellte, war von 1815 bis 1865 im Familiengut in Wien ausgestellt und dem Publikum zweimal wöchentlich zugänglich. 1871 wurden die Kunstschätze von Ungarn erworben und bilden heute einen bedeutenden Teil des Museums Szépművészeti in Budapest.

385, 2 **Borghese:** Die Palazzina Borghese, vereinfachend Villa Borghese genannt, wurde zu Anfang des 17. Jh. als Sommersitz für Kardinal Scipione Borghese errichtet und beherbergte einen Teil der reichen borghesischen Kunstsammlung, insbesondere die antiken Skulpturen. Die Sammlung wurde zu Beginn des 19. Jh. von Camillo Borghese, dem Gemahl von Paolina Bonaparte, an Frankreich verkauft. Francesco Borghese legte in der Mitte des 19. Jh. den Grundstock für eine neue Sammlung, die im Jahre 1902, zusammen mit bedeutenden Gemälden, in italienischen Staatsbesitz überging.

385, 2 **Doria:** Die Sammlung der genuesischen Familie Doria wurde durch Heirat zum Teil mit den Kunstschätzen der römischen Familie Pamphili vereinigt. Während sich der Kunstbesitz des genuesischen Zweigs der Familie zerstreute, blieb die Sammlung Doria-Pamphilj in Rom erhalten.

385, 2 **Corsini:** Die in ihrem Grundbestand auf Kardinal Neri Corsini zurückgehende Sammlung in Rom ist seit 1754 öffentlich zugänglich und kam 1883 in den Besitz des italienischen Staates. Sie bildet heute die Galleria nazionale d'arte antica und ist in den Palazzi Corsini und Barberini untergebracht. In Florenz befindet sich im Palazzo Corsini eine weitere Kunstsammlung der Familie.

385, 2 **Brignole:** Die Sammlung der genuesischen Familie Brignole wurde 1876 mit dem Familiensitz Palazzo Rosso der Stadt Genua geschenkt.

385, 3 **Lichtenstein:** Die Sammlung, deren Ursprünge vor allem auf Fürst Karl Eusebius von Liechtenstein (1611–1684) zurückgehen, wurde 1806 im Sommerpalais in Wien untergebracht und 1944/45 nach Vaduz überführt.

385, 3 **Bridgewater Gallery:** Die größte Ausdehnung mit ungefähr 300 Bildern erreichte die Sammlung anfangs des 19. Jh. unter Francis Egerton, dem dritten Duke of Bridgewater, welcher einen bedeutenden Teil der Galerie d'Orléans erworben hatte. B. erhielt 1879 die Gelegenheit, die Privatgalerien Bridgewater, Grosvenor und Wellington zu besuchen (vgl. Briefe Bd. 7, S. 103). Heute besteht die Sammlung nicht mehr, die wichtigsten Bilder sind an die National Gallery of Scotland in Edinburgh ausgeliehen.

385, 3 **Grosvenor Gallery:** Die Sammlung, die von Richard Grosvenor (1731–1802) und Robert Grosvenor, dem ersten Marquess of Westminster (1767–1845), zusammengetragen wurde, befand sich bis 1920 in London im Grosvenor House. 1924 und 1959 wurde eine Anzahl wichtiger Bilder verkauft, der Rest befindet sich heute im alten Sitz der Familie in Eaton bei Chester.

385, 4 **Wellington Gallery:** Die Sammlung, die auf den ersten und zweiten Duke of Wellington zurückgeht, befand sich im Londoner Apsley House, das mit seinen Kunstschätzen 1947 dem englischen Staat geschenkt wurde. Seit 1952 ist das Haus als Wellington Museum öffentlich zugänglich.

385, 4 **Baring (Northbrook):** Die Sammlung von Thomas Baring (1799–1873) und später des Duke of Northbrook (1826–1903), die vor allem holländische, flandrische und italienische Malerei enthielt, ist heute zum größten Teil zerstreut.

385, 12 **die Carton's Rafaels:** London, Victoria and Albert Museum.

385, 28 **Die beiden Flügel... das Mittelbild Copie:** Bei den Flügeln handelt es sich um Werkstattbilder; die Kopie des Mittelbildes stammt von Jobst Harrich (1614); Frankfurt, Städtische Museen.

385, 36 **Rafaels Vierge au linge:** Die «Madonna mit Diadem» gilt heute als Werkstattbild.

385, 36 **Tizian's Assunta:** erneut in Santa Maria Gloriosa dei Frari, Venedig.

386, 9 **der Plafond aus der Sala de' Dieci... von Paolo Veronese:** Das Deckengemälde im Dogenpalast wurde 1863 durch eine Kopie von Jacopo Da Andrea ersetzt.

386, 22 **die drei berühmten Madonnen Rafaels:** B. meint hier wahrscheinlich die «Madonna del cardellino», Florenz, Uffizien, die «Madonna del prato», Wien, Kunsthistorisches Museum, «La Belle Jardinière», Paris, Louvre.

386, 30 **von Tizian den Cristo della moneta:** Dresden, Gemäldegalerie.

386, 31 **zwei seiner berühmten Bacchanale:** Bacchanal, Madrid, Prado; Bacchus und Ariadne, London, National Gallery.

386, 32 **die heilige Magdalena:** Tizian hat das Thema mehrmals gemalt. Heute wird allgemein angenommen, das Bild im Palazzo Pitti in Florenz sei eine weitere Fassung des von Federico Gonzaga für Vittoria Colonna in Auftrag gegebenen Bildes.

387, 5 **Verkauf der Galerie Orléans:** Louis Philippe, Herzog von Orléans (gen. Philippe Egalité), veräußerte 1791 seine Sammlung, deren italienische und französische Bilderbestände über Umwege 1798 in London auf den Markt kamen. Der größte Teil der Sammlung wurde von englischen Kunstliebhabern erworben, u. a. vom Duke of Bridgewater.

387, 29 **(circa 1850-?):** Die Sammlung von Wilhelm II., König der Niederlande, wurde kurz nach dessen Tod in den Jahren 1850 und 1851 versteigert.

387, 30 **die Gant Pourtalès:** Zur Versteigerung, die am 27. März 1865 stattfand, vgl. «Catalogue des tableaux anciens et modernes, dessins qui composent les Collections de feu M. le comte de Pourtalès-Gorgier», Paris [o. J.]

387, 41 **der Schwalbach im Nabab:** nach Alphonse Daudet, Le Nabab. Der Romanfigur Schwalbach, einem Kunsthändler zur Zeit des Second Empire, sind alle Mittel recht, um seine Bilder möglichst gewinnbringend zu verkaufen.

388, 13 **die heilige Familie in München:** Raffael: Madonna Canigiani.

389, 13 **Schiller in der Dresdner Galerie:** Karl Förster berichtet in einem Tagebucheintrag vom 18. April 1820, Schiller habe sich bei einem Besuch der Dresdner Galerie gegenüber Ludwig Tieck irritiert über die Farben der Bilder geäußert und die Wahrheit des Umrisses hervorgehoben; vgl. Karl Förster, Biographische und literarische Skizzen aus seinem Leben, von Luise Förster, Dresden 1846, S. 155 f.

389, 13 **Lord Byron:** vgl. George Byron, Childe Harold's Pilgrimage, Vierter Gesang, 61 f., und die beiden Briefe an John Murray vom 14. und 26. April 1817.

390, 19 **Claude die Abendlandschaft der Grosvenorgalery:** Landschaft mit ländlichem Tanz, London, Sammlung des Duke of Westminster (Nr. 208 im

Kommentar 749

Werkverzeichnis bei Marcel Röthlisberger: Claude Lorrain. The paintings, New Haven 1961, vol. 1, p. 471); vgl. auch Briefe Bd. 7, S. 384.

391, 38 **Rafael, Madonna del Baldacchino, Palazzo Pitti:** Die Zeichnung wird Raffael zugeschrieben; über die Ausführenden bestehen noch immer Zweifel.
392, 5 **Schule von Athen... Disputa:** Rom, Vatikan.
392, 22 **Galerie de Marie de Médicis:** Die Gemälde befinden sich heute im Louvre.
393, 8 **Rubens hat die Anbetung der Könige zwölfmal componirt:** Eigenhändige Werke (von Entwürfen abgesehen) befinden sich in Cambridge, King's College; Madrid, Prado; Paris, Louvre; Antwerpen, Koninklijk Museum voor Schone Kunsten; Brüssel, Musées Royaux des Beaux-Arts; Lyon, Musée des Beaux-Arts; Malines, Johanneskirche.
393, 10 **in 14 Tagen:** vgl. Eugène Fromentin, Les maîtres d'autrefois, *p. 95*.
395, 42 **Rafaels und Tizians Grablegung:** Rom, Galleria Borghese; Tizian hat das Thema mehrmals gemalt, höchst wahrscheinlich meint B. die Fassung in Paris, Louvre.
396, 1 **Lionardo's Abendmal:** Mailand, Santa Maria delle Grazie.

Die Griechen und ihre Künstler

397, 34 *bei Aristoteles stehen sie niedrig:* Politik 7,10 (1330a).
398, 19 *von Plutarch:* Perikles 2,1.
398, 19 *von Lucian:* Der Traum 7–9.
398, 26 *«Wer wollte», so fragt Plutarch...:* Perikles 1,4; 2,1.
398, 33 *An andern Stellen nennt er die... Künstler Banausen:* z. B. Praecepta gerendae rei publicae («Regeln der Staatskunst») 802a.
398, 41 *Platon... im Gorgias. Sein Socrates... sagt, der Kriegsmaschinenmeister...:* vgl. 512b–c.
399, 10 *auf dem Todbette seine Nächsten aufzufordern... keine Statuen von Banausen setzen zu lassen:* vgl. Plutarch, Apophtegmata Laconica («Sprüche der Spartaner») 215a.
399, 33 *«Die Vortheile, die du zu erwarten hast...:* Lukian, Der Traum 9–13.
400, 18 *«mit einem nicht weniger berühmten Namen»:* ebd. 18.
400, 38 *die 10,000 dichtenden junge Herrchen... aus Aristophanes:* Frösche 89 f.
400, 41 *Phidias... starb im Kerker an Gift:* vgl. Plutarch, Perikles 31,2–5, wo allerdings von Krankheit oder Gift die Rede ist. Zeitpunkt wie Todesursache sind nach wie vor unklar.
401, 6 *Der erstere... in einem purpurnen Kleid... der zweite sang seinen eigenen Ruhm:* zu Zeuxis vgl. Plinius, Naturalis historia 35,62; zu Parrhasios vgl. Athenaios 12,543.
401, 11 *Phidias... wegen Asebie belangt:* vgl. Plutarch, Perikles 31, und Plinius, Naturalis historia 36,18.
401, 24 *Polygnot... Athen die Gemälde in der Stoa Pökile schenkte:* vgl. Plutarch, Kimon 4,7.
401, 26 *Zeuxis, welcher alle seine Werke ohne Entgelt weggab:* vgl. Plinius, Naturalis historia 35,62.
401, 28 *Dagegen ließ er ruhig seine Bilder gegen ein Eintrittsgeld ausstellen:* vgl. Aelian, Varia historia 4,12.

401, 31 *Nikias aus Athen schenkte seine* **Νέκυια:** vgl. Plutarch, Non posse suaviter vivi secundum Epicurum («Die Lehre Epikurs macht ein angenehmes Leben unmöglich») 1093e; Plinius, Naturalis historia 35,132.
401, 35 *Später wurde die Malerei... Unterrichtsgegenstand durch Pamphilos aus Sikyon:* vgl. ebd., 35,77; Pamphilos stammte aus Amphipos, wirkte aber in Sikyon, wo er eine Malerakademie gründete.
401, 38 *Werke, welche Diogenes der Laertier uns aufzählt:* De clarorum philosophorum vitis («Leben der Philosophen») 9,48.
402, 2 *Hippias von Elis:* vgl. Philostratos, Vita sophisti 1,11.
402, 9 *Socrates nimmt... seine Bilder und Gleichnisse auch von dem Künstler:* vgl. Platon, Protagoras 311.
402, 21 *«Schuster bleib bei deinem Leisten!»:* vgl. Plinius, Naturalis historia 35,85.
402, 24 *Hauptbeweggründe für Anytos, den Philosophen anzuklagen:* vgl. Xenophon, Apologia Socratis 29.
402, 33 *in seinen Büchern «vom Staat»... weder Poesie, noch Kunst:* vgl. Platon, Staat, 10. Buch, besonders 605a–608b.
402, 42 *Platon kommt in den* **Νόμοι** *zu der Ansicht, daß Bildnerei... sein müsse:* 10,909d–910b.
403, 20 *Denn Gold und Silber erregen habsüchtige Gier:* vgl. ebd. 12,956a ff.
403, 39 *wurde im alten Aegypten... in den Tempeln entschieden:* vgl. ebd. 2,656d–657b.
404, 6 *Aristoteles die Kunst so vollständig ignorierte... Poetik:* vgl. Aristoteles, Poetik 1448a und 1450a.
404, 10 *in den Problemata ist ein... Abschnitt der Musik gewidmet:* 19,917b–923a.
404, 26 *unter Attalos II. oder Eumenes II. jener wunderbare Marmoraltar:* Der dem Zeus geweihte monumentale Altar auf dem Burgberg von Pergamon wurde zwischen 180 und 150 v. Chr. unter Eumenes II. und seinem Nachfolger Attalos II. errichtet; zu B.s Zeit wurden einige Friesplatten in der Rotunde des Alten Museums in Berlin gezeigt; die jetzige Rekonstruktion im Pergamonmuseum ist seit 1931 zu sehen.
405, 1 *jenes achte Capitel des Ampelius:* Liber memorialis 8 (Miracula mundi).
405, 25 *des Archelaos v. Priene «Apotheose Homer's»:* London, British Museum.
405, 31 *Rhetor des 5. Jahrhunderts:* Gemeint ist wohl der Sophist und Rhetor Nikolaus von Myra, in: Rhetores Graeci, ed. Christianus Walz, Stuttgartiae; Tubingae, 1832–1836, Bd. 1, S. 394–414.

Die Reise einer Kaiserbraut (1630)

406, 28 *auswärtige Heirath... versucht:* vgl. Khevenhüller, Annales Ferdinandei, t. 10, col. 136 ff.
408, 4 *Man berechnete die Kosten... auf sechshunderttausend Ducaten:* vgl. zum Folgenden Khevenhüller, Annales Ferdinandei, t. 11, col. 26 ff.
408, 33 *gerade jetzt, so argumentirte er... muß das Desponsorium vollzogen werden:* vgl. ebd., col. 552 f.
409, 22 *er schreibe auf... fließendem Papier:* ebd., col. 569.
409, 37 *da hieß es, ... die Pest ausgebrochen:* vgl. ebd., col. 914 ff.

Kommentar 751

410, 25 «*sie war gut, aber auf Capucinermanier*»: vgl. ebd., col. 933.
411, 3 *Er fand die Ausflucht... im Hafen von Toulon:* vgl. ebd., col. 948.
411, 14 «*galantemente*»: ebd., col. 950.
412, 12 *Man frug in dem Dilemma die beiden Generale Spinola und Collalto:* vgl. ebd., col. 953 ff.
413, 34 *ermahnte die Fürstin schriftlich... Ursache ihres Zauderns:* vgl. ebd., col. 1003 f.
414, 11 *sechs «schwarze Schimmel... drei weiße Esel:* vgl. ebd., col. 1487.
414, 22 *Khevenhiller... reiste mit Familie:* vgl. ebd., col. 1490–1498.
415, 18 «*da sah sie, daß sie betrogen war...:* vgl. ebd., col. 1054 f.

Die Weihgeschenke des Alterthums

416, 5 ἀνατίθημι: «aufstellen, weihen».
416, 21 votum fecit, gratiam accepit: «Man tat ein Gelübde und erhielt Gnade».
417, 6 Monstranz von Überlingen: Die über einen Meter hohe silberne Monstranz im Überlinger Münsterschatz wurde in der Mitte des 15. Jahrhunderts von einem unbekannten Meister gefertigt und später durch zahlreiche applizierte Kunstwerke ergänzt, darunter mit Perlen verzierte Broschen und eine als Medaillon gefaßte Goldmünze mit dem Bildnis des Andreas Jerin, Bischof von Breslau, aus dem Jahr 1588.
417, 23 Knochen und Fett: vgl. den sog. «Opfertrug des Prometheus», Hesiod, Theogonie 535 ff.
417, 29 Krösos... Abkauf des Schicksals durch Goldbarren: zu den Stiftungen des Lyderkönigs in Delphi vgl. Herodot 1, 50 ff.
418, 3 der Hirt: dem Pan einen Knüttel an einen arcadischen Fels: Anthologia graeca VI, Epigramm 34; auch die folgenden Epigramme beziehen sich auf das 6. Buch der Anthologie.
418, 4 Daphnis: Syrinx, Stab, Wurfspieß, Fell, Tasche: Epigramm 177.
418, 5 Arbeiterinnen: Spindel... an Pallas: Epigramm 174.
418, 8 der Zimmermann der Pallas: Epigramm 204.
418, 9 der Schmied dem Hephästos: Epigramm 117.
418, 10 der Fischer dem Poseidon und den Nymphen, Netz, Nachen: Epigramm 38.
418, 11 der Trompeter seine Salpinx: Epigramm 46.
418, 12 Ein Wanderer seinen Hut der Hekate: Epigramm 199.
418, 15 die acht lucanischen Schilde, Helme... Dolche: Epigramm 129.
418, 17 Der Schiffbrüchige sein Haar: Epigramm 164.
418, 18 die unter die Haube Gekommene ihre falsche Haartour: Epigramm 60.
418, 18 Die junge genesene Mutter (Gewand an Artemis, Eileithyia): Epigramm 200 und 201.
418, 20 für eine kranke Tochter einen Leuchter dem Gotte von Kanopos: Epigramm 148.
418, 22 der Spiegel der Lais, Widmung an Kytheria: Epigramm 18.
418, 24 Cistae: «Kisten, Kassetten, Schmuckkasten».
418, 31 Das Gemälde des Hungers: vgl. Polyainos, Epigramme 2,15
418, 32 Gemälde berühmter Meister: vgl. Strabon 9,1.
418, 33 Ζεὺς σωτήρ: «Zeus der Retter, Zeus der Beschützer».

419, 7   die in Amyklä mit freistehenden Götterbildern: vgl. Pausanias 4,14,2.
419, 8   ein Jahrespriester stiftet rite einen Dreifuß: vgl. ebd., 9,10,4.
419, 10 Der goldene Dreifuß der Hellenen in Delphi: vgl. ebd. 10,13,9
419, 12 Der eherne... im Olympieion zu Athen: vgl. ebd. 1,18,8.
419, 19 Hesiod... weiht... den... Musen: vgl. ebd. 9,31,3.
419, 20 der choragische Sieger... ein besonderes Sacellum: vgl. ebd. 1,20,1.
419, 22 Monument des Lysikrates: Athen, im Norden der Akropolis.
419, 22 περιβόητος: «der berühmte», Satyrstatue des Praxiteles in einem Ziergebäude, vgl. Pausanias 1,20,1.
419, 24 das vaticanische Relief: Hochrelief mit Polyphem-Darstellung unter einem Dreifuß (Inv. 2334).
419, 31 Pittakos stiftet... Leitern: vgl. Aelian, Varia Historia («Bunte Geschichten») 2,29.
419, 34 Im Erechtheion... Stammbaum des Lykurgos: vgl. Plutarch: Vitae decem oratorum («Die Biographien der zehn Redner») 843.
419, 35 Die Statuen der beiden Töchterchen der... Priesterin der Artemis: Epigramm 356.
419, 36 Die Statuen von Knabe und Mädchen... laut Gelübde: Epigramm 357.
419, 40 Die Bratspieße der Rhodopis?: Nach Herodot 2,134 f. war die ehemalige thrakische Sklavin Rhodopis im ägyptischen Naukratis als Hetäre so erfolgreich, daß sie beschloß, sich ein außergewöhnliches Denkmal zu setzen, indem sie in Delphi Bratspieße weihen ließ.
420, 2   die Lade des Kypselos im Heräon zu Olympia: vgl. Pausanias 5,17,5–19,10.
420, 3   Die Triere von Gold... von Kyros dem Lysander: vgl. Plutarch, Lysandros 18.
420, 5   Das Gemälde der Bosporusbrücke... zu Samos: vgl. Herodot 4,88.
420, 16 die Hamadryaden... über dem Wasser: Epigramm 189.
420, 17 der Weinbauer setzt... dem Dionysos einen Satyr: Epigramm 56.
420, 18 ein Jäger im Gebirge ein Bild der Artemis: Epigramm 268.
420, 19 Timonax einen Hermes in ein Gymnasion: Epigramm 143.
420, 20 Xenokles und sein Marmorrelief der Musen: Epigramm 338.
420, 25 ἐπικλήσεις: «Beinamen, Anrufungen».
420, 26 Olympia die größte Zeussammlung der Welt: vgl. Pausanias 5,21,2 ff.
420, 28 der Ares der gegen Kleomenes bewehrten Argiverinnen: nicht nachgewiesen.
420, 34 eiserne Köpfe eines Löwen... in einem Tempel zu Pergamon: vgl. Pausanias 10,18,6.
420, 35 eherner Bisonkopf in Delphi (von einem Päonenkönig): vgl. ebd. 10,13,1.
421, 2   der bellend lebendige Jagdhund des Leukon: Epigramm 175.
421, 3   Die von Kleonae... einen ehernen Bock nach Delphi: vgl. Pausanias 10,11,4.
421, 5   Ptolemaeos Philopator... vier eherne Elephanten: vgl. Aelian: De natura animalium («Über den Charakter der Tiere») 7,44.
421, 6   Das Denkmal von Chambéry: Die extravagante «Fontaine des éléphants» wurde 1838 zu Ehren des in Chambéry gebürtigen Comte de Boigne aufgestellt, der einen Teil seines in Indien erworbenen Vermögens seiner Heimatstadt gestiftet hatte.

Kommentar 753

421, 9 **Eherne Rinder in Delphi bedeuteten ... Wohlstand:** vgl. Pausanias 10,16,6.
421, 11 **Der eherne Esel der Ambrakioten in Delphi:** vgl. ebd. 10,18,4.
421, 13 **Der eherne Wolf der Delphier:** vgl. ebd. 10,14,7
421, 14 **Die kerkyräischen ehernen Stiere in Olympia und Delphi:** vgl. ebd. 10,9,3 f.
421, 16 **die Kuh des Myron:** eines der berühmtesten und meistbeschriebenen Kunstwerke des Altertums; vgl. z. B. Plinius, Naturalis historia 34,57.
421, 17 **Warum ein Wanderer einen ehernen Frosch weihte:** Epigramm 43.
421, 19 **Eherner Wolf und Stier auf der Agora von Argos (Pyrrhi Einritt):** vgl. Plutarch, Pyrrhus 32: Beim Einritt in Argos erschrak Pyrrhos über die Bronzeskulptur.
421, 21 **Die eherne Ziege der Elyroten in Delphi, zwei Apollskinder säugend:** vgl. Pausanias 10,16,5.
421, 23 **Der riesige vom Branchidenweg:** Feststraße der Branchiden, eines milesischen Priestergeschlechts, auf dem Weg zum Apollotempel in Didyma, den sie verwalteten.
421, 24 **Die Löwen auf Schlachtfeldern (Chaeroneia):** vgl. Pausanias 9,41,10.
421, 31 **Panathenäenzug:** Der Parthenonfries (der die olympischen Götter und die Bürger Athens anläßlich des Festes der Stadtgöttin zeigt) befindet sich heute größtenteils im British Museum, London, nur wenige Fragmente sind im Akropolismuseum, Athen.
421, 35 **das Kriegsgelübde der Orneaten ... die eherne Gruppe in Delphi:** vgl. ebd. 10,18,5. Die Männer von Orneai gelobten, bei einem Sieg über die Sikyonier täglich eine Prozession nach Delphi zu unternehmen, um dort Apoll ein Opfer zu bringen. Erfüllt wurde dann das Gelübde mit dem Aufstellen einer Bronzeplastik, die eine Prozession und ein Opfer darstellte.
421, 36 **σόφισμα:** «List, schlauer Gedanke».
421, 38 **Aus einem Beutezehnten ... stifteten die Agrigentiner nach Olympia die ... ehernen Knaben:** vgl. Pausanias 5,25.
421, 40 **cf. Heft Culturgeschichte F, 12:** B.s Vorlesungsmanuskript «Griechische Culturgeschichte», siehe JBW 21, S. 27–29.
422, 33 **Brennus seine Gallier ... lüstern machte:** vgl. Iustinus 24,6 f. zum Prauser-Fürsten Brennus vor Delphi (287 v. Chr.).
422, 34 **Attalosgruppen:** Die beiden Attalidischen Weihgeschenke in Pergamon und Athen, Stiftungen der pergamenischen Herrscher anläßlich ihrer Galatersiege, waren ursprünglich aus Bronze; überliefert sind römische Marmorkopien.
423, 24 **Attalos I. für sein Anathem:** Das wahrscheinlich von Attalos I. um 200 v. Chr. gestiftete kleinere Weihgeschenk wird von Pausanias 1,25,2 beschrieben; über 20 Marmorfiguren und -fragmente wurden inzwischen als römische Kopien identifiziert.
423, 31 **Pergamos ... Gewaltigeres leisten:** Pergamonaltar, Berlin, Pergamonmuseum.

Pythagoras (Wahrheit und Dichtung)

425, 10 **die neuere Forschung... Wahrheit gewesen sein möchte:** Wie aus den Beiblättern hervorgeht, kannte B. die Aufsätze von Erwin Rohde, Die Quellen des Jamblichus in der Vita Pythagorae, in: Rheinisches Museum, 26, 1871, S. 554 ff., und 27, 1872, S. 23 ff. (vgl. dazu Nietzsches Brief an Rohde vom 21. 12. 1871), sowie von G. F. Unger, Zur Geschichte der Pythagoreier, in: Sitzungsberichte der philosophisch-philologischen und historischen Classe der königlich-bayerischen Akademie der Wissenschaften, Jg. 1883, München 1884, S. 140–192.

426, 2 **Heraklea:** Herakleia wurde erst 433 v. Chr., in Erneuerung von Siris, errichtet.

426, 8 **Sybaris soll 25 Tochterstädte... gegründet haben:** vgl. z. B. Strabon 6,1,13.

426, 12 **Rhede:** alte Form für Reede, vgl. Grimm, Deutsches Wörterbuch, Bd. 8, Leipzig 1893, col. 489.

426, 19 **in Lokroi nur 100:** Polybios 12,5,6 f.

426, 23 **Kroton war sogar sprichwörtlich gesund:** vgl. Strabon 6,1,12.

426, 38 **Strabo:** 6,1,11.

427, 6 **120,000 Mann wurden von 15,000 besiegt:** Justin 20,3.

427, 20 **χρυσοῦν θέρος:** Strabon 6,1,15; «goldene Ernteerstlinge».

427, 26 **Erzählung welche... Gründer Myskellos... verklärte:** Ovid, Metamorphosen 15,19–59; Strabon 6,1,12.

427, 31 **Herakles sollte einst hier... bewirthet worden sein:** Ovid, Metamorphosen 15,12–18.

427, 33 **von Nestor und seinen Pyliern gegründet:** vgl. Strabon 6,1,15.

427, 35 **daher die... Todtenfeier der Neleiden:** vgl. ebd.

427, 38 **Epeios, der Verfertiger des trojanischen Pferdes der Gründer von Metapont...:** Justin 20,2.

427, 40 **Metapont eine historische Gründung im VIII. Jh.:** vgl. Strabon 6,1,15.

428, 10 **Das Volk von Lokroi... begleitet von zwei mächtigen Reitern...:** vgl. z. B. Strabon 6,1,10.

428, 17 **den Tempel der Hera Lakinia...:** vgl. Livius 24,3,3–7; Strabon 6,1,11.

429, 7 **So Kallias der Jamide, der... zu den Krotoniaten überging:** vgl. Herodot 5,44.

429, 17 **Numa fängt... Picus und Faunus:** vgl. Plutarch, Numa 15,3.

429, 18 **Tullus Hostilius... Beschwörung des Jupiter:** vgl. Livius 1,31.

429, 30 **weil die Spartaner... «Psychagogen» kommen ließen...:** vgl. Plutarch, De sera numinis vindicta 17.

429, 36 **Der Vater eines früh verstorbenen Sohnes hielt denselben für das Opfer...:** vgl. Cicero, Tuskulanen 1,48,115.

430, 1 **nach der düstern homerischen Anschauung... das Schattenbild... des Verstorbenen:** Homer, Odyssee 11,25 ff.

430, 8 **Ein Gefährte des Odysseus, Polites,... gesteinigt...:** vgl. Pausanias 6,6,7–10.

430, 25 **Taumel der dionysischen Feste... 600 aCn.:** zu Alter und Ausbreitung des Dionysos-Kults vgl. Walter Burkert, Griechische Religion der archaischen und klassischen Epoche, Stuttgart 1977, S. 251 ff., 358 ff. und 432 ff.; zu Liber Pater (Bacchus) vgl. Erika Simon, Die Götter der Römer, München 1990, S. 126 ff.

Kommentar 755

430, 29 Diese Bacchanalien wurden... zu einem verbrecherischen Unwesen...: vgl. Livius 39,8 ff.
431, 4 sein Haar wallte... sein Gewand war schneeweiße Wolle: Diogenes Laertius 8,47.
431, 6 in Samos vier Jahre lang gelehrt: vgl. Iamblichos, De vita Pythagorae 5,20 f.
431, 7 die strengste Kritik kann nicht umhin,... Aufenthalt in Aegypten zuzugestehen: vgl. ebd. 4,19; Diogenes Laertius 8,3.
431, 13 Er zuerst sich so nannte: vgl. Diogenes Laertius 8,8, und Cicero, Tusculanen 5,8 ff., der sich auf Herakleides Pontikos bezieht.
431, 21 «mit Weib und Kind»: Iamblichos, De vita Pythagorae 6,30.
431, 22 Auditorium (ὁμακόειον): ebd; Porphyrios, Vita Pithagorae 20; ein spezifisch pythagoreischer Terminus, der den gemeinschaftlichen Hörsaal, resp. Versammlungsort der Schüler bezeichnet.
431, 41 die Delphine verwandelte Menschen seien: vgl. Lukian, Dialogi Marini 5,1.
432, 13 Die Menschen kämen zur Welt, sagte er...: vgl. Iamblichos, De vita Pythagorae 12,58, und Cicero, Tusculanen 5,10 ff.
432, 17 Das Geborenwerden sei dem Nichtgeborenwerden vorzuziehen...: vgl. Aristoteles, Eudem. Ethik 1216a, und Diogenes Laertius 2,10.
432, 27 Lucaner, Peuketier, Messapier und Römer: vgl. Diogenes Laertius 8,14; Porphyrios, Vita Pithagorae 22.
432, 28 erhielt Pythagoras eine Statue auf dem römischen Forum...: vgl. Plinius d. Ä. 34,12,26.
432, 34 Er selbst nannte wenigstens vier seiner frühern Menschwerdungen...: vgl. Diogenes Laertius 8,14.
432, 36 dem Myllias «rief er in Erinnerung»: Iamblichos, De vita Pythagorae 28,143.
432, 39 In dem Bellen eines Hundes... die Stimme eines verstorbenen Freundes: vgl. Diogenes Laertius 8,36.
432, 41 den Hades, kannte und schilderte er: vgl. ebd. 8,4; 8,14; 8,21; 8,41.
433, 7 mit der verwüstenden Bärin... mit dem Stier...: vgl. Iamblichos, De vita Pythagorae 13,60; Porphyrios, Vita Pithagorae 23.
433, 10 «heilige Stier des Pythagoras»: Iamblichos, De vita Pythagorae 13,61; Porphyrios, Vita Pithagorae 24.
433, 11 mit dem Adler der... sich streicheln ließ: Iamblichos, De vita Pythagorae 13,62; Porphyrios, Vita Pithagorae 25.
433, 12 einen ganzen Zug Fische... wieder in das Meer entließ: vgl. Iamblichos, De vita Pythagorae 8,36.
433, 18 gleichzeitiges Auftreten in Metapont und Tauromenion: ebd. 28,136; Porphyrios, Vita Pithagorae 29.
433, 19 Daß ihn endlich Manche für einen Gott hielten,... hing... an der Kraft seines Wirkens: Iamblichos, De vita Pythagorae 28,136; Porphyrios, Vita Pithagorae 11; Aelian, Varia historia 2,26.
433, 22 dagegen verwahren sich die... Kunden... gegen... Abstammung von Göttern: vgl. Iamblichos, De vita Pythagorae 2,7; Porphyrios, Vita Pithagorae 1–6.
433, 27 Hierüber hatte Pythagoras eine Lehre... in Aegypten geoffenbart: Herodot, 2,123.

434, 8   Bastian: Beiträge zur vergleichenden Psychologie, bes. S. 1–71.
434, 10 Gottheit ist Alles was unvergänglich ist...: vgl. Diogenes Laertius 8,26 ff.
434, 23 Aelian XII, 59: Varia historia.
434, 28 es ertönten Oden zur Lyra... Hymnus auf Götter und große Menschen: Diogenes Laertius 8,23.
434, 30 laut guten Zeugnissen... überzeugt vom Dasein... der Dämonen und Heroen: ebd. 8,32.
434, 35 Pythagoras blieb hier nur ein Protest des Abscheus: vgl. Iamblichos, De vita Pythagorae 32,218.
434, 36 im Hades die Seele des Hesiod... Homer aber an einem Baume hängend...: vgl. Diogenes Laertius 8,21.
434, 40 Aelian IV, 17: Varia historia; «Zusammentreffen der Verstorbenen», «Stimme der Besten».
435, 1   man möge nichts Besonderes für sich selber erbitten,...: Diogenes Laertius 8,9.
435, 5   Herodot: vgl. 2,81.
435, 26 die Krotoniatinnen erreichten... die Entfernung der... Buhlerinnen...: Iamblichos, De vita Pythagorae 27,132.
435, 34 was von Zamolxis als Sklaven des Pythagoras gemeldet wird: Laut Herodot 4,95 verkündete der ehemalige Sklave in seiner Heimat die Lehre von der Seelenwanderung. Zudem soll er sich jeweils für drei Jahre ohne Nahrung in eine unterirdische Kammer zurückgezogen haben, von wo er dann wieder lebendig an der Erdoberfläche erschien, wenn sich bereits das Gerücht verbreitete, er sei gestorben.
436, 3   er verlangte völligen Verzicht auf allen Agon...: vgl. Porphyrios, Vita Pithagorae 32.
436, 5   auch den Reichthum müsse man verachten können: vgl. Diogenes Laertius 8,23; Porphyrios, Vita Pithagorae 33.
436, 9   große Zahl der Anhänger verzichteten auf ihre Habe...: vgl. Iamblichos, De vita Pythagorae 16,72, und 39,167 f.; Diogenes Laertius 8,10.
436, 12 Apostelgeschichte: 4,32: «Die Menge der Gläubiggewordenen aber war *ein* Herz und *eine* Seele; und auch nicht *einer* sagte, daß etwas von seinem Besitz sein eigen sei, sondern alles war ihnen gemeinsam.»
436, 13 im XI. Jahrhundert... auf... Boden der Schweiz... Chronik des Bernold von Constanz...: Chronicon, p. 439.
436, 35 Belästigungen, πόνοι: Iamblichos, De vita Pythagorae 18,85.
436, 36 Pythagoras sammt... Anhang Vegetarianer war: Trotz der Aufforderung, sich «beseelter Wesen» zu enthalten (Iamblichos, Protreptikos 21, Nr. 40), galt für die Pythagoreer kein absoluter Vegetarismus; vielmehr gab es spezielle Verbote, bestimmte Teile von Opfertieren zu essen; vgl. Christoph Riedweg, Pythagoras, München 2002, S. 93 ff.
436, 39 das höhere organische Leben eine große Gesammtheit bilde: Iamblichos, De vita Pythagorae 24,107; vgl. auch Porphyrios, Vita Pithagorae 44.
436, 40 verzichtete man... gänzlich auf den Wein: Iamblichos, De vita Pythagorae 24,107.
436, 41 Siehe jedoch die neuern Nachträge: unklar, worauf B. sich hier bezieht.
437, 8   Ich fürchte mich nicht vor Leuten...: Herodot 1,153.
437, 26 Sage von einer fünfjährigen Prüfungszeit...: vgl. Diogenes Laertius 8,10.

Kommentar 757

437, 33 Über die Lehrweise haben wir sehr eigenthümliche Aussagen: vgl. Iamblichos, De vita Pythagorae 18 und 23.
437, 38 Er selbst etwas gesagt hatte, αὐτὸς ἔφα: ebd. 18,82.
438, 2 Bei der Luft die ich athme!...: vgl. Diogenes Laertius 8,6, wo es heißt, diese Worte hätten die Schrift «Über die Natur» eingeleitet.
438, 8 des ... Stillschweigens (ἐχεμυθία) das ihnen soll auferlegt gewesen sein: vgl. Iamblichos, De vita Pythagorae 16,68.
438, 10 seit Thersites Zeiten: vgl. Homer, Ilias 2,212–277.
438, 14 worin habe ich gefehlt?...: Diogenes Laertius 8,22; Porphyrios, Vita Pithagorae 40.
438, 16 von allen Seiten berichtet: vgl. z.B. Iamblichos, De vita Pythagorae 32,226 und 34,246.
438, 19 «nächtliche Vortrag» ⌊νυκτερινὴ ἀκρόασις⌋: vgl. Diogenes Laertius 8,15.
438, 20 600 Zuhörer herbeizuziehen pflegte: Iamblichos, De vita Pythagorae 6,29.
438, 30 Unterscheidungen von Solchen welche den Meister nur gehört, und ... den ... Esoterikern: vgl. ebd. 17,72.
438, 35 Die famosen symbolischen Vorschriften: vgl. ebd. 23; Diogenes Laertius 8,17f.
439, 3 das Verhältniß der heiligen Vierzahl ... zur vollkommenen Zehnzahl: Iamblichos, De vita Pythagorae 51 f., wo die Drei- und nicht die Vierzahl als vollkommen gilt.
439, 8 der Kreis war ihm die schönste Fläche ... Erde diese Gestalt zusprach: vgl. Diogenes Laertius 8,35.
439, 11 lehrte er auch noch daß Zahlen ... Beschwerung dargethan: Iamblichos, De vita Pythagorae 26,117–121.
439, 18 Klang der Schmiedehämmer ... Abend- und Morgenchoräle: vgl. ebd. 25,114– 26,116.
439, 32 «Wache oder Burg des Zeus, Hestia etc.»: vgl. Aristoteles, De caelo 2,13 (293a–293b).
439, 38 der herrschenden aristotelischen: vgl. ebd. 2,14 (296a–297a).
439, 40 Harmonie (der Sphären): vgl. Iamblichos, De vita Pythagorae 15,65; Porphyrios, Vita Pithagorae 30.
440, 13 der ψυχή, des Nichtmateriellen, ... und φρένες: vgl. Diogenes Laertius 8,30.
440, 23 Mantik ... κληδόνας ... Brandopfer ausgenommen dasjenige mit Weihrauch: vgl. Iamblichos, De vita Pythagorae 28,149 f.
440, 35 Beispiele der äußersten Hingebung ... von späten Pythagoreern erzählt: vgl. Iamblichos, De vita Pythagorae 33,237–239.
440, 40 Aelian IV, 17: Varia historia.
441, 10 so jener Kylon welcher ... das Haupt einer feindlichen Partei wurde: vgl. ebd. 35,248; Porphyrios, Vita Pithagorae 54.
441, 14 förmliche Grabdenkmäler gesetzt habe wie Verstorbenen: vgl. Iamblichos, De vita Pythagorae 17,73.
441, 15 eine durchdringende Beurtheilung ... ihres Characters zugeschrieben: vgl. Porphyrios, Vita Pithagorae 13 und 54.
441, 24 von den Tausend, welche die Stadtregierung ausmachten, nur Dreihundert geblieben: vgl. Iamblichos, De vita Pythagorae 35,254.
442, 1 Milon von Kroton ... ein eifriger Freund des Pythagoras: vgl. Diogenes Laertius 8,39; Porphyrios, Vita Pithagorae 55.

442, 7   hielt er ... nicht viel von den Göttern der Unterwelt ...: vgl. Iamblichos, De vita Pythagorae 27,122; laut Pythagoras hütete Hermes die Seelen, vgl. Diogenes Laertius 8,31.
442, 30 Pythagoras habe ... Kroton und die Nachbarstädte regieren *wollen*: vgl. z. B. Diogenes Laertius, 8,3.
443, 3   dem Gesetz ... zu Hülfe kommen, die Gesetzlosigkeit bekämpfen: Iamblichos, De vita Pythagorae 30,171.
443, 10 unter den Gesandten ... ein Mann ... der einen seiner eigenen Freunde ermordet: vgl. Diodor 12,9.
443, 25 ging gar der Seher der Sybariten, Kallias der Jamide, zu den Krotoniaten über: vgl. Herodot 5,44.
443, 33 die Herrschaft des Bundes ... sei eine Verschwörung ... gegen die Masse: Iamblichos, De vita Pythagorae 35,260.
443, 35 der Pythagoreer Milon ... in der Tracht des Herakles: Diodor 12,9,6.
443, 40 die Einwohner wurden zernichtet ... Sybaris zerstört: vgl. Diodor 10,23; 11,90. Die Zerstörung von Sybaris wird zwischen 511 und 509 v. Chr. angesetzt.
444, 6   die Milesier ... trugen Trauer, weil ... ein guter Handelskunde ... untergegangen war: Herodot 6,21.
444, 9   Kylon den ... Widerstand gegen den pythagoreischen Verein beginnen konnte: vgl. Porphyrios, Vita Pithagorae 54 f.; Iamblichos, De vita Pythagorae 35,248 f.
444, 10 die Vertheilung der großen Feldmark ... zu verhindern suche: Iamblichos, De vita Pythagorae 35,255.
444, 13 Da verließ Pythagoras ... Kroton ... und siedelte nach Metapont über: vgl. Porphyrios, Vita Pithagorae 56; Iamblichos, De vita Pythagorae 35,249; Diogenes Laertius 8,40.
444, 17 die Leitung der Schule ... kam an Aristaios, welcher ... die Wittwe des Meisters ... soll geheirathet haben: vgl. Iamblichos, De vita Pythagorae 36,265.
444, 24 Pythagoreerverzeichniß: vgl. ebd. 36,267.
444, 27 Er starb 497 oder nicht viel später: Das Todesdatum des Pythagoras schwankt bei antiken und modernen Autoren zwischen 500 und 480 v. Chr.
444, 29 «mit Blicken voll Ehrfurcht schaute Metapont seinen flammenden Scheiterhaufen»: Facta et dicta memorabilia 8,7, Ext. 2.
444, 41 mit dem Weisen von Samos in ... unläugbarer Verbindung der große Epaminondas: vgl. Iamblichos, De vita Pythagorae 35,250.

Über erzählende Malerei

446, 34 Münchner Nationalmuseums: heute Staatliches Museum für Völkerkunde. Der Bau wurde 1859–1865 von Eduard von Riedel erstellt, der Bilderzyklus von 59 Künstlern geschaffen, u. a. von Anton Bauer, Philipp Sporrer und Theodor Pixis. Von den ursprünglich 143 Wandgemälden sind nur noch 38 erhalten.
447, 1   im Berliner neuen Museum: Das Neue Museum wurde 1843–1850 von Friedrich August Stüler erbaut. Die Fresken von Wilhelm von Kaulbach, ausgeführt in den Jahren 1845–1865, sind 1945 zerstört worden.

Kommentar 759

447, 9   **De Keyzer ... Vestibule du Musée d'Anvers:** Nicaise De Keyser dekorierte das Koninklijk Museum voor Schone Kunsten in den Jahren 1862 bis 1872.

447, 30   **Guizot:** Histoire de la Révolution d'Angleterre.

448, 39   **Caprarola:** Die von Vignola in der Nähe von Viterbo erbaute Villa verherrlicht in den Fresken die politischen, ökonomischen und geistigen Erfolge der Familie Farnese. Das komplexe ikonographische Programm wurde mit Hilfe von Onofrio Panvinio und Paolo Manuzio entworfen und von Taddeo und Federico Zuccaro ausgeführt.

449, 29   **Musée historique von Versailles:** Zwischen 1833 und 1837 wurden der Nord- und Südflügel des Schlosses durch den Architekten Fréderic Nepveu zu einem Museum umgebaut. Die bei diesem Anlaß in Auftrag gegebenen und heute dort aufbewahrten Bilder stellen die wichtigste Sammlung der französischen Historienmalerei des 19. Jh. dar.

449, 33   **Eugène Delacroix:** La Bataille de Taillebourg.

450, 3   **Lionardo's Abendmal:** Mailand, Santa Maria delle Grazie.

450, 40   **Gallait in seiner Abdication de Charles V:** Tournai, Musée Municipal des Beaux-Arts.

451, 5   **Fresken der Camera della segnatura:** Rom, Vatikan.

451, 41   **Die Säle des Cornelius in der Glyptothek:** München; die Fresken, welche größtenteils von Schülern ausgeführt worden waren, sind nicht mehr erhalten.

452, 31   **Dürer in seinen drei Passionscyclen in Holzschnitt und Kupferstich:** Dürers Große Holzschnitt-Passion erschien 1511, obwohl 7 der 12 Blätter bereits 1498 entstanden waren; die ebenfalls 1511 veröffentlichte Kleine Holzschnitt-Passion umfaßt 37 – im Format kleinere – Blätter, während die 1513 veröffentlichte Kupferstich-Passion, wenn Frontispiz und Abschlußblatt hinzugerechnet werden, 16 Drucke umfaßt.

452, 39   **Catalogue du Louvre, p. 263:** Villot, Notice des tableaux, partie 3 (École française).

453, 4   **«Jeder nach seiner Begabung...:** B. übersetzt hier einen Abschnitt des Briefes von Rubens an W. Trumbull (13. 9. 1621), in: *Correspondance de Rubens, t. 2, p. 286 f.*

453, 8   **Dresden:** bis 1930 im Galeriekatalog als Kopie nach Rubens aufgeführt, nachher nicht mehr nachzuweisen.

453, 16   **Ende 1620:** Ein erster Hinweis auf das Projekt findet sich im Brief vom 23. 12. 1621 von Nicolas Peiresc an Rubens, in: *Correspondance de Rubens, t. 2, p. 319.*

453, 21   **21 große ... figurenreiche Bilder:** Insgesamt umfaßt der Zyklus 24 Bilder, wovon jedoch drei Gemälde Porträts sind.

453, 33   **im Luxembourg:** Palais de Luxembourg; heute Paris, Louvre.

454, 4   **Fulgurationen:** von lat. ‹fulguratio›: Blitzen, Wetterleuchten.

456, 5   **die Entführer Kalais und Zetes:** Nach Theokrit 22,135 ff. haben nicht die Boreaden Kalais und Zetes, sondern die Dioskuren Kastor und Polydeukes die Töchter des Leukippos entführt.

456, 17   **Wunder des S. Franz Xaver (Belvedere):** Wien, Kunsthistorisches Museum.

457, 8   **Galerie Lichtenstein (Wien):** Vaduz, Fürstliche Sammlungen.

457, 14   **Decius Untergang im Reiterkampf:** Mitarbeit von Van Dyck.

457, 42   drohenden Kampf der Sabiner und Römer (Pinacothek): Werkstattarbeit: Aussöhnung der Sabiner mit den Römern, München, Alte Pinakothek.
458, 5   die große heilige Familie des Belvedere: Wien, Kunsthistorisches Museum.
458, 12   Himmelfahrt der Maria im Belvedere: ebendort.
458, 17   Im heiligen Ambrosius... Kirche abweist (ebenda): Laut der Legenda Aurea verweigerte der heilige Ambrosius, Bischof von Mailand, Theodosius I. den Eintritt in den Dom wegen der unmenschlichen Strafe, die der Kaiser den Thessalonichen auferlegt hatte; Wien, Kunsthistorisches Museum.
459, 5   Auferweckung des Lazarus: Kriegsverlust.

Die Anfänge der neuern Porträtmalerei

460, 22   Die einzige Statue des Sophokles im Museum des Laterans: Die posthume Ehrenstatue des Sophokles im neuerrichteten Dionysos-Theater in Athen, die als römische Marmorkopie in der Lateranstatue erhalten ist, zeigt den Dichter als idealen Bürger ohne eigentliche Porträtzüge.
460, 32   Theophrast: Characteres 2,12.
461, 40   die neuern Mumienfunde mit Porträttafeln, durch Graf: Die Holztafeln mit den gemalten Köpfen oder Büsten waren in der Höhe des Gesichts in die Hülle der Mumie integriert worden. Ihre Entdeckung erfolgte, als der Wiener Kaufmann Theodor Graf in den achtziger Jahren des 19. Jh. Mumien erwarb, die in ihrer Hülle solche Porträts enthielten. Vgl. den Katalog: Theodor Graf, Die griechisch-ägyptischen Mumienbildnisse der Sammlung Th. Graf, Wien 1922.
462, 3   Erzplatte im Dom von Merseburg... Rudolf von Rheinfelden: Es handelt sich hier um das älteste Bildnisgrabmal Deutschlands.
463, 5   dieser heilige Emmeramnus... um 1300 geworden: Die Emmeramstumba in der dem Heiligen geweihten Kirche ist um 1350/60 entstanden.
463, 7   die Grabstatue des letzten, 1218 verstorbenen Zähringers: Die ursprüngliche Liegefigur, von der man vermutet, sie hätte das Grab von Bertold V. geschmückt, wurde Mitte des 14. Jh. geschaffen und 1667 aufrecht stehend in das dritte Joch der Wandarkatur des südlichen Seitenschiffes eingefügt.
463, 12   das Grab der Königin Anna und ihres Söhnchens erst nach dem Erdbeben: Man nimmt heute allgemein an, das Grabmal sei das Werk der Bauhütte, die auch die Statuen der Vorhalle geschaffen hatte (um 1300). Das Erdbeben fand am 18. Oktober 1356 statt.
463, 16   eine Anzahl von Grabplatten in Tournay: Cathédrale de Notre-Dame.
463, 20   Portal der Carthause den Herzog Philipp... Gemahlin Margaretha Flandrica: Kartause von Champmol; die Skulpturen stammen von Claus Sluter.
463, 23   im Musée findet sich dann die Grabstatue... Niederländers Claus Sluter: Das Grabmal wurde von Jean de Marville entworfen und von ihm und seiner Werkstatt begonnen. Der Trauerzug und die liegende Gestalt des Herzogs stammen von Claus Sluter. Vollendet wurde das Monument von Claus de Werve. Das Grabmal wurde während der Revolution zu großen

Kommentar 761

Teilen zerstört, die Kopie der Statue (die Hände sind original) stammt von Joseph Moreau.

463, 38 **Fenstern von Königsfelden:** Wie das Kloster waren auch die Glasfenster der Klosterkirche eine Stiftung des Hauses Habsburg. Das Bildprogramm stellt die Söhne und Enkel des ermordeten Albrecht I. von Habsburg dar, welche halfen, die Fenster zu verwirklichen (entstanden 1325–1330).

464, 40 **Genter Altarwerkes ... zu Gent theils in Berlin und Brüssel:** Das Polyptychon von Hubert und Jan van Eyck war zur Zeit B.s in seine Einzelteile zerlegt: In Gent waren die Mittelbilder; die Innen- und Außenseiten der Flügel, mit Ausnahme der in Brüssel aufgehobenen Adam- und Evatafeln, waren in Berlin verwahrt. Heute befindet sich der zusammengesetzte Altar wieder an seinem ursprünglichen Standort in Gent, St. Bavo.

465, 2 **die Maria des Hubert van Eyck:** Die Zuweisung der einzelnen Tafeln ist umstritten.

465, 8 **Reitergruppe der gerechten Richter:** Das Gemälde «Die gerechten Richter» wurde 1934 gestohlen und danach durch eine Kopie ersetzt.

466, 9 **spätestens seit 1426 den Johann van Eyck in seinem persönlichen Dienst hatte:** Jan arbeitete ab 1425 im Dienste des burgundischen Hofes.

466, 23 **im Louvre die Madonna mit dem burgundischen Kanzler Rollin:** Jan van Eyck.

466, 29 **Isabella von Portugal:** Jan van Eyck hatte 1428/29 als Mitglied der burgundischen Gesandtschaft, die bei dem portugiesischen König um die Hand seiner Tochter anhalten sollte, ihr Bildnis gemalt und es Herzog Philipp geschickt. Von diesem Porträt existiert heute nur noch eine Nachzeichnung in Privatbesitz.

466, 38 **Cardinal Santacroce (Belvedere):** Gemeint ist hier das Porträt von Niccolò Albergati, Kardinal der Kirche vom Heiligen Kreuz in Jerusalem; Wien, Kunsthistorisches Museum.

466, 41 **Mann mit der Schriftrolle (National Galery) ... Timotheos:** Die Identität des Dargestellten bleibt umstritten; diskutiert werden ein Musiker und ein Bildhauer am burgundischen Hof.

467, 3 **einen noch jungen belgischen Geistlichen Jan van der Leuw:** Jan de Leeuw war Goldschmied; Wien, Kunsthistorisches Museum.

467, 10 **Berliner Museum ... «der Mann mit den Nelken»:** Nachfolger von Jan van Eyck; die Entstehung ist nicht vor 1484 anzusetzen.

467, 39 **Jeanne de Chenany ... niederländische Bildung:** Giovanna Cenami stammt aus Lucca, Italien.

468, 18 **die Gunst A. Dürer's:** Der sogenannte «Brüsseler Pinscher» taucht in Dürers Werk um 1495 auf und findet sich u. a. auf dem Holzschnitt «Ritter und Landsknecht» und auf dem Aquarell «Maria mit den vielen Tieren» in Wien; vgl. Colin Eisler, Dürers Arche Noah, München 1996, S. 186 ff.

468, 39 **Rogier van der Weyden, Hugo van der Goes, Dirk Bouts:** Von allen drei Malern sind heute Einzelbildnisse bekannt.

468, 40 **Paolo Uccello ... dessen Schlachtbilder nicht doch erst nach 1434:** Laut den neuesten Forschungsergebnissen (Franco e Stefano Borsi, Paolo Uccello, Milano 1992) entstanden die drei Episoden (Florenz, Uffizien; London, National Gallery; Paris, Louvre) aus der Schlacht bei San Romano (1432) in den Jahren 1435–1440.

469, 4   Die wenigen sichern Sonderbildnisse bei Memling... betend mit gefalteten Händen: Unter den zahlreichen Porträts von Memling finden sich auch mehrere, auf denen die abgebildete Person nicht betend dargestellt ist.

469, 29 in der Münchner Anbetung der Könige... der jüngste König: Der jüngste König auf dem Mittelbild des «Dreikönigsaltars» gilt als idealisiertes Bildnis von Karl dem Kühnen.

469, 32 Die eherne Statue... Grabstatue in Notre Dame zu Brügge: Die Statue in Innsbruck wurde 1526 gegossen; das Grabmal in Brügge ließ Philipp II. durch den Bildhauer Jacques Jonghelinck 1558–1560 errichten.

469, 35 vier Copien: Aufgrund der Angaben ist es unmöglich, die Bilder zu identifizieren, an die der Autor dachte. Eines der wenigen Bildnisse Karls des Kühnen befindet sich auch heute noch in Berlin (Staatliche Museen, Gemäldegalerie) und wird der Werkstatt Rogier van der Weydens zugeschrieben.

469, 38 Exemplar von Dijon... Karl der Kühne dargestellt: Vermutlich bezieht sich B. auf das im Galeriekatalog von 1869 unter «Inconnus des diverses écoles» aufgeführte Bildnis; heute nicht mehr nachweisbar.

470, 38 das ganze notable Pisa... in den Fresken des Benozzo Gozzoli: Das Fresko «Der Turmbau zu Babel» im Camposanto ist 1944 zu großen Teilen zerstört worden. Die Sinopien befinden sich heute im Museo delle sinopie, Pisa.

470, 39 das berühmte und vornehme Florenz... des Domenico Ghirlandajo: z. B. die Fresken in der Sassetti-Kapelle, Santa Trinita, Florenz, in denen mehrere florentinische Persönlichkeiten abgebildet sind.

471, 1   Dazu Venedig.: B. denkt hier an die Zeremonienbilder und Legendenbilder in den Scuole, s. weiter unten.

471, 18 Braccio {da Montone}: vielleicht Südtirol, Bildnis des Franciscus Braccius, um 1490 (heute im Depot).

471, 21 Sigismondo Malatesta... wenigstens ein Frescobildniß: Piero della Francesca, Tempio Malatestiano.

471, 26 die berühmte Geliebte Sigismondo's, Isotta:. Florentiner Schule: Porträt einer Dame in Rot; 1857 erworben als Werk von Piero della Francesca, «Isotta da Rimini».

471, 27 eine Gräfin Palma von Urbino: Alesso Baldovinetti: Porträt einer Dame in Gelb, London, National Gallery; die Identifikation ist heute strittig; das Bild wurde 1866 als Werk von Piero della Francesca erworben.

471, 31 jugendlicher Profilkopf der Galleria Poldi in Mailand: Bildnis einer Frau, die Zuschreibung ist umstritten.

471, 37 ein Greisenporträt von der Hand Masaccio's: wird Filippino Lippi zugeschrieben.

471, 38 sein jugendliches Selbstporträt: Filippino Lippi: Selbstporträt (?).

471, 41 D'Agincourt: Histoire de l'art, t. 2, p. 122 f. und t. 6, planche 144n.

472, 4   Paolo Uccello die fünf... lebensgroßen Brustbilder: Das Gemälde wird heute aus dem Werkkatalog Uccellos ausgeschlossen; im Museumskatalog (1981) wird es unter «Florentiner Schule, erste Hälfte XVI. Jh.» aufgeführt.

472, 6   Giovanni Mannetti... Mathematik und Perspectivik: Der Mathematiker und Astrologe hieß Antonio Manetti.

472, 17 **Melozzo von Forlì ... in ganzer Figur:** Von den Allegorien mit den davor knienden Männern sind heute nur noch zwei vorhanden, «Rhetorik» (?) und «Musik», beide in London, National Gallery; «Astronomie» und «Dialektik», ehemals in Berlin, Kaiser-Friedrich-Museum, wurden 1945 zerstört. Die Werke werden heute Joos van Wassenhove (Justus von Gent) zugeschrieben.

472, 38 **Sixtus IV. und die Seinigen, von Melozzo:** Rom, Vatikanische Museen.

473, 20 **das echte Selbstporträt des Giovanni Bellini in den Uffizien:** Die Identität der dargestellten Personen ist unbekannt; eine Eigenhändigkeit wird heute mehrheitlich ausgeschlossen.

473, 23 **das berühmte Doppelporträt im Louvre:** Porträt zweier junger Männer, heute Giovanni Cariani zugeschrieben.

Die Malerei und das neue Testament

475, 27 **das byzantinische Malerbuch:** «Das Handbuch der Malerei vom Berge Athos» wurde von Dionysios von Furna, vermutlich zwischen 1730 und 1734, verfaßt.

477, 11 **des vaticanischen Hermes:** Vatikan, Il Museo Pio Clementino, Gabinetto dell'Hermes.

477, 39 **bei Domenichino:** Von Domenichino sind heute vier Darstellungen von Johannes bekannt. Der Beschreibung B.s scheinen die Gemälde in Greenville (South Carolina), Bob Jones University, und in Glyndebourne, The Christie Estate Trust, zu entsprechen.

477, 39 **bei Fiesole am Gewölbe der Capelle Nicolaus V.:** Angelico und Werkstatt, Rom, Vatikan.

478, 10 **Das große Fresco des B. Luini in Lugano:** Die «Passion» befindet sich in der ehemaligen Franziskanerkirche S. Maria degli Angeli.

478, 17 **Rafael ... Madonna del passeggio:** wird Gianfrancesco Penni zugeschrieben; Edinburgh, National Gallery.

478, 19 **Madonna di Foligno:** Rom, Vatikanische Museen.

478, 39 **Die Heimsuchung der Maria:** Lukas 1,39–56.

479, 7 **Palma vecchio:** Wien, Kunsthistorisches Museum; die Eigenhändigkeit ist nicht unbestritten.

479, 7 **Rafael:** wird allgemein Gianfrancesco Penni zugeschrieben; Madrid, Prado.

479, 7 **Paolo Veronese:** Birmingham, Barber Institute of Fine Arts.

479, 8 **Rubens:** Bilder zu diesem Thema befinden sich in Straßburg, Musée des Beaux-Arts; London, Courtauld Institute of Art; Antwerpen, Kathedrale, und Prag, Národni Galerie.

479, 8 **Mariotto Albertinelli:** Florenz, Uffizien; vielleicht nach einem Entwurf von Fra Bartolomeo.

479, 13 **einer mittelalterlichen Sage:** Legenda aurea, cap. 127.

479, 13 **einem Wunderwerk des jugendlichen Rafael:** Lo sposalizio della Vergine, Mailand, Brera.

479, 15 **die Geburt:** Lukas 2,6 f.

479, 18 **die Anbetung der Hirten:** Lukas 2,8–20.

479, 26 **Baldung:** Hochaltar, Freiburg im Breisgau.

479, 26 **Holbein:** Gemeint ist ein Teil des Altarretabels (ursprünglich ein Flügel des sog. Oberried-Altars) von Hans Holbein d. J., unter Mitarbeit von Hans Holbein d. Ä., Freiburg im Breisgau, Münster, Universitätskapelle.
479, 27 **erst einige Jahre später schuf Coreggio seine heilige Nacht:** Dresden, Gemäldegalerie. Die Entstehung des Werkes wird auf die Jahre 1522–1530 datiert, die Tafeln Holbeins sind um 1521 entstanden.
479, 31 **Anbetung der Könige:** Matthäus 2,1–12.
479, 35 **et obtulerunt ei munera:** «und sie brachten Gaben dar», Matthäus 2,11.
479, 39 **Palazzo Ricardi:** Palazzo Medici-Riccardi, Florenz.
480, 1 **Altarwerk des Gentile da Fabriano:** Pala Strozzi, Florenz, Uffizien.
480, 9 **einen der Teppiche der sog. zweiten Reihe:** Der Karton wird Bernard van Orley zugeschrieben, dessen Ausführung stammt von Pieter van Aelst; Rom, Vatikanische Museen.
480, 20 **Paolo Veronese mindestens fünf große Darstellungen:** Als überwiegend eigenhändige Werke gelten heute jene in London, National Gallery; Vicenza, S. Corona; Venedig, SS. Giovanni e Paolo; Dresden, Gemäldegalerie.
480, 21 **Rubens:** Der Werkkatalog umfaßt heute folgende Gemälde (von Entwürfen abgesehen): Cambridge, King's College; Madrid, Prado; Paris, Louvre; Antwerpen, Koninklijk Museum; Brüssel, Musées Royaux des Beaux-Arts; Lyon, Musées des Beaux-Arts; Malines, Johanneskirche.
480, 25 **Kölner Dombild des Meister Stephan:** Das Triptychon, dessen Mitteltafel die Anbetung zeigt, stammt von Stefan Lochner.
480, 27 **Die Darstellung im Tempel:** Lukas 2,22–38.
481, 1 **Der Kindermord von Bethlehem:** Matthäus 2,16–18.
481, 3 **Rafael:** Zu diesem Thema gibt es einen Stich von M.A. Raimondi nach einer Zeichnung von Raffael; vgl. The Illustrated Bartsch, vol. 26, ed. by Konrad Oberhuber, New York 1978, p. 29.
481, 3 **Guido:** Guido Reni, Bologna, Pinacoteca Nazionale.
481, 4 **Rubens:** B. bezieht sich auf das Gemälde in München, Alte Pinakothek.
481, 6 **Die Flucht nach Aegypten:** Matthäus 2,13–15.
481, 8 **Baldung:** Außenseite eines Flügels des Hochaltars, Freiburg im Breisgau, Münster.
481, 15 **Galleria Doria:** Rom, Galleria Doria-Pamphilj.
481, 17 **Christus ... unter den Schriftgelehrten:** Lukas 2,41–52.
481, 20 **Jordaens:** Mainz, Mittelrheinisches Landesmuseum.
481, 20 **Rembrandt:** Heute weist der Werkkatalog kein Bild dieses Themas mehr auf.
481, 25 **von Lionardo entworfene ... Bild der Nationalgalerie:** Das Gemälde wird heute ganz Bernardino Luini zugeschrieben. Es ist nicht auszuschließen, daß der Komposition ein Karton Leonardos zugrunde liegt.
481, 37 **Scene der Ehebrecherin:** Johannes 8,3–11.
481, 37 **der Zinsgroschen:** Matthäus 22,15–22; Markus 12,14–17; Lukas 20,20–26.
482, 2 **Tizian ... Zinsgroschen:** Dresden, Gemäldegalerie.
482, 4 **Bilde Lionardo's:** B. bezieht sich auf das oben erwähnte Bild von Luini.
482, 8 **Rafael:** Heute wird Raffael keine Darstellung von Johannes dem Täufer mehr zugeschrieben. Sowohl das Gemälde in der Galleria dell'Accademia, Florenz, wie jenes im Louvre, Paris, gelten als Werkstattbilder.

482, 8   Tizian: Venedig, Gallerie dell'Accademia.
482, 9   Domenico Ghirlandajo: Ghirlandaio und Mitarbeiter, Florenz, S. Maria Novella.
482, 10 A. del Sarto: Florenz, Chiostro dello Scalzo.
482, 14 Taufe Christi: Matthäus 3,13–17; Markus 1,9–11; Lukas 3,21 f.; Johannes 1,29–34.
482, 14 das letzte Schicksal des Täufers: Matthäus 14,1–12; Markus 6,17–29.
482, 15 Cesare da Sesto: Mailand, Sammlung Gallarati Scotti; der Hintergrund wird Cesare Bernazzano zugeschrieben.
482, 17 Verrocchio: unter der Mitarbeit von Leonardo da Vinci; Florenz, Uffizien.
482, 32 Versuchung: Matthäus 4,1–11; Markus 1,12 f.; Lukas 4,1–13.
482, 36 eine Versuchung von Sandro Botticelli: und Mitarbeiter.
482, 39 Berufungen der Apostel: Matthäus 9,9–13; Markus 2,13–17; Lukas 5,4–11, 5,27–32.
482, 40 Domenico Ghirlandajo...Perugino: Beide Künstler sind von Mitarbeitern unterstützt worden.
483, 4   Verleihung des Amtes der Schlüssel: Matthäus 16,13–19.
483, 11 Bergpredigt: Matthäus 5–7; Lukas 6,20–49.
483, 21 Christus mit Nicodemus: Johannes 3,1–21.
483, 21 Christus mit Martha und Maria: Lukas 10,38–42.
483, 23 Christus mit der Samariterin am Brunnen: Johannes 4,5–42.
483, 27 Blinden als Blindenleitern: Matthäus 15,14; Lukas 6,39.
483, 27 Splitter in dem Auge des Einen...: Matthäus 7,3–5; Lukas 6,41 f.
483, 31 das Weib welches...Groschen sucht: Dresden, Gemäldegalerie. Vgl. Lukas 15,8–10.
483, 31 Das byzantinische Malerbuch...vierzig Parabeln: Das Handbuch der Malerei vom Berg Athos, S. 213–239.
483, 33 die Geschichte vom verlornen Sohn: Lukas 15,11–32.
483, 34 die vom barmherzigen Samariter: Lukas 10,25–37.
483, 36 die Geschichte vom...armen Lazarus: Lukas 16,19–31.
483, 39 Galerie von Brüssel: Musée d'Art Ancien.
483, 39 die klugen und thörichten Jungfrauen: Matthäus 25,1–13.
484, 9   Die Vervielfachung der Brode und Fische: Matthäus 14,13–21 und 15,32–39; Markus 6,34–44 und 8,1–9; Lukas 9,10–17; Johannes 6,1–14.
484, 10 der wunderbare Fischzug: Lukas 5,4–11.
484, 12 im ersten Teppich der berühmten Reihe: Die sieben erhaltenen raffaelischen Kartons befinden sich in London, Victoria and Albert Museum, die zehn von Pieter van Aelst gewobenen Teppiche in Rom, Vatikanische Museen.
484, 17 Der Teich von Bethesda: Johannes 5,1–18.
484, 17 Stehe auf...: Johannes 5,8.
484, 22 Die Tochter des Jairus: Matthäus 9,18 f. und 9,23–26; Markus 5,22–24 und 5,35–43; Lukas 8,41 f. und 8,49–56.
484, 22 der Jüngling von Nain: Lukas 7,11–17.
484, 26 die Erweckung des Lazarus: Johannes 11,1–44.
484, 29 Giotto: das Fresko in Padua, Cappella degli Scrovegni.
484, 30 Rafaels Transfiguration: Rom, Vatikanische Museen.

484, 33 Rubens ... Erweckung des Lazarus: Kriegsverlust.
485, 12 Christus der die Kinder segnet: Matthäus 19,13–15; Markus 10,13–16; Lukas 18,15–17.
485, 23 Hochzeit von Cana: Johannes 2,1–11.
485, 26 Paolo Veronese: Paris, Louvre.
485, 27 Gastmäler beim Pharisäer oder bei Simon von Bethanien: Lukas 7,36–50; Matthäus 26,6–13; Markus 14,3–9; Mailand, Brera, und Versailles, Musée national du château; bei der berühmtesten Version in den Gallerie dell'Accademia, Venedig, änderte Veronese den ursprünglichen Titel «Abendmahl Christi und seiner Jünger im Hause des Simon» aufgrund seiner Auseinandersetzung mit der venezianischen Inquisition in «Gastmahl im Hause des Levi».
485, 37 der Brera: unter umfangreicher Mitarbeit von Alvise del Friso.
485, 41 Ἑρμηνεία p. 191: Das Handbuch der Malerei vom Berg Athos.
486, 6 die Verklärung auf Tabor: Matthäus 17,1–21; Markus 9,2–29; Lukas 9,28–37.
486, 15 Einzug in Jerusalem: Matthäus 21,1–11; Markus 11,1–10; Lukas 19,29–40; Johannes 12,12–14.
486, 18 Overbeck: nicht mehr erhalten (einst in Lübeck, Marienkirche).
486, 28 die Vertreibung der Händler aus dem Tempel: Matthäus 21,12 f.; Markus 11,15–17; Lukas 19,45 f.; Johannes 2,13–17.
486, 31 Jordaens: Paris, Louvre.
486, 31 Rembrandt ... berühmte Radirung: Bartsch, Rembrandt, 69.
486, 33 Passion: Matthäus 26,17 ff.; Markus 14,12 ff.; Lukas 22,14 ff.; Johannes 13,21 ff.
487, 6 Das Evangelium: Lukas, 24,13–33.
487, 8 Giovanni Bellini: nicht mehr erhalten.
487, 11 Tizian: mit Mitarbeitern, Venedig, Santa Maria della Salute.
487, 11 Rubens: Im Schloß von Schleißheim befindet sich ein Werkstattbild zu diesem Thema.
487, 23 Orcagna: Fragmente des Freskos von Jüngstem Gericht und Hölle, Florenz, Museo di S. Croce.
487, 23 Signorelli: Orvieto, Duomo.
487, 23 Rubens: mit Werkstattbeteiligung; München, Alte Pinakothek.
487, 23 Cornelius: Ludwigskirche, München.

Processionen in der alten Welt

489, 28 Dendrophorie: Prozession, bei der ein Baum, der wohl die Stelle des Gottes vertrat, herumgetragen wurde; vgl. Strabon 10,468.
490, 7 Die Herapriesterin von Argos ... Geschichte von Kleobis und Biton: vgl. Herodot, Historiae 1,31.
490, 39 aber was er einmal ... schildert, ist eine Junoprocession in ... Falerii: vgl. Ovid, Amores 3,13.
491, 5 weil einst ein solches Thier die Juno verrathen hatte: vgl. ebd., 3,13,18 ff.
491, 34 Im Jahre 536 v. Chr. überwältigte Polykrates die Stadt Samos ...: vgl. Polyainos, Strategika («Kriegslisten») 1,23,2.

Kommentar

491, 38 Dreißig Jahre vorher soll Phalaris sich zum Tyrannen von Agrigent gemacht haben: vgl. ebd., 5,1.
491, 42 der... Aufzug, womit dem Peisistratos seine Überwältigung von Athen gelang: vgl. Herodot 1,60.
492, 10 Viergespann sammt Wagen in's Meer zu versenken: wie der römische Lexikograph Festus berichtet; vgl. F. Sokolowski, Lois sacrées des cités grecques, Supplément, Paris 1962, S. 94.
492, 29 eine lange mythische Vorgeschichte... vor Theseus hinauf: vgl. Plutarch, Theseus 24,3; Pausanias 8,2,1.
494, 27 die Schilderung einer Isisprocession in Korinth... bis in's Einzelne geschildert: Apuleius, Metamorphosen 11,8–17.
495, 8 Mythus der Stadt von Bellerophon und dem Pegasus: vgl. Apollodoros, Bibliotheke 2,3.
496, 40 Serapiscult: Durch die Verbindung von Osiris-Kult und Hades-Mythologie wurde unter Ptolemaios I. in Alexandria eine neue Reichsgottheit namens Serapis oder Sarapis geschaffen, die zeusähnliche Züge trug und noch in der Spätantike Verehrung genoß.
497, 2 Athenäus... Alles übergangen habe woran nicht Gold oder Silber angebracht: vgl. Athenaios, Deipnosophistai («Das Gelehrtenmahl») 5,201e-f.
497, 13 Die Schilderung beginnt mit einem riesigen Prachtzelte... Königspalastes von Alexandrien...: vgl. ebd., 5,196–203b.
497, 25 der sikyonischen Schule: vgl. ebd., 196e-f. Die Stadt Sikyon war bekannt als Sitz einer Malerschule, an der z. B. Pamphilos und Apelles gewirkt haben; zur Malerschule von Sikyon vgl. auch Plinius d. Ä. 36,9.
498, 21 «*denn* die Procession begann bei dessen Aufgang»: Athenaios, Deipnosophistai 5,196d.
499, 38 Nysa, jener Fabelstadt... wo einst der Gott geboren worden: vgl. Diodor 3,64,6
500, 15 «sie wurden alle süß gemacht»: Athenaios, Deipnosophistai 5,200b.
500, 20 palatinisches Wandgemälde: B. denkt vermutlich an die Südwand des Tablinums in der Casa Livia auf dem Palatin (um 30 v. Chr.), wo auf dem Zwischengesims der Scherwände Klapptürbilder mit Figuren zu sehen sind.
501, 23 Von hier an, da die Züge anderer Götter beginnen: ebd., 5,202 ff.
502, 13 der Triumphzug in... Platten: Insgesamt umfaßt der Triumphzug 139 Holzschnitte, davon etwa die Hälfte von Burgkmair, was aneinandergereiht eine Länge von fast 55 m ergibt; unter der künstlerischen Leitung Dürers waren neben Burgkmair auch Leonhard Beck, Altdorfer, Wolf Huber und Hans Schäuffelein sowie als gelehrter Berater Willibald Pirckheimer beteiligt.

Matthias Grünewald

503, 3 *M. Grünewald,* als Aschaffenburger: Grünewald ist vermutlich in Würzburg geboren, hieß eigentlich Mathis Neithart und nannte sich später Gothart.
503, 13 Fulguration: von lat. ‹fulguratio›: Blitzen, Wetterleuchten.

503, 27 *Altar von Isenheim – Museum von Colmar:* Das Hochaltarretabel wurde 1515 vollendet und befindet sich heute im Unterlinden-Museum.
504, 6   **Antonius hier der 1516 verstorbene Stifter:** Eine Porträtstudie in Weimar belegt, daß Antonius die Züge des sizilianischen Präzeptors und Auftraggebers Guido Guersi trägt.
504, 9   **Thebais:** eigentlich das Wüstengebiet um das oberägyptische Theben, in dem sich seit dem 3. Jh. christliche Eremiten aufhielten.
504, 15 **Innensculpturen:** Die Schnitzfiguren der Heiligen wurden bereits um 1505 von Nikolaus Hagenauer aus Straßburg geschaffen, das Rahmenwerk später verändert.
504, 16 **Siehe meine Vorlesung:** Gemeint ist der Vortrag «Das Museum von Colmar», gehalten am 28. Dezember 1861; JBW 12.
504, 19 **später als der Altar von Isenheim:** Das Bild mit den beiden Heiligen wurde zwischen 1520 und 1525 gemalt.
504, 25 *Zeit des Cardinalerzbischofs Albrecht von Brandenburg:* Von 1516–1526 arbeitete Grünewald für Kardinal Albrecht, der auch Erzbischof von Mainz war.
504, 28 *mehrere Gemälde in München:* B. meint neben den «Heiligen St. Mauritius und S. Erasmus» die diesem Bild damals zugeordneten Flügel der Cranach-Schule. Die «Verspottung Christi» wurde erst 1909 als Frühwerk Grünewalds identifiziert.
504, 28 *ein Crucifixus... und eine Kreuztragung... im Casseler Museum:* Die Spätwerke (um 1525) bildeten ursprünglich Vorder- und Rückseite einer einzigen Tafel. 1882 von dem deutsch-amerikanischen Sammler Eduard Habich erworben, waren die auseinandergesägten Tafeln acht Jahre lang in Kassel zu sehen. Im Jahr 1900 gelangten sie in die Großherzogliche (heute Staatliche) Kunsthalle Karlsruhe.
504, 31 **Basler Museum:** Heute wird nur noch die um 1505 gemalte Kreuzigung Grünewald zugeschrieben. Sie gilt als älteste der überlieferten Kreuzigungsdarstellungen.
505, 9   *Bruder Hans:* Der von Sandrart erwähnte Hans Grünewald wurde später ohne Gründe zum Bruder des Künstlers erklärt; an der Eigenhändigkeit der Außenseiten und der Predella-Tafel bestehen keine Zweifel mehr.

Format und Bild

506, 20 **Rafael Morghen ... Guido's Aurora:** vgl. G. Previson, Catalogo delle incisioni del celebre Raffaello Morghen, Bassano 1877.
506, 24 **eine Lithographie (oder Stich) des Sposalizio:** vgl. die Stiche von Nicola Aureli und Giuseppe Longhi, die beide einen «geraden Abschluß» haben, in: Raphael invenit. Stampe da Raffaello nelle Collezioni dell'Istituto Nazionale. Catalogo di Grazia Bernini Pezzini [et al.], Roma 1985, p. 213 f. und 758.
507, 17 **pergamenischer Altarfries:** Berlin, Pergamonmuseum.
508, 6   **Lunette von Marburg:** Elisabethenkirche.
508, 21 **Rafaels Säle:** Rom, Vatikan.
508, 22 **Correggio:** Parma, Duomo und San Giovanni Evangelista.

Kommentar 769

508, 33 **Säle von Cornelius in der Glyptothek:** Die Fresken sind nicht mehr erhalten.
508, 39 **Straßburger Münster: Urtheil Salomo's:** B. meint das sechste südliche Obergadenfenster.
509, 28 **Der große vaticanische Tizian:** Madonna in Gloria mit Heiligen. Die heute auf Holz aufgezogene Leinwand ist früher beschnitten worden.
509, 29 **Engerth, Gemälde etc. p. XLVII:** Bd. 1, p. XLVIIs. u. Anm.
510, 6 **Belvedere:** Wien, Kunsthistorisches Museum.
510, 7 **Venezianerinnen des Palma vecchio:** Von den ursprünglich Palma zugeschriebenen Gemälden ist nur «Violante» beschnitten worden. Die Urheberschaft dieses Werkes ist heute umstritten: Es wird Tizian oder Palma zugeschrieben.
510, 15 **Selbstporträt, das der National Galery:** Die National Gallery besitzt zwei Selbstbildnisse. B. meint dasjenige, das oben abgerundet ist, von 1640.
510, 33 **Madonna del Granduca:** Florenz, Palazzo Pitti.
510, 33 **Madonna di Casa Colonna:** Zuschreibung umstritten.
510, 34 **Madonna del velo:** Madonna della Tenda. Das Bild in Turin ist eine Kopie.
510, 35 **Madonna di casa Tempi:** München, Alte Pinakothek.
510, 35 **Madonna des Lord Cowper:** Washington, National Gallery.
510, 36 **Vierge d'Orléans:** Chantilly, Musée Condé.
510, 36 **eine der beiden frühern Berliner Madonnen:** Madonna Solly.
510, 37 **das Kniestück Julius II.:** B. erachtete die Bildnisse in Florenz, Uffizien und Palazzo Pitti, als Originale. Während das erste heute als Kopie betrachtet und das zweite Tizian zugeschrieben wird, gilt das Gemälde in London, National Gallery, als Original. (Von diesem glaubte hingegen B., es sei eine Kopie.)
511, 1 **Johanna von Aragonien:** Paris, Louvre; die Eigenhändigkeit ist umstritten.
511, 1 **Geigenspieler Sciarra:** Paris, Sammlung Rothschild. Es gibt keinen Hinweis auf eine eventuelle Beschneidung des Bildes, das heute Sebastiano del Piombo zugeschrieben wird.
511, 35 **Tizian's Fides:** Tizian und Werkstatt, Venedig, Palazzo Ducale.
512, 18 **acht Scenen der Passion:** Basel, Öffentliche Kunstsammlung.
512, 23 **Die Tuschpassion:** ebendort.
512, 35 **Madonna di Foligno oder eine Transfiguration:** Raffael: Rom, Vatikanische Museen.
512, 39 **die Außenseiten von Flügeln ... von Innenflügeln:** Es wird heute allgemein angenommen, die Tafeln hätten ursprünglich ein Polyptychon gebildet.
513, 3 **πίναχες:** «Tafeln, Wandgemälde».
513, 5 **Tafeln des Sandro:** z. B. Sandro Botticellis «Verkündigung», Florenz, Uffizien.
513, 8 **Rafael: die Grablegung Borghese:** Rom, Galleria Borghese.
513, 10 **Dürers Allerheiligenbild (Belvedere):** Wien, Kunsthistorisches Museum.
513, 12 **Bild der Fruchtbarkeit:** Offerta a Venere, Madrid, Prado.
513, 12 **Diana und Callisto:** Edinburgh, National Gallery.
513, 13 **Diana und Actaeon (Bridgewater-Galery):** ebendort.
513, 17 **Raub der Leukippiden:** München, Alte Pinakothek.
513, 18 **Berghem's Schlachtbild:** Überfall auf eine Reisekutsche. Ein eigentliches Schlachtbild von Berchem scheinen die Königlichen Museen nie besessen zu haben.

513, 25 **Landschaften von Claude Lorrain:** Im Werkkatalog sind keine Hochovale aufgeführt.
514, 6 **Sybillen ... S. Maria della pace:** Rom.
514, 12 **seiner Teppiche:** Rom, Vatikanische Museen.
514, 24 **Homer:** Ilias 18, 478–608.
514, 25 **Hesiod:** Schild des Herakles 139–324.
514, 36 **Silberschatzes:** Der 1868 am Hildesheimer Galgenberg entdeckte Silberschatz befindet sich heute in Berlin, Antikenmuseum.
515, 2 **Rundbildchen ... Genien mit Attributen der Götter:** Neapel, Museo Archeologico Nazionale.
515, 13 **Fenstern von Königsfelden:** Windisch, Klosterkirche Königsfelden.
515, 38 **Madonna Connestabile (in Petersburg):** Washington, National Gallery.
516, 4 **Rundbildchen Glaube, Liebe, Hoffnung:** Die Bildchen bilden die Predella der «Grablegung», Rom, Galleria Borghese.
516, 7 **Madonna di casa d'Alba (in Petersburg):** Washington, National Gallery.
516, 13 **Exemplar Robinson:** Standort unbekannt; Eigenhändigkeit ausgeschlossen.
516, 14 **Exemplar des Lord Munro:** Baltimore, Walters Art Gallery; Eigenhändigkeit überwiegend ausgeschlossen.
516, 20 **Madonna della Sedia:** Florenz, Palazzo Pitti.
516, 35 **Gewölbe desjenigen Saales im Vatican:** Stanza della Segnatura.
516, 38 **Numine afflatur:** «durch göttlichen Willen eingehaucht», Vergil, Aeneis 6,50.
516, 41 **Vierge au Palmier:** Edinburgh, National Gallery. Es besteht heute kein Zweifel an der Eigenhändigkeit.

Van Dyck

518, 10 **Fromentin's Frage:** Les maîtres d'autrefois, p. 145.
518, 23 **Bestellung für die Jesuitenkirche ... Van Dyck insbesondere aufgetragen:** vgl. Vertrag vom 29. 3. 1620 zwischen Rubens und Pater Jacobus Tirinus, in: John Rupert Martin, The Ceiling Paintings for the Jesuit Church in Antwerp, London 1968, p. 213–215. Die Bilder verbrannten im Jahre 1718.
518, 28 **Verspottung Christi:** «Die Dornenkrönung» wurde im Zweiten Weltkrieg zerstört.
518, 29 **Pfingstfestes:** Die Ausgießung des hl. Geistes, Potsdam, Schloß Sanssouci.
518, 29 **der beiden Johannes:** zerstört im Zweiten Weltkrieg.
518, 35 **Galerie de Marie de Médicis:** ehemals Paris, Palais de Luxembourg, heute im Louvre.
518, 36 **Daß Rubens ... hingewiesen:** vgl. Bellori, Le vite, p. 254.
519, 30 **Die Grablegung Palazzo Borghese:** «Die Beweinung Christi» wird heute Rubens zugeschrieben.
519, 36 **Stellt das Münchner ... Van Dyck vor?:** Die Identität ist bestätigt.
519, 37 **etwa der Madonnenkopf Pitti?:** gilt heute als van Dyck-Werkstatt; der Einfluß von Guido Reni auf van Dyck läßt sich auch in dieser Werkstatt-Arbeit nachweisen.
519, 39 **Cf. Bellori:** Le vite, p. 257, wo von der «Madonna del Rosario» im Oratorio del Rosario, Palermo, die Rede ist.

Kommentar 771

519, 39 **Zinsgroschen (Duchesse Galiera):** gemalt um 1623–1624 in Genua; Genua, Palazzo Bianco.
520, 1 **Cardinal Guido Bentivoglio:** Florenz, Palazzo Pitti.
520, 3 **Für Bentivoglio auch ein crucifixus:** vgl. Bellori, Le vite, p. 255; heute verschollen.
520, 30 **vor 1631:** ausgeführt 1630–1631.
520, 36 **Das vornehmste Cardinalsporträt der Welt:** vgl. Waagen, Malerschulen, Bd. 2, S. 36.
520, 37 **Der Mann mit der Urkunde, Frankfurt Staedel:** wird Peeter Franchoys zugeschrieben.
520, 37 **Der Wallenstein in der Galerie Lichtenstein:** Porträt eines Adeligen, Vaduz, Fürstliche Sammlungen. Das Gemälde entstand 1624, vermutlich in Sizilien. Die Identität der dargestellten Person ist umstritten.
521, 1 **(1628):** ausgeführt 1629–1630.
521, 2 **(1627):** ausgeführt um 1630–1632.
521, 7 **aus dem Stiche:** Vermutlich ist hier die «Kreuzigung mit Maria und Heiligen», Dendermonde, Nôtre-Dame, gemeint; der Stich stammt von Pieter de Bailliu.
521, 19 **ein großes Altarbild... von Antwerpen:** Kreuzigung mit den Heiligen Dominikus und Katharina von Siena; ausgeführt um 1626.
521, 26 **im Refectorium von S. Croce... Heilige des Barfüßerordens:** Taddeo Gaddi, Albero della Croce, Museo dell'Opera di Santa Croce.
521, 37 **Kreuzabnahme... die Beklagung:** Die im Werkkatalog als «Kreuzabnahmen» bezeichneten Bilder heißen bei B. «Beklagungen»; siehe z. B. das Bild in München, Alte Pinakothek; vgl. dazu Erik Larsen, The Paintings of Anthony van Dyck, vol. 2, p. 111 (Kat.-Nr. 267.) – Ein Entwurf einer Grablegung von Van Dyck befindet sich heute in einer Privatsammlung; vgl. Larsen, ebd., vol. 2, p. 113 (Kat.-Nr. 268).
521, 41 **Bild der Galerie Borghese:** vgl. den Kommentar zu S. 519, 30.
521, 42 **das eine Bild in München:** Gemeint ist hier die «Kreuzabnahme»; vgl. den Kommentar zu S. 521, 37.
522, 1 **das einfach schöne in S. Antoine de Padoue:** gilt als Werkstattbild.
522, 4 **Replik im Louvre?:** Kopie nach van Dyck.
522, 7 **im Museum von Antwerpen:** B. meint hier das für die Kirche Notre-Dame-des-Sept-Douleurs in Auftrag gegebene Bild.
522, 13 **in derselben Galerie... Magdalena... Leiche küßt:** ausgeführt für die Kirche der Beginen in Antwerpen.
522, 15 **das Hochbild des Museums von Berlin:** zerstört im Zweiten Weltkrieg.
522, 28 **1628:** ausgeführt 1629.
522, 33 **Tizian's großes Votivbild der Familie Pesaro:** Venedig, S. Maria Gloriosa dei Frari.
522, 33 **Paolo's Vermählung der heiligen Catharina:** Venedig, Gallerie dell'Accademia.
523, 7 **für ein bloßes Atelierwerk zu halten:** Die «Maria mit Sündern» gilt auch heute noch als Werkstattbild.
523, 10 **Ehemalige Düsseldorfer Galerie... nicht in München:** Vermutlich handelt es sich um das aus dem Werkkatalog van Dycks ausgeschlossene Bild, das sich einst in Schleißheim, heute in München, Alte Pinakothek, befindet; vgl. Larsen, ebd., vol. 2, p. 424 (Kat.-Nr. A 37).

523, 20   1630: ausgeführt 1629.
523, 41   cf. Rathgeber: Annalen, 5. Teil, S. 98 Anm.
524, 2   Madonna von Dresden: Im Museumskatalog bis 1920 unter Van Dyck aufgeführt, nachher nicht mehr nachweisbar.
524, 12   Madonnenkopf: gilt heute als van Dyck-Werkstatt; vgl. den Kommentar zu S. 519, 37.
524, 18   der kleine Christus: Das Jesuskind zertritt die Schlange.
524, 24   Dresdner Danae: gilt als Schulbild; nicht mehr erhalten.
524, 42   Original in Petersburg... Exemplar Pitti: Beide Bilder gelten als eigenhändig; es ist aber nicht ganz sicher, ob das Bild in Petersburg der Madonna entspricht, von der Bellori, Le vite, p. 262, sagt, sie sei für die englische Königin gemalt worden.
525, 3   Simsonsbild des Rubens: aus dem Werkkatalog ausgeschieden.
525, 5   «Fahre hin»: Buch Richter 16.
525, 11   ihm nachgesagt... an Alchymisten gewendet: vgl. Fromentin, Les maîtres d'autrefois, p. 144.
525, 28   le chapeau de paille: Susanna Fourment.
525, 30   Galerie Lichtenstein: Vaduz, Fürstliche Sammlungen.
525, 31   Frau mit den drei Rosen: Bis 1930 im Katalog als Bild eines Schülers und Nachahmers aufgeführt, nachher nicht mehr nachweisbar.
526, 27   mehrmals gemalt: Das Original befindet sich in Turin, Galleria Sabauda.
526, 41   Wauters, p. 230, Note: La peinture flamande.
527, 39   und Uffizj: Das Bild in Florenz gilt als Werkstattarbeit.
527, 41   Marchesa Brignole: Genua, Palazzo Rosso.
528, 2   Amazonenschlacht: München, Alte Pinakothek.
528, 40   die alte Copie in der Wiener Academie: nicht mehr erhalten.
528, 41   die drei Kinder... in Dresden: Werkstattbild.
528, 42   Bild der fünf Kinder in Berlin: Potsdam, Schloß Sanssouci; gilt als Kopie des Originals in Windsor Castle.
529, 33   solazzo: ebd., p. 263.
529, 34   «Dieß wird den an...: ebd., p. 260
529, 36   Aus derselben Quelle: vgl. ebd.
529, 38   cf. Bellori: Le vite, p. 260.
529, 38   Familienbildes Buckingham: Paris, Sammlung Hirsch-Gereuth.
529, 40   Aussage des Bellori: vgl. Le vite, p. 259 f.
530, 8   «Sprich, damit ich dich sehe»: Apuleius, Florida, fr. II, legt die Worte Sokrates in den Mund.
530, 26   Richard Cromwell: Bildnis eines Geharnischten mit roter Armbinde.
530, 39   Carl I. wirklich... von Mytens (Galerie von Turin): Daniel Mijtens d. Ä. und Hendrik Steenwijck d. J.: Karl I., König von England, Turin, Galleria Sabauda. Im Museumskatalog von 1899 als Werk von D. van Mytens d. Ä. und R. van Steenwick d. J. aufgeführt, nachher nicht mehr nachweisbar.
530, 41   cf. Bellori: Le vite, p. 261 f.
531, 9   der griesgrämige Alte der Galerie Lichtenstein: Vaduz, Fürstliche Sammlungen.
531, 10   Prince de Croy: Die Identität der dargestellten Person ist unbekannt.
531, 17   Waagen: Malerschulen, Bd. 2, S. 36.

Kommentar 773

531, 22 **demjenigen Carls I. im Museum von Madrid:** Schulbild; das Original befindet sich in London, National Gallery.

531, 25 **Don Carlo Colonna (Palazzo Colonna, Rom):** Kopie eines van Dyck-Nachahmers.

531, 33 **Wiederholungen bei Wellington und in Hamptoncourt:** Das Bild bei Wellington ist im Werkkatalog von Larsen nicht aufgeführt; der heutige Standort des zweiten Bildes ist unbekannt.

531, 34 **das Original:** London, Buckingham Palace.

531, 36 **die Kinder Carl's I. begleitet:** Die fünf ältesten Kinder Karls I., Windsor Castle.

531, 39 **Carl V., Uffizj Tribuna:** van Dyck-Werkstatt.

531, 40 **Stich von Ribera:** Ribera fertigte von seinem «Reiterporträt des Don Juan d'Austria», Madrid, Palacio Real, eine Radierung an, von der zwei verschiedene Blätter (Don Juan einmal mit und einmal ohne Schnauz) bekannt sind; vgl. Jonathan Brown, Jusepe de Ribera. Prints and Drawings, Princeton 1973, p. 77 und 110 f.

531, 40 **Crippa:** Carlo Crippa war einer der römischen Photolieferanten B.s.

531, 40 **Dohna Culturgeschichtliches Bilderbuch 1883:** Hirth, Kulturgeschichtliches Bilderbuch aus drei Jahrhunderten, Bd. 4, Abb. 1883, wo Heinrich Burggraf von Dohna abgebildet ist.

532, 12 **Kniestück des Antwerpner Syndicus Meerstraten:** Kassel, Staatliche Kunstsammlungen.

532, 21 **mächtiges Sitzungsbild... im Jahre 1695 untergegangen:** vgl. Bellori, Le vite, p. 259.

532, 27 **Nachtwache Rembrandt's:** Amsterdam, Rijksmuseum.

532, 27 **Friedensbankett des van der Helst:** Amsterdam, Rijksmuseum.

532, 34 **Icones:** Anthony van Dyck, Icones principum; Erscheinungsdatum der Antwerpener Erstausgabe ungewiß; die erweiterte zweite Ausgabe erschien posthum bei Gillis Hendricx.

532, 38 **Franz Snyders:** im Galeriekatalog bis 1896 aufgeführt, nachher nicht mehr nachzuweisen.

533, 7 **Brustbild des Schlachtenmalers Peter Snayers:** Die Identität der dargestellten Person ist unsicher.

533, 8 **Halbfigur des Kupferstechers Mallery:** gilt als Werkstattbild.

533, 9 **Domorganist Liberti:** Eigenhändigkeit umstritten.

533, 13 **die Bildnisse des Bildhauers Colyns de Nole und seiner Gemahlin:** Die Identität der dargestellten Personen ist umstritten.

533, 19 **De Wael mit Frau:** München, Alte Pinakothek.

533, 24 **im kleinern S. Sebastiansbilde:** München, Alte Pinakothek.

533, 26 **Brustbild des Louvre:** Werkstattbild; Versailles, Musée.

533, 31 **die Macht des englischen Königthums... darzustellen:** vgl. Bellori, Le vite, p. 262 f.

533, 31 **historischen Ceremonienbildern:** Ein Entwurf für eine Wanddekoration befindet sich in England, Sammlung Duke of Rutland.

533, 40 **Schlacht von Martin d'Eglise in München:** Rubens und Pieter Snayers; das Bild gehörte tatsächlich zum Zyklus des Henri IV und war für die Galerie von Maria de' Medici bestimmt.

Das byzantinische Reich

535, 4   **Kurze Definition:** Auf dem Übersichtsblatt 1 heißt es dazu: «Byzantion ist der alte Name von Constantinopel und das danach benannte Reich ist urspünglich die Osthälfte des großen alten römischen Weltreichs.»

535, 10 **Gibbon bis Dahn:** B. stützt sich hier bei der Zitierung von Gibbon, Dahn und Kortüm auf ein Referat von Heinrich Gelzer, Die politische und kirchliche Stellung von Byzanz, S. 33; vgl. dazu Kaegi 6.1, S. 261.

535, 10 **Dahn. «Fäulniß ... Vertrocknung» ... «Dieß Reich habe weder zu leben ...:** so zitiert bei Gelzer, Die politische und kirchliche Stellung von Byzanz, S. 33.

536, 11 **instauratio imperii romani:** Wiederherstellung des Römischen Reiches.

536, 29 **«Soldatesca» (Ranke):** vgl. Ranke, Weltgeschichte, Bd. 5.2, S. 94.

536, 39 **Folgt zunächst Übersicht Bl. 99:** B. verweist hier auf Blatt 99 in seinem Vorlesungsmanuskript «Übersichtsblätter des Collegs Mittelalter» (PA 207, 131).

538, 29 **nach dem Tode eines Kaisers ...:** Die folgenden Aussagen stammen aus Cedrenus, Annales, 1, 1002.

539, 36 **Apostelkirche:** nicht mehr erhalten.

539, 40 **Cf. Cedrenus p. 490:** Cedrenus, 1, 1054.

540, 2   **Constantin Kopronymos ... Bulgaren dem Volk überließ, welches sie marterte:** vgl. Cedrenus, 1, 806.

540, 6   **Stadt ... neu bevölkert; «er verdichtete sie»:** ebd., 1, 806.

540, 16 **«feilen Söldnern und verweichlichten Griechen»:** vgl. Gelzer, Die politische und kirchliche Stellung von Byzanz, S. 33.

540, 27 **«Die milites Deines Herrn ...:** Liutprandus, Legatio, col. 480 f.

541, 12 **Als einst Ruderer zu desertiren begannen ...:** Cedrenus, 1, 1029 f.

541, 35 **«er meinte auch die Zeit *nach* ihm zu binden ...:** vgl. ebd., 1, 862.

541, 41 **Cedrenus p. 525:** ebd., 2, 329.

542, 9   **über dem Bauernkind Basilius (Macedo) schwebt ... ein Adler:** vgl. ebd., 1, 987.

542, 13 **es sind jene göttlichen Männer ... wie Leon Philosophus sagte:** vgl. ebd., 1, 1069.

542, 24 **Theophilos offenbarte seiner Gemahlin Theodora das Zeichen:** vgl. ebd., 1, 996.

542, 27 **Leo Armenus wußte daß Michael der Stammler auf ihn folgen werde:** vgl. ebd., 1, 862 ff.

542, 34 **eine reich begüterte Dame ... schenkte nun dem Basilios solche Summen:** vgl. Cedrenus, 1, 991 f. und 1036 f.

542, 38 **Michael war dem Leo ... auf den Rand des Mantels getreten:** vgl. ebd., 1, 848.

542, 40 **Die Zumuthung Constantins ... 101, verso, unten:** B.s Vorlesungsmanuskript «Übersichtsblätter des Collegs Mittelalter» (PA 207, 131), Blatt 101: «Ein Kaiser des XI. Jh. (Constantin VIII., Bruder des Basilius Bulgaroktonos) erfährt durch Weissagungen, daß der Senator Romanos Argyros auf ihn folgen werde und läßt ihn wählen zwischen Blendung oder Scheidung von seiner Frau nebst Vermählung mit kaiserl. Tocher, worauf Ro-

	manos seine Frau in's Kloster gehen läßt und Constantin's mittlere Tochter Zoe heirathet.» Vgl. Cedrenus, *2,485*.
543, 15	**ein Löwe...war abgebildet zwischen zwei Chiffren...Weihnacht und Epiphanie:** vgl. Cedrenus, *1, 863*.
543, 27	**Simeon der Bulgare...jener Aufsatz war auf ihn «gemünzt» gewesen, ἐστοιχειῶσθαι:** vgl. Cedrenus, *2, 307 f*.
544, 22	**der letzten...Kaiserin vom macedonischen Hause:** Zoe, Tochter Konstantins VIII., Gemahlin von Romanos III.
544, 25	**Excerpt aus Ranke über Basilios Macedo:** vgl. Ranke, Weltgeschichte, Bd. 6.1, S. 317. Das Exzerpt befindet sich in B.s Vorlesungsmanuskript «Culturgeschichte des Mittelalters» (PA 207, 130).
544, 40	**Cedrenus 552:** Cedrenus, *2, 392*.
545, 27	**Eine Stiefmutter vergiftet den ältesten Sohn:** vgl. Cedrenus, *1, 753 f.*; es handelte sich um die Kaiserin Martina, die ihren Stiefsohn vergiftete.
545, 28	**Ein Kaiser tödtet seinen Bruder. Der Nachfolger...schneidet...Nasen ab:** vgl. ebd., *1, 762 ff*. Konstans II. tötete seinen Bruder Theodosius. Der Nachfolger war Konstantin IV. Pogonatus.
545, 30	**Justinian II....durch eine Empörung der Gefängnisse gestürzt...:** vgl. ebd., *1, 775 ff*.
545, 36	**Im Isaurischen Hause der...Kampf zwischen Mutter und Sohn:** Irene übernahm 780 als Mitkaiserin die Regierung für ihren Sohn Konstantin VI. Dieser ließ sich 790 zum Alleinherrscher ausrufen, mußte dann aber ab 792 die Regierung wieder mit seiner Mutter teilen, die ihn 797 blenden ließ; vgl. Cedrenus, *1, 827*.
546, 25	**Basilius Macedo hat den Bardas...niederhauen lassen...:** vgl. ebd., *1, 998 ff*.
546, 35	**der Abt des Euchaïtenklosters...zauberte...die Gestalt des Sohnes:** vgl. ebd., *1, 1053*.
546, 41	**Paul I.:** Der russische Zar wurde 1801 von Offizieren in seinem Schlafgemach erdrosselt.
547, 4	**Verzeih mir, ich habe gefehlt und dich Unschuldigen gepeinigt...:** vgl. Moslicheddin Sadi's Rosengarten, S. 48 f. (Von der Lebensweise und der Moral der Könige, 25. Abschnitt).
547, 12	**Carriere eines Kammerherrn...ehmaligen Mohammedaners:** vgl. Cedrenus, *1, 1058 f*.
547, 23	**Sterberede Theophili 842 an die große Versammlung:** vgl. ebd., *1, 938*.
547, 31	**Sofort heißt es:...das Reich sei hauptlos...Cedrenus dagegen...:** vgl. ebd., *2, 278*.
547, 36	**911:** Leo VI. regierte bis zu seinem Tode 912.
547, 37	**Atabeke:** «Atabeg» (Vater Berg) ist ursprünglich eine Anrede für den Erzieher türkischer Prinzen, später ein an einflußreiche Emire verliehener Titel.
547, 39	**911–912:** 912–913.
547, 40	**912:** 913.
548, 5	**Chalke:** «die Eherne». So hieß die von Konstantin dem Großen erbaute Vorhalle des Kaiserpalastes auf Grund ihres mit vergoldeten Erzziegeln belegten Daches oder eines ehernen Tores.
548, 9	**Blachernen:** ursprünglich ein kleiner Ort, später eine Vorstadt außerhalb der Mauern von Byzanz am Goldenen Horn.

548, 18   Romanos Lakapenos... daß dieser zum «*Hüter*» des Kaisers gewonnen würde: vgl. Cedrenus, 2, 289.
548, 41   919-944: 920-944.
549, 4   Romanos Lakapenos behauptete: nur auf diese Weise... Complotte niederzuhalten: vgl. Cedrenus, 2, 298 f.
549, 18   «Da schämte sich Simeon...: ebd., 2, 305 f.
549, 32   ein gewisser Basilius, welcher... Schaaren an sich zog... lebendig verbrannt: vgl. Cedrenus, 2, 315.
549, 38   Amastrianon: Das Forum Amastrianum befand sich im Westen von Byzanz und diente auch in späterer Zeit als Richtplatz.
549, 41   Simeon starb 927: Simeon starb 922.
550, 13   studirte dann Porphyrogennetos... die «über alle hervorragende» Philosophie: vgl. Cedrenus, 2, 326.
550, 17   seine Werke über die Provinzen und über die Reichsregierung: «De thematibus Orientis et Occidentis» und «Liber de administrando imperio».
550, 20   in seinem umfangreichsten Buche: De Cerimoniis Aulae Byzantinae, daraus die folgenden Angaben bei B.
551, 9   die goldene Kaiserorgel, das sog. πρωτοθαῦμα: Porphyrogenitus, De Cerimoniis, 1, 292.
551, 14   besonders aufgestellte Rufer (κράκται): vgl. ebd., passim, z. B. 1, 21.
551, 33   große Galatafel... laut ausdrücklicher Aussage: vgl. Liutprandus, Antapodosis, 6, 8.
551, 36   der Praepositus rief der Leiche zu: schreite hinaus, Kaiser!: vgl. Porphyrogenitus, De Cerimoniis, 1, 161.
552, 3   Den allerhöchsten Pomp... beim Empfang fremder Gesandten...: vgl. Liutprandus, Antapodosis, 6, 5.
552, 14   «zu Verblüffung der Völker geschaffen»: ebd.
552, 22   fand ein Gesandter... diese Dinge vor: vgl. ebd.
552, 32   laut Benjamin von Tudela: Itinerarium, p. 25 f.
552, 39   verzeichnet er... genau... die Feldbibliothek: vgl. Porphyrogenitus, De Cerimoniis, 1, 269 (Appendix).
553, 4   Verzeichniß der Bücher welche er... nach Aegypten mitnahm: vgl. Bourrienne, vol. 1, p. 372-375.
553, 9   die kaiserliche Feldbibliothek laut Porphyrogennetos: De Cerimoniis, 1, 269.
553, 11   ein Traumbuch... des Heiden Artemidor: Artemidoros von Daldis; die fünf Bücher stellen die einzige antike Abhandlung der Träume dar, die vollständig erhalten ist.
553, 31   von geistlicher Seite war er gewarnt...: vgl. zum Folgenden Cedrenus, 2, 320 ff.
554, 21   «ungeduldig daß der Vater noch regiere»... sagt unsere Quelle: Cedrenus, 2, 336 ff.
554, 40   Alleinherr 945-959: 944-959.
555, 6   ein Kunstreiter die größte Bewunderung erregte...: vgl. ebd., 2, 343 f.
556, 11   Ambon: kanzelartige Bühne an oder vor den Chorschranken in altchristlichen Kirchen.
556, 24   Caricatur von der Feder des Bischofs Liutprand: Legatio, col. 479 f.
557, 33   enthält eine unserer Hauptquellen eine förmliche Anklageschrift gegen ihn: Cedrenus, 2, 367-370.

558, 15 unser Reich führt Krieg gegen die Assyrer…: Liutprandus, Legatio, col. 483.
558, 21 Byzanz… von diesen «Carthagern» und von Simeon dem Bulgaren bedroht: vgl. Cedrenus, 2, 358–360.
559, 8 weil… die Rede ging: gleich mit Einnahme dieser Stadt werde der Kaiser sterben: ebd., 2, 365.
559, 25 «Akropolis und Tyrannenburg gegen die unglücklichen Constantinopolitaner»: vgl. ebd., 2, 369 f.
559, 34 Getreidevertheurung, deren sich Nikephoros Phocas… gerühmt haben soll: vgl. ebd., 2, 372 f.
560, 15 auf Betrieb der Theophano, heißt es…: vgl. ebd., 2, 375 f.
561, 27 Leon und Atzypotheodoros: zwei Offiziere, vgl. Cedrenus, 2, 380 f.
561, 37 Vermählung mit einer Tochter des Porphyrogennetos: Theodora, vgl. ebd., 2, 392.
562, 3 auf das… Viergespann ließ er die Gewänder der… Bulgarenkönige legen…: vgl. ebd., 2, 413.

Die Allegorie in den Künsten

564, 30 die Germania (Niederwald): Das Niederwalddenkmal bei Rüdesheim wurde nach Entwürfen des Bildhauers Johannes Schilling und des Architekten Karl Weisbach ausgeführt.
565, 1 **Berlin: Göthe mit lyrischer und tragischer Poesie…:** Das Denkmal von Fritz Schaper wurde 1880 im östlichen Tiergarten aufgestellt; seit 1982 ersetzt ein Kunsteinabguß das im Krieg beschädigte Original, welches sich nun im Lapidarium am Halleschen Ufer befindet.
565, 2 **Schiller mit lyrischer und tragischer Poesie…:** Reinhold Begas; Berlin, Gendarmenmarkt
565, 3 **Wien: Beethoven: Prometheus mit dem Geyer:** Kaspar Clemens Zumbusch, Beethoven-Platz.
565, 18 **am MaxJosephsDenkmal:** Das Denkmal wurde nach Entwürfen des Bildhauers Christian Daniel Rauch und des Architekten Leo von Klenze ausgeführt; München, Max-Josephs-Platz.
565, 19 **An Kundmanns Schubert-Denkmal:** Carl Kundmann; Wien, Stadtpark. Der Sockel des Denkmals stammt von Theophilus Hansen.
565, 30 **Rauch's Friedrichsdenkmal:** Christian Daniel Rauch, Reiterdenkmal Friedrichs d. Gr., Berlin, Unter den Linden.
565, 32 **das Prinz Albert Denkmal im Hyde Park:** Die allegorischen Figuren des Albert-Memorials von Sir George Gilbert Scott, London, Kensington Gardens, stammen von mehreren Künstlern, u. a. von John Henry Foley.
565, 35 **das Lessing Denkmal für Berlin:** Das Lessing-Denkmal ist das Ergebnis eines Wettbewerbes, für den 1887 drei erste Preise vergeben wurden. Den Zuschlag erhielt Otto Lessing; das Denkmal wurde im Tiergarten aufgestellt.
566, 8 **an Schwanthalers Göthestatue in Frankfurt:** Das Denkmal von Ludwig von Schwanthaler befindet sich in der Gallusanlage.

566, 18 **Glyptothek von Wagner:** Die Münchner Glyptothek ist das Werk von Leo von Klenze; die Tympanon-Skulpturen stammen von Martin von Wagner.

566, 28 **die Giebelgruppen des Pantheon und der Madeleine:** Die Giebelgruppen im Pantheon stammen von Jean-Guillaume Moitte, jene der Kirche Sainte-Marie-Madeleine von Henri Lemaire.

566, 31 **Sculpturen des Berliner Schauspielhauses von Tieck:** Der plastische Schmuck des Schauspielhauses (heute Konzerthaus) von Karl Friedrich Schinkel am Gendarmenmarkt wurde von Friedrich Tieck nach Entwürfen Schinkels ausgeführt.

567, 11 **Die Professoren... der Straßburger Universität:** Der Bau stammt von Otto Warth.

567, 18 **Drake's Haus im Thiergarten:** Das Wohnhaus des Bildhauers Friedrich Drake wurde 1842 von Friedrich Hitzig an der Schulgartenstraße in Berlin erbaut. 1887 mußte es einem Neubau weichen.

567, 37 **die musique dramatique und musique lyrique:** Die beiden Allegorien stammen von Jean-Baptiste Guillaume und Jean-Joseph Perraud.

568, 7 **Börse von Brüssel:** nach den Entwürfen von Léon-Pierre Suys errichtet.

568, 15 **Berliner Kunstgewerbemuseums... kühne Allegorien:** Das Museum wurde 1877–1881 nach Plänen von Martin Gropius und Heino Schmieden errichtet und im Zweiten Weltkrieg größtenteils zerstört. Heute ist der Martin-Gropius-Bau wiederhergestellt.

569, 21 **La *Discorde* attentive, en traversant les airs...:** Henriade, 5. Gesang.

569, 39 **C. A. Menzel II 46:** Menzel, Geschichte unserer Zeit, in: Becker's Weltgeschichte, Theil 12, S. 322 f.

569, 40 **Mercier:** Paris pendant la Révolution, vol. 2, p. 259–261.

570, 15 **Altar des heiligen Ignatius im Gesù:** Die Entwürfe für den Altar in der Kirche del Gesù, Rom, stammen von Andrea Pozzo, an der Ausführung waren zahlreiche Künstler beteiligt.

570, 19 ***vor* dem Barocco (Grab Pauls III.):** Guglielmo della Porta erhielt den Auftrag 1547; das Grabmal war 1575 vollendet.

570, 19 ***nach* demselben (Grab Pius VII.):** Bertel Thorvaldsen vollendete das Grabmal 1831.

570, 26 **Galerie du Luxembourg:** Palais de Luxembourg; heute Paris, Louvre.

571, 15 **in dem theologischen Cyclus von neun Bildern:** Neben mehreren Kartons sind von den Bildern, die als Modelle für die elf Teppiche mit dem Thema «Triumph der Eucharistie» (heute Kloster Loeches) dienten, nur sieben überliefert. Die Werke befinden sich heute in Sarasota (Florida), Ringling Museum of Art, und in Valenciennes, Musée des Beaux-Arts.

571, 18 **in Kaulbach's Fresken:** Das Neue Museum wurde im Zweiten Weltkrieg stark zerstört; die Fresken sind nicht mehr erhalten.

571, 19 **Allegorie... des (30jährigen) Krieges im Palazzo Pitti:** Rubens: Folgen des Krieges.

571, 25 **del Sarto zweimal die Caritas:** Del Sarto hat die Caritas sicher dreimal gemalt: Paris, Louvre; Florenz, Convento dello Scalzo; Washington, National Gallery.

571, 26 **von Tizian... Bild der Fides mit dem Dogen Grimani:** Venedig, Palazzo Ducale; der eigenhändige Anteil wird heute eingeschränkt.

571, 28 **seinen Schiavi:** Florenz, Galleria dell'Accademia.

Kommentar 779

571, 28 **seinem Sieger:** B. meint hier den «Sieg», Florenz, Palazzo Vecchio.
571, 28 **seinen vier Tageszeiten:** Florenz, Basilika San Lorenzo.
571, 34 **Numine afflatur:** «durch göttlichen Willen eingehaucht», Vergil, Aeneis 6,50.
571, 41 **Sockelfiguren der Sala dell' Incendio:** Die Zeichnungen von Raffael wurden durch Schüler ausgeführt; Rom, Vatikanische Museen.
572, 11 **Giotto's Allegorien... Unterkirche von Assisi:** werden überwiegend dem Maestro delle Vele zugeschrieben.
572, 13 **die 14 Künste... zu Florenz:** Andrea da Firenze, gen. Andrea Bonaiuto: Triumph des heiligen Thomas, Santa Maria Novella.
572, 16 **Fresco des Campo Santo zu Pisa:** Der Trionfo della Morte wird heute überwiegend Buonamico Buffalmacco zugeschrieben.
572, 20 **Ambrogio Lorenzetti in... wunderlichen Gemälde:** Von der guten Regierung, Siena, Palazzo Comunale.
572, 35 **Altar von Klosterneuburg:** bei Wien; der Entwurf für den Hochaltar der Stiftskirche stammt von Matthias Steinl.
572, 38 **(Wibold, um 970):** Wiboldus Cameracensis, Ludus clericalis.
573, 21 **Darstellungen der Kirche und der Synagoge:** Die Originalstatuen befinden sich im Musée de l'Œuvre de Notre-Dame.
573, 24 **den Cyclus von speerbewaffneten Tugenden:** nördliches Westportal; die erhaltenen Originalstatuen befinden sich im Musée de l'Œuvre de Notre-Dame.
574, 15 **der Tempel von Furcht und Erblassen... von König Tullus Hostilius:** vgl. Livius 1,27,7.
574, 17 **der der Bellona... von einem Consul:** vgl. Livius 10,19,17.
574, 18 **der von Ehre und Tapferkeit... M. Marcellus:** vgl. Plutarch, Marcellus 28,2.
574, 19 **der der Concordia... von Camillus:** vgl. Plutarch, Camillus 42,4–6.
574, 22 **bis Vespasian der Pax... einen der glänzendsten Tempel:** vgl. Sueton, Divus Vespasianus 9; vom Tempel sind nur noch wenige Überreste erhalten.
575, 17 **Die «Ate» (Schuld) hat in der Ilias einen umständlichen Mythus:** Ilias 19,91–136.
575, 19 **die *Bitten* (Λιτάς) hat sich Homer... vorzustellen vermocht:** Ilias 9,502–512.
575, 25 **die Ruhe:** Pindar, Olympien 4,16.
575, 26 **die Zuverlässigkeit:** Pindar, Olympien 10,13.
575, 26 **die Wahrheit:** Pindar, Olympien 10,4
575, 26 **die Botschaft:** Pindar, Olympien 8,81.
575, 31 **im rasenden Herakles des Euripides die Gestalt des Wahnsinns:** 843 f.; 858–874.
575, 37 **Krieg und Kriegslärm:** Aristophanes, Frieden.
575, 37 **Armuth und Reichthum:** Aristophanes, Plutos.
575, 37 **in den Wolken: die gerechte und die ungerechte Sache:** Aristophanes, Wolken 889–1104.
576, 1 **Empedokles:** Diogenes Laertios 8,76.
576, 6 **Hesiod:** Werke und Tage 762 f.
576, 26 **Altäre der «Gewaltthat» und des «Mangels an Scheu»:** vgl. Herodot 8,111.

576, 26 In Korinth... ein Heiligthum des Zwanges und der Gewalt: vgl. Pausanias 2,4,6 (Anakorinth).
576, 28 ein spätmacedonischer Corsar... Altäre der Gottlosigkeit: vgl. Polybios 18,54,9 f.
576, 30 Cult bei bestimmtem Anlaß, in Korinth den des Grauens: vgl. Pausanias 2,3,7.
576, 31 in Sparta den der Furcht, des Todes, des Lachens: vgl. Plutarch, Kleomenes 9,1.
576, 32 In Olympia... der günstige Moment: vgl. Pausanias 5,14,9.
576, 34 Timoleon... baute einen Tempel der Automatia: vgl. Plutarch, Praecepta gerendae rei publicae 816; Plutarch, De se ipsum citra invidiam laudando 542.
577, 3 Beschreibung... des Kypseloskastens... eine *Allegorie in Action:* vgl. Pausanias 5,17,5–19,10, vor allem 5,18,2.
577, 6 *Seuchen*... gebildet als Pestweiber, Ποίναι: eigtl. «das Lösegeld für eine Blutschuld, mit dem man sich von der Rache loskauft»; vgl Pausanias 1,43,7.
577, 8 in Korinth... das schon genannte Grauen... als schauerlich gestaltetes Weib: vgl. Pausanias 2,3,7.
577, 10 zu Sparta ein Gemälde welches den *«Hunger»* darstellte: vgl. Polyainos, Epigramme 2,15.
577, 15 ein Bild aus ziemlich alter Zeit beschrieben... Priamos, Helena...: vgl. Plinius, Naturalis historia 35,138.
577, 19 Dolon: Betrug, Täuschung, Arglist.
577, 24 Dareiosvase des Museums von Neapel: Dareios, Vaso dei Persiani, Museo Nazionale.
577, 27 «Die Maler in ihren Darstellungen...: Demosthenes, Reden 25,52.
577, 34 nach Olympia eine Statue... des *Agon* selbst: vgl. Pausanias 5,26,3.
577, 39 Iphitos... bekränzt von der... Gestalt des *Gottesfriedens:* vgl. Pausanias 5,10,10.
577, 40 ἐκεχειρία: eigentl. ‹der Waffenstillstand›.
577, 41 den Altar des *«günstigen Momentes»:* vgl. Pausanias 5,14,9.
577, 42 die berühmteste Statue desselben... zu Sikyon... Werk des großen Lysippos: vgl. Callistratus, Statuae 6.
578, 14 die *«Friedensgöttin»* mit dem Knäblein *«Reichthum»* auf dem Arme: München, Glyptothek; vgl. Pausanias 1,8,2.
578, 20 Cyclus der *Musen:* vgl. Pausanias 9,30,1.
578, 31 *Eros,* begleitet von Sehnsucht... Werke des Skopas: vgl. Pausanias 1,43,6.
578, 32 *Aphrodite,* begleitet von Überredung... Werke des Praxiteles: vgl. ebd.
578, 35 die Gestalt der *Mysterienweihe:* vgl. Pausanias 9,30,4.
578, 41 Arete und *Hellas:* vgl. Plinius, Naturalis historia 34,78.
579, 9 die bei Plinius... beschriebene... des Parrhasios: Plinius, Naturalis historia 35,67.
579, 11 die Demosstatuen großer Meister wie Leochares: vgl. Pausanias 1,1,3.
579, 12 Das Colossalbild des Demos zu Sparta: vgl. Pausanias 3,11,10.
579, 16 die Syrakusier errichteten... eine Gruppe des Demos von Syrakus: vgl. Polybios 5,88,8.
579, 18 stellten die Rhodier... den Demos von *Rom* auf: vgl. Polybios 31,4.

Kommentar 781

579, 26 die Trunkenheit... Gemälde des Pausias: vgl. Pausanias 2,27,3.
579, 29 in genauer Beschreibung erhaltene Allegorie des... Apelles von der Verläumdung: Lukian, Calumniae non temere credendi 5.
579, 31 Sandro Botticelli: Florenz, Uffizien.
579, 31 Raffael: Zeichnung; Paris, Louvre.
579, 32 Taddeo Zucchero: Hans Bock d. Ä. verwendete laut C. H. Baer, Die Kunstdenkmäler des Kantons Basel-Stadt, Bd. 1, Basel 1932, S. 637f., den Kupferstich von Giacomo Franco (Basel, Öffentliche Kunstsammlung) nach dem Gemälde von Federigo Zuccari (Rom, Sammlung Howard-Caetani, und London, Hampton Court).
580, 1 Von andern Allegorien des Apelles erfahren wir: vgl. Plinius, Naturalis historia 35,93.
580, 24 spottet anderswo sein Tadelgott Momos selber über... Arete, Physis...: vgl. Lukian, Göttergespräche 13.
580, 31 eine Thalassa (das Meer): vgl. Pausanias 2,1,8.
580, 33 eine Statue der Meeresstille (Galene): vgl. Pausanias 2,1,9.
580, 39 In den homerischen Hymnen spricht Leto mit der Insel Delos: Homer, Hymnos auf Apoll, vor allem 51–82, 247–274, 379–381.
581, 11 eine vaticanische Marmorstatue... Bronzewerkes von Eutychides: Die Tyche von Antiochien befindet sich in der Galleria dei Candelabri; vgl. Pausanias 6,2,7.
581, 23 die schöne Jungfrau Aimathe... aufgestellt als Tyche: vgl. Pausanias Damascenus, in: Fragmenta Historicorum Graecorum, Bd. 4, S. 468.

Demetrios Poliorketes

582, 5 *Poliorketes:* «Städtebelagerer»; Plutarch, z. B. Demetrios 42,6; Diodor 20,92,2.
582, 7 11. Juny 323 aCn.: als Todestag gilt heute der 10. Juni 323.
582, 10 Die letzte Revue... wo er lag: laut Justin 12,15,2, ließ Alexander sich an einer öffentlichen Stelle hinlegen, damit die Soldaten an ihm vorbeigehen konnten; laut Plutarch, Alexander 76,8, grüßten die Soldaten den Herrscher durch eine offene Tür.
582, 11 welch ein Kampf um mein Erbe: Justin 12,15,6f.
582, 19 Perdiccas ging in die Höhle einer Löwin: vgl. Aelian, Varia historia 12,39.
582, 28 aliter quam scelere: Justin 15,2,5; «anders als durch Verbrechen».
583, 13 Argyraspiden: Der Name, hergeleitetet vom silbernen Beschlag der Schilde, bezeichnete einen Truppenteil des Heeres von Alexander.
583, 14 möge es Euch, Verlornen!...: Justin 14,4,10ff.
583, 39 Thersites: vgl. Homer, Ilias 2,212–277.
584, 1 sagt Plutarch, was bloßen Brudermord betrifft...: Plutarch, Demetrios 3,5.
584, 7 Meldet daheim, sagte Antigonos: ebd. 3,2.
584, 19 Diodor: vor allem 18–20.
584, 19 Justin: M. Iunianus Iustinus, Epitoma historiarum Philippicarum Pompei Trogi.
584, 33 «und erzürnte manche jüngere und mächtige Männer»: Plutarch, Demetrios 28,4.

585, 1   geboren 337: Demetrios wurde 336 v. Chr. geboren und starb 282 v. Chr.
585, 7   wann brechen wir auf?...: ebd. 28,5.
585, 13 Man lief ihm von weit her entgegen: vgl. Diodor 20,93.
585, 20 Alkibiades-Physiognomien: vgl. Plutarch, Alkibiades.
586, 17 bis auf eine späte und jammervolle Ausnahme: Philipp V., der 180 v. Chr. seinen Sohn umgebracht hat; vgl. Plutarch, Demetrios 3,3.
586, 31 «Ringschule Alexanders»... 8000 wurden gefangen: ebd. 5,3.
587, 1   mit Vermelden, zwischen Leuten wie sie,...: vgl. ebd. 5,4.
587, 10 mit 7000 Mann gefangen sammt allen Lagervorräthen: ebd. 6,4.
587, 25 die beste und sicherste Fallbrücke...: ebd. 8,3.
588, 5   Im Jahre 307... Befestigungen des Kassandros: vgl. ebd. 8,4.
588, 10 ihm Statuen gesetzt so viele als Tage im Jahre sind: vgl. Plinius, Naturalis historia 34,27.
588, 19 Geh mir aus der Sonne: von mehreren Autoren überliefert, z. B. Plutarch, Alexander 14,4.
588, 20 Hat dir jemand von meinen Soldaten...: Plutarch, Demetrios 9,9 f.
588, 28 es würden... Korn und... Holz... anlangen: vgl. ebd. 10,1.
588, 35 Justizmord an Phokion: vgl. Diodor 18,67; Plutarch, Phoikon 31–37. Nachdem das Regime Phoikons abgesetzt worden war, wurde der Rhetor von seinem Nachfolger den athenischen Demokraten ausgeliefert und zum Tode verurteilt.
588, 41 Der Besuch bei Patrae... von der Kratesipolis: vgl. Plutarch, Demetrios 9,5–7; Kratesipolis, die Witwe des Alexandros und Schwiegertochter Polyperchons, hatte Demetrios um ein Treffen gebeten. Es kam aber nicht dazu, weil Demetrios, während er unbewaffnet Kratesipolis erwartete, überfallen wurde und die Flucht ergreifen mußte.
589, 4   was habt ihr denn Schlimmes erlitten...: Plutarch, Demetrios 11,5.
589, 12 «erhaltenden Gottheiten»: ebd. 10,4.
589, 14 Archon Eponymos: Bezeichnung für den obersten Staatsbeamten. In der antiken Zeitrechnung herrschte der Brauch, die Jahre nach dem jeweiligen Archon Eponymos (Eponymos = «namengebend») zu benennen.
589, 17 «niederblitzenden Demetrios»: ebd. 10,5.
590, 9   Carthago selbst bedrohen: vgl. zum Folgenden Diodor 20,7 ff.
590, 25 der 72jährige, vergiftet... Scheiterhaufen besteigt: vgl. ebd. 21,16,5.
590, 38 Diodorus Siculus Fragment LXXI: ebd. 21,15.
591, 1   die Städtebezwingerin, Helepolis: Plutarch, Demetrios 20,7.
591, 8   15 und 16 Ruderbänken: ebd. 20,7.
591, 16 wechselte man... wohlmeinende Depeschen: ebd. 15,3.
591, 25 Ptolemaeos war mit bloß acht Schiffen geflohen: vgl. ebd. 16,3.
591, 42 εἰρωνείαν τῆς ἐξουσίας ἀφελόντες: ebd. 18,4.
592, 1   305/4: Der Angriff erfolgte Ende 306 v. Chr.
592, 7   die Maschinen... zum Andenken dazulassen: vgl. ebd. 20,9.
592, 19 Städte, welche einst den Xerxes und den Mardonios besiegt: Die Perser wurden 490 v. Chr. bei Marathon und 480/79 bei Salamis bzw. Plataiai zurückgewiesen; vgl. Herodot 6–9.
592, 26 Im Spätherbst 304... «befreite» die Hellenen: vgl. Plutarch, Demetrios 23,2.
592, 37 Alles was Demetrios befehle... für gerecht gelte: ebd. 24,9.

Kommentar 783

593, 3 geboren c. 319: Phyrrus ist zwischen 306 und 302 v. Chr. geboren.
593, 7 «wobei viele Leute zusammen kamen»: ebd. 25,4.
593, 8 «Synedrions»: ebd. 25,4.
593, 12 er verlange... sogleich die eleusinischen Weihen: vgl. ebd. 26,1 f.
593, 39 der Ithyphallicus bei Bergk 538: vgl. Athenaios, Gelehrtenmahl 6,252f–253f und die folgende Übersetzung.
593, 39 O. Müller Literaturgeschichte I, 245: Geschichte der griechischen Literatur.
594, 11 darauf aber verlangte der Geweihte 250 Talente: vgl. Plutarch, Demetrios 27,1.
594, 19 da fliegen wieder körnerpickende Vögel...: ebd. 28,5.
594, 35 Demetrios flüchtete... bevor etwa seine Mannschaft... plündere: vgl. ebd. 30,2.
594, 38 ein phokischer Club den Tempel von Delphi besetzt: Im dritten «Heiligen Krieg» um das delphische Heiligtum 356–346 v. Chr. besetzten die Phoker Delphi und raubten die Tempelschätze.
595, 5 Eröffnung: er habe sich... fern zu halten...: Plutarch, Demetrios 30,4.
595, 12 «unverächtlich»: ebd. 31,4.
595, 23 Rest des ehmaligen Reichsschatzes (1200 Talente): vgl. ebd. 32,2.
595, 31 Kassandros... von den Würmern gefressen: vgl. Pausanias 9,7,2.
595, 40 «Herr, gedenke der Athener!»: Herodot 5,15.
596, 5 Damals zählte Epikur... die Bohnen zum Essen: vgl. Plutarch, Demetrios 34,3.
596, 20 100,000 Scheffel Getreide als Geschenk: ebd. 34,5.
596, 22 fügte er hinzu: für diese Verbesserung...: vgl. Plutarch, Regnum et imperatorum apophtegmata («Aussprüche der Könige und Feldherren»), 183b.
596, 26 um sicher zu bleiben... wie Plutarch sagt: Plutarch, Demetrios 34,7.
597, 5 Doryphoren: «königliches Gefolge».
597, 7 Demetrios ist uns nur um einen Tag zuvorgekommen: ebd. 36,12.
597, 25 Vor Theben... eine Helepolis mit sich: vgl. ebd. 40,2.
598, 25 Milzkranke heilen durch Berührung mit der Hand: vgl. Plutarch, Pyrrhos 3, und Plinius d. Ä. 7,2,20. In beiden Stellen wird die traumaturgische Kraft dem rechten Fuß zugeschrieben.
598, 39 Diodorus Siculus Fragment LXXI Eclogen IV, p. 490: 21,4. Als Agathokles gegen Kroton fuhr, beschwichtigte er den dortigen Tyrannen mit der Erklärung, er begleite nur seine Tochter mit königlichen Ehren zur Vermählung nach Epirus. Durch diese List eroberte Agathokles die ungewappnete Stadt mühelos.
598, 42 Einen Mamertiner hieb er... in zwei Stücke: vgl. Plutarch, Pyrrhos 23,1 und 24,5; Mamertiner (eigtl. «Söhne des Mars») wurden die oskischen Söldner des Agathokles von Syrakus genannt.
599, 16 «obwohl es unter ihnen...: Plutarch, Demetrios 41,8.
599, 33 bist du denn den Umgekommenen... Kost schuldig?: Plutarch, Demetrios 40,3.
600, 2 er soll nämlich 98,000 Mann... 500 Schiffe: vgl. ebd. 43,4.
600, 18 er möge sich durch die Flucht retten...: ebd. 44,8.
600, 23 die Motive welche uns gemeldet werden: ebd. 45,1.

600, 38   erklärte aber ... daß er die Verfassung der Stadt herstelle: ebd. 46,1.
601, 13   im Jahre 305: 307 v. Chr.
601, 14   ein Antragsteller Namens Sophokles: vgl. Diogenes Laertius 5,37f.
601, 30   287 aCn.: zwischen Winter 286 und Frühjahr 285.
601, 37   mit ihm theilte die äußerste Armuth ... Hipparchia: vgl. ebd. 6,96 f.
602, 1   forderte er geringe Weiber mit Schimpfreden heraus: vgl. ebd. 6,90.
602, 3   alles Elend und alle Erniedrigung hänge ... am Wohlleben: vgl. ebd. 6,86.
603, 17   man möge ihn nicht ... hinausstoßen ...: vgl. Plutarch, Demetrios 47,6.
603, 21   «wie ein Thier»: ebd. 48,1.
603, 41   286 – oder Februar 285 – ?: Heute wird angenommen, Demetrios habe sich zwischen 286 und 284 ergeben.
604, 3   «Neuerungen»: Plutarch, Demetrios 50,5.
604, 5   sandte nun Seleukos einen Obersten mit 1000 Mann: ebd. 50,6.
604, 13   Unter den spätern Seleuciden ... zu Seleukos Zeit: Strabon 16,2,10.
604, 26   man solle ... Alles ignoriren ...: vgl. Plutarch, Demetrios 51,1.
604, 37   dieß sei eigentlich das Leben ...: ebd. 52,3.
604, 42   starb dort 54jährig: ebd. 52,5.
605, 1   Seleukos fand dann doch Tadel ...: vgl. ebd. 52,6.
605, 7   die weitere Ceremonie wie sie Plutarch beschreibt: ebd. 53.

Macbeth

606, 24   Tieck hat seiner herrlichen Übersetzung: Die Übersetzung selbst stammt von Dorothea Tieck, die aber anonym blieb.
607, 12   die Chronik des Holinshed: Bei den «Chronicles of England, Scotland and Ireland», 2. Aufl. 1587, handelt es sich um eine Kompilation verschiedener Geschichtswerke ohne eigenes Quellenstudium.
607, 28   Boethius: Die 1527 von Hector Boëthius erschienene «Scotorum Historia» war eine der von Holinshed benützten Quellen.
607, 39   Hamlet aus Saxo Grammaticus: In den ersten neun Büchern seiner «Gesta Danorum» überliefert Saxo Grammaticus (um 1150–1220) Volks- und Heldensagen; die eigentliche dänische Geschichte hat er in den Büchern 10 bis 16 festgehalten.
607, 40   Galfred von Monmouth: Geoffrey of Monmouth, Historia Regum Britanniae. – Geoffrey of Monmouth (um 1100–1154) behandelt zum ersten Mal das Märchenmotiv des Königs, der sein Reich unter seine drei Töchter aufteilen will; nachher taucht das Motiv auch bei Holinshed auf.
608, 6   Chronik: Boëthius, lib. 12, fol. 246–254v.
608, 16   medio campo: vgl. Boëthius, fol. 249r; «in der freien Landschaft».
608, 20   muliercula futurorum praescia: ebd., fol. 252v; «die zukunfskundige Frau».
608, 29   «Vetter»: Tieck, 1,2; 1,4; 1,7.
608, 30   cupida nominis regii: Boëthius, lib. 12, fol. 249v; «gierig auf den königlichen Titel».
608, 32   Shakespeare aber blättert ... 70 Jahre zurück ...: vgl. ebd., lib. 11, fol. 220ff.; Tieck 1,5–2,2.
608, 40   I,7 nennt er sich wohl des Königs Vetter: Auch Duncan nennt Macbeth «Vetter», Tieck, z. B. 1,2.

Kommentar

609, 12 (p. 305): Tieck, 2,3 *[ed. Muir, 2,4]*.
609, 15 **Macbeth regiert zehn Jahre trefflich**: Boëthius, lib. 12, fol. 251r.
609, 22 **ad caenam = ad caedem**: ebd.; «zum Mahl = zum Mord».
609, 24 **Der Mord erfolgt draußen**: vgl. ebd.; vgl. Tieck, 3,3.
609, 30 **Macbeth von den Haruspices gewarnt, von den muliercula beruhigt**: vgl. Boëthius, fol. 252v.
609, 37 **Dieß nur die Chronik**: vgl. ebd. fol. 252v f.
610, 2 **daß vor der Zeit Macduff geschnitten ward aus Mutterleib...**: vgl. ebd., fol. 254v; Tieck 5,7 *[ed. Muir, 5,8 f.]*.
611, 11 **Sylvanen = Fanggen**: Teufelchen, wilde Leute, vgl. Grimm, Wörterbuch, Bd. 3, col. 1317 f.
611, 17 **die in Städten wohnenden Zauberinnen... das Leben eines Menschen verzehren können**: Boëthius, lib. 12, fol. 221.
611, 23 **III, 5 und IV, 1**: Die Lieder der Hekate-Szenen sind vermutlich spätere Interpolationen aus Thomas Middletons Drama «The Witch» (entstanden zwischen 1609 und 1616).
611, 38 **(Tieck)**: S. 394 (Anmerkungen).
612, 10 «*So schön und häßlich...*: ebd., 1,3.
612, 11 **Bilde von Joseph Koch (Museum)**: Macbeth und die Hexen, Basel, Öffentliche Kunstsammlung.
612, 12 **Diese Gruppe soll von Genelli sein**: Bonaventura Genelli war an der Ausführung des Bildes nach den Skizzen von Joseph Anton Koch beteiligt.
612, 17 **er hat dessen Tod... vernommen und doch wissen denselben die Hexen schon**: vgl. ebd.
612, 26 *die Versuchung ...*: ebd.
612, 31 «des Dunkels Schergen»: ebd.
612, 35 *komme was kommen mag ...*: ebd.
612, 40 **Erinnerung an Auguste Crelinger**: B. hatte die Schauspielerin im Berliner Hoftheater in der Rolle von Lady Macbeth gesehen; vgl. dazu auch Bl. 7, Anm., und B.s Brief an Rudolf Oeri vom 29. 6. 1887, in: Briefe, Bd. 9, Nr. 1180, S. 83.
613, 15 *kommt, Geister, die ihr lauscht...*: Tieck, 1,5.
613, 18 **die anmuthige Lage des Schlosses...**: ebd., 1,6.
613, 26 *auf dieser Schülerbank der Gegenwart*: Tieck, 1,7.
613, 30 «... *wie ein nacktes ungebornes Kind...*: ebd.; bei Shakespeare und Tieck heißt es «neugebornes Kind».
613, 37 *gespannt zu dieser Schreckensthat ist jeder Nerv*: ebd.
614, 4 «Für heiße That zu kalt das müß'ge Wort.»: ebd., 2,1.
614, 13 *Sprachst du nichts? ...*: ebd., 2,1, *[ed. Muir, 2,2]*.
614, 18 *Mir war als rief es: «Schlaft nicht mehr, Macbeth...*: ebd., 2,2.
614, 37 «*Ich steh in Gottes großer Hand!*»: ebd., 2,3.
614, 38 **Wir glauben diese Scenen entbehren zu können**: B. bezieht sich auf Coleridges Ansicht, die Pförtnerszene sei ein geschmackloser Zusatz von fremder Hand.
615, 7 **zum König «ernannt»**: ebd., *[ed. Muir, 2,4]*.
615, 12 **Nach der Chronik**: Boëthius, lib. 12, fol. 250.
615, 15 **Clemenza di Tito**: Pietro Metastasio, Clemenza di Tito.
615, 21 **im Richard III.**: 3,1.

615, 22   aus dem Munde Tyrrell's der Bericht von...Mördern der Söhne Eduard's IV.: vgl. ebd., 4,3.
615, 36   «Du kannst mein Rächer sein!»: Tieck, 3,3.
616, 4   laut Tieck: S. 393 (Anmerkungen).
616, 17   *Seltsames glüht im Kopf, es will zur Hand...*: Tieck, 3,4.
616, 21   III, 6 erst von Tieck: vgl. ebd., S. 394 f. (Anmerkungen). – Möglicherweise folgte die Szene 3,6 ursprünglich auf die Szene 4,1; vgl. *ed. Muir, p. 104, notes.*
616, 34   das Recept Kaspar's in der Wolfsschlucht: vgl. Carl Maria von Weber, Freischütz, 1.
617, 4   «unsere Meister»: Tieck, 4,1.
617, 8   gemäß der Chronik: Boëthius, lib. 12, fol. 249v.
617, 30   *Nur keine Geister mehr!*: Tieck, 4,1.
617, 34   wie in Richard III: 2,4; 3,1.
618, 10   «sinnverschlossenen»: Tieck, 5,1.
618, 16   die Aeste vom Birnam Wald sollen abgehauen...werden: vgl. ebd. 5,4.
618, 20   Sie hätte später sterben können: ebd., 5,5.
618, 27   *Daß vor der Zeit Macduff geschnitten ward aus Mutterleib:* ebd., 5,7 *[ed. Muir, 5,8].*
618, 31   aus der Chronik: Boëthius, lib. 12, fol. 254v.

Die Briefe der Madame de Sévigné

619, 27   Tochter: Françoise-Marguerite de Sévigné, Comtesse de Grignan.
620, 18   Mitstifterin der Visitandinerinnen: Der kontemplative Frauenorden der Salesianerinnen (Visitantinnen) wurde 1610 von Franz von Sales und Jeanne Françoise de Chantal gegründet.
620, 19   von Benedict XIV. selig und von Clemens XIII. heilig gesprochen: Seligsprechung 1715, Heiligsprechung 1767.
620, 22   relique vivante: Brief vom 24. 5. 1676.
620, 24   *seine* Briefe: Bussy-Rabutin, Correspondance.
620, 30   seine Cousine schonte er nicht: vgl. Bussy-Rabutin, Histoire de Madame de Cheneville, in: Histoire amoureuse, *p. 117–127.*
620, 30   à defaut de vices, il lui suppose des ridicules...: Die von B. benutzte Ausgabe enthält eine einleitende «Notice» des Herausgebers. B. zitiert hier aus dem Abschnitt «Sur la Vie et sur la Personne de Madame de Sévigné», p. LIV.
620, 34   das Hohnepigramm auf das Verhältniß zur Lavallière: vgl. Mémoires, vol. 2, p. 150–157.
621, 5   Adieu, mon sang! – je vous embrasse: Brief vom 19. 5. 1677.
621, 6   j'ai refusé rabutinement: vgl. Brief vom 9. 9. 1675.
621, 11   Introduction: B. bezieht sich auf den Abschnitt über Monsieur de Sévigné in der einleitenden «Notice», p. LXXVI–LXXIX.
621, 11   Sie erwähnt ihn nur einmal: Henri de Sévigné wird mehrmals erwähnt; zu «abîme» vgl. Brief vom 13. 11. 1687.
621, 15   un trésor de folie: Brief vom 7. 6. 1671.
621, 24   Seit 1653 wieder ein Hofleben möglich: Nach der Niederschlagung der

Fronde 1652 konnte der junge Ludwig XIV. wieder in Paris einziehen, ein Jahr später folgte ihm auch Mazarin.

621, 27 **les portraits de toute la cour:** Bussy-Rabutin, Les Mémoires, t. 2, p. 171.

621, 29 **einem 14jährigen Sohn...13jährigen Tochter:** Die Tochter Françoise-Marguerite de Sévigné, Comtesse de Grignan, war die Erstgeborene (1646–1705), Charles de Sévigné war zwei Jahre jünger (1648–1713).

621, 32 **1685 den des Duc de Luynes:** vgl. Brief vom 1. 8. 1685.

621, 34 **der Sturz des Fouquet:** 1661 ließ Ludwig XIV. seinen Finanzminister Nicolas Fouquet verhaften. Die Anklage im Prozeß, der 1664 gegen ihn eröffnet wurde, lautete auf Veruntreuung von Staatsgeldern.

621, 39 **le coadjuteur:** Jean-François-Paul de Gondi, 1643–54 Koadjutor des Erzbischofs von Paris, seit 1652 Kardinal von Retz.

622, 4 **que des siècles entiers...:** Brief vom 29. 9. 1680.

622, 10 **berichtet:** «berichtet sein» für «unterrichtet sein», vgl. Grimm, Wörterbuch, Bd. 1, Sp. 1523.

622, 11 **Diese Briefe an Pomponne...Sympathie für Fouquet:** vgl. Briefe von 1664 an Simon Arnauld de Pomponne, den Freund von Nicolas Fouquet.

622, 20 **1670 Anfang des großen Stromes der Briefe:** Der Briefwechsel mit der Tochter beginnt erst im Februar 1671.

622, 27 **vous ne sauriez croire...toute la joie...:** vgl. Brief vom 28. 5. 1676.

622, 41 **je veux apprendre cette science...:** Brief vom 8. 7. 1676.

623, 1 **les choses abstraites vous sont naturelles...:** vgl. Brief vom 9. 6. 1680.

623, 6 **Train:** «Aufwand», vgl. Grimm, Wörterbuch, Bd. 11,1, Sp. 1171.

623, 11 **ce marmot! Dieu le conserve:** Brief vom 18. 9. 1689.

623, 22 **mes cheveux blancs:** Brief vom 6. 7. 1670.

623, 23 **la mère beauté:** Brief vom 18. 12. 1671.

623, 23 **Ihr Porträt von Mignard:** wird heute C. Lefebvre zugeschrieben; Paris, Musée Carnavalet.

623, 24 **Il n'y a rien de si aimable...:** Brief vom 27. 2. 1671.

623, 26 **quand on n'est plus jeune...:** Brief vom 7. 10. 1671.

623, 31 **on m'honore trop...:** Brief vom 7. 8. 1680.

623, 34 **car la bonne compagnie est de fort bonne compagnie:** Brief vom 1. 10. 1677.

623, 37 **Ma santé me fait honte...:** Brief vom 17. 5. 1680.

623, 38 **Dito; nur die Sorge, es möchte nicht ewig so dauern:** vgl. Brief vom 8. 6. 1689.

623, 39 **Wenn man Butterschnitten speist...:** vgl. Brief vom 19. 2. 1690.

623, 41 **Noch ein Jahr vor ihrem Tode...:** vgl. Brief vom 26. 4. 1695.

624, 3 **«könnte ich 200 Jahre alt werden,...:** Brief vom 27. 6. 1679.

624, 6 **ich will eben sehen...:** vgl. Brief vom 6. 9. 1675.

624, 9 **Je crois en vérité...:** Brief vom 6. 11. 1680.

624, 18 **esprit aimable et merveilleusement droit:** Brief vom 13. 1. 1672.

624, 20 **Pomponne, in dessen Gegenwart...:** vgl. Brief vom 3. 2. 1672.

624, 25 **Il faut ôter l'air...:** Brief vom 1. 7. 1671.

624, 29 **à entrer dans les plaisirs...:** Brief vom 1. 7. 1671.

624, 32 **Und Mme de La Fayette hat...gedroht...:** Brief vom 12. 10. 1689.

624, 38 **je ne me sens aucune décadence:** Brief vom 30. 11. 1689.

624, 40 **Die Du Plessis welche die Sévigné nachahmte...:** vgl. Brief vom 19. 7. 1671.

625, 2   il est plaisant ici, ...: Brief vom 12. 8. 1671.
625, 5   pour le service du Roi: Brief vom 26. 8. 1671.
625, 7   wenn jene weggeht, ...: vgl. Brief vom 5. 10. 1689.
625, 11 Auf einer Reise in der Bourgogne ...: vgl. Brief vom 29. 8. 1677.
625, 15 Je trouvai d'abord ...: Brief vom 6. 8. 1680.
625, 20 Paete, non dolet: Brief vom 27. 1. 1687; «Paetus, es schmerzt nicht», Plinius, Epistulae, 3,16.
625, 22 was hilft mir meine Gesundheit? ...: vgl. Brief vom 20. 5. 1672.
625, 33 l'on se fait une belle âme ...: Brief vom 26. 7. 1675.
625, 35 Bei Todesfällen wie der des Turenne ...: vgl. Briefe vom 31. 7. und 30. 8. 1675.
625, 40 Beim Tod des jungen Comte de Guiche ...: vgl. Brief vom 8. 12. 1673.
626, 4   man denkt hier nicht mehr daran ...: vgl. Brief vom 28. 12. 1673.
626, 13 affaire des poisons: eine Reihe von tödlich verlaufenen Vergiftungen, in welche auch Personen des Hofes verwickelt waren, wie z. B. die Comtesse de Carignan Soissons. Mme Brinvilliers und Mme La Voisin waren für schuldig befunden worden, die «philtres aphrodisiaques» und «poudres de succession» gemischt und vertrieben zu haben; die erstere wurde am 17. Juli 1676 hingerichtet, die zweite am 22. Februar 1680.
626, 14 Mme de Sévigné sah ... die Voisin zum Tode fahren: vgl. die Briefe vom 17. 7. 1676 und 23. 2. 1680.
626, 16 il n'est rien de tel ...: Brief vom 2. 2. 1680.
626, 22 Aufführung der Esther: Racines Tragödie wurde am 26. Januar 1689 uraufgeführt.
626, 23 sie behielt ihre volle contenance ... j'étais en fortune: vgl. Brief vom 21. 2. 1689.
626, 38 varia n: B. verweist auf das Vorbereitungsblatt «*Varia n*», welches u. a. folgendes Exzerpt enthält: «15. December. *Condé's Tod in Fontainebleau*. Il arriva une chose extraordinaire il y a trois semaines, un peu avant que Mr le Prince partît pour Fontainebleau. Un gentilhomme à lui, nommé Vernillon, revenant à trois heures de la chasse, approchant du château (offenbar *Chantilly*, von wannen er gekommen war, nicht Fontainebleau) vit à une fenêtre du cabinet des armes, un *fantôme*, c'est à dire, *un homme enseveli:* il descendit de son cheval et s'approche, il le vit toujours; son valet qui était avec lui; lui dit: Monsieur, je vois ce que vous voyez. Vernillon ne voulant pas lui dire pour le laisser parler naturellement, ils entrèrent dans le château, et prièrent le concierge de donner la clef du cabinet des armes; il y va et trouva toutes les fenêtres fermées, et un silence qui n'avait pas été troublé il y avait plus de six mois. On conta cela à Mr le Prince, il en fut un peu frappé, puis s'en moqua. *Tout le monde sut cette histoire* et tremblait pour Mr le Prince. On dit que ce Vernillon est un homme d'esprit, keiner Visionen fähig; auch hatte der Valet ja die Sache ebenfalls gesehen. Die Sévigné schreibt die Geschichte als völlig wahr an den Präsidenten Moulceau, afin que vous y fassiez vos réflexions comme nous.» Brief vom 13. 12. 1686.
627, 17 «daß man uns nur noch zu begraben brauchte»: vgl. Brief vom 30. 5. 1672.
627, 20 Hätte man mich einst um meine Meinung gefragt, ...: vgl. Brief vom 16. 3. 1672.

627, 25 würde ich nie ein so langes Leben gewünscht haben: vgl. Brief vom 10. 1. 1696.
627, 27 il faut marcher malgré vous: Brief vom 30. 11. 1689.
627, 28 tout est mieux entre ses mains...: Brief vom 10. 1. 1696.
628, 6   on aime mieux dire du mal de soi...: Brief vom 18. 12. 1675.
628, 13 je sais bien ma religion...: Brief vom 15. 1. 1690.
628, 16 «Jedermann Missionär wurde»: vgl. Brief vom 24. 11. 1685.
628, 17 «auf ihr Ehrenwort»: vgl. Brief vom 6. 11. 1689.
628, 19 il y a plus d'affaire...: Brief vom 16. 9. 1676.
628, 22 que j'étais une jolie payenne...: Brief vom 19. 4. 1671.
628, 23 Je ne suis ni à Dieu ni au diable: Brief vom 10. 6. 1671.
628, 26 c'est un saint,...: Brief vom 7. 3. 1685.
628, 29 je vois ce canon chargé de toute éternité: Brief vom 6. 8. 1675.
628, 32 c'est avec de telles gens...: Brief vom 15. 11. 1688.
628, 33 Je vis dans la confiance,...: Brief vom 15. 1. 1690.
629, 3   J'achève tous les livres...: Brief vom 8. 7. 1671.
629, 4   Les choses abstraites...: Brief vom 9. 6. 1680.
629, 11 qu'il passerait avec le café!: Daß Mme de Sévigné geschrieben habe, die Racine-Mode werde wie die Café-Mode vorübergehen, hat zuerst Voltaire im Vorwort zu seiner «Iréna» behauptet; La Harpe und Mirabeau haben dieses einseitig negative Urteil wiederholt, so daß es im 19. Jahrhundert weit verbreitet war; in den heutigen Sévigné-Ausgaben findet sich jedoch keine derartige Briefstelle; vgl. M. E. H. Perreau, Racine et le café dans la correspondance de Mme de Sévigné, in: Mémoires de l'académie des sciences, inscriptions et belles-lettres de Toulouse, Douzième série, t. 13, 1935, p. 165 ff.
629, 15 pour entretenir noblesse: Brief vom 7. 6. 1671.
629, 21 Fléchier: Valentin-Esprit Fléchier, Histoire de Théodose; vgl. Brief vom 29. 5. 1679.
629, 21 Maimbourg: Louis Maimbourg, Histoire de l'arianisme; mehrere Male erwähnt, vgl. z. B. Brief vom 14. 7. 1680.
629, 22 Ihr Gefühl, wie groß es gewesen...: vgl. Brief vom 14. 7. 1680.
629, 25 Mézeray: François Eudes, gen. Mézeray, Histoire de France; vgl. Brief vom 5. 1. 1689.
629, 27 Histoire des croisades: Louis Maimbourg, Histoire des croisades pour la délivrance de la Terre-Sainte; mehrere Male erwähnt, vgl. z. B. Brief vom 14. 9. 1675.
629, 28 Anna Komnena: Alexias; vgl. Brief vom 18. 8. 1677.
629, 28 eine vie de St. Louis... des Joinville: Jean de Joinville, Histoire de Saint Louis; vgl. Brief vom 5. 1. 1689.
629, 31 Davila: Enrico Caterino Davila: Dell'istoria delle guerre civili in Francia; vgl. Brief vom 11. 1. 1690, wo Mme de Sévigné bestätigt, das Werk in der Originalsprache gelesen zu haben.
629, 32 «mon ancien ami»: Brief vom 6. 10. 1679.
629, 33 Citat auch Rabelais: vgl. Brief vom 4. 11. 1671: «O trop heureux, ceux qui plantent des choux! quand ils ont un pied à terre, l'autre n'en est pas loin.» Vgl. auch Rabelais, Pantagruel, t. 4, chap. XVIII.
630, 11 manger mes provisions: vgl. Brief vom 6. 9. 1675. Mme de Sévigné wohnte erst ab 1677 im Hôtel Carnavalet, vgl. Brief vom 7. 9. 1677.

630, 20 **Bauernaufstände in jener Provinz... nach sich zogen:** 1675 lehnten sich die Städte gegen neue Steuern und Gebühren auf («révolte du papier timbré»), und die Bauern rebellierten gegen die Grund- und Lehnsherren («révolte des bonnets rouges»). Diese Aufstände wurden vom Gouverneur Chaulnes, einem Freund der Mme de Sévigné, gewaltsam unterdrückt.
630, 31 **le château de mes pères:** Brief vom 16. 10. 1673.
630, 38 **sie versah dieselben mit... Schrifttafeln:** vgl. Brief vom 8. 9. 1680.
631, 1 **«von welchen... kein Sou mehr da sein wird»:** vgl. Brief vom 27. 5. 1680.
631, 4 **L'aimable serein, le plus ancien de mes amis:** Brief vom 9. 10. 1676.
631, 4 **La solitude de l'entre-chien-et-loup:** Brief vom 25. 7. 1689.
631, 6 **je ferme les yeux en passant...:** Brief vom 8. 9. 1676.
631, 14 **Je trouve des âmes de paysans...:** Brief vom 21. 6. 1680.
631, 24 **j'aime fort tous ces amphithéatres!:** Brief vom 13. 7. 1689.
631, 26 **nos montagnes sont charmantes...:** Brief vom 3. 2. 1695.
631, 40 **J'ai vu les meilleurs ignorants d'ici:** Brief vom 22. 4. 1676.
632, 1 **man braucht die Herrn nur anzusehen...:** vgl. Brief vom 25. 9. 1676.
632, 4 **Am Sterbebette La Rochfoucauld's... Freunde und Familie:** vgl. Brief vom 15. 3. 1680.
632, 7 **Die Princesse de Tarente hat... Mixturen:** vgl. Brief vom 4. 10. 1684.
632, 9 **Mme de La Fayette trinkt Vipernbrühe,...:** vgl. Brief vom 20. 10. 1679.
632, 13 **Riez-en si vous voulez:** Brief vom 13. 6. 1685.
632, 25 **Messieurs, Sie haben ja doch kein Vergnügen...:** vgl. Brief vom 18. 3. 1671.
632, 30 **Die Minister mögen nur... «ihre eigene Schand» lesen:** frei nach Elisabeth Charlotte von Orléans, Briefe, S. 449 f.
632, 39 **1685 Auffangen der Briefe... gegen die Türken standen:** vgl. Brief vom 8. 8. 1685.
633, 1 **Je trouvais Madame mieux...:** Brief vom 6. 1. 1672.
633, 19 **Mon style naturel et dérangé:** Brief vom 3. 2. 1672.
633, 20 **Vous savez que je n'ai qu'un trait de plume...:** Brief vom 27. 9. 1671.
633, 25 **que je n'ai point d'esprit...:** Brief vom 22. 3. 1676.
633, 28 **dem Pferd den Zügel auf den Hals legen:** vgl. Sainte-Beuve, Madame de Sévigné, p. 988.

Mittheilungen über den Barocco

634, 12 **Rathhaus von Köln:** Das im Zweiten Weltkrieg weitgehend zerstörte Alte Rathaus mit der Renaissance-Vorhalle ist heute wieder aufgebaut.
634, 12 **Ottoheinrichs Bau:** Dieser Gebäudeteil des Schlosses von Heidelberg wurde zwischen 1556 und 1566 erbaut; den Schloßbrand von 1764 hat nur die dem Hof zugekehrte Fassade aus rotem Sandstein überlebt.
634, 14 **estilo plateresco:** von span. ‹platero›, Silberschmied; Bezeichnung für Schmuckformen der spanischen Frührenaissance.
634, 17 **Wendel Dietterlin:** B. bezieht sich hier auf die 209 Stiche von Gebäudefassaden und -dekorationen, die Dietterlin, gliedert nach den fünf vitruvianischen Ordnungen, unter dem Titel «Architectura» veröffentlicht hat.

635, 18 **die Kuppeln seit dem Dom von Salzburg:** Die Kirche wurde ab 1614 unter der Leitung von Santino Solari erbaut. Die 1944 eingestürzten Kuppeln sind heute wieder hergestellt.
635, 33 **Klosterneuburg:** B. denkt hier an die Haupttreppe im Stiftsneubau, dem sog. kleinen Escorial bei Wien, der 1730 nach einem Entwurf von Donato Felice d'Allio begonnen wurde.
635, 33 **Brühl:** Der Bau des Schlosses Augustusburg wurde 1725 begonnen; das Treppenhaus, nach einem Entwurf von Balthasar Neumann, wurde ab 1743 erstellt.
635, 33 **Pommersfelden:** Das Schloß Weißenstein wurde unter der Leitung von Johann Dientzenhofer zwischen 1711 und 1718 erbaut. Die Gestaltung der zweiarmigen Freitreppe geht auf Johann Lucas von Hildebrandt zurück.
635, 33 **Würzburg:** Die Residenz, der Sitz der Würzburger Fürstbischöfe, wurde 1719–1790 unter der Leitung von Balthasar Neumann erbaut. Das von ihm entworfene und von Tiepolo dekorierte Treppenhaus wurde von den Zerstörungen im Zweiten Weltkrieg nicht betroffen.
635, 37 **Brera:** Das Projekt für den Umbau des Jesuitenkollegs geht auf Francesco Maria Richini zurück, die Ausführung der Bauarbeiten leiteten nach dem Tode von Richini sein Sohn Gian Domenico und danach Girolamo Quadrio.
635, 37 **Palazzo Madama in Turin:** Die Treppe von Filippo Juvarra war 1721 vollendet.
635, 38 **Das Unicum: Bruchsal mit Treppe in zwei Halbrunden:** Der Ausbau des Treppenhauses im Schloß Bruchsal erfolgte in den Jahren 1730/31 durch Balthasar Neumann. Das Gebäude wurde im Zweiten Weltkrieg zerstört, der heutige Zustand ist das Ergebnis umfassender Wiederaufbauarbeiten.
636, 7 **Schloß von Berlin:** Die Reste des im Zweiten Weltkrieg stark beschädigten Stadtschlosses wurden 1950/51 gesprengt.
636, 9 **Publicationen für Goldschmiede, Plafonds:** z. B. Groteschgen Werk vor Mahler Goldschmidte Stucato.
636, 11 **theilweise von ihm...Bibliothek von Erlangen:** 1710 wurde Decker durch den markgräflichen Hof in Bayreuth zum Inspektor der neuen fürstlichen Gebäude in Erlangen ernannt. Da diese zu jenem Zeitpunkt weitgehend fertiggestellt waren, nahm er kaum einen besonderen Anteil an ihrer Gestaltung.
636, 18 **Dohme's Auswahl von 57 Blättern:** Robert Dohme, Aus Paul Deckers fürstlichem Baumeister.
636, 23 **Pozzo:** Perspectiva pictorum et architectorum.

Die Gemälde des Senators Giovanni Morelli

637, 6 **Bildergalerie...Giovanni Morelli:** B. kannte die Publikation von Gustavo Frizzoni: Collezione di quaranta disegni scelti dalla raccolta del Senatore Giovanni Morelli, Milano 1886. Zudem konnte er die Photographien heranziehen, die Gustav Stehelin in Italien für ihn besorgt hatte, vgl. Briefe Bd. 9, Nr. 1132, S. 29 u. 303, sowie Bd. 10, Nr. 1384, S. 396.

637, 15 *der von 1515 bis 1524 in Bergamo gelebt hat:* Lotto war 1513 bis 1525 in Bergamo tätig.
637, 18 *Von Tizian selbst... einen knienden Geistlichen..., dem Christus entgegenkommt:* Das Bild «Der Erlöser und ein Gläubiger» wird heute Moretto zugeschrieben.
637, 20 *einen ächten Velasquez:* Laut Galeriekatalog ([Gustavo Frizzoni:] Catalogo delle opere d'arte del senatore dottor Giovanni Morelli legate a questa Accademia e costituenti la Galleria Morelli, Bergamo 1892) besaß Bergamo mehrere Velásquez zugeschriebene Bilder; auf Grund dieser Angabe ist es nicht klar, welches Bild B. meint. Heute befindet sich in der Accademia Carrara vom spanischen Künstler das «Bildnis eines Mädchens», ein Legat aus der Sammlung Guglielmo Lochis.
637, 30 *Vittore Pisano (Pisanello), 1380–1456:* Antonio Pisano lebte von 1395 bis 1455; Vasari nennt ihn «Vittore».
637, 35 *eine allerliebste Szene aus der 10. Novelle des 10. Buches des Boccaccio:* Decamerone; es handelt sich um eine Episode aus der Geschichte von Griselda.
638, 3   *(1446–1510):* Botticelli ist 1445 geboren.
638, 7   *Von demselben Maler ist ein Porträt des... Giuliano Medici:* gilt als Werkstattbild; das Original befindet sich in Washington, National Gallery.
638, 11 *Antonio Polajuolo... Tobias mit dem Erzengel Raphael:* Im Katalog von 1892 wird das Bild der «Florentinischen Schule des XV. Jh.» zugeschrieben; gilt heute als ein Gemälde von Francesco Botticini.
638, 14 *einen prachtvollen jugendlichen Evangelisten Johannes von Ercole Grandi (Roberti):* wird heute Lorenzo Costa zugeschrieben.
638, 16 *Giovanni Bellini heißen zwei Madonnen... die andere aus guter bellinesker Zeit stammt:* Der Katalog von 1892 bezeichnet beide Madonnen als Werke Giovanni Bellinis, heute gilt die eine (Inv. 957) als Werkstattbild.
638, 20 *Bergognone (1455 bis 1523):* Das Geburtsdatum von Borgognone ist unbekannt, tätig war er um 1480.
638, 41 *ein herrliches Porträt von Jan Gerrits Cuyp:* Morelli besaß zwei männliche Bildnisse von nordischen Malern; B. scheint hier an dasjenige von Nicolaas Maes zu denken.
638, 41 *Jan Gerrits Cuyp:* Gemeint ist Jacob (Gerritsz.) Cuyp.
638, 42 *ein Frauenbildniß von Govaert Flinck:* im Katalog von 1892 als ein Gemälde von Rembrandt aufgeführt; die heutige Zuschreibung schwankt zwischen Holländischer Schule (1. Hälfte des 17. Jh.) und Dirck Santvoort.
639, 3   *Frans Hals heißt ein Kopf... von Bartholomäus van der Helst:* heute der Holländischen Schule (1. Hälfte des 17. Jh.) zugeschrieben.
639, 4   *die Aesopische Fabel... dem Karel Fabritius:* Aesopus, Fabulae 35 (Halm 64 Ch. 60); das Bild stammt von Barend Fabritius.

Marien Krönung in der bildenden Kunst

640, 4 **Sieg des θεοτόκος im nestorianischen Streit:** Nestor hatte in der Tradition der antiochenischen Theologie die Trennung zwischen göttlicher und menschlicher Natur betont und für Maria den Titel «Christusgebärerin» vorgeschlagen; nach heftiger Kontroverse wurde jedoch vom alexandrinischen Bischof Kyril auf dem Konzil von Ephesus (431) das Dogma von der jungfräulichen «Gottesgebärerin» durchgesetzt.

640, 6 **τοῦ ἀσπασμοῦ:** «die Begrüßung» Mariens durch den Erzengel Gabriel, Lukas 1,26–38.

640, 6 **Purificationis:** die vorgeschriebene «Reinigung» Mariens 40 Tage nach der Geburt und die Darstellung Jesu im Tempel, Lukas 2,22 ff.

640, 7 **ἑορτὴ τῆς ὑπαπάντης ...** Lucas 2,24: «das Fest des Zusammentreffens», Lukas 2,25–38.

640, 9 **die πανήγυρις κοιμήσεως ...** dormitionis Mariae: «das Fest des Schlafes, das Fest der Himmelfahrt oder des Todes Mariens».

640, 15 **Gregorius Turonensis, De gloria martyrum I, 4:** Gregor von Tours, Liber miraculorum in gloria martyrum, *S. 489:* «... und empfing ihre Seele, übergab sie dem Erzengel Michael, und ging von dannen [...] und Christus war wieder da, aufrecht vor ihnen stehend, und umfing den heiligen Leichnam mit einer Wolke und befahl, daß er ins Paradies gebracht würde, wo Maria jetzt, nachdem sie die Seele wieder zu sich genommen hat, mit den Erwählten frohlockt und die Gaben der Ewigkeit genießt».

640, 25 **Laut Nota ... aus Pseudo Melito:** ebd.

640, 30 **De gloria martyrum I, 9 heißt es nur: angelicis choris canentibus ...:** Gregor von Tours, Liber miraculorum in gloria martyrum, *p. 493:* «während die Chöre singen und Christus vorangeht, wird sie ins Paradies gebracht».

641, 1 **Mosaik ... S. Maria in Trastevere ... als Zwischenglied:** datiert 1142–1143.

641, 2 **S. Maria in Domenica, Rom:** Die Mosaiken wurden unter Papst Paschalis I. (817–824) ausgeführt.

641, 8 **Opus Virginis gloriosae von Albertus Magnus:** Auf dem unpaginierten Beiblatt mit Notizen aus Albertus Magnus, Opus Virginis gloriosae, hatte B. notiert: «Von Krönung spricht er nicht.»

641, 12 **«Chuningin des himeles ...:** Beginn der Schlußstrophe des Melker Marienliedes.

641, 13 **des himilis chuniginne:** aus der 3. Strophe der Mariensequenz aus Muri.

641, 14 **das Zitat aus W. von der Vogelweide bei Knackfuss:** Deutsche Kunstgeschichte, Bd. 1, S. 297. Das Zitat stammt aus Walthers Leich, in der Lachmannschen Zählung 4, 32 ff.

641, 20 **die Krönung ... bei Giotto:** B. denkt an das Baroncelli-Polyptychon in Santa Croce, Florenz.

641, 21 **S. Maria Maggiore:** Rom.

641, 32 **Pseudo Melito:** *[Pseudo-]*Melito von Sardes, De transitu Virginis Mariae, *cap. XVIII, col. 1238.*

641, 33 **Jacobus de Voragine:** Legenda aurea, *cap. 115.*

642, 5 **Paris, Strebepfeiler am Chor von Notre-Dame:** 1944 zerstört.

642, 6 **Campo Santo von Pisa ... Simone Memmi:** Die zerstörte «Assunta» wird heute mit einem gewissen Vorbehalt Stefano Fiorentino zugeschrieben. Ein Simone Memmi ist unbekannt; B. verknüpft vermutlich die Namen der beiden Künstler Simone Martini und Lippo Memmi.

642, 10 **Altar des Orcagna in Orsanmichele:** Sellaio und Orcagna: Marientod und Mariae Himmelfahrt, Florenz.

642, 11 **der Tod Mariae ... Ravenna, Santa Maria in porto:** allgemein der Schule von Rimini zugeschrieben; einst in S. Maria in Porto Fuori.

642, 14 **«Wolken» des Melito:** [Pseudo-]Melito von Sardes, De transitu Virginis Mariae, cap. XVIII, col. 1238 f.

642, 17 **Gnadenmutter a' Servi:** Madonna del Manto, Siena, S. Maria dei Servi.

642, 21 **eine auf einer Wolke sitzende Madonna:** siehe den Kommentar zu S. 642, 39.

642, 25 **in dem (nürnbergischen?) Bilde:** konnte nicht identifiziert werden.

642, 26 **in dem Imhoffschen Altar in S. Lorenz:** Gemeint ist die Mitteltafel des von Konrad Imhoff gestifteten Altars in St. Lorenz, Nürnberg. Das Gemälde (um 1420) wird dem Meister des Deichsler-Altares zugeschrieben.

642, 27 **Deutsche Kunst IV.:** Vermutlich bezieht sich B. hier auf Carl von Lützow, Geschichte der Deutschen Kunst, Bd. 4, wo einige Mariendarstellungen abgebildet sind, in denen Maria eine Krone trägt oder über ihr schwebende Engel eine Krone tragen.

642, 27 **das Bild mit den drei Personen der Trinität (Museum):** Französischer (?) Meister von 1457: Die Krönung der Maria, Basel, Öffentliche Kunstsammlung.

642, 34 **Dürer: der Heller'sche Altar:** Die Mitteltafel mit der Marienkrönung wurde 1729 zerstört; die Kopie stammt von Jobst Harrich; Frankfurt, Städel.

642, 36 **Hans Liefrinck: der Schnitzaltar von Altbreisach:** Der Name des Meisters H. L., dessen datiertes und signiertes Hauptwerk der Hochaltar im Münster St. Stephan (Altbreisach) darstellt, konnte noch nicht ermittelt werden. Da auch H. L. Holz- und Kupferstiche geschaffen hatte, wurden früher seine Werke oft Hans Liefrinck zugeschrieben.

642, 37 **Burgkmayr: das Rosenkranzbild in Augsburg?:** Es handelt sich um das Mittelbild des Rosenkranzaltars von Hans Burgkmair d. Ä. in Augsburg, Staatsgemäldesammlungen.

642, 39 **Gentile da Fabriano, Museo di Napoli:** Die «Mariae Himmelfahrt» wird heute Masolino zugeschrieben.

643, 2 **Perugino's wichtige Bilder in Bologna:** Perugino und Mitarbeiter, Madonna in gloria, Pinacoteca.

643, 3 **und Florenz:** Accademia, Mariae Himmelfahrt.

643, 8 **Mantegna Trivulzio:** Madonna Trivulzio; heute Mailand, Museo del Castello Sforzesco.

643, 8 **Macrino d'Alba, in Turin:** Madonna in gloria, Turin, Galleria Sabauda.

643, 9 **das Bild in S. Martino maggiore (Photographie):** wird Lorenzo Costa und Schülern zugeschrieben.

643, 10 **das Bild von Neapel:** wird Pinturicchio und Werkstatt zugeschrieben.

643, 11 **eine wirkliche Incoronata das Hauptbild im Vatican:** in Zusammenarbeit mit Giovan Battista Caporali.

643, 13 **die der Galleria Borghese:** Rom, Vatikan.

643, 26 **S. Maria egiziaca:** Die Büßerin Maria soll während 47 Jahren in der Wüste von Palästina als Einsiedlerin gelebt haben, vgl. Jacobus de Voragine, Legenda aurea, *cap. 54*.

643, 32 **Campo Santo bei Orcagna:** Das Jüngste Gericht; wird heute Bonamico Buffalmacco zugeschrieben.

643, 34 **Im Breviario Grimani:** f. 469r, Tafel 60; Venedig, Biblioteca Marciana.

644, 1 **Adam und Eva ... bei Borgognone:** Das Wandgemälde von Borgognone befindet sich in der Apsis von S. Simpliciano, Mailand.

644, 4 **Veni ad nos ...:** «Komm zu uns, du heilig und heilspendend Gefäß, du hast unsere Freude vollendet», Jacobus de Voragine, Legenda aurea, *ed. Maggioni, p. 805*.

644, 16 **zweimal geübt von Rafael:** Die Krönung Mariens (Pala degli Oddi); Die Madonna von Monteluce, ausgeführt von G. Romano und F. Penni; beide Rom, Vatikanische Museen.

644, 25 **Gaudenzio Ferrari (Vercelli):** Freskenzyklus in S. Cristoforo, Cappella dell'Assunta.

645, 13 **Giotto: Ancona von S. Croce:** Florenz; Eigenhändigkeit umstritten.

645, 15 **Die Legenda aurea meldet ... ein tripudium:** *p. 791*; ein «Jubeln».

645, 19 **Cosimo Rosselli ⌊resp. Sandro⌋:** Cosimo Rosselli wird gewöhnlich nur noch eine Marienkrönung zugeschrieben, Florenz, S. Maria Maddalena dei Pazzi; von Botticelli gibt es Krönungen durch flügellose Engel und durch Gottvater in den Uffizien, Florenz; eine Krönung durch abgeschnittene Hände, also wohl Gottvater, in der Gemäldegalerie, Berlin.

645, 30 **die des Tizian 1518 (Academia Venedig):** S. Maria dei Frari.

645, 33 **Rafaels Transfiguration:** Rom, Vatikanische Museen.

646, 9 **Der Engel welcher bei Melito ... sagt:** *[Pseudo-]Melito von Sardes, cap. III, col. 1233.*

646, 10 **cum Thronis ...:** «mit Engelchören, Engeln und allen himmlischen Tugenden».

646, 12 **in Winer:** Biblisches Realwörterbuch.

646, 13 **angeli, archangeli, throni ...:** «Engel, Erzengel, Throne, Herrschaften, Fürstentümer, Gewalten, Mächte». Die Reihenfolge der Engelchöre schwankt je nach Autor.

646, 16 **cf. bei Schäfer den umständlichen Excurs aus Didron:** Handbuch der Malerei vom Berge Athos.

646, 24 **Virginum cohors. ...:** «das Gefolge der Jungfrauen, der Stand der Erzväter, die Schar der gelehrten Kirchenlehrer, das weiße Heer der Märtyrer».

646, 26 *Malerbuch von Athos:* S. 238.

646, 26 πᾶσα πνοή: «die ganze Geisterwelt».

646, 38 **(p. 512 bei Grässe):** Jacobus de Voragine, Legenda aurea, *ed. Maggioni, p. 791*.

647, 2 *Francesco di Giorgio:* **Die Incoronata ... belle arti zu Siena:** wird Francesco di Giorgio und seiner Schule zugeschrieben; Siena, Pinacoteca Nazionale.

647, 3 **(al.: in Asciano):** Heute wird in Asciano kein Bild mehr Francesco di Giorgio zugeschrieben.

647, 10 **Das Bild *Perugino's* für Vallombrosa:** Assunzione di Maria, Florenz, Galleria dell'Accademia.

647, 14 **Andrea Solario... acht Apostel anwesend:** Pavia, Certosa, Sacrestia Nuova; auf dem Bild sind nur sieben Apostel dargestellt.
647, 17 **Tizian... Gruppe der Apostel:** Venezia, S. Maria dei Frari.
647, 19 **Rafael's Werkstatt: Incoronata di Monte Luce:** ausgeführt von G. Romano und F. Penni, Rom, Vatikanische Museen.
647, 19 **Gaudenzio: die Assunta von Busto Arsizio:** in der Kirche S. Maria in Piazza.
647, 20 **Dosso Dossi: die mißrathene Incoronata... s. den Catalog:** Im Verzeichnis der Dresdner Gemäldegalerie wird das im Zweiten Weltkrieg zerstörte Bild (Kat. Nr. 135) folgendermaßen beschrieben: «Die heiligen Kirchenväter Gregorius, Augustinus, Ambrosius und Hieronymus. Oben in einer Glorie Gott Vater, Maria segnend.» Der heilige Bernardino von Siena war auf dem Gemälde links kniend dargestellt.
647, 24 **Assunta und Incoronata des Paolo Veronese:** vgl. die Assunta im Musée des Beaux-Arts, Dijon, und die ungewöhnliche, Christus und Gottvater vereinigende Incoronata in San Sebastiano, Venedig.
647, 24 **s. das Schema: ... Bl. 18, verso, oben:** Verweis auf B.s Vorlesungsnotizen zur Architektur und Malerei der Renaissance, jetzt im Konvolut PA 207, 152.
647, 26 **Luini: Assunta... im Monastero maggiore:** heute Bernardino Ferrari zugeschrieben; Mailand, S. Maurizio al Monastero Maggiore.

Textkritische Anmerkungen

Cardinal Richelieu

Populärer Vortrag, gehalten am 21. 11. 1872. – Manuskriptbestand: PA, 207, 171, 41: 1 Umschlagblatt mit der Aufschrift Cardinal Richelieu *(Populäre Vorlesungen 21 Nov. 72); 6 Quartblätter mit Vortragsnotizen (paginiert* Richelieu a–f*; recto, teilweise verso beschrieben). – Zeitungsreferate: «Schweizer Grenzpost» Nr. 279, vom 25. 11. 1872. – Erstdruck: Auszüge aus den Vortragsnotizen in GA 7, S. 392 f. – JBW: Manuskript PA 207, 171, 4, Blätter* a–f*; Überschrift gemäß Blatt* a *der Vortragsnotizen.*

1, 3 ff. Cardinal Richelieu a
   1, 14 Mehr] *am Rand ein Kreuz, Bleistift*
1, 29 ff. (Richelieu) b
   2, 3 Persönlichkeiten:] *Doppelpunkt fehlt im Ms.* – 2, 7 und die Intrigue als solche lieben.] *Interlinearzusatz, das vorangehende Komma aus Punkt verändert* – 2, 10 vornehm;] *Semikolon fehlt im Ms.* – 2, 11 Hochverrath;] *Semikolon fehlt im Ms.* – 2, 16 Herkommen –] *Gedankenstrich fehlt im Ms.* – 2, 17 Maria Medici – seine Persönlichkeit –] *Gedankenstriche fehlen im Ms.*
2, 21 ff. (Richelieu) c
   2, 33 Immerhin:] *Doppelpunkt fehlt im Ms.* – 2, 33 1629 das Restitutionsedict] *Interlinearzusatz* – 2, 36 Krieg:] *Doppelpunkt fehlt im Ms.*
3, 5 ff. (Richelieu) d
   3, 7 gegenüber:] *Doppelpunkt fehlt im Ms.* – 3, 8 compromittiert,] *Komma fehlt im Ms.* – 3, 13 zu werden –] *Gedankenstrich fehlt im Ms.* – 3, 16 dazwischen macht... den Hof.] *Interlinearzusatz, vorangehender Gedankenstrich fehlt im Ms.* – 3, 21 Οἷος πέπνυται... Fiction).] *am linken Blattrand ein senkrechter Bleistiftstrich* – 3, 22 Er ist wie im Salon... den Gespenstern.] *Interlinearzusatz* – 3, 23 Mittel] *mit Bleistift unterstrichen* – 3, 32 im kritischen Augenblick] *Randzusatz* – 3, 34 Ersatz der grandsseigneurs] *Randzusatz*
3, 36 ff. (Richelieu) e
   3, 36 Das System des... Wahrscheinlichkeit).] *am linken Blattrand ein senkrechter Bleistiftstrich* – 3, 36 Gehorsams:] *Doppelpunkt fehlt im Ms.* – 3, 38 die von Staatssachen nichts verstehen] *Interlinearzusatz* – 4, 3 gewöhnt sie an die Regierung] *Randzusatz* – 4, 3 Autoren,] *Komma fehlt im Ms.*
4, 19 ff. (Richelieu) f
   4, 25 Richelieus's Einsamkeit... beiden Königinnen.] *am linken Blattrand ein senkrechter Bleistiftstrich* – 4, 30 beiden Königinnen.] *danach gestr.* Seine dauernde Gefahr gegenüber Ludwig XIII., trotz dessen Einsicht in die wahre Lage. – 4, 31 Er ist keine sonnige Natur... Henri IV gemein.] *Zusatz auf Blatt* e *verso* – 5, 1 Zeiten:] *Doppelpunkt fehlt im Ms.* – 5, 2 ausgenommen Anna?] *Randzusatz* – 5, 3 Donchery] *zuerst* Castel Naudary // *nach der Klammer folgt im Ms. nochmals* Dann – 5, 5 (Was freilich... wäre)] *Randzusatz*

Über Besichtigung altdeutscher Bilder

Akademischer Vortrag, gehalten am 3. 12. 1872. – Manuskriptbestand: PA 207, 42 (Reise- und Galerienotizen, München 1877): 1 Folioblatt Über Besichtigung altdeutscher Bilder *mit Vortragsnotizen (recto/verso beschrieben). – Zeitungsreferate: «Basler Nachrichten», Beilage zu Nr. 290, vom 7. 12. 1872. – JBW: Manuskript PA 207, 42, Folioblatt* Über Besichtigung altdeutscher Bilder; *Referat «Basler Nachrichten»; Überschrift gemäß Folioblatt mit den Vortragsnotizen.*

6, 3 ff. *Unpaginiertes Blatt* Über Besichtigung altdeutscher Bilder
    6, 6 characterisirt] *Doppelpunkt fehlt im Ms.* – 6, 17 Oft mehrere Handlungen … Bilde.] *Interlinearzusatz* – 6, 19 Die gebrochenen Falten der Gewänder] *Interlinearzusatz* – 6, 21 das Gewirkte,] *Komma fehlt im Ms.* – 6, 26 Und das Wichtigste … der Sculptur.] *Interlinearzusatz* – 6, 28 Warum soll … nicht angenehm.] *Interlinear- u. Randzusatz* – 7, 14 mit Hülfe … Firniß] *Interlinearzusatz* – 7, 18 Aber Hubert … hatten ihre] *zuerst* Aber Jan van Eyck hatte seine – 7, 19 sie überragen] *zuerst* er überragt – 7, 21 ihnen] *zuerst* ihm – 7, 24 übertrafen Einzelne sie] *zuerst* übertrafen ihn Einzelne – 7, 25 und etwa in der Farbenharmonie] *Interlinearzusatz* – 7, 25 Diese Nachfolger in Flandern] *zuerst* Sie – 7, 39 (oder vollends der italienischen)] *Randzusatz* – 8, 2 Formen:] *Randzusatz, Doppelpunkt fehlt im Ms.* – 8, 5 einheitlicher] *zuerst* in der – 8, 6 das Knien –] *Interlinearzusatz, Gedankenstrich fehlt im Ms.* – 8, 8 Composition:] *Randzusatz, Doppelpunkt fehlt im Ms.* – 8, 10 Mißlingen aller … Bethlehem).] *Interlinearzusatz; davor gestr.* Übrigens die heil. Geschichte meist besser, weil durchgearbeiteter als die Legenden – 8, 15 Und ebenso … verlangen.] *Interlinearzusatz* – 8, 21 Ausdruck des Momentes:] *Randzusatz, Doppelpunkt fehlt im Ms.* – 8, 31 Und dabei … angedeutet.] *Interlinearzusatz* – 8, 34 – oder: Bambino … dem Kreuz;] *Randzusatz, Semikolon fehlt im Ms.* – 9, 4 mit seinen Patronen … Märtyrer] *Randzusatz* – 9, 16 S. Eventius … stehend.] *Randzusatz* – 9, 24 Pius] *Interlinearzusatz* – 9, 28 vom Stich des M. Schön] *Interlinearzusatz* – 9, 29 (Insect … Fratze)] *Randzusatz* – 9, 32 , Ruhe auf der Flucht] *Randzusatz* – 9, 35 Schließlich: die jetzige … Kirchen.] *Interlinearzusatz*
10, 3 ff. *Referat «Basler Nachrichten», Beilage zu Nr. 290, vom 7. 12. 1872*
    11, 23 Rogier] *korrigiert aus* Ragier – 11, 42 Physiognomie] *korrigiert aus* Physignomie – 12, 13 Gottesgebärerin] *korrigiert aus* Gottesgebärerinn

Über das Englische als künftige Weltsprache

Vortrag, gehalten im Winter 1872/73 im Verein Junger Kaufleute. – Manuskriptbestand: PA 207, 171, 42: 3 Quartblätter mit Vortragsnotizen (paginiert Das Englische als künftige Weltsprache a–c; *recto/verso beschrieben); 1 Beiblatt (unpaginiert; recto/verso beschrieben) mit Exzerpten aus De Candolle: Histoire des Sciences et des Savants, S. 411–426, Überschrift De Candolle p. 411:* De l'avenir probable de l'espèce humaine. *– JBW: Manuskript PA 207, 171, 42,* a–c; *Überschrift gemäß Blatt* a *der Vortragsnotizen.*

14, 3 ff. Über das Englische als künftige Weltsprache a
14, 4 und auf den Oceanen... vor] *Randzusatz* – 14, 8 in der Regel] *Randzusatz* – 14, 11 Aussicht auf] *Interlinearzusatz, violette Tinte* – 14, 18 für unsere Betrachtung] *Interlinearzusatz* – 14, 26 und von wem? –] *Randzusatz* – 14, 34 1872/73 (Für den Verein Junger Kaufleute)] *Zusatz über dem Titel, Datum mit Bleistift, Klammer mit violetter Tinte. Ein Interlinearzusatz mit Bleistift* Winter 1872/3 *stammt möglicherweise nicht von B.*
15, 17 ff. (Das Englische als künftige Weltsprache) b
15, 36 gegenüber letztern] *zuerst* gegen letztere – 16, 5 Das Deutsche ist eine jener reichen Ursprachen.] *Randzusatz* – 16, 8 von ihrer Schönheit nicht zu sprechen] *Randzusatz* – 16, 9 an Formen] *Interlinearzusatz* – 16, 22 Die ganze Correspondenz... mindesten] *Randzusatz*
16, 35 ff. (Das Englische als künftige Weltsprache) c
17, 21 aus England, Irland, Deutschland] *Randzusatz* – 17, 33 freilich] *Interlinearzusatz* – 17, 37 wäre sehr bedenklich.] *folgt ein unpaginiertes Beiblatt:* De Candolle p. 411: De l'avenir probable de l'espèce humaine: Nachdem sich die Menschen noch unendlich vermehrt, nachdem sich die Racen noch stark gekreuzt, nachdem die schwächsten Racen verschwunden (Australneger, Polynesier, Hottentotten, americanische Stämme) ⌊cf. Hartmann, Philosophie des Unbewußten, p. 341⌋ – und indem abgesehen wird von großen Veränderungen der Erdoberfläche (Hebungen und Senkungen), von allvertilgenden Pestilenzen, von großen climatischen Veränderungen (neuen Eisperioden etc.), von Aenderungen des Sonnensystems etc. – bleibe für eine allerdings ferne Zukunft folgendes gewiß: / Abnahme der Metalle und der leicht erreichbaren Steinkohlen ⌊(vom Holz nicht zu reden)⌋ wie sehr auch Wissenschaft und Technik nachhelfen mögen. Die civilisirtesten Völker werden die unglücklichsten sein. Eisenbahnen und Dampfschiffe hören auf; und das Gas! Die Industrie höchst reducirt. Am besten werden sich genügsame Völker der heißen Zone noch zu helfen wissen und also auch am längsten sich in Massen behaupten, obwohl ebenfalls im Verfall durch den Mangel der Metalle. / Ferner die Erniedrigung der Gebirge par l'effet de l'action incessante des eaux, de la glace et de l'air. Je mehr die Flüsse den Schutt hievon in die Meere führen, werden die Meere steigen und das Land abnehmen. Auf Schiffen wird man nicht weiterleben können, da Holz und Metall werden ausgegangen sein. Isolirte Menschengruppen würden auf Vulcankegeln etc. weiterleben. / Abgesehen hievon, und schon vorher: Die Erniedrigung der Gebirge wird die Verdichtung der Wasserdämpfe verringern und damit werden die sterilen Gegenden zunehmen; einzelne Länder werden aussehen wie das Innere von Australien. (Folgt daß vielleicht inzwischen die Menschen erfunden hätten, die Proportion der männlichen und weiblichen Geburten zu regeln). / Die Continente also vertrocknet oder in Archipels zerklüftet; intelligente und zähe Völker, jetzt alle auf die Küsten verwiesen schon um der Nahrung willen, können sich dann noch lange behaupten; auch wird es ohne Metall und Brennmaterial keinen Krieg mehr geben. / Beim Vordringen des Eises vom Nord- und Südpol her wird bes. die in den bisher gemäßigten Climaten jetzt zerstreut lebende weiße Race leiden; – die Farbigen in den heißen Archipels ⌊Ländern⌋ weniger. / Zunächst freilich gönnt uns Autor noch 1000 Jahre Menschenzuwachs, Racenkreuzung und

une prospérité de plus en plus marquée. Dann erst beginne der Verfall. / Die Ausmalung jener nähern Zukunft aus Spencer und Galton und Autors Bedenken etc.

Thomas Morus und die Utopia

Akademischer Vortrag, gehalten am 18. 2. 1873. – Manuskriptbestand: PA 207, 171, 43: 1 Umschlagblatt mit der autographen Aufschrift Thomas Morus und die Utopia, *darunter mit Bleistift und vermutlich nicht autograph* Vorlesung: Thomas Morus und seine Utopie / 18. Februar 1873; *1 Übersichtsblatt (unpaginiert; recto/verso beschrieben); 9 Quartblätter (teilweise paginiert; recto/verso beschrieben) mit Notizen und Exzerpten aus Thomas Morus: Utopia, ed. Basileae 1563; 8 Quartblätter (unpaginiert; recto/teilweise verso beschrieben) mit thematisch geordneten Vortragsnotizen, nämlich 1 Einleitungsblatt* Thomas Morus, *6 Blätter* [Utopien:] Allgemeiner Zustand, Bildung, Staatswesen, Auswärtige Verhältnisse, Ethik und Religion, Clerus, *1 Schlußblatt zu Thomas Morus; 2 Quartblätter (recto/verso beschrieben) aus B.s Vorlesung «Neuere Geschichte» (PA 207, 138), mit der Überschrift* Ende des Thomas Morus, *paginiert* Zu Beilage zu Neuere Geschichte 17, c; *3 Quartblätter (unpaginiert; recto/verso beschrieben) mit Notizen und Exzerpten aus Rudhart: Thomas Morus. – Zeitungsreferate: «Schweizer Grenzpost» Nr. 44, vom 21. 2. 1873. – Erstdruck: partieller Abdruck bei Werner Kaegi: Europäische Horizonte im Denken Jacob Burckhardts, Basel 1962, S. 34–42. – JBW: Manuskript PA 207, 171, 43, 8 Quartblätter mit thematisch geordneten Vortragsnotizen, die Blattfolge entspricht der Anordnung im Manuskript; Überschrift gemäß Umschlagblatt.*

18, 3 ff. *Unpaginiertes Einleitungsblatt* Thomas Morus
    18, 8 Vielleicht erfahren wir ... und theuer erschien.] *Interlinear- und Randzusatz* – 18, 17 wesentliche] *zuerst* lauter *Korrektur mit violetter Tinte* – 18, 18 Das Werthvolle ... reichlich giebt.] *Interlinearzusatz* – 18, 20 Morus] *danach gestr.* (Seine Herkunft, Jugend und Bildung) – 18, 29 Morton – humanistische ... griechischen Neuen Testamentes] *Gedankenstriche fehlen im Ms.* – 18, 34 goldenes] *im Ms. als Symbol* – 19, 7 «König von Frankreich»):] *Doppelpunkt fehlt im Ms.* – 19, 8 Eroberungen ... Diebstahl zu hart] *Gedankenstriche fehlen im Ms.*

19, 25 ff. *Unpaginiertes Blatt* Utopien. – Allgemeiner Zustand
    19, 28 Communismus] *mit Bleistift unterstrichen* – 19, 37 gleichmäßig; dreistöckig] *Randzusatz* – 20, 6 Niemand soll inops und mendicus sein] *Randzusatz* – 20, 8 materiellen] *Interlinearzusatz* – 20, 9 die dann um des guten Beispiels willen dennoch arbeiten] *Randzusatz* – 20, 28 Gold und Silber] *im Ms. als Symbole*

20, 37 ff. *Unpaginiertes Blatt* Utopien – Die Bildung.
    21, 3 Natur,] *Komma mit Bleistift* – 21, 3 derselben,] *Komma mit Bleistift*

21, 7 ff. *Unpaginiertes Blatt* Utopien – Staatswesen, Beamte etc.
    21, 12 Morus] *zuerst* Er

21, 26 ff. *Unpaginiertes Blatt* Utopien – Auswärtige Verhältnisse.
    21, 34 Gold und Silber] *im Ms. als Symbole*

22, 3 ff. *Unpaginiertes Blatt* Utopien – Ethik und Religion.
23, 18 Nachmittags: Spiel und Kriegsübung.] *Randzusatz*
23, 19 ff. *Unpaginiertes Blatt* Utopien. – Der Clerus.
23, 33 ff. *Unpaginiertes Blatt* Morus in den königlichen Dienst gezwungen...
24, 23 sonst] *Interlinearzusatz* – 24, 27 immerhin ziemlich unvollkommenen] *Randzusatz* – 24, 29 eine] *zuerst* die – 24, 31 eines erkannten Rechtes,] *Interlinearzusatz*

Bei Anlass von Vereinsphotographien

Akademischer Vortrag, gehalten am 11. 11. 1873. – Manuskriptbestand: eingelegt in PA 207, 39 (Reise- und Galerienotizen, Niederlande): 4 Quartblätter mit Vortragsnotizen (paginiert Bei Anlass von Vereinsphotographien a–d; *recto/verso beschrieben; Ergänzungen mit violetter Tinte). – Zeitungsreferate: «Basler Nachrichten» Nr. 269, vom 13. 11. 1873 – JBW: Manuskript PA 207, 39, Blätter* Bei Anlass von Vereinsphotographien a–d; *Überschrift gemäß Blatt* a *der Vortragsnotizen.*

25, 3 ff. Bei Anlass von Vereinsphotographien. a
25, 9 Tracht,] *Interlinearzusatz* – 25, 10 dient] *im Ms. folgt eine Endklammer* – 25, 17 ähnlich wie aus... des XV. Jahrhunderts] *violette Tinte* – 25, 20 Ferdinand Bol] *Interlinearzusatz* – 25, 20 und die sonst unbekannten... Ravestein] *zuerst* und der sonst unbekannte De Bray etc. – 25, 22 (nicht der Träger, aber)] *Randzusatz* – 25, 23 für uns] *Interlinearzusatz* – 25, 33 eher der Nachfolger] *violette Tinte* – 26, 5 Endlich der Wetteifer... der Aufgabe.] *Randzusatz* – 26, 12 oder] *im Ms. zuerst ein Komma* – 26, 15 – Es ist die... gesehen haben.] *Randzusatz, violette Tinte* – 26, 18 sonst einige der ersten] *zuerst* sonst die ersten – 26, 21 Die forces digestives] *Randzusatz* – 26, 25 (Sobald der Kragen... sein muß!)] *Interlinearzusatz, im Ms. nur Endklammer, violette Tinte* – 26, 25 weichen] *Interlinearzusatz* – 26, 28 und Louvre] *Interlinearzusatz* – 26, 32 Rembrandt verräth... mitlaufen konnten] *violette Tinte*
26, 34 ff. (Bei Anlass von Vereinsphotographien) b
26, 35 cf. den großen Teniers der Ermitage] *violette Tinte* – 26, 38 Nur die grauen Strümpfe fatal] *violette Tinte* – 26, 39 Die Aufmärsche... Malereien gehabt?] *violette Tinte* – 27, 7 Neben a) dem Aufmarsch... eine Berathung.] *violette Tinte* – 27, 11 wird] *zuerst* ist – 27, 13 Solche kommen... schildern.] *Randzusatz* – 27, 13 vielleicht] *violette Tinte, zuerst* gewiß – 27, 21 (Für Belgien... Wauters p. 301).] *Randzusatz, violette Tinte* – 27, 25 Hier ist... Doelen-Stukken] *violette Tinte* – 28, 1 schon 1632] *Randzusatz* – 28, 2 Chirurgenzunft] *zuerst* Chirurgengilde *mit violetter Tinte:* zunft – 28, 6 Sie haben... Sitzungsmüdigkeit.] *violette Tinte*
28, 13 ff. (Bei Anlass von Vereinsphotographien) c
28, 15 sog. Provinzen] *Interlinearzusatz, blau-violette Tinte* – 28, 18 Es ist der Terburg... assemblée d'ecclésiastiques.] *Randzusatz, violette Tinte* – 28, 21 (van Keulen?)] *Randzusatz, violette Tinte* – 28, 26 Regentenstukken... Elite eine höhere.] *violette Tinte* – 28, 32 lassen.] *darunter folgt ein*

Querstrich – 28, 35 Nicht umsonst hatte... wie ein Souvenir] *Randzusatz* – 28, 36 Es ist wenigstens eine Art Elite.] *violette Tinte* – 28, 37 Für Belgien... von 1695] *violette Tinte* – 29, 5 jene] *zuerst* diese – 29, 8 überstrahlen] *zuerst* überschatten *mit violetter Tinte:* strahlen – 29, 16 Jh.] *Interlinearzusatz* – 29, 20 Rubens malt... und wie! –] *Interlinearzusatz* – 29, 32 (Louvre)] *Interlinearzusatz* – 29, 32 (Academie Wien)] *Interlinearzusatz* – 29, 33 oder ein Gärtchen;] *Randzusatz*
29, 35 ff. (Bei Anlass von Vereinsphotographien) d
29, 36 ließen sich] *zuerst* werden – 29, 39 (heißt jetzt de Hoogh)] *violette Tinte* – 30, 4 geistliche] *mit violetter Tinte unterstrichen* – 30, 11 Dann bei den Florentinern... Zeitgenossen] *Randzusatz* – 30, 14 wie das geistliche] *Randzusatz* – 30, 25 sowie der Vereinsphotographie] *Randzusatz* – 30, 31 historischen Bildern] *mit Bleistift unterstrichen* – 30, 33 (paradoxer Weise)] *Randzusatz* – 30, 40 Assistenz] *violette Tinte* – 31, 4 nämlich aus verschiedenen Vergangenheiten] *Interlinearzusatz, Gedankenstriche fehlen im Ms.*

Über niederländische Landschaftsmalerei

Akademischer Vortrag, gehalten am 18. 11. 1873. – Manuskriptbestand: eingelegt in PA 207, 165 (Vorlesung «Französische Malerei, Holländische Malerei») als Ergänzung des Vorlesungsmanuskriptes: 5 Quartblätter mit Vortragsnotizen (paginiert niederländische Landschaft a–e; *recto/verso beschrieben; zu der ursprünglichen Blattpaginierung* a–e *kommt eine spätere, auf das Vorlesungsmanuskript PA 207, 165 bezogene Bleistiftpaginierung vor 273,* a *bis vor 273,* e *hinzu. – Zeitungsreferate: «Allgemeine Schweizer Zeitung» Nr. 50, vom 27. 11. 1873; «Basler Nachrichten» Nr. 277, vom 22. 11. 1873. – Erstdruck: partieller Abdruck bei Kaegi, Bd. 6.2, S. 758–760. – JBW: Manuskript PA 207, 165,* niederländische Landschaft a–e; *Überschrift gemäß Blatt* a *der Vortragsnotizen. Eine Edition des Manuskripttextes erfolgt auch innerhalb von JBW 18 («Kunst des 17. und 18. Jahrhunderts»).*

32, 3 ff. Über niederländische Landschaftsmalerei a [vor 273, a]
32, 14 Landschaften] *davor gestr.* italienischen – 32, 14 italienischen Characters] *Interlinearzusatz* – 32, 16 Tivoli] *Interlinearzusatz* – 32, 16 (Gruppe des Berghem... Both etc.)] *Interlinearzusatz* – 32, 18 (Auch wieder nicht Veduten)] *Interlinearzusatz* – 32, 20 mit] *Interlinearzusatz* – 32, 21 hie und da] *zuerst* öfter – 32, 21 damit sich der Beschauer... interessire] *zuerst* um der bestimmten Gegend (meist Wasser mit einer Stadt) willen – 32, 22 mehr oder weniger kenntlichen] *Interlinearzusatz* – 32, 24 selbst] *Interlinearzusatz* – 32, 25 (das innere Bild)] *Interlinearzusatz* – 33, 5 Von Seiten... vorkommen.] *Interlinearzusatz* – 33, 8 Von ihrem Leben... Mährchen gehen.] *Interlinear- und Randzusatz* – 33, 13 Dann die Marinemaler... Vlieger etc.] *Interlinearzusatz* – 33, 13 Willem] *Interlinearzusatz* – 33, 19 Ferner die... oft gleicht] *Interlinearzusatz*
33, 26 ff. (niederländische Landschaft) b [vor 273, b]
33, 26 und beim Spiegeln im Wasser] *Randzusatz* – 33, 27 Gerne zum... zu 1.] *Interlinearzusatz* – 33, 28 Der Silberton] *Interlinearzusatz* – 34, 2 Und doch... jeder Andere.] *Interlinearzusatz* – 34, 11 zu geben:] *darunter Ver-*

merk verte: – 34, 27 und Wynants] *Interlinearzusatz* – 34, 28 kaum gemüthlich] *Randzusatz* – 34, 31 Die Windmühle...mächtige Flügel.] *von B. bezeichnete Textumstellung, zuerst nach Holzcanals zu wichtig.* – 34, 39 bewegten süßen] *mit violetter Tinte unterstrichen* – 34, 39 bewegten salzigen] *mit violetter Tinte unterstrichen*

35, 1 ff. (niederländische Landschaft) c [vor 273, c]
35, 1 (Ruysdaels)] *Interlinearzusatz* – 35, 1 (hie und da doch!)] *Randzusatz, Bleistift* – 35, 2 (o freilich!)] *Interlinearzusatz* – 35, 3 wie eine Forelle] *Interlinearzusatz* – 35, 3 Ruysdaels Wasserfälle...ruhiger Mittelgrund] *Interlinear- und Randzusatz* – 35, 8 (Museum von Haag)] *Randzusatz* – 35, 11 hellen] *Interlinearzusatz* – 35, 12 sonst dunkeln] *Randzusatz* – 35, 20 seine Eichen...kömmt vor.] *Interlinear- und Randzusatz* – 35, 24 ihm oder ein] *zuerst* ihm. Ein – 36, 6 kaum] *Interlinearzusatz*

36, 9 ff. (niederländische Landschaft) d [vor 273, d]
36, 23 der Wellen] *Interlinearzusatz* – 36, 37 und oben an den Wolken] *Randzusatz* – 36, 39 kleinen] *Interlinearzusatz* – 36, 41 hoher Himmel] *zuerst* hohe Luft

37, 1 ff. (niederländische Landschaft) e *zuerst* b [vor 273, e]
37, 1 Die Malerei] *zuerst* Sie – 37, 3 Höhe] *Interlinearzusatz* – 37, 3 Das Minimum wirkt als ein Infinitum.] *Interlinearzusatz, violette Tinte* – 37, 9 Wenn er das...auch gekonnt.] *Interlinearzusatz* – 37, 17 bezwungen] *zuerst* gezwungen – 37, 22 Meisterschaft] *davor gestr.* höchste – 37, 29 zu unserm Geiste reden will.] *nachfolgender Querstrich mit Bleistift*

Ludwig XI. von Frankreich

Populärer Vortrag, gehalten am 27. 11., 4. und 11. 12. 1873. – Es sind keine handschriftlichen Aufzeichnungen zum Vortrag erhalten. – Zeitungsreferate: «Allgemeine Schweizer Zeitung» Nr. 54, 62 und 68, vom 2., 11. und 18. 12. 1873; «Schweizer Grenzpost» Nr. 290 und 297, vom 8. und 16. 12. 1873; «Schweizerischer Volksfreund» Nr. 296 und 298, vom 15. und 17. 12. 1873. – JBW: Referat «Allgemeine Schweizer Zeitung»; Überschrift übernommen aus dem von Hans Trog erstellten Verzeichnis der Vorträge in GA 14, S. 512.

38, 3 ff. *Referat «Allgemeine Schweizer Zeitung» Nr. 54, 62 und 68, vom 2., 11. und 18. 12. 1873*
39, 5 Flandern] *korrigiert aus* Flanderu – 39, 9 ausbedungen] *korrigiert aus* ansbedungen – 39, 9 bloßstellte] *korrigiert aus* blosstellte – 39, 16 Dauphin] *korrigiert aus* Dauphiu – 39, 36 Neue] *korrigiert aus* Nene – 40, 14 König] *korrigiert aus* Köuig – 40, 21 größten] *korrigiert aus* größsten – 40, 31 nur] *korrigiert aus* nnr – 41, 3 «Tugend»] *korrigiert aus* «Tngend» – 41, 39 mit] *korrigiert aus* mil – 42, 39 Ludwig] *korrigiert aus* Lndwig – 43, 17 wurden] *korrigiert aus* wnrden

Leben und Sitten des Adels um 1500

Populärer Vortrag, gehalten am 5. (wiederholt am 6.), 12. und 19. 11. 1874. – Manuskriptbestand: PA 207, 171, 44: 1 Umschlagblatt für den gesamten Faszikel mit der vermutlich nicht autographen Bleistiftbeschriftung Vorlesung. Leben und Sitten des Adels um 1500, Bernoullianum 5., 12., 19. November 1874, *darunter die autographe, mit Tinte geschriebene Aufschrift* Zimbernsche Chronik. Auszug nach Sachen. *Das Umschlagblatt enthält: 1 Übersichtsblatt (quart; recto/verso beschrieben, mit Bleistift durchgestrichen); 10 Quartblätter mit Vortragsnotizen (2 Einleitungsblätter unpaginiert, 8 Blätter paginiert* a–h*; recto/verso beschrieben), 1 inneres Umschlagblatt mit der autographen Aufschrift* Zimmern'sche Chronik, *darin 123 Quartblätter (teilweise paginiert; teilweise recto/verso beschrieben) mit thematisch geordneter Zusammenstellung von Exzerpten aus der Zimmerischen Chronik und einem Exzerpt (violette Tinte) aus der Limburger Chronik; 1 Quartblatt (unpaginiert; recto/verso; schwarze Tinte) mit Exzerpten aus der Flersheimer Chronik. – Zeitungsreferate: «Schweizer Grenzpost» Nr. 264, 272 und 278, vom 7., 17. und 24. 11. 1874; «Schweizerischer Volksfreund» Nr. 276 und 277, vom 21. und 23. 11. 1874; Zusammenfassung des zum zweiten Mal vorgetragenen ersten Teils in den «Basler Nachrichten» Nr. 265, vom 9. 11. 1874. – JBW: Manuskript PA 207, 171, 44, Einleitungsblätter und Blätter* a–h*; Überschrift gemäß Referat in der «Schweizer Grenzpost».*

45, 3 ff. *Unpaginiertes Einleitungsblatt*
45, 12 kam] *davor gestr.* war – 45, 29 mitregierende] *zuerst* regierende – 45, 32 übrigens] *zuerst* sonst – 47, 14 Sigmaringen] *Randzusatz*
47, 16 ff. *Unpaginiertes Einleitungsblatt*
47, 16 Den Ausländern... Quirini] *Zusatz am Kopf der Seite* – 47, 16 Ausländern] *mit blauem Farbstift unterstrichen* – 47, 18 vollends] *Interlinearzusatz* – 47, 26 nach unserer Meinung] *Interlinearzusatz* – 47, 28 Und als ob... Erdoberfläche etc.)] *Randzusatz* – 47, 32 Wollen] *Interlinearzusatz* – 47, 33 kategorien] *Interlinearzusatz* – 48, 2 freilich] *zuerst* aber – 48, 2 ihre] *zuerst* seine – 48, 3 Weil sie aber, für] *zuerst* Sie macht uns das objective Urtheil leicht, weil sie für – 48, 3 gräfliche] *Interlinearzusatz* – 48, 17 deutsche oder gar] *Interlinearzusatz* – 48, 23 oder doch... gewordenen] *Randzusatz*
48, 24 ff. a
48, 29 ist der Grundbesitz... über die Leute:] *zuerst* sind Grundbesitz und Rechte theoretisch ewig – 49, 2 genau] *zuerst* gut – 49, 3 und Entfremdung vom Stamm] *Randzusatz* – 49, 6 d. h.] *Interlinearzusatz* – 49, 8 über einzelne Menschenclassen... Beschäftigungen] *Randzusatz* – 49, 23 und das Reich... mahnen] *Randzusatz* – 49, 26 Luxemburg oder] *Interlinearzusatz* – 49, 27 gerade] *zuerst* jetzt – 49, 31 ihm leicht wieder als] *zuerst* dem – 49, 32 oder besaß (abgesehen vom Hauptgut)] *Interlinearzusatz* – 50, 4 würde] *zuerst* wollte – 50, 13 zu Burgle;] *Semikolon fehlt im Ms.*
50, 18 ff. b
50, 26 I, 226... Wildenstein)] *Interlinearzusatz* – 50, 28 Land] *Interlinearzusatz* – 50, 32 über Mein und Dein] *Interlinearzusatz* – 50, 32 des eignen Hauses] *mit Bleistift unterstrichen* – 50, 33 s. unten] *Randzusatz* – 50, 36 Die

Ausweisung... nicht geleistet] *Interlinearzusatz* – 50, 38 schwer] *zuerst* selten – 51, 4 und bis man... mußte] *Interlinear- und Randzusatz* – 51, 18 – sie sind... frei] *Randzusatz* – 51, 30 auf den Feldern – Wegnehmen... Weiherbach – Gerichtsbeamte] *Gedankenstriche fehlen im Ms.*

51, 40 ff. c

52, 11 Die Race:] *Doppelpunkt fehlt im Ms.* – 52, 12 Veit Werner... Inspruck auf] *Randzusatz* – 52, 13 Erziehung und... von Zimbern] *von B. bezeichnete Textumstellung, zuerst nach* Bastian Speet – 52, 16 (das Geld... nicht).] *Randzusatz* – 53, 13 an Rottweil] *Randzusatz* – 53, 17 Erbtheilungshändel:] *Doppelpunkt fehlt im Ms.*

53, 24 ff. d

54, 10 Bastard-Töchter] *zuerst* Töchter – 54, 14 von der Seitenlinie] *Randzusatz* – 54, 28 d. ä.] *Interlinearzusatz* – 55, 1 goldene] *im Ms. als Symbol*

55, 12 ff. e

55, 14 der laut... lebte?] *Randzusatz, Gedankenstriche fehlen im Ms.* – 55, 36 man fing... brandschatzte sie,] *Interlinearzusatz* – 55, 38 Genossen] *zuerst* Leute – 56, 8 wie für ein Compagniegeschäft –] *Randzusatz* – 56, 9 Der verrufene Adel des Hegau's.] *Randzusatz* – 56, 26 Jetzige] *Randzusatz* – 56, 30 nach] *zuerst* zu – 56, 33 bei den Vorfahren] *darüber Interlinearzusatz* Anweil

56, 35 ff. f

57, 16 Andere freilich... verbranntes Schloß] *Interlinear- und Randzusatz* – 57, 21 (Betrug möglich)] *Randzusatz* – 57, 22 Nöthigung... Turnier um.] *Interlinearzusatz* – 58, 3 da dunkle Versimpelung eintrat.] *Interlinear- und Randzusatz* – 58, 4 (Obwohl... wird)] *Interlinearzusatz* – 58, 18 Tinte statt... des Jünglings] *Randzusatz* – 58, 19 (Graf von Bitsch)] *Randzusatz* – 58, 23 Die Worte... Werdenberg.] *Interlinearzusatz*

58, 29 ff. g

58, 35 Die nicht adlichen... Anecdoten über sie.] *von B. bezeichnete Textumstellung, zuerst nach* forcht ich ihn nit) – 58, 35 in dieser Chronik] *Randzusatz* – 58, 36 sie] *zuerst* sich, *Korrektur mit Bleistift* – 59, 19 Astrologie] *zuerst* Alchymie – 59, 30 – außer allen... Gespenstern] *Randzusatz*

60, 11 ff. h

60, 32 silberne] *im Ms. als Symbol* – 60, 33 in den Klöstern] *Randzusatz* – 60, 34 Zerrüttung des Benedictinerordens] *Randzusatz*

Niederländische Genremalerei

Akademischer Vortrag, gehalten am 24. 11., 1. 12. und 8. 12. 1874. – Manuskriptbestand: PA 207, 171, 45: 1 Umschlagblatt mit der autographen Aufschrift Niederländische Genremalerei *und mit den Bleistiftdatierungen* November 1874 *sowie* 24. November *und* 8. December; *1 Quartblatt (unpaginiert; recto/verso beschrieben) mit der Überschrift* Vorbemerkung; *33 Quartblätter mit Vortragsnotizen (paginiert 1–33; recto/teilweise verso beschrieben); 2 Quartblätter (unpaginiert; recto/verso beschrieben) mit der Disposition für die Blätter 20–33; 2 Quartblätter und 1 Oktavblatt (unpaginiert; recto beschrieben) mit biographischen Angaben zu einzelnen Malern. – Zeitungsreferate:* «Allgemeine Schweizer

Zeitung» Nr. 282 und 297, vom 28. 11. und 16. 12. 1874. – Erstdruck: Dürr, S. 60–102; GA 14, S. 110–150. – JBW: Manuskript PA 207, 171, 45, Vorbemerkung *und Blätter 1–33; Überschrift gemäß Umschlagblatt.*

62, 3 ff. Unpaginiertes Einleitungsblatt Vorbemerkung.
    62, 8 – das im Ganzen ... gelangt ist –] *Randzusatz, Gedankenstriche fehlen im Ms.* – 62, 18 der Sache] *zuerst* des Gegenstandes – 62, 20 Verdeutlichung] *zuerst* Feststellung – 62, 22 – ohne daß das Wort existirt hätte –] *Randzusatz, Gedankenstriche fehlen im Ms.* – 62, 29 die genaue Trennung nach Gattungen] *davor gestr.* aus einer Gattung in die andere – 62, 31 nahezu] *Randzusatz* – 62, 31 starke] *zuerst* mächtige – 62, 32 wenn sie die großen] *zuerst* wenn es sich um die großen – 62, 35 seit Diderot?] *Bleistift*
63, 7 ff. 1
    63, 9 den] *Randzusatz* – 63, 19 und der Besteller große Mittel] *Randzusatz* – 63, 24 Die Scenen aus ... griechischen Vasen.] *Interlinearzusatz* – 63, 26 In der Diadochen-Zeit ... Comödienscenen.] *Randzusatz* – 64, 4 oder moralisch-allegorische] *Randzusatz*
64, 10 ff. 2
    64, 15 dito dessen Novellenbilder etc.] *Randzusatz* – 64, 35 – ein Stück aus seiner Traumwelt] *Randzusatz* – 64, 41 oder heroischen] *Interlinearzusatz, daneben nochmals mit Bleistift* oder heroischen – 64, 41 Dieselbe] *zuerst* Die
65, 5 ff. 3
    65, 6 (theilweise auf niederländische Einwirkung hin)] *Randzusatz* – 65, 9 denn Realismus ist noch nicht Illusion] *Randzusatz* – 65, 20 (Louvre: der Narr)] *Randzusatz* – 65, 21 Von den Niederländern gehört Honthorst] *Interlinearzusatz* – 65, 21 mit seinen meisten Arbeiten ... die zwei Musikanten] *Randzusatz* – 65, 27 – bis unter Louis XIV] *Gedankenstrich fehlt im Ms.* – 66, 2 Gestalten und Scenen] *zuerst* Dinge – 66, 6 gleich] *zuerst* ebenso
66, 9 ff. 4
    66, 18 ihre Gattung als eine neue] *zuerst* ihre neue Gattung – 66, 20 völlig rein,] *Randzusatz* – 66, 21 (aber ein sehr freies und selbstgewähltes)] *Randzusatz*
66, 38 ff. 5
    67, 5 ebensowohl] *zuerst* weniger – 67, 6 kirchliche] *Randzusatz* – 67, 6 besonders] *zuerst* vielmehr – 67, 6 für die Privatandacht;] *Randzusatz* – 67, 22 in der Composition] *zuerst* Buntheit und
67, 29 ff. 6
    67, 29 Während diese alten Flandrer] *davor gestr.* {Einwirkung auf alle europäischen Schulen, zumal auf die deutsche, welche dann freilich in Reichthum und Tiefe der Charactere die Flandrer weit überholt, während sie in der Darstellung der Aeußerlichkeiten sie nicht erreicht oder doch nur etwa in Accessorien zu Porträts von Dürer, Holbein etc.} *Klammern und Streichung mit Bleistift* – 67, 41 Flandrische Schule] *Randzusatz, möglicherweise nicht autograph*
68, 15 ff. 7
    68, 22 kirchlichen] *zuerst* religiösen – 68, 30 – auch wohl nur die Landschaft] *Randzusatz* – 69, 8 Malerei] *zuerst* Kunst – 69, 20 auch nur von Ferne] *Randzusatz*

69, 23 ff. 8
  69, 34 das echtere Exemplar ... (Galerie Lichtenstein),] *Randzusatz* – 70, 2 weit] *Interlinearzusatz*
70, 19 ff. 9
  70, 26 und bequem im Raum vertheilt;] *Randzusatz*
71, 13 ff. 10 (Rubens)
  71, 13 seinen] *zuerst* den – 71, 14 Porträts und sogar neben seinen] *Randzusatz* – 71, 30 stehend, sitzend, promenirend] *Randzusatz*
72, 4 ff. 11
  72, 26 das Concert (München).] *danach gestr.* Honthorst nicht zu classificiren weil er durch alle Schulen lief und seine Halbfigurenbilder eher der italienischen Schule angehören ⌊Er war ohnehin von Utrecht⌋ (hier: die Flohjagd, die Musikanten) – 72, 30 dieser direct Schüler des Rubens] *Randzusatz*
72, 33 ff. 12
  73, 21 Diese komische Intention ... Teniers dachte nicht daran.] *Randzusatz* – 73, 36 darunter höchst treffliche] *Randzusatz*
74, 2 ff. 13
  74, 6 Umbildung von Callot's Stich] *zuerst* etwa in Concurrenz mit Callot gemacht? – 74, 11 selbst bei einem Harmoniker wie Teniers] *Randzusatz* – 74, 23 (im grünen Seidenkleid ... die Taschenuhr)] *Randzusatz*
75, 15 ff. 14
  75, 24 jedesmal] *Interlinearzusatz* – 75, 31 Mittelmäßiges ist kaum vorhanden, Schlechtes gar nicht.] *Randzusatz* – 76, 14 oder nur bei einigen Auserwählten etwas gegolten] *Randzusatz*
76, 19 ff. 15
  76, 26 auch] *Interlinearzusatz* – 76, 34 im Ganzen so viel] *zuerst* eine – 76, 34 als nöthig war um] *zuerst* welche – 76, 36 Aber er ist dramatisch ... und oft kaum deutlich.] *Randzusatz* – 77, 4 (für einen so großen Characterdarsteller im Porträt)] *Randzusatz* – 77, 10 in] *Interlinearzusatz* – 77, 25 Er ist der Abgott ... und Skizzisten.] *Randzusatz* – 77, 28 weltliche Historie ... Museum von Berlin)] *Randzusatz* – 77, 33 (den er immer vorräthig hatte)] *Randzusatz* – 77, 37 (die Wendeltreppen ... eine ruhige Figur)] *Interlinearzusatz* – 78, 1 – Greis an einem Tisch mit Globus?] *Randzusatz* – 78, 5 ja als Verführungsscene] *Randzusatz* – 78, 6 auch Juda und Thamar] *Bleistift*
78, 7 ff. 16
  78, 8 oder nur selten:] *Randzusatz* – 78, 25 – sonst wohl Schüler Ostade's –] *Interlinearzusatz, Gedankenstriche fehlen im Ms.* – 78, 28 wohl] *Interlinearzusatz* – 78, 32 – (dessen Sohn und ... Schüler des Mieris)] *Randzusatz* – 79, 10 oder Dow's?] *Interlinearzusatz* – 79, 13 (und des Johann Baptist Weenix)] *Randzusatz*
79, 23 ff. 17
  79, 24 und vollständige] *Randzusatz* – 79, 26 und des übrigen Europa's] *Randzusatz* – 79, 33 sentimentalen oder pathetischen] *Interlinearzusatz* – 79, 34 oder indifferenten] *Interlinearzusatz* – 80, 2 viel weniger richtig] *zuerst* unerträglich – 80, 8 Ein Gerard Dow sollte ... überbieten. –] *Randzusatz, Gedankenstrich fehlt im Ms.* – 80, 22 – Und dieß nur möglich, ... beständig brillante Sachen.] *Randzusatz*

81, 3 ff. 18
    81, 6 zumal] *Interlinearzusatz* – 81, 7 – singender und schnarchender Pöbel ... Mutter zu wecken] *Randzusatz, Gedankenstrich fehlt im Ms.* – 81, 12 Im Ton wie Rubens Kermesse] *Randzusatz* – 81, 16 und etwa des Isaac von Ostade] *Randzusatz* – 81, 23 Auch wenn etwa der Wirth] *davor gestr.* Andere Male aber geht es im Wirthshaus sehr friedlich – 81, 30 Ostade (Haag, Museum) ... beim Herd her eindringt.] *Randzusatz* – 81, 34 – kaum größer als ein Quartblatt] *Randzusatz* – 81, 37 des Tons und der Luft] *davor gestr.* der Luft

82, 12 ff. 19
    82, 16 immer] *Interlinearzusatz, Bleistift* – 82, 23 sowohl draußen als] *Randzusatz* – 82, 31 größere oder geringere] *Randzusatz* – 82, 34 (?? eher des Ostade ... ⌊Brouwer starb ja schon 1638⌋)] *Randzusätze* – 82, 35 gestorben] *im Ms. als Symbol* – 83, 10 Es ist leicht ... ins Mittelalter zurück.] *Randzusatz* – 83, 10 für Moderne] *Interlinearzusatz* – 83, 21 Aehnlich macht es ... zu seinen Kotzenden.] *Interlinearzusatz* – 83, 23 inhaltsreichsten] *zuerst* meisten

83, 33 ff. 20
    84, 10 zB:] *Interlinearzusatz* – 84, 13 wichtigern] *Randzusatz* – 84, 24 oder ganzen Figuren] *Randzusatz* – 84, 25 der Geiger mit dem Römer, ... wehmüthig komisch.] *Randzusatz* – 84, 31 mit] *Interlinearzusatz* – 84, 36 immer] *mit Bleistift unterstrichen* – 85, 9 und völlig in dieser ... Function aufgeht.] *Randzusatz*

85, 23 ff. 21
    85, 27 (Museum Amsterdam),] *Randzusatz* – 85, 29 und Ziegenbock] *Randzusatz* – 85, 32 neben] *Interlinearzusatz* – 85, 34 selber] *Randzusatz* – 85, 35 künstlerisch verzierten] *Randzusatz* – 85, 39 besonders Klarheit der Farbe.] *Randzusatz* – 86, 7 das <u>Bild</u> ist kurzweilig!] *Randzusatz* – 86, 9 keine] *Interlinearzusatz* – 86, 11 die man ja bei Rafael immer haben kann] *Randzusatz* – 86, 16 (soll den Pynacker vorstellen)] *Randzusatz* – 86, 25 Gesellschaft] *zuerst* Anzahl – 86, 25 sammt einigen Gattinnen] *Randzusatz*

86, 33 ff. 22
    86, 33 oder Existenz] *Randzusatz* – 86, 33 dem] *zuerst* das – 87, 1 (Das ganze Schifferleben nie gemalt etc.)] *Randzusatz* – 87, 9 tanzend] *Interlinearzusatz* – 88, 3 Ebenso] *zuerst* Auch – 88, 5 Die einfache Lebenswahrheit] *zuerst* Das einfache Leben

88, 8 ff. 23
    88, 8 Volkstrachten] *zuerst* Trachten – 88, 8 oft prächtig geputzten] *Randzusatz* – 88, 21 meist oder] *Interlinearzusatz* – 88, 24 der Leute] *davor gestr.* des Volkes in seinen – 88, 26 als Maler] *Randzusatz* – 88, 26 in Anordnung und Bewegung degagirten] *zuerst* mittlern

89, 6 ff. 24
    89, 6 und gewaltsame] *Randzusatz* – 89, 11 weniger] *zuerst* nicht – 89, 17 auch jammernder vornehmer Leute] *Randzusatz* – 89, 20 die Holländer ... ein 1672 bevorstehe.] *Randzusatz* – 89, 24 die Plünderer überwältigen; –] *danach gestr.* endlich besonders bei Wouverman: die Sammlung [*zuerst* Ausritt] vornehmer Gesellschaft zu Pferde zur Jagd, und der Halt auf der Jagd (aber nirgends so viel ich weiß das Erlegen des Thieres selbst) –

89, 27 Auch das Belvedere.] *Randzusatz* – 89, 33 Bei] *zuerst* Von – 89, 34 und objectiv] *Randzusatz* – 90, 9 der wundervollen Scene] *zuerst* dem wundervollen Bild – 90, 13 sogar] *Interlinearzusatz*

90, 19 ff. 25
90, 21 und vollends von militärgeschichtlicher Exactitude.] *Randzusatz* – 90, 28 von der] *davor gestr.* vom – 90, 29 (Welches so vergänglich ... ist wie der Witz)] *Randzusatz* – 90, 33 Schwerthieb und Pistolenschuß.] *Randzusatz*

91, 28 ff. 26
91, 30 den] *Interlinearzusatz* – 92, 16 Pelzbesatz, der] *Randzusatz* – 92, 31 unter] *zuerst* in – 92, 32 grellen Witz] *zuerst* Scherz

93, 7 ff. 27
93, 13 Außerdem gehört... (Erst Mieris etwas absichtlicher).] *Randzusatz* – 93, 20 (Welche sie ebenso... wie den Witz).] *Randzusatz* – 94, 8 oft leidlich rohen] *Randzusatz* – 94, 18 Auch die Capuciner... Bibliothek (Museum Amsterdam)] *Randzusatz*

94, 24 ff. 28
94, 35 oder Epheuranken] *Randzusatz* – 94, 36 (etwa blauen)] *Randzusatz* – 95, 5 aus] *zuerst* in – 95, 5 sogar rauchend] *Interlinearzusatz* – 95, 29 im] *zuerst* am

95, 37 ff. 29
95, 37 freilich keinem Fensterbilde,] *Randzusatz* – 96, 1 hier] *Randzusatz* – 96, 36 Charlatans oder] *Randzusatz*

97, 3 ff. 30
97, 3 des Beisammenseins] *Randzusatz* – 97, 9 etwa] *Interlinearzusatz* – 97, 21 und ärgere sich ... 40,000 fl. gelten.] *Randzusatz* – 97, 39 ? doch kaum] *Bleistift* – 98, 7 (Kugler II, 204)] *Randzusatz*

98, 16 ff. 31
98, 39 Herrlich in der Haltung.] *Randzusatz* – 98, 42 (Museum von Antwerpen):] *Doppelpunkt fehlt im Ms.* – 99, 15 anmuthige] *Randzusatz*

99, 19 ff. 32
99, 33 der aber als Belgier nicht hieher gehört] *Randzusatz* – 99, 34 für] *Interlinearzusatz* – 99, 35 und Hund] *Randzusatz* – 100, 8 wovon eines auch wohl unmittelbarer] *zuerst* oder – 100, 12 – selten mehr als Mutter... allenfalls eine Magd] *Randzusatz* – 100, 14 Ja man hält die Leute ... für glücklich.] *Randzusatz* – 100, 20 oder beide] *Interlinearzusatz* – 100, 23 Vorderraums] *zuerst* Hauptraums – 100, 23 und anders] *Interlinearzusatz* – 100, 25 etwa] *Interlinearzusatz*

100, 33 ff. 33
101, 7 dabei] *Interlinearzusatz* – 101, 25 und Holland blieb ... Ausschlag gebende Großmacht] *Randzusatz* – 101, 30 höchster] *Interlinearzusatz* – 101, 33 Doelen- und Regentenmalerei und auf die] *Randzusatz*

Wallenstein laut der Geschichte

Populärer Vortrag, gehalten am 4. 11. 1875; B. erwähnt in einem Brief vom 5. 11. 1875 die geplante Wiederholung am 6. 11. 1875, vgl. Briefe Bd. 6, Nr. 690, S. 65. – Es sind keine handschriftlichen Aufzeichnungen zum Vortrag erhalten. – Zei-

tungsreferate: «Schweizerischer Volksfreund» Nr. 266–268, vom 10.–12. 11. 1875; «Basler Nachrichten» Nr. 271 und Nr. 273, vom 16. und 18. 11. 1875. – JBW: Referat «Schweizerischer Volksfreund»; Überschrift gemäß Referat.

102, 3 ff. *Referat «Schweizerischer Volksfreund» Nr. 266–268, vom 10.–12. 11. 1875*
105, 4 Hörnern] *korrigiert aus* Hörnen – 105, 24 in dem deutschen Reiche] *korrigiert aus* in dem dem deutschen Reiche – 107, 41 ebnen] *korrigiert aus* eben

Schillers Wallenstein

Populärer Vortrag, gehalten am 11. 11. 1875. – Manuskriptbestand: PA 207, 171, 46: 20 Quartblätter mit Vortragsnotizen (paginiert Schiller a–u; *recto/teilweise verso beschrieben); 5 Quartblätter (paginiert; recto beschrieben) mit der Überschrift* Briefwechsel zwischen Schiller und Göthe; *5 Quartblätter (paginiert; recto/ teilweise verso beschrieben) mit der Überschrift* Otto Ludwig, Shakspearestudien; *3 Quartblätter (paginiert; recto beschrieben) mit Exzerpten aus Schillers «Wallenstein». Die von B. benützte Schiller-Ausgabe resp. diejenige des Briefwechsels zwischen Schiller und Goethe ließ sich nicht nachweisen. – Zeitungsreferate: «Basler Nachrichten» Nr. 273, vom 18. 11. 1875. – JBW: Manuskript PA 207, 171, 46, Blätter* a–u; *Überschrift gemäß Blatt* a *der Vortragsnotizen.*

110, 3 ff. Schillers Wallenstein a
110, 6 1790] *zuerst* 1792 – 110, 6 bei Anlaß] *zuerst* in – 110, 20 und Fortschreiten] *Interlinearzusatz* – 110, 21 jetzt] *Interlinearzusatz* – 110, 23 die wichtigsten Fragen müssen mündlich] *zuerst* weil die wichtigsten Fragen mündlich – 110, 24 in Weimar und Jena] *Randzusatz* – 110, 25 ist doch genügend] *zuerst* ist von der höchsten Bedeutung
110, 30 ff. Schiller b
110, 32 8. December 1797] *Randzusatz. Datierungen als Randzusatz finden sich durchgehend. Sie sind einzelnen Zitaten oder ganzen Abschnitten zugeordnet. In der Regel beziehen sie sich auf den Briefwechsel mit Goethe. Im folgenden erscheinen sie als Fußnoten. Verortet werden sie zu Beginn der Textpassage, auf die sie sich beziehen.* – 111, 2 1797] *Interlinearzusatz* – 111, 9 für Schiller's höchste] *zuerst* in Schiller's ganzer
111, 24 ff. Schiller c
112, 7 von der Tragödie] *zuerst* vom Drama
112, 12 ff. Schiller d
112, 13 fast lauter] *Randzusatz* – 112, 14 etwa wie die Volksscenen...Aufgabe waren] *Randzusatz* – 112, 18 auch einige] *zuerst* ja einige – 112, 24 und in...zu bringen] *Randzusatz* – 112, 30 und Feuerdämon] *Randzusatz*
112, 34 ff. Schiller e, *gestrichen* b
112, 35 seinem weisen Kannegießern] *zuerst* seiner Weisheit – 112, 37 erste] *Interlinearzusatz* – 113, 9 (Tiefenbacher)] *Randzusatz* – 113, 11 Die dem Wallenstein feindliche Kraft...gewiesen worden).] *von B. bezeichnete Textumstellung, zuerst* nach geht vom ersten Kurassier aus.

113, 19 ff. Schiller f, *gestrichen* c
114, 6 ff. Schiller g
   114, 12 eigentliche] *Interlinearzusatz* – 114, 29 sich entwickelnden] *Interlinearzusatz*
114, 30 ff. Schiller h
   114, 33 und keine andern] *Randzusatz* – 114, 37 erfüllen] *zuerst* verwirklichen – 115, 3 – und zwar ... überzeugendes –] *Randzusatz, Gedankenstriche fehlen im Ms.* – 115, 8 Züge und] *Interlinearzusatz*
115, 14 ff. Schiller i
   115, 16 um] *zuerst* bis – 115, 28 (Im II. Act).] *Randzusatz* – 115, 30 geschoben] *zuerst* gerückt – 115, 35 IV.] *zuerst* III.
115, 41 ff. Schiller k
   115, 41 – mit Hader ... Actenstückes –] *Randzusatz, Gedankenstriche fehlen im Ms.* – 116, 4 (nächst I, 2 p. 71)] *Randzusatz* – 116, 12 Wallensteins Geheimbote Sesina] *danach mit Bleistift zwei senkrechte Striche und am Rand ein waagrechter Pfeil* – 116, 16 des Sohnes gegen Wallenstein.] *danach mit Bleistift gestr.* (Wallenstein's Tod nicht mehr in dramatischer Beziehung zu durchgehen – statt dessen hier die Übersicht der einzelnen Charactere)
116, 17 ff. Schiller l
117, 1 ff. Schiller m (Wallenstein selbst)
   117, 3 von dieser] *zuerst* in diese – 117, 7 Prolog:] *Randzusatz* – 117, 11 Diese idealen Momente ... einzelne wunderbare Verse.] *auf Blatt* m *verso, Vermerk* Zum verte; *Vermerk auf Blatt* m *recto am Rand* verte! – 117, 30 so deutlich ... zugegangen] *Randzusatz* – 117, 32 und völlig seine Verantwortung] *Randzusatz* – 117, 33 welches zu täuschen er sich vorbehält] *Randzusatz*
117, 37 ff. Schiller n (Wallenstein selbst)
   118, 8 Schiller bedarf ... Octavio zu erklären] *Interlinearzusatz* – 118, 10 dann im Verlauf allerdings] *Interlinearzusatz* – 118, 11 Widerlegung durch den] *zuerst* Widerlegung, den – 118, 16 – Er behält Seni ... vor der Ermordung] *Randzusatz*
118, 28 ff. Schiller o
   118, 30 hie und da] *zuerst* kaum – 118, 31 auch] *Interlinearzusatz* – 118, 31 – ein Einziger könnte zu wichtig scheinen] *Interlinearzusatz, Gedankenstrich fehlt im Ms.* – 118, 32 glaubt] *zuerst* behandelt – 118, 33 Woher weißt du ... p. 97] *Randzusatz* – 119, 1 nicht häufig, wesentlich erst] *Interlinearzusatz* – 119, 3 begehrlichen und] *Interlinearzusatz* – 119, 9 Das Irdische ... und glaube dir.] *auf Blatt* o *verso, Vermerk* Zum verte; *Vermerk auf Blatt* o *recto am Rand* verte! – 119, 12 (Ende des III. Actes)] *Randzusatz* – 119, 21 Schiller überträgt auf Illo ... Leidenschaft gestreut etc.] *Randzusatz*
119, 30 ff. Schiller p
   120, 7 Die Worte ... jeder eigene Character etc.] *auf Blatt* p *verso, Vermerk* Zum verte; *Vermerk auf Blatt* p *recto am Rand* verte! – 120, 12 der sie nachher, p. 298 desavouirt] *Randzusatz* – 120, 17 wenn er überhaupt sie erhalte] *zuerst* wenn überhaupt, sie nur erhalte – 120, 21 politische und moralische] *Interlinearzusatz*
120, 26 ff. Schiller q
   120, 33 habe; –] *Interlinearzusatz* – 120, 33 wollte er] *Interlinearzusatz* – 121, 2 ein echt tragischer Character] *zuerst* eine echt tragische Figur

121, 11 ff. Schiller r
121, 12 aus seiner zweiten Ehe] *Interlinearzusatz* – 121, 14 Es ist nicht Schillers Schuld... auffassen] *Randzusatz* – 121, 22 bald] *Interlinearzusatz* – 121, 30 Scenen] *zuerst* Auftreten – 121, 36 es sich frägt ob] *Interlinearzusatz* – 121, 37 solle] *zuerst* will

122, 4 ff. Schiller s
122, 12 Ihre Verklärung... Zuschauers.] *Interlinearzusatz* – 122, 27 Was soll werden... p. 311] *Interlinearzusatz* – 122, 30 eine Geisterstimme – wo] *Gedankenstrich fehlt im Ms.* – 122, 36 Den Selbstmord... Gräfin Terzky.] *Randzusatz*

122, 37 ff. Schiller t
122, 39 Wallenstein wird durch Wegfangen des Sesina bewogen] *zuerst* während Wallenstein durch Wegfangen des Sesina bewogen wird – 123, 1 moralische] *Interlinearzusatz* – 123, 8 Octavio] *zuerst* er – 123, 10 muß gleich darauf von seinem Sohn] *zuerst* verliert gleich darauf seinen Sohn – 123, 10 letzten] *zuerst* berühmten – 123, 17 von den Fahnen der Terzky Regimente] *Randzusatz* – 123, 18 Herandringen] *zuerst* Heranstürmen – 123, 21 Aufbrausen] *zuerst* Aufwallen

123, 24 ff. Schiller u (Wallensteins Tod)
123, 24 Sicherheit] *zuerst* Kraft – 123, 29 seine Beförderung zum Grafen] *zuerst* sein Emporkommen – 123, 31 Buttler hat... Schicksal thätig gewesen.] *auf Blatt* u *verso, Vermerk* Zum verte; *Vermerk auf Blatt* u *recto am Rand* verte! – 123, 34 Und doch weiß... p. 299.] *Randzusatz* – 123, 41 näher hat erzählen lassen] *zuerst* erfahren – 123, 42 (Die wundervolle Erzählung).] *Randzusatz* – 124, 2 und abergläubige] *Interlinearzusatz* – 124, 6 an's] *zuerst* an – 124, 8 Noch innerhalb des Stückes... das schöne Auswogen.] *auf Blatt* u *verso, Vermerk* verte; *Vermerk auf Blatt* u *recto am Rand* verte!

Ein Gang durch das vaticanische Museum

Akademischer Vortrag, gehalten am 16. 11. 1875. – Manuskriptbestand: PA 207, 171, 47: 1 Umschlagblatt mit der autographen Aufschrift Ein Gang durch das vaticanische Museum; *1 Übersichtsblatt (quart; recto/verso beschrieben); 1 Einleitungsblatt (quart; recto beschrieben; 18 Quartblätter mit Vortragsnotizen (paginiert* Vatican a–s; *recto beschrieben). – JBW: Manuskript PA 207, 171, 47, Einleitungsblatt, Blätter* a–s; *Überschrift gemäß Umschlagblatt und Einleitungsblatt.*

125, 3 ff. *Unpaginiertes Einleitungsblatt* Ein Gang durch das vaticanische Museum
125, 6 Im frühern römischen Alterthum wenig genannt] *Randzusatz* – 125, 8 Die Weltgeschichte] *danach gestr.* ließ sich – 125, 14 Und als zu Anfang] *davor gestr.* Von Jahrh. zu Jahr – 125, 14 S. Peter] *zuerst* die Kirche – 125, 15 der sich den Hügel hinanzieht,] *Randzusatz* – 125, 17 herbei] *zuerst* vorbei – 125, 18 heidnischen] *Interlinearzusatz* – 125, 21 von den höchsten... Bilderkreise] *Randzusatz* – 125, 23 Hier die Götterburg] *Interlinearzusatz*

125, 28 ff. Vatican a
126, 2 wie es den Anschein hat] *Randzusatz* – 126, 4 und geschwungen] *Randzusatz* – 126, 5 sprechender] *zuerst* erhabener – 126, 5 {Oft in erhobe-

ner Arbeit...tragen ein Becken}] *Klammern mit Bleistift* – 126, 8 Figuren] *zuerst* Scherzfiguren – 126, 15 ruhmvollsten] *zuerst* berühmten
126, 16 ff. Vatican b
126, 18 sie] *zuerst* es – 126, 32 des Schattenreiches] *zuerst* der ewigen Nacht
126, 37 ff. Vatican c
127, 4 übergeworfnem] *zuerst* einem
127, 17 ff. Vatican d
127, 22 oder die Gallier vor Delphi.] *Randzusatz* – 127, 28 ruhige] *Interlinearzusatz* – 127, 28 Walten] *zuerst* Glück – 127, 28 und das ruhige geistige Glück] *Randzusatz*
127, 37 ff. Vatican e
128, 2 (auch durch Attribute...verdeutlicht)] *Randzusatz* – 128, 5 gab ihnen] *zuerst* schuf hier – 128, 7 oval, wie bei Pallas...von ihr verschieden] *Randzusatz* – 128, 8 dabei] *zuerst* doch
128, 22 ff. Vatican f
128, 33 Der Mund...zu leiser Klage.] *Randzusatz*
129, 7 ff. Vatican g
129, 8 zB:] *Randzusatz* – 129, 9 besten] *zuerst* schönsten – 129, 9 in der Sala rotonda] *Randzusatz* – 129, 15 nur] *Interlinearzusatz* – 129, 17 schwebt halbkniend] *zuerst* wascht sich – 129, 20 bezieht oder prüft oder] *Randzusatz* – 129, 21 jedenfalls aus dem Vorübergehenden] *zuerst* das Vorübergehende – 129, 21 einen der heitersten] *zuerst* dem schönsten
129, 27 ff. Vatican h
129, 27 plastische] *Randzusatz* – 129, 34 Alle Hauptgedanken...im Vatican.] *zuerst* Einiges vom Herrlichsten enthält der Vatican: – 129, 41 (sogenannter Ganymed des Phaidimos)] *Randzusatz* – 130, 4 der lachend...hinein horcht] *Randzusatz*
130, 7 ff. Vatican i
130, 10 höhern] *Interlinearzusatz* – 130, 15 das Wichtigste] *zuerst* beinahe nur – 130, 17 auf einer hohen Welle schwebend] *Interlinearzusatz* – 130, 24 wurden] *zuerst* gab es – 130, 27 leichter, spielender] *zuerst* ganz leiser – 130, 28 oder von den zahllosen...des kaiserlichen Rom] *Randzusatz*
130, 30 ff. Vatican k
130, 34 Schmuck] *zuerst* Begleitung – 130, 35 oder dionysische Wesen] *Randzusatz* – 131, 1 sprudelnde oder murmelnde Quellwasser] *zuerst* lebendige Wasser – 131, 6 giebt den] *zuerst* ist im – 131, 8 einst] *Interlinearzusatz* – 131, 9 majestätische] *zuerst* prachtvoll schlummernde
131, 14 ff. Vatican l
131, 17 ihn] *Interlinearzusatz* – 131, 20 des Menelaos] *davor gestr.* des gewaltigsten und furchtbarsten: des Ajax – 131, 21 Menelaos] *zuerst* Ajax
132, 3 ff. Vatican m
132, 3 erlauchter] *zuerst* heroischer – 132, 15 ernst blickenden] *Randzusatz*
132, 26 ff. Vatican n
132, 36 der Luchs mit dem todten Lamm] *Randzusatz* – 133, 5 mit ihm schwatzt.] *anschließend am untern Rand drei separate Bleistiftzusätze* (Masken) (Medusa) cf. varia

133, 7 ff. Vatican o
133, 13 räthselhafte] *zuerst* wunderbare – 133, 14 wahrste] *Randzusatz* – 133, 14 in den Zügen...in der Geberde] *Interlinearzusatz* – 133, 15 Weit über Zeit und Volk hinaus] *davor gestr.* Alle seitherigen und künftigen Zeiten erkennen in diesen Gestalten – 133, 16 erwecken] *zuerst* ergreifen – 133, 21 vorherrschende] *zuerst* einzige – 133, 25 so wie man ihn als Redner gekannt] *Randzusatz*
133, 26 ff. Vatican p
133, 34 historisches] *Interlinearzusatz* – 133, 35 eine] *zuerst* viel – 133, 36 u. a.] *Interlinearzusatz* – 133, 37 napoleonische Züge] *Randzusatz*
134, 11 ff. Vatican q
134, 13 oft] *Interlinearzusatz* – 134, 17 tiefsinnige] *zuerst* sinnbildlich tiefe – 134, 18 Schicksal] *danach gestr.* der – 134, 18 auch namenloser] *Interlinearzusatz* – 134, 20 im Ganzen] *Interlinearzusatz*
134, 35 ff. Vatican r
134, 37 offenbar] *Randzusatz* – 135, 4 eine durchaus] *zuerst* Es ist die athletisch – 135, 6 beständig] *Interlinearzusatz* – 135, 6 zu den Schatten gehen] *zuerst* untergehen – 135, 7 im Dasein] *Randzusatz* – 135, 9 und auch nicht immer glücklich,] *Randzusatz* – 135, 9 verklärte] *Interlinearzusatz* – 135, 14 unser Neid und] *Interlinearzusatz* – 135, 15 vergebens] *Randzusatz*
135, 16 ff. Vatican s
135, 19 erblicke] *zuerst* siehe – 135, 19 furchtbaren] *danach gestr.* gottgesandten – 135, 21 ewigem] *Interlinearzusatz* – 135, 22 unsagbaren] *zuerst* unaussprechlichen – 135, 22 verliehen] *zuerst* liehen – 135, 23 dem hellenischen Menschen] *davor gestr.* auch Menschen

Don Quixote

Akademischer Vortrag, gehalten am 23. und 24. 11. 1875. – Manuskriptbestand: PA 207, 171, 48: 1 Umschlagblatt mit der autographen Aufschrift Don Quixote, *darunter mit Bleistift und vermutlich nicht autograph* Aula 23. November 1875, *auf der Innenseite des Umschlagblattes von B.s Hand* Die Erwähnung des Zweikampfes des Juan de Merlo mit Henri de Remestan ⌊Heinrich von Ramstein⌋ in Basel findet sich Don Quixote I, p. 458; cf. Neujahrsblatt 1858, p. 23; *19 Folioblätter mit Vortragsnotizen (paginiert* Don Quixote 1–19; *recto beschrieben); 2 Folioblätter (paginiert; recto beschrieben) mit der Übersicht zu den Blättern 5–8 des Vortrags; eine Folge von 15 Quartblättern (paginiert; recto/verso beschrieben) sowie 2 weitere Quartblätter (paginiert; recto beschrieben) mit Auszügen aus Cervantes:* Don Quixote. *– JBW: Manuskript PA 207, 171, 48, Blätter* 1–19; *Überschrift gemäß Umschlagblatt und Blatt* 1 *der Vortragsnotizen.*

136, 3 ff. Don Quixote 1 / Das Allgemeine.
136, 23 wo Cervantes...Schilderer ist;] *Randzusatz* – 136, 34 23. & 24. November 1875] *Bleistift*
137, 1 ff. (Don Quixote) 2 / Der Autor
137, 10 Spanien.] *danach gestr.* Fortan trotz Allem lebte er wieder für die Poesie – 137, 10 mit einer edeln aber armen Dame] *Randzusatz* – 137, 12 in

der Folge wieder] *Interlinearzusatz* – 137, 20 frühern] *Interlinearzusatz* – 137, 21 – obwohl mit Erfindung überfüllt –] *Randzusatz, Gedankenstriche fehlen im Ms.* – 137, 24 später] *zuerst* spätern – 137, 24 herausgegebenen] *Interlinearzusatz* – 137, 31 – die Gegend südlich...Valdepennas, Almodovar –] *Randzusatz, Gedankenstriche fehlen im Ms.* – 137, 36 (Laut Schluß...um die Ehre stritten.)] *Randzusatz* – 137, 40 Er und S. Vincent de Paule gehören zu den...Sklaven.] *violette Tinte*

138, 1 ff. (Don Quixote) 3 / Die Tendenz a

138, 4 und die Amplification] *Interlinearzusatz* – 138, 5 den Sagenkreisen Carls...des heiligen Gral] *zuerst* die Sagenkreise Carls d. Gr., des Königs Artus und des heiligen Gral hatten sich endlose – 138, 26 er schildert] *davor gestr.* außer seinem mittelbaren – 138, 34 (wie die Kunst verlangen würde)] *Randzusatz*

139, 4 ff. (Don Quixote) 4 / Die Tendenz b

139, 8 die lehrhaften).] *danach erste Streichung* Er stellt auch // *zweite Streichung* Abgesehen von dieser ästhet. Verurtheilung preist er dann das G[-] – 139, 12 einen sachlichen Glauben] *im Ms. folgt ein Punkt* – 139, 34 mächtig und] *Interlinearzusatz*

139, 38 ff. (Don Quixote) 5 / Don Quixote a

140, 15 ersten] *Interlinearzusatz* – 140, 20 er verzieht sich «leutselig»] *Interlinearzusatz* – 140, 25 Cf. II, 21 wo vom ersten Theil die Rede ist] *Randzusatz* – 140, 26 Der Baccalaureus:...dieses verschweigen können] *am Rand eine Klammer, Bleistift* – 140, 39 en bloc] *Interlinearzusatz*

141, 1 ff. (Don Quixote) 6 / Don Quixote b

141, 9 und Don Quixote glaubt es.] *Randzusatz, nach* geholt *zuerst ein Punkt*

141, 39 ff. (Don Quixote) 7 / Don Quixote c

141, 39 Die Conflicte] *am Rand ein waagrechter Doppelstrich, Bleistift* – 141, 40 jedesmal] *Randzusatz* – 141, 41 Auch auf das] *am Rand ein waagrechter Doppelstrich, Bleistift* – 141, 41 auf] *Interlinearzusatz* – 142, 5 mit] *Interlinearzusatz*

142, 38 ff. (Don Quixote) 8 / Don Quixote d

142, 38 der ausgesandte] *am Rand ein waagrechter Doppelstrich, Bleistift* – 142, 39 Sancho Pansa] *zuerst* Don Quixote // *im Ms. folgt ein Fragezeichen, Bleistift* – 143, 1 349 Don Quixote redet...über Waffen und Wissenschaften] *am Rand eine geschweifte Klammer mit einem Fragezeichen, Bleistift* – 143, 14 einen] *im Ms.* eine – 143, 14 Protest] *zuerst* Polemik – 143, 19 er durch] *Interlinearzusatz* – 143, 25 Dulcinea und Rozinante] *Randzusatz*

144, 1 ff. (Don Quixote) 9 / Sancho Pansa a

144, 3 alleinig] *Randzusatz* – 144, 5 Geist] *mit Bleistift unterstrichen* – 144, 5 Materie] *mit Bleistift unterstrichen* – 144, 15 vor den bürgerlichen Folgen...ist ihm stets bange;] *Randzusatz* – 144, 38 Kriegsdienste] *zuerst* Dienste

145, 4 ff. (Don Quixote) 10 / Sancho Pansa, b

146, 3 ff. (Don Quixote) 11 / Sancho Pansa c

146, 21 ff. (Don Quixote) 12 / Das Romantische a

146, 22 zur Scenerie] *zuerst* zum Hintergrund – 146, 24 vorwiegend] *Interlinearzusatz* – 146, 29 (oft sehr geheimnißvollen)] *Randzusatz* – 146, 30 Hie und da der Seekrieg...I, 355-370 circa] *Interlinearzusatz* – 146, 34 Es ist die Zeit...Haus des Königs!] *Randzusatz* – 147, 8 Allegorische Truppen... (II, 78).] *Interlinearzusatz* – 147, 12 die] *zuerst* wie eine – 147, 18 sich keinem genähert] *Randzusatz* – 147, 24 (Darauf verschwindet sie in einem Hohlweg des Gebirges)] *Interlinear- und Randzusatz* – 147, 27 Treiben] *zuerst* Irren

147, 31 ff. (Don Quixote) 13 / Das Romantische b
147, 37 Ja gegen Ende] *davor gestr.* Diese Leute aber haben trotz der ⌊tragischen⌋ Leidenschaft in der sie befangen sind, doch noch Zeit und Laune sich in das Treiben und den Wahn des Don Quixote einzulassen. – 148, 15 Andererseits:] *Doppelpunkt fehlt im Ms.*

148, 34 ff. (Don Quixote) 14 / Die literarischen Beziehungen
148, 39 auch Roland etc.] *Interlinearzusatz* – 149, 4 statt] *zuerst* als – 149, 9 So wie] *zuerst* Während – 149, 16 Die moderne deutsche Romantik...in die Romane nach.] *am Fuß der Seite, mit großem Abstand zum vorangehenden Text*

149, 18 ff. (Don Quixote) 15 / Zwischenblatt des ersten und zweiten Theils
150, 3 und gab] *im Ms.* und und gab – 150, 4 wie niederträchtig...Don Alvaro Tarfe] *Randzusatz* – 150, 15 ich möchte doch lieber...Theil genommen zu haben] *Randzusatz* – 150, 20 eigenen echten ersten Theil] *mit rotem Farbstift unterstrichen* – 150, 22 auch] *Interlinearzusatz*

150, 24 ff. (Don Quixote) 16 / Der zweite Theil im Allgemeinen a
150, 28 Eine ganze Anzahl...Vergnügen ergeht] *am Rand ein senkrechter Strich, Bleistift* – 150, 35 stößt] *zuerst* wirft – 151, 7 Da wo Don Quixote...zur Wehre setzen.] *am Rand ein senkrechter Strich, Bleistift* – 151, 20 seinen Degen] *zuerst* sich

151, 24 ff. (Don Quixote) 17 / Der zweite Theil im Allgemeinen b
151, 27 auf dem Ebro] *Interlinearzusatz* – 151, 30 bestreitbar] *zuerst* bedenklich – 151, 32 hatte vorzüglich darauf beruht] *zuerst* hatte sich vorzüglich darin geoffenbart – 151, 34 und sich besinnen oder zur Wehre setzen mußten] *Randzusatz* – 152, 5 die schnödeste] *Interlinearzusatz* – 152, 10 Es ist eine gefangene Komik.] *davor gestr.* Innerhalb dieses Mangels freilich entwickelt Cervantes noch immer eine gewaltige Fülle von Geist und Kunst der Schilderung. – 152, 14 Bei einer ähnlichen Scene...lächerlich anzusehen gewesen.] *Randzusatz, mit Verortungszeichen nach* recht lachen – 152, 17 Sancho Pansa bekömmt] *zuerst* Und Sancho Pansa der nur – 152, 20 durch Hunger und Amtsmühen] *Randzusatz* – 152, 25 Die 200 Ducaten...nicht mehr gut.] *Randzusatz*

152, 28 ff. (Don Quixote) 18 / Der zweite Theil im Allgemeinen c
152, 29 uns] *zuerst* die – 152, 37 nicht sehr weit von Barcelona] *Interlinearzusatz* – 153, 4 – ihren Verführer –] *Randzusatz, Gedankenstriche fehlen im Ms.* – 153, 5 hierauf] *zuerst* dann – 153, 8 vollends] *zuerst* auch – 153, 11 zum Theil] *Interlinearzusatz*

153, 26 ff. (Don Quixote) 19 / Der zweite Theil im Allgemeinen d
153, 30 Ihr der ganzen Welt...Unsinnigkeiten hervorbringen?] *am Rand ein senkrechter Strich, Bleistift* – 153, 41 seiner Meinung nach...Posse anzustellen.] *am Rand ein senkrechter Strich, Bleistift* – 154, 17 das er sich ausmalt] *Randzusatz*

Über die Kochkunst der spätern Griechen

Akademischer Vortrag, gehalten am 7.11.1876. – Manuskriptbestand: PA 207, 171, 49: 1 Umschlagblatt mit der autographen Aufschrift Über die Kochkunst der spätern Griechen. / 7. *November 1876; 14 Folioblätter mit Vortragsnotizen (paginiert* Über die Kochkunst der spätern Griechen a–o; *recto beschrieben); 1 Folioblatt (nicht paginiert; recto/verso beschrieben) mit der Übersicht des Vortrages. – Zeitungsreferate: «Basler Nachrichten» Nr. 266, vom 9.11.1876; «Schweizer Grenzpost» Nr. 268, vom 11.11.1876. – Erstdruck: Dürr, S.103–115; GA 14, S.151–163. – JBW: Manuskript PA 207, 171, 49, Blätter a–o; Überschrift gemäß Umschlagblatt.*

155, 3 ff. Über die Kochkunst der spätern Griechen a
155, 6 Bildung] *zuerst* Cultur – 155, 7 Scherzhafte Poeten... aller Cultur gepriesen.] *Randzusatz* – 155, 13 Die Helden selber ... Speisen schon gut und] *Randzusatz zur Erweiterung der früheren Fassung* [...] schon bei Anlaß der zahllosen Opfer gut Feuer anmachen zu können, ist auch für einen Heros ein sehr wünschbares Talent [...] – 155, 17 Homer] *davor gestr.* der homerische – 155, 18 das Essen] *zuerst* Essen und Trinken – 155, 24 Wohl gab ... Gaumens, und in den] *Randzusatz zur Erweiterung der früheren Fassung* [...] Aufmerksamkeit zu wenden vermögen. In den glänzendern griechischen Zeiten [...] – 155, 25 wie zB: die sicilischen] *Interlinearzusatz innerhalb des Randzusatzes* – 155, 26 von den] *zuerst* die – 155, 29 von diesen Dingen] *davor gestr.* ohnehin – 155, 29 bei besonderm, unvermeidlichem] *zuerst* hie und da bei – 155, 30 sehr häufig werden Trinkgelage ... die Hauptsache.] *Randzusatz, vorangehendes Semikolon aus Punkt verändert* – 155, 31 aber] *Interlinearzusatz innerhalb des Randzusatzes* – 156, 4 wird] *zuerst* tritt – 156, 7 damaligen] *Randzusatz* – 156, 7 attische] *Randzusatz* – 156, 14 {Auch handelt es sich ... zu suchen haben}] *Klammern mit Bleistift* – 156, 15 für welches] *davor gestr.* bei näherer Betrachtung – 156, 16 wo sie in der Regel spielen,] *zuerst* wo in der Regel auch der angenommene Schauplat[-]
156, 20 ff. (Über die Kochkunst der spätern Griechen) b
156, 23 auch einen zarten materiellen Geschmack,] *Randzusatz* – 156, 23 nämlich] *zuerst* auch – 156, 25 , die Schöpfer ... die großen Denker] *Randzusatz* – 156, 29 Leben erwärmt] *zuerst* ganzes Wesen beschäftigt – 156, 29 Künstler] *zuerst* sie – 156, 30 durch] *zuerst* in – 156, 38 hatten zwei große Dinge] *zuerst* hatte der Staat – 157, 4 wer Geist und Talent besaß] *davor gestr.* weit die Meisten von denjenigen – 157, 7 Der Raubsucht ... unbedenklichsten Mitteln.] *Randzusatz* – 157, 11 poetische und literarische] *zuerst* wenn theils poetische, theils literarische
157, 12 ff. (Über die Kochkunst der spätern Griechen) c
157, 36 Bereits ist die Gänseleber ... ⌊Dichter⌋)] *Randzusatz* – 157, 41 Leckerhaftigkeit. (Acharner... Gewalt bekömmt).] *am Rand ein senkrechter blauer Farbstiftstrich* – 158, 2 Auch soll der Koch ... vorgekommen sein.] *Randzusatz* – 158, 5 wichtigsten] *zuerst* eigentlichen
158, 8 ff. (Über die Kochkunst der spätern Griechen) d
158, 9 aufffallend] *zuerst* sehr – 158, 10 aus allen Gebieten der Thier- und Pflanzenwelt] *Randzusatz* – 158, 11 Allein] *zuerst* Aber – 158, 14 schon damals] *Randzusatz* – 158, 16 «es braust der Schlund... bewegen sich.»] *am*

Rand ein senkrechter blauer Farbstiftstrich – 158, 20 wogegen er die ... verachtet;] Randzusatz – 158, 24 etwa] Interlinearzusatz – 158, 25 neuentstandenen üppigen] Randzusatz – 158, 26 aber] zuerst dafür ist fortan – 158, 34 und welches man ... Leckerbissen nachkochte;] Randzusatz, vorangehendes Komma aus Semikolon verändert – 158, 36 durfte] zuerst mochte – 158, 38 nimmt sich dieß lächerlich aus] danach gestr. wenn man vernimmt was sie für – 159, 6 eben] zuerst aber

159, 9 ff. (Über die Kochkunst der spätern Griechen) e
159, 9 Im übrigen Griechenland] davor gestr. Das übrige Griechenland und die äußern Ränder der Hellenenwelt hatten keinen Grund, sich vor der Lekkerhaftigkeit zu scheuen, sobald die Mittel dazu vorhanden waren. Allein der vorhandenen Aussagen sind nur wenige und zerstreute, während im Guten wie im Bösen Eine Stadt im Namen aller übrigen verantwortlich gemacht wird, weil nur für sie eine große, reiche Reihe von Zeugnissen existirt: Athen. – 159, 16 zeitweilig] zuerst vielleicht – 159, 17 welche überhaupt ... XII, 64)] Randzusatz – 159, 22 eine ganze Menge von Titeln] zuerst etwa 20 Titel – 159, 22 überliefert] zuerst erhalten – 159, 25 jener schon] zuerst der – 159, 28 der um seines Gaumens ... herumgezogen war,] Randzusatz – 159, 30 böotischen] Interlinearzusatz

159, 36 ff. (Über die Kochkunst der spätern Griechen) f
159, 38 hing diese didaktische Poesie] zuerst hatte diese didaktische Poesie eine Bedeutung die – 159, 39 auch Widerstrebendes] Randzusatz – 159, 40 Man hatte das ... als wir.] Randzusatz – 159, 41 die sehr berühmte Beschreibung eines «Gastmahls»] zuerst das sehr berühmte Gastmahl – 159, 42 von einem] zuerst eines – 160, 2 gelesenste] davor gestr. berühmteste – 160, 6 «Den ganzen Tag ... Es war nämlich,] am Rand ein senkrechter blauer Farbstiftstrich – 160, 7 (etwa im Piräus)] Randzusatz – 160, 13 so ist billiger Weise vorher zu erwägen, daß] danach gestr. wir es mit besonders schlimmen und frechen Zeugen [--] zu tun haben – 160, 13 vorher] Interlinearzusatz, Bleistift – 160, 16 etwa der lydischen.] Interlinearzusatz – 160, 16 An den schon halbbarbarischen ... Kotys von Thracien.] Randzusatz – 160, 19 Der glücklichste Mensch] zuerst und der glücklichste Mensch – 160, 20 aber] Interlinearzusatz – 160, 21 überhaupt] zuerst ja doch – 160, 21 nicht einmal Dionys von Syracus,] Interlinearzusatz – 160, 22 Überhaupt spotteten ... gewesen zu sein.] Randzusatz – 160, 27 Die Aussagen aber] erste gestr. Fassung Aber die Dichter // zweite gestr. Fassung Die Überlieferungen aber – 160, 28 bemerkt] zuerst gesagt – 160, 29 zum Theil vom schönsten attischen Geist] zuerst meist attischer Geist – 160, 29 schönsten] davor gestr. besten

160, 32 ff. (Über die Kochkunst der spätern Griechen) g
160, 33 und Hoffnungen] Randzusatz – 160, 33 und weil es aus ... mehr weiß] Randzusatz – 160, 35 «Wer im Leben ... sicher von Allem.»] am Rand ein senkrechter blauer Farbstiftstrich – 161, 2 Jemand] zuerst Einer – 161, 7 heiterer Witz der] danach gestr. den Phänomenen dieser Welt frei gegenüber als – 161, 8 amusanten Figuren] zuerst komischen Gestalten – 161, 8 und thörichten] Interlinearzusatz – 161, 10 von Individuen] Randzusatz – 161, 13 irgendwie namhaften ... besonders leckerhaften] Randzusatz – 161, 14 uns hie und da ... begegnen] zuerst hie und da in spätern Autoren vorkommen – 161, 19 Dafür bekam die ... Stoa einen Hieb] zuerst Wohl aber

dafür werden Hiebe ausgetheilt. Dagegen war es für die im Aufblühen begriffene Stoa ein nicht – 161, 20 «Die nämlichen Philosophen...Tranchiren) anfaßt.»] *am Rand ein senkrechter blauer Farbstiftstrich* – 161, 20 Philosophen] *zuerst* Weltweisen

161, 25 ff. (Über die Kochkunst der spätern Griechen) h
161, 25 Außer den Philosophen] *zuerst* Die Philosophen // *davor gestr.* Sonst Überhaupt // *danach gestr.* theilten übrigens – 161, 29 auch noch heut zu Tage] *Randzusatz* – 161, 39 treten vornehme Geizhälse auf] *zuerst* gab es vornehme Geizhälse – 161, 42 so] *Interlinearzusatz* – 162, 1 die Miethköche] *zuerst* der Miethkoch – 162, 3 werden] *zuerst* wird – 162, 3 machen sie] *zuerst* macht er – 162, 5 Je weniger aber...Geselligkeit war.] *Randzusatz* – 162, 5 aber] *zuerst* daher – 162, 9 bekanntlich] *zuerst* nämlich – 162, 10 mag der Küchenluxus...erreicht haben] *zuerst* wird dann natürlich der Küchenluxus derselben noch eine weit höhere Stufe erreicht haben – 162, 12 ein Koch...zubereitete] *am Rand ein senkrechter blauer Farbstiftstrich*

162, 14 ff. (Über die Kochkunst der spätern Griechen) i
162, 15 Saucen u. dgl. zubereitete.] *danach gestr.* Schon längst aber war die Tyrannenküche berühmt gewesen – 162, 20 und Feinheit gewesen.] *Punkt aus Komma verändert; folgt gestr.* und schon vor Alexander hatten auch die kleinern Fürstenhöfe ⌊zum Teil nur halbgriechischer Herrscher⌋ vom äußern Rande der griechischen Welt, ein König Straton von Sidon, ein Fürst Nikokles von Cypern, ein Kotys von Thracien sich am Üppigsten gehen lassen. – 162, 23 und Gourmands] *Randzusatz* – 162, 24 frequentesten] *zuerst* beliebtesten – 162, 25 seit dem IV. Jh.] *zuerst* damals – 162, 27 freie] *Interlinearzusatz* – 162, 27 später] *Interlinearzusatz* – 162, 28 Zu Hause hält...Baßbuffo's erinnert.] *Randzusatz* – 162, 30 blitzrasche] *Interlinearzusatz* – 162, 32 gewandtesten] *zuerst* besten – 162, 33 endlich] *zuerst* ferner – 162, 34 nehmen ihn von den lächerlichsten Seiten] *davor gestr.* hängen ihm an was sie können – 163, 2 als aus Dünkel...es stehlen (seither) Alle.»] *am Rand ein senkrechter blauer Farbstiftstrich*

163, 6 ff. (Über die Kochkunst der spätern Griechen) k
163, 12 (Der Koch...Kunden sind).] *Randzusatz* – 163, 16 Stehlen] *davor gestr.* Beiseitethun der besten – 163, 21 von dieser Seite ganz besonders gerne] *Randzusatz, davor gestr.* damit – 163, 23 vornehmen] *Randzusatz* – 163, 23 Miethkoch] *zuerst* Koch – 163, 28 Schon mehr in's Lyrische...Todte erwecken!] *Randzusatz* – 163, 30 zu erzählen wie er...Todte erwecken! –] *am Rand ein senkrechter blauer Farbstiftstrich* – 163, 30 freilich] *zuerst* gar – 163, 34 Allein...ist dem Koch...Dünkel eigen] *zuerst* Allein dem Koch eigen ist ein wissenschaftlicher Dünkel – 163, 36 ganzen] *Interlinearzusatz*

164, 1 ff. (Über die Kochkunst der spätern Griechen) l
164, 1 Wir drei allein...etc. etc.] *am Rand ein senkrechter blauer Farbstiftstrich* – 164, 9 Feldherrnkunst] *zuerst* Strategik – 164, 14 Mitredner: Wenn du jetzt...Andern beibringen] *am Rand ein senkrechter blauer Farbstiftstrich* – 164, 19 B: Du scheinst dich...Natur (eingedrungen, scil.).] *im Ms. zwischen eckigen Klammern mit Bleistift* – 164, 26 – B: Ein Harmoniker, nicht ein bloßer Koch! –] *im Ms. zwischen eckigen Klammern mit Bleistift*

164, 32 ff. (Über die Kochkunst der spätern Griechen) m
   164, 35 dürfen] *zuerst* möchten – 164, 35 endlich] *zuerst* nun – 164, 36 u. A.]
   Interlinearzusatz – 164, 37 wären] *zuerst* seien – 165, 10 Jene unverschämten Preise ... jammert man] *am Rand ein senkrechter blauer Farbstiftstrich*
165, 23 ff. (Über die Kochkunst der spätern Griechen) n
   165, 28 hauptsächlich] *zuerst* besonders – 165, 31 Allein auch das beste ... ersetzt dasselbe nicht.] *Randzusatz* – 165, 37 (noch mehr als der Koch)] *Randzusatz* – 165, 38 geistige und leibliche] *Randzusatz* – 165, 41 Privatwohlleben an,] *zuerst* Privatleben an. *Komma aus Punkt verändert, danach gestr.* Bei der sonstigen hohen socialen Bildung und dem feinen gesellschaftlichen Geist – 166, 6 und ebenso die des reichen Herrn] *davor gestr.* es war aber leider die schlimmste noch nicht – 166, 8 so merkwürdig] *zuerst* und so lehrreich – 166, 10 sehr düstere] *Interlinearzusatz* – 166, 11 zum Catilinarier ... Hände liefern kann.] *am Rand ein senkrechter blauer Farbstiftstrich*
166, 12 ff. (Über die Kochkunst der spätern Griechen) o
   166, 17 doch] *Interlinearzusatz* – 166, 18 Rühmenswerth erscheint] *zuerst* Ja in – 166, 23 (wenn man auch nur Polyb hört)] *Randzusatz*

Die Phäakenwelt Homer's

Akademischer Vortrag, gehalten am 14. 11. 1876. – Manuskriptbestand: PA 207, 171, 50: 15 kleine Folioblätter mit den Vortragsnotizen (vermutlich Briefpapier; paginiert 1*, zu* 1&2*,* 2*,* 3a–3m*; recto beschrieben), davon bilden 12 Blätter den Grundstock der Vortragsnotizen mit der ursprünglichen Paginierung* a–m*, die in* 3a–3m *verändert wurde, als die Einleitungsblätter* 1*,* 2 *und zu* 1&2 *hinzukamen; 1 Übersichtsblatt zum Inhalt von Odyssee 6–13; 3 kleine Folioblätter (paginiert* α–γ*; recto beschrieben) mit Notizen aus Goethe: Italienische Reise; anstelle eines Umschlagblattes trägt das letzte Blatt auf der verso-Seite die autographe Aufschrift* Die Phäakenwelt Homer's / 14. November 1876. *– Zeitungsreferate: «Basler Nachrichten» Nr. 274 und 275 (jeweils in den Beilagen), vom 18. und 19. 11. 1876; das gleiche Referat erschien nochmals in der Zeitschrift «Helvetia», Bd. 1, 1878, S. 87 ff. – Erstdruck: Dürr, S. 116–129; GA 14, S. 164–177. – JBW: Manuskript PA 207, 171, 50, Blätter* 1*, zu* 1&2*,* 2*,* 3a–3m*,* α–γ*; Überschrift gemäß verso-Seite des letzten Blattes.*

167, 3 ff. 1
   167, 15 Die Unzulänglichkeiten des Erdenlebens ... Nirgendheim, ihrer Utopie.] *am untern Blattrand nachträglich und mit anderer Feder angefügter Zusatz* – 167, 17 kindlich schöne und wehmüthige und tiefsinnige] *zuerst* kindliche, oder kindlich possenhafte
167, 23 ff. zu 1 & 2
   168, 5 auf Scheria] *zuerst* psycholog. – 168, 8 , und zwar hatten sie ... das Wort geführt;] *Rand- und Interlinearzusatz*
168, 16 ff. 2
   168, 16 ergreift] *zuerst* faßt – 168, 17 zumal Inseln] *Randzusatz* – 168, 19 und gesamtabendländische] *Interlinearzusatz* – 168, 19 nach gewissen einzelnen Beziehungen] *Interlinearzusatz* – 168, 21 carrikirt gezeigt] *zuerst* aus-

einandergelegt – 168, 29 gerade] *Interlinearzusatz* – 168, 32 Das Bewegte eingefaßt ... in einen Zustand.] *Interlinearzusatz*

169, 5 ff. 3a

169, 11 Landschaftsmaler] *davor gestr.* niederländ. – 169, 13 des Lebens] *zuerst* der Natur – 169, 13 eines erhöhten Lebens] *zuerst* einer erhöhten Natur – 169, 14 Das heroische Leben ... starken Ton erhöht.] *Interlinearzusatz; zwischen den Zeilen befindet sich ein vermutlich früher angebrachter Querstrich* – 169, 18 Der erste Anblick ... im nebligen ⌊dämmrigen⌋ Meer] *am Rand ein senkrechter blauer Farbstiftstrich* – 169, 18 zuletzt höchst schrecklicher] *Interlinearzusatz* – 169, 24 Nachdem er schon ... Chariten ähnliche Dienerinnen] *am Rand ein senkrechter blauer Farbstiftstrich* – 169, 26 glatte Felswände] *zuerst* Felsränder

169, 31 ff. 3b

169, 35 noch sehr nahe] *Interlinearzusatz* – 170, 6 Der eigenthümlich festliche Ton ... (prachtvoll durchgeführtes Bild)] *am Rand ein senkrechter blauer Farbstiftstrich* – 170, 6 eigenthümlich] *im Ms.* eigenthüml.

170, 13 ff. 3c

170, 15 schnell] *Interlinearzusatz* – 170, 20 ragt unter den Dienerinnen hervor wie Artemis unter den Nymphen] *zuerst* ist den Dienerinnen überlegen wie Artemis den Nymphen – 170, 23 Schrei] *davor gestr.* Rufen (Kreischen) – 170, 24 sein erster Gedanke ... soll dir nichts mangeln] *am Rand ein senkrechter blauer Farbstiftstrich* – 170, 28 der] *zuerst* am – 170, 30 glücklichen, einträchtigen Ehe] *zuerst* glücklichen Ehe – 170, 34 Fremde sei kein Feind ... verhalten habe] *am Rand ein senkrechter blauer Farbstiftstrich (teilweise doppelt)*

171, 1 ff. 3d

171, 9 – es ist Gerede ... Klatsch der Urzeit] *am Rand ein doppelter waagrechter Farbstiftstrich* – 171, 10 Klatsch der Urzeit] *Interlinearzusatz* – 171, 17 Die Stadt: hochummauert ... durch den Hof] *am Rand ein senkrechter blauer Farbstiftstrich* – 171, 21 {gleich}] *Klammern mit Bleistift* – 171, 24 den Odysseus] *zuerst* ihn endlich

171, 26 ff. 3e

171, 27 Pfeiler gelehnt, drehend ... die Knie der Mutter] *am Rand ein senkrechter blauer Farbstiftstrich* – 171, 39 Odysseus aber, beim Eintritt ... Palast des König weist] *am Rand ein senkrechter blauer Farbstiftstrich* – 172, 1 «denn sie vertrauen ... oder ein Gedanke»] *am Rand ein senkrechter blauer Farbstiftstrich* – 172, 5 noch mit der größten ... durch die Stadt schreitet] *am Rand ein senkrechter blauer Farbstiftstrich* – 172, 6 griechisch-genealogischen] *Interlinearzusatz* – 172, 6 gemeinsame] *Interlinearzusatz* – 172, 7 als Großvater] *Interlinearzusatz* – 172, 7 untergegangenen] *Interlinearzusatz*

172, 9 ff. 3f

172, 9 Die Königin] *davor gestr.* Die Weisheit – 172, 12 weit] *Interlinearzusatz* – 172, 14 Folgt der Palast des Alkinoos ... Jünglinge im Festsaal] *am Rand ein senkrechter blauer Farbstiftstrich* – 172, 20 Dann der ummauerte ... als Stadtbrunnen dient] *am Rand ein senkrechter blauer Farbstiftstrich* – 172, 21 auch Feigen und Granaten und Oliven] *Interlinearzusatz* – 172, 30 der Königin Arete ... Odysseus darein aufgenommen] *am Rand ein senkrechter blauer Farbstiftstrich*

172, 34 ff. 3g
  172, 36 Er empfiehlt ihn... Geschlechter der Giganten] *am Rand ein senkrechter blauer Farbstiftstrich* – 173, 10 zuletzt so] *Interlinearzusatz* – 173, 10 von dem edeln Empfang... Tityos dorthin führten] *am Rand ein senkrechter blauer Farbstiftstrich*
173, 17 ff. 3h
  173, 21 – es ist der große... sich offenbaren wird –] *Interlinearzusatz, Gedankenstriche fehlen im Ms., nach wird folgt im Ms. ein Punkt* – 173, 25 Haus gekommen, lange... alle noch bewirthen] *am Rand ein senkrechter blauer Farbstiftstrich* – 173, 33 Hier, bei den Vorbereitungen... der Schiff-Ruhm] *am Rand ein senkrechter blauer Farbstiftstrich* – 173, 42 freilich eher einem Solchen... eben keine Kaufleute)] *am Rand ein senkrechter blauer Farbstiftstrich*
174, 4 ff. 3i
  174, 6 Einleitungsworte: Höre mich nun an damit] *zuerst* Einleitungsworte: Damit – 174, 6 Höre mich nun an] *Interlinearzusatz* – 174, 7 erzählen kannst, wenn... purpurnen Balles verbunden] *am Rand ein senkrechter blauer Farbstiftstrich (teilweise doppelt)* – 174, 21 mit Gewändern und Gold] *Interlinearzusatz* – 174, 22 für] *Interlinearzusatz* – 174, 24 Am Eingang in den... mir das Leben] *am Rand ein senkrechter blauer Farbstiftstrich* – 174, 26 mit langem Blick] *Interlinearzusatz*
174, 31 ff. 3k
  174, 36 und gebietet dem Sänger... Heimath verkünden] *am Rand ein doppelter waagrechter Farbstiftstrich* – 174, 38 damit unsere Schiffe, in... Odysseus möge sich offenbaren] *am Rand ein senkrechter blauer Farbstiftstrich* – 175, 2 meinen] *zuerst* von meinem – 175, 4 werde er einst... solchen Geleit heimkehre] *zuerst* werde einst ein gutgearbeitetes Phäakenschiff, von einem solchen Geleit heimkehrend – 175, 13 geben] *zuerst* schenken
175, 14 ff. 3l
  175, 19 nicht von Alkinoos... deines Gemahls Alkinoos] *am Rand ein senkrechter blauer Farbstiftstrich* – 175, 26 sanft und] *Interlinearzusatz* – 175, 26 er, der so viel Leiden... vergaß jetzt dieß Alles.] *Interlinear- und Randzusatz* – 175, 28 Das Schiff fliegt... es ihm versprochen] *am Rand ein senkrechter blauer Farbstiftstrich* – 175, 30 die Nähe der] *zuerst* der – 175, 31 unter den Oelbaum] *Interlinearzusatz* – 175, 33 über die Phäaken,] *Komma aus Semikolon verändert*
175, 40 ff. 3m
  175, 40 das Schiff zu versteinern... indem er es noch] *am Rand ein senkrechter blauer Farbstiftstrich* – 176, 6 Dann eilt er fort] *Randzusatz* – 176, 9 von meinem Vater weiß... im dunkeln Meer] *am Rand ein senkrechter blauer Farbstiftstrich* – 176, 16 und nicht auch unsere Stadt mit] *zuerst* und unsere Stadt nicht mit – 176, 18 Er sprach es... Odysseus aber erwachte] *am Rand ein senkrechter blauer Farbstiftstrich*
176, 23 ff. α
  176, 23 Göthe, italienische Reise] *vor diesem Blatt liegt im Faszikel das Übersichtblatt* – 177, 1 in] *zuerst* auf
177, 11 ff. β
  177, 11 Göthe] *zuerst* er – 177, 20 giebt] *zuerst* als König des wiedergewonnenen Ithaca bietet – 177, 21 zum Gemahl (sein zweites... dem Vater ge-

liebt).] *Rand- und Interlinearzusatz* – 177, 22 scheidenden] *Randzusatz* – 177, 33 in] *zuerst* durch
177, 34 ff. γ
177, 40 und vielleicht entscheidende] *Interlinearzusatz* – 177, 41 (17. April 1787)] *Interlinearzusatz* – 177, 42 botanische] *Interlinearzusatz* – 177, 42 zB:] *Interlinearzusatz* – 178, 2 sein] *Interlinearzusatz* – 178, 6 Tragödie] *zuerst* Dichtung – 178, 10 in] *zuerst* von – 178, 12 gesagt] *zuerst* geschaffen – 178, 12 Vollends der südliche Ton und Klang,] *zuerst* Der südliche Ton und Klang aber, – 178, 17 Acht] *zuerst* Neun

Mailänderkriege seit 1521

Populärer Vortrag, gehalten am 23. und 30. 11. 1876. – Manuskriptbestand: PA 207, 171, 51: 1 Umschlagblatt mit der autographen Aufschrift Mailänder Kriege seit 1521, *darunter mit Bleistift, vermutlich von fremder Hand:* Vorlesung: Scenen aus den Mailänder Kriegen Bernoullianum 23./30. November 1876; *1 Quartblatt (recto/verso beschrieben) mit der Einleitung zum Vortrag; 31 Quartblätter (verschiedene Paginierungen; recto/verso beschrieben) mit Notizen aus:* Brantôme: Vies des grands capitaines estrangers et françois; Cantù: Storia della città e della diocesi di Como; Capella: De bello mediolanensi; Capella: De bello mussiano; Grumello: Cronaca; Guicciardini: La Historia d'Italia; Guler: Raetia; Puteanus: Joannis Jacobi Medicaei insubris breve elogium; Puteanus: Historiae Cisalpinae libri duo; Ranke: Deutsche Geschichte im Zeitalter der Reformation, Bd. 2; Sepulveda: De rebus gestis Caroli V; Stettler: Chronicon; Stumpf: Schwytzer Chronik; de Thou: Historiarum sui temporis libri; Verri: Storia di Milano; Vögelin: Geschichte der Schweizerischen Eidgenossenschaft, Bd. 2. – Zeitungsreferate: *«Basler Nachrichten» Nr. 285 und 291, vom 1. 12. und 8. 12. 1876. – JBW: Manuskript PA 207, 171, 51, Einleitungsblatt; Referat «Basler Nachrichten»; Überschrift gemäß Umschlagblatt.*

179, 3 ff. *Unpaginiertes Einleitungsblatt* Die letzten Jahre der Mailänderkriege
179, 23 Sobald einmal Italien] *davor gestr.* Bekannt und viele Male geschildert – 179, 26 mehrmals bei beiden Parteien zugleich] *Randzusatz, im Ms. vorangehendes Komma aus Punkt verändert* – 179, 28 und ebenso...gemacht hat.] *Randzusatz, im Ms. vorangehendes Komma aus Punkt verändert*
180, 22 ff. *Referat «Basler Nachrichten» Nr. 285 und 291, vom 1. 12. und 8. 12. 1876*
180, 28 anmuthige] *korrigiert aus* anmuthigt – 181, 29 Mailand] *korrigiert aus* Madrid – 182, 23 Como] *korrigiert aus* Domo – 185, 23 straccioni] *korrigiert aus* stracconi – 186, 35 Trient] *korrigiert aus* Tridentt

Spanien unter Philipp II.

Populärer Vortrag, gehalten am 25. 10. und 1. 11. 1877; B. hatte bereits im Winter 1876/77 vor dem Verein junger Kaufleute über die Zeit Philipps II. referiert, vgl. GA 14, S. 513, und Briefe Bd. 6, S. 374. – Manuskriptbestand: PA 207, 171,

52: 1 *Umschlagblatt mit der autographen Aufschrift* Spanien, Zeit Philipps II. & Mignet: Antonio Perez *sowie einer zweiten, vermutlich nicht autographen Aufschrift mit Bleistift* Vorlesung Spanien unter Philipp II. / Bernoullianum 25. October 1. November 1877, *auf der Innenseite des Umschlagblattes von B.s Hand:* Sybel Zeitschrift 1878, p. 268 und 419 ein Aufsatz von M. Philippson: Philipp II. und das Papstthum, theils aus denselben venezianischen, theils aus spanischen Quellen; 1 *Quartblatt mit Einleitung und Übersicht (recto beschrieben); 4 Quartblätter mit Vortragsnotizen (unpaginiert; recto/teilweise verso beschrieben) mit den Überschriften* Persönlichkeit und Hof, Auswärtiges, Geschäfte, Spätere Zeit; 43 *Quartblätter (teilweise paginiert; recto/teilweise verso beschrieben) mit Exzerpten aus* Mignet: Antonio Perez et Philippe II; Relazioni degli Ambasciatori Veneti al Senato durante il secolo XVI; Perez: Les obras y relaciones; Baumgarten: Spanisches zur Geschichte des sechzehnten Jahrhunderts; 1 Abdruck der Seiten 303–306 aus: H. Ulmann: Margarete von Oesterreich, Regentin der Niederlande, in: Zeitschrift für Allgemeine Geschichte, Kultur-, Litteratur- und Kunstgeschichte, Stuttgart, Bd. 2, 1885, S. 289–306. – Zeitungsreferate: «Schweizerischer Volksfreund» Nr. 254 und 261, vom 27. 10. und 4. 11. 1877; «Schweizer Grenzpost» Nr. 262, vom 5. 11. 1877. – JBW: Manuskript PA 207, 171, 52, Einleitungsblatt, 4 unpaginierte Blätter nach der Anordnung im Konvolut; inhaltliche Wiederholungen und Überschneidungen in den hier edierten 5 Blättern lassen nicht auf eine sichere Zusammengehörigkeit und eindeutige Abfolge schließen; Referat «Schweizerischer Volksfreund»; Überschrift gemäß Zeitungsreferat.*

187, 3 ff. *Unpaginiertes Einleitungsblatt*
 187, 7 und speciell Castilien] *Interlinearzusatz* – 187, 29 verflicht] *zuerst* bindet
188, 4 ff. *Unpaginiertes Blatt* Philipp II. – Persönlichkeit und Hof
 188, 39 Gesundheit … Thätigkeit] *am rechten Rand mit blauem Farbstift*
189, 1 ff. *Unpaginiertes Blatt* Philipp II. – Auswärtiges
 189, 4 geheimes] *im Ms.* geh.
189, 25 ff. *Unpaginiertes Blatt* Spanien unter Philipp II. – Die Geschäfte
 189, 25 Spanien unter Philipp II. – Die Geschäfte] *danach gestr.* Mißlingen Carls in Deutschland seit 1552. Annullirung von Philipps deutscher Succession ⌊Ferdinand I.⌋ – die englische Ehe; – der Krieg von S. Quentin – / Anzuknüpfen 1559 bei seiner Heimkehr nach Spanien ⌊Ketzerbrände, Escurial⌋ / Der Abstand zwischen Philipp II. und seinem Vater (dessen Werkzeuge er schon vorher meist abgedankt ⌊Mendoza, Gonzaga, Granvella d. ae., Königin Maria⌋ / Zunächst kenntlich an seiner Zurückgezogenheit / Der spanische Gesamtbesitz. – 190, 10 67jährig] *im Ms.* 77jährig
190, 12 ff. *Unpaginiertes Blatt* Philipp II. – Spätere Zeit
 190, 14 Seine lange Verstellung gegen Gehaßte] *Interlinearzusatz*
191, 15 ff. *Referat «Schweizerischer Volksfreund» Nr. 254 und 261, vom 27. 10. und 4. 11. 1877*
 192, 15 auflehnten.] *folgt im Zeitungstext* (Ueber 8 Tage Fortsetzung.) – 193, 9 Staatskasse] *korrigiert aus* Staaatskasse – 193, 20 Vervins] *korrigiert aus* Verdun

Rembrandt

Akademischer Vortrag, gehalten am 6. 11. 1877. – Manuskriptbestand: PA 207, 156 II, Vorlesung «Neuere Kunst seit 1550»; das Manuskript liegt innerhalb des Konvolutes in einem besonderen Umschlag mit der nicht autographen Bleistiftbeschriftung Rembrandt 156 II *bei Buchzeichen; 34 Quartblätter mit Vortragsnotizen (paginiert* Rembrandt a–z, aa–ii; *recto/teilweise verso beschrieben), die neben der ursprünglichen autographen Vortragspaginierung eine nachträgliche, auf das Vorlesungsmanuskript «Neuere Kunst» bezogene numerische Bleistiftpaginierung 169–202 aufweisen. B. verwendete das Vortragsmanuskript ebenfalls für die Vorbereitung des Kollegs «Neuere Kunst», legte es dem entsprechenden Vorlesungskonvolut bei und trug fortlaufend Ergebnisse der kunstgeschichtlichen Forschung nach. Die Blätter enthalten auf den Seiten recto offensichtlich den für den Vortrag niedergeschriebenen Text, während sich auf den Seiten verso und auch auf Beiblättern spätere Zusätze und Ergänzungen finden. – Zeitungsreferate:* «Schweizer Grenzpost» *Nr. 267, vom 10. 11. 1877. – Erstdruck: Dürr, S. 130–150; GA 14, S. 178–197. – JBW: Manuskript PA 207, 156 II,* Rembrandt a–z, aa–ii. *Die vorliegende Edition berücksichtigt den für den Vortrag von 1877 relevanten Textbestand und schließt die erkennbar späteren Nachträge aus. Weggelassen werden die Zusätze auf den Seiten verso sowie Zusätze in der erst ab 1885 verwendeten violetten Tinte. Eine Edition des Textes mit sämtlichen Ergänzungen und Beiblättern erfolgt in JBW 18 («Kunst des 17. und 18. Jahrhunderts»); Überschrift gemäß Blatt* a *der Vortragsnotizen.*

194, 3 ff. a Rembrandt [169]
    194, 6 Ein Unterschied des antiken…von diesem Schicksalsnimbus.] *mit Bleistift durchgestrichen; Randvermerk mit Bleistift* Dieß Alles gilt fast nur von Rembrandt selbst. – 194, 15 meist] *mit blauem Farbstift unterstrichen*
194, 27 ff. b (Rembrandt) [170]
    194, 28 Seit dem XV. Jh.] *zuerst* Bisher – 194, 28 ihre Gestalten und Scenen] *davor gestr.* Luft und Licht – 194, 30 erst nun] *davor gestr.* man hatte auf diese – 194, 33 seit Filippo Lippi und den Flandren] *Randzusatz, Gedankenstriche fehlen im Ms.* – 194, 33 auch] *Interlinearzusatz* – 195, 2 zugleich] *davor gestr.* endlich – 195, 11 mißverstandenen] *zuerst* römischen
195, 14 ff. c (Rembrandt) [171]
    195, 23 aber auch eingeschränkt] *Randzusatz, im Ms. vorangehendes Komma aus Punkt verändert* – 195, 25 der Privatreichthum] *davor gestr.* die Privatbestellung – 195, 26 stellen] *zuerst* geben – 195, 26 Halb officiell] *zuerst* Officiell – 195, 32 Marine,] *Interlinearzusatz* – 195, 34 allgemeine] *Randzusatz*
195, 35 ff. d (Rembrandt) [172]
    196, 7 Vollendung] *danach gestr.* welche ein volles Gegengewicht gegen die Kunst des – 196, 10 so intensiv] *Randzusatz* – 196, 10 fühlen mochten;] *danach gestr.* und wandte nun diese // *im Ms. Semikolon aus Komma verändert* – 196, 11 aber] *Interlinearzusatz* – 196, 11 in] *zuerst* unter – 196, 12 in ihrem Kreise] *Randzusatz*
196, 14 ff. e (Rembrandt) [173]
    196, 14 Pinas] *Interlinearzusatz* – 196, 17 selbst wenn diese Lehrer sehr tüchtige Leute waren] *Randzusatz* – 196, 18 alles] *zuerst* das – 196, 19 Da-

gegen bleibt völlig... dazu gefühlt hat.] *Randzusatz* – 196, 20 Allein wir dürfen uns] *davor gestr.* Der Hauptquell – 196, 24 anatomische] *Randzusatz* – 196, 27 eher] *zuerst* auch – 196, 29 identisches Ganzes.] *danach gestr.* Ist er doch der einzige Maler, welcher sich selbst über 30 mal porträtirt hat. – 196, 32 elementare] *Randzusatz* – 196, 33 sie sind das Ideal bei ihm.] *Randzusatz* – 196, 34 sind für ihn nur] *zuerst* beginnen für ihn erst

196, 39 ff. f (Rembrandt) [174]

196, 40 einem] *zuerst* dem – 197, 1 natürlichen oder künstlichen] *Randzusatz* – 197, 7 weil er eben nur dieß sein wollte?] *Randzusatz; folgt gestr.* Hier stehen wir wieder einmal vor einer jener schwierigen psychologischen Fragen zu welchen die bildende Kunst // *daneben gestr. Randzusatz* Aber, wenn dabei der Gegenstand so indifferent ist – 197, 10 indifferent gewesen ist?] *danach gestr.* oder auf eine höchst unschöne Weise

197, 19 ff. g (Rembrandt) [175]

197, 28 (Von diesen Schülern... sogenannte Atelierbilder)] *Randzusatz, Klammern fehlen im Ms.* – 197, 34 Geschichte] *zuerst* Kunstgeschichte – 197, 37 Kraft] *davor gestr.* hohe – 197, 40 Lebensinhalt.] *zuerst* Lebenskraft.

197, 41 ff. h (Rembrandt) [176]

198, 3 (Dieser hohe Lichteinfall, schon... Vorrichtungen gesteigert.)] *Randzusatz, Klammern fehlen im Ms.* – 198, 9 (Porträt der Frau Bilderdyk... datirt 1633)] *Randzusatz* – 198, 18 auch] *Interlinearzusatz* – 198, 19 u. a. noch eins seiner berühmten Collectivporträts] *zuerst* auch noch sein berühmtestes Collectivporträt – 198, 22 Gemälde] *zuerst* Bild

198, 26 ff. i (Rembrandt) [177]

198, 29 gewöhnlichem] *zuerst* einfachem – 198, 31 vorzüglich] *zuerst* trefflich – 198, 32 etwa] *Randzusatz* – 198, 32 aus Java] *Interlinearzusatz* – 198, 33 statt an einer Leiche] *Randzusatz* – 198, 34 der] *zuerst* dieser – 198, 39 Nicht mehr was Alles] *davor gestr.* Er wird so in's Licht gesetzt – 198, 39 Geistiges] *Interlinearzusatz* – 199, 2 es] *Interlinearzusatz* – 199, 7 Aeußerste] *zuerst* Höchste

199, 11 ff. k (Rembrandt) [178]

199, 16 frühes, höchst fleißig ausgeführtes] *Randzusatz* – 199, 21 Und doch waren... Züge an sich] *zuerst* Seine originellen und höchst derb kräftigen einiger Maßen widerlichen Züge waren zwar – 199, 22 einiger Maßen widerlichen] *Randzusatz* – 199, 24 gekleidet] *zuerst* costumirt – 199, 25 andere, früher gemalte] *zuerst* zweite (an sich frühere) – 199, 26 schattenwerfenden] *Randzusatz* – 199, 28 Copie in Antwerpen] *Bleistift* – 199, 30 – ganz als würde heute... Régence gemalt] *Interlinearzusatz, Gedankenstrich fehlt im Ms.*

199, 38 ff. l (Rembrandt) [179]

199, 38 Vollends] *Randzusatz* – 199, 39 in Licht und Farbe] *zuerst* an sich – 199, 42 Saskia] *davor gestr.* welches – 200, 1 Gemahls] *danach gestr.* darstellt – 200, 5 wenn sie aufstände?... Es wird berichtet daß er beim Zeichnen] *am rechten Rand ein senkrechter Bleistiftstrich, Vermerk* Diess besser auf Bll. v bis x zu sparen – 200, 6 Zwar wird uns] *zuerst* Es wird uns zwar – 200, 7 Skelettbaues] *zuerst* menschlichen – 200, 9 der Luftperspective] *Interlinearzusatz* – 200, 11 beunruhigen] *zuerst* stören – 200, 15 für ihn, der... Natur berief.] *Randzusatz, im Ms. vorangehendes Komma aus Punkt verändert* –

200, 16 oft] *Interlinearzusatz* – 200, 18 (Er skizzirte eine Figur... cf. Lemke, p. 51)] *Randzusatz, Klammern fehlen im Ms.*
200, 20 ff. m (Rembrandt) [180]
200, 20 Vielleicht geschah es nicht ohne Bewußtsein;] *Zusatz am Kopf der Seite* – 200, 23 in seinen spätern Jahren erhob sich] *zuerst* das Urtheil wandte sich in seinen spätern Jahren wesentlich – 200, 25 Academischen,] *Randzusatz* – 200, 26 Unter seinen männlichen Bildnissen] *davor gestr.* Doch wir kehren zu den Porträts zurück. – 200, 28 sein Schüler] *zuerst* der – 200, 28 (jetzt bezeichnet)] *Randzusatz* – 200, 36 Unter welchen Bedingungen... Jüdischer Arzt etc.] *Randzusatz* – 200, 38 Burgemeester] *im Ms. abgekürzt* Bgmestr. – 200, 41 in nächster Nähe] *zuerst* ringsum – 201, 3 (das eine jetzt in Cassel aufgestellte ist noch früher)] *Randzusatz, Klammern fehlen im Ms.* – 201, 4 der National Galerie] *davor gestr.* in München, Paris, des Louvre, – 201, 4 Pinakothek,] *danach gestr.* welche den Mann mit
201, 4 ff. n (Rembrandt) [181]
201, 7 in allen möglichen wirklichen und phantastischen Trachten] *Interlinearzusatz* – 201, 10 diese beständige] *zuerst* dieß beständige // *danach gestr.* in den Spiegel sehen – 201, 13 hie und da] *Interlinearzusatz* – 201, 21 Characterköpfe und -halbfiguren] *zuerst* Characterhalbfiguren – 201, 22 Das Jugendliche kommt] *Randzusatz* – 201, 23 selbst] *zuerst* auch – 201, 25 benennt] *zuerst* nennt – 201, 28 vor Allem] *Randzusatz*
201, 29 ff. o (Rembrandt) [182]
201, 29 Rembrandt] *davor gestr.* der Meister – 201, 42 (etwa mit Ausnahme... XVI. Jahrhunderts)] *Randzusatz, Klammern fehlen im Ms.* – 202, 6 , wie oben bemerkt,] *Randzusatz* – 202, 8 Gestalten] *zuerst* Köpfe – 202, 9 , prächtig] *zuerst* und
202, 12 ff. p (Rembrandt) [183]
202, 14 zu bedeutenden] *zuerst* zu mächtigen Ge[-] – 202, 17 Einmal hat Rembrandt... unvertilgbar ein.] *von B. bezeichnete Textumstellung, der Abschnitt stand zuerst nach* Radirnadel zu Theil geworden. *Vermerk B.s* Diess herauf zum Zeichen. – 202, 17 eine] *zuerst* die – 202, 17 der Vergangenheit] *Randzusatz* – 202, 25 Greise] *davor gestr.* vornehme – 202, 25 Krüppel,] *danach gestr.* Genrefiguren wie – 202, 29 , zum Plüschhut,] *Randzusatz, davor gestr.* und
202, 35 ff. q (Rembrandt) [184]
202, 38 Das erstere Bild] *davor gestr.* Die Nachtwache – 203, 2 Aber dieß in seinem Ursprung] *davor gestr.* An der magischen Wirkung des Lichtes aber als solche – 203, 2 verschieden] *zuerst* abweichend – 203, 11 von den gegen 30 Mitgliedern] *zuerst* die 30 Mitglieder – 203, 12 sind] *zuerst* waren
203, 15 ff. r (Rembrandt) [185]
203, 22 Collectivbild] *zuerst* Kunstwerk – 203, 23 (Stempelmeister),] *Randzusatz* – 203, 27 etwas zurück] *davor gestr.* dahinter – 203, 29 und Gleichmäßigkeit] *Randzusatz*
203, 39 ff. s (Rembrandt) [186]
204, 3 mährchenhafte] *Interlinearzusatz* – 204, 4 als ein König ohne Gleichen gewaltet haben würde.] *zuerst* ein König ohne Gleichen gewesen wäre. – 204, 4 haben würde] *zuerst* hätte – 204, 4 Unter den zwei, drei Fällen] *davor gestr.* Die seltenen Fälle da er etwa auf – 204, 13 – seine Venus, ... Trutschel

(lebensgroß!)] *Randzusatz* – 204, 16 In seinem Ganymed ... gelernt hatten.]
Randzusatz – 204, 23 Die Radirung ... Wirkendes).] *Randzusatz*
204, 25 ff. t (Rembrandt) [187]
204, 33 leuchtend] *Interlinearzusatz* – 204, 34 Von Rembrandts Gemälden]
davor gestr. Das Visionäre – 204, 36 könnte füglich ebenso heißen,] *danach
gestr.* wer weiß ob nicht die sogenannte Judenbraut in der Galerie // *nachfolgend weitere Streichung* bis man für – 204, 36 ja vielleicht auch] *Randzusatz* – 204, 38 bis man] *Rand- und Interlinearzusatz* – 204, 39 Heißt auch:
Verführungsscene, – und: Glückwunsch zum Geburtstag.] *Randzusatz* –
205, 1 und ihrer Präcision] *Randzusatz* – 205, 6 Abendlicht] *davor gestr.*
Lichtproblem – 205, 6 das die Stuben] *zuerst* welches die ganze Stube
205, 9 ff. u (Rembrandt) [188]
205, 9 Biograph] *danach gestr.* Rembrandts – 205, 9 (Lemke)] *Randzusatz* –
205, 10 Meister] *davor gestr.* großen – 205, 19 ; das damalige Holland ...
damit verschont.] *Randzusatz* – 205, 21 aus] *Interlinearzusatz* – 205, 22 jedenfalls lag dem Rembrandt] *davor gestr.* eines derjenigen Werke, wo R. –
205, 24 Zahl, Anordnung und Geberde] *zuerst* Zahl, Gestus und Anordnung – 205, 27 eine Absalonsnatur] *Randzusatz*
205, 35 ff. v (Rembrandt) [189]
205, 36 die] *Interlinearzusatz* – 206, 3 zu einer] *zuerst* eine – 206, 4 durchschnittlichen] *Randzusatz* – 206, 5 Fehlern] *zuerst* Proportionsfehlern –
206, 5 in der Linienperspective] *Randzusatz* – 206, 13 kannten und respectirten die normalen Körperformen und] *Rand- und Interlinearzusatz* – 206, 14
daher] *Interlinearzusatz* – 206, 15 wirken] *zuerst* sein
206, 17 ff. w (Rembrandt) [190]
206, 20 einst] *Interlinearzusatz* – 206, 20 niederländischen] *Randzusatz* –
206, 24 perspectivisch] *Interlinearzusatz* – 206, 25 neben Malern] *davor
gestr.* von fähigen – 206, 28 nach] *Interlinearzusatz* – 206, 29 sogar] *zuerst*
noch – 206, 31 (Am ehesten bei ganz pöbelhaften Leibern.)] *Randzusatz,
Klammern fehlen im Ms.* – 206, 36 Hier giebt es für ihn keine Präcedentien.]
Randzusatz – 206, 40 auch noch] *Randzusatz*
206, 41 ff. x (Rembrandt) [191]
207, 1 Christi] *zuerst* seine – 207, 3 allenfalls und auch nicht immer zugeben
kann, ist, daß] *Randzusatz, neben gestr.* zugeben kann, ist, daß einzelne
Köpfe und Gestalten wirklich tief – 207, 6 naiv] *mit Bleistift unterstrichen* –
207, 6 wirklich, so pöbelhaft sie auch aussehen] *zuerst* wirklich ergriffen –
207, 9 so] *Interlinearzusatz* – 207, 14 der vielen unvollendeten Radirungen]
zuerst Radirung – 207, 19 Wer aber seine biblische Malerei] *zuerst* Und wer
ihn
207, 21 ff. y (Rembrandt) [192]
207, 27 malte] *danach gestr.* und radirte – 207, 27 wenigstens] *Interlinearzusatz* – 207, 28 nur] *Randzusatz* – 207, 29 dagegen] *zuerst* eher – 207, 33 Seinen alttestamentlichen Darstellungen] *davor gestr.* Nun fehlt ihm aber in
den [-] – 207, 35 in dieser Welt voraussetzen.] *zuerst* mit dieser Welt verknüpfen. – 207, 37 Nachmittagsgold] *zuerst* Nachmittagslicht – 207, 39 Die
Erscheinung] *davor gestr.* Größer, aber
208, 2 ff. z (Rembrandt) [193]
208, 5 in einer Art von wunderlichem] *zuerst* nicht ohne einen wunderlichen

208, 24 ff. aa (Rembrandt) [194]
208, 31 meisterhaft fatal] *Randzusatz* – 208, 33 auch] *Interlinearzusatz* – 208, 34 – genaue? –] *Randzusatz* – 208, 37 das] *zuerst* ein – 208, 38 und] *Interlinearzusatz, zuerst Komma* – 208, 38 pöbelhaften] *danach gestr.* Figuren und – 208, 40 dann] *Interlinearzusatz* – 209, 1 kleinen] *Interlinearzusatz* – 209, 5 (Cf. den fliegenden Engel im Manoahbild, Dresden)] *Interlinear- und Randzusatz*
209, 10 ff. bb (Rembrandt) [195]
209, 11 durch Reflexe weiter] *danach gestr.* fast bis in die dunkelste Nacht – 209, 14 Kinderengel] *davor gestr.* kleinen – 209, 16 Mit der] *zuerst* Die – 209, 19 Die Reihenfolge] *davor gestr.* Hergang und – 209, 21 Eremitage in Petersburg und] *Interlinearzusatz* – 209, 29 Münchner] *Interlinearzusatz* – 209, 30 Beide Bilder] *davor gestr.* Das erstere Bild ist beleuchtet
209, 33 ff. cc (Rembrandt) [196]
209, 42 In der Grablegung ist wenigstens der Kopf] *zuerst* Die Grablegung zeigt wenigstens den Kopf – 210, 1 merkwürdigste Gestalt] *davor gestr.* Hauptsache ist aber – 210, 4 das] *zuerst* welches – 210, 8 höchst poetischer] *Randzusatz* – 210, 10 offenbar] *Randzusatz* – 210, 11 oder Variante] *Interlinearzusatz*
210, 13 ff. dd (Rembrandt) [197]
210, 13 ebenfalls] *Interlinearzusatz* – 210, 15 gelten doch eine ganze Anzahl von Bildern] *zuerst* über eine ganze Anzahl von Bildern // *danach gestr.* Rembrandt's giebt es abweichende – 210, 26 Aus einiger Entfernung] *davor gestr.* Von hinten her – 210, 27 (Reminiscenz des Mohrenkönigs… von Rubens?)] *Randzusatz* – 210, 33 den Leib Christi] *zuerst* seinen Leib
210, 38 ff. ee (Rembrandt) [198]
211, 5 Frühe schon] *danach gestr.* muß er übrigens gewußt haben, daß – 211, 5 Darstellungen] *zuerst* Aufgaben. – 211, 8 (1631)] *Randzusatz* – 211, 11 (von welchen man doch zu großes Gerühm macht)] *Randzusatz* – 211, 12 sind;] *Interlinearzusatz* – 211, 15 dieser Art:] *zuerst* des
211, 20 ff. ff (Rembrandt) [199]
211, 21 im hellen Mittelgrund] *Randzusatz* – 211, 21 Hohepriester] *zuerst* Priester – 211, 32 nahezu] *davor gestr.* fast – 211, 33 Freilich] *davor gestr.* Aber abgesehen – 211, 37 Unter den] *zuerst* Von – 212, 1 (aus Masaccio's… Lemke zugiebt)] *Randzusatz, Klammern fehlen im Ms.*
212, 3 ff. gg (Rembrandt) [200]
212, 10 Außerdem die Pietà unter dem Kreuz] *Bleistift; im Ms. folgt* – cf. die Photographie – 212, 12 Einige Blätter sind wenigstens] *davor gestr.* Wenn noch ein unvollendeter Zustand der Platte und daher – 212, 13 wie zB:] *davor gestr.* so vorzügliche
212, 23 ff. hh (Rembrandt) [201]
212, 24 oder sonst] *Interlinearzusatz* – 212, 25 daneben herrscht eine hohe Meisterschaft, das Dargestellte] *zuerst* verbunden mit einer hohen Meisterschaft der Characteristik des Dargestellten – 212, 34 wegen der darin dargestellten Berge] *Randzusatz* – 212, 42 sogleich] *Interlinearzusatz* – 213, 3 Der optische Schein feiert Triumphe, aber] *Randzusatz* – 213, 4 ebenso wie öfter in den Historienbildern.] *darunter folgt ein Querstrich*

213, 6 ff. ii (Rembrandt) [202]
213, 7 wobei sie die Formen ... richtiger bildete.] *Randzusatz* – 213, 15 , Haltung] *Randzusatz* – 213, 16 daß die Form ... Beleuchtung wirke;] *Randzusatz* – 213, 22 und Abfall der Schüler] *Randzusatz* – 213, 24 damit] *zuerst* um – 213, 24 noch] *Interlinearzusatz* – 213, 27 wenn] *Interlinearzusatz* – 213, 29 aber] *Interlinearzusatz*

Rococo

Akademischer Vortrag, gehalten am 13. 11. 1877. – Manuskriptbestand: eingelegt in PA 207, 171, 12 («Vorlesungen über Renaissance»); das Umschlagblatt trägt die autographe Aufschrift Vorlesungen über Renaissance gehalten in der Aula des Museums / Winter 1858/9 vor 285 Zuhörern / nebst 2 öffentlichen Vorlesungen ebenda *sowie den violetten Zusatz* Zum Rococo eine Beilage von 1877; *1 Einleitungsblatt (Folio; recto/verso beschrieben) mit der Überschrift* Rococo; *2 Quartblätter (paginiert* München, Zimmer Carls VII. a–b; *recto/verso beschrieben); 6 Quartblätter (unpaginiert; recto/verso beschrieben) mit der Überschrift* Varia zum Rococo; *1 Quartblatt (unpaginiert; recto/verso beschrieben) mit der Überschrift* Style Louis XIV. *Die Anordnung der Blätter in der Edition entspricht der Reihenfolge im Faszikel; inhaltliche Wiederholungen und Überschneidungen in den hier edierten Blättern lassen nicht auf eine sichere Zusammengehörigkeit und eindeutige Abfolge schließen. – JBW: Manuskript PA 207, 171, 12, Einleitungsblatt* Rococo, *2 Blätter* München, Zimmer Carls VII. a–b; *6 Blätter* Varia zum Rococo; *1 Blatt* Style Louis XIV.; *Überschrift gemäß Einleitungsblatt.*

214, 3 ff. *Unpaginiertes Einleitungsblatt* Rococo
214, 8 der sich an der eigentlichen ... kaum verräth] *Interlinearzusatz* – 214, 11 Ferner die geschwungenen ... Giebelränder] *Interlinearzusatz* – 214, 17 und Schmuck] *Interlinearzusatz* – 214, 21 Gefäße] *Interlinearzusatz* – 214, 22 (hoher Stand der damaligen Schreinerei)] *Interlinearzusatz, die Klammern fehlen im Ms.* – 214, 25 Spirale, resp. Wellenlinie] *zuerst* Volute – 214, 26 Wellenlinie] *zuerst* Volute – 214, 28 – diese mit der Volute ... als Feston hängend] *Interlinearzusatz, Gedankenstrich fehlt im Ms.* – 214, 30 (Übersichtsblatt ... 1877.)] *violette Tinte* – 214, 33 Ein Hauptmotiv ... aneinander vorbei] *violette Tinte* – 214, 34 Spirale:] *Doppelpunkt fehlt im Ms.* – 215, 2 die cursive Doppelchiffre ... die Hängedraperie] *Randzusatz* – 215, 11 – Theile von Fontainebleau] *Interlinearzusatz* – 215, 13 als das Spiegelcabinet.] *Randzusatz* – 215, 25 Aufopferung der strengern Thürformen der Renaissance] *Randzusatz* – 215, 30 von Wellen eingerahmte] *Interlinearzusatz* – 215, 31 NB oft sehr kostbare] *Randzusatz* – 215, 32 Spiegeln oder mit] *Interlinearzusatz* – 215, 32 Bei der Höhe ... ein Bild.] *Interlinearzusatz* – 215, 35 bis] *Interlinearzusatz, violette Tinte* – 216, 7 Hauptspiegel] *zuerst* Spiegel – 216, 9 goldene] *im Ms. als Symbol* – 216, 20 Fast keine Thierfüße ... einwärts gebogen.] *Interlinearzusatz* – 216, 22 ihre Ovalspiegel] *Randzusatz* – 216, 26 Der Parquetboden bisweilen Marquetterie.] *Interlinearzusatz, violette Tinte* – 216, 30 Kutschen ... Flintenkolben] *Interlinearzusatz* –

216, 33 in Verbindung mit Email und Juwelen] *Interlinearzusatz* – 217, 2 (Der Styl à la grecque ist wehmüthig)] *Randzusatz*
217, 3 ff. München, Zimmer Carls VII. a
217, 28 rothe] *zuerst* rothsammet – 217, 35 Goldornamenten] Gold[-] *im Ms. als Symbol*
218, 7 ff. (München, Zimmer Carls VII.) b
218, 28 Zimmern] *darüber eine einfache Skizze zur Plazierung des Sofas* – 219, 5 die Eintheilung der Panneaux] *am Rand eine Zeichnung, die die Dreiteilung der Türfüllung zeigt*
219, 11 ff. *Unpaginiertes Blatt* Varia zum Rococo
219, 24 geraden] *Interlinearzusatz* – 219, 26 oder Decke] *Interlinearzusatz* – 219, 32 (besonders die ... Existenzen)] *Randzusatz, die Klammern fehlen im Ms.* – 220, 7 und hier sehr auf Gobelins etc. angewiesen] *Randzusatz, im Ms. folgt ein Punkt* – 220, 13 oder auch sehr reich gewirkte Muster] *Randzusatz*
220, 20 ff. *Unpaginiertes Blatt* Varia zum Rococo
221, 20 ff. *Unpaginiertes Blatt* Varia zum Rococo
221, 21 herrscht] *zuerst* ist – 221, 22 (Doch kommt ... oder ein Knie).] *Randzusatz* – 221, 24 ist stets größer und stärker, die andere kleiner und zarter] *zuerst* kann größer und stärker, die andere kleiner und zarter sein – 221, 26 dann Palmzweig] *Interlinearzusatz* – 221, 27 Vom Massiven ... Prachtsims einer Balustrade.] *Randzusatz* – 221, 28 Der Körper ... verschieden gedacht.] *Interlinearzusatz* – 222, 2 häufig] *Interlinearzusatz* – 222, 12 (Erinnerungen an] *Interlinearzusatz* – 222, 15 Also auch dem Halbkreis.] *Randzusatz*
222, 26 ff. *Unpaginiertes Blatt* Varia zum Rococo
222, 32 wozu dann noch ... kommen mögen.] *Interlinearzusatz* – 223, 5 oder Gemmen] *Randzusatz* – 223, 19 (Sucriers etc.)] *Randzusatz* – 223, 28 oder auch mit einem andern ... Durchmesser haben wird.] *Randzusatz, violette Tinte*
223, 36 ff. *Unpaginiertes Blatt* Varia zum Rococo
224, 34 ff. *Unpaginiertes Blatt* Varia zum Rococo
225, 1 Ein Decorationsstyl soll können] *davor gestrichen* Zierformen anderer Style – 225, 23 in den meisten Fällen] *Interlinearzusatz* – 225, 27 er verfügt] *Interlinearzusatz*
226, 1 ff. *Unpaginiertes Blatt* Style Louis XIV.
226, 5 in] *zuerst* an

Talleyrand

Populärer Vortrag, gehalten am 7., 14. und 21. 11. 1878. – Manuskriptbestand: PA 207, 171, 53: a) 1 Umschlagblatt mit der autographen Bleistiftbeschriftung Talleyrand / Bernoullianum 1878–? / 7./14./21 November 1878, *darin: 63 Quartblätter mit Vortragsnotizen (paginiert* 1–41, *ergänzt um paginierte und unpaginierte Beiblätter; recto: fortlaufender Text, verso: zumeist Zusätze mit Bezug auf das nachfolgende Blatt); b) Druckvorlage für den Erstdruck in GA 14: 55 Folioblätter (recto), Typoskript, mit handschriftlichen Korrekturen von Dürr und dem handschriftlichen Vermerk auf dem ersten Blatt* Druckvorlage nach Basler Nachrichten 1878, Nr. 267, 270, 273, 277, 279, 281, *ergänzt aus Mscr.* ED. – *Zeitungs-*

referate: «*Basler Nachrichten*» *Nr. 267, 270, 273, 277, 279 und 281, vom 10., 14., 17., 22., 24. und 27. 11. 1878;* «*Schweizer Grenzpost*» *Nr. 269, 279 und 283, vom 13., 24. und 29. 11. 1878;* «*Schweizerischer Volksfreund*» *Nr. 266, 274 und 283, vom 9., 19. und 28. 11. 1878. – Erstdruck: GA 14, S. 198–220, basierend auf dem Zeitungsreferat in den* «*Basler Nachrichten*». *– JBW: Manuskript PA 207, 171, 53, Blätter* 1–41, *mit Beiblättern; Referat* «*Basler Nachrichten*»; *Überschrift gemäß Umschlagblatt.*

227, 3 ff. 1 1. Teil
    227, 10 Er konnte nur noch durch den Geist parveniren.] *Interlinearzusatz –*
    227, 18 Michaud läugnet die Geschichte von den drei Schwestern.] *Interlinearzusatz –* 227, 26 Einige Monate...l'abbé de Périgord] *Interlinearzusatz –* 227, 32 kniend gesegnet haben.] *am Rand Vermerk mit blauem Farbstift* Hieher ß, *Verweis auf das unpaginierte Beiblatt* Zu 1778: Talleyrand und Voltaire
228, 1 ff. *Unpaginiertes Beiblatt* Zu 1778: Talleyrand und Voltaire
    228, 1 Zu 1778: Talleyrand und Voltaire] *daneben mit blauem Farbstift Verortungszeichen* ß, *Verweis auf Blatt* 1 – 228, 5 Und: Voltaire gewann... Agiotage und Bestechung] *Interlinearzusatz*
228, 17 ff. 1 2. Teil
    228, 17 gefährlich] *im Ms.* gefährl.
228, 21 ff. 2
    228, 30 durch den König] *Randzusatz –* 228, 34 c. 1787: Talleyrand... in Alles eingeweiht.] *Texteinschub von Blatt* 1 *verso –* 228, 37 Über den Besitz des Clerus... Taine I, 78] *Bleistift*
229, 10 ff. 3
    229, 17 bei] zuerst von *–* 229, 22 Michaud: Er war verschuldet... gesichert». (?)] *Texteinschub von Blatt* 2 *verso –* 229, 39 Wann wurde er Bischof von Autun?] *danach gestr.* (kurz vor Berufung der états généraux) *–* 230, 1 Zu seinen damaligen... vorbereiten helfen?] *Texteinschub von Blatt* 2 *verso*
230, 6 ff. 4
    230, 15 16. Februar 1790] *Randzusatz –* 230, 28 union politique (!)] *mit Bleistift unterstrichen, Klammern und Ausrufungszeichen ebenfalls mit Bleistift*
230, 31 ff. 5
    230, 32 Es war die letzte Messe die er las.] *Texteinschub von Blatt* 4 *verso –* 231, 8 – 27. November 1790] *Randzusatz*
231, 13 ff. 6
    231, 20 Warum er nicht begehrte... les profites de la révolution.] *Texteinschub von Blatt* 5 *verso –* 231, 37 Mme de Flahault, von kaumlich... Cf. 9, verso] *Texteinschub von Blatt* 5 *verso;* Cf. 9, verso *mit Bleistift beigefügt*
232, 8 ff. 7 1. Teil
    232, 14 de Paris] *Randzusatz –* 232, 15 Autun führte... jetzt nicht mehr).] *Texteinschub von Blatt* 6 *verso –* 232, 18 habe ihn vergiftet] *darüber ein Vermerk mit blauem Farbstift* Hieher q + q, *Verweis auf die zwei unpaginierten Beiblätter* Bei Anlaß von Mirabeau's angeblicher Vergiftung *–* 232, 19 Der Zweck... Mirabeau zu vergiften!] *Texteinschub von Blatt* 6 *verso*
232, 27 ff. *Unpaginiertes Beiblatt* Bei Anlaß von Mirabeau's angeblicher Vergiftung *[1]*

232, 27 Bei Anlaß von Mirabeau's angeblicher Vergiftung] *Text auf der leeren Rückseite einer Anzeige der Schweighauserschen Sortiments-Buchhandlung; am Kopf der Seite mit blauem Farbstift Verortungszeichen* q, *Verweis auf Blatt* 7 – 232, 29 Vornehmer] *davor gestr.* glänzend in Dissipation lebender

233, 9 ff. *Unpaginiertes Beiblatt* Bei Anlaß von Mirabeau's angeblicher Vergiftung [2]
233, 9 5) Wie es mit seinen eigenen...] *Text auf der leeren Rückseite einer Anzeige der Schweighauserschen Sortiments-Buchhandlung; am Kopf der Seite mit blauem Farbstift Verortungszeichen* q, *Verweis auf Blatt* 7 – 233, 12 hinterlassen] *Interlinearzusatz* – 233, 14 Nun stand aber das Urtheil... Gebrauch machten.] *zuerst* Nun steht aber auch das heutige Urtheil noch immer zu sehr unter der Nachwirkung jener Pamphlete, nachdem 1834 Roret, 1839 Bastide und später Michaud auf das Reichlichste davon Gebrauch gemacht. – 233, 18 im Allgemeinen] *zuerst* ein allgemeines

233, 29 ff. 7 2. Teil

233, 40 ff. 8

234, 2 Restauration?] *Fragezeichen fehlt im Ms.* – 234, 10 Das Königspaar...sehr kalt.] *Randzusatz* – 234, 17 (?)] *Interlinearzusatz* – 234, 21 Zugleich aber, 4. Juny] *davor gestr.* Laut Bastide war Talleyrand am 10. August [*zuerst* 20. Juny] wieder in Paris

234, 22 ff. 9

234, 22 ganz confus] *Interlinearzusatz* – 234, 34 Laut Ste Beuve p. 34...mit einem Witz.] *Interlinearzusatz* – 234, 37 Laut Michaud...gelegentlich auch).] *Texteinschub von Blatt* 8 *verso* – 234, 42 Danton's Paß d. d. 10. September 1792.] *Texteinschub von Blatt* 8 *verso* – 235, 6 förmliche Anklage;] *Randzusatz* – 235, 7 Er wurde 5. December...aus dem eisernen Schrank.] *Texteinschub von Blatt* 8 *verso* – 235, 9 im December 1792] *Interlinearzusatz* – 235, 14 In London ging er...in Begleitung aus.] *Texteinschub von Blatt* 8 *verso* – 235, 16 fast] *Interlinearzusatz*

235, 20 ff. 10

235, 24 Sie hieß später Mme de Souza.] *Interlinearzusatz* – 235, 24 Die Stael und die Souza...Cf. 5, verso] *Texteinschub von Blatt* 9 *verso* – 235, 33 – Cf. 5, verso] *Bleistift* – 236, 12 Außer Mme de Stael...la rue du Bac.] *Texteinschub von Blatt* 9 *verso* – 236, 18 Seine ganze Habe...in Hamburg ließ.] *Texteinschub von Blatt* 9 *verso* – 236, 21 mit Selbstmord am Ende] *Interlinearzusatz*

236, 23 ff. 11

236, 33 Hat er Napoleon 1796...Louis XVIII gab ihr dieselben wieder).] *Texteinschub von Blatt* 10 *verso*

237, 23 ff. 12

237, 23 Michaud übertreibt...gestanden haben).] *Texteinschub von Blatt* 11 *verso* – 237, 35 – Bastide p. 196] *Randzusatz* – 238, 8 Die Hauptstellen...irgend verlangte.)] *Texteinschub von Blatt* 11 *verso* – 238, 15 Michaud sagt besonders...ministre Talleyrand.] *Texteinschub von Blatt* 11 *verso*

238, 18 ff. 13

238, 27 Napoleon selber...3 Millionen.] *Texteinschub von Blatt* 12 *verso* – 239, 1 Noch vor der manquirten...Finanzmann sein konnte.] *Texteinschub*

von Blatt 12 *verso* – 239, 5 gefallen] *im Ms.* fiel – 239, 10 Talleyrand legte das Ministerium nieder... Reinhard trat für ihn ein.] *Texteinschub von Blatt* 12 *verso* – 239, 11 Juny 1798] *im Ms. durchgestrichen* – 239, 14 Michaud: Während Barras... bei allen damaligen Chancen.] *Texteinschub von Blatt* 13 *verso*
239, 18 ff. 14
    239, 30 Talleyrand ließ éclaircissements drucken.] *Randzusatz* – 239, 32 Juni] *Interlinearzusatz*
240, 4 ff. *Unpaginiertes Beiblatt* (Anfang der II. Vorlesung)
    240, 4 (Anfang der II. Vorlesung)] *Lage des Blattes im Ms. jetzt zwischen Blatt* 12 *und* 13*; ein Vermerk B.s zur Verortung fehlt. Die hier am Ende von Blatt* 14 *vorgenommene Einfügung stützt sich auf den Textverlauf im Zeitungsreferat.* – 240, 5 Talleyrand ist uns zuletzt erschienen] *davor gestr.* Der gierige Mensch, welcher seinen – 240, 5 delicate Geist und indelicate Mensch,] *Randzusatz* – 240, 6 vor Allem den] *zuerst* seinen – 240, 7 indem er] *zuerst* und – 240, 10 und verstand] *davor gestr.* und wußte – 240, 11 auch] *davor gestr.* selbst – 240, 11 Redactionen zu finden.] *danach gestr.* Nur bedurfte – 240, 12 Leute] *davor gestr.* Allein – 240, 15 aber] *Interlinearzusatz* – 240, 19 konnte] *davor gestr.* gerieth
240, 22 ff. 15
    240, 22 (Napoleon verzieh... wegen Constantinopel).] *Randzusatz* – 240, 23 Der zurückgekehrte Napoleon... an Talleyrand gewiesen.] *Texteinschub von Blatt* 14 *verso* – 240, 32 ein herrliches Abkommen] *zuerst* einen herrlichen Platz – 240, 37 und 225] *Interlinearzusatz* – 241, 2 Am 19. in St. Cloud... Roux de Laborie mit ihm.] *Texteinschub von Blatt* 14 *verso* – 241, 11 Ende December] *Interlinearzusatz*
241, 19 ff. 16
    241, 33 und von Talleyrand Geld annahm] *Interlinearzusatz* – 242, 1 Napoleons Reden über Mme Grant... (Schlaberndorf) p. 200.] *Texteinschub von Blatt* 15 *verso* – 242, 9 Von Talleyrands Antheil an der Mediation der Schweiz – s. mein Heft.] *Interlinearzusatz* – 242, 13 Schlosser fußt... 26. Januar 1802.] *Texteinschub von Blatt* 15 *verso* – 242, 15 Der Staatsstreich] *davor gestr.* Auch Thiers verschweigt
242, 18 ff. Zu 16
    242, 18 Zeit der Pariser Verhandlungen... en ne les faisant pas.] *Beiblatt* Zu 16, *im Ms. zwischen den Blättern* 16 *und* 17
242, 37 ff. 17
    242, 37 Die Versöhnung... durch Talleyrand] *Zusatz am Kopf der Seite* – 242, 39 und Lang, Memoiren II, 52, N.] *Bleistift* – 243, 11 Thiers behandelt den Talleyrand... Ideen entwickelt?] *Texteinschub von Blatt* 16 *verso* – 243, 19 légèreté] *im Ms.* légèreté – 243, 29 Mir kömmt immer... Erhebung aufzutreten.] *Texteinschub von Blatt* Zu 16 *verso* – 243, 33 Sollte er etwa... mit sich reißen?] *Randzusatz*
244, 1 ff. 18 (Affaire Enghien)
    244, 11 Napoleons Interesse zu lügen... Von Priestern und Emigranten.] *Texteinschub von Blatt* 17 *verso* – 244, 13 und ganz gewiß auch über sämmtliche Condés unterrichtet.] *Interlinearzusatz* – 244, 19 Napoleon will den Bourbonen den Talleyrand verleiden.] *Randzusatz* – 244, 25 – vol. V, 184] *Randzusatz* – 244, 33 Außer dem Allem... von Priestern und Emigranten.]

Randzusatz – 244, 40 8. Merz 1804] *Interlinearzusatz* – 245, 4 – Cf. in meinem Heft... die Aussage von Menneval.] *Randzusatz* – 245, 4 die Aussage von Menneval.] *im Ms. folgt zwischen den Blättern* 18 *und* 19 *ein kurzes Übersichtsblatt (beschriebene verso-Seite der Einladung zur Antrittsvorlesung von Emil Brunnenmeister) mit der Überschrift* Affaire Enghien / War Enghien überhaupt etwa in Straßburg zu brauchen? / Die Condés wahrscheinlich gar nicht im Geheimniß. / Die Aufgabe des französischen Ministre des affaires étrangères in correcten Verhältnissen: Verlangen an Carl Friedrich, Enghien zurück zu weisen. Was Talleyrand wirklich that: laut Bourienne der Wink an Enghien, zu fliehen. / Von da an beginnen: / a) Napoleons Behauptungen: erst Talleyrand habe ihn von Enghiens Existenz unterrichtet, dessen Verhaftung betrieben, dessen Tödtung verlangt. ⌊Die enorme Unwahrscheinlichkeit daß er dem Napoleon das Maß der Rache angegeben.⌋ {Folgen Napoleons Gründe zu lügen, gegenüber von Talleyrands Bedenken gegen seine aggressive Politik und Talleyrand's Sympathie für Aristocratie und Geistliche; seine Gründe, ihn den Bourbons zu verleiden. – Napoleons Lügenhaftigkeit überhaupt}. / b) die weitern Ausspinnungen der Bonapartisten besonders als sie im Elend, Talleyrand im Glanz waren. / c) Auch Chateaubriand; Geschichte vom Brief aus dem Kamin./... celui-ci en est un de moins. C'est le reste du sang du grand Condé, c'est le dernier héritier du plus beau nom de cette maison. Il était jeune, brillant, valeureux et par conséquent non plus redoutable ennemi. C'était le sacrifice le plus nécessaire à ma sureté et à ma grandeur. Napoleon zu Joseph, Mémoire de Miot.

245, 6 ff. 19 (Affaire Enghien)

245, 12 Napoleon lügt jedenfalls... Gemeinheit und Bosheit.] *Texteinschub von Blatt* 18 *verso* – 245, 18 die unerhörte Divinationsgabe mit welcher] *zuerst* der unerhörte Grad von Genialität mit welchem – 245, 20 Kriegssachen] *zuerst* Sachen des Krieges – 245, 22 Aber dasselbe war für ihn] *davor gestr.* Und doch hat er oft und viel – 245, 23 ja oft Sache seines Temperaments] *Randzusatz* – 245, 34 arrestation] *mit Bleistift unterstrichen* – 246, 1 ohnehin] *Interlinearzusatz* – 246, 3 Talleyrand's Gewährungsschreiben an Chateaubriand höflich und obligeant.] *Randzusatz*

246, 5 ff. 20 Affaire Enghien

246, 26 heute] *Interlinearzusatz*

246, 29 ff. 21 (Affaire Enghien)

246, 38 Talleyrand ist der Rechte... gepredigt haben wird!] *Texteinschub von Blatt* 19 *verso* – 246, 40 Wem will man weiß machen... Connétable des Louis XVIII werden?] *Texteinschub von Blatt* 19 *verso*

247, 14 ff. 22

247, 16 besonders Fouché] *Randzusatz* – 247, 19 grand-chambellan.] *danach gestr.* Er half dann zur Creation des Königreichs Italien – 247, 29 (So Mignet).] *Randvermerk s. Beiblatt, Verweis auf Blatt* Zu 22 Mignet, Notices I, 130, ss. – 247, 29 Preßburger] *im Ms.* Presburger – 247, 32 (Wahrscheinlich eine Bosheit Napoleons, der ihn ewig mit Rom brouilliren wollte).] *Interlinearzusatz* – 247, 39 1806: Talleyrand... Schlosser – VII, 152.] *Texteinschub von Beiblatt* Zu 22 Mignet, Notices I, 130, ss. *verso; Bleistift*

248, 5 ff. Zu 22 Gagern I, 137

248, 30 ff. Zu 22 Mignet, Notices I, 130, ss.

249, 14 ff. Zu 23 Gagern I, 174
  249, 14 Zu 23 Gagern I, 174] *im Ms. zwischen dem Beiblatt* Spanischer Krieg *und Blatt* 23 – 249, 33 *zunächst nach Ehrenbreitenstein, dann*] *Randzusatz*
249, 37 ff. *Unpaginiertes Beiblatt* Nach den Excerpten aus Gagern:
  249, 37 Nach den Excerpten aus Gagern:] *im Ms. zwischen den Beiblättern* Zu 22 Mignet, Notices I, 130, ss. *und* Spanischer Krieg – 250, 8 und Rumänien ... gönnte Napoleon ihm doch nicht.] *Randzusatz*
250, 19 ff. *Unpaginiertes Beiblatt* Spanischer Krieg
  250, 19 Spanischer Krieg:] *im Ms. zwischen den Blättern* Nach den Excerpten aus Gagern *und* Zu 23 Gagern I, 174; *der Text steht auf der Rückseite eines Artikelverzeichnisses der Firma Kernen & Wirz, Teppiche & Ameublements*
250, 27 ff. 23
  250, 28 (Mit letzterm auch etwa kurz und barsch)] *Randzusatz* – 250, 30 über Spanien, Portugal, Malta und Nordafrica] *Randzusatz* – 250, 31 theuer] *Interlinearzusatz* – 251, 12 Es ist ganz widersinnig ... auf einen Diener abzuladen.] *Texteinschub von Beiblatt* Zu 23 *verso* – 251, 13 eigenem] *Interlinearzusatz*
251, 18 ff. 24
  251, 20 weil] *mit blauem Farbstift unterstrichen* – 251, 22 Zur spanischen Frage: Talleyrand ... aus dem Archiv verschwunden.] *Texteinschub von Blatt* 23 *verso*
252, 13 ff. 25
  252, 17 September] *Interlinearzusatz*
253, 1 ff. 26 *1. Teil*
  253, 4 Abreden getroffen] *mit Bleistift unterstrichen*
253, 20 ff. Zu 26
  253, 28 Hier sind es vingt mémoires, oben un monceau de lettres.] *Texteinschub von Blatt* 25 *verso*
254, 1 ff. 26 *2. Teil*
  254, 4 wahrscheinlich] *zuerst* jedenfalls
254, 8 ff. 27
254, 32 ff. 28
  254, 38 Datum 3. December in Malodegno] *Randzusatz* – 255, 2 Napoleon sagte: ... le Fouché des salons.] *Texteinschub von Blatt* 27 *verso* – 255, 4 dann] *Interlinearzusatz* – 255, 7 an Bonaparte] *zuerst* ans Directoire – 255, 13 Tagen] *im Ms.* Tage
255, 15 ff. 29
  255, 21 Napoleon benimmt sich ... Carl der Kühne gegen die Croy.] *Texteinschub von Blatt* 28 *verso* – 255, 24 Minister des Auswärtigen] *mit Bleistift unterstrichen* – 255, 27 Talleyrand wollte wohl ... den Napoleon verloren sah.] *Texteinschub von Blatt* 28 *verso* – 255, 32 (Dieß zu dumm).] *Randzusatz* – 255, 33 constitutionelle] *mit Bleistift unterstrichen* – 255, 36 Talleyrand verbrannte seine Briefschaften.] *Randzusatz* – 255, 40 1813] *zuerst* 1815
256, 5 ff. 30
  256, 15 Roi de Rome:] *danach gestr.* Laut Bastide hätte – 256, 16 Das einzig richtige Mittel ... (Montgaillard)] *Texteinschub von Blatt* 29 *verso* – 256, 20 (Montgaillard)] *Bleistift*

256, 31 ff. 31
  256, 33 Laut Mignet...Lebrun widerfuhr dasselbe.] *Interlinearzusatz* – 256, 38 Feldzug von Brienne...Arcis S. Aube.] *Texteinschub von Blatt* 29 *verso* – 256, 41 Savary vol. VII...von Lügen und Entstellungen wimmeln.] *Texteinschub von Blatt* 30 *verso* – 257, 16 wollte] *im Ms.* wollen – 257, 18 d'admettre] *Interlinearzusatz*
257, 22 ff. 32
  257, 27 (Die große Gefahr...beschämt zu fühlen).] *Texteinschub von Blatt* 31 *verso* – 258, 7 Talleyrand dachte ohne Zweifel...ouverte ou fermée.] *Texteinschub von Blatt* 31 *verso* – 258, 14 (Immer noch besser...je me moque de l'histoire).] *Zusatz am Fuß der Seite*
258, 16 ff. 33
  258, 21 4./5. April Talleyrand's wiederholtes...Régence umgestimmt.] *Texteinschub von Blatt* 32 *verso* – 258, 22 in Gegenwart Bourienne's] *Interlinearzusatz* – 258, 25 D. h. alle drei Chancen...Louis XVIII wieder bald genug hervor.] *Randzusatz* – 259, 4 Monsieur speiste...mit Caulaincourt.] *Interlinearzusatz*
259, 7 ff. 34 1. Teil
259, 10 ff. Affaire Maubreuil a
  259, 10 Affaire Maubreuil] *Die 3 Beiblätter* Affaire Maubreuil a–c *im Ms. zwischen den Blättern* 33 *und* 34
259, 33 ff. (Affaire Maubreuil) b
  259, 36 Der Oberpostdirector...reine de Westphalie etc. etc.] *Texteinschub von Blatt* 33 *verso*
260, 26 ff. (Affaire Maubreuil c)
  260, 36 Behauptung] *mit Bleistift unterstrichen* – 261, 7 Bis Ste Beuve über diese Reden...jegliche Glaubwürdigkeit.] *Texteinschub von Beiblatt* (Affaire Maubreuil) b *verso*
261, 9 ff. 34 2. Teil
  261, 11 la Charte] *mit Bleistift unterstrichen*
261, 26 ff. 35
  261, 31 Repräsentant des Constitutionalismus] *mit Bleistift unterstrichen* – 261, 32 unvermeidliche Unterhändler für Wien] *mit Bleistift unterstrichen* – 261, 35 Bourienne X, p. 200...l'absence du maître.] *Texteinschub von Blatt* 34 *verso* – 262, 17 (Napoleon sandte das Manuscript...Gervinus I, 229).] *Interlinear- und Randzusatz*
262, 22 ff. 36 1. Teil
  262, 29 (Gervinus I, 228 und Chateaubriand).] *Randzusatz* – 262, 32 Der Vertraute an Bourienne...je ne sais pas le montant!] *Texteinschub von Beiblatt Zu* 36 *verso* – 262, 37 Les cent-jours: Dießmal...lauter Verrath.] *Texteinschub von Blatt* 35 *verso* – 263, 4 Talleyrand stand mit zwölf Andern...ausgeschlossen sein sollten] *Texteinschub von Blatt* 35 *verso*
263, 6 ff. Zu 36
  263, 6 Talleyrand in Wien während der Cent-Jours...in drei Tagen beendigen werde.] *Beiblatt Zu* 36, *im Ms. zwischen den Blättern* 36 *und* 37 – 263, 17 N.A. durch Fouché, s. p. 36] *Bleistift* – 263, 19 In Talleyrand's Wiener Briefen...heißt Napoleon nur noch Bonaparte.] *Texteinschub von Blatt* 35 *verso*

263, 28 ff. 36 2. Teil
263, 34 Über die Actenstücke... toute cette écrivasserie!] *Texteinschub von Beiblatt Zu* 36 *verso* – 264, 6 Den Blacas wurde man... los; schon von Mons aus.] *Texteinschub von Blatt* 36 *verso*

264, 8 ff. 37
264, 27 Die Scene in S. Denis... des affaires étrangères.] *Texteinschub von Blatt* 36 *verso* – 264, 35 Dieß dann in den mémoires d'outretombe viel eloquenter.] *Randzusatz*

265, 9 ff. 38
265, 16 Comtesse Mollien] *zuerst* Duchesse de Dino – 265, 17 u. a. Damen.] *Randzusatz* – 265, 29 Belgiens] *mit Bleistift unterstrichen* – 265, 30 Quadrupelallianz] *mit Bleistift unterstrichen* – 265, 35 Er dachte wie Wilhelm von Humboldt... taumeln» wollte.] *Texteinschub von Blatt* 37 *verso* – 265, 38 Hieher aus der mündlichen Erzählung... wählte und prüfte.] *Texteinschub von Blatt* 37 *verso* – 265, 40 Als man einst von Thiers... il est arrivé!] *Texteinschub von Blatt* 37 *verso*

266, 1 ff. 39
266, 15 Chateaubriand XIII, 121:] *Doppelpunkt fehlt im Ms.* – 266, 20 (Die Büste in Versailles).] *Zusatz am Fuß der Seite*

266, 21 ff. *Unpaginiertes Beiblatt* Chateaubriand, vol. XIII, Schlußurtheil
266, 21 Chateaubriand, vol. XIII, Schlußurtheil ... etwas zu sagen.)] *Beiblatt, im Ms. zwischen den Blättern* 39 *und* 40 – 266, 23 für sich] *Interlinearzusatz* – 266, 24 (Grade dieß konnte Chateaubriand nie).] *Randzusatz* – 266, 30 Dazu] *mit Bleistift unterstrichen* – 267, 5 se déclarer en permanence] *mit Bleistift unterstrichen*

267, 12 ff. 40
267, 15 moquait] *im Ms.* mocquait – 267, 17 – s. Blatt 11] *Randzusatz*

267, 34 ff. 41
267, 36 Dupanloup] *mit Bleistift unterstrichen*

268, 11 ff. *Unpaginiertes Beiblatt* Allgemeines.
268, 18 kein Mazarin.] *danach gestr.* Dann machte ihn Napoleon zum – 268, 29 conduite.] *am Rand Vermerk* verte – 268, 30 prévoir] *mit Bleistift unterstrichen* – 268, 31 vouloir] *mit Bleistift unterstrichen*

269, 1 ff. *Unpaginiertes Beiblatt* Talleyrand – Geldgeschäfte *[1]*
269, 1 Talleyrand – Geldgeschäfte] *3 Beiblätter* Talleyrand – Geldgeschäfte *im Ms. nach dem Beiblatt* Allgemeines

269, 27 ff. *Unpaginiertes Beiblatt* Talleyrand – Geldgeschäfte *[2]*
269, 41 cf. Heft Revolutionszeitalter 189 und 208] *Randzusatz mit Bleistift*

270, 12 ff. *Unpaginiertes Beiblatt* Talleyrand – Geldgeschäfte *[3]*

270, 28 ff. *Unpaginiertes Beiblatt* Talleyrand-Literatur.
270, 28 Talleyrand-Literatur.] *das Beiblatt liegt am Anfang des Faszikels vor Blatt* 1

271, 27 ff. *Referat «Basler Nachrichten» Nr. 267, 270, 273, 277, 279 und 281, vom 10., 14., 17., 22., 24. und 27. 11. 1878*
281, 26 Kurakin] *korrigiert aus* Murakin – 287, 4 seines] *korrigiert aus* seinens

Claude Lorrain

Akademischer Vortrag, gehalten am 10. 2. 1880. – Manuskriptbestand: eingelegt in das Vorlesungskonvolut «Französische Malerei, Holländische Malerei», PA 207, 165, dritter Umschlag Französische Schule, *am Ende des Abschnittes* Claude Lorrain, *als Ergänzung des Vorlesungsmanuskriptes: 2 Quartblätter mit Vortragsnotizen* Claude Lorrain *(unpaginiert; recto/verso beschrieben), 1 Übersichtsblatt. – Zeitungsreferate fehlen; in der «Schweizer Grenzpost» Nr. 40, vom 17. 2. 1880, findet sich eine nachträgliche Erwähnung des Vortrages. – JBW: Manuskript PA 207, 165, 2 Blätter* Claude Lorrain; *Überschrift gemäß diesen beiden Blättern. Eine Edition des Manuskripttextes erfolgt auch in JBW 18 («Kunst des 17. und 18. Jahrhunderts»).*

289, 3 ff. *Unpaginiertes Blatt* Claude Lorrain
    289, 9 die Both] *violette Tinte* – 289, 11 Keine speciell südliche Vegetation.] *violette Tinte* – 289, 23 kein Barocco] *violette Tinte* – 289, 28 mit Hülfe mehrmaligen Lasirens] *Randzusatz*
290, 15 ff. *Unpaginiertes Blatt* (Claude Lorrain)

Napoleon I. nach den neusten Quellen

Akademischer Vortrag, gehalten am 8. und 22. 2. 1881. – Manuskriptbestand: PA 207, 171, 54: 1 Briefumschlag mit der autographen Aufschrift (blauer Farbstift) Napoleon I. nach den neusten Quellen. Aula; *4 Quartblätter mit der Übersicht des Vortrages (paginiert* Übersicht a–d; *recto/verso beschrieben); 4 Quartblätter mit der Einleitung (paginiert* 1–4; *recto/verso beschrieben); 26 Quartblätter mit thematisch geordneten Vortragsnotizen (unpaginiert; recto, teilweise verso beschrieben); 1 weiteres Umschlagblatt mit der autographen Aufschrift* Zu Napoleon / Aus Metternich / Mme de Rémusat / Jung, *darin: 4 Quartblätter mit Exzerpten aus Théodore Iung: Bonaparte et son temps, Paris 1880–1881 (paginiert* a–d; *recto/verso beschrieben); 23 Quartblätter mit Exzerpten aus den «Mémoires de Madame de Rémusat», Paris 1880 (paginiert* a–x; *recto/verso beschrieben); 15 Quartblätter mit Exzerpten aus «Metternich's nachgelassenen Papieren», Wien 1880 ff. (paginiert* a–p; *recto/verso beschrieben); 1 Quartblatt mit einem Exzerpt zu Napoleon aus Gustav Freytag: Aus einer kleinen Stadt, 2. Aufl., Leipzig 1880, S. 224 f. (recto/verso beschrieben); Ausschnitte aus der «Allgemeinen Schweizer Zeitung» mit dem Referat des Vortrages. – Zeitungsreferate: «Allgemeine Schweizer Zeitung» Nr. 48, 49, 51, 52, 53, vom 26. 2. (Morgen- und Abendausgabe), 2., 3. und 4. 3. 1881; «Schweizer Grenzpost» Nr. 35, 48 und 49, vom 11., 26. und 27. 2. 1881; «Schweizerischer Volksfreund» Nr. 34, vom 10. 2. 1881. – Erstdruck: Dürr, S. 151–174, basierend auf dem Zeitungsreferat in der «Allgemeinen Schweizer Zeitung»; GA 14, S. 221–243. – JBW: Manuskript PA 207, 171, 54, Einleitungsblätter* 1–4, *26 Blätter mit thematisch geordneten Vortragsnotizen; Referat «Allgemeine Schweizer Zeitung»; Überschrift gemäß Umschlagblatt.*

292, 3 ff. 1
  292, 8 Mängel vermeiden.] *danach gestr.* Aber es hatte in Frankreich selbst gerade die historisch denkenden Männer eher zu Feinden und – 292, 32 wie] *zuerst* als – 292, 32 Die Dichter] *davor gestr.* Wir würden jedoch – 293, 11 die beiden Abtheilungen des ersten Bandes.] *zuerst* II Bde. – 293, 16 unerhörten] *Interlinearzusatz* – 293, 16 riesigen] *im Ms. folgt ein Semikolon*
293, 19 ff. 2
  293, 23 da Corsica noch nicht französisch war] *Interlinearzusatz* – 293, 35 einmaliger] *Interlinearzusatz* – 293, 40 jetzt III] *Interlinearzusatz, Bleistift* – 294, 1 Er avancirt sich ... colonel (Frühling 92)] *Interlinearzusatz* – 294, 2 Er war bis 1794 ... en congé gewesen] *Interlinearzusatz* – 294, 7 In seinem Brevet als ... états de service.] *Interlinearzusatz* – 294, 25 und Pathos] *Interlinearzusatz*
294, 33 ff. 3
  294, 33 der gefährliche Ehrgeizige,] *danach gestr.* der Rebell – 294, 35 corsicanischer] *Randzusatz* – 295, 1 Dann wieder beim Regiment] *davor gestr.* Einstweilen seine Staatsstreiche wodurch – 295, 9 den er dann weit überschritt] *Interlinearzusatz* – 295, 32 Freiwillige,] *Komma fehlt im Ms.* – 295, 35 Staats- und Municipalunterstützung] *zuerst* Staatsunterstützung – 296, 1 Conventcommissären] *im Ms.* ConvCom
296, 10 ff. 4
  296, 15 (27. und 28. July)] *Interlinearzusatz* – 296, 16 Conventcommissäre] *im Ms.* ConvCom – 296, 34 Vendémiaire ⌊5. October 5.⌋)] *darunter folgt ein Querstrich* – 297, 15 26. Juny 1813] *Interlinearzusatz* – 297, 16 Verhandlungen, Briefe.] *folgender Querstrich mit Bleistift*
297, 19 ff. Aeußere Persönlichkeit und Manieren a
  298, 10 (Laut Metternich ... ob selbst gesäugt?)] *Interlinearzusatz*
298, 33 ff. Aeußere Persönlichkeit und Manieren b
  299, 27 (d. h. à deux)] *Randzusatz*
299, 39 ff. Napoleon's Denkweise
301, 1 ff. Napoleon's Ungeduld
  301, 10 Mesdames, avancez donc] *zuerst* avancez donc, Mesdames
301, 27 ff. Napoleon's Ausbrüche
  301, 29 Übrigens giebt er ... für distractions] *Interlinear- und Randzusatz* – 301, 31 Man mußte ihm Alles übersetzen.] *Interlinearzusatz* – 302, 7 Metternich e:] *der Doppelpunkt fehlt im Ms.* – 302, 11 Metternich ... g recto:] *der Doppelpunkt fehlt im Ms.*
302, 15 ff. Der Hof
303, 1 ff. Theater und Musik
  303, 3 von Rêtif de la Bretonne] *Randzusatz* – 303, 19 Aber man mußte seinem Lob ... Reputationen haßte er.] *Interlinear- und Randzusatz* – 303, 25 s'emparer de nous».] *Randvermerk* verte.
303, 38 ff. Napoleon und die Jagd
304, 18 ff. Behandlung der Hofleute und nächsten Umgebung a
  304, 19 Die verruchten Reden] *davor gestr.* Napoleons Fragen, besonders an die Damen. Napoleon an den Maskenbällen
305, 28 ff. Behandlung der Hofleute und nächsten Umgebung b
305, 36 ff. Mme de Stael

306, 14 ff. Schmeichelei und Optimismus
306, 30 ff. Josephine und: le Divorce
308, 3 ff. Joseph, Jerôme, Elisa, Pauline
   308, 21 s. das Blatt d] *Vermerk am untern Blattrand* verte
309, 1 ff. Louis Napoleon und Hortense
   309, 28 findet Leute die es glauben.] *danach gestr.* Das Porträt der Murat bei Metternich ⌊Bl. d⌋ – welcher wohl weiß warum er discret spricht. «Sie kannte genau Napoleon's Fehler und die durch seine Ambition bevorstehenden Gefahren... Gerne hätte sie für sich und die Ihrigen eine Existenz möglichst außerhalb Napoleon's portée und sogar außerhalb seiner Schicksalschancen ausgesucht.»
309, 30 ff. Das Ehepaar Murat
   310, 4 längere] *im Ms.* langere
310, 35 ff. Napoleon's Diener
   311, 26 géneraux] *im Ms.* géneraux – 311, 31 (Metternich... maître).] *Interlinearzusatz* – 311, 35 III, 381: Savary... heimgelassen haben».] *Interlinearzusatz*
312, 12 ff. Fouché
   312, 34 Die Polizei] *zuerst* Fouché
313, 1 ff. Urtheil und Behandlung gegen die Franzosen
   313, 22 Beim Zwangsankauf] *davor gestr.* Napoleon hatte eine deutliche Einsicht – 313, 24 l'huissier] *zuerst* commissaire – 313, 34 beunruhigt] *im Ms.* beruhigt – 313, 42 Republik] *zuerst* Revol
314, 13 ff. Napoleon und Paris
315, 1 ff. Allgemeine Ansichten über das Dasein. Religion
   315, 25 il] *Interlinearzusatz* – 315, 32 Unter Vertrauten] *im Ms. zwischen eckigen Klammern*
315, 35 ff. Der Krieg und die Armee
   316, 9 mußten] *im Ms.* mußte – 316, 26 das] *Interlinearzusatz* – 316, 29 – 1814 kam dann die Rache] *Randzusatz*
316, 36 ff. Die Bulletins
   317, 3 enfin] *zuerst* ensuite
318, 4 ff. Die Marschälle
318, 32 ff. L'Empire d'Occident
319, 23 ff. Behandlung Europa's
   319, 23 Behandlung Europa's] *zuerst* Die spanische Frage – 320, 16 Metternich o und p:] *der Doppelpunkt fehlt im Ms.*
320, 18 ff. Referat «Allgemeine Schweizer Zeitung» Nr. 48, 49, 51, 52, 53, vom 26. 2. (Morgen- und Abendausgabe), 2., 3. und 4. 3. 1881
   321, 6 Das] *korrigiert aus* Die – 321, 11 immer] *korrigiert aus* immmer – 321, 18 der] *korrigiert aus* des – 321, 39 gewöhnlichen] *korrigiert aus* gewönlichen – 322, 39 Jacques] *korrigiert aus* Jaques – 323, 36 Montesquiou] *korrigiert aus* Montesquieu – 327, 10 Gespräche] *korrigiert aus* Gespäche

Über das wissenschaftliche Verdienst der Griechen

Vortrag, gehalten am 10. 11. 1881, als Ersatz für die Rektoratsrede des nach Breslau berufenen August von Miaskowski. – Manuskriptbestand: PA 207, 171, 55: 1 Umschlagblatt mit der autographen Aufschrift Über das wissenschaftliche Verdienst der Griechen. Rede gehalten in der Aula, 10. November (?) 1881, *an Stelle des abgereisten Rector magnificus violette Tinte:* Miaskowski. *25 Quartblätter mit Vortragsnotizen (recto/teilweise verso beschrieben; mit blauem Farbstift paginiert* 1, 1a, 2–24, *die Blätter* 7–24 *sind zusätzlich mit Bleistift paginiert α–σ); 1 kleines Quartblatt (unpaginiert) mit der Überschrift* Die Sophisten und die Wissenschaft. *– Die Doppelpaginierung der Blätter 7–24 läßt vermuten, daß dieser Text früher entstand, während die Blätter 1–6 offensichtlich erst für die Rede an der Jahresfeier der Universität Basel beigefügt wurden. – Zeitungsreferate: «Schweizer Grenzpost» Nr. 267, vom 11. 11. 1881; «Schweizerischer Volksfreund» Nr. 267, vom 11. 11. 1881; «Allgemeine Schweizer Zeitung» Nr. 267, vom 11. 11. 1881; «Basler Nachrichten» Nr. 267, vom 11. 11. 1881. – Erstdruck: Dürr, S. 175–192; GA 14, S. 244–260. – JBW: Manuskript PA 207, 171, 55, Blätter* 1, 1a, 2–24; *Überschrift gemäß Umschlagblatt und Blatt* 1 *der Vortragsnotizen. – Wie schon Dürr hervorhob, berührt sich dieser Vortrag inhaltlich mit dem 8. Abschnitt der «Griechischen Culturgeschichte» (siehe JBW 21).*

341, 3 ff. 1
    341, 3 ***Über das wissenschaftliche Verdienst…gesammelt worden ist.] *Blatt* 1 *ersetzt den durchgestrichenen Text auf Blatt* 1 a – 341, 15 Wissens] *zuerst* Geistes – 341, 16 von] *Interlinearzusatz* – 341, 19 aller] *zuerst* der – 341, 19 erlaubt] *zuerst* gestattet – 341, 24 gesammelt worden ist] *folgt* etc. Jedenfalls wird hier etc.
341, 24 ff. 1 a *zuerst* 1
    341, 24 Jedenfalls wird hier] *davor gestr.* Bei der Jahresfeier einer Universität gedenkt man besonders gerne derer, welche vor uns gelernt, geforscht und zuerst die Pfade der Wissenschaft gebahnt haben, die jetzt in tausendfachen Verschlingungen durch die geisterfüllte Welt weiter und weiter führen. Kehren wir heute beim Alterthum ein, unser Aller wissenschaftliche Urheimath. Wir werden freilich nie mehr genau ermitteln, wie zuerst aus Betrachtung und Sammlung von Thatsachen, aus Gewinnung von allgemeinen Beobachtungen und Gedanken, aus Verbindung des Zusammengehörigen in weiterm Umfang bis zu einem System, eine einzelne Wissenschaft entstanden ist, welche diesen Namen verdiente. – 341, 25 vordere] *zuerst* alte – 341, 26 seitherigen] *Interlinearzusatz* – 341, 31 ungeheuren und bisweilen lüsternen] *Interlinearzusatz* – 341, 34 auch] *Interlinearzusatz* – 342, 3 schon deßhalb] *Interlinear- und Randzusatz*
342, 3 ff. 2
    342, 3 Frei und eigenwillig] *davor gestr.* Nur ganz allmälig – 342, 4 Anschauungen] *danach gestr.* und Bedürfnissen – 342, 6 sehr starken] *Interlinearzusatz* – 342, 7 Naivetät] *zuerst* Jugendlichkeit – 342, 8 Heroenalter] *zuerst* Heldenalter – 342, 12 vielleicht] *Interlinearzusatz* – 342, 15 und Persien] *Interlinearzusatz* – 342, 23 Naturkunde,] *zuerst* Natur, – 342, 29 auf die mythische Zeit.] *folgt unpaginiertes Beiblatt mit wenigen stichwortartigen Notizen zu* Die Sophisten und die Wissenschaft

342, 29 ff. 3
342, 32 colossale] *Interlinearzusatz* – 342, 34 die chorische Lyrik und] *Randzusatz* – 342, 41 sich in] *Interlinearzusatz* – 343, 5 Als aber im] *zuerst* Und als im – 343, 5 aCn.] *Interlinearzusatz* – 343, 6 eingetreten war] *zuerst* eintrat – 343, 7 neue Concurrenz] *mit Bleistift unterstrichen* – 343, 10 (Weltkunde, Staatskunde ... Staatsverwaltung)] *Randzusatz*
343, 14 ff. 4
343, 15 praktisch] *Interlinearzusatz* – 343, 18 im] *zuerst* vom – 343, 23 anwendet.] *zuerst* braucht. – 343, 26 und der Störung ... Politiker sein wollte] *Interlinearzusatz* – 343, 27 Politiker sein wollte.] *folgt eine durchgestrichene, nicht mehr lesbare Passage* – 343, 29 die Sache oder gar die Nation deßhalb] *zuerst* dieß – 343, 31 (im Sinne der Forschung gesprochen)] *Randzusatz* – 343, 32 und seiner Kräfte] *Randzusatz*
343, 39 ff. 5
344, 3 an seinem Wissen.] *danach gestr.* Sie brachte den Denker hervor wie den Dichter und Künstler, und tödtete ihn vielleicht. – 344, 4 Eine hohe nationale Anlage brachte freilich] *zuerst* In der πόλις und nicht durch ihr Verdienst wuchsen – 344, 5 oder setzte sie ... verscheuchte sie.] *Interlinearzusatz* – 344, 9 Naturforschern] *zuerst* Naturwissenschaften – 344, 10 für] *zuerst* als – 344, 10 direct] *Interlinearzusatz* – 344, 11 oder die Welt ... von Kräften] *Randzusatz* – 344, 14 in der sicilischen und] *danach gestr. Interlinearzusatz* später – 344, 14 alten und] *Interlinearzusatz*
344, 22 ff. 6
344, 26 Diakosmos] *zuerst* Kosmos *Ergänzung* Dia[-] *mit Bleistift* – 344, 28 dann] *Interlinearzusatz* – 344, 28 nicht aus Rache noch einen] *zuerst* keinen – 344, 32 – ein Beruf –] *Randzusatz, Gedankenstriche fehlen im Ms.* – 344, 33 nichts daraus geworden.] *auf der unbeschriebenen Hälfte der Seite ein senkrechter Bleistiftstrich*
344, 34 ff. 7 *zuerst* α
344, 36 – während es noch halb ... Begriff ist –] *Randzusatz, Gedankenstriche fehlen im Ms.* – 344, 38 ihre Gedankenwelt bleibt eine bewegte.] *Randzusatz, vorangehendes Semikolon aus Punkt verändert* – 344, 40 griechische Sprache] *mit Bleistift unterstrichen* – 345, 4 Es erhebt sich in der Mitte ... genützt als geschadet] *Zusatz von Blatt* 6 *verso, dort mit dem Vermerk* Das Nebenstehende so zu ändern: // Auf Blatt 7 *ersetzter Text:* In der Mitte des geistigen Lebens, während die Herrschaft des Mythus gebrochen wird, erhebt sich die Philosophie. Wie weit ist sie der Wissenschaft dienlich gewesen? ⌊das Wenigste: daß sie – schon Plato im Gorgias – wissenschaftliches Fachwerk proclamirt, wie Baco am Schluß des Organon.⌋ Zunächst beginnt sie selbst als Wissenschaft, nämlich als Welterklärung, in einer Aufeinanderfolge von Versuchen ⌊Anaxagoras verlegte die Wünschbarkeit des Lebens in das Betrachten des Himmels und der ganzen Weltordnung⌋, und auch in der weitern Folge hat sie theils zu ihren eigenen Zwecken bestimmte Zweige des Wissens (ihre Λαβὰς, Geometrie und Mathematik ⌊auch Musik⌋) nicht entbehren können, theils hat sie freiwillig sich mit einer oft großen Gelehrsamkeit verbündet und diese bei sich gehegt. ⌊Sie kann nicht von bloßer Speculation leben, sondern bedarf irgend einer Art Erudition, nicht bloß als Ballast.⌋ ⌊Niemand war gelehrt, niemand sammelte Wissen wenn es der Philosoph, resp. Sophist

nicht that.⌋ Aristoteles ist nicht nur der größte philosophische Systematiker gewesen, sondern auch der größte Gelehrte der alten Welt. Doch ist ⌊wie bei der Rhetorik⌋ die Frage erlaubt: ob nicht die Philosophie dem eigentlichen wissenschaftlichen Forschen viele und darunter etwa die besten Kräfte entzogen habe? Allein die ⌊speculative⌋ Anlage für das rein Philosophische, Metaphysische, Ethische, Dialektische ⌊Psychologie⌋ war eben abnorm groß. ⌊Den absoluten Werth, den sich die Philosophie beilegt, kann man dabei auf sich beruhen lassen – die griechische hat das Verhältniß von Freiheit und Nothwendigkeit nicht ergründet.⌋ ⌊Aristoteles, ἠθικὰ μεγάλα, cap. 9 nur dürftig⌋ – 345, 4 Philosophie] *mit Bleistift unterstrichen*
345, 14 ff. 8 *zuerst* β
345, 18 Die Vielheit] *davor gestr.* Vollends – 345, 18 wetteifernde] *Randzusatz* – 345, 22 Nie mehr in der ganzen Geschichte... nicht durch Bücher.] *von B. bezeichnete Textumstellung, zuerst nach* doch heißt es von Demokrit: ἐπιθυμῆσαι λαθεῖν *und Epikur:* λάθε βιώσας. – 345, 24 ohne officielle] *Interlinearzusatz* – 345, 33 und Einfachheit gewöhnte;] *Randzusatz* Resignation gegen Armuth, Exil u. a. Schicksalsschläge, *auf Blatt* 9 *im Text wiederholt* – 345, 33 gewöhnte;] *danach gestr.* Demokrit gab sein Vermögen aus an Forschen und Reisen, Anaxagoras ließ das seine im Stich – 345, 36 doch heißt es... Epikur: λάθε βιώσας.] *Interlinear- und Randzusatz, vorangehender Doppelpunkt aus Punkt verändert*
345, 38 ff. 9 *zuerst* γ 1. *Teil*
346, 3 Den Griechen gegenüber] *davor gestr.* Die ungeheuren Schwierigkeiten: Da die Aufzeichnungen – 346, 6 weil man weiß... gewesen wäre.] *Randzusatz* – 346, 8 neben: Mythus, Redekunst und philosophischer Speculation] *Randzusatz* – 346, 10 oder nur ihre] *zuerst* und – 346, 18 – nur freie Schule... und sehr zufällig] *Randzusatz* – 346, 21 subjektives Verdienst] *mit Bleistift unterstrichen*
346, 27 ff. 10 *zuerst* δ
346, 30 – und dazwischen ... sich befand] *Randzusatz* – 346, 34 (Er sagte es also im 92. Jahr)] *Randzusatz* – 347, 12 echten] *Randzusatz*
347, 20 ff. 11 *zuerst* ε 1. *Teil*
347, 21 von einem zufällig... es fehlte] *mit Bleistift unterstrichen* – 347, 26 und nur beim Bücherdruck möglich ist] *Randzusatz* – 347, 26 Bücherdruck möglich ist] *Vermerk am Rand* Hieher die Rückseite von Bl. 9 (aus Usener).
347, 28 ff. 9 *zuerst* γ 2. *Teil*
347, 35 (Seminar?)] *violette Tinte* – 348, 1 17jährig 367 zunächst in der Academie] *Interlinearzusatz*
348, 18 ff. 11 *zuerst* ε 2. *Teil*
348, 23 bald] *Interlinearzusatz* – 348, 24 welcher Natur... permanent umwogte] *Randzusatz* – 348, 26 Fehler] *zuerst* Defect – 348, 27 bei den neuern Völkern] *zuerst* heute – 348, 28 eingestellt haben] *zuerst* einstellen – 348, 28 Und vielleicht würde... nicht aufwiegen] *Interlinear- und Randzusatz* – 348, 29 diese Umstände nicht aufwiegen] *zuerst* der Sache nicht völlig abhelfen – 348, 31 und dieß auch... haben würde] *Interlinearzusatz* – 348, 32 des höhern] *zuerst* irgend eines – 348, 38 Der Connex zwischen ... oben bis unten war.] *Zusatz auf Blatt* 10 *verso* – 349, 1 Aemter galten als etwas Hohes... waren verachtet.] *Zusatz auf Blatt* 11 *verso*

349, 7 ff. 12 *zuerst* ζ
349, 9 die nur sehr mäßige] *Interlinearzusatz* – 349, 10 soweit sie durch ... erreichen ist] *Interlinearzusatz* – 349, 11 zu irgend einem Wissen] *zuerst* zum Wissen – 349, 12 Das Wissen verlangt ... willentliche Verbreitung] *Interlinearzusatz* – 349, 16 Kunde des Weltsystems] *zuerst* Weltkunde – 349, 20 Sonnen] *im Ms. als Symbol* – 349, 21 Mond] *im Ms. als Symbol* – 349, 22 Geometrie] *danach gestr.* und bewältigten die größten ⌊mechanischen⌋ constructiven Aufgaben. – 349, 24 enthielt] *zuerst* hatte – 349, 27 Metallbereitung, Farben etc.] *Randzusatz* – 349, 28 Die Bewältigung der ... constructiven Aufgaben] *Interlinearzusatz* – 349, 31 – und: sie hätten nicht einmal recht gelernt:] *Randzusatz* – 349, 32 Jahresberechnungen,] *Komma fehlt im Ms.* – 349, 34 der mexicanischen Tolteken.] *am Rand Vermerk* verte! – 349, 34 Das unvollkommene Kalenderwesen ... festhielt] *auf Blatt* 12 *verso, mit Bezug zum vorangehenden Vermerk* Zum verte:
349, 37 ff. 13 *zuerst* η
350, 7 die ganze Welt] *davor gestr.* die Erde eine Kugel; – 350, 16 welches die bewohnte Erdhälfte nicht sah,] *Interlinearzusatz* – 350, 17 weil eine Drehung ... noch fehlte.] *zuerst* und eine Drehung der Erde um ihre eigene Axe müssen sie – 350, 20 Diogenes Laertios, VIII, 7 ... Axe gemeint.)] *Zusatz von Blatt* 12 *verso* – 350, 27 im Stillstand] *davor gestr.* auf ihren Lorbeeren und P[-]
350, 28 ff. 14 *zuerst* θ
350, 28 Hatte das Wissen ... die Consequenzen?] *Zusatz am Kopf der Seite* – 350, 36 Entscheidend war daß] *zuerst* Und – 350, 40 Sonne] *im Ms. als Symbol* – 350, 40 Mond] *im Ms. als Symbol* – 351, 1 sich bewegen NB] *Interlinearzusatz* – 351, 5 antike] *Randzusatz* – 351, 6 – es war keine «Schande» dieß zu glauben –] *Randzusatz, Gedankenstriche fehlen im Ms.* – 351, 8 die erste] *zuerst* eine – 351, 9 (Ptolemäus später $^1/_6$ zu niedrig)] *Randzusatz* – 351, 14 Seine] *zuerst* Die – 351, 18 (Schopenhauer: ... Tiefsinn»)] *Zusatz am Fuß der Seite*
351, 19 ff. 15 *zuerst* ι
351, 22 möglichen] *Interlinearzusatz* – 351, 22 mit] *Interlinearzusatz* – 351, 28 Mythisch-Gesinnte] *zuerst* Phantasten – 351, 28 Er nahm sich ... zu untersuchen] *Interlinearzusatz* – 351, 40 Aristoteles beginnt ... Kenntniß der Geschichte.] *Zusatz von Blatt* 14 *verso*
352, 11 ff. 16 *zuerst* χ
352, 12 zB:] *zuerst* und – 352, 15 Dazu noch die Dickgläubigkeit ... Justemilieu] *Interlinearzusatz* – 352, 17 moderne] *davor mit Bleistift gestr.* ungerechte – 352, 19 kritiklose] *Randzusatz* – 352, 22 trotz allem Bücherdruck annähernd] *Interlinearzusatz* – 352, 24 modernen und heutigen Resultate] *zuerst* vereinzelten Forscher – 352, 26 (Wobei dem Wissen ... zu Hülfe kommt)] *Interlinearzusatz* – 352, 26 Wissen] *zuerst* Staat – 352, 26 auch] *Interlinearzusatz* – 352, 26 und Technik] *Randzusatz* – 352, 29 für Nähe und Ferne, Altes und Neues] *Interlinearzusatz* – 352, 30 Diese Fabelliebe wogt ... über das Wissen her.] *Interlinearzusatz* – 352, 32 und Tritone] *Interlinearzusatz* – 352, 36 Völkerkunde] *davor gestr.* Geographie
352, 40 ff. 17 *zuerst* λ
352, 40 und ihre officiellen Actenstücke] *Interlinearzusatz* – 352, 41 oder Werkzeug] *Interlinearzusatz* – 353, 9 stehen dem entgegen ... Racenhaß und

Hochmuth] *zuerst* steht dem entgegen der aegyptische Racenhaß – 353, 13 wie mit der Regentenchronik von Assur] *Randzusatz* – 353, 17 Die Juden] *davor gestr.* Analog – 353, 20 eines] *zuerst* ihres – 353, 23 Bei den Propheten ... ist keine Rede.] *Zusatz von Blatt* 16 *verso*

353, 33 ff. 18 *zuerst* μ

353, 35 begehren] *davor gestr.* wünschen – 353, 36 Sie kennen viel vom Ausland durch ihre Colonien] *Interlinearzusatz* – 354, 1 Gaues und] *Interlinearzusatz* – 354, 4 und suchen sich ... zu machen.] *Interlinearzusatz*

354, 19 ff. 19 *zuerst* ν

354, 20 Zeitgenössischen] *mit Bleistift unterstrichen* – 354, 22 sogar schon mit Herodot ... ionischen Aufstandes] *Interlinearzusatz* – 354, 33 wenn] *zuerst* als – 354, 35 mündliche Überlieferung] *mit Bleistift unterstrichen* – 354, 36 typische] *mit Bleistift unterstrichen* – 354, 38 Bedeutsamkeit] *zuerst* Bedeutung – 355, 2 oft] *Interlinearzusatz* – 355, 4 außerdem] *Interlinearzusatz* – 355, 5 auch] *Interlinearzusatz*

355, 9 ff. 20 *zuerst* ξ

355, 9 Lebensumstände] *zuerst* Lebensgeschichten – 355, 16 der Überlieferung] *Interlinearzusatz* – 355, 23 – nur nicht im Sinne ... Irgendwannvorgekommen –] *Randzusatz, Gedankenstriche fehlen im Ms.* – 355, 26 übrig] *Randzusatz* – 355, 28 in Beziehung auf ihre Vergangenheit] *Randzusatz* – 355, 29 in griechischen Erzählungen aus der Vergangenheit] *Interlinearzusatz* – 355, 30 einmal, durch einen bestimmten Menschen] *Interlinearzusatz* – 355, 34 alte] *Interlinearzusatz* – 355, 34 von frühe an] *Randzusatz*

355, 39 ff. 21 *zuerst* ο

355, 40 und schon frühe] *Randzusatz* – 356, 3 zugeschrieben werden konnte,] *danach gestr.* da von den erhaltenen griechischen Briefen reichlich 9/10 fingirt sind – 356, 4 profanen Welt] *zuerst* Geschichte – 356, 6 neue] *Interlinearzusatz* – 356, 10 Tritt unterscheiden,] *im Ms. Punkt statt Komma* – 356, 14 – er scheiterte gegenüber einer beliebten Stadtsage –] *Interlinearzusatz, Gedankenstriche fehlen im Ms.* – 356, 18 Betreff] *Interlinearzusatz* – 356, 18 Ferne] *mit Bleistift unterstrichen* – 356, 19 Fabelwelt] *mit Bleistift unterstrichen* – 356, 20 später] *Interlinearzusatz* – 356, 21 als längst ionische ... verfaßt hatte] *Randzusatz* – 356, 26 und -Thiere] *Randzusatz*

356, 27 ff. 22 *zuerst* π

356, 28 innerlich] *Interlinearzusatz* – 356, 32 Gegenüber von diesen Schwierigkeiten ... und Sittenschilderung] *am Rand ein senkrechter Bleistiftstrich* – 356, 34 aufgestellt] *zuerst* hingestellt – 356, 36 an den Dingen] *Interlinearzusatz* – 356, 39 schriftlichen und erfragten] *Interlinearzusatz* – 356, 40 und nach Ländern und Orten zusammengestellt;] *Interlinearzusatz* – 357, 3 einzelner Städte, einzelner Völker] *zuerst* einer Stadt, eines Volkes – 357, 8 Die ewige Frische ... Lebendige erkennt.] *am Rand ein senkrechter Bleistiftstrich* – 357, 11 Lebendige] *zuerst* Bezeichnende

357, 11 ff. 23 *zuerst* ϱ

357, 12 vollends] *Interlinearzusatz* – 357, 13 Aenderns] *im Ms.* Aenders – 357, 14 In solchen Aussagen ist er erhaben.] *Interlinearzusatz* – 357, 20 das erste Buch und seine Einleitung] *daneben gestrichener Randzusatz* über das ältere Griechenland – 357, 21 zunächst] *zuerst* nicht nur – 357, 21 und in

tiefstem Ernst] *Randzusatz* – 357, 23 von Ereignissen und Phänomenen] *zuerst der Ereignisse und Phänomene*
357, 35 ff. 24 *zuerst* σ
357, 38 Sicilien hat seine ... seit dem V. Jh. gerettet.] *Interlinearzusatz* – 357, 40 und kosmographische] *Randzusatz* – 358, 2 später] *Interlinearzusatz* – 358, 4 sowohl der Vergangenheit als] *Randzusatz* – 358, 5 und künstlerisch] *Interlinearzusatz* – 358, 10 den Stoff des Wissens] *Interlinearzusatz* – 358, 11 es mußte. Aber ... nicht verloren sein.] *am Rand ein senkrechter Bleistiftstrich* – 358, 11 die Originalen unter ihnen] *zuerst sie* – 358, 12 Entwicklung des Geistes] *zuerst geistigen Entwicklung* – 358, 13 gewähren] *zuerst wirken* – 358, 13 Duft] *zuerst Eindruck* – 358, 14 Blüthen] *zuerst Pflanzen* – 358, 14 oft gewagt und ... in der Form] *zwischen eckigen Klammern mit Bleistift* – 358, 15 in der Form] *zuerst im Ausdruck* – 358, 19 Hierin sind sie] *danach mit Bleistift gestr. uns* – 358, 20 uns, Lehrende und Lernende, nicht verloren sein.] *zuerst Sie, werthe Commilitonen, nicht verloren sein; und auch nicht für uns, die Docenten.* – 358, 20 nicht verloren sein.] *danach Zeichenfolge –./.– mit Bleistift*

Rafael als Porträtmaler

Akademischer Vortrag, gehalten am 7. 2. 1882. – Manuskriptbestand: PA 207, 171, 56: 1 Umschlagblatt mit der Aufschrift Rafael als Porträtmaler. Aula 7. Februar 1882; *2 Übersichtsblätter mit Vortragsnotizen (quart; paginiert* Übersichtsblatt Rafael als Porträtmaler a–b; *recto/verso beschrieben), die Bezeichnung* Übersichtsblatt *ist auf beiden Blättern mit violetter Tinte beigefügt; 15 Quartblätter mit Exzerpten aus Gruyer: Raphaël peintre de portraits. – Zeitungsreferate: «Allgemeine Schweizer Zeitung» Nr. 47 und 48, vom 24. und 25. 2. 1882; «Schweizer Grenzpost» Nr. 34, vom 9. 2. 1882; «Schweizerischer Volksfreund» Nr. 34, vom 9. 2. 1882; in einem Brief an Max Alioth vom 12. 3. 1883 kritisiert B. einige Formulierungen des Referats, namentlich «burschikose Ausdrücke» und «geschmacklose und übertriebene Adjectiva», die ihm der Stenograph in den Mund gelegt habe, siehe Briefe, Bd. 8, Nr. 1001, S. 116. – JBW: Manuskript PA 207, 171, 56,* Übersichtsblätter a–b; *Referat «Allgemeine Schweizer Zeitung»; Überschrift gemäß Übersichtsblättern.*

359, 3 ff. Übersichtsblatt Rafael als Porträtmaler a
359, 11 und spät ... Tenda] *Interlinearzusatz* – 359, 13 Grablegung Borghese,] *Komma fehlt im Ms.* – 359, 18 Dito der Mönchskopf ... Fra Bartolommeo] *Interlinearzusatz* – 359, 34 im Heliodor,] *Komma fehlt im Ms.* – 360, 7 Die großen Männer ... mit der Feder] *Interlinear- und Randzusatz* – 360, 11 Der Sigismondo ... Foligno] *zuerst Die Porträts* – 360, 21 Canonisation] *die Auflösung der Abkürzung in violetter Tinte*
360, 26 ff. Übersichtsblatt Rafael als Porträtmaler b
360, 27 Porträt] *zuerst Bild* – 361, 5 Uffizj] *im Ms.* Uff. – 361, 18 (?)] *Interlinearzusatz, violette Tinte*

361, 27 ff. *Referat «Allgemeine Schweizer Zeitung» Nr. 47 und 48, vom 24. und 25. 2. 1882*

363, 9 Ensemble] *korrigiert aus* Esemble – 364, 14 majestätisch] *korrigiert aus* majestästisch – 366, 2 del Piombo] *korrigiert aus* del Piomba – 367, 42 Ferrante] *korrigiert aus* Ferranted

Über Echtheit alter Bilder

Akademischer Vortrag, gehalten am 21. 2. 1882. – Manuskriptbestand: PA 207, 171, 57: 1 Umschlagblatt mit der Archiv-Beschriftung Über «Ächtheit» alter Bilder, 21. Februar 1882; *2 Quartblätter mit Vortragsnotizen (paginiert mit Bleistift* a–b; *recto/verso beschrieben); 1 Quartblatt (recto/verso beschrieben) mit der Überschrift* Über Echtheit alter Bilder etc. mit Bleistift: 21. Februar 1882 *mit Exzerpten aus Bode:* Die Marmorstatue Johannes des Täufers; *Bode:* Rembrandt's früheste Thätigkeit; *Eisenmann:* Die neueren Erwerbungen der Dresdener Galerie; *Schack:* Meine Gemäldesammlung; *19 maschinengeschriebene Seiten mit dem Text des Referats in der «Allgemeinen Schweizer Zeitung», mit handschriftlichen Änderungen und Ergänzungen Dürrs, u. a. dem Vermerk* 21. Februar 1882, Schweiz. Grenzpost 1882. Nr. 50/3, *ergänzt aus Mscr. Burckhardts, Vorlage zum Druck,* ED. *(Die Zeitungsangabe ist falsch.) – Zeitungsreferate: «Allgemeine Schweizer Zeitung» Nr. 50–53, vom 28. 2., 1.–3. 3. 1882; «Schweizerischer Volksfreund» Nr. 47, vom 24. 2. 1882; «Schweizer Grenzpost» Nr. 46, vom 23. 2. 1882; zur Kritik B.s am Referat in der «Allgemeinen Schweizer Zeitung» vgl.* Briefe, *Bd. 8, Nr. 1001, S. 116 und 406. – Erstdruck:* GA *14, S. 261–270, basierend auf dem Referat in der «Allgemeinen Schweizer Zeitung». –* JBW: *Manuskript PA 207, 171, 57, Blätter* a–b; *Referat «Allgemeine Schweizer Zeitung»; Überschrift gemäß Exzerptblatt.*

369, 3 ff. a
    369, 14 richtig benannt] *Interlinearzusatz* – 369, 17 oder in Galerien... noch nicht hatte] *Interlinearzusatz* – 369, 23 goldenen] *im Ms. als Symbolzeichen* – 369, 26 Die alten angeblichen... in Neapel] *Interlinearzusatz* – 369, 33 Regnier de Vries heißt oft Ruysdael,] *Interlinearzusatz* – 370, 4 Der Einzige welcher es oft sagt:] *Randzusatz*
370, 22 ff. b
    370, 29 vorhanden] *Interlinearzusatz* – 370, 31 worden] *im Ms. folgt ein Punkt* – 370, 38 Concil von 1871 –...– decretirte] *Gedankenstriche fehlen im Ms.* – 370, 38 von 1871] *im Ms. Punkt nach* 1871 – 371, 12 als Gegensatz] *Interlinearzusatz* – 371, 13 giebt] *zuerst* nimmt – 371, 23 Nur können die... Gioacchino Curti:] *Interlinearzusatz, Doppelpunkt fehlt im Ms.*
371, 28 ff. *Referat «Allgemeine Schweizer Zeitung» Nr. 50–53, vom 28. 2., 1.–3. 3. 1882*
    373, 18 unter] *korrigiert aus* unten – 373, 35 nachgeahmt] *korrigiert aus* nachgeahnt

Aus großen Kunstsammlungen

Akademischer Vortrag, gehalten am 16. und 30. 1. 1883. – Manuskriptbestand: PA 207, 171, 58: 1 Umschlagblatt mit der autographen Aufschrift Aus großen Kunstsammlungen. *Januar 1883; 24 Quartblätter mit Vortragsnotizen (paginiert* Aus großen Kunstsammlungen a–y; *recto/teilweise verso beschrieben); 1 Blatt mit der Übersicht der Blätter* a *bis* y. – *Zeitungsreferate: «Schweizerischer Volksfreund» Nr. 15 und 26, vom 19. 1. und 1. 2. 1883. – Erstdruck: Dürr, S. 193–201, und 451–458. – JBW: Manuskript PA 207, 171, 58, Blätter* a–y; *Überschrift gemäß Umschlagblatt und Blatt* a *der Vortragsnotizen.*

381, 3 ff. Aus großen Kunstsammlungen a
    381, 4 Februar] *Interlinearzusatz* – 381, 4 1862] *zuerst* 1861/2 – 381, 9 ein Element... offenbart.] *im Ms. zwischen eckigen, mit Bleistift gesetzten Klammern* – 381, 15 Sammlung.] *im Ms. Punkt aus Semikolon korrigiert* – 381, 19 und resp. Raub] *Randzusatz* – 381, 20 Staatsbesitz hohen Ranges] *zuerst* Staats- und Reichsb[-] – 381, 22 Residenzpalästen] *zuerst* Palästen – 381, 22 in neuerer Zeit... durch Ankäufe.] *Randzusatz* – 381, 26 Hauptwerken] *zuerst* Werken

381, 31 ff. (Aus großen Kunstsammlungen) b
    382, 10 vielseitige] *davor gestr.* mächtige und – 382, 15 – Giorgione! Palma! –] *Interlinearzusatz, Gedankenstriche fehlen im Ms.* – 382, 17 Darstellung im Tempel –] *zuerst* Sposalizio // *Gedankenstrich fehlt im Ms.* – 382, 18 Dürer: zwei Hauptbilder] *zuerst* Dürer: Hauptbilder – 382, 25 sonst] *Interlinearzusatz* – 382, 26 die herrlichsten Rubens und] *Randzusatz*

382, 30 ff. (Aus großen Kunstsammlungen) c
    382, 32 Wohnung] *davor gestr.* fürstl. – 383, 5 gehalten] *im Ms. folgt ein Punkt* – 383, 25 Schule von Athen.] *Auf Blatt* c *verso folgt ein durchgestrichener Abschnitt, der die Galerie Turin und die vatikanische Pinakothek behandelt; der Inhalt dieser durchgestrichenen Stelle erscheint auf Blatt* d *recto.*

383, 26 ff. (Aus großen Kunstsammlungen) d
    383, 26 Parma mit... heiligen Caecilia] *Zusatz am Kopf der Seite* – 383, 37 Musée de Dijon.] *Randzusatz* – 384, 4 Mainz] *Interlinearzusatz* – 384, 4 und Darmstadt und Prag] *Interlinearzusatz* – 384, 6 Das Germanische Museum... alle nürnbergischen Bilder] *Interlinearzusatz* – 384, 14 meist: *Interlinearzusatz* – 384, 16 haben mehrere ansehnliche Städte] *zuerst* hat jede ansehnliche Stadt – 384, 17 Sammlung etc., zum Theil] *zuerst* Sammlung, oft

384, 20 ff. (Aus großen Kunstsammlungen) e
    384, 34 niederländischen] *Randzusatz* – 384, 36 und Van Dyck] *Interlinearzusatz* – 385, 2 Corsini] *Interlinearzusatz* – 385, 3 (jetzt Stadtgut)] *Randzusatz* – 385, 7 eigentliche Souvenirs] *Randzusatz*

385, 13 ff. (Aus großen Kunstsammlungen) f
    385, 13 besteht aus Werken... Gattungen] *zuerst* ist von der allerverschiedensten Herkunft – 385, 31 überhaupt neuern... belgischen etc.] *Randzusatz*

386, 1 ff. (Aus großen Kunstsammlungen) g

386, 25 ff. (Aus großen Kunstsammlungen) h
    386, 32 direct] *Randzusatz* – 387, 2 – Genre und Landschaft... Privatbestellung denkbar] *Interlinear- und Randzusatz*

387, 12 ff. (Aus großen Kunstsammlungen) i
  387, 17 PrivatIndividuen] *Interlinearzusatz* – 387, 19 bleibt] *zuerst* wird –
  387, 26 oder die Denkweise der Erben] *Interlinearzusatz* – 387, 27 ja die von
  Börsenspielern] *Interlinearzusatz*
387, 38 ff. (Aus großen Kunstsammlungen) k
  388, 1 europäischen] *Interlinearzusatz* – 388, 11 geputzt] *Randzusatz* –
  388, 14 Die schönsten Landschaften ... Horizonte.] *Interlinearzusatz* – 388, 17
  etc.] *Interlinearzusatz* – 388, 18 Kunstwerken] *zuerst* Galerien – 388, 19 und
  Kriegsereignisse] *Interlinearzusatz* – 388, 24 mehr] *Interlinearzusatz* –
  388, 24 sieht.] *am Ende des Blattes ein Querstrich*
388, 25 ff. (Aus großen Kunstsammlungen) l
  388, 26 ja denselben] *zuerst* und zwar – 388, 26 genießen] *mit Bleistift
  unterstrichen, davor gestr.* zu – 388, 34 und vorherrschend] *Randzusatz* –
  388, 34 großen] *Interlinearzusatz* – 388, 34 mit ihrer Art von Wetteifer; dieser] *zuerst* der Wetteifer – 388, 36 Überraschende und ... Zeitsympathien]
  Randzusatz – 388, 37 den Ausstellungen] *zuerst* ihnen – 389, 1 Die ganze
  vergangene] *davor gestr.* Dem hiedurch Verwöhnten – 389, 1 kommt uns gar
  nicht entgegen; sie] *Randzusatz* – 389, 3 der darin lebende Wille] *davor gestr.*
  gerade ihre größten Schöpfungen
389, 10 ff. (Aus großen Kunstsammlungen) m
  389, 12 Kunst der Formen] *zuerst* Formenwelt – 389, 13 gleichgültig gegen
  die bildende Kunst] *zuerst* im Vatikan – 389, 15 und großer Intelligenz] *Interlinearzusatz* – 389, 16 welches sie sich ... und Geist.] *Randzusatz* – 389, 18
  Arbeit] *mit Bleistift unterstrichen* – 389, 22 besieht] *davor gestr.* besehen
  will, wird – 389, 27 vielen der größten Meister] *zuerst* den größten Meistern –
  389, 29 einzelnen Meister] *mit Bleistift unterstrichen*
389, 35 ff. (Aus großen Kunstsammlungen) n
  389, 39 {Wie viele an sich ... berechtigen}] *im Ms. Klammern mit Bleistift eingefügt* – 390, 4 er eine ganze Reihe] *davor gestr.* er viel Primäres – 390, 7
  steht er uns gegenüber] *zuerst* kömmt er auf uns zu – 390, 12 Maler] *zuerst*
  Meister – 390, 13 Altarwerk] *zuerst* Altargemälde
390, 15 ff. (Aus großen Kunstsammlungen) o
  390, 15 Studium] *mit Bleistift unterstrichen* – 390, 26 Gemälde] *mit Bleistift
  unterstrichen* – 390, 27 reinem] *zuerst* vollem – 390, 31 aber] *Randzusatz* –
  390, 34 Erläuterer und Zeugen ... Nation] *mit Bleistift unterstrichen*
390, 37 ff. (Aus großen Kunstsammlungen) p
  390, 37 als Offenbarer seiner Zeit] *Interlinearzusatz* – 390, 39 und Künstler] *Interlinearzusatz* – 390, 40 Form- und] *Interlinearzusatz* – 391, 1 der
  definitive Gesichtspunct] *mit Bleistift unterstrichen* – 391, 4 und unsere Gerechtigkeit oder Ungerechtigkeit] *Randzusatz* – 391, 8 Kunst] *davor gestr.*
  vergangene – 391, 12 Könnt Ihr uns entbehren] *zuerst* Könnt Ihr es ohne
  uns
391, 16 ff. (Aus großen Kunstsammlungen) q
  391, 16 Die Kunst des Sehens] *mit Bleistift unterstrichen* – 391, 18 müde] *davor gestr.* physisch – 391, 18 am innern Auffassungsvermögen] *im Ms. korrigiert aus* an der Auffassungsga[-] – 391, 26 isoliren] *mit Bleistift unterstrichen* – 391, 28 ringsum drein] *zuerst* drein – 391, 33 (Hieher ... Skizzen etc.)]
  Rand- und Interlinearzusatz

391, 38 ff. (Aus großen Kunstsammlungen) r
391, 38 Solche] *zuerst* Diese – 391, 39 ganz vorzüglich,] *Randzusatz* –
391, 41 <u>Abrechnung mit dem Inhalt</u>] *mit Bleistift unterstrichen* – 392, 1 vermöge ihrer höchsten Mittel] *zuerst* in ihrer höchsten Macht – 392, 5 tief] *zuerst* so – 392, 7 zu einer völlig ... Erscheinung] *zuerst* völlig eins – 392, 8 nun wirken Beide] *davor gestr.* letztere – 392, 19 und Jubel] *Interlinearzusatz, im Ms. verortet vor* Scherz
392, 19 ff. (Aus großen Kunstsammlungen) s
392, 22 nun] *Interlinearzusatz* – 392, 26 Kraft] *erste gestr. Fassung* das Feuer // *zweite gestr. Fassung* die Leuchtkraft – 392, 30 emsige] *Interlinearzusatz* – 392, 31 <u>Inhalt leicht zu</u>] *mit Bleistift unterstrichen* – 392, 32 <u>einfacher Art</u>] *mit Bleistift unterstrichen* – 392, 33 <u>längst Bekannte</u>] *mit Bleistift unterstrichen*
393, 1 ff. (Aus großen Kunstsammlungen) t
393, 1 höchst] *Interlinearzusatz*
393, 27 ff. (Aus großen Kunstsammlungen) u
393, 29 <u>nicht alle vergangene ... Vorzug</u>] *mit Bleistift unterstrichen* – 393, 32 neuern] *Interlinearzusatz* – 393, 32 Kunst] *danach gestr.* des XVII. Jh. – 393, 32 <u>einzelne</u>] *mit Bleistift unterstrichen* – 393, 33 <u>Kunstmittel</u>] *mit Bleistift unterstrichen* – 393, 37 und der Perspective derselben] *Randzusatz, davor gestr.* und greller Disharmonie mit dem Darg[-] – 394, 2 diese] *zuerst* die // *davor gestr.* der Inhalt – 394, 6 sein] *zuerst* ihr
394, 7 ff. (Aus großen Kunstsammlungen) v
394, 16 seit seiner Reifezeit] *Interlinearzusatz* – 394, 21 <u>kunstgeschichtlicher Belehrung</u>] *mit Bleistift unterstrichen* – 394, 22 <u>Secundäre</u>] *mit Bleistift unterstrichen*
394, 31 ff. (Aus großen Kunstsammlungen) w
394, 33 Gegenstände darstellen] *zuerst* Scenen malen – 394, 37 jeder erreicht] *davor gestr.* man suchte – 395, 11 laut ihrer unläugbaren Kraft] *Randzusatz* – 395, 12 Galerien] *im Ms.* Galerie
395, 14 ff. (Aus großen Kunstsammlungen) x
395, 14 pflegen ganze Schulen secundär zu heißen] *zuerst* können ganze Schulen secundär erscheinen – 395, 19 Macht] *zuerst* Kraft – 395, 20 <u>entlehnte Pathos</u>] *mit Bleistift unterstrichen* – 395, 30 Ja] *zuerst* Und – 395, 32 mit] *Interlinearzusatz* – 395, 33 oft] *Interlinearzusatz*
395, 37 ff. (Aus großen Kunstsammlungen) y
395, 42 Ja selbst vor dem geringsten] *zuerst* Und es giebt ja Schöpfungen die auch im geringsten – 396, 3 sie ganz nach ihrem] *zuerst* er ganz nach seinem – 396, 3 Innern] *davor gestr.* Sinne – 396, 4 gewinnen] *zuerst* gewinne – 396, 6 Bewunderung.] *darunter folgt ein Querstrich, Bleistift*

Die Griechen und ihre Künstler

Akademischer Vortrag, gehalten am 30. 10. 1883. – Eigens für den Vortrag angelegte Notizen B.s liegen nicht vor. Ein 1880 entstandenes Manuskript mit dem Titel «Die Griechen und ihre Künstler» befindet sich im Konvolut «Aufzeichnungen zur griechischen Kunst» (PA 207, 149) und wird in JBW 14 («Kunst des Alter-

thums») *ediert. – Zeitungsreferate:* «*Schweizerischer Volksfreund*» *Nr. 258, vom 1. 11. 1883;* «*Schweizer Grenzpost*» *Nr. 259, vom 1. 11. 1883; das ausführliche Referat in der* «*Allgemeinen Schweizer Zeitung*» *Nr. 259–261, vom 1.–3. 11. 1883, wurde vermutlich von Fritz Baur stenographiert. B. klagt am 16. 12. 1883, der Bericht sei* «*mit tüchtigen Böcken vom Stenographen versehen worden, wenn auch nicht so schandbar wie die Feuilletons vor 2 Jahren, in welchen man mich hatte die schwersten Tactlosigkeiten schwatzen lassen.*» *(Briefe, Bd. 8, Nr. 1034, S. 169). – Erstdruck: Dürr, S. 215–227, edierte als Vortragstext den erwähnten Aufsatz* «*Die Griechen und ihre Künstler*» *aus dem Konvolut* «*Aufzeichnungen zur griechischen Kunst*» *(PA 207, 149), mit Ergänzungen aus dem Referat in der* «*Allgemeinen Schweizer Zeitung*»; *innerhalb der GA wurde dieser Aufsatz hingegen nicht in GA 14 (*«*Vorträge*»*) und auch nicht in GA 13 (*«*Aufzeichnungen zur griechischen Kunst*»*) aufgenommen, sondern in die* «*Griechische Kulturgeschichte*» *eingearbeitet, nämlich in GA 9, S. 181 f., GA 10, S. 48–52, und GA 11, S. 132–138), vgl. dazu die Einleitung von Felix Stähelin zu GA 13, S. 20 f. – JBW: stenographiertes Referat in der* «*Allgemeinen Schweizer Zeitung*»; *Überschrift gemäß Referat.*

397, 3 ff. Referat «Allgemeine Schweizer Zeitung» Nr. 259–261, vom 1.–3. 11. 1883

399, 24 Polyclet] *korrigiert aus* Polycles – 405, 21 Literatur] *korrigiert aus* Litteratur

Die Reise einer Kaiserbraut (1630)

Akademischer Vortrag, gehalten am 13. 11. 1883. – Manuskriptbestand: PA 207, 171, 59: 1 Umschlagblatt mit der autographen Aufschrift Reise der Infantin Maria Anna / aus Khevenhiller XI; *darunter mit Bleistift und vermutlich nicht autograph* Reise einer Kaiserbraut / Aula 13. November 1883; *2 Quartblätter (paginiert* a–b; *recto/verso beschrieben) mit einer chronologischen Übersicht zur Reise der Infantin 1629/30; 1 Quartblatt (unpaginiert; quer beschrieben) mit tabellarischer Zusammenstellung von Ereignissen der Jahre 1629–1631; 1 Quartblatt (unpaginiert; recto/verso beschrieben) zur spanisch-habsburgischen Heiratspolitik unter Philipp III. und Philipp IV.; 11 Quartblätter (paginiert; recto/verso beschrieben) mit Notizen und Exzerpten aus Khevenhüller: Annales Ferdinandei, t. 11. – Zeitungsreferate:* «*Allgemeine Schweizer Zeitung*» *Nr. 271–274, vom 15. 11., 16. 11. sowie der Morgen- und Abendausgabe des 17. 11. 1883;* «*Schweizer Grenzpost*» *Nr. 271, vom 15. 11. 1883;* «*Schweizerischer Volksfreund*» *Nr. 270, vom 15. 11. 1883. – JBW: stenographiertes Referat* «*Allgemeine Schweizer Zeitung*»; *Überschrift gemäß Referat. – B. konnte offensichtlich das stenographierte Referat vor dem Erscheinen in der* «*Allgemeinen Schweizer Zeitung*» *durchsehen und korrigieren, vgl. dazu Briefe, Bd. 8, Nr. 1032 und 1034.*

406, 3 ff. Referat «Allgemeine Schweizer Zeitung» Nr. 271–274, vom 15.–17. 11. 1883

411, 5 gegenwärtig] *korrigiert aus* gegenwärlig – 415, 9 die Reise] *korrigiert aus* den Reise

Die Weihgeschenke des Alterthums

Akademischer Vortrag, gehalten am 12. 2. 1884. – Manuskriptbestand: PA 207, 145b (Vorlesungsmanuskript «Kunst des Alterthums»): 5 Quartblätter mit Vortragsnotizen (paginiert Die Weihgeschenke des Alterthums a–e; *recto/verso beschrieben). – Zeitungsreferate: «Allgemeine Schweizer Zeitung» Nr. 38–40, vom 14.–16. 2. 1884. – Erstdruck: Dürr, S. 215–227, edierte als Vortragstext unter dem Titel «Die Weihgeschenke der Alten» den Aufsatz «Die Anatheme» aus dem Konvolut «Aufzeichnungen zur griechischen Kunst» (PA 207, 149); innerhalb der GA wurde der Aufsatz «Die Anatheme» hingegen nicht in GA 14 («Vorträge») aufgenommen, sondern als Teil der «Aufzeichnungen zur griechischen Kunst» in GA 13, S. 89–103, gedruckt. – JBW: Manuskript PA 207, 145b,* Die Weihgeschenke des Alterthums a–e; *Überschrift gemäß Manuskript, Blatt* a*. Der Aufsatz «Die Anatheme» erscheint wiederum im Zusammenhang der «Aufzeichnungen zur griechischen Kunst» in JBW 14 («Kunst des Alterthums»).*

416, 3 ff. Die Weihgeschenke des Alterthums a
  416, 4 Ein Geschenk an... Beides gesagt wird.] *Interlinearzusatz, violette Tinte* – 416, 7 resp.: die Corporation, Familie etc.] *Interlinearzusatz* – 416, 8 oder Buße] *Interlinearzusatz* – 416, 11 und namentlich Mitstifter von Pfünden] *Interlinearzusatz, violette Tinte* – 416, 12 Dieß Alles fällt... kleine Heiligthümer)] *Interlinearzusatz* – 416, 16 und Gräber!] *Randzusatz* – 416, 18 Sonst ist die Wallfahrt... selber ein Opfer.] *violette Tinte* – 416, 19 (Bei den Griechen fällt dieß Alles weg.)] *Interlinearzusatz* – 416, 26 Silber und Gold] *im Ms. als Symbol* – 416, 31 resp. Vermächtniß] *Interlinearzusatz* – 416, 33 Hier trifft das Anathem... einstweilen stellenweise.] *violette Tinte* – 417, 5 im Gedächtniß zu erhalten.] *danach gestr.* Bisweilen mit dem Cultus in Verbindung gebracht: prachtvoller priesterlicher Schmuck und Gewänder. Goldene Kronen mit Juwelen schon vorhandnen Marienbildern aufgesetzt. Juwelen und Kostbarkeiten an Monstranzen ⌊oder Reliquiarien⌋ angelöthet. – 417, 20 Und dergleichen wird... überall ausgegraben] *Interlinearzusatz, violette Tinte*
417, 27 ff. (Die Weihgeschenke des Alterthums) b
  417, 29 (Krösos, mit seinem angstvollen... ist kein Hellene).] *Interlinearzusatz, Klammern fehlen im Ms.* – 417, 32 in dem das Object... nicht laut machte.] *Interlinearzusatz* – 418, 7 Müde Leute geben... der Gottheit.] *Interlinearzusatz* – 418, 25 , und diese also wirkliche Anatheme.)] *Randzusatz, Komma aus Klammer verändert, violette Tinte*
419, 10 ff. (Die Weihgeschenke des Alterthums) c
  419, 10 goldene] *im Ms. als Symbol* – 419, 31 Die Gefühle] *zuerst* Das Gefühl – 419, 33 bevorzugte] *Interlinearzusatz* – 419, 38 Pausanias IX,10,4,7... entstehen konnte.] *violette Tinte* – 420, 3 Gold] *im Ms. als Symbol* – 420, 6 Hier besonders einzuschalten... und Agonalstätten] *Interlinearzusatz, violette Tinte* – 420, 7 Der Agon in zweiter... Tyrannen, Colonien.] *violette Tinte* – 420, 9 (abgesehen vom... Cultbild)] *Randzusatz* – 420, 22 höhern] *zuerst* jedes – 420, 24 Tempelgottheit selbst] *mit violetter Tinte unterstrichen* – 420, 26 Olympia die... der Welt] *violette Tinte* – 420, 32 – Bauer, Hirt, Jäger –] *Interlinearzusatz, Gedankenstriche fehlen im Ms.*

420, 34 ff. (Die Weihgeschenke des Alterthums) d
  420, 36 Es sind wohl... oft ihr eigenes Bild dar.] *violette Tinte* – 420, 38
  Auch die schönste... Anlaß des Praxiteles.] *violette Tinte* – 421, 6 (Das Denkmal von Chambéry).] *Interlinearzusatz* – 421, 9 bedeuteten] *zuerst* hätten –
  421, 11 um eine Stadt] *zuerst* in mythischer Zeit – 421, 14 ehernen] *im Ms.
  als Symbol* – 421, 17 eherne] *im Ms. als Symbol* – 421, 19 Eherner] *im Ms.
  als Symbol* – 421, 20 (Pyrrhi Einritt)] *Randzusatz* – 421, 21 eherne] *im Ms.
  als Symbol* – 421, 33 gegenwärtig] *Interlinearzusatz* – 421, 37 eherne] *im
  Ms. als Symbol* – 421, 40 cf. Heft Culturgeschichte F, 12.] *violette Tinte* –
  422, 6 Das Anathem vertritt... Entstehung von Kunstwerken.] *Interlinearzusatz, violette Tinte* – 422, 9 unsichere Grenzen des Anathems und des bloßen
  Denkmals] *unterstrichen mit violetter Tinte* – 422, 11 Was man an... stiftete,
  war Anathem] *Interlinearzusatz* – 422, 12 und damit besser gesichert] *Randzusatz, violette Tinte*
422, 16 ff. (Die Weihgeschenke des Alterthums) e
  422, 17 heilige Bezirke] *zuerst* Weihestätten – 422, 18 ihre Werke im Freien,
  in den Tempeln, in Thesauren] *Interlinearzusatz* – 422, 32 fast] *Interlinearzusatz* – 422, 33 womit Brennus seine... lüstern machte] *Interlinearzusatz* –
  422, 34 Dann von Marmor (Attalosgruppen)] *violette Tinte* – 423, 6 (Durch
  noch... zu controliren).] *Interlinearzusatz* – 423, 10 Die Griechen... isolirenden Beschauens.] *Interlinearzusatz, violette Tinte* – 423, 14 Versammlungs-
  räume] *zuerst* Versammlungsorte *Korrektur mit violetter Tinte* – 423, 26
  Quadratfuß] *im Ms. als Symbol*

Pythagoras (Wahrheit und Dichtung)

*Akademischer Vortrag, gehalten am 28. 10. 1884. – Manuskriptbestand: PA 207,
171, 60: 1 Umschlagblatt mit der autographen Aufschrift* Pythagoras / (Wahrheit
und Dichtung) / (Aula, 28. October 1884); *16 Quartblätter mit Vortragsnotizen
(unpaginiertes Einleitungsblatt, 15 Blätter paginiert* 1–15; *recto/verso beschrieben); 3 Folioblätter (paginiert; recto beschrieben) mit der Übersicht des Vortrages;
18 Quartblätter mit Notizen und Exzerpten hauptsächlich aus Diogenes Laertius,
Iamblichos und Porphyrios (verschiedene Paginierungen; recto/verso beschrieben). – Zeitungsreferate: «Allgemeine Schweizer Zeitung» Nr. 260 und 261, vom
1. 11. 1884 (Morgen- und Abendausgabe); «Schweizerischer Volksfreund»
Nr. 258, vom 30. 10. 1884. – Erstdruck: Dürr, S. 228–249; GA 14, S. 280–300. –
JBW: Manuskript PA 207, 171, 60, Einleitungsblatt und Blätter* 1–15; *Überschrift
gemäß Umschlagblatt und Einleitungsblatt.*

425, 3 ff. *Unpaginiertes Blatt* Pythagoras. (Wahrheit und Dichtung)
  425, 7 Gewalt] *zuerst* Gier – 425, 8 bewußte] *zuerst* absichtliche – 425, 9
  nachträglich] *zuerst* ihren – 425, 11 in Wahrheit gewesen sein möchte,]
  danach gestr. gelangt dabei aber zu Resultaten welche von einander –
  425, 14 in der Art] *davor gestr.* etwa – 425, 20 längst lebhaft] *zuerst* lange –
  425, 21 ein Baustein, der] *danach gestr.* im Schutte lag, – 425, 21 von der
  Kritik] *Randzusatz* – 425, 24 nun] *zuerst* uns

425, 27 ff. 1
425, 31 Sicilien, Campanien, Calabrien und Apulien] *zuerst* Sicilien und Calabrien – 426, 1 sie gründeten] *Randzusatz* – 426, 7 waren bald] *Randzusatz* – 426, 22 Anerkannt war damals die Fruchtbarkeit] *zuerst* Damalige Fruchtbarkeit – 426, 23 war sogar] *Interlinearzusatz* – 426, 24 und wurde die] *Interlinearzusatz* – 426, 24 (Milon!)] *Interlinearzusatz* – 426, 25 Es hatte über drei Stunden Mauerumfang.] *Interlinearzusatz* – 426, 29 herrschte da wo ... Hunger herrscht.] *Randzusatz* – 426, 35 die mittelitalischen] *zuerst* die italischen – 427, 6 angebliche] *Randzusatz* – 427, 7 etwa] *zuerst* nur
427, 12 ff. 2
427, 14 Gelage und vor Allem] *danach gestr.* die Übungen – 427, 21 Wie gerne hing ... Helden zusammen!] *zuerst* Wie gerne man noch mit der mythisch-heroischen Zeit der homerischen und vorhomerischen Helden zusammenhing: – 427, 29 fruchtbare] *davor gestr.* prächtige – 427, 30 Ja schon Herakles ... worden sein.] *Randzusatz* – 427, 38 U. A. war Epeios ... Athene vor der Stadt.] *Randzusatz* – 427, 40 in zweiter Linie] *zuerst* hernach – 427, 42 einen andern achäischen] *zuerst* ein anderer achäischer – 428, 12 auf] *zuerst* durch – 428, 18 ehemals] *Interlinearzusatz*
428, 33 ff. 3
428, 33 Die Geschicke] *zuerst* Das Schicksal – 428, 33 doch] *davor gestr.* ja – 428, 33 von den Göttern ab] *danach gestr.* 1. *Fassung* ja sie waren demselben unterthan // 2. *gestr. Fassung* auch sie waren demselben unterthan. – 428, 42 sodaß die] *zuerst* und zu den – 429, 7 und besäßen sie durch alte Überlieferung] *Randzusatz* – 429, 22 etwa] *Interlinearzusatz* – 429, 26 verhältnißmäßige] *zuerst* verhältnißmäßig // *danach gestr.* seltenen Fälle – 429, 34 und Cumä] *Randzusatz* – 430, 2 auf Sühnungen und Weinopfer] *Randzusatz*
430, 6 ff. 4
430, 6 Außerdem herrschte hier] *zuerst* Unschuldiger war – 430, 13 solle] *davor gestr.* müsse – 430, 16 regelmäßig] *Interlinearzusatz* – 430, 26 und Wallfahrten] *Randzusatz* – 430, 30 später] *Interlinearzusatz* – 430, 34 überhaupt] *Randzusatz* – 430, 39 Pythagoras als ... Nachtrag p. 484.] *violette Tinte*
431, 1 ff. 5
431, 1 erschien] *zuerst* trat ... auf – 431, 2 , doch ursprünglich thyrrenischer Herkunft] *Randzusatz, violette Tinte* – 431, 8 Selbst] *zuerst* Auch – 431, 11 hierauf] *Interlinearzusatz* – 431, 11 kräftige] *zuerst* mächtige – 431, 13 obwohl Er zuerst sich so nannte] *Randzusatz* – 431, 17 edler] *zuerst* tiefer – 431, 21 bis ihm die Krotoniaten ... errichteten] *Randzusatz* – 431, 28 wird es abhängen] *davor gestr.* hängt es ab – 431, 32 ziellose] *Interlinearzusatz* – 431, 33 wispernden] *zuerst* flüsternden – 431, 34 schändliche] *davor gestr.* heillose – 431, 35 seit] *zuerst* in – 431, 35 etwas] *danach gestr.* wie die Metempsychose – 431, 35 gedämmert,] *danach gestr.* die Metamorphose – 432, 3 in Aussicht stellte] *zuerst* verlangte – 432, 6 bei tiefm Jammer über das Erdenleben] *zuerst* bei tiefer Verachtung des Erdenlebens
432, 12 ff. 6
432, 12 und Würde] *Randzusatz* – 432, 13 zur Welt,] *zuerst* zu demselben, – 432, 17 dem Sinne nach] *davor gestr.* schon – 432, 21 die] *zuerst* jene – 432, 22 jene] *zuerst* eine – 432, 23 hellenische] *davor gestr.* bloß – 432, 23 Italier] *davor gestr.* italische – 432, 27 u. a.] *Interlinearzusatz* – 432, 31

Standbilder zu setzen,] *danach gestr.* freilich die mythische Phantasie – 432, 35 irdische] *Randzusatz* – 432, 38 seiner vormaligen Hülle] *zuerst* seines vormaligen Menschen – 433, 2 hellenischen] *Interlinearzusatz* – 433, 6 schwerlich] *zuerst* nicht – 433, 15 Natürlich wurde Pythagoras ... Zusammenhang steht.] *Randzusatz* – 433, 24 auch] *Interlinearzusatz*
433, 27 ff. 7
433, 29 welche sich ... im Meer befinden] *zuerst* in andern Leibern auf der Erde und im Meer befindlichen – 433, 32 {Dieß ist vielleicht ... seinen Bestimmungsort.}] *Klammern mit blauem Farbstift* – 433, 32 vielleicht] *Interlinearzusatz* – 433, 34 einzelnen] *Interlinearzusatz* – 433, 35 Der hellenische Hermes] *davor gestr.* Auch – 433, 35 nur] *zuerst* wenigstens – 433, 36 {Daß bei den Leichen ... neu belebt werde.}] *Interlinear- und Randzusatz, Klammern mit blauem Farbstift* – 434, 3 also] *Interlinearzusatz* – 434, 4 ohnehin] *Interlinearzusatz* – 434, 9 Unvollständigkeit] *zuerst* Fraglichkeit – 434, 9 kurz anzudeuten.] *danach gestr.* Sein göttliches Wesen ist gewiß nicht so wie ausschließlich mit physisch[-] – 434, 22 Und wir erfahren ... gleichen könne.] *Randzusatz, violette Tinte* – 434, 30 der Meister fand die Götter vor ... außerdem überzeugt] *zuerst* vielmehr war der Meister auch sonst überzeugt – 434, 32 Aber in welcher Gestalt fand er die Götter vor! Von denjenigen Unwürdigkeiten] *zuerst* Aber von denjenigen Unwürdigkeiten – 434, 33 die Dichter,] *Randzusatz* – 434, 34 , Ares und Hephästos] *Randzusatz* – 434, 39 Seine hohe Anschauung] *davor gestr.* Seine tiefe Frömmigkeit – 434, 40 Hieher: Aelian IV, 17 ... φωνὴ τῶν κρειττόνων] *violette Tinte* – 435, 1 Besonderes] *Randzusatz* – 435, 3 dasselbe] *zuerst* es
435, 4 ff. 8
435, 5 deutet Herodot ... an] *zuerst* meldet Herodot in einer räthselhaften Stelle – 435, 7 engern] *Interlinearzusatz* – 435, 8 , und wenn sie ... wünschen und fördern.] *Randzusatz* – 435, 10 Neustiftungen] *davor gestr.* und – 435, 10 aber] *Interlinearzusatz* – 435, 11 unbeaufsichtigten] *davor gestr.* ungehüteten – 435, 12 Sein neuer Cult ... im Vergleich mit jenen stürmischen] *zuerst* Neben jenen stürmischen – 435, 14 und diese scheint Pythagoras mißbilligt zu haben] *zuerst* welche Pythagoras mißbilligt zu haben scheint – 435, 17 Hier gelangen wir] *davor gestr.* Eine der größten Wirkungen der Seelenwanderungslehre war nämlich dahin gegangen, daß die hellenische Frau, sonst im Sinken – 435, 22 gleiche Würde der Geschlechter] *zuerst* Gleichheit – 435, 25 erhabene] *Randzusatz* – 435, 25 jenen] *Interlinearzusatz* – 435, 27 zahlreich] *danach gestr.* in den Häusern – 435, 34 was von Zamolxis] *davor gestr.* die Geschichte – 435, 39 bei den] *zuerst* auf den – 435, 41 persönlichen] *Randzusatz* – 435, 42 Kennzeichen] *danach gestr.* geworden – 436, 2 die] *Randzusatz* – 436, 2 Existenz] *davor gestr.* zur höchsten Steigerung der – 436, 4 dem Vorrang] *davor gestr.* der Gewalt – 436, 8 da das Irdische plötzlich unwerth wird:] *Randzusatz, im Ms. Doppelpunkt aus Semikolon verändert* – 436, 13 zum Theil] *Randzusatz*
436, 15 ff. 9
436, 18 auch reicher und vornehmer] *Interlinearzusatz* – 436, 21 nicht um Zwecke zu erreichen] *danach gestr.* sondern um einer hohen Stimmung willen – 436, 21 der hellenischen Staatsidee] *zuerst* einer Polis – 436, 25 Das Zusammenleben ... gestaltet haben] *Interlinear- und Randzusatz* – 436, 32

Selbstbeobachtung] *zuerst* Selbstprüfung – 436, 37 sehr gründlich] *zuerst* ernst* – 436, 37 entweder an der Ascese, oder] *zuerst* nicht an der Ascese, sondern – 436, 39 ja] *Interlinearzusatz* – 436, 40 im Alterthum] *Interlinearzusatz* – 436, 40 verzichtete man... auf den Wein. Der Verstand blieb] *zuerst* verzichtete man... auf den Wein und blieb – 437, 1 innerhalb des geweihten Kreises] *Randzusatz* – 437, 4 Den Schlußstein] *davor gestr.* Zu der absoluten Reinheit welche man erstrebe, gehörte – 437, 13 Bisher haben wir] *davor gestr.* Die größte Lücke in der Überlieferung – 437, 13 ethischen und] *Randzusatz* – 437, 17 Begründer] *zuerst* Stifter – 437, 23 als eine wahre Anstalt] *Interlinearzusatz* – 437, 24 Eine begabte Bevölkerung... Wissensdrang vermöge.] *Randzusatz* – 437, 29 materiell] *Randzusatz* – 437, 31 der wahren Pythagoreer] *zuerst* des wahren Pythagoreers

437, 31 ff. 10

438, 4 dieser] *Randzusatz* – 438, 5 aber] *Interlinearzusatz* – 438, 6 wies] *zuerst* weist – 438, 10 seit Thersites Zeiten] *Randzusatz* – 438, 11 vor Allem] *Randzusatz* – 438, 15 und] *Interlinearzusatz* – 438, 20 beständig] *Interlinearzusatz* – 438, 22 vorausgesetzt] *davor gestr.* angenommen – 438, 24 deren] *zuerst* dessen – 438, 28 nur] *Interlinearzusatz* – 438, 30 u. a.] *Interlinearzusatz* – 438, 32 u. s. w.] *Randzusatz* – 438, 41 (u. A. was Zahl ist und was nicht)] *Randzusatz, violette Tinte* – 438, 42 bei] *Interlinearzusatz*

439, 2 ff. 11

439, 5 u. dgl. m.] *Randzusatz* – 439, 8 Auch eine ästhetische... Gestalt zusprach.] *Randzusatz* – 439, 13 Länge oder] *im Ms. zwischen Klammern mit blauem Farbstift* – 439, 14 übte] *zuerst* hatte aber – 439, 16 Heilkraft,] *danach gestr.* und von dieser Seite wurde – 439, 22 soviele Beschwerde... schon bereitet,] *Randzusatz* – 439, 26 Schwarz auf Weiß] *zuerst* mit Ja oder Nein – 439, 33 , Hestia etc.»)] *Randzusatz, im Ms. Komma aus schließender Klammer verändert* – 439, 36 jedenfalls] *Randzusatz* – 439, 40 Pythagoras] *zuerst* er – 439, 40 in ihrer Bewegung als eine mächtige Harmonie] *zuerst* als eine mächtig bewegte Harmonie – 439, 40 (der Sphären)] *Randzusatz* – 439, 42 auserwählte] *Randzusatz* – 439, 42 Schüler] *davor gestr.* die aus trefflichsten – 440, 6 jetzt] *zuerst* nun – 440, 9 Geist] *zuerst* Sinne – 440, 9 und Gemüth entwurzelt!] *darunter folgt ein senkrechter Bleistiftstrich*

440, 10 ff. 12

440, 10 In welchem Sinne] *zuerst* Wie weit – 440, 10 indem er] *zuerst* welcher – 440, 13 Eintheilung] *zuerst* Distinction – 440, 23 scheinbar] *Interlinearzusatz* – 440, 24 vermied] *zuerst* verschmähte – 440, 24 Brandopfer] *zuerst* Opfer – 440, 28 dieselben] *zuerst* diese – 440, 33 auch lange nach seinem Tode] *Randzusatz* – 440, 37 und suchte einander auf] *Randzusatz* – 440, 37 man] *zuerst* und – 440, 40 Aelian IV, 17:... Stimme der Götter».] *violette Tinte* – 441, 1 verstorbenen Genossen des Bundes wenn man ihn] *zuerst* Verstorbenen auch wenn man den Genossen des Bundes – 441, 2 persönlich nicht gekannt hatte.] *danach gestr.* {Halten wir daneben wie andere Griechen und insbesondere andere griechische Philosophen einander behandelten!} – 441, 4 Thatsache] *zuerst* Macht – 441, 4 Hier ist keine andere Deutung möglich] *zuerst* Jede andere Deutung müßte daneben armselig erscheinen und abgelehnt werden

441, 18 ff. 13
441, 23 wie einst bei ... von Savonarola.] *Randzusatz* – 441, 25 nur] *Randzusatz* – 441, 26 können] *zuerst* werden – 441, 27 mochte als ein Unrecht empfunden werden] *zuerst* wird als ein Unrecht empfunden worden sein – 441, 29 Gewohnheit geltend] *danach gestr.* wie einst in Florenz gegen Savonarola. – 441, 33 mit den] *zuerst* gegen die – 441, 40 Hieher Pythagoras ... cap. 54.] *violette Tinte* – 442, 2 zugleich] *Randzusatz* – 442, 2 Freund] *zuerst* Anhänger – 442, 6 einmal] *zuerst* einst – 442, 8 (den Hermes ausgenommen)] *Randzusatz* – 442, 10 scherzte] *zuerst* höhnte – 442, 12 zu] *zuerst* an – 442, 14 oft und gern] *Randzusatz* – 442, 15 herabhole] *zuerst* herabnehme – 442, 19 stemmte] *zuerst* erhob – 442, 25 Bewunderer] *zuerst* Anhänger – 442, 26 und außerdem] *Randzusatz*

442, 29 ff. 14
442, 31 eben] *Randzusatz* – 442, 39 überhaupt nirgends] *zuerst* nicht ein – 443, 9 welchem alles Leben heilig war] *zuerst* welcher jedes Thier schonte – 443, 12 Mann] *zuerst* Mensch – 443, 15 seiner] *zuerst* der – 443, 20 der angegriffene Theil] *davor gestr.* eher – 443, 26 dort] *Randzusatz* – 443, 28 Inzwischen] *zuerst* Jetzt – 443, 29 auch Leute welche ... Gemeinleben klagten;] *Randzusatz* – 443, 31 diese Gegner waren] *danach gestr.* ebenfalls Aristokraten, es waren – 443, 33 Standesinteresse] *zuerst* Interesse – 443, 34 des Bundes] *zuerst* der Pythagoreer

443, 35 ff. 15
444, 3 durch mächtige] *zuerst* mit mächtigen – 444, 4 nicht darauf hörten] *davor gestr.* wenigstens hier – 444, 10 beginnen konnte] *zuerst* begann – 444, 13 nach mehr als 20jährigem Aufenthalt,] *Randzusatz* – 444, 14 dieß] *Interlinearzusatz* – 444, 15 sein] *zuerst* das – 444, 16 unnütz oder den Seinigen] *zuerst* die Seinigen – 444, 28 aus Valerius Maximus:] *Randzusatz* – 444, 31 Seine Schüler aber ... ob sie es waren oder nicht.] *zuerst* Seine Schüler aber, durch ihre Feinde selbst zu einer wesentlich politischen Partei erklärt, suchten sich in Kroton u. a. Städten auch als solche zu behaupten, und dann mußten sie je nach den Umständen auch nach der Herrschaft streben. – 444, 33 zwar] *Interlinearzusatz* – 444, 39 jedoch] *zuerst* aber – 444, 41 so steht mit] *zuerst* es wird

Über erzählende Malerei

Akademischer Vortrag, gehalten am 11. 11. 1884. – Manuskriptbestand: PA 207, 171, 61: 1 Umschlagblatt mit der autographen Aufschrift Zur erzählenden Malerei. Aula *Bleistiftzusatz:* November 1884; *15 Quartblätter mit Vortragsnotizen (paginiert* a, aa, b–d, dd, e–l, ll, p; *recto/verso beschrieben); 1 Übersichtsblatt (quart; recto/verso beschrieben). – Zeitungsreferate: «Allgemeine Schweizer Zeitung» Nr. 272 und Nr. 273 (Morgen- und Abendausgabe), vom 15. 11. 1884; «Schweizer Grenzpost» Nr. 270, vom 13. 11. 1884; «Schweizerischer Volksfreund» Nr. 271, vom 14. 11. 1884. – Erstdruck: Dürr, S. 250–265; GA 14, S. 301–315. – JBW: Manuskript PA 207, 171, 61, Blätter* a, aa, b–d, dd, e–l, ll, p; *Überschrift gemäß Blatt* a *der Vortragsnotizen.*

446, 3 ff. a
446, 3 *** Über erzählende Malerei ... Kreise bewegt hatte).] *Das Blatt a ersetzt die jetzt gestrichene Einleitung auf Blatt aa, welches ursprünglich den Anfang des Ms. bildete und nachträglich von a in aa umpaginiert wurde. –* 446, 11 Am meisten fällt ... Malerei.] *Interlinearzusatz –* 446, 27 und wohlbekannten] *Interlinearzusatz*

446, 29 ff. aa
446, 29 Die aufgewandten Mittel:] *Paginierung dieses ursprünglichen Einleitungsblattes aus a in aa korrigiert; am Kopf des Blattes aa gestr.* *** Über erzählende Malerei. // Text 1. *Fassung:* Der allbekannte Terminus: historische Malerei hier absichtlich gemieden; wir haben von einer Darstellung des Bewegten zu sprechen, welche auch einen Zweig der Genremalerei mit umfassen muß, soweit auch dieses über das ruhig Zuständliche hinausgeht. / Als weit die vornehmste und wichtigste Gattung aber gilt heute allerdings die historische Malerei im engern Sinne. // Text 2. *Fassung:* Bei massenhaftem Betrachten von Kunstwerken, wie es die Reisen mit sich bringen, melden sich allerlei vertraute Gedanken, welche dann allgemeine Überzeugungen zu werden streben. Möge es gestattet sein, einige dieser Anschauungen, ohne Anspruch auf ein System, in fast zufälliger Reihe vorzubringen. Gerne halten wir dabei den weitern Ausdruck «erzählende Malerei» fest, welcher die Darstellung des Bewegten überhaupt und auch einen Zweig der Genremalerei mit umfaßt, soweit auch dieses über das ruhig Zuständliche hinausgeht. / Als weit die vornehmste und wichtigste Gattung aber gilt heute allerdings die historische Malerei im engern Sinne. *Die Paginierung von Blatt aa wurde nachträglich aus a korrigiert. –* 446, 32 schon] *Interlinearzusatz –* 446, 33 der mittlere Stock ... Frescencyclus] *im Ms. nach* Culturgeschichte der Menschheit schildern. *Textumstellung von B. bezeichnet. –* 447, 21 des Lebens und] *Randzusatz –* 447, 22 der Wille der brillanten Erscheinung.] *danach gestr.* Die Gesammtleistung macht ein Ganzes aus, welches sowohl in seiner Masse als in seinem Character von den Gesammtleistungen der Vergangenheit ganz wesentlich abweicht. – Und stellenweise ist wirklich ein äußerstes Mögliches geleistet.

447, 23 ff. b
447, 27 durch] *Interlinearzusatz –* 447, 28 freilich für den Privatbesitz] *Randzusatz –* 447, 30 Beschäftigung mit England] *zuerst* Bewegung – 447, 34 ist] *zuerst* sind – 447, 37 und seiner Nebengattungen] *Randzusatz –* 447, 37 Prachtwerken] *zuerst* Büchern – 448, 5 und sonstige ideale] *Interlinearzusatz –* 448, 6 einen schwachen Beruf habe] *danach gestr.* «Pathos» erwartet man nur noch von der Historienmalerei. – 448, 7 (obschon ganze Kirchen ... bedeckt werden).] *Randzusatz –* 448, 9 auch im Genre,] *Randzusatz –* 448, 15 vollends] *Interlinearzusatz –* 448, 19 Das Geschichtlich ... Malenswerthen.] *Interlinearzusatz –* 448, 21 ja oft nur Eines Jahrzehnds] *Randzusatz, violette Tinte –* 448, 23 und Parteien] *Interlinearzusatz –* 448, 25 oder wünschbar] *Randzusatz*

448, 30 ff. c
448, 32 genießt diesen Vortheil] *zuerst* hat dieses Glück – 448, 33 – den wir ihm gerne gönnen –] *Randzusatz, Gedankenstriche fehlen im Ms. –* 449, 3 historisch] *Interlinearzusatz –* 449, 3 Darstellen] *zuerst* Schaffen – 449, 4 wen-

det] *zuerst* verhängt – 449, 12 oder] *Interlinearzusatz, violette Tinte* – 449, 18 täuschend] *Randzusatz* – 449, 19 in welchem sich ... ergingen,] *Randzusatz* – 449, 21 Das orientalische Sujet ... zu retten ist.] *Interlinearzusatz, violette Tinte* – 449, 29 Auch das Musée ... Stücke, welche] *zuerst* Das Musée historique von Versailles ist in diesem Sinne veraltet; bis auf wenige Stücke, in welchen – 449, 33 Die Welt ... gelebt.] *Interlinearzusatz* – 449, 37 Ausdrucksköpfe] *zuerst* Köpfe – 449, 41 Außerdem natürlich ... zugleich Sammlung.] *violette Tinte* – 450, 1 gedrängter] *Interlinearzusatz* – 450, 2 malerische] *Interlinearzusatz* – 450, 3 nicht leicht] *zuerst* kaum – 450, 4 Schönen] *zuerst* Möglichen – 450, 5 malerische] *zuerst* höhere // *früherer Vermerk (mit Bleistift) vom endgültigen Text teilweise überschrieben* Das Schlachtbild

450, 6 ff. d

450, 6 endlich] *Randzusatz* – 450, 7 aus den letzten Kriegen] *Randzusatz* – 450, 10 mit der einen oder andern] *zuerst* mit der siegreichen – 450, 12 erregt] *Interlinearzusatz* – 450, 12 Rechtbehaltens] *zuerst* Rechthabens – 450, 13 von Mensch und Roß sind] *zuerst* sind hier – 450, 18 Gesammt-] *Randzusatz* – 450, 28 nach] *zuerst* bei – 450, 30 frei] *mit Bleistift unterstrichen* – 450, 32 innern] *Interlinearzusatz* – 450, 35 auf die zeitliche] *zuerst* von der zeitlichen – 450, 40 Gallait in seiner Abdication ... hier noch Rath!] *violette Tinte* – 450, 41 Den Uniformen ist abgerungen ... optisch verwerthen ließ] *violette Tinte*

451, 9 ff. dd

451, 9 wenig oder] *Interlinearzusatz* – 451, 11 derjenigen] *zuerst* ebenderselben – 451, 16 am ehesten] *Interlinearzusatz* – 451, 28 nicht Verbildeten] *zuerst* Menschen – 451, 32 Nicht daß die idealen ... Abgründe sind manche.] *am Ende von Blatt* dd *verso in großem Abstand zum vorangehenden Text* – 451, 34 und Abgründe sind manche.] *danach gestr.* Ernst und feierlich tritt hier die religiöse Malerei in den Vordergrund. Wir wollen gerne zuerst von ihren Schwierigkeiten und Gefahren reden.

451, 35 ff. e

451, 35 Zunächst ist das kirchliche Historienbild durchaus] *zuerst* Ferner ist das Historienbild auch – 451, 37 nicht gewachsen waren. Und andererseits ... müssen oder wollen.] *zuerst* nicht gewachsen waren und dennoch massenhaft heilige Historien haben malen müssen. – 451, 39 Ein Hergang kann ... im Gemälde zu sein.] *violette Tinte* – 452, 9 Ausnahme] *davor mit Bleistift gestr.* seltene – 452, 10 vollkommen] *Interlinearzusatz* – 452, 11 Überfüllung] *mit violetter Tinte unterstrichen* – 452, 13 Theatralische] *mit violetter Tinte unterstrichen* – 452, 14 Antrieb] *zuerst* Feuer – 452, 17 sich einzelne Maler notorisch Raths erholten.] *danach mit Bleistift gestr.* {Ebenfalls so viel wie unfreiwillig: das Tableau de réception beim Eintritt in die königliche Academie etc. [e *verso*] Dieß Tableau de réception meist classischen Sujets; jeder Académien sollte ein figurenreiches historisches Bild leisten können.} *Klammern im Ms. mit Bleistift* – 452, 20 viel mehr] *mit violetter Tinte unterstrichen* – 452, 22 ohne alle Nothwendigkeit] *davor gestr.* ohne das blitzschnelle Zusammenschauen des Momentes, welches ein Bild zu einem Ganzen – 452, 23 steinern,] *Randzusatz* – 452, 25 malerische] *Interlinearzusatz* – 452, 27 (frühern)] *Randzusatz, violette Tinte* – 452, 34 tiefsinnigen] *davor gestr.* schönen und – 452, 35 wahrhaft] *Randzusatz*

452, 35 ff. f
452, 36 Aehnlicher Weise hat in der Frescomalerei] *zuerst* Auch in der Frescomalerei hat – 452, 37 Themata] *zuerst* Werke – 453, 1 auch] *Interlinearzusatz* – 453, 1 idealen] *zuerst* historischen religiösen – 453, 3 der fröhliche Ruf] *zuerst* das fröhliche Wort – 453, 10 Drang] *zuerst* Fähigkeit. – 453, 13 vor Allem] *Randzusatz* – 453, 19 gewinnende] *zuerst* einnehmende – 453, 25 Streitigkeiten] *danach gestr.* und Versöhnungen zwischen – 453, 40 öfter] *Randzusatz*
453, 41 ff. g
454, 2 (Und schon an dieser ... gelegen sein)] *Randzusatz, violette Tinte* – 454, 5 Aufgaben] *danach gestr.* liebevoll – 454, 9 Scenen] *danach gestr.* möglich – 454, 13 Während des Redens] *zuerst* Aus den Worten – 454, 14 schöne] *davor gestr.* leuchtend – 454, 18 die heilige] *Randzusatz* – 454, 20 wachsendem] *zuerst* höherm – 454, 23 doch] *Interlinearzusatz* – 454, 24 ganze Welt] *zuerst* Welt – 454, 25 lebendiges und sehr dauerhaftes] *zuerst* leuchtendes – 454, 27 stellenweise] *zuerst* vielleicht – 454, 28 und noch weitere] *Interlinearzusatz* – 454, 31 räumlich und sachlich] *zuerst* völlig – 454, 33 Wir lieben es] *davor gestr.* Es scheint in ihm eine visionäre Kraft lebendig gewesen zu sein – 454, 33 den wahrhaft großen Meistern] *zuerst* jedem wahrhaft großen Meister – 454, 34 künftige Kunstwerke] *zuerst* ein künftiges Kunstwerk – 454, 36 zu gleicher Zeit] *mit Bleistift unterstrichen* – 454, 37 der Massen] *Interlinearzusatz* – 454, 37 doch] *Interlinearzusatz* – 454, 40 Licht- und Schattenfolgen] *zuerst* Lichtfolgen – 454, 40 , wie sie kommen mußten] *Randzusatz* – 454, 42 welche] *danach gestr.* im Stande war, den Beschauer
454, 42 ff. h
454, 42 das Wesentlichste ... das Hinreißende war.] *zuerst* vielleicht die wesentlichste, die beglückende Gabe war. – 455, 2 nachher] *Interlinearzusatz* – 455, 4 ergreifenden] *zuerst* hinreißenden – 455, 5 , unverträglichste] *Randzusatz* – 455, 6 lebendigem] *mit violetter Tinte unterstrichen* – 455, 7 und wohlgefälligste] *Randzusatz* – 455, 7 Erscheinung mit sich führt.] *zuerst* Erscheinung ist. – 455, 9 Furcht] *danach gestr.* und Sorge – 455, 9 Einzelnes] *zuerst* das Einzelne – 455, 10 schon] *Randzusatz* – 455, 12 Accente] *davor gestr.* malerischen – 455, 13 Diese Accente aber] *danach gestr.* bilden eine große Stufenreihe – 455, 14 oder den innern Sinn] *Randzusatz, mit blauem Farbstift und Bleistift unterstrichen* – 455, 15 – denn diese ... mit einander –] *Randzusatz* – 455, 16 ist Accent,] *danach gestr.* daher vielleicht das bloß Optische wie das Dramatische – 455, 18 psychologisch] *zuerst* moralisch – 455, 19 zugleich] *zuerst* sogar – 455, 20 von Bewegtem gegen Ruhiges, u. s. w.,] *zuerst* von Bewegtem und Ruhigem, von Übergeor[-] – 455, 27 zusammen] *Interlinearzusatz* – 455, 35 geheimnißvolle] *Interlinearzusatz* – 455, 36 nach Kräften] *davor gestr.* völlig – 455, 39 mit] *mit Bleistift unterstrichen* – 455, 40 Die Hauptsache: Rubens ... den Pinsel ergriff.] *violette Tinte* – 456, 4 genau] *Interlinearzusatz* – 456, 5 das Übrige ... vertheilt:] *Interlinearzusatz* – 456, 5 Wolke] *zuerst* Aurora – 456, 6 Diese acht Wesen] *davor gestr.* Bei weiterm Betrachten wird man inne daß man – 456, 7 genau] *Interlinearzusatz*

456, 11 ff. i
456, 12 (Sie schneiden sich nicht).] *Interlinearzusatz, violette Tinte* – 456, 14 von jener Symmetrie ganz unbehelligte] *Randzusatz* – 456, 19 bedeutende] *zuerst* große – 456, 22 im Act des Wunderwirkens] *Randzusatz* – 456, 23 oder Todesnähe] *Interlinearzusatz, violette Tinte* – 456, 24 Hindu{fürst,}] *die Klammer mit violetter Tinte eingefügt* – 456, 25 , im Licht] *Randzusatz* – 456, 25 portugiesischen] *Interlinearzusatz, violette Tinte* – 456, 30 im Einzelnen] *Randzusatz* – 456, 31 Leiblichkeit, Tracht und Wendung] *zuerst* Leiblichkeit und Tracht – 456, 37 Ein solches] *zuerst* Dieß – 457, 3 genau] *Interlinearzusatz, violette Tinte* – 457, 4 Auf beiden Seiten] *davor gestr.* Neben den furchtbaren – 457, 5 von Rossen ... symmetrisch] *Randzusatz* – 457, 13 sicherte] *zuerst* verschaffte
457, 16 ff. k
457, 17 des Massenkampfes] *Randzusatz* – 457, 20 die Lanze] *Interlinearzusatz* – 457, 28 dürstete nach ... fand sie in] *zuerst* fühlte sich noch zu höhern Augenblicklichkeiten gedrängt, zu – 457, 33 um ein] *Interlinearzusatz* – 457, 34 welche dem hellen ... gehört.] *Randzusatz, das Komma nach* Ganzen *ist aus einem Punkt verändert* – 457, 35 Pferden] *zuerst* Rossen – 457, 38 das Gespann seines Sonnenwagens möchte] *zuerst* die Rosse seines Sonnenwagens möchten – 457, 40 der wahre Meister der] *danach gestr.* Aequivalente – 457, 42 Zwischen den drohenden Kampf] *davor gestr.* In der Scene zwischen – 458, 1 lichten] *Interlinearzusatz* – 458, 5 idealer] *zuerst* moralischer – 458, 8 halbbeschattet] *Randzusatz* – 458, 9 eilig] *danach gestr.* und eifrig – 458, 11 rein auf.] *zuerst* auf. – 458, 12 dem] *zuerst* den – 458, 14 symmetrische] *zuerst* genaue – 458, 14 duftige] *Interlinearzusatz* – 458, 15 Lichtwelt] *danach gestr.* von allem Übrigen abhebt – 458, 19 energische] *Randzusatz*
458, 20 ff. l
458, 21 wohl] *Interlinearzusatz* – 458, 23 hinaufsteigen will] *zuerst* hinaufsteigt – 458, 24 meist bejahrten] *zuerst* ritual stylisirten – 458, 25 , in leuchtendem Bischofsmantel] *Randzusatz, violette Tinte* – 458, 29 und die] *zuerst* mit den – 458, 29 den allgemeinen römischen] *zuerst* das allgemeine römische – 458, 32 funkelnde] *davor gestr.* rauschende – 458, 33 Kleidung] *zuerst* Gewandung – 458, 38 oft stark angefüllt ... richtigen Vertheilung, während] *zuerst* oft stark angefüllt und doch sehen sie wegen der malerisch richtigen Vertheilung weniger überfüllt aus während – 458, 41 Die beiden Gruppen ... sehen sich zueinander.] *violette Tinte* – 459, 3 und absolut selbständig] *Randzusatz* – 459, 4 und erhaben finden.] *Vermerk am Rand, mit blauem Farbstift* Hier folgt Blatt ll. *Darunter gestr., ebenfalls mit blauem Farbstift* Indem wir uns jedoch dieß wegen Kürze der Zeit versagen müssen wendet sich unser Blick ⌊unwillkürlich noch⌋ auf jene Aufgaben der Kunst als solche, auf das gewaltige Geschenk welches mit denselben der Malerei des christlichen Zeitalters zu Theil geworden ist und welches seine Kraft [*zuerst* Macht] bis an das Ende der Tage immer wieder von Zeit zu Zeit bezeugen wird. / Nicht die politische Macht, nicht der Wille eines einzelnen Volkes ⌊oder Jahrzehndes⌋ hat diese Scenen vorgeschrieben; ⌊sie haben die Allverständlichkeit in allen Zeiten und Ländern voraus;⌋ die Kunst aber hat in jedem Jahrhundert ihr Bestes aufgewandt [*zuerst* herbeigebracht] zu deren Verherrlichung. Noch einmal und mit siegreicher Evidenz zeigt es sich, daß in der

Kunst nicht das Was, die beständige ⌊materielle⌋ Neuerfindung von ⌊noch nicht dagewesenen⌋ Aufgaben, sondern das Wie, die stets neue Auffassung des Feststehenden das Entscheidende ist. Hier meldet sich nämlich das segensreiche Phänomen, daß gerade die häufigsten Darstellungen keine Ermüdung der Kunst mit sich führen, sondern vielmehr eine Reihe der allergrößten Meisterwerke aller Zeiten in sich enthalten, ja derartige Lösungen der betreffenden Aufgaben daß alles Verlangen und Wünschen einstweilen nicht mehr darüber hinaus kann. Das höchste Ausreifen der erzählenden Kunst, [...]

459, 4 ff. ll
459, 4 Es darf ihm nie vergessen werden] *Vermerk, mit blauem Farbstift senkrecht an den rechten Rand geschrieben* Provisorischer Schluß – 459, 8 viele] *mit Bleistift unterstrichen* – 459, 12 Begeisterung] *zuerst* Theilnahme – 459, 12 , auch die wunderlichsten] *Randzusatz* – 459, 17 Freiheit gestattete.] *danach gestr.* mit welchen Schwierigkeiten ringt daneben etc. – 459, 18 – der im Grunde ... vorwegnahm –] *Randzusatz, Gedankenstriche fehlen im Ms.* – 459, 22 kaum] *zuerst* nicht – 459, 22 gedurft hatte.] *darunter Vermerk, mit blauem Farbstift* Hier setzt p, recto, unten an // Blatt m *fehlt im Ms.*

459, 24 ff. p
459, 24 Mit welchen Schwierigkeiten] *Vermerk, mit blauem Farbstift senkrecht an den rechten Rand geschrieben* Anschluß an ll // Davor auf Blatt p recto *gestr.* eine Zurücksetzung empfunden, daß in der Mitte ihrer Aufgaben sich kein antiker Schönheitsjubel sondern ein Leiden vorfand; denn hier erst entdeckten sie die höchsten Kräfte in ihrem Innern. Welche Augenblicke! sie heißen Abendmahl, Gethsemane, Geißelung, Ecce homo, Kreuztragung, Golgotha, Kreuzabnahme, dann die drei Momente: Beklagung, Grabtragung und Grablegung; dann folgen die Bilder der Auferstehung, der Frauen am Grabe, des Christus als Gärtner, und endlich jene unvergleichlich schöne Scene welche für die Gastquartiere der Klöster gemalt zu werden pflegte: Emmaus. – Hierauf in der Apostelgeschichte setzt Rafael noch einmal an in jener Folge von Cartons für die sogenannten Teppiche der ersten Reihe. / Den Abschluß der großen kirchlichen Aufgaben machen die letzten Dinge. Man überdenke was das Weltgericht für die Malerei seit der Mosaikenzeit geworden ist und wie es von Zeit zu Zeit ihre ganzen Kräfte in Anspruch genommen und ihre Schicksale bestimmt hat. / Dieß ist in armen Umrissen jener Bilderkreis, welcher bei allen Völkern und in allen Zeiten allermindestens den Vortheil der Allverständlichkeit vorausgehabt und haben wird. – 459, 33 diesem Ziele nach ging] *zuerst* nur seine Visionen verwirklichte – 459, 37 doch] *Interlinearzusatz* – 459, 37 im Ganzen] *Randzusatz* – 459, 39 entsprachen social] *zuerst* hingen social mit – 459, 40 sein] *zuerst* ihm // *Korrektur mit violetter Tinte* – 459, 40 eigen.] *darunter folgt ein Querstrich, Bleistift*

Die Anfänge der neuern Porträtmalerei

Akademischer Vortrag, gehalten am 10. 3. 1885. – Manuskriptbestand: PA 207, 171, 62: 1 Umschlagblatt mit der autographen Aufschrift Anfänge der neuern Porträtmalerei. *Bleistiftzusatz:* 10 Merz 1885; *14 Quartblätter mit Vortragsnotizen (paginiert vor* a, a–n; *recto/verso beschrieben). – Zeitungsreferate:* stenographiertes Referat von Fritz Baur in der «Allgemeinen Schweizer Zeitung» Nr. 70–72, vom 24.–26. 3. 1885. – JBW: Manuskript PA 207, 171, 62, Blätter vor a̱, a̱–ṉ; Überschrift gemäß Blatt vor a̱ der Vortragsnotizen.

460, 3 ff. vor a̱
460, 8 Bildniß] zuerst Porträt – 460, 12 ausschließlich] Randzusatz – 460, 14 Einzelmenschen] zuerst Individuum – 460, 18 Porträtkunst] zuerst Kunst – 460, 25 In Theben] davor gestr. Eine burlesk lautende – 460, 27 eine Geldbuße] davor gestr. hohe Stra[-] – 460, 27 Im Hinblick auf die] zuerst Bei der – 460, 31 eine allgemeine Sitte] davor gestr. Zur Sitte gewor[-]
460, 32 ff. a̱
460, 32 Bei Theophrast (cap. 2)] davor gestr. Anfänge der neuern Porträtmalerei / ⌊Das Thema im engeren Sinn: das gemalte Einzelporträt – wobei jedoch weiter, bis auf die Geschichte der Aehnlichkeit überhaupt wird zu greifen sein.⌋ / Wir stehen der Gattung beinahe als einer abgeschlossenen gegenüber weil wir das Porträt im Ganzen einem mechanischen Verfahren, der Photographie, überlassen haben. / Zu übergehen die Porträtbildung des Alterthums, von den zum Theil sehr frühen und höchst realistischen aegyptischen Porträtstatuen an. / Dito die ganze glänzende Geschichte der griechischen Porträtbildung, wobei als fast vergessen die Thatsache zu erwähnen, daß es auch viele gemalte Porträts gab. ⌊Die große Verrechung zwischen Aehnlichkeit und höherer Auffassung⌋ – 460, 32 üblichen] Interlinearzusatz – 460, 33 athenischen] Interlinearzusatz – 461, 4 großen] Interlinearzusatz – 461, 4 In der] zuerst Aus der – 461, 5 historischen ... erhaltenen] zuerst noch erhaltenen Porträtbildungen in den – 461, 10 oströmischen] davor gestr. byzanti[-] – 461, 15 haben die Menschen] davor gestr. war gewiß beständig der Wunsch vorhanden – 461, 24 u. A. m.] Randzusatz, das vorangehende Komma aus Punkt verändert – 461, 24 auch] Interlinearzusatz – 461, 24 nur] zuerst höchstens – 461, 28 unter der ... Architectur] Randzusatz
461, 32 ff. ḇ
461, 32 nämlich] Randzusatz – 461, 33 in der Regel] Interlinearzusatz – 461, 33 geschah,] danach gestr. und die Umgebung – 461, 34 individuell] Randzusatz – 461, 35 von bloßem eingegrabenen ... vollen Rundsculptur,] Randzusatz – 461, 40 Hieher: die ... Graf etc.] violette Tinte – 461, 41 Was immerhin ... gehabt hätte.] violette Tinte – 462, 1 Grabfiguren] zuerst Grabstatuen – 462, 2 eine der merkwürdigsten] zuerst die merkwürdigste – 462, 2 wohl] Interlinearzusatz – 462, 8 Contourgrabplatten] zuerst Contourplatten – 462, 11 bis tief ins XIV Jh.] Interlinearzusatz – 462, 12 schwerlich] zuerst nicht – 462, 13 bestenfalls] Randzusatz – 462, 14 angewiesen] zuerst angewiesen – 462, 16 mit] zuerst welche den – 462, 22 beinahe] Randzusatz – 462, 31 zu versprechen scheinen] zuerst versprechen – 462, 32 selbst in den ... Typische vorherrschend] am Rand ein Fragezeichen, mit Bleistift – 462, 33 eher] zuerst nicht
462, 37 ff. c̱
462, 40 Heilige] die Auflösung der zuerst benützten Abkürzung H. als Interlinearzusatz, violette Tinte – 462, 41 Doch bei den Statuen ... Todtenmaske.] violette Tinte – 463, 1 große] Interlinearzusatz – 463, 2 Bald hernach ... um 1300 geworden.] Randzusatz – 463, 3 uralter] zuerst alter – 463, 13 neu ge-

schaffen] *zuerst* restituirt – 463, 19 sodann] *zuerst* und – 463, 19 Meisterwerke] *zuerst* Werke – 463, 24 überaus fein durchgeführt,] *Interlinearzusatz* – 463, 29 des XIII., XIV. Jh.] *Interlinearzusatz* – 463, 29 untern Saume oder auch nur] *zuerst* unter ihr – 463, 34 äußerliche, summarische Wiedergabe] *zuerst* äußerliche Aehnlichkeit – 463, 35 auch hier] *Interlinearzusatz*

463, 41 ff. d̲
464, 1 zuzugestehen sein.] *danach gestr.* Zunächst aber sind sie verhältnißmäßig in der That selten. Nur – 464, 2 der Arbeit] *zuerst* dem Maler – 464, 8 aber] *Interlinearzusatz* – 464, 9 jener Zeit] *Randzusatz* – 464, 12 Alles] *Interlinearzusatz* – 464, 15 ganze] *zuerst* volle – 464, 17 einzelnen] *Interlinearzusatz* – 464, 19 überhaupt] *Randzusatz* – 464, 20 hatten] *Randzusatz, danach gestr.* unter der Einwirkung – 464, 20 jene] *im Ms. korrigiert aus* jener – 464, 20 von Tournay und Dijon] *Randzusatz* – 464, 24 Beseelung] *zuerst* Umgestaltung – 464, 25 Physiognomien] *zuerst* Physiognomie – 464, 32 Alle diese Länder] *davor gestr.* Die ganze We[-] – 464, 33 ihre bisherig gothische Darstellungsweise] *zuerst* ihr bisheriger gothischer Styl – 464, 34 und conventionell] *Interlinearzusatz* – 464, 35 Selbst] *zuerst* Auch – 464, 36 starke] *davor gestr.* sehr

464, 38 ff. e̲
464, 39 mit] *mit Bleistift unterstrichen* – 464, 40 – stückweise theils... und Brüssel –] *Randzusatz, Gedankenstriche fehlen im Ms.* – 464, 41 Figurinen, kniend, im Profil.] *violette Tinte* – 465, 2 die] *zuerst* seine – 465, 2 des Hubert van Eyck] *Randzusatz* – 465, 4 sind] *zuerst* haben – 465, 5 unzweifelhaft] *Randzusatz* – 465, 7 Brüder] *zuerst* Meister – 465, 8 Reitergruppe] *zuerst* Gruppe – 465, 10 wählten] *zuerst* griffen – 465, 11 irgendwie] *Interlinearzusatz* – 465, 12 Soldaten] *zuerst* Krieger – 465, 12 den Bettler,] *Interlinearzusatz, das Komma fehlt im Ms.* – 465, 13 Ihr Maßstab] *davor gestr.* Sie suchten offen – 465, 17 traulich-angenehm] *zuerst* traulich – 465, 19 besten] *zuerst* vorzüglichsten – 465, 20 gerne festhielten –] *danach gestr.* oder war es vielleicht schwer, neue Ge[-] – 465, 22 Leute aus dem Volk] *zuerst* Manche – 465, 25 Das erwünschte... rar zu haben.] *Randzusatz* – 465, 26 Von] *zuerst* In – 465, 26 aber] *Interlinearzusatz* – 465, 26 ausschließlich] *Interlinearzusatz* – 465, 27 kniend] *Interlinearzusatz* – 465, 28 Vydt] *zuerst* Vyts – 465, 29 dem neutralen Grunde einer steinfarbenen Nische] *zuerst* neutralem steinfarbenem Grunde – 465, 29 neutralen Grunde einer steinfarbenen] *im Ms.* neutralem Grunde einer steinfarbenem – 465, 36 wirklich vorhandenen] *zuerst* wirklichen

465, 41 ff. f̲
465, 42 in dem andern Bilde] *zuerst* daneben – 466, 2 Kopftuch.] *danach gestr.* Diese Genterin ist die erste Frau von welcher [--] vollendete Bildniß – 466, 4 über die] *zuerst* die – 466, 5 unvergleichlichen] *zuerst* mächtigen – 466, 7 {Es war nur eine reiche... mit Ausnahme der Büchermalerei}] *Klammern mit blauem Farbstift eingefügt* – 466, 7 nur] *Interlinearzusatz* – 466, 9 spätestens seit 1426] *zuerst* eine Zeit lang – 466, 10 und ihn auf das Höchste schätzte] *Interlinearzusatz* – 466, 18 und Goldschmiedearbeiten] *Interlinearzusatz* – 466, 19 selbst] *zuerst* auch – 466, 22 – zB: im Louvre die Madonna mit dem burgundischen Kanzler Rollin –] *Randzusatz, Gedankenstriche fehlen im Ms.* – 466, 25 heiligen] *Interlinearzusatz* – 466, 27 nun] *Interlinearzusatz* – 466, 28 und wichtigsten] *Interlinearzusatz* – 466, 30 Gemälde] *zu-*

erst Porträts – 466, 32 fast lauter Brustbilder... in Dreiviertelansicht] *Randzusatz* – 466, 34 weltliche] *Interlinearzusatz* – 466, 38 greise] *Interlinearzusatz* – 466, 38 (Belvedere)] *Interlinearzusatz* – 466, 41 in dem] *zuerst* der – 466, 42 und der Chiffer Timotheos Leal Souvenir] *Randzusatz* – 467, 1 jener] *zuerst* der – 467, 3 wenigstens] *Interlinearzusatz* – 467, 6 Lebenswahrheit] *zuerst* Wahrheit

467, 7 ff. g

467, 9 erstaunlichen] *zuerst* fabelhaften – 467, 13 dem wohlthätigen Orden] *zuerst* der wohltätigen Brüderschaft – 467, 15 zu Stande gekommen] *zuerst* es – 467, 17 der Mann] *zuerst* er – 467, 23 Trefflichkeit] *zuerst* Wahrheit – 467, 24 und an Wahrheit des Characters] *Interlinearzusatz* – 467, 30 innere] *Interlinearzusatz* – 467, 31 naturrichtige] *zuerst* naturwahre – 467, 33 hier] *zuerst* dießmal – 467, 35 der Herr] *danach gestr.* indem er der Gattin die Hand reicht, – 468, 2 Tiefe] *zuerst* Länge – 468, 3 Reflex] *zuerst* Reflexen

468, 4 ff. h

468, 8 an der Rückwand] *zuerst* am Ende – 468, 9 Täuschung] *zuerst* Illusion – 468, 11 zu zuwenden censirt ist] *zuerst* zuwendet – 468, 13 hat] *zuerst* ist – 468, 13 erbsengroßen] *Randzusatz* – 468, 24 Diese Thiere] *danach gestr.* Nach solchen Wundern der Bildnißkunst war und blieb das – 468, 25 völlig] *Interlinearzusatz* – 468, 27 Begleitern der... Löwenjagd] *zuerst* Jagdbegleitern – 468, 34 dasselbe ist und bleibt... die leichte Aufbewahrung;] *Randzusatz* – 468, 34 rar] *mit blauem Farbstift unterstrichen* – 468, 34 und] *zuerst* obwohl – 469, 1 sicheres] *mit violetter Tinte unterstrichen* – 469, 2 Andachtsbilder] *zuerst* Bilder – 469, 2 thatsächlichen Porträts, an] *Interlinearzusatz* – 469, 7 wiederum] *Interlinearzusatz*

469, 9 ff. i

469, 10 auf niederländischen... XV. Jahrhunderts] *Randzusatz* – 469, 14 weder] *zuerst* nicht – 469, 16 von] *zuerst* voll – 469, 17 Vornehme und] *Interlinearzusatz* – 469, 22 ein aufmerksamer] *zuerst* der – 469, 22 dem Louvre] *zuerst* Paris – 469, 25 den Malern] *Interlinearzusatz* – 469, 26 Künstler] *zuerst* Maler – 469, 33 der Hofkirche zu] *Randzusatz* – 469, 34 nahezu] *Interlinearzusatz, violette Tinte* – 469, 35 völlig] *zuerst* absolut – 469, 38 Nachricht] *zuerst* Tradition – 469, 41 braunröthlichen] *Interlinearzusatz* – 470, 1 bleiben unvergeßlich, und die so ungemein] *zuerst* machen nun die außerordentliche – 470, 2 giebt] *zuerst* geben – 470, 2 bessern] *zuerst* besten

470, 10 ff. k

470, 11 Sonderbildnisse] *zuerst* Porträts – 470, 17 Sitte] *mit Bleistift unterstrichen* – 470, 20 vor Allem Holbein] *Interlinearzusatz* – 470, 20 schon] *Interlinearzusatz* – 470, 21 von Leuten aller Stände] *Randzusatz* – 470, 22 war] *zuerst* ist – 470, 23 absolute] *Interlinearzusatz* – 470, 23 wie es scheint,] *Interlinearzusatz, violette Tinte* – 470, 30 eben dasselbe] *zuerst* ihr – 470, 35 (d.h. ihren Malern)] *Randzusatz, violette Tinte* – 470, 41 Letzteres fehlt in Italien.] *violette Tinte* – 471, 1 Dazu Venedig.] *violette Tinte* – 471, 2 namhaften Individuen] *zuerst* Ausgezeichnetern – 471, 8 und von der Schaumünze] *Randzusatz, violette Tinte* – 471, 9 persönlich] *Interlinearzusatz*

471, 12 ff. l

471, 14 als Brustbilder] *Interlinearzusatz* – 471, 18 {da Montone}] *Klammern mit violetter Tinte eingefügt* – 471, 22 Frescobildniß von 1451, da] *zu-*

erst Frescobildniß, da – 471, 23 in Rimini] *Interlinearzusatz* – 471, 24 meldet] *zuerst* schließt – 471, 24 auch] *Interlinearzusatz* – 471, 25 angeblich] *Interlinearzusatz* – 471, 28 wenn auch] *zuerst* aber – 471, 30 urkundlicher] *zuerst* sicherer – 471, 30 Ein dritter ... Reihe.] *Randzusatz* – 471, 32 {Neben solchen vereinzelten Bildern ... Architectur, Mathematik und Perspectivik.}] *Klammern mit blauem Farbstift eingefügt* – 471, 34 sein mochte] *zuerst* war – 471, 35 bis] *Interlinearzusatz* – 472, 9 Einzelporträt] *zuerst* Porträt – 472, 10 so] *Interlinearzusatz*
472, 15 ff. m
472, 20 treten diese ... zurück] *zuerst* rücken diese Porträts etwa wieder in die Reihe der Donatorenporträts: – 472, 23 Sitte,] *danach gestr.* bis gegen Ende des XV. Jh. – 472, 23 in Italien] *Interlinearzusatz* – 472, 24 Aus] *zuerst* In – 472, 28 ausgesprochen.] *danach gestr.* Vielleicht zuerst in Mailand – 472, 29 Bildnisse] *zuerst* Porträts – 472, 32 u. A.] *Interlinearzusatz* – 472, 33 Auf diesem Boden ... gemalt hat.] *Randzusatz* – 472, 33 in Fresco] *Interlinearzusatz* – 472, 35 Lionardo's] *zuerst* Seine – 473, 6 gesellschaftlichen] *Interlinearzusatz*
473, 20 ff. n
473, 22 in] *Interlinearzusatz* – 473, 24 freilich] *zuerst* aber – 473, 31 jetzt] *Interlinearzusatz* – 473, 32 der Einzelporträts] *Interlinearzusatz* – 473, 33 Einzelporträts] *zuerst* Porträts, *Zusatz mit violetter Tinte* – 473, 34 es meist adliche,] *zuerst* die Leute – 473, 35 waren, welche sich] *zuerst* waren und sich – 473, 38 Talaren] *zuerst* Roben – 473, 39 Toilette.] *im Ms. Punkt aus Komma korrigiert, danach gestr.* Gold und Juwelen – 473, 41 während er] *zuerst* und – 474, 6 glänzend] *zuerst* glorreich – 474, 7 oder später willkürlich benannten] *Randzusatz* – 474, 8 Phantasietracht.] *danach gestr.* Hier bleibt waltend das – 474, 9 Ideal?] *davor gestr.* hohe veneziani[-] – 474, 12 (Deutlich nachzuholen ... als Hausandachtsbild).] *violette Tinte* – 474, 12 venezianische] *Interlinearzusatz*

Die Malerei und das neue Testament

Akademischer Vortrag, gehalten am 27. 10. 1885. – Manuskriptbestand: PA 207, 171, 63: 1 Umschlagblatt mit der autographen Aufschrift Die Malerei und das neue Testament. *Bleistiftzusatz: Aula, 27. Oct. 1885; 13 Quartblätter mit Vortragsnotizen (paginiert* 1*, zu* 1*,* 1a*,* 2*, zu* 2*,* 3*,* 4*,* 4a*,* 5–9*; recto/verso beschrieben). – Zeitungsreferate: «Tagblatt der Stadt Basel» (Lokalbeilage der «Schweizer Grenzpost») Nr. 256, vom 29. 10. 1885; Hinweise im «Schweizerischen Volksfreund» Nr. 256, vom 29. 10. 1885, und in der «Allgemeinen Schweizer Zeitung» Nr. 256, vom 29. 10. 1885. – Erstdruck: Dürr, S. 282–295; GA 14, S. 331–344. – JBW: Manuskript PA 207, 171, 63, Blätter* 1*, zu* 1*,* 1a*,* 2*, zu* 2*,* 3*,* 4*,* 4a*,* 5–9*; Überschrift gemäß Blatt* 1 *der Vortragsnotizen.*

475, 3 ff. 1 1. Teil
475, 13 dem Umfang nach] *zuerst* sachlich – 475, 15 gemalt] *zuerst* dargestellt – 475, 21 in Miniaturen der Handschriften,] *Randzusatz* – 475, 24 Ereignisse] *zuerst* Augenblicke – 475, 24 geeignet sein oder nicht.] *daneben*

gestr. Randzusatz In dem byzantinischen Malerbuch wird eine sehr große Anzahl derselben einzeln aufgezählt die nicht mehr kunstüblich sind. – 475, 24 geeignet sein oder nicht.] *danach gestr.* Allein im Verlauf der Jahrhunderte, vielleicht durch das Anwachsen der einzelnen Stifter und Stiftungen, nahmen diejenigen Scenen überhand, für welche eine besondere Vorliebe war, und endlich gewannen auch die Künstler ein entscheidendes Wort in dieser Sache und gaben den darstellungsfähigsten Scenen oft von sich aus das Übergewicht

475, 25 ff. zu 1 recto, unten

475, 25 Wie vollkommen die Kirche ... und Empfangens wurde.] *Verortung des Beiblatts mit blauem Farbstift* – 475, 26 Auswahl und] *zuerst* Auswahl die – 476, 5 waren] *zuerst* sind – 476, 8 überhaupt] *zuerst* auch – 476, 10 Dienstbarkeit der Religion] *danach gestr.* heran wachsen zu können

476, 14 ff. 1 2. Teil

476, 14 umgrenzten] *Interlinearzusatz* – 476, 15 Malerei, ... Welt gültiges.] *zuerst* Kunst – 476, 26 trostreiche] *zuerst* segensreiche

476, 34 ff. 1 a

476, 38 und zwar aus Einzelgestalten] *Randzusatz* – 476, 39 und auf dem Erzählenden] *Interlinearzusatz* – 476, 42 dann] *zuerst* aber – 477, 1 ausgereiften] *Randzusatz* – 477, 4 Da] *zuerst* Wenn – 477, 5 sämmtlichen Gottheiten] *zuerst* Göttern – 477, 8 Regungen.] *danach gestr.* welche das Alterthum nicht dargestellt oder doch in seinen erhaltenen Resten nur einseitig [*zuerst* nicht] überliefert hat – 477, 15 allseitige] *Interlinearzusatz* – 477, 16 im Character] *zuerst* als Character – 477, 17 ihre besondere] *zuerst* eine – 477, 21 ergreifendsten] *zuerst* mächtigsten – 477, 22 religiösen] *zuerst* heiligen – 477, 23 Mittel] *zuerst* Kräfte – 477, 27 dabei] *Interlinearzusatz*

477, 29 ff. 2 1. Teil

477, 37 schon] *Interlinearzusatz*

478, 1 ff. Zu 2

478, 1 Zu 2] *Paginierung mit blauem Farbstift* – 478, 1 Auch der Engel ... Themata etc. etc.] *Verortung des Beiblatts mit blauem Farbstift* – 478, 1 noch] *Randzusatz* – 478, 5 Das christliche Weltalter] *zuerst* Die christliche Sculptur und Malerei – 478, 5 eine neue Seele] *danach gestr.* und verband die edelste jugendliche Reinheit mit dem A[-] – 478, 20 die Kinderengel] *zuerst* sie – 478, 27 in herrlichen ... Kunst] *Randzusatz*

478, 32 ff. 2 2. Teil

478, 38 so erstrebt noch] *Randzusatz* – 478, 41 offen gestehen] *zuerst* sagen lassen – 478, 42 auch] *Interlinearzusatz* – 479, 1 Macht] *zuerst* Kraft – 479, 3 reiche] *Interlinearzusatz* – 479, 3 Malern ersten Ranges] *zuerst* sehr großen Malern – 479, 4 zB:] *Interlinearzusatz* – 479, 6 als Einen] *Interlinearzusatz* – 479, 7 Paolo Veronese] *Interlinearzusatz* – 479, 8 Ihm wie dem ... haben] *zuerst* Auch haben ihm – 479, 19 und Entzücken] *Randzusatz*

479, 25 ff. 3

479, 26 wie Baldung und Holbein] *Randzusatz* – 479, 27 erst einige Jahre später] *zuerst* dann erst – 479, 35 und Gaben] *Randzusatz* – 479, 37 allmälig] *Interlinearzusatz* – 479, 38 welche zwischen Gebirgen heranzieht] *Randzusatz* – 479, 38 ja Benozzo Gozzoli ... Wände des Raumes herum.] *von B. bezeichnete Textumstellung, zuerst nach* Altarwerk des Gentile da Fabriano – 479, 41 (cf. auch Gaudenzio ... Varallo)] *violette Tinte* – 480, 5 in der Mitte des Bildes] *Randzusatz* – 480, 5 strengen] *Interlinearzusatz* – 480, 8 einem mächtigen Breitbild,] *Randzusatz* – 480, 9 willkürlicher] *Randzusatz* – 480, 10 großen] *Randzusatz* – 480, 10 Motives] *zuerst* Hauptmotives – 480, 11 nehmen Mutter und Kind vor dem Gemäuer] *zuerst* sind Mutter und Kind wie – 480, 12 welche sich malerisch völlig aufwiegen] *zuerst* in welchen jede einzelne Figur auf ihre Weise ergriffen und erschüttert ist – 480, 13 Typus und] *Randzusatz* – 480, 14 antiken Statuen] *davor gestr.* römische – 480, 15 alle in einem und demselben heftigen Zug] *zuerst* alle in einer und derselben heftigen Bewegung – 480, 16 wohl] *Interlinearzusatz* – 480, 17 Ausdruck] *Interlinearzusatz* – 480, 25 seine] *zuerst* jene – 480, 31 redet] *zuerst* spricht

480, 33 ff. <u>4</u> *1. Teil*

480, 37 bekanntlich] *Randzusatz* – 481, 2 man] *Interlinearzusatz* – 481, 3 wie Rafael, Guido und Rubens] *Randzusatz* – 481, 6 – Beides oft in Geleit von Engeln –] *Randzusatz, Gedankenstriche fehlen im Ms.* – 481, 8 liebliche] *zuerst* herrliche – 481, 11 auch] *Interlinearzusatz* – 481, 26 (eher A. Solario?)] *Randzusatz, blau-violette Tinte*

481, 34 ff. zu <u>4</u> *verso*

481, 34 (Zu Christus ... Engelgestalt verbleiben.] *Verortung des Beiblatts mit blauem Farbstift* – 481, 38 hier] *Randzusatz* – 481, 40 gewissermaßen] *Randzusatz* – 482, 4 jenem] *zuerst* dem

482, 6 ff. <u>4</u> *2. Teil*

482, 6 Neben der Jugend Christi tritt nun Persönlichkeit] *zuerst* Von hier an tritt Gestalt – 482, 8 auch durch Rafael und Tizian,] *Randzusatz* – 482, 9 Cyclen gewidmet hat,] *danach gestr.* der Täufer aber war der Hauptschutzpatron von Florenz und außerdem haben ihn Rafael

482, 10 ff. <u>5</u>

482, 10 diese Florentiner] *zuerst* Florenz – 482, 12 und der Jordan ... Landschaft;] *Randzusatz* – 482, 15 aus der goldenen Zeit] *Randzusatz* – 482, 17 – der Francia in Dresden] *violette Tinte* – 482, 22 jedoch] *zuerst* aber – 482, 23 mit oder ohne Umgebung,] *Randzusatz* – 482, 24 überhaupt nicht] *zuerst* nie – 482, 24 wohl aber ... Thema's willen.] *zuerst* sondern als ein Sujet das um der Meisterschaft willen – 482, 25 Unser Museum besitzt ... Übergabe des Hauptes] *zuerst* und wir würden hier nicht davon sprechen, wenn nicht unser Museum d[-] merkwürdigste Darstellung dieses Themas besäße – 482, 27 Prachtbild] *zuerst* Gemälde – 482, 30 einem herzlosen Triumph] *zuerst* einer herzlosen Siegerin – 482, 32 bei] *zuerst* mit – 482, 33 vielversprechende] *zuerst* bedeutende – 482, 36 eine] *zuerst* die – 483, 2 weihevoller] *Randzusatz* – 483, 4 der noch nicht süßlich gewordene] *Randzusatz* – 483, 6 Ersten] *zuerst* Besten – 483, 10 bestimmtes] *Interlinearzusatz* – 483, 10 kenntlich machen] *Interlinearzusatz* – 483, 14 unterscheiden kann. Man wird etwa sagen:] *zuerst* unterscheiden kann; sobald aber die Zuhörer durch – 483, 16 große] *Interlinearzusatz*

483, 17 ff. <u>6</u>

483, 19 Deutlichkeit] *zuerst* Klarheit – 483, 21 vermocht hat] *zuerst* vermag – 483, 25 daraus wählte und] *Randzusatz* – 483, 30 mit welchen] *zuerst* welche – 483, 30 eigentlich] *Randzusatz* – 483, 31 Das byzantinische Malerbuch ... wurden.] *Randzusatz* – 483, 35 in seinen ... Momenten] *Randzusatz* –

484, 1 mochte] *zuerst* mag – 484, 3 malerische Darstellung] *zuerst* Malerei – 484, 4 Zusammenhang] *davor gestr.* gewöhnlich – 484, 7 oder eine Geberde] *Randzusatz* – 484, 10 besonders Marcus VI, 45] *Randzusatz* – 484, 11 aber für] *Interlinearzusatz* – 484, 11 die letztere Scene] *danach gestr.* sagen von Rafael in einer der wunderbarsten – 484, 12 ganzen allerreifsten Kraft] *zuerst* ganzen Kraft – 484, 13 berühmten] *zuerst* großen

484, 22 ff. 7

484, 24 bedeutenden] *zuerst* großen – 484, 26 sehr] *Interlinearzusatz* – 484, 27 mächtige] *zuerst* ergreifende – 484, 28 Compositionen] *zuerst* Bilder – 484, 29 erschütternden] *zuerst* mächtigen – 484, 30 malte] *zuerst* schuf – 484, 31 welches die höchste künstlerische Meisterschaft] *zuerst* welche alle künstlerischen Eigensch[-] – 484, 32 und Gelehrsamkeit] *Interlinearzusatz* – 484, 33 die jetzt in...befindliche Erweckung] *zuerst* das jetzt in...befindliche Bild – 484, 35 hie und da] *Randzusatz* – 484, 40 schon erwähnte] *Interlinearzusatz* – 484, 41 anregenden] *zuerst* werthvollen – 485, 3 physiognomischen] *zuerst* psychologischen – 485, 10 nur der byzantinischen und dann wieder der protestantischen] *zuerst* nur der protestantischen – 485, 15 nämlich] *Randzusatz* – 485, 17 letztere auf der Erde spielend] *zuerst* welche auf der Erde zu spielen pflegen – 485, 17 oder in den Armen der Frauen] *Interlinearzusatz* – 485, 19 ja fast] *zuerst* oder – 485, 22 und etwa noch die Passion] *Randzusatz* – 485, 22 gefordert] *zuerst* verlangt – 485, 24 völlig übertönt von] *danach gestr.* von weltlicher profaner Pracht und Herrlichkeit wie in dem berühmten

485, 26 ff. 8

485, 28 oder] *zuerst* und – 485, 29 mit ihrem Haar] *Randzusatz* – 485, 31 zwar] *Interlinearzusatz* – 485, 31 Gemälde] *zuerst* Bilde – 485, 35 als auf die Hauptsache] *Randzusatz* – 485, 37 ganz] *Interlinearzusatz* – 485, 38 die bescheidenste in dem Bilde der Brera] *Randzusatz* – 485, 39 NB Turiner Bild] *Interlinearzusatz* – 485, 39 das vorzüglichste von allen,] *danach gestr.* zeigt doch um Christus und Magadalena herum Alles in Aufregung – 486, 2 so] *Interlinearzusatz* – 486, 4 sitzend] *Randzusatz* – 486, 11 Rafaels Gemälde aber] *zuerst* Aber Rafaels Bild – 486, 15 Vom Einzug in Jerusalem ist] *zuerst* Der Einzug in Jerusalem hat – 486, 16 dem sehr reichen] *zuerst* das sehr reiche – 486, 17 u. a.] *Interlinearzusatz* – 486, 18 (in den Fresken von Saint Germain des près)] *Randzusatz* – 486, 22 grandiose] *zuerst* großartige – 486, 23 dieß und so vieles Andere] *davor gestr.* die Möglichkeit – 486, 23 neuen] *Interlinearzusatz* – 486, 24 überdieß alle Mittel] *zuerst* mit Hülfe von Fa[-]

486, 27 ff. 9

486, 40 für die Malerei!] *Interlinearzusatz zu* Welche Augenblicke! – 486, 41 Gefangennehmung,] *Randzusatz* – 487, 1 des Christus in der Vorhölle] *Randzusatz* – 487, 3 jenes erhabene Emmaus] *danach gestr.* Christus der in dem Fremdling – 487, 3 Über Letzteres...gestattet.] *Randzusatz* – 487, 9 auf einmal] *Randzusatz* – 487, 16 würde] *zuerst* wird – 487, 18 Er hat einen Typus...der bleibende sein wird.] *Randzusatz* – 487, 18 einen] *zuerst* den – 487, 18 der] *zuerst* einer – 487, 22 den byzantinischen Mosaiken] *zuerst* der Mosaikenzeit – 487, 23 Rubens und Cornelius] *Randzusatz* – 487, 28 bewußt geworden.] *darunter Querstrich mit Bleistift*

Processionen in der alten Welt

Akademischer Vortrag, gehalten am 10. 11. 1885. – Manuskriptbestand: PA 207, 171, 64: 1 Umschlagblatt mit der autographen Aufschrift Processionen in der alten Welt. / *Bleistiftzusatz:* Aula, 10. November 1885; *14 Quartblätter (paginiert 1–9, Zu 9, 10–13; recto, mehrheitlich auch verso beschrieben); 2 Quartblätter (unpaginiert; recto, teilweise verso beschrieben) mit Angaben zum Triumphzug des Ptolemaios II. Philadelphos aus Athenaios, Deipnosophistai («Das Gelehrtenmahl»). – Zeitungsreferate: «Allgemeine Schweizer Zeitung» Nr. 269, vom 13. 11. 1885; «Schweizerischer Volksfreund» Nr. 268, vom 12. 11. 1885; «Schweizer Grenzpost» Nr. 269, vom 13. 11. 1885. – Erstdruck: Dürr, S. 296–311; GA, S. 345–360. – JBW: Manuskript PA 207, 171, 64, Blätter 1–9, Zu 9, 10–13; Überschrift gemäß Umschlagblatt und Blatt 1 der Vortragsnotizen.*

488, 3 ff. 1
    488, 7 großen] *Interlinearzusatz* – 488, 7 gingen] *zuerst* gehen – 488, 9 insbesondere] *Interlinearzusatz* – 488, 13 alles] *zuerst* das – 488, 15 Unsere Bildung] *davor gestr.* Für Denkende – 488, 15 aber] *zuerst* nun – 488, 17 Zeiten und Völker] *zuerst* Weltepochen – 488, 23 Ceremonien] *zuerst* Darstellungen – 488, 24 Sculptur] *zuerst* Kunst – 488, 24 gerne] *Randzusatz* – 488, 25 aber auch von den Werken] *davor gestr.* die classische Kunst aber hat unter ihrem Herrlichsten – 488, 28 und priesterlichen Gestalten] *Randzusatz* – 488, 29 einen tiefern Sinn] *zuerst* eine höhere Weihe – 488, 30 im oder am Tempel angebrachte] *Randzusatz* – 488, 31 auch] *Interlinearzusatz* – 488, 31 selbst] *Interlinearzusatz* – 488, 36 Nachrichten] *zuerst* Notizen – 488, 36 und] *zuerst* auch – 489, 2 hie und da] *Interlinearzusatz* – 489, 5 für unsere Betrachtung] *zuerst* unserer Betrachtung – 489, 5 der sich bewegende Gottesdienst,] *Randzusatz*

489, 13 ff. 2
    489, 16 eine] *zuerst* ein – 489, 16 heilige Handlung zu vollziehen, ein] *Randzusatz* – 489, 18 in den Tempel zurück.] *danach gestr.* Außer den Priestern wird sich allmälig, durch Bereicherung des Cultus, ein zahlreiches Geleit gebildet haben – 489, 18 Oder ein Gott besuchte…das hölzerne Cultusbild selbst.] *von B. bezeichnete Textumstellung, zuerst nach* die Kithar- und Flötenspieler. – 489, 19 Bild] *davor gestr.* kleines – 489, 20 sogar das hölzerne Cultusbild selbst.] *Randzusatz, das vorangehende Komma im Ms. aus einem Punkt verändert* – 489, 28 oder Körben] *Interlinearzusatz* – 489, 28 oder fuhr] *Randzusatz* – 489, 29 einen] *zuerst* den – 489, 37 öfter] *zuerst* oft – 489, 38 Priester] *zuerst* Mann *Korrektur mit Bleistift* – 489, 39 in der That,] *Randzusatz* – 490, 1 und der Zug wurde ein Stück Carneval] *Randzusatz* – 490, 3 theilweise] *Interlinearzusatz* – 490, 5 aber] *Interlinearzusatz* – 490, 6 schon etwa wegen Weite…Wallfahrten nicht gedenken.] *Randzusatz* – 490, 8 bei einem Feste] *Interlinearzusatz* – 490, 9 hervorgeht.] *danach gestr.* Es wird sich an einem Beispiel zeigen, bis zu welchem Aufwand und – 490, 11 schon] *Interlinearzusatz* – 490, 12 eine] *zuerst* die

490, 16 ff. 3
    490, 18 Jene Kunstwerke bezeugen…dargestellt habe.] *Randzusatz* – 490, 22 einfache Tracht] *zuerst* einfache Schönheit der Tracht – 490, 23 Personal] *zu-*

erst Volk – 490, 25 schwerer leiblicher] *zuerst* harter – 490, 26 reiche] *zuerst* üppige – 490, 26 Vegetation des Südens,] *danach gestr.* die Bekränzung von allem und Jeglichem – 490, 30 dieselbe] *zuerst* sie – 490, 31 begleitet hatte] *zuerst* begleitete – 490, 31 griechischen] *Interlinearzusatz* – 490, 38 gewiß] *Interlinearzusatz* – 490, 38 alle Pracht] *danach gestr.* der Götter – 490, 41 Vorzeit] *zuerst* Urzeit – 490, 41 Bergstädtchen] *zuerst* Landstädtchen – 490, 42 Unter] *zuerst* Bei einer Gruppe von – 490, 42 geweihten] *Randzusatz* – 491, 1 ursprüngliche] *zuerst* alte – 491, 1 auf welchem] *zuerst* wo – 491, 3 Gasse] *zuerst* Straße – 491, 3 und Jubel des Volkes] *Interlinearzusatz* – 491, 6 am Festtage] *zuerst* während des Zuges desselben Tages – 491, 8 eine jener Erinnerungen] *davor gestr.* Beziehungen – 491, 10 Jungfrauen] *davor gestr.* reich und prächtig – 491, 13 endlich] *zuerst* dann – 491, 16 Wir würden viel mehr Schilderungen] *davor gestr.* Bei den Processionen

491, 21 ff. 4
491, 24 schon] *Interlinearzusatz* – 491, 25 und Einüben] *Randzusatz* – 491, 26 ein Volk] *zuerst* eine Nation – 491, 29 jedoch] *zuerst* aber – 491, 29 leicht] *Interlinearzusatz* – 491, 29 Schilderungen vorzufinden von Dingen] *zuerst* Aussagen vorzufinden über Dinge – 491, 29 welche den Schreibenden] *danach gestr.* beinahe alltäglich vorkamen – 491, 30 gleichmäßig] *Randzusatz* – 491, 34 die Stadt] *Interlinearzusatz* – 491, 39 an einem großen Fest] *zuerst* am großen Hauptfest – 492, 4 Bürgerschaft wie die von Rhodos] *zuerst* Stadt wie Rhodos – 492, 7 und gewiß schöner als ... der Corso von Livorno] *Randzusatz* – 492, 8 bewegte sich] *danach gestr.* wohl der prachtvoll – 492, 9 vermuthlich] *Randzusatz* – 492, 15 auf Augenblicke] *Randzusatz* – 492, 16 zu «folgen» glaubte.] *darunter folgt senkrechter Bleistiftstrich* – 492, 17 Wie nun der Sonnengott... hatten die meisten griechischen Städte] *zuerst* Die meisten griechischen Städte hatten – 492, 20 Hauptfest] *zuerst* Hauptjahresfest – 492, 20 alljährlich oder in längern Zeiträumen gefeiert,] *Randzusatz*

492, 24 ff. 5 (Panathenaeen) a
492, 27 , der Athene Polias] *Randzusatz* – 492, 31 gymnastischen und musicalischen] *Randzusatz* – 492, 40 Großthat] *zuerst* Darstellung – 493, 6 wohl mit der Zeit] *Randzusatz* – 493, 9 Behälter und Gefäße] *Randzusatz* – 493, 11 Flöten- und Kitharspieler] *Randzusatz* – 493, 12 Auch die Opferthiere werden ... geschmückt gewesen sein.] *Interlinearzusatz* – 493, 15 Abbildung] *davor gestr.* genaue – 493, 17 unter Leitung und] *danach gestr.* vielleicht naher – 493, 18 über 500 Fuß lang] *Randzusatz* – 493, 18 Fuß] *im Ms. als Symbol* – 493, 19 sich] *Interlinearzusatz* – 493, 20 unmittelbare] *zuerst* idealisirte – 493, 21 sehr viel freier] *zuerst* sehr frei – 493, 22 Aus der Auswahl ... Wenige aus Vielen.] *Randzusatz* – 493, 23 sein athenisches] *davor gestr.* ein – 493, 27 edelste] *danach gestr.* Erscheinung – 493, 28 von Menschen und Thieren] *Randzusatz*

493, 31 ff. 6 (Panathenaeen) b)
493, 34 darzustellen] *Interlinearzusatz* – 493, 34 ungeduldige] *Randzusatz* – 494, 2 beide] *zuerst* die – 494, 3 {Das nachherige große ... schon im Zuge mit.}] *Klammern mit Bleistift eingefügt, die öffnende Klammer überschreibt einen Gedankenstrich* – 494, 5 natürlich] *Interlinearzusatz* – 494, 6 schon] *Interlinearzusatz* – 494, 13 andererseits] *Randzusatz* – 494, 19 Daneben]

zuerst Andererseits – 494, 19 manche] *zuerst* die – 494, 20 verschiedener] *zuerst* anderer – 494, 21 so mancher] *zuerst* aller – 494, 23 etwa] *Interlinearzusatz* – 494, 25 vollends] *zuerst* dagegen – 494, 25 eine äußere Bordure ... setzt sich an die Ceremonie an] *Rand- und Interlinearzusatz, vorangehendes Semikolon im Ms. aus Punkt verändert* – 494, 28 einem allgemeinen Brauche der hellenischen Seestädte entsprechend] *zuerst* einem Brauche entsprechend, der in den hellenischen Seestädten – 494, 29 die ägyptische Göttinn] *zuerst* Isis – 494, 33 im] *zuerst* am – 494, 34 sich bewegt] *zuerst* zieht

494, 34 ff. 7

495, 1 Fasces] *zuerst* Pfeilbündeln – 495, 4 auch noch] *Randzusatz* – 495, 6 neben] *zuerst* auf – 495, 8 oder verhöhnte eher] *Randzusatz* – 495, 11 elfenbeinernen] *Interlinearzusatz* – 495, 13 symbolische] *zuerst* Randzusatz – 495, 14 dann] *Interlinearzusatz* – 495, 24 Hundskopfes] *zuerst* Hundes – 495, 25 ein Priester] *zuerst* der Oberpriester – 495, 26 Urne] *davor gestr.* Hydria oder – 495, 27 geht] *zuerst* ging – 495, 29 eingewirkt steht, wird] *zuerst* geschrieben stand, wurde – 495, 33 in's Einzelne geschildert.] *darunter folgt ein senkrechter Bleistiftstrich* – 495, 34 Isis besaß wenigstens eifrige ... umfangreichen Exhibitionen] *zuerst* Bei solchen oft prachtvollen und umfangreichen Exhibitionen wird

495, 36 ff. 8

495, 39 anfänglich überall] *zuerst* im Grunde – 496, 1 , Kunst] *Randzusatz* – 496, 2 und ihm damit die Bangigkeit benahmen.] *Interlinearzusatz, darunter gestr.* Die weitere unvermeidliche Folge aber war dann Letz[-] – 496, 3 vorhanden waren] *zuerst* reichten – 496, 4 und Anlaß] *Randzusatz* – 496, 6 hatte seine Abzweigungen] *davor gestr.* mündete – 496, 14 lebten in der Ahnung] *davor gestr.* hatten ein Gefühl für die Thatsache daß – 496, 15 die] *zuerst* sie ihre – 496, 21 officielle] *zuerst* innerliche – 496, 21 stifteten und] *Randzusatz* – 496, 22 und anderswo] *Interlinearzusatz* – 496, 23 altägyptischen] *zuerst* ägyptischen – 496, 25 frühern Dynastien des Nillandes] *zuerst* frühern ägyptischen Dynastien – 496, 27 späten Sammelschriftstellers] *Interlinearzusatz* – 496, 28 rein griechische] *Interlinearzusatz* – 496, 30 mitfolgende] *Interlinearzusatz* – 496, 31 deren] *zuerst* dessen – 496, 32 noch außerdem] *Interlinearzusatz* – 496, 33 und den massenhaft angesiedelten Juden] *Interlinearzusatz*

496, 39 ff. 9

496, 39 ursprüngliche] *Randzusatz* – 497, 2 Athenäus] *zuerst* derjenige – 497, 5 ohnehin aber werden wir] *davor gestr.* überdieß aber nöthigte uns das Gebot der Kürze zu einer Auswahl bloß der Werke – 497, 7 gerne] *Interlinearzusatz* – 497, 14 genauer] *Randzusatz* – 497, 16 hundert] *zuerst* 130 – 497, 16 etwa] *zuerst* wohl – 497, 17 nach] *zuerst* am – 497, 18 zierlichsten] *zuerst* prächtigsten – 497, 19 gegen 80 Fuß hoch] *Randzusatz* – 497, 22 scheint aufgestellt gewesen zu sein] *zuerst* war ausgestellt – 497, 24 marmorne] *Randzusatz* – 497, 30 beim Gelage] *davor gestr.* zechend bei einander – 497, 32 reichlich] *Interlinearzusatz* – 497, 34 des colossalen Buffets ... und der Bodenteppiche] *zuerst* der Buffets und Bodenteppiche – 497, 34 als Schlußdecoration] *Randzusatz* – 497, 37 ging außen um das Zelt] *zuerst* war außen – 497, 42 Lang-Seiten] *zuerst* Seiten – 498, 2 faßte.] *darunter ein blauer Doppelstrich mit dem Vermerk* (Folgt Beiblatt zu 9).

498, 3 ff. Zu 9
498, 3 Für das Personal des Zuges... ohnehin ihre bösen Zungen.] *Beiblatt Zu 9, dem Text voran steht ein blauer Doppelstrich* – 498, 6 in] *zuerst* zu den – 498, 11 zum Theil] *Randzusatz*
498, 14 ff. 10
498, 15 unterbrochen gewesen sein.] *gestr. Randzusatz* denn die Ceremonien nahmen den ganzen Tag in Anspruch. – 498, 15 besonders raffinirte Berechnung auf das Auge,] *zuerst* streng symbolische Anordnung, – 498, 18 keine Idee geben.] *danach gestr.* Was uns interessirt, ist vor allem das Verständniß. – 498, 19 beim Beginn] *danach gestr.* des Zuges – 498, 22 ein jugendlicher Fakkelträger] *zuerst* eine jugendliche Gestalt – 498, 28 bei] *Interlinearzusatz* – 498, 35 alle diese Wesen aber sollten bei diesem Zuge sichtbar werden.] *Randzusatz* – 498, 39 Vergrößerung] *zuerst* Größe – 498, 41 und] *Interlinearzusatz* – 498, 41 Statuen] *danach gestr.* und – 499, 4 epheuumrankten] *Randzusatz* – 499, 6 Dionysos] *zuerst* Gotte – 499, 10 wahrscheinlich] *Randzusatz* – 499, 12 deren Einer den Stamm, die Übrigen] *zuerst* welche meist
499, 14 ff. 11
499, 21 tragischer Dichter] *zuerst* Theaterdichter – 499, 23 überhaupt] *Randzusatz* – 499, 24 für die Griechen] *davor gestr.* es auch eines der wichtigsten – 499, 27 unter beständigem Geleit von Satyrn und Silenen] *Interlinear- und Randzusatz* – 499, 29 Plattform] *zuerst* Estrade – 499, 30 Fuß] *im Ms. als Symbol* – 499, 30 Fuß] *im Ms. als Symbol* – 499, 40 Fuß] *im Ms. als Symbol* – 500, 1 Das Nächste war dann... Weines gewidmet:] *Interlinear- und Randzusatz* – 500, 2 ein Wagen] *davor gestr.* Dann – 500, 3 eines Winzerliedes] *Randzusatz* – 500, 5 befand] *Interlinearzusatz* – 500, 9 als Decorationen] *zuerst* in Edelmetall – 500, 10 kostbare wirkliche Prachtsachen] *zuerst* kostbare Sachen – 500, 13 1600 Knaben] *davor gestr.* vielen hunderten – 500, 14 {Es scheint daß... alle süß gemacht».}] *Klammern mit Bleistift*
500, 18 ff. 12
500, 25 aber] *Randzusatz* – 500, 29 Fuß] *im Ms. als Symbol* – 500, 29 bekränzten] *Interlinearzusatz* – 500, 29 auf] *Interlinearzusatz* – 500, 30 Hals] *zuerst* Rüssel – 500, 32 Casernen,] *zuerst* Ställe – 500, 39 eine] *Interlinearzusatz* – 501, 1 ganz große] *Interlinearzusatz* – 501, 16 Fuß] *im Ms. als Symbol*
501, 23 ff. 13
501, 26 und Opfergeräthe] *Randzusatz* – 501, 26 vom Maßstab] *zuerst* in der Art – 501, 28 Fuß] *im Ms. als Symbol* – 501, 30 von vier Elephanten gezogenen] *Randzusatz* – 501, 35 einen so erhabenen Begriff giebt.] *Interlinearzusatz, darunter gestr.* ausgenommen, so wenig erhalten ist. – 501, 39 der ganze Zug] *danach gestr.* eine Siegesfeier gewesen – 501, 40 unerhörter] *davor gestr.* ganz – 501, 40 ausgestattet] *zuerst* ausgeführt – 501, 42 selbst] *Interlinearzusatz* – 502, 12 schuf] *zuerst* machte – 502, 16 Hochgefühl] *danach gestr.* des Hauptes – 502, 20 und man hätte überall erfahren... die Mittel besäße;] *Randzusatz*

Matthias Grünewald

Vortrag, gehalten am 12. 11. 1885 in der Historischen und Antiquarischen Gesellschaft zu Basel. – Manuskriptbestand: 1 Quartblatt (unpaginiert; recto/verso beschrieben), eingelegt in PA 207, 164 (Vorlesungsmanuskript «Ausseritalienische neuere Kunst seit dem XV. Jahrhundert»), als zweites von drei Quartblättern zu Matthias Grünewald, die aufgrund der unterschiedlichen violetten Farbtöne der Tinte nicht zum gleichen Zeitpunkt entstanden sein können. – Das Protokoll über die Sitzung der Historischen und Antiquarischen Gesellschaft vom 12. 11. 1885 befindet sich in PA 88, B 3c, S. 6f., gedruckt in: «Jacob Burckhardt und die Karlsruher Galerie. Briefe und Gutachten», hrsg. von Kurt Martin, Karlsruhe; Baden 1941, S. 107f. – Zeitungsreferate: «Allgemeine Schweizer Zeitung» Nr. 271, vom 14. 11. 1885. – JBW: Manuskript PA 207, 164, unpaginiertes Blatt zu Matthias Grünewald; Referat «Allgemeine Schweizer Zeitung»; weder das Manuskript noch das Referat tragen eine Überschrift.

503, 3 ff. *Unpaginiertes Blatt* M. Grünewald, als Aschaffenburger...
    503, 14 und Dämonischen] *Interlinearzusatz* – 503, 20 und es sind... den Zeitgenossen.] *Randzusatz* – 503, 27 Altar von... Colmar] *Randzusatz* – 503, 32 Gewandung,] *das Komma fehlt im Ms.* – 504, 11 davon:] *der Doppelpunkt fehlt im Ms.*
504, 20 ff. *Referat «Allgemeine Schweizer Zeitung» Nr. 271, vom 14. 11. 1885*

Format und Bild

Akademischer Vortrag, gehalten am 2. 2. 1886. – Manuskriptbestand: PA 207, 171, 65: 1 Umschlagblatt mit der autographen Aufschrift Format und Bild. *(Baden-Baden, August 1885). Bleistiftzusatz: Aula, 2. Februar 1886; 17 Quartblätter mit Vortragsnotizen (paginiert Formate* a–c, cc, d–q; *quer beschrieben, recto/teilweise verso); es lassen sich zwei verschiedene Tinten unterscheiden: die Blätter* a *bis* k *sind mit einer hell-violetten Tinte beschrieben; für die Zusätze auf diesen Blättern und für die Blätter* l *bis* q *wurde eine schwarz-violette Tinte verwendet. – Zeitungsreferate: «Allgemeine Schweizer Zeitung» Nr. 29, vom 4. 2. 1886. – Erstdruck: Dürr, S. 312–323; GA 14, S. 361–371. – JBW: Manuskript PA 207, 171, 65, Blätter* a–c, cc, d–q; *Überschrift gemäß Umschlagblatt.*

506, 3 ff. Formate a
    506, 7 oder eines Spiegels] *Randzusatz, schwarz-violette Tinte* – 506, 10 solche bringt... Rahmen.] *Randzusatz, schwarz-violette Tinte* – 506, 15 Man kömmt... bei Staffeleibildern.] *Texteinschub von Blatt* a *verso, schwarz-violette Tinte* – 506, 19 auch bei Staffeleibildern.] *Randzusatz; das Komma nach* Viereck *aus Punkt verändert* – 506, 23 sogar im Contour der Bilder] *zuerst in den Bildern* – 506, 24 einem andern Stich] *zuerst etwas Anderes schwarz-violette Tinte* – 506, 28 Nur traue man... mit darstellen.] *schwarz-violette Tinte* – 506, 29 mit darstellen.] *folgt Verweis* verte *schwarz-violette Tinte* – 506, 29 Anderes Unheil... mit enthält] *Texteinschub von Blatt* a *verso,*

schwarz-violette Tinte – 506, 30 – etwa zu dunkel –] *Interlinearzusatz, Gedankenstriche fehlen im Ms.*
507, 5 ff. Formate b̲
507, 5 – nämlich in der ganzen monumentalen Kunst –] *Zusatz über der Zeile, schwarz-violette Tinte; Gedankenstriche fehlen im Ms.* – 507, 21 ohne Zweifel] *Interlinearzusatz*
507, 30 ff. Formate c̲
507, 32 besondern] *Interlinearzusatz* – 507, 35 Die Felder ... Format auferlegt.] *von B. bezeichnete Textumstellung, zuerst nach später der Spitzbogen).* – 508, 2 Hochformat] *zuerst* Langformat – 508, 10 künstlerisch] *Randzusatz*
508, 12 ff. Formate c̲c̲
508, 27 welche (plastisch ... Improvisationen enthalten.] *Randzusatz, das Komma nach Cartouchen im Ms. aus einem Punkt verändert* – 508, 31 strengern] *Randzusatz, schwarz-violette Tinte* – 508, 33 Von den Hauptbildern ... Zwickelformaten] *schwarz-violette Tinte*
508, 35 ff. Formate d̲
508, 35 Baukunst] *davor gestr.* antike – 508, 37 und Malerei] *Interlinearzusatz* – 508, 39 Straßburger Münster ... Mutter] *schwarz-violette Tinte* – 508, 41 Ihr Bogenabschluß ... Räumen] *schwarz-violette Tinte* – 509, 1 offenbar] *Interlinearzusatz* – 509, 3 griechischen] *Interlinearzusatz* – 509, 6 Das Format ist ... Raum.] *schwarz-violette Tinte* – 509, 8 im Allgemeinen] *Interlinearzusatz* – 509, 9 Gegebenes;] *Semikolon fehlt im Ms.* – 509, 10 Gemälden;] *Semikolon fehlt im Ms.* – 509, 12 desselben] *im Ms.* derselben – 509, 13 bedingend] *Interlinearzusatz, schwarz-violette Tinte* – 509, 14 wobei] *zuerst* und – 509, 18 Stallburg] *am Rand Verweis* verte! *schwarz-violette Tinte*
509, 24 ff. Formate e̲
509, 24 Formate] *Paginierung schwarz-violette Tinte* – 509, 25 (stehend oder sitzend)] *Randzusatz* – 509, 29 Die Stallburg ... der Symmetrie!)] *Texteinschub von Blatt* d̲ *verso, schwarz-violette Tinte* – 509, 30 resp. Säle] *Randzusatz* – 509, 42 Zweck der Symmetrie!)] *danach gestr.* ⌊Hat etwa der Fra Bartolommeo (Darstellung im Tempel) damals sein Obertheil mit der Halle eingebüßt? ⌊Nein, das Bild ist erst 1792 aus Florenz gekommen.⌋
510, 17 ff. Formate f̲
510, 25 und wirkte auch ... Fläche] *Randzusatz, schwarz-violette Tinte //* nach bestimmen *folgte zuerst ein Punkt* – 510, 27 der] *zuerst* zur – 510, 32 oder durch Willkür des Stechers] *Interlinearzusatz, schwarz-violette Tinte* – 510, 33 Madonna del Granduca] *Interlinearzusatz, schwarz-violette Tinte* – 510, 35 Madonna di casa Tempi ... Vierge d'Orléans] *schwarz-violette Tinte* – 510, 36 eine der] *Interlinearzusatz* – 510, 39 Es ist kaum einem ... noch mit enthält.] *schwarz-violette Tinte* – 511, 1 Nebst dem der Johanna von Aragonien.] *Randzusatz, schwarz-violette Tinte*
511, 3 ff. Formate g̲
511, 3 anscheinend] *Interlinearzusatz, schwarz-violette Tinte* – 511, 6 sind Rahmen] *zuerst* ist der Rahmen eine – 511, 8 gleichsam] *Interlinearzusatz* – 511, 9 wirklichen] *davor gestr.* rasch vorübergehenden – 511, 10 nur] *Interlinearzusatz* – 511, 10 (?)] *Interlinearzusatz, schwarz-violette Tinte //* offen-

sichtlich gleichzeitig mit dem Randzusatz Auch Licht-... Format und Raum. eingefügt – 511, 12 Immerhin ist... Format.] *schwarz-violette Tinte* – 511, 14 eine vorgeschriebene] *zuerst* die *schwarz-violette Tinte* – 511, 15 ebenfalls] *Interlinearzusatz, schwarz-violette Tinte* – 511, 15 von außen vorgeschriebenen Format] *mit schwarz-violetter Tinte unterstrichen* – 511, 16 (Folgen die ... Schuld tragen):] *schwarz-violette Tinte* – 511, 24 ungünstig ist.] *am Rand Verweis in schwarz-violetter Tinte verte* β – 511, 24 Sie ist dem Thema ... coloristische Voraussetzungen.] *Texteinschub von Seite g verso in schwarz-violetter Tinte // dem Text voranstehender Verweis* β *zum Verte:*

511, 28 ff. Formate h

511, 32 oft] *zuerst* immer – 511, 35 Tizian's Fides mit dem Dogen Grimani] *Randzusatz* – 511, 38 zB: Tizian, Bacchanal der National Galery] *schwarz-violette Tinte* – 511, 39 Auch Licht-... Format und Raum.] *schwarz-violette Tinte* – 511, 41 Hieher überhaupt... des Cyclenmalens.] *schwarz-violette Tinte*

512, 13 ff. Formate i

512, 13 Formate] *Paginierung schwarz-violette Tinte* – 512, 16 Und nun hat es] *zuerst* Es hat aber – 512, 16 wahrscheinlichen] *Randzusatz* – 512, 18 zu malen bekommen] *zuerst* malen müssen – 512, 20 umgeht] *zuerst* umging – 512, 21 weitern] *zuerst* größern – 512, 23 desselben Inhaltes] *Randzusatz* – 512, 29 einheitliche] *Randzusatz* – 512, 31 frei] *Interlinearzusatz, nach* variirt *gestr.* von – 512, 33 magischen] *Interlinearzusatz*

512, 35 ff. Formate k

512, 35 Formate] *Paginierung schwarz-violette Tinte* – 513, 1 gleichseitig] *Interlinearzusatz* – 513, 6 Fra Bartolommeo:] *gestr. Randzusatz* Ist die Praesentatio im Belvedere nicht nach oben gekürzt? – 513, 16 (Pietro da Cortona)] *Interlinearzusatz, Klammern fehlen im Ms.* – 513, 18 Berghem's Schlachtbild in der Galerie von Haag.] *schwarz-violette Tinte* – 513, 20 Nur Landschaften ... doch quadratische] *Zusatz am Fuß der Seite, schwarz-violette Tinte*

513, 23 ff. Formate l

513, 27 bisweilen und je nach Umständen] *Randzusatz* – 513, 38 Anordnung in] *zuerst* Composition nach – 513, 39 Die Säle ... unterbrochen;] *von B. bezeichneter Texteinschub von Seite* k *verso mit dem Verweis* Zu Rafael: l besser so: *// Der Einschub ersetzt die 1. Fassung* Die Säle des Vaticans boten ihm ⌞stark⌟ halbrunde, nachlässig gemessene, unten durch ⌞einschneidende⌟ Thüren und Fenster unregelmäßig unterbrochene Wandflächen dar; – 514, 3 Compositionen] *zuerst* Ausfüllungen

514, 4 ff. Formate m

514, 5 jenen] *zuerst* den – 514, 7 Mancher] *zuerst* Jeder – 514, 9 durch die reine ... seines Werkes] *Randzusatz* – 514, 13 den richtigen Augpunct] *davor gestr.* ihre richtige Höhe – 514, 23 Aus dem fernsten] *zuerst* Weit zurück im frühsten

514, 26 ff. Formate n

514, 32 möglichst] *Interlinearzusatz* – 514, 38 dient] *davor gestr.* aber *// danach gestr.* hier – 514, 39 für ein weit herausragendes] *zuerst* für das – 515, 2 wundervollen] *Randzusatz*

515, 9 ff. Formate o
515, 10 so vieler] *zuerst* der – 515, 11 Manches] *zuerst* Einiges – 515, 15 Alterthums] *danach gestr.* zum Theil aber indem sie dasselbe überbot. – 515, 16 oder] *Interlinearzusatz, ersetzt gestr.* Komma – 515, 17 trefflich] *Interlinearzusatz* – 515, 17 marmornem Rund] *zuerst* Marmor – 515, 19 als] *Interlinearzusatz* – 515, 19 kräftige] *im Ms. aus* kräftig *korrigiert, danach gestr.* frei – 515, 22 Tondi] *davor gestr.* oft – 515, 28 – sei es Gebäude oder Landschaft –] *Interlinearzusatz, Gedankenstriche fehlen im Ms.* – 515, 28 in] *zuerst* auf – 515, 30 Rund] *zuerst* Rundbild – 515, 31 genauern] *Interlinearzusatz*
515, 33 ff. Formate p
515, 35 (Es hat... Oval zogen!): *Randzusatz* – 515, 40 (in Berlin)] *danach gestr.* dagegen stellt Rafael noch eine nahe räumliche Wirklichkeit mit dar und nur die große Herrlichkeit der Gest[-] – 515, 42 im Freien] *Randzusatz* – 516, 3 frühere] *Interlinearzusatz* – 516, 4 einfarbigen] *Interlinearzusatz* – 516, 7 das] *zuerst* die – 516, 9 sitzend darzustellen] *danach gestr.* vor welcher die Kinder spielen. – 516, 10 Rund-] *Interlinearzusatz* – 516, 11 ganz nahe] *zuerst* entgegen – 516, 12 hat] *Interlinearzusatz*
516, 14 ff. Formate q
516, 17 in hellem Tageslichte] *Randzusatz* – 516, 18 aus dem Halbdunkel hervortauchend] *Interlinearzusatz* – 516, 21 sie enthält so] *zuerst* ganz abgesehen von der wunderbaren Schönheit des Einzelnen enthält sie so – 516, 22 jeder unbefangene Blick] *zuerst* jedes unbefangene Auge – 516, 22 davon] *Interlinearzusatz* – 516, 28 geschnitzten Stuhllehne.] *danach gestr.* nachdem aber diesem Allem sein Recht wiederfahren, bleibt // *der Punkt nach* Stuhllehne *ist aus einem Semikolon verändert* – 516, 28 Freilich wird die Hinweisung... Ein untrennbares Ganzes.] *Rand- und Interlinearzusatz* – 516, 40 im Stande war.] *darunter folgt ein Querstrich, Bleistift*

Van Dyck

Akademischer Vortrag, gehalten am 26. 10. 1886. – Manuskriptbestand: PA 207, 171, 66: 1 Umschlagblatt mit der autographen Aufschrift Van Dyck *Aula, 26. October 1886; 14 Quartblätter mit Vortragsnotizen (recto/verso beschrieben), davon 7 Blätter auf rötlichem Papier, paginiert* Van Dyck *a–g, und 7 Blätter auf gelblichem Papier, mit Bleistift paginiert* Van Dyck *(a)–(g); 2 Quartblätter (paginiert; recto/verso beschrieben) mit Exzerpten aus Bellori: Le vite; 1 Übersichtsblatt (recto/verso beschrieben). – Zeitungsreferate: «Schweizer Grenzpost» Nr. 256, vom 29. 10. 1886; «Schweizerischer Volksfreund» Nr. 255, vom 28. 10. 1886; Hinweis in der «Allgemeinen Schweizer Zeitung» Nr. 255, vom 28. 10. 1886. – Erstdruck: Dürr, S. 324–342; GA 14, S. 372–389. – JBW: Manuskript PA 207, 171, 66, Blätter a–g, (a)–(g); Überschrift gemäß Umschlagblatt und Blatt a der Vortragsnotizen.*

517, 3 ff. Van Dyck a
517, 12 stets inspirirt] *Randzusatz* – 517, 16 den so vielen] *Interlinearzusatz* – 517, 26 wie] *zuerst* nächst – 517, 26 resp. Michelangelo] *Randzusatz* – 517, 26 Dem Lionardo] *zuerst* Diesem – 517, 27 schöpferisch] *davor gestr.*

mit dem Willen – 518, 6 gerathen,] *danach gestr.* da aber nicht Alle Welt Regenten sein können – 518, 6 so ausgiebig seine Schöpfungskraft] *Interlinearzusatz* – 518, 11 und den Übrigen] *Randzusatz* – 518, 14 wäre er vielleicht] *zuerst* vielleicht wäre er
518, 23 ff. Van Dyck b
518, 31 auch in dem körperlichen Typus] *davor gestr.* der duldende Christus ist umringt von – 519, 4 Das Gegentheil ist die Wahrheit.] *blau-violette Tinte* – 519, 9 Geselligkeit... Veronese] *senkrechter Strich am rechten Rand, blauer Farbstift* – 519, 13 Italien gehalten... besonders einige] *senkrechter Strich am rechten Rand, blauer Farbstift* – 519, 14 eher] *zuerst* völlig – 519, 21 hatte aber Italien betreten] *zuerst* trat aber in Italien – 519, 22 wenigstens als] *zuerst* schon als – 519, 23 diejenige] *Randzusatz* – 519, 24 Er hat... haben? –] *nachträglich angefügt; senkrechter Strich am rechten Rand, blauer Farbstift*
519, 27 ff. Van Dyck c
519, 32 Geringe Ausbreitung... Van Dyck ein.] *senkrechter Strich am rechten Rand, blauer Farbstift* – 519, 33 bereits] *Interlinearzusatz* – 519, 34 In diese... Van Dyck ein.] *Interlinearzusatz* – 520, 2 bald darauf... 1627] *Interlinearzusatz, blau-violette Tinte* – 520, 5 nahm ihn] *Interlinearzusatz* – 520, 5 wohin er... Male zurückkehrte.] *senkrechter Strich auf beiden Seiten des Textes, blauer Farbstift* – 520, 7 Bedeutung auch des Reiterporträts] *Randzusatz* – 520, 8 entschied sich] *zuerst* begann – 520, 10 Van Dyck war... zufriedenstellen können.] *senkrechter Strich am rechten Rand, blauer Farbstift* – 520, 10 in Sitte und Geschmack] *Randzusatz* – 520, 12 vollends in Italien] *Randzusatz* – 520, 18 (oder... früher)] *Randzusatz* – 520, 19 für sich das Dasein... würdig ausfüllen.] *zuerst* einen großen und ruhmvollen Meister bezeugen. – 520, 30 schon] *Interlinearzusatz* – 520, 33 die Macht] *zuerst* die Tiefe – 520, 37 Frankfurt Staedel. –] *Gedankenstrich fehlt im Ms.* – 521, 1 (1628)] *Randzusatz* – 521, 2 (1627)] *Randzusatz*
521, 2 ff. Van Dyck d
521, 4 dramatisch und... so außerordentlichen] *Randzusatz* – 521, 9 Anders die... des Eindrucks.] *senkrechter Strich am rechten Rand, blauer Farbstift* – 521, 10 geben, einsam... Wolkenhimmels. Eine ganze] *zuerst* darstellen. Eine ganze – 521, 12 über Eigenhändigkeit] *Randzusatz* – 521, 20 hat] *zuerst* hatte – 521, 21 dortigen] *Interlinearzusatz* – 521, 22 in seiner Krankheit] *Interlinearzusatz* – 521, 27 links Maria... aber lauter] *Randzusatz* – 521, 33 sitzend] *Interlinearzusatz* – 521, 37 Kreuzabnahme und eine] *Interlinearzusatz* – 521, 39 sieben] *zuerst* sechs – 521, 40 Schöpfungen] *zuerst* Bilder – 521, 42 eine] *zuerst* größere – 522, 1 wo der Leichnam ausgestreckt liegt:] *Randzusatz* – 522, 2 einfach schöne] *zuerst* einfachste – 522, 2 das kleinere hochberühmte Bild] *zuerst* das coloristische Wunderwerk
522, 4 ff. Van Dyck e
522, 6 dritte dieser Bilder] *zuerst* dritte Bild – 522, 8 von einer... Anordnung] *Randzusatz* – 522, 9 wie sie selten... vereinigt beisammen] *zuerst* die selten in der neuen Kunst so erreicht worden – 522, 19 Mächtiges] *zuerst* daneben – 522, 20 und Vollendung] *Randzusatz* – 522, 23 Von] *zuerst* Neben – 522, 23 wenn es diese... gestattete,] *Interlinearzusatz* – 522, 24 lange] *Interlinearzusatz* – 522, 27 dieselbe] *zuerst* dieß Bild – 522, 29 dießmal:] *Randzu-*

satz – 522, 29 S.] *Interlinearzusatz zu* Petrus – 522, 30 auf Einem Bilde] *Interlinearzusatz* – 522, 30 Aehnliche Aufgaben waren ... geworden] *zuerst* eine Aufgabe welche seit Jahrhunderten der Anlaß geworden war – 522, 31 Altarblättern. In ... Säulenbau treten] *senkrechter Strich am rechten Rand, blauer Farbstift* – 522, 36 die heilige Rosalia,] *danach gestr.* eine der großartigsten Schönheiten welche Van Dyck – 522, 41 sobald] *zuerst* wenn – 522, 41 ihr Bildniß] *zuerst* Bildnisse – 523, 1 Einiges bei Van Dyck ... dessen Halbfigurenbildern] *zuerst* Unmittelbar venezianisch, ja directe Nachbildungen nach Tizian sind dann seine Halbfigurenbilder im Louvre und in Berlin

523, 5 ff. Van Dyck f

523, 6 Neubildungen] *zuerst* Umdeutungen – 523, 15 inbrünstig] *Interlinearzusatz* – 523, 24 Von den besonders ... klagende Engel] *senkrechter Strich am rechten Rand, blauer Farbstift* – 523, 25 u. a.] *Randzusatz* – 523, 32 es ist auch] *danach gestr.* keine speciell belgische Durchschnittsbildu[-] – 523, 33 wie er in ... lebte] *Randzusatz* – 523, 34 Van Dyck dagegen] *davor gestr.* Van Dyck dagegen hat offenbar in Italien Eindrücke einer hohen – 523, 36 südliche] *Randzusatz* – 523, 36 weihevolle] *Interlinearzusatz* – 523, 36 vereinigt haben mag.] *danach gestr.* Den Nachhall hievon bietet uns vielleicht am deutlichsten die Ruhe auf der Flucht (München), und besonders der einzelne aufwärtsblickende Kopf. – 523, 39 Würde] *zuerst* Vornehmheit – 524, 1 in eine] *zuerst* zu einer – 524, 4 Schönheit] *zuerst* Herrlichkeit – 524, 6 bejahrtes] *Interlinearzusatz*

524, 7 ff. Van Dyck g

524, 10 hellgraubraunen Schleier ... Reni annehmen.] *senkrechter Strich am rechten Rand, blauer Farbstift* – 524, 10 hellgraubraunen] *zuerst* hellbraunen – 524, 13 die wunderbare] *zuerst* weicht die – 524, 15 edelsten] *zuerst* schönsten – 524, 15 Ausdruck ... erreicht hat,] *doppelter waagrechter Strich am rechten Rand, blauer Farbstift* – 524, 18 auf die Weltkugel gelehnt] *zuerst* auf der Weltkugel – 524, 21 Die Kinder ... Ideale.] *Interlinearzusatz* – 524, 29 vielleicht] *Interlinearzusatz* – 524, 32 An poetisch ... gekommen.] *Randzusatz* – 524, 37 ziemlich viele] *Randzusatz* – 524, 38 diese] *zuerst* letztere – 524, 40 Familie] *im Ms. korrigiert aus* Familien – 524, 42 Das Original ... zu sein.] *Randzusatz* – 525, 2 ist wohl] *zuerst* möchte – 525, 2 (Belvedere)] *Interlinearzusatz* – 525, 5 das siegreich höhnende] *zuerst* ihr siegreich höhnendes – 525, 9 den Porträts der fünfzehn letzten Jahre] *zuerst* den fünfzehn letzten Jahren – 525, 10 1626–1641] *Interlinearzusatz* – 525, 10 aber enorm ausgiebigen] *Randzusatz* – 525, 15 irrige] *zuerst* falsche – 525, 16 Atelierbildern] *danach gestr.* und Copien – 525, 17 Rubens würde auch ... solchen beurtheilte.] *Randzusatz*

525, 19 ff. Van Dyck (a)

525, 21 de Marie de Médicis] *zuerst* du Luxembourg – 525, 26 fast] *Interlinearzusatz* – 525, 35 Periode] *zuerst* Zeit – 525, 37 hatte] *zuerst* stand – 526, 6 derselben] *Interlinearzusatz* – 526, 7 für die Stecher ... die seinigen.] *senkrechter Strich am rechten Rand, blauer Farbstift* – 526, 9 Bildnissen] *zuerst* Porträts – 526, 12 geistigem ... Abbild] *zuerst* hoher Begabung, darf sich nun als – 526, 13 physiognomisches] *Randzusatz* – 526, 14 große Welt] *zuerst* Zeit – 526, 17 erörtern] *zuerst* fragen – 526, 22 Regentin] *zuerst* Statthalterin – 526, 23 Dieß] *zuerst* Es – 526, 25 damals] *Randzusatz*

526, 30 ff. Van Dyck (b)
527, 5 eine viel ... Betheiligung] *zuerst* einen viel größern eigenen Antheil – 527, 6 zunächst] *Randzusatz* – 527, 8 etwa] *Interlinearzusatz* – 527, 13 als solche] *Interlinearzusatz* – 527, 21 sich] *Interlinearzusatz* – 527, 26 unschöner] *zuerst* ungünstiger – 527, 31 getragen und nobel ... versehen] *senkrechter Strich am rechten Rand, blauer Farbstift* – 527, 31 gepflegt] *zuerst* pflegt – 527, 32 Der Spitzbart ... trugen).] *Interlinear- und Randzusatz* – 527, 33 erwünschteste] *zuerst* wichtigste

528, 1 ff. Van Dyck (c)
528, 3 und biegsamere, ein Faltenkragen] *Randzusatz* – 528, 6 bald] *Interlinearzusatz* – 528, 9 ausgedehnt] *Randzusatz* – 528, 11 für deren Erscheinung Van Dyck begeistert war] *Randzusatz* – 528, 12 bleu marin etc.] *Interlinearzusatz* – 528, 17 Ein reich ... Schöpfung] *senkrechter Strich am rechten Rand, blauer Farbstift* – 528, 25 immer von Neuem aber] *zuerst* und immer von Neuem – 528, 32 Kniestück] *zuerst* Kniebild – 528, 33 in der Umrahmung] *zuerst* im Rahmen – 528, 33 stehenden] *Interlinearzusatz* – 528, 35 oder sieben] *Randzusatz, Bleistift* – 528, 37 sowohl coloristisch als in den Linien] *Randzusatz* – 528, 42 jedoch] *zuerst* vielleicht – 529, 7 Es ist wie ein letzter] *davor gestr.* Die ganze Stimmung dieses Bildes ist

529, 8 ff. Van Dyck (d)
529, 14 Local und] *Randzusatz* – 529, 32 Man kam ... zu verweilen.] *Randzusatz* – 529, 40 {Aussage ... Digby}] *Randzusatz auf Blatt* Van Dyck (d) *recto*. – 530, 11 Über Tizian ... momentan belebt;] *senkrechter Strich am rechten Rand, blauer Farbstift* – 530, 12 angeborenen] *Interlinearzusatz* – 530, 12 welche das Gegentheil ... Gezierten.] *Randzusatz* – 530, 17 ja] *Randzusatz* – 530, 17 daher] *Interlinearzusatz, blauer Farbstift*

530, 20 ff. Van Dyck (e)
530, 23 würde uns] *zuerst* sagt uns – 530, 25 hineingemalt und ... Menschenverachtung;] *zuerst* hineingemalt, sein sog. Richard Cromwell (Dresden) ist nicht ohne eine gewisse Menschenverachtung; – 530, 26 {eine ... Benennung}] *Randzusatz* – 530, 29 dem italienischen ... zu errathen.] *senkrechter Strich am rechten Rand, blauer Farbstift* – 530, 33 Nirgends ... Lager.] *Randzusatz* – 530, 37 auch sind nicht so ganz selten] *zuerst* selten genug sind – 531, 5 zB: die] *zuerst* die – 531, 12 fetten] *zuerst* dicken – 531, 14 Die Reiterporträts gehören ... das Original] *senkrechter Strich am rechten Rand, blauer Farbstift* – 531, 14 vorhandenen] *zuerst* die es giebt

531, 29 ff. Van Dyck (f)
531, 30 kaum] *zuerst* nicht – 531, 35 Was aber ... beliebt waren.] *senkrechter Strich am Rand, blauer Farbstift* – 532, 2 bei der englischen ... beliebt waren.] *zuerst* die englische Königsfamilie begleiteten. – 532, 9 das Vornehm ... einige seiner] *senkrechter Strich am Rand, blauer Farbstift* – 532, 9 sind klug] *davor gestr.* haben etwas Kluges – 532, 14 wie das reiche ... machte] *Interlinearzusatz* – 532, 17 und Bankett] *Randzusatz* – 532, 21 mächtiges] *zuerst* großes – 532, 29 (Museum von Harlem)] *Randzusatz* – 532, 30 großen Brabanten] *zuerst* Van Dyck – 532, 33 Schon in der ... auch gemalt.] *Randzusatz* – 532, 37 Leute] *zuerst* Welt – 533, 2 wir in Cassel ... Gattin] *zuerst* wir Snyders mit seiner Gattin in Cassel, und

533, 3 ff. Van Dyck (g)
    533, 5 Ein Brustbild] *davor gestr.* Abermals finden wir hier – 533, 7 muntere] *Randzusatz* – 533, 10 der letztere,] *danach gestr.* eine reiche lymphatische Constitution, in welchem – 533, 12 wird.] *zuerst* ist. // *Danach gestr.* Ganz wunderbar – 533, 16 jedoch] *zuerst* aber – 533, 18 vielleicht] *zuerst* wahrscheinlich – 533, 19 rühren ... Rubens gemalt] *senkrechter Strich am Rand, blauer Farbstift* – 533, 21 wir] *Interlinearzusatz* – 533, 34 den Auftrag für die sogenannte] *zuerst* die Bestellung der sogen. – 533, 35 bekomme] *zuerst* erhalte – 533, 35 behauptete] *zuerst* bekam – 533, 37 Van Dyck] *zuerst* er – 534, 3 der Empfindung] *zuerst* des Gefühls – 534, 7 aufgefaßt und] *Interlinearzusatz* – 534, 13 verpflichtet.] *nachfolgender Querstrich mit Bleistift*

Das byzantinische Reich

Akademischer Vortrag, gehalten am 9. 11. 1886 in der Aula des Museums. – Manuskriptbestand: PA 207, 171, 67: 1 Umschlagblatt mit der autographen Aufschrift Das byzantinische Reich. *Bleistiftzusatz:* Aula 9. November 1886; *21 Quartblätter mit Vortragsnotizen (paginiert* Das byzantinische Reich a–c, cc–ccccc, d–q; *recto/verso beschrieben); 4 Folioblätter (paginiert; recto/verso beschrieben) mit der Übersicht des Vortrages; 56 Quartblätter (paginiert; recto/teilweise verso beschrieben) mit Exzerpten aus Constantinus Porphyrogenitus: De Cerimoniis Aulae Byzantinae, Georgius Cedrenus: Annales. – Zeitungsreferate: «Allgemeine Schweizer Zeitung» Nr. 268, vom 12. 11. 1886; «Schweizerischer Volksfreund» Nr. 267, vom 12. 11. 1886. – Erstdruck: Dürr, S. 343–373; GA 14, S. 390–418. – JBW: Manuskript PA 207, 171, 67, Blätter* a–c, cc–ccccc, d–q; *Überschrift gemäß Umschlagblatt und Blatt* a *der Vortragsnotizen.*

535, 3 ff. Das byzantinische Reich a
    535, 10 «Fäulniß oder ... Vertrocknung»] *Interlinearzusatz* – 536, 3 – auch abgesehen ... Schriftwelt gerettet.] *Randzusatz*
536, 23 ff. (Das byzantinische Reich) b
    536, 29 – die «Soldatesca» (Ranke)] *Randzusatz* – 537, 3 und der Pontus] *Randzusatz* – 537, 8 wie ja seine Kaiser auch, war] *Randzusatz* – 537, 21 Ein gewaltiges Reich] *zuerst* Eine gewaltige Macht – 537, 23 binnen zwei Jahrhunderten] *Interlinearzusatz* – 537, 27 von Damascus] *Randzusatz* – 537, 30 von Bagdad] *Randzusatz* – 537, 35 mehr und mehr unfähig] *zuerst* Haremsitzer
538, 1 ff. (Das byzantinische Reich) c
    538, 1 obwohl ... besitzen will.] *Randzusatz, vorangehendes Komma im Ms. aus Punkt verändert* – 538, 3 Zunächst] *zuerst* Freilich – 538, 5 die Nation hat ... wie den Senat;] *Randzusatz, Semikolon fehlt im Ms.* – 538, 11 Nie will man ... die Person.] *Interlinearzusatz* – 538, 15 erbliche Ausübung] *zuerst* erblichen Besitz – 538, 17 Aber es gab doch wenigstens] *zuerst* Wohl gab es – 538, 18 wie wir sie ... nirgends finden,] *Randzusatz* – 538, 18 nirgends] *im Ms.* nirgens – 538, 20 treffen] *zuerst* finden – 538, 22 freilich] *zuerst* allein – 538, 25 Processionen und Festen] *zuerst* Ceremonien – 539, 13 besonders Erdbeben und Pest] *Interlinearzusatz*

539, 21 ff. (Das byzantinische Reich) cc
539, 21 für Constantinopel] *Interlinearzusatz* – 539, 24 muthwillig] *zuerst* thöricht – 540, 4 Dieser nämliche Kaiser... verdichtete sie».] *Randzusatz* – 540, 7 war] *zuerst* ist – 540, 17 verschiedenen] *zuerst* allen – 540, 24 zumal] *Interlinearzusatz* – 540, 26 Streitmacht] *zuerst* Armeen – 540, 26 indirect] *Interlinearzusatz* – 540, 32 ja nur wenige] *zuerst* kaum

540, 34 ff. (Das byzantinische Reich) ccc
541, 7 Ihr] *zuerst* Das – 541, 8 welche meist sehr grausame Barbaren waren] *Randzusatz* – 541, 10 saracenische] *Randzusatz* – 541, 18 neben den Kriegsmaschinen] *Randzusatz* – 541, 29 (vor und... Carolingern)] *Randzusatz* – 542, 1 andern] *Interlinearzusatz*

542, 7 ff. (Das byzantinische Reich) cccc
542, 13 es sind jene... Leon Philosophus sagte.] *Randzusatz* – 542, 21 oder geweissagten] *Interlinearzusatz* – 542, 22 Und es ist... (Michael Rhangabe)] *Randzusatz* – 542, 26 müsse] *zuerst* werde – 542, 33 Unbekannten] *zuerst* unbekannten Officiers – 542, 36 mit dem Ceremoniell eines künftigen Kaisers] *zuerst* als künftigen Kaiser – 543, 1 schenkte nun dem Basilios solche Summen] *zuerst* stattete nun den Basilios so aus – 543, 6 abermalige] *Randzusatz* – 543, 7 welche] *Interlinearzusatz* – 543, 11 schlimmen] *zuerst* bösen – 543, 12 seinen geweissagten Nachfolger] *zuerst* den – 543, 19 mag] *zuerst* kann – 543, 20 Jahr aus Jahr ein] *davor gestr.* Tag und N[-] – 543, 21 mit] *zuerst* von – 543, 22 Viele] *Interlinearzusatz* – 543, 27 jener Aufsatz... ἐστοιχειῶσθαι.] *Randzusatz*

543, 29 ff. (Das byzantinische Reich) ccccc
544, 9 Das Reich] *davor gestr.* Eine solche Lage der Dinge – 544, 14 vorging] *danach 1. Streichung* auf diejenige Erzählung angewiesen waren // *2. Streichung* keine andere Quelle hatten als das was in der Umgebung der Mächtigen als Thatsache galt – 544, 16 wohl oder übel] *Randzusatz* – 544, 19 unsicher] *davor gestr.* sehr – 544, 19 Vergiftungssagen.] *folgt am Fuß der Seite* Das Volk von Constantinopel war etc., *als Vermerk zum Anschluß von Blatt* ccccc c

544, 20 ff. (Das byzantinische Reich) ccccc c
544, 20 Das Volk von Constantinopel] *davor gestr.* Abschnitt Anders in Byzanz: Freilich versteht sich auch hier der Absolutismus von selbst, und von irgend einem ⌊politischen⌋ Gegengewicht ⌊oder Gegenrecht⌋ ist nie die Rede gewesen; was der Kaiser verordnet, ist wohlgethan. / {Decret Nikephoros I.: ließ 809 durch eine Synode beschließen, der Kaiser stehe über dem Gesetz} / Ein Gedanke an Republik ist vollends nie in einem byzantinischen Kopf gewesen. ⌊Der Kaiser ist der Gerant der allgemeinen Vertheidigung gegen Barbaren und Islam.⌋ / Die Gefahr bei Untüchtigkeit erblicher Herrscher war so groß wie irgend wann und wo. Diese Gefahr ist der wahre Regulator der Dinge. ⌊Ein häufiger Vorwand der Usurpation waren Nachtheile im Felde.⌋ / Aber ebensowenig kam in irgend einen byzantinischen Kopf der Gedanke an Abtrennung von Provinzen und Stiftung von Nebenreichen ⌊Es ging anders zu als in dem stückweise verschleuderten Reiche Carls d. Gr.⌋; von den zahllosen Usurpatoren der Macht will keiner nur ein Stück; ihre Berechtigung kann sogar nur darin liegen daß sie auf ihre Manier das Ganze als solches retten wollen. ⌊Kein Feldherr noch Statthalter macht irgend eine byzantinische Provinz

dauernd abtrünnig. Ferner absolut keine Erbtheilung.]. *Das Blatt* ccccc c *war vermutlich das ursprüngliche Blatt* c – 544, 28 oder Einer der dafür gilt] *Randzusatz* – 544, 34 tollen] *Interlinearzusatz* – 544, 34 CircusWagenfahrer] *zuerst* Wagenfahrer – 544, 35 Und auch dieser ... offenbar verrückt] *Randzusatz* – 544, 35 Fürsten wie ... hat es hier nie gegeben] *zuerst* Von Fürsten wie ... ist hier nie die Rede gewesen – 545, 1 Geschichte] *zuerst* Throngeschichte – 545, 2 unregelmäßigen Thronfolgen] *daneben gestr. Randzusatz* Plötzliche Complotte und Ermordungen. Vor Allem: der Palast und die Giftsagen – 545, 5 sogenannten Senat] *daneben Randzusatz* Der Senat constatirt Cassenbestände des vollen oder leeren Schatzes – weint am Sterbebette eines Kaisers – wird in gefährlichen Augenblicken von Kaiserinnen consultirt – aber bei mißlungenen Verschwörungen werden auch unschuldige Senatoren tödtlich bedroht – und zu gefährlichen Unterhandlungen (mit Simeon) werden Senatoren [-]. Endlich anwesend bei allen großen Processionen und Festen. – 545, 11 nur eine Tochter] *zuerst* keinen Sohn – 545, 17 niemals auf längere Zeit] *zuerst* beinah niemals – 545, 18 hie und da] *zuerst* je

545, 27 ff. (Das byzantinische Reich) d

545, 36 Im Isaurischen ... Leo einnehmen] *Interlinear- und Randzusatz* – 546, 3 Selbstverständliches] *daneben gestr. Randzusatz* Wobei doch zu erwägen daß die Autoren in das Innere dieser Kaiserpalasthändel nicht immer können eingeweiht gewesen sein – 546, 15 talentlose] *Interlinearzusatz* – 546, 19 Usurpatoren wie rechtmäßige Kaiser] *zuerst* davon – 546, 21 goldener] *im Text als Symbol* – 546, 25 den relativ fähigen Oheim des Michael] *Randzusatz* – 546, 27 hierauf sich zum Sohn adoptiren lassen] *Randzusatz*

547, 7 ff. (Das byzantinische Reich) e

547, 16 allerdings] *im Ms.* allerdigs – 547, 18 Leo hatte ... Alles.)] *von B. bezeichnete Textumstellung, zuerst nach* Zoe Karbonopsine. – 547, 26 Alexander's nur Einjährige ... Zoe Karbonopsine.] *von B. bezeichnete Textumstellung, zuerst nach* zu bewahren. – 547, 30 bald auch] *Interlinearzusatz* – 547, 31 d.h. das Reich] *Randzusatz* – 548, 10 momentanen]*Randzusatz* – 548, 13 hierauf] *Interlinearzusatz*

548, 31 ff. (Das byzantinische Reich) f

548, 36 C. Porphyrogennetos ... eigenhändig krönen] *Randzusatz* – 549, 3 und endlich ganz an's Ende] *Randzusatz* – 549, 10 mit ihm zusammen] *zuerst* zu ihm hinaus – 549, 10 derselbe Kaiser ... zu sprechen wußte –] *Randzusatz* – 549, 38 lebendig] *Interlinearzusatz*

550, 4 ff. (Das byzantinische Reich) g

550, 9 (842)] *Interlinearzusatz* – 550, 9 mütterliche] *Interlinearzusatz* – 550, 18 Thatsachen] *zuerst* Angaben – 550, 22 wirklicher Herrscher] *zuerst* Souverän – 550, 27 den] *zuerst* einen – 550, 28 auf die] *zuerst* den – 550, 32 obgleich] *zuerst* wenn auch – 550, 33 zu solcher] *davor gestr.* eher – 551, 1 nur Ideal und Wunsch] *zuerst* nur der Wunsch

551, 15 ff. (Das byzantinische Reich) h

551, 15 bestimmte Formeln] *zuerst* Dieß und Jenes – 551, 17 dieß] *zuerst* es – 551, 23 welche] *Interlinerazusatz* – 551, 25 imposant] *zuerst* herrlich – 551, 26 doch] *Interlinearzusatz* – 551, 27 wie sich zB: ... mit Blumenkränzen] *Randzusatz* – 551, 34 eine höchste vorhandene Auszeichnung] *Randzusatz* – 551, 35 Beim Kaiserbegräbniß] *davor gestr.* Etwas Ergreifendes – 551, 37 schreite] *zuerst* gehe – 552, 8 saß] *zuerst* thronte – 552, 13 sangen] *zuerst* singen konnten – 552, 14 Spielereien] *zuerst* Kindereien – 552, 14 – «zu Verblüffung der Völker geschaffen» –] *Randzusatz, Gedankenstriche fehlen im Ms.* – 552, 15 Achämenidenpalast] *davor gestr.* alten – 552, 16 noch jetzt] *zuerst* eben zur Zeit des Porphyrogennetos – 552, 18 im Palast von Constantinopel] *Randzusatz* – 552, 20 inzwischen] *danach gestr.* etwa – 552, 23 beim Hereinführen ... sangen die Vögel und] *zuerst* die Vögel sangen

552, 25 ff. (Das byzantinische Reich) i
552, 26 jedoch] *zuerst* aber – 552, 26 besaß] *davor gestr.* muß inzwischen auf einen Effect der Majestät – 552, 30 hoch] *Interlinearzusatz* – 552, 32 Später, laut Benjamin ... sich setzte.] *Randzusatz* – 552, 37 um wenigstens] *davor gestr.* in welchem auch Vieles Interessante unter den Bergeslasten des Ceremonielles verschüttet liegt – 552, 39 verzeichnet] *zuerst* gibt – 552, 41 umständlich das] *danach gestr.* kaiserliche – 553, 3 übersehen] *zuerst* versäumen – 553, 3 bei Napoleon zB: ist für uns unschätzbar] *zuerst* für Napoleon ist höchst bezeichnend – 553, 10 Schriften] *zuerst* Werke – 553, 23 aber] *Interlinearzusatz* – 553, 25 Basilios] *Randzusatz*

553, 33 ff. (Das byzantinische Reich) k
553, 35 unter Mitwissen der vornehmsten Generale] *Randzusatz* – 554, 2 und mehrere sonstige Angehörige des Lakapenos] *Randzusatz* – 554, 19 doch] *Interlinearzusatz* – 554, 20 derselbe welchem er ... zugeeignet, jetzt] *Randzusatz* – 554, 30 die ihm ähnlich war;] *Randzusatz, vorangehendes Komma im Ms. aus Semikolon korrigiert*

555, 6 ff. (Das byzantinische Reich) l
555, 9 Bezwinger] *zuerst* Eroberer – 555, 13 , Regentin für die hinterlassenen Kinder,] *Randzusatz* – 555, 17 Es ist kaum zu bezweifeln] *davor gestr.* Nikephoros machte auch dem Bringas seine Aufwartung – 555, 23 mehr oder weniger freundlichen und loyalen] *Randzusatz* – 555, 24 Die Avancen] *davor gestr.* Einstweilen fuhr er fort in einer längst begonnenen Heuchelei – 555, 25 Nikephoros] *zuerst* er – 555, 27 Auf die Stimmung ... immer rechnen.] *Randzusatz* – 555, 31 seit ihm sein ... verunglückt war] *Randzusatz* – 555, 39 namhafte] *Randzusatz* – 555, 40 gegen hohe Beförderungen und Belohnungen] *Randzusatz* – 556, 8 drei] *zuerst* zwei – 556, 8 Raub] *danach gestr.* Mord – 556, 16 lebte ... bis an sein Ende.] *Randzusatz* – 556, 21 und auf niedrigen ... Platz zu nehmen.] *Interlinear- und Randzusatz*

556, 25 ff. (Das byzantinische Reich) m
556, 27 Der tapfere Saracensieger] *zuerst* Der Kaiser – 556, 28 liest sich zB: die Beschreibung] *zuerst* liest sich die Schilderung – 556, 32 Freilich] *zuerst* Aber – 556, 34 zu kosten bekommen.] *danach gestr.* Uns scheint jedoch, als entgehe auch Otto der Große nicht völlig der Komik. Wir wollen – 556, 35 handgreiflichen] *zuerst* offenbaren – 556, 38 bekannte] *zuerst* große – 557, 14 doch nur deßhalb] *Interlinearzusatz* – 557, 15 weil sie ... Abendland?] *Randzusatz* – 557, 19 erhob sich erst recht] *zuerst* erneuerte sich – 557, 20 und nicht zu Otto's Vortheil] *Interlinearzusatz* – 557, 24 dann als Regentin] *Interlinearzusatz* – 557, 27 Hingebung] *davor gestr.* beständigen

557, 41 ff. (Das byzantinische Reich) n
558, 5 freilich] *Randzusatz* – 558, 19 von wo aus ... reißen suchten.] *Randzusatz, das vorangehende Komma im Ms. aus Punkt korrigiert* – 558, 21

«Carthagern»] *Interlinearzusatz* – 558, 24 hatte man seither] *Interlinearzusatz* – 558, 25 diese Schmach sollte ... weitergeduldet werden.] *Randzusatz* – 558, 30 von Mosul und Diarbekr, mit] *Randzusatz* – 558, 32 Khalifen] *danach gestr.* von Bagdad – 558, 33 zunächst sollte] *Interlinearzusatz* – 558, 34 Euphratgebiet] *danach gestr.* sollte – 558, 39 Vor Allem] *zuerst* Zunächst – 558, 41 gewaltige] *zuerst* furchtbare

559, 10 ff. (Das byzantinische Reich) o

559, 12 weisen] *zuerst* zeigen – 559, 27 als wäre er gefaßt ... auszuhalten] *Randzusatz* – 559, 28 in der Nacht desselben Tages] *zuerst* an dem Tage – 559, 35 sogar] *Interlinearzusatz* – 559, 38 als sänne er auf das Verderben der Bevölkerung] *Randzusatz* – 560, 2 Mit einiger Phantasie ... Beiden auszumachen] *Randzusatz* – 560, 4 ja vielleicht niemals] *Interlinearzusatz* – 560, 5 jungen] *Interlinearzusatz* – 560, 5 schon] *Interlinearzusatz* – 560, 7 damals] *zuerst* dann – 560, 9 seiner Wohnung] *zuerst* seinem Hause – 560, 10 offenbar] *zuerst* wahrscheinlich – 560, 16 Tzimiskes] *zuerst* er – 560, 19 969] *Randzusatz*

560, 24 ff. (Das byzantinische Reich) p

560, 25 schriftliche Warnungen ... gekommen sei.] *Randzusatz, das vorangehende Semikolon im Ms. aus Fragezeichen korrigiert* – 560, 30 am Ende] *Interlinearzusatz* – 560, 32 ihnen nachgesandt] *zuerst* gesandt – 560, 41 irgendwo] *Interlinearzusatz anstelle eines gestrichenen Randzusatzes* sich in einen Saal der Aufwartung begeben und – 560, 42 unter lautem Hohn] *Interlinearzusatz* – 561, 6 die entstellten Züge] *davor gestr.* das blutige Hau[-] – 561, 22 war er mit geringem Geleit nach Aja Sofia gegangen] *zuerst* ging er mit geringem Geleit nach Aja Sofia – 561, 29 geschafft] *Interlinearzusatz*

561, 37 ff. (Das byzantinische Reich) q

561, 37 Er trat ... seiner Mündel] *Randzusatz* – 561, 39 in welchen die] *zuerst* die nicht nach der – 562, 12 den Entscheid] *davor gestr.* einen gottesgerichtlichen – 562, 19 geraten waren.] *zuerst* geraten und [-] eine Verbindung aller islamitischer Kräfte – 562, 21 dafür] *Interlinearzusatz* – 562, 36 aber] *Interlinearzusatz* – 562, 37 schon] *Interlinearzusatz*

Die Allegorie in den Künsten

Akademischer Vortrag, gehalten am 15. 2. 1887. – Manuskriptbestand: PA 207, 171, 68: 1 Umschlagblatt mit der autographen Aufschrift Die Allegorie in den Künsten. Aula, 15. Februar 1887; *auf der Innenseite des Umschlagblattes ebenfalls von B.s Hand* Aus Blatt 10 und 11 Einiges herübergenommen in das Manuscript «Die Griechen und ihre Götter», 28, a&b; *16 Quartblätter mit Vortragsnotizen (paginiert* 1–16; *recto/verso beschrieben); 2 Quartblätter mit der Übersicht des Vortrages (paginiert* Die Allegorie in den Künsten a–b; *recto/verso beschrieben); 1 Quartblatt mit einem Exzerpt aus dem Brief von Mme de Sévigné an Mme de Grignan vom 6. Mai 1672 über allegorische Darstellungen am Grabmal des Kanzler Séguier. – Zeitungsreferate: «Allgemeine Schweizer Zeitung» Nr. 42, vom 19. 2. 1887. – Erstdruck: Dürr, S. 374–419; GA 14, S. 419–438. – JBW: Manuskript PA 207, 171, 68, Blätter* 1–16; *Überschrift gemäß Umschlagblatt und Übersichtsblatt* a.

563, 3 ff. 1
563, 19 sondern] *zuerst* und – 563, 24 eine Thatsache] *zuerst* etwas Allgemeines – 563, 26 französischen Überfall des Kirchenstaates] *zuerst* Kirchenraub – 563, 27 der damaligen Zeit] *Randzusatz* – 563, 30 häufig vorkommendes] *zuerst* verbreitetes – 564, 9 die Summe ... Eigenschaften] *Randzusatz* – 564, 13 Man] *zuerst* Es – 564, 14 und Thätigkeiten] *Randzusatz*
564, 20 ff. 2
564, 23 kenntlich an ihren Mauerkronen] *Randzusatz* – 564, 30 Hier auch ... werden konnte.] *Interlinearzusatz* – 564, 34 im Geist] *Randzusatz* – 564, 37 die Verherrlichung eines Individuums] *Randzusatz* – 565, 15 ideal gegebene] *zuerst* ideale – 565, 16 Festfreude] *zuerst* Fröhlichkeit – 565, 21 zB:] *Interlinearzusatz* – 565, 25 jedes beliebigen] *zuerst* eines
565, 26 ff. 3
566, 7 statt der Allegorien] *Randzusatz* – 566, 17 begann] *zuerst* kam durch – 566, 24 der Modellirer ... als solcher u. s. w.] *zuerst* Modellirer, Erzgießer, Steinbildhauer, Töpfer u. s. w. – 566, 27 (wenigstens im vergangenen)] *Randzusatz* – 566, 28 Paris] *zuerst* Frankreich – 566, 35 (einst blühende dann längst vergessene)] *Randzusatz*
566, 38 ff. 4
566, 38 Museen] *Interlinearzusatz* – 566, 39 Zeughäuser,] *Randzusatz* – 567, 6 oder stehend] *Randzusatz* – 567, 7 Dächern und] *Interlinearzusatz* – 567, 11 (Die Professoren ... Universität)] *Interlinearzusatz* – 567, 17 Auch] *zuerst* Sogar – 567, 28 zumal] *zuerst* vollends – 567, 31 – allegorischen Figuren und Gruppen –] *Randzusatz* – 568, 1 auch] *Interlinearzusatz*
568, 4 ff. 5
568, 5 großen] *Interlinearzusatz* – 568, 28 vielartige] *zuerst* viele – 568, 34 rasch] *Interlinearzusatz*
569, 11 ff. 6
569, 20 zB:] *Interlinearzusatz* – 569, 36 reist] *zuerst* eilt – 570, 6 und protestantischen] *Interlinearzusatz* – 570, 9 Ein eigener Zweig ... undeutsame Gestalten] *Randzusatz* – 570, 11 Grabmal] *davor gestr.* größeres – 570, 15 oder wird mit Füßen ... im Gesù] *Randzusatz* – 570, 23 namentlich wenn] *zuerst* sobald
570, 26 ff. 7
570, 33 (Oder wären ... verbitten?)] *Randzusatz* – 570, 35 und einiger derselben ... gedenken:] *Randzusatz, vorangehendes Komma im Ms. aus Doppelpunkt verändert* – 570, 36 eifrig] *Interlinearzusatz* – 571, 11 schon] *zuerst* noch – 571, 14 furchtlose] *Interlinearzusatz* – 571, 14 ein andermal] *zuerst* noch ganz anders alle – 571, 22 hier] *Interlinearzusatz* – 571, 25 wenigstens] *Randzusatz* – 571, 25 zweimal] *Interlinearzusatz* – 571, 31 dem Abstractum] *zuerst* der Allegorie – 571, 32 holde und erhabene] *Randzusatz* – 571, 36 und Praxis] *Interlinearzusatz* – 571, 36 und mit dem Thun ... Vorgänger.] *Randzusatz*
571, 39 ff. 8
572, 13 Künste] *davor gestr.* Tugenden – 572, 19 oder wenigstens gestaltet worden] *Randzusatz* – 572, 20 sonst sehr wunderlichen] *Randzusatz* – 572, 31 Auch die von der Kirche ... Astronomie.] *Randzusatz* – 572, 36 sind] *Interlinearzusatz* – 572, 40 und intellectuellen Eigenschaften] *Randzusatz*

573, 6 ff. 9
 573, 6 Einzelfiguren] *zuerst* Einzeldarstellungen – 573, 9 oder Attribut] *Randzusatz* – 573, 11 bei Allegorien des Bösen] *Randzusatz* – 573, 19 hineingelegt] *danach gestr.* Unsere beiden nächsten bilderreichen Münster, Straßburg und Freiburg – 573, 20 und zwar am Portal ... Querschiffs] *Randzusatz* – 573, 25 speerbewaffneten] *Randzusatz* – 573, 28 in den Statuen längs den Wänden] *Randzusatz* – 573, 30 darunter die zum Theil ... Jungfrauen,] *Randzusatz* – 574, 1 dargestellt worden sein.] *danach gestr.* Jedenfalls wird man lieber bei den anmuthigen Gestalten der freien Künste und bei den unvergleichlichen [-] – 574, 8 handelt sich um] *zuerst* sind
574, 14 ff. 10
 574, 15 sei.] *folgt ein senkrechter Strich; am Rand ein Kreuz, Bleistift; Bedeutung unklar* – 574, 26 oder der ... Kornmaß.] *Randzusatz, das vorangehende Komma im Ms. aus Punkt verändert* – 574, 32 Für die Moneta ... benutzt.] *Randzusatz* – 574, 34 eine] *zuerst* die – 575, 1 nun] *Interlinearzusatz* – 575, 2 auch] *davor gestr.* nur – 575, 2 häufig] *davor gestr.* mannigfach – 575, 4 oft] *Interlinearzusatz* – 575, 5 eifrige] *danach gestr.* und eigenthümliche – 575, 7 bei ihnen] *zuerst* hier – 575, 11 verräth dieß] *danach zwischen eckigen Klammern und gestr.* und ebenso in der Folge ihre frühste Philosophie, indem zB: bei Empedokles die zahlreichen Abstracta noch halbe Persönlichkeiten sind welche noch Macht über den Denker haben – 575, 12 überreiche] *Interlinearzusatz* – 575, 15 besitzen] *zuerst* haben
575, 22 ff. 11
 576, 8 glaubte man] *zuerst* konnte – 576, 10 sicher] *Interlinearzusatz* – 576, 12 gewährte] *zuerst* leistete – 576, 24 in] *zuerst* mit – 576, 24 Leben des Einzelnen] *zuerst* Hause
576, 30 ff. 12
 576, 31 (Δεῖμα),] *Komma fehlt im Ms.* – 576, 41 schon die Religion ... und daß ohnehin] *Randzusatz* – 577, 3 erhaltenen] *Randzusatz* – 577, 14 meist] *Interlinearzusatz* – 577, 16 aus ziemlich alter Zeit] *zuerst* des V. Jh. – 577, 23 wirklich] *Interlinearzusatz* – 577, 33 zumal an den großen Festorten,] *Randzusatz*
577, 36 ff. 13
 578, 13 viel glücklicher] *davor gestr.* unendlich – 578, 19 Scepterstabe] *zuerst* Scepter
578, 39 ff. 14
 579, 7 zerstört] *davor gestr.* gestürzt – 579, 18 selbst] *Interlinearzusatz* – 579, 28 bedeutende] *zuerst* große – 579, 32 Taddeo] *zuerst* Federigo
580, 2 ff. 15
 580, 20 wo man für keine ... sorgen hatte,] *Randzusatz* – 580, 24 abstracter] *zuerst* solcher – 580, 24 anderswo] *Randzusatz* – 580, 25 Abstractionen] *Randzusatz* – 580, 26 keck] *zuerst* frech – 580, 36 in menschlichen Gestalten] *danach gestr.* symboli[-] – 580, 42 thierisches Leben darzustellen.] *danach gestr.* Auf das was die Natur geschaffen folgt dann in der Bilderwelt was die Menschen geschaffen: die Stadt, die Nation, das Reich ⌊und in der Römerzeit: die Provinzen⌋ ⌊alles seit Alexander in großen ambitiösen Bronzewerken⌋ ⌊Roma selbst lebt in stattlichen Bildwerken fort während die⌋. In den Stadtbildern wechseln zweierlei Typen: die stehende Glücksgöttin mit Füllhorn

und Ruder, und eine sitzende Gestalt mit Mauerkrone und kenntlichen örtlichen Attributen. Wir schweigen von der Menge schriftlicher Erwähnungen und vorhandener Reste, von all den Bildern welche – 581, 2 oft] *Interlinearzusatz*
581, 3 ff. 16
581, 18 Ist] *zuerst* War – 581, 18 Die spätern, äußerst... Sage zu:] *Randzusatz* – 581, 19 Als König Seleukos] *davor gestr.* Ein später abergläubischer – 581, 22 wollen;] *Semikolon im Ms. aus Punkt verändert; danach gestr.* Es ist ein später und sehr abergläubiger Autor der dieß meldet und doch bleibt leider eine Wahrscheinlichkeit übrig für das was er weiter erzählt: – 581, 24 hat] *davor gestr.* errichtete – 581, 26 würde vielleicht in... fortleben] *zuerst* lebt vielleicht in jenem herrlichen Gebilde die Gestalt eines unglücklichen Mädchens fort – 581, 28 Aberglauben... vergöttlicht worden wäre] *daneben gestr. Randzusatz* Nehmen wir immerhin an daß dieß eine seltene Ausnahme gewesen. – 581, 28 gefallen] *danach gestr.* ist – 581, 29 wäre] *zuerst* ist – 581, 29 Suchen wir eine... diesen Mythus] *Interlinearzusatz*

Demetrios Poliorketes

Akademischer Vortrag, gehalten am 25. 10. 1887. – Manuskriptbestand: PA 207, 171, 69: 1 Umschlagblatt mit der autographen Aufschrift Demetrios Poliorketes. Aula, 25. Oct. gestr. 1. Nov. 1887; *19 Quartblätter mit Vortragsnotizen (paginiert* (Demetrios Poliorketes) 1–3, *zu* 3, 4–18; *quer recto/verso beschrieben; 1 Blatt nur recto); der Vortrag endet auf Blatt* 17 *recto Mitte, der Rest von Blatt* 17 *und Blatt* 18 *enthält zwei längere Ergänzungen. – Zeitungsreferate: «Allgemeine Schweizer Zeitung» Nr. 255, vom 28. 10. 1887; «Schweizerischer Volksfreund» Nr. 253, vom 28. 10. 1887. – Erstdruck: Dürr, S. 395–419, mit dem Titel «Demetrios der Städtebezwinger»; GA 14, S. 439–462. – JBW: Manuskript PA 207, 171, 69, Blätter* 1–3, *zu* 3, 4–18; *Überschrift gemäß Umschlagblatt und Blatt* 1 *der Vortragsnotizen.*

582, 3 ff. (Demetrios Poliorketes) 1
582, 17 ausgewählt] *zuerst* ausgelesen – 582, 26 uneigennützige] *zuerst* ehrwürdige – 582, 28 das er aliter... bekommen konnte] *Randzusatz* – 582, 30 so viel davon... übrig gelassen.] *Randzusatz* – 583, 16 dann] *Interlinearzusatz* – 583, 17 morden] *zuerst* umbringen
583, 20 ff. (Demetrios Poliorketes) 2
583, 22 vor dessen Fronte] *Interlinearzusatz* – 583, 23 auch Anreden vor Entscheidungsschlachten] *Randzusatz* – 583, 37 Unglaublich] *zuerst* Erstaunlich – 584, 9 außerordentlichen] *Interlinearzusatz* – 584, 22 wohl schon] *zuerst* gewiß
584, 27 ff. (Demetrios Poliorketes) 3
584, 37 da man einander Reiche abjagte] *Randzusatz* – 585, 7 sagte] *zuerst* brummte – 585, 16 beim Gelage, prachtliebend... und von höchster Energie] *zuerst* beim Gelage, aber von höchster Energie – 585, 16 prachtliebend... im Kriege und] *Randzusatz* – 585, 18 unter den Göttern] *Interlinearzusatz* – 585, 19 Das Leben... gerne wieder gehabt.] *Randzusatz* – 585, 21 noch] *zu-*

erst selbst – 585, 26 – für dessen Rettung ... umsonst bemühte –] *Randzusatz, Gedankenstriche fehlen im Ms.* – 585, 29 Kassandros] *Interlinearzusatz* – 585, 36 Lebensläufen.] *danach Randzusatz* Ganz ernst kann man ihn freilich nicht nehmen *erscheint in leicht abweichender Formulierung auf Blatt* (zu Demetrios Poliorketes 3)

585, 37 ff. (zu Demetrios Poliorketes 3)
585, 38 alles Das] *Interlinearzusatz* – 586, 11 die] *zuerst* alle

586, 12 ff. (Demetrios Poliorketes) 4
586, 13 und Wittwe des Krateros ... hinterlassen hatte] *Randzusatz* – 586, 14 {und Schwester des schrecklichen Kassandros}] *Klammern mit Bleistift* – 586, 16 mit der Zeit] *Interlinearzusatz* – 586, 17 geworden] *Interlinearzusatz* – 586, 18 und jammervolle] *Randzusatz* – 586, 18 kaum ein] *zuerst* kein – 586, 22 Herrscher] *zuerst* Könige – 586, 24 welcher einstweilen Herrscher] *zuerst* welcher König – 586, 25 – seit c. 315] *Randzusatz* – 586, 29 in diesem Kriege] *Interlinearzusatz* – 586, 31 Herrscher] *zuerst* König – 586, 37 dem Demetrios] *zuerst* ihm – 586, 38 die er in großer Versammlung anredete] *Interlinearzusatz innerhalb des Randzusatzes* – 587, 1 aus dem Gefolge Alexanders] *Randzusatz* – 587, 6 Antigonos] *davor gestr.* Demetrios – 587, 18 auch wohl ein Zug ... gegen Babylon etc.] *Randzusatz*

587, 23 ff. (Demetrios Poliorketes) 5
587, 35 Antigonos konnte ... nicht feindlich verhielt.] *Randzusatz* – 588, 3 Es war eine Erholung ... Asiatengesichter hinein.] *Randzusatz* – 588, 11 Namensvetter] *zuerst* Namensverwandter – 588, 14 wobei seine Soldaten plünderten.] *Randzusatz* – 588, 16 wohl] *Interlinearzusatz* – 588, 20 den] *Interlinearzusatz* – 588, 20 eines Sektenhauptes] *Randzusatz* – 588, 21 von deiner Habe] *Randzusatz* – 588, 34 und rechtschaffenen] *Randzusatz*

588, 34 ff. (Demetrios Poliorketes) 6
588, 35 darf dieß seit Ereignissen ... nicht zu sehr verargt werden] *zuerst* darf man dieß seit Ereignissen ... nicht zu sehr verargen – 589, 6 Einige Andere suchten ... zu überbieten] *Randzusatz* – 589, 13 dessen Namen ... in die öffentlichen Acten kam] *Randzusatz* – 589, 18 zu] *zuerst* aus – 589, 19 wenn] *zuerst* wer – 589, 34 damals] *Interlinearzusatz* – 589, 36 Schon waren zwei Jahrhunderte] *davor gestr.* [-] Hellenenstädte voll Cultur und politischem Lebensdrang – 589, 40 außerdem] *zuerst* endlich

589, 42 ff. (Demetrios Poliorketes) 7
590, 6 dann] *zuerst* bald – 590, 19 erscheint] *zuerst* kam – 590, 28 retten] *zuerst* flüchten – 590, 35 und von Schiffen] *Randzusatz* – 591, 6 die Triere] *Randzusatz* – 591, 8 und 16] *Randzusatz*

591, 10 ff. (Demetrios Poliorketes) 8
591, 11 der] *zuerst* großer – 591, 11 Militärwesen] *zuerst* Kriegswesen – 591, 11 schon] *Interlinearzusatz* – 591, 14 eine Flotte] *zuerst* die Macht – 591, 16 wohlmeinende] *Randzusatz* – 591, 24 hatten sich ihm ergeben müssen] *zuerst* sammt allen Vorräthen mußten sich ihm ergeben – 591, 30 noch vor den] *zuerst* wie die – 591, 31 und das Diadem] *Interlinearzusatz* – 591, 32 das ihnen die Athener ... zuerkannt hatten.] *Randzusatz* – 591, 33 allen] *Interlinearzusatz* – 592, 13 wieder] *Interlinearzusatz* – 592, 15 einiger] *zuerst* der – 592, 18 artete nun aber aus] *davor gestr.* war dann aber

592, 23 ff. (Demetrios Poliorketes) 9 1. Teil
592, 30 ihm, da er ja doch als Gott galt, eine] *zuerst* dem Gott eine – 592, 32 bodenloseste Wüstlingsleben] *zuerst* Leben eines rücksichtslosen Wüstlings – 592, 33 zur Unabhängigkeit] *danach gestr.* eine kleine Maßregel einen unbedeutenden – 592, 40 an Kassandros Besatzungen] *Randzusatz* – 593, 3 des damals noch ganz jungen Pyrrhos] *davor gestr.* des allmälig immer berühmter gewordenen Pyrrhos – 593, 6 war] *Interlinearzusatz* – 593, 13 zu den großen und] *Interlinearzusatz* – 593, 14 erst mindestens ein Jahr nach den großen] *zuerst* mindestens erst nach Jahresfrist – 593, 17 aber ein richtiger Athener mußte sie mitmachen] *zuerst* obwohl ein richtiger Athener sie mitzumachen
593, 23 ff. [(Demetrios Poliorketes)] zu 9, verso *Zusatz auf Blatt* 18
593, 23 In jener Zeit mag auch Demetrios] *davor der Vermerk* zu 9, verso – 593, 34 oder sie] *zuerst* und – 594, 9 oder sie zum Fels macht] *darunter Querstrich*
594, 11 ff. (Demetrios Poliorketes) 9 2. Teil
594, 17 dringend] *Randzusatz* – 594, 18 große] *Interlinearzusatz* – 594, 20 dann] *Randzusatz*
594, 21 ff. (Demetrios Poliorketes) 10
595, 13 junger] *Interlinearzusatz* – 595, 25 in dem nahen] *zuerst* zu – 595, 26 Auch Phila kam ... bald starb.] *Randzusatz*
595, 31 ff. (Demetrios Poliorketes) 11
595, 31 Demetrios] *zuerst* er – 596, 2 noch] *Interlinearzusatz* – 596, 5 Damals zählte Epikur ... Bohnen zum Essen vor.] *Randzusatz* – 596, 11 die] *Interlinearzusatz* – 596, 32 einen Posten an Lysimachos, und Cypern an Ptolemaius] *zuerst* Gebiete an Lysimachos und Ptolemaius – 596, 35 eine Halbschwester Alexanders d. Gr.,] *Randzusatz* – 596, 35 Halbschwester] *zuerst* Schwester – 596, 40 vielleicht] *Interlinearzusatz* – 597, 2 und ihren Gefolgen] *Randzusatz*
597, 5 ff. (Demetrios Poliorketes) 12
597, 11 Das Grauen vor] *zuerst* Der Haß gegen – 597, 14 vorräthig] *Randzusatz* – 597, 15 schon auf thessalischem Boden] *davor gestr.* zum König – 597, 17 heranwachsenden] *zuerst* erwachsenen – 597, 22 unbotmäßige] *Randzusatz* – 597, 25 bei der zweiten Intervention,] *Randzusatz* – 597, 25 ungeduldige] *zuerst* heißblütige – 597, 28 große Stücke vom Peloponnes] *davor gestr.* jetzt – 597, 32 zumal als einmal ... Engpässe besetzt hatten] *Randzusatz* – 598, 5 den Ehen] *zuerst* der Ehe – 598, 7 auch] *Interlinearzusatz* – 598, 8 seinerseits] *Interlinearzusatz* – 598, 12 in das Land] *zuerst* nach dem Macedonien – 598, 17 und seinem gewaltigen Dreinhauen] *Randzusatz*
598, 22 ff. (Demetrios Poliorketes) 13
598, 24 wie Demetrios, denn] *zuerst* denn – 598, 28 homerischen] *zuerst* heroischen – 598, 28 wie jene nicht] *danach gestr.* besitzt und regiert, sondern immer neu erwirbt – 598, 33 zu den Göttern] *zuerst* die Götter – 598, 35 Das Höchste] *zuerst* Das Größte – 598, 37 großer Hellene] *zuerst* solcher – 599, 4 er glich auch den] *zuerst* er war wie die – 599, 8 sie gaben] *Randzusatz* – 599, 8 und namentlich Demetrios] *davor gestr.* Pyrrhos in Waffen und Hieb; jener – 599, 11 erschien jetzt Demetrios] *danach gestr.* auch bald nur noch wie einer jener Pompkönige – 599, 13 sammt den Gestirnen] *zuerst* und die Gestirne – 599, 15 wurde] *zuerst* fand sich

599, 32 ff. (Demetrios Poliorketes) 14
599, 37 wieder] *Interlinearzusatz* – 600, 6 mochte es wahr oder... ersonnen sein –] *Randzusatz* – 600, 7 fast] *Interlinearzusatz* – 600, 17 Macht an Ort und Stelle hatte;] *danach gestr.* und er theilte sich dann in Macedonien mit Lysimachos – 600, 25 schicksalsversuchtesten] *zuerst* schicksalserfahrensten – 600, 27 besser: die Chance] *Randzusatz* – 600, 38 aber hier] *zuerst* dann – 601, 2 – als er wieder mächtiger geworden –] *Randzusatz, Gedankenstriche fehlen im Ms.* – 601, 3 sandte der Demos den Philosophen Krates zu Demetrios] *Vermerk am Rand* Die weitere Ausführung hiezu, s. unten 17
601, 7 ff. [(Demetrios Poliorketes)] *zu* 14, *verso, unten, Zusatz auf Blatt* 17 *und* 18
601, 7 Das damalige Athen und die Philosophen] *davor der Vermerk* zu 14, *verso, unten* – 601, 8 Zenon der Stoiker] *Randzusatz* – 601, 24 Und von herrlichen Künstlern... zu uns gedrungen.] *Interlinear- und Randzusatz* – 601, 26 Die Philosophen] *zuerst* Sie – 601, 33 der Lebensgüter] *Randzusatz* – 601, 37 (und das regelmäßige Essen: Wolfsbohnen)] *Randzusatz* – 601, 38 den häßlichen bucklichen Menschen] *zuerst* ihn – 601, 40 solche] *zuerst* alle – 601, 41 gewiß] *Randzusatz* – 602, 3 die seines Meisters Diogenes] *Randzusatz* – 602, 5 Verachtung] *zuerst* Meinung – 602, 12 jetzt nicht zu belagern.] *darunter ein Querstrich*
602, 13 ff. (Demetrios Poliorketes) 15
602, 13 Angst] *zuerst* Furcht – 602, 21 demselben] *zuerst* ihm – 602, 21 Eurydike] *Randzusatz* – 602, 24 Anstiften] *zuerst* Befehl – 602, 26 der Rest aber war] *zuerst* und der Rest war – 602, 27 sie] *Interlinearzusatz* – 602, 35 wenn auch nicht] *zuerst* wirklich – 602, 36 so doch] *zuerst* nämlich – 603, 2 Was nun aber folgte] *davor 1. Streichung* Aber nun mußte er von einem seiner Räthe // *2. Streichung* [Aber nun] folgte eine Krisis der eigenthümlichsten Art – 603, 11 Ja Seleukos... der seinen Gegner noch immer umgab.] *Randzusatz*
603, 25 ff. (Demetrios Poliorketes) 16
603, 28 kam und ihnen] *zuerst* ihnen – 603, 31 wenigstens] *zuerst* nur noch – 603, 33 völlig] *Interlinearzusatz* – 603, 36 gütig] *davor gestr.* jetzt – 604, 13 Unter den spätern Seleuciden... ferner] *zuerst* Dort befand sich vielleicht schon damals – 604, 17 einen] *Interlinearzusatz* – 604, 20 welche dort ihre Ställe hatten] *Interlinearzusatz* – 604, 21 mitten in] *zuerst* und bewegte sich umgeben von – 604, 25 spätern] *zuerst* baldigen – 604, 25 Demetrios] *zuerst* er – 604, 34 inzwischen] *Randzusatz*
604, 38 ff. (Demetrios Poliorketes) 17
604, 40 nun aber endlich] *zuerst* und nun endlich – 605, 9 Art] *Interlinearzusatz* – 605, 11 Ortschaften bevölkert hatte.] *nachfolgender Querstrich mit Bleistift*

Macbeth

Akademischer Vortrag, gehalten am 1. 11. 1887. – Manuskriptbestand: PA 207, 171, 70: 1 Umschlagblatt mit der autographen Aufschrift Macbeth. *Aula 25. October 1887; 10 Quartblätter mit Vortragsnotizen (paginiert* Macbeth 1–3, *zwi-*

schen 3&4, 4–9; *recto/teilweise verso beschrieben); 5 Quartblätter (paginiert; recto/verso beschrieben) mit Exzerpten aus Hector Boëthius: Scotorum Historia, ed. Paris 1575; 3 Quartblätter (paginiert; recto/verso beschrieben) mit weiteren Notizen aus Hector Boëthius unter dem Titel* Macbeth laut Boethius. *– Zeitungsreferate:* «Allgemeine Schweizer Zeitung» *Nr. 261, vom 4. 11. 1887. – Eine Zusammenfassung* «nach dem Gedächtnis niedergeschrieben» *von Adele Fueter-Gelzer im Staatsarchiv Basel (PA 208, 212). – Einige Auszüge aus dem Manuskript sind gedruckt bei Werner Kaegi: Europäische Horizonte im Denken Jacob Burckhardts, Basel 1962, S. 45–48. – JBW: Manuskript PA 207, 171, 70, Blätter* 1–3, *zwischen* 3&4, 4–9; *Überschrift gemäß Umschlagblatt und Blatt* 1 *der Vortragsnotizen.*

606, 3 ff. Macbeth 1
606, 6 heute] *Interlinearzusatz –* 606, 6 wenn er] *Interlinearzusatz –* 606, 11 überhaupt] *Randzusatz –* 606, 13 er die Zahl jener] *zuerst* er jene – 606, 16 für ein solches Buch] *Randzusatz –* 606, 20 Macbeth bewundern...und Betrachtungen] *zuerst* sich mit der Shakspeare-Literatur nicht befassen können, – 606, 22 Für die Kenner haben wir nicht zu sorgen.] *Randzusatz –* 606, 27 wesentlich] *davor gestr.* mehr – 606, 27 Werk im Ganzen] *zuerst* Ganze

607, 23 ff. (Macbeth) 2
607, 28 Sagengeschichte von dunkelstem Ursprung.] *Interlinearzusatz –* 607, 35 – Summa: 1033–1057 ungefähr.] *Randzusatz –* 607, 38 großen] *danach gestr.* psychologischen – 608, 1 in der Chronik] *Randzusatz –* 608, 3 oder er läßt sie weg.] *Randzusatz –* 608, 7 leiblicher] *Interlinearzusatz –* 608, 12 weiter] *Interlinearzusatz –* 608, 14 nach dem Doppelsiege] *Interlinearzusatz –* 608, 16 Hier sind es Hexen...entlehnten Hekate] *zwischen den zwei Textkolonnen steht der vertikal geschriebene Vermerk* Dieß erst unten zu erörtern auf 4 recto. – 608, 24 bald darauf] *Interlinearzusatz –* 608, 25 oder den Rebellen] *Interlinearzusatz –* 608, 25 und wird sogleich gestürzt] *Interlinearzusatz –* 608, 28 und hat gar keinen...Königs ist.] *Rand- und Interlinearzusatz –* 609, 2 nach frommem Gebet] *Randzusatz, vorangehendes Komma im Ms. aus Punkt verändert*

609, 11 ff. (Macbeth) 3
609, 12 Seine Usurpation ist selbstverständlich] *Interlinearzusatz –* 610, 6 in] *zuerst* aus – 610, 7 zerstreuten] *Interlinearzusatz –* 610, 12 sodaß der Zuschauer...hingenommen wird.] *Randzusatz, vorangehendes Komma im Ms. aus Punkt verändert –* 610, 21 Kraft] *zuerst* Gabe – 610, 22 rücken] *zuerst* versetzen

610, 29 ff. (Macbeth) zwischen 3 & 4
610, 41 und sich mit seiner unsaubern Gier verbinden] *Randzusatz*

611, 7 ff. (Macbeth) 4
611, 11 Sylvanen = Fanggen,] *Komma fehlt im Ms. –* 611, 11 Waldgeistern] *zuerst* Elben – 611, 12 vergleichbar] *im Ms. folgt ein Doppelpunkt –* 611, 18 von Gewerbe] *Randzusatz –* 611, 23 I, 3] *Interlinearzusatz –* 611, 30 bei den Griechen] *Randzusatz –* 611, 34 Dem verkehrten Sohn...das eure thut] *mit blauem Farbstift unterstrichen –* 611, 37 Hekate's Wille dagegen...bringt (Tieck)] *Interlinear- und Randzusatz –* 612, 10 So schön und häßlich sah ich

nie 'nen Tag] *mit blauem Farbstift unterstrichen* – 612, 22 Macbeth] *davor gestr.* Banquo
612, 23 ff. (Macbeth) 5
612, 26 die Versuchung ... Rippen schlägt] *mit blauem Farbstift unterstrichen* – 612, 30 gegeben] *zuerst* gehalten – 612, 35 komme was kommen ... rauhsten Tag] *mit blauem Farbstift unterstrichen* – 612, 41 des Gatten,] *Komma fehlt im Ms.* – 613, 2 Sie kennt ... Allem vertraut.] *Randzusatz* – 613, 5 bevorstehenden] *Randzusatz* – 613, 10 um welchen er seine großen Verdienste hat,] *Randzusatz* – 613, 13 ihre Phantasie von Anfang an unfrei;] *Randzusatz* – 613, 15 kommt, Geister ... entweibt mich hier] *mit blauem Farbstift unterstrichen* – 613, 25 aber] *Interlinearzusatz* – 613, 26 auf dieser Schülerbank der Gegenwart] *mit blauem Farbstift unterstrichen* – 613, 28 unter seinem eigenen Dache] *Interlinearzusatz* – 613, 30 das] *Interlinearzusatz* – 613, 30 das wie ein nacktes ... blasen wird] *mit blauem Farbstift unterstrichen* – 613, 30 auf Sturmwind ... blasen wird] *Interlinear- und Randzusatz* – 613, 37 gespannt zu dieser Schreckensthat ist jeder Nerv] *mit blauem Farbstift unterstrichen*
613, 39 ff. (Macbeth) 6
613, 41 Zuerst die kurze ... rein hält.] *Randzusatz* – 614, 1 eine] *zuerst* die – 614, 8 (Dieß der einzige menschliche Zug in ihr).] *Randzusatz* – 614, 10 erscheint zuerst oben auf dem Gang] *zuerst* dagegen, der zuerst oben auf dem Gang erscheint – 614, 11 – dann tritt er nach der That unten im Hofe bei der Lady auf] *zuerst* und dann nach der That unten im Hofe bei der Lady auftritt, hört wieder Etwas – 614, 13 Sprachst du ... L: Ja] *mit blauem Farbstift unterstrichen* – 614, 18 Mir war als ... kranker Seelen] *mit blauem Farbstift unterstrichen* – 614, 23 Den zweiten Gang ... Fest des Lebens] *zwischen eckigen Klammern* – 614, 25 und drum wird ... schlafen mehr] *mit blauem Farbstift unterstrichen* – 614, 37 «Ich steh in Gottes großer Hand!»] *mit blauem Farbstift unterstrichen* – 615, 5 zwischen Rosse und Macduff] *Randzusatz* – 615, 6 die Prinzen] *zuerst* sie
615, 12 ff. (Macbeth) 7
615, 16 also] *Interlinearzusatz* – 615, 16 bald] *zuerst* sogleich – 615, 17 durch Macbeths Ungeduld] *Randzusatz, vorangehendes Komma im Ms. aus Punkt verändert* – 615, 18 Bankett] *zuerst* Fest – 615, 18 auf den Abend angesagt] *Randzusatz* – 615, 20 Macbeth hat schon gestern mit ihnen gesprochen] *Randzusatz, vorangehendes Komma im Ms. aus Punkt verändert* – 615, 21 im Richard III.] *Randzusatz* – 615, 31 seine leise Hoffnung] *zuerst* daß er andeutet – 615, 32 und die seitherige Friedlosigkeit] *Randzusatz* – 616, 17 Seltsames glüht ... Wesen, Schlaf] *mit blauem Farbstift unterstrichen* – 616, 25 es ist sein zweites Ausbleiben –] *Randzusatz, Gedankenstrich fehlt im Ms.*
616, 28 ff. (Macbeth) 8
617, 8 oder was man vorräthig hatte.] *Randzusatz, vorangehendes Komma im Ms. aus Punkt verändert* – 617, 8 Offenbarungen] *zuerst* Warnungen – 617, 12 – Und dieß ist seine Hauptfrage.] *Randzusatz* – 617, 15 30 Jahre vor Abfassung des Macbeth] *zuerst* vor 30 Jahren vor Macbeth – 617, 29 überfallen] *zuerst* bezwingen – 617, 30 Nur keine Geister mehr] *mit blauem Farbstift unterstrichen* – 617, 35 – in einem Park ... König Eduards] *Randzusatz*

618, 5 ff. (Macbeth) 9
618, 8 Wohl gehen die Schatten] *davor gestr.* viel eher eine Schuldbewußte wird geheimer Familienverbrechen – 618, 27 Daß vor der Zeit... aus Mutterleib] *mit blauem Farbstift unterstrichen*

Die Briefe der Madame de Sévigné

Akademischer Vortrag, gehalten am 15. 11. 1887. – Manuskriptbestand: PA 207, 171, 71: 1 Umschlagblatt (gelber Briefumschlag) mit der autographen Aufschrift (quer mit blauem Farbstift) Md. de Sévigné / 15. November 1887, darin: a) 1 Umschlagblatt mit der autographen Aufschrift Lettres de Madame de Sévigné. Aula 15. November 1887, *8 Folioblätter mit Vortragsnotizen (paginiert* Sévigné 1–8; *recto/verso beschrieben); 1 Quartblatt* Die Briefe der Madame de Sévigné *(unpaginiert; recto/verso beschrieben) mit der Übersicht des Vortrages, 55 Quartblätter (verschiedene Paginierungen; recto/verso beschrieben) mit thematisch geordneten Exzerpten aus den Briefen; b) 1 Umschlagblatt mit der autographen Aufschrift* Mémoires de Bussy Rabutin, *20 Quartblätter (paginiert; recto/verso beschrieben) mit Exzerpten aus den Memoiren von Roger Bussy-Rabutin (éd. Amsterdam 1731). – Zeitungsreferate: «Allgemeine Schweizer Zeitung» Nr. 274, vom 19. 11. 1887. – Erstdruck: Dürr, S. 420–436; GA 14, S. 463–479. – JBW: Manuskript PA 207, 171, 71, Folioblätter* 1–8; *Überschrift gemäß Blatt* 1 *der Vortragsnotizen.*

619, 3 ff. *Die Briefe der Madame de Sévigné* 1
619, 9 in den Händen des Publicums] *Randzusatz* – 619, 14 da auch das Ausland...Franzosen theilt] *Interlinearzusatz* – 619, 26 und geheime Grenze] *Randzusatz* – 619, 32 Ganzen von Eigenschaften] *zuerst* Ranges – 619, 34 und eleganten] *Randzusatz* – 620, 2 des geschriebenen Wortes.] *darunter folgt ein senkrechter Bleistiftstrich* – 620, 6 letzten] *Interlinearzusatz* – 620, 14 dieß] *zuerst* als – 620, 17 väterlicher Seits] *Randzusatz* – 620, 22 Auf den Fall...begraben sein.] *Randzusatz* – 620, 27 Seine] *zuerst* Aus seiner – 620, 27 Gewöhnung] *zuerst* Gewohnheit *und nachfolgend gestr.* des vornehmen – 620, 33 (in seiner enormen Eitelkeit)] *Randzusatz* – 620, 36 , unter Faxen auf Schloß Roissy abgesungen,] *Randzusatz* – 621, 4 – Er starb 1693.] *Randzusatz*
621, 4 ff. (Sévigné) 2
621, 5 – je vous embrasse.] *Randzusatz* – 621, 16 Die Comtesse] *zuerst* Die Madame – 621, 20 zugleich aber es doch...hervorgehoben werden kann] *zuerst* zugleich aber es mißbilligen wenn ich von den vielen Dingen, für welche man Interesse und Vorliebe faßt, nur so Weniges hervorheben kann. – 621, 30 längst] *Interlinearzusatz* – 621, 34 – Surintendant des finances –] *Randzusatz, Gedankenstriche fehlen im Ms.* – 621, 35 der Wittwe genähert] *zuerst* um die Wittwe beworben – 622, 13 Fouquet in seinen...Mitgefühl leiht.] *Interlinearzusatz* – 622, 25 Literarhistoriker sie lesen).] *im Ms. folgt ein mit blauem Farbstift eingerahmter Abschnitt mit dem Randvermerk gehört auf Bl.* 3 – 622, 26 ein ganzes großes besonderes Capitel:] *Randzusatz, Doppelpunkt fehlt im Ms.* – 622, 29 , dessen Werth sie doch kennt] *Randzusatz* – 622, 36 altkluge] *zuerst* ihre

622, 37 ff. (Sévigné) 3
  622, 40 wovon auch andere ihr den Kopf voll machten] *Randzusatz* –
  623, 21 vorzubringen wußte.] *am Rand Vermerk mit blauem Farbstift* Hieher aus Blatt 2 Das Umzogene – 623, 22 Die Mutter war ... à mes sentiments.] *mit blauem Farbstift eingerahmter Abschnitt auf Blatt* 2v – 624, 7 eben] *zuerst* doch – 624, 11 Leute dieses Umgangs] *zuerst* Kunden von diesem Umgang – 624, 20 und in verschiednen Epochen] *Interlinearzusatz* – 624, 20 Pomponne, in dessen ... zu sprechen] *Randzusatz* – 624, 26 (das Ceremoniöse)] *Randzusatz*
624, 32 ff. (Sévigné) 4
  625, 1 Der Provinzadel] *davor gestr.* Ihre Scherze und zierlichen Malicen – 626, 11 von 1688] *Randzusatz* – 626, 16 Carignan] *Interlinearzusatz* – 626, 23 für das Stück] *Randzusatz*
626, 27 ff. (Sévigné) 5
  627, 8 wird] *zuerst* ist – 627, 12 ihrer Gesundheit,] *Randzusatz* – 627, 21 einst] *Interlinearzusatz* – 627, 37 sei es] *zuerst* oder
628, 25 ff. (Sévigné) 6
  628, 32 frommen] *Interlinearzusatz* – 628, 32 (Saint-Aubin)] *Randzusatz* – 629, 1 und Kirchengeschichte] *Randzusatz* – 629, 4 die Grignan] *zuerst* sie – 629, 7 einzupflanzen] *zuerst* beizubringen – 629, 8 die Mutter] *zuerst* sie – 629, 12 eine ungleiche für die Contes,] *Randzusatz* – 629, 15 (das Italienische ist noch das Vornehme)] *Randzusatz* – 629, 22 Ihr Gefühl ... Christi vertheidigte.] *Randzusatz* – 629, 24 wenigstens das französische] *Randzusatz* – 629, 29 (etwa eine Bearbeitung des Joinville)] *Randzusatz* – 629, 29 Sie will genau ... Thron folgen] *Randzusatz* – 629, 31 und des XVI. Jh. bis auf Davila] *Randzusatz* – 630, 12 etwa] *Interlinearzusatz*
630, 18 ff. (Sévigné) 7
  630, 30 dämmernden] *zuerst* blauen – 630, 30 endlich an den Mondnächten.] *Randzusatz, vorangehendes Komma im Ms. aus Punkt verändert* – 630, 37 einen Theil der Anlagen] *zuerst* die Anlagen – 630, 38 Fuß] *im Ms. als Symbol* – 631, 5 – Einmal sind ihr ... la tentation.] *Randzusatz* – 631, 21 Die Aussicht von dem etwas] *zuerst* Und von dem – 631, 32 bei diesem Anlaß] *Randzusatz* – 631, 33 Denn alles was sie berichtet wird] *zuerst* Sie ist nicht nur unbewußt unterrichtend bei allem was sie erzählt, sondern – 631, 34 und Erzählung.] *Randzusatz* – 632, 2 die man in ihren Händen weiß] *zuerst* die in ihren Händen sind
632, 6 ff. (Sévigné) 8
  632, 13 von Brief zu Brief] *Randzusatz* – 632, 20 nahmen es dann ... genau, und] *Randzusatz* – 632, 30 Minister] *Interlinearzusatz* – 632, 31 lassen] *Interlinearzusatz* – 632, 36 reine] *zuerst* frei – 633, 6 übersetzte und] *Interlinearzusatz* – 633, 12 heute] *Randzusatz* – 633, 24 Als sie einst wegen] *zuerst* Wenn sie wegen – 633, 35 einen Eindruck ... zu wollen] *Randzusatz* – 633, 37 Diction] *zuerst* Ausdrucksweise – 633, 38 der] *Interlinearzusatz* – 633, 39 Weiterklang] *zuerst* Widerhall

Mittheilungen über den Barocco

Vortrag, gehalten am 16. 10. 1890 in der Historischen und Antiquarischen Gesellschaft zu Basel. – Manuskriptbestand: eingelegt in das Vorlesungskonvolut PA 207, 163 «Notizen zur italienischen Kunst seit dem XV. Jahrhundert»; 1 Quartblatt mit der nicht autographen Aufschrift 16. Oktober 1890 / Historische Gesellschaft / Mitteilungen über die Barockkunst / Skizze für Vortrag. / J. Burckhardt-Archiv nr. 163; 2 Quartblätter (paginiert Mittheilungen über den Barocco a–b; *recto/verso beschrieben; neben der Originalpaginierung die nicht autographe Bleistiftpaginierung «70» bzw. «71», welche auf die nachträgliche Blattzählung des Vorlesungskonvoluts zurückgeht. – Kurzes Protokoll des Vortrags im Archiv der Historischen und Antiquarischen Gesellschaft zu Basel, Basler Staatsarchiv, PA 88, B 3c. – Zeitungsreferate: «Allgemeine Schweizer Zeitung» Nr. 248, vom 19. 10. 1890. – JBW: Manuskript PA 207, 163, Blätter* Mittheilungen über den Barocco a–b; *Überschrift gemäß Blatt* a *der Vortragsnotizen.*

634, 3 ff. Mittheilungen über den Barocco a
    634, 9 wesentlich] *Interlinearzusatz* – 634, 22 auf das Wirkende] *Randzusatz*
635, 18 ff. (Mittheilungen über den Barocco) b
    635, 20 die geschwungenen Fassaden;] *Randzusatz* – 635, 25 vortretende Flanken] *Randzusatz* – 635, 36 oder sich nach oben ... in Turin] *Randzusatz, vorangehendes Komma im Ms. aus Punkt verändert* – 636, 1 des Obergeschosses] *Randzusatz* – 636, 27 auch die gegitterte Fläche] *Randzusatz* – 636, 29 resp. sich ... rollenden] *Randzusatz*

Die Gemälde des Senators Giovanni Morelli

Vortrag, gehalten am 24. 3. 1892 in der Historischen und Antiquarischen Gesellschaft zu Basel. – Vortragsnotizen liegen nicht vor; ein kurzes Protokoll der Sitzung befindet sich im Basler Staatsarchiv, PA 88, B 3c, S. 185 verso. – Zeitungsreferate: «National-Zeitung» Nr. 73, vom 26. 3. 1892, verfaßt von Albert Gessler, vgl. dazu B.s Danksagung vom 28. 3. 1892, Briefe, Bd. 10, Nr. 1384, S. 29; ein Hinweis auf den Vortrag in der «Allgemeinen Schweizer Zeitung» Nr. 73, vom 26. 3. 1892. – JBW: Referat «National-Zeitung»; Überschrift übernommen aus dem von Hans Trog erstellten Verzeichnis der Vorträge in GA 14, S. 514.

637, 3 ff. *Referat «National-Zeitung» Nr. 73, vom 26. 3. 1892*
    637, 20 Velasquez] *korrigiert aus* Delasquez – 637, 26 Photographien] *korrigiert aus* Photographieen – 638, 21 Ambrogio] *korrigiert aus* Ambrosio

Marien Krönung in der bildenden Kunst

Vortrag, gehalten am 15. 12. 1892 in der Historischen und Antiquarischen Gesellschaft zu Basel. – Manuskriptbestand: PA 207, 171, 73, in der jetzigen Anordnung: 1 Umschlagblatt mit der autographen Aufschrift (Notizenblätter) Marien Krönung in der bildenden Kunst *und der Datierung* (Historische Gesellschaft,

15. December 1892), *darin: 1 Quartblatt* Varia *(unpaginiert; recto/verso beschrieben); 1 Oktavblatt (unpaginiert; recto beschrieben) mit einem kurzen Auszug aus Albertus Magnus, Opus virginis gloriosae; 2 Quartblätter* zu Marien Krönung *(unpaginiert; recto/verso beschrieben); 1 Quartblatt mit Exzerpten aus Pseudo-Melito, ed. Margarin de la Bigne (unpaginiert; recto/verso beschrieben); 1 Quartblatt mit Exzerpten aus Jacobus de Voragine, Legenda Aurea, ed. Th. Graesse (unpaginiert; recto/verso beschrieben); 1 Quartblatt* Marienverehrung *(unpaginiert; recto/verso beschrieben); 1 Quartblatt* zu Marien Krönung *(unpaginiert; recto/verso beschrieben); 1 Quartblatt* Engel *(unpaginiert; recto/verso beschrieben); die ursprüngliche Blattfolge ist nicht eindeutig. – Zeitungsreferate: «Allgemeine Schweizer Zeitung» Nr. 298, vom 20. 12. 1892; «National-Zeitung» Nr. 297, vom 18. 12. 1892. – Kurzes Protokoll des Vortrags im Archiv der Historischen und Antiquarischen Gesellschaft, Basler Staatsarchiv, PA 88, B 3c. – JBW: Manuskript PA 207, 171, 73, 1 Blatt* Marienverehrung, *3 Blätter* zu Marien Krönung, *1 Blatt* Engel, *1 Blatt* Varia; *Überschrift gemäß Umschlagblatt.*

640, 3 ff. *Unpaginiertes Blatt* Marienverehrung
　640, 12 Im Malerbuch vom Athos...Maria schwebt auf Wolken] *Interlinearzusatz* – 640, 14 in den Himmel empor.] *Randzusatz* – 640, 27 zuerst der Seele, dann] *Randzusatz* – 640, 32 und zwar volksthümlich,] *Randzusatz* – 641, 21 Und auch schon...Jacopo Torriti] *Randzusatz* – 641, 22 Sie mochte nach Italien...des gothischen Styles.] *Interlinearzusatz*

641, 26 ff. *Unpaginiertes Blatt* zu Marien Krönung
　642, 2 und auch von allegorischen Gestalten] *Randzusatz* – 642, 4 ohne Christus] *Randzusatz* – 642, 15 XII. und] *Interlinearzusatz* – 642, 20 Gentile da Fabriano,...Christus mit ausgebreiteten Händen.] *Interlinearzusatz* – 642, 27 Deutsche Kunst IV.] *Randzusatz* – 642, 30 Dann ebenso bei Holbein...S. Maria maggiore] *Randzusatz* – 642, 33 die Krone haltend] *Interlinearzusatz* – 643, 8 Trivulzio] *im Ms.* Triulzio – 643, 12 Assunten] *zuerst* Assunta – 643, 12 Die der Galleria campidoglio...Aposteln am Grabe] *Randzusatz*

643, 15 ff. *Unpaginiertes Blatt* zu Marien Krönung
　643, 27 der Pietà.] *Randzusatz* – 643, 27 Gottvater krönt...Maria krönen] *Interlinearzusatz* – 643, 28 zu beiden Seiten je drei Heilige] *Randzusatz* – 643, 30 im letzten Bilde] *Interlinearzusatz* – 644, 6 (Museum von Brüssel)] *danach gestr. Fragezeichen* – 644, 18 jene] *zuerst* diese – 644, 27 zwischen zwei Engeln,] *Randzusatz* – 644, 30 Dito, Francesco Francia...Incoronata] *Interlinearzusatz* – 644, 31 unten ein paar Apostel gemischt mit mehrern Heiligen] *Randzusatz*

644, 36 ff. *Unpaginiertes Blatt* zu Marien Krönung
　645, 29 oder abwärts] *Interlinearzusatz* – 646, 1 (Dennoch aber...combinirt)] *Interlinearzusatz* – 646, 2 (und auch mit der Assunta)] *Randzusatz*

646, 8 ff. *Unpaginiertes Blatt* Engel
647, 1 ff. *Unpaginiertes Blatt* Varia
　647, 17 der Apostel] *Randzusatz*

Editorisches Nachwort

Der vorliegende Band dokumentiert in chronologischer Abfolge 45 Vorträge, die Jacob Burckhardt zwischen 1870 und 1892 in Basel gehalten hat.[1] Ihr Themenspektrum reicht von der politischen Geschichte über die Kunst- und Literaturgeschichte bis zu mentalitätsgeschichtlichen Fragestellungen. Herrscher- und Künstlerporträts finden sich neben Museumsrundgängen und Textinterpretationen; bestimmte Geschichtsepochen und Kunstgattungen werden ebenso erörtert wie die Kochkunst der Griechen oder die Zukunft der englischen Sprache. Lediglich 22 dieser Vorträge waren bislang durch die Ausgaben Emil Dürrs[2] bekannt. Die neue Edition unterscheidet sich von den früheren Publikationen jedoch grundsätzlich. Der vorliegende Band gibt die Texte wieder, die sich als Unterlagen für einen Vortrag nachweisen lassen. Zeitungsreferate zu den Vorträgen wurden dann aufgenommen, wenn kein solches Vortragsmanuskript vorliegt oder wenn sie das vorhandene Manuskript ergänzen.

Burckhardt hat zwischen 1870 und 1892 – abgesehen von Neuauflagen seiner früheren Werke – keine größeren Publikationen vorgelegt. Nach der Ausarbeitung der umfangreichen Vorlesungen «Über das Studium der Geschichte» (JBW 10) und «Griechische Culturgeschichte» (JBW 19–22) wandte er sich verstärkt kunsthistorischen Themen zu; 1874 übernahm er zusätzlich zu seinem Lehrstuhl für Geschichte den neuen Lehrstuhl für Kunstgeschichte an der Basler Universität, dessen Einrichtung sich seiner persönlichen Initiative verdankte.[3] Außerdem fuhr er fort, die oberste Klasse am Paedagogium zu unterrichten und in den Wintermonaten öffentliche Vorträge zu halten.[4] Wie ernst Burckhardt die Vortragstätigkeit nahm, zeigt ein Brief an Eduard Schauenburg vom 3. Dezember 1869, in dem er eine Einladung nach Krefeld mit der Begründung ausschlägt: «Meine ganze Nervenkraft gehört einzig diesem Grund und Boden, und Nervenkraft giebt man an Vorträgen aus, wenn sie sind wie sie sein sollen.» Und er fügt hinzu: «Es ist hier eine Art von Ehrenpflicht für uns in

---

1 Die Vorträge der Jahre 1844–1869 erscheinen in JBW 12.
2 Dürr 1918; GA 14, 1933.
3 Vgl. Briefe, Bd. 5, Nr. 623, S. 214 ff., und Kaegi, Bd. 6.1, S. 275 ff.; seinen Lehrstuhl für Geschichte legte Burckhardt zum Sommersemester 1886, denjenigen für Kunstgeschichte erst zum Wintersemester 1892/93 nieder.
4 Vgl. Briefe, Bd. 3, S. 425, und Kaegi, Bd. 6.1, S. 276, zu Burckhardts Wochenpensum.

Basel geborne Docenten, vor großen gemischten Auditorien zu predigen [...] Wir garantiren jeden Winter dem Publicum einen großen Cyclus von 38–40 ‹populären Vorträgen› und einen von 14 etwas höher gestimmten, für das noch feinere Publicum. Und daneben gedeiht noch eine Anzahl von ganzen Cursen, weltlich und religiös etc. [...] Der Verein der jungen Kaufleute allein (wo ich ebenfalls für 2 Abende verpflichtet und Ehrenmitglied bin) hat ein Unterrichtswesen wie eine ansehnliche Anstalt.»[1]

Populäre Vorträge wurden seit 1864 von der «Gesellschaft zur Beförderung des Guten und Gemeinnützigen» organisiert und fanden zuerst in der Aula des Museums und seit 1874 im neu erbauten Bernoullianum statt, dessen Hörsaal 450 Personen Platz bot.[2] Die «etwas höher gestimmten» akademischen Vorträge – zu denen die Mehrzahl der Texte im vorliegenden Band gehören – fanden in der Aula des Museums statt und sollten die Beziehung zwischen Stadt und Universität fördern bzw. festigen. Solche Vorträge wurden von der «Freiwilligen Akademischen Gesellschaft» seit 1835, dem Jahr ihrer Gründung, durchgeführt. Sie beteiligte sich nach 1864 auch an der Finanzierung und Organisation der «populären Vorträge».[3] Da die «Freiwillige Akademischen Gesellschaft» einen beträchtlichen Zuschuß zu Burckhardts Gehalt leistete, bildete die öffentliche Vortragstätigkeit auch eine Ehrenpflicht.[4] Sein Lehramt, das ausdrücklich Vorträge vor einem «gemischten Publikum» einschloß,[5] hat Burckhardt, wie er anläßlich seines Rücktritts 1893 schrieb, trotz dieser zusätzlichen Belastung «ein ununterbrochenes Gefühl des Glückes verliehen».[6]

Obwohl ihm das öffentliche Auftreten mit zunehmendem Alter beschwerlich wurde,[7] hielt er bis zum November 1887 an der Tradition der Aula-Vorträge fest, nicht zuletzt, weil das seit Herbst 1879 erhobene Zyklusgeld der Öffentlichen Bibliothek zugute kam.[8] Vor der «Historischen und Antiquarischen Gesellschaft» hat Burckhardt auch weiterhin, zuletzt

---

1 Briefe, Bd. 5, Nr. 528, S. 61 f.; vgl. auch Briefe, Bd. 7, Nr. 895, S. 194, mit fast identischer Aussage.
2 Vgl. Briefe, Bd. 5, S. *303*, und A. Rüegg, Zur Feier des Fünfzigjährigen Bestehens der öffentlichen populären Vorträge in Basel, Basel 1914.
3 Georg Boner, Geschichte der Freiwilligen Akademischen Gesellschaft der Stadt Basel während der ersten hundert Jahre ihres Bestehens, Basel 1935, S. 92.
4 Vgl. Briefe, Bd. 3, S. *425*; Kaegi, Bd. 2, S. 469, und Bd. 4, S. 9 f.
5 Vgl. Johann Jakob Bachofen, Gesammelte Werke, Bd. 10, S. 173 (Brief an Jacob Burckhardt in Zürich im Auftrag der Kuratel der Universität Basel vom 24. Januar 1858).
6 Vgl. Briefe, Bd. 10, Nr. 1440, S. 95 f., sowie ganz ähnlich in Briefe, Bd. 10, Nr. 1444, S. 98; Nr. 1445, S. 99; Nr. 1454, S. 106.
7 Vgl. Briefe, Bd. 7, Nr. 912, S. 225; Bd. 8, Nr. 990, S. 97; Nr. 1042, S. 182; Nr. 1081, S. 254; Bd. 9, Nr. 1156, S. 53; Nr. 1207, S. 125.
8 Vgl. Briefe, Bd. 8, Nr. 990, S. 97 und *390 f.*; Nr. 1001, S. 116; Nr. 1119, S. 312 f.

im Dezember 1892, vorgetragen; im kleineren, kollegialen Kreis, der an unterschiedlichen Orten tagte – zeitweise in der Lesegesellschaft, dann in einem Saal der Kunsthalle, schließlich im Saal der Schlüsselzunft –, konnte er ungezwungener auftreten und auch Bücher und Photographien vorzeigen.[1] Von den Vorträgen, die Burckhardt nach 1870 vor dem «Verein junger Kaufleute» hielt, ist nur einer erhalten geblieben und im vorliegenden Band abgedruckt.[2] Eine Ausnahme stellt die in Vertretung des nach Breslau berufenen Rektors Miaskowski 1881 gehaltene Rektoratsrede «Über das wissenschaftliche Verdienst der Griechen» dar.[3]

Daß Burckhardt seine Vorträge und Vorlesungen gründlich vorbereitete, mehrmals memorierte und dann frei vortrug, ist bekannt und oft beschrieben worden[4] – und erstaunt doch immer wieder angesichts der Fülle von Namen, Zitaten und Objekten in vielen Vorträgen. Gegenüber jüngeren Kollegen wie Wilhelm Vischer und Bernhard Kugler hat Burckhardt die Vorteile der freien Rede wiederholt hervorgehoben: «Es kommen Einem ganz andere Ideen als beim Ablesen, und man ist ein ganz anderer Herr!»[5] Seinen Vortragsstil, die Wirkung von Burckhardts – trotz leichten Lispelns – «wahrhaft klassischem Redefluß»,[6] haben Schüler und Kollegen, darunter Friedrich Nietzsche, zu charakterisieren versucht,[7] am schönsten vielleicht Heinrich Wölfflin, sein Nachfolger auf dem Lehrstuhl für Kunstgeschichte: «Er sprach ganz ohne Heft, sehr fließend und sauber, und mit höchster Ökonomie in den Wirkungsmitteln. Von Natur für das Pathetische disponiert, sparte er solche Steigerungen doch für ganz ausgewählte Momente, wo er dann geheimnisvoll-leise redete und die Stimme vibrierte, so etwa, wenn er auf die Schönheit des Kölner Domes oder die ungeheure Begabung von Rubens zu sprechen kam. Häufiger ließ er den Humoristen zu Worte kommen, aber so fein, daß immer nur wenige die eigentliche Stimmung des Redners merkten.»[8]

Natürlich gab es auch Kritiker und Spötter wie Johann Jakob Bachofen, der es ablehnte, Burckhardts «ästhetische Ergüsse» über sich «er-

---

1 Vgl. Kaegi, Bd. 2, S. 550 f.
2 «Über das Englische als künftige Weltsprache», JBW 13, S. 14–17.
3 JBW 13, S. 341–358; vgl. auch Briefe, Bd. 7, Nr. 942, S. 295.
4 Vgl. Briefe, Bd. 4, Nr. 324, S. 22; GA 14, S. XII f., und Ernst Ziegler, Jacob Burckhardts Vorlesung über die Geschichte des Revolutionszeitalters in den Nachschriften seiner Zuhörer. Rekonstruktion des gesprochenen Wortlautes, Basel; Stuttgart 1974, S. 545 ff., mit weiteren Zeugnissen.
5 Vgl. Briefe, Bd. 5, Nr. 599, S. 178; Ziegler, S. 545.
6 Vgl. JBW 13, S. 191, und Kaegi, Bd. 6.1, S. 295.
7 Vgl. Friedrich Nietzsche, Sämtliche Briefe, KSB, Bd. 3, S. 155 (Brief an Gersdorff vom 7. November 1870); Ziegler, S. 546 f.
8 Heinrich Wölfflin, Kleine Schriften, hrsg. von Joseph Gantner, Basel 1946, S. 191 f.

gehen zu lassen»;[1] doch häuften sich in den neunziger Jahren, anläßlich von Doktorjubiläum und 75. Geburtstag, die Dankbezeugungen und Ehrungen für Burckhardts Engagement. «Sein lebendiges Wort», schrieb Stephan Born in den «Basler Nachrichten», habe nicht nur die Studenten der Universität erreicht, sondern sei «in nicht genug anzuerkennender Weise auch in dem geräumigen Saale der Aula und des Bernoullianums [...] eine unversiegliche Quelle der Belehrung für alle Klassen unserer Bevölkerung» gewesen.[2]

Burckhardt verwendete bei der Niederschrift seiner Vortragsmanuskripte bzw. -notizen in der Regel aufgeschnittene Doppelbogen (Format ca. 17 × 21,5 cm; hier als «Quartblatt» bezeichnet) aus grau-grünlichem oder gelbem bis bräunlichem Papier. Für einige Referate nahm er auch ganze Bogen (Format ca. 33 × 21,5; hier als «Folio» bezeichnet). Bis zum Sommer 1885 benutzte er schwarze Tinte in unterschiedlichen Stärkegraden, danach violette Tinte. Außerdem machte er mit Bleistift Zusätze und Unterstreichungen; der blaue Farbstift diente ihm vor allem für Markierungen und Umstellungsverweise. Die zahlreichen späteren Zusätze und Korrekturen lassen sich demnach nur mit Hilfe eines *terminus post quem* datieren, wenn sie in violetter Tinte auf Texten, die vor dem Sommer 1885 geschrieben worden sind, angebracht wurden. Solche Zusätze in violetter Tinte zeigen an, daß Burckhardt auch seine Vortragsmanuskripte ständig erweitert und ergänzt hat, und dies bis ins hohe Alter.

Jedes Manuskript und die dazugehörigen, oft umfangreichen Materialien wurden von Burckhardt in einem gesonderten und beschrifteten Umschlag aufbewahrt, wobei in der Regel der eigentliche Vortragstext und die Vorbereitungsunterlagen eine separate Paginierung aufweisen. Die Faszikel werden heute mehrheitlich unter der Signatur PA 207, 171 im Staatsarchiv Basel aufbewahrt. Einige Texte wurden von Burckhardt auch in andere Konvolute, vorwiegend Vorlesungsmanuskripte, eingeschoben.

Burckhardt hat die Veröffentlichung seiner frei gesprochenen Vorträge nicht beabsichtigt. Er unterschied zwischen gesprochenem und geschriebenem Wort und äußerte beispielsweise gegenüber Max Alioth, es sei «geschmacklos, Gesprochenes (welches ja seinen eigenen Styl hat) drukken zu lassen».[3] Die Bedeutung des freien Vortrags hob er auch in einem

---

1 Johann Jakob Bachofen, Gesammelte Werke, Bd. 10, S. 184 f. (Brief an Meyer-Ochsner vom 26. Dezember 1858); vgl. Ziegler, S. 560.
2 Vgl. Kaegi, Bd. 6.2, S. 842 f., und Briefe, Bd. 10, Nr. 1449, S. 101.
3 Briefe, Bd. 8, Nr. 1034, S. 170.

Brief an Emma Brenner-Kron hervor: «Von meinen Vorlesungen wird nie etwas gedruckt, weil sie nur durch den Vortrag entstehen und sich daher gedruckt ganz ‹letz›, wie Teppiche von der Kehrseite, ausnehmen müßten.»[1] So sind die überlieferten Manuskripte durchweg als Arbeitsunterlagen für den freien Vortrag anzusehen. Neben vollständig ausformulierten Aula-Vorträgen wie demjenigen über «Die Anfänge der neuern Porträtmalerei» gibt es teilweise ausformulierte, aber inhaltlich vollständige wie «Thomas Morus und die Utopia»; es finden sich stichwortartig formulierte Übersichtsblätter, zum Beispiel «Rafael als Porträtmaler», wo das Referat der «Allgemeinen Schweizer Zeitung» die Reihenfolge der besprochenen Bilder bestätigt; schließlich auch noch inhaltlich geordnete Quellenzusammenstellungen und -interpretationen, etwa die Manuskripte über Talleyrand und Napoleon, wo sich Burckhardt bei der Vorbereitung oder während des Vortrags selbst für bestimmte Akzente entschied und die Fülle der Zitate reduzierte. Das Anlegen umfangreicher Exzerpte – z. B. aus der «Zimmernschen Chronik» – erlaubte es Burckhardt, die eigentlichen Vortragsnotizen – in diesem Fall zu «Leben und Sitten des Adels um 1500» – auf ein Konzept zu beschränken, das sich beim Memorieren und während des eigentlichen Vortrags mit freien Zitaten aus den Exzerpten inhaltlich ausfüllen ließ. Zur Vorbereitung von Vorträgen, die sich thematisch mit dem Stoff von Vorlesungen überschnitten, konnte sich Burckhardt außerdem auf bereits vorhandene Vorlesungsmanuskripte stützen. Wenn stichwortartige Vortragsnotizen die erklärende Ergänzung aus zugehörigen Exzerpten oder Vorlesungsmaterialien voraussetzen, weist deshalb die Edition die entsprechenden Auszüge im Sachkommentar nach. Auf eine Veröffentlichung reiner Exzerptsammlungen – etwa aus den Annalen des Marino Sanuto oder aus Khevenhüllers «Annales Ferdinandei», der Quellengrundlage für den Vortrag «Die Reise einer Kaiserbraut» – wird jedoch in Übereinstimmung mit den Editionsgrundsätzen verzichtet.

Einige Texte wurden von Burckhardt in andere Konvolute, vorwiegend Vorlesungsmanuskripte, eingelegt und im Zusammenhang von Vorlesungen verwendet. Dies hat zur Folge, daß die hier edierten Vorträge «Über niederländische Landschaftsmalerei», «Claude Lorrain» und «Rembrandt» – letzterer mit nachträglichen Ergänzungen – auch in JBW 18 aufgenommen werden, da sie zugleich zum Bestand der Vorlesung über die «Kunst des 17. und 18. Jahrhunderts» gehören. Dagegen erübrigt es sich, die beiden Vorträge «Die historische Größe» und «Über Glück und Unglück in der Weltgeschichte» im vorliegenden Band noch einmal wiederzugeben, da Burckhardt die beiden Vortragsmanuskripte in das neue

---

1 Vgl. Briefe, Bd. 4, Nr. 456, S. 229.

Schema der Vorlesung «Über das Studium der Geschichte» integriert hat. Beide Texte sind als Bestandteil dieses Vorlesungsmanuskriptes bereits in JBW 10 ediert worden.

Einen weiteren Spezialfall bildet der Vortrag «Die Griechen und ihre Künstler». Hier wurde nicht ein Vortragsmanuskript nachträglich zum Bestandteil eines anderen Konvolutes, sondern Burckhardt hat offensichtlich umgekehrt für den Vortrag von 1883 ein Manuskript ausgewertet, das bereits früher als Teil der «Aufzeichnungen zur griechischen Kunst» entstanden war.[1] Eigens für den Vortrag angelegte zusätzliche Notizen fehlen. Innerhalb der JBW erscheint der Manuskripttext «Die Griechen und ihre Künstler» im ursprünglichen Zusammenhang der «Aufzeichnungen zur griechischen Kunst» in Band 14 (Kunst des Altertums), während in den vorliegenden Band JBW 13 das stenographierte Referat des Vortrags in der «Allgemeinen Schweizer Zeitung» aufgenommen wurde.

In diesem und in einigen weiteren Fällen wurde entschieden, Zeitungsreferate – obwohl diese nicht von Burckhardt selbst verfaßt sind – in der vorliegenden Edition zu dokumentieren. Zur Unterscheidung von den Manuskripttexten sind sie kursiv gesetzt. Es handelt sich zum einen um Referate, die von Emil Dürr unter Beizug der Manuskripte ergänzt, überarbeitet und in seine Ausgaben der Vorträge Burckhardts aufgenommen wurden: «Talleyrand», «Napoleon nach den neusten Quellen» und «Über Echtheit alter Bilder». In dieser Bearbeitung sind sie rezipiert worden. Die Dokumentation der unbearbeiteten Zeitungsreferate macht es nun möglich, diese mit dem Manuskripttext und der Dürrschen Version zu vergleichen. Zum anderen werden solche Zeitungsreferate wiedergegeben, die den Manuskripttext ergänzen oder erläutern. Dies gilt für die Vorträge «Über Besichtigung altdeutscher Bilder», «Mailänderkriege seit 1521», «Spanien unter Philipp II.», «Rafael als Porträtmaler» und «Matthias Grünewald». Schließlich wurden fünf Zeitungsreferate über Vorträge aufgenommen, für die kein Vortragsmanuskript Burckhardts vorliegt. Neben dem bereits erwähnten Spezialfall «Die Griechen und ihre Künstler» sind dies «Ludwig XI. von Frankreich», «Wallenstein laut der Geschichte», «Die Reise einer Kaiserbraut (1630)» und «Die Gemälde des Senators Giovanni Morelli in Bergamo».

Burckhardts Urteil über die Zeitungsreferate seiner Vorträge fiel unterschiedlich aus. Beim Berichterstatter des Vortrags über «Die Gemälde des Senators Giovanni Morelli» in der «National-Zeitung», Albert Gessler, bedankte er sich persönlich.[2] An anderer Stelle hat er sich freilich auch

---

1 Vgl. GA 13, S. 20; JBW 21, S. 787.
2 Vgl. Briefe, Bd. 10, Nr. 1384, S. 29.

kritisch über die Zeitungsreferate geäußert. Es sei «schmerzlich für den Vortragenden, ein pauvres Halbexcerpt nachher lesen zu müssen», schrieb er an Max Alioth im Dezember 1883;[1] und dem Redaktor der «Allgemeinen Schweizer Zeitung» erklärte er kurz zuvor: «Von ästhetischer Seite ließe sich namentlich einwenden, daß ein *freier* Vortrag überhaupt nicht für die schriftliche Aufzeichnung geeignet sei [...]» Burckhardt hat dann allerdings nicht versucht, Zeitungsberichte über seine Vorträge zu verhindern, sondern dem Redaktor der «Allgemeinen Schweizer Zeitung» vorgeschlagen, die Druckfahnen künftig selbst zu korrigieren, «damit ich wenigstens das Allerstörendste tilgen kann»[2]. So hat er nachweislich etwa das Referat über «Die Reise einer Kaiserbraut» vor dem Erscheinen durchgesehen.[3]

1918 gab Emil Dürr zum hundertsten Geburtstag Burckhardts – im Auftrag der «Historischen und Antiquarischen Gesellschaft» – erstmals einen Band mit Vorträgen heraus. Dieser enthielt aus dem hier gewählten Zeitraum 1870 bis 1892 zwanzig Vorträge. In Übereinstimmung mit der damaligen Editionspraxis wählte Dürr aus den Manuskripten möglichst ausformulierte Texte aus. Er nahm gegebenenfalls kleinere Eingriffe vor oder verband – so im Fall von «Napoleon» – das als Textgrundlage gewählte Zeitungsreferat mit einzelnen Passagen aus dem Manuskript. Die Vortragstitel entsprechen in Dürrs Ausgabe in der Regel den Ankündigungen des Vortragsprogramms in den verschiedenen Basler Zeitungen. Der 14. Band der Gesamtausgabe von 1933, als 5. Auflage der Vorträge nochmals von Emil Dürr herausgegeben, stützte sich auf die Erstausgabe von 1918. Zusätzlich aufgenommen wurden aus dem Zeitraum von 1870 bis 1892 die Vorträge «Talleyrand» und «Über Echtheit alter Bilder» – auch hier basierend auf bearbeiteten Zeitungsreferaten. Dagegen fehlen «Die Griechen und ihre Künstler» und die «Weihgeschenke des Alterthums», welche innerhalb der GA in die «Griechische Kulturgeschichte» einbezogen wurden.

JBW 13 bietet erstmals den genauen Textbestand der überlieferten Vortragsmanuskripte und unterscheidet sich dadurch grundsätzlich von den Ausgaben Emil Dürrs, welche ihrerseits im 20. Jahrhundert die Rezeption von Burckhardts Vorträgen überhaupt ermöglicht haben.

---

1 Vgl. Briefe, Bd. 8, Nr. 1034, S. 170.
2 Vgl. Briefe, Bd. 8, Nr. 1032, S. 167f.; im März 1883 hatte Burckhardt sich bereits über «burschikose Ausdrücke und namentlich geschmacklose und übertriebene Adjectiva» in stenographierten Zeitungsartikeln beschwert, vgl. Briefe, Bd. 8, Nr. 1001, S. 116 und *406*.
3 Vgl. Briefe, Bd. 8, Nr. 1034, S. 169 und *449f*.

Die Arbeit an diesem Band wurde gefördert durch den Schweizerischen Nationalfonds. Unverzichtbare Unterstützung leisteten das Staatsarchiv Basel und die Universitätsbibliothek Basel sowie das Kunsthistorische Institut Florenz und das Zentralinstitut für Kunstgeschichte in München. Dank für Hinweise und Ratschläge geht an Ruth Burckhardt, Enzo Cervelli, Claudio Cesa, Mauro Corsaro, Eugenio Garin, Maja Häderli, Marisa Mangoni, Nikolaus Meier, Eva Mongi-Vollmer, Philipp Müller, Barbara von Reibnitz, Wilhelm Schlink, Max Seidel, Horst Sitta und Christine Tauber. Kurt Walder, Timur Yüksel und dem Erasmushaus Basel ist zu danken für die großzügige Überlassung einer Mitschrift zum Vortrag «Madame de Sévigné» an das Jacob Burckhardt-Privatarchiv.

Der vorliegende Band erscheint in dankbarer Erinnerung an Max Burckhardt, dem dieser Band gewidmet ist.

Editionsgrundsätze

Die Textkonstitution in JBW 13 folgt den Richtlinien der allgemeinen Editionsgrundsätze für die Abteilung Nachlaßtexte der JBW. Ediert werden im vorliegenden Band Manuskripte, die innerhalb des Nachlasses durch ihre Zugehörigkeit zum entsprechenden Archivbestand (PA 207, 171) oder durch formale und inhaltliche Indizien als Vortragsnotizen identifizierbar sind. Eine Selektion im Hinblick auf eine ohnehin nur hypothetisch mögliche Rekonstruktion des gesprochenen Vortragstextes wird dabei nicht vorgenommen. Ausgeschlossen bleiben dagegen Manuskriptblätter mit Exzerpten aus Quellen oder Werken der Sekundärliteratur. Die aus dem Nachlaß edierten Texte werden in der Form der letzten Bearbeitung durch B. wiedergegeben, unabhängig davon, ob Änderungen oder Erweiterungen nach dem Datum eines einmal gehaltenen Vortrags erfolgten.

Die zu einzelnen Vorträgen edierten Zeitungsreferate beinhalten nicht B.schen Text und bilden keine dem Manuskript gleichgestellte Textform, sind aber von dokumentarischem Wert, wenn Vortragsnotizen nur fragmentarisch vorliegen oder ganz fehlen.

Blattfolge

Die Textanordnung folgt der mehrheitlich vorgegebenen Blattpaginierung der Vortragsmanuskripte. Bei fehlender Paginierung wird die vorgefundene Blattfolge des Manuskriptes übernommen, sofern nicht eine offensichtlich gestörte Anordnung eine Umstellung verlangt. Blattpaginierung und Blattfolge des Manuskriptes werden in den textkritischen Anmerkungen nachgewiesen.

Beiblätter

Beiblätter, die von B. als Erweiterung des laufenden Textes angelegt wurden und durch eine Einfügungsanweisung verortet sind, werden an den bezeichneten Stellen eingefügt und in den textkritischen Anmerkungen identifiziert.

Beiblätter, die ohne präzises Verortungszeichen einer Grundpaginierung zugeordnet sind, werden entsprechend dem inhaltlichen Bezug in den Text des jeweils zugewiesenen Blattes eingefügt, von diesem jedoch durch Leerzeilen und Blattwechselzeichen erkennbar abgesetzt. Die

Blattfolge im Manuskript wird auch hier in den textkritischen Anmerkungen nachgewiesen.

Orthographie

B.s Orthographie wird grundsätzlich beibehalten. Eindeutige Verschreibungen werden im Text stillschweigend verbessert, aber in den textkritischen Anmerkungen nachgewiesen. Die Orthographie in den Zeitungsreferaten wird nicht geglättet, hingegen werden Druckfehler korrigiert und ebenfalls in den textkritischen Anmerkungen nachgewiesen.

Von B. verwendete Varianten zu runden Klammern werden als geschweifte Klammern { } wiedergegeben.

Unleserliche Textstellen und unsichere Lesung

[-] ein unlesbares Wort
[--] zwei unlesbare Wörter
[---] drei oder mehrere unlesbare Wörter
[?] unsichere Lesung

Bei fehlenden Wörtern werden Ergänzungsvorschläge der Herausgeber durch eckige Klammern gekennzeichnet.

Abkürzungen

B.s gewohnheitsmäßige Abkürzungen und Abkürzungszeichen werden, soweit sie eindeutig sind, stillschweigend aufgelöst. Das betrifft:

Das Abkürzungszeichen für «und»
Das Abkürzungszeichen für die Endung «-en»
Das Abkürzungszeichen für «et cetera», wiedergegeben als «etc.»

bes.	= besonders (außer in Stellen mit Verweis- und Belegcharakter)
d.	= ausgeschriebener bestimmter Artikel
e.	= ausgeschriebener unbestimmter Artikel
-g	= -ung
-ht	= -heit
-kt	= -keit
d–ch	= doch/durch
od.	= oder
-schft	= -schaft
u.	= und
v.	= von

Die von B. durchgehend verwendete Abkürzung «zB:» wird in dieser Form mit Doppelpunkt übernommen.

B.s Abkürzungszeichen für «und» in Verbindung mit einer anderen Abkürzung wird nur als «u.» aufgelöst; also «u.dgl.» (nicht: und dgl.). Beibehalten werden darüber hinaus allgemein übliche Abkürzungen. Alle Abkürzungen erhalten einen Punkt (außer «zB:»).

Die von B. häufig als Abkürzung verwendeten, mit den Planetensymbolen identischen alchimistischen Zeichen für Metalle (golden, silbern, bronzen) sowie die Abkürzungen für Längenmaße (z.B. «Fuß») werden im Text umgeschrieben und in den textkritischen Anmerkungen nachgewiesen.

Ziffern, die eindeutig Abkürzungsfunktion haben, werden aufgelöst. Ebenso ausgeschrieben werden Zahlenangaben in Ziffern, wenn es sich um kleinere Zahlenwerte handelt, ausgenommen in Verbindung mit Abkürzungen.

Bei Zweifeln an der Richtigkeit der Auflösung bleibt die Abkürzung unaufgelöst oder wird in eckige Klammern gesetzt.

Interpunktion

B.s Interpunktion wird grundsätzlich übernommen.

Der bei B. schwankende Gebrauch des Punktes nach Abkürzungen und Ordinalzahlen bei Datumsangaben, Jahrhunderten und Herrschernamen wird vereinheitlicht.

Die häufig fehlende Interpunktion wird in folgenden Fällen stillschweigend ergänzt:
– beim Seitenwechsel oder am Ende eines Abschnittes,
– bei linearer Anordnung von Aufzählungen, die im Manuskript in Listenform erscheinen,
– bei der Integration von Interlinear- und Randzusätzen in den laufenden Text, sofern eine Interpunktion aus grammatikalischen Gründen erforderlich ist,
– zur Korrektur von Interpunktionsversehen wie fehlender Schlußklammer oder fehlendem zweiten Gedankenstrich bei einem Einschub.

Editorische Eingriffe in die Interpunktion über diese geregelten Fälle hinaus werden in den textkritischen Anmerkungen nachgewiesen.

Unterstreichungen

Unterstrichener Text wird im Haupttext kursiv wiedergegeben. In den textkritischen Anmerkungen wird die Auszeichnung durch Unterstreichung jedoch beibehalten. Varianten der Unterstreichung werden nicht wiedergegeben.

Überschriften

Die Überschriften der Vorträge werden in der Regel aus dem Manuskript übernommen, wobei sowohl das einleitende Textblatt wie auch eine autographe Aufschrift auf dem Umschlagblatt den Titel vorgeben können. Weist das Manuskript keine Überschrift auf, wird diese aus Zeitungsreferaten oder Vortragsprotokollen abgeleitet. Bei Vorträgen, für die lediglich ein Zeitungsreferat vorliegt, muß die Überschrift aus dem Referat selbst erschlossen werden.

Da es kein von B. autorisiertes Verzeichnis der Vortragstitel gibt und sich die Überschriften nicht generell auf einen Eintrag im Manuskript zurückführen lassen, sind die in JBW 13 verwendeten Vortragstitel als Zitiertitel aufzufassen. Die Überschrift zu jedem einzelnen Vortrag wird in der einleitenden textkritischen Anmerkung begründet.

Der zur typographischen Hierarchisierung verwendete Kursivsatz bei Überschriften verweist nicht zwingend auf eine im Manuskript vorhandene Unterstreichung.

Manuskriptpaginierung

Die Manuskriptpaginierung wird in den textkritischen Anmerkungen nachgewiesen. Im Text selbst wird der Blattwechsel mit einem senkrechten Strich gekennzeichnet.

Textgliederung

Die Edition bietet keine diplomatisch getreue Abbildung der Manuskriptgestaltung. Alinea, Einzüge und Leerzeilen werden übernommen, soweit sie in der nicht systematisierten Darstellung des Manuskripts als solche klar identifizierbar sind. Nach Überschriften und Leerzeilen wird auf den Einzug verzichtet. Grammatikalisch zusammenhängende Sätze im fortlaufenden Textfluß werden nicht durch Alinea voneinander getrennt.

Streichungen

Streichungen ohne erkennbare Aussage wie einzelne Buchstaben, unklare Wortanfänge oder bezugslose Wörter bleiben unberücksichtigt. Die übrigen Streichungen sind in den textkritischen Anmerkungen dokumentiert, aber nicht editorisch bearbeitet.

Zusätze

Zusätze wurden von B. in der Regel auf dem freigelassenen rechten Rand des Blattes notiert oder zwischen den Zeilen eingeschoben. Eine zeitliche Einordnung der Zusätze ist – außer aufgrund der Tintenfarbe oder eines anderen *terminus post quem* – nicht möglich. Zusätze können sowohl Teil der ersten Niederschrift als auch Beifügungen späterer Jahre sein.

Zusätze zwischen den Zeilen (Interlinearzusätze), solche am Rand (Randzusätze) und solche, die aus den Zeilen des Haupttextes in den Rand übergehen (Interlinear- und Randzusätze), werden in der Edition ohne weitere Kennzeichnung in den laufenden Text gesetzt, wenn sie durch eine Einfügungsanweisung B.s eindeutig zu verorten oder als lineare Fortsetzung der Textfolge zu erkennen sind. In dieser Weise integrierte Zusätze werden in den textkritischen Anmerkungen nachgewiesen.

Zusätze, für die es kein Verortungszeichen gibt und die keine lineare Fortsetzung der Textfolge darstellen, werden zwischen Halbklammern (⌊ ⌋) an den Ort des wahrscheinlichen Bezugs in den Text eingefügt. Auf eine textkritische Anmerkung wird dabei verzichtet. Die Halbklammern dienen ausschließlich zur Markierung von Zusätzen, deren Einfügung in den laufenden Text auf einen editorischen Entscheid zurückgeht.

Zusätze, die sich nicht in den Haupttext integrieren lassen, sei es mangels eindeutigen Textbezugs, sei es aus syntaktischen oder textlogischen Gründen, erscheinen als Fußnoten am Ende der Seite. Die Position des Fußnotenzeichens im Text bezeichnet den vermuteten Bezugspunkt.

Tintenfarbe und Schriftmerkmale

Im Sommer 1885 wechselte B. von schwarzer zu violetter Tinte.[1] Beginnend mit den Notizen für den am 27. Oktober 1885 gehaltenen Vortrag «Die Malerei und das neue Testament» sind alle späteren Vortragsmanuskripte mit violetter Tinte geschrieben.

Für die vorangehenden, mit schwarzer Tinte geschriebenen Manuskripte ist – abgesehen von ausdrücklichen Datumsangaben und inhaltlichen Hinweisen – die violette Tintenfarbe der einzig sichere Anhaltspunkt für die Datierung von späteren, d.h. nach dem Sommer 1885 beigefügten Zusätzen. Violette Zusätze auf Blättern mit schwarzer Tinte werden im Editionstext gleich behandelt wie die anderen Zusätze, jedoch in den textkritischen Anmerkungen generell nachgewiesen. (Zur speziellen Behandlung der violetten Zusätze in den Notizen zum Vortrag über «Rembrandt» vgl. dort die einleitende textkritische Anmerkung.)

---

1 Vgl. Kaegi, Bd. 5, S. 145.

Auszeichnung durch lateinische statt deutsche Schrift wird nicht berücksichtigt. Weitere Angaben zu Blatt- und Schriftmerkmalen erfolgen nach Bedarf und bei eindeutiger Interpretierbarkeit des Manuskriptbefundes.

Zeitungsreferate

Die Zeitungsreferate sind kursiv gesetzt, um sie optisch von den Manuskripttexten zu unterscheiden.

In die Orthographie und Interpunktion des Textes wird nur dann eingegriffen, wenn offensichtliche Druckfehler vorliegen. Diese Korrekturen werden in den textkritischen Anmerkungen verzeichnet. Hervorhebungen erscheinen wie im ursprünglichen Druckbild gesperrt.

Textkritische Anmerkungen

Die editorischen Erklärungen in den textkritischen Anmerkungen unterscheiden sich durch Kursivsatz von den Lemmata und Zitaten aus B.s Text. Bei Textersetzungen im Manuskript wird die frühere Fassung in den textkritischen Anmerkungen mit dem Vermerk «zuerst» nachgewiesen. Im Text ersatzlos gestrichene Stellen werden in den textkritischen Anmerkungen als «gestr.» identifiziert. In gestrichenen Passagen, die in den textkritischen Anmerkungen wiedergegeben werden, sind Interlinear- und Randzusätze stets durch eckige Halbklammern gekennzeichnet, auch wenn sie im Text eindeutig verortet sind. Unterstreichungen in B.s Manuskript werden in den textkritischen Anmerkungen nicht kursiv, sondern unterstrichen wiedergegeben.

Bei der Wiedergabe von B.schem Text in den textkritischen Anmerkungen wird das Alinea durch Schrägstrich (/) markiert. Als Trennmarkierung zwischen mehreren textkritischen Erläuterungen, die sich auf das gleiche Lemma beziehen, dient der doppelte Schrägstrich (//).

Sachkommentar

Der Sachkommentar gibt die für das Textverständnis notwendigen Erläuterungen; er verzichtet aber auf wissenschaftsgeschichtliche Einordnungen, Ergänzungen oder Interpretationen aus heutiger Sicht. Der Kommentar verzichtet ferner auf Erklärungen und erläuternde Angaben, die auch das Konversationslexikon bietet oder die sich in allgemeinen Nachschlagewerken finden.

Der Kommentar identifiziert Literaturangaben und direkte Zitate; er weist indirekte Zitate oder Anspielungen dort nach, wo es möglich und von Bedeutung ist. Der Kommentar gibt die entsprechenden Nachweise in den von B. verwendeten Ausgaben (sofern feststellbar) sowie in heute maßgebenden Ausgaben (sofern vorhanden und sinnvoll). Stellennachweise in den von B. nicht benützten Ausgaben erscheinen im Kommentar kursiv. Im Anhang ist ein Verzeichnis der von B. zitierten Literatur mit vollständigen bibliographischen Beschreibungen aufgeführt. Dies erlaubt, entsprechende Zitat- und Stellennachweise im Kommentar in abgekürzter Form wiederzugeben.

Der Kommentar weist Kunstwerke nach, die sich aufgrund der B.schen Angaben nicht identifizieren lassen, sofern dies für das Textverständnis von Bedeutung ist. Nicht kommentiert werden Kunstwerke, die als allgemein bekannt gelten können. Auf einen Nachweis wird ebenfalls verzichtet, wenn bei der Behandlung ganzer Sammlungen oder Werkgruppen das Einzelwerk in den Hintergrund tritt und der Nachweis ersetzt werden kann durch die Angabe zusammenfassender Literatur. Der Kommentar korrigiert falsche Angaben B.s und vermerkt zwischenzeitliche Änderungen der Standorte, der Zuschreibungen, der Datierungen oder der ikonographischen Themen, sofern dies für das Textverständnis erforderlich ist.

Der Kommentar gibt Übersetzungen altsprachlicher (d.h. griechischer und lateinischer) Zitate und Wendungen, sofern nicht B. selbst im Kontext eine direkte oder indirekte Übersetzung liefert.

Verzeichnis der Vorträge Burckhardts zwischen 1870 und 1892

Ein Verzeichnis der Vorträge Burckhardts, zusammengestellt von Hans Trog, findet sich bei Dürr, S. 476–483, sowie in GA 14, S. 509–514. Die akademischen und die populären Vorträge wurden in der Regel u.a. in den «Basler Nachrichten» angezeigt. Sämtliche von Burckhardt in der Antiquarischen (bzw. ab 1875 «Historischen und Antiquarischen») Gesellschaft gehaltenen Vorträge sind belegt in den Gesellschaftsprotokollen (Staatsarchiv Basel-Stadt, PA 88). Nachweise für alle im Verein junger Kaufleute gehaltenen Vorträge enthalten die Jahresberichte des Vereins (Schweizerisches Wirtschaftsarchiv, Bv Da 105).

Eine Statistik der populären Vorträge findet sich bei A. Riggenbach, Zur Feier des fünfundzwanzigjährigen Bestehens der öffentlichen populären Vorträge in Basel, Basel 1889, sowie bei A. Rüegg, Zur Feier des fünfzigjährigen Bestehens der öffentlichen populären Vorträge in Basel, Basel 1914.

Zu den in JBW 13 edierten Vorträgen ist die Quellenlage in den einleitenden textkritischen Anmerkungen dargestellt.

1870	Jan. 13	Autun *(Antiquarische Gesellschaft)*
1870	Nov. 8, 15, 22	Die historische Größe *(akademischer Vortrag, Aula)*[1]
1870	Dez. 8, 15, 22	Alexander der Macedonier *(populärer Vortrag, Aula)*[2]
1870/71	Winter	Karl der Kühne *(Verein junger Kaufleute)*
1871	Jan. 26	Die Casa di Tiberio auf dem Palatin *(Antiquarische Gesellschaft)*
1871	Nov. 7	Über Glück und Unglück in der Weltgeschichte *(akademischer Vortrag, Aula)*[3]

---

1 Von Burckhardt mit der Überschrift «Die Individuen und das Allgemeine» als Abschnitt K aufgenommen in das Vorlesungsmanuskript «Über das Studium der Geschichte» (Neues Schema), siehe JBW 10, S. 497–301.

2 Ankündigung des Vortrags in den «Basler Nachrichten» Nr. 289 und 290, 295 und 296 sowie 301 und 302, vom 7. und 8., 14. und 15. sowie 21. und 22. Dezember 1870.

3 Von Burckhardt mit der gleichen Überschrift als Teil der Einleitung aufgenommen in das Vorlesungsmanuskript «Über das Studium der Geschichte» (Neues Schema), siehe JBW 10, S. 139–154.

1871	Nov. 9, 16, 23	Das Freiburger Münster *(populärer Vortrag, Aula)*[1]
1871	Dez. 12	Die Griechen und ihr Mythus *(akademischer Vortrag, Aula)*
1872	Nov. 5	Über Griechische Heroen und Gespenster *(akademischer Vortrag, Aula)*[2]
1872	Nov. 14	Die Odyssee *(populärer Vortrag, Aula)*[3]
1872	Nov. 21	Cardinal Richelieu *(populärer Vortrag, Aula)*
1872	Dez. 3	Über Besichtigung altdeutscher Bilder *(akademischer Vortrag, Aula)*
1872/73	Winter	Über das Englische als künftige Weltsprache *(Verein junger Kaufleute)*
1873	Febr. 18	Thomas Morus und die Utopia *(akademischer Vortrag, Aula)*
1873	Nov. 11	Bei Anlass von Vereinsphotographien *(akademischer Vortrag, Aula)*
1873	Nov. 18	Über niederländische Landschaftsmalerei *(akademischer Vortrag, Aula)*
1873	Nov. 27, Dez. 4, 11	Ludwig XI. von Frankreich *(populärer Vortrag, Aula)*
1873/74	Winter	Über die Werthschätzung der Arbeit im Alterthum *(Verein junger Kaufleute)*
1874	Jan. 15	Mittheilungen über antike Kunstwerke *(Antiquarische Gesellschaft)*
1874	Nov. 5, 12, 19	Leben und Sitten des Adels um 1500 *(populärer Vortrag, Bernoullianum)*
1874	Nov. 24, Dez. 1, 8	Niederländische Genremalerei *(akademischer Vortrag, Aula)*
1874/75	Winter	Augsburg im XV. Jahrhundert *(Verein junger Kaufleute)*
1875	Nov. 4	Wallenstein laut der Geschichte *(populärer Vortrag, Bernoullianum)*
1875	Nov. 11	Schillers Wallenstein *(populärer Vortrag, Bernoullianum)*
1875	Nov. 16	Ein Gang durch das vaticanische Museum *(akademischer Vortrag, Aula)*
1875	Nov. 23, 24	Don Quixote *(akademischer Vortrag, Aula)*

1 Mitteilung in der «Schweizer Grenzpost» Nr. 283, vom 29. 11. 1871.
2 Übersichtsblatt im Vorlesungsmanuskript «Griechische Culturgeschichte», PA 207, 123a, 4. Abschnitt. Mitteilung in den «Basler Nachrichten» Nr. 265, vom 8. 11. 1872, und in der «Schweizer Grenzpost» Nr. 265, vom 8. 11. 1872.
3 Mitteilung in der «Schweizer Grenzpost» Nr. 274, vom 19. 11. 1872.

1875	Dez. 2	Über die Wandgemälde in der Krypta des Basler Münsters *(Historische und Antiquarische Gesellschaft)*
1876	Nov. 7	Über die Kochkunst der spätern Griechen *(akademischer Vortrag, Aula)*
1876	Nov. 14	Die Phäakenwelt Homers *(akademischer Vortrag, Aula)*
1876	Nov. 23, 30	Mailänderkriege seit 1521 *(populärer Vortrag, Bernoullianum)*
1876/77	Winter	Aus der letzten Zeit Philipps II. *(Verein junger Kaufleute)*
1877	März 15	Der falsche Demetrius *(populärer Vortrag, Bernoullianum)*[1]
1877	Okt. 25, Nov. 1	Spanien unter Philipp II. *(populärer Vortrag, Bernoullianum)*
1877	Nov. 6	Rembrandt *(akademischer Vortrag, Aula)*
1877	Nov. 13	Rococo *(akademischer Vortrag, Aula)*
1878	Jan. 31	Das Bild des Domherrn Angerer von Holbein in Innsbruck *(Historische und Antiquarische Gesellschaft)*
1878	Nov. 7, 14, 21	Talleyrand *(populärer Vortrag, Bernoullianum)*
1879	Febr. 20	Mittheilungen über das Basler Konzil *(Historische und Antiquarische Gesellschaft)*
1880	Febr. 3	Jakob Ruysdael *(akademischer Vortrag, Aula)*[2]
1880	Febr. 10	Claude Lorrain *(akademischer Vortrag, Aula)*
1880	Nov. 10	Vorweisung der Photographie einer etruskischen Aschenkiste *(Historische und Antiquarische Gesellschaft)*
1881	Febr. 8, 22	Napoleon I. nach den neusten Quellen *(akademischer Vortrag, Aula)*
1881	Nov. 10	Über das wissenschaftliche Verdienst der Griechen *(Vortrag in Vertretung des Rektors der Universität, Aula)*
1882	Febr. 7	Rafael als Porträtmaler *(akademischer Vortrag, Aula)*
1882	Febr. 21	Über Echtheit alter Bilder *(akademischer Vortrag, Aula)*
1883	Jan. 16, 30	Aus großen Kunstsammlungen *(akademischer Vortrag, Aula)*

1 Mitteilung in der «Schweizer Grenzpost» Nr. 71, vom 24. 3. 1877.
2 Mitteilung in der «Schweizer Grenzpost» Nr. 35, vom 11. 2. 1880.

Verzeichnis der Vorträge Burckhardts zwischen 1870 und 1892 919

1883	Febr. 1	Mittheilungen über neuere kunsthistorische Schriften *(Historische und Antiquarische Gesellschaft)*
1883	Okt. 30	Die Griechen und ihre Künstler *(akademischer Vortrag, Aula)*
1883	Nov. 13	Die Reise einer Kaiserbraut (1630) *(akademischer Vortrag, Aula)*
1884	Febr. 7	Mittheilungen über neuere kunsthistorische Publicationen *(Historische und Antiquarische Gesellschaft)*
1884	Febr. 12	Die Weihgeschenke des Alterthums *(akademischer Vortrag, Aula)*
1884	Okt. 28	Pythagoras (Wahrheit und Dichtung) *(akademischer Vortrag, Aula)*
1884	Nov. 11	Über erzählende Malerei *(akademischer Vortrag, Aula)*
1885	März 10	Die Anfänge der neuern Porträtmalerei *(akademischer Vortrag, Aula)*
1885	Okt. 27	Die Malerei und das neue Testament *(akademischer Vortrag, Aula)*
1885	Nov. 10	Processionen in der alten Welt *(akademischer Vortrag, Aula)*
1885	Nov. 12	Matthias Grünewald *(Historische und Antiquarische Gesellschaft)*
1886	Febr. 2	Format und Bild *(akademischer Vortrag, Aula)*
1886	Okt. 26	Van Dyck *(akademischer Vortrag, Aula)*
1886	Nov. 9	Das byzantinische Reich *(akademischer Vortrag, Aula)*
1887	Febr. 15	Die Allegorie in den Künsten *(akademischer Vortrag, Aula)*
1887	Okt. 25	Demetrios Poliorketes *(akademischer Vortrag, Aula)*
1887	Nov. 1	Macbeth *(akademischer Vortrag, Aula)*
1887	Nov. 15	Die Briefe der Madame de Sévigné *(akademischer Vortrag, Aula)*
1888	März 15	Ein antikes Grabmal zu St. Rémy *(Historische und Antiquarische Gesellschaft)*
1888	Dez. 20	Erläuterung von Photographien nach ägyptischen Porträts *(Historische und Antiquarische Gesellschaft)*
1889	Jan. 3	Das Brevier Grimani in der Biblioteca Mar-

		ciana *(Historische und Antiquarische Gesellschaft)*
1889	Febr. 28	Erläuterung von Photographien spanischer Baudenkmäler *(Historische und Antiquarische Gesellschaft)*
1889	Okt. 24	Sculpturen der christlichen Epoche (Berliner Katalog) *(Historische und Antiquarische Gesellschaft)*
1890	März 27	Der venetianische Geschichtsschreiber Marino Sanuto *(Historische und Antiquarische Gesellschaft)*[1]
1890	Okt. 16	Mittheilungen über den Barocco *(Historische und Antiquarische Gesellschaft)*
1892	März 24	Die Gemälde des Senators Giovanni Morelli in Bergamo *(Historische und Antiquarische Gesellschaft)*
1892	Dez. 15	Marien Krönung in der bildenden Kunst *(Historische und Antiquarische Gesellschaft)*

1 Exzerpte in PA 207, 171, 72.

Personenregister

Es handelt sich um ein Personen-, nicht um ein Namenregister. Es verzeichnet demnach historische Personen, nicht jedoch Namen von antiken Göttern, mythologischen Figuren, biblischen Gestalten und Heiligen als Bildmotive.

Das Personenregister erfaßt den Textteil. Personen, die im Kommentarteil erwähnt sind, werden nur dann ins Register aufgenommen, wenn sie in B.s Text indirekt mitgenannt sind. Angegeben ist durchgängig der Seitenbezug des Textes, nicht aber des Kommentars.

Zur Entlastung des Sachkommentars nennt das Register Lebensdaten und Tätigkeitsbereiche der erwähnten Personen. Die Bezeichnung der Nationalität bzw. der Sprachzugehörigkeit entfällt in der Regel bei Personen der Neuzeit sowie bei Personen, deren Namen oder Namenszusatz eine eindeutige Zuordnung ermöglicht.

Bei der Ansetzung der Namen verwendet das Personenregister nicht B.s, sondern die heute übliche Orthographie.

Abraham a Sancta Clara, eigtl. Johann Ulrich Megerle (1644–1709) Prediger u. Schriftsteller 113

Acquaviva d'Aragona, Giulio (1546–1574) Kardinal 137

Adélaïde, Mme siehe Orléans, Adélaïde Louise d'

Adorno, Paolina († 1648) Gattin von Anton Giulio Brignole-Sale 527

Aegidius, Peter (Peter Gilles) (um 1486–1533) Stadtschreiber u. Humanist 19

Agathokles (um 360–289/82 v. Chr.) Tyrann von Syrakus 162, 589 f., 597

Agathokles († 283 v. Chr.) Sohn des Königs Lysimachos von Thrakien 602

Agesilaos II. (um 444 bis um 360 v. Chr.) König von Sparta u. Söldnerführer 159, 399

Aischylos (525–456 v. Chr.) griech. Tragiker 356, 575

Alba, Antonio Álvarez de Toledo, Herzog von († 1638) span. Grande 410–415

Alba, Fernando Álvarez de Toledo, Herzog von (1507–1582) Feldherr u. Staatsmann 187–191, 410

Alba, Macrino d' siehe Macrino d'Alba

Albani, Francesco (1578–1660) Maler 482, 519

Albergati, Niccolò (um 1375–1443) Bischof von Bologna, Kardinal 466

Albert von Sachsen-Coburg und Gotha (1819–1861) Prinzgemahl, Gatte von Königin Viktoria 565

Albertinelli, Mariotto (1474–1515) Maler 370, 479

Albitte, Antoine Louis (um 1750–1812) Politiker, Konventskommissär 296

Albrecht von Brandenburg (1490–1545) Erzbischof u. Kurfürst von Mainz 504

Alcalá, Fernando Afán de Ribera y Enríquez, Herzog von (1584–1637) span. Grande 412 f.

Alençon, François, Herzog von A. u.
Herzog von Anjou (1554–1584)
Sohn Heinrichs II. von Frankreich 190
Alexander der Große, makedon. König (336–323 v. Chr.) 70, 162, 299, 327, 356, 501, 580–590, 593, 595–599
Alexander, byz. Kaiser (912–913) 547
Alexander I., Zar (1801–1825) 250, 252, 257 f., 260, 262 f., 265, 281 f., 285 f., 307, 317, 319, 334, 337, 339
Alexandros († 294 v. Chr.) Sohn des makedon. Königs Kassandros, Feldherr 596 f.
Alexandros (2. Hälfte des 3. Jh. v. Chr.) Sohn des Demetrios Poliorketes 593
Alfons V., König von Aragonien (1416–1458) König von Neapel-Sizilien (1443–1458) 471
Alfons XII., König von Spanien (1874–1885) 415
Alkibiades (um 450–404 v. Chr.) athen. Staatsmann u. Heerführer 133, 432, 585
Allegrini, Francesco (um 1615/20 bis nach 1679) Maler 290
Altdorfer, Albrecht (um 1480–1538) Maler, Kupferstecher u. Baumeister 10
Althann, Ludwig Joseph, Graf von (1665–1747) Mäzen 509
Altoviti, Bindo (1491–1557) Kunstsammler 360, 365
Amatrice, Cola dell' (um 1480 bis nach 1547) Architekt, Maler u. Ingenieur 643
Anaxagoras (um 500/496–428 v. Chr.) griech. Philosoph 346, 432
Anaximander von Milet (um 619/09 bis um 547/46 v. Chr.) Philosoph 350
Anaximenes von Milet (tätig um 546/45, † um 528/25 v. Chr.) Philosoph 350
André (Dandré), Antoine Balthasar Joseph d' (1759–1825) Politiker 311

Andrea da Firenze, gen. Andrea Bonaiuto (1346 bis nach 1379) Maler 572
Angelico, Fra Giovanni A. da Fiesole (um 1401/02–1455) Maler 125, 477, 644, 646
Anglès, Jules (1778–1828) Politiker u. Polizeiminister 259
Anguissola, Sofonisba (um 1532–1625) Malerin 638
Anjou, François, Herzog von siehe Alençon, François, Herzog von
Anna Boleyn (1500–1536) Königin von England 24
Anna Gertrud von Hohenberg (um 1230/35–1281) Königin, Gattin Rudolfs I. von Habsburg 463
Anna von Österreich (1549–1580) Königin von Spanien 188
Anna von Österreich (1601–1666) Königin von Frankreich 2–5, 406, 410 f.
Anne d'Autriche siehe Anna von Österreich, Königin von Frankreich
Antigonos I. Monophtalmos, makedon. König (306–301 v. Chr.) Vater des Demetrios Poliorketes 582–592, 594, 599
Antigonos II. Gonatas, makedon. König (um 277–239 v. Chr.) Sohn des Demetrios Poliorketes 586, 597, 599, 604 f.
Antinous (110–130) Liebling Kaiser Hadrians 129
Antiochos I. Soter, Seleukidenkönig (294/281–261 v. Chr.) 594 f., 602, 604
Antipatros (399/98–319 v. Chr.) maked. Feldherr, Diadoche 582, 584, 586, 597, 600
Antipatros († ca. 287 v. Chr.) Sohn des makedon. Königs Kassandros u. der Thessalonike 596 f.
Antonelli, Giacomo (1806–1876) Kardinal 367
Antonello da Messina (um 1430–1479) Maler 469–471, 473
Antraigues, Emanuel Louis Henri de

Launay, Comte d' (1753–1812) Politiker u. Geheimagent 250
Anytos (um 400 v. Chr.) athen. Politiker 402
Apelles (tätig spätes 4. Jh. bis frühes 3. Jh. v. Chr.) griech. Maler 70, 579 f.
Apollonius (tätig 2. Jh. v. Chr.) griech. Bildhauer 131
Apuleius, Lucius (* 125, † zw. 161 u. 180) röm. Schriftsteller 494
Aragona, Giovanna d' (1502–1575) Gattin des neapolitan. Vizekönigs Ascanio Colonna 361, 367, 511
Arbelles, André d', Vertrauter Talleyrands 239
Archelaos von Priene (um 130 v. Chr.) Bildhauer 405, 580
Archestratos von Gela (2. Hälfte des 4. Jh. v. Chr.) Verfasser eines gastronom. Lehrgedichts 159
Archidamos (Anfang des 3. Jh. v. Chr.) König von Sparta 596
Archilochos (Mitte des 7. Jh. v. Chr.) griech. Lyriker 398
Archimedes (um 285–212 v. Chr.) griech. Mathematiker u. Mechaniker 363
Aristaios von Kroton (2. Hälfte des 6. Jh. v. Chr.) Nachfolger des Pythagoras 444
Aristarch von Samos (um 310 bis um 230 v. Chr.) Mathematiker u. Astronom 350
Aristogeiton (6. Jh. v. Chr.) athen. Tyrannenmörder 356
Aristomenes (7. Jh. oder um 490 v. Chr.) legendärer Anführer des 2. oder 3. messenischen Krieges gegen Sparta 133
Aristophanes (um 445 bis um 385 v. Chr.) griech. Komödiendichter 133, 157, 168, 490, 575
Aristoteles (384–322 v. Chr.) Philosoph 160 f., 176 f., 343, 347 f., 350–352, 397, 402, 404
Arnauld d'Andilly, Robert (1589–1674) «Solitaire» in Port-Royal 628
Arnolfini, Giovanni († 1472) ital. Kaufmann in Flandern 466 f.
Arridaios († 317 v. Chr.) Halbbruder von Alexander dem Großen 582
Artemidor von Daldis (2. Hälfte des 2. Jh. n. Chr.) Traumdeuter 553
Artois, Graf von siehe Karl X., König von Frankreich
Assen, Jan van (1635–1697) Maler 68
Asturien, Prinz von siehe Ferdinand VII., König von Spanien
Athanasios (ca. 295–373) Kirchenvater 629
Athenaios (tätig um 200 n. Chr.) griech. Schriftsteller 159, 162, 164, 496 f.
Attalos I., König von Pergamon (241–197 v. Chr.) 423
Attalos II., König von Pergamon (159–138 v. Chr.) 404
Atti, Isotta degli, gen. Isotta da Rimini († 1474) Gattin von Sigismondo Pandolfo Malatesta 471
Auguste von Bayern (1788–1851) Gattin von Eugène de Beauharnais 310
Augustinus, Aurelius (354–430) lat. Kirchenlehrer 18, 629
Augustus (C. Iulius Caesar Octavianus), röm. Kaiser (27 v. Chr. bis 14 n. Chr.) 133
Avalos, Ferdinando Francesco d', Marchese di Pescara (1489–1525) Feldherr 183 f.
Bacciocchi, Élisa siehe Bonaparte, Marie-Anne
Bacon, Francis (1561–1626) Staatsmann u. Philosoph 15
Bakhuizen, Ludolf (1630–1708) Maler, Kalligraph u. Graphiker 33, 36
Baldung, Hans, gen. Grien (1484/85–1545) Maler, Zeichner u. Kupferstecher 9, 479, 481, 512, 642
Balen, Hendrik van (I) (um 1574/75–1632) Maler u. Glasmaler 518
Baltasar Carlos (1629–1646) span. Infant 409

Balue, Jean (um 1421–1491) Kardinal 43
Barante, Guillaume Prosper Brugière de (1782–1866) Politiker 318
Barberini, Antonio (1607–1671) Kardinal 414
Barberini, Francesco (1597–1679) Kardinal 414
Barberini, Taddeo (1603–1647) Staatsmann 414
Bardas († 866) Onkel des byz. Kaisers Michael III. 546, 550
Baring, Thomas (1799–1873) Politiker u. Kunstsammler 385
Baring, Thomas George, Erster Earl of Northbrook (1826–1904) Kunstsammler 385
Barocci, Federigo (um 1535–1612) Maler 195
Barras, Paul François Jean Nicolas, Vicomte de (1755–1829) Politiker 236–240, 296, 306
Barth, Heinrich (1821–1865) Afrikareisender 354
Bartolomeo della Porta, gen. Fra Bartolomeo od. Baccio della Porta (1472–1517) Maler 359, 370, 382, 480, 513
Basaiti, Marco (um 1470 bis nach 1530) Maler 375, 638
Basileios I., der Makedonier, byz. Kaiser (867–886) 539, 541–547
Basileios II., byz. Kaiser (976–1025) 556, 561
Bassompierre, François, Marquis de (1579–1646) Marschall u. Diplomat 620
Bastide, Louis (1805–1854) Schriftsteller 228–242, 246, 251f., 254–257, 260, 270
Beauharnais, Eugène de, Herzog von Leuchtenberg (1781–1824) Politiker u. Heerführer 258, 310f., 315
Beauharnais, Hortense de (1783–1837) Königin von Holland, Gattin von Louis Bonaparte 232, 300, 304, 307, 309, 315, 332, 334f.
Beauharnais, Stephanie de (1789–1860) Adoptivtochter Napoleons I., Großherzogin von Baden 310
Beazzano (Beaziano), Agostino (um 1490–1549) venez. Diplomat u. Dichter 361, 367
Beck, David (um 1621–1656) Maler 527
Beek, David siehe Beck, David
Beethoven, Ludwig van (1770–1827) Komponist 565
Bega, Cornelis Pietersz. (1631/32–1664) Maler, Zeichner u. Radierer 78, 81, 84, 86, 94
Begas, Reinhold (1831–1911) Bildhauer 565
Bellini, Gentile (um 1429–1507) Maler 473
Bellini, Giovanni (um 1430–1516) Maler 370, 374f., 473, 486f., 637f.
Benedikt XIV., Papst (1740–1758) 620
Benjamin von Tudela (12. Jh.) jüd. Gelehrter 552
Bentivoglio, Guido (1577–1644) Kardinal 289, 520
Berchem, Nicolaes van (1620–1683) Maler 32, 75f., 79, 90, 99, 513
Berengar II., Markgraf von Ivrea, König von Italien (950–963) 552
Bergen, Dirk van den (1645 bis um 1690/1702) Maler 79
Bergognone siehe Borgognone
Berlichingen, Götz (Gottfried) von (1480–1562) Reichsritter 48, 55, 549
Bernadotte, Jean-Baptiste Jules siehe Karl XIV., König von Schweden
Bernhard von Sachsen-Weimar, Herzog (1604–1639) Feldherr 4
Bernini, Gian Lorenzo (1598–1680) Bildhauer u. Architekt 389, 635
Bertha (Mitte des 10. Jh.) erste Gattin des byz. Kaisers Romanos II. 553
Berthier, Louis Alexandre, Fürst von Neuchâtel u. Fürst von Wagram (1753–1815) Marschall 238, 255, 297, 304, 311

Berthold V. († 1218) Herzog von Zähringen 463
Bertoli, Antonio Daniele (1678–1743) Maler u. Zeichner 509
Bethlen Gábor (1580–1629) Fürst von Siebenbürgen 105
Beugnot, Jacques Claude, Comte de (1761–1835) Politiker, Innenminister u. Polizeichef 255, 257f., 264
Beurnonville, Pierre Riel, Marquis de (1752–1821) General u. Politiker 257
Bibbiena, eigtl. Bernardo Dovizi (1470–1520) Kardinal u. Dichter 361, 367
Biron, Armand Louis de Gontaut, Herzog von (1747–1793) General 234
Biset, Charles Emanuel (1633–1710) Maler 27
Blacas, Pierre Louis Jean Casimir de (1770–1839) Diplomat 264
Bock, Hans d. Ä. (* um 1550, † um 1623) Maler 579
Boece (Boëthius), Hector (um 1465–1536) schott. Chronist 607
Boeyermans, Theodor (1620–1678) Maler 72
Boileau-Despréaux, Nicolas (1636–1711) Dichter 569f., 575, 624, 629
Boisgelin, Pierre Antoine de (1754–1792) Abbé, agent général du clergé en France 228
Boisserée, Melchior (1786–1851) Kunstgelehrter u. Kunstsammler 382
Boisserée, Sulpiz (1783–1854) Kunstgelehrter u. Kunstsammler 382
Boissy d'Anglas, François Antoine de (1756–1826) Politiker 236
Bol, Ferdinand (1616–1680) Maler u. Zeichner 25, 27f.
Boleyn, Anna siehe Anna Boleyn
Boltraffio, Giovanni Antonio (um 1467–1516) Maler 472, 638
Bonaparte, Carlo Maria (1746–1785) Vater Napoleons I. 293, 321f., 331
Bonaparte, Caroline siehe Bonaparte, Marie-Annonciade

Bonaparte, Élisa siehe Bonaparte, Marie-Anne
Bonaparte, Jérôme (1784–1860) Bruder Napoleons I., König von Westfalen 308
Bonaparte, Joseph (1768–1844) Bruder Napoleons I., König von Neapel u. von Spanien 250, 256, 282, 293–296, 303, 307f., 321f.
Bonaparte, Letizia (1750–1836) Mutter Napoleons I. 294, 322, 324, 331
Bonaparte, Louis (1778–1846) Bruder Napoleons I., König von Holland 247, 257, 294, 296, 298, 309, 322, 334
Bonaparte, Luciano (1718–1791) Großonkel Napoleons I. 295, 323
Bonaparte, Lucien (1775–1840) Bruder Napoleons I., Fürst von Canino u. Musignano 278, 296, 304, 307f.
Bonaparte, Marie-Anne, gen. Élisa (1777–1820) Schwester Napoleons I., Fürstin von Lucca u. Piombino, Großherzogin von Toskana 245, 295, 307f., 324
Bonaparte, Marie-Annonciade, gen. Caroline (1782–1839) Schwester Napoleons I., Großherzogin von Berg, Königin von Neapel 300, 304f., 307–310, 334
Bonaparte, Marie-Paulette, gen. Pauline (1780–1825) Schwester Napoleons I., Herzogin von Guastalla 304f., 307f.
Bonaparte, Napoléon siehe Napoleon I. Bonaparte
Bonaparte, Napoléon Charles (1802–1807) Sohn von Louis Bonaparte u. Hortense de Beauharnais 298, 308f., 315
Bonaparte, Pauline siehe Bonaparte, Marie-Paulette
Bonasone, Giulio (1510–1576) Maler u. Kupferstecher 360
Borghese, Camillo (1775–1832) Herzog von Guastalla 308

Borgognone (auch Bergognone), Ambrogio di Stefano, gen. Ambrogio di Fossano (tätig um 1480, † 1523) Maler 638, 644
Bosch, Hieronymus (um 1450–1516) Maler 504
Bose, Friedrich Wilhelm August von (1753–1809) sächs. Diplomat u. Außenminister 270
Both, Andries (um 1612–1641) Maler, Zeichner u. Radierer 289
Both, Johann (Jan) (1615–1652) Maler 32
Botticelli, Sandro (um 1445–1510) Maler 482, 513, 515, 579, 638, 645
Boucher, François (1703–1770) Maler, Zeichner u. Radierer 215, 221 f.
Boulay de la Meurthe, Antoine Jacques Claude Joseph (1761–1840) Politiker 243
Bourbon, Charles de B.-Montpensier, Herzog (1490–1527) Feldherr 183–185
Bourdaloue, Louis, gen. Père Louis (1632–1704) Kanzelredner 624, 628
Bourdon, Sébastien (1616–1671) Maler, Graveur u. Zeichner 65
Bourrienne, Louis Antoine Fauvelet de (1769–1834) Sekretär Napoleons I. 238, 242, 244, 258 f., 261, 263 f., 296
Bouts, Dirk (um 1415–1475) Maler 7, 67, 469
Braccio da Montone siehe Fortebracci, Andrea
Brakenburgh, Richard (1650–1702) Maler 78, 83 f.
Bramante, Donato (1444–1514) Architekt u. Maler 359, 363
Bray, Jan de (um 1627–1697) Maler u. Kupferstecher 25, 27 f.
Brekelenkam, Quiringh Gerritsz. van (nach 1622 bis um 1669) Maler 78, 84 f., 87
Brennus (1. Hälfte des 3. Jh. v. Chr.) Galaterkönig 422
Bridgewater, Duke of siehe Egerton, Francis

Brignole-Sale, Anton Giulio (1605–1665) genues. Mäzen 531
Bril, Paul (1554–1626) Maler u. Drucker 289
Brinvilliers, Marie-Madeleine d'Aubray, Marquise de (1630–1676) Giftmischerin 626
Bronzino, Agnolo, eigtl. Agnolo di Cosimo di Mariano Tori (1503–1572) Maler u. Dichter 361
Brouwer, Adriaen (1605/06–1638) Maler u. Graphiker 79, 81 f., 84
Bruegel, Pieter d. Ä. (um 1525/30–1569) Maler 69 f., 73, 79, 81
Bruegel, Pieter d. J. (um 1564 bis um 1638) Maler 71
Brune, Guillaume-Marie-Anne (1763–1815) Marschall 277, 317, 337
Brunelleschi, Filippo (1377–1446) Architekt u. Bildhauer 472
Bubna, Ferdinand von, Graf von Littitz (1768–1825) Feldherr u. Politiker 318
Buckingham, George Villiers, Herzog von (1592–1628) Staatsmann 406
Buddha (um 560 bis um 480 v. Chr.) 432
Buffalmaco, eigtl. Buonamico di Martino (tätig um 1315–1336) Maler 572
Buffon, Agnès de Cépoy, Mme de (2. Hälfte des 18. Jh.) Geliebte von Louis Philippe d'Orléans (Philippe Égalité) 228
Bulwer, Henry Lytton, Baron (1801–1872) Diplomat u. Historiker 233, 270
Burgkmair, Hans d. Ä. (1473–1531) Maler, Zeichner u. Holzschneider 502, 642
Burgkmair, Thoman (1444/46–1525) Maler 6, 8
Burlut, Elisabeth (1. Hälfte des 15. Jh.) Gattin des Jodocus Vydt/Vyts, Stifterin des Genter Altars 465
Buslidius (Busleyden), Hieronymus (1470–1533) Humanist u. Politiker 19

Bussy-Rabutin, Roger, Comte de (1618–1693) Schriftsteller 620, 624, 633
Butler, Walter, Graf von († 1634) Oberst 109, 112, 116, 119, 123 f.
Byron, George Gordon Noel (1788–1824) Dichter 389
Caesar, Gaius Iulius (100–44 v. Chr.), röm. Feldherr u. Staatsmann 133, 299, 327, 385
Caldara, Polidoro, auch gen. Polidoro da Caravaggio (um 1500–1543) Maler u. Zeichner 226
Callot, Jacques (1592–1635) Kupferstecher, Graveur u. Zeichner 65, 74
Calonne, Charles Alexandre de (1734–1802) Politiker u. Finanzminister 228
Calprenède siehe La Calprenède
Cambacérès, Jean-Jacques Régis de, Herzog von Parma (1753–1824) Jurist u. Politiker 247, 255, 258
Camillus, Marcus Furius (Anfang des 4. Jh. v. Chr.) röm. Feldherr u. Politiker 574
Campan, Jeanne Louise Henriette (1752–1822) Kammerfrau der Königin Marie-Antoinette, Schriftstellerin 302
Cappelle, Jan van de (1624/25–1679) Maler 33
Caracalla, eigtl. Lucius Septimius Bassianus, röm. Kaiser (211–217) 544
Caradosso, Cristoforo († 1526/27) Goldschmied u. Medailleur 361
Caravaggio, eigtl. Michelangelo Amerighi (Merisi) da Caravaggio (um 1571–1610) Maler 65, 195 f., 206, 519
Cariani, Giovanni, eigtl. Giovanni Busi (um 1485 bis nach 1547) Maler 638
Carlos (Don Carlos), span. Infant (1545–1568) ältester Sohn Philipps II. 188
Carnot, Lazare Nicolas-Marguerite (1753–1823) Politiker u. General 236 f.

Carpeaux, Jean-Baptiste (1827–1875) Bildhauer 567 f.
Carracci (16./17. Jh.) Malerfamilie 65, 195, 395, 522
Carracci, Annibale (1560–1609) Maler u. Zeichner 65, 289
Castiglione, Baldassare (1478–1529) Schriftsteller u. Diplomat 361, 366
Castlereagh, Robert Stewart, Viscount (1769–1822) Staatsmann 262, 286
Caulaincourt, Armand Augustin Louis, Marquis de (1773–1827) Politiker 245, 259, 311, 335
Cavalcaselle, Giovanni Battista (1819–1897) Maler u. Kunsthistoriker 371
Cavazzola, eigtl. Paolo Morando (um 1486–1522) Maler 638
Cenami, Giovanna (1. Hälfte des 15. Jh.) Gattin von Giovanni Arnolfini 467
Cerceau siehe Du Cerceau
Cerquozzi, Michelangelo (1602–1660) Maler 90
Cervantes Saavedra, Miguel de (1547–1616) Dichter 136–154
Cesare da Sesto (1477–1523) Maler 482
Chamfort, Sébastien Roch Nicolas de (1741–1794) Schriftsteller 230
Champagny, Jean-Baptiste de, Herzog von Cadore (1756–1834) Politiker u. Außenminister 250, 252, 282, 303, 312, 320
Chantal, Jeanne Françoise Frémyot de (1572–1641) Mystikerin u. Ordensstifterin 620
Charlotte von Savoyen (um 1442/45–1483) Königin von Frankreich 44
Charlotte Sophia von Mecklenburg-Strelitz (1744–1818) Königin von Großbritannien 234
Charon von Lampsakos (um 500 v. Chr.) Historiograph 356
Chartier, Guillaume (um 1385–1472) Bischof von Paris 44
Chateaubriand, François René de (1768–1848) Schriftsteller 238,

243–246, 251, 257, 259–261, 263 f.,
   266 f., 271, 292
Chauvelin, Bernard François, Marquis
   de (1766–1832) Politiker 234
Chénier, Marie-Joseph (1764–1811)
   Schriftsteller u. Politiker 235–237,
   275
Cherubini, Luigi (1760–1842) Komponist 303, 331
Chevreuse, Françoise Marie Félicité Ermensinde Raymonde de Narbonne-Pelet, Herzogin von (1785–1813)
   Hofdame 298
Christian IV., König von Dänemark
   (1588–1648) 104, 106
Christoph I. (1453–1527) Markgraf
   von Baden 52, 54
Christus, Petrus (um 1420–1472/73)
   niederländ. Maler 67
Chrysostomus, Johannes (345–407)
   Kirchenlehrer 629
Cimabue (um 1240–1302) Maler u.
   Mosaizist 641
Cinq-Mars, Henri Coeffier de Ruzé
   d'Effiat, Marquis de (1620–1642)
   Politiker 5
Claude siehe Lorrain, Claude
Claudius, Marcus Marcellus († 208
   v. Chr.) röm. Feldherr u. Konsul 574
Clemens VII., Papst (1523–1534) 184,
   361, 367
Clemens VIII., Papst (1592–1605) 193
Clemens XIII., Papst (1758–1769) 620
Clément, Jacques (1566/67–1589) Dominikaner u. Mörder Heinrichs III.
   von Frankreich 569
Cobenzl, Johann Philipp, Graf von
   (1741–1810) Diplomat 242, 279
Colbert, Jean-Baptiste, Marquis de
   Seignelay (1619–1683) Staatsmann
   624
Collalto, Ramboldo (1579–1630)
   kaiserl. General 411 f.
Collart-Dutilleul, Juliette (1785–1878)
   Gattin des Comte Nicolas François
   Mollien 265
Colonna, Ascanio († 1557) Feldherr
   368

Colonna, Carlo (1607–1686) Feldherr,
   später Geistlicher 531
Colonna, Marcantonio (1535–1584)
   Feldherr u. Flottenkommandant
   137, 190, 368
Colonna, Vittoria (1490–1547)
   Dichterin 184
Colyns de Nole siehe Nole, André
Commodus, Lucius Aurelius, röm.
   Kaiser (180–192) 544
Commynes, Philippe de (1447–1511)
   Diplomat u. Historiker 47, 629
Condé, Henri I de Bourbon, Prince
   de C. (1552–1588) Führer der
   Hugenotten 189
Condé, Henri II de Bourbon, Prince de
   C. (1588–1646) Staatsmann 2
Condé, Louis II de Bourbon, Prince
   de C., gen. le Grand (1621–1686)
   Feldherr 2, 626
Conti, Bernardino de' (tätig zw. 1496
   u. 1523) Maler 472
Conti, Sigismondo de' (1432–1512)
   Humanist 360, 364
Coques, Gonzales (um 1614/18–1684)
   Maler 70, 75, 99
Corbinelli, Jean (1615–1716) Denker
   u. Genealoge 633
Corneille, Pierre (1606–1684) Dramatiker 4, 303, 624, 629
Cornelius, Peter von (1783–1867)
   Maler 451, 487, 508
Correggio, eigtl. Antonio Allegri (um
   1489–1534) Maler 195, 381, 383,
   386, 479, 481, 508, 519, 571
Corsini, Neri (1685–1770) Kardinal
   385
Corvisart, Jean Nicolas (1755–1821)
   Arzt 304
Costa, Lorenzo (1460–1535)
   Maler 472, 643
Coulanges, Charles de († 1688)
   Seigneur de Saint-Aubin 628
Coulanges, Christoph de (1607–1687)
   Abt 621, 630
Courtois, Jacques, gen. Le Bourguignon
   (Giacomo Cortese, gen. il Borgognone) (1621–1675) Maler 90, 290

Cousin, Victor (1792–1867) Philosoph u. Politiker 267
Cowper, George Nassau Clavering-C. (1738–1789) Kunstsammler 510
Craesbeeck, Joos van (?1605/06–1654/61) Maler 79, 81, 86
Cranach, Lucas d. Ä. (1472–1553) Maler u. Graveur 485
Crayer, Gaspar de (1584–1669) Maler u. Zeichner 30
Crivelli, Carlo (um 1430/35 bis um 1494) Maler 643
Cromwell, Richard (1626–1712) Staatsmann 530
Crowe, Joseph Archer (1825–1896) Diplomat, Maler u. Kunstschriftsteller 371
Croy, Antoine de (um 1380/90–1475) burgund. Politiker 255
Croy, Charles Alexandre, Herzog von (1580–1624) 531
Croy, Jean de (um 1380/90–1473/74) burgund. Politiker 255
Curti, Gioacchino, Zeitgenosse Burckhardts, Galerist 371, 380
Cuyp, Jacob Gerritsz. (1594–?1652) Maler u. Zeichner 29, 85, 638
Dahn, Felix (1834–1912) Jurist, Historiker u. Schriftsteller 535
Dalberg, Emmerich Joseph von (1773–1833) bad., später frz. Diplomat 257, 270
Damas-d'Antigny, Alexandrine d' (1728–1809) Mutter von Charles Maurice de Talleyrand 227
Damo (2. Hälfte des 6. Jh. v. Chr.) Tochter des Pythagoras 435
Damoxenos (2. Hälfte des 4. Jh. v. Chr.) Dichter der Neuen att. Komödie 164
Danton, Georges (1759–1794) Revolutionär 234, 275
David, Jacques Louis (1748–1825) Maler 303, 449, 568
Davila, Enrico Caterino (1576–1631) venez. Historiker 629
Davout, Louis Nicolas, Herzog von Auerstaedt (1770–1823) Marschall 317
Decamps, Alexandre Gabriel (1803–1860) Maler, Zeichner u. Druckgraphiker 449
De Candolle, Alphonse (1806–1893) Botaniker 14–17
Decazes, Elie, Herzog von (1780–1860) Politiker 309
Decius, Publius D. Mus († 340 v. Chr.) röm. Konsul 457
Decker, Paul (1677–1713) Architekt u. Kupferstecher 636
Deidameia (um 300 v. Chr.) Gattin des Demetrios Poliorketes 593, 595
De Keyser, Nicaise (1813–1887) Maler 447
Delacroix, Charles (1741–1805) Politiker, Vater von Eugène D. 239
Delacroix, Eugène (1798–1863) Maler u. Lithograph 449
Delaroche, Paul (1797–1856) Maler 447
Della Porta, Guglielmo (um 1515–1577) Bildhauer u. Architekt 570
Demetrios I. Poliorketes (um 337 bis um 283 v. Chr.) Feldherr u. makedon. König 584–605
Demetrios von Phaleron (vor 344 bis nach 285/83 v. Chr.) Philosoph u. Politiker 348, 588
Demokrit (um 460–380/70 v. Chr.) griech. Philosoph 344–347, 401
Demosthenes (384–322 v. Chr.) griech. Redner 133, 157, 355, 577
Denon, Dominique-Vivant, (1747–1825) Kunstsammler im Dienste Napoleons 241, 313
Des Renaudes (Desrenaudes), Martial Borie (1751–1825) Geistlicher u. Politiker 230, 237
Dessoles, Jean Joseph Paul Augustin (1767–1828) General u. Politiker 257
Deveroux, Walter († 1640) Rittmeister der Butlerschen Dragoner 124

Dickens, Charles (1812–1870) Schriftsteller 16
Dietterlin, Wendel (1550/51–1599) Baumeister, Zeichner u. Maler 219, 634
Digby, Sir Kenelm (1603–1665) Diplomat, Schriftsteller u. Seefahrer 529
Dijck, Philipp van (1680–1753) Maler u. Kunsthändler 101
Dikaiarchos von Messene (* um 375 v. Chr.) Philosoph 348
Dino, Herzogin von siehe Dorothea von Kurland
Diodorus Siculus (1. Jh. v. Chr.) griech. Historiker 357
Diogenes Laertios (wohl Mitte des 3. Jh. n. Chr.) griech. Philosophiehistoriker 401
Diogenes von Apollonia (2. Hälfte des 5. Jh. v. Chr.) Philosoph 350
Diogenes von Sinope (412/403–324/321 v. Chr.) Philosoph 588, 602
Dionysios von Halikarnassos (2. Hälfte des 1. Jh. v. Chr.) Rhetor u. Historiker 357
Dionysos I., der Ältere (um 430–367 v. Chr.) Tyrann von Syrakus 160, 347
Does, Simon van der (1653–1718) Maler u. Zeichner 79
Dohna, Heinrich, Burggraf zu († 1651) kaiserl. Rat u. Oberst 531
Domenichino, eigtl. Domenico Zampieri (1581–1641) Maler 289, 477, 519
Domitian (Titus Flavius Domitianus), röm. Kaiser (81–96) 544
Donatello, eigtl. Donato di Niccolò di Betto Bardi (um 1386–1466) Bildhauer 472
Doni, Agnolo (1474–1539) Kaufmann u. Kunstsammler 361, 366
Dorothea von Kurland (1793–1862) Herzogin von Dino, Gattin von Edmond de Talleyrand 248, 265, 267
Dossi, Dosso, eigtl. Giovanni Luteri (um 1489–1542) Maler 647
Dou, Gerard (Gerrit) (1613–1675) Maler 78–80, 84–86, 91, 93–96, 98–101, 373
Drake, Friedrich (Johann) (1805–1882) Bildhauer 567
Dubarry, Marie-Jeanne (1743–1793) Mätresse Ludwigs XV. 227
Dubois, Guillaume (1656–1723) Kardinal u. Staatsmann 268, 599
Du Cerceau, Jacques Androuet (um 1515–1585) Graveur, Ornamentzeichner, Architekturtheoretiker u. Architekt 226
Duenwege, Victor (tätig Ende des 15./Anfang des 16. Jh.) Maler 6
Dughet, Gaspard, gen. Poussin (1615–1675) Maler 289 f.
Dugommier, Jacques François (1738–1794) General 296
Dujardin siehe Du Jardin
Du Jardin, Karel (1626–1678) Maler, Zeichner u. Radierer 25, 27, 76, 79
Dumas, Alexandre (1802–1870) Schriftsteller 2
Dumouriez, Charles François (1739–1823) General u. Politiker 234, 247, 274
Duncan I., König von Schottland († 1040) 607
Dupanloup, Felix Antoine Philibert (1802–1878) Abbé, Bischof von Orléans u. Schriftsteller 267, 288
Du Plessis d'Argentré, Marie-Anne († 1647) frz. Adlige 624
Dupont de l'Étang, Pierre, Comte de (1765–1840) General u. Kriegsminister 259, 282
Duquesnoy, François (1594–1643) Bildhauer 94
Durant de Mareuil, Baron (1769–1835) Politiker u. Diplomat 269 f.
Dürer, Albrecht (1471–1528) Maler u. Graphiker 7, 10, 375, 378, 382, 385, 452, 468, 470, 503 f., 513, 642, 644
Duroc, Géraud Christophe Michel, Herzog von Friaul (1772–1813) General 304 f., 311, 330, 335

Dusart, Cornelis (1660–1704) Maler, Zeichner u. Graphiker 78, 82, 87
Dyck, Anthonis van (1599–1641) Maler u. Radierer 28, 75, 195 f., 208, 360, 382, 384, 468, 509, 517–534
Dyck, Philipp van *siehe* Dijck, Philipp van
Eberhard I., im Bart (1445–1496) Herzog von Württemberg 50, 58
Éboli, Ruy Gómez de Silva, Fürst von (1516–1573) Günstling Philipps II. von Spanien 187, 189–191
Eduard IV., König von England (1461–1483) 41 f.
Eeckhout, Gerbrand van den (1621–1674) Maler u. Radierer 78
Egerton, Francis, Herzog von Bridgewater, Erster Earl of Ellesmere (1800–1857) Sammler u. Mäzen 385
Egmont, Adolf von (1438–1477) Herzog von Geldern 205
Egmont, Arnold von (1410–1472) Herzog von Geldern 205
Elagabal, eigtl. Varius Avitus Bassianus, röm. Kaiser (218–222) 544
Elisabeth I., Königin von England (1558–1603) 607, 634
Elisabeth von Frankreich (1545–1568) Königin von Spanien 526
Elisabeth von Frankreich (1602–1644) Königin von Spanien 409
Elisabeth Charlotte von der Pfalz (1652–1722) Herzogin von Orléans 632 f.
Elsheimer, Adam (1578–1610) Maler, Radierer, Drucker 289
Emilie von Hessen-Kassel (1626–1693) Princesse de Tarente 632 f.
Emmeram, hl. († um 715) fränk. Missionsbischof 463
Empedokles (um 483 bis 423 v. Chr.) griech. Philosoph 576
Enghien, Louis Antoine Henri de Bourbon, Prince de Condé, Herzog von E. (1772–1804) frz. Adliger 243–247, 253 f., 298, 300, 309, 311 f., 319, 328, 335

Epameinondas (um 420–362 v. Chr.) theban. Feldherr 157, 444
Epicharmos (wohl 6./5. Jh. v. Chr.) sizil. Komödiendichter 158
Epikur (341–271 v. Chr.) griech. Philosoph 164, 345, 596, 601
Erasmus von Rotterdam (um 1466–1536) Humanist 18, 24
Eratosthenes (um 284 bis um 202 v. Chr.) alexandrin. Gelehrter u. Bibliothekar 351
Ernst I. (1482–1553) Markgraf von Baden-Durlach 52, 57
Este, Lionello d' (1407–1450) 637
Esterházy von Galántha, Nikolaus II., Fürst (1765–1833) Heerführer u. Kunstsammler 384
Eubulos (Mitte des 4. Jh. v. Chr.) athen. Demagoge 157
Eubulos (tätig um 376/72 bis um 330 v. Chr.) Dichter der Mittleren att. Komödie 157
Eudoxos von Knidos (um 391 bis um 338/33 v. Chr.) Astronom, Mathematiker, Arzt, Philosoph u. Gesetzgeber 347
Eumenes II., König von Pergamon (197–159 v. Chr.) 404
Eumenes von Kardia (362/61–316 v. Chr.) Feldherr u. Diadoche 582 f., 585
Euphron (1. Hälfte des 3. Jh. v. Chr.) Dichter der Neuen att. Komödie 162
Euripides (um 480 bis um 406 v. Chr.) griech. Tragiker 133, 355, 575 f.
Eurydike (um 300 v. Chr.) Gattin des Ptolemaios I. Soter 602
Eurydike (um 300 v. Chr.) Gattin des Demetrios Poliorketes 590
Euthydemos von Athen (2. Jh. v. Chr.) Arzt, Verf. eines Kochbuchs 159
Eutychides (4./3. Jh. v. Chr.) griech. Bildhauer u. Maler 581
Everdingen, Allaert van (1621–1675) Maler 32–34
Eyck, Hubert van (um 1370–1426) Maler 7, 11, 384, 464–466

Eyck, Jan van (um 1390–1441) Maler 7, 9, 11, 67f., 80, 382, 384, 464–468, 644
Fabritius, Carel (1622–1654) Maler 639
Falens, Carel van (1683–1733) Maler 79
Farnese, Alessandro (1545–1592) Herzog von Parma u. Piacenza 190
Ferdinand I., Kaiser (1531–1564) 54, 187
Ferdinand II., Kaiser (1619–1637) 2, 102–109, 113, 116f., 408, 410f., 413–415
Ferdinand III., Kaiser (1637–1657) 107, 406, 411f., 415
Ferdinand IV., dt. König (1653–1654) 406
Ferdinand II., der Katholische, König von Aragonien (1479–1516) 192
Ferdinand I. (von Aragon), gen. Ferrante, König von Neapel–Sizilien (1458–1494) 367
Ferdinand I., König beider Sizilien (1816–1825) 262, 287
Ferdinand VII., König von Spanien (1808/1814–1833) 250, 252, 300, 311, 335
Ferdinand, span. Infant (1609–1641) Kardinal u. Statthalter der Niederlande 4, 112f., 115, 406
Ferdinand Maria (1636–1679) Kurfürst von Bayern 218
Fernández de Avellaneda, Alonso (Pseudonym) (tätig Ende des 16., Anfang des 17. Jh.) Dichter 149f.
Ferrante von Neapel *siehe* Ferdinand I. (von Aragon) König von Neapel-Sizilien
Ferrari, Gaudenzio (um 1480–1546) Maler u. Bildhauer 383, 479, 644, 647
Fesch, Joseph (1763–1839) Kardinal 296, 307
Fetti, Domenico (1589–1624) Maler 66, 483
Fiesole *siehe* Angelico, Fra

Fiévée, Joseph (1767–1839) Schriftsteller u. Politiker 306
Flahaut, Comtesse de *siehe* Souza-Bothelho, Adèle Filleul
Flahaut de la Billarderie, Auguste Charles Joseph, Comte de (1785–1870) General u. Politiker 232f., 235
Flahaut de la Billarderie, Charles François, Comte de († 1794) Marschall 231f., 270
Flandrin, Hippolyte (1809–1864) Maler 486
Fléchier, Valentin-Esprit (1632–1710) Theologe u. Schriftsteller 629
Fleury de Chaboulon, Pierre (1779–1835) Politiker u. Schriftsteller 263
Flinck, Govaert (1615–1660) Maler u. Zeichner 25, 78, 200, 638
Foley, John Henry (1818–1874) Bildhauer 565
Fontanes, Louis de (1757–1821) Dichter, Gelehrter u. Politiker 245, 298
Forbin-Janson, Toussaint de (1629–1713) Bischof von Marseille u. Kardinal 622
Fortebracci, Andrea, gen. Braccio da Montone (1368–1424) Condottiere 471
Fouché, Joseph (1759–1820) Politiker u. Polizeiminister 237, 243, 246f., 250, 253, 255, 259, 262–264, 286, 303, 305, 307, 309–312, 319
Fouquet, Nicolas, Vicomte de Vaux (1615–1680) Finanzminister u. Staatsrat 386, 621f.
Fox, Charles James (1749–1806) Politiker 234
Foy, Maximilien Sébastien (1775–1825) General u. Politiker 233
Francesco di Paola (1416–1507) Heiliger 44
Francia, Francesco, eigtl. Francesco Raibolini (um 1450–1517) Maler u. Goldschmied 482, 643f.

Francisco de Herrera (um 1590–1654) Maler u. Kupferstecher 513
Francisco de Zurbaran (1598–1664) Maler 513
Francken (16./17. Jh.) Malerfamilie 70, 91
Francken, Frans d. Ä. (1542–1616) Maler 70 f.
Franz I., König von Frankreich (1515–1547) 1, 56, 180–186, 375, 386, 634
Franz I., Kaiser von Österreich (1804–1835) 339 f.
Franz Joseph I., Kaiser von Österreich (1848–1916) 406
Franz II. (1435–1488) Herzog von Bretagne 39
Freytag, Gustav (1816–1895) Kulturhistoriker u. Schriftsteller 47
Friedrich III., dt. König (1440–1493) Kaiser 41
Friedrich I., König von Preußen (1701–1713) 636
Friedrich II., der Große, König von Preußen (1740–1786) 237
Friedrich Wilhelm III., König von Preußen (1797–1840) 257, 303
Friedrich III., König von Preußen u. dt. Kaiser (1888) 415
Friedrich August I., König von Sachsen (1806–1827) 262, 287
Friedrich I., König von Württemberg (1806–1816) 332
Friedrich V. von Brandenburg-Ansbach (1460–1536) Markgraf 56
Friedrich Wilhelm I., gen. der Große Kurfürst (1620–1688) Kurfürst von Brandenburg 636
Friedrich Heinrich, Prinz von Oranien (1584–1647) niederländ. Statthalter 207, 209
Fromentin, Eugène Samuel Auguste (1820–1876) Maler u. Schriftsteller 449, 518
Frundsberg, Georg von (1473–1528) kaiserl. Feldhauptmann 185
Fürstenberg, Wolfgang, Graf von (1465–1509) schwäb. Adliger 51, 60

Fyt, Jan (1611–1661) Maler, Zeichner u. Kupferstecher 468
Gagern, Hans Christoph, Freiherr von (1766–1852) Politiker 227, 231, 235, 240, 242, 248 f., 252, 265, 269–271, 278 f., 281
Gallait, Louis Joseph (1810–1887) Maler 450
Gallas, Matthias, Graf von (1584–1647) kaiserl. General 116, 124
Gasparin, Thomas Augustin (1754–1793) Politiker 296
Gaspero siehe Dughet, Gaspard
Gaston, Herzog von Orléans siehe Orléans, Gaston d'
Gaudenzio siehe Ferrari, Gaudenzio
Gaudin, Martin Michel Charles, Herzog von Gaëta (1756–1841) Finanzminister 253
Geertgen tot Sint Jans (tätig um 1475–1495) Maler 67
Geest, Cornelis van der (?1575–1638) Kunsthändler, Mäzen u. Sammler 528
Geldern, Herzöge von siehe Egmont, Arnold und Adolf von
Genelli, Bonaventura (1798–1868) Maler u. Zeichner 612
Genlis, Stéphanie Félicité du Crest de Saint-Aubin, Comtesse de (1746–1830) Schriftstellerin 235, 275, 306
Gentile da Fabriano (um 1370–1427) Maler 480, 642
Georg III., König von Großbritannien (1760–1820) 234, 329
Gerhard van Harlem siehe Geertgen tot Sint Jans
Gérome, Jean-Léon (1824–1904) Maler 449
Gevaerts, Jan Gaspar (tätig 1. Hälfte des 17. Jh.) Chronist u. Diplomat 525
Ghiberti, Lorenzo (1378–1455) Bildhauer, Architekt u. Kunsttheoretiker 450
Ghirlandaio, Domenico, eigtl. Domenico Bigordi (1449–1494)

Maler u. Mosaizist 30, 470, 482 f., 515
Gibbon, Edward (1737–1794) Historiker 535
Gillot, Claude (1673–1722) Zeichner, Maler, Stecher u. Radierer 636
Gioconda, La (Mona Lisa), eigtl. Lisa Gherardini (um 1500) Gattin von Francesco del Giocondo 472 f.
Giocondo, Francesco Bartolomeo del (um 1500) Gatte von Lisa Gherardini (Mona Lisa) 473
Giordano, Luca (1634–1705) Maler u. Radierer 66, 389, 459
Giorgione, eigtl. Giorgio Barbarelli (um 1478–1510) Maler 64, 72, 366, 371, 378 f., 381 f., 384, 474, 524, 637
Giorgione da Castelfranco *siehe* Giorgione
Giotto di Bondone (um 1266–1337) Maler u. Baumeister 462, 472, 484, 572, 641, 645
Giovanni di Paolo (um 1399–1482) Maler u. Illuminator 642
Giulio *siehe* Giulio Romano
Giulio Romano, eigtl. Giulio Pippi (1499–1546) Maler u. Architekt 360, 363, 370, 375
Glauber, Jan, gen. Polidoro (1646–1726) Maler u. Radierer 289
Glockendon, Malerfamilie (15./16. Jh.) 375
Gobel, Jean-Baptiste Joseph (1727–1794) Bischof von Paris 231 f.
Godoy, Manuel de (1767–1851) span. Politiker 252, 310
Goes, Hugo van der (um 1440–1482) Maler 7, 67, 468
Goethe, Johann Wolfgang von (1749–1832) Dichter 35, 98, 110–113, 118, 176–178, 566
Goltz, August Friedrich Ferdinand, Graf von der G. (1765–1835) preuß. Politiker 250, 281
Gonzaga, Carlo I (1580–1637) Herzog von Nevers 2, 411

Gonzaga, Ferrante (1507–1557) Graf von Guastalla 187
Gonzaga, Vespasiano (1531–1591) Herzog von Sabbioneta 190
Gordian III., eigtl. Marcus Antonius Gordianus (225–244) röm. Kaiser 547
Gordon, Johann († nach 1640) kaiserl. Oberst 109, 119, 123
Gossaert, Jan (um 1478 bis um 1532) Maler 384, 470
Goyen, Jan Josephsz. van (1596–1656) Maler 33–36, 79, 82
Gozzoli, Benozzo (um 1420/22–1497) Maler 470, 479
Graf, Theodor, Kaufmann u. Kunstsammler 461
Grant, Mme *siehe* Worlée, Catherine-Noël
Granvelle, Antoine Perrenot de (1517–1586) Kardinal u. Staatsmann 187–190
Granvelle, Nicolas Perrenot de (1486–1550) Staatsmann 187
Gregor IX., Papst (1227–1241) 363
Grenville, William Wyndham (1759–1834) Politiker 234 f., 275
Grétry, André Joseph (1774–1826) Schriftsteller 298, 327
Grignan, François Adhémar de Monteil, Comte de (1632–1714) kgl. Generalstatthalter in der Provence 622 f.
Grignan, Françoise Marguerite de Sévigné, Comtesse de (1646–1705) Tochter der Marquise de Sévigné 619, 621 f., 626, 629 f.
Grignan, Louis-Provence de Monteil, Comte de (1671–1704) Enkel der Marquise de Sévigné 622 f.
Grimani, Antonio (1434–1523) Doge von Venedig 511
Gropius, Martin (1824–1880) Architekt 568
Grosvenor, Richard (1731–1802) Kunstsammler 385

Grosvenor, Robert, Erster Marquess of Westminster (1767–1845) Kunstsammler 385
Grünewald, Matthias (um 1470–1528) Maler u. Baumeister 9, 503–505
Guercino, eigtl. Giovanni Francesco Barbieri (1591–1666) Maler und Zeichner 513
Guersi, Guido (um 1500) Präzeptor u. Stifter des Isenheimer Altars 504
Guiche, Armand de Gramont, Comte de (1638–1673) Feldherr 625
Guido siehe Reni, Guido
Guillaume, Jean-Baptiste (1822–1905) Bildhauer 567
Guise, Henri I de Lorraine, Herzog von (1550–1588) Politiker u. Feldherr 569
Guise, Henri II de Lorraine (1614–1664) Erzbischof von Reims, Herzog von Guise 620
Guizot, François Pierre Guillaume (1787–1874) Politiker u. Historiker 447
Gustav II. Adolf, König von Schweden (1611–1632) 2, 106 f., 117, 411
Haagen, Joris van der (* um 1613/16, † 1669) Maler 33, 35
Hackaert, Jan (1628–1685) Maler 33
Hagenbach, Peter von (1423–1474) Landvogt im Elsaß 41
Hals, Dirck (1591–1656) Maler 78, 88
Hals, Frans (um 1581/85–1666) Maler 25 f., 28, 78, 384, 525, 530, 532, 639
Hamilton, James, First Duke of (1606–1649) kgl. Stallmeister, Heerführer u. Politiker 529
Hanneman, Adriaen (um 1604–1671) Maler 527
Harmodios (6. Jh. v. Chr.) athen. Tyrannenmörder 356
Harrach, Karl, Graf von (1570–1628) Politiker 103
Haugwitz, Christian Heinrich Curt, Graf von (1752–1832) Politiker 247

Hauser, Kaspar (um 1812–1833) Findelkind 371
Hauterive, Alexandre Maurice Blanc de Lanaute, Comte d' (1754–1830) Staatssekretär 237
Heemskerck, Egbert Jaspersz. van (1634/35–1704) Maler u. Zeichner 101
Heinrich VIII., König von England (1509–1547) 23 f., 30, 607, 634
Heinrich III., König von Frankreich (1574–1589) 189, 569
Heinrich IV., König von Frankreich (1589–1610) 1, 4, 189 f., 193, 300, 303, 328, 331, 453, 533, 570, 617, 629, 634
Helena (1. Hälfte des 10. Jh.) byz. Kaiserin, Gattin von Konstantin VII. Porphyrogennetos 548, 553 f.
Helst, Bartholomeus van der (um 1613–1670) Maler 25–28, 384, 532, 639
Henneberg, Apollonia von (1496/97–1548) schwäb. Adlige, Gattin von Gottfried Werner von Zimmern 52 f.
Henriette d'Orléans siehe Henriette Anna von England
Henriette Anna von England (1644–1670) Herzogin von Orléans 622
Henriette Maria von Frankreich (1609–1669) Königin von England 524, 528
Herakleides Pontikos (um 390 bis nach 322 v. Chr.) griech. Philosoph 350
Heraklit (um 550 bis um 480 v. Chr.) griech. Philosoph 345
Heraklius I., byz. Kaiser (610–641) 545
Hérault de Séchelles, Marie-Jean (1760–1794) Politiker 234
Herlin, Friedrich (* um 1430, † um 1500) Maler 6 f., 10
Herodes Antipas, Tetrarch von Galiläa u. Peräa (4–39) 482
Herodot (um 490 bis um 425 v. Chr.) griech. Historiker 354 f., 357

Herrera siehe Francisco de Herrera
Hesiod (um 700 v. Chr.) griech. Dichter 159, 419, 434, 514, 576
Hiketas von Syrakus (?4. Jh. v. Chr.) Pythagoreer 350
Hipparchia (2. Hälfte des 4. Jh. v. Chr.) griech. Philosophin, Gattin des Krates 601
Hipparchos († 514 v. Chr.) Tyrann von Athen 356
Hippias von Elis (* nach 470 v. Chr.) Sophist 402
Hippokrates (um 460 bis um 370 v. Chr.) griech. Arzt 352
Hitzig, Georg Friedrich Heinrich (1811–1881) Architekt 567
Hobbema, Meindert Lubbertsz. (1638–1709) Maler 32–35, 76, 369
Hoche, Louis Lazare (1768–1797) General 295
Hogarth, William (1697–1764) Maler u. Kupferstecher 83
Holbein, Hans d. Ä. (um 1465–1524) Maler 6–10, 642
Holbein, Hans d. J. (1497/98–1543) Maler u. Zeichner 18, 30, 370 f., 377 f., 381 f., 470, 479, 512
Holinshed, Raphael († um 1580) Geschichtsschreiber 607
Hollar, Wenzel (1607–1677) Zeichner u. Radierer 531
Homer (8. Jh. v. Chr.) griech. Dichter 155, 167–178, 434, 514, 575, 580
Honthorst, Gerrit Hermansz. van (1592–1656) Maler 65, 75
Hooch, Pieter de (1629 bis um 1684) Maler 29, 76, 78, 87, 100
Houbraken, Arnold (1660–1719) Maler, Radierer u. Kunstschriftsteller 76
Houdetot, Elisabeth Françoise Sophie, Comtesse de (um 1730–1813) Mittelpunkt eines literar. Salons 315
Hugo von Arles, König von Italien (926–947) 553

Humboldt, Alexander, Freiherr von (1769–1859) Naturforscher u. Geograph 241
Humboldt, Wilhelm, Freiherr von (1767–1835) Gelehrter u. Staatsmann 111, 265, 287
Hurtado de Mendoza, Diego (1503–1575) Humanist, Diplomat u. Dichter 187
Idiáquez, Juan de (1540–1614) Diplomat 188
Ignatius von Loyola, hl. (1491–1556) Ordensgründer 103
Iktinos (1. Hälfte des 5. Jh. v. Chr.) griech. Architekt 398
Ilow, Christian, Freiherr von (1585–1634) kaiserl. Feldmarschall 115–120, 123
Imhoff, Konrad (um 1420) Stifter des Altars von St. Lorenz in Nürnberg 642
Inghirami, Tomaso Fedra (1470–1516) Prälat, Dichter u. Gelehrter 361, 367
Irene, byz. Kaiserin (797–802) 536, 546
Isabella Clara Eugenia (1566–1633) span. Infantin, Statthalterin der Niederlande 1, 520, 526 f.
Isabella von Portugal (1397–1472) Herzogin von Burgund, Gattin Philipps des Guten 466
Isolani, Johann Ludwig, Graf von (1586–1640) kaiserl. General 112, 123
Iung, Théodore (1833–1896) Historiker 293, 321, 323 f.
Jakob von Baden (1471–1511) Erzbischof u. Kurfürst von Trier 52, 54
Jakob I., König von England (1603–1625) 406, 607, 611
Jan de Leeuw (um 1401 bis nach 1456) Goldschmied 467
Jan van der Leuw siehe Jan de Leeuw
Jansenius, eigtl. Jansen, Cornelius (1585–1638) Theologe 627
Janssens van Ceulen, Cornelis (1593–1661) Maler 28

Jaucourt, Arnail François, Marquis de (1757–1852) Politiker 257
Jeanne d'Arc (* um 1410/12, † 1431) frz. Nationalheldin 1
Jeanne de Chenany *siehe* Cenami, Giovanna
Jode, Gertrud de (16./17 Jh.) Gattin des Malers Jan de Wael 533
Johann I. ohne Land, König von England (1199–1216) 607
Johann der Beständige von Sachsen (1468–1532) Herzog u. Kurfürst 56
Johanna von Aragonien *siehe* Aragona, Giovanna d'
Johannes I. Tzimiskes, byz. Kaiser (969–976) 555, 558, 560–562
Joinville, Jean de (1225–1317) frz. Geschichtsschreiber 629
Jordaens, Jacob (1593–1678) Maler 29, 72, 83, 195, 375, 481, 486, 518
Joseph Bringas (Mitte des 10. Jh.) byz. Kämmerer unter Kaiser Romanos II. 554–556
Joseph, Père, eigtl. François Joseph Le Clerq du Tremblay (1577–1638) Kapuziner u. Diplomat 3
Joséphine (1763–1814) Kaiserin der Franzosen 237, 240, 252, 297f., 300f., 304–307, 309f., 328, 333, 336
Josephus, Flavius (um 37/38 bis um 100) jüd. Historiker 629
Juan d'Austria (1547–1578) Feldherr 137, 187, 189f.
Julius II., Papst (1503–1513) 181, 359–361, 363–366, 510
Junot, Andoche (1771–1813) General 296
Justinian I., der Große, byz. Kaiser (527–565) 535f., 539, 544, 640
Justinian II., byz. Kaiser (685–695/705–711) 544f.
Justus von Gent, eigtl. Joos van Wassenhove (um 1435/40 bis nach 1480) Maler 67
Kalates (4. Jh. v. Chr.) griech. Maler 63

Kalckreuth, Friedrich Adolf, Graf von (1737–1818) General 250
Kallixeinos von Rhodos (wohl 2. Jh. v. Chr.) Schriftsteller 497
Kardinalinfant *siehe* Ferdinand, span. Infant
Karl I., der Große, fränk. König (768–814) Kaiser 43, 138, 299, 318, 327, 338, 364, 461, 543, 641
Karl II., der Kahle, westfränk. König (843–877) Kaiser 461
Karl V., Kaiser (1519–1556) 1, 149, 180, 183–187, 189, 191, 386, 450, 531
Karl VI., Kaiser (1711–1740) 509
Karl VII., Kaiser (1742–1745) 215f., 219, 221
Karl I., König von England (1625–1649) 4, 386, 406f., 526, 528–531, 533
Karl VII., König von Frankreich (1422–1461) 38f., 43
Karl VIII., König von Frankreich (1483–1498) 44
Karl X., König von Frankreich (1824–1830) 229, 258f., 285
Karl XIV., König von Schweden (1818–1844) 257f., 308
Karl IV., König von Spanien (1788–1808) 250
Karl der Kühne (1433–1477) Herzog von Burgund 39–43, 255, 466, 469
Karl von Frankreich (1446–1472) Herzog von Berry u. Guyenne 39–41
Karl IV. von Lothringen (1604–1675) Herzog 2
Kassandros, makedon. König (316–298/97 v. Chr.) 582, 585–588, 592, 595–597, 600
Katharina von Aragonien (1485–1536) Königin von England 24
Katharina von Medici (1519–1589) Königin von Frankreich 189, 617

Katharina, Prinzessin von Württemberg (1783–1835) Königin von Westfalen, Gattin von Jérôme Bonaparte 259 f.

Katharina, Schenkin von Erbach († 1549) schwäb. Adlige, Gattin von Johann Werner von Zimmern 52

Kaulbach, Wilhelm (1805–1874) Maler u. Illustrator 447, 571

Keller, Dorotheus Ludwig Christoph, Graf von (1757–1827) General u. Diplomat 259

Kephisodot d. Ä. (tätig 1. Hälfte des 4. Jh. v. Chr.) Bildhauer 578

Keyser, Thomas Hendricksz. de (1596/97–1667) Maler 28 f., 78, 85

Khevenhüller, Franz Christoph, Graf von (1588–1650) Politiker u. Chronist 2, 407–411, 413 f.

Kinsky von Wichinitz, Elisabeth, Gräfin (1. Hälfte des 17. Jh.) Schwägerin Wallensteins 119

Klenze, Leo von (1784–1864) Architekt 565

Kleomenes I., König von Sparta (um 525–488 v. Chr.) 420

Kleopatra († 308 v. Chr.) Schwester Alexanders des Großen 585

Koch, Christophe Guillaume (1737–1813) Rechtsgelehrter u. Politiker 227

Koch, Joseph Anton (1768–1839) Maler u. Radierer 612

Komnena, Anna (*1083, † nach 1148) Tochter des byz. Kaisers Alexios I. 629

Koninck, Salomon (1609–1656) Maler u. Zeichner 78

Konstantin I., der Große, röm. Kaiser (306–337) 538 f., 552

Konstantin V. Kopronymos, byz. Kaiser (741–775) 540, 545

Konstantin VII. Porphyrogennetos, byz. Kaiser (913–959) 539, 547–550, 552–558

Konstantin VIII., byz. Kaiser (1025–1028) 542, 556, 561

Konstantin Dukas († 913) byz. Gardeoffizier 548 f.

Kopernikus, Nikolaus (1473–1543) Astronom u. Mathematiker 351

Kotys, thrak. König (383/82–360/59 v. Chr.) 160

Krateros († 321/20 v. Chr.) maked. Feldherr 582, 586, 600

Krates von Theben (wohl 368/65–288/85 v. Chr.) Philosoph 601 f.

Kratesipolis († nach 307 v. Chr.) Herrscherin über Korinth u. Sikyon 588

Krösus, König von Lydien (um 560–547/46 v. Chr.) 417, 422

Kundmann, Carl (1838–1919) Bildhauer 565

Kurakin, Alexander, Fürst (1752–1818) Diplomat 250, 281

Kylon von Kroton (2. Hälfte des 6. Jh. v. Chr.) Gegner von Pythagoras 441, 443 f., 576

Kypselos (wohl 657–627 v. Chr.) Tyrann von Korinth 420

Kyros II., der Große, pers. König (559–529 v. Chr.) 437

Kyros d. J. (um 423–401 v. Chr.) pers. Prinz 420

La Besnardière, Jean-Baptiste, Comte de (1765–1843) Diplomat, Staatssekretär 237, 269

La Calprenède, Gautier de Costes de (um 1609/14–1663) Dichter 628

Lachares (um 300 v. Chr.) Tyrann von Athen 162, 596

Laclos, Pierre Ambroise François Choderlos de (1741–1803) Schriftsteller 229

Laer, Pieter van, gen. il Bamboccio (1599 bis um 1642) Maler u. Graphiker 75, 81

Laetitia *siehe* Bonaparte, Letizia

La Fayette, Marie-Joseph Motier, Marquis de (1757–1834) General u. Politiker 230, 274

La Fayette, Marie-Madeleine Pioche de La Vergne, Comtesse de

(1634–1693) Schriftstellerin 624, 627, 632
La Fontaine, Jean de (1621–1695) Dichter 622, 629
Lamarque, Jean-Maximilien, Comte de (1770–1832) General 231
Lambrechts, Charles Joseph Mathieu, Comte de (1753–1823) Politiker 258
Lamia (um 300 v. Chr.) Hetäre, Geliebte des Demetrios Poliorketes 591, 594
Lanassa (um 300 v. Chr.) Gattin des Pyrrhos u. des Demetrios Poliorketes 597 f.
Lanfrey, Pierre (1828–1877) Historiker u. Politiker 320 f.
Lannes, Jean, Herzog von Montebello (1769–1809) Marschall 318
Laporte (Delaporte), François Sébastien Christoph (1760–1823) Politiker, Konventskommissär 296
La Réveillère-Lépaux, Louis-Marie (1753–1824) Politiker 237
La Rochefoucauld, François VI, Herzog von (1613–1680) Schriftsteller 624, 627 f., 632
Lastman, Pieter Pietersz. (1583–1633) Maler u. Radierer 196
Lauri, Filippo (1623–1694) Maler 290
La Vallière, Louise Françoise de La Baume Le Blanc, Herzogin von (1644–1710) Mätresse Ludwigs XIV. 620
Le Brun, Charles (1619–1690) Maler 395, 446
Lebrun, Charles François (1739–1824) Politiker, Konsul 256
Lebrun-Tondu, Pierre Henri (um 1760–1793) Politiker 234, 270
Lecourbe, Henri († um 1840) Jurist u. Richter 301
Le Ducq, Johan (um 1629–1676/77) Maler u. Radierer 79, 89 f., 98
Legendre, Louis Philippe (1752–1797) Jakobiner, Freund Dantons 236
Leibniz, Gottfried Wilhelm (1646–1716) Mathematiker u. Philosoph 15

Lemaire, Henri (1798–1880) Bildhauer 566
Lemos, Pedro Fernández de Castro y Osorio, Graf von (1576–1622) Gönner von Miguel Cervantes 149
Le Nain (17. Jh.) Malerfamilie 65
Leo I., der Große, Papst (440–461) 364
Leo III., Papst (795–816) 364
Leo IV., Papst (847–855) 364
Leo X., Papst (1513–1521) 359–361, 363 f., 367
Leochares (4. Jh. v. Chr.) griech. Bildhauer 579
Leon III., der Syrer (der Isaurier), byz. Kaiser (717–741) 545
Leon V., byz. Kaiser (813–820) 542 f.
Leon VI., der Weise, byz. Kaiser (886–912) 539, 542, 545–547
Leon Phokas (1. Hälfte des 10. Jh.) byz. Feldherr 548
Leon Phokas (2. Hälfte des 10. Jh.) byz. Feldherr 540, 555, 560
Leonardo da Vinci (1452–1519) Maler, Architekt, Ingenieur u. Gelehrter 90, 178, 185, 195, 202, 361, 366, 374, 381, 383, 385, 396, 450, 472, 480–482, 517, 571, 638
Leonnatos (356–322 v. Chr.) maked. Feldherr 582
Leopold I., Kaiser (1658–1705) 406
Leopold V., Erzherzog von Österreich (1586–1632) 412, 415
Leopold Wilhelm, Erzherzog von Österreich (1614–1662) Feldherr u. Statthalter der Niederlande 382
Lepautre, Antoine (1621–1691) Architekt 224, 226
Lepautre, Jean (1618–1682) Ornamentstecher 226
Lerma, Francisco Gómez de Sandoval y Riojas, Herzog von (1553–1625) Staatsmann u. Kardinal 149, 406
Lessing, Gotthold Ephraim (1729–1781) Dichter u. Philosoph 565
Lessing, Otto (1846–1912) Bildhauer 565

Le Sueur, Jean François (1760–1837) Komponist 303, 332
Lévis, Pierre Marc Gaston, Herzog von (1764–1830) Politiker u. Schriftsteller 254
Leyva, Antonio de († 1536) span. Statthalter in Mailand 184 f.
Liberti, Hendrik (1600–1669) Komponist u. Organist 533
Lichtenberg, Georg Christoph (1742–1799) Schriftsteller u. Physiker 83
Liechtenstein, Karl Eusebius von (1611–1684) Kunstsammler 385
Liefrinck, Hans I (?1518–1573) Kupferstecher u. Holzschnitzer 642
Lingelbach, Johannes (1622–1674) Maler 75, 88
Lippi, Fra Filippo (um 1406–1469) Maler 194, 515, 645
Liutprand von Cremona (um 920–972) langobard. Geschichtsschreiber u. Diplomat 540, 556–558
Lochner, Stefan (tätig um 1440, † 1451) Maler 6, 480
Loménie de Brienne, Etienne Charles (1727–1794) Bischof von Toulouse 227
Lope de Vega siehe Vega Carpio, Lope
Loredan, Leonardo (1438–1521) Doge von Venedig 473
Lorenzetti, Ambrogio (tätig zw. 1319 u. 1347) Maler 572
Lorenzo di Credi (1459–1537) Maler 515
Lorrain, Claude, eigtl. Gelée (1600–1682) Maler u. Radierer 33, 289–291, 369, 372, 381 f., 390, 481, 513, 520
Lotto, Lorenzo (um 1480 bis um 1556) Maler 370, 377, 637
Louis, Joseph Dominique, Baron, gen. Abbé Louis (1755–1837) Geistlicher, Staatsrat u. Finanzminister 230, 261
Louis Ferdinand, Prinz von Preußen (1772–1806) Feldherr 317

Louis Napoléon († 1879) Sohn Napoleons III. 292
Louis Philippe, König der Franzosen (1830–1848) 233, 268, 287 f., 320, 446
Louise von Savoyen (1476–1531) Herzogin von Angoulême 181
Louvois, François Michel Le Tellier, Marquis de (1641–1691) Kriegsminister 624
Lucas von Leyden (um 1494–1533) Graphiker u. Maler 69, 206, 384
Lucchesini, Girolamo, Marchese (1751–1825) Diplomat im preuß. Dienst 242
Ludwig IX., der Heilige, König von Frankreich (1226–1270) 462, 629
Ludwig XI., König von Frankreich (1461–1483) 38–44
Ludwig XII., König von Frankreich (1498–1515) 181
Ludwig XIII., König von Frankreich (1610–1643) 1–3, 5, 406, 413, 453, 571, 634
Ludwig XIV., König von Frankreich (1643–1715) 4, 15, 65, 91, 101, 215, 217, 221, 224, 306, 330, 452, 532, 569, 620 f., 625 f., 630
Ludwig XV., König von Frankreich (1715–1774) 214, 227
Ludwig XVI., König von Frankreich (1774–1793) 228, 233–235, 260, 302, 314, 328
Ludwig XVIII., König von Frankreich (1814–1824) 229, 236 f., 239, 246, 255, 257 f., 260 f., 263, 268, 285
Luini, Bernardino (um 1485–1532) Maler 30, 185 f., 374, 472, 478, 481, 638, 647
Luise (1776–1810) Königin von Preußen 305, 333, 337
Lukian (um 120 bis nach 180) griech. Schriftsteller 399 f., 580, 629
Luxembourg, Louis de, Graf von Saint-Pol u. Ligny (1418–1475) Connétable de France 59

Luynes, Charles d'Albert, Herzog von (1578–1621) Günstling Ludwigs XIII. 1
Luynes, Louis Charles d'Albert, Herzog von (1620–1690) frz. Adliger 621
Lykurg (um 390 bis um 324 v. Chr.) athen. Politiker u. Redner 419
Lynkeus von Samos (um 300 v. Chr.) Dichter der Neuen att. Komödie 165
Lysandros († 395 v. Chr.) spart. Feldherr 420
Lysikrates (tätig um 335/34 v. Chr.) athen. Bürger u. Chorege 419
Lysimachos (361–281 v. Chr.) Diadoche, König von Thrakien 582 f., 585 f., 595–597, 600, 602–604
Lysippos (4. Jh. v. Chr.) griech. Bronzebildhauer 578
Maas siehe Maes
Mabouse siehe Gossaert, Jan
Macbeth, König von Schottland (1040–1057) 607
Macdonald (Macdaniel), Alexander (1. Hälfte des 17. Jh.) Hauptmann der Butlerschen Dragoner 124
Macdonald, Étienne Jacques Joseph Alexandre, Herzog von Tarent (1765–1840) frz. Marschall schott. Abkunft 258
Macrino d'Alba, eigtl. Giovanni Giacomo de Alladio (vor 1470 bis vor 1528) Maler 643
Maes, Nicolas (1634–1693) Maler 78, 84 f., 94
Maimbourg, Louis (1610–1686) Kirchenhistoriker u. Jesuit 629
Maintenon, Françoise d'Aubigné, Marquise de (1635–1719) Geliebte und zweite Gattin Ludwigs XIV. 624, 626
Makart, Hans (1840–1884) Maler u. Graphiker 459
Malatesta, Sigismondo Pandolfo (1417–1468) Condottiere u. Stadtherr von Rimini 471

Malcolm III., König von Schottland (1054–1093) 609
Malet, Claude François de (1754–1812) General 254
Mallery, Karel van (1571–1631/35) Kupferstecher 533
Mancini, Olympia, Comtesse de Soissons (1640–1708) Maitresse Ludwigs XIV. 626
Mandrokles von Samos (um 500 v. Chr.) Architekt 420
Manetti, Antonio (1423–1497) Mathematiker u. Astronom 472
Manfredi, Bartolomeo (1582–1622) Maler 66
Mannay, Charles (1745–1824) Bischof von Trier 249
Mansfeld, Ernst, Graf von (1580–1626) Feldherr 104 f.
Mantegna, Andrea (um 1430/31–1506) Maler u. Kupferstecher 385, 387, 472, 643
Manuel, Niklaus, gen. Deutsch (um 1484–1530) Maler, Schriftsteller u. Politiker 482
Manuel I. Komnenos, byz. Kaiser (1143–1180) 546, 552
Maratta (Maratti), Carlo (1625–1713) Maler u. Graphiker 482
Marceau (Marceau-Desgraviers), François Séverin (1769–1796) General 295
Marcellus, Marcus siehe Claudius, Marcus Marcellus
Marco d'Oggiono (1475 bis um 1530) Maler 374, 647
Mardonios († 479 v. Chr.) pers. Feldherr 592
Marescalchi, Ferdinando (1764–1816) Politiker 247
Maret, Hugo Bernard, Herzog von Bassano (1763–1839) Staatssekretär u. Minister 248, 253, 298, 309–311, 335
Margarete von Flandern (1350–1405) Herzogin von Burgund, Gattin Philipps des Kühnen 463
Marguerite Louise d'Orléans

(1645–1723) Tochter von Gaston d'Orléans, Großherzogin von Toskana 625
Maria von Spanien (1528–1603) Kaiserin 191
Maria Anna von Spanien (1606–1646) Kaiserin 406–415
Maria von Burgund (1457–1482) Herzogin 41 f.
Maria von Medici (1573–1642) Königin von Frankreich 1–4, 392, 453 f., 525, 570
Maria, Königin von Ungarn u. Böhmen (1505–1558) Statthalterin der Niederlande 187
Marie Louise, Erzherzogin von Österreich (1791–1847) Kaiserin der Franzosen 254, 256, 284, 299, 303, 340
Marillac, Louis de (1572–1632) Marschall 4
Marmont, Auguste Viesse de, Herzog von Ragusa (1774–1852) Marschall 257 f., 296
Marot, Daniel (1661–1752) Architekt u. Kupferstecher 219
Marot, Jean (um 1630–1679) Architekt u. Graveur 226
Martina (1. Hälfte des 7. Jh.) byz. Kaiserin, Gattin von Heraklius I. 546
Martini, Francesco (Cecco) di Giorgio (1439–1501) Architekt, Maler u. Bildhauer 647
Martini, Simone (um 1284–1344) Maler 642
Masaccio, eigtl. Tomaso di Ser Giovanni Cassai (1401 bis um 1428) Maler 464, 470 f.
Massarotti, Angelo (1645–1732) Maler 30
Masséna, André, Herzog von Rivoli, Fürst von Essling (1758–1817) Marschall 277, 296, 303, 318, 324, 337
Mathieu de Reichshoffen, François Jacques Antoine (1755–1825) Politiker 269

Maubreuil, Marie-Armand de, Marquis d'Orvault (1784–1869) Politiker 259 f.
Maury, Jean Siffrein (1746–1817) Abbé, Politiker u. Erzbischof von Paris 231
Maximilian I., dt. König (1486–1519) Kaiser 41–43, 52, 56, 502
Maximilian II., Kaiser (1564–1576) 187, 189
Maximilian I., Kurfürst von Bayern (1573–1651) 104, 106, 107
Mazarin, Jules, eigtl. Giulio Mazarini (1602–1661) Staatsmann u. Kardinal 4, 268, 386, 413, 621
Meckenem, Israhel van (* um 1440/45, † 1503) Kupferstecher u. Goldschmied 6
Medici, Cosimo III de' (1639–1723) Großherzog der Toskana 625
Medici, Gian Giacomo (1495–1555) Graf von Marignano 181–183, 186 f.
Medici, Giovanni de' (1475–1521) Kardinal siehe Leo X., Papst
Medici, Giuliano (II) de' (1479–1516) Herzog von Nemours 361
Medici, Giulio de' (1478–1534) Kardinal siehe Clemens VII., Papst
Medici, Leopoldo de' (1617–1675) Kardinal 383
Medici, Lorenzo (II) de' (1492–1519) Herzog von Urbino 361
Medici, Maria de' siehe Maria von Medici, Königin von Frankreich
Meerstraeten, Justus van († 1639) Ratsherr 532
Meissonnier, Juste-Aurèle (1695–1750) Zeichner, Architekt u. Goldschmied 223
Meister E. S. (tätig 1450–1467) Kupferstecher u. Zeichner 6
Melozzo da Forlì (1438–1494) Maler 125, 360, 472
Memling, Hans (um 1430/40–1494) Maler 7, 67, 469
Menandros (342/41–293/92 v. Chr.) Dichter der Neuen att. Komödie 133

Mendoza, Diego Hurtado de siehe Hurtado de Mendoza, Diego
Méneval, Claude François, Baron de (1778–1850) Sekretär Napoleons I. 245, 253, 271
Merlo, Juan de (1. Hälfte des 15. Jh.) lusitan. Ritter 136
Metastasio, Pietro (1698–1782) Dichter 615
Metsu, Gabriel (1629–1667) Maler 79, 84f., 87, 93–95, 97f.
Metsys, Quentin (1466–1530) Maler 68, 86, 470
Metternich, Klemens Wenzel, Fürst von (1773–1859) Staatsmann 252f., 256, 262f., 271, 286, 293, 297–302, 304, 306, 308, 310–321, 325–330, 333–335, 338–340
Metternich, Eleonore von Kaunitz, Gräfin von (1775–1825) Gattin von Klemens Wenzel von Metternich 299
Meulen, Adam Frans van der (1632–1690) Maler 91
Mézeray, François Eudes, Sieur de (1610–1683) Historiker 629
Miaskowski, August von (1838–1899) Rektor der Universität Basel 341
Michael I. Rangabe, byz. Kaiser (811–813) 542
Michael II., der Stammler, byz. Kaiser (820–829) 541–543, 545
Michael III., byz. Kaiser (842–867) 544, 546, 550, 552
Michaud, Louis Gabriel (1772–1858) Historiker 227, 229, 232–234, 236–239, 242, 270
Michelangelo Buonarroti (1475–1564) Bildhauer, Architekt u. Maler 64, 125, 130, 195, 359, 361, 363, 371, 378, 382, 391, 484, 487, 508, 517, 571
Miel, Jan (1599–1664) Maler u. Radierer 75, 290
Mieris, Frans van d. Ä (1635–1681) Maler u. Radierer 78, 85, 91–93, 95f., 98–101
Mieris, Willem van (1662–1747) Maler u. Zeichner 78, 101

Mignard, Pierre (1612–1695) Maler 623
Mignet, François Auguste-Marie (1796–1884) Historiker 229, 237, 241, 247f., 251, 256, 258, 261f., 265, 267f., 271, 288
Mijtens, Daniel d. Ä. (um 1590 bis um 1647) Maler 530
Millet, Jean-François (1642–1679) Maler 289
Milon von Kroton (2. Hälfte des 6. Jh. v. Chr.) Athlet 426, 442–444
Miltiades (um 550 bis um 489 v. Chr.) athen. Politiker u. Stratege 589
Mirabeau, Honoré Gabriel du Riqueti, Comte de (1749–1791) Politiker u. Publizist 228–230, 232f., 269, 273
Mithaikos von Syrakus (wohl 5. Jh. v. Chr.) Verf. von Kochbüchern 158
Mithridates I. (um 338–266 v. Chr.) König von Pontos 585
Moeyaert, Claes Cornelisz. (1591–1655) Maler, Zeichner u. Radierer 78
Moitte, Jean-Guillaume (1746–1810) Bildhauer 566
Molenaer, Jan Miense (um 1610–1668) Maler u. Zeichner 639
Molière, eigtl. Jean-Baptiste Poquelin (1622–1673) Dichter, Schauspieler u. Theaterleiter 629, 631
Mollien, Comtesse siehe Collart-Dutilleul, Juliette
Monaco, Lorenzo, eigtl. Piero di Giovanni (um 1370/75 bis um 1425/30) Maler u. Illuminator 642
Moncada, Francisco de, Marqués de Aytona (1586–1635) Feldherr u. Diplomat 531
Monge, Gaspard (1746–1818) Gelehrter u. Politiker 238
Moni, Louis de (1698–1771) niederländ. Maler 101
Montagna, eigtl. Bartolomeo Cincani (um 1449–1523) Maler 638
Montaigne, Michel Eyquem de (1533–1592) Schriftsteller u. Philosoph 627, 629

Montefeltro, Federico da (1422–1482) Herzog von Urbino 472
Montemayor, Jorge de (um 1520–1560) Schriftsteller 137
Montesquiou-Fezensac, Anne-Pierre, Marquis de (1739–1798) General u. Politiker 295, 323
Montesquiou-Fezensac, François Xavier Marc Antoine (1757–1832) Geistlicher u. Politiker 257
Montfort, Jan van (tätig 1. Hälfte des 17. Jh.) Kammerherr 527, 530
Montmorency-Damville, Henri I, Herzog von (1534–1614) Politiker 189
Montmorency, Henri II, Herzog von (1595–1632) Marschall 4
Montmorency, Mathieu, Herzog von (1767–1826) Politiker 254
Montrond, François Philibert Casimir de (1769–1843) Vertrauter u. Finanzagent Talleyrands 238 f., 241, 263, 270
Moor, Karel de (1655–1738) Maler u. Graphiker 89
Mooyart siehe Moeyaert
Morando, Paolo siehe Cavazzola
Moreau, Jean Victor (1763–1813) General 301, 309
Morelli, Giovanni (Ivan Lermolieff) (1819–1891) Kunstkritiker 637 f.
Moretto (da Brescia), eigtl. Alessandro Bonvicino (um 1495–1554) Maler 383, 638
Morghen, Raffaello (1758–1833) Kupferstecher und Graveur 506
Morny, Charles Auguste Louis Joseph, Herzog von (1811–1865) Politiker 232 f., 235, 334
Morone, Girolamo (1470–1529) Kanzler von Mailand 182–184
Moroni, Giovanni Battista (um 1520/24–1578) Maler 637
Mortier, Edouard Adolphe Casimir Joseph, Herzog von Treviso (1768–1835) Marschall 257, 335
Morton, John (um 1420–1500) Jurist u. Kardinal 18 f.

Morus, Thomas (1478–1535) Humanist, Politiker u. Philosoph 18–24, 167
Mostaert, Jan (um 1475–1555/56) Maler 69
Moulceau, Philippe (1632–1718) Gerichtspräsident 625
Mounier, Claude Philibert Edouard (1784–1843) Politiker 311
Mozart, Wolfgang Amadeus (1756–1791) Komponist 303, 332
Mündler, Otto (1811–1870) Kunsthistoriker 377
Munro (of Novar), Hugh Andrew Johnstone (1797–1864) Kunstsammler 516
Murat, Caroline siehe Bonaparte, Marie-Annonciade
Murat, Joachim (1767–1815) Marschall, Großherzog von Berg, König von Neapel 248, 250, 253, 262, 300, 308–310, 329, 334
Murillo, Bartolomé Esteban (1617–1682) Maler 65, 381 f., 385, 478
Musscher, Michiel van (1645–1705) Maler u. Graphiker 85
Myron von Eleutherai (tätig um 470 bis um 440 v. Chr.) Bildhauer 132, 399, 421
Myskelos (um 710 v. Chr.) Gründer von Kroton 427
Napoleon I. Bonaparte, Kaiser der Franzosen (1804–1814) 111, 233, 235–265, 269, 273, 275–286, 292–340, 553
Napoleon (II.) siehe Reichstadt, Napoléon, Herzog von
Napoleon III., Kaiser der Franzosen (1852–1870) 243, 292, 296, 320
Narbonne-Lara, Louis, Comte de (1755–1813) Politiker u. General 234
Nassau-Saarbrücken, Johann, Graf von (1511–1574) 58
Navagero, Andrea (1483–1529) venez. Diplomat u. Dichter 361, 367

Navarra, Heinrich von *siehe* Heinrich IV., König von Frankreich
Nebukadnezar (605–562 v. Chr.) babylon. König 582
Necker, Jacques (1732–1804) Bankier u. Politiker 228, 236
Neer, Artus (Aert) van der (1603–1677) Maler 33, 35 f.
Nektanebos II., ägypt. König (360–343 v. Chr.) 159
Nero, Claudius Caesar, röm. Kaiser (54–68) 125, 544
Netscher, Caspar (1636–1684) Maler 79, 91, 99
Ney, Michel (1769–1815) Marschall 318
Nikephoros I., byz. Kaiser (802–811) 538
Nikephoros II. Phokas, byz. Kaiser (963–969) 540, 554–562
Nikias von Athen (2. Hälfte des 4. Jh. v. Chr.) Maler 401
Nikochares (1. Hälfte des 4. Jh. v. Chr.) Dichter der Mittleren att. Komödie 160
Nikokles, König von Salamis auf Zypern (374–354 v. Chr.) 160
Nikolaus IV., Papst (1288–1292) 644
Nikolaus von Myra (um 410 bis um 500) Sophist u. Rhetor 405
Nikomedes I., König von Bithynien (280–250 v. Chr.) 162
Noailles, Louis Joseph Alexis, Comte de (1783–1835) Politiker 254
Nole (Colyns de Nole), André (1598–1638) Bildhauer 533
Northbrook, Duke of *siehe* Baring, Thomas George
Numa Pompilius, der Sage nach zweiter König von Rom (715–672 v. Chr.) 429
Ochtervelt, Jacob (um 1643–1682) Maler 79, 87
Oettingen, Margareta von († 1528) schwäb. Adlige, Gattin von Johann Werner von Zimmern 53, 59
Ogionno, Marco d' *siehe* Marco d'Oggiono

Olivares, Gaspar de Guzmán, Graf von (1587–1645) Staatsmann 409 f.
Olympias (375–316 v. Chr.) makedon. Königin, Mutter Alexanders des Großen 582
Ophellas († 308 v. Chr.) maked. Feldherr u. Statthalter 583, 590
Oppenord, Gilles-Marie (1672–1742) Architekt, Zeichner u. Illustrator 636
Orcagna, Andrea, eigtl. Andrea di Cione (um 1315/20–1368) Baumeister, Maler u. Bildhauer 487, 642 f.
Orizzonte, eigtl. Jan Frans van Bloemen (1662–1749) Maler 289
Orléans, Adélaïde Louise d' (1777–1847) Schwester von König Louis Philippe 265, 268, 287
Orléans, Gaston, Herzog von (1608–1660) Bruder Ludwigs XIII. 2–5
Orléans, Louis Philippe Joseph, Herzog von O., gen. Philippe Égalité (1747–1793) Politiker 228 f., 232–234
Orley, Barend van (um 1488 bis um 1541/42) Maler 384, 483
Orsini, Paolo Giordano, Herzog von Bracciano (1541–1585) Feldherr 190
Ostade, Adriaen Jansz. van (1610–1685) Maler 29, 71, 78, 81 f., 84–87, 92, 100
Ostade, Isack van (1621 bis um 1649) Maler u. Zeichner 81 f., 91
Ottheinrich (1502–1559) Kurfürst von der Pfalz 634
Otto I., der Große, dt. König (936–973) Kaiser 540, 556 f.
Otto II., dt. König (961–983) Kaiser 557, 562
Otto III., dt. König (983–1002) Kaiser 557
Overbeck, Friedrich (1789–1869) Maler 486
Ovid (43 v. Chr. bis um 17/18 n. Chr.) röm. Dichter 490, 629

Oxenstierna, Axel Gustavsson, Graf (1583–1654) Staatsmann 108
Paisiello, Giovanni (1740–1816) Komponist 303
Palamedesz., Anthonie (1601–1673) Maler 75, 89
Palma vecchio, Jacopo, eigtl. Jacopo d'Antonio Negretti (um 1480–1528) 382, 384, 474, 479, 510, 524
Palmerston, Henry John Temple (1784–1865) Politiker 265, 270
Pamphilos aus Amphipolis in Makedonien (1. Hälfte des 4. Jh. v. Chr.) Maler, Begründer der sikyonischen Malerakademie 401
Panchaud, Bankier u. finanzieller Berater Talleyrands 237
Paoli, Pasquale (1725–1807) kors. Politiker 295
Pape, Abraham de (um 1620–1666) Maler 78, 87
Parrhasios aus Ephesos (um 440–380 v. Chr.) Maler 401, 579
Pascal, Blaise (1623–1662) Philosoph 629
Pasquier, Etienne Denis, Baron de (1767–1862) Politiker 318
Paul I., Zar (1796–1801) 242, 546
Paul III., Papst (1534–1549) 363, 570
Paule, Vincent de *siehe* Vinzenz von Paul
Pausanias († nach 470 v. Chr.) spartan. Staatsmann u. Feldherr 429
Pausanias (2. Jh. n. Chr.) griech. Schriftsteller 352, 421
Pausias (tätig um 350–300 v. Chr.) griech. Maler 579
Peeters, Bonvantura (1614–1652) Marinemaler u. Radierer 33
Peiraikos (4. Jh. v. Chr.) griech. Maler 63
Peisistratos (um 600–528/27 v. Chr.) Tyrann von Athen 492
Peithon († 316 v. Chr.) makedon. Feldherr 582
Pellegrino da San Daniele (um 1467–1547) Maler u. Bildhauer 378

Pelopidas (um 410–364 v. Chr.) theban. Feldherr 157
Pepyn, Maarten (1575–1642/43) Maler 30
Perdikkas († 320 v. Chr.) maked. Feldherr 582 f.
Pérez, Antonio (1540–1611) Staatsmann 190
Périgord *siehe* Talleyrand-Périgord
Perikles (um 500–429 v. Chr.) athen. Staatsmann 133
Perraud, Jean-Joseph (1819–1876) Bildhauer 567
Perugino, Pietro da, eigtl. Pietro Vanucci (um 1450–1523) Maler 359 f., 362, 365, 382, 482 f., 643, 647
Pesellino, eigtl. Francesco di Stefano (um 1422–1457) Maler 637 f.
Petel, Georg (1601/02 bis um 1634) Bildhauer 533
Peter, bulgar. Zar (927–969) 549
Peters, Bonaventura *siehe* Peeters
Petrarca, Francesco (1304–1374) Humanist u. Dichter 572
Petrus († zw. 64 u. 67[?]) Apostel 125
Phaidimos (Ende des 6. Jh. v. Chr.) griech. Bildhauer 130
Phalaris (herrschte um 570–550 v. Chr.) Tyrann von Akragas 491
Pherekrates (um 437 v. Chr.) Schauspieler u. Dichter der Alten att. Komödie 168
Phidias (5. Jh. v. Chr.) griech. Bildhauer u. Maler 130, 132, 344, 398–401, 404, 420, 493
Phila (um 300 v. Chr.) Gattin des Demetrios Poliorketes 586, 589 f., 595, 597, 600
Philadelphos *siehe* Ptolemaios II. Philadelphos
Philipp II., König von Makedonien (359–336 v. Chr.) 582–584, 593, 598
Philipp II., König von Spanien (1556–1598) 1, 187–193, 410, 526

Philipp III., König von Spanien (1598–1621) 1, 149, 188, 190, 406
Philipp IV., König von Spanien (1621–1665) 386, 406, 408–410, 413 f.
Philipp I. (1479–1533) Markgraf von Baden 52
Philipp der Kühne (1342–1404) Herzog von Burgund 463
Philipp der Gute (1396–1467) Herzog von Burgund 38–40, 466, 469
Philiskos von Kerkyra (3. Jh. v. Chr.) Tragödiendichter in Alexandria 499
Philolaos (um 470 bis nach 399 v. Chr.) pythagoreischer Philosoph 350
Philostratos (II), Flavius (tätig 1. Hälfte des 3. Jh. n. Chr.) Sophist 405
Philoxenos von Leukas (um 400 v. Chr.) gastronom. Dichter 160
Phokas, byz. Kaiser (602–610) 544, 545
Phokion (402/01–318 v. Chr.) athen. Stratege u. Politiker 588
Piccolomini, Ottavio, Herzog von Amalfi (1599–1656) Feldherr 114 f., 118, 120 f., 123 f.
Pichegru, Jean Charles (1761–1804) General 295, 324
Pico della Mirandola, Giovanni (1463–1494) Humanist u. Philosoph 21
Piero della Francesca (um 1415–1492) Maler u. Kunsttheoretiker 471, 472
Pietro da Cortona, eigtl. Berettini, Pietro (1596–1669) Maler u. Architekt 513
Pijnacker, Adam (1622–1673) Maler 32, 86
Pinas, Jacob siehe Pynas
Pindar (um 520 bis um 446 v. Chr.) griech. Chorlyriker 575
Pinturicchio, Bernardino (um 1454–1513) Maler 360, 364, 643 f.
Pisanello, eigtl. Antonio Pisano (1395–1455) Maler u. Medailleur 637
Pitati, Bonifazio de, gen. Bonifazio Veneziano oder Bonifazio Veronese (1487–1553) 72

Pittakos (um 651/50 bis um 580 v. Chr.) Staatsmann in Mytilene auf Lesbos 419
Pius IV., Papst (1559–1565) 186
Pius VII., Papst (1800–1823) 241, 247, 267, 281, 307, 318, 570
Platon (427–347 v. Chr.) Philosoph 18 f., 167, 343, 347 f., 351, 353, 355–357, 397 f., 402–404, 445, 629
Plutarch (um 46 bis um 120) griech. Schriftsteller 398, 629
Polidoro siehe Caldara, Polidoro
Pollaiuolo, Antonio del (um 1432–1498) Maler, Bildhauer u. Goldschmied 638
Polyainos aus Makedonien (tätig um 162 n. Chr.) Rhetor, Advokat u. Historiker 553
Polybios (um 200 bis um 120 v. Chr.) griech. Historiker 166, 357, 404
Polyeuktos, Patriarch von Konstantinopel (956–970) 556, 561
Polygnot von Thasos (tätig um 475–450 v. Chr.) Maler u. Bildhauer 401
Polyklet (5. Jh. v. Chr.) griech. Bildhauer 398 f.
Polykrates (herrschte um 535–522 v. Chr.) Tyrann von Samos 491
Pomponne, Simon Arnauld, Marquis de (1618–1699) Minister 622, 624, 628
Potter, Paulus (1625–1654) Maler 33 f.
Poussin, Nicolas (1594–1665) Maler 33, 289, 395, 452, 533
Pozzo, Andrea (1642–1709) Maler, Architekt u. Bühnenbildner 220, 570, 636
Pozzo di Borgo, Charles André (1764–1842) kors. Politiker 263
Pradt, Dominique Georges Dufour de (1759–1837) Geistlicher u. Diplomat 257, 261, 298, 301
Praxiteles (4. Jh. v. Chr.) griech. Bildhauer 128, 157, 399, 420, 578
Predis, Giovanni Ambrogio de (um 1455 bis nach 1508) Maler 638
Provence, Herzog von siehe Ludwig XVIII., König von Frankreich

Ptolemaios I. Soter, ägypt. König (305–283 v. Chr.) 501, 582 f., 586 f., 591 f., 595 f., 600, 602
Ptolemaios II. Philadelphos, ägypt. König (285/83–246 v. Chr.) 496, 501 f.
Ptolemäus III. Euergetes, ägypt. König (246–221 v. Chr.) 351
Ptolemaios IV. Philopator, ägypt. König (221–204 v. Chr.) 421
Ptolemaios Keraunos, makedon. König (281–279 v. Chr.) 585
Ptolemaios, Klaudios (2. Jh. n. Chr.) alexandrin. Astronom, Mathematiker u. Geograph 351
Ptolemaïs (um 300 v. Chr.) Gattin des Demetrios Poliorketes 602
Pynas, Jacob Symonsz. (um 1592 bis nach 1650) Maler 196
Pyrrhos, König von Epeiros (306–302 u. 297–272 v. Chr.) makedon. König (288–284 v. Chr.) 421, 593, 595–598, 600–602
Pythagoras von Samos (um 570 bis um 500 v. Chr.) Philosoph 346, 350, 355, 425–445
Pytheas (2. Hälfte des 4. Jh. v. Chr.) griech. Entdeckungsreisender u. Geograph 354
Pythodoros von Eleusis (um 300 v. Chr.) Priester 593
Questenberg, Gerhard, Freiherr von (um 1580–1646) Politiker 115
Quevedo y Villegas, Francisco Gómez de (1580–1645) Dichter 146
Quintilian (Marcus Fabius Quintilianus) (um 30–96) röm. Rhetor 629
Quirini, Vincenzo (1479–1514) venez. Diplomat 47
Quiroga, Gaspar de (1499–1593) Politiker, Erzbischof von Toledo 190
Quiroga, Diego (1574–1649) Beichtvater der Infantin Maria Anna u. Diplomat 409 f.
Rabelais, François (um 1494–1553) Schriftsteller 167 f., 629

Racine, Jean (1636–1699) Dichter 303, 624, 629
Radspieler, Josef (tätig 2. Hälfte des 19. Jh.) Kunsthandwerker 217
Raffael, eigtl. Raffaello Santi (1483–1520) Maler u. Architekt 31, 64, 77, 86, 125, 359–370, 373, 381–383, 385 f., 388, 390–392, 395, 451, 473, 478–482, 484, 486 f., 506, 508, 510, 512–516, 563, 571, 579, 637, 644 f., 647
Raimondi, Marcantonio (um 1475 bis vor 1534) Kupferstecher 64, 360, 363
Ramstein, Heinrich von († 1471) Ritter 136
Raphon (Rebhuhn), Hans (tätig um 1489, † nach 1512) Maler 6
Rapp, Jean (1771–1821) General 296
Rauch, Christian Daniel (1777–1857) Bildhauer 565
Ravesteyn, Jan (Anthonisz.) van (um 1527–1657) Maler 25, 28
Réal, Pierre François (1757–1834) Politiker u. Polizeichef 260
Reding, Theodor (1775–1809) General 282
Reichstadt, Napoléon, Herzog von (1811–1832) Sohn Napoleons I. 256
Reinhard, Karl Friedrich, Graf (1761–1837) frz. Diplomat 227, 239, 241, 267, 277
Rembrandt van Rijn (1606–1669) Maler, Graphiker u. Kupferstecher 25–27, 65, 76–78, 82, 92, 100, 194–213, 369, 371, 374, 379, 384, 393 f., 481, 486, 510, 513, 525 f., 528, 532, 639
Rémusat, Auguste Laurent, Comte de Gravier de Vergennes (1762–1823) Politiker 297, 304 f., 311, 315, 325, 331 f.
Rémusat, Claire Elisabeth Jeanne, Comtesse de Gravier de Vergennes (1780–1821) Hofdame 293, 297,

300, 302, 304, 307–311, 315 f.,
321, 325, 327 f., 330–336,
338
Reni, Guido (1575–1642) Maler,
Graphiker u. Kupferstecher
373, 395, 481 f., 506, 513, 519,
524
Restif de la Bretonne, Nicolas (1734–
1806) Schriftsteller 303
Retz, Jean François Paul de Gondi
(1613–1679) Kardinal 620 f.,
624
Reubell, Jean François (1747–1807)
Politiker 237, 307
Reyn, Jan van siehe Ryn
Riario, Raffaele († 1521) Kardinal
360
Ribera, José de, gen. lo Spagnoletto
(1591–1652) Maler u. Graphiker
65 f., 531
Richelieu, Armand-Jean du Plessis,
Herzog von (1585–1642) Kardinal
u. Staatsmann 1–5, 105 f., 386,
411, 413, 620
Ricord, Jean François (1759–1818)
Politiker, Konventskommissär 296,
324
Riemenschneider, Tilman (Dill, Til)
(um 1460 bis 1531) Bildschnitzer u.
Bildhauer 503
Rijckaert, David (1612–1661) Maler
74, 84
Roberti, Ercole de, gen. Ercole de
Grandi (1451/56–1496) Maler
638
Robespierre, Augustin(-Bon-Joseph)
(1764–1794) Revolutionär 296,
324 f.
Robespierre, Maximilien (1758–1794)
Revolutionär 235, 324, 568
Robespierre jeune siehe Robespierre,
Augustin
Roederer, Pierre Louis (1754–1835)
Politiker 234, 244, 253
Roghman, Roelant (1627–1692)
Maler, Zeichner u. Graveur 212
Rohlfs, Gerhard (1831–1896) Afrikareisender 354

Rojas y Sandoval, Bernardo de († 1618)
Erzbischof von Toledo u. Kardinal
149
Rolin, Nicholas (1376–1462) burgund.
Kanzler 466
Romanino, eigtl. Girolamo di Romano
(um 1484/87–1562) Maler 383
Romanos I. Lakapenos, byz. Kaiser
(920–944) 543, 548 f., 553–555
Romanos II., byz. Kaiser (959–
963) 553–557
Romanos III. Argyros, byz. Kaiser
(1028–1034) 542
Romanos Kurkuas (2. Hälfte des
10. Jh.) byz. Feldherr 555
Rombouts, Theodoor (1597–1637)
Maler 72
Rosa, Salvator (1615–1673) Maler,
Kupferstecher, Dichter u. Schauspieler 65, 90
Rosselli, Cosimo (1439–1507) Maler
645
Rossi, Luigi de († 1519) Kardinal 361,
367
Rousseau, Jean-Jacques (1712–1778)
Philosoph u. Schriftsteller 19, 294,
322
Roux de Laborie, Antoine Athanase
(1769–1840) Politiker 241, 260
Rovere, Francesco Maria (I) della
(1490–1538) Herzog von Urbino
360, 365
Royer-Collard, Pierre Paul (1763–
1845) Politiker 254, 265
Rubens, Peter Paul (1577–1640) Maler
29, 71–73, 76, 81, 91, 176, 195–197,
199, 208, 210, 360, 369 f., 372, 375 f.,
381 f., 384, 390, 392 f., 453–459, 468,
478–481, 484, 487, 513, 517–520,
523–528, 530, 533 f., 570 f., 644
Rudolf II., Kaiser (1576–1612) 386,
417
Rudolf von Rheinfelden, Herzog von
Schwaben, Gegenkönig (1077–
1080) 462
Ruisdael, Jacob Isaacksz. van (1628/29–
1682) Maler u. Radierer 32–36, 76,
79, 369, 372

Ruprecht von der Pfalz, dt. König (1400–1410) 49
Ruy Gómez *siehe* Éboli, Ruy Gómez de Silva
Ruysdael, Salomon van (um 1602–1670) Maler 33f., 213
Ryckaert *siehe* Rijckaert
Ryn (Rijn, Reyn), Jan van (1610–1678) Maler 527
Saadi, Moscharref od-Din ibn Mosleh od-Din (um 1210–1292) pers. Dichter 547
Sacken, Fabian Gottlieb, Fürst von der Osten-S. (1752–1837) russ. Feldmarschall 259f.
Saint-Just, Louis Antoine Léon de (1767–1794) Revolutionär 19
Saint-Simon, Louis de Rouvroy, Herzog von (1675–1755) Schriftsteller 330, 620
Sainte-Beuve, Charles Augustin (1804–1869) Schriftsteller u. Literaturkritiker 227, 230–235, 237, 240, 242–244, 250f., 253f., 256f., 260f., 263, 265f., 268–271, 287
Sainte-Foy, Pierre Claude Maximilien, Berater Talleyrands 239
Salicetti, Antoine Christophe (1757–1809) kors. Politiker 295f., 324
Salome (1. Jh. n. Chr.) Tochter des Herodes Antipas 482
San Carlos, José Miguel de Carvajal (1771–1828) Diplomat 254
Sand, George, eigtl. Aurore Dupin (1804–1876) Schriftstellerin 271, 633
Sandro *siehe* Botticelli, Sandro
Santi, Giovanni (um 1440–1494) Maler u. Schriftsteller 360, 364
Sarto, Andrea del (1486–1530) Maler 361, 369, 482, 513, 571
Savary, Anne-Jean-Marie René, Herzog von Rovigo (1774–1833) General u. Politiker 244, 254–256, 262, 300, 311f., 317, 335

Savonarola, Girolamo (1452–1498) Bußprediger 441
Scamozzi, Vincenzo (1548–1616) Architekt u. Schriftsteller 634
Schaefer, Arnold Dietrich (1819–1883) Historiker 355
Schalcken, Godfried (1643–1706) Maler u. Radierer 78, 101
Schaper, (Hugo Wilhelm) Fritz (1841–1919) Bildhauer 565
Schiller, Friedrich (1759–1805) Dichter 102, 110–124, 389, 565
Schilling, Johannes (1828–1910) Bildhauer 564
Schlegel, August Wilhelm von (1767–1845) Schriftsteller, Übersetzer, Sprach- und Literaturwissenschaftler 137
Schlüter, Andreas (um 1659–1714) Architekt u. Bildhauer 636
Schmieden, Heino (1835–1913) Architekt 568
Schön, Martin *siehe* Schongauer, Martin
Schongauer, Martin (um 1450–1491) Kupferstecher u. Maler 6f., 9f., 12
Schübler, Johann Jacob († 1741) Mathematiker u. Architekturtheoretiker 224
Schüchlin, Hans (um 1430–1505) Maler 6f., 10
Schülein *siehe* Schüchlin
Schwanthaler, Ludwig (Michael) 1803–1848) Bildhauer 566
Schwarzenberg, Karl Philipp, Fürst zu (1771–1820) Feldmarschall 257f.
Scorel, Jan van (1495–1562) Maler u. Baumeister 68
Scott, Walter (1771–1832) Schriftsteller 38
Sebastiano del Piombo, eigtl. Sebastiano Luciani (um 1485–1547) Maler 366, 382, 386, 484
Seghers, Daniel (1590–1661) Maler 455
Ségur, Louis Philippe, Comte de (1753–1830) Politiker 253

Seleukos I. Nikator, König des Seleukidenreiches (312–281 v. Chr.) 162, 581 f., 586, 594 f., 600, 602–605
Seleukos von Babylon (um 150 v. Chr.) Astronom 350
Senfft von Pilsach, Friedrich Christian Ludwig, Graf (1774–1853) sächs. Diplomat 254
Seni, Giovanni Battista (1600–1656) Astrologe 106, 118, 124
Sesina Ratschin, Jaroslaw (1. Hälfte des 17. Jh.) Helfer Wallensteins 116, 122
Sévigné, Charles, Marquis de (1648–1713) Sohn der Marquise de Sévigné, Offizier 621 f., 625, 630
Sévigné, Henri, Marquis de (1623–1651) Gatte der Marquise de Sévigné 621, 630
Sévigné, Marie de Rabutin-Chantal, Marquise de (1626–1696) Schriftstellerin 619–633
Sforza, Battista († 1472) Herzogin von Urbino 472
Sforza, Francesco (I) (1401–1466) Condottiere, Herzog von Mailand 38, 40, 179 f.
Sforza, Francesco (II) (1492–1535) Herzog von Mailand 179, 181–184, 186
Sforza, Lodovico, gen. il Moro (1452–1508) Herzog von Mailand 179, 181
Sforza, Massimiliano (1491–1530) Herzog von Mailand 181
Shakespeare, William (1564–1616) Dramatiker 16, 116, 118, 150, 363, 570, 606–618
Sheridan, Richard Brinsley (1751–1816) Dramatiker u. Politiker 234
Sickingen, Franz von (1481–1523) Reichsritter 56
Sieyès, Emmanuel Joseph (1748–1836) Politiker u. Publizist 230, 240, 273
Sigismund, dt. König (1410–1437) Kaiser 49
Sigmund der Münzreiche (1427–1496) Erzherzog von Österreich 41

Signorelli, Luca, gen. Luca di Cortona (um 1450–1523) Maler 487, 646
Simeon I., der Große, bulgar. Khan u. Zar (893–927) 543, 548 f., 558
Simiane, Pauline (de Grignan), Marquise de (1674–1737) Enkelin der Marquise de Sévigné 622 f.
Simone von Bologna, auch Simone dei Crocifissi (um 1330–1399) Maler 642
Six, Jan (1618–1700) Bürgermeister u. Kunstsammler 200
Sixtus IV., Papst (1471–1484) 472
Skopas von Paros (tätig zw. 370 u. 330 v. Chr.) Architekt u. Bildhauer 157, 404, 578
Slabbaert, Karel (um 1618/19–1654) Maler, Radierer u. Zeichner 85
Slingeland, Pieter Cornelisz. van (1640–1691) Maler 78, 85, 91, 93, 95 f.
Sluter, Claus (wohl um 1355–1406) niederländ. Bildhauer 463
Snayers, Pieter (1592–1667) Schlachtenmaler 533
Snyders, Frans (1579–1657) Maler 532 f.
Soissons, Louis de Bourbon-Condé, Comte de (1604–1641) Feldherr 2, 5
Sokrates (um 470–399 v. Chr.) Philosoph 398 f., 402
Solari, Santino (1576–1646) Architekt 635
Solario, Andrea (um 1470/75–1524) Maler 481, 647
Solly, Edward (1776–1844) Kunstsammler 382
Sonnenberg, Andreas, Graf von († 1511) schwäb. Adliger 53, 55, 58
Sonnenberg, Johann, Graf von († 1510) schwäb. Adliger 51–53, 60
Sophokles (um 497 bis um 406 v. Chr.) griech. Tragiker 176, 460
Sorgh, Hendrick Maertensz. (1609/11–1670) Maler 87, 99
Soult, Nicolas Jean de Dieu, Herzog von Dalmatien (1769–1851) Marschall 318

Souza-Bothelho, Adèle Filleul, Comtesse de Flahaut, Marquise de (1761–1836) Literatin 230–233, 235 f., 270, 274
Souza-Bothelho, José-Maria, Marquis de (1758–1825) Diplomat 232
Spinola, Ambrosio (1569–1630) span. General 411–413
Spinoza, Baruch de (1632–1677) Philosoph 15
Spontini, Gaspare (1774–1851) Komponist 332
Staël, Anne Louise Germaine, Baronin von Staël-Holstein, gen. Mme de (1766–1817) Schriftstellerin 234–238, 240, 274–276, 305 f., 333
Staveren, Jan Adriaensz. van (um 1625–1668/69) Maler 78
Steen, Jan Havicksz. (1626–1679) Maler 29, 72, 75, 79, 82–84, 87, 93, 96, 393
Stein, Heinrich Friedrich Karl, Reichsfreiherr vom u. zum (1757–1831) Staatsmann 262
Steinl, Matthias (um 1644–1727) Bildhauer u. Architekt 572
Stephanie siehe Beauharnais, Stephanie de
Stilpon von Megara (um 300 v. Chr.) Philosoph 588
Strabon (64/63 v. Chr. bis nach 21 n. Chr.) griech. Geograph u. Historiker 343, 354
Strafford, Thomas Wentworth, Earl of (1593–1641) Staatsmann 533
Stratokles (2. Hälfte des 4. Jh. v. Chr.) athen. Politiker 588
Straton, König von Sidon (4. Jh. v. Chr.) 160
Stratonike (um 300 v. Chr.) Tochter des Demetrios Poliorketes 595, 602, 604
Strozzi, Maddalena (um 1500) Gattin von Agnolo Doni 361, 366
Sulla, Lucius Cornelius (138–78 v. Chr.) röm. Politiker 133
Sustermans (Suttermans), Justus (1597–1681) Maler 519

Swanenburch, Jacob Isaacsz. van (1571–1638) Maler 196
Swanevelt, Herman van (um 1600–1655) Maler u. Kupferstecher 291
Tachos, ägypt. König (um 362–360 v. Chr.) 159
Tacitus, Publius Cornelius (um 55 bis um 116) röm. Historiker 629
Taddeo di Bartolo (um 1362/63 bis um 1422) Maler 643
Taine, Hippolyte Adolphe (1828–1893) Kulturkritiker, Historiker u. Philosoph 274
Talleyrand-Périgord, Alexandre-Angélique de (1736–1821) Erzbischof von Reims, Onkel von Charles Maurice de Talleyrand 255
Talleyrand-Périgord, Charles Daniel de (1734–1788) Vater von Charles Maurice de Talleyrand 227
Talleyrand-Périgord, Charles Maurice de, Fürst von Benevent (1754–1838) Staatsmann 227–288, 293, 297, 300–302, 305, 307, 309–312, 315, 319, 321, 329, 331 f.
Talleyrand, Charlotte de (um 1798–1873) Pflegetochter von Charles Maurice de Talleyrand 242, 279
Talleyrand-Périgord, Edmond de, Herzog von Dino (1787–1872) Neffe von Charles Maurice de Talleyrand 248
Talleyrand-Périgord, Gabriel-Marie de (1726–1797) Onkel von Charles Maurice de Talleyrand 227
Tallien (-Cabarrus), Thérésia (1773–1835) Mittelpunkt eines politischen Salons 237
Talma, François Joseph (1763–1826) Schauspieler 299, 303, 317, 326
Tarente, Princesse de siehe Emilie von Hessen-Kassel
Tassi, Agostino (um 1580–1644) Maler 289
Tassis, Marie-Louise (um 1630) 525, 528

Tebaldeo, Antonio (1463–1537) Humanist u. Lyriker 361
Telekleides von Athen (5. Jh. v. Chr.) Dichter der Alten att. Komödie 168
Teniers, David d. Ä. (1582–1649) Maler 69, 72
Teniers, David d. J. (1610–1690) Maler 26, 62, 70–74, 79, 87, 94
Terborch, Gerard (1617–1681) Maler 28, 79, 84, 86, 89, 91–94, 96–98
Terburgh, Gerhard *siehe* Terborch, Gerard
Terzka, Adam Erdmann, Graf von der Lipa (um 1599–1634) kaiserl. General 115, 118–120, 123
Terzka, Maximiliana, geb. Gräfin von Harrach (1. Hälfte des 17. Jh.) Gattin von Adam Erdmann Terzka 118 f., 121 f., 124
Theano (2. Hälfte des 6. Jh.) Gattin (evtl. Tochter od. Schülerin) des Pythagoras 435, 444
Theodora († 867) byz. Kaiserin, Gattin von Kaiser Theophilos 542
Theodosius I., der Große, röm. Kaiser (379–395) 458, 629
Theognis (um 500 v. Chr.) griech. Elegiendichter 159
Theon von Samos (2. Hälfte des 4. Jh. v. Chr.) griech. Maler 63
Theophano (um 955–991) Gattin von Kaiser Otto II. 557, 562
Theophano (* um 941) byz. Kaiserin, Gattin von Romanos II. u. Nikephoros II. Phokas 554–557, 560 f.
Theophilos, byz. Kaiser (829–842) 542, 545, 547, 550–552
Theophrast (um 372/69 bis um 288/85 v. Chr.) griech. Philosoph 348, 460, 601
Theophylaktos, Patriarch von Konstantinopel (933–956) 553 f.
Thessalonike (um 300 v. Chr.) Gattin des makedon. Königs Kassandros 596
Thiers, Louis Adolphe (1797–1877) Journalist u. Politiker 243, 254, 280, 282, 292

Thorvaldsen, Bertel (1770–1844) Bildhauer 570
Thukydides (um 460 bis um 400 v. Chr.) griech. Historiker 354, 356 f.
Thulden, Henrik van (um 1580–1617) Pastor 525
Tieck, (Christian) Friedrich (1776–1851) Bildhauer 566
Tieck, Ludwig (1773–1853) Schriftsteller u. Philologe 136, 606
Tiepolo, Giovanni Battista (1696–1770) Maler 446
Tilborgh, Gillis van (um 1625 bis um 1678) Maler 86
Tilius, Jan (tätig spätes 17. Jh.) Maler 98
Tilly, Johann Tserclaes, Graf von (1559–1632) Feldherr 104–106
Timesitheus, Gaius Furius Sabinius Aquila († 241) röm. Offizier, Beamter u. Schwiegervater von Kaiser Gordian III. 547
Timoleon von Korinth († gegen 330 v. Chr.) Politiker, wirkte hauptsächl. in Sizilien 576, 590
Timur (1336–1405) mongol. Herrscher 182
Tintoretto, Jacopo, eigtl. Jacopo Robusti (1518–1594) Maler 210, 509
Tizian Vecellio (um 1480/90–1576) Maler u. Graphiker 64, 195, 197, 290, 360, 365, 367, 369, 374, 381 f., 385 f., 396, 474, 482, 485, 487, 509–511, 513, 517, 519, 522 f., 529 f., 571, 637, 645, 647
Tol, Domenicus van (um 1630–1676) Maler 85
Toledo, Kardinal von *siehe* Rojas y Sandoval, Bernardo de
Thomas Franz, Prinz von Savoyen-Carignan (1596–1656) Feldherr 383, 530 f.
Topin, Marius (*1838) Historiker u. Schriftsteller 3
Torriti, Jacopo (tätig zw. 1291 u. 1300) Maler u. Mosaizist 641, 644 f.

Toskana, Großherzog von *siehe* Medici, Cosimo III de'
Toskana, Großherzogin von *siehe* Marguerite Louise d'Orléans
Treitzsaurwein, Marx, Ritter von Ehrentreitz (um 1450–1527) Privatsekretär Kaiser Maximilians I. 502
Trithemius, Johannes (1462–1516) Benediktiner u. Humanist 59
Tromp, Maarten Harpertsz. (1598–1653) Admiral 205
Troost, Cornelis (1696–1750) Maler, Zeichner u. Graphiker 85
Troplong, Raymond Théodore (1795–1869) Politiker 244
Truchseß, Georg *siehe* Waldburg, Georg, Truchseß von
Tullus Hostilius, der Sage nach dritter König von Rom (672–642 v. Chr.) 429, 574
Tulp, Nicolas (1593–1674) Anatom 28, 198
Turenne, Henri de La Tour d'Auvergne, Vicomte de (1611–1675) Marschall u. Militärtheoretiker 625, 628
Uccello, Paolo, eigtl. Paolo di Dono (um 1397–1475) Maler u. Mosaizist 464, 468, 472
Ulenburgh, Saskia van, Gattin Rembrandts 197–199
Ulrich, Herzog von Württemberg (1487–1550) 56–58
Urban VIII., Papst (1623–1644) 2, 105, 289, 414
Ursins, Marie-Anne de la Trémoille, Princesse des U. (1642–1722) frz. Adlige u. span. Hofdame 227
Valentin de Boulogne (1591–1632) Maler 65 f.
Vallière *siehe* La Vallière
Van der Helst *siehe* Helst, Bartholomeus van der
Van der Meer *siehe* Vermeer, Jan, gen. V. van Delft
Van der Meulen *siehe* Meulen, Adam Frans van der
Van der Werff *siehe* Werff, Adriaen van der

Van Dyck *siehe* Dyck, van
Van Gheest siehe Geest, Cornelis van der
Vasari, Giorgio (1511–1574) Maler, Architekt u. Kunsthistoriograph 363, 369, 373
Vega Carpio, Félix Lope de (1562–1635) Dichter 137, 150
Velázquez, Diego Rodríguez de Silva y (1599–1660) Maler 65 f., 203, 382, 517, 525, 637
Velde, Adriaen van de (1636–1672) Maler, Zeichner u. Radierer 79, 86, 88
Velde, Willem van de d. Ä. (1611–1692) Zeichner 33, 36
Velde, Willem van de d. J. (1633–1707) Maler 33
Verboom, Adriaen Hendriksz. (um 1628 bis um 1670) Maler 369
Vergil (70–19 v. Chr.) röm. Dichter 629
Verkolje, Jan (1650–1693) Maler 96
Vermeer, Jan, gen. V. van Delft (1632–1675) Maler 29, 33 f., 36, 78, 84, 86
Vernet, Claude Joseph (1714–1789) Maler 36
Vernet, Horace (1789–1863) Maler u. Graphiker 449
Veronese, Paolo, eigtl. Paolo Caliari (1528–1588) Maler 381 f., 386, 393, 456, 468, 479 f., 485, 517, 519, 647
Verrocchio, Andrea del (um 1435–1488) Bildhauer, Goldschmied u. Maler 482
Verschuier, Lieve (1630–1686) Marinemaler u. Bildschnitzer 36
Vespasian (Titus Flavius V.), röm. Kaiser (69–79) 574
Victors, Jan (1619 bis nach 1676) Maler 209
Vigny, Alfred, Comte de (1797–1863) Dichter 2
Villemain, Abel François (1790–1870) Politiker u. Literat 262

Villeroi, François de Neufville, Herzog von (1644–1730) Marschall 532
Vincent, Charles, Baron de (1757–1834) Diplomat im österr. Dienst 252
Vinzenz von Paul (1584–1660) Priester u. Ordensgründer 137
Visconti, Astorre (um 1500) Politiker 182
Vitrolles, Eugène François d'Arnauld, Baron de (1774–1854) Politiker 257 f.
Vlieger, Simon de (um 1600–1653) Maler 33
Vois, Arie de (1630/35–1680) Maler 78, 84, 86
Voisin, La, eigtl. Catherine Deshayes († 1680) Giftmischerin 626
Voltaire (1694–1778) Schriftsteller u. Philosoph 227, 237, 265, 272, 299, 569 f., 575
Vouet, Simon (1590–1649) Maler 533
Vries, Roelof (Roelant) Jansz. de (1631 bis nach 1681) Maler 369
Vydt/Vyts, Jodocus (1. Hälfte des 15. Jh.) Stifter des Genter Altarbildes 465
Waagen, Gustav Friedrich (1794–1868) Kunsthistoriker u. Museumsdirektor 72
Wael, Jan de (1558–1633) Maler 529, 533
Wagner, (Johann) Martin von (1777–1858) Maler, Bildhauer u. Sammler 566
Waldburg, Georg III., Truchseß von (1488–1531) Feldhauptmann 51, 55, 57, 60
Waldburg, Friedrich Ludwig, Truchseß von (1776–1844) preuß. General 259
Wallenstein, Albrecht Wenzel Eusebius von, Herzog von Friedland (1583–1634) Feldherr 2 f., 102–124, 413
Wallenstein, Isabella Katharina, geb. Gräfin von Harrach, Herzogin von Friedland (1601–1656) Gattin von Albrecht von Wallenstein 103, 120
Wallenstein, Margarethe, geb. von Smirzicz, Mutter von Albrecht von Wallenstein 103
Wallenstein, Maria Elisabeth, gen. Thekla (1626–1662) Tochter von Albrecht von Wallenstein 121
Wallenstein, Maximilian, Graf von (1. Hälfte des 17. Jh.) Verwandter Albrechts von Wallenstein 120
Wallenstein, Wilhelm d. Ä. († 1595) Vater von Albrecht von Wallenstein 103
Warth, Otto (1845–1918) Architekt 567
Watteau, Antoine (1684–1721) Maler u. Radierer 215, 220, 222, 636
Weenix, Jan (um 1642–1719) Maler 468
Weenix, Jan Baptist (1621–?1660/61) Maler, Zeichner u. Radierer 79
Wellington, Arthur Wellesley, Herzog von (1769–1852) Feldmarschall u. Politiker 255, 262, 264, 283
Werdenberg, Felix, Graf von († 1530) kaiserl. Kriegsmann 55, 57 f., 61
Werdenberg, Hugo, Graf von (um 1440–1508) kaiserl. Rat u. Feldhauptmann 53–55, 59
Werff, Adriaen van der (1659–1722) Maler u. Zeichner 99, 101, 386
Werth, Johann von (um 1600–1652) Reichsritter u. General 4, 531
Weyden, Rogier van der (um 1399–1464) Maler 7, 11, 67, 468
Wibold von Cambray (um 970) Bischof 572
Wijck, Thomas (?1616–1677) Maler 78, 87
Wijnants, Jan (um 1630–1684) Maler 33 f., 79
Wilhelm III. von Oranien (1650–1702) König von England, Schottland u. Irland (1689–1702) 29

Wilhelm III., König der Niederlande (1849–1890) 387
Wilhelm von Herle (tätig 1358–1378) Maler 7
Wolgemuth, Michel (um 1434/37) Maler u. Holzschnitzer 6, 9f.
Worlée, Catherine-Noël, gen. Mme Grant (1762–1835) Gattin von Charles Maurice de Talleyrand 241f., 254
Wouwerman, Philips (1619–1668) Maler 79, 88, 90f.
Wouwerman, Pieter (1623–1682) Maler 90
Wrangel, Carl Gustav (1613–1676) schwed. Feldherr 118, 120, 122f.
Wyk *siehe* Wijk
Xenophanes von Kolophon (um 580–470 v. Chr.) Philosoph u. Dichter 346
Xenophon (um 430 bis um 355 v. Chr.) griech. Historiker u. Schriftsteller 357
Xerxes I., pers. König (486–465 v. Chr.) 592
Zeitblom, Bartholomäus (* 1455/60, † um 1520) Maler 6, 8, 10
Zenon (der Stoiker) (335–263 v. Chr.) griech. Philosoph 601
Zeuxis (tätig spätes 5., frühes 4. Jh. v. Chr.) griech. Maler 63, 401
Zimmern, Anna von (1473–1523) schwäb. Adlige, Nonne 53
Zimmern, Barbara von (Anfang des 16. Jh.) schwäb. Adlige 52f.
Zimmern, Froben Christoph, Graf von (1519–1566?) schwäb. Adliger 47

Zimmern, Gottfried, Freiherr von († 1508) schwäb. Adliger 55, 57
Zimmern, Gottfried Werner, Graf von (1484–1554) schwäb. Adliger 52f., 55–57
Zimmern, Johann, Freiherr von († 1441) schwäb. Adliger 49, 55
Zimmern, Johann Werner, Freiherr von (1454–1496) schwäb. Adliger 51, 53–55, 58–60
Zimmern, Johann Werner, Graf von (1480–1549) schwäb. Adliger 52–54, 57f., 60
Zimmern, Katharina von (1478–1547) schwäb. Adlige, Äbtissin 53
Zimmern, Margareta von (1481–1513) schwäb. Adlige 52f., 59
Zimmern, Veit Werner, Freiherr von (1479–1499) schwäb. Adliger 52, 55, 59
Zimmern, Werner, Freiherr von († 1483) schwäb. Adliger 51, 55
Zimmern, Wilhelm Werner, Graf von (1485–1575) schwäb. Adliger 53
Zoe Karbonopsine (906–919) byz. Kaiserin, Gattin von Leon VI. 547f.
Zoe († 1050) byz. Kaiserin, Gattin von Romanos III. 544
Zollern, Jost Niklaus, Graf von (1514–1558) schwäb. Adliger 53, 58
Zuccaro, Taddeo (1529–1566) Maler 579
Zumbusch, Kasper Clemens (1830–1915) Bildhauer 565
Zurbaran *siehe* Francisco de Zurbaran

Ortsregister

Das Ortsregister beschränkt sich auf den Nachweis von Kunstwerken. Es nennt ortsgebundene Objekte wie Gebäude, skulpturale oder dekorative Ausstattungen in Kirchen oder Palazzi sowie Fresken. Dabei werden Gebäude nur in historischen oder architektonischen Zusammenhängen aufgeführt, nicht jedoch als Standorte von Sammlungen.

Da sich die Aufbewahrungsorte der beweglichen Kunstwerke seit B.s Zeiten in zahlreichen Fällen geändert haben, werden solche Veränderungen zwar im Kommentar nachgewiesen, nicht aber im Ortsregister erfaßt.

Das Ortsregister erfaßt nur den Textteil. Es verzeichnet auch Orte, die im Text nur indirekt genannt sind. Bei der Ansetzung der Namen werden nicht B.s Bezeichnungen, sondern die heute üblichen verwendet.

Ägypten 421, 488
Altbreisach, Münster St. Stephan 642
Antwerpen
– Jesuitenkirche *siehe* St. Carolus Borromeus
– Koninklijk Museum voor Schone Kunsten 447
– St. Carolus Borromeus 518
Assisi, S. Francesco 572
Athen
– Agora, Stoa Poikile 401
– Akropolis 419, 422
– Akropolis, Propyläen 63
– Parthenon 398, 421, 493
Bamberg, Schloß 226
Basel
– Münster 463, 573
– Rathaus 579
Beni Hassan, Felsgräber 62
Berlin
– Denkmal Friedrichs d. Gr. 565
– Goethedenkmal 565
– Kunstgewerbemuseum 568
– Lessingdenkmal 565
– Neues Museum 447, 571
– Schauspielhaus 566
– Schillerdenkmal 565
– Stadtschloß 636

Bologna, S. Giovanni in Monte 643
Bruchsal, Schloß 635
Brühl, Schloß Augustusburg 635
Brüssel, Börse 568
Busto Arsizio, S. Maria di Piazza 647
Caprarola, Palazzo Farnese 448
Chambéry, Fontaine des éléphants 421
Chartres, Kathedrale 463, 574
Colmar
– Musée d'Unterlinden 9, 503 f.
– Museum *siehe* Musée d'Unterlinden
Courtray *siehe* Kortrijk
Cremona, S. Agostino 30
Cumae 429
Delphi 416, 422
Dijon, Kartause von Champmol 463 f.
Dodona 423
Eleusis 423
Erlangen, Schloß 636
Ferrara, Dom 643 f.
Florenz
– Chiostro dello Scalzo 482
– Or San Michele 642
– Palazzo Medici-Riccardi 479
– S. Croce 521, 641, 645
– S. Lorenzo 571
– S. Maria Maddalena dei Pazzi 645
– S. Maria Novella 482

- S. Maria Novella, Cappella degli Spagnuoli 572
- S. Spirito 513
- S. Trinità, Cappella Sassetti 470
Fontainebleau, Schloß 215, 221
Frankfurt, Goethedenkmal 566
Freiburg i. Br.
- Münster 463, 479, 481, 508, 512, 573, 642
- Universitätskapelle 479, 512
Gent
- Sint-Baafs 7, 67, 382, 385, 464 f., 644
- St. Michael 520
Goslar, Klosterkirche Neuwerk 640
Halle, Moritzkirche 504
Heidelberg, Schloß 634
Klosterneuburg, Stiftskirche 572, 635
Köln
- Dom 480
- Rathaus 634
- St. Maria im Kapitol 370, 375
Konstantinopel 539
- Apostelkirche 539
- Kaiserpalast 539
Kortrijk, Onze Lieve Vrouwkerk 520
London
- Albert-Memorial 565
- Whitehall Palace, Banqueting House 533
Lucca, Dom 513
Lugano, S. Maria degli Angeli 186, 478
Mailand
- Dom 181
- Palazzo di Brera 635
- S. Maria delle Grazie 396, 450
- S. Maurizio al Monastero Maggiore 647
- S. Simpliciano 644
Marburg, Elisabethkirche 462, 508
Marseille, Cannebière 492
Mecheln, St. Rombout 521
Merseburg, Dom 462
Misenum 429
München
- Denkmal Max I. Joseph 565
- Glyptothek 451, 508, 566 f.

- Nationalmuseum *siehe* Staatliches Museum für Völkerkunde
- Residenz 215–219, 221
- St. Ludwig 487
- Staatliches Museum für Völkerkunde 446, 451
Ninive 421, 488
Nürnberg, St. Lorenz 642
Olympia, Altis 422
Orvieto, Dom 487, 646
Padua, Cappella degli Scrovegni 484
Paris
- Dôme des Invalides 319
- École militaire 319
- Madeleine 314, 566
- Notre-Dame 642
- Oper 567
- Pantheon 566
- Saint-Germain-des-Prés 486
Parma
- Dom 508
- S. Giovanni Evangelista 508
Pavia, Certosa 647
Pergamon 404 f.
Persepolis 421
Pisa, Campo Santo 470, 572, 642 f.
Plessis-les-Tours, Schloß 44
Pommersfelden, Schloß Weißenstein 635
Pompeji 63
Ravenna, S. Apollinare Nuovo 393, 641
Regensburg, Kloster St. Emmeram 463
Rhodos (Stadt) 492
Richelieu
- Stadt 4
- Schloß 4
Rimini, Templum Malatestianum 471
Rom
- Il Gesù 570
- Kapitol, Konservatorenpalast 421
- Palatin, Casa Livia 500
- Palazzo Corsini 216, 224
- Palazzo Farnese 226
- S. Maria degli Angeli 482
- S. Maria della Pace 514
- S. Maria in Domenica 641
- S. Maria in Trastevere 641, 645

- S. Maria Maggiore 393, 641, 644 f.
- Templum Pacis 574
- Vatikan, Apostolischer Palast 125–135, 635
- Vatikan, Apostolischer Palast, Cappella di Niccolò V 477
- Vatikan, Apostolischer Palast, Stanzen 31, 359–365, 392, 451, 508, 513, 516, 563, 571
- Vatikan, Loggien 360
- Vatikan, Sixtinische Kapelle 359, 363, 477, 482, 487, 508
- Vatikan, St. Peter 125, 363, 570, 635
- Villa Farnesina 360

Rüdesheim, Niederwalddenkmal 564
Saint-Denis, Abteikirche 462
Salzburg, Dom 635
Samothrake 423
Saronno, Madonna dei Miracoli 185
Siena
- Dom 360, 364
- Palazzo Pubblico 572, 642 f.
- S. Maria dei Servi 642

Spoleto, Dom 645
Straßburg
- Münster 508, 573, 646
- Universität 567

Tournay, Notre-Dame 463 f.
Turin, Palazzo Madama 635
Überlingen, Münster 417
Urbino, Palazzo Ducale 360
Varallo, Sacro Monte 479
Venedig
- Dogenpalast 30, 571
- Dogenpalast, Sala del Consiglio dei Dieci 386
- Dogenpalast, Sala del Maggior Consiglio 30
- S. Maria della Salute 487
- S. Maria Gloriosa dei Frari 385, 522, 645, 647

Vercelli, S. Cristoforo 644, 647
Versailles, Schloß 215, 222, 314, 446, 635
Westminster, Abteikirche 463
Wien
- Beethovendenkmal 565
- Hofburg, Stallburg 509
- Schubertdenkmal 565

Windisch, Klosterkirche Königsfelden 463, 515
Würzburg
- Dom 226
- Residenz 215, 446, 635
- Residenz, Gartensaal 215
- Residenz, Spiegelkabinett 215

Sachregister

Das Sachregister enthält Schlagwörter, nicht Stichwörter. Es verzichtet auf eine rein mechanische Verzeichnung der Sachbegriffe und beschränkt sich auf die Nennung von inhaltlich relevanten Stellen. Die Erschließung des Textes anhand von Schlagwörtern hat zur Folge, daß ein Registereintrag auf eine Stelle verweisen kann, an der das betreffende Suchwort selbst nicht vorkommt, sondern die durch es bezeichnete Sache. Das Sachregister verzeichnet ferner typisch B.sche Begriffe und Wendungen wie etwa «Aufgabe», «Existenzbild» oder «Mitleben». Das Sachregister erfaßt nur den Textteil.

Aberglaube 43 f., 59 f., 118, 300, 429, 542 f.
Absicht, künstlerische 9
Absolutismus 537 f.
Abstraktion 563
Abstufung 290
Adelskultur 45 ff., 71 f., 517 ff.
Agiotage 228 ff.
Agon (agonal) 157, 173 f., 419, 427, 435, 577
Ägyptenfeldzug 240, 276, 296
Ähnlichkeit 460
Ahnungsvermögen 121
Akzente 455
Alchemie 59, 87, 525
Alkinoos 169 ff.
Allegorie (allegorisch) 147, 392, 446, 453, 563 ff.
Allverständlichkeit 451, 476
Altarbilder 385, 512, 520 f.
Amazonen 132
Anbetung 479
Andachtsbild 29, 67, 468, 474, 511, 520
androgyn 129
Angst 23
Ankaufspolitik 381
Anmut 127, 585
Anschaulichkeit 112
Anthropomorphismus 125, 434
antiquarisch 155, 199

Aphrodite 128
Apollon 127, 489
Äquivalente 455 ff.
Archiv 319, 338, 353
Artemis 170
Asebie 344
Askese 22, 436, 441
Assunta 642 f.
Ästhetik 66
Astrologie 106, 111, 113, 118
Astronomie 344, 349 ff.
Athene 127, 170, 492, 565 f., 568
Athleten 131
Attribution 369, 637
Aufgabe, künstlerische 26, 63, 73, 114, 194, 204, 449, 459
Außenpolitik 236 ff., 240 f.
Ausstellungsbetrieb 388
Autodafé 141 f., 149
Banausie 398
Banditen 152 f.
Bankett 26 f., 485
Barock 214 f., 508, 634 ff.
Bauern 51, 71, 73
Baugeist 635
Bauwesen 20
Beamten 21, 539
Belagerungsmaschinen 591
Beleuchtung 289
Beruhigung, optische 455
Bestattung 433

Bestechung 238 f.
Besteller 30, 93, 386, 461 ff.
Bevölkerungswachstum 15 ff.
Bezüge, literarische 148 f.
Bibliothek 352, 553
Bilderbibel 475
Bilderstreit 536, 540
Bildung 20, 488
Bonapartismus 292, 320
Bordell 83, 98
Börse 568
Botanik 177, 352
Breitbild 511
Briefkontrolle 304, 332
Briefsammlungen 619
Brunnen 130
Bürgerkultur 75, 88
Byzanz 535 ff., 574, 641
Charakterentwicklung 114, 121, 144
Chinoiserie 219
Christusbild 209 f., 482
Dasein, barockes 204
Dasein, höheres 129, 169
Dasein, ideales 464
Dasein, zweites 391
Dekadenz 28, 101, 166
Dekoration 125 f., 214 f., 225 f., 634, 636
Demagogie 157, 444
Demokratie 344
Denkmal 25, 564 ff.
Denkweise 2, 299, 387, 398
Despot 24, 292, 535 f., 548
Diadochen 582 ff.
Dialekt 17
Dilettant 400
Dionysos 128 f., 430, 489, 496, 498, 585, 593
Diplomatensprache 15
Diplomatie 243 ff., 266 f.
Direktorium 240
Disharmonie 6, 164, 569
Disposition 115 f.
Divination 245
Dogenporträt 473
Echtheit 369 ff.
Egoismus 300, 328
Einrahmung 168, 215, 218 f., 224, 507

Eirene 576
Eleganz 215, 632
Engel 8, 210, 249 f., 458, 478, 641 ff., 646
Englisch 14 ff.
Entdeckungen 348, 350
Erbordnung 50
Erdbewegung 350
Eris 575
Eros 128, 570, 578
Erwerbssinn 50
Erzählung, künstlerische 447 ff., 517
Esoterik 438
Ethik 22, 434
Ethnographie 352
Ethos 9, 127 f., 135, 465
Euhemerismus 354
Europa (europäisch) 1, 20, 248, 318 ff., 448
Evangelisten 477
Existenzbild 30, 84 f.
Experiment 351
Fälschung 293, 355, 369 f.
Familie 52 ff., 188, 308, 334, 480, 545, 584
Familienbild 19, 29, 85, 96, 210
Familienfehden 545 ff.
Fassade 635
Fehden, literarische 149
Fehdewesen 55
Fensterbild 95
Festwesen 489 ff.
Finanzen 3, 39, 189, 539
Föderation 295
Form, mathematische 456 f.
Format 33, 506 ff.
Forschungsreisen 346, 431
Fortschrittsglaube 47
Freiheit, künstlerische 37
Fremdheit 535
Gebet 435
Gedankenbild 18, 502
Gegenreformation 102, 634
Geist 1, 37, 144, 215, 227 f., 231, 353, 635
Geldgier 238, 269 f.
Geldmangel 53 f., 408
Gelehrtensprache 14 f.

Genealogie 172, 428, 433
genial 77, 493, 634
Genre, literarisches 148 f.
Genremalerei 62 ff., 449
Genreszenen 146, 150, 204
Geographie 354
Geometrie 349, 439
Gerechtigkeit, poetische 124, 618
Gesandtschaftsempfänge 552 f.
Geschichte 352 ff., 544, 607 f.
Geschichtskenntnis 299, 327
Geschlechterrollen 435
Geschmack 303
Gesetze, künstlerische 66, 86, 139, 450
Gesetzgebung 21 f.
Gespensterglaube 59 f.
Gewalt 4, 179
Gewaltstaat 19
Gewandstatuen 133
Giebelgruppen 566 f.
Gier 40 f., 145
Glück 47, 169, 345
Goldgrund 6, 9
Götterneid 134 f.
Göttervereine 129 ff.
Gourmand 161
Gourmandise 157, 165
Grabskulptur 134, 461 f., 471, 570
Grausamkeit 541
Griechisch 344
Größe, historische 19, 425
Größenwahn 107
Grundbesitz 48 f.
Gütergemeinschaft 436
Handel 87
Hekate 608, 611
Helios 492
Helldunkel 195, 290, 503 f.
Hera 127
Herakles 158
Hermes 135, 433, 500, 571
Heroenkult 427, 598
Hexen 74, 608, 611, 616
Hinrichtungen 549
Historie, biblische 205 ff., 393, 451 f., 475 ff.
Historiendramen 607
Historienmalerei 446 ff., 511, 525

Historismus 449
Hochformat 512, 645
Hohn 139, 620
Holbeinstreit 370, 377
Holzschnitt 112, 502
Horizont 35 f.
Humor 58, 66, 82, 622
Hydra 566, 571
ideal (Idealismus) 9, 31, 64, 117, 120, 122, 131, 134, 169, 170, 289 f., 359 ff., 391, 474, 515
Idealisierung 460
Ikonographie 391 f., 405, 475 ff.
Illusion 67, 95
Individualisierung 67, 360, 462, 464
Individuum 25
Induktion 351
Inhalt/Form 32, 77, 79, 93, 448, 454, 459, 476
Inquisition 187, 192
Instinkt 299
Intelligenz 293, 529
Interieur 68, 95, 100, 210 ff., 467
Intrige 2, 118, 150, 258
irrational 215, 223
Isis 494
Islam 461, 535 ff., 558
Jahrmarkt 74
Jesuiten 440
Justizmord 243 ff.
Kairos 576, 578
Kaiserbegräbnis 551
Kalenderwesen 349
Kalifate 537 f.
Karyatiden 567
Kennerschaft 370, 383, 598
Ketzer 24
Kinderbild 85, 132, 481, 485
Kirche, byzantinische 535 f.
Kirchensprache 14
Kirke 3
klassisch 225
Klassizismus 66
Klerus 2, 23, 61, 94
Kniestück 94, 510
Koalition 249
Kochkunst 155 ff.
Kochtheorie 158, 163 f.

Sachregister

Kollektivporträt 25 ff., 75, 195, 198, 532
Kolonialsystem 283
Komik 151 f.
Kommunismus 18 ff., 22
Komödie 149, 156, 494, 575, 591
Komposition, künstlerische 6 f., 70, 78, 111, 138, 177, 200, 289, 390, 514, 521
Kondensation 168, 390
Königsmord 613 ff.
Konsum 69 f., 143, 147
Konversationsstück 71, 91, 97, 633
Körperbildung 77, 196, 394
Korporationsporträt 25 ff., 195, 198, 202 f., 473
Korruption 237
Kosmographie 353
Kostümierung 199, 449, 528
Krieg 1 ff.,21 f., 29, 38 ff., 70 f., 137, 179 ff., 247 ff., 281 f., 315 ff., 336, 558 ff., 586 ff., 623
Krieg, Dreißigjähriger 1, 102 ff., 110 ff., 407, 571, 635
Krieg, Peloponnesischer 156
Krieg, Trojanischer 174 f.
Kritik 18, 116, 121 f., 369
Küche, athenische 159 ff.
Küche, barbarische 160
Küche, sizilianische 158
Küche, spartanische 158
Küchenstück 73
Kult 23, 435, 488
kulturgeschichtlich 66, 357, 447, 625
Kunstaneignung 389
Kunstgattungen 62, 75, 385, 446, 448
Kunsthandel 371
Künstleraustausch 110 f.
Kunstmittel 393, 446 f.
Kunstproduktion 390
Kunstraub 313, 387
Kunstsammlung 72, 197, 381 ff., 497
Kunstspekulation 387
Kunstzerstörung 388
Kupferstich 70
Kuppel 635
Kyniker 601
Landschaftsgenuß 630

Landschaftsmalerei 9, 32 ff., 65, 212, 289 ff., 481, 513
Landwirtschaft 20
Lasur 289
Latein 14
Legitimitätsprinzip 262, 285, 313, 339
Lehnswesen 49
Leiden 81, 110, 179 f., 184
Lektüre 628
Licht 27, 76 f., 82, 95 f., 100 f., 194 ff.
Lichtexperiment 200
Lichtmalerei 203 ff.
Liebe 120 f., 147, 453
Logik 351
Luftperspektive 33
Luxus 155, 160 f.
Macht 4, 38, 50, 62, 76, 105, 123, 139, 240, 277, 293, 319, 339, 345, 441, 537, 541, 546 f., 610
Machtfrage 342
Machtgier 40 ff., 180, 610 ff.
Machtinstinkt 245
Magie (magisch) 37, 59, 81, 86, 93, 139, 196 ff., 393, 450, 459, 494
Magistratsbilder 28
Maleranekdoten 401
Malerei, altdeutsche 6 ff.
Malerei, altniederländische 7, 67, 464
Malerei, antike 63
Malerei, holländische 25 ff., 32 ff., 62 ff., 194 ff.
Malerei, mythologische 204, 386
Mandorla 642
Mängel, künstlerische 8
Manierismus 195
Mantik 429, 440
Marienkrönung 9, 641 ff.
Marinemalerei 36
Maskerade 301, 490, 494, 498
Maßstab 80
Maßwerk 515
Materie 144
Mathematik 348
Mensch, gleichbleibender 152
Menschenrechte 229
Menschenverachtung 300, 328
Mentalität 48, 156
Metamorphose 431

Metempsychose 431 ff., 445
Mietkoch 161
Mikrokosmos 80
Militärwesen 541, 583 ff.
Miniatur 67, 219, 461
Mitleben 80, 86, 93
Mittelalter 7, 64, 515, 572 f.
Mittelwesen 434
Mnemosyne 128, 574, 578
Modell 465, 470
Modesprache 15
Moment, dargestellter 8, 80, 89, 457, 524
Momos 580
Monstranz 417
Moral 83, 115, 120, 437
Motivation 116
Münzen 461, 515
Muschel 214, 220, 222, 636
Musen 127
Musik 21, 98, 303, 331, 439, 489, 491, 495
Mysterium 37, 530
Mythologie 64, 126 ff., 446, 524
Mythos 63, 342 f., 354, 392, 425, 427, 491 f., 498, 581, 607, 641
Nachtbilder 36
Narrheit 140, 143
Nationalgeschichte 446
Naturgefühl 33, 37
Naturstudium 79, 164, 344, 349
Nausikaa 169 ff.
Nebenkaiser 544 f.
Nemesis 282
Nepotismus 308
neu (Neues) 194, 392, 403
Notwendigkeit 80, 109, 344, 440, 452
Novellistik 150
Nymphen 131
Objektivität 357
Odysseus 167 ff.
Öffentlichkeit 20
Ökonomie, künstlerische 8, 72, 450, 485
Ökonomie, sprachliche 16
Ökonomie, weltgeschichtliche 47
Ölmalerei 7, 473
Opfer 155, 417, 421, 488

Opportunismus 232
Optik 213
Orakel 266, 428
Orientalismus 449
original 136, 196, 370, 375 f.
Ornament 216
Orphik 356, 429
Orthographie 16
Oval 513
Panathenäen 492 f.
Papsttum 2
Parasit 165
Passionsdarstellungen 452, 486 f.
Pastorale 147, 289
pastos 201
Pathos (pathetisch) 8, 65, 76, 89 f., 135, 140 f., 205, 220, 359, 395, 449, 522, 625, 638
Patriotismus 251
Pegasus 495
Peripetie 115
Personifikation 1, 292, 390, 499, 564
Persönlichkeit 2, 313, 345, 619, 625, 633
Perspektive 8, 467
Pessimismus 428, 618
Pest 184, 411, 414
Pest, soziale 165
Phäaken 76, 167 ff.
phänomenal 7
Phantasie 32, 63, 76, 93, 136, 167, 212, 454, 503, 543, 587
Phantasiebild 24
Phantastik 138 f., 503
Philosophie 159, 161, 345, 431, 576, 601
Philosophenherrschaft 18
Photographie 30, 37, 66, 460, 505, 506, 637
Physiognomie 6, 166, 359, 381, 564, 568
Piraterie 595
Pöbel (pöbelhaft) 208 f., 540
Poesie, didaktische 159
Poetik 351 f.
Polis 343, 348, 442
Polizei 312
Polyptychon 512

Sachregister

Pomp 552, 599
Porträt, literarisches 297
Porträtmalerei 9, 25 ff., 67 f., 74, 85, 197 ff., 359 ff., 386, 419, 460 ff., 519, 524 f.
Porträtskulptur 133, 419, 471, 564 f.
Poseidon 169, 175 f.
Präzedenzien 6, 27, 66, 206, 225, 389, 461, 606
Pressefreiheit 265
Priesterwissen 341
primär/sekundär 213, 389, 394
Privatporträt 466
Privilegien 45
Problemlösung, künstlerische 25, 29, 69, 96, 476
Prometheus 565
Propaganda 496
Prophetie 229
Protestantismus 68
Prozessionen 488 ff.
Pseudoorganismus 215
Rache 52, 123, 142, 175, 188, 618
Radierung 197, 200, 211
Rasse 14, 17, 448
Raubrittertum 55 f.
Raubvogel 182, 230
Realismus 65
Realpolitik 587, 637
Rebellion 102
Rechtslage 51
Reflexion 138
Reformvorschläge 229
Regentenstücke 27 f., 384
Reichsdeputationshauptschluß 242
Reise, italienische 176 ff.
Relief 507
Religion 22 f., 60, 315, 357, 627
Reliquienkult 43 f.
Renaissance 64 f., 464, 508, 571, 635
Repräsentation 4, 363, 566
Resignation 346
Restauration 261
Revolution 187, 265, 626
Revolution, Französische 229 f., 272 ff., 294 f., 323, 387, 568
Rheinbund 247
Rhetorik 343, 399

Rokoko 214 ff., 636
Roman 136 ff.
romantisch (Romantik) 146, 149, 342
Ruhm 288
Rußlandfeldzug 254 f., 284
Sagengeschichte 607
Salonkultur 237
Sammler 4, 77, 195
Sarkophag 134
satanisch 180
Satire 167 f.
Scheiterhaufen 590
Schicksal 109, 114, 123, 125, 170, 613
Schicksalsnimbus 194
Schlachtbild 90, 450
Schlaraffenland 167
Schloß 56
Schmarotzer 166
Schönheit 126 ff., 135, 396, 480, 623, 631
Schulkopie 370
Schützenstücke 26, 384
Schwank 58
Schweigepflicht 438
Seele 431, 434, 440, 464, 477, 516
Selbstmord 22, 122
Selbstporträt 86, 199 f., 360, 364, 473, 510, 533
Serapis 126, 496
Shakespeareforschung 606
Skandal 260 f.
Sklaverei 126, 137, 162, 171, 397, 435, 586, 588
Skulptur, antike 125 ff., 397 ff.
Sophisten 343, 402
Spekulation 103
Spezialisierung 33
Sphärenharmonie 439
Sprichwörter 145
Sprachentwicklung 15 f.
Staat 21
Staatsidee 4
Staatsstreich 237, 276 ff.
Staatszweck 3
Stadtkultur 61
Stadtplanung 19 f.
Staffage 289 f.
Standesbewußtsein 462

Stifter 461, 463, 468, 471
Stiftungsmotiv 417, 422
Stil 31, 216, 634
Stimmung 68, 83, 291
Strategie 104
Symbol 83, 380
Symmetrie (symmetrisch) 9, 454 ff., 509
Symmetrie, verborgene 455
Sympathie 123 f., 532, 622
Synkretismus 496
Tagespresse 447
Tauschplatz 539
Teiresias 3
Tempel 23
Terreur 296, 324, 610
Terrorismus (terroristisch) 42, 142, 192
Teufel 185, 573
Textüberlieferung 536
theatralisch 452
Themis 576
Theogonie 575
Theologie 227, 640 ff.
Theorie 432
Tiere 97 f., 132 f., 420, 468, 531
Toleranz 22
Totenkult 432
Tracht (Kleidung) 26 f., 67 ff., 85, 88, 198, 458, 473, 490, 498, 527, 610
Tragödie 111 f.
Traumwelt 64, 169
Treppenhaus 635
Trinkkultur 97
Triton 130
Tugenden, christliche 572
Turniere 57
Tyche 579, 600
Typus (typisch) 8, 136, 354 f., 359, 362, 523, 534
Tyrannis 158, 179, 444, 536, 589
übermenschlich 126, 434
Übersetzung 15
Unersetzlichkeit 190
Universalmonarchie 187 ff.
Unparteilichkeit 47
Unsterblichkeit 22 f.
Unterricht 437

Usurpator 329, 544 ff., 608
Utopie 18 ff., 167, 356, 397, 402
Vasenbilder 514
Vegetarismus 436
Verantwortungsbewußtsein 433
Verbrecher 116
Verewigung 26, 88, 131, 364, 450, 460, 471, 564
Verfassung 233, 426
Verfolgung 444
Vergöttlichung 589, 593
Verklärung 171
Verrat 119
Verschwendung 54
Verschwörung 3 ff., 38, 107, 443, 545, 556, 626
Verwaltung 537 f.
Völkerwanderung 536
Volkskultur 79, 146
Vollständigkeit 7
Volute 214, 220
Vorschriften, pythagoreische 438
Vorurteil 563
Wahrheit 7, 35, 67, 96, 112, 213, 391, 425, 463 f.
Weihgeschenke 416 ff.
Weissagung 16, 355, 429, 612, 616
Weltgarten 176
Weltgericht 487, 646
Weltherrschaft 1, 126
Weltkind 627
Weltmodell 439
Weltsprache 14
Werkstattbild 370, 375
Wiedergeburtslehre 432
Wille 1, 110, 113, 117, 122, 245, 293, 299 f., 327, 358
Wirtschaftssprache 17
Wissenschaft 341 ff.
Zahlenlehre, pythagoreische 438
Zauber 30, 80 ff., 126, 128, 201 ff., 530, 597, 603, 624
Zauberei 140 ff., 151, 611 ff.
Zeit, goldene 141, 382 f.
Zeremonien, byzantinische 550 ff.
Zeremonienbild 30, 533
Zeus 126, 434, 598
Zünfte 27 f.

Jacob Burckhardt Werke. Kritische Gesamtausgabe

1 Die Zeit Constantin's des Großen
2 Der Cicerone. Eine Anleitung zum Genuss der Kunstwerke Italiens: Architektur und Sculptur
3 Der Cicerone. Eine Anleitung zum Genuss der Kunstwerke Italiens: Malerei
4 Die Cultur der Renaissance in Italien. Ein Versuch
5 Die Baukunst der Renaissance in Italien
6 Das Altarbild – Das Porträt in der Malerei – Die Sammler. Beiträge zur Kunstgeschichte von Italien
7 Kleine Schriften I: Kunsthistorische Schriften
8 Kleine Schriften II: Historische Schriften
9 Kleine Schriften III: Literarische und publizistische Schriften
10 Aesthetik der bildenden Kunst – Über das Studium der Geschichte (mit dem Text der «Weltgeschichtlichen Betrachtungen» in der Fassung von 1905)
11 Erinnerungen aus Rubens
12 Vorträge 1844–1869
13 Vorträge 1870–1892
14 Kunst des Altertums
15 Kunst des Mittelalters
16 Kunst der Renaissance I
17 Kunst der Renaissance II
18 Kunst des 17. und 18. Jahrhunderts
19 Griechische Culturgeschichte I:
Die Griechen und ihr Mythus – Die Polis
20 Griechische Culturgeschichte II:
Die Griechen und ihre Götter – Zur Gesammtbilanz des griechischen Lebens
21 Griechische Culturgeschichte III:
Die Kunst – Die Poesie – Zur Philosophie und Wissenschaft
22 Griechische Culturgeschichte IV:
Der hellenische Mensch in seiner zeitlichen Entwicklung
23 Zur Geschichte des Altertums
24 Zur Geschichte des Mittelalters
25 Zur Geschichte der Neuzeit
26 Geschichte des Revolutionszeitalters
27 Gesamtregister